introduction à la

4e ÉDITION

MICROÉCONOMIE

moderne

D1379872

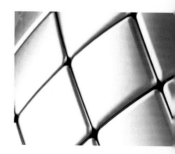

introduction à la

4e ÉDITION

MICROÉCONOMIE

m o d e r n e

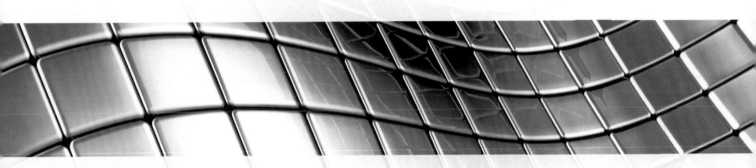

MICHAEL PARKIN

ROBIN BADE

PATRICK GONZÁLEZ

ERPi Éducation ‣ Innovation ‣ Passion

5757, rue Cypihot, Saint-Laurent (Québec) H4S 1R3 ‣ **erpi.com**
TÉLÉPHONE : 514 334-2690 TÉLÉCOPIEUR : 514 334-4720 ‣ erpidlm@erpi.com

Développement de produits
Micheline Laurin

Supervision éditoriale
Jacqueline Leroux

Traduction et révision linguistique
Michel Boyer

Correction d'épreuves
Emmanuel Dalmenesche

Recherche iconographique
Yasmine Mazani

Direction artistique
Hélène Cousineau

Coordination de la production
Muriel Normand

Conception graphique et couverture
Martin Tremblay

Photographies
Voir p. 595

Édition électronique
Interscript

MICHAEL PARKIN a fait ses études à l'Université de Leicester, en Angleterre. Il est maintenant rattaché au département de science économique de l'Université Western Ontario. Le professeur Parkin a également occupé divers postes dans les Universités de Sheffield, de Leicester, d'Essex et de Manchester. Il a écrit de nombreux articles en macroéconomie, notamment sur le monétarisme et l'économie internationale.

ROBIN BADE enseigne à l'Université Western Ontario. Elle est diplômée en mathématiques et en science économique de l'Université du Queensland et a obtenu son doctorat à l'Australian National University. Elle a occupé divers postes à l'école de commerce de l'Université d'Edimbourg et aux départements de science économique des Universités du Manitoba et de Toronto. Ses recherches ont porté principalement sur les flux de capitaux.

PATRICK GONZÁLEZ enseigne l'économie à l'Université Laval à Québec. Il a obtenu un doctorat en sciences économiques à l'Université de Montréal. Il est membre du Groupe de recherche en économie de l'énergie, de l'environnement et des ressources naturelles (GREEN) et Directeur de *l'Actualité économique – revue d'analyse économique*. Ses travaux portent sur l'économie de l'information et des contrats.

L'information de Statistique Canada est utilisée avec la permission de Statistique Canada. Il est interdit aux utilisateurs de reproduire les données et de les rediffuser, telles quelles ou modifiées, à des fins commerciales sans le consentement de Statistique Canada. On peut se renseigner sur l'éventail des données de Statistique Canada en s'adressant aux bureaux régionaux de Statistique Canada, en se rendant sur le site Web de l'organisme à www.statcan.gc.ca *ou en composant sans frais le 1 800 263-1136.*

Dans cet ouvrage, le générique masculin est utilisé sans aucune discrimination et uniquement pour alléger le texte.

Cet ouvrage est une version française de la 7ᵉ édition de *MICROECONOMICS*: *Canada in the global environment* de Michael Parkin et Robin Bade, publiée et vendue à travers le monde avec l'autorisation de Pearson Education Canada Inc.

Dépôt légal – Bibliothèque et Archives nationales du Québec, 2010
Dépôt légal – Bibliothèque et Archives Canada, 2010

Imprimé au Canada   1234567890 IO   13 12 11 10
ISBN 978-2-7613-3073-2   20546 ABCD   SM9

Avant-propos

« Historiques » est un grand mot. C'est néanmoins celui qui qualifie le mieux les événements et les mesures économiques qui ont suivi la crise du crédit hypothécaire à risque aux États-Unis. À partir du mois d'août 2007, la peur qui s'est emparée des producteurs, des consommateurs, des institutions financières et des gouvernements a fait passer l'économie des pages spécialisées à la une. Jusque-là inimaginable, une répétition de la Grande Dépression devenait de plus en plus plausible à mesure que le prix des maisons s'effondrait aux États-Unis, que les marchés du crédit se tarissaient et que les institutions financières étaient acculées à la faillite. Les gouvernements des États-Unis, du Canada et d'ailleurs dans le monde ont monté des opérations de sauvetage massives, les banques centrales ont consenti des prêts et racheté des créances de piètre qualité auxquelles elles n'auraient pas touché normalement, et les prix d'articles aussi divers que l'essence, la nourriture, les actions et les monnaies ont considérablement fluctué.

L'idée même que le marché soit un mécanisme efficace pour allouer nos ressources rares a été mise en cause : certains chefs de file ont annoncé la mort du capitalisme et l'avènement d'un nouvel ordre économique où des règles plus strictes triompheraient de la cupidité effrénée.

Rarement les professeurs d'économique ont-ils eu une telle richesse d'exemples actuels pour illustrer leur propos. Et rarement les principes de l'économique ont-ils été aussi essentiels pour étayer la réflexion sur les événements comme pour naviguer dans cette période de turbulences économiques. Mais s'il peut apporter un meilleur éclairage et une compréhension approfondie de ces événements, le raisonnement économique n'est ni naturel ni simple pour les étudiants. Le présent manuel vise à mettre cet éclairage et cette compréhension à leur portée en explorant de manière rigoureuse et vivante la tension entre l'intérêt individuel et l'intérêt social, en examinant le rôle et la puissance des incitatifs – du coût de renonciation et de la valeur marginale –, et en démontrant que, assistés par d'autres mécanismes, les marchés peuvent allouer les ressources efficacement.

Avec ce manuel, les étudiants apprennent à réfléchir comme de vrais économistes, à explorer des problèmes de politique économique difficiles et à prendre des décisions éclairées dans la gestion de leurs moyens de subsistance.

Les caractéristiques de la quatrième édition

La quatrième édition d'*Introduction à la microéconomie moderne* retient toutes les améliorations qui ont fait le succès des éditions précédentes : sa présentation approfondie et détaillée des principes de l'économique, ses nombreux exemples et applications puisées à même la réalité, son insistance sur le développement de la pensée critique ainsi que ses diagrammes renommés pour leur précision et leur caractère pédagogique.

Cette édition révisée en profondeur intègre les suggestions de nombreux consultants et usagers quant à l'organisation générale du manuel et au contenu de chacun des chapitres.

Les chapitres s'organisent autour d'enjeux économiques actuels. Les grands événements économiques qui font la manchette en tissent la trame, des nouvelles vignettes qui leur servent d'ouverture jusqu'aux « Problèmes et applications » de fin de chapitre. Les étudiants apprennent ainsi à utiliser les outils de l'économique pour analyser tant leurs propres décisions économiques que les événements économiques récents. Dans chaque chapitre, la rubrique « Entre les lignes » analyse un article portant sur une question brûlante afin de montrer comment la théorie économique peut éclairer un problème ou un débat d'actualité. Les grands enjeux abordés dans cet ouvrage concernent notamment :

- les avantages de la mondialisation et les tensions qu'elle engendre, l'émergence des économies asiatiques et les transformations structurelles de l'économie mondiale (chapitres 2 et 7) ;

- le coût de plus en plus élevé de la nourriture (chapitres 2 et 3) ;

- les fluctuations des prix de l'essence et du pétrole, et les effets de la montée des prix sur les ventes d'automobiles (chapitres 3, 4 et 18) ;

- les changements dans les habitudes de consommation à l'ère de l'information (chapitre 8) ;

- les changements climatiques (chapitre 16) ;

- l'utilisation rationnelle des ressources naturelles et la tragédie des communaux (chapitre 17).

Nos exemples et applications tirés de la réalité se retrouvent non seulement dans le texte, mais aussi dans les « Problèmes et applications » : chaque chapitre propose une dizaine de nouveaux problèmes liés à l'actualité économique.

Les grandes nouveautés

Mis à jour en profondeur, le contenu d'*Introduction à la microéconomie moderne* est maintenant organisé en six parties : (1) le champ de l'économique ; (2) le fonctionnement des marchés ; (3) les choix des ménages ; (4) les entreprises et les marchés ; (5) les lacunes du marché et les choix publics ; et (6) les marchés des facteurs de production et l'inégalité économique.

Les chapitres du présent manuel présentent sept différences majeures avec l'édition précédente :

1. **La concurrence parfaite (chapitre 12)** Nous présentons l'évolution de la concurrence parfaite à long terme avec des entreprises aux coûts différenciés afin de mettre l'accent sur la part de la rente dans les profits des entreprises. Cette approche est bien adaptée aux économies comme le Québec où l'exploitation des ressources naturelles est importante. Les entreprises qui parviennent à faire des profits à long terme sont celles qui ont pu acquérir ou développer un atout particulier, et ces profits sont la rente associée à cet atout.

2. **Les marchés mondiaux (chapitre 7)** Ce nouveau chapitre décrit les forces à l'origine du commerce international. Il expose les effets de ce dernier, ses gagnants et ses perdants, et les conséquences des barrières tarifaires (tarifs douaniers et quotas d'importation) sur le bon fonctionnement de l'économie. Nous appliquons les concepts étudiés dans deux des chapitres précédents, plus particulièrement les concepts de demande et d'offre, de surplus du consommateur, de surplus du producteur et de perte de surplus. Nous faisons aussi le point sur l'impartition délocalisée et sur l'impasse qui persiste dans les négociations du Doha Round.

3. **La valeur, l'utilité et la demande (chapitres 1, 5, 8 et 9)** Nous nous sommes efforcés de présenter la notion de valeur de manière cohérente dans tout l'ouvrage.

   Au chapitre 1, nous présentons la dichotomie classique entre la valeur d'usage (l'utilité) et la valeur d'échange (le prix).

   Au chapitre 5, nous montrons comment la valeur d'usage peut être mesurée par le surplus du consommateur.

   Au chapitre 8, nous illustrons les limites de cette mesure afin de justifier l'étude du modèle du consommateur. Nous avons ajouté une description de l'économie comportementale et de la neuroéconomie, et intégré l'étude de la droite budgétaire puisque nous y abordons les courbes d'indifférence.

   Au chapitre 9, nous étendons l'emploi du modèle du consommateur aux décisions d'épargne et de prise de risque et concluons par un retour sur la notion de valeur avec une initiation à la boîte d'Edgeworth.

4. **Le monopole (chapitre 13)** Dans la dernière section de ce chapitre, nous examinons la réglementation des monopoles naturels. Dans les éditions précédentes, nous nous penchions sur ce sujet dans une autre partie de l'ouvrage. Ici, l'étudiant l'aborde tandis qu'il a encore présent à l'esprit le traitement du monopole non réglementé et de son inefficacité.

5. **La concurrence monopolistique (chapitre 14)** Nous consacrons un chapitre entier à l'importante structure de marché que constitue la concurrence monopolistique. Pour illustrer la prépondérance des frais de mise en marché, nous présentons la ventilation des coûts liés à la fabrication et à la vente

d'une paire de chaussures sport. Nous examinons la notion de différenciation du produit grâce à un exemple tiré du marché des téléphones cellulaires.

6. **L'oligopole (chapitre 15)** Cette autre structure de marché fait ici l'objet d'un chapitre distinct, auquel nous avons ajouté une section sur la loi anti-collusion. Employant le même procédé que dans le chapitre sur le monopole, nous abordons la loi anti-collusion au moment où les notions de cartel et de fixation des prix sont encore présentes à l'esprit de l'étudiant. Nous avons délaissé le modèle de demande coudée, mais nous avons ajouté une présentation des modèles de concurrence par les prix et par les quantités. La présentation des jeux d'oligopole a aussi été simplifiée.

7. **Les effets externes (chapitre 16)** Nous avons consacré une grande partie de ce chapitre aux changements climatiques et au débat économique que ces changements suscitent. Nous revenons à plusieurs reprises sur ce sujet qui constitue un exemple majeur d'effet externe négatif, et nous examinons les différentes façons d'en atténuer les conséquences.

Remerciements

Patrick González tient à remercier Philippe Barla, Jean-Thomas Bernard, Arnaud Dellis, Michel Truchon, Bernard Fortin et Jean-François Tremblay pour leurs commentaires. Merci aussi à Habiba Djebbari, Jean-Yves Duclos, Patrick Fournier, Guy Lacroix, Johanne Perron et Octavian Strîmbu.

Au professeur

Cet ouvrage vous permettra :
- de vous concentrer sur le raisonnement économique ;
- d'expliquer les enjeux de la mondialisation ;
- de choisir la structure de votre cours.

Vous concentrer sur le raisonnement économique Vous savez combien il est difficile d'amener un étudiant à raisonner comme un économiste ; c'est pourtant là l'objet de cet ouvrage, qui revient constamment et avec insistance sur les idées centrales de l'économique : choix, compromis, coût de renonciation, analyse marginale, incitatif, gains résultant de l'échange volontaire, forces de l'offre et de la demande, et équilibre, recherche de rente économique et effets des interventions du gouvernement dans l'économie.

Expliquer les enjeux de la mondialisation Pour comprendre les idées centrales et les outils de l'économique, les étudiants doivent avoir l'occasion de les utiliser, et rien ne les motive davantage que de s'en servir pour expliquer les enjeux économiques de l'heure : reconnaissance de la Chine et de l'Inde comme puissances économiques ; crise du crédit ; faillite, fusions ou sauvetage par l'État des banques américaines ; fluctuations de la Bourse ; augmentation des déficits et des dettes internationales ; fluctuations des devises sur le marché des changes.

Choisir la structure de votre cours Vous tenez à donner votre propre cours ? Cet ouvrage vous aidera à le faire. Un coup d'œil aux tableaux *Enseignement à la carte* et *Trois structures de cours possibles* qui suivent vous convaincra de sa souplesse. Vous pouvez utiliser ce manuel pour donner un cours traditionnel, qui allie théorie économique et politique économique, ou un cours axé sur la politique économique. Votre cours de macroéconomie peut insister davantage sur la théorie économique ou sur la politique économique. À vous de choisir !

Un site Web

Sur le site Internet **www.erpi.com/parkin.cw**, nous vous proposons une présentation PowerPoint.

ENSEIGNEMENT À LA CARTE

Notions fondamentales	Notions de politique économique	Notions facultatives
1 Qu'est-ce que l'économique ?	**6** Les interventions de l'État dans les marchés	**1** Appendice : Les graphiques en économique
2 Le problème économique	**7** Les marchés mondiaux	**8** Les préférences, les possibilités et les choix
3 L'offre et la demande	**16** Les effets externes	**9** Le travail, l'épargne, le risque et la valeur
4 L'élasticité	**17** Les biens collectifs et les ressources communes	**10** L'organisation de la production
5 L'efficacité et l'équité	**19** L'inégalité économique	
11 La production et les coûts		
12 La concurrence parfaite		
13 Le monopole		
14 La concurrence monopolistique		
15 L'oligopole		
18 Les marchés des facteurs de production		

TROIS STRUCTURES DE COURS POSSIBLES

Théorie traditionnelle et politique économique	Défis	Politique
1 Qu'est-ce que l'économique ?	**1** Qu'est-ce que l'économique ?	**1** Qu'est-ce que l'économique ?
2 Le problème économique	**2** Le problème économique	**2** Le problème économique
3 L'offre et la demande	**3** L'offre et la demande	**3** L'offre et la demande
4 L'élasticité	**4** L'élasticité	**4** L'élasticité
5 L'efficacité et l'équité	**5** L'efficacité et l'équité	**5** L'efficacité et l'équité
6 Les interventions de l'État dans les marchés	**6** Les interventions de l'État dans les marchés	**6** Les interventions de l'État dans les marchés
7 Les marchés mondiaux	**7** Les marchés mondiaux	**7** Les marchés mondiaux
10 L'organisation de la production	**8** Les préférences, les possibilités et les choix	**10** L'organisation de la production
11 La production et les coûts	**9** Le travail, l'épargne, le risque et la valeur	**16** Les effets externes
12 La concurrence parfaite	**10** L'organisation de la production	**17** Les biens collectifs et les ressources communes
13 Le monopole	**11** La production et les coûts	**18** Les marchés des facteurs de production
16 Les effets externes	**12** La concurrence parfaite	**19** L'inégalité économique
17 Les biens collectifs et les ressources communes	**13** Le monopole	
19 L'inégalité économique	**14** La concurrence monopolistique	
	15 L'oligopole	

Sommaire

PREMIÈRE PARTIE — 1

Le champ de l'économique

Chapitre 1 Qu'est-ce que l'économique ? 3
Chapitre 2 Le problème économique 41

SYNTHÈSE

Comprendre le champ de l'économique 67
Entretien avec Jagdish Bhagwati 68

DEUXIÈME PARTIE — 71

Le fonctionnement des marchés

Chapitre 3 L'offre et la demande 73
Chapitre 4 L'élasticité 105
Chapitre 5 L'efficacité et l'équité 131
Chapitre 6 Les interventions de l'État dans les marchés 157
Chapitre 7 Les marchés mondiaux 185

SYNTHÈSE

Comprendre le fonctionnement des marchés 212
Entretien avec Susan Athey 213

TROISIÈME PARTIE — 217

Les choix des ménages

Chapitre 8 Les préférences, les possibilités et les choix 219
Chapitre 9 Le travail, l'épargne, le risque et la valeur 255

SYNTHÈSE

Comprendre les choix des ménages 281
Entretien avec Steven D. Levitt 282

QUATRIÈME PARTIE — 285

Les entreprises et les marchés

Chapitre 10 L'organisation de la production 287
Chapitre 11 La production et les coûts 317
Chapitre 12 La concurrence parfaite 345
Chapitre 13 Le monopole 383
Chapitre 14 La concurrence monopolistique 415
Chapitre 15 L'oligopole 437

SYNTHÈSE

Comprendre les entreprises et les marchés 471
Entretien avec Drew Fudenberg 472

CINQUIÈME PARTIE — 475

Les lacunes du marché et les choix publics

Chapitre 16 Les effets externes 477
Chapitre 17 Les biens collectifs et les ressources communes 501

SYNTHÈSE

Comprendre les lacunes du marché et les choix publics 524
Entretien avec Caroline M. Hoxby 525

SIXIÈME PARTIE — 529

Les marchés des facteurs de production et l'inégalité économique

Chapitre 18 Les marchés des facteurs de production 531
Chapitre 19 L'inégalité économique 559

SYNTHÈSE

Comprendre les marchés des facteurs de production et l'inégalité économique 583
Entretien avec David Card 584

Guide visuel

Cet ouvrage présente de nombreuses caractéristiques pédagogiques qui facilitent le processus d'apprentissage.

Entrée en matière

Chaque chapitre est introduit par un texte soulevant des questions et des paradoxes qui captent l'attention de l'étudiant et l'incitent à poursuivre sa lecture. Ces questions et paradoxes reviennent dans le chapitre lui-même et sont reliés au sujet de la rubrique « Entre les lignes ».

Objectifs du chapitre

La liste des objectifs – qui se rapportent directement aux grands titres du chapitre – permet à l'étudiant, d'une part, de cerner le contenu du chapitre avant d'en entreprendre l'étude et, d'autre part, de déterminer ses objectifs personnels.

Minitests

Chaque grande section se termine par des questions de révision qui permettent à l'étudiant de s'assurer qu'il a bien assimilé la matière avant de passer à la section suivante. Les réponses sont fournies en fin de chapitre.

CHAPITRE 3

L'offre et la demande

Qu'est-ce qui peut faire doubler les prix du pétrole et de l'essence en un an ? Ces prix continueront-ils à grimper ? Les pétrolières abusent-elles de nous ? Ce chapitre vous aidera à répondre à ce genre de questions sur les prix qui montent, les prix qui baissent et les prix qui fluctuent. ✦ Vous savez déjà que l'économique concerne les choix que font les gens aux prises avec la rareté, et que ces choix répondent à des incitatifs. Les prix agissent comme des incitatifs. Vous verrez bientôt comment les gens réagissent aux prix, et comment les prix déterminent l'offre et la demande. ✦ Le modèle de l'offre et de la demande présenté dans ce chapitre est le principal outil de l'économique. Il nous aide à répondre aux questions fondamentales – « Quels biens et services produit-on, comment et pour qui ? » – et à mieux comprendre comment la poursuite de l'intérêt personnel peut servir l'intérêt commun.

Objectifs du chapitre

✦ Décrire un marché concurrentiel et préciser la notion de prix relatif

✦ Expliquer les facteurs qui influent sur la demande

✦ Expliquer comment l'offre et la demande déterminent les prix et les quantités échangées

✦ Utiliser le modèle de l'offre et de la demande pour prédire les variations de prix et de quantité

✦ Dans la rubrique de fin de chapitre « Entre les lignes », nous appliquerons ce modèle au marché du transport aérien de passagers.

MINITEST   **1**

1. Quelle est la différence entre le prix monétaire et le prix relatif d'un bien ou d'un service ?

2. Si le prix relatif d'une douzaine d'œufs est 24, quel est le prix relatif d'un œuf ?

3. Donnez des exemples de biens dont le prix monétaire et le prix relatif ont (a) beaucoup monté et (b) beaucoup baissé.

Réponses p. 101

Voyons maintenant ce qu'on entend par les termes *offre* et *demande*, en commençant par la demande.

 La demande

Quand vous demandez une chose, c'est que vous:

✦ la voulez;

nous nous poserons la question suivante: «Comment, toutes choses égales d'ailleurs, la quantité demandée d'un bien ou d'un service varie-t-elle quand le prix de ce bien ou de ce service varie?»

La loi de la demande répond

La loi de la demande

La **loi de la demande** s'exprime

Toutes choses égales d'ailleurs, est élevé, plus la quantité demand et plus le prix d'un bien est bas, dée d'un bien est forte.

Pourquoi l'augmentation du t-elle la diminution de la quantité À cause de deux facteurs:

✦ l'effet de substitution;

✦ l'effet de revenu.

L'effet de substitution Toutes lorsque le prix d'un bien augment coût de renonciation – monte. M

RÉPONSES AUX MINITESTS

MINITEST 1 (p. 75)

1. Le prix monétaire d'un bien ou d'un service est le montant en dollars (ou en yens, en euros, etc.) qu'il faut payer pour obtenir ce bien ou ce service. Le prix relatif d'un bien ou d'un service est son prix monétaire exprimé comme un ratio, c'est-à-dire son prix monétaire divisé par le prix monétaire d'un autre bien. Le prix relatif est donc la quantité de l'autre bien ou service à laquelle il faut renoncer pour acheter une unité du premier bien ou service.

2. Deux.

3. (a) L'essence, la nourriture et les loyers sont des exemples de biens dont le prix monétaire et le prix relatif ont beaucoup monté. (b) Les ordinateurs personnels, les téléviseurs haute définition et les calculatrices sont des exemples de biens dont le prix a beaucoup baissé.

d'acheter au cours d'une période donnée et à un prix donné.

2. La loi de la demande dit : « Toutes choses égales d'ailleurs, plus le prix d'un bien est élevé, plus la quantité demandée de ce bien est faible; et plus le prix d'un bien est bas, plus la quantité demandée d'un bien est importante. » La loi de la demande est illustrée par une courbe de demande à pente négative avec la quantité demandée sur l'axe des abscisses et le prix sur l'axe des ordonnées. La pente négative de la courbe de demande montre que plus le prix d'un bien est élevé, plus la quantité demandée de ce bien est faible, et que plus le prix d'un bien est bas, plus la quantité demandée d'un bien est forte.

3. Pour n'importe quelle quantité donnée d'un bien ou d'un service, la hauteur de la courbe de demande indique le prix le plus élevé que les consommateurs

Mots clés

Mis en relief dans le texte par des caractères gras et définis dans une liste à la fin du chapitre avec un renvoi à la page de référence, les mots clés du vocabulaire économique sont réunis dans un glossaire à la fin de l'ouvrage et constituent un précieux outil de révision.

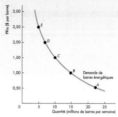

Sample page 76

76   Deuxième partie   Le fonctionnement des marchés

Supposons maintenant que le prix de l'aller simple Montréal-Québec double, passant de 150 $ à 300 $. En réponse à cette hausse de prix, les gens délaissent l'avion pour le train, l'autobus ou l'auto (effet de substitution). De plus, comme leur budget de voyage est maintenant plus serré, ils achètent moins de voyages (effet de revenu). Pour ces deux raisons, la quantité demandée de voyages en avion diminue.

La courbe de demande et le barème de demande
Nous allons maintenant étudier l'une des courbes les plus utilisées en économie, la *courbe de demande*, et une des différences les plus cruciales à saisir, la différence entre la *demande* et la *quantité demandée*.

Le terme **demande** désigne la totalité de la relation entre la quantité demandée d'un bien et le prix de ce bien. La demande se décrit par un barème de demande et s'illustre par une courbe de demande. La *quantité demandée* correspond à un point sur la courbe de demande – la quantité demandée *à un prix donné*.

La figure 3.1 montre la courbe de demande de barres énergétiques. Une **courbe de demande** illustre la relation entre la quantité demandée d'un bien et le prix de ce bien lorsque tous les autres facteurs susceptibles d'influer sur les intentions d'achat des consommateurs restent constants.

Le tableau de la figure 3.1 présente le barème de demande des barres énergétiques. Un barème de demande indique la quantité demandée d'un bien à chaque prix lorsque tous les autres facteurs susceptibles d'influer sur les intentions d'achat restent constants. Par exemple, si le prix de la barre énergétique est de 0,50 $, la quantité demandée est de 22 millions de barres énergétiques par semaine ; si le prix est de 2,50 $, la quantité demandée est de 5 millions de barres par semaine. Les autres lignes du tableau donnent la quantité demandée à 1,00 $, 1,50 $ et 2,00 $ l'unité.

On représente un barème de demande par une courbe de demande, l'axe des abscisses représentant la quantité demandée de barres énergétiques, et l'axe des ordonnées, leur prix. Les points *A* à *E* sur la courbe de demande représentent les lignes correspondantes du barème de demande. Ainsi, le point *A* correspond à la quantité demandée de 22 millions de barres énergétiques par semaine au prix de 0,50 $ la barre. Il importe de comprendre que le prix des barres énergétiques le long de l'axe des ordonnées de la

FIGURE 3.1   La courbe de demande

	Prix (par barre)	Quantité demandée (millions de barres par semaine)
A	0,50 $	22
B	1,00 $	15
C	1,50 $	10
D	2,00 $	7
E	2,50 $	5

Mots clés

Bien inférieur Bien dont la demande diminue à mesure que le revenu augmente (p. 78).

Bien normal Bien dont la demande augmente à mesure que le revenu augmente (p. 78).

Bulle spéculative Situation où un prix ne monte que parce qu'on s'attend à ce qu'il le fasse, et que divers événements renforcent cette anticipation (p. 88).

Complément Bien ou service utilisé avec un autre bien ou service (p. 77).

Glossaire

A

Accord général sur les tarifs douaniers et le commerce (GATT) Accord multilatéral signé en 1947, visant la réduction des tarifs douaniers qui restreignent le commerce international (p. 447).

Accumulation de capital Augmentation des ressources en capital, y compris en capital humain (p. 48).

Banque centrale Institution publique qui sert de banquier des banques et du gouvernement, supervise les marchés financiers, les institutions financières et le système de paiement, et mène la politique monétaire du pays (p. 232).

Base monétaire Somme des billets de banque et des pièces de monnaie en circulation ainsi que des dépôts des institutions financières à la Banque du Canada (p. 233).

Encadrés sur les enjeux de l'économie globale

Les enjeux économiques auxquels doit faire face le monde d'aujourd'hui sont décrits dans des encadrés tramés en bleu ; ces enjeux font aussi l'objet d'applications dans les problèmes de fin de chapitre.

Sample page 88

88   Deuxième partie   Le fonctionnement des marchés

Comment les marchés interagissent pour réallouer les ressources

Le pétrole, la nourriture et les engrais
Le modèle de l'offre et de la demande éclaire le fonctionnement de tous les marchés concurrentiels. Dans cet encadré, nous l'appliquerons aux marchés suivants :
- le marché du pétrole brut ;
- le marché du maïs ;
- le marché des engrais.

Le marché du pétrole brut
Le pétrole brut est le sang de l'économie mondiale. On s'en sert pour faire fonctionner les véhicules automobiles, les autobus, les trains, les avions et divers petits moteurs, pour produire de l'électricité et pour fabriquer toutes sortes de plastiques et autres produits. Lorsque le prix du pétrole brut monte, le coût du transport, de l'électricité et des matériaux augmente aussi.

En 2006, le prix d'un baril de pétrole était de 50 $. En juin 2008, il avait grimpé jusqu'à 135 $; à Noël de la même année, il était tombé à 40 $. Si le prix évolue en montagnes russes, la quantité de pétrole produite et consommée est plutôt stable. Depuis 2006, le monde produit la même quantité de 85 millions de barils de pétrole par jour. Alors, comment expliquer l'évolution du prix du pétrole ? L'avidité des producteurs de pétrole en est-elle entièrement responsable ?

Les producteurs de pétrole sont peut-être avides, et certains sont peut-être assez gros pour limiter l'offre, mais agir ainsi ne serait pas dans leur intérêt. En effet, le prix plus élevé du pétrole entraînerait une augmentation de la quantité offerte par les autres producteurs, et le profit anticipé de la limitation de l'offre s'envolerait. Évidemment, les producteurs pourraient essayer de coopérer pour limiter l'offre, comme l'ont fait les membres de l'Organisation des pays exportateurs de pétrole (OPEP). Mais l'OPEP ne contrôle pas l'offre mondiale, et chacun de ses membres a intérêt à produire la quantité qui optimise son profit. Même s'il y a quelques gros joueurs sur le marché du pétrole, ces derniers n'y fixent pas le prix.

Le prix du pétrole est déterminé par les actions de milliers d'acheteurs et de vendeurs, et par les forces de l'offre et de la demande sur le marché du pétrole. Alors comment l'offre et la demande y ont-elles varié ?

Comme le prix a augmenté sans que la quantité varie, la demande doit avoir augmenté, et l'offre doit avoir diminué.

La demande s'est accrue pour deux raisons. Premièrement, la production mondiale augmente rapidement, particulièrement en Chine et en Inde, où la production accrue d'électricité, d'essence et plastiques et autres produits utilisant du pétrole a fait monter la demande. Deuxièmement, on s'attend à ce que l'expansion économique en Chine, en Inde et dans d'autres pays en développement se poursuive et, par conséquent, à ce que la demande de pétrole continue à augmenter rapidement. Ou, la demande continuant à augmenter, le prix du

pétrole continuera à monter, et on s'attendra à ce qu'il continue à monter.

L'anticipation de la hausse du prix du pétrole accroît encore la demande courante et réduit l'offre courante parce que les producteurs savent que leur profit augmentera s'ils laissent le pétrole dans le sous-sol et le vendent un an plus tard. Une hausse anticipée du prix entraîne à la fois une augmentation de la demande et une diminution de l'offre, lesquelles entraînent à leur tour une hausse du prix courant.

Comme l'anticipation d'une hausse du prix fait monter le prix courant, ce genre d'anticipation peut créer une **bulle spéculative** – situation où le prix ne monte que parce qu'on s'attend à ce qu'il le fasse et que divers événements renforcent cette anticipation. C'est ce qui s'est produit au printemps 2008, lorsque la bulle spéculative se gonflait. Mais les bulles spéculatives finissent toujours par éclater : quand la récession de 2008 s'est manifestée (ses premiers signes datant de décembre 2007), les opérateurs du marché du pétrole ont compris que la demande ne croîtrait pas comme ils l'anticipaient, et le prix a basculé comme le pot au lait de Perrette.

La figure 1 résume les événements que nous venons de décrire et illustre les forces qui s'exercent sur l'offre et la demande dans le marché mondial du pétrole.

Le marché mondial du maïs
En plus de servir à l'alimentation humaine et animale, le maïs est devenu une source d'éthanol. La production mondiale de maïs s'est accrue ces dernières années, mais son prix lui aussi a augmenté.

Comme pour le pétrole, notre histoire sur l'offre et la demande de maïs commence en Chine et en Inde, où l'augmentation de la production et du revenu a accru la demande

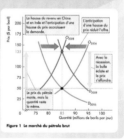

Figure 1   Le marché du pétrole brut

Figures et graphiques

Notre objectif a toujours été d'illustrer l'action économique à l'aide de figures et de graphiques. Depuis la première édition, les figures et les graphiques de ce manuel nous valent d'innombrables éloges, ce qui renforce notre conviction que l'analyse graphique est l'outil le plus important dans l'enseignement et l'apprentissage de l'économique. Comme les figures et les graphiques donnent du fil à retordre à bien des étudiants, nous avons élaboré un code visuel rigoureux pour répondre à leurs besoins :

◆ la couleur rouge signale les courbes déplacées, les points d'équilibre et les autres éléments importants ;

◆ les flèches colorées indiquent un déplacement ;

◆ les graphiques sont accompagnés des tableaux de données qui ont servi à les tracer et de petits encadrés teintés qui résument les informations clés ;

◆ les figures sont accompagnées de légendes qui résument les points essentiels du chapitre, ce qui permet à l'étudiant d'en avoir un aperçu ou de le réviser en parcourant les figures.

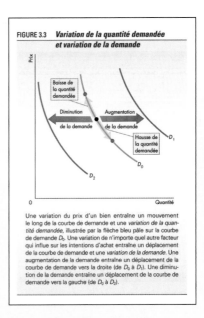

FIGURE 3.3 *Variation de la quantité demandée et variation de la demande*

Une variation du prix d'un bien entraîne un mouvement le long de la courbe de demande et une *variation de la quantité demandée*, illustrée par la flèche bleu pâle sur la courbe de demande D_0. Une variation de n'importe quel autre facteur qui influe sur les intentions d'achat entraîne un déplacement de la courbe de demande et une *variation de la demande*. Une augmentation de la demande entraîne un déplacement de la courbe de demande vers la droite (de D_0 à D_1). Une diminution de la demande entraîne un déplacement de la courbe de demande vers la gauche (de D_0 à D_2).

Entre les lignes

Chaque chapitre propose, sur une double page, une rubrique « Entre les lignes », qui présente un extrait d'un article de presse, ainsi qu'une analyse économique rigoureuse des questions soulevées dans l'article, lequel apporte un éclairage supplémentaire sur une des questions soulevées dans l'introduction du chapitre.

Tous les articles de la rubrique font l'objet d'un exercice d'analyse critique en fin de chapitre.

Rubriques de fin de chapitre

Chaque chapitre se termine par un résumé concis des grandes sections, accompagné des définitions des mots clés et d'une liste des figures et tableaux clés (avec renvoi à la page de référence) ; des problèmes fondés sur l'analyse d'articles de la presse économique ; un exercice d'analyse critique portant sur l'article de la rubrique « Entre les lignes ».

Entretiens avec des économistes

En conclusion de chaque partie, nous vous proposons un entretien avec un économiste réputé, dont les recherches et l'expertise se rapportent à ce que l'étudiant vient d'apprendre. Au cours de ces entretiens, nous examinons les antécédents de la personne, les études qu'elle a suivies, les recherches qu'elle a menées ; nous lui demandons de prodiguer des conseils à ceux et celles qui souhaitent poursuivre leurs études en économique.

Symboles utilisés dans le manuel

Par souci de concision, nous avons utilisé dans les sommes d'argent les symboles suivants :

k : millier, par exemple 3 k$ signifie 3 000 dollars

M : million, par exemple 3 M$ signifie 3 millions de dollars

G : milliard, par exemple 3 G$ signifie 3 milliards de dollars

T : billion (mille milliards), par exemple 3 T$ signifie 3 000 milliards de dollars

Table des matières

PREMIÈRE PARTIE	1

Le champ de l'économique

CHAPITRE 1

Qu'est-ce que l'économique?   **3**

Définir l'économique	4
La rareté	4
La microéconomie	4
La macroéconomie	4
Les deux grandes questions de l'économique	5
Quels biens et services produit-on, comment et pour qui?	5
Quand la poursuite de l'intérêt individuel sert-elle l'intérêt social?	7
La tension entre intérêt individuel et intérêt social: cinq exemples	7
Le raisonnement économique	10
Choix et compromis	10
Les compromis du « quoi », du « comment » et du « pour qui »	10
Les choix entraînent des changements	11
Le coût de renonciation	12
Valeur d'usage, valeur d'échange et utilité	12
Marges et incitatifs	12
Répondre aux incitatifs	13
La nature humaine, les incitatifs et les institutions	13
L'économique: science sociale et outil stratégique	13
L'économique en tant que science sociale	13
L'économique en tant qu'outil stratégique	15

Appendice	
Les graphiques en économique	22
La représentation graphique des données	22
Les graphes de série chronologique	23
Les graphiques de coupe transversale	24
Les diagrammes de dispersion	24
L'utilisation des graphiques dans les modèles économiques	25
Les variables qui évoluent dans le même sens	25
Les variables qui évoluent en sens opposés	26
Les variables qui ont un maximum ou un minimum	27
Les variables indépendantes	28
La pente d'une relation	28
La pente d'une droite	29
La pente d'une courbe	29
La représentation graphique de relations entre plus de deux variables	30
NOTE MATHÉMATIQUE Équations pour les droites	33

CHAPITRE 2

Le problème économique   **41**

Les possibilités de production et le coût de renonciation	42
La courbe des possibilités de production	42
L'efficacité dans la production	43
Les compromis le long de la *CPP*	43
Le coût de renonciation	43
L'utilisation efficace des ressources	45
La *CPP* et le coût marginal	45
Les préférences et la valeur marginale	46
L'efficacité allocative	46
La croissance économique	48
Le coût de la croissance économique	48
La croissance économique d'un pays	49
Les gains à l'échange	50
Avantage comparatif et avantage absolu	50
Tirer les gains de l'échange	51
L'avantage comparatif dynamique	53
La coordination économique	54
Les entreprises	54
Les marchés	54
Les droits de propriété	54
La monnaie	54
Les flux circulaires dans l'économie de marché	55
La coordination des décisions	55
ENTRE LES LIGNES Le coût de renonciation croissant de la nourriture	56

SYNTHÈSE
Comprendre le champ de l'économique

Votre révolution économique	**67**
ENTRETIEN AVEC Jagdish Bhagwati	**68**

DEUXIÈME PARTIE	71

Le fonctionnement des marchés

CHAPITRE 3

L'offre et la demande   **73**

Les marchés et les prix	74
Le prix monétaire et le prix relatif	74

La demande 75
La loi de la demande 75
La courbe de demande et le barème de demande 76
Une variation de la demande 77
Variation de la quantité demandée et variation de la demande 78

L'offre 80
La loi de l'offre 80
La courbe d'offre et le barème d'offre 80
Une variation de l'offre 81
Variation de la quantité offerte et variation de l'offre 83

L'équilibre du marché 84
Le rôle régulateur du prix 84
Les ajustements du prix 85

La prédiction des variations de prix et de quantité 86
Une augmentation de la demande 86
Une diminution de la demande 87
Une augmentation de l'offre 87
Une diminution de l'offre 89
Toutes les variations possibles de l'offre et de la demande 90

ENTRE LES LIGNES L'offre, la demande et le prix 92

NOTE MATHÉMATIQUE La demande, l'offre et l'équilibre 94

CHAPITRE 4

L'élasticité **105**

L'élasticité-prix de la demande 106
Le calcul de l'élasticité-prix de la demande 107
La demande inélastique et la demande élastique 108
L'élasticité le long de la demande 109
L'élasticité le long d'une droite de demande 110
Les recettes et l'élasticité 110
Vos dépenses et l'élasticité de votre demande 111
Les facteurs qui influent sur l'élasticité 111

Les autres types d'élasticité de la demande 113
L'élasticité croisée de la demande 114
L'élasticité-revenu de la demande 115

L'élasticité-prix de l'offre 116
Le calcul de l'élasticité-prix de l'offre 117
Les facteurs qui influent sur l'élasticité de l'offre 118

ENTRE LES LIGNES L'élasticité-prix de la demande d'essence, de camions et de voitures 122

CHAPITRE 5

L'efficacité et l'équité **131**

Les mécanismes d'allocation des ressources 132
Le prix du marché 132
Le système hiérarchique 132
La décision de la majorité 132
Le concours 132
La queue 132
La loterie 133

La discrimination selon des caractéristiques personnelles 133
La force 133

La demande et la valeur marginale 134
La demande, le consentement à payer et la valeur 134
La demande individuelle et la demande du marché 134
Le surplus du consommateur 135
Le surplus du consommateur et la valeur 136

L'offre et le coût marginal 137
L'offre, le coût et le prix minimal induisant une offre 137
L'offre individuelle et l'offre du marché 137
Le surplus du producteur 137

Le marché concurrentiel est-il efficace ? 139
L'efficacité de l'équilibre concurrentiel 139
La sous-production et la surproduction 141
Les obstacles à l'efficacité 141
Suppléer les lacunes du marché 142

Le marché concurrentiel est-il juste ? 143
Il y a injustice si le *résultat* est injuste 144
Il y a injustice si les *règles* sont injustes 148

ENTRE LES LIGNES La facture d'Hydro va grimper 146

CHAPITRE 6

Les interventions de l'État dans les marchés **157**

Le marché du logement et le plafonnement des loyers 158
Les effets du plafonnement des loyers 158
L'inefficacité du plafonnement des loyers 159
Le plafonnement des loyers est-il équitable ? 159

Le marché du travail et le salaire minimum 161
Le salaire minimum accroît le chômage 161
L'inefficacité du salaire minimum 161
Le salaire minimum est-il injuste ? 162

Les taxes 163
L'incidence de la taxe 163
Une taxe sur les ventes 164
Une taxe sur les achats 164
L'équivalence de la taxe sur les achats et de la taxe sur les ventes 164
L'incidence de la taxe et l'élasticité de la demande 165
L'incidence de la taxe et l'élasticité de l'offre 166
Les taxes et l'efficacité 167
Les taxes et l'équité 168

Les quotas et les subventions 169
Les quotas 169
Les subventions 170

Les marchés de produits illégaux 172
Le marché libre d'une drogue 172
Le marché illégal d'une drogue 173
La légalisation et la taxation des drogues 173

ENTRE LES LIGNES Une taxe pour le fonds vert 174

CHAPITRE 7

Les marchés mondiaux **185**

Le fonctionnement des marchés mondiaux 186
Le commerce international 186

Le moteur du commerce international 186
Pourquoi le Canada importe-t-il des t-shirts ? 187
Pourquoi le Canada exporte-t-il des avions
de transport régional ? 188

**Les enjeux du commerce international : gagnants,
perdants et gains nets** 189
Les gains et les pertes de l'importation 189
Les gains et les pertes de l'exportation 190

Les restrictions au commerce international 191
Les tarifs douaniers 191
Les quotas d'importation 194
Autres barrières commerciales 196
Les subventions à l'exportation 196

L'argumentation antiprotectionniste 197
Les deux principaux arguments protectionnistes 197
D'autres arguments protectionnistes 198
L'impartition délocalisée 199
Prévenir les guerres commerciales 200
Pourquoi le commerce international est-il restreint ? 201
Le dédommagement des perdants 201

ENTRE LES LIGNES Les États-Unis protègent
leurs producteurs de bois d'œuvre 202

SYNTHÈSE
Comprendre le fonctionnement des marchés
Le prodigieux marché 212
ENTRETIEN AVEC Susan Athey 213

TROISIÈME PARTIE 217
Les choix des ménages

CHAPITRE 8
Les préférences, les possibilités et les choix 219

La mesure du bien-être 220
Le surplus du consommateur et la compensation 220
Le modèle du consommateur 221

Le budget 222
La droite budgétaire 222

Les préférences et les courbes d'indifférence 225
La continuité 226
La monotonicité 226
Les combinaisons de paniers 227
La convexité 228
La rationalité 229
La carte de préférences 229
Le taux marginal de substitution 230
Le degré de substituabilité 231

L'analyse du comportement du consommateur 233
Le meilleur panier possible 233
Une variation de prix 235
Une variation de revenu 236

L'effet substitution et l'effet revenu 236
Le degré de substituabilité et l'élasticité-prix 239
La mesure de l'utilité 239
La variation compensée 241

Les choix de consommation : nouvelles perspectives 242
L'économie comportementale 243
La neuroéconomie 246
La controverse 246

ENTRE LES LIGNES Version papier contre
version électronique 244

CHAPITRE 9
Le travail, l'épargne, le risque et la valeur 255

Les choix relatifs aux heures de travail et de loisir 256
L'offre de travail 256
La courbe d'offre de travail 256

Les choix relatifs à l'endettement et à l'épargne 257
La droite budgétaire intertemporelle 257
L'effet d'une variation du taux d'intérêt 258
Les préférences temporelles 259
L'emprunt et l'épargne 260

Les choix relatifs à la prise de risque 262
L'investissement en bourse 262
La vente à découvert 263
Les préférences pour le risque 264
La demande de titres boursiers 265

Les échanges et l'origine de la valeur 266
L'origine des prix 267
L'équilibre général 267
Les prix déterminent les revenus 267
L'économie en boîte 269
La boîte d'Edgeworth 271
Les facteurs déterminant la valeur 272
L'efficacité 272
La courbe des contrats 273

ENTRE LES LIGNES REER 2010 274

SYNTHÈSE
Comprendre les choix des ménages
Vivre le mieux possible 281
ENTRETIEN AVEC Steven D. Levitt 282

QUATRIÈME PARTIE 285
Les entreprises et les marchés

CHAPITRE 10
L'organisation de la production 287

L'entreprise et ses problèmes économiques 288
Le but de l'entreprise 288
La comptabilisation du profit 288
La comptabilité économique 288

Le coût de renonciation de la production   288
La comptabilité économique en bref   289
Les décisions   290
Les contraintes de l'entreprise   290

L'efficacité technique et l'efficacité économique   **291**
L'efficacité technique   291
L'efficacité économique   292

L'information et l'organisation   **293**
Les systèmes hiérarchiques   294
Les systèmes incitatifs   294
La combinaison des systèmes   294
Le problème principal-agent   294
Composer avec le problème principal-agent   295
Les diverses formes d'entreprises   295
Les avantages et les inconvénients
des diverses formes d'organisations   297

Les marchés et l'environnement concurrentiel   **298**
Les mesures de concentration   299
Les limites des mesures de concentration   300

Les marchés et les entreprises   **303**
La coordination par les marchés   303
Pourquoi les entreprises ?   303

ENTRE LES LIGNES   La croissance par le froid   306

CHAPITRE 11

La production et les coûts   **317**
L'horizon temporel des décisions   **318**
Le court terme   318
Le long terme   318

Les contraintes techniques à court terme   **319**
Les barèmes de production   319
Les courbes de productivité   320

Le coût à court terme   **323**
Le coût de production   323
Le coût marginal   323
Le coût moyen   324
Le coût marginal et le coût moyen   326
Les courbes de productivité et les courbes de coût   327
Les déplacements des courbes de coût   328

Le coût à long terme   **330**
La fonction de production (à long terme)   330
Le coût à court terme et le coût à long terme   331
La courbe de coût moyen à long terme   332
Les économies et les déséconomies d'échelle   332

ENTRE LES LIGNES   Le prix de l'électricité   334

CHAPITRE 12

La concurrence parfaite   **345**
Qu'est-ce que la concurrence parfaite ?   **346**
Les conditions propices à la concurrence parfaite   346
Les preneurs de prix   346
Le profit et la recette économiques   346
Les décisions de l'entreprise   347

Quelle quantité produire ?   **348**
L'analyse marginale et l'offre de l'entreprise   349
Les seuils de rentabilité et de fermeture   350
Le surplus du producteur et le profit   352
La courbe d'offre d'une entreprise   354
La *déduction* de la loi de l'offre   355

Production et prix à court terme   **355**
La courbe d'offre à court terme de l'industrie   355
L'équilibre concurrentiel à court terme   357
Une variation de la demande   357
Les profits et les pertes à court terme   358

Production et prix à long terme   **358**
Entrées et sorties   359
L'équilibre à long terme   360
La courbe d'offre à long terme de l'industrie   361
Une variation de la demande   363
Les profits à long terme et la rente   364

Les effets externes et le progrès technologique   **366**
Les économies et les déséconomies externes   366
Le progrès technologique   368

La concurrence et l'efficacité   **370**
L'utilisation efficace des ressources   370
Les choix, l'équilibre et l'efficacité   370

ENTRE LES LIGNES   Nouvelle ruée vers l'or   373

CHAPITRE 13

Le monopole   **383**
Qu'est-ce que le monopole ?   **384**
L'absence de substitut proche   384
La présence de barrières à l'entrée   384
Les stratégies de fixation de prix du monopoleur   385

**La production et le prix du monopoleur
non discriminant**   **386**
La demande et la recette marginale   386
La recette et l'élasticité   386
La détermination du prix et du niveau de production   389

**La concurrence parfaite et le monopole
non discriminant : une comparaison**   **391**
Le prix et le niveau de production   391
La capacité excédentaire   392
L'efficacité   393
La redistribution du surplus   394
La recherche de rente   394
L'équilibre de recherche de rente   395

Le monopole et la discrimination par les prix   **396**
S'approprier le surplus du consommateur   396
Le profit et la discrimination par les prix   397
La discrimination par les prix parfaite   397
La discrimination par les prix parfaite, l'efficacité
et la recherche de rente   399

La réglementation du monopole   **400**
La réglementation efficace d'un monopole naturel   400
La réglementation de second rang
d'un monopole naturel   402

ENTRE LES LIGNES   404

CHAPITRE 14

La concurrence monopolistique   **415**

Qu'est-ce que la concurrence monopolistique ?	416
Un grand nombre d'entreprises	416
Un produit différencié	416
Une concurrence par la qualité du produit, par le prix et par le marketing	416
L'absence de barrière à l'entrée et à la sortie	417
La concurrence monopolistique : quelques exemples	418
La production et le prix dans la concurrence monopolistique	418
La détermination de la production et du prix à court terme	418
Quand « maximiser le profit » rime avec « minimiser les pertes »	419
À long terme : un profit nul pour l'entreprise marginale	419
La concurrence monopolistique et la concurrence parfaite	420
L'efficacité de la concurrence monopolistique	421
Le développement de produit et le marketing	423
L'innovation et le développement de produit	423
L'utilisation de la publicité pour transmettre un signal de qualité	426
Les marques de commerce	426
L'efficacité de la publicité et des marques de commerce	427
ENTRE LES LIGNES La différenciation de produit dans le marché des téléphones cellulaires multimédia	428

CHAPITRE 15

L'oligopole   **437**

Qu'est-ce qu'un oligopole ?	438
Les barrières à l'entrée	438
Un nombre restreint d'entreprises	439
Trois modèles de base d'oligopoles	440
Le modèle de l'oligopole à entreprise dominante	440
La concurrence par les quantités	440
La concurrence par les prix	443
Les jeux de l'oligopole	445
Qu'est-ce qu'un jeu ?	445
Le dilemme du prisonnier	445
Un jeu d'oligopole : la fixation du prix	447
D'autres jeux d'oligopole	449
La défaillance de la main invisible	451
Le jeu de la poule mouillée	451
La signification de l'équilibre de Nash	452
Les jeux répétés et les jeux séquentiels	454
Un jeu de duopole répété	454
Un jeu séquentiel d'entrée dans un marché contestable	455
La loi anti-collusion	457
La loi anti-collusion du Canada	457
Quelques affaires importantes	458
ENTRE LES LIGNES Dell et HP dans un jeu pour acquérir une plus grande part du marché	462

SYNTHÈSE

Comprendre les entreprises et les marchés

Gérer le changement et limiter le pouvoir du marché	471
ENTRETIEN AVEC Drew Fudenberg	472

CINQUIÈME PARTIE   **475**

Les lacunes du marché et les choix publics

CHAPITRE 16

Les effets externes   **477**

Les effets externes dans la vie quotidienne	478
Les effets externes de production négatifs	478
Les effets externes de consommation négatifs	479
Les effets externes de production positifs	480
Les effets externes de consommation positifs	480
Les effets externes négatifs : l'exemple de la pollution	481
Les coûts privés et les coûts sociaux	481
La production et la pollution : combien ?	482
Les droits de propriété	482
Le théorème de Coase	483
Les pouvoirs publics et les coûts externes	484
Les effets externes positifs : l'exemple du savoir	485
La valeur privée et la valeur sociale	485
Les pouvoirs publics et les avantages externes	487
Les limites de l'intervention publique	490
ENTRE LES LIGNES Combattre les émissions de gaz carbonique par une taxe sur le carbone et des subventions pour la conversion à l'énergie solaire	492

CHAPITRE 17

Les biens collectifs et les ressources communes   **501**

La classification des biens et des ressources	502
Les biens appropriables et les biens non-appropriables	502
L'usage singulier et l'usage commun	502
Les quatre catégories de biens	502
Les biens collectifs	503
Le problème du passager clandestin	503
La valeur marginale sociale d'un bien collectif	503
Le coût marginal social d'un bien collectif	504
La quantité efficace d'un bien collectif	504
L'inefficacité de la fourniture privée	504
L'efficacité de la fourniture publique	505
L'inefficacité de la surproduction publique	505
Deux types d'équilibre politique	507

La croissance du gouvernement   507
La riposte des électeurs   508

Les ressources communes   **508**
La tragédie des communaux   509
L'exploitation durable   509
L'équilibre de la surpêche   510
L'exploitation efficace des communaux   511
Comment s'assurer d'un résultat efficace   511
Les choix publics et l'équilibre politique   514

ENTRE LES LIGNES   L'antarctique n'appartient
à personne   516

SYNTHÈSE

Comprendre les lacunes du marché
et les choix publics
Fixer les règles   **524**
ENTRETIEN AVEC Caroline M. Hoxby   **525**

SIXIÈME PARTIE   **529**

Les marchés des facteurs de production
et l'inégalité économique

CHAPITRE 18
Les marchés des facteurs de production   **531**
La nature des marchés des facteurs de production **532**
Les marchés du travail   532
Les marchés des services tirés du capital   532
Les marchés des services de la terre et
des ressources naturelles   532
L'entrepreneuriat   532

La demande d'un facteur de production   **533**
La valeur de la productivité marginale   533
La demande de travail d'une entreprise   533
La courbe de demande de travail d'une entreprise 534
Les variations de la demande de travail   535

Les marchés du travail   **536**
Le marché du travail concurrentiel   536
Le marché du travail et les syndicats   538
Les écarts de salaire entre syndiqués et non-syndiqués 541
L'évolution des salaires et la disparité salariale 541

Les marchés du capital et des ressources naturelles 543
Les marchés de location du capital   543
Les marchés de location de la terre   544
Les marchés des ressources naturelles
non renouvelables   544

ENTRE LES LIGNES   Les sables bitumineux du Canada 548

NOTE MATHÉMATIQUE   L'actualisation et
la valeur actualisée   550

CHAPITRE 19
L'inégalité économique   **559**
Mesurer l'inégalité économique   **560**
La répartition du revenu après impôt   560
La courbe de Lorenz du revenu   560
La répartition de la richesse   561
La richesse et le revenu   562
Le revenu et la richesse : sur une année ou
sur l'ensemble du cycle de vie ?   562
L'évolution de l'inégalité économique   563
La pauvreté   564

Les causes de l'inégalité économique   **565**
Le capital humain   565
La discrimination   568
L'inégalité de la répartition de la richesse 570

La redistribution du revenu   **571**
L'impôt sur le revenu   571
Les programmes de sécurité sociale   571
Les services subventionnés   572
Le compromis équité-efficacité   573
Un défi majeur   573

ENTRE LES LIGNES   L'évolution de la pauvreté 574

SYNTHÈSE

Comprendre les marchés des facteurs
de production et l'inégalité économique
De sourdes forces à l'œuvre   **583**
ENTRETIEN AVEC David Card   **584**

Glossaire   **587**

Sources des photographies   **595**

Index   **597**

PREMIÈRE PARTIE

Le champ de l'économique

CHAPITRES

1 Qu'est-ce que l'économique ?

2 Le problème économique

Qu'est-ce que l'économique ?

Vous étudiez l'économique dans une époque de changements extraordinaires. Le Canada est l'un des pays les plus riches du monde, mais la Chine, l'Inde, le Brésil et la Russie, des pays émergents dont les populations font paraître la nôtre minuscule, sont appelés à jouer un rôle de plus en plus important dans une économie mondiale en croissance. Le progrès technologique qui engendre cette croissance nous a apporté Internet, les ordinateurs portatifs, les communications sans fil à haute vitesse, les iPods, les DVD, les téléphones cellulaires, les jeux vidéo et autres innovations qui ont transformé notre façon de vivre et de travailler. Mais cette économie mondiale en croissance a aussi entraîné des hausses faramineuses du prix de l'essence et des aliments, et contribué au réchauffement de la planète et aux changements climatiques. Votre vie sera façonnée par les défis qui se présenteront à vous et par les occasions que vous créerez. Mais pour relever ces défis et saisir ces occasions, vous devez comprendre les puissantes forces en jeu, et, pour ce faire, les connaissances en économique que vous êtes sur le point d'acquérir deviendront votre guide le plus fiable.

Objectifs du chapitre

- ◆ **Définir l'économique et distinguer la microéconomie de la macroéconomie**
- ◆ **Expliquer les deux grandes questions de l'économique**
- ◆ **Expliquer les idées qui déterminent la façon de penser des économistes**
- ◆ **Expliquer comment les économistes envisagent leur travail dans le champ des sciences sociales**

◆ Ce premier chapitre décrit les questions auxquelles s'attaquent les économistes, leur façon d'envisager les choix ainsi que leurs méthodes. Il est suivi d'un appendice qui vous initiera aux méthodes graphiques les plus courantes en économique.

Définir l'économique

Toutes les questions économiques ont pour origine notre propension à désirer davantage que ce que nous pouvons obtenir. Nous voulons un monde paisible et sûr. Nous voulons de l'air sain, et des fleuves, des rivières et des lacs propres. Nous voulons vivre vieux et en bonne santé. Nous voulons de bonnes écoles, de bons collèges, de bonnes universités. Nous voulons des maisons spacieuses et confortables. Nous voulons tout un assortiment de matériel sportif et récréatif – des simples chaussures de sport jusqu'aux motomarines. Nous voulons du temps pour pratiquer des activités physiques, lire, aller au cinéma, écouter de la musique, voyager, rencontrer nos amis, nous amuser et jouir de la vie.

La rareté

Chacun de nous est limité dans ce qu'il peut obtenir par le temps, par le revenu dont il dispose et par les prix de ce qu'il convoite. Tout le monde se retrouve avec des désirs insatisfaits. En tant que société, ce que nous pouvons obtenir est limité par nos ressources productives. Ces ressources comprennent les dons de la nature, le travail et l'ingéniosité humaine, ainsi que les outils et l'équipement que nous avons produits.

Cette situation où les ressources disponibles sont insuffisantes pour satisfaire tous les désirs des gens s'appelle la **rareté**. La rareté n'épargne ni les pauvres ni les riches. L'enfant qui n'a que 2 $ en poche et qui désire un sandwich à 2 $ et une orange à 1 $ est aux prises avec la rareté. Le millionnaire partagé entre le désir de passer son samedi à jouer au golf et celui d'assister à une réunion de planification stratégique le même samedi est aux prises avec la rareté. La société qui veut améliorer son système de santé, informatiser et brancher à Internet chacune de ses salles de classe, remettre ses infrastructures routières en bon état, dépolluer les fleuves, les lacs et les rivières, et ainsi de suite est aux prises avec la rareté. Même les perroquets n'échappent pas à la rareté !

La rareté nous impose des choix. Nous devons choisir parmi les possibilités qui s'offrent à nous. L'enfant doit *choisir* le sandwich *ou* l'orange. Le millionnaire doit *choisir* la partie de golf *ou* la réunion. En tant que société, nous devons *choisir* entre les soins de santé, les autoroutes, le maintien de la paix, l'éducation, l'environnement, etc.

Nos choix répondent aux *incitatifs* qui se présentent à nous. Un incitatif est un fait, une mesure ou une situation qui nous pousse à agir de telle ou telle manière, soit parce qu'il a une valeur pour nous (la carotte) soit parce qu'il nous impose un coût (le bâton). Si le prix du sandwich baisse, l'enfant est incité à acheter davantage de sandwichs. Si un profit de 10 M $ est en jeu, le millionnaire est incité à laisser tomber son samedi de golf. Si le prix des ordinateurs baisse, les commissions scolaires sont incitées à équiper davantage de salles de classe d'ordinateurs.

L'**économique** est la science sociale qui étudie les choix des individus, des entreprises, des gouvernements et de la société aux prises avec la rareté. L'économique se divise en deux branches :

- la microéconomie ;
- la macroéconomie.

La microéconomie

La **microéconomie** est l'étude des choix que font les individus et les entreprises, des conséquences de ces choix sur les marchés, et de l'influence que les gouvernements exercent sur ces choix. À titre d'exemple, des questions comme « Pourquoi les gens achètent-ils davantage de DVD et moins de billets de cinéma ? » ou « Comment une taxe sur le commerce électronique influerait-elle sur eBay ? » sont des questions microéconomiques.

La macroéconomie

La **macroéconomie** est l'étude du rendement des économies nationales et mondiale. À titre d'exemple, des questions comme « Pourquoi le taux d'inflation au Canada a-t-il

Non seulement je veux un biscuit,
mais nous voulons tous un biscuit !

MINITEST   1

1 Donnez quelques exemples actuels de rareté au Canada.

2 Utilisez les manchettes du jour pour donner quelques exemples de rareté ailleurs dans le monde.

3 Utilisez les sujets de manchettes du jour pour illustrer la différence entre la microéconomie et la macroéconomie.

Réponses p. 19

commencé à augmenter en 2008 ?» ou «La Banque du Canada peut-elle maîtriser l'inflation en augmentant les taux d'intérêt ?» sont des questions macroéconomiques.

Les deux grandes questions de l'économique

Le champ de l'économique peut se résumer en deux grandes questions :

- ◆ Comment les choix des agents économiques déterminent-ils ce qui est produit, comment et pour qui ?
- ◆ Quand la poursuite de l'intérêt individuel sert-elle l'intérêt social ?

Quels biens et services produit-on, comment et pour qui ?

On appelle **biens et services** tout ce que les gens valorisent et produisent pour satisfaire leurs désirs. Les biens sont des objets physiques, comme des cellulaires ou des automobiles ; les services sont des tâches qu'on accomplit pour des gens, comme les services de téléphonie cellulaire, les services de garderie ou les services de mécanique automobile.

Que produisons-nous ? Ce que nous produisons évolue avec le temps. Il y a 65 ans, presque 20 % des travailleurs canadiens travaillaient à la ferme, contre moins de 3 % aujourd'hui. Durant la même période, le nombre de travailleurs produisant des biens dans des mines, sur les chantiers de construction ou dans des usines est passé de 60 % à moins de 25 %. Par contre, il y a 65 ans, 20 % seulement des travailleurs produisaient des services, alors qu'aujourd'hui ce pourcentage est de plus de 75 %. La figure 1.1 illustre ces tendances.

Qu'est-ce qui détermine ces modèles de production ? Comment les choix finissent-ils par déterminer les quantités de téléphones cellulaires, d'automobiles, de services de téléphonie cellulaire et de mécanique automobile ainsi que des millions d'autres biens et services produits au Canada et dans le monde ?

Comment produisons-nous ? Les ressources productives qui servent à produire les biens et services s'appellent les **facteurs de production**. On distingue quatre types de facteurs de production :

- ◆ la *terre* ;
- ◆ le *travail* ;
- ◆ le *capital* ;
- ◆ l'*entrepreneuriat*.

FIGURE 1.1 *L'évolution des tendances dans ce que nous produisons*

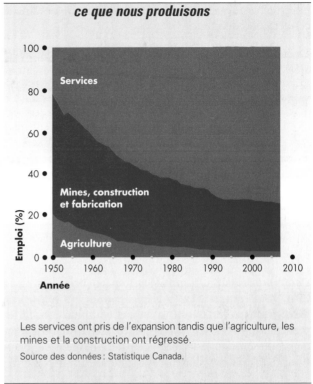

Les services ont pris de l'expansion tandis que l'agriculture, les mines et la construction ont régressé.

Source des données : Statistique Canada.

La terre En économique, le terme **terre** désigne les «dons de la nature» utilisés pour produire des biens et services, autrement dit les *ressources naturelles* : la terre au sens strict, mais aussi les minéraux, les ressources énergétiques et l'air.

La surface de notre territoire et nos ressources en eau sont renouvelables, et certaines de nos ressources minérales peuvent être recyclées. Cependant, beaucoup d'autres – comme les combustibles fossiles utilisés pour produire de l'énergie – ne le sont pas ; on ne peut les utiliser qu'une seule fois.

Le travail On appelle **travail** le temps et les efforts que les gens consacrent à la production de biens et de services. Le travail inclut les efforts physiques et mentaux de tous les gens qui travaillent dans des fermes, des chantiers de construction, des usines, des manufactures, des magasins et des bureaux.

La *qualité* du travail dépend du **capital humain**, c'est-à-dire des compétences et habiletés que les gens acquièrent par l'instruction, la formation sur le tas et l'expérience de travail. En ce moment même, pendant que vous travaillez à ce cours d'économie, vous êtes en train d'accroître votre capital humain, lequel continuera à augmenter à mesure que vous vous améliorerez dans votre travail.

Le capital humain croît avec le temps. À l'heure actuelle, 92 % de la population adulte du Canada a terminé son secondaire, et plus de 62 % détient un diplôme d'études collégiales ou universitaires. La figure 1.2 donne une mesure de la croissance du capital humain au Canada ces dernières décennies.

Le capital On appelle **capital** la machinerie, l'outillage ainsi que les édifices et autres constructions que les entreprises utilisent pour produire des biens et services. La quantité de capital s'accroît constamment avec le temps.

Dans le langage courant, le *capital* fait souvent référence à l'argent, aux actions boursières, aux obligations et autres types d'actifs financiers; en fait, il s'agit de *capital financier* – de capitaux. Le capital financier est important, car il permet aux entreprises d'emprunter les fonds avec lesquels ils achètent le capital (physique) et paient leurs employés. Cependant, comme il ne sert pas directement à produire des biens et services, le capital financier n'est pas une ressource productive.

L'entrepreneuriat On appelle **entrepreneuriat** le type de ressource humaine qui organise les trois autres facteurs de production, soit le travail, la terre et le capital. Les entrepreneurs apportent de nouvelles idées sur ce qu'il convient de produire et sur la façon de le faire, prennent des décisions d'affaires et assument les risques qui en découlent.

Qu'est-ce qui détermine les quantités de facteurs de production que nous utilisons? La réponse à cette question est liée à une autre question: pour qui produit-on?

FIGURE 1.2 **_Une mesure du capital humain_**

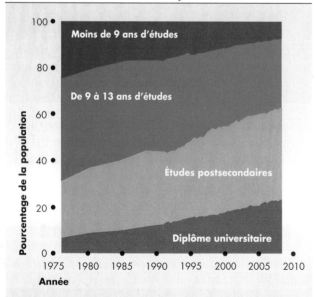

À l'heure actuelle, 23 % de la population canadienne détient un diplôme universitaire, 40 % de plus détient un diplôme ou une attestation d'études postsecondaires, et un autre 30 % a terminé son secondaire.

Source des données: Statistique Canada.

Pour qui produit-on? Les revenus des gens déterminent qui obtient les biens et services produits. Le joueur de hockey vedette qui gagne quelques millions de dollars par année achète une grande quantité de biens et services. Le sans-abri a beaucoup moins de possibilités et n'achète que très peu de biens et services.

Pour gagner un revenu, les gens vendent les services des facteurs de production qu'ils possèdent:

- la terre rapporte une **rente**;
- le travail rapporte un **salaire**;
- le capital rapporte un **loyer**;
- l'entrepreneuriat rapporte un **profit**.

Quel facteur de production rapporte le revenu le plus important? Les salaires (avec les avantages sociaux) représentent environ 70 % du revenu total, tandis que la terre, le capital et l'entrepreneuriat rapportent le reste. Ces pourcentages sont remarquablement constants dans le temps.

Connaître la répartition du revenu entre les facteurs de production ne nous dit rien sur sa répartition entre les individus. Or, cette répartition est extrêmement inégale.

Vous connaissez des gens qui ont de très gros revenus. En 2007, Mike Lazaridis, président et codirecteur de Research in Motion, a gagné plus de 51 M $. La même année Paul Desmarais fils, président de Power Corporation, a gagné plus de 29 M $. Jacques Lamarre de SNC-Lavallin a obtenu plus de 9 M $, et Pierre-Karl Péladeau de Québécor s'est contenté pour sa part d'un peu plus de 3 M $.

Vous connaissez aussi des gens, bien plus nombreux, qui ont de très faibles revenus. Ainsi, les serveurs du Tim Hortons sont payés environ 9 $ par heure. D'autres disparités salariales persistent: en moyenne, les hommes gagnent davantage que les femmes; les Blancs, davantage que les Noirs; et les détenteurs de diplômes d'études collégiales, davantage que ceux qui n'ont qu'un diplôme du secondaire.

La distribution en pourcentage du revenu total au Canada indique qui consomme les biens et les services qui y sont produits. Les 20 % de gens qui ont les revenus les plus bas ne reçoivent que 6,2 % du revenu total, tandis que les 20 % qui ont les revenus les plus élevés reçoivent près de 40 % du revenu total, soit 6,5 fois plus!

Pourquoi la distribution du revenu est-elle aussi inégale? Pourquoi les femmes gagnent-elles moins que les hommes? L'économique fournit certaines réponses à toutes les questions concernant la nature des biens et services produits, la façon dont ils sont produits et pour qui ils le sont, et une bonne partie du reste de cet ouvrage vous aidera à comprendre ces réponses.

Nous allons maintenant nous pencher sur la deuxième grande question de l'économique, l'une de celles auxquelles il est le plus difficile de répondre : « Quand la poursuite de l'intérêt individuel sert-elle l'intérêt social ? »

Quand la poursuite de l'intérêt individuel sert-elle l'intérêt social ?

Tous les jours, vous faites des choix économiques, comme 32 millions d'autres Canadiens et quelque 6,7 milliards de gens dans le reste du monde. Ces choix déterminent ce qui est produit, comment et pour qui.

L'intérêt individuel   Vous faites un choix dans votre **intérêt individuel** si vous choisissez ce que vous croyez être le mieux dans votre propre intérêt. La plupart de vos choix sont faits dans votre intérêt individuel. Ainsi, vous utilisez votre temps et vos autres ressources de la manière qui vous convient le mieux, sans trop penser aux conséquences de ces choix pour le reste des gens. Vous achetez du pain parce que vous avez faim et que vous voulez manger, et non parce que vous vous dites que le boulanger a besoin de gagner sa vie.

Lorsque vous faites des choix économiques dans votre intérêt individuel, vous entrez en contact avec les milliers de gens qui produisent ou livrent les biens et services que vous décidez d'acheter ou qui achètent les biens et services que vendez. Ces gens ont fait leurs propres choix – que produire, comment et pour qui, qui embaucher ou pour qui travailler, etc. – dans leur intérêt individuel. Le boulanger qui a cuit votre pain ne l'a pas fait pour vous personnellement ; il l'a fait pour gagner sa vie en poursuivant son intérêt individuel.

L'intérêt social   Les choix dictés par l'intérêt individuel servent l'**intérêt social** si leur résultat est le meilleur possible pour la société dans son ensemble – autrement dit, si leur résultat conduit à une utilisation efficace des ressources et à une répartition équitable (ou honnête) des biens et services entre les individus. Les ressources sont utilisées efficacement quand les biens et services sont produits au meilleur coût possible et dans des quantités telles que la valeur totale de la production est optimale.

La grande question   Comment pouvons-nous organiser la vie économique de manière à ce que, lorsque chacun de nous fait des choix dictés par son intérêt individuel, le résultat de ces choix serve également l'intérêt social ? Le commerce volontaire sur des marchés libres sert-il l'intérêt social ? Faut-il que le gouvernement guide nos choix pour que ceux-ci servent l'intérêt social ? Avons-nous besoin de traités internationaux pour veiller à l'intérêt social mondial ? Essayons d'y voir un peu plus clair avec quelques exemples.

La tension entre intérêt individuel et intérêt social : cinq exemples

Pour amorcer la réflexion sur la tension entre l'intérêt individuel et l'intérêt social, nous allons nous pencher sur cinq sujets qui font toujours couler beaucoup d'encre et de salive. Nous nous contenterons ici de présenter rapidement ces sujets et d'énumérer certaines des questions économiques qu'ils soulèvent. Cependant, nous y reviendrons plus loin à mesure que vous progresserez dans l'étude des idées et des outils économiques dont on peut se servir pour étudier ces cinq sujets, à savoir :

- ◆ la mondialisation ;
- ◆ l'économie de l'information ;
- ◆ le réchauffement planétaire ;
- ◆ l'épuisement des ressources naturelles ;
- ◆ l'instabilité économique.

La mondialisation   En économie, le terme **mondialisation** signifie l'internationalisation du commerce, des prêts et des emprunts ainsi que de l'investissement. Quels intérêts individuels la mondialisation sert-elle ? Sert-elle seulement l'intérêt des multinationales qui produisent à faible coût dans certaines régions du monde pour vendre à prix fort dans d'autres régions du monde ? Sert-elle aussi l'intérêt individuel du travailleur de Malaisie qui a cousu vos nouvelles chaussures sport ? Sert-elle votre intérêt individuel ? Sert-elle

La mondialisation aujourd'hui

La vie sur une planète de plus en plus petite

Tous les jours, 40 000 personnes voyagent dans le ciel entre l'Amérique du Nord et l'Asie ou l'Europe. Un téléphone cellulaire ou une vidéoconférence reliant des gens qui vivent à 15 000 kilomètres les uns des autres est devenu un événement banal et peu coûteux.

Quand Roots produit des pantalons de yoga, des gens ont du travail à Taiwan. Quand Apple conçoit une nouvelle génération d'iPod, des usines de Chine, du Japon, de Corée et de Taiwan produisent et assemblent leurs composantes. Quand Nintendo crée un nouveau jeu pour la Wii, des programmeurs en écrivent le code en Inde. Et quand China Airlines commande de nouveaux jets régionaux, des Canadiens les construisent chez Bombardier.

La mondialisation accroît la production en Asie et multiplie les emplois pour les travailleurs asiatiques, mais détruit de nombreux emplois en Amérique du Nord. Les travailleurs des industries manufacturières doivent acquérir de nouvelles compétences, accepter des emplois moins bien payés ou prendre une retraite précoce.

l'intérêt social? Devrait-on freiner la mondialisation et restreindre les importations de biens et services bon marché produits à l'étranger?

L'économie de l'information Nos ressources rares ont-elles été utilisées de façon optimale durant la « Révolution de l'information » des années 1990 et 2000? Qui a tiré profit de la décision de Bill Gates de quitter Harvard pour créer Microsoft? Les systèmes d'exploitation d'ordinateurs personnels créés par Microsoft servent-ils l'intérêt social? La quantité, la qualité et le prix des programmes de Microsoft servent-ils l'intérêt social? Devions-nous payer à Bill Gates ce qui s'élève maintenant à quelque 55 G$ pour produire les générations successives de Windows et de Microsoft Office? Intel a-t-elle suffisamment fabriqué de microprocesseurs de bonne qualité, vendus à un juste

prix? Ou la qualité de ces puces était-elle mauvaise, et leur prix trop élevé? L'intérêt social aurait-il été mieux servi si Microsoft et Intel avaient dû soutenir la concurrence d'autres entreprises?

Le réchauffement planétaire Le réchauffement de la planète et ses effets sur les changements climatiques sont devenus un énorme enjeu politique. Tout politicien sérieux est conscient de l'ampleur du problème et de la popularité des propositions pour réduire les émissions de gaz à effet de serre.

Tous les jours, lorsque vous veillez à votre intérêt individuel en utilisant de l'essence, vous contribuez aux émissions de gaz à effet de serre, et vous laissez votre empreinte de carbone. Vous pourriez réduire cette empreinte en vous déplaçant à pied ou à vélo, en utilisant les transports en

L'origine de la Révolution de l'information

Tant de grandes choses pour une si petite puce!

À l'origine de la Révolution de l'information, il y a cette minuscule chose qu'on appelle un microprocesseur ou une puce. En 1965, Gordon Moore d'Intel prédisait que le nombre de transistors pouvant tenir sur une puce doublerait tous les 18 mois. Cette prédiction de Moore s'est révélée remarquablement précise, à tel point qu'on en parle maintenant comme de la *loi de Moore*. En 1980, un microprocesseur d'Intel avait 60 000 transistors; en 2008, le Core 2 Duo d'Intel installé sur votre ordinateur personnel en a 291 millions.

Les retombées d'une informatique de plus en plus rapide et de moins en moins chère ont été phénoménales. Les télécommunications sont devenues de plus en plus claires et rapides; les enregistrements de musique et d'images sont de plus en plus réalistes; d'innombrables tâches routinières qui exigeaient des décisions et des actions humaines ont été automatisées.

La puissance bon marché de l'ordinateur ainsi que tous les nouveaux produits et processus qu'elle a rendus possibles ont été produits par des gens qui ont fait des choix dictés par leur intérêt individuel. Ces innovations ne résultent ni d'un grand dessein entrepreneurial ni d'un plan économique gouvernemental. Quand Gordon Moore a fondé Intel et s'est mis à produire des puces, personne ne lui avait demandé de le faire, et il ne pensait pas à vous faciliter la vie en vous offrant un ordinateur portatif plus rapide. Quand Bill Gates a quitté Harvard pour fonder Microsoft, il ne pensait pas à vous faciliter la vie en simplifiant l'utilisation d'un ordinateur. Moore, Gates et des milliers d'autres entrepreneurs voulaient gagner une fortune, et plusieurs y sont parvenus.

Une planète de plus en plus chaude

La fonte des glaciers et les changements climatiques

La fonte des calottes polaires est une preuve incontestable du réchauffement de la planète. On estime que la surface de la Terre s'est réchauffée de 0,75 °C depuis un siècle. L'incertitude plane quant aux causes de ce phénomène, et surtout quant à son évolution et à ses effets éventuels futurs.

Toutefois, les scientifiques s'entendent pour dire que (1) la température monte parce que la quantité de dioxyde de carbone sur Terre augmente, et (2) l'activité économique humaine contribue à cette augmentation.

Les forêts, qui convertissent le dioxyde de carbone en oxygène, agissent comme des réservoirs de carbone; malheureusement, leur surface rapetisse d'année en année. Les deux tiers des émissions de carbone du monde viennent des États-Unis, de la Chine, de l'Union européenne, de la Russie et de l'Inde. Les émissions qui augmentent le plus rapidement sont celles de l'Inde et de Chine.

La combustion de charbon et de pétrole pour produire de l'électricité et faire fonctionner les avions, les automobiles et les camions émet chaque année 28 milliards de tonnes (4 tonnes par personne) de dioxyde de carbone dans l'atmosphère.

À quel point la Terre se réchauffera-t-elle et quels seront les effets de ce réchauffement? Nous l'ignorons. Chose certaine, si la température continue à augmenter, le climat va changer, le niveau des océans va monter et les régions côtières proches du niveau de la mer devront être protégées des vagues par des barrages extrêmement coûteux.

commun ou en plantant des arbres. Mais peut-on se fier au sens civique des citoyens pour prendre des décisions individuelles qui tiennent compte de la réduction des émissions de gaz à effet de serre et servir ainsi l'intérêt social ? Les gouvernements devraient-ils modifier les incitatifs de manière à ce que les choix dictés par l'intérêt individuel servent l'intérêt social ? Si oui, comment peuvent-ils changer les incitatifs pour atteindre cet objectif ? Comment décourager l'utilisation des combustibles fossiles qui entraînent les changements climatiques et favoriser le recours à l'hydroélectricité, à l'énergie éolienne et à l'énergie solaire ?

L'épuisement des ressources naturelles Les forêts tropicales et les stocks de poissons des océans disparaissent rapidement. Ces ressources n'appartiennent à personne en particulier, et n'importe qui peut s'en servir librement. Lorsque des chalutiers japonais, espagnols et russes écument les eaux internationales, personne ne sait combien de poissons ils pêchent, et personne ne leur demande de payer. Les poissons sont gratuits.

Nos choix économiques sont guidés par notre intérêt individuel lorsque nous achetons des produits qui détruisent les ressources naturelles et épuisent les stocks de poissons sauvages. Lorsque vous achetez du savon ou que vous mangez du poisson sauvage, vous contribuez à l'épuisement des ressources naturelles. Ces choix dictés par l'intérêt individuel nuisent-ils à l'intérêt social ? Si oui, que peut-on faire pour modifier vos choix de manière à ce qu'ils servent l'intérêt social ?

L'instabilité Depuis le milieu des années 1980, nous avons vécu une époque de stabilité économique si remarquable qu'on en a parlé comme de la « Grande modération ». Même les ondes de choc des attentats du 11 septembre 2001 n'ont entraîné qu'un léger fléchissement de la vigoureuse expansion économique canadienne et mondiale. Mais, en août 2007, on assistait au début d'une période de tension financière qui a culminé avec l'effondrement des marchés financiers à l'automne 2008.

Les choix des banques et de leurs clients qui contractent des fonds sont dictés par des intérêts individuels. Mais ces contrats de prêts et d'emprunts servent-ils aussi l'intérêt social ? Les subventions accordées par la Federal Reserve aux banques américaines en difficulté servent-elles

Des ressources naturelles de plus en plus rares

Quand les forêts et les poissons disparaissent...

Les forêts tropicales d'Amérique du Sud, d'Afrique et d'Asie abritent quelque 30 millions d'espèces de végétaux, d'animaux et d'insectes, soit près de 50 % de toutes les espèces de la planète. Ces forêts humides nous fournissent les ingrédients de nombreux produits comme les savons, rince-bouche et shampoings, du caoutchouc, des fruits et des noix. À elle seule, la forêt amazonienne convertit en oxygène environ 1 billiard de livres de dioxyde de carbone par année.

Cependant, les forêts tropicales couvrent moins de 2 % de la surface terrestre, et elles sont en voie de disparition. L'abattage d'arbres, l'élevage intensif de bovins, l'extraction pétrolière et minière, les barrages hydroélectriques et l'agriculture de subsistance détruisent une surface de forêt équivalant à deux terrains de football toutes les secondes, soit une surface plus grande que la ville de New York tous les jours. À ce rythme, les écosystèmes de toutes les forêts tropicales auront disparu en 2030.

Ce qui arrive aux forêts tropicales arrive également aux stocks de poissons des océans. La surpêche a pratiquement éliminé la morue de l'Atlantique et le thon rouge du Sud du Pacifique. Plusieurs autres espèces de poisson sont en voie d'extinction dans la nature et proviennent maintenant des piscicultures.

La fin de la Grande modération

Un resserrement du crédit

Gorgées de liquidités et disposées à offrir des taux d'intérêt plus bas que jamais, les banques américaines ont prêté des sommes folles aux acheteurs de maisons. Comme le prix des maisons grimpait rapidement aux États-Unis, les propriétaires de maisons se sont sentis très à l'aise, et ont emprunté et dépensé joyeusement. Ces prêts adossés à des propriétés immobilières ont été convertis en titres financiers et revendus à des banques ailleurs dans le monde.

En 2006, aux États-Unis, les taux d'intérêt ont commencé à monter, l'augmentation du prix des maisons à ralentir et les emprunteurs à ne pas respecter les échéances de paiement de leurs prêts. Puis, ce qui avait commencé par un filet d'eau est devenu un torrent. Au milieu de 2007, de plus en plus de gens se retrouvaient dans l'impossibilité de rembourser leurs prêts, et les banques essuyaient des pertes totalisant des milliards de dollars.

Les marchés mondiaux du crédit ont cessé de fonctionner, et les gens ont commencé à redouter un ralentissement prolongé de l'activité économique. Certains craignaient même que l'économie revive une crise de l'ampleur de la Grande Dépression des années 1930. Déterminée à éviter une catastrophe, la Federal Reserve s'est mise à prêter des sommes faramineuses aux banques américaines.

l'intérêt social mondial, ou cette opération de sauvetage risque-t-elle d'inciter les banques à courir de nouveau des risques excessifs lorsqu'elles consentiront des prêts?

Nous venons de passer en revue cinq sujets qui illustrent la grande question « Quand la poursuite de l'intérêt individuel sert-elle l'intérêt social ? » En avançant dans la lecture de cet ouvrage, vous vous familiariserez avec les principes qui aident les économistes à évaluer si l'intérêt social est servi au mieux ou non et à déterminer ce qu'on peut faire lorsqu'il ne l'est pas.

 ## Le raisonnement économique

Dans cette section, nous nous pencherons sur les idées qui guident le raisonnement économique. Cette façon de penser exige de l'entraînement, mais elle est puissante et, à mesure qu'elle vous deviendra plus familière, elle vous permettra de porter sur le monde un regard nouveau et très pénétrant.

Choix et compromis

La rareté impose des choix, et choisir signifie ne retenir qu'une possibilité parmi d'autres. Ainsi, vous pouvez passer la soirée de samedi à étudier pour votre prochain examen d'économique *ou* à vous amuser avec vos amis. Comme vous ne pouvez pas vous livrer à ces deux activités en même temps, vous devez décider combien de temps vous consacrerez à chacune. Quel que soit votre choix, vous auriez pu en faire un autre.

On peut envisager votre choix comme un **compromis**, c'est-à-dire comme une contrainte qui suppose une renonciation – l'échange de quelque chose contre autre chose. Si vous choisissez de passer la soirée de samedi à étudier pour réussir votre examen, vous renoncez à le passer à vous amuser avec vos amis, et vice-versa.

Du beurre ou des canons   L'exemple classique du compromis est le choix entre du beurre ou des canons. On peut remplacer « beurre » et « canons » par n'importe quelle paire de biens et services. Il peut s'agir réellement de beurre et de canons, de catégories plus vastes comme la nourriture et la sécurité nationale, ou de n'importe autre quelle paire de biens ou de services, comme du jus et de l'eau embouteillée, des bâtons de baseball et des raquettes de tennis, des écoles et des hôpitaux, des services de courtage immobilier et des services d'orientation professionnelle.

Peu importe les biens et services que représentent le beurre et les canons, le compromis « beurre ou canons » illustre ce fait inéluctable de la vie : si on veut davantage d'une chose, on doit renoncer à autre chose.

La notion de compromis est au cœur du raisonnement économique. On peut ramener toutes les grandes questions économiques à des questions de compromis. Voyons ce que donne cet exercice.

Les compromis du « quoi », du « comment » et du « pour qui »

Les questions « quels biens et services produit-on ? », « comment ? » et « pour qui ? » impliquent toutes des compromis comme celui du beurre ou des canons.

Les compromis du « quoi »   La nature des biens et services que nous produisons dépend de choix faits par chacun de nous, par les entreprises qui produisent ce que nous achetons et par nos gouvernements. Ces choix supposent tous un compromis.

Chacun de nous fait des compromis lorsqu'il choisit comment dépenser son revenu. Par exemple, vous décidez d'aller au cinéma cette semaine, mais vous renoncez à quelques tasses de café pour payer votre billet. Vous échangez du café contre un film.

Les gouvernements font des compromis quand ils choisissent comment dépenser l'argent de nos impôts. Par exemple, quand des élus votent l'augmentation des crédits de la défense nationale, mais diminuent ceux de l'éducation, ils échangent de l'éducation contre de la défense nationale.

Les entreprises font des compromis quand elles décident de ce qu'elles produiront. Par exemple, lorsque Nike engage Tiger Woods et alloue des ressources à la conception et à la mise en marché d'une nouvelle balle de golf, mais réduit les ressources consacrées au développement d'une nouvelle chaussure sport, Nike renonce à produire de nouvelles chaussures sport pour favoriser le développement de nouvelles balles de golf.

Les compromis du « comment »   La façon dont sont produits les biens et services que nous achetons dépend des choix que font les entreprises qui les produisent. Chacun de ces choix suppose un compromis. Ainsi, quand Provigo réaménage ses magasins pour y installer des caisses libre-service automatiques, cette entreprise remplace du travail par du capital.

Les compromis du «pour qui» La façon dont le pouvoir d'achat est réparti détermine pour qui on produit les biens et services. Le pouvoir d'achat peut être redistribué – transféré d'une personne à l'autre – de trois façons : par le don, par le vol ou par les impôts et les prestations d'un gouvernement. La redistribution entraîne des compromis.

Chacun de nous fait des compromis lorsqu'il choisit, par exemple, le montant de son don à Centraide ou à l'UNICEF. Quand nous faisons un don de 50 $ et que nous réduisons nos dépenses d'autant, nous renonçons à une partie de notre pouvoir d'achat en échange d'un peu plus d'égalité économique.

Nous faisons aussi un compromis quand nous votons pour une mesure législative qui accroît les ressources consacrées à l'arrestation des voleurs et des fraudeurs. Nous renonçons à des biens et services pour que nos propriétés soient plus en sécurité.

Nous faisons encore un compromis lorsque nous votons pour des impôts sur le revenu et des programmes sociaux qui redistribuent la richesse au profit des pauvres. Les programmes de redistribution placent la société devant le compromis entre l'équité et l'efficacité. Imposer le revenu des plus riches et faire des transferts aux plus pauvres assure une plus grande égalité économique. Par contre, imposer des activités productives comme l'exploitation d'une entreprise, le dur labeur, l'épargne et l'investissement en capital peut décourager la poursuite de ces activités. Dans ce cas, une répartition plus équitable signifie qu'il y a moins à partager.

On peut envisager ce compromis comme le partage d'un gâteau fabriqué collectivement. Si chacun reçoit une part qui correspond à l'importance de son effort, tous travaillent avec ardeur, et le gâteau est aussi gros que possible. Mais si les parts sont égales pour tous sans égard à la contribution de chacun, certains pâtissiers doués relâchent leurs efforts, et le gâteau rapetisse. On doit donc choisir entre la grosseur du gâteau et l'égalité des parts. Nous renonçons collectivement à une partie du gâteau pour son partage plus égalitaire.

Les choix entraînent des changements

Les réponses aux questions «quels biens et services produire ?», «comment ?» et «pour qui ?» changent avec le temps. La quantité et la diversité des biens et services disponibles ont beaucoup augmenté en une génération. Cependant, la qualité de vie économique et le rythme de son amélioration ne dépendent pas seulement de la nature et du hasard, mais aussi de plusieurs des choix faits par chacun de nous, par les entreprises et par les gouvernements. Ces choix supposent également des compromis.

L'un de ces choix est la part de notre revenu que nous dépensons et la part que nous épargnons. Nous pouvons décider d'investir nos épargnes dans le système financier pour financer des entreprises qui veulent acquérir du nouveau capital qui augmente leur production. Plus nous épargnons, plus le capital financier dont disposent les entreprises pour acheter du capital physique s'accroît, et plus elles pourront produire des biens et services dans le futur. Si vous renoncez à quelques jours de vacances pour épargner 1 000 $, vous renoncez à ces vacances en échange d'un revenu plus élevé dans le futur. Si tout le monde épargne 1 000 $ de plus et que les entreprises investissent davantage dans des équipements qui augmentent la production, la consommation par personne future augmentera, et le niveau de vie s'améliorera. En tant que société, nous échangeons une partie de notre consommation actuelle pour une croissance et une consommation accrues dans le futur.

Un deuxième de ces choix est la somme d'efforts à consacrer à l'éducation et à la formation. En devenant plus instruits et plus qualifiés, nous devenons plus productifs, et nous pouvons produire davantage de biens et services. Lorsque vous décidez de poursuivre vos études deux ans de plus, et que vous renoncez à obtenir un salaire en commençant tout de suite à travailler, vous échangez un revenu dont vous pourriez profiter maintenant contre un revenu supérieur dans le futur. Si tout le monde devient plus instruit et plus qualifié, la production et le revenu par habitant augmentent. En tant que société, nous retardons la consommation que nous pourrions avoir aujourd'hui contre une croissance économique et une consommation accrues dans le futur.

Un troisième choix, qui revient habituellement aux entreprises, concerne la quantité de ressources à consacrer à la recherche et au développement de nouveaux produits et de nouvelles méthodes de production. Par exemple, Ford peut engager des ingénieurs pour faire de la recherche sur la conception d'une nouvelle chaîne de montage robotisée ou se contenter d'exploiter l'équipement existant et de produire des automobiles. Le choix d'une nouvelle chaîne de montage robotisée augmente la productivité future, mais signifie une production courante moindre. En faisant ce choix, Ford échange une partie de sa production actuelle contre une production accrue dans le futur.

Envisager les choix comme des compromis renforce l'idée que, pour avoir quelque chose, on doit renoncer à autre chose. Ce à quoi nous renonçons est le *coût* de ce que nous obtenons. C'est ce que les économistes appellent le *coût de renonciation*.

Le coût de renonciation

Le constat « On n'a rien pour rien » résume l'idée centrale de l'économique : tout choix impose un coût. La meilleure possibilité à laquelle il faut renoncer pour obtenir une chose est le **coût de renonciation** de cette chose.

Par exemple, le coût de renonciation de la poursuite de vos études est ce que vous auriez pu faire de mieux si vous n'aviez pas choisi de rester aux études. Si vous quittez les études pour aller travailler dans un dépanneur, vous serez tout de suite productif, et vous obtiendrez aujourd'hui un revenu très modeste, mais tout de même supérieur à celui que vous obtenez en poursuivant vos études plutôt que de travailler. Vous n'avez avantage à poursuivre vos études que si votre productivité accrue et vos revenus plus importants dans l'avenir le justifient, c'est-à-dire s'ils compensent avantageusement les revenus auxquels vous renoncez aujourd'hui.

Tous les compromis du « quoi produire », « comment » et « pour qui » ont un coût de renonciation. Le coût de renonciation des canons est la quantité de beurre à laquelle on renonce pour les avoir ; le coût de renonciation d'un billet de cinéma est le nombre de tasses de café auxquelles on renonce pour l'acheter ; le coût de renonciation d'une production accrue de biens et services dans le futur est la consommation courante à laquelle on renonce.

Valeur d'usage, valeur d'échange et utilité

Mettre en relation un billet de cinéma et un certain nombre de tasses de café est une opération assez surprenante. N'est-ce pas comparer des pommes et des oranges ? Le marché y parvient pourtant grâce aux prix : si le billet de cinéma vaut 10 $ dollars, et chaque tasse de café, 1 $, alors chaque billet de cinéma vaut 10 tasses de café. Que cette opération soit faite en dollars ou en euros n'a pas d'importance : ce qui est nécessaire pour comparer différents biens, c'est qu'ils aient chacun une valeur.

On distingue la **valeur d'échange** d'un bien de sa **valeur d'usage**. La valeur d'échange est son prix sur les marchés, et la valeur d'usage, la valeur que nous lui accordons personnellement. Tout le monde convient que la valeur d'échange du caviar est élevée, mais tout le monde ne lui attribue pas une valeur d'usage élevée. Par ailleurs, si tous les biens ont une valeur d'usage, si faible soit-elle, ils n'ont pas tous une valeur d'échange. Par exemple, le vrai amour ne s'achète pas. Les économistes se réfèrent à la valeur d'usage en parlant d'**utilité**.

Quand on compare des biens différents, on compare leurs valeurs. Ainsi, à proprement parler, le coût de renonciation d'un billet de cinéma est la *valeur* du nombre de tasses de café auxquelles on renonce pour l'acheter. Dans ce cas-ci, on évoque clairement la valeur d'échange comme on l'a fait plus haut en précisant le prix de chaque

bien. Mais on peut aussi mettre en relation des biens en insistant sur leur valeur d'usage. Par exemple, si vous renoncez à une soirée d'études pour aller au cinéma, le coût de renonciation de cette séance de cinéma évoque la valeur d'usage d'une soirée d'études, laquelle vous est toute personnelle.

À moins que le contexte indique clairement le contraire, nous veillerons dans cet ouvrage à associer le mot *valeur* à la valeur d'usage c'est-à-dire à l'utilité. Souvent, nous préférerons le mot *valeur* au mot *utilité* pour souligner qu'il s'agit de la réponse d'un consommateur à la question « Que vaut tel bien pour toi ? ». Les notions de *valeur* et d'*utilité* sont délicates en économie. Un peu d'introspection nous convainc qu'on accorde plus de valeur d'usage à une voiture neuve qu'à la même voiture usagée, quels que soient leurs prix, mais la notion de *valeur* devient plus nébuleuse lorsqu'on parle de *valeur* sociale, censée représenter la valeur d'usage que la société accorde à un bien. Nous préciserons le sens des mots *valeur* et *utilité*, ainsi que leurs limites au chapitre 2.

Marges et incitatifs

Vous pouvez consacrer la prochaine heure soit à étudier soit à travailler dans un dépanneur. Mais votre choix ne se réduit pas à tout l'un ou tout l'autre ; vous pouvez faire les deux. Vous devez alors décider combien de minutes vous consacrerez à chaque activité. Pour prendre cette décision, vous comparez l'avantage que procure un peu plus de temps d'étude avec son coût : vous faites un **choix à la marge**.

Les biens et services ont de la valeur : une valeur d'échange sur les marchés, représentée par leur prix, et une valeur d'usage personnelle. On appelle **valeur marginale** d'un bien la valeur d'usage qu'on accorde à une unité supplémentaire de ce bien. Supposons par exemple que vous consacrez quatre soirs par semaine à l'étude, et que votre note moyenne est de 70 %. Vous décidez que vous voulez une meilleure note, et vous étudiez un soir de plus par semaine. Votre note grimpe à 75 %. La valeur marginale que vous retirez d'une soirée d'étude supplémentaire n'est pas la valeur d'usage que vous attribuez à cette note de 75 %, mais bien la valeur d'usage que vous attribuez à *l'augmentation* de 5 % de votre note. Avant de prendre la décision d'étudier un soir de plus par semaine, vous bénéficiez de quatre soirées d'étude par semaine, c'est-à-dire que vous obteniez déjà la valeur d'usage d'une note de 70 % ; nous ne considérerons donc pas que cette valeur découle de votre décision d'étudier un soir de plus.

On appelle **coût marginal** le coût de l'augmentation d'une activité. Pour vous, le coût marginal de l'augmentation d'une soirée d'étude par semaine est le salaire sacrifié en ne travaillant pas au dépanneur durant cette soirée supplémentaire (si c'est à vos yeux le meilleur usage que vous puissiez faire de votre temps). Ce coût marginal n'inclut pas les quatre soirées que vous consacriez déjà à vos études.

Pour prendre votre décision, vous comparez la valeur marginale que vous retirerez d'une soirée d'étude supplémentaire avec son coût marginal. Si la valeur marginale dépasse le coût marginal, vous choisirez d'étudier une soirée de plus. Si le coût marginal dépasse la valeur marginale, vous choisirez de ne pas étudier une soirée de plus. En évaluant les valeurs marginales et les coûts marginaux, et en ne choisissant que les possibilités dont la valeur marginale est supérieure au coût, nous utilisons au mieux nos ressources rares.

Répondre aux incitatifs

Lorsque nous faisons des choix, nous répondons à des **incitatifs**. Si le coût marginal et la valeur marginale changent, les incitatifs changent aussi, ce qui nous amène à modifier nos choix.

Si votre professeur d'économique vous donne une série de problèmes en précisant qu'ils feront tous partie du prochain test, la valeur marginale de l'étude de ces problèmes est élevée, de sorte que vous y travaillez avec diligence. Par contre, si votre professeur vous donne une série de problèmes en précisant qu'aucun d'eux ne fera partie du prochain test, la valeur marginale de l'étude de ces problèmes est faible, de sorte que vous n'y travaillez pratiquement pas.

L'idée centrale de l'économique est qu'on peut prédire la façon dont les choix vont évoluer en examinant les changements dans les incitatifs. Si le coût marginal d'une activité baisse ou que sa valeur marginale augmente, les gens voudront la pratiquer ; si son coût marginal augmente ou que sa valeur marginale diminue, les gens la délaisseront.

Les incitatifs sont également la clé de la conciliation de l'intérêt individuel et de l'intérêt social. Lorsque nos choix ne sont pas dans l'intérêt social, les incitatifs auxquels nous répondons en sont responsables. L'un des défis des économistes est de concevoir des systèmes incitatifs qui orientent les choix dictés par l'intérêt individuel vers l'intérêt social.

La nature humaine, les incitatifs et les institutions

Les économistes prennent la nature humaine comme elle est, et considèrent que tous les gens – consommateurs, producteurs, politiciens et fonctionnaires – agissent selon leur intérêt individuel.

Les actes dictés par l'intérêt individuel ne sont pas nécessairement égoïstes ; on peut utiliser ses ressources à des fins altruistes. Mais là encore, dans la mesure où on choisit l'acte qui a le plus de valeur selon sa propre échelle de valeurs, il s'agit d'un acte qui sert d'abord l'intérêt individuel.

Si la nature humaine est ce qu'elle est, et si les êtres humains agissent dans leur intérêt individuel, comment peut-on veiller à l'intérêt social ? Les économistes répondent à cette question en insistant sur le rôle crucial des institutions, qui modifient les incitatifs auxquels les gens sont soumis.

Les institutions les plus importantes demeurent un système législatif et judiciaire qui protège la propriété privée et des marchés qui rendent possibles les échanges volontaires. À mesure que vous progresserez dans l'étude de l'économique, vous apprendrez que là où ces institutions existent et fonctionnent bien, l'intérêt individuel peut effectivement servir l'intérêt social.

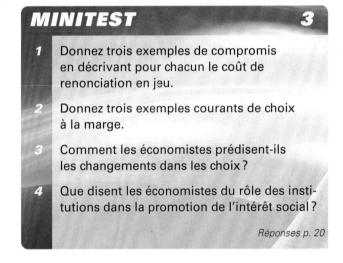

MINITEST 3

1 Donnez trois exemples de compromis en décrivant pour chacun le coût de renonciation en jeu.

2 Donnez trois exemples courants de choix à la marge.

3 Comment les économistes prédisent-ils les changements dans les choix ?

4 Que disent les économistes du rôle des institutions dans la promotion de l'intérêt social ?

Réponses p. 20

 ## L'économique : science sociale et outil stratégique

L'économique est à la fois une science sociale et un ensemble d'outils qu'on peut utiliser pour prendre des décisions stratégiques.

L'économique en tant que science sociale

Les économistes cherchent à comprendre le fonctionnement du monde économique. Pour ce faire, ils distinguent deux types d'énoncés :

◆ les énoncés positifs ;
◆ les énoncés normatifs.

Les énoncés positifs Les énoncés positifs sont des énoncés relatifs à ce qui *est* (ou à ce qui *n'est pas*), et ils peuvent être exacts ou erronés. On peut toujours vérifier un énoncé positif en le confrontant aux faits. « Notre planète se réchauffe à cause d'une accumulation de dioxyde de carbone dans l'atmosphère » est un énoncé positif. « Une hausse du salaire minimum entraînera plus de chômage chez les adolescents » en est un autre. Tous deux peuvent être exacts ou non, et tous deux peuvent être vérifiés.

L'une des tâches centrales de l'économique consiste à vérifier les énoncés positifs sur le fonctionnement du monde économique et à écarter ceux qui sont erronés.

Les énoncés normatifs Les énoncés normatifs exposent ce qui *devrait être* (ou ne *devrait pas être*) ; ils s'appuient sur des jugements de valeur. L'énoncé « Nous devrions réduire notre consommation de combustibles carbonés comme le charbon et le mazout » est un énoncé normatif qui repose sur le jugement de valeur selon lequel le bien-être des générations futures devrait influer sur les décisions publiques courantes. L'énoncé « Il ne faut pas augmenter le salaire minimum parce que cela entrave la croissance » est un autre énoncé normatif : il n'a de sens que si on estime que la croissance économique est un objectif plus important que la répartition de la richesse.

Les énoncés normatifs sont très importants en économique : en dernière analyse, ce sont eux qui nous intéressent. Mais en ne distinguant pas les énoncés positifs et les énoncés normatifs, on crée inutilement de la confusion, et on ne favorise pas l'émergence d'un débat serein et éclairé sur les grandes questions qui préoccupent la société. Ainsi, pour savoir si on devrait ou non hausser le salaire minimum, les économistes vont chercher à comprendre les effets d'une telle mesure sur le marché du travail, la croissance, etc., sans égard à la désirabilité de ces effets. Une fois ces effets compris, on pourra plus facilement discuter du mérite d'une telle mesure. Par exemple, si une hausse du salaire minimum se traduit par une hausse du chômage chez les travailleurs non qualifiés, il devient difficile de défendre cette mesure comme une solution au problème de la répartition de la richesse.

Départager la cause et l'effet Les économistes s'intéressent particulièrement aux énoncés positifs concernant une relation de cause à effet. Les ordinateurs deviennent-ils moins chers parce que les gens en achètent davantage, ou les gens en achètent-ils davantage parce qu'ils sont moins chers ? Ou y a-t-il un troisième facteur qui cause à la fois la baisse du prix des ordinateurs et leurs ventes accrues ?

Pour répondre à de telles questions, les économistes construisent et testent des *modèles économiques.* Un **modèle économique** est une représentation schématique d'un aspect du monde économique qui ne comporte que les éléments pertinents pour expliquer le phénomène étudié. Par exemple, le modèle économique d'un réseau de téléphonie

cellulaire pourrait inclure des éléments comme le prix des appels, le nombre d'usagers, et le volume d'appels, mais il laisserait tomber des détails comme la couleur des téléphones ou leur sonnerie.

La plupart des modèles économiques sont élaborés à partir d'hypothèses élémentaires concernant l'environnement physique et la manière dont les gens prennent leurs décisions. Nous verrons que nous pouvons dire beaucoup à partir de peu en poursuivant une telle approche déductive. Toutefois, la déduction a ses limites, et on doit éventuellement tâcher de vérifier l'adéquation entre le modèle et la réalité en le testant. Cependant, il est difficile de tester un modèle économique parce que les chercheurs observent habituellement les résultats de l'action *simultanée* de plusieurs facteurs. Pour contourner ce problème, les économistes recourent à trois approches complémentaires :

- ◆ l'expérience naturelle ;
- ◆ l'enquête statistique ;
- ◆ l'expérience économique.

L'expérience naturelle L'expérience naturelle porte sur des situations observables dans le cours normal de la vie économique et où un seul facteur d'intérêt diffère, tous les autres étant les mêmes (ou similaires). Ainsi, le Canada offre des prestations d'assurance-emploi plus généreuses que celles qu'offrent les États-Unis, mais les gens des deux pays sont assez semblables. Les économistes peuvent donc comparer la situation au Canada et aux États-Unis pour étudier l'effet de prestations d'assurance-emploi plus élevées sur le taux de chômage.

L'enquête statistique Une enquête statistique cherche la présence d'une corrélation – c'est-à-dire une tendance des valeurs de deux variables à évoluer ensemble (dans le même sens ou en sens contraires). Par exemple, le tabagisme et le cancer sont corrélés. Parfois, une corrélation indique une relation causale entre deux variables – ainsi, le tabagisme cause le cancer du poumon –, mais la direction de la relation de causalité est souvent difficile à déterminer.

Steven Levitt, coauteur de *Freakonomics,* est passé maître dans l'art de combiner l'expérience naturelle et l'enquête statistique pour départager la cause et l'effet. Il a utilisé ces outils pour étudier les effets de l'éducation parentale sur l'instruction (pas très importants) ; pour expliquer pourquoi les revendeurs de drogues vivent avec leur mère (parce qu'ils ne gagnent pas assez d'argent pour vivre seuls) ; et pour relier la baisse de la criminalité aux effets de la légalisation de l'avortement plusieurs années plus tôt (une relation controversée).

L'expérience économique Les hypothèses élémentaires que retiennent les économistes quant au comportement des individus sont adéquates lorsqu'on considère un seul individu à la fois. Par exemple, on peut présumer que si on offre à un enfant gourmand de choisir une part de gâteau, il prendra la plus grosse. Toutefois, ces hypothèses sont trompeuses lorsqu'elles mettent en cause plusieurs individus en même temps. Notre enfant choisira-t-il toujours la plus grosse part s'il n'est qu'un invité chez un ami dont c'est l'anniversaire? Lorsque nous sommes en groupe, la manière dont nous poursuivons notre intérêt individuel est parfois surprenante. Les expériences économiques consistent à placer des sujets en situation de prise de décision artificielle, puis à modifier une variable à la fois pour découvrir comment ces sujets réagissent à cette variation. Par exemple, on peut étudier comment la propension à aider son prochain change selon que les gestes qu'on pose sont observés par tous ou restent privés.

L'économique en tant qu'outil stratégique

L'économique est utile. Elle fournit un coffre à outils pour la prise de décision. Et vous n'avez pas à être économiste pour utiliser ces outils comme outils stratégiques.

L'économique vous propose une façon d'aborder des problèmes relatifs à divers aspects de la vie, notamment :

◆ votre stratégie économique personnelle ;

◆ la stratégie économique des entreprises ;

◆ la stratégie économique des gouvernements.

Votre stratégie économique personnelle Devriez-vous contracter un prêt étudiant? Devriez-vous prendre un emploi à temps partiel? Devriez-vous acheter une voiture usagée ou une voiture neuve? Devriez-vous louer un appartement ou emprunter pour acheter un condominium? Devriez-vous payer le solde de votre carte de crédit au complet ou ne faire que le paiement minimum? Devriez-vous arrêter vos études après le baccalauréat ou faire une maîtrise? Comment devriez-vous répartir votre temps entre l'étude, le travail salarié, vos relations et vos tâches familiales, et vos loisirs? Combien de temps d'étude devriez-vous consacrer à l'économique et à chacun de vos autres cours?

Toutes ces questions impliquent une valeur marginale et un coût marginal. Et même si certains chiffres peuvent être difficiles à déterminer, vous prendrez des décisions plus éclairées si vous les abordez avec les outils de l'économique.

La stratégie économique des entreprises Sony devrait-elle cesser de fabriquer des téléviseurs classiques pour ne produire que des téléviseurs à écran plat? Bell Canada devrait-elle confier son service à la clientèle en ligne à un sous-traitant en Inde ou le maintenir au Québec? Hydro-Québec devrait-elle harnacher la rivière Romaine

et y construire une nouvelle centrale ou devrait-elle plutôt construire plus d'éoliennes? Microsoft peut-elle concurrencer Google dans le domaine des moteurs de recherche? Google peut-elle concurrencer Microsoft dans le domaine des systèmes d'exploitation? Est-il possible pour eBay de soutenir la concurrence des nouveaux services d'encans sur Internet? Scott Gomez vaut-il vraiment 7,35 M $ pour le club de hockey Le Canadien de Montréal?

Comme pour les décisions stratégiques personnelles, les décisions stratégiques des entreprises supposent l'évaluation d'une valeur marginale et d'un coût marginal. Ici encore, elles seront plus éclairées si les entreprises recourent aux outils de l'économique.

La stratégie économique des gouvernements Comment les gouvernements fédéral, provinciaux et territoriaux peuvent-ils équilibrer leur budget? Le gouvernement fédéral doit-il baisser les impôts? Les gouvernements provinciaux et territoriaux doivent-ils hausser les impôts? Comment peut-on simplifier le système d'imposition canadien? Doit-on permettre aux Canadiens de souscrire à une assurance-maladie privée? Doit-on imposer une taxe spéciale pénalisant les entreprises qui délocalisent des emplois canadiens à l'étranger? Doit-on limiter les importations de meubles et de textiles bon marché produits à l'étranger? Doit-on octroyer des subventions aux producteurs d'œufs, de lait et de produits laitiers du Canada? Doit-on permettre aux producteurs de blé et d'orge de vendre leur production sur les marchés mondiaux plutôt que d'être forcés de la vendre à la Commission canadienne du blé?

MINITEST 4

1 Expliquez la différence entre un énoncé positif et un énoncé normatif, et illustrez chacun par un exemple (autre que ceux du manuel).

2 Qu'est-ce qu'un modèle? Pouvez-vous nommer un modèle qu'on utilise dans la vie courante (probablement sans y penser comme à un modèle)?

3 Quelles sont les trois approches qu'utilisent les économistes pour tester leurs modèles?

4 Comment l'économique peut-elle devenir un outil stratégique?

5 Quel est le rôle de la valeur marginale et du coût marginal dans l'utilisation de l'économique en tant qu'outil stratégique?

Réponses p. 20

Ces décisions stratégiques qu'ont à prendre les gouvernements supposent l'évaluation d'une valeur marginale et d'un coût marginal, ainsi qu'une étude des interactions entre les individus et les entreprises. Comme on le voit, les outils de l'économique sont bien utiles.

Toutes les décisions stratégiques que nous venons d'énumérer comportent un aspect positif et un aspect normatif. L'économique aide à départager ces aspects et, une fois l'objectif établi, fournit une méthode pour évaluer diverses solutions – méthode qui consiste à évaluer les valeurs marginales et les coûts marginaux, et à trouver la solution qui assure le gain le plus élevé possible.

RÉSUMÉ

Points clés

Définir l'économique (p. 4-5)

◆ Toutes les questions économiques résultent de la rareté – du fait que les ressources disponibles sont insuffisantes pour satisfaire tous les désirs des gens.

◆ L'économique est la science sociale qui étudie les choix que font les individus, les entreprises, les gouvernements et les sociétés lorsqu'ils composent avec la rareté, ainsi qu'avec les incitatifs qui influent sur ces choix et les concilient.

◆ L'économique se divise en deux branches : la microéconomie et la macroéconomie.

Les deux grandes questions d'économique (p. 5-10)

◆ Le champ de l'économique peut se résumer en deux grandes questions :

1. Comment les choix déterminent-ils quels biens et services sont produits, comment, et pour qui ?

2. Quand la poursuite de l'intérêt individuel sert-elle l'intérêt social ?

Le raisonnement économique (p. 10-13)

◆ Tout choix suppose un compromis – on renonce à quelque chose pour obtenir autre chose.

◆ L'exemple classique du compromis est le choix entre du beurre ou des canons. On peut remplacer « beurre » et « canons » par n'importe quelle paire de biens et services.

◆ On peut ramener toutes les grandes questions économiques à des questions de compromis.

◆ La meilleure possibilité à laquelle il faut renoncer pour obtenir une chose représente son coût de renonciation.

◆ Les choix se font à la marge et en réponse à des incitatifs.

L'économique : science sociale et outil stratégique (p. 13-16)

◆ Les économistes distinguent deux types d'énoncés : les énoncés positifs et les énoncés normatifs.

◆ Pour expliquer le monde économique, les économistes élaborent et testent des modèles économiques.

◆ L'économique est un coffre à outils utile aux individus, aux entreprises et aux gouvernements.

◆ Le principal outil de l'économique est l'évaluation et la comparaison de la valeur marginale et du coût marginal.

Mots clés

Biens et services Tout ce que les gens valorisent et produisent pour satisfaire leurs désirs (p. 5).

Capital Machinerie, outillage, bâtiments et autres constructions que les entreprises utilisent pour produire des biens et services (p. 6).

Capital humain Somme des savoirs et des habiletés que les gens ont acquis par les études, la formation sur le tas et l'expérience (p. 5).

Choix à la marge Choix fait en comparant l'avantage que procure l'augmentation d'une activité (la valeur marginale) et le coût de cette augmentation (le coût marginal) (p. 12).

Compromis Contrainte qui oblige à renoncer à une chose pour en obtenir une autre (p. 10).

Coût de renonciation Valeur de la meilleure option à laquelle on renonce en en choisissant une autre (p. 12).

Coût marginal Coût de renonciation de la production d'un unité supplémentaire d'un bien ou d'un service d'une activité (p. 12).

Économique Science sociale qui étudie les choix des individus, des entreprises, des gouvernements et de la société aux prises avec la rareté (p. 4).

Entrepreneuriat Type de ressource humaine qui organise les trois autres facteurs de production – le travail, la terre et le capital (p. 6).

Facteurs de production Ressources productives qui servent à produire les biens et services, soit la terre, le travail, le capital et l'entrepreneuriat (p. 5).

Incitatif Fait, mesure ou situation qui pousse les agents économiques à agir de telle ou telle manière (p. 13).

Intérêt individuel Avantage recherché pour soi-même ; choix faits en fonction de ce qu'on croit préférable (p. 7).

Intérêt social Avantage recherché pour la société ; choix faits en fonction de ce qui est jugé le mieux pour l'ensemble de la société (p. 7).

Loyer Revenu que rapporte le capital (p. 6)

Macroéconomie Étude des effets des choix des individus, des entreprises et des gouvernements sur les économies nationales et sur l'économie mondiale (p. 4).

Microéconomie Étude des choix que font les individus et les entreprises, des conséquences de ces choix sur les marchés, et de l'influence que les gouvernements exercent sur ces choix (p. 4).

Modèle économique Représentation schématique d'un aspect donné du monde économique qui ne comprend que les éléments pertinents pour expliquer le phénomène étudié (p. 14).

Mondialisation Internationalisation du commerce, des prêts et des emprunts ainsi que de l'investissement (p. 7).

Profit Revenu que rapporte l'entrepreneuriat (p. 6).

Rareté Situation générale où les ressources disponibles sont insuffisantes pour satisfaire tous les désirs des gens (p. 4).

Rente Revenu que rapporte la terre (p. 6).

Salaire Revenu que rapporte le travail (p. 6).

Terre Ressources naturelles utilisées pour produire des biens et services (p. 5).

Travail Temps et efforts que les gens consacrent à la production de biens et services (p. 5).

Utilité Mesure de la valeur d'usage qu'on accorde à un bien (p. 12),

Valeur d'échange Valeur d'un bien sur les marchés, soit son prix (p. 12).

Valeur d'usage Valeur qu'on accorde personnellement à la consommation d'un bien, soit son utilité (p. 12).

Valeur marginale Gain de valeur qui découle de l'accroissement d'une activité, par exemple de la consommation d'une unité supplémentaire d'un bien. (p. 12).

PROBLÈMES ET APPLICATIONS

1. Apple décide de rendre gratuit et illimité le téléchargement de chansons sur iTunes.

   a. Comment la décision d'Apple modifie-t-elle le coût de renonciation du téléchargement d'une chanson ?

   b. La décision d'Apple modifie-t-elle les incitatifs qui se présentent aux gens ?

   c. La décision d'Apple est-elle d'ordre microéconomique ou macroéconomique ?

2. Lequel de ces énoncés est faux ?

   a. Le travail rapporte un salaire.

   b. La terre rapporte une rente.

   c. L'entrepreneuriat rapporte un profit.

   d. Le capital rapporte un profit

3. Expliquez en quoi les manchettes suivantes concernent l'intérêt individuel et l'intérêt social :

   a. Roots s'étend jusqu'en Chine.

   b. McDonald's passe aux salades.

   c. Le tableau de valeur nutritive des aliments devient obligatoire.

4. La veille d'un test d'économique, vous décidez d'aller au cinéma plutôt que de réviser la matière. Votre note à ce test est de 50 % plutôt que de 70 % comme d'habitude.

   a. Avez-vous eu un compromis à faire ?

   b. Quel a été le coût de renonciation de votre soirée au cinéma ?

5. Pour chacun de ces énoncés, dites s'il est positif ou normatif, et s'il est vérifiable.

   a. Le gouvernement fédéral devrait faire en sorte d'accroître la production de biocarburants.

   b. La Chine est le plus important partenaire commercial du Canada.

   c. Si le prix des médicaments antirétroviraux monte, les victimes du VIH/SIDA en consommeront moins.

6. Londres se prépare à recevoir les Jeux olympiques de 2012. Cependant, plus l'échéance approche, plus on s'inquiète du coût de l'événement. Ainsi, le 6 juillet 2006, on pouvait lire dans le *Times* de Londres : « **Olympiques de Londres : les coûts montent en flèche**. La restauration du quartier East London augmentera de 1,5 milliard la facture des contribuables. »

   Le coût de la restauration du quartier East est-il un coût de renonciation de la tenue des Jeux olympiques de 2012 à Londres ? Pourquoi ?

7. Avant de tenir le rôle de Tony Stark dans *Iron Man*, Robert Downey fils avait joué dans 45 films dont les recettes du premier week-end étaient d'un peu moins de 5 M$ en moyenne. Les recettes brutes de *Iron Man* ont été de 102 M$ le week-end de sa sortie.

   a. À l'avenir, comment le succès d'Iron *Man* modifiera-t-il le coût de renonciation de l'embauche de Robert Downey fils pour un producteur de films ?

   b. À l'avenir, quel sera l'effet l'incitatif du succès de *Iron Man* sur l'embauche de Robert Downey fils pour un producteur de films ?

8. Dans quel type de facteur de production classeriez-vous une vedette de cinéma ?

9. Comment la création d'un film à succès influe-t-elle sur le type de bien et service produit ?

10. Dans quelle mesure la création d'un film à succès répond-elle à des choix dictés par l'intérêt individuel qui servent aussi l'intérêt social ?

11. Regardez la *Presse* d'aujourd'hui.

a. Quelle nouvelle économique fait la plus grosse manchette ? Quelle(s) grande(s) question(s) économique(s) concerne-t-elle ?

b. De quel(s) compromis cette nouvelle traite-t-elle explicitement ou implicitement ?

c. Rédigez un résumé du sujet de cette nouvelle en utilisant le vocabulaire économique que vous avez appris dans ce chapitre. Utilisez autant de mots clés que possible (voir la liste des mots clés p. 17-18).

RÉPONSES AUX MINITESTS

MINITEST 1 (p. 4)

1. Le fait que des gens à faible revenu peuvent avoir à choisir entre la nourriture et l'essence, deux produits qui coûtent cher au Canada à l'heure actuelle, est un exemple de rareté à l'échelle de l'économie entière.

À l'échelle individuelle, on pourrait donner l'exemple d'une personne incapable de s'offrir un traitement à l'étranger qui pourrait lui sauver la vie ou en prolonger la durée. Pour un étudiant ou une étudiante, le fait de ne pas avoir les moyens à la fois de payer ses frais de scolarité et de s'offrir une belle voiture, ou le fait de ne pas avoir une capacité d'apprentissage suffisante pour réviser en une soirée à la fois la matière d'un examen d'économie et celle d'un examen de chimie sont des exemples de rareté.

2. En avril 2009, *Le Devoir* titrait « La crise alimentaire, un risque politique négligé ». L'article expliquait que « les besoins en matières premières agricoles vont croissant et que le réchauffement climatique accentuera les dangers de pénurie et de flambée des prix [...] ».

3. Vos réponses dépendent des manchettes, mais voici quelques exemples à titre indicatif :

Sujets relevant de la microéconomie Comment une hausse de la taxe de vente influerait-elle sur les achats des gens ? Quel serait l'effet d'une hausse de 55 % des frais de scolarité des universités sur le nombre d'étudiants qui fréquentent ces institutions ? Quelles seraient les répercussions d'une hausse du salaire minimum sur les travailleurs non spécialisés ?

Sujets relevant de la macroéconomie Comment les dépenses en santé du gouvernement canadien influeront-elle sur la dette nationale ? Quel serait l'effet d'une hausse de l'impôt sur le revenu sur la production totale du Canada ? Quel serait l'effet d'une hausse de la TVQ sur le déficit budgétaire du Québec ?

MINITEST 2 (p. 10)

1. Ce que nous produisons a beaucoup évolué avec le temps. Aujourd'hui, notre économie produit davantage de services (interventions chirurgicales, enseignement, coupes de cheveux, etc.) que de biens (sushi, automobiles, ordinateurs, etc.)

La façon dont les biens et services que nous consommons sont produits est déterminée par la façon dont les entreprises combinent les facteurs de production (la terre, le travail, le capital et l'entrepreneuriat) qu'elles utilisent pour les produire. La terre englobe toutes les ressources naturelles, qu'elles soient renouvelables comme le bois ou non renouvelables comme les combustibles fossiles. La qualité du travail dépend du capital humain qui s'acquiert par l'instruction, la formation sur le tas et l'expérience ; la scolarité de la population canadienne s'est accrue avec les ans, et beaucoup plus de gens qu'autrefois détiennent des diplômes du secondaire, du collégial et de l'université.

Pour qui produit-on les biens et services ? Cela dépend de la répartition du revenu entre les citoyens. Cette répartition est inégale : au Canada, les 20 % de gens qui ont les revenus les plus bas ne reçoivent que 6,2 % du revenu total, tandis que les 20 % qui ont les revenus les plus élevés reçoivent près de 40 % du revenu total. En moyenne, les hommes gagnent plus que les femmes, et les diplômés universitaires gagnent davantage que les diplômés du secondaire.

2. Vos exemples varieront selon les manchettes. En voici un à titre indicatif. Le 4 février 2008, l'agence Reuters publiait une dépêche intitulée « Le budget de Bush ne modifie pas les tarifs douaniers sur les importations d'éthanol ». Le fait que les producteurs d'éthanol des États-Unis aient convaincu l'administration Bush de limiter ou d'éliminer les importations d'éthanol produit à l'étranger (au Brésil, par exemple) a aidé les travailleurs et les entreprises de l'industrie américaine de l'éthanol à gagner des salaires plus élevés pour les premiers et des profits plus élevés pour les secondes, ce qui servait leurs intérêts particuliers. Par contre, ces restrictions à l'importation d'éthanol nuisaient aux entreprises qui utilisaient de l'éthanol dans leur production, et à tous les consommateurs qui achetaient de l'essence-éthanol. Autrement dit, ces restrictions ne servaient pas l'intérêt social.

MINITEST 3 (p. 13)

1. À titre indicatif, voici trois exemples de compromis et du coût de renonciation en jeu.

   L'étudiant qui a pris l'habitude de faire la grasse matinée plutôt que d'assister à son cours d'économique échange du temps consacré à l'étude de l'économique contre du temps de sommeil. Le coût de renonciation de sa décision est une moins bonne note à son examen d'économique.

   L'étudiante en retard à son cours qui stationne sa voiture dans un endroit interdit échange une économie de temps contre le risque d'avoir une contravention. Le coût de renonciation potentiel de sa décision correspond aux biens et services qu'elle ne pourra pas acheter si elle a une contravention.

   L'étudiante qui s'assure un revenu plus élevé en prenant un emploi à temps partiel échange du temps d'étude et de loisir contre un revenu supplémentaire. Le coût de renonciation de ce revenu supplémentaire est le temps libre qu'elle perd et les notes plus élevées qu'elle obtenait lorsqu'elle avait plus de temps pour l'étude.

2. À titre indicatif, voici trois exemples de choix à la marge.

   L'étudiant qui doit passer deux examens finals le même jour – un de chimie et un d'économique – doit déterminer ce qui améliorera le plus sa note globale : consacrer la dernière heure d'étude à étudier un peu plus de chimie ou un peu plus d'économique.

   Une étudiante qui achète un ordinateur doit décider s'il est avantageux de disposer de 1 GB de mémoire supplémentaire (valeur marginale) compte tenu du coût de cette mémoire (coût marginal).

   Un étudiant qui s'apprête à acheter des billets de spectacle doit décider si être assis dans les premiers rangs plutôt que dans les derniers (valeur marginale) vaut la différence de prix des billets (coût marginal).

3. Les choix des gens changent lorsque leurs incitatifs – c'est-à-dire la valeur marginale ou le coût marginal (ou les deux) varient. Par conséquent, les économistes prédisent les changements dans les choix en examinant les changements de la valeur marginale ou du coût marginal (ou des deux), sachant que les gens choisissent ce qui leur procure la valeur marginale la plus élevée ou le coût le plus faible (ou les deux).

4. Les économistes insistent sur le rôle crucial des institutions qui influent sur les incitatifs des gens, notamment un système législatif et judiciaire qui protège la propriété privée, et des marchés qui rendent possibles les échanges volontaires. Le rôle de ces institutions consiste à influer sur les incitatifs auxquels les gens répondent lorsqu'ils poursuivent leur intérêt individuel de manière à ce que leurs choix servent l'intérêt social.

MINITEST 4 (p. 15)

1. Un énoncé positif concerne des faits (avérés ou non), alors qu'un énoncé normatif repose sur un jugement de valeur. « Un système électoral proportionnel favorise les petits partis » est un énoncé positif. « Un homme, un vote » est un énoncé normatif.

2. Un modèle est une représentation schématique d'un aspect du monde économique qui ne comporte que les éléments pertinents pour expliquer le phénomène étudié, et ignore tous les autres. Vos exemples de modèle utilisés dans la vie courante varieront. À titre indicatif, une carte routière serait un bon exemple de modèle, car elle ne montre que les aspects du monde réel qui vous aideront à atteindre votre destination.

3. Les économistes recourent à trois approches complémentaires : l'expérience naturelle, l'enquête statistique et l'expérience économique. L'expérience naturelle porte sur des situations observables dans le cours normal de la vie économique et où un seul facteur d'intérêt diffère, tous les autres étant les mêmes (ou similaires). L'enquête statistique cherche la présence d'une corrélation – c'est-à-dire une tendance des valeurs de deux variables à évoluer ensemble (dans le même sens ou en sens contraires) en fonction l'un de l'autre et de manière prévisible. L'expérience économique consiste à placer des sujets en situation de prise de décision et à modifier un facteur à la fois pour découvrir comment ces sujets réagissent à cette variation.

4. Les individus, les entreprises, et les gouvernements et administrations publiques utilisent l'économique pour prendre des décisions stratégiques plus éclairées. Les individus utilisent les notions économiques de valeur marginale et de coût marginal lorsqu'ils ont à décider de payer comptant ou d'acheter à crédit, de poursuivre ou non leurs études, de travailler ou non, etc. Les entreprises utilisent les notions économiques de valeur marginale et de coût marginal lorsqu'elles ont à décider de ce qu'elles produiront, de la façon dont elles produiront, de leurs heures d'ouverture, etc. Enfin, les administrations publiques ou les gouvernements utilisent les notions économiques de valeur marginale et de coût marginal lorsqu'ils décident du taux d'imposition des propriétés foncières, des sommes qu'ils consacreront à la recherche et à l'enseignement universitaire, ou de la pertinence d'imposer des droits douaniers sur les importations d'ail en provenance de Chine.

5. Pour prendre de décisions éclairées, le décideur doit comparer la valeur marginale d'une action avec son coût marginal. Si la valeur marginale d'une action dépasse le coût marginal, le décideur devrait entreprendre cette action ; si le coût marginal dépasse la valeur marginale, il ne devrait pas l'entreprendre.

APPENDICE

Les graphiques en économique

Objectifs de l'appendice

◆ Construire et interpréter le graphe d'une série chronologique, un graphique de coupe transversale et un diagramme de dispersion

◆ Reconnaître les relations linéaires, les relations non linéaires, les relations qui ont un maximum et les relations qui ont un minimum

◆ Définir et calculer la pente d'une courbe

◆ Représenter graphiquement les relations entre plus de deux variables

La représentation graphique des données

Un graphe représente une quantité sous la forme d'une distance le long d'une échelle. Prenons l'exemple des deux échelles perpendiculaires du graphique de la figure A1.1. Ici, l'échelle horizontale représente la température mesurée en degrés Celsius. Un déplacement de gauche à droite sur cette échelle indique une hausse de la température. Le point 0 correspond à 0 °C. À droite du 0, la température est positive ; à gauche, elle est négative (comme l'indique le signe moins). L'échelle verticale représente l'altitude (hauteur), mesurée en milliers de mètres au-dessus du niveau de la mer. Le point 0 correspond au niveau de la mer. Au-dessus du 0, les chiffres mesurent, en mètres, des points situés au-dessus du niveau de la mer ; sous le 0, les chiffres représentent, toujours en mètres, des points situés sous le niveau de la mer.

L'utilisation de deux échelles perpendiculaires, comme dans la figure A1.1, permet de représenter visuellement la relation entre deux variables. De telles échelles s'appellent des *axes*. L'axe vertical est l'*axe des ordonnées* (axe des *y*), et l'axe horizontal est l'*axe des abscisses* (axe des *x*). Chaque axe a un point 0 qui coïncide avec le point 0 de l'autre axe. Ce point 0 commun s'appelle l'*origine*.

Pour construire un graphe, il faut deux éléments d'information : la valeur de la variable de l'axe des abscisses et la valeur de la variable de l'axe des ordonnées. Ainsi, au large de la Colombie-Britannique, par une température de 10 °C – valeur de la variable de l'axe des abscisses –, un bateau de pêche se trouve à 0 mètre du niveau de la mer – valeur de la variable de l'axe des ordonnées. Ces deux éléments d'information apparaissent au point *A* du graphique de la figure A1.1. Au sommet du mont McKinley,

FIGURE A1.1 **Dessiner un graphe**

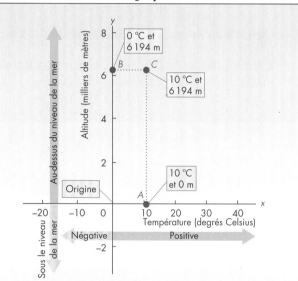

Pour illustrer le graphe d'une relation, on mesure les quantités en les représentant comme des distances le long d'échelles (axes). Ici, l'axe des abscisses mesure la température, et l'axe des ordonnées mesure l'altitude. Le point *A* représente un bateau de pêche au niveau de la mer (0 sur l'axe des ordonnées) par une température de 10 °C. Le point *B* représente un alpiniste au sommet du mont McKinley, à 6 194 mètres au-dessus du niveau de la mer, par une température de 0 °C. Le point *C* représente un alpiniste au sommet du mont McKinley, à 6 194 mètres au-dessus du niveau de la mer, par une température de 10 °C.

par une température de 0 °C, un alpiniste se trouve à 6 194 mètres au-dessus du niveau de la mer. Ces deux éléments d'information apparaissent au point *B* du graphe. S'il revenait au sommet du mont McKinley par une température de 10 °C, notre alpiniste se trouverait alors au point *C*.

À partir du point *C*, on peut tracer deux lignes pointillées appelées *coordonnées*. La ligne reliant le point *C* à l'axe horizontal s'appelle l'*ordonnée* (ou coordonnée verticale) parce que sa longueur correspond à la valeur mesurée sur l'axe des ordonnées. De même, la ligne reliant le point *C* à l'axe vertical s'appelle l'*abscisse* parce que sa longueur correspond à la valeur mesurée sur l'axe des abscisses. On décrit un point situé sur un graphique par les valeurs de son abscisse (*x*) et de son ordonnée (*y*).

On peut représenter n'importe quel type de relation entre deux variables numériques à l'aide d'un graphe comme celui de la figure A1.1. Pour révéler et décrire les relations entre les variables économiques, les économistes utilisent trois types de graphiques obéissant aux mêmes principes :

◆ les graphes de série chronologique ;
◆ les graphiques de coupe transversale ;
◆ les diagrammes de dispersion.

Les graphes de série chronologique

Un **graphe de série chronologique** mesure le temps (en mois ou en années, par exemple) sur l'axe des abscisses, et la variable à l'étude sur l'axe des ordonnées. La figure A1.2 montre un graphe de série chronologique qui fournit de l'information sur l'évolution du prix de l'essence à Montréal. Ici, on mesure le temps en mois, de janvier 2006 à septembre 2009, sur l'axe des abscisses, et la variable à l'étude, le prix de l'essence, sur l'axe des ordonnées.

Le graphe d'une série chronologique nous permet de visualiser l'évolution d'une variable dans le temps, ainsi que la relation entre sa valeur à tel moment et sa valeur à tel autre moment.

Comme on le voit à la figure A1.2, le graphe d'une série chronologique présente rapidement et commodément une somme d'information considérable. Ainsi, dans cet exemple, il révèle :

■ le *niveau* du prix de l'essence – avec ses hauts et ses bas. Ici, plus la courbe s'écarte de l'axe des abscisses, plus le prix est élevé (en mars 2008, par exemple) ; plus elle s'en rapproche, plus le prix est bas (en octobre 2007, par exemple).

■ le *sens de la variation* du prix de l'essence (à la hausse ou à la baisse). Quand la courbe monte, comme en janvier 2008, le prix est à la hausse ; quand la courbe descend, comme en juillet 2007, le prix est à la baisse.

■ la *vitesse de la variation* du prix (rapide ou lente). Plus la courbe est abrupte, plus le prix monte ou baisse rapidement ; plus la courbe est plate, plus le prix monte ou baisse lentement. Ainsi, le prix a monté lentement de décembre 2007 à février 2008, puis rapidement de mars 2008 à mai 2008 ; il a baissé rapidement en août et septembre 2006, et lentement en juillet et en août 2007.

De plus, le graphe d'une série chronologique permet de voir s'il y une **tendance** dans l'évolution d'une variable – c'est-à-dire un mouvement général dans une direction particulière. Cette tendance peut être à la hausse ou à la baisse. Ainsi, le graphique de la figure A1.2 révèle que le prix de l'essence avait une tendance à la hausse de janvier 2006 à mai 2008 ; même s'il a monté et baissé durant cette période, sa tendance générale était à la hausse. Le graphe d'une série chronologique aide aussi à déceler les fluctuations d'une variable autour d'une tendance. Ainsi, le graphe de la figure A1.2 révèle des sommets et des creux dans l'évolution du prix de l'essence de janvier 2006 à mai 2008.

Enfin, le graphe d'une série chronologique permet de comparer rapidement l'état d'une variable à différentes périodes. Ainsi, la figure A1.2 révèle que le prix de l'essence a connu des fluctuations plus importantes en 2006 et 2007 que dans les six premiers mois de 2008.

Comme on le voit, le graphe d'une série chronologique transmet énormément d'information, et ce, en moins d'espace qu'il nous en a fallu pour décrire seulement

FIGURE A1.2 *Le graphe d'une série chronologique*

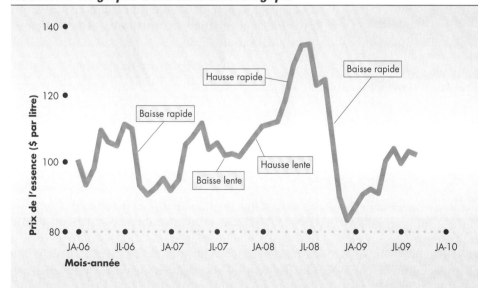

Le graphe d'une série chronologique illustre l'évolution d'une variable (axe des ordonnées) dans le temps – jours, semaines, mois ou années – (axe des abscisses). Ce graphe montre l'évolution du prix de l'essence à Montréal (en dollars par litre) de mois en mois entre janvier 2006 et septembre 2009. On y voit quand le prix de l'essence était *élevé*, et quand il était *bas* ; quand il a *monté*, et quand il a *baissé* ; quand il a fluctué *rapidement*, et quand il a fluctué *lentement*.

quelques-unes de ses caractéristiques. Cependant, on doit savoir «lire» une telle illustration pour en extraire toute l'information.

Les graphiques de coupe transversale

Le **graphique de coupe transversale** montre les valeurs d'une variable pour divers groupes ou catégorie à un moment donné. Le *graphique à barres* de la figure A1.3 en est un exemple. La longueur de chaque barre du graphique permet de comparer le nombre de visiteurs dans les diverses provinces canadiennes en 2004 plus facilement et plus rapidement que ne le ferait une liste de chiffres.

Les diagrammes de dispersion

Le **diagramme de dispersion** illustre les valeurs d'une variable par rapport à la valeur d'une autre variable. Ce type de graphique indique s'il existe une relation entre deux variables et, le cas échéant, décrit cette relation. La figure A1.4 en présente trois exemples.

Le graphique (a) montre la relation entre les dépenses et le revenu. Chaque point montre les dépenses moyennes par personne et le revenu moyen par personne pour une année donnée, et ce, de 1997 à 2007. Les points sont «dispersés» dans le diagramme. Le point *A* indique qu'en 2000 le revenu moyen par personne s'élevait à 20 840 $, et les dépenses moyennes par personne atteignaient 19 421 $. La configuration des points de ce graphique révèle que, plus le revenu augmente, plus les dépenses augmentent.

FIGURE A1.3 *Un graphique de coupe transversale*

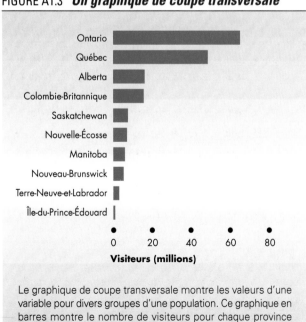

Le graphique de coupe transversale montre les valeurs d'une variable pour divers groupes d'une population. Ce graphique en barres montre le nombre de visiteurs pour chaque province en 2004.

Le graphique (b) montre la relation entre le nombre d'ordinateurs vendus et le prix d'un ordinateur : plus le prix baisse, plus le nombre d'ordinateurs vendus augmente.

Le graphique (c) montre un diagramme de dispersion du taux d'inflation et du taux de chômage au Canada. Ici, les points ne révèlent aucune relation claire entre ces deux variables ; leur configuration indique qu'il n'existe pas de relation simple entre ces variables.

Les coupures d'axes Deux des graphiques que vous venez de regarder – les graphiques (a) et (c) de la figure A1.4 – présentent des coupures dans leurs axes. Signalées par deux petites barres parallèles, ces coupures indiquent que, pour éviter de comprimer inutilement le graphique, on a «sauté» de l'origine (la valeur 0) aux premières valeurs enregistrées. Ainsi, au graphique (a), on a utilisé ces coupures parce que la valeur la plus basse de dépenses excède 15 000 $, et que la valeur la plus basse du revenu excède 15 000 $. Sans ces coupures dans les axes, il y aurait un grand espace vide dans le graphique, et les points seraient tellement entassés dans le coin droit qu'on ne pourrait pas voir s'il y a ou non une relation entre les deux variables. Briser les axes met cette relation en évidence.

Insérer une coupure dans un des axes ou dans les deux, c'est un peu comme utiliser un zoom qui amène la relation au centre du graphique et l'agrandit afin d'optimiser l'espace du graphique.

Les coupures d'axes peuvent servir à mettre une relation en évidence, mais aussi à berner ceux qui les voient – à fabriquer un graphique trompeur. La façon la plus courante de construire un graphique délibérément trompeur consiste en effet à utiliser des coupures d'axes et à étirer ou à comprimer une échelle. Par exemple, si l'axe des ordonnées du graphique (a) de la figure A1.4 échelonnait des valeurs de 0 $ à 30 000 $ et que l'axe des abscisses restait le même, le graphique donnerait l'illusion que, malgré une forte augmentation du revenu, les dépenses restent quasi inchangées.

Pour ne pas se laisser berner, on doit prendre l'habitude d'examiner de près les valeurs des axes ainsi que la légende avant d'interpréter le graphique.

Corrélation et cause Un diagramme de dispersion où se dessine une relation claire entre deux variables, les graphiques (a) et (b) de la figure A1.4, révèle une étroite corrélation entre ces variables. Dans un tel cas, on peut prédire la valeur d'une variable à partir de la valeur de l'autre variable. Cependant, la présence d'une corrélation ne signifie pas forcément qu'il y a relation *causale*. Parfois la corrélation résulte d'une simple coïncidence, mais parfois elle résulte bien d'une relation causale. À la figure A1.4, par exemple, il est probable qu'une augmentation du revenu

FIGURE A1.4 *Un diagramme de dispersion*

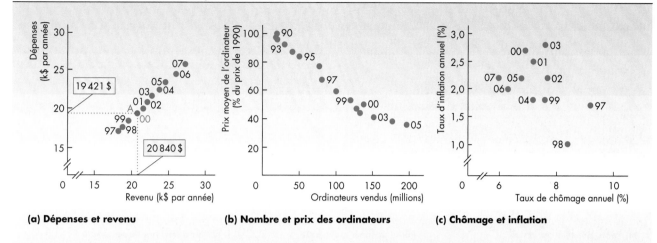

(a) Dépenses et revenu   **(b) Nombre et prix des ordinateurs**   **(c) Chômage et inflation**

Le diagramme de dispersion révèle la relation (ou l'absence de relation) entre deux variables. Le diagramme (a) montre la relation entre les dépenses et le revenu. Chaque point désigne les valeurs des deux variables pour une année donnée ; ainsi, le point A indique qu'en 2000 le revenu moyen était de 20 840 $, et les dépenses, de 19 421 $. La configuration des points montre que, plus le revenu augmente, plus les dépenses augmentent.

Le diagramme (b) révèle la relation entre le prix moyen d'un ordinateur et le nombre d'ordinateurs vendus de 1990 à 2006 : plus le prix moyen de l'ordinateur baisse, plus le nombre d'ordinateurs vendus augmente.

Au graphique (c), la configuration des points nous apprend qu'il n'existe aucune relation étroite entre le taux d'inflation et le taux de chômage de 1997 à 2007.

cause une augmentation des dépenses – graphique (a) –, et que la baisse du prix moyen d'un ordinateur cause une augmentation du nombre d'ordinateurs vendus – graphique (b).

Maintenant que vous savez comment utiliser des graphiques pour représenter des données économiques et dégager des relations entre des variables, voyons comment les économistes s'en servent pour construire et présenter des modèles économiques.

 ## L'utilisation des graphiques dans les modèles économiques

Les graphiques qu'on utilise en économique ne servent pas qu'à représenter des données réelles. Souvent, on y recourt pour montrer les relations entre diverses variables d'un modèle économique.

On l'a vu, un modèle économique est une description dépouillée et simplifiée d'une économie ou d'une de ses composantes, comme une entreprise ou un ménage. Il est constitué d'énoncés sur le comportement économique, énoncés qu'on peut exprimer par des équations ou par des courbes dans un graphique. Les économistes se servent de modèles pour explorer les effets de diverses mesures de

politique économique ou d'autres facteurs qui influent sur l'économie, un peu comme d'autres se servent de modèles climatiques ou font voler des modèles réduits d'avions dans une soufflerie.

On rencontre plusieurs types de graphiques dans les modèles économiques, mais tous ont des points communs qui, lorsqu'on sait les reconnaître, permettent d'en comprendre tout de suite la signification. Dans cette section, nous allons étudier les divers types de courbes qu'on trouve dans les modèles économiques à l'aide d'exemples simples. Les quatre cas de figure à surveiller dans un graphique sont les suivants :

- ◆ des variables qui évoluent dans le même sens ;
- ◆ des variables qui évoluent en sens opposé ;
- ◆ des variables qui ont un maximum ou un minimum ;
- ◆ des variables qui sont indépendantes.

Examinons chacun de ces cas.

Les variables qui évoluent dans le même sens

La figure A1.5 illustre les graphes de relations entre deux variables qui évoluent toujours dans le même sens. Une relation entre des variables qui évoluent dans la même direction est une **relation positive** ou **relation directe**. Une telle relation est représentée par une ligne qui monte.

FIGURE A1.5 *Les relations positives (directes)*

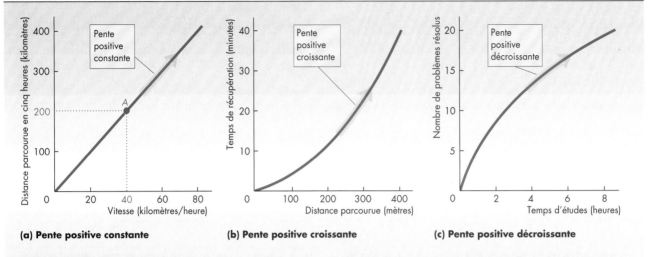

(a) Pente positive constante

(b) Pente positive croissante

(c) Pente positive décroissante

Les trois graphiques de cette figure montrent une relation positive (directe) entre deux variables : à mesure que la valeur de la variable mesurée sur l'axe des *abscisses* augmente, la valeur de la variable mesurée sur l'axe des *ordonnées* augmente aussi.

Le graphique (a) montre une relation positive linéaire : les deux variables augmentent simultanément, et leur relation trace une droite.

Le graphique (b) montre un autre type de relation positive : les deux variables augmentent simultanément, et leur relation trace une courbe dont la pente devient de plus en plus abrupte.

Le graphique (c) montre un troisième type de relation positive : les deux variables augmentent simultanément, et leur relation trace une courbe dont la pente devient de plus en plus faible.

La figure A1.5 montre trois types de relations positives : une ligne droite et deux lignes courbes. (Notons qu'il est d'usage d'appeler *courbe* toute ligne, droite ou incurvée, qui apparaît dans un graphique.)

Une relation représentée par une droite est une **relation linéaire**. Le graphique (a) montre une relation linéaire entre la vitesse et le nombre de kilomètres parcourus en cinq heures. Ainsi, le point *A* indique qu'on parcourra 200 kilomètres en 5 heures si la vitesse est de 40 kilomètres-heure. Si on double la vitesse et qu'on roule à 80 kilomètres-heure, on parcourra 400 kilomètres en 5 heures.

Le graphique (b) montre la relation entre la distance parcourue par un sprinter et le temps de récupération (temps qu'il faut pour que la fréquence cardiaque de l'athlète revienne à la normale au repos). Cette relation positive est représentée par une courbe dont la pente, d'abord faible, s'accentue à mesure qu'elle s'écarte de l'origine. La courbe s'incurve et devient plus abrupte en montant parce que le temps de récupération nécessaire pour 100 mètres de plus augmente avec la distance parcourue : alors qu'il est de moins de 5 minutes pour les 100 premiers mètres, il est de plus de 10 minutes pour les 100 mètres suivants.

Le graphique (c) montre la relation entre le nombre de problèmes qu'un étudiant réussit à résoudre et le nombre d'heures consacrées à l'étude. Cette relation positive est représentée par une courbe de pente assez abrupte d'abord, mais qui s'aplatit à mesure qu'elle s'écarte de l'origine. La courbe s'aplatit parce que le nombre de problèmes résolus augmente de moins en moins rapidement à mesure que les heures d'études et la fatigue s'accumulent : le temps consacré à l'étude devient de moins en moins productif.

Les variables qui évoluent en sens opposés

La figure A1.6 montre des relations entre des variables qui évoluent en sens opposés. Une relation entre des variables qui évoluent en sens opposés s'appelle une **relation négative**, ou **relation inverse**.

Le graphique (a) montre la relation négative entre le nombre d'heures consacrées au squash et le nombre d'heures consacrées au tennis sur un total de cinq heures de sport. Le joueur qui consacre une heure de plus au tennis joue une heure de moins au squash, et vice-versa. Il s'agit d'une relation négative et linéaire.

Le graphique (b) montre la relation négative entre le coût par kilomètre parcouru et la longueur du trajet. Plus le voyage est long, plus le coût par kilomètre est bas. Cependant, la diminution du coût par kilomètre décroît à mesure que le trajet s'allonge. Cette caractéristique de la relation est représentée par une courbe dont la pente devient de plus en plus faible : d'abord abrupte lorsque le trajet est court, la courbe s'aplatit à mesure que le trajet s'allonge. Cette relation s'explique par le fait qu'une partie des coûts est fixe (comme l'assurance de la voiture), et que ces coûts fixes se répartissent sur un voyage plus long.

FIGURE A1.6 *Les relations négatives (inverses)*

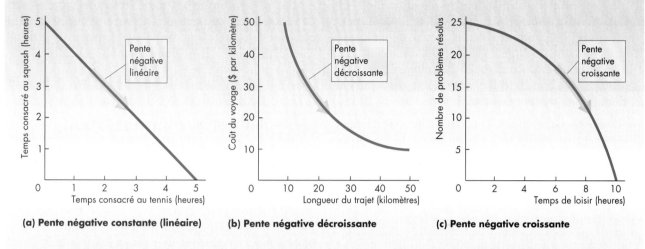

(a) Pente négative constante (linéaire) **(b) Pente négative décroissante** **(c) Pente négative croissante**

Les trois graphiques de cette figure montrent une relation négative (inverse) entre deux variables : à mesure que la variable mesurée sur l'axe des abscisses augmente, la valeur de la variable mesurée sur l'axe des ordonnées diminue.

Le graphique (a) montre une relation négative linéaire entre le temps consacré au tennis et le temps consacré au squash lorsque le temps total de sport est de cinq heures. À mesure que le temps

consacré au tennis augmente, le temps consacré au squash diminue, et on se déplace le long d'une droite.

Le graphique (b) montre un autre type de relation négative : à mesure que le voyage s'allonge, la courbe s'aplatit.

Le graphique (c) montre un troisième type de relation négative : plus le temps de loisir augmente, plus la courbe devient abrupte.

Le graphique (c) montre la relation entre le temps de loisir d'un étudiant et le nombre de problèmes que ce dernier parvient à résoudre. L'augmentation du temps de loisir entraîne une diminution de plus en plus importante du nombre de problèmes résolus. Cette relation est représentée par une courbe négative dont la pente, d'abord faible lorsque le temps de loisir est minime, devient de plus en plus abrupte à mesure que le temps de loisir augmente. Cette relation est une autre façon d'envisager l'idée illustrée par le graphique (c) de la figure A1.5.

Les variables qui ont un maximum ou un minimum

Dans les modèles économiques, les relations ont souvent un maximum ou un minimum. Par exemple, les entreprises essaient de faire le profit le plus élevé possible et de produire au coût le plus bas possible. La figure A1.7 montre deux relations qui ont un maximum ou un minimum.

Le graphique (a) montre la relation entre le nombre de jours de pluie et la récolte de blé. En l'absence de pluie, le blé ne pousse pas, et la récolte est nulle. De un à neuf jours

FIGURE A1.7 *Les points maximum et minimum*

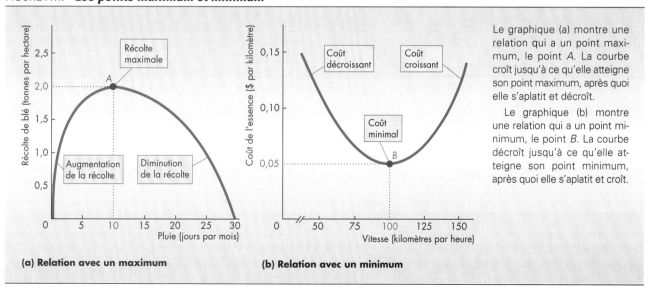

(a) Relation avec un maximum **(b) Relation avec un minimum**

Le graphique (a) montre une relation qui a un point maximum, le point A. La courbe croît jusqu'à ce qu'elle atteigne son point maximum, après quoi elle s'aplatit et décroît.

Le graphique (b) montre une relation qui a un point minimum, le point B. La courbe décroît jusqu'à ce qu'elle atteigne son point minimum, après quoi elle s'aplatit et croît.

de pluie par mois, la récolte de blé augmente graduellement. Avec exactement 10 jours de pluie par mois, la récolte atteint 2 tonnes par hectare (point *A*). Dès qu'il pleut plus de 10 jours par mois, la récolte de blé commence à diminuer. S'il pleut tous les jours, le blé souffre d'un manque d'ensoleillement, et la récolte est pratiquement nulle. D'abord positive, cette relation atteint un maximum, puis devient négative.

Le graphique (b) illustre le cas contraire : une relation d'abord négative atteint un minimum, puis devient positive. Il en est ainsi de la plupart des coûts économiques. La relation entre le coût de l'essence au kilomètre et la vitesse à laquelle roule un véhicule en est un bon exemple. À basse vitesse, comme dans un embouteillage, le nombre de kilomètres par litre est faible, de sorte que le coût par kilomètre est élevé. À haute vitesse, la voiture roule au-delà de son rendement optimal et utilise beaucoup d'essence ; le nombre de kilomètres par litre est faible, et le coût de l'essence par kilomètre est élevé. C'est à la vitesse de 100 kilomètres-heure que le coût par kilomètre est le plus faible (point *B*). D'abord négative, cette relation atteint un minimum, puis devient positive.

Les variables indépendantes

Il arrive souvent que, quelle que soit la valeur que prenne une variable, l'autre variable n'en soit pas affectée et reste constante. On dit alors que les deux variables sont *indépendantes* l'une de l'autre. La figure A1.8 présente deux façons d'illustrer cette relation d'indépendance.

Lorsque nous avons décrit les graphiques des figures A1.5 à A1.7, nous avons parlé de courbes croissantes ou décroissantes, plus ou moins abruptes selon la valeur que prenait leur pente. Nous allons maintenant voir ce qu'on entend par la *pente d'une courbe*, et comment on la calcule.

La pente d'une relation

On peut mesurer l'effet d'une variable sur une autre grâce à la pente de la courbe de cette relation. La **pente** d'une relation correspond à la variation de la variable en ordonnées (*y*) divisée par la variation correspondante de la variable en abscisses (*x*). On utilise la lettre grecque Δ (*delta*) pour signifier l'idée de variation ; ainsi, le symbole Δ*y* représente la variation de *y*, et le symbole Δ*x*, la variation de *x*. La pente de la relation entre les variables *x* et *y* se calcule donc comme suit :

$$\frac{\Delta y}{\Delta x}.$$

Lorsqu'une valeur élevée de Δ*y* est associée à une valeur faible de Δ*x*, la pente est forte, et la courbe est abrupte. Par contre, lorsqu'une valeur faible de Δ*y* est associée à une valeur élevée de Δ*x*, le rapport Δ*y* / Δ*x* est faible, la pente est faible et la courbe est plate.

Pour clarifier la notion de pente, livrons-nous à quelques calculs.

FIGURE A1.8 *Les variables indépendantes*

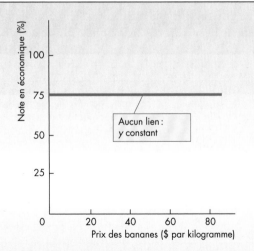

(a) Variables indépendantes : courbe horizontale

Cette figure illustre la construction de graphiques comportant deux variables indépendantes. Dans le graphique (a), la note de 75 % qu'obtient un étudiant en économie (axe des ordonnées) reste constante quel que soit le prix des bananes (axe des abscisses).

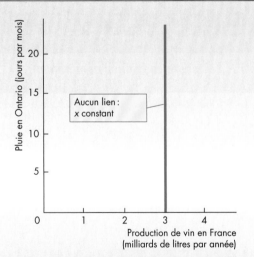

(b) Variables indépendantes : courbe verticale

La courbe est une droite horizontale. Dans le graphique (b), la production de vin en France (axe des abscisses) ne varie pas quel que soit le nombre de jours de pluie en Ontario (axe des ordonnées). La courbe est une droite verticale.

La pente d'une droite

La pente d'une droite demeure la même quel que soit l'endroit sur la ligne où on la calcule. Autrement dit, la pente d'une droite est *constante*. Calculons, par exemple, les pentes des droites de la figure A1.9. Dans le graphique (a), lorsque *x* passe de 2 à 6, *y* passe de 3 à 6. La variation de *x* est donc égale à *plus* 4 ($\Delta x = 4$). Quant à la variation de *y*, elle est égale à *plus* 3 ($\Delta y = 3$). La pente de cette droite est donc la suivante:

$$\frac{\Delta y}{\Delta x} = \frac{3}{4}.$$

Dans le graphique (b), lorsque *x* passe de 2 à 6, *y* passe de 6 à 3. La variation de *y* est égale à *moins* 3 ($\Delta y = -3$). Quant à la variation de *x,* elle est égale à *plus* 4 ($\Delta x = 4$). La pente de cette droite est alors la suivante:

$$\frac{\Delta y}{\Delta x} = \frac{-3}{4}.$$

Notons que les pentes des deux droites sont d'importance égale en valeur absolue, soit 3/4. Cependant, dans le graphique (a), la pente est positive ($3 \div 4 = 3/4$), tandis que, dans le graphique (b), elle est négative ($-3 \div 4 = -3/4$). La pente d'une relation positive est positive; la pente d'une relation négative est négative.

La pente d'une courbe

Calculer la pente d'une courbe est plus complexe. La pente d'une courbe n'est pas constante; sa valeur change selon l'endroit où on la calcule. Il y a deux façons de calculer la pente d'une courbe: en un point précis ou le long d'un arc. Examinons ces deux possibilités.

Le calcul de la pente en un point précis de la courbe

Pour calculer la pente en un point précis d'une courbe, on doit tracer une ligne droite qui a la même pente que la courbe en ce point. Le graphique de la figure A1.10 illustre cette méthode de calcul. Disons que vous voulez calculer la pente de la courbe au point *A*. Placez une règle sur le graphique de manière à ce qu'elle touche le point *A*, mais *aucun autre point* de la courbe, puis tirez une ligne droite. Une telle droite (en rouge dans le graphique) porte le nom de *tangente*; ici, c'est la tangente du point *A*. La pente de la courbe au point *A* est définie comme la pente de sa tangente en ce point. Si la courbe et la règle n'ont pas la même pente, la ligne qui longe la règle coupera la courbe au lieu de la toucher, et ce ne sera pas une tangente.

Une fois que vous avez trouvé la tangente au point *A*, vous pouvez calculer la pente de la courbe au point *A* en calculant la pente de cette tangente. Au fur et à mesure

FIGURE A1.9 *Le calcul de la pente d'une droite*

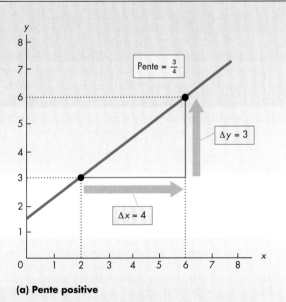

(a) Pente positive

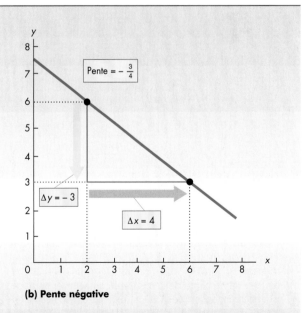

(b) Pente négative

Pour calculer la pente d'une droite, il suffit de diviser la variation de la valeur de la variable mesurée sur l'axe des ordonnées (Δy) par la variation correspondante de la valeur de la variable mesurée sur l'axe des abscisses (Δx) à mesure qu'on se déplace sur la courbe. Le graphique (a) montre le calcul d'une pente positive. Lorsque *x* passe de 2 à 6, la variation de *x* est égale à 4 ($\Delta x = 4$).

Cette variation de *x* s'accompagne d'une variation de *y*, qui passe de 3 à 6, de sorte que $\Delta y = 3$. La pente ($\Delta y \div \Delta x$) est donc égale à 3/4. Le graphique (b) montre le calcul d'une pente négative. Quand *x* passe de 2 à 6, $\Delta x = 4$. Cette variation de *x* s'accompagne d'une variation de *y*, qui passe de 6 à 3, de sorte que $\Delta y = -3$. La pente ($\Delta y \div \Delta x$) est donc égale à $-3/4$.

que *x* augmente, passant de 0 à 4 (Δ*x* = 4), *y* passe de 2 à 5 (Δ*y* = 3). La pente de la ligne droite (tangente) est donc la suivante :

$$\frac{\Delta y}{\Delta x} = \frac{3}{4}.$$

Ainsi, la pente de la courbe au point *A* est 3/4.

Le calcul de la pente le long d'un arc Un arc de courbe est un morceau de courbe. Le graphique de la figure A1.11 montre la même courbe que celui de la figure A1.10. Cependant, au lieu de calculer la pente au point *A*, nous allons calculer la pente le long de l'arc entre *B* et *C*. On voit que la pente est plus forte au point *B* qu'au point *C*. Quand on calcule la pente le long d'un arc, on calcule la pente de la corde reliant ces deux points. En se déplaçant de *B* à *C* le long de l'arc, *x* passe de 3 à 5 et *y* passe de 4 à 5,5. La variation de *x* est égale à 2 (Δ*x* = 2), et la variation de *y* est égale à 1,5 (Δ*y* = 1,5). Par conséquent, la pente de la ligne est la suivante :

$$\frac{\Delta y}{\Delta x} = \frac{1,5}{2} = \frac{3}{4}.$$

La pente de la courbe le long de l'arc *BC* est donc égale à 3/4.

FIGURE A1.10 *Le calcul de la pente en un point*

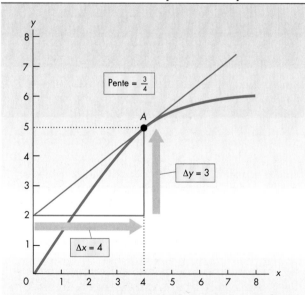

Pour calculer la pente de la courbe en un point *A*, on trace (comme ici en rouge) une droite qui ne touche la courbe qu'en ce point *A* – la tangente. On obtient la pente de cette tangente en divisant la variation de *y* par la variation de *x*. Lorsque *x* passe de 0 à 4, Δ*x* est égale à 4. Cette variation de *x* s'accompagne d'une variation de *y*, qui passe de 2 à 5, de sorte que Δ*y* est égale à 3. La pente de la tangente (ligne rouge) est égale à 3/4. Par conséquent, la pente de la courbe en ce point *A* est égale à 3/4.

FIGURE A1.11 *Le calcul de la pente le long d'un arc*

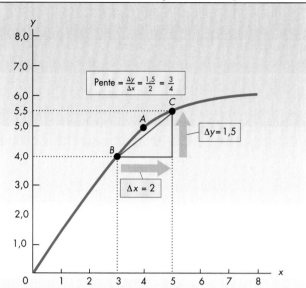

Pour calculer la pente le long de l'arc *BC*, on trace une corde qui réunit les points *B* et *C*. On obtient la pente de la corde *BC* en divisant la variation de *y* par la variation de *x*. En se déplaçant de *B* à *C*, *x* augmente de 2 (Δ*x* = 2) et *y* augmente de 1,5 (Δ*y* = 1,5). La pente de la corde *BC* est égale à 1,5 divisé par 2, donc à 3/4. La pente moyenne de la courbe le long de l'arc *BC* est donc égale à 3/4.

$$\text{Pente} = \frac{\Delta y}{\Delta x} = \frac{1,5}{2} = \frac{3}{4}.$$

$$\Delta y = 1,5$$

$$\Delta x = 2$$

Vous savez maintenant comment construire et lire un graphique. Cependant, nous nous en sommes tenus jusqu'ici aux graphiques à deux variables. Nous allons maintenant apprendre à construire et à lire des graphiques comportant plus de deux variables.

La représentation graphique de relations entre plus de deux variables

Nous avons vu qu'on peut représenter graphiquement la relation entre deux variables comme un point formé par les coordonnées *x* et *y* dans un graphique bidimensionnel. Cependant, même si les graphiques bidimensionnels sont utiles, la plupart des phénomènes qui peuvent nous intéresser comportent des relations entre, non pas deux, mais plusieurs variables. Par exemple, la quantité de crème glacée consommée dépend à la fois du prix de la crème glacée et de la température extérieure. Si la crème glacée est chère et qu'il fait froid, les gens en mangent beaucoup moins que si elle est bon marché et qu'il fait chaud. Quel que soit le prix de la crème glacée, la quantité consommée varie selon la température ; et quelle que soit la température, la quantité de crème glacée consommée varie selon son prix.

La figure A1.12 montre une relation entre trois variables. Le tableau indique le nombre de litres de crème glacée consommée chaque jour à diverses températures et à divers prix. Comment représenter tous ces nombres dans un même graphique ?

Pour représenter graphiquement une relation entre plus de deux variables, on recourt à la clause *ceteris paribus*.

La clause *ceteris paribus* *Ceteris paribus* signifie « si tous les autres facteurs restent constants » ou, comme disent les scientifiques, « toutes choses égales d'ailleurs », pour créer et isoler une relation lors d'une expérience en laboratoire, on maintient constants tous les facteurs autres que celui qui est à l'étude (*ceteris paribus*). On recourt à cette même méthode pour exprimer dans un graphique la relation entre plus de deux variables.

Le graphique (a) de la figure A1.12 en donne un exemple : il montre ce qu'il advient de la quantité de crème glacée consommée quand le prix de la crème glacée varie et que la température reste constante. La courbe étiquetée 21 °C montre la relation entre la consommation de crème glacée et le prix de la crème glacée quand la température reste à 21 °C. Les chiffres qui ont servi à tracer cette courbe sont ceux de la troisième colonne du tableau de la figure A1.12. Par exemple, s'il fait 21 °C, la consommation de crème glacée est de 10 litres si le prix est de 60 ¢ la cuillerée, et de 18 litres si le prix est de 30 ¢ la cuillerée. La courbe étiquetée 32 °C montre la consommation de crème glacée quand la température reste à 32 °C.

FIGURE A1.12 **_La représentation graphique d'une relation entre trois variables_**

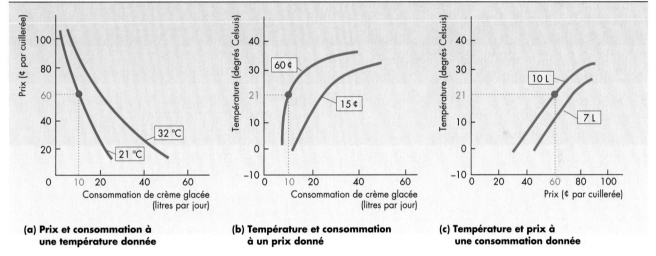

(a) Prix et consommation à une température donnée

(b) Température et consommation à un prix donné

(c) Température et prix à une consommation donnée

	Consommation de crème glacée			
Prix (par cuillerée)	**− 10 °C**	**10 °C**	**21 °C**	**32 °C**
15 ¢	12	18	25	50
30 ¢	10	12	18	37
45 ¢	7	10	13	27
60 ¢	5	7	**10**	20
75 ¢	3	5	7	14
90 ¢	2	3	5	10
105 ¢	1	2	2	6

La quantité de crème glacée consommée dépend du prix et de la température. Le tableau contient des données hypothétiques sur le nombre de litres de crème glacée consommés chaque jour à divers prix et à diverses températures. Par exemple, quand le prix est de 60 ¢ la cuillerée et que la température est de 21 °C, la quantité consommée est de 10 litres. Les chiffres correspondant à cette combinaison sont en couleur dans le tableau et dans chaque graphique de la figure.

Pour représenter graphiquement une relation entre trois variables, on maintient constante la valeur d'une variable. Le graphique (a) montre la relation entre le prix et la consommation quand la température reste constante. L'une des courbes suppose une température de 32 °C et l'autre, une température de 21 °C. Le graphique (b) montre la relation entre la température et la consommation quand le prix reste constant. L'une des courbes suppose un prix de 60 ¢ la cuillerée et l'autre, un prix de 15 ¢ la cuillerée. Le graphique (c) montre la relation entre la température et le prix quand la consommation reste constante. L'une des courbes suppose une consommation de 10 litres, et l'autre, une consommation de 7 litres.

On peut aussi montrer la relation entre la consommation de crème glacée et la température quand le prix reste constant, comme on le voit au graphique (b) de la figure A1.12. La courbe étiquetée 60 ¢ montre comment la consommation de crème glacée varie avec la température quand la crème glacée coûte 60 ¢ la cuillerée, et la deuxième courbe montre la même relation quand la crème glacée coûte 15 ¢ la cuillerée. Par exemple, à 60 ¢ la cuillerée, on en consomme 10 litres si la température est de 21 °C, et 20 litres si la température est de 32 °C.

Le graphique (c) de la figure A1.12 montre les diverses combinaisons de température et de prix qui produisent une consommation donnée de crème glacée. L'une des courbes montre les combinaisons qui aboutissent à une consommation quotidienne de 10 litres; l'autre, les combinaisons qui aboutissent à une consommation quotidienne de 7 litres. On peut obtenir la même consommation si le prix est élevé et qu'il fait chaud que si le prix est plus bas et qu'il fait plus frais. Ainsi, on consomme 10 litres de crème glacée dans les trois situations suivantes: s'il fait 21 °C et que la cuillerée coûte 60 ¢; s'il fait 32 °C et que la cuillerée coûte 90 ¢; ou s'il fait 10 °C et que la cuillerée coûte 45 ¢.

Avec ce que vous venez d'apprendre sur les graphiques, vous pouvez aller de l'avant dans l'étude de l'économique.

MINITEST DE L'APPENDICE

1 Quels sont les trois types de graphiques utilisés pour représenter les données économiques?

2 Donnez un exemple de diagramme de dispersion.

3 Énumérez trois éléments que le graphe d'une série chronologique montre simplement et clairement.

4 Donnez trois exemples (autres que ceux du chapitre) de diagrammes de dispersion suggérant une relation positive, une relation négative et l'absence de relation.

5 Construisez des graphiques qui représentent la relation entre deux variables:

a. qui évoluent dans le même sens.

b. qui évoluent dans des sens opposés.

c. dont l'une atteint un minimum par rapport à l'autre.

d. dont l'une atteint un maximum par rapport à l'autre.

6 Lesquelles des relations de la question 5 sont positives, et lesquelles sont négatives?

7 Quelles sont les deux manières de calculer la pente d'une courbe?

8 Comment représente-t-on la relation entre plus de deux variables?

Réponses p. 38

NOTE MATHÉMATIQUE

Équations pour les droites

Si, dans un graphique, une relation entre deux variables est représentée par une droite, il s'agit d'une *relation linéaire*. La **figure 1** montre la relation linéaire entre les dépenses d'une personne et son revenu. Cette personne dépense au moins 100 $ par semaine (montant qu'elle emprunte ou retire de ses épargnes quand elle n'a aucun revenu) plus la moitié de chaque dollar qu'elle gagne (elle épargne le reste).

Toutes les relations linéaires sont décrites par la même équation générale. La lettre x désigne la quantité mesurée sur l'axe des abscisses, et la lettre y désigne la quantité mesurée sur l'axe des ordonnées. Dans la figure 1, x désigne le revenu, et y désigne les dépenses.

Une équation linéaire

L'équation qui décrit une relation linéaire entre x et y est la suivante :

$$y = a + bx.$$

Dans cette équation, a et b sont des nombres fixes appelés *constantes*. Les valeurs de x et de y varient ; on les appelle donc des *variables*. Comme l'équation décrit une ligne droite, on dit qu'il s'agit d'une équation linéaire.

L'équation nous dit que, quand la valeur de x est zéro, la valeur de y est a. Ici, $a = 100$. On appelle *ordonnée à l'origine* la constante a parce que, dans le graphique, la droite coupe l'axe des ordonnées à l'origine en a. À la figure 1, l'intersection de la droite et de l'axe des ordonnées est illustrée par un point noir.

Pour les valeurs positives de x, la valeur de y excède a. La constante b indique de combien la variable y augmente au-delà de a à mesure que x augmente. La constante b est aussi la *pente* de la droite.

La pente d'une droite

Comme on l'a vu, la pente d'une relation correspond à la variation de y divisée par la variation de x. On utilise la lettre grecque Δ pour signifier l'idée de «variation de». Ainsi, Δy signifie la variation de la variable y, et Δx signifie la variation de la variable x. Par conséquent, la pente de la relation est :

$$\frac{\Delta y}{\Delta x}.$$

Pour comprendre pourquoi la pente est égale à la constante b, regardez le graphique de la **figure 2**. Supposons que, au départ, x prend la valeur x_1, soit 200 $. La valeur correspondante de y est y_1, soit 200 $ également. L'équation de la droite nous dit que :

$$y_1 = a + bx_1. \tag{1}$$

Maintenant, la valeur de x augmente, passant de x_1 à $x_1 + \Delta x$ (soit 400 $ dans la figure 2), et la valeur de y augmente, passant de y_1 à $y_1 + \Delta y$ (soit 300 $ dans la figure 2). L'équation de la droite nous dit maintenant que :

$$y_1 + \Delta y = a + b(x_1 + \Delta x) \tag{2}$$

FIGURE 1   *La relation linéaire*

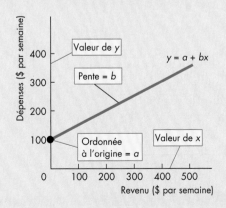

FIGURE 2   *Le calcul de la pente*

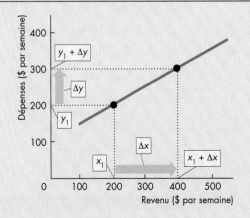

Pour calculer la pente de la ligne, soustrayez l'équation (1) de l'équation (2) pour obtenir:

$$\Delta y = b\Delta x \qquad (3)$$

et divisez ensuite l'équation (3) par Δx pour obtenir:

$$\frac{\Delta y}{\Delta x} = b.$$

Donc la pente de la droite est b.

La position de la droite

L'ordonnée à l'origine détermine la position de la droite dans le graphique, comme on peut le voir à la **figure 3**. Dans ce graphique, l'axe des ordonnées mesure l'épargne et l'axe des abscisses, le revenu. Quand l'ordonnée à l'origine, a, est positive, la droite coupe l'axe des ordonnées à une valeur positive de y, comme le fait la ligne bleue. Quand l'ordonnée à l'origine, a, est zéro, la ligne coupe l'axe des ordonnées à l'origine, comme le fait la ligne violette. Quand l'ordonnée à l'origine, a, est négative, la ligne coupe l'axe des ordonnées à une valeur négative de y, comme le fait la ligne rouge. Comme le montrent les équations des trois droites, la valeur de l'intersection de l'axe des ordonnées n'influe pas sur la pente de la droite.

Les relations positives

La figure 1 montre une relation positive – les deux variables x et y évoluent dans le même sens. Toutes les relations positives se traduisent par une pente positive.

Dans l'équation de la droite, la constante b est positive. Dans cet exemple, l'ordonnée à l'origine, a, est 100. La pente b est égale à $\Delta y / \Delta x$, soit $100 \div 200$ ou 0,5. L'équation de la droite est:

$$y = 100 + 0,5\,x.$$

Les relations négatives

La **figure 4** montre une relation négative – les deux variables x et y évoluent en sens opposés. Toutes les relations négatives se traduisent par une pente négative. Dans l'équation de la droite, la constante b est négative. Ici, l'ordonnée à l'origine, a, est 30. La pente, b, est égale à $\Delta y / \Delta x$, soit $-20 \div 2$ ou -10. L'équation de la droite est:

$$y = 30 + (-10)x$$

ou

$$y = 30 - 10x.$$

Un exemple

Une droite a une ordonnée à l'origine de 50 et une pente de 2. Quelle est l'équation de cette droite? L'équation d'une droite est:

$$y = a + bx,$$

où a est l'ordonnée à l'origine, et b la pente. L'équation est:

$$y = 50 + 2x.$$

FIGURE 3   *L'ordonnée à l'origine*

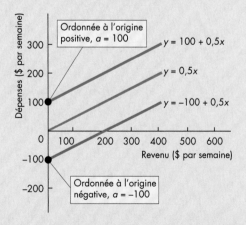

FIGURE 4   *La relation négative*

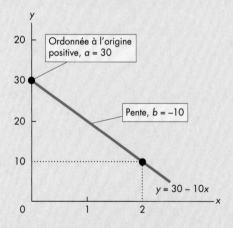

RÉSUMÉ

Points clés

La représentation graphique des données (p. 22-25)

◆ Le graphe d'une série chronologique montre la tendance et les fluctuations d'une variable dans le temps.

◆ Le graphique de coupe transversale montre les valeurs d'une variable pour divers groupes d'une population à un moment donné.

◆ Le diagramme de dispersion montre la relation entre deux variables et indique si cette relation est positive, négative ou inexistante.

L'utilisation des graphiques dans les modèles économiques (p. 25-28)

◆ Les graphiques servent aussi à montrer des relations entre des variables dans des modèles économiques.

◆ Ces relations peuvent être positives (courbes croissantes), négatives (courbes décroissantes), positives puis négatives (ayant un point maximum), négatives puis positives (ayant un point minimum) ou indépendantes (courbes horizontales ou verticales).

La pente d'une relation (p. 28-30)

◆ La pente d'une relation correspond à la variation de la variable en ordonnée (axe vertical) divisée par la variation correspondante de la variable en abscisse (axe horizontal) – soit $\Delta y / \Delta x$.

◆ La pente d'une droite est constante.

◆ La pente d'une courbe varie. On peut calculer la pente d'une courbe en un point précis ou le long d'un arc.

La représentation graphique de relations entre plus de deux variables (p. 30-32)

◆ Pour représenter graphiquement une relation entre plus de deux variables, on maintient constantes les valeurs de toutes les variables, sauf deux. On trace ensuite les valeurs de la première variable par rapport à celles de l'autre.

Figures clés

Figure A1.1 Dessiner un graphe (p. 22)

Figure A1.5 Les relations positives (directes) (p. 26)

Figure A1.6 Les relations négatives (inverses) (p. 27)

Figure A1.7 Les points maximum et minimum (p. 27)

Figure A1.9 La pente d'une droite (p. 29)

Figure A1.10 Le calcul de la pente en un point (p. 30)

Figure A1.11 Le calcul de la pente le long d'un arc (p. 30)

Mots clés

Ceteris paribus Locution latine signifiant « toutes choses égales d'ailleurs » – ou, plus explicitement, « si tous les autres facteurs pertinents restent constants » (p. 31).

Diagramme de dispersion Graphique qui illustre les valeurs d'une variable par rapport à celles d'une autre variable (p. 24).

Graphique de coupe transversale Graphique qui illustre les valeurs d'une variable pour divers groupes d'une population à un moment donné (p. 24).

Graphe de série chronologique Représentation graphique de l'évolution d'une variable avec le temps. (p. 23).

Pente Dans une relation, variation de variable en ordonnée (axe des y) divisée par la variation correspondante de la variable en abscisse (axe des x) (p. 28).

Relation linéaire Relation entre deux variables qui prend la forme d'une droite (p. 26).

Relation négative (ou **relation inverse**) Relation entre deux variables qui évoluent dans des directions opposées (p. 26).

Relation positive (ou **relation directe**) Relation entre deux variables qui évoluent dans la même direction (p. 25).

Tendance Sens de l'évolution générale d'une variable (hausse ou baisse) (p. 23).

PROBLÈMES ET APPLICATIONS

1. Le tableau qui suit fournit des données sur l'économie canadienne.

La colonne A donne l'année.

La colonne B donne le taux d'inflation.

La colonne C donne le taux d'intérêt.

La colonne D donne le taux de croissance.

La colonne E donne le taux de chômage.

	A	B	C	D	E
1	1997	1,6	3,6	4,2	9,2
2	1998	0,9	5,0	4,1	8,4
3	1999	1,7	4,9	5,6	7,6
4	2000	3,1	5,7	5,2	6,8
5	2001	2,1	3,9	1,8	7,2
6	2002	2,2	2,9	2,9	7,7
7	2003	2,8	2,3	1,9	7,6
8	2004	1,8	2,8	3,1	7,2
9	2005	2,2	4,2	2,9	6,8
10	2006	2,0	4,6	3,1	6,3
11	2007	2,2	3,5	2,7	6,0

a. Construisez le graphe de la série chronologique du taux d'inflation.

b. En quelle année (ou quelles années) l'inflation a-t-elle :

(i) été la plus forte ?

(ii) été la plus faible ?

(iii) augmenté ?

(iv) diminué ?

(v) le plus augmenté ?

(vi) le plus diminué ?

c. Quelle a été la grande tendance de l'inflation ?

d. Construisez un diagramme de dispersion du taux d'inflation et du taux d'intérêt, puis décrivez la relation entre ces deux variables.

e. Construisez un diagramme de dispersion du taux de croissance et du taux de chômage, puis décrivez la relation entre ces deux variables

2.

HULK EN TÊTE AVEC DES VENTES DE 54,5 MILLIONS

Film	Cinémas (nombre)	Recettes (par cinéma)
Hulk	3 505	15 560 $
The Happening	2 986	10 214 $
Zohan	3 462	4 737 $
Crystal Skull	3 804	3 561 $

Bloomberg.com, 15 juin 2008

a. Construisez un graphique qui illustre la relation entre les recettes par cinéma sur l'axe des ordonnées et le nombre de cinémas sur l'axe des abscisses, puis décrivez la relation entre ces deux variables.

b. Calculez la pente de la relation entre 3 462 cinémas et 3 804.

3. Calculez la pente de cette relation.

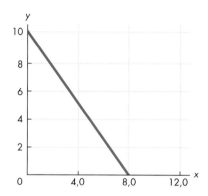

4. Calculez la pente de cette relation…

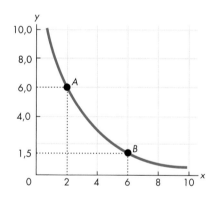

a. aux points *A* et *B*.

b. le long de l'arc *AB*.

5. Le tableau suivant présente des données relatives au prix d'un tour en ballon, à la température et au nombre de tours par jour.

Prix (par tour)	Nombre de tours en ballon (par jour)		
	10 °C	20 °C	30 °C
5 $	32	40	50
10 $	27	32	40
15 $	18	27	32

Construisez des graphiques pour montrer la relation entre :

a. Le prix du tour et le nombre de tours, en maintenant la température constante.

b. Le nombre de tours et la température, en maintenant constant le prix du tour.

6. Dessinez le graphe de la relation entre ces variables x et y:

x	0	1	2	3	4	5	6	7	8
y	0	1	4	9	16	25	36	49	64

a. S'agit-il d'une relation positive ou négative?

b. La pente de la relation croît-elle ou décroît-elle à mesure que la valeur de x augmente?

c. Énumérez quelques relations économiques qui pourraient ressembler à cette relation entre x et y.

7. Dessinez le graphe de la relation entre ces variables x et y:

x	0	1	2	3	4	5
y	25	24	22	16	8	0

a. S'agit-il d'une relation positive ou négative?

b. La pente de la relation croît-elle ou décroît-elle à mesure que la valeur de x augmente?

c. Énumérez quelques relations économiques qui pourraient ressembler à cette relation entre x et y.

d. Calculez la pente de la relation entre x et y quand x égale 3 à partir de la tangente.

e. Calculez la pente de la relation le long de l'arc quand x passe de 4 à 5.

8. Calculer la pente de la relation au point A dans le graphique suivant.

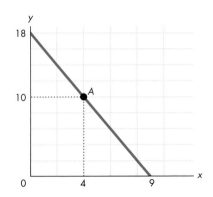

9. Calculez la pente de cette relation...

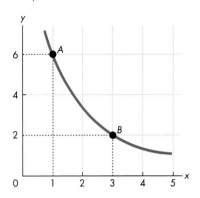

a. aux points A et B.

b. le long de l'arc AB.

10. Le tableau suivant donne les prix d'un parapluie et les quantités de pluie et de parapluies achetés.

	Parapluies (nombre par jour)		
Prix (par parapluie)	**0**	**2** (millimètres de pluie)	**10**
10 $	7	8	12
20 $	4	7	8
30 $	2	4	7
40 $	1	2	4

Construisez des graphiques pour montrer la relation entre:

a. le prix des parapluies et le nombre de parapluies achetés en maintenant la quantité de pluie constante, puis décrivez cette relation.

b. le nombre de parapluies achetés et la quantité de pluie en maintenant le prix constant, puis décrivez cette relation.

1. Les trois types de graphiques utilisés pour représenter les données macroéconomiques sont:

   ■ le graphe d'une série chronologique, où le temps (en mois ou en années, par exemple) est donné sur l'axe des abscisses, et la variable ou les variables à l'étude sur l'axe des ordonnées;

   ■ le graphique de coupe transversale, qui montre les valeurs d'une variable pour divers groupes ou catégories à un moment donné;

   ■ le diagramme de dispersion, qui illustre les valeurs d'une variable par rapport à la valeur d'une autre variable.

2. Voici, à titre indicatif, quelques exemples de graphes de séries chronologiques: l'évolution dans le temps du prix du café (ou de tout autre bien ou service); l'évolution dans le temps du taux de chômage (ou des taux d'intérêt, du déficit budgétaire public, etc.).

3. Le graphe d'une série chronologique présente rapidement et commodément une somme d'information considérable, notamment:

   ■ le niveau de la variable (avec ses hauts et ses bas);

   ■ le sens de la variation de la variable (à la hausse ou à la baisse);

   ■ la vitesse de la variation de la variable (rapide ou lente).

4. Vos exemples devraient ressembler à ceux-ci:

   ■ relation positive: un diagramme de dispersion montrant le nombre de kilomètres parcourus par une automobile et la quantité d'essence utilisée;

   ■ relation négative: un diagramme de dispersion montrant le prix des ordinateurs personnels et le nombre d'ordinateurs achetés par une entreprise de taille moyenne;

   ■ aucune relation: un diagramme de dispersion montrant le prix moyen d'un billet de cinéma et le nombre d'étudiants inscrits dans les universités québécoises.

5. a. Le graphe d'une relation entre deux variables se déplaçant dans le même sens apparaît comme une courbe à pente positive, comme la courbe *A* de la figure A1.1 ci-dessous.

   b. Le graphe d'une relation entre deux variables se déplaçant en sens opposés apparaît comme une courbe à pente négative, comme la courbe *B* de la figure A1.1 ci-dessous.

   c. Le graphe d'une relation entre deux variables dont l'une atteint un minimum par rapport à l'autre apparaît comme une courbe dont la pente, d'abord négative, devient nulle, puis devient positive, comme la courbe *A* de la figure A1.2 ci-dessous.

FIGURE A1.1 *Questions 5(a) et 5(b)*

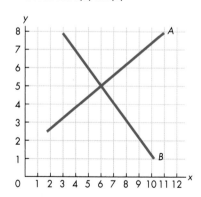

FIGURE A1.2 *Questions 5(c) et 5(d)*

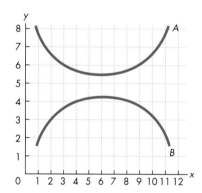

d. Le graphe d'une relation entre deux variables dont l'une atteint un maximum par rapport à l'autre apparaît comme une courbe dont la pente, d'abord positive, devient nulle, puis devient négative, comme la courbe *B* de la figure A1.2.

6. La courbe *A* de la figure A1.1 illustre une relation positive. La courbe *B* de la figure A1.1 illustre une relation négative. Les relations de la figure A1.2 ne sont ni positives, ni négatives.

7. (1) La pente d'une courbe correspond à la pente de la tangente de cette courbe en ce point. (2) La pente de la courbe d'un arc, c'est-à-dire entre deux points de la courbe, est égale à la pente de la corde qui relie ces deux points.

8. Pour représenter graphiquement une relation entre plus de deux variables, on maintient constantes les valeurs de toutes les variables sauf deux, puis on trace les valeurs de l'une par rapport aux valeurs de l'autre.

Le problème économique

Pourquoi la nourriture coûte-t-elle beaucoup plus cher aujourd'hui qu'il y a quelques années ? C'est, entre autres raisons, parce que de nombreux pays utilisent une partie de leur récolte de maïs pour produire de l'éthanol, un biocarburant « vert » qui peut remplacer l'essence. Il y a aussi le fait que la sécheresse dans certaines parties du monde a réduit la production globale de céréales. Dans ce chapitre, vous étudierez un modèle économique – la courbe des possibilités de production –, et vous verrez pourquoi la nouvelle popularité de l'éthanol et la sécheresse ont accru le coût de production de la nourriture. Vous apprendrez comment évaluer la pertinence d'augmenter la production de maïs pour produire de l'essence, comment on peut accroître les possibilités de production, comment l'échange nous fait réaliser des gains, et comment des institutions sociales séculaires comme les entreprises, les marchés, les droits de propriété et la monnaie permettent les échanges et les facilitent.

◆ Dans la rubrique de fin de chapitre « Entre les lignes », nous utiliserons ces nouvelles connaissances pour comprendre pourquoi la production d'éthanol fait monter le prix de la nourriture.

Objectifs du chapitre

◆ **Définir la courbe des possibilités de production et calculer le coût de renonciation**

◆ **Distinguer les possibilités de production et les préférences, et décrire une allocation des ressources efficace**

◆ **Expliquer comment nos choix de production actuels influent sur nos possibilités de production futures**

◆ **Expliquer comment la spécialisation et l'échange augmentent nos possibilités de production**

◆ **Décrire les institutions économiques qui coordonnent les décisions**

Les possibilités de production et le coût de renonciation

Tous les jours, dans les mines, les usines, les magasins, les bureaux, les fermes et les chantiers de construction du Canada, quelque 18 millions de gens produisent pour plus de 5 G $ (cinq milliards de dollars) de biens et services de toutes sortes. Mais la quantité de biens et services qu'on peut produire est limitée par la rareté des ressources et par la technologie disponible. Pour augmenter la production d'une chose, il faut réduire la production d'autre chose – c'est-à-dire faire un compromis. Nous allons maintenant nous intéresser à la *courbe des possibilités de production*, courbe qui délimite ce qu'on peut et ce qu'on ne peut pas produire, et qui permet de saisir plus clairement la notion de compromis.

La **courbe des possibilités de production** (*CPP*) est une représentation abstraite de la frontière entre les combinaisons de biens et services qu'il est possible de produire et celles qui sont irréalisables. Pour illustrer la *CPP*, on se concentre sur deux biens à la fois en supposant que les quantités de tous les autres biens produits restent constantes. Autrement dit, on examine un modèle d'économie où, toutes choses égales d'ailleurs (*ceteris paribus*), seule la production des deux biens à l'étude peut varier.

Voyons ce que pourrait être la courbe des possibilités de production du pain et de la bière, en sachant que ces deux biens symbolisent n'importe quelle autre paire de biens et services.

La courbe des possibilités de production

La courbe des possibilités de production (*CPP*) du pain et de la bière montre les limites de la production de ces deux biens compte tenu des ressources et de la technologie disponibles pour les produire. La figure 2.1 présente cette *CPP*. Le tableau présente quelques-unes des combinaisons de quantités de pain et de bière qu'on peut produire en un mois avec les ressources et la technologie disponibles, et le graphique illustre ces combinaisons. L'axe des abscisses (axe horizontal) mesure la quantité de pain, et l'axe des ordonnées (axe vertical), la quantité de bière.

Comme la *CPP* montre les *limites* de la production, les points situés à l'extérieur de cette courbe sont inatteignables ; ils correspondent à des désirs impossibles à satisfaire. Par contre, tous les points situés *sur la CPP et à l'intérieur de la CPP*, eux, sont atteignables. Supposons qu'on puisse produire 4 millions de pains et 5 millions de canettes de bière par mois. À la figure 2.1, cette combinaison correspond au point *E* du graphique et à la possibilité *E* du tableau. La figure montre aussi d'autres possibilités de production. Par exemple, on pourrait cesser de produire du pain et affecter tous les travailleurs qui en produisent à la

FIGURE 2.1   *La courbe des possibilités de production*

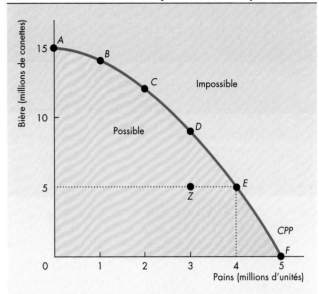

Possibilité	Pain (millions d'unités)		Bière (millions de canettes)
A	0	et	15
B	1	et	14
C	2	et	12
D	3	et	9
E	4	et	5
F	5	et	0

Le tableau présente six points sur la courbe des possibilités de production du pain et de la bière. La ligne *A* nous apprend que, si on ne produit pas de pain, la quantité maximale de bière qu'on peut produire est de 15 millions de canettes. Les points *A* à *F* dans le graphique illustrent chacun la ligne correspondante dans le tableau. Le trait qui réunit ces points représente la courbe des possibilités de production (*CPP*) du pain et de la bière. Cette *CPP* délimite les niveaux de production réalisables et irréalisables. Tous les points situés dans la partie orangée du graphique ou sur la *CPP* correspondent à des niveaux de production réalisables, et tous les points situés à l'extérieur de la *CPP* correspondent à des niveaux de production irréalisables. Les points situés à l'intérieur de la courbe, comme le point *Z*, correspondent à des niveaux de production inefficaces, parce qu'il y a gaspillage ou mauvaise allocation des ressources. À ces points, on pourrait utiliser les ressources disponibles pour produire plus de pain, plus de bière, ou plus des deux biens.

production de bière. Cette combinaison correspond au point *A* du graphique et à la possibilité *A* du tableau. La quantité de bière produite passe alors à 15 millions de canettes, et la quantité de pain, à 0. On pourrait aussi fermer les brasseries et affecter tous les travailleurs qu'on y trouvait à des boulangeries; on pourrait alors produire 5 millions de pains. Cette combinaison correspond au point *F* du graphique et à la possibilité *F* du tableau.

L'efficacité dans la production

On atteint l'**efficacité productive** lorsqu'on produit les biens et services au coût le plus bas possible. Cette efficacité ne peut être atteinte qu'aux points situés sur la *CPP*. À l'intérieur de la *CPP*, au point *Z* par exemple, la production est inefficace parce qu'on renonce à plus qu'il n'est nécessaire d'un bien pour produire une quantité donnée de l'autre bien.

Par exemple, au point *Z* de la figure 2.1, on produit 3 millions de pains et 5 millions de canettes de bière, alors qu'on pourrait produire 3 millions de pains et 9 millions de canettes de bière au point *D*. Au point *Z*, les pains produits coûtent plus de canettes de bière que nécessaire, et on pourrait les obtenir à un coût moindre. Ce n'est que lorsqu'on produit sur la *CPP* qu'on produit au plus bas coût possible.

La production est inefficace parce que certaines ressources sont soit gaspillées ou mal allouées.

Les ressources sont *gaspillées* lorsqu'elles restent inutilisées alors qu'elles sont disponibles – par exemple, si certaines des brasseries ne fonctionnent pas ou si une partie de leur main-d'œuvre ne travaille pas.

Les ressources sont *mal allouées* lorsqu'elles sont consacrées à des tâches autres que celles où elles donneraient leur plein rendement. Par exemple, il serait inefficace d'envoyer travailler des travailleurs qualifiés dans la production du pain dans une brasserie et des travailleurs d'une brasserie dans une boulangerie. Les mêmes travailleurs produisent plus de pains et plus de bière quand on les affecte à des tâches correspondant mieux à leurs qualifications.

Les compromis le long de la *CPP*

Tout choix qui se situe *le long de la CPP* suppose un *compromis* – on doit renoncer à quelque chose pour obtenir autre chose. Sur la *CPP* de la figure 2.1, on doit renoncer à un certain nombre de canettes de bière pour avoir plus de pains, ou à un certain nombre de pains pour avoir plus de canettes de bière.

Toutes les situations imaginables du monde réel supposent des compromis; nous en avons d'ailleurs décrit un certain nombre au chapitre 1. À tout moment, des quantités de travail, de terre, de capital et d'entrepreneuriat sont fixes, et on peut utiliser ces ressources pour produire des biens et services à l'aide de la technologie disponible. Cependant, il y a une limite à ce qu'on peut produire, et cette limite trace la frontière entre les niveaux de production réalisables et les niveaux de production irréalisables.

Cette «frontière» est la courbe des possibilités de production de l'économie mondiale, et elle détermine les compromis inévitables. Le long de cette courbe, on ne peut produire davantage de tel ou tel bien ou service qu'à condition de produire moins de tel ou tel autre bien ou service.

Quand les médecins disent qu'on doit consacrer plus de ressources à la recherche sur le cancer et le sida, ils suggèrent un compromis: plus de recherche médicale et moins d'autre chose. Quand le premier ministre dit vouloir consacrer plus de ressources à la santé et à l'éducation, il suggère un compromis: une augmentation des dépenses de santé et d'éducation, et une réduction des dépenses de sécurité publique et de sécurité nationale, par exemple, ou de la consommation des particuliers (à cause d'impôts plus élevés). Quand un groupe de pression réclame une réduction de l'exploitation forestière, il suggère un compromis: plus de protection pour les forêts et les espèces menacées et moins de papier. Quand vos professeurs vous conseillent d'étudier davantage, ils suggèrent un compromis: plus de temps d'étude et moins de temps de travail rémunéré, de loisir ou de sommeil.

Tous les compromis impliquent un coût – le coût de renonciation.

Le coût de renonciation

On l'a vu au chapitre précédent, le **coût de renonciation** est la valeur de la meilleure possibilité à laquelle on renonce pour obtenir ce qu'on choisit. La *CPP* aide à préciser ce qu'est le coût de renonciation et permet de le calculer. Le long de la *CPP*, il n'y a que deux biens; pour obtenir davantage d'un de ces biens, on doit nécessairement renoncer à une certaine quantité de l'autre bien. Compte tenu des ressources et de la technologie disponibles, on ne pourra produire plus de pains que si on produit moins de bière. Le coût de renonciation de la production d'un pain supplémentaire (en bière) est la quantité de canettes de bière à laquelle on est forcé de renoncer. De même, le coût de renonciation de la production d'une canette de bière supplémentaire (en pains) est la quantité de pains à laquelle on doit renoncer.

Par exemple, à la figure 2.1, si on passe du point *C* au point *D*, on produit 1 million de pains de plus en renonçant à 3 millions de canettes de bière. Autrement dit, 1 million de pains supplémentaires coûtent 3 millions de canettes de bière – 1 pain de plus coûte 3 canettes de bière.

On peut aussi calculer le coût de renonciation d'un mouvement dans le sens inverse. Par exemple, si on se déplace du point *D* au point *C*, on produit 3 millions de canettes de bière de plus et 1 million de pains de moins. Les 3 millions de canettes de bière supplémentaires coûtent donc 1 million de pains. Bref, en passant du point *C* au point *D*, chaque canette de bière de plus nous coûte 1/3 de pain.

Le coût de renonciation est un ratio Le long de la *CPP*, le coût de renonciation est un ratio. Il correspond à la diminution de la quantité produite d'un bien divisée par l'augmentation de la quantité produite d'un autre bien lorsqu'on se déplace le long de la *CPP*.

Comme le coût de renonciation est un ratio, le coût de renonciation d'une canette de bière de plus est égal à l'*inverse* du coût de renonciation de la production d'un pain de plus. Vérifions cette proposition en revenant à nos calculs. Quand on se déplace du point *C* au point *D* le long de la *CPP*, le coût de renonciation de 1 pain est de 3 canettes de bière. L'inverse de 3 est 1/3. Donc, si on produit un pain de moins et qu'on augmente la production de bière en passant de *D* à *C*, le coût de renonciation de 1 canette de bière devrait être de 1/3 de pain. La figure 2.1 permet de vérifier que c'est vraiment le cas. Si on passe de *D* à *C*, on produit 3 millions de canettes de bière de plus et 1 million de pains de moins. Comme 3 millions de canettes de bière coûtent 1 million de pains, le coût de renonciation de 1 canette de bière est de 1/3 de pain.

Le coût de renonciation croissant Le coût de renonciation d'un pain croît à mesure que la production du pain augmente, et le coût de renonciation d'une canette de bière croît à mesure que la production de bière augmente. La forme de la *CPP*, qui est arquée vers l'*extérieur*, reflète ce coût de renonciation croissant.

Quand on produit une grande quantité de bière et une petite quantité de pains – entre les points *A* et *B* à la figure 2.1 –, la pente de la *CPP* est douce. Une augmentation de la quantité de pains coûte alors une petite diminution de la quantité de bière; autrement dit, le coût de renonciation d'un pain est une petite quantité de bière.

Quand on produit une grande quantité de pains et une petite quantité de bière – entre les points *E* et *F* à la figure 2.1 –, la pente de la *CPP* est abrupte. Une augmentation de la quantité de pains coûte une grande quantité de bière; autrement dit, le coût de renonciation d'un pain est une grande quantité de bière.

La *CPP* est arquée vers l'extérieur parce que les ressources ne sont pas également productives dans toutes les activités. Les travailleurs qui ont de nombreuses années d'expérience dans une brasserie sont très qualifiés dans la production de bière, et beaucoup moins dans la production de pains. Par conséquent, si on envoie certains d'entre eux travailler dans une boulangerie, il en résultera une faible augmentation de la quantité de pains, et une importante diminution de la quantité de bière.

De même, les travailleurs qui ont de nombreuses années d'expérience dans une boulangerie sont très qualifiés dans la production du pain, et beaucoup moins dans la production de bière. Si on envoie certains d'entre eux

travailler dans une brasserie, il en résultera une faible augmentation de la quantité de bière, et une importante diminution de la quantité de pains.

Le coût de renonciation croissant

Le coût de renonciation et les gisements pétrolifères

Extraire un baril de pétrole brut et le livrer à une raffinerie coûte environ 30 $ le baril. Pour chaque baril produit, nous renonçons donc à 30 $ d'autres biens et services. De 2003 à 2006, le prix du pétrole brut a doublé sur le marché mondial du pétrole; et de 2006 à 2008, il a encore doublé. Avec des prix atteignant de tels sommets, il est devenu rentable pour les détenteurs de ressources pétrolières de les extraire plus rapidement et d'exploiter des gisements pétrolifères plus coûteux, comme ceux de l'Alberta et de Terre-Neuve. Le coût de renonciation de l'extraction de pétrole dans ces régions tourne probablement autour de 30 $ en autres biens et services. Mais à mesure que la production augmente, le coût de renonciation monte. En Alberta, la production s'est accrue de 12 % de 2003 à 2006, et de 3 % en 2007. Dans cette province, le pétrole marginal (les dernières sources exploitées) vient des sables bitumineux, et le coût de renonciation de son extraction tourne autour de 50 $ le baril en autres biens et services.

Plus le Canada produit de pétrole brut, plus le coût de renonciation augmente sur notre *CPP*.

MINITEST   1

1 Comment la courbe des possibilités de production illustre-t-elle la rareté?

2 Comment la courbe des possibilités de production illustre-t-elle l'efficacité dans la production?

3 Comment la courbe des possibilités de production montre-t-elle que tout choix implique un compromis?

4 Comment la courbe des possibilités de production illustre-t-elle le coût de renonciation?

5 Pourquoi le coût de renonciation est-il un ratio le long de la *CPP*?

6 Pourquoi la *CPP* de la plupart des biens est-elle arquée vers l'extérieur, de sorte que le coût de renonciation croît à mesure que la production d'un bien augmente?

Réponses p. 64

Plus on essaie d'augmenter la production de l'un ou l'autre des deux biens, moins les ressources supplémentaires qu'on consacre à la production de ce bien sont productives, et plus le coût de renonciation d'une unité de ce bien augmente.

Nous avons vu que ce que nous pouvons produire est limité par la courbe des possibilités de production. Nous avons également vu que, sur la *CPP*, la production est efficace. Mais on peut produire diverses quantités sur la *CPP*. Comment choisit-on les quantités qu'on produira? Comment savoir quel point sur la *CPP* est le plus avantageux?

L'utilisation efficace des ressources

Nous avons vu que tous les points situés sur la *CPP* correspondent à des possibilités de production efficaces, Mais lequel de ces points est le meilleur? Comment choisir? L'approche économique détermine le point qui a le plus de valeur pour la société en tenant compte du coût de renonciation. Lorsque les biens et services sont produits au coût le plus bas possible et dans les quantités qui donnent la valeur optimale, on a atteint l'**efficacité allocative**.

Rappelez-vous la distinction entre le gaspillage et la mauvaise allocation des ressources. On gaspille les ressources si on ne les emploie pas à leur plein potentiel. Ce sera le cas si on produit à un point situé *à l'intérieur* de la *CPP*. Il n'y a pas de gaspillage sur la *CPP*, mais l'allocation des ressources sera mauvaise si on choisit un point qui n'optimise pas la valeur optimale des biens produits, nette du coût de renonciation.

Les sous-questions soulevées par les cinq grandes questions de l'économique au chapitre 1 concernent l'efficacité allocative. Pour y répondre, il faut mesurer et comparer la valeur et les coûts.

La *CPP* et le coût marginal

Le **coût marginal** d'un bien ou d'un service est le coût de renonciation de la production d'une unité supplémentaire (ou *marginale*) d'un bien ou d'un service. On peut calculer le coût marginal à partir de la pente de la *CPP*. À mesure que la quantité produite de pains augmente, la *CPP* devient plus abrupte, et le coût marginal d'un pain augmente. La figure 2.2 illustre le calcul du coût marginal d'un pain (en canettes de bière).

Commençons par trouver le coût de renonciation du pain pour chaque million de pains. Le coût de renonciation du premier million de pains est de 1 million de canettes de

FIGURE 2.2 *La CPP et le coût marginal*

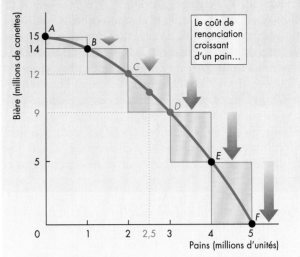

(a) *CPP* et coût de renonciation

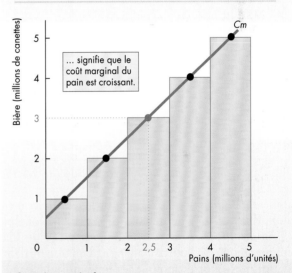

(b) Coût marginal

Le coût marginal se calcule à partir de la pente de la *CPP*. À mesure que la quantité produite de pains augmente, la *CPP* devient de plus en plus abrupte, et le coût marginal d'un pain augmente. Les barres du graphique (a) montrent le coût de renonciation d'un pain par tranche de 1 million de pains. Les barres du graphique (b) montrent le coût moyen du pain dans chacune de ces tranches de 1 million de pains. La courbe rouge *Cm* montre le coût marginal d'un pain à chaque point le long de la courbe *CPP*. Cette courbe traverse chacun des points au centre des barres du graphique (b).

bière; le coût du deuxième million de pains est de 2 millions de canettes de bière; le coût du troisième million de pains est de 3 millions de canettes de bière, et ainsi de suite. Les barres du graphique (a) illustrent ces calculs.

Les barres du graphique (b) montrent le coût moyen du pain dans chaque tranche de 1 million de pains.

Concentrez-vous sur le troisième million de pains – le déplacement de *C* à *D* dans le graphique (a). À ces niveaux de production, comme 1 million de pains coûtent 3 millions de canettes de bière, un de ces pains coûte en moyenne 3 canettes de bière – la hauteur de la barre au graphique (b). Maintenant trouvez le coût de renonciation de chaque pain supplémentaire – le coût marginal d'un pain. Le coût marginal d'un pain augmente à mesure que la quantité produite de pains s'accroît. Au point *C*, le coût marginal est moindre qu'au point *D*. Entre *C* et *D*, le coût marginal d'un pain est de 3 canettes de bière en moyenne. Mais il n'est de 3 canettes de bière exactement qu'au milieu du segment de courbe entre *C* et *D*, lorsque 2,5 millions de pains sont produits, comme l'indique le point rouge au graphique (b). Chaque point noir du graphique (b) peut être interprété de la même manière. La courbe rouge *CM* qui traverse ces points est la courbe de coût marginal, qui montre le coût marginal d'un pain à chaque quantité de pains lorsqu'on se déplace le long de la *CPP*.

Les préférences et la valeur marginale

Observez toute la variété de chemises, de chandails, de pantalons, de jupes et de souliers que les gens portent. Pourquoi tant de diversité? Pourquoi ne nous habillons-nous pas tous dans le même style et les mêmes couleurs? La réponse tient à ce que les économistes appellent les *préférences*. Les **préférences** d'une personne décrivent ce qu'elle aime et ce qu'elle n'aime pas.

On l'a vu, nous disposons d'une façon de décrire concrètement les limites de la production: la *CPP*. De même, nous avons besoin d'une façon de décrire concrètement les préférences. Pour ce faire, les économistes recourent au concept de valeur *marginale* et à la *courbe de valeur marginale*. La **valeur marginale** (ou l'utilité marginale) d'un bien ou d'un service est la valeur qu'on attribue à la consommation d'une unité supplémentaire de ce bien ou de ce service.

On mesure la valeur marginale d'un bien ou d'un service à ce qu'une personne est prête à payer pour une unité supplémentaire de ce bien ou de ce service. Selon ce principe, on accepte de payer moins ce que le bien vaut pour soi, alors qu'on refuse de payer plus que ce qu'il vaut pour soi. Par conséquent, la somme maximale qu'on est prêt à payer pour une chose mesure la valeur marginale qu'on y attache.

Les économistes illustrent les préférences par la **courbe de valeur marginale** qui montre la relation entre la valeur marginale d'un bien et la quantité consommée de ce bien. Cette courbe montre que, plus la quantité qu'on possède d'un bien est grande, plus sa valeur marginale est faible, et moins on consent à payer pour en obtenir une unité supplémentaire. Cette tendance est si marquée et si répandue qu'on en parle comme d'un principe – le *principe de la valeur marginale décroissante*.

Le principe de la valeur marginale décroissante s'explique en grande partie par notre penchant pour la variété. Plus nous consommons d'un bien ou d'un service, plus nous nous en lassons, et plus nous envisageons de consommer d'autres biens qui pourraient aussi nous plaire.

Pensez à ce que vous consentez à payer pour un pain. Si le pain était très rare et que vous ne pouviez en acheter que quelques tranches par année, peut-être accepteriez-vous de payer plus cher pour en avoir une tranche de plus. Par contre, si vous n'avez mangé que du pain depuis trois jours, vous ne paierez pas cher pour en manger une autre tranche: peut-être n'en voudrez-vous pas même si elle est gratuite!

Dans ce cours d'économique, nous avons appris à concevoir un coût comme un coût de renonciation. On peut concevoir le consentement à payer et la valeur marginale de la même manière. La valeur marginale, mesurée par ce qu'on est prêt à payer pour obtenir quelque chose, est la valeur des quantités d'autres biens et services qu'on est prêt à sacrifier pour obtenir cette chose.

La figure 2.3 illustre les préférences sous cet angle. Dans la ligne *A*, la production de pain est de 0,5 million d'unités et, à cette quantité, les gens consentent à payer 5 canettes de bière par pain. À mesure que la production de pains augmente, la quantité de bière que les gens consentent à payer pour 1 pain supplémentaire diminue. Ainsi, quand on produit 4,5 millions de pains, les gens ne consentent à payer qu'une canette de bière par pain.

Voyons maintenant comment les concepts de coût marginal et de valeur marginale peuvent servir à décrire l'efficacité allocative.

L'efficacité allocative

Quand on ne peut plus produire davantage d'un bien sans renoncer à une certaine quantité d'un autre bien, on produit à un point situé sur la *CPP*. Au *meilleur* point sur la *CPP*, on ne peut pas produire davantage d'un bien ou d'un service sans renoncer à une certaine quantité d'un autre bien ou service auquel on accorde une plus grande valeur – qui a une valeur marginale supérieure. On a alors atteint l'efficacité allocative, et on produit au point sur la *CPP* qui a la plus grande valeur nette totale.

Supposons qu'à la figure 2.4 on produit 1,5 million de pains au point *A*. Le coût marginal de 1 pain est de 2 canettes de bière, et la valeur marginale de 1 pain est de 4 canettes de bière. Comme la valeur de 1 pain supplémentaire est plus élevée que son coût marginal, on utiliserait les ressources plus efficacement si on augmentait la production de pains et qu'on réduisait la production de bière. Autrement dit, la valeur – nette du coût de renonciation – augmenterait.

Supposons maintenant qu'on produit 3,5 millions de pains au point *C*. Le coût marginal de 1 pain est maintenant de 4 canettes de bière, alors que sa valeur marginale

FIGURE 2.3 *Les préférences et la courbe de valeur marginale*

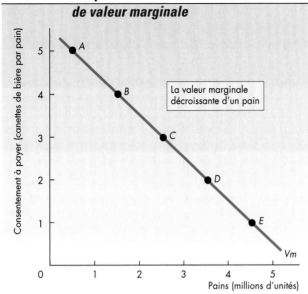

Possibilité	Pains (millions d'unités)		Bière (millions de canettes)
A	0,5	et	5
B	1,5	et	4
C	2,5	et	3
D	3,5	et	2
E	4,5	et	1

Plus la production de pains est faible, plus les gens sont prêts à renoncer à une grande quantité de bière pour un pain supplémentaire. Quand on produit 0,5 million de pains, les gens consentent à payer 5 canettes de bière par pain ; quand la production de pains est de 4,5 millions, les gens ne consentent à payer que 1 canette de bière par pain. Le consentement à payer mesure la valeur marginale, et la valeur marginale décroissante est une caractéristique généralisée des préférences des gens.

FIGURE 2.4 *L'utilisation efficace des ressources*

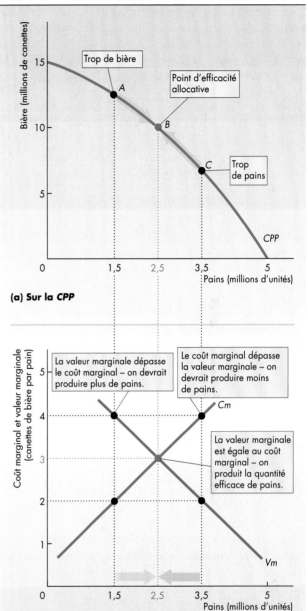

(a) Sur la CPP

(b) La valeur marginale est égale au coût marginal

Plus la production de pains est importante, plus la valeur marginale (*Vm*) du pain est faible, et plus la quantité de bière à laquelle les gens sont prêts à renoncer pour un pain supplémentaire est faible. Mais plus la quantité produite de pains est importante, plus le coût marginal (*Cm*) d'un pain est important – plus les gens doivent renoncer à une grande quantité de bière pour obtenir un pain supplémentaire. Quand la valeur marginale est égale au coût marginal, l'utilisation des ressources est efficace ; la valeur – nette du coût de renonciation – est la plus grande possible, et on a atteint l'efficacité allocative.

n'est plus que de 2 canettes de bière. Comme le coût marginal d'un pain supplémentaire est supérieur à la valeur que les gens lui accordent, on utiliserait les ressources plus efficacement si on transférait à la production de bière une partie des ressources affectées à la production de pains. Autrement dit, si on produit un pain supplémentaire, la valeur – nette du coût de renonciation – diminue ; à l'inverse, si on produit une canette de bière supplémentaire, elle augmente.

Finalement, supposons qu'on produit 2,5 millions de pains au point *B*. Le coût marginal et la valeur marginale de 1 pain sont maintenant tous deux de 3 canettes de bière. Cette allocation des ressources – ce partage entre la production de pains et la production de bière – est efficace. Si on produisait davantage de pains, les canettes de bière auxquelles on renoncerait vaudraient davantage que les pains supplémentaires qu'on obtiendrait. Si on produisait moins de pains, ceux auxquels on renoncerait vaudraient davantage que les canettes de bière supplémentaires. À ce point, la valeur – nette du coût de renonciation – est la plus grande possible.

Maintenant que vous comprenez les limites de la production et les conditions de l'efficacité allocative, nous allons étudier l'expansion des possibilités de production.

La croissance économique

Au cours des trois dernières décennies, la production par habitant a doublé au Canada. Cette expansion de la production est ce qu'on appelle la **croissance économique**. Si elle accroît notre niveau de vie, la croissance économique n'élimine ni la rareté ni les coûts de renonciation. Faire croître notre économie suppose un compromis, car plus la croissance économique est rapide, plus son coût de renonciation est élevé.

Le coût de la croissance économique

Les deux grands moteurs de la croissance économique par habitant sont le **progrès technologique** – c'est-à-dire la mise au point de nouveaux biens et services et de meilleures techniques de production – et l'**accumulation de capital** – c'est-à-dire la croissance des ressources en capital, y compris le *capital humain*.

Grâce au progrès technologique et à l'accumulation de capital, nous disposons d'une énorme quantité d'automobiles qui nous permettent des déplacements impensables à l'époque des chevaux et des carrioles. De même, la technologie du satellite améliore considérablement les communications mondiales par rapport à ce que permettait la technologie du câble. Cependant, pour consacrer des ressources à la recherche et au développement et

pour produire du nouveau capital, nous devons réduire notre production de biens et services de consommation. Examinons ce coût de renonciation.

Au lieu d'étudier la *CPP* du pain et de la bière, gardons la production de la bière constante, et examinons la *CPP* du pain et des fours à pain – la courbe bleue *ABC* du graphique de la figure 2.5. Si on ne consacre aucune ressource à la production de fours à pain, on produit au point *A*. Si on produit 3 millions de pains, on peut produire 6 fours à pain au point *B*. Si on interrompt complètement la production de pains, on peut produire 10 four à pain au point *C*.

L'ampleur de l'expansion des possibilités de production dépend de l'importance des ressources consacrées au progrès technologique et à l'accumulation de capital. Si on n'y consacre aucune ressource (point *A*), la *CPP* reste à *ABC* – la courbe bleue. Si on réduit la production courante de pains et qu'on produit 6 fours à pain (point *B*), on disposera de plus de capital dans l'avenir, et la *CPP* se déplacera vers l'extérieur jusqu'à la courbe rouge. Moins on consacre de ressources à la production de pains et plus on en consacre à la production de fours à pain, plus on accroît les possibilités de production.

FIGURE 2.5 *La croissance économique*

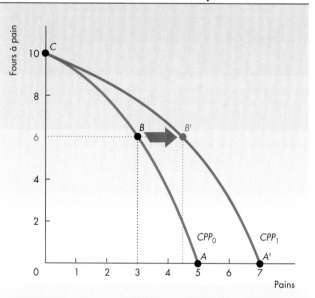

La CPP_0 indique les limites de la production de pains et de fours à pain lorsque la production de tous les autres biens et services reste constante. Si on ne consacre aucune ressource (0) à la production de fours à pain et qu'on produit 5 millions de pains, on reste au point A. Cependant, si on réduit la production de pains à 3 millions et qu'on produit 6 fours à pain (point B), les possibilités de production augmentent. Après un certain temps, la *CPP* se déplace vers l'extérieur jusqu'à la CPP_1, et on peut produire au point B', situé à l'extérieur de la CPP_0 initiale. On peut déplacer la *CPP* vers l'extérieur, mais on ne peut pas éviter le coût de renonciation. Le coût de renonciation d'une plus grande production de pains future est une production de pains moindre aujourd'hui.

La croissance économique

Hong-Kong dépasse le Canada

En 1968, les possibilités de production par habitant du Canada étaient beaucoup plus importantes que celles de Hong-Kong, comme le montre la figure ci-dessous. Le Canada a consacré un cinquième de ses ressources à l'accumulation de capital ; en 1968, il se situait au point *A* sur sa *CPP*. Hong-Kong a consacré le tiers de ses ressources à l'accumulation de capital ; en 1968, il se situait au point *A* sur sa *CPP*.

Depuis 1968, les deux pays ont connu une croissance économique, mais comme Hong-Kong a consacré une fraction plus importante de ses ressources à l'accumulation de capital, ses possibilités de production se sont accrues plus vite.

En 2008, les possibilités de production par habitant de Hong-Kong dépassaient celles du Canada. Si Hong-Kong continue à consacrer plus de ressources que le Canada à l'accumulation de capital (au point *B* sur sa *CPP* de 2008), sa croissance économique continuera à être plus rapide que celle du Canada. Par contre, si Hong-Kong réduit son accumulation de capital et augmente sa consommation (se déplaçant, par exemple, jusqu'au point *D* sur sa *CPP* de 2008), son taux de croissance baissera.

Hong-Kong est un exemple typique des économies asiatiques en croissance rapide comme Taiwan, la Thaïlande, la Corée du Sud et la Chine, où la croissance, après avoir ralenti durant la crise asiatique de 1998, a vite rebondi. Dans ces pays, les possibilités de production augmentent de 5 % à 10 % par année. Si ces taux de croissance se maintiennent, un jour, comme Hong-Kong, ces autres pays asiatiques combleront l'écart qui les sépare encore du Canada.

S'il veut rattraper Hong-Kong, le Canada devra consacrer plus du tiers de ses ressources à l'accumulation de capital.

La croissance économique a un prix. Pour en récolter les fruits un jour, on doit consacrer plus de ressources à la production de fours à pain et moins à la production de pains, c'est-à-dire se déplacer de *A* à *B* sur la courbe bleue. Mais rien n'est jamais gratuit. Le coût de renonciation d'une quantité supplémentaire de pains demain est une quantité moindre de pains aujourd'hui. La croissance économique n'est pas une panacée ; elle ne peut éliminer la rareté. Sur la nouvelle courbe des possibilités de production, il continue d'y avoir des compromis et des coûts de renonciation.

Les principes de la croissance économique qu'illustre l'exemple de la production de pains s'appliquent également aux pays. Le Canada et Hong-Kong nous en fournissent des exemples probants, comme en témoigne l'encadré ci-contre.

La croissance économique d'un pays

Le Canada et Hong-Kong fournissent des exemples frappants des effets qu'ont sur le rythme de la croissance économique nos choix quant à ce que nous produisons et à la façon dont nous le produisons.

Si un pays consacre la totalité de ses ressources à la production de biens et services de consommation et n'en alloue aucune à la recherche-développement et à l'accumulation de capital, ses possibilités de production par habitant resteront ce qu'elles sont aujourd'hui.

Pour que ses possibilités de production augmentent un jour, un pays doit allouer moins de ressources à la production de biens et services de consommation pour en consacrer une partie à l'accumulation de capital et au progrès technologique. La diminution de notre consommation courante est le coût de renonciation de l'augmentation de la consommation future.

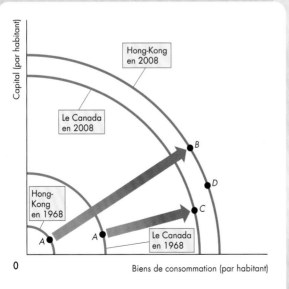

La croissance économique au Canada et à Hong-Kong

Réponses p. 65

MINITEST 3

1. Qu'est-ce qui génère la croissance économique par habitant ?

2. Comment la croissance économique influe-t-elle sur la courbe des possibilités de production ?

3. Quel est le coût de renonciation de la croissance économique ?

4. Pourquoi la croissance économique de Hong-Kong a-t-elle été plus rapide que celle du Canada ?

5. La croissance économique élimine-t-elle la rareté ?

Nous allons maintenant nous pencher sur une autre raison de l'expansion de nos possibilités de production, ce phénomène étonnant : les acheteurs comme les vendeurs tirent avantage de la spécialisation et de l'échange.

Les gains à l'échange

En théorie, les gens peuvent soit produire la totalité des biens et services qu'ils consomment, soit se concentrer sur la production d'un bien ou d'un service (ou de quelques-uns) pour échanger ensuite une partie de leur production contre d'autres biens. Le fait de se concentrer sur la production d'un bien ou d'un service s'appelle la *spécialisation*. Nous allons voir quels gains les gens peuvent réaliser en se spécialisant dans la production d'un bien qui leur confère un *avantage comparatif* et en l'échangeant contre d'autres biens.

Avantage comparatif et avantage absolu

On dit qu'une personne a un **avantage comparatif** dans une activité par rapport à une autre personne si elle peut accomplir cette activité à un coût de renonciation moindre. Les écarts entre les coûts de renonciation découlent de différences entre les compétences individuelles de chacun et des ressources qu'on détient.

Personne n'excelle en tout. Au baseball, un lanceur exceptionnel peut être un receveur médiocre Un avocat brillant peut être un piètre professeur. Ce qu'une personne trouve facile à faire, une autre le trouvera difficile ; ce constat s'applique à presque toutes les activités humaines. Il en va de même pour la productivité de la terre et du capital. Telle parcelle de sol est fertile, mais ne recèle aucun gisement minéral ; tel site offre un panorama exceptionnel, mais son sol est stérile. Telle machine est d'une extraordinaire précision, mais difficile à faire marcher ; telle autre est très rapide, mais souvent en panne.

Si personne n'excelle en tout, certaines personnes en surpassent bien d'autres dans de nombreuses activités – et peut-être même dans toutes les activités. Une personne qui est plus productive que les autres a un **avantage absolu**.

L'avantage absolu suppose une comparaison de la productivité – de la production par heure –, alors que l'avantage comparatif suppose une comparaison des coûts de renonciation.

Notons qu'une personne qui a un avantage absolu n'a pas pour autant un avantage comparatif dans toutes les activités où elle surpasse les autres. Ainsi, Robert Lepage est un meilleur acteur et un meilleur metteur en scène que la plupart des gens. Mais par rapport aux autres, il est encore meilleur metteur en scène qu'acteur. Son avantage *comparatif* est la mise en scène.

Les différences entre les compétences individuelles et les ressources qu'on détient entraînent des écarts dans les coûts de renonciation associés à la production des divers biens et services. L'avantage comparatif résulte de ces différences.

Examinons la notion d'avantage comparatif en prenant l'exemple de deux bars laitiers, l'un appartenant à Catherine et l'autre à Maxime.

Le bar laitier de Catherine Catherine ne produit que deux biens : des yaourts frappés et des salades de fruits. Dans son bar parfaitement équipé, Catherine peut produire un yaourt frappé ou une salade de fruits toutes les 2 minutes (voir le tableau 2.1). Si elle passe tout son temps à faire des yaourts frappés, Catherine peut en produire 30 par heure, et si elle passe tout son temps à faire des salades de fruits, elle peut aussi en produire 30 par heure. Si elle partage son temps également entre les deux biens, elle peut produire 15 yaourts frappés et 15 salades de fruits par heure. Pour chaque yaourt frappé supplémentaire qu'elle produit, Catherine doit produire une salade de fruits de moins, et pour chaque salade de fruits supplémentaire, elle doit produire un yaourt frappé de moins. Par conséquent,

pour Catherine, le coût de renonciation de la production de 1 yaourt frappé est de 1 salade de fruits,

et

le coût de renonciation de 1 salade de fruits est de 1 yaourt frappé.

TABLEAU 2.1	*Les possibilités de production de Catherine*	
Bien	**Minutes par unité**	**Quantité par heure**
Yaourts frappés	2	30
Salades de fruits	2	30

Comme ses clients achètent autant de yaourts frappés que de salades de fruits, Catherine partage son temps à parts égales entre les deux biens : elle produit 15 yaourts frappés et 15 salades de fruits par heure.

Le bar laitier de Maxime Maxime produit lui aussi des yaourts frappés et des salades de fruits, mais son commerce est beaucoup plus modeste que celui de Catherine, et il ne dispose que d'un vieux mélangeur très lent. Même s'il utilise toutes ses ressources pour produire des yaourts frappés, Maxime ne peut en produire que 6 par heure (voir le tableau 2.2). Cependant, Maxime est très doué pour les salades de fruits, et quand il y consacre toutes ses ressources, il peut en produire 30 par heure. Quelle que soit la façon dont Maxime partage son temps entre ces deux biens, sa capacité de production reste la même : une salade de fruits en 2 minutes ou un yaourt frappé en 10 minutes. Pour chaque yaourt frappé supplémentaire, Maxime doit produire 5 salades de fruits de moins, et pour chaque salade de fruits supplémentaire, il doit réduire de 1/5 sa production de yaourts frappés. Par conséquent,

pour Maxime, le coût de renonciation de la production de 1 yaourt frappé est de 5 salades de fruits,

et

le coût de renonciation de 1 salade de fruits est de 1/5 de yaourt frappé.

TABLEAU 2.2   *Les possibilités de production de Maxime*

Bien	Minutes par unité	Quantité par heure
Yaourts frappés	10	6
Salades de fruits	2	30

Comme les clients de Catherine, ceux de Maxime achètent autant de yaourts frappés que de salades de fruits. Maxime passe donc 50 minutes par heure à faire des yaourts frappés et 10 minutes à faire des salades de fruits. Avec cette répartition de son temps, Maxime produit 5 yaourts frappés et 5 salades de fruits par heure.

L'avantage absolu de Catherine   Le tableau 2.3(a) présente la production de Catherine et de Maxime. Comme on le voit, avec ses 15 yaourts frappés et ses 15 salades de fruits par heure, Catherine est trois fois plus productive que Maxime, qui ne produit que 5 yaourts frappés et 5 salades de fruits par heure. Pour ce qui est de la production de ces deux biens, Catherine a donc un avantage absolu sur Maxime. Cependant, elle n'a un avantage comparatif sur lui que pour une de ces deux activités.

L'avantage comparatif de Catherine   Pour quelle activité Catherine a-t-elle un avantage comparatif par rapport à Maxime ? Souvenez-vous qu'une personne a un avantage comparatif dans la production d'un bien quand son coût de renonciation est inférieur au coût de renonciation d'une autre personne pour la production du même bien. Catherine a un avantage comparatif dans la production

TABLEAU 2.3   *Les gains de l'échange pour Catherine et Maxime*

(a) Avant l'échange	Catherine	Maxime
Yaourts frappés	15	5
Salades de fruits	15	5
(b) La spécialisation	**Catherine**	**Maxime**
Yaourts frappés	30	0
Salades de fruits	0	30
(c) L'échange	**Catherine**	**Maxime**
Yaourts frappés	En vend 10	En achète 10
Salades de fruits	En achète 20	En vend 20
(d) Après l'échange	**Catherine**	**Maxime**
Yaourts frappés	20	10
Salades de fruits	20	10
(e) Les gains de l'échange	**Catherine**	**Maxime**
Yaourts frappés	+5	+5
Salades de fruits	+5	+5

de yaourts frappés puisque pour un yaourt frappé son coût de renonciation n'est que de 1 salade de fruits, tandis que celui de Maxime est de 5 salades de fruits.

L'avantage comparatif de Maxime   Si Catherine a un avantage comparatif dans la production de yaourts frappés, Maxime lui, a un avantage comparatif dans la production de salades de fruits. En effet, pour une salade de fruits, son coût de renonciation n'est que de 1/5 de yaourt frappé, tandis que celui de Catherine est de 1 yaourt frappé.

Tirer les gains de l'échange

Un soir, Catherine et Maxime se rencontrent par hasard chez des amis. Pendant qu'ils font connaissance, Catherine parle à Maxime de son super bar laitier. Son seul problème, lui dit-elle, est qu'elle aimerait pouvoir produire davantage parce qu'elle perd des clients lorsque ses files d'attente deviennent trop longues.

Maxime hésite, puis prend le risque de parler à Catherine de ses difficultés avec son propre commerce. Lorsqu'il lui explique qu'il passe 50 minutes par heure à faire 5 yaourts frappés alors qu'il fait 5 salades de fruits dans les 10 minutes restantes, Catherine écarquille les yeux. Puis, ravie, elle s'exclame : « Maxime, j'ai quelque chose à te proposer. » Sa proposition est la suivante :

- Maxime cesse de produire des yaourts frappés et consacre tout son temps à la production de salades de fruits.

- Catherine cesse de produire des salades de fruits et consacre tout son temps à la production de yaourts frappés.

- Chacun se spécialise dans la production du bien où ils ont un avantage comparatif, et ensemble ils produisent 30 yaourts frappés et 30 salades de fruits par heure – tableau 2.3(b).

- Puis, ils s'échangent des biens. Catherine vend à Maxime 10 yaourts frappés, et Maxime vend à Catherine 20 salades de fruits, le prix d'un yaourt frappé étant de 2 salades de fruits – tableau 2.3(c).

- Après l'échange, Maxime dispose de 10 salades de fruits par heure – les 30 qu'il produit moins les 20 qu'il vend à Catherine –, ainsi que des 10 yaourts frappés par heure qu'il achète à Catherine. Il a donc accru les quantités de yaourts frappés et de salades de fruits qu'il vend – tableau 2.3(d).

- Après l'échange, Catherine dispose de 20 yaourts frappés par heure – les 30 qu'elle produit moins les 10 qu'elle vend à Maxime –, ainsi que les 20 salades de fruits qu'elle achète à Maxime. Elle a donc accru les quantités de yaourts frappés et de salades de fruits qu'elle vend – tableau 2.3(d).

- Grâce à la spécialisation et à l'échange, Catherine et Maxime gagnent chacun 5 yaourts frappés et 5 salades de fruits par heure – tableau 2.3(e).

Pour illustrer son idée, Catherine prend une feuille de papier et dessine les deux graphiques qu'on voit à la figure 2.6. La *CPP* bleue du graphique (a) montre les possibilités de production de Maxime. Avant l'échange, il produit 5 yaourts frappés et 5 salades de fruits par heure (point *A*). La *CPP* bleue du graphique (b) montre les possibilités de production de Catherine. Avant l'échange, elle produit 15 yaourts frappés et 15 salades de fruits par heure (point *A*).

FIGURE 2.6   *Les gains à l'échange*

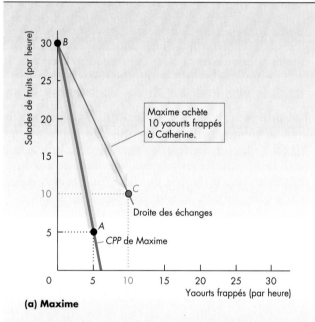

(a) Maxime

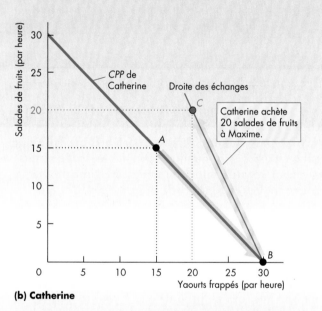

(b) Catherine

Au départ, Maxime – graphique (a) – et Catherine – graphique (b) – produisent au point *A* de leur *CPP* respective. Pour ce qui est de la production de salades de fruits, le coût de renonciation de Maxime est moindre que celui de Catherine, de sorte que Maxime a un avantage comparatif dans la production de salades de fruits. Pour ce qui est de la production de yaourts frappés, le coût de renonciation de Catherine est moindre que celui de Maxime, de sorte que Catherine a un avantage comparatif dans la production de yaourts frappés. S'il se spécialise dans la production de salades de fruits, Maxime produit 30 salades de fruits et 0 yaourt frappé au point *B* sur sa *CPP*. Si elle se spécialise dans la production de yaourts frappés, Catherine produit 30 yaourts frappés et 0 salade de fruits au point *B* sur sa *CPP*. Catherine et Maxime échangent des salades de fruits contre des yaourts frappés le long de la « droite des échanges » rouge. Catherine achète des salades de fruits à Maxime à un coût moindre que son coût de renonciation lorsqu'elle les produit elle-même, et Maxime achète des yaourts frappés à Catherine à un coût moindre que son coût de renonciation lorsqu'il les produit lui-même. Chacun se déplace jusqu'au point *C* – un point situé à l'extérieur de leur *CPP* respective. Maxime et Catherine augmentent tous deux leur production sans rien changer à leurs ressources.

Catherine propose que chacun se spécialise dans la production du bien où ils ont un avantage comparatif. Maxime produit 30 salades de fruits et aucun (0) yaourt frappé au point *B* de sa *CPP*. Catherine produit 30 yaourts frappés et aucune (0) salade de fruits au point *B* de sa *CPP*.

Catherine et Maxime échangent ensuite des yaourts frappés et des salades de fruits au prix de 2 salades de fruits par yaourt frappé ou de 1/2 yaourt frappé par salade de fruits. Maxime obtient les yaourts frappés de Catherine à 2 salades de fruits l'unité, ce qui est moins que les 5 salades de fruits que lui coûtait la production d'un yaourt frappé. Catherine obtient les salades de fruits de Maxime à 1/2 yaourt frappé l'unité, ce qui est moins que 1 yaourt frappé, ce que lui coûtait la production d'une salade de fruits.

Après l'échange, Maxime dispose de 10 yaourts frappés et de 10 salades de fruits (point *C*), ce qui représente un gain de 5 yaourts frappés et de 5 salades de fruits. Ses possibilités de production se situent maintenant à l'extérieur de sa *CPP* initiale.

Après l'échange, Catherine dispose de 20 yaourts frappés et de 20 salades de fruits (point *C*), ce qui représente un gain de 5 yaourts frappés et de 5 salades de fruits. Ses possibilités de production se situent maintenant à l'extérieur de sa *CPP* initiale.

Même si Catherine avait un avantage absolu dans la production des yaourts frappés et des salades de fruits, elle a, comme Maxime, pu tirer des gains de la spécialisation et de l'échange.

Cette histoire ne précise pas comment sont déterminés les termes de l'échange, c'est-à-dire le prix auquel un yaourt frappé est échangé contre une salade de fruits. Nous avons présumé que Catherine obtenait deux salades de fruits pour chaque yaourt frappé qu'elle vendait à Maxime. Mais au lieu d'un prix de deux pour un, les termes de l'échange auraient tout aussi bien pu être de trois salades de fruits contre deux yaourts frappés. Cela serait à l'avantage de Maxime puisque le prix d'un yaourt frappé, en salades de fruits, baisserait de 2 à 1,5; dit autrement, le prix d'une salade de fruits en yaourts frappés croîtrait de 1/2 à 2/3. Comme Maxime achète des yaourts frappés et vend des salades de fruits, ce prix l'avantage.

À ce prix, Maxime vend 18 salades de fruits contre 12 yaourts frappés et obtient à la fin 12 unités de chaque article. Catherine vend 12 yaourts contre 18 salades de fruits et obtient à la fin 18 unités de chaque article. Dans l'exemple précédent, chacun gagnait 5 unités de chaque article en échangeant; ici, Maxime en gagne 7 et Catherine n'en gagne plus que 3. Avec un autre prix, l'inverse est aussi possible (un échange où Catherine gagne plus que Maxime).

Les gains que nous tirons des échanges internationaux sont similaires à ceux que tirent Maxime et Catherine dans notre exemple. Quand les Canadiens achètent des t-shirts à la Chine et que la Chine achète des jets régionaux au Canada, les deux pays y gagnent. Nous obtenons des t-shirts à un coût moindre que celui auquel nous pouvons les produire, et les Chinois obtiennent des jets régionaux un coût moindre que celui auquel ils peuvent les produire. Si les Canadiens et les Chinois gagnent à échanger, il n'est pas certain que chacun gagne autant que l'autre. Comme nous venons de le voir, cela dépend des termes de l'échange. L'origine des termes de l'échange, c'est-à-dire l'origine des prix, est une question complexe que nous laisserons de côté pour le moment, mais sur laquelle nous reviendrons plus loin dans cet ouvrage.

L'avantage comparatif dynamique

À n'importe quel moment, les ressources et la technologie disponibles déterminent les avantages comparatifs des individus et des pays. Cependant, par le simple fait de produire à répétition un bien ou un service particulier, les gens deviennent plus productifs dans cette activité – phénomène qu'on appelle l'**apprentissage par la pratique**. L'apprentissage par la pratique est le fondement de l'**avantage comparatif dynamique**, c'est-à-dire de l'avantage comparatif dont jouit une personne ou une nation qui, en raison de sa spécialisation dans une activité particulière et de son apprentissage par la pratique, arrive maintenant à produire ce bien ou service au coût de renonciation le plus bas.

Ainsi, un pays comme Singapour a misé sur l'avantage comparatif dynamique lorsqu'il a décidé de se lancer dans la biotechnologie, une industrie où il n'avait pas d'avantage comparatif au départ. De la même manière, le gouvernement du Québec misait sur l'avantage comparatif dynamique lorsqu'il a décidé de subventionner le démarrage et l'implantation au Québec d'entreprises spécialisées dans les jeux vidéos, un domaine dans lequel le Québec n'avait pas nécessairement d'avantage comparatif au départ.

MINITEST 4

1. Qu'est-ce qui confère un avantage comparatif à une personne ou à une nation?

2. Quelle est la différence entre l'avantage comparatif et l'avantage absolu?

3. Pourquoi les gens se livrent-ils à la spécialisation et à l'échange?

4. Quels sont les gains de la spécialisation et de l'échange?

5. Quelle est la source des gains de l'échange?

6. D'où vient l'avantage comparatif dynamique?

Réponses p. 66

La coordination économique

On l'a vu, les individus ont avantage à se spécialiser dans la production des biens et services pour lesquels ils détiennent un avantage comparatif, puis à faire des échanges. Catherine et Maxime, dont nous avons étudié la production de salades de fruits et de yaourts frappés dans ce chapitre, peuvent se rencontrer et conclure une entente pour tirer les gains de la spécialisation et de l'échange. Mais lorsque des millions d'individus se spécialisent et produisent des millions de biens et services différents, leurs choix doivent être coordonnés d'une manière ou d'une autre.

Il existe deux types de systèmes de coordination : la planification économique centralisée et les marchés décentralisés. En théorie, la planification économique peut sembler le meilleur système parce qu'elle permet de répondre à des priorités nationales. Cependant, son application pendant 60 ans en Russie et 30 ans en Chine a été un échec lamentable, et, de nos jours, la plupart des pays qui se livraient à la planification économique centralisée se convertissent au système des marchés décentralisés. Cependant, pour que ce système fonctionne, quatre institutions sociales séculaires et complémentaires sont essentielles :

- les entreprises ;
- les marchés ;
- le droit de propriété ;
- la monnaie.

Les entreprises

Une **entreprise** est une unité économique qui emploie et organise des facteurs de production (de la main-d'œuvre, du capital et des matières premières) pour produire et vendre des biens et services. Le dépanneur du coin, Canadian Tire et Roots sont des exemples d'entreprises.

Les entreprises coordonnent une part considérable de l'activité économique. Ainsi, Canadian Tire achète et vend des édifices, les équipe de tablettes et de caisses enregistreuses, embauche et dirige du personnel, et décide des biens et services qu'elle achète et qu'elle vend. Canadian Tire ne produit pas les biens qu'elle vend, mais elle pourrait le faire. Elle pourrait posséder et coordonner la production de tout ce qu'elle vend dans ses magasins ; elle pourrait même produire tous les matériaux bruts utilisés pour produire ce qu'elle vend. Cependant, John W. et Alfred J. Billes n'auraient pas créé l'une des plus grosses entreprises canadiennes de vente au détail s'ils avaient suivi cette voie. En effet, lorsqu'elle devient trop grosse, une entreprise ne peut plus se tenir au courant de toutes les informations nécessaires pour coordonner toutes ses activités. Il est plus efficace pour les entreprises de se spécialiser et de faire des échanges, exactement comme Catherine et Maxime dans notre exemple. Ces échanges se font sur des marchés.

Les marchés

En langage courant, le mot *marché* désigne le lieu où les gens se réunissent pour acheter et vendre des biens comme du poisson, de la viande, des fruits et des légumes. En économique, le terme **marché** prend un sens plus général, désignant tout arrangement qui permet à des acheteurs et à des vendeurs d'obtenir de l'information et de commercer les uns avec les autres. Prenons l'exemple du marché où on achète et vend du pétrole. Le marché mondial du pétrole n'est pas un lieu physique, mais un réseau de producteurs et d'utilisateurs de pétrole, de grossistes et d'intermédiaires qui achètent et vendent du pétrole. Ces décideurs ne se rencontrent pas en personne ; ils commercent de partout dans le monde par téléphone, par télécopieur, par Internet et par liaison directe entre ordinateurs.

Les marchés facilitent les échanges. Sans marchés organisés, nous perdrions une partie substantielle des gains potentiels de l'échange. Des gens entreprenants et des entreprises poursuivant chacun ses propres intérêts, ont établi des marchés et en ont profité – en se tenant prêts à acheter ou à vendre les articles dont ils avaient fait leur spécialité.

Les droits de propriété

Le terme **droits de propriété** désigne un ensemble de conventions sociales qui régissent la possession, l'utilisation et la cession de ressources et de biens et services. Les *biens réels* comprennent la terre et les immeubles – ce qu'on appelle la « propriété foncière » dans le langage courant –, mais aussi les biens d'entreprise comme les usines et les équipements. Les *biens financiers* comprennent les actions, les obligations et l'argent à la banque. La *propriété intellectuelle* est le produit intangible de l'activité créatrice que protègent les droits d'auteurs et les brevets (livres, musique, programmes informatiques et inventions de toutes sortes).

La reconnaissance et la protection des droits de propriété incitent les gens à la spécialisation et la production de biens où ils détiennent un avantage comparatif. Si n'importe qui peut s'emparer de la production d'autrui, la somme de temps, d'énergie et de ressources qu'on consacrera à protéger ses possessions sera perdue pour la production. Sans le droit de propriété, nous serions encore des chasseurs-cueilleurs comme nos ancêtres de l'âge de pierre.

La monnaie

Le terme **monnaie** désigne tout article ou tout jeton généralement accepté comme moyen de paiement. Dans notre exemple, Catherine et Maxime n'ont pas utilisé de monnaie ; ils ont simplement échangé – troqué – des salades de fruits et des yaourts frappés. En principe, les échanges sur les marchés pourraient se faire de la même manière, en troquant des biens et des services, mais en pratique, imaginez à quel point procéder ainsi nous compliquerait la vie… La monnaie rend les échanges sur les marchés beaucoup plus efficaces.

Les flux circulaires dans l'économie de marché

La figure 2.7 montre les flux qui résultent des décisions des ménages et des entreprises. Les ménages se spécialisent et décident des quantités de travail, de terre, de capital et d'entrepreneuriat qu'ils vendront ou loueront aux entreprises, et les entreprises décident des facteurs de production qu'elles emploieront. Ces flux (rouges) traversent les marchés des facteurs. Les ménages décident des quantités de biens et services qu'ils achèteront, et les entreprises décident des quantités de biens et services qu'elles produiront ou vendront. Ces flux (rouges) traversent les marchés des biens et services. Les flux verts qui circulent en sens inverse illustrent les paiements faits en échange de ces facteurs et de ces produits.

Mais comment les marchés coordonnent-ils toutes ces décisions ?

La coordination des décisions

Les marchés coordonnent les décisions individuelles par des ajustements de prix. Pensez, par exemple, au marché du sushi dans votre ville ou votre localité. Supposons qu'au prix courant, la quantité de sushis disponible soit inférieure à la quantité de sushis que les gens souhaitent acheter, et que certaines personnes qui veulent en acheter ne puissent pas le faire. Pour que les choix des acheteurs et des vendeurs concordent, il faut soit que les acheteurs réfrènent leur désir de sushis, soit qu'on mette en vente plus de sushis (ou les deux). Une hausse du prix des sushis entraîne ce résultat. Le prix plus élevé des sushis pousse les entreprises à en offrir un plus grand nombre et incite certains consommateurs à changer leur menu. Moins de gens achètent des sushis, et plus de gens achètent des chichetaouks. Il y a davantage de sushis (et de chichetaouks) sur le marché.

FIGURE 2.7   *Les flux circulaires dans l'économie de marché*

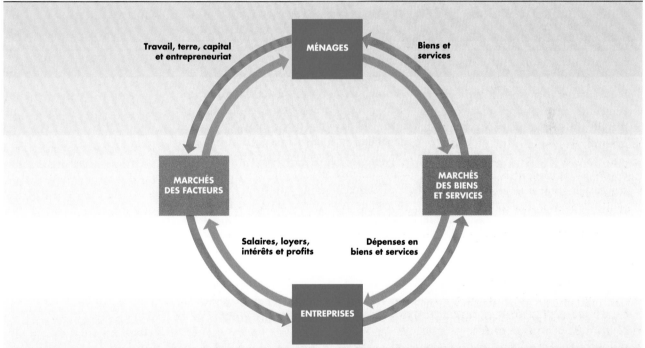

Les ménages et les entreprises font des choix économiques, et les marchés coordonnent ces décisions.

Les ménages choisissent combien de travail, de terre, de capital et d'entrepreneuriat ils vendront ou loueront aux entreprises en échange de salaires, de loyers, d'intérêts et de profits. Les ménages choisissent aussi comment ils dépenseront leurs revenus en biens et services.

Les entreprises choisissent combien de facteurs de production elles engageront et combien de tels ou tels biens ou services elles produiront ou vendront.

Les marchés des biens et services et les marchés des facteurs coordonnent ces choix des ménages et des entreprises.

Les flux rouges qui circulent dans le sens contraire des aiguilles d'une montre sont des flux réels : le flux des facteurs de production, qui va des ménages aux entreprises, et le flux des biens et services, qui va des entreprises aux ménages.

Les flux verts qui circulent dans le sens des aiguilles d'une montre sont les paiements des flux rouges : le flux des revenus, qui va des entreprises aux ménages, et le flux des dépenses en biens et services, qui va des ménages aux entreprises.

LE COÛT DE RENONCIATION CROISSANT DE LA NOURRITURE

NATIONAL POST, 1ᵉʳ AVRIL 2008

LA CRISE ALIMENTAIRE SE FAIT SENTIR PARTOUT DANS LE MONDE

Par *Peter Goodspeed*

Ces dernières semaines, la flambée du prix des aliments a déclenché des émeutes de la faim au Mexique, au Maroc, au Sénégal, en Ouzbékistan, en Guinée, en Mauritanie et au Yémen, et partout dans le monde les agences humanitaires craignent d'être incapables de nourrir les plus pauvres d'entre les pauvres. […]

L'escalade du prix des céréales les plus cruciales partout dans le monde et la crainte de pénuries ont secoué les marchés internationaux, semant le désarroi. […]

Avec le baril de pétrole brut à plus de 100 $ US, la montée du prix de l'essence a fait grimper les coûts de production et de transport de tous les aliments.

Les insectes nuisibles en Asie du Sud-Est, 10 ans de sécheresse en Australie et une vague de froid de 45 jours en Chine ont encore aggravé la situation.

Entre-temps, en Chine et en Inde, des millions de gens soudainement plus riches changent leurs habitudes alimentaires et consomment plus de viande et de poulet, ce qui accroît considérablement la demande de céréales. En Chine, la consommation de viande par habitant a augmenté de 150 % depuis les années 1980. Mais produire davantage de viande signifie produire davantage de moulée pour nourrir plus d'animaux. […]

Le fait que l'Amérique du Nord et l'Europe se tournent vers les biocarburants pour lutter contre le réchauffement de la planète et réduire leur dépendance à l'énergie produite à l'étranger a également contribué à la crise alimentaire.

L'augmentation soudaine de la demande de biocarburants a entraîné une forte diminution des terres agricoles consacrées à la production de nourriture. Environ 16 % des terres agricoles des États-Unis où l'on cultivait autrefois des fèves de soya et du blé servent aujourd'hui à la culture du maïs destiné à la production de biocarburant. ∎

LES FAITS EN BREF

- L'augmentation de la population mondiale n'explique qu'en partie le problème des pénuries alimentaires.

- La flambée des prix alimentaires résulte de facteurs comme la transformation d'aliments en carburant, la hausse du prix du pétrole brut (qui a fait grimper les coûts de production et de transport des aliments) et la consommation accrue de viande qui accompagne la hausse des revenus, et qui accroît la demande d'animaux d'élevage et de moulée pour les nourrir.

- Les insectes nuisibles en Asie du Sud-Est, 10 ans de sécheresse en Australie et une vague de froid de 45 jours en Chine ont réduit la production mondiale de céréales et fait monter encore le prix des aliments.

- La peur d'un réchauffement global et la volonté de réduire leur dépendance envers l'énergie produite à l'étranger ont donné un essor considérable à la production de biocarburant surtout aux États-Unis et dans l'Union européenne.

ANALYSE ÉCONOMIQUE

● Comme le bioéthanol est le plus souvent fabriqué avec du maïs, la production de ce biocarburant utilise les mêmes ressources productives que la production du maïs.

● Pour produire plus d'éthanol, les agriculteurs augmentent le nombre d'hectares consacré à la production de maïs. Ainsi, en 2008, la quantité de terres agricoles consacrées à la production de maïs a augmenté de 20 % aux États-Unis et de 2 % dans le reste du monde.

● La **figure 1** montre la *CPP* des États-Unis pour le maïs et d'autres biens et services.

● L'augmentation de la production de maïs se traduit graphiquement par un mouvement le long de la *CPP*, du point *A* en 2007 au point *B* en 2008 dans la **figure 1**.

● Avec ce mouvement le long de la *CPP* du point *A* au point *B*, les États-Unis voient le coût de renonciation de leur production du maïs augmenter, ce qui se traduit par la pente plus abrupte de la *CPP* au point *B*.

● Dans d'autres régions du monde, même si une plus grande quantité de terres agricoles ont été consacrées à la production de maïs, la quantité produite de maïs n'a pas changé. En effet, des insectes nuisibles en Asie du Sud-Est, une sécheresse prolongée en Australie et une vague de froid de 45 jours en Chine ont réduit le rendement par hectare des terres dans ces régions du monde.

● La **figure 2** montre la CPP du reste du monde pour le maïs et les autres biens et services en 2007 et 2008.

● L'augmentation de la surface cultivée consacrée à la production de maïs se traduit par un mouvement le long de la CPP_{07}.

● Avec la baisse de rendement de la surface cultivée, les possibilités de production ont diminué, et cette diminution se traduit par une *CPP* qui s'incurve vers l'intérieur, passant de CPP_{07} à CPP_{08}.

● Le coût de renonciation de la production de maïs dans le reste du monde a augmenté pour deux raisons: le mouvement le long de la CPP et le fait qu'elle se soit incurvée vers l'intérieur.

● Comme le coût de renonciation de la production de maïs a augmenté, le coût du biocarburant et le coût des aliments montent.

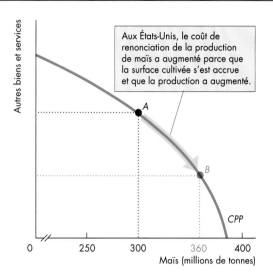

Figure 1 La *CPP* des États-Unis

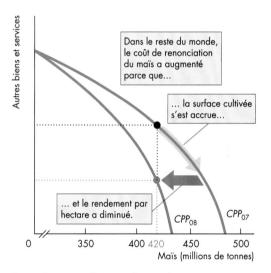

Figure 2 La *CPP* du reste du monde

Imaginons maintenant la situation inverse : il y a plus de sushis à vendre que les gens ne souhaitent en acheter. Dans ce cas, pour que les choix des acheteurs et des vendeurs concordent, il faut que les gens achètent plus de sushis ou qu'on en mette moins en vente (ou les deux). Une baisse du prix entraîne ce résultat. Le prix plus bas pousse les entreprises à produire moins de sushis et incite les gens à en acheter davantage.

Vous commencez à saisir comment les économistes abordent les questions économiques. La rareté, les choix et les différences de coût de renonciation expliquent pourquoi nous nous livrons à la spécialisation et l'échange, ainsi que l'évolution d'institutions séculaires comme les entreprises, les marchés, les droits de propriété et la monnaie. Vous pourrez vérifier les leçons de ce chapitre en regardant autour de vous.

La rubrique « Entre les lignes » (p. 56-57) vous donne l'occasion d'utiliser le modèle de la *CPP* pour approfondir votre compréhension des raisons de la hausse du coût de la nourriture associé à l'augmentation de la production de maïs.

MINITEST 5

1. Pourquoi des conventions sociales comme les entreprises, les marchés, les droits de propriété et la monnaie sont-elles nécessaires ?

2. Quelles sont les principales fonctions des marchés ?

3. Dans une économie de marché, quels sont les flux qui vont des entreprises aux ménages et des ménages aux entreprises ?

Réponses p. 66

Points clés

Les possibilités de production et le coût de renonciation (p. 42-45)

◆ La courbe des possibilités de production (*CPP*) délimite les niveaux de production réalisables et irréalisables quand toutes les ressources disponibles sont utilisées efficacement.

◆ Aux points situés sur la *CPP*, il y a efficience productive.

◆ Le long de la *CPP*, le coût de renonciation d'une augmentation de la production d'un bien ou d'un service est la quantité de l'autre bien ou service à laquelle on renonce.

◆ Plus la production d'un bien ou d'un service augmente, plus son coût de renonciation augmente.

L'utilisation efficace des ressources (p. 45-48)

◆ Il y a efficacité allocative lorsque les biens et services sont produits au coût le plus bas possible et dans les quantités qui donnent la plus grande valeur monétaire nette du coût de renonciation.

◆ Le coût marginal d'un bien ou d'un service est le coût de renonciation de la production d'une unité supplémentaire de ce bien ou de ce service.

◆ La valeur marginale d'un bien ou d'un service est le prix maximal qu'un consommateur consent à payer pour en acquérir une unité supplémentaire. Elle mesure l'avantage tiré de la consommation d'une unité supplémentaire de ce bien ou de ce service.

◆ La valeur marginale d'un bien ou d'un service diminue à mesure que les quantités disponibles de ce bien ou de ce service augmentent.

◆ L'utilisation des ressources est efficace quand le coût marginal de chaque bien ou service est égal à sa valeur marginale.

La croissance économique (p. 48-50)

◆ La croissance économique, c'est-à-dire l'expansion des possibilités de production, résulte de l'accumulation de capital et du progrès technologique.

◆ Le coût de renonciation de la croissance économique est la consommation courante à laquelle on renonce.

Les gains à l'échange (p. 50-53)

◆ Une personne détient un avantage comparatif dans la production d'un bien ou d'un service quand elle peut le produire à un coût de renonciation plus bas.

◆ Les gens ont intérêt à se spécialiser dans l'activité où ils détiennent un avantage comparatif, et à procéder ensuite à des échanges.

◆ L'avantage comparatif dynamique découle de l'apprentissage par la pratique.

La coordination économique (p. 54-58)

◆ Les entreprises coordonnent une bonne partie de l'activité économique, mais la taille excessive d'une entreprise peut limiter son efficacité.

◆ Les marchés coordonnent les décisions des individus et des entreprises.

◆ Les droits de propriété sont essentiels pour assurer le fonctionnement efficace des marchés.

◆ La monnaie rend les marchés plus efficaces.

Figures clés

Figure 2.1   La courbe des possibilités de production (p. 42)

Figure 2.4   L'utilisation efficace des ressources (p. 47)

Figure 2.5   La croissance économique (p. 48)

Figure 2.6   Les gains à l'échange (p. 52)

Figure 2.7   Les flux circulaires dans l'économie de marché (p. 55)

Mots clés

Accumulation de capital Augmentation des ressources en capital, y compris en capital humain (p. 48).

Apprentissage par la pratique Fait de devenir plus productif dans une activité en produisant à répétition un bien ou un service particulier (p. 53).

Avantage absolu Avantage que détient une personne (ou un pays) lorsque, avec une même quantité de ressources, sa productivité est supérieure (p. 50).

Avantage comparatif Avantage que détient une personne (ou un pays) dans une activité si elle peut accomplir cette activité à un coût de renonciation moindre qu'une autre personne (ou un autre pays) (p. 50).

Avantage comparatif dynamique Avantage comparatif que détient une personne (ou un pays) qui, grâce à la spécialisation et à l'apprentissage par la pratique, produit une activité donnée au coût de renonciation le plus bas (p. 53).

Courbe de valeur marginale Courbe qui illustre la relation entre la valeur marginale d'un bien et la quantité consommée de ce bien (p. 46).

Courbe des possibilités de production (*CPP*) Courbe qui trace la frontière entre les combinaisons de biens et services qu'il est possible de produire et celles qui sont irréalisables (p. 42).

Coût de renonciation Valeur de la meilleure possibilité à laquelle il faut renoncer pour obtenir une chose (p. 43).

Coût marginal Coût de renonciation de la production d'une unité supplémentaire d'un bien ou d'un service ; peut se calculer à partir de la pente de la *CPP* (p. 45).

Croissance économique Expansion des possibilités de production résultant de l'accumulation de capital et du progrès technologique (p. 48).

Droits de propriété Ensemble de conventions sociales, ayant force de loi, qui régissent la possession, l'utilisation et la cession des ressources, des facteurs de production ou des biens et services (p. 54).

Efficacité allocative Situation où les biens et services sont produits au coût le plus bas possible et dans les quantités qui donnent la valeur totale la plus grande possible (p. 45).

Efficacité productive Situation où les biens et services sont produits au coût le plus bas possible (p. 43).

Entreprise Unité économique qui emploie et coordonne des facteurs de production pour produire des biens ou des services (p. 54).

Marché Tout arrangement qui permet à des acheteurs et à des vendeurs d'obtenir de l'information et de commercer les uns avec les autres (p. 54).

Monnaie Tout article ou tout jeton généralement accepté comme moyen de paiement (p. 54).

Préférences Description de ce que les consommateurs aiment et n'aiment pas (p. 46).

Progrès technologique Mise au point de nouveaux biens et services et de meilleures techniques de production (p. 48).

Valeur marginale Prix maximal qu'un consommateur consent à payer pour acquérir une unité supplémentaire d'un bien ou d'un service ; mesure la valeur d'usage tirée de la consommation de cette unité supplémentaire (p. 46).

PROBLÈMES ET APPLICATIONS

1. Le Brésil produit de l'éthanol à partir du sucre de canne, et la terre utilisée pour produire cette canne à sucre pourrait servir à cultiver des céréales alimentaires. Supposons que les possibilités de production du Brésil pour l'éthanol et les céréales alimentaires sont les suivantes :

Éthanol		Céréales
(millions de litres par jour)		(milliers de tonnes par jour)
70	et	0
64	et	1
54	et	2
40	et	3
22	et	4
0	et	5

a. Tracez un graphique de la *CPP* du Brésil et expliquez comment votre graphique illustre la rareté.

b. Si le Brésil produit 40 millions de litres d'éthanol par jour, combien de céréales doit-il produire pour atteindre l'efficacité productive ?

c. Pourquoi le Brésil doit-il faire un compromis sur sa *CPP* ?

d. Si le Brésil fait passer sa production d'éthanol de 40 millions de litres à 54 millions de litres par jour, quel sera le coût de renonciation de l'éthanol supplémentaire ?

e. Si le Brésil fait passer sa production de céréales de 2000 tonnes à 3000 tonnes par jour, quel sera le coût de renonciation des céréales supplémentaires ?

f. Quelle est la relation entre vos réponses (d) et (e) ?

g. Le coût de renonciation du Brésil pour l'éthanol est-il croissant ? Quelles caractéristiques de la *CPP* que vous avez tracée illustrent le coût de renonciation croissant ?

2. Définissez le coût marginal et utilisez l'information fournie au problème 1 pour calculer le coût marginal de la production d'une tonne de céréales lorsque la quantité produite est de 2500 tonnes par jour.

3. Définissez la valeur marginale, puis expliquez comment elle se mesure et pourquoi l'information fournie au tableau du problème 1 ne vous permet pas de calculer la valeur marginale des céréales.

4. Distinguez l'efficacité productive de l'efficacité allocative, puis expliquez pourquoi plusieurs niveaux de production permettent d'atteindre l'efficacité productive alors qu'une seule permet d'atteindre l'efficacité allocative.

5. Samuel adore le tennis, mais tient à avoir une bonne note en économique. La figure du haut montre sa *CPP* et la figure du bas, sa courbe de valeur marginale (*Vm*) pour le tennis.

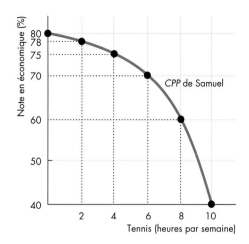

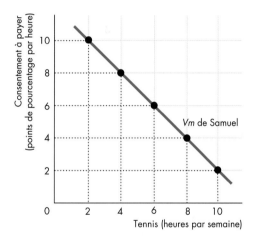

a. Quel est le coût marginal de Samuel pour :
   (i) 3 heures de tennis par semaine ?
   (ii) 5 heures de tennis par semaine ?
   (iii) 7 heures de tennis par semaine ?

b. Si Samuel atteint l'efficacité allocative, quelle est sa note, et combien d'heures consacre-t-il au tennis par semaine ?

c. Expliquez pourquoi Samuel ne gagnerait pas à avoir une note plus élevée que celle mentionnée dans votre réponse (b).

d. Si Samuel devient une vedette du tennis professionnel et gagne une fortune à pratiquer son sport, qu'advient-il de sa *CPP*, de sa courbe *Vm* et de son efficacité allocative ?

e. Si Samuel découvre qu'il lui devient de plus en plus facile d'obtenir de bonnes notes en économique, qu'advient-il de sa *CPP*, de sa courbe *Vm* et de son efficacité allocative ?

6. Une ferme produit du blé et des produits du porc. Plus la production de ces produits s'accroît, plus leur coût marginal augmente.

a. Tracez un graphique qui illustre la *CPP* de cette ferme.

b. La ferme adopte une nouvelle technique qui diminue la quantité de ressources nécessaires pour engraisser les porcs. Utilisez votre graphique pour illustrer l'effet de cette nouvelle technique sur la *CPP* de cette ferme.

c. La nouvelle technique décrite en (b) a-t-elle modifié le coût de renonciation de la production d'une tonne de blé ? Si oui, l'a-t-elle accru ou réduit ? Expliquez et illustrez votre réponse.

d. Cette nouvelle technique rend-elle la ferme plus efficace ou moins efficace que l'ancienne technique ? Pourquoi ?

7. En une heure, Sarah peut produire 40 chapeaux ou 4 blousons, et Mégane peut produire 80 chapeaux ou 4 blousons.

a. Calculez le coût de renonciation de la production d'un chapeau pour Sarah.

b. Calculez le coût de renonciation de la production d'un chapeau pour Mégane.

c. Qui détient un avantage comparatif dans la production de chapeaux ?

d. Si Sarah et Mégane se spécialisent chacune dans l'activité productive où elle a un avantage comparatif, et qu'elles échangent 1 blouson contre 15 chapeaux, qui tire des gains de cet échange ? Pourquoi ?

8. Supposons que Mégane (problème 7) achète une nouvelle machine pour fabriquer des blousons et que cette machine lui permet de produire 20 blousons par heure. (Elle peut toujours fabriquer 80 chapeaux par heure.)

a. Qui de Sarah ou de Mégane a maintenant un avantage comparatif pour la production de chapeaux ?

b. Sarah et Mégane peuvent-elles encore tirer des gains d'un échange ?

c. Sarah et Mégane accepteraient-elles encore d'échanger 1 blouson contre 15 chapeaux ? Pourquoi ?

9. « Les baby-boomers américains se convertissent au thé pour ses effets bénéfiques sur la santé », écrivait *The Economist* dans son édition du 8 juillet 2005 (p. 65). « Même là où le climat le permet, la culture du thé [aux États-Unis] est tout simplement trop coûteuse, car elle exige beaucoup de travail et résiste à l'automatisation. »

a. Tracez une *CPP* pour la production du thé et d'autres biens et services en Inde.

b. Tracez une *CPP* pour la production du thé et d'autres biens et services aux États-Unis.

c. Tracez une courbe de coût marginal pour la production du thé en Inde.

d. Tracez une courbe de coût marginal pour la production du thé aux États-Unis.

e. Tracez la courbe de valeur marginale pour la production de thé aux États-Unis avant et après que les baby-boomers se sont mis à apprécier ses effets bénéfiques sur la santé.

f. Expliquez pourquoi les États-Unis ne produisent pas de thé et en importent de l'Inde.

g. Expliquez comment la popularité accrue du thé a modifié la production de thé qui atteint l'efficacité allocative.

h. L'évolution des préférences par rapport au thé a-t-elle modifié le coût de renonciation du thé ? Pourquoi ?

10. Le Brésil produit de l'éthanol à partir du sucre de canne au coût de 22 ¢ par litre. Les États-Unis produisent de l'éthanol à partir du maïs au coût de 30 ¢ par litre. Un hectare de canne à sucre produit deux fois plus d'éthanol qu'un hectare de maïs. Les États-Unis importent 5 % de leur consommation d'éthanol et produisent le reste. Depuis 2003, la production d'éthanol des États-Unis a plus que doublé, et leur production de maïs s'est accrue de 45 %.

a. Qui du Brésil ou des États-Unis a un avantage comparatif dans la production d'éthanol ?

b. Selon vous, le coût de renonciation de la production d'éthanol aux États-Unis a-t-il augmenté depuis 2003 ? Pourquoi ?

c. Tracez la CPP de l'éthanol et des autres biens et services aux États-Unis.

d. Tracez la CPP de l'éthanol et des autres biens et services au Brésil.

e. Tracez une figure similaire à la figure 2.6 (p. 52) pour montrer comment les États-Unis et le Brésil peuvent tirer des gains de la spécialisation et de l'échange.

f. Croyez-vous que les États-Unis ont atteint l'efficacité productive dans leurs usines d'éthanol ? Pourquoi ?

g. Croyez-vous que les États-Unis ont atteint l'efficacité allocative dans leurs usines d'éthanol ? Pourquoi ?

11. Depuis 50 ans, Cuba est une économie planifiée où le gouvernement décide de l'allocation des ressources. Pourquoi peut-on s'attendre à ce que les possibilités de production (par habitant) de Cuba soient moindres que celles du Canada ? Quelles institutions sociales qui ont aidé l'économie canadienne à atteindre l'efficacité allocative manquent à Cuba ?

12. L'Île-du-Soleil ne produit que de la nourriture et de la crème solaire. Le tableau suivant décrit ses possibilités de production :

Nourriture (kilos par mois)		Crème solaire (litres par mois)
300	et	0
200	et	50
100	et	100
0	et	150

a. Tracez un graphique montrant la CPP de l'Île-du-Soleil, et expliquez pourquoi votre graphique illustre un compromis.

b. Si l'Île-du-Soleil produit 150 kilos de nourriture par mois, combien de crème solaire doit-elle produire pour atteindre l'efficacité productive ?

c. Quel est le coût de renonciation de la production de 1 kilo de nourriture ?

d. Quel est le coût de renonciation de la production de 1 litre de crème solaire ?

e. Quelle est la relation entre vos réponses en (c) et (d) ?

f. Quelle caractéristique d'une CPP illustre un coût de renonciation croissant ? La CPP de la nourriture à l'Île-du-Soleil présente-t-elle cette caractéristique ? Pourquoi ?

13. Quel est le coût marginal de 1 kilo de nourriture à l'Île-du-Soleil (problème 12) lorsqu'on en produit 150 kilos par mois ? Qu'y a-t-il de particulier quant au coût marginal de la nourriture dans cette économie ?

14. Le tableau suivant décrit les préférences à l'Île-du-Soleil (problème 12).

Crème solaire (litres par mois)	Consentement à payer (kilos de nourriture par litre)
25	3
75	2
125	1

a. Quelle est la valeur marginale de la crème solaire ?

b. Quelles données fournies dans le tableau ci-dessus et dans le tableau du problème 12 nous permettent de calculer la valeur marginale de la crème solaire ?

c. Tracez un graphique de la valeur marginale de la crème solaire.

15.

ÉRADIQUER LA MALARIA ?
DES SCEPTIQUES RELANCENT
LE DÉBAT

Selon la D^re Arata Kochi, directrice du programme de lutte contre le paludisme de l'Organisation mondiale de la santé [...], les efforts visant l'éradication de la malaria sont contreproductifs. Avec des fonds suffisants, les moyens actuels comme les moustiquaires, les médicaments et le DDT pourraient réduire de 90 % les cas de malaria. Cependant, dit la D^re Kochi, l'élimination des derniers 10 % de cas représente une tâche colossale et extrêmement coûteuse : « Même l'Afrique du Sud devrait y penser deux fois avant de s'engager dans cette voie. »

New York Times, 4 mars 2008

a. Les déclarations de la D^re Kochi citées dans cet article concernent-elles l'efficacité productive, l'efficacité allocative ou les deux ?

b. Tracez un graphique montrant sur l'axe des abscisses le pourcentage de cas de malaria éliminés, et sur l'axe des ordonnées le coût marginal et la valeur marginale d'éliminer les cas de malaria. Dans ce graphique,

(i) tracez une courbe de coût marginal cohérente avec l'opinion exprimée par la D^re Kochi dans cet article ;

(ii) tracez une courbe de valeur marginale cohérente avec l'opinion exprimée par la D^re Kochi dans cet article ;

(iii) déterminez le pourcentage de cas de malaria éliminés qui atteint l'efficacité allocative.

16. L'accumulation de capital et le progrès technologique apportent la croissance économique, ce qui signifie que la *CPP* se déplace vers l'extérieur : des niveaux de production inatteignables hier sont devenus possibles, et des niveaux de production inatteignables aujourd'hui deviendront possibles. Pourquoi ce processus de croissance économique ne signifie-t-il pas que la rareté disparaîtra un jour ?

17.

MULTIPLICATION
DES PETITS ÉCRANS :
LA TÉLÉ CHANGE DE FORME

L'accès peu coûteux à la haute vitesse a fait beaucoup plus pour la vidéo en ligne que d'assurer le succès de services comme YouTube et iTunes. En libérant les amateurs de vidéos de l'équipement télé, il a ouvert la voie à toute une génération de producteurs de contenu vidéo nés avec l'Internet.

New York Times, 2 décembre 2007

a. Comment l'accès peu coûteux à la haute vitesse a-t-il changé les possibilités de la production de contenu vidéo et des autres biens et services ?

b. Tracez une *CPP* de la production de contenu vidéo et d'autres biens et services avant la démocratisation de la haute vitesse.

c. Montrez comment la démocratisation de la haute vitesse a modifié la *CPP* que vous venez de tracer.

d. Tracez une courbe de valeur marginale du contenu vidéo et montrez comment le fait que la démocratisation de la haute vitesse ait « ouvert la voie à toute une génération de producteurs de contenu vidéo nés avec l'Internet » pourrait avoir changé la valeur marginale du contenu vidéo.

e. Expliquez comment la démocratisation de la haute vitesse pourrait avoir changé la quantité de contenu vidéo qui atteint l'efficacité allocative.

18. Maude peut produire 40 tartes ou 400 biscuits par heure. Olivier peut produire 100 tartes 200 biscuits par heure.

a. Calculez le coût de renonciation de Maude et celui d'Olivier pour la production d'une tarte. Qui a un avantage comparatif dans la production de tartes ?

b. Si Maude et Olivier passent chacun 30 minutes par heure à fabriquer des tartes et 30 minutes par heure à fabriquer des biscuits, comment de tartes et de biscuits chacun produit-il par heure ?

c. Si Maude et Olivier augmentent chacun de 15 minutes par heure le temps qu'ils passent à produire le bien pour lequel ils ont un avantage comparatif, quelle sera l'augmentation totale de la production de tartes et de biscuits qu'ils produisent en 1 heure ?

d. Quel est le prix le plus élevé auquel Maude et Olivier consentiraient à échanger des tartes et des biscuits ?

e. Si Maude et Olivier se spécialisent et font des échanges, quels gains en tireront-ils ?

19. David et Émilie produisent des skis et des planches à neige. Chaque semaine, David produit 5 planches à neige et 40 paires de skis, et Émilie produit 10 planches à neige et 5 paires de skis. Les tableaux suivants présentent leurs possibilités de production.

Possibilités de production de David

Planches à neige (par semaine)		Paires de skis (par semaine)
25	et	0
20	et	10
15	et	20
10	et	30
5	et	40
0	et	50

Possibilités de production d'Émilie

Planches à neige		Paires de skis
(par semaine)		(par semaine)
20	et	0
10	et	5
0	et	10

a. Qui d'Émilie et de David a un avantage comparatif dans la production de planches à neige ? Dans la production de skis ?

b. Si David et Émilie se spécialisent et échangent 1 planche à neige contre 1 paire de skis, que gagnent-ils de l'échange ?

20.   **« LA SCÈNE PASSERA TOUJOURS AVANT LE CINÉMA »**

Louis-José Houde demeure le premier surpris de l'engouement du public pour le long métrage *De père en flic*, dans lequel il tient le haut de l'affiche avec Michel Côté. Mais peu importe le succès obtenu avec ce premier rôle-titre dans un film, et les offres qui s'accumulent dans sa boîte aux lettres depuis, l'humoriste se fait très clair quant à son avenir : « La scène passera toujours avant le cinéma. C'est ma priorité », tranche-t-il, à l'autre bout du fil. « C'est le

cinéma qui va donc devoir s'adapter à mes horaires de tournée, et pas l'inverse. »

Le Droit, 24 novembre 2009

a. Est-ce que Louis-José Houde a un avantage absolu comme humoriste sur scène et comme comédien de cinéma sur votre professeur d'économie ? Par rapport à Michel Côté ?

b. Quel est l'avantage comparatif de Louis-José Houde par rapport à Michel Côté ?

c. Expliquez le choix de Louis-José Houde de prioriser la scène.

21. Après avoir lu attentivement la rubrique « Entre les lignes » (p. 56-57), répondez aux questions suivantes :

a. Pourquoi la production de maïs s'est-elle accrue aux États-Unis ?

b. Pourquoi vous attendriez-vous à ce qu'une augmentation de la quantité produite de maïs augmente le coût de renonciation de la production de maïs ?

c. Pourquoi le coût de production de la production de maïs augmente-t-il dans le reste du monde ?

d. Est-il possible que, malgré le coût plus élevé de la production de maïs, l'accroissement de la quantité produite fasse que les États-Unis soient près d'atteindre l'efficacité allocative ?

RÉPONSES AUX MINITESTS

MINITEST 1 (p. 44)

1. Les combinaisons de production situées à l'extérieur de la *CPP* illustrent le concept de *rareté* : il n'y a tout simplement pas assez de ressources pour les produire. De plus, se déplacer le long de la *CPP* pour augmenter la production d'un bien exige qu'on réduise la production d'un autre bien, ce qui illustre aussi la rareté.

2. Les combinaisons de production situées sur la *CPP* illustrent le concept d'efficacité productive. Ces points correspondent aux combinaisons de production possibles optimales et ne sont atteints que lorsqu'on produit les biens et services au meilleur coût possible. N'importe quel point à l'intérieur de la *CPP* correspond à une combinaison de production inefficace, car on pourrait augmenter la production d'un bien (ou des deux) sans réduire la production de l'autre.

3. Les mouvements le long de la *CPP* montrent que produire davantage d'un bien exige toujours qu'on réduise la production de l'autre bien ; autrement dit, pour produire efficacement, il faut faire un compromis.

4. La pente négative de la *CPP* illustre le concept de coût de renonciation. Lorsqu'on se déplace le long de la *CPP*, produire une ou plusieurs unités supplémentaires d'un bien signifie que la production de l'autre bien devra diminuer. Ce sacrifice est le coût de renonciation de l'augmentation de la production du premier bien.

5. Le coût de renonciation d'une quantité d'un premier bien est la quantité d'un second bien à laquelle il faut renoncer pour obtenir la première. Ces deux quantités apparaissent en ordonnée et en abscisse

sur la *CPP*. On peut donc associer ce coût à la pente de la *CPP*, laquelle s'exprime comme un ratio.

6. Certaines ressources conviennent mieux pour produire certains biens, comme du pain, et d'autres ressources conviennent mieux pour produire d'autres biens, comme des DVD. La société qui alloue efficacement ses ressources utilisera chaque ressource pour produire le type de produit pour lequel elle convient le mieux. Pour tracer la *CPP*, disons qu'on mesure la production de pain en abscisse et la production de DVD en ordonnée. Lorsque la production de pain est relativement faible, une petite augmentation de la production de pain n'exigera qu'une petite augmentation de l'utilisation des ressources qui conviennent le mieux à la production de pain. Dans ce cas, une forte augmentation de la production de pain n'entraînera qu'une faible diminution de la production de DVD, et ce coût de renonciation relativement faible se traduira par une *CPP* dont la pente est douce pour ces niveaux de production. Cependant, lorsque la production de pain est relativement importante, la même petite augmentation de la production de pain exigera que la société consacre à la production de pain des ressources qui conviennent moins bien à cet emploi, et qui conviendraient mieux à la production de DVD. Cette réallocation des ressources entraînera une faible augmentation de la production de pain et une forte diminution de la production de DVD. Ce coût de renonciation relativement élevé se traduira par une *CPP* dont la pente est abrupte pour ces niveaux de production. Le coût de renonciation du pain s'accroît à mesure que la quantité produite de pain augmente et que la pente de la *CPP* devient plus abrupte, ce qui explique la forme arquée vers l'extérieur de la *CPP*.

MINITEST 2 (p. 48)

1. Le coût marginal est le coût de renonciation de la production d'unité supplémentaire d'un bien ou d'un service. Le long d'une *CPP*, le coût marginal correspond à la valeur absolue de la pente de la *CPP*.

2. La valeur marginale d'un bien ou d'un service est la valeur d'usage tirée de la dernière unité consommée de ce bien, et se mesure à ce qu'on est prêt à payer pour l'obtenir.

3. Plus on consomme d'un bien, moins la valeur marginale d'une unité supplémentaire est importante. Ce principe de la valeur marginale décroissante s'applique à la plupart des biens et services d'une économie.

4. Il y a efficacité productive lorsque la production se situe sur un point de la *CPP*. Cela indique que toutes les ressources disponibles sont utilisées et que la société ne peut plus produire une unité supplémentaire d'un bien ou d'un service sans réduire la production d'un autre bien ou service. Pour qu'il y ait aussi efficacité allocative, il faut que les biens et services produits soient ceux qui procurent la plus grande valeur totale, ce qui signifie que, en plus de se situer sur un point de la *CPP* (efficacité productive), la production doit se situer sur le point où la valeur marginale est égale au coût marginal.

5. Les ressources sont utilisées efficacement lorsqu'il est impossible de produire davantage d'un bien sans réduire la production d'un autre bien auquel on accorde une plus grande valeur. Cette efficacité allocative se produit quand (1) on a atteint l'efficacité productive et (2) la valeur marginale de la dernière unité produite est égale à son coût marginal.

MINITEST 3 (p.49)

1. Les deux facteurs clés qui génèrent la croissance économique par habitant sont l'accumulation de capital et le progrès technologique. L'accumulation de capital, y compris de capital humain, accroît les ressources productives dont une économie dispose. Le progrès technologique permet à une économie de produire davantage avec la même quantité de ressources limitées, et ce, en améliorant la façon de produire.

2. La croissance économique déplace la *CPP* vers l'extérieur. La persistance d'un tel déplacement de la *CPP* s'explique par l'accumulation de ressources en capital (comme des biens d'équipement) ou par le développement d'une nouvelle technologie.

3. Lorsqu'elle consacre une plus grande partie de ses ressources rares à la recherche-développement ou à la production de nouveau capital, une société accroît ses possibilités de consommation futures au prix d'une diminution de sa consommation courante. La consommation à laquelle la société renonce aujourd'hui est le coût de renonciation de la création de croissance économique.

4. Depuis 1968, Hong-Kong a consacré une plus grande proportion de ses ressources que le Canada à la production de capital, de sorte que ses possibilités de production par habitant ont crû plus rapidement et ont même dépassé celles du Canada.

5. Quelle que soit son importance, la croissance économique n'éliminera jamais la rareté parce que les ressources disponibles ne suffiront jamais à satisfaire tous nos désirs. Par exemple, il ne sera jamais possible de satisfaire les désirs de tous les gens

qui voudraient skier à volonté sur les meilleures pentes du Mont-Tremblant seuls avec leurs proches. La croissance économique permet de satisfaire un plus grand nombre de désirs, mais n'élimine pas la rareté.

MINITEST 4 (p. 53)

1. Un individu ou un pays a un avantage comparatif dans la production d'un bien ou d'un service lorsque, pour en produire une unité, il doit renoncer à une moins grande quantité d'un autre bien ou service que quiconque. Le cas échéant, cette personne ou ce pays a le plus bas coût de renonciation pour la production de ce bien.

2. Un individu ou un pays a un avantage comparatif dans la production d'un bien ou d'un service lorsqu'il a le plus bas coût de renonciation pour la production de ce bien. L'avantage comparatif est basé sur la production sacrifiée.

Un individu ou un pays a un avantage absolu dans la production d'un bien ou d'un service lorsqu'il consacre moins de temps ou d'autres ressources que quiconque pour produire une unité de ce bien. L'avantage absolu est une mesure de productivité dans l'utilisation des ressources.

3. Les gens peuvent comparer leurs possibilités de consommation lorsqu'ils produisent eux-mêmes tous les biens et services qu'ils consomment (autosuffisance) à leurs possibilités de consommation lorsqu'ils se spécialisent dans la production des biens et services pour lesquels ils ont un avantage comparatif, puis échangent leur production avec celle d'autres gens qui ont fait de même. Cette comparaison leur permet de constater que les possibilités de consommation qui résultent de la spécialisation et de l'échange sont beaucoup plus abondantes et diversifiées que celles qui résultent de l'autosuffisance, et qu'ils ont donc intérêt à se spécialiser. Adam Smith a montré – dans son ouvrage intitulé *La richesse des nations* – comment les individus s'engagent *volontairement* et dans leur propre intérêt dans cette activité coopérative avantageuse pour la société.

4. D'un point de vue social, la production totale de biens et services disponibles pour la consommation est beaucoup plus importante avec la spécialisation et l'échange. D'un point de vue individuel, chaque personne qui se spécialise et se livre à des échanges avec d'autres personnes spécialisées peut consommer un éventail de biens et services

beaucoup plus abondant et diversifié que si elle pratiquait l'autosuffisance.

5. Tant que les gens n'ont pas les mêmes coûts de renonciation dans la production de bien et services, la production totale est plus importante avec la spécialisation et l'échange que si les biens et services sont produits en situation d'autosuffisance. Le gain qui résulte de l'échange est cette augmentation de la production.

6. Un individu ou un pays obtient un avantage comparatif dynamique lorsque son avantage comparatif résulte de l'apprentissage par la pratique – c'est-à-dire de sa détermination à se spécialiser dans la production d'un bien ou d'un service jusqu'à ce qu'il arrive à le produire au coût de renonciation le plus bas.

MINITEST 5 (p. 58)

1. Les entreprises sont nécessaires pour permettre aux gens de se spécialiser. Sans elles, la spécialisation serait limitée, car un individu devrait se spécialiser dans la production de la totalité d'un bien ou d'un service. Les entreprises leur permettent de se spécialiser dans la production de telle ou telle partie d'un produit. Pour que la société puisse tirer des gains de la spécialisation, les individus qui la composent doivent d'abord *vouloir* se spécialiser. Ceux qui se spécialisent dans une production où ils ont un avantage comparatif découvrent des occasions d'échange qui leur permettent de tirer profit de leurs efforts de spécialisation. Ces occasions d'échange ne peuvent être saisies que s'il existe un marché où les gens surveillent les prix. La monnaie facilite les échanges sur les marchés ; sans elle, les échanges devraient tous se faire par le troc, ce qui serait très peu pratique. Enfin, la reconnaissance et la protection des droits de propriété sont essentielles pour qu'il vaille la peine de se spécialiser et de faire des échanges, sachant que nos propriétés et les ententes que nous concluons sur les marchés seront respectées.

2. Un marché permet à des acheteurs et à des vendeurs d'obtenir de l'information et facilite les échanges.

3. Pour ce qui est des flux réels, il y a le flux des facteurs de production (travail, terre, capital et entrepreneuriat) qui va des ménages aux entreprises, et le flux des biens et services, qui va des entreprises aux ménages. Pour ce qui est des flux monétaires, il y a le flux des revenus (salaires, loyers, intérêts et profits), qui va des entreprises aux ménages, et le flux des dépenses en biens et services, qui va des ménages aux entreprises.

COMPRENDRE LE CHAMP DE L'ÉCONOMIQUE

Votre révolution économique

Il y a eu trois grandes révolutions économiques dans l'histoire de l'humanité. La première, la *révolution agricole*, a eu lieu il y a 10 000 ans, dans ce qu'on appelle aujourd'hui l'Iraq. Les humains, qui avaient appris à domestiquer les animaux et à cultiver les plantes, ont alors pu cesser d'errer en quête de nourriture pour se sédentariser. Ils ont fondé des villages, puis des villes et des cités, se sont spécialisés dans les activités où ils détenaient un avantage comparatif, et ont créé des marchés pour échanger leurs produits. Leur richesse s'est considérablement accrue. ◆ L'économique est née au cours de la deuxième révolution économique, la *révolution industrielle*, qui s'est amorcée en Angleterre durant les années 1760. Pour la première fois, les gens ont commencé à appliquer la science et à créer de nouvelles techniques pour manufacturer les textiles et le fer, fabriquer des machines à vapeur et accroître considérablement la production agricole. ◆ Vous étudiez l'économique à une époque qui s'inscrira dans l'Histoire comme étant celle de la *révolution de l'information*. Dans le monde entier, des gens qui ont misé sur les nouvelles technologies de l'information connaissent une prospérité sans précédent. ◆ Chacune de ces trois révolutions économiques a fait des gagnants, mais aussi des perdants, à l'échelle des individus comme à l'échelle des pays. Ce constat soulève l'une des plus grandes questions de l'économique, celle à laquelle Adam Smith (1723-1790) s'est attaqué dans ce que l'on considère aujourd'hui comme l'ouvrage fondateur de cette discipline : « Quelle est la cause des différences de richesse entre les pays » ?

Plusieurs penseurs avant lui avaient écrit sur des questions économiques, mais c'est ADAM SMITH qui a élevé l'économique au rang de science. Né en 1723 à Kirkcaldy, une petite agglomération de pêcheurs aux environs d'Édimbourg, en Écosse, Smith était l'enfant unique de l'agent des douanes de la ville. À 28 ans, Smith devint professeur de logique à l'Université de Glasgow. Libéré de l'enseignement quelques années plus tard par un riche duc écossais qui lui accorda une rente annuelle de 300 £ – dix fois le revenu moyen de l'époque –, Smith consacra dix ans de sa vie à la rédaction de son œuvre maîtresse, RECHERCHES SUR LA NATURE ET LES CAUSES DE LA RICHESSE DES NATIONS, publiée en 1776.

Pourquoi certaines nations deviennent-elles riches alors que d'autres restent pauvres? s'est demandé Smith pendant que la révolution industrielle battait son plein. Il finit par conclure que la richesse économique découlait de la division du travail et du libre-échange.

Pour appuyer ses dires, Adam Smith donna l'exemple de deux fabriques d'épingles. Dans la première, avec les outils disponibles en 1770, une personne pouvait fabriquer 20 épingles par jour. Dans la deuxième, avec les mêmes outils, mais en décomposant le processus en plusieurs opérations simples qui permettaient la spécialisation – en adoptant la division du travail –, 10 personnes pouvaient fabriquer non pas 200, mais 48 000 épingles par jour. Une personne tire le fil de métal, une autre le redresse, une troisième le coupe, une quatrième l'empointe et une cinquième émoud la pointe ; trois spécialistes fabriquent la tête, et un quatrième la fixe ; enfin, les épingles sont polies et emballées par une dernière personne.

Cependant, pour que cette division du travail soit rentable, précisa Smith, le marché doit être vaste ; une usine qui emploierait 10 personnes à la fabrication d'épingles devrait en vendre plus de 15 millions par année pour continuer à fonctionner ! Et pour que le marché soit aussi vaste que possible, il ne doit y avoir aucune entrave au libre-échange ni à l'intérieur des pays ni entre les pays.

Selon Smith, si chaque individu fait le meilleur choix économique dans le sens de ses intérêts, il contribue du même coup, « guidé par une main invisible », à l'atteinte d'une fin qui lui est étrangère, à savoir le meilleur résultat économique possible pour l'ensemble de la société.

Ce n'est pas de la bienveillance du boucher, du brasseur ou du boulanger que nous attendons notre dîner, mais de leur souci de leur intérêt propre.

– ADAM SMITH, *La richesse des nations*

avec **JAGDISH BHAGWATI**

JAGDISH BHAGWATI

Jagdish Bhagwati *est professeur au département d'économique de la Columbia University. Né en Inde en 1934, il a étudié à la Cambridge University en Angleterre, au Massachusetts Institute of Technology (MIT) et à la Oxford University, puis est revenu travailler en Inde. De retour aux États-Unis en 1968, il a enseigné au MIT avant de s'installer à Columbia en 1980. Chercheur prolifique, le professeur Bhagwati a publié plusieurs ouvrages, a signé des articles dans les plus grands journaux et magazines du monde, et a reçu plusieurs prix et distinctions tant pour ses travaux scientifiques que pour sa contribution aux politiques publiques. Ses apports les plus importants concernent le commerce international, mais aussi les problèmes liés au développement et l'économie politique.*

Michael Parkin et Robin Bade ont discuté avec Jagdish Bhagwati de son travail et des progrès que les économistes ont faits dans la compréhension des avantages de la croissance économique et du commerce international depuis les travaux pionniers d'Adam Smith.

Professeur Bhagwati, qu'est-ce qui vous a attiré vers l'économique?

Quand on vient de l'Inde, où la pauvreté saute aux yeux, il est très facile d'être attiré par l'économique, une discipline qu'on peut utiliser pour apporter de la prospérité, créer des emplois et permettre aux pauvres d'améliorer leur situation en se livrant à un travail rentable.

Par la suite, j'ai appris qu'il y a deux types d'économistes, ceux qui considèrent leur discipline comme un jeu mathématique pour initiés et ceux qui l'envisagent comme une science sociale sérieuse.

Si les économistes de Cambridge, où j'ai fait mon baccalauréat, avaient privilégié l'approche mathématique et ésotérique, j'aurais choisi autre chose. Mais c'est justement de ces économistes – dont plusieurs des plus éminents de notre discipline – que j'ai appris à considérer l'économique comme une science sociale. J'y ai donc vu un moyen puissant pour s'attaquer à la pauvreté de l'Inde et j'ai été immédiatement conquis.

Qui vous a le plus influencé à Cambridge?

D'abord et avant tout, Harry Johnson, un jeune Canadien débordant d'énergie et doté de dons analytiques exceptionnels. Contrairement aux professeurs britanniques timides et réservés, Johnson se montrait amical et chaleureux avec les étudiants qui se regroupaient autour de lui, et les soutenait activement. Plus tard, il allait devenir l'un des membres les plus influents de l'école de Chicago, très orientée sur le libre marché. J'y ai aussi été influencé par Joan Robinson, sans doute la femme économiste la plus impressionnante du monde.

Lorsque j'ai quitté Cambridge pour le MIT, passant d'un Cambridge à un autre[1], j'ai aussi eu la chance de passer d'un groupe d'économistes phénoménaux à un autre. Au MIT, j'ai beaucoup appris des futurs prix Nobel Paul Samuelson et Robert Solow, qui sont devenus mes collègues et mes grands amis quand je me suis joint à la faculté d'économie du MIT en 1968.

Après Cambridge et le MIT, vous êtes allé étudier à Oxford, après quoi vous êtes retourné dans votre pays natal. Qu'avez-vous fait en Inde?

J'ai travaillé à la Commission de planification, à New Delhi, où mon premier gros mandat consistait à trouver

---

1. *N.D.T.* La Cambridge University est située dans la ville britannique du même nom, et le MIT, dans la ville américaine de Cambridge, près de Boston.

des moyens de sortir de la pauvreté les 30 % les plus pauvres de la population pour les amener au seuil du « revenu minimum ».

Et qu'avez-vous recommandé ?

Ma principale recommandation a été de « faire grossir le gâteau ». Mes recherches indiquaient que, quel que soit le système économique ou politique en place, la part des 30 % les plus pauvres de la population ne variait pas beaucoup. La croissance économique semblait être la principale (mais pas la seule) composante d'une véritable stratégie antipauvreté. Pour optimiser les effets bénéfiques de la croissance sur les pauvres, les planificateurs indiens travaillaient également à des réformes en matière d'éducation, de santé et de services sociaux, ainsi qu'à la réforme agraire. Il fallait aussi améliorer l'accès des groupes défavorisés et à faible revenu au processus de la croissance et à ses avantages par diverses mesures comme l'extension du crédit sans garantie.

> Ma principale recommandation a été de « faire grossir le gâteau » [...] Aujourd'hui, cette stratégie est sans égale. La plupart des recherches montrent que, là où il y a eu croissance économique, la pauvreté a reculé.

Aujourd'hui, cette stratégie est sans égale. La plupart des recherches montrent que, là où il y a eu croissance économique, la pauvreté a reculé. Il est bon de savoir que cette idée fondamentale sur un sujet d'une telle importance pour le bien-être de l'humanité a été validée par l'expérience !

Vous avez quitté l'Inde en 1968 pour les États-Unis et le travail universitaire au MIT. Pourquoi ?

La décision d'émigrer tient souvent à des facteurs personnels, et c'était aussi mon cas, mais l'offre d'un poste de professeur au MIT m'a sans aucun doute aidé à me décider. À l'époque, le département d'économique du MIT était sans aucun doute le plus prestigieux au monde. Par bonheur, les départements les mieux cotés du MIT n'étaient pas ceux d'ingénierie ou de science, comme on aurait pu s'y attendre, mais ceux de linguistique (avec Noam Chomsky) et d'économique (avec Paul Samuelson). Me joindre à la faculté d'économique du MIT a été une percée spectaculaire. J'ai été très stimulé par plusieurs étudiants fantastiques et par certains des économistes les plus créatifs du monde.

La presse grand public parle beaucoup de commerce équitable et d'égalité des conditions de concurrence. Quelle est la différence entre libre-échange et commerce équitable ? Comment des conditions de concurrence peuvent-elles être inégales ?

Le libre-échange signifie simplement l'absence de barrières commerciales comme les tarifs douaniers, les quotas et les subventions. Les barrières commerciales font en sorte que les prix intérieurs des biens et services échangés diffèrent des prix mondiaux. Lorsque cela se produit, les ressources ne sont pas utilisées efficacement. La théorie économique traditionnelle, qui remonte à Adam Smith, explique pourquoi le libre-échange est une bonne chose, et les barrières commerciales, une mauvaise chose, mais la compréhension contemporaine de cette doctrine est beaucoup plus nuancée et profonde qu'à l'époque de Smith.

Par contre, le commerce équitable est presque toujours une façon sournoise de s'opposer au libre-échange. Si vous avez du mal à soutenir la concurrence de vos rivaux, il est peu probable qu'on vous protège contre cette concurrence si vous dites seulement que vous n'arrivez pas à la soutenir. Vous avez plus de chances d'obtenir une protection si vous dites que la concurrence que vous livre votre rival n'est pas équitable. Plus la concurrence internationale s'est intensifiée, plus les allégations de « concurrence inéquitable » se sont donc multipliées. Les protectionnistes les plus honnêtes réclament un échange « libre et équitable » ; les autres demandent qu'on remplace le libre-échange par le « commerce équitable ».

À la fin de la Seconde Guerre mondiale, on a signé l'Accord général sur les tarifs douaniers et le commerce (GATT), qui a été suivi de plusieurs cycles de négociations commerciales multilatérales et de réduction des barrières commerciales. Comment évaluez-vous l'apport du GATT et de son successeur, l'Organisation mondiale du commerce (OMC) ?

Le GATT a été d'une importance considérable puisqu'il a supervisé une libéralisation massive du commerce des biens industriels entre les pays développés. En fixant des plafonds négociés aux tarifs douaniers, les règles du GATT ont évité des hausses de tarifs et des guerres tarifaires comme celles des années 1930, où des barrières de représailles mutuelles ont été érigées au détriment de tous.

Le GATT a donné naissance à l'OMC à la fin des négociations commerciales du cycle de l'Uruguay. Plus forte que le GATT en tant qu'institution, l'OMC dispose par exemple d'un mécanisme de règlement des différends, alors que le GATT « n'avait pas de dents » ; elle est également plus ambitieuse, puisqu'elle s'étend à de nouveaux domaines – notamment l'environnement, la protection de la propriété intellectuelle et les règles d'investissement.

Parallèlement aux efforts pour établir un libre-échange multilatéral, on a assisté à l'émergence d'accords commerciaux bilatéraux comme l'Accord de libre-échange nord-américain (ALÉNA) et l'Union européenne (UE). Que pensez-vous des zones de libre-échange dans le monde actuel?

Malheureusement, on assiste aujourd'hui à une explosion de zones de libre-échange. Selon certaines estimations, si on additionne celles qui sont déjà en place et celles qui sont en préparation, on en compte plus de 400 – chacune accordant un traitement préférentiel à certains partenaires commerciaux. Cette prolifération des accords commerciaux – entre les États-Unis et Israël, ou entre les États-Unis et la Jordanie, par exemple – a produit un enchevêtrement de tarifs douaniers qui diffèrent selon la provenance des produits. De plus, on doit s'entendre sur «les règles d'origine» (RO) pour déterminer si un produit est disons jordanien ou taiwanais dans le cas où il y a des intrants taiwanais dans un produit fabriqué en Jordanie, et où la Jordanie a droit à un tarif douanier préférentiel alors que Taiwan n'y a pas droit.

Cet enchevêtrement de traitements préférentiels et de règles d'origine pose ce que j'ai appelé «le problème du bol de spaghettis». Le système mondial du commerce est en train d'étouffer sous cette prolifération d'accords bilatéraux dont la complexité saute aux yeux par rapport à la simplicité d'un système multilatéral avec des tarifs douaniers identiques pour tous les membres de l'OMC.

Aujourd'hui, nous nous retrouvons avec des politiques commerciales qui ne sont ni coordonnées ni efficaces. L'UE signe des accords de libre-échange avec divers pays non membres de l'UE, les États-Unis en font autant avec leurs propres accords bilatéraux, et comme l'Europe et les États-Unis le font, les pays asiatiques, longtemps convertis au multilatéralisme, ont succombé à la manie du bilatéralisme.

Si les États-Unis avaient fait preuve de leadership pour réécrire les règles et rendre extrêmement difficile la signature d'accords bilatéraux, on aurait probablement pu éviter ce fléau qui pèse sur le commerce international.

L'économique a beau mettre en lumière les avantages du libre-échange multilatéral, la principale organisation qui poursuit cet objectif, l'OMC, est en butte aux attaques du mouvement antimondialisation.

Que peut-on dire sur la mondialisation pour replacer l'OMC et son travail dans une plus juste perspective?

Le mouvement antimondialisation se compose de divers types d'activistes. Essentiellement, tous se disent parties prenantes dans le phénomène de la mondialisation, mais il y a ceux qui veulent planter un pieu dans le cœur du système, comme dans les films de Dracula, et ceux qui veulent porter leurs revendications à l'intérieur du système. Les premiers veulent être entendus; les seconds veulent être écoutés. À une époque, ces contestataires disparates ont fait un bout de chemin ensemble à l'occasion de conférences internationales comme celle de l'OMC à Seattle en novembre 2000, où des émeutes ont éclaté. Aujourd'hui, les choses se sont calmées, et les groupes qui veulent travailler sérieusement et systématiquement à améliorer le fonctionnement du système économique mondial y tiennent une place beaucoup plus importante.

L'OMC est également perçue – généralement à tort – comme un organisme qui impose des sanctions commerciales sans se préoccuper, par exemple, de la protection de l'environnement. Ainsi, la loi américaine interdit l'importation de crevettes pêchées avec des filets qui ne sont pas munis d'un dispositif empêchant la prise accidentelle de certaines espèces de tortues menacées d'extinction. Sitôt entrée en application, cette loi américaine a été contestée par l'Inde, la Malaisie, la Thaïlande et le Pakistan devant l'OMC, qui confirma la légitimité de la loi américaine. Pourtant, au mépris des faits, des manifestants descendirent dans les rues habillés en tortues pour protester contre la décision de l'OMC!

Quel conseil donneriez-vous à quelqu'un qui commence à étudier l'économique? Est-il intéressant de se spécialiser dans ce domaine?

Très intéressant, selon moi, surtout parce qu'en ce qui concerne l'élaboration de mesures économiques, les économistes font trois apports uniques. Premièrement, nous examinons les effets secondaires – et subséquents – de toute action. Deuxièmement, nous insistons avec raison sur le fait qu'aucune action, aucune mesure ne peut être jugée sans contre-exemple. D'où la blague de l'économiste à qui l'on demande comment est son mari, et qui répond «par rapport à quoi»? Troisièmement, nous sommes les seuls à intégrer à notre analyse le principe du coût et de l'avantage pour la société.

> Aujourd'hui, nous nous retrouvons avec des politiques commerciales qui ne sont ni coordonnées ni efficaces.

DEUXIÈME PARTIE

Le fonctionnement des marchés

CHAPITRES

3 L'offre et la demande

4 L'élasticité

5 L'efficacité et l'équité

6 Les interventions de l'État dans les marchés

7 Les marchés mondiaux

L'offre et la demande

Qu'est-ce qui peut faire doubler les prix du pétrole et de l'essence en un an ? Ces prix continueront-ils à grimper ? Les pétrolières abusent-elles de nous ? Ce chapitre vous aidera à répondre à ce genre de questions sur les prix qui montent, les prix qui baissent et les prix qui fluctuent. ◆ Vous savez déjà que l'économique concerne les choix que font les gens aux prises avec la rareté, et que ces choix répondent à des incitatifs. Les prix agissent comme des incitatifs. Vous verrez bientôt comment les gens réagissent aux prix, et comment les prix déterminent l'offre et la demande. ◆ Le modèle de l'offre et de la demande présenté dans ce chapitre est le principal outil de l'économique. Il nous aide à répondre aux questions fondamentales – « Quels biens et services produit-on, comment et pour qui ? » – et à mieux comprendre comment la poursuite de l'intérêt personnel peut servir l'intérêt commun.

Objectifs du chapitre

◆ **Décrire un marché concurrentiel et préciser la notion de prix relatif**

◆ **Expliquer les facteurs qui influent sur la demande**

◆ **Expliquer comment l'offre et la demande déterminent les prix et les quantités échangées**

◆ **Utiliser le modèle de l'offre et de la demande pour prédire les variations de prix et de quantité**

◆ Dans la rubrique de fin de chapitre « Entre les lignes », nous appliquerons ce modèle au marché du transport aérien de passagers.

Les marchés et les prix

Que vous vouliez de nouvelles chaussures sport, un bagel et un espresso, une mise à niveau de votre ordinateur ou des vacances à Cuba, vous devez trouver un endroit où l'on vend ces biens ou ces services – vous devez aller sur un marché. On l'a vu au chapitre 2 (p. 54), le terme *marché* désigne tout arrangement qui permet à des vendeurs et à des acheteurs d'obtenir de l'information et de commercer entre eux.

Un marché regroupe des acheteurs et des vendeurs. Il existe des marchés pour les *biens*, comme les pommes et les bottes d'escalade ; des marchés pour les *services*, comme les coupes de cheveux et les leçons de tennis ; des marchés pour les *facteurs de production*, comme les programmes informatiques et les engins de terrassement ; et des marchés pour les autres *intrants* manufacturés, comme les puces informatiques et les pièces d'automobiles. Il existe également des marchés pour les monnaies, comme le yen japonais ou l'euro, et des marchés pour les titres financiers, comme les actions de Google. Bref, tout bien ou service peut être échangé sur un marché.

Certains marchés sont des lieux physiques où acheteurs et vendeurs se rencontrent, et où un commissaire-priseur ou un courtier aide à déterminer les prix. La Bourse de New York et les encans de poissons, de viande et d'autres produits sont des marchés de ce type.

D'autres marchés sont constitués d'acheteurs et de vendeurs dispersés dans le monde entier, qui, sans jamais se rencontrer ou se connaître, sont reliés par Internet ou par téléphone et télécopieur. Les marchés du commerce électronique et les marchés des changes sont des marchés de ce type.

Cependant, la plupart des marchés sont des ensembles inorganisés d'acheteurs et de vendeurs. Vous faites la plupart de vos achats sur des marchés de ce type. Prenons l'exemple du marché des chaussures sport. Sur ce vaste marché international, les acheteurs sont les millions de joggeurs et de joggeuses, de gens pour qui les chaussures sport sont un article de mode et d'inconditionnels du confort qui cherchent une nouvelle paire de chaussures. Les vendeurs sont les dizaines de milliers de boutiques d'équipement de sport, de magasins de chaussures et de grandes surfaces qui vendent ce type de chaussures. Les acheteurs peuvent choisir entre d'innombrables magasins, et les vendeurs le savent.

L'intensité de la concurrence varie selon les marchés. Dans ce chapitre, nous étudierons un **marché concurrentiel** – c'est-à-dire un marché constitué d'acheteurs et de vendeurs assez nombreux pour qu'aucun d'eux ne puisse à lui seul influer significativement sur le prix des biens.

Les producteurs n'acceptent de mettre leurs produits en vente que si le prix est assez élevé pour couvrir leur coût de renonciation. Les consommateurs, quant à eux, réagissent à un coût de renonciation qui fluctue en cherchant des substituts moins chers aux produits coûteux.

Nous nous apprêtons à étudier la façon dont les consommateurs réagissent aux prix des biens et des services, ainsi qu'aux forces qui déterminent ces prix. Mais, pour ce faire, il nous faut d'abord comprendre la distinction entre le prix monétaire d'un bien et son *prix relatif*.

Le prix monétaire et le prix relatif

Le **prix monétaire** d'un bien ou d'un service est la quantité de monnaie – de dollars dans notre cas – qu'on doit sacrifier en échange de ce bien ou de ce service. Supposons qu'on puisse acheter une tasse de café et un sandwich aux prix monétaires respectifs de 1 $ et 3 $. Le **prix relatif** du sandwich par rapport à une tasse de café est le nombre de tasses de café que je peux obtenir contre un sandwich – c'est-à-dire 3. Le prix relatif se calcule en prenant le ratio des prix monétaires du sandwich et de la tasse de café. Si une part de tarte aux pommes se vend 4 $, son prix relatif par rapport au sandwich est de 1,33 (4 $/3 $), et le prix relatif du sandwich par rapport à un morceau de tarte aux pommes est de 0,75 (3 $/4 $).

Normalement, on exprime le prix relatif d'un bien ou d'un service par rapport à un « panier » de biens et de services plutôt que par rapport à un seul bien ou à un seul service. Ainsi, pour calculer le prix relatif d'un bien ou d'un service, on divise le prix monétaire de ce bien ou de ce service par le prix monétaire d'un « panier » de biens et de services (appelé *indice des prix*). Le prix relatif ainsi obtenu donne le coût de renonciation de ce bien ou de ce service. Ce coût exprime la quantité du « panier » de biens et de services à laquelle on doit renoncer pour se procurer ce bien ou ce service.

Comme nous allons le voir, la théorie de l'offre et de la demande détermine les prix relatifs ; le mot *prix* signifie donc *prix relatif*. Quand on prédit la chute du prix d'un bien, on prédit une baisse de son prix par rapport au prix moyen des autres biens et services. Cette nuance est importante pour distinguer les phénomènes purement monétaires des phénomènes dits « réels ». Par exemple, quand la France a abandonné le franc pour l'euro le 1er janvier 1999, le café qui se vendait 3,60 F la veille valait maintenant 0,55 €, et le sandwich qui se vendait 10,80 F la veille valait maintenant 1,65 €. Bien que les monnaies et les prix monétaires aient changé, les prix relatifs étaient demeurés les mêmes (10,80/3,60 = 1,65/0,55 = 3). Pour les mêmes raisons, même si une inflation générale de 10 % fait monter les prix monétaires respectifs de la tasse de café et du sandwich à 1,10 $ et 3,30 $, l'an prochain, le prix relatif du sandwich sera encore de 3 tasses de café.

Voyons maintenant ce qu'on entend par les termes *offre* et *demande*, en commençant par la demande.

 ## La demande

Quand vous demandez une chose, c'est que vous:

- la voulez;
- avez les moyens de vous l'offrir;
- avez l'intention de l'acheter.

Les *désirs* sont les envies que les biens et les services inspirent aux consommateurs. Combien de fois auriez-vous aimé vous offrir telle ou telle chose «si seulement j'en avais les moyens» ou «si ce n'était pas aussi cher»? La rareté fait en sorte que bon nombre de nos désirs resteront insatisfaits. La demande résume les choix des consommateurs pour satisfaire leurs désirs.

La **quantité demandée** d'un bien ou d'un service est la quantité de ce bien ou de ce service que les consommateurs souhaitent acheter au cours d'une période donnée et à un prix donné. La quantité demandée ne correspond pas nécessairement à la quantité *achetée*. Parfois, la quantité demandée dépasse la quantité en vente sur le marché, de sorte que la quantité achetée est moindre que la quantité demandée.

La quantité demandée est un flux et se calcule donc en quantité par unité de temps. Supposons qu'une personne achète une tasse de café par jour. La quantité de café demandée par cette personne peut s'exprimer comme 1 tasse par jour ou 7 tasses par semaine ou encore 365 tasses par année.

De nombreux facteurs influent sur les intentions d'achat, et l'un d'entre eux est le prix. Commençons par examiner la relation entre la quantité demandée et le prix d'un bien. Pour ce faire, nous supposerons que tous les autres facteurs qui influent sur la quantité demandée restent constants, et

nous nous poserons la question suivante: «Comment, toutes choses égales d'ailleurs, la quantité demandée d'un bien ou d'un service varie-t-elle quand le prix de ce bien ou de ce service varie?»

La loi de la demande répond à cette question.

La loi de la demande

La **loi de la demande** s'exprime comme suit:

Toutes choses égales d'ailleurs, plus le prix d'un bien est élevé, plus la quantité demandée de ce bien est faible; et plus le prix d'un bien est bas, plus la quantité demandée d'un bien est forte.

Pourquoi l'augmentation du prix d'un bien entraîne-t-elle la diminution de la quantité demandée de ce bien? À cause de deux facteurs:

- l'effet substitution;
- l'effet revenu.

L'effet substitution Toutes choses égales d'ailleurs, lorsque le prix d'un bien augmente, son prix relatif – son coût de renonciation – monte. Même si chaque bien est unique, tous les biens ont des substituts – d'autres biens qui peuvent les remplacer. Plus le coût de renonciation d'un bien augmente, moins le consommateur est incité à utiliser ce bien, et plus il est incité à le remplacer par ses substituts.

L'effet revenu Toutes choses égales d'ailleurs, lorsqu'il augmente, le prix d'un bien ou d'un service augmente *par rapport au revenu* du consommateur. Si les prix augmentent et que leur revenu reste le même, les consommateurs ne pourront plus acheter tout ce qu'ils achetaient jusque-là; ils devront réduire les quantités demandées de certains biens et services. Généralement, le bien ou le service dont le prix aura augmenté sera l'un de ceux dont les gens diminueront leur consommation.

Pour voir comment fonctionnent l'effet substitution et l'effet revenu, prenons l'exemple d'une variation du prix du voyage en avion entre Montréal et Québec. Les voyages en train, en voiture et en autobus sont des substituts aux voyages en avion.

Supposons que le prix d'un aller simple Montréal-Québec en avion descende de 150 $ à 100 $. En réponse à cette baisse de prix, certains voyageurs délaissent le train, l'autobus ou l'automobile pour l'avion (effet substitution). De plus, grâce à la baisse de prix du voyage en avion, le budget de voyage des consommateurs est moins serré: ils peuvent maintenant s'offrir plus de voyages en avion qu'auparavant. Ce pouvoir d'achat accru incite les consommateurs à voyager davantage (effet revenu). Pour ces deux raisons, la quantité demandée de voyages en avion augmente.

Supposons maintenant que le prix de l'aller simple Montréal-Québec double, passant de 150 $ à 300 $. En réponse à cette hausse de prix, les gens délaissent l'avion pour le train, l'autobus ou l'auto (effet substitution). De plus, comme leur budget de voyage est maintenant plus serré, ils achètent moins de voyages (effet revenu). Pour ces deux raisons, la quantité demandée de voyages en avion diminue.

La courbe de demande et le barème de demande

Nous allons maintenant étudier l'une des courbes les plus utilisées en économique, la *courbe de demande,* et une des différences les plus cruciales à saisir, la différence entre la *demande* et la *quantité demandée.*

Le terme **demande** désigne la totalité de la relation entre la quantité demandée d'un bien et le prix de ce bien. La demande se décrit par un barème de demande et s'illustre par une courbe de demande. La *quantité demandée* correspond à un point sur la courbe de demande – la quantité demandée *à un prix donné.*

La figure 3.1 montre la courbe de demande de barres énergétiques. Une **courbe de demande** illustre la relation entre la quantité demandée d'un bien et le prix de ce bien lorsque tous les autres facteurs susceptibles d'influer sur les intentions d'achat des consommateurs restent constants.

Le tableau de la figure 3.1 présente le barème de demande des barres énergétiques. Un barème de demande indique la quantité demandée d'un bien à chaque prix lorsque tous les autres facteurs susceptibles d'influer sur les intentions d'achat restent constants. Par exemple, si le prix de la barre énergétique est de 0,50 $, la quantité demandée est de 22 millions de barres énergétiques par semaine ; si le prix est de 2,50 $, la quantité demandée est de 5 millions de barres par semaine. Les autres lignes du tableau donnent la quantité demandée à 1,00 $, 1,50 $ et 2,00 $ l'unité.

On représente un barème de demande par une courbe de demande, l'axe des abscisses représentant la quantité demandée de barres énergétiques, et l'axe des ordonnées, leur prix. Les points *A* à *E* sur la courbe de demande représentent les lignes correspondantes du barème de demande. Ainsi, le point *A* correspond à la quantité demandée de 22 millions de barres énergétiques par semaine au prix de 0,50 $ la barre. Il importe de comprendre que le prix des barres énergétiques le long de l'axe des ordonnées de la figure 3.1 représente le prix *relatif* des barres énergétiques parce que cette figure repose sur l'hypothèse implicite que le prix de tous les autres biens reste constant. Dans ces conditions, une hausse du prix monétaire des barres énergétiques est une hausse de leur prix *relatif.*

Le consentement à payer et la capacité de le faire

On peut aussi envisager la courbe de demande d'un bien

FIGURE 3.1 *La courbe de demande*

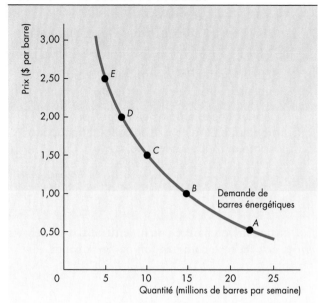

	Prix (par barre)	Quantité demandée (millions de barres par semaine)
A	0,50 $	22
B	1,00 $	15
C	1,50 $	10
D	2,00 $	7
E	2,50 $	5

Le tableau montre le barème de demande de barres énergétiques. Quand le prix est de 0,50 $ l'unité, la quantité demandée est de 22 millions d'unités par semaine ; à 1,50 $ l'unité, la quantité demandée est de 10 millions d'unités par semaine. La courbe de demande montre la relation entre la quantité demandée et le prix des barres énergétiques, toutes choses égales d'ailleurs. La pente de la courbe de demande est négative : plus le prix baisse, plus la quantité demandée augmente.

La courbe de demande peut se lire de deux manières. D'abord, elle indique la quantité d'un bien que les gens ont l'intention d'acheter à un prix donné. Par exemple, à 1,50 $ par barre énergétique, la quantité demandée est de 10 millions de barres par semaine. Ensuite, la courbe de demande indique, pour une quantité donnée, le prix maximal que les consommateurs sont prêts à payer pour se procurer la dernière barre énergétique disponible sur le marché. Par exemple, au point *B,* le prix le plus élevé que les consommateurs consentent à payer pour la 15 millionième barre énergétique est de 1,00 $.

comme une courbe de consentement à payer des consommateurs qui en ont les moyens. Le consentement à payer est une mesure de la valeur marginale.

Plus la quantité disponible d'un bien est faible, plus le consommateur qui en a les moyens est prêt à payer cher pour se procurer une unité de ce bien. Cependant, plus la quantité dont dispose le consommateur augmente, plus la valeur marginale d'une unité additionnelle diminue et plus le prix que les consommateurs sont prêts à payer baisse le long de la courbe de demande.

À la figure 3.1, s'il n'y a que 5 millions de barres énergétiques disponibles par semaine, les consommateurs seront prêts à payer jusqu'à 2,50 $ la deux millionième barre énergétique ; cependant, s'il y a 22 millions de barres énergétiques disponibles chaque semaine, ils ne seront pas prêts à payer la dernière barre énergétique disponible plus de 0,50 $.

Une variation de la demande

Toute variation d'un facteur, autre que le prix, qui influe sur les intentions d'achat entraîne une *variation de la demande*. La figure 3.2 illustre une augmentation de la demande de barres énergétiques. Quand la demande augmente, la courbe de demande se déplace vers la droite, et la quantité demandée augmente à chaque nouveau prix. Par exemple, si le prix est de 2,50 $ la barre, la quantité demandée est de 5 millions de barres par semaine sur la courbe de demande initiale (la courbe bleue), et de 15 millions de barres énergétiques par semaine sur la nouvelle courbe de demande (la courbe rouge). Si on vérifie les données du tableau, on constate qu'à chaque prix la quantité demandée augmente.

Nous allons maintenant nous pencher sur les six grands facteurs dont la variation entraîne une variation de la demande :

- ◆ le prix des substituts et des compléments ;
- ◆ les anticipations relatives au prix ;
- ◆ le revenu ;
- ◆ les anticipations relatives au revenu et le crédit ;
- ◆ la population ;
- ◆ les préférences.

Le prix des substituts et des compléments La quantité de barres énergétiques que les gens prévoient acheter dépend en partie du prix des *substituts* des barres énergétiques. Un **substitut** est un bien ou un service qui peut en remplacer un autre. Par exemple, le voyage en autobus est un substitut du voyage en train, la dinde est un substitut du poulet, et la boisson énergétique est un substitut de la barre énergétique. Si le prix d'un substitut de la barre énergétique augmente, les gens en achèteront moins et achèteront davantage de barres énergétiques. Par exemple, si le prix des boissons énergétiques augmente, les gens en achèteront moins et achèteront davantage de barres énergétiques ; la demande de barres énergétiques augmentera.

La quantité de barres énergétiques que les consommateurs prévoient acheter dépend également du prix des compléments des barres énergétiques. Un **complément**

FIGURE 3.2 *Une augmentation de la demande*

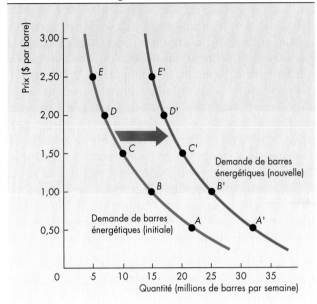

Barème de demande initial			Nouveau barème de demande		
Revenu initial			Nouveau revenu plus élevé		
	Prix (par barre)	Quantité demandée (millions de barres par semaine)		Prix (par barre)	Quantité demandée (millions de barres par semaine)
A	0,50 $	22	A'	0,50 $	32
B	1,00 $	15	B'	1,00 $	25
C	1,50 $	10	C'	1,50 $	20
D	2,00 $	7	D'	2,00 $	17
E	2,50 $	5	E'	2,50 $	15

Une variation de n'importe quel facteur autre que le prix qui influe sur les intentions d'achat donne lieu à un nouveau barème de demande et à un déplacement de la courbe de demande. Par exemple, une variation du revenu modifie la demande de barres énergétiques. Quand le prix des barres énergétiques est de 1,50 $ la barre, la quantité demandée est initialement de 10 millions de barres par semaine, mais elle grimpe à 20 millions de barres par semaine quand le revenu s'accroît. Une *hausse* du revenu *fait augmenter* la demande de barres énergétiques. La courbe de demande se déplace vers la droite, comme le montrent la flèche de déplacement et la nouvelle courbe de demande (courbe rouge).

est un bien ou un service utilisé avec un autre bien ou service. Par exemple, les sushis et le saké, les spaghettis et la sauce tomate, les barres énergétiques et les séances de gym sont des compléments. Si le prix d'une heure d'entraînement dans un gym baisse, les gens achèteront davantage d'heures de gym *et davantage* de barres énergétiques.

Les anticipations relatives au prix Si les gens s'attendent à ce que le prix d'un bien augmente, et si ce bien peut être stocké, le coût de renonciation de ce bien est moindre aujourd'hui qu'il ne le sera après l'augmentation de prix. Par conséquent, les consommateurs devancent leurs achats – ils font une substitution intertemporelle. Ils achèteront une plus grande quantité du bien avant que son prix augmente (et une moins grande quantité par la suite), de sorte que la demande de ce bien augmente. Supposons par exemple qu'un gel en Floride compromette toute la récolte d'oranges de la saison. Comme vous vous attendez à une flambée du prix du jus d'orange, vous remplissez votre congélateur de jus d'orange congelé pour ne pas avoir à en acheter pendant six mois. Votre demande courante de jus d'orange congelé a augmenté, et votre demande future de jus d'orange a diminué.

De même, si les gens s'attendent à ce que le prix d'un bien baisse, le coût de renonciation du bien est plus élevé aujourd'hui que ce qu'il sera après la baisse de prix. Dans ce cas, les gens retardent leurs achats. Ils achètent une moins grande quantité de ce bien jusqu'à ce que son prix baisse, de sorte que la demande courante de ce bien diminue, alors que sa demande future augmente.

Le revenu Le revenu influe sur la demande. Quand leur revenu augmente, les consommateurs achètent davantage de la plupart des biens ; quand leur revenu diminue, ils en achètent moins. Notons qu'une hausse du revenu entraîne une augmentation de la demande de *la plupart* des biens, mais pas de *tous* les biens. On appelle **bien normal** un bien dont la demande augmente avec le revenu, et **bien inférieur** un bien dont la demande diminue à mesure que le revenu augmente. Ainsi, à mesure que le revenu des consommateurs augmente, la demande de voyages en avion (un bien normal) augmente, tandis que la demande de voyages en autocar (un bien inférieur) diminue.

Les anticipations relatives au revenu et au crédit Si les gens s'attendent à ce que leur revenu augmente ou si le crédit est facile à obtenir, la demande peut augmenter dès maintenant. Par exemple, on annonce à une représentante qu'elle recevra une grosse prime à la fin de l'année, alors elle contracte un prêt et s'achète une auto neuve.

La population La demande dépend également de la taille de la population et de sa structure démographique. Plus la population est importante, plus la demande de tous les biens et services est forte ; plus la population est faible, plus la demande de tous les biens et services l'est aussi. Ainsi, la demande de places de stationnement, de billets de cinéma, de barres énergétiques ou de tout autre bien ou service imaginable est beaucoup plus forte à Montréal qu'à Sept-Îles.

De même, plus la population est importante dans une tranche d'âge donnée, plus la demande des biens et services que consomment les consommateurs de cette tranche d'âge est forte. À l'inverse, plus la population est faible dans une tranche d'âge donnée, plus la demande des biens et services que consomment les consommateurs de cette tranche d'âge est faible elle aussi. Ainsi, en 2009, on comptait 2,3 millions de personnes dans la tranche des 20-24 ans au Canada, comparativement à 2,5 millions en 1984, de sorte que la demande d'inscriptions dans les universités a diminué entre 1984 et 2009. Durant cette même période, le nombre de Canadiennes et de Canadiens de 85 ans et plus a augmenté de 393 000 personnes, de sorte que la demande de services d'hébergement pour les personnes âgées a augmenté.

Les préférences La demande dépend aussi des préférences des consommateurs. Les préférences déterminent la valeur que les gens accordent à tel ou tel bien ou service. Elles dépendent de facteurs comme le temps qu'il fait, l'information disponible et la mode. Ainsi, la conscience accrue de l'importance de rester en forme a accru la demande de barres énergétiques.

Le tableau 3.1 résume les facteurs qui influent sur l'augmentation et la diminution de la demande de barres énergétiques.

Variation de la quantité demandée et variation de la demande

Toute variation d'un des facteurs qui influent sur les intentions d'achat entraîne soit une variation de la quantité demandée, soit une variation de la demande – autrement dit, soit un mouvement le long de la courbe de demande, soit un déplacement de la courbe de demande. La différence entre une variation de la quantité demandée et une variation de la demande est la même que la différence entre un mouvement le long de la courbe de demande et un déplacement de la courbe de demande.

Un point sur la courbe de demande indique la quantité demandée d'un bien à un prix donné ; un mouvement le long de la courbe de demande indique donc une *variation de la quantité demandée*. La courbe de demande dans son entier illustre la demande ; un déplacement de la courbe de demande indique donc une *variation de la demande*. La figure 3.3 illustre cette différence.

Le mouvement le long de la courbe de demande

Toutes choses égales d'ailleurs, si le prix d'un bien varie, il y aura un mouvement le long de la courbe de demande. Comme la pente de la courbe de demande est négative, une baisse du prix d'un bien ou d'un service accroît la quantité demandée de ce bien ou de ce service, et une

TABLEAU 3.1 *La demande de barres énergétiques*

La loi de la demande

La quantité demandée de barres énergétiques...

diminue si...	augmente si...
◆ le prix des barres énergétiques augmente.	◆ le prix des barres énergétiques diminue.

Les variations de la demande

La demande de barres énergétiques...

diminue si...	augmente si...
◆ le prix d'un substitut diminue ;	◆ le prix d'un substitut augmente ;
◆ le prix d'un complément augmente ;	◆ le prix d'un complément diminue ;
◆ les consommateurs s'attendent à une baisse du prix des barres énergétiques ;	◆ les consommateurs s'attendent à une hausse du prix des barres énergétiques ;
◆ le revenu diminue* ;	◆ le revenu augmente* ;
◆ les consommateurs s'attendent à une baisse du revenu ou le crédit devient plus difficile à obtenir ;	◆ les consommateurs s'attendent à une hausse du revenu ou le crédit devient plus facile à obtenir ;
◆ la population diminue.	◆ la population augmente.

* Une barre énergétique est un bien normal.

FIGURE 3.3 *Variation de la quantité demandée et variation de la demande*

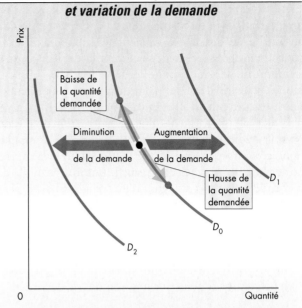

Une variation du prix d'un bien entraîne un mouvement le long de la courbe de demande et une *variation de la quantité demandée*, illustrée par la flèche bleu pâle sur la courbe de demande D_0. Une variation de n'importe quel autre facteur qui influe sur les intentions d'achat entraîne un déplacement de la courbe de demande et une *variation de la demande*. Une augmentation de la demande entraîne un déplacement de la courbe de demande vers la droite (de D_0 à D_1). Une diminution de la demande entraîne un déplacement de la courbe de demande vers la gauche (de D_0 à D_2).

augmentation du prix d'un bien ou d'un service réduit la quantité demandée de ce bien ou de ce service – c'est la loi de la demande.

À la figure 3.3, toutes choses égales d'ailleurs, si le prix d'un bien diminue, la quantité demandée de ce bien augmente, ce qui entraîne un mouvement vers le bas le long de la courbe de demande D_0. Si le prix d'un bien augmente, toutes choses égales d'ailleurs, la quantité demandée de ce bien diminue, ce qui entraîne un mouvement vers le haut le long de la courbe de demande D_0.

Le déplacement de la courbe de demande Si le prix d'un bien reste constant, mais qu'un des autres facteurs qui influent sur les intentions d'achat varie, la demande de ce bien varie. Cette variation de la demande se traduit par un déplacement de la courbe de demande. Par exemple, si le le nombre de gens qui s'entraînent dans les gyms augmente, les consommateurs achèteront davantage de barres énergétiques quel que soit leur prix. C'est ce qu'illustre un déplacement vers la droite de la courbe de demande : les consommateurs demandent davantage de barres énergétiques à tous les prix.

À la figure 3.3, toute variation d'un facteur qui influe sur les intentions d'achat, autre que le prix, entraîne une variation de la demande et un déplacement de la courbe de demande. La demande augmente et la courbe de demande se déplace vers la droite (jusqu'à la courbe de demande rouge D_1) si le prix d'un substitut monte, si le prix d'un complément baisse, si on s'attend à une hausse du prix, si le revenu augmente (dans le cas d'un bien normal), si on s'attend à une augmentation du revenu ou si le crédit devient plus facile, ou encore si la population s'accroît. À l'inverse, la demande diminue et la courbe de demande se déplace vers la gauche (jusqu'à la courbe de demande rouge D_2) si le prix d'un substitut baisse, si le prix d'un complément monte, si on s'attend à une baisse du prix, si le revenu diminue (dans le cas d'un bien normal), si on s'attend à une diminution du revenu ou si le crédit devient plus difficile, ou encore si la population baisse. (Dans le cas d'un bien inférieur, les variations de revenu ont l'effet contraire de celui que nous venons de décrire.)

L'offre

Quand une entreprise offre un bien ou un service, c'est que cette entreprise:

- a les ressources et la technologie nécessaires pour le produire;
- peut tirer profit de sa production;
- a la ferme intention de le produire et de le vendre.

L'offre ne se réduit pas au seul fait de posséder les ressources et la technologie nécessaires pour produire quelque chose; en fait, les ressources et la technologie sont des contraintes qui limitent les possibilités de production.

On peut produire bien des choses utiles, mais on ne les produira que s'il est profitable de le faire. L'offre reflète une décision quant aux choix des biens ou services à produire parmi ceux dont la production est techniquement réalisable.

La **quantité offerte** d'un bien ou d'un service est la quantité de ce bien ou de ce service que les producteurs ont l'intention de vendre au cours d'une période donnée et à un prix donné. La quantité offerte ne correspond pas nécessairement à la quantité vendue. Parfois, la quantité offerte dépasse la quantité demandée, de sorte que la quantité vendue est moindre que la quantité offerte.

Comme la quantité demandée, la quantité offerte est un flux et se calcule en quantité par unité de temps. Supposons que GM produise 1 000 automobiles par jour. La quantité d'automobiles offerte par GM peut se décrire comme 1 000 automobiles par jour ou 7 000 automobiles par semaine ou 365 000 automobiles par année. En l'absence de toute indication de temps, il est donc impossible de déterminer si la quantité offerte est forte ou faible.

De nombreux facteurs influent sur les intentions de vente, et ici encore, l'une d'entre elles est le prix. Commençons donc par examiner la relation entre la quantité offerte et le prix d'un bien. Pour ce faire, nous supposerons, comme nous l'avons fait pour la demande, que tous les autres facteurs qui influent sur la quantité offerte restent constants, et nous nous poserons la question suivante : « Comment, toutes choses égales d'ailleurs, la quantité offerte d'un bien ou d'un service varie-t-elle quand le prix de ce bien ou de ce service varie ? »

La loi de l'offre répond à cette question.

La loi de l'offre

La **loi de l'offre** s'exprime comme suit :

Toutes choses égales d'ailleurs, plus le prix d'un bien est élevé, plus la quantité offerte de ce bien est grande ; et plus le prix d'un bien est bas, plus la quantité offerte est petite.

Pourquoi l'augmentation du prix d'un bien accroît-elle la quantité offerte de ce bien ? Parce que le *coût marginal augmente*. En effet, plus la quantité produite d'un bien ou d'un service augmente, plus le coût de production de ce bien augmente aussi. (Pour vous rafraîchir la mémoire sur les coûts marginaux croissants, revenez au chapitre 2, p. 45.)

Il ne vaut jamais la peine de produire un bien si le prix reçu pour ce bien ne couvre pas le coût marginal de sa production. Donc, toutes choses égales d'ailleurs, lorsque le prix d'un bien ou d'un service augmente, les producteurs acceptent d'assumer un coût marginal plus élevé et d'augmenter la production. L'augmentation du prix d'un bien entraîne donc une augmentation de la quantité offerte de ce bien.

Voyons maintenant comment on illustre la loi de l'offre à l'aide d'un barème d'offre et d'une courbe d'offre.

La courbe d'offre et le barème d'offre

Nous allons maintenant étudier la deuxième des courbes les plus utilisées en économique, la *courbe d'offre*, ainsi que la différence cruciale entre l'*offre* et la *quantité offerte*.

Le terme **offre** désigne la totalité de la relation entre la quantité offerte d'un bien et le prix de ce bien. L'offre se décrit comme un barème d'offre et s'illustre par une courbe d'offre. La *quantité offerte* correspond à un point sur la courbe d'offre – la quantité offerte à un prix donné.

La figure 3.4 montre la courbe d'offre de barres énergétiques. Une **courbe d'offre** est une représentation graphique de la relation entre la quantité offerte d'un bien et le prix de ce bien lorsque tous les autres facteurs susceptibles d'influer sur les intentions de vente des producteurs restent constants. La courbe d'offre est la représentation graphique du barème d'offre.

Le tableau de la figure 3.4 est le barème d'offre des barres énergétiques. Un barème d'offre indique la quantité offerte d'un bien pour chaque prix quand tous les autres

facteurs susceptibles d'influer sur les intentions de vente des producteurs restent constants. Par exemple, si le prix d'une barre énergétique est de 0,50 $ l'unité, la quantité offerte de barres énergétiques est de 0 – ligne *A* du tableau. Si le prix est de 1,00 $, la quantité offerte est de 6 millions de barres énergétiques par semaine – ligne *B*. Les autres lignes du tableau donnent la quantité aux prix de 1,50 $, 2,00 $ et 2,50 $.

Pour tracer la courbe d'offre, on représente la quantité offerte sur l'axe des abscisses et le prix sur l'axe des ordonnées. Comme pour la courbe de demande, les prix sur l'axe des ordonnées s'interprètent comme des prix relatifs (hypothèse implicite que les prix des autres biens restent constants). Les points *A* à *E* situés sur la courbe d'offre représentent les lignes correspondantes du barème d'offre. Par exemple, le point *A* correspond à la quantité offerte de 0 quand le prix est de 0,50 $ la barre énergétique.

Le prix de vente minimal Comme la courbe de demande, la courbe d'offre peut se lire de deux façons. On a vu que la courbe de demande peut aussi se lire comme une courbe de consentement à payer. La courbe d'offre, elle, peut aussi se lire comme une courbe de prix de vente minimal – elle indique le prix le plus bas auquel on accepte de vendre une unité additionnelle d'un bien. Ce prix minimal est le coût marginal.

Si la quantité produite d'un bien est faible, le prix le plus bas auquel on accepte de vendre une unité additionnelle du bien est bas. Cependant, plus la quantité produite augmente, plus le prix le plus bas auquel on accepte de vendre une unité additionnelle du bien monte le long de la courbe d'offre.

À la figure 3.4, si on produit 15 millions de barres énergétiques par semaine, le prix minimal qu'on accepte pour la 15 millionième barre est de 2,50 $. Mais si on ne produit que 10 millions de barres par semaine, le prix minimal qu'on accepte pour la 10 millionième barre produite est de 1,50 $.

Une variation de l'offre

Toute variation d'un facteur, autre que le prix, qui influe sur les intentions de vente des producteurs entraîne une *variation de l'offre*. Essentiellement, ces autres facteurs sont :

- ◆ le prix des facteurs de production ;
- ◆ le prix des biens qui peuvent être produits concurremment ou avec les mêmes ressources ;
- ◆ les anticipations relatives au prix ;
- ◆ le nombre de producteurs ;
- ◆ la technologie ;
- ◆ les phénomènes naturels.

FIGURE 3.4   *La courbe d'offre*

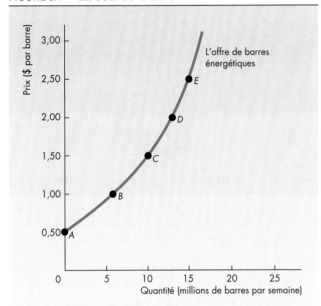

	Prix (par barre)	Quantité offerte (millions de barres par semaine)
A	0,50 $	0
B	1,00 $	6
C	1,50 $	10
D	2,00 $	13
E	2,50 $	15

Le tableau présente le barème d'offre de barres énergétiques. Par exemple, si le prix des barres énergétiques est de 1,00 $ la barre, la quantité offerte est de 6 millions de barres par semaine ; si le prix est de 2,50 $, la quantité offerte est de 15 millions de barres par semaine. La courbe d'offre montre la relation entre la quantité offerte d'un bien et le prix de ce bien, toutes choses égales d'ailleurs. La courbe d'offre a une pente positive. Plus le prix d'un bien augmente, plus la quantité offerte de ce bien augmente aussi.

Une courbe d'offre peut se lire de deux façons. D'abord, elle indique, pour un prix donné, la quantité d'un bien que les producteurs ont l'intention de vendre. Par exemple, si le prix d'une barre énergétique est de 1,50 $, les producteurs consentiront à vendre 10 millions de barres par semaine. Ensuite, elle indique, pour une quantité donnée, le prix minimal qu'exigent les producteurs pour la dernière unité d'un bien offerte sur le marché. Par exemple, si on produit 15 millions de barres énergétiques par semaine, le prix le plus bas auquel les producteurs consentiront à vendre la 15 millionième barre est de 2,50 $.

Le prix des facteurs de production Le prix des facteurs de production influe sur l'offre. On saisira mieux cette influence en envisageant la courbe d'offre comme une courbe de prix de vente minimal. Si le prix d'un facteur de production augmente, le prix le plus bas que les producteurs sont prêts à accepter augmente aussi. Par exemple, en 2008, le prix de l'essence a augmenté, et l'offre de transport aérien a diminué. De même, une hausse du salaire minimum réduit l'offre dans le secteur de la restauration rapide.

Le prix des substituts et compléments de production L'offre d'un bien ou d'un service dépend du prix des biens et services qui pourraient être produits concurremment ou avec les mêmes ressources. Par exemple, si le prix des gels énergétiques augmente, les producteurs réallouent leurs ressources à la production de gels énergétiques, et l'offre de barres énergétiques diminue. Les barres énergétiques et les gels énergétiques sont des *substituts de production* – des biens qu'on peut produire en utilisant les mêmes ressources. Si le prix du bœuf augmente, l'offre de cuir de vache augmente aussi parce que les producteurs accroîtront leur production de bœuf pour profiter du prix élevé de ce bien. Le bœuf et le cuir de vache sont des *compléments de production* – des biens qui doivent être produits concurremment.

Les anticipations relatives au prix S'ils s'attendent à ce que le prix d'un bien augmente, les producteurs se disent que la vente de ce bien sera plus profitable s'ils la retardent jusqu'à l'augmentation de prix. Par conséquent, l'offre courante diminue, et l'offre future augmente.

Le nombre de producteurs Plus il y a de producteurs qui offrent un bien ou un service, plus l'offre de ce bien ou de ce service est forte. Plus il y a de producteurs qui entrent dans une industrie, plus l'offre de cette industrie augmente; plus il y a de producteurs qui quittent une industrie, plus l'offre de cette industrie diminue.

La technologie Le terme *technologie* est utilisé ici au sens large, pour désigner la façon dont on utilise les facteurs de production pour produire un bien ou un service. Il y a progrès technologique lorsqu'on découvre une nouvelle méthode qui réduit le coût de production d'un bien ou d'un service. Par exemple, les nouvelles méthodes utilisées dans les usines qui produisent des puces électroniques ont réduit le coût de production de ce bien et en ont accru l'offre.

Les phénomènes naturels Les phénomènes naturels – qui incluent le climat, le temps qu'il fait et, de manière générale, l'état de l'environnement naturel – influent sur la production et donc sur l'offre. Le beau temps peut accroître l'offre de plusieurs produits agricoles, et le mauvais temps peut la réduire. Les catastrophes naturelles comme les tremblements de terre, le verglas, les tornades, les ouragans ou les tsunamis peuvent également influer sur l'offre.

La figure 3.5 illustre une augmentation de l'offre. Lorsque l'offre augmente, la courbe d'offre se déplace vers la droite, et la quantité offerte à chaque prix augmente. Par exemple, si le prix d'une barre énergétique est de 1,00 $ sur

FIGURE 3.5 *Une augmentation de l'offre*

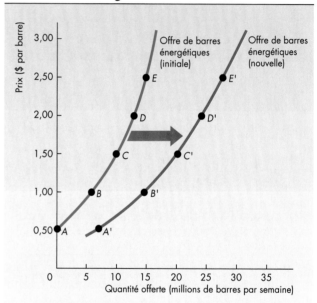

| | Barème d'offre initial | | | Nouveau barème d'offre | |
| | Ancienne technologie | | | Nouvelle technologie | |
	Prix (par barre)	Quantité offerte (millions de barres par semaine)		Prix (par barre)	Quantité offerte (millions de barres par semaine)
A	0,50 $	0	A'	0,50 $	7
B	1,00 $	6	B'	1,00 $	15
C	1,50 $	10	C'	1,50 $	20
D	2,00 $	13	D'	2,00 $	25
E	2,50 $	15	E'	2,50 $	27

Une variation de n'importe lequel des facteurs qui influent sur les intentions de vente, autre que le prix, donne lieu à un nouveau barème d'offre et à un déplacement de la courbe d'offre. Par exemple, une nouvelle technique qui permet de produire des barres énergétiques à moindre coût fait varier l'offre de barres énergétiques. Si le prix est de 1,50 $ la barre, la quantité offerte est de 10 millions de barres par semaine avec l'ancienne technique (ligne *C* du tableau), et de 20 millions de barres énergétiques par semaine avec la nouvelle technique. Un progrès technologique *augmente* l'offre de barres énergétiques, et la courbe d'offre se déplace vers la droite, comme le montrent la flèche de déplacement et la nouvelle courbe d'offre (courbe rouge).

la courbe initiale de l'offre (courbe bleue), la quantité offerte est de 6 millions de barres par semaine. Sur la nouvelle courbe d'offre (courbe rouge), la quantité offerte est de 15 millions de barres par semaine. Si on regarde les chiffres du tableau de la figure 3.5, on constate que la quantité offerte de barres énergétiques augmente à chaque prix.

Le tableau 3.2 résume les facteurs qui influent sur l'offre de barres énergétiques.

Variation de la quantité offerte et variation de l'offre

Toute variation d'un des facteurs qui influent sur les intentions de vente des producteurs entraîne soit une variation de la quantité offerte, soit une variation de l'offre – soit un mouvement le long de la courbe d'offre, soit un déplacement de la courbe d'offre.

Un point situé sur la courbe d'offre correspond à la quantité offerte d'un bien à un prix donné; un mouvement le long de la courbe d'offre indique donc une *variation de la quantité offerte*. La courbe d'offre dans son entier illustre l'offre; un déplacement de la courbe d'offre indique donc une variation *de l'offre*. La figure 3.6 illustre cette différence. Toutes choses égales d'ailleurs, si le prix d'un bien baisse, la quantité offerte de ce bien diminue, et il y a un déplacement vers le bas le long de la courbe d'offre O_0. Toutes choses égales d'ailleurs, si le prix d'un bien augmente, la quantité offerte de ce bien augmente, et il y a un déplacement vers le haut le long de la courbe d'offre O_0. S'il y a variation de n'importe quel autre facteur qui influe sur les intentions de vente, la courbe d'offre se déplace, et il y a *variation de l'offre*. Si la courbe d'offre est O_0 et que le coût de production diminue, l'offre augmente, et la courbe d'offre se déplace jusqu'à la courbe d'offre rouge O_1. Si le coût de production augmente, l'offre diminue, et la courbe d'offre se déplace jusqu'à la courbe d'offre rouge O_2.

Maintenant, nous allons combiner l'offre et la demande, et voir comment se déterminent les prix et les quantités.

TABLEAU 3.2 *L'offre de barres énergétiques*

La loi de l'offre

La quantité offerte de barres énergétiques...

diminue si...	augmente si...
◆ le prix d'une barre énergétique diminue.	◆ le prix d'une barre énergétique augmente.

Les variations de l'offre

L'offre de barres énergétiques...

diminue si...	augmente si...
◆ le prix d'un facteur utilisé pour produire des barres énergétiques augmente;	◆ le prix d'un facteur utilisé pour produire des barres énergétiques baisse;
◆ le prix d'un substitut de production augmente;	◆ le prix d'un substitut de production diminue;
◆ le prix d'un complément de production diminue;	◆ le prix d'un complément de production augmente;
◆ les producteurs s'attendent à une hausse du prix des barres énergétiques;	◆ les producteurs s'attendent à une baisse du prix des barres énergétiques;
◆ le nombre de producteurs diminue;	◆ le nombre de producteurs augmente;
◆ un changement technologique réduit la production de barres énergétiques;	◆ un changement technologique réduit la production de barres énergétiques;
◆ une manifestation de la nature réduit la production de barres énergétiques.	◆ une manifestation de la nature augmente la production de barres énergétiques.

FIGURE 3.6 *Variation de la quantité offerte et variation de l'offre*

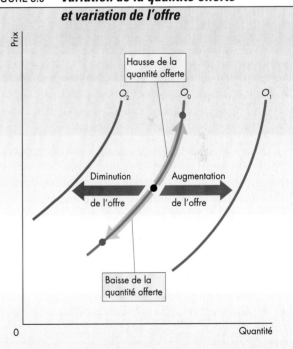

La variation du prix d'un bien entraîne un mouvement le long de la courbe d'offre et une *variation de la* quantité offerte, comme le montre la flèche bleu pâle sur la courbe d'offre O_0. La variation de n'importe quel autre facteur qui influe sur les intentions de vente entraîne un déplacement de la courbe d'offre et une variation de l'offre. Une augmentation de l'offre déplace la courbe d'offre vers la droite (de O_0 à O_1), et une diminution de l'offre déplace la courbe d'offre vers la gauche (de O_0 à O_2).

L'équilibre du marché

On l'a vu, si le prix d'un bien augmente, la quantité demandée de ce bien *diminue*, et la quantité offerte *augmente*. Nous allons maintenant voir comment les prix coordonnent les intentions des acheteurs et des vendeurs, et équilibrent l'offre et la demande sur le marché.

Un *équilibre* est une situation où des forces opposées se compensent. Dans un marché, l'équilibre survient lorsque le prix d'un bien est tel que les intentions des acheteurs et celles des vendeurs – les «forces opposées» – se compensent. Le **prix d'équilibre** d'un bien ou d'un service est le prix auquel la quantité demandée et la quantité offerte de ce bien ou de ce service sont égales. La **quantité d'équilibre** est la quantité achetée et vendue – la *quantité échangée* – au prix d'équilibre. Un marché évolue vers son équilibre pour deux raisons:

- les prix régulent les intentions d'achat et de vente;
- quand les intentions d'achat et de vente ne correspondent pas, le prix s'ajuste.

Le rôle régulateur du prix

Le prix d'un bien détermine la quantité demandée et la quantité offerte de ce bien. Si le prix est trop élevé, la quantité offerte dépasse la quantité demandée; s'il est trop bas, la quantité demandée dépasse la quantité offerte. Il n'y a qu'un seul prix auquel la quantité demandée est égale à la quantité offerte. Voyons quel est ce prix.

La figure 3.7 montre le fonctionnement du marché des barres énergétiques. Le tableau présente le barème de demande (tiré de la figure 3.1) et le barème d'offre (tiré de la figure 3.4). Si le prix de la barre énergétique est de 0,50 $, la quantité demandée est de 22 millions de barres

FIGURE 3.7 *L'équilibre du marché*

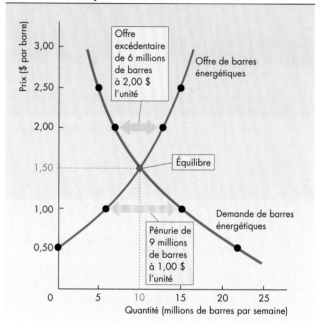

Prix (par barre)	Quantité demandée	Quantité offerte	Pénurie (–) ou offre excédentaire (+)
	(millions de barres par semaine)		
0,50 $	22	0	−22
1,00 $	15	6	−9
1,50 $	**10**	**10**	**0**
2,00 $	7	13	+6
2,50 $	5	15	+10

Le tableau indique la quantité demandée et la quantité offerte de barres énergétiques, ainsi que la pénurie ou l'offre excédentaire pour chaque prix. Si le prix est de 1,00 $ l'unité, la quantité demandée est de 15 millions de barres par semaine, et la quantité offerte, de 6 millions de barres; il y a donc une pénurie de 9 millions de barres par semaine, et le prix monte.

Si le prix est de 2,00 $ la barre, la quantité demandée est de 7 millions de barres par semaine, et la quantité offerte, de 13 millions de barres; il y a donc une offre excédentaire de 6 millions de barres par semaine, et le prix diminue.

Si le prix est de 1,50 $ la barre, la quantité demandée est de 10 millions de barres par semaine, et la quantité offerte, de 10 millions de barres; il n'y a donc ni surplus ni offre excédentaire. Ni les acheteurs ni les vendeurs ne sont incités à faire varier le prix. Le prix auquel la quantité demandée est égale à la quantité offerte est le prix d'équilibre, et cette quantité est la quantité d'équilibre.

par semaine, mais l'offre est de 0. Il y a donc une pénurie de 22 millions de barres énergétiques par semaine, comme on le voit à la dernière colonne du tableau. Si le prix est de 1,00 $ la barre, il y a encore une pénurie, mais elle n'est plus que de 9 millions de barres par semaine. À 2,50 $ la barre, la quantité offerte est de 15 millions de barres par semaine, mais la quantité demandée n'est plus que de 5 millions de barres ; il y a donc une offre excédentaire de 10 millions de barres par semaine. Le seul prix auquel il n'y a ni pénurie ni offre excédentaire est de 1,50 $ la barre : à ce prix, la quantité demandée est égale à la quantité offerte, soit 10 millions de barres énergétiques par semaine. Le prix d'équilibre est donc de 1,50 $ la barre, et la quantité d'équilibre, de 10 millions de barres par semaine.

La figure 3.7 montre que la courbe de demande et la courbe d'offre se croisent au prix d'équilibre de 1,50 $ la barre. À tous les prix *supérieurs* à 1,50 $ l'unité, il y a une offre excédentaire de barres énergétiques. Par exemple, si le prix est de 2,00 $ l'unité, l'offre excédentaire est de 6 millions de barres par semaine, comme le montre la flèche bleue. À tous les prix *inférieurs* à 1,50 $ l'unité, il y a une pénurie de barres énergétiques. Par exemple, si le prix est de 1,00 $ la barre, la pénurie est de 9 millions de barres par semaine, comme le montre la flèche rose.

Les ajustements du prix

Comme on vient de le voir, si le prix est inférieur au prix d'équilibre, il y a une pénurie, et s'il est supérieur au prix d'équilibre, il y a une offre excédentaire. Mais peut-on avoir l'assurance que le prix variera de manière à éliminer une pénurie ou une offre excédentaire ? Oui, parce que les variations de prix sont avantageuses tant pour les acheteurs que pour les vendeurs. Voyons pourquoi le prix varie lorsqu'il y a une pénurie ou une offre excédentaire.

Une pénurie entraîne une hausse de prix   Supposons que les barres énergétiques se vendent 1,00 $ l'unité. À ce prix, les consommateurs ont l'intention d'en acheter 15 millions par semaine, et les producteurs ont l'intention d'en vendre 6 millions par semaine. Comme les consommateurs ne peuvent pas obliger les producteurs à vendre davantage de barres énergétiques qu'ils n'en ont l'intention, la quantité vendue est de 6 millions de barres par semaine. Dans cette situation, des forces puissantes interviennent pour faire monter le prix jusqu'au prix d'équilibre. Voyant les files de consommateurs insatisfaits, certains producteurs augmentent le prix des barres énergétiques, ce qui incite d'autres producteurs à augmenter leur production de barres énergétiques pour en vendre davantage à ce prix plus avantageux. Plus les producteurs augmentent le prix, plus celui-ci se rapproche du prix d'équilibre. La hausse du prix réduit la pénurie, car elle diminue la quantité demandée et augmente la quantité offerte. Lorsque le

prix a augmenté au point de faire disparaître la pénurie, et que les forces qui le poussaient à la hausse cessent de s'exercer, c'est qu'il a atteint son point d'équilibre.

Une offre excédentaire entraîne une baisse de prix
Supposons que les barres énergétiques se vendent 2,00 $ l'unité. À ce prix, les producteurs ont l'intention d'en vendre 13 millions par semaine, et les consommateurs, d'en acheter 7 millions par semaine. Comme les producteurs ne peuvent pas obliger les consommateurs à acheter davantage de barres énergétiques, la quantité achetée est de 7 millions de barres par semaine. Dans cette situation, des forces puissantes poussent le prix des barres énergétiques à la baisse jusqu'au prix d'équilibre. Incapables d'écouler les quantités de barres énergétiques qu'ils prévoyaient vendre, certains producteurs en baissent le prix pour attirer la clientèle, ce qui incite d'autres producteurs à réduire leur production de barres énergétiques de manière à ne pas avoir à les vendre au rabais pour conserver leur clientèle. Plus les producteurs baissent le prix, plus celui-ci se rapproche du prix d'équilibre. La baisse de prix réduit l'offre excédentaire, car elle augmente la quantité demandée et diminue la quantité offerte. Quand le prix a baissé au point de résorber l'offre excédentaire et que les forces qui le poussaient à la baisse cessent de s'exercer, c'est qu'il a atteint son point d'équilibre.

La meilleure affaire possible pour les acheteurs comme pour les vendeurs   Quand il est inférieur au prix d'équilibre, le prix d'un bien est poussé à la hausse jusqu'à ce qu'il atteigne son point d'équilibre. Pourquoi les acheteurs ne résistent-ils pas à cette augmentation ? Pourquoi ne refusent-ils pas d'acheter à un prix plus élevé ? Parce qu'ils jugent que le bien vaut davantage que le prix courant, et qu'ils ne peuvent satisfaire la demande au prix courant. Dans certains marchés – ceux qui passent par eBay, par exemple –, il arrive que les acheteurs poussent eux-mêmes le prix à la hausse en offrant un prix plus élevé lorsqu'ils se disputent les quantités limitées d'un bien.

À l'inverse, quand il est supérieur au prix d'équilibre, le prix d'un bien est poussé à la baisse jusqu'à ce qu'il atteigne son point d'équilibre. Pourquoi les vendeurs ne résistent-ils pas à cette baisse en refusant de vendre à un prix plus bas ? Parce que le prix le plus bas auquel ils acceptent de produire est inférieur au prix courant, et qu'au prix courant ils ne peuvent pas écouler les quantités qu'ils veulent vendre. Dans cette situation, ce sont généralement les vendeurs eux-mêmes qui poussent le prix à la baisse en offrant le bien meilleur marché pour prendre une part du marché de leurs concurrents.

Au prix d'équilibre, la quantité demandée et la quantité offerte sont égales, et ni les acheteurs ni les vendeurs ne peuvent espérer trouver un meilleur prix ailleurs. Les acheteurs paient le prix le plus élevé qu'ils consentent à débourser pour la dernière unité achetée, et les vendeurs vendent au prix le plus bas qu'ils consentent à accepter pour la dernière unité vendue.

Lorsque les gens sont libres de faire des offres d'achat et de vente qu'ils désirent, que les acheteurs cherchent à obtenir le prix le plus bas possible et que les fournisseurs essaient de vendre au prix le plus élevé possible, l'échange se fait au prix d'équilibre – le prix auquel la quantité demandée et la quantité offerte sont égales. En résumé, le prix harmonise les intentions des acheteurs et des vendeurs.

MINITEST 4

1. Quel est le prix d'équilibre d'un bien ou d'un service ?

2. Quel niveau de prix entraîne une pénurie ? Comment évolue le prix quand il y a une pénurie ?

3. Quel niveau de prix entraîne une offre excédentaire ? Comment évolue le prix quand il y a une offre excédentaire ?

4. Pourquoi le prix auquel la quantité demandée et la quantité offerte sont égales est-il le prix d'équilibre ?

5. Pourquoi le prix d'équilibre est-il le prix le plus avantageux pour les acheteurs comme pour les vendeurs ?

Réponses p. 103

 ## La prédiction des variations de prix et de quantité

La théorie de l'offre et de la demande permet d'analyser les facteurs qui influent sur les prix et sur les quantités achetées et vendues. Selon cette théorie, la variation d'un prix résulte d'une variation de la demande, d'une variation de l'offre ou d'une variation de l'offre et de la demande. Penchons-nous d'abord sur les effets d'une variation de la demande.

Une augmentation de la demande

Lorsque de plus en plus de gens fréquentent les gyms, la demande de barres énergétiques augmente. Le tableau de la figure 3.8 présente le barème de demande initial et le nouveau barème de demande des barres énergétiques (les mêmes qu'à la figure 3.2, p. 77), ainsi que le barème d'offre des barres énergétiques.

FIGURE 3.8 **Les effets d'une variation de la demande**

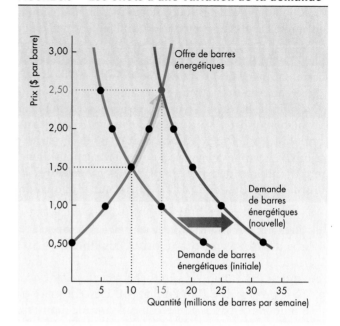

Prix	Quantité demandée		Quantité offerte
(par barre)	(millions de barres par semaine)		(millions de barres par semaine)
	Initiale	Nouvelle	
0,50 $	22	32	0
1,00 $	15	25	6
1,50 $	**10**	20	**10**
2,00 $	7	17	13
2,50 $	5	**15**	**15**

Initialement, la demande de barres énergétiques correspond à la courbe bleue. Le prix d'équilibre est de 1,50 $ la barre énergétique, et la quantité d'équilibre, de 10 millions de barres par semaine. Lorsque les gens prennent conscience des bienfaits de l'exercice, la demande de barres énergétiques augmente, et la courbe de demande se déplace vers la droite pour devenir la courbe rouge.

À 1,50 $ la barre, il y a maintenant une pénurie de 10 millions de barres par semaine. À mesure que le prix des barres énergétiques monte jusqu'à 2,50 $, le nouveau prix d'équilibre, la quantité offerte de barres énergétiques augmente le long de la courbe d'offre (comme le montre la flèche bleu pâle) jusqu'à la nouvelle quantité d'équilibre de 15 millions de barres par semaine. Une augmentation de la demande entraîne une augmentation de la quantité offerte, mais l'offre reste la même – la courbe d'offre ne se déplace pas.

Quand la demande augmente, il y a une pénurie au prix d'équilibre initial de 1,50 $ la barre. Pour éliminer cette pénurie, le prix doit monter. Le prix auquel la quantité demandée et la quantité offerte sont de nouveau égales est de 2,50 $ la barre. À ce prix, la quantité échangée est de 15 millions de barres par semaine. En résumé, quand la demande d'un bien augmente, le prix et la quantité échangée de ce bien augmentent aussi.

Le graphique de la figure 3.8 illustre ces changements. D'abord, il montre l'offre et la demande initiales de barres énergétiques. Le prix d'équilibre initial est de 1,50 $ la barre, et la quantité échangée, de 10 millions de barres par semaine. À mesure que la demande de barres énergétiques augmente, la courbe de demande se déplace vers la droite. Le prix d'équilibre monte à 2,50 $ la barre, et la quantité offerte passe à 15 millions de barres par semaine, comme le montre le graphique. La *quantité offerte* augmente, mais il n'y a pas de variation de l'offre – il y a un mouvement le long de la courbe d'offre, mais celle-ci ne se déplace pas.

Une diminution de la demande

Examinons le cas inverse. Partons du prix de 2,50 $ la barre pour une quantité échangée de 15 millions de barres énergétiques par semaine, et voyons ce qui arrive quand la demande de barres énergétiques fléchit au point de revenir à son niveau initial – fléchissement de la demande qui pourrait résulter, par exemple, d'une baisse du prix du gel énergétique (un substitut de la barre énergétique). La diminution de la demande déplace la courbe de demande vers la gauche. Le prix d'équilibre tombe à 1,50 $ la barre, et la quantité d'équilibre, à 10 millions de barres par semaine.

Nous pouvons maintenant faire deux prédictions :

- si la demande d'un bien s'accroît, le prix et la quantité échangée de ce bien augmenteront ;
- si la demande d'un bien baisse, le prix et la quantité échangée de ce bien diminueront.

Une augmentation de l'offre

Si les producteurs de barres énergétiques adoptent une nouvelle technique qui réduit leurs coûts de production, l'offre de barres énergétiques augmente. Le tableau de la figure 3.9 présente le barème d'offre initial et le nouveau barème d'offre de barres énergétiques (les mêmes qu'à la figure 3.5). Quels sont le nouveau prix d'équilibre et la nouvelle quantité d'équilibre ? Le prix d'équilibre descend à 1,00 $ la barre, et la quantité échangée monte à 15 millions de barres par semaine. Vous pouvez voir pourquoi en regardant les quantités demandées et offertes au prix initial de 1,50 $ la barre. À ce prix, la quantité offerte est de 20 millions de barres par semaine, et il y a une offre excédentaire de barres. Le prix baisse. Ce n'est que lorsque le prix est de 1,00 $ l'unité que la quantité offerte est égale à la quantité demandée.

Quand l'offre augmente, la courbe d'offre se déplace vers la droite. La *quantité demandée* augmente, mais il n'y a pas de variation de la demande – il y a un mouvement le long de la courbe de demande, mais celle-ci ne se déplace pas.

FIGURE 3.9 **_Les effets d'une variation de l'offre_**

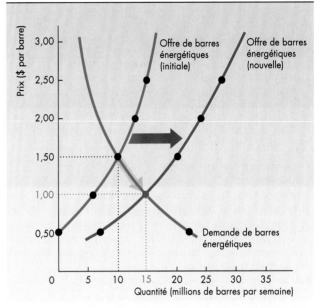

Prix (par barre)	Quantité demandée (millions de barres par semaine)	Quantité offerte (million de barres par semaine)	
		Initiale	Nouvelle
0, 50 $	22	0	7
1,00 $	**15**	6	**15**
1,50 $	**10**	**10**	20
2,00 $	7	13	25
2,50 $	5	15	27

Initialement, l'offre de barres énergétiques correspond à la courbe bleue. Le prix d'équilibre est de 1,50 $ la barre, et la quantité d'équilibre, de 4 millions de barres par semaine. Quand les producteurs adoptent une nouvelle technique, l'offre de barres énergétiques augmente, et la courbe d'offre se déplace vers la droite pour devenir la courbe rouge.

À 1,50 $ la barre, il y a une offre excédentaire de 10 millions de barres par semaine. À mesure que le prix des barres énergétiques descend jusqu'au nouveau prix d'équilibre de 1,00 $, la quantité demandée augmente le long de la courbe de demande jusqu'à la nouvelle quantité d'équilibre de 15 millions de barres par semaine (comme le montre la flèche bleu pâle). Une augmentation de l'offre entraîne une augmentation de la quantité demandée, mais la demande ne change pas – la courbe de demande ne se déplace pas.

Une diminution de l'offre

Examinons le cas inverse. Partons du prix de 1,00 $ la barre pour une quantité échangée de 15 millions de barres par semaine, et voyons ce qui arrive quand l'offre fléchit suffisamment pour revenir à son niveau initial – un fléchissement de l'offre qui pourrait découler d'une augmentation du coût de la main-d'œuvre ou des matériaux. La diminution

Comment les marchés interagissent pour réallouer les ressources

Le pétrole, la nourriture et les engrais

Le modèle de l'offre et de la demande éclaire le fonctionnement de tous les marchés concurrentiels. Dans cet encadré, nous l'appliquerons aux marchés suivants :

- le marché du pétrole brut ;
- le marché du maïs ;
- le marché des engrais.

Le marché du pétrole brut

Le pétrole brut est le sang de l'économie mondiale. On s'en sert pour faire fonctionner les véhicules automobiles, les autobus, les trains, les avions et divers petits moteurs, pour produire de l'électricité et pour fabriquer toutes sortes de plastiques et autres produits. Lorsque le prix du pétrole brut monte, le coût du transport, de l'électricité et des matériaux augmente aussi.

En 2006, le prix d'un baril de pétrole était de 50 $. En juin 2008, il avait grimpé jusqu'à 135 $; à Noël de la même année, il était tombé à 40 $. Si le prix évolue en montagnes russes, la quantité de pétrole produite et consommée est plutôt stable. Depuis 2006, le monde produit la même quantité de 85 millions de barils de pétrole par jour. Alors, comment expliquer l'évolution du prix du pétrole ? L'avidité des producteurs de pétrole en est-elle entièrement responsable ?

Les producteurs de pétrole sont peut-être avides, et certains sont peut-être assez gros pour limiter l'offre, mais agir ainsi ne serait pas dans leur intérêt. En effet, le prix plus élevé du pétrole entraînerait une augmentation de la quantité offerte par les autres producteurs, et le profit anticipé de la limitation de l'offre s'envolerait. Évidemment, les producteurs pourraient essayer de coopérer pour limiter l'offre, comme l'ont fait les membres de l'Organisation des pays exportateurs de pétrole (OPEP). Mais l'OPEP ne contrôle pas l'offre mondiale, et chacun de ses membres a intérêt à produire la quantité qui optimise son profit. Même s'il y a quelques gros joueurs sur le marché du pétrole, ces derniers n'y fixent pas le prix.

Le prix du pétrole est déterminé par les actions de milliers d'acheteurs et de vendeurs, et par les forces de l'offre et de la demande sur le marché du pétrole. Alors comment l'offre et la demande y ont-elles varié ?

Comme le prix a augmenté sans que la quantité varie, la demande doit avoir augmenté, et l'offre doit avoir diminué.

La demande s'est accrue pour deux raisons. Premièrement, la production mondiale augmente rapidement, particulièrement en Chine et en Inde, et la production accrue d'électricité, d'essence et de plastiques et autres produits utilisant du pétrole a fait monter la demande. Deuxièmement, on s'attend à ce que l'expansion économique en Chine, en Inde et dans d'autres pays en développement se poursuive et, par conséquent, à ce que la demande de pétrole continue à augmenter rapidement. Ou, la demande continuant à augmenter, le prix du

pétrole continuera à monter, et on s'attendra à ce qu'il continue à monter.

L'anticipation de la hausse du prix du pétrole accroît encore la demande courante et réduit l'offre courante parce que les producteurs savent que leur profit augmentera s'ils laissent le pétrole dans le sous-sol et le vendent un an plus tard. Une hausse anticipée du prix entraîne à la fois une augmentation de la demande et une diminution de l'offre, lesquelles entraînent à leur tour une hausse du prix courant.

Comme l'anticipation d'une hausse du prix fait monter le prix courant, ce genre d'anticipation peut créer une **bulle spéculative** – situation où le prix ne monte que parce qu'on s'attend à ce qu'il le fasse et que divers événements renforcent cette anticipation. C'est ce qui s'est produit au printemps 2008, lorsque la bulle spéculative se gonflait. Mais les bulles spéculatives finissent toujours par éclater : quand la récession de 2008 s'est manifestée (ses premiers signes datant de décembre 2007), les opérateurs du marché du pétrole ont compris que la demande ne croîtrait pas comme ils l'anticipaient, et le prix a basculé comme le pot au lait de Perrette.

La **figure 1** résume les événements que nous venons de décrire et illustre les forces qui s'exercent sur l'offre et la demande dans le marché mondial du pétrole.

Le marché du maïs

En plus de servir à l'alimentation humaine et animale, le maïs est devenu une source d'éthanol. La production mondiale de maïs s'est accrue ces dernières années, mais son prix lui aussi a augmenté.

Comme pour le pétrole, notre histoire sur l'offre et la demande de maïs commence en Chine et en Inde, où l'augmentation de la production et du revenu a accru la demande

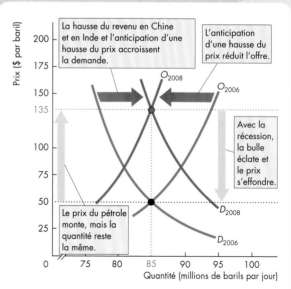

Figure 1 Le marché du pétrole brut

de maïs. Si une partie de la demande de maïs est orientée directement vers l'alimentation humaine, une partie plus importante encore découle de l'augmentation de la demande de bœuf – il faut 7 kilos de maïs pour produire 1 kilo de bœuf. De plus, les cibles officielles de production d'éthanol aux États-Unis ont accru la demande de maïs comme biocarburant.

Tandis que la demande de maïs augmentait, l'offre de maïs, elle, diminuait à cause de la sécheresse qui a limité la production de cette céréale dans plusieurs parties du monde ainsi que de la hausse du prix des engrais qui fait monter le coût de sa culture.

La demande de maïs ayant augmenté, et l'offre de maïs ayant diminué, le prix du maïs a augmenté. De plus, l'augmentation de la demande a été plus importante que la diminution de l'offre, de sorte que la quantité de maïs s'est accrue. La **figure 2** résume les événements que nous venons de décrire sur le marché du maïs.

Comme l'éthanol est un substitut du pétrole, la demande d'éthanol s'est effondrée elle aussi avec la chute du prix du pétrole à la fin de 2008, entraînant du même coup la baisse du prix du maïs, qui a retrouvé son niveau de 2006.

Le marché des engrais

Bien que l'azote, le potassium et la potasse ne figurent jamais sur votre liste d'achats, vous en consommez plusieurs fois par jour, et c'est grâce à ces substances que nos fermes sont si productives. Or, comme le prix du pétrole et le prix du maïs, le prix des engrais a grimpé en flèche. L'augmentation de la production mondiale de maïs et d'autres céréales qui servent d'aliments ou de biocarburants a accru la demande d'engrais.

La production des engrais est coûteuse et très énergivore. Cela est particulièrement vrai de la production des engrais azotés, qui sont fabriqués avec du gaz naturel. La potasse est produite à partir de dépôts de chlorure et de chlorure de sodium enfouis à au moins 600 mètres dans le sol, et sa production exige une quantité considérable d'énergie pour amener ces substances à la surface et séparer leurs composantes pour fabriquer des engrais.

Comme toutes les sources d'énergie sont des substituts de production, la hausse du prix du pétrole a fait monter le prix de toutes les autres sources énergétiques. Par conséquent, le coût énergétique de la production d'engrais a augmenté, ce qui a réduit l'offre d'engrais.

L'augmentation de la demande et la diminution de l'offre ont fait monter le prix des engrais. De plus, comme l'augmentation de la demande a été plus importante que

la diminution de l'offre, la quantité d'engrais a diminué. La **figure 3** illustre le marché des engrais. Comme le prix du pétrole, le prix des engrais s'est effondré à la fin de 2008 dans la foulée de la récession mondiale.

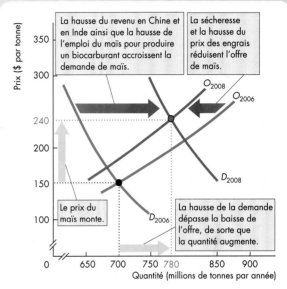

Figure 2 Le marché du maïs

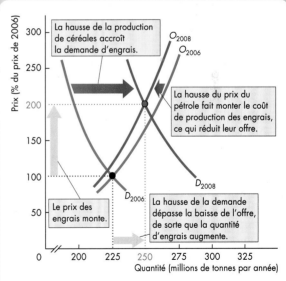

Figure 3 Le marché des engrais

de l'offre entraîne un déplacement de la courbe vers la gauche. Le prix d'équilibre monte à 1,50 $ la barre et la quantité d'équilibre descend à 10 millions de barres par semaine.

Nous pouvons maintenant faire deux autres prédictions :

- si l'offre d'un bien augmente, le prix de ce bien diminuera et la quantité échangée augmentera ;

- si l'offre d'un bien diminue, le prix de ce bien augmentera et la quantité échangée diminuera.

Toutes les variations possibles de l'offre et de la demande

La figure 3.10 rassemble et résume les effets de toutes les variations possibles de l'offre et de la demande. Avec ce qu'on a vu des effets d'une variation soit de l'offre soit de la demande, on peut prédire ce qui arrive si l'offre et la demande varient simultanément. Commençons par revoir ce qu'on sait déjà.

Une variation de la demande sans variation de l'offre

Dans la première rangée de la figure 3.10, au graphique (a), sans variation ni de la demande ni de l'offre, ni le prix ni la quantité ne varient. Les graphiques (b) et (c) résument les effets d'une variation de la demande sans variation de l'offre. Au graphique (b), avec une *augmentation* de la demande sans variation de l'offre, et le prix et la quantité augmentent. Au graphique (c), avec une *diminution* de la demande sans variation de l'offre, et le prix et la quantité diminuent.

Une variation de l'offre sans variation de la demande

Dans la première colonne de la figure 3.10, au graphique (a), sans variation ni de l'offre ni de la demande, ni le prix ni la quantité ne varient. Les graphiques (d) et (g) résument les effets d'une variation de l'offre sans variation de la demande. Au graphique (d), avec une *augmentation* de l'offre sans variation de la demande, le prix baisse, et la quantité augmente. Au graphique (g), avec une diminution de l'offre sans variation de la demande, le prix monte, et la quantité diminue.

Une augmentation et de l'offre et de la demande

On a vu qu'une augmentation de la demande augmente et le prix et la quantité, et qu'une augmentation de l'offre diminue et le prix et la quantité. Le graphique (e) combine ces deux variations. Comme une augmentation de la demande et une augmentation de l'offre ont pour effet d'augmenter la quantité, lorsque et la demande et l'offre augmentent, la quantité augmente aussi. Cependant, l'effet sur le prix est incertain. Une augmentation de la demande fait monter le prix tandis qu'une augmentation de l'offre fait baisser le prix, de sorte lorsque et la demande et l'offre augmentent, il est impossible de déterminer si le prix va monter ou baisser à moins de connaître l'ampleur des variations de l'offre et de la demande. Au graphique (e), le prix ne varie pas, mais notez que si la demande augmentait un peu plus, le prix augmenterait, et si l'offre augmentait un peu plus, le prix baisserait.

Une diminution et de la demande et de l'offre Au graphique (i), et la demande et l'offre *diminuent*, de sorte que la quantité diminue. Cependant, pour la même raison que dans l'exemple précédent, la direction de la variation du prix est incertaine tant qu'on ne connaît pas l'ampleur des variations de l'offre et de la demande.

Une diminution de la demande et une augmentation de l'offre On a vu qu'une diminution de la demande réduit à la fois le prix et la quantité, et qu'une augmentation de l'offre réduit le prix et accroît la quantité. Le graphique (f) combine ces deux variations. Une diminution de la demande et une augmentation de l'offre font toutes deux baisser le prix, de sorte que le prix baisse. Cependant, une diminution de la demande réduit la quantité tandis qu'une augmentation de l'offre l'augmente. Il est donc impossible de prédire la direction de la variation de la quantité à moins de connaître l'ampleur des variations de la demande et de l'offre. Au graphique (f), la quantité ne varie pas, mais notez que si la demande diminuait un peu plus, la quantité diminuerait, et que si l'offre augmentait un peu plus, la quantité augmenterait.

Une augmentation de la demande et une diminution de l'offre Au graphique (h), la demande augmente, et l'offre diminue, de sorte que le prix monte. Cependant, la direction de la variation de la quantité est incertaine tant qu'on ne connaît pas l'ampleur des variations de l'offre et de la demande.

MINITEST **5**

Expliquez et décrivez graphiquement les effets sur le prix d'un lecteur MP3 (d'un iPod, par exemple) et sur la quantité échangée:

1 si le prix d'un abonnement à la radio satellite baisse ou si le prix d'un téléchargement MP3 monte;

2 si certaines entreprises cessent de produire des lecteurs MP3 ou si le salaire des travailleurs de l'électronique monte;

3 si deux événements décrits dans les questions 1 et 2 – peu importe lesquels – se produisent ensemble.

Réponses p. 103

Maintenant que vous comprenez le modèle de l'offre et de la demande, et les prédictions qu'il permet de faire, essayez de prendre l'habitude de l'utiliser dans la vie courante. Par exemple, dans la rubrique de fin de chapitre «Entre les lignes» (p. 92), on utilise ce modèle pour expliquer l'évolution des prix dans le marché du transport aérien à la suite de la crise financière de l'automne 2008.

FIGURE 3.10 *Les effets de toutes les variations possibles de l'offre et de la demande*

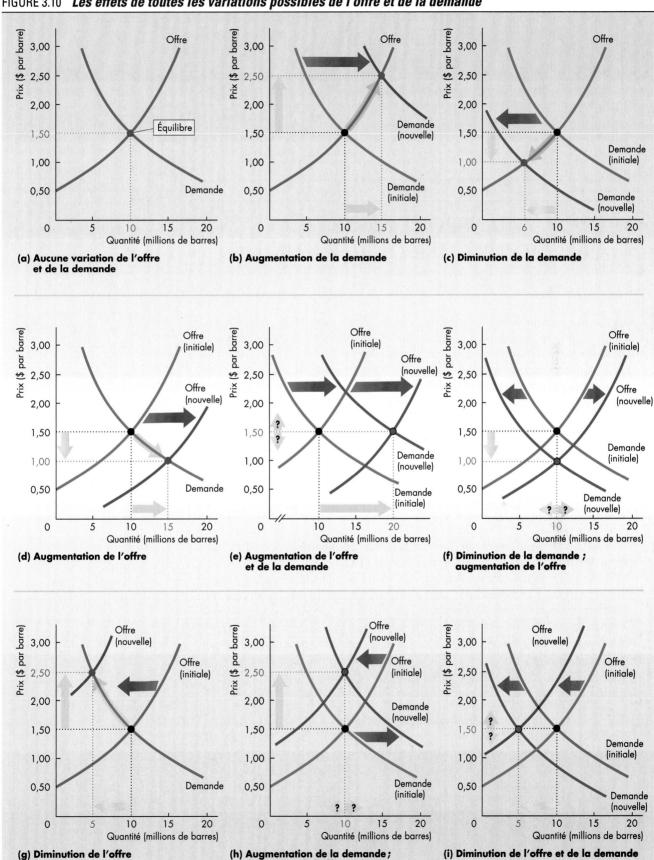

L'OFFRE, LA DEMANDE ET LE PRIX

LES AFFAIRES, 11 DÉCEMBRE 2009

TRANSPORT AÉRIEN : 20 % MOINS CHER QU'IL Y A UN AN

Par *Martin Jolicoeur*

Aussi surprenant soit-il, il en coûterait 20 % de moins pour voyager en avion aujourd'hui qu'il y a un an. C'est ce que confirme l'Association du transport aérien international (IATA) qui présentait, la semaine dernière, les résultats du trafic aérien international régulier pour le mois d'octobre 2009.

La chute abrupte de la demande des passagers d'il y a un an, conjuguée à l'incapacité des transporteurs de réduire suffisamment rapidement leur offre de service, a provoqué la baisse des tarifs généralisée que l'on connaît aujourd'hui.

« Les transporteurs n'ont pas eu le temps de réduire la capacité de leur flotte, explique Brian Pearce, économiste en chef de l'IATA. Conséquence de cette situation, plusieurs compagnies aériennes se sont retrouvées forcées d'offrir leur service avec des avions à moitié vides. »

Baisses généralisées

Résultat : les sociétés aériennes n'ont eu d'autres choix que de réduire leurs tarifs de manière importante, indépendamment des continents et des catégories de clientèles.

À titre d'exemple, la liaison entre Montréal et Paris coûte au moins 20 % de moins aujourd'hui qu'il y a un an selon l'IATA. Plus précisément, un aller simple entre ces deux villes, en classe Économie, est vendu en moyenne depuis un an, avant les taxes et frais divers, au prix de 275 $US.

Pour faire le même trajet en classe Affaires, il en coûte 1 027 $US en moyenne, soit 34 % de moins que l'année dernière, montrent les chiffres fournis par l'IATA.

Autre exemple : la liaison Los Angeles et Francfort. Comparativement à il y a un an, l'aller simple s'écoule au tarif moyen de 328 $US en classe Économie, une baisse de 27 % par rapport à l'année dernière. Il en va de même du tarif moyen de la classe Affaires, à 2 119 $US, en baisse de 21 % depuis un an. ■

LES FAITS EN BREF

- La crise financière de l'automne 2008 a entraîné une baisse soudaine de la demande de transport aérien.

- Les transporteurs n'ont pas eu le temps de réduire la capacité de leur flotte, de sorte que leur l'offre n'a pas changé.

- Le prix du transport aérien a chuté de 20 % en moyenne.

ANALYSE ÉCONOMIQUE

● Le transport aérien est une industrie *cyclique*, c'est-à-dire une industrie dont le niveau d'activité dépend de la conjoncture économique générale. Lorsque l'économie va bien, les gens d'affaires voyagent beaucoup, et les consommateurs en font autant pour leur plaisir. Lorsque la crise frappe, les entreprises réduisent leurs dépenses, notamment leurs dépenses de voyage, et les consommateurs en font autant.

● La série chronologique de la **figure 1** illustre l'évolution du transport aérien de passagers depuis 2000 en kilomètres-passagers parcourus. La courbe bleue illustre les données compilées par l'Association du transport aérien international (IATA); elle montre des cycles réguliers correspondant aux habitudes des passagers – comme les voyages avant Noël. Il s'en dégage une tendance qui reflète l'évolution du marché et qu'on appelle la *suite désaisonnalisée*. On remarque une chute brutale du transport après les événements du 11 septembre 2001. Après juin 2003, la tendance se redresse, mais elle s'inverse à l'automne 2008, au moment où la crise financière frappait de plein fouet.

● La **figure 2** illustre les variations des prix et des quantités à la suite de la baisse de la demande en 2008. Au départ, le marché est au point noir (été 2008): on compte 210 milliards de kilomètres-passagers par mois. Ce point correspond au point de même couleur à la figure 1.

● La baisse de la demande fait apparaître une offre excédentaire. À très court terme, les transporteurs ne parviennent plus à vendre tous leurs sièges et choisissent de les solder à rabais plutôt que de voler avec des sièges vides.

● À moyen terme, la baisse des prix incite les transporteurs à diminuer la quantité offerte; le nombre de vols est réduit, et les avions sont gardés au sol plus longtemps entre chaque vol. Toutefois, comme le mentionne l'article, les transporteurs n'ont pas l'occasion de réduire la capacité de leur flotte: si la quantité offerte baisse, l'offre elle-même ne change pas.

● Le marché retrouve son équilibre au point rouge, où la quantité offerte est de nouveau égale à la quantité demandée. La quantité échangée est descendue à 190 milliards de kilomètres-passagers par mois, et l'indice de prix a baissé de 20 %.

● Cette analyse du marché du transport aérien souligne la différence entre une baisse de la demande et une baisse de la *quantité demandée*, et entre une baisse de l'offre et une baisse de la *quantité offerte*.

● Dans cet exemple, la demande change, l'offre reste constante, et la quantité offerte change.

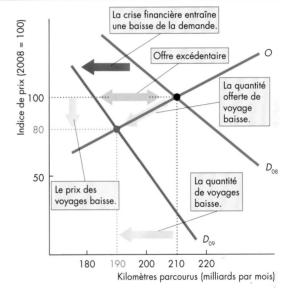

Figure 2 Les répercussions de la baisse de la demande en 2008

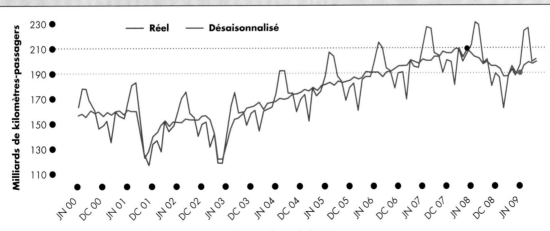

Figure 1 Le transport aérien de passagers par les membres de l'IATA

Source des données : L'Association du transport aérien international (IATA).

NOTE MATHÉMATIQUE

La demande, l'offre et l'équilibre

La courbe de demande

Selon la loi de la demande, la quantité demandée d'un bien ou d'un service augmente à mesure que le prix de ce bien ou de ce service baisse. On peut illustrer la loi de la demande par un barème de demande, par une courbe de demande dans un graphique comme celui de la **figure 1** ou par une équation. Si la courbe de demande est une droite, elle se décrit par l'équation linéaire

$$P = a - bQ_D,$$

où P désigne le prix, et Q_D, la quantité demandée, a et b étant des constantes positives.

Cette équation nous apprend trois choses :

1. Le prix à partir duquel aucun consommateur ne consent à acheter un bien ($Q_D = 0$). Autrement dit, si le prix est de a, la quantité demandée est de 0. Le graphique de la figure 1 montre le prix a ; c'est le prix où la courbe de demande rencontre l'axe des ordonnées – ce qu'on appelle l'*ordonnée à l'origine* de la courbe de demande.

2. Plus le prix d'un bien baisse, plus la quantité demandée de ce bien augmente. Si Q_D est un nombre positif, le prix P doit être inférieur à a, et, à mesure que Q_D augmente, le prix P diminue. Autrement dit, plus la quantité d'un bien augmente, plus le prix maximal que les acheteurs consentent à payer pour la dernière unité de ce bien diminue.

3. La constante b indique la vitesse à laquelle le prix maximal que les acheteurs acceptent de payer pour un bien diminue à mesure que la quantité de ce bien augmente. Autrement dit, la constante b indique si la pente de la courbe de demande est douce ou abrupte. L'équation nous dit que la pente de la courbe de demande est $-b$.

La courbe d'offre

Selon la loi de l'offre, la quantité offerte d'un bien ou d'un service augmente à mesure que le prix de ce bien ou de ce service monte. On peut illustrer la loi de l'offre par un barème d'offre, par une courbe d'offre dans un graphique comme celui de la **figure 2** ou par une équation. Si la courbe d'offre est une droite, elle se décrit par l'équation linéaire

$$P = c + dQ_O,$$

où P désigne le prix, et Q_O, la quantité offerte, c et d étant des constantes positives.

Cette équation nous apprend trois choses :

1. Le prix en deçà duquel aucun vendeur ne consent à offrir un bien ($Q_O = 0$). Autrement dit, quand le prix est de c, la quantité offerte est de 0. Le graphique de la figure 2 montre le prix c sur le graphique. C'est le prix où la courbe d'offre rencontre l'axe des ordonnées – ce qu'on appelle l'*ordonnée à l'origine* de la courbe d'offre.

2. Plus le prix d'un bien augmente, plus la quantité offerte de ce bien augmente. Si Q_O est un nombre positif, le prix P doit être supérieur à c, et, à mesure que Q_O augmente, le prix P augmente. Autrement dit, le prix minimal que les vendeurs consentent à accepter augmente à mesure que la quantité augmente.

FIGURE 1   *La courbe de demande*

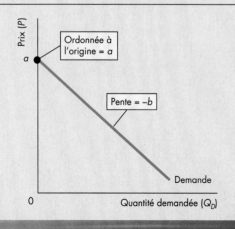

FIGURE 2   *La courbe d'offre*

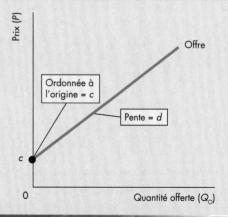

3. La constante d indique la vitesse à laquelle le prix de vente minimal augmente à mesure que la quantité augmente. Autrement dit, la constante d indique si la pente de la courbe d'offre est douce ou abrupte. L'équation nous dit que la pente de la courbe d'offre est d.

L'équilibre du marché

L'offre et la demande déterminent l'équilibre du marché. La **figure 3** indique le prix d'équilibre (P^*) et la quantité d'équilibre (Q^*) à l'intersection des courbes d'offre et de demande.

On peut utiliser les équations de l'offre et de la demande pour trouver le prix et la quantité d'équilibre d'un bien. Le prix d'un bien varie jusqu'à ce que la quantité demandée Q_D et la quantité offerte Q_O de ce bien soient égales. Donc, au prix d'équilibre (P^*) et à la quantité d'équilibre (Q^*),

$$Q_D = Q_O = Q^*.$$

Pour trouver le prix d'équilibre et la quantité d'équilibre d'un bien, on remplace Q_D *par* Q^* dans l'équation de la demande et Q_O par Q^* dans l'équation de l'offre. Le prix est alors le prix d'équilibre, ce qui donne :

$$P^* = a - bQ^*$$
$$P^* = c + dQ^*$$

Notez que

$$a - bQ^* = c + dQ^*.$$

On résout maintenant ces deux équations pour Q^* :

$$a - c = bQ^* + dQ^*$$
$$a - c = (b + d)Q^*$$
$$Q^* = \frac{a - c}{b + d}$$

FIGURE 3 *L'équilibre du marché*

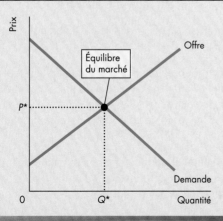

Pour trouver le prix d'équilibre d'un bien (P^*), on remplace Q^* par $\frac{a - c}{b + d}$ dans l'équation de la demande ou dans l'équation de l'offre.

Si on utilise l'équation de la demande, on a :

$$P^* = a - b\left(\frac{a - c}{b + d}\right)$$
$$P^* = \frac{a(b + d) - b(a - c)}{b + d}$$
$$P^* = \frac{ad + bc}{b + d}$$

Si on utilise l'équation de l'offre, on a :

$$P^* = c + d\left(\frac{a - c}{b + d}\right)$$
$$P^* = \frac{c(b + d) + d(a - c)}{b + d}$$
$$P^* = \frac{ad + bc}{b + d}$$

Un exemple

La demande de cornets de crème glacée est :

$$P = 800 - 2Q_D.$$

L'offre de cornets de crème glacée est

$$P = 200 + 1Q_O.$$

Le prix d'un cornet est exprimé en cents ; les quantités, en cornets par jour.

Pour trouver le prix d'équilibre (P^*) et la quantité d'équilibre (Q^*), on remplace Q_D et Q_O par Q^*, et P par P^* dans les équations de l'offre et de la demande, ce qui donne :

$$P^* = 800 - 2Q^*$$
$$P^* = 200 + 1Q^*.$$

On résout maintenant ces deux équations pour Q^*, ce qui donne :

$$800 - 2Q^* = 200 + 1Q^*$$
$$600 = 3Q^*$$
$$Q^* = 200$$

et

$$P^* = 800 - 2(200)$$
$$= 400.$$

Le prix d'équilibre est de 4 $ le cornet, et la quantité d'équilibre, de 200 cornets par jour.

Points clés

Les marchés et les prix (p. 74-75)

◆ Un marché concurrentiel est un marché où les acheteurs et les vendeurs sont tellement nombreux qu'aucun d'eux ne peut à lui seul influer de manière significative sur le prix.

◆ L'offre et la demande déterminent les prix relatifs.

La demande (p. 75-80)

◆ La demande est la relation entre la quantité demandée et le prix d'un bien quand tous les autres facteurs qui influent sur les intentions d'achat restent constants.

◆ Toutes choses égales d'ailleurs, plus le prix d'un bien est élevé, plus la quantité demandée de ce bien est faible (loi de la demande).

◆ La demande d'un bien dépend du prix des substituts et des compléments de ce bien, des anticipations relatives à son prix, du revenu des consommateurs, de la population et des préférences des consommateurs.

L'offre (p. 80-84)

◆ L'offre est la relation entre la quantité offerte et le prix d'un bien quand tous les autres facteurs qui influent sur les intentions de vente restent constants.

◆ Toutes choses égales d'ailleurs, plus le prix d'un bien est élevé, plus la quantité offerte de ce bien est importante (loi de l'offre).

◆ L'offre d'un bien dépend du prix des facteurs de production utilisés pour le produire, du prix des biens qui peuvent être produits concurremment ou avec les mêmes ressources, des anticipations relatives à son prix, du nombre de producteurs, de la technologie disponible et des phénomènes de la nature.

L'équilibre du marché (p. 84-86)

◆ Au prix d'équilibre, la quantité demandée est égale à la quantité offerte.

◆ Si le prix d'un bien est supérieur au prix d'équilibre, il y a une offre excédentaire, et le prix de ce bien baisse.

◆ Si le prix d'un bien est inférieur au prix d'équilibre, il y a une pénurie, et le prix de ce bien monte.

La prédiction des variations de prix et de quantité (p. 86-91)

◆ Une augmentation de la demande d'un bien entraîne une augmentation du prix et de la quantité échangée de ce bien. (Une diminution de la demande entraîne une baisse du prix et une diminution de la quantité échangée.)

◆ Une augmentation de l'offre d'un bien entraîne une baisse du prix et une augmentation de la quantité échangée de ce bien. (Une diminution de l'offre entraîne une hausse du prix et une diminution de la quantité échangée.)

◆ Une augmentation simultanée de l'offre et de la demande d'un bien entraîne une augmentation de la quantité échangée de ce bien, mais, selon les cas, le prix de ce bien peut augmenter, diminuer ou rester le même. Une augmentation de la demande et une diminution de l'offre d'un bien entraînent une augmentation du prix de ce bien, mais, selon les cas, la quantité échangée de ce bien peut augmenter, diminuer ou rester la même.

Figures clés

Figure 3.1   La courbe de demande (p. 76)

Figure 3.3   Variation de la quantité demandée et variation de la demande (p. 79)

Figure 3.4   La courbe d'offre (p. 81)

Figure 3.6   Variation de la quantité offerte et variation de l'offre (p. 83)

Figure 3.7   L'équilibre du marché (p. 84)

Figure 3.8   Les effets d'une variation de la demande (p. 86)

Figure 3.9   Les effets d'une variation de l'offre (p. 87)

Mots clés

Bien inférieur Bien dont la demande diminue à mesure que le revenu augmente (p. 78).

Bien normal Bien dont la demande augmente à mesure que le revenu augmente (p. 78).

Bulle spéculative Situation où un prix ne monte que parce qu'on s'attend à ce qu'il le fasse, et que divers événements renforcent cette anticipation (p. 88).

Complément Bien ou service utilisé avec un autre bien ou service (p. 77).

Courbe d'offre Représentation graphique de la relation entre la quantité offerte d'un bien et le prix de ce bien lorsque tous les autres facteurs susceptibles d'influer sur les intentions de vente des producteurs restent constants (p. 80).

Courbe de demande Représentation graphique de la relation entre la quantité demandée d'un bien et le prix de ce bien lorsque tous les autres facteurs susceptibles d'influer sur les intentions d'achat des consommateurs restent constants (p. 76).

Demande Relation entre la quantité demandée d'un bien et le prix de ce bien lorsque tous les autres facteurs susceptibles d'influer sur les intentions d'achat des consommateurs restent constants ; décrite par un barème de demande et illustrée par une courbe de demande (p. 76).

Loi de l'offre Toutes choses égales d'ailleurs, plus le prix d'un bien est élevé, plus la quantité offerte de ce bien augmente (p. 80).

Loi de la demande Toutes choses égales d'ailleurs, la quantité demandée d'un bien diminue à mesure que le prix de ce bien augmente (p. 75).

Marché concurrentiel Marché constitué de nombreux acheteurs et de nombreux vendeurs, de sorte qu'aucun d'eux ne peut à lui seul influer significativement sur le prix des biens (p. 74).

Offre Relation entre la quantité offerte d'un bien et le prix de ce bien lorsque tous les autres facteurs susceptibles d'influer sur les intentions de vente des producteurs restent constants ; décrite par un barème d'offre et illustrée par une courbe d'offre (p. 80).

Prix d'équilibre Prix auquel la quantité demandée est égale à la quantité offerte (p. 84).

Prix monétaire Quantité de monnaie qu'on doit sacrifier en échange d'un bien ou d'un service (p. 74).

Prix relatif Ratio des prix monétaires de deux biens ; prix d'un bien en unités d'un autre bien (p. 74).

Quantité d'équilibre Quantité achetée et vendue au prix d'équilibre (p. 84).

Quantité demandée Quantité d'un bien ou d'un service que les consommateurs ont l'intention d'acheter à un prix donné et au cours d'une période donnée (p. 75).

Quantité offerte Quantité d'un bien ou d'un service que les producteurs ont l'intention de vendre à un prix donné et au cours d'une période donnée (p. 80).

Substitut Bien ou un service qui peut en remplacer un autre (p. 77).

PROBLÈMES ET APPLICATIONS

1. En décembre 1862, William Gregg, propriétaire d'une fabrique, fait publier dans le *Edgehill Advertiser* une petite annonce disant qu'il est prêt à échanger du tissu contre de la nourriture ou d'autres articles. En voici un extrait :

1 verge de tissu contre 1 livre de bacon

2 verges de tissu contre 1 livre de beurre

4 verges de tissu contre 1 livre de laine

8 verges de tissu contre 1 boisseau de sel

a. Quel était le prix relatif du beurre exprimé en laine ?

b. Si le prix monétaire du bacon était de 0,20 $ la livre, quel était le prix monétaire du beurre ?

c. Si le prix monétaire du bacon était de 0,20 $ la livre, et le prix monétaire du sel, de 2,00 $ le boisseau, l'offre de tissu de M. Gregg en échange du sel aurait-elle été acceptable ?

2. Le prix de la nourriture a augmenté depuis 2007.

a. Expliquez pourquoi la loi de la demande s'applique à la nourriture comme à tous les autres biens et services.

b. Expliquez comment l'effet substitution influe sur les achats de nourriture et donnez des exemples de substitutions que les gens peuvent faire quand le prix de la nourriture monte, toutes choses égales d'ailleurs.

c. Expliquez comment l'effet revenu influe sur les achats de nourriture et donnez des exemples d'effets revenu qu'on pourrait observer lorsque le prix de la nourriture monte, toutes choses égales d'ailleurs.

3. Formez des paires de substituts et de compléments possibles avec les biens et services suivants (vous pouvez les utiliser dans plus d'une paire) : charbon, pétrole, gaz naturel, blé, maïs, seigle, pâtes, pizza, saucisses, planche à roulettes, patins à roues alignées, jeu vidéo, ordinateur portatif, iPod, téléphone cellulaire, texto, courriel, appel téléphonique et message vocal.

4. En 2008, le revenu moyen en Chine a augmenté de 10 %. Par rapport à 2007, selon vous, comme a évolué :

a. la demande de bœuf ? Pourquoi ?

b. la demande de riz ? Pourquoi ?

5. Supposons la séquence d'événements suivants sur le marché des téléphones cellulaires :

(i) le prix d'un téléphone cellulaire baisse ;

(ii) on anticipe une baisse du prix d'un téléphone cellulaire pour le mois prochain ;

(iii) le prix de l'appel par téléphone cellulaire baisse ;

(iv) le prix de l'appel par téléphone ordinaire monte ;

(v) l'avènement des téléphones dotés d'une caméra rend les téléphones cellulaires plus populaires.

a. Expliquez l'effet de chacun de ces événements sur la demande de téléphones cellulaires.

b. Illustrez par un graphique l'effet de chacun de ces événements.

6. Le 22 juillet 2008, on pouvait lire dans un grand quotidien de Montréal que le prix élevé de l'essence à la pompe, qui fluctuait alors entre 1,20 $ et près de 1,50 $ le litre, avait entraîné une réduction de la consommation d'essence. En supposant qu'aucun facteur autre que le prix n'avait varié, selon vous, quel a été l'effet de la hausse du prix de l'essence sur :

a. la demande d'essence. Pourquoi ?

b. la quantité demandée d'essence ? Pourquoi ?

7. Les poutres de bois sont faites de bois rond, et leur fabrication produit de la sciure dont on se sert pour fabriquer du bois pressé. Considérez la séquence d'événements suivants sur le marché des poutres de bois :

(i) le salaire des travailleurs des moulins augmente ;

(ii) le prix d'une poutre de bois monte ;

(iii) on anticipe une hausse du prix d'une poutre de bois pour l'an prochain ;

(iv) les environnementalistes convainquent le Parlement d'adopter une loi qui réduit la quantité d'arbres qu'on peut abattre pour produire des poutres ou d'autres produits du bois ;

(v) un progrès technologique réduit le coût de production des poutres de bois.

a. Expliquez l'effet de chacun de ces événements sur l'offre de poutres de bois.

b. Illustrez par un graphique l'effet de chacun de ces événements.

8. **AIR CANADA RÉDUIT LE NOMBRE DE VOLS SUR LES JETS TROP COÛTEUX**

Par suite des hausses records du prix du carburant, [Air Canada] prévoit réduire la capacité totale du réseau de 7 % au quatrième trimestre de 2008 et au premier trimestre de 2009, comparativement aux mêmes périodes de l'année précédente. La réduction du nombre de vols nécessitera moins d'employés pour l'exploitation. Il en résulte que la Société devra supprimer jusqu'à 2 000 postes à tous les échelons de l'organisation.

Air Canada, communiqué du 17 juin 2008

a. Comment ce communiqué illustre-t-il une variation de l'offre ? Expliquez votre réponse.

b. Quel effet sur l'offre est mentionné dans ce communiqué ? Expliquez votre réponse.

c. Expliquez comment l'offre varie.

9. **LE PRIX DU PÉTROLE ATTEINT UN RECORD À PLUS DE 135 $ LE BARIL**

Le prix du pétrole a atteint jeudi un nouveau record à 135 $ le baril – plus que le double de ce qu'il coûtait il y a un an. [...] jusqu'ici, l'OPEP met les hausses sur le compte des spéculateurs et affirme qu'il n'y a pas de pénurie de pétrole.

BBC News, 22 mai 2008

a. Expliquez comment le prix du pétrole peut monter même s'il n'y a pas de pénurie de pétrole.

b. S'il y avait une pénurie de pétrole, qu'est-ce que cela signifierait pour ce qui est des ajustements de prix et du rôle régulateur du prix sur le marché du pétrole ?

c. Si l'OPEP a raison, quels facteurs pourraient avoir modifié la demande ou l'offre (ou les deux) et déplacé la courbe de demande ou la courbe d'offre (ou les deux) de manière à entraîner une hausse de prix ?

10. On vous dit : « Plus les gens achètent d'ordinateurs, plus la demande de services Internet augmente, et plus le prix des services Internet diminue. La baisse du prix des services Internet réduit l'offre de services Internet. » Cette affirmation est-elle vraie ou fausse ? Pourquoi ?

11. Supposons cette séquence d'événements suivants :

(i) le prix du pétrole brut monte ;

(ii) le prix d'une automobile monte ;

(iii) toutes les limites de vitesse sont abolies sur les autoroutes ;

(iv) la robotisation réduit les coûts de production des automobiles.

Lequel de ces événements fait varier à la hausse ou à la baisse (précisez) :

a. la demande d'essence ?

b. l'offre d'essence ?

c. la quantité demandée d'essence ?

d. la quantité offerte d'essence ?

12. Les barèmes d'offre et de demande de gomme à mâcher sont les suivants :

Prix	Quantité demandée	Quantité offerte
(par paquet)	(millions de paquets par semaine)	
20 ¢	180	60
40 ¢	140	100
60 ¢	100	140
80 ¢	60	180
1 $	20	220

a. Tracez le graphique du marché de la gomme à mâcher, en étiquetant les axes et les courbes, et en mettant en évidence le prix et la quantité d'équilibre.

b. Disons que le prix de la gomme à mâcher est de 70 ¢ le paquet. Décrivez la situation sur le marché de la gomme à mâcher et expliquez comment le prix s'ajuste.

c. Disons que le prix de la gomme à mâcher est de 30 ¢ le paquet. Décrivez la situation sur le marché de la gomme à mâcher et expliquez comment le prix s'ajuste.

d. Des incendies criminels détruisent plusieurs usines de gomme à mâcher, et la quantité offerte de gomme à mâcher diminue de 40 millions de paquets à chaque prix. Expliquez ce qui se passe sur le marché et illustrez ces changements dans votre graphique.

e. Si, en même temps que les incendies criminels décrits en (d), la population adolescente s'accroît, ce qui augmente la quantité demandée de gomme à mâcher de 40 millions de paquets par semaine à chaque prix, quel est le nouveau prix d'équilibre et la nouvelle quantité d'équilibre de la gomme à mâcher ? Illustrez ces changements dans votre graphique.

13.

LE *CODE DA VINCI* FAIT DE LA PUB A L'EUROSTAR

Les ventes de l'Eurostar, le train qui relie Paris et Londres, ont grimpé de 6 % grâce aux fans de la superproduction cinématographique *Le code Da Vinci*.

CNN, 26 juillet 2006

a. Expliquez comment les fans du film *Le code Da Vinci* ont fait monter les ventes de l'Eurostar.

b. Sur quels marchés parisiens ces fans ont-ils influé ? Expliquez leur influence sur trois de ces marchés.

14. Quelles caractéristiques du marché mondial du pétrole en font un marché concurrentiel ?

15. Le prix monétaire d'un manuel est de 90 $, et celui du jeu Wii Super Mario Galaxy, de 45 $.

a. Quel est le coût de renonciation d'un manuel exprimé en jeu(x) Wii Super Mario Galaxy ?

b. Quel est le prix relatif d'un jeu Wii Super Mario Galaxy exprimé en manuel(s) ?

16. Le prix de l'essence a augmenté depuis un an.

a. Expliquez pourquoi la loi de la demande s'applique à l'essence comme à tous les autres biens et services.

b. Expliquez comment l'effet substitution influe sur les achats d'essence et donnez des exemples de substitutions que les gens peuvent faire lorsque le prix de l'essence monte, toutes choses égales d'ailleurs.

c. Expliquez comment l'effet revenu influe sur les achats d'essence et donnez des exemples d'effets revenu qu'on pourrait observer lorsque le prix de l'essence monte, toutes choses égales d'ailleurs.

17. Dites si les biens suivants forment des paires de substituts, de compléments, de substituts de production ou de compléments de production :

a. L'eau embouteillée et l'abonnement à un gym.

b. Les frites et les pommes de terre au four.

c. Les sacs de cuir et les chaussures de cuir.

d. Les VUS et les voitures compactes.

e. Le yaourt sans gras et le yaourt ordinaire.

f. Le lait écrémé et la crème.

18. Imaginez la demande des trois consoles de jeu Les plus populaires, la XBox, la PS3 et la Wii, et expliquez l'effet des événements suivants sur la demande de jeux XBox et la quantité demandée de ceux-ci, toutes choses égales d'ailleurs.

a. Le prix d'une XBox baisse.

b. Le prix d'une PS3 et le prix d'une Wii baissent.

c. Le nombre de gens qui conçoivent et produisent des jeux XBox augmente.

d. Le revenu moyen des consommateurs augmente.

e. Les programmateurs qui écrivent les codes des jeux XBox se font payer plus cher.

f. On s'attend à ce que le prix des jeux XBox baisse.

g. Une nouvelle console de jeu qui est un proche substitut de la XBox arrive sur le marché.

19. **LA MONTÉE DU PRIX DU MAÏS SE FAIT SENTIR DANS LE PORTEFEUILLE DES CONSOMMATEURS**

L'augmentation de la demande de maïs comme source d'essence à l'éthanol est largement responsable de l'augmentation du coût de la nourriture [...] qui a grimpé de 10 % en 2006 « surtout à cause de la flambée du prix de l'huile végétale carburant de maïs, de blé et de soya dans la deuxième moitié de l'année », soutient un rapport du Fonds monétaire international. « Et la demande croissante de biocarburants fera probablement monter encore le prix de l'huile de maïs et de soya » [...] Selon Statistique Canada, en avril 2007, les consommateurs canadiens ont payé leur nourriture 3,8 % de plus que durant le même mois [l'année précédente].

CBC News Online, 22 mai 2008

a. Expliquez pourquoi la demande d'éthanol a influé sur le prix du maïs.

b. À l'aide de graphiques, montrez comment et pourquoi la hausse du prix du maïs a influé sur le prix de la nourriture.

20. **G.M. RÉDUIRA SA PRODUCTION AU QUATRIÈME TRIMESTRE**

Mardi dernier, General Motors a réduit de 10 % son programme de production du quatrième trimestre, et le resserrement du crédit a fait baisser les ventes de Ford, de Chrysler et même de Toyota en août [...] Bob Carter, vice-président du groupe Toyota Motor Sales USA, a déclaré [...] que les clients potentiels se font de plus en plus rares chez les concessionnaires.

New York Times, 5 septembre 2007

Cet extrait d'article illustre-t-il :

a. une variation de l'offre ou de la quantité offerte ?

b. une variation de la demande ou de la quantité demandée ?

21. **LES SOIRÉES « CINÉMA ET MAÏS SOUFFLÉ » DE PLUS EN PLUS CHÈRES**

[...] Les cinémas montent [...] leurs prix. [...] La demande de maïs de grande culture, utilisé dans l'alimentation animale, [...] de sirop de maïs et [...] d'éthanol a fait exploser les prix. Certains fermiers ont abandonné la production de maïs à souffler pour se convertir à celle, moins exigeante, du maïs de grande culture, ce qui a réduit l'offre du maïs à souffler, et a aussi fait monter son prix. [...]

USA Today, May 24, 2008

Expliquez et illustrez graphiquement les événements décrits dans cet extrait d'article sur les marchés suivants :

a. le marché du maïs soufflé ;

b. le marché des billets de cinéma ;

c. le marché du maïs de grande culture.

22. La figure illustre le marché de la pizza.

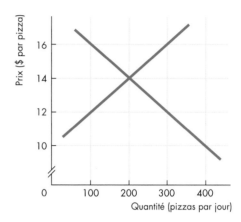

a. Étiquetez les courbes. Laquelle représente le consentement à payer pour la pizza ?

b. Si le prix d'une pizza est de 16 $, y a-t-il une pénurie ou une offre excédentaire, et le prix monte-t-il ou baisse-t-il ?

c. Les vendeurs veulent recevoir le prix le plus élevé possible, alors pourquoi consentiraient-ils à payer moins de 16 $ pour une pizza ?

d. Si le prix d'une pizza est de 12 $, y a-t-il une pénurie ou une offre excédentaire, et le prix monte-t-il ou baisse-t-il ?

e. Les consommateurs veulent payer le prix le plus bas possible, alors pourquoi consentiraient-ils à payer plus de 12 $ pour une pizza ?

23. Qu'advient-il du prix d'équilibre et de la quantité d'équilibre de jus d'orange si le prix du jus de pomme baisse, et que le salaire de travailleurs des orangeraies augmente ?

24. Le tableau suivant présente les barèmes d'offre de demande de croustilles de pommes de terre.

Prix	Quantité demandée	Quantité offerte
(par sac)	(millions de sacs par semaine)	
50 ¢	160	130
60 ¢	150	140
70 ¢	140	150
80 ¢	130	160
90 ¢	120	170
1 $	110	180

a. Tracez le graphique du marché des croustilles en indiquant le prix et la quantité d'équilibre.

b. Si le prix est de 60 ¢ le sac, y a-t-il une pénurie ou un surplus, et comment le prix s'ajuste-t-il ?

c. Si une nouvelle trempette accroît de 30 millions de sacs par semaine à tous les prix la quantité de croustilles que les gens veulent acheter, qu'advient-il de l'offre ou de la demande de croustilles ?

d. Si une nouvelle trempette a l'effet décrit en (c), comment varient le prix et la quantité de croustilles ?

e. Si un virus détruit la récolte de pommes de terre, et que la production de croustilles diminue de 40 millions de sacs par semaine à chaque prix, comment l'offre de croustilles varie-t-elle ?

f. Si le virus de la question (e) sévit au moment même où la nouvelle trempette de la question (c) arrive sur le marché, comment varient le prix des croustilles et la quantité achetée ?

---

25. **TECHNOLOGIE : BLU-RAY GAGNE, ET APRÈS...**

Hier, la firme Toshiba hissait le drapeau blanc et annonçait qu'elle abandonnait son format HD DVD, concédant ainsi la victoire à la technologie Blu-ray de la firme Sony dans la guerre pour la nouvelle génération de cinémas-maison.

Canadian Business Online, 9 juillet 2008

Selon vous, quel effet a eu l'abandon du format HD DVD de Toshiba sur :

a. le prix d'un lecteur HD DVD usagé sur eBay ? Ce résultat découlerait-il d'une variation de la demande, d'une variation de l'offre ou des deux ?

b. le prix d'un lecteur Blu-ray ?

c. la demande de films en format Blu-ray ?

d. l'offre de films en format Blu-ray ?

e. le prix des films en format Blu-ray ?

f. la quantité de films en format Blu-ray ?

26. Après avoir lu attentivement la rubrique « Entre les lignes » (p. 92-93), répondez aux questions suivantes :

a. Comment les transporteurs aériens ajustent-ils la quantité de voyages qu'ils offrent ?

b. Qu'est-ce qui incite les transporteurs aériens à ajuster la quantité de voyages qu'ils offrent ?

c. Comment les consommateurs réagissent-ils à la baisse des prix ?

d. Comment l'offre de voyages pourrait-elle diminuer à long terme ?

RÉPONSES AUX MINITESTS

MINITEST 1 (p. 75)

1. Le prix monétaire d'un bien ou d'un service est le montant en dollars (ou en yens, en euros, etc.) qu'il faut payer pour obtenir ce bien ou ce service. Le prix relatif d'un bien ou d'un service est son prix monétaire exprimé comme un ratio, c'est-à-dire son prix monétaire divisé par le prix monétaire d'un autre bien. Le prix relatif est donc la quantité de l'autre bien ou service à laquelle il faut renoncer pour acheter une unité du premier bien ou service.

2. Deux.

3. (a) L'essence, la nourriture et les loyers sont des exemples de biens dont le prix monétaire et le prix relatif ont beaucoup monté. (b) Les ordinateurs personnels, les téléviseurs haute définition et les calculatrices sont des exemples de biens dont le prix a beaucoup baissé.

MINITEST 2 (p. 79)

1. La quantité demandée d'un bien ou d'un service est la quantité que les consommateurs ont l'intention d'acheter au cours d'une période donnée et à un prix donné.

2. La loi de la demande dit : « Toutes choses égales d'ailleurs, plus le prix d'un bien est élevé, plus la quantité demandée de ce bien est faible ; et plus le prix d'un bien est bas, plus la quantité demandée d'un bien est importante. » La loi de la demande est illustrée par une courbe de demande à pente négative avec la quantité demandée sur l'axe des abscisses et le prix sur l'axe des ordonnées. La pente négative de la courbe de demande montre que plus le prix d'un bien est élevé, plus la quantité demandée de ce bien est faible, et que plus le prix d'un bien est bas, plus la quantité demandée d'un bien est forte.

3. Pour n'importe quelle quantité donnée d'un bien ou d'un service, la hauteur de la courbe de demande indique le prix le plus élevé que les consommateurs consentent à payer pour cette quantité. Le prix sur la courbe de demande à cette quantité indique la valeur marginale que les consommateurs accordent à la dernière unité consommée à cette quantité.

4. Plusieurs facteurs influent sur la demande d'un produit :

- *Le prix des substituts et des compléments* Une hausse (baisse) du prix d'un des substituts d'un bien ou d'un service augmente (diminue) la demande de ce bien ou de ce service. Une hausse (baisse) du prix d'un des compléments d'un bien ou d'un service augmente (diminue) la demande de ce bien ou de ce service.

- *Les anticipations relatives au prix* L'anticipation d'une hausse (baisse) du prix d'un bien ou d'un service augmente (diminue) la demande courante de ce bien ou de ce service.

- *Le revenu* Dans le cas d'un bien normal, une hausse (baisse) du revenu augmente (diminue) la demande de ce bien ou de ce service. Dans le cas d'un bien inférieur, une hausse du revenu diminue (augmente) la demande de ce bien ou de ce service.

- *Les anticipations relatives au revenu et le crédit* L'anticipation d'une hausse (baisse) du revenu ou l'accès plus facile au crédit augmente (diminue) la demande.

- *La population* Une augmentation (diminution) de la population dans un marché augmente (diminue) la demande.

- *Les préférences* Si les consommateurs préfèrent (aiment moins) un bien ou un service, la demande de ce bien ou de ce service augmente (diminue).

5. Toutes choses égales d'ailleurs, si le prix d'un bien ou d'un service baisse, la quantité demandée de ce bien ou de ce service augmente et il y a un mouvement le long de la courbe de demande ; cependant, la demande de ce bien ou de ce service reste inchangée, et la courbe de demande ne se déplace pas.

MINITEST 3 (p. 84)

1. La quantité offerte d'un bien ou d'un service est la quantité de ce bien ou de ce service que les entreprises ont l'intention de vendre au cours d'une période donnée et à un prix donné.

2. La loi de l'offre dit : « Toutes choses égales d'ailleurs, plus le prix d'un bien est élevé, plus la quantité offerte de ce bien est forte, et plus le prix d'un bien est bas, plus la quantité offerte est faible. » La loi de l'offre est illustrée par une courbe de demande à pente positive avec la quantité offerte sur l'axe des abscisses et le prix sur l'axe des ordonnées. La pente positive de la courbe d'offre montre que plus le prix d'un bien est élevé, plus la quantité offerte de ce bien est forte, et que plus le prix d'un bien est bas, plus la quantité demandée d'un bien est faible.

3. Pour n'importe quelle quantité donnée d'un bien ou d'un service, la hauteur de la courbe d'offre indique le prix le plus bas que les producteurs doivent recevoir pour consentir à produire cette quantité. Par conséquent, le prix indique le coût marginal de la dernière unité produite à ce niveau de production.

4. Plusieurs facteurs influent sur l'offre d'un produit :

- *Le prix des facteurs de production* Une hausse (baisse) du prix d'un facteur de production augmente (diminue) les coûts de production des entreprises et réduit (augmente) l'offre du bien ou du service.

- *Le prix des biens qui peuvent être produits concurremment ou avec les mêmes ressources* Si le prix d'un substitut de production monte (baisse), les entreprises vendent moins (plus) du produit original, et l'offre diminue (augmente). Une hausse (baisse) du prix d'un complément de production accroît (réduit) la production du produit original, et l'offre de ce produit augmente (diminue).

- *Les anticipations relatives au prix* L'anticipation d'une hausse (baisse) du prix d'un bien ou d'un service incite les producteurs à réduire (augmenter) la quantité de ce produit qu'ils vendent aujourd'hui, ce qui réduit (augmente) l'offre courante et augmente (réduit) l'offre future.

- *Le nombre de producteurs* Une augmentation (diminution) du nombre de vendeurs dans un marché accroît (réduit) la quantité offerte du bien ou du service à tous les prix, et augmente (diminue) l'offre.

- *La technologie* Un progrès technologique qui réduit les coûts de production d'un bien ou d'un service accroît l'offre de ce bien ou de ce service.

- *Les phénomènes de la nature* Des phénomènes naturels favorables (néfastes) à la production d'un bien ou d'un service – comme de bonnes (mauvaises) conditions météorologiques pour la production d'un produit agricole – augmentent (réduisent) l'offre.

5. Toutes choses égales d'ailleurs, si le prix des téléphones cellulaires baisse, la quantité offerte de téléphones cellulaires baisse, et il y a un mouvement vers le bas le long de la courbe d'offre de téléphones cellulaires. Cependant, l'offre de téléphones cellulaires reste inchangée, et la courbe d'offre ne se déplace pas.

MINITEST 4 (p.86)

1. Le prix d'équilibre est le prix auquel la quantité demandée par les acheteurs est égale à la quantité offerte par les vendeurs.

2. La pénurie résulte d'un prix du marché inférieur au prix d'équilibre. Lorsqu'il y a une pénurie, le prix monte, ce qui réduit la quantité demandée et accroît la quantité offerte. Le prix monte jusqu'à ce que la pénurie disparaisse, et que le prix du marché corresponde au prix d'équilibre.

3. Une offre excédentaire résulte d'un prix du marché supérieur au prix d'équilibre. Lorsqu'il y a une offre excédentaire, le prix baisse, ce qui accroît la quantité demandée et réduit la quantité offerte. Le prix baisse jusqu'à ce que l'offre excédentaire disparaisse, et que le prix du marché corresponde au prix d'équilibre.

4. Au prix d'équilibre, la quantité demandée par les consommateurs est égale à la quantité offerte par les vendeurs. À ce prix, les intentions des vendeurs et celles des consommateurs sont en harmonie, et rien ne pousse le prix à la hausse ou à la baisse.

5. Le prix d'équilibre est le prix le plus élevé que les consommateurs sont prêts à payer à cette quantité échangée du bien, et il est égal au prix le plus bas que les vendeurs exigent pour fournir cette quantité échangée du bien. Les demandeurs préféreraient un prix plus bas, mais les fournisseurs refusent d'offrir cette quantité à un prix moindre. Les fournisseurs préféreraient un prix plus élevé, mais les demandeurs refusent de payer plus cher pour cette quantité. Par conséquent, ni les offreurs ni les demandeurs ne pourraient trouver meilleur prix ailleurs.

MINITEST 5 (p. 90)

1. Une baisse du prix de la radio satellite diminue la demande de lecteurs MP3 parce que la radio est un *substitut* des lecteurs MP3. Une hausse du prix d'un téléchargement MP3 réduit la demande de lecteurs MP3 parce qu'un téléchargement MP3 est un *complément* des lecteurs MP3. Dans les deux cas, la courbe de demande de lecteurs MP3 se déplace vers la gauche. L'offre reste inchangée. Le prix d'un lecteur MP3 baisse, et la quantité de lecteurs MP3 diminue. Vous pouviez illustrer ce résultat par un graphique comme le graphique (c) de la figure 3.10 (p. 91).

2. Une diminution du nombre d'entreprises qui produisent des lecteurs MP3 diminue l'offre de lecteurs MP3. Une augmentation du salaire de travailleurs qui produisent des lecteurs MP3 réduit l'offre de lecteurs MP3 parce qu'elle augmente le coût de production des lecteurs MP3. Dans les deux cas, la courbe d'offre de lecteurs MP3 se déplace vers la gauche. La demande reste inchangée. Le prix d'un lecteur MP3 augmente, et la quantité de lecteurs MP3 diminue. Vous pouviez illustrer ce résultat par un graphique comme le graphique (g) de la figure 3.10 (p. 91).

3. On a simultanément une baisse de la demande et de l'offre de lecteurs MP3 comme dans le graphique (i) de la figure 3.10 (p. 91). Par conséquent, la quantité échangée baisse alors que le prix peut grimper ou baisser.

L'élasticité

Quel effet le prix élevé de l'essence a-t-il sur les intentions d'achat ? On constate l'ampleur de cet effet dans le parc de stationnement des concessionnaires de voitures, où les clients renoncent aux VUS et aux autres grosses cylindrées en faveur des sous-compactes et des hybrides. Mais quelle est au juste l'ampleur de cet effet ? Quand le prix de l'essence passe du simple au double, comme ce fut le cas ces dernières années, quelle est la diminution des ventes de VUS, et l'augmentation de celles des sous-compactes ? ◆ Et qu'en est-il de notre consommation d'essence ? Continuons-nous à faire le plein comme d'habitude quoi qu'il en coûte ? Ou nous rabattons-nous sur des substituts à tel point que nous finissons par économiser sur l'essence ?

Objectifs du chapitre

◆ **Déterminer, calculer et expliquer les facteurs qui influent sur l'élasticité-prix de la demande**

◆ **Déterminer, calculer et expliquer les facteurs qui influent sur l'élasticité croisée de la demande et sur l'élasticité-revenu de la demande**

◆ **Déterminer, calculer et expliquer les facteurs qui influent sur l'élasticité-prix de l'offre**

◆ Dans ce chapitre, nous nous penchons sur l'élasticité, une notion qui permet de répondre aux questions d'ordre quantitatif que nous venons de poser. Dans la rubrique « Entre les lignes » (p. 122), nous utiliserons le concept de l'élasticité pour expliquer ce qui s'est passé en 2008 dans les marchés de l'essence et de l'automobile.

L'élasticité-prix de la demande

Quand l'offre s'accroît, le prix d'équilibre baisse et la quantité d'équilibre augmente. Mais une augmentation de l'offre entraîne-t-elle une forte baisse du prix et une faible augmentation de la quantité ou, au contraire, une faible baisse du prix et une forte augmentation de la quantité? Cela dépend de la sensibilité de la quantité demandée à une variation de prix.

Prenons l'exemple d'un petit cinéma indépendant de province et comparons les deux scénarios illustrés à la figure 4.1. Au graphique (a), la demande initiale d'entrées au cinéma correspond à la courbe de demande D_A, et, au graphique (b), à la courbe D_B. Dans les deux cas, l'offre initiale de places est O_0, le prix initial d'un billet est de 16 $, et la quantité d'équilibre est de 200 entrées par semaine.

Mais voilà qu'une grande chaîne ouvre un nouveau cinéma dans le quartier. L'offre de places augmente et la courbe d'offre se déplace vers la droite jusqu'à O_1. Au graphique (a), le prix d'une place baisse de 12 $, tombant à 4 $, et la quantité demandée n'augmente que de 60 entrées, passant à 260 entrées par semaine. Au graphique (b), le prix d'une place ne baisse que de 4 $, passant à 12 $, et la quantité demandée augmente de 140 entrées, passant à 340 places par semaine.

La différence entre les deux scénarios s'explique par la sensibilité de la quantité demandée à une variation de prix. Mais qu'entend-on par *sensibilité*? La pente de la courbe de demande pourrait fournir une explication : la pente de la courbe de demande D_A est plus abrupte que celle de la courbe de demande D_B.

Toutefois, la pente n'est pas toujours une mesure appropriée de la sensibilité de la demande. Elle dépend des unités utilisées pour mesurer le prix et la quantité. Or, on doit souvent comparer les courbes de demande de biens et de services différents, dont les unités de mesure ne sont pas les mêmes. Par exemple, on ne peut pas comparer les pentes des courbes de demande d'entrées au cinéma et d'essence pour savoir laquelle des deux demandes est la plus sensible à une variation de prix, parce qu'on n'utilise pas les mêmes unités de mesure dans les deux cas. Il faut une mesure de sensibilité indépendante des unités; cette mesure s'appelle l'élasticité.

L'**élasticité-prix de la demande** est indépendante des unités de mesure; elle permet d'évaluer la sensibilité de la quantité demandée d'un bien et d'un service à une variation du prix de ce bien ou de ce service, quand tous les facteurs qui influent sur les intentions d'achat, autres que le prix, restent constants.

FIGURE 4.1 *L'effet d'une modification de l'offre sur le prix et la quantité*

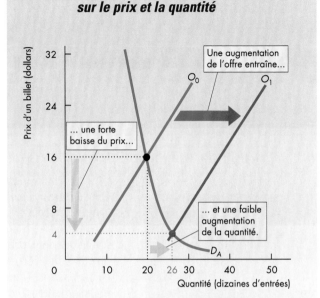

(a) Forte baisse du prix et faible augmentation de la quantité

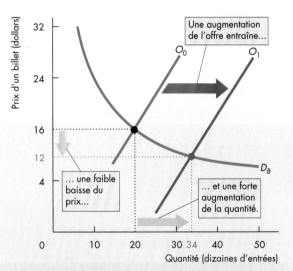

(b) Faible baisse du prix et forte augmentation de la quantité

Au départ, les billets se vendent 16 $, et le cinéma vend 200 entrées par semaine. Puis, l'offre augmente, passant de O_0 à O_1. Au graphique (a), le prix du billet diminue de 12 $, passant à 4 $, et la quantité demandée augmente de 60 entrées, passant à 260 entrées par semaine. Au graphique (b), le prix du billet ne baisse que de 4 $, passant à 12 $, et la quantité demandée augmente de 140 entrées, passant à 340 entrées par semaine. Au graphique (b), la variation du prix est plus faible et la variation de la quantité est plus forte qu'au graphique (a), ce qui indique qu'au graphique (b) la quantité demandée est plus sensible à la variation de prix qu'au graphique (a).

Le calcul de l'élasticité-prix de la demande

L'élasticité-prix de la demande se calcule selon la formule suivante :

$$\text{Élasticité-prix de la demande} = \frac{\text{Pourcentage de variation de la quantité demandée}}{\text{Pourcentage de variation du prix}}.$$

Pour utiliser cette formule, il faut connaître la demande. Reprenons l'exemple du cinéma en supposant que nous disposons de données sur les prix et les quantités demandées, et calculons l'élasticité-prix de la demande d'entrées.

À la figure 4.2, la courbe de demande d'entrées montre comment la quantité demandée réagit à une légère variation de prix. Au départ (« point initial » dans le graphique), le prix d'une entrée est de 13,50 $, et la quantité échangée, de 250 entrées par semaine. Puis, le prix baisse à 10,50 $ et la quantité demandée monte à 550 entrées par semaine (« nouveau point » dans le graphique). Ainsi, quand le prix du billet baisse de 3 $, la quantité demandée augmente de 300 entrées par semaine.

Pour calculer l'élasticité-prix de la demande, on exprime la variation du prix et de la quantité demandée en pourcentage du *prix moyen* (P') et de la *quantité moyenne* (Q'). Dans l'exemple du cinéma, le prix initial est de 13,50 $, et le nouveau prix, de 10,50 $. Le prix moyen est donc de 12 $. Par conséquent, la baisse de prix de 3 $ équivaut à une baisse de 25 % du prix moyen. Autrement dit*,

$$\Delta P/P' = 3\,\$/12\,\$ = 25\,\%.$$

La quantité demandée initiale est de 250 entrées, et la nouvelle quantité demandée, de 550 entrées. La quantité demandée moyenne est donc de 400 entrées. Par conséquent, l'augmentation de 300 entrées équivaut à une augmentation de 75 % de la quantité moyenne. Autrement dit,

$$\Delta Q/Q' = 300/400 = 75\,\%.$$

L'élasticité-prix de la demande d'entrées, c'est-à-dire le pourcentage de variation de la quantité demandée (75 %) divisé par le pourcentage de variation du prix (25 %), est donc de 3. Autrement dit,

$$\text{Élasticité-prix de la demande} = \frac{\%\,Q}{\%\,P} = \frac{75\,\%}{25\,\%} = 3.$$

Le prix moyen et la quantité moyenne Dans le calcul de l'élasticité-prix de la demande, on utilise à dessein le prix moyen et la quantité moyenne afin que la sensibilité

---

* Par convention, on rapporte l'élasticité-prix de la demande par un nombre positif même si la variation du prix va toujours dans le sens inverse de la variation de la quantité. Pour les calculs, on notera ainsi $\Delta P = 3$ $ au lieu de $\Delta P = -3$ $ même s'il s'agit d'une baisse de prix. De façon similaire, si le prix monte, on rapportera la variation (négative) de la quantité par un nombre positif.

FIGURE 4.2 *Le calcul de l'élasticité-prix de la demande*

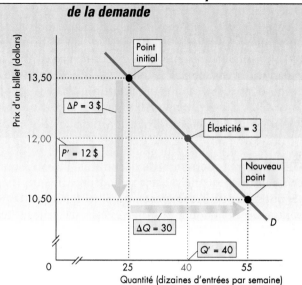

L'élasticité de la demande se calcule selon la formule suivante* :

$$\text{Élasticité-prix de la demande} = \frac{\text{Pourcentage de variation de la quantité demandée}}{\text{Pourcentage de variation du prix}}$$

$$= \frac{\%\,Q}{\%\,P} = \frac{\Delta Q/Q'}{\Delta P/P'}$$

$$= \frac{30/40}{3/12} = 3$$

Ce calcul permet de mesurer l'élasticité au prix moyen de 12 $ par billet et pour une quantité moyenne de 400 entrées par semaine.

* % Q signifie « pourcentage de variation de Q ».

---

de la demande soit mesurée de la même façon, que l'on considère la baisse du prix de 13,50 $ à 10,50 $ ou la hausse inverse du prix de 10,50 $ à 13,50 $.

Quand le prix baisse, passant de 13,50 $ à 10,50 $, la variation du prix ($-3$ $) équivaut à 22 % du prix initial (13,50 $), et la variation de la quantité demandée (300 entrées), à 120 % de la quantité initiale (250 entrées). Si nous utilisons ces chiffres, nous obtenons une élasticité-prix de la demande de 5,4 (c'est-à-dire 120 divisé par 22). Quand le prix augmente, passant de 10,50 $ à 13,50 $, la variation du prix (3 $) équivaut à 29 % du prix initial (10,50 $), et la variation de la quantité (300 entrées), à 55 % de la quantité initiale (550 entrées). Si nous utilisons ces chiffres, nous obtenons une élasticité-prix de la demande de 1,9 (c'est-à-dire 55 divisé par 29).

En utilisant le pourcentage du prix moyen et de la quantité moyenne, nous obtenons la même valeur d'élasticité, que le prix baisse de 3 $ (passant de 13,50 $ à 10,50 $) ou qu'il augmente de 3 $ (passant de 13,50 $ à 10,50 $).

Les pourcentages et les proportions L'élasticité est le ratio de deux variations de pourcentage. Par conséquent, si on divise une variation de pourcentage par une autre, on annule le facteur 100. Une variation de pourcentage est une variation *proportionnelle* multipliée par 100 %. La variation proportionnelle du prix est P/P' et la variation proportionnelle de la quantité demandée est Q/Q'. Si on divise Q/Q' par P/P', le résultat est le même que si on utilise les variations de pourcentage.

Une mesure indépendante des unités Une variation en pourcentage d'une variable est indépendante des unités qui servent à la mesurer : augmenter la vitesse d'une voiture de 25 % donne la même vitesse que celle-ci soit mesurée en kilomètres à l'heure ou en milles à l'heure ; en doublant la quantité de farine dans une recette, on risque de la gâter, qu'on mesure la farine en tasses, en grammes ou en onces. L'élasticité est un ratio de variations en pourcentage ; cette mesure de la sensibilité n'est pas, elle non plus, rattachée à une unité de mesure. Par conséquent, l'élasticité de la demande internationale d'acier est la même, qu'elle soit mesurée par un Américain à partir de données en dollars et en tonnes ou par un Européen à partir de données en euros et en tonnes métriques.

Le signe moins et l'élasticité Quand le prix d'un bien ou d'un service *augmente*, la quantité demandée *diminue*. Comme une variation du prix positive entraîne une variation négative de la quantité demandée, l'élasticité-prix de la demande est, dans ce cas, toujours négative. Cependant, c'est la *valeur absolue* de l'élasticité-prix de la demande qui indique le degré de sensibilité de la quantité demandée –

son degré d'élasticité. Pour comparer des élasticités-prix de la demande, on utilise par convention la valeur absolue de l'élasticité.

La demande inélastique et la demande élastique

La figure 4.3 présente trois courbes de demande qui illustrent les différents types d'élasticité de la demande. Au graphique (a), la quantité demandée est constante quel que soit le prix. Si la quantité demandée reste constante quand le prix change, l'élasticité-prix de la demande est nulle (0) ; on dit alors que la **demande** est **parfaitement inélastique**. L'insuline est un exemple de bien dont l'élasticité-prix de la demande est très faible (et probablement nulle dans une fourchette de prix raisonnables). L'insuline est à ce point vitale pour certains diabétiques qu'ils en achèteront la même quantité, que son prix varie à la hausse ou à la baisse.

Au graphique (b), le pourcentage de variation de la quantité demandée est égal au pourcentage de variation du prix. Dans ce cas, l'élasticité-prix est égale à 1 et on dit que la **demande** est **à élasticité unitaire**.

Entre les deux cas illustrés par les graphiques (a) et (b), on trouve le cas général où le pourcentage de variation de la quantité demandée est moindre que le pourcentage de variation du prix. L'élasticité-prix de la demande se situe alors entre 0 et 1, et on dit que la **demande** est **inélastique**. Les vêtements et le logement sont des exemples de biens dont la demande est inélastique.

Le graphique (a) illustre une situation où la quantité demandée ne réagit pas à une variation de prix. Le graphique (c) illustre la situation inverse. En effet, la quantité demandée réagit à la moindre variation de prix ;

FIGURE 4.3 *La demande inélastique et la demande élastique*

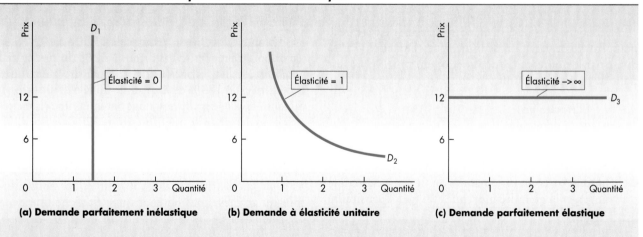

(a) Demande parfaitement inélastique **(b) Demande à élasticité unitaire** **(c) Demande parfaitement élastique**

Toutes les demandes illustrées ici ont une élasticité constante. Le graphique (a) montre la courbe de demande d'un bien dont la demande a une élasticité nulle (0). Le graphique (b) montre la courbe de demande d'un bien dont la demande a une élasticité unitaire. Le graphique (c) montre la courbe de demande d'un bien dont la demande a une élasticité qui tend vers l'infini.

l'élasticité-prix de la demande tend alors vers l'infini, et on dit que la **demande** est **parfaitement élastique**. Les bouteilles d'eau proposées dans deux distributeurs placés côte à côte sont un exemple de bien dont l'élasticité de la demande est quasi infinie. Si les deux distributeurs proposent les mêmes bouteilles d'eau au même prix, les consommateurs achèteront indifféremment les bouteilles proposées par l'une ou l'autre machine. Mais si, toutes choses égales d'ailleurs, les prix d'un distributeur sont plus élevés – la différence serait-elle infime –, plus personne n'achètera les bouteilles vendues dans ce distributeur, puisque l'autre offre des substituts parfaits. Autrement dit, la quantité demandée varie de façon importante chaque fois que le prix varie, si infime la variation de prix soit-elle. L'élasticité – c'est-à-dire le ratio des variations en pourcentage de la quantité demandée et du prix – est donc quasi infinie, puisque la division par un nombre qui avoisine zéro donne un nombre infiniment grand. Cet exemple montre que la demande d'un bien pour lequel il existe un substitut parfait est parfaitement élastique.

Entre les deux cas illustrés par les graphiques (b) et (c), on trouve le cas général où le pourcentage de variation de la quantité demandée dépasse le pourcentage de variation du prix. L'élasticité-prix est alors supérieure à 1, et on dit que la **demande** est **élastique**. Les automobiles et les meubles sont des exemples de biens dont la demande est élastique.

L'élasticité le long de la demande

On peut déterminer l'élasticité le long d'une demande grâce au **test du triangle**. Pour ce faire, on réarrange la formule de l'élasticité ainsi :

$$\text{Élasticité-prix de la demande} = \frac{\Delta Q/Q'}{\Delta P/P'} = \frac{P'/Q'}{\Delta P/\Delta Q}.$$

La demande est élastique si le numérateur P'/Q' est plus grand que le dénominateur $\Delta P/\Delta Q$ (en valeur absolue). Elle est inélastique dans le cas contraire, et l'élasticité égale 1 si les deux termes sont égaux.

À la figure 4.4 (a), on a tracé une courbe de demande d'entrées au cinéma. Au prix de 23 $ le billet, la quantité demandée est de 100 entrées au point rouge. Quelle est l'élasticité de la demande en ce point ?

Notez que la pente de la demande en ce point est $\Delta P/\Delta Q$. Le terme P'/Q' correspond pour sa part à la pente de la corde verte qui joint l'origine au point rouge. Si on complète cette corde pour en faire un triangle isocèle, c'est-à-dire dont les deux angles à la base sont égaux, on peut comparer la pente de la corde à celle de la demande. La pente de la corde, soit P'/Q', est ici plus abrupte que celle de la demande, soit $\Delta P/\Delta Q$. On en conclut que la demande est élastique en ce point.

FIGURE 4.4 *Le test du triangle*

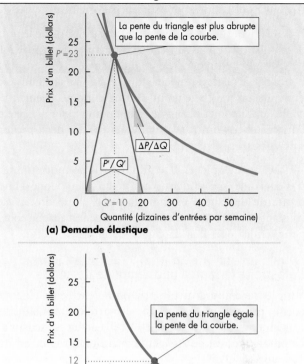

(a) Demande élastique

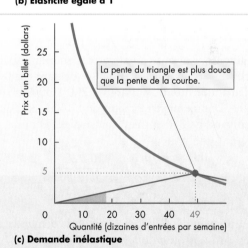

(b) Élasticité égale à 1

(c) Demande inélastique

Le test du triangle est une astuce graphique permettant de déterminer l'élasticité de la demande en un point donné. On trace un triangle isocèle (à sa base) ayant pour sommets l'origine et ce point. Si la pente du côté droit du triangle est plus abrupte que la pente de la demande, la demande est élastique ; autrement dit, la demande ne coupe pas le triangle (graphique *a*). Si la pente du côté droit du triangle est plus douce que la pente de la demande, la demande est inélastique ; autrement dit, la demande coupe le triangle (graphique *c*). Si les deux pentes sont égales, l'élasticité est de 1 (graphique *b*).

Autrement dit, la demande ne coupe pas en ce point le triangle isocèle, qui a pour sommets l'origine et ce point.

À la figure 4.4 (c), l'inverse se produit : lorsque le prix d'un billet est de $P' = 5$ \$ et que la quantité demandée est de $Q' = 490$ entrées, la pente du triangle P'/Q' est plus douce que la pente de la demande $\Delta P/\Delta Q$. La demande est donc inélastique en ce point. Autrement dit, la demande coupe en ce point le triangle isocèle, qui a pour sommets l'origine et ce point. À la figure 4.4 (b), les deux pentes sont égales, et l'élasticité est de 1.

On peut employer le test du triangle pour déterminer si la demande est élastique ou non en un point donné d'une droite de demande. Comme la pente de la droite est constante, on peut même calculer l'élasticité en chaque point pour vérifier le résultat. La figure 4.5 illustre ce calcul.

L'élasticité le long d'une droite de demande

Supposons d'abord que le prix d'une entrée au cinéma baisse, passant de 24 \$ à 16 \$, de sorte que la quantité demandée monte, passant de 20 à 180 entrées par semaine. Le prix moyen est de 20 \$, et la quantité moyenne est de 100 entrées. D'où,

$$\begin{array}{c}\text{Élasticité-prix} \\ \text{de la demande}\end{array} = \dfrac{\Delta Q/Q'}{\Delta P/P'}$$

$$= \dfrac{160/100}{8/20}$$

$$= 4.$$

Autrement dit, l'élasticité-prix des places de cinéma au prix moyen de 20 \$ est de 4.

Supposons ensuite que le prix d'un billet baisse seulement de 5 \$, passant de 15 \$ à 10 \$, de sorte que la quantité demandée monte, passant de 200 à 300 entrées par semaine. Le prix moyen est alors de 12,50 \$, et la quantité moyenne est de 250 entrées par semaine. D'où,

$$\begin{array}{c}\text{Élasticité-prix} \\ \text{de la demande}\end{array} = \dfrac{100/250}{5/12,50}$$

$$= 1.$$

Autrement dit, l'élasticité-prix de la demande au prix moyen de 12,50 \$ est de 1.

Supposons enfin que le prix d'un billet baisse de 8 \$, passant de 9 \$ à 1 \$, de sorte que la quantité demandée grimpe de 320 à 480 entrées par semaine. Le prix moyen est alors de 5 \$, et la quantité moyenne est de 400 entrées par semaine. D'où,

$$\begin{array}{c}\text{Élasticité-prix} \\ \text{de la demande}\end{array} = \dfrac{160/400}{8/5}$$

$$= 1/4.$$

FIGURE 4.5 *L'élasticité le long d'une droite de demande*

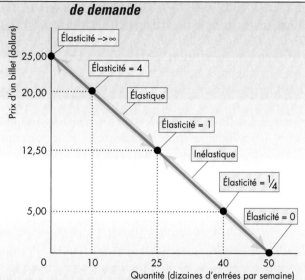

Le long d'une droite de demande, l'élasticité diminue à mesure que le prix baisse et que la quantité demandée augmente. Au milieu de la droite, la demande a une élasticité unitaire (élasticité = 1). Au-dessus de ce point, la demande est élastique ; en deçà, elle est inélastique.

Autrement dit, l'élasticité-prix de la demande au prix moyen de 5 \$ est de 1/4.

Nous venons de voir comment l'élasticité varie le long d'une droite de demande. Au milieu de la droite, la demande est à élasticité unitaire. Au-dessus de ce point, la demande est élastique, et au-dessous, elle est inélastique.

Les recettes et l'élasticité

Les **recettes** de la vente d'un bien sont égales au prix du bien multiplié par la quantité vendue. Quand le prix varie, les recettes varient aussi. Mais une augmentation du prix n'entraîne pas forcément une augmentation des recettes. La variation des recettes dépend de l'élasticité de la demande. Ainsi,

- si la demande est élastique, une baisse de prix de 1 % entraîne une augmentation de la quantité vendue de plus de 1 %, ce qui entraîne une augmentation des recettes ;

- si la demande est inélastique, une baisse de prix de 1 % entraîne une augmentation de la quantité vendue de moins de 1 %, ce qui entraîne une diminution des recettes ;

- si la demande a une élasticité unitaire, une baisse de prix de 1 % entraîne une augmentation de la quantité vendue de 1 %, et, dans ce cas, les recettes ne changent pas.

Ainsi, une baisse de prix peut entraîner des recettes à la hausse ou à la baisse selon l'élasticité de la demande.

La figure 4.6 montre comment on peut estimer l'élasticité à partir des recettes grâce à la relation entre ces deux grandeurs. Le **test des recettes** est une méthode qui permet d'estimer l'élasticité-prix de la demande en observant l'effet d'une variation de prix sur les recettes quand tous les autres facteurs restent constants. Ainsi,

- si une baisse de prix entraîne une augmentation des recettes, la demande est élastique ;

FIGURE 4.6 *L'élasticité et les recettes*

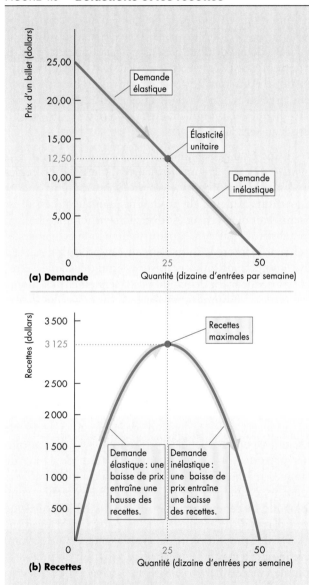

(a) Demande Quantité (dizaine d'entrées par semaine)

(b) Recettes Quantité (dizaine d'entrées par semaine)

Quand la demande est élastique, dans la fourchette de prix de 25 $ à 12,50 $, une baisse de prix – graphique (a) – entraîne une augmentation des recettes – graphique (b). Quand la demande est inélastique, dans la fourchette de prix de 12,50 $ à 0 $, une baisse de prix – graphique (a) – entraîne une diminution des recettes – graphique (b). Quand la demande a une élasticité unitaire, au prix de 12,50 $ – graphique (a) –, les recettes sont maximales.

- si une baisse de prix entraîne une diminution des recettes, la demande est inélastique ;
- si une baisse de prix ne modifie pas les recettes, la demande a une élasticité unitaire.

Le graphique (a) montre que la demande est élastique entre 25 $ et 12,50 $, et inélastique entre 12,50 $ et 0 $. À 12,50 $, la demande a une élasticité unitaire.

Le graphique (b) montre les recettes. À 25 $, les consommateurs boudent le cinéma et les recettes sont nulles. Si on donne les billets, 500 consommateurs s'en procurent par semaine, mais, encore là, les recettes sont nulles. Une baisse de prix dans la fourchette de prix où la demande est élastique entraîne une augmentation des recettes – le pourcentage d'augmentation de la quantité demandée est supérieur au pourcentage de diminution du prix. Une baisse de prix dans la fourchette de prix où la demande est inélastique entraîne une diminution des recettes – le pourcentage d'augmentation de la quantité demandée est inférieur au pourcentage de diminution du prix. Au point où la demande a une élasticité unitaire, les recettes sont maximales.

Vos dépenses et l'élasticité de votre demande

L'effet d'une variation du prix d'un bien sur vos dépenses pour ce bien dépend de l'élasticité de *votre* demande de ce bien. Ainsi,

- si votre demande est élastique, une baisse du prix de 1 % entraîne une augmentation de plus de 1 % de la quantité que vous achetez. Donc, vos dépenses augmentent ;
- si votre demande est inélastique, une baisse du prix de 1 % entraîne une augmentation de moins de 1 % de la quantité que vous achetez. Donc, vos dépenses diminuent ;
- si votre demande a une élasticité unitaire, une baisse du prix de 1 % entraîne une augmentation de 1 % de la quantité que vous achetez. Donc, vos dépenses ne changent pas.

Autrement dit, si vous dépensez davantage pour un bien ou un service quand son prix baisse, votre demande est élastique. Si vous dépensez moins, votre demande est inélastique. Enfin, si vous dépensez autant, votre demande a une élasticité unitaire.

Les facteurs qui influent sur l'élasticité

Pourquoi la demande est-elle élastique pour certains produits et inélastique pour d'autres ? L'élasticité de la demande d'un produit dépend principalement de trois facteurs :

- la disponibilité de biens substituts ;
- la part du revenu consacrée à l'achat du produit ;
- le temps écoulé depuis la variation de prix.

L'élasticité de la demande dans la réalité

La demande élastique et la demande inélastique

Le tableau ci-dessous présente des valeurs réelles d'élasticité de la demande. On constate que l'élasticité varie de 1,52 pour les métaux (le produit dont la demande est la plus élastique) à 0,05 pour le pétrole (le produit dont la demande est la plus inélastique).

La nourriture et le pétrole peuvent se classer parmi les produits de première nécessité, car ils ont peu de substituts et leur demande est inélastique. Les meubles et les véhicules automobiles peuvent se classer parmi les produits de luxe, car on leur trouve de bons substituts et leur demande est élastique.

Élasticité-prix de la demande

Bien ou service	Élasticité
Demande élastique	
Métaux	1,52
Produits électriques	1,39
Produits mécaniques	1,30
Meubles	1,26
Véhicules automobiles	1,14
Instruments	1,10
Services professionnels	1,09
Services de transport	1,03
Demande inélastique	
Gaz, électricité et eau	0,92
Produits chimiques	0,89
Boissons (de toutes sortes)	0,78
Vêtements	0,64
Tabac	0,61
Services bancaires et contrats d'assurance	0,56
Logement	0,55
Produits de l'agriculture et de la pêche	0,42
Livres, magazines et journaux	0,34
Nourriture	0,12
Pétrole	0,05

Source : Ahsan MANSUR et John WHALLEY, « Numerical Specification of Applied General Equilibrium Models : Estimation, Calibration, and Data », *in* Herbert E. Scarf et John B. Shoven (dir.), *Applied General Equilibrium Analysis*, New York, Cambridge University Press, 1984, p. 109 ; Henri THEIL, Ching-Fan CHUNG et James L. SEALE junior, *Advances in Econometrics, Supplement 1, 1989, International Evidence on Consumption Patterns*, Greenwich (Conn.), JAI Press Inc., 1989 ; Geoffrey HEAL, Université Columbia, site Web.

La disponibilité de biens substituts Plus il est facile de trouver un substitut à un bien ou à un service, plus la demande de ce bien ou de ce service est élastique. Par exemple, même si le pétrole, qui sert à fabriquer l'essence, a des substituts, aucun n'est très adéquat (on imagine mal une automobile propulsée par un moteur à vapeur alimenté au charbon), ce qui explique que la demande de pétrole soit inélastique. Par contre, les plastiques sont d'excellents substituts aux métaux, de sorte que la demande de métaux est élastique.

Les possibilités de substitution dépendent aussi de la définition plus ou moins étroite du bien ou du service. Par exemple, le microordinateur n'a pas de bon substitut ; de ce fait, la demande de ce bien est peu élastique. Par contre, la demande de PC Dell ou de PC Hewlett-Packard est très élastique. Autrement dit, la demande d'un bien défini au sens large est moins élastique que la demande d'une sous-catégorie de biens implicitement représentée dans la définition au sens large.

Dans la langue courante, on distingue les produits *de première nécessité*, comme les denrées et le logement, et les produits *de luxe*, comme les vacances dans le Sud et les parfums coûteux. Un produit de première nécessité est essentiel au bien-être et est difficilement remplaçable par un substitut ; par conséquent, sa demande est généralement inélastique. Habituellement, un produit de luxe a de nombreux substituts et n'est pas essentiel au bien-être ; par conséquent, sa demande est généralement élastique, puisque les consommateurs peuvent sans peine ajuster leur demande à des variations de prix.

La part du revenu consacrée à l'achat du produit Plus la part du revenu consacrée à l'achat d'un produit est élevée, plus la demande de ce produit est élastique.

Comparez l'élasticité de votre demande de gomme à mâcher à celle de votre demande de logement. Si le prix de la gomme à mâcher double, vous continuerez à en consommer presque autant qu'auparavant. Votre demande de gomme à mâcher est donc inélastique. Par contre, si les loyers doublent, vous hurlez et vous cherchez un colocataire. Votre demande de logement est donc moins inélastique que votre demande de gomme à mâcher, parce que le logement absorbe une proportion beaucoup plus importante de votre revenu que la gomme à mâcher. La variation du prix de la gomme à mâcher ne vous oblige pas à changer votre consommation de gomme, alors que celle du loyer vous force à ajuster votre consommation de logement. Donc, dans le premier cas, votre demande ne réagit pas à la variation de prix, tandis que dans le deuxième, elle réagit beaucoup.

Le temps écoulé depuis la variation de prix Plus le temps passe après une variation de prix, plus la demande devient élastique. Quand le prix du pétrole a quadruplé

L'élasticité-prix de la demande de denrées

Dans quelle mesure la demande est-elle inélastique?

Plus le revenu moyen augmente dans un pays et plus la part du revenu consacrée aux denrées diminue, plus la demande de denrées devient inélastique.

La figure ci-dessous montre que l'élasticité-prix de la demande de denrées (bandes vertes) est plus grande dans les pays pauvres. Plus la part du revenu consacrée à la nourriture est importante, plus l'élasticité-prix de la demande de nourriture l'est aussi. En Tanzanie, pays où 62% du revenu est consacré à l'achat de nourriture, l'élasticité-prix de la demande de nourriture est de 0,77; au Canada, où 14% du revenu est consacré à la nourriture, elle n'est que de 0,13.

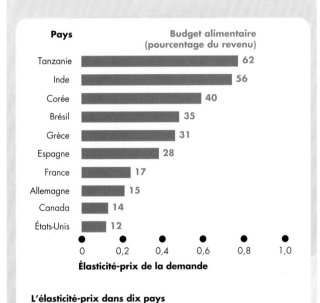

L'élasticité-prix dans dix pays

Source: Henri THEIL, Ching-Fan CHUNG et James L. SEALE junior, *Advances in Econometrics, Supplement 1, 1989, International Evidence on Consumption Patterns*, Greenwich (Conn.), JAI Press Inc., 1989.

dans les années 1970, sur le coup, les consommateurs ont à peine réduit leur consommation d'essence et de mazout. Mais, graduellement, à mesure que les appareils de chauffage et les moteurs d'automobiles et d'avions sont devenus moins gourmands en énergie, la consommation de pétrole a diminué. Plus le temps s'est écoulé après la flambée des prix du pétrole, plus la demande de pétrole est devenue élastique. De même, quand le prix des microordinateurs a chuté, la quantité demandée de microordinateurs a, d'abord, à peine augmenté. Mais avec le temps, les consommateurs ont compris les multiples usages du produit, et les ventes ont augmenté en flèche. La demande de microordinateurs

est devenue de plus en plus élastique. L'idée générale est que l'ajustement de la demande à la variation de prix est plus visible à long terme qu'à court terme et que l'élasticité est plus importante à long terme.

MINITEST   1

1. Définissez l'élasticité-prix de la demande et expliquez comment elle se calcule.

2. Pourquoi rapporte-t-on les variations du prix et de la quantité au prix et à la quantité *moyens*?

3. Qu'est-ce que le test des recettes? Expliquez comment on l'utilise.

4. Quels sont les principaux facteurs qui expliquent que la demande de certains biens est élastique et la demande d'autres biens inélastique?

5. Pourquoi la demande des produits de luxe est-elle généralement plus élastique que la demande des produits de première nécessité?

Réponses p. 129

Nous venons d'étudier la forme la plus courante d'élasticité de la demande: l'élasticité-prix. Nous allons maintenant examiner deux autres formes d'élasticité qui révèlent les effets sur la demande de variables autres que le prix.

Les autres types d'élasticité de la demande

Disons que vous êtes propriétaire d'un cinéma et que le club vidéo d'en face vient de baisser le prix de location de ses DVD. Vous vous demandez comment cette baisse du prix de location des DVD influera sur la demande d'entrées dans votre cinéma. Vous savez que les entrées au cinéma et les DVD sont des substituts et que, lorsque le prix d'un substitut à une entrée au cinéma baisse, la demande d'entrées au cinéma baisse à son tour. Mais de combien exactement?

Vous savez aussi que le cinéma et le maïs soufflé sont des compléments et que, lorsque le prix d'un complément à une entrée au cinéma diminue, la demande d'entrées augmente. Vous vous demandez alors: de combien la demande d'entrées va-t-elle augmenter si le prix du maïs soufflé diminue?

Pour répondre à ces questions, vous devez calculer l'élasticité croisée de la demande. Voyons en quoi consiste ce type d'élasticité.

L'élasticité croisée de la demande

Le concept d'élasticité croisée de la demande permet de mesurer l'effet d'une variation du prix d'un substitut ou d'un complément. Plus précisément, l'**élasticité croisée de la demande** est une mesure de la sensibilité de la quantité demandée d'un produit à une variation du prix d'un substitut ou d'un complément de ce produit, quand tous les autres facteurs restent constants. On calcule l'élasticité croisée de la demande selon la formule suivante :

$$\text{Élasticité croisée de la demande} = \frac{\text{Pourcentage de variation de la quantité demandée}}{\text{Pourcentage de variation du prix du substitut ou du complément}}.$$

L'élasticité croisée de la demande peut être positive ou négative. Elle est *positive* dans le cas d'un substitut et *négative* dans le cas d'un complément.

Les substituts Supposons que le prix d'une entrée au cinéma demeure constant et qu'on vende 220 billets par semaine. Puis, le prix de location d'un DVD baisse, passant de 3 $ à 1 $. À la suite de cette baisse, la fréquentation de la salle baisse à 180 entrées par semaine. La variation de la quantité demandée est de −40 billets, soit le nouveau nombre d'entrées (180 billets) moins la quantité demandée initiale (220 billets). La quantité moyenne est de 200 billets. Par conséquent, la quantité demandée diminue de 20 %. Autrement dit,

$$\Delta Q/Q' = (-40/200) \times 100 = -20\%.$$

La variation du prix de location d'un DVD, un substitut d'une sortie au cinéma, est égale à −2 $, soit le nouveau prix (1 $) moins le prix initial (3 $). Le prix moyen d'une location est de 2 $. Par conséquent, le prix d'une location baisse de 100 %. Autrement dit,

$$\Delta P/P' = (-2\,\$/2\,\$) \times 100 = -100\%$$

L'élasticité croisée de la demande d'entrées au cinéma par rapport au prix de location d'un DVD est donc de 0,2 :

$$\frac{-20\%}{-100\%} = 0,2.$$

La figure 4.7 illustre l'élasticité croisée de la demande d'entrées au cinéma. Les entrées au cinéma et les locations de DVD sont des substituts, de sorte que, lorsque le prix de location d'un DVD baisse, la demande d'entrées au cinéma baisse aussi. La courbe de demande d'entrées au cinéma se déplace alors vers la gauche de D_0 à D_2. Comme une *baisse* du prix d'une location entraîne une *diminution* de la demande d'entrées au cinéma, l'élasticité croisée de

FIGURE 4.7 *L'élasticité croisée de la demande*

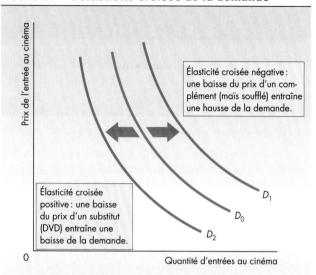

La location d'un DVD est un *substitut* d'une sortie au cinéma. Quand le prix de location d'un DVD baisse, la demande d'entrées au cinéma baisse aussi en se déplaçant vers la gauche de D_0 à D_2. L'élasticité croisée de la demande est alors *positive* parce que les deux variations vont dans le même sens.

Le maïs soufflé est un *complément* d'une sortie au cinéma. Quand son prix baisse, la demande de billets augmente en se déplaçant vers la droite de D_0 à D_1. L'élasticité croisée de la demande est alors *négative* parce que les variations vont dans des sens opposés.

la demande d'entrées au cinéma par rapport aux locations de DVD est *positive*. Autrement dit, les deux variations vont dans le même sens.

Les compléments Toujours en gardant le prix d'un billet de cinéma constant, supposons qu'on en vende 190 par semaine. Puis, le prix d'une portion régulière de maïs soufflé baisse de 2 $, passant de 6 $ à 4 $ (un prix moyen de 5 $). À la suite de cette baisse, la quantité demandée de billets grimpe à 210 entrées. Le prix du maïs soufflé a baissé de

$$\Delta P/P' = (-2\,\$/5\,\$) \times 100 = -40\%.$$

La quantité demandée d'entrée s'est accrue de

$$\Delta Q/Q' = (20/200) \times 100 = +10\%.$$

L'élasticité croisée de la demande d'entrées au cinéma par rapport au maïs soufflé est donc de −0,25 :

$$\frac{+10\%}{-40\%} = -0,25.$$

Comme une sortie au cinéma et une portion de maïs soufflé sont des compléments, une baisse du prix du maïs soufflé entraîne une hausse de la fréquentation des salles. À la figure 4.7, la courbe de demande d'entrées au cinéma se déplace vers la droite de D_0 à D_1. Comme une *baisse* du prix du maïs soufflé entraîne une *augmentation* de la fréquentation, l'élasticité croisée de la demande d'entrées par rapport au maïs soufflé est *négative*. Le prix et la quantité varient en sens contraire.

La valeur absolue de l'élasticité croisée de la demande détermine l'ampleur du déplacement de la courbe de demande. Plus l'élasticité croisée est grande (en valeur absolue), plus la variation de la demande est importante et plus le déplacement de la courbe de demande l'est aussi.

Si deux produits sont des substituts très proches, comme deux eaux de source de marques différentes, la demande a une élasticité croisée importante. Si deux produits sont des compléments étroits, comme une voiture et l'essence qui la fait fonctionner, la demande a également une élasticité croisée importante. Si deux produits n'ont aucun lien particulier, comme les journaux et le jus d'orange, l'élasticité croisée de la demande est faible, voire nulle.

L'élasticité-revenu de la demande

Supposons que l'économie est en expansion et que le revenu des consommateurs augmente. Cette prospérité entraîne une augmentation de la demande de la plupart des biens et services. Mais de combien la demande d'entrées au cinéma augmentera-t-elle? La réponse à cette question dépend de l'élasticité-revenu de la demande. L'**élasticité-revenu de la demande** est une mesure de la sensibilité de la quantité demandée d'un bien ou d'un service à une variation du revenu des consommateurs, quand tous les autres facteurs restent constants.

L'élasticité-revenu de la demande se calcule selon la formule suivante:

$$\text{Élasticité-revenu de la demande} = \frac{\text{Pourcentage de variation de la quantité demandée}}{\text{Pourcentage de variation du revenu}}.$$

L'élasticité-revenu de la demande peut-être positive ou négative. On distingue trois sortes d'élasticité-revenu de la demande, selon qu'elle:

- est supérieure à 1 (bien *normal*, demande élastique par rapport au revenu);
- se situe entre 0 et 1 (bien *normal*, demande inélastique par rapport au revenu);
- est inférieure à 0 (bien *inférieur*).

La demande élastique par rapport au revenu Supposons que le prix d'une entrée au cinéma demeure constant et qu'on vende 190 billets par semaine. Puis, le revenu augmente, passant de 975 $ à 1 025 $ par semaine. Les gens sont plus riches et choisissent de se payer plus souvent une sortie au cinéma, de sorte qu'on vend maintenant 210 entrées par semaine.

La variation de la quantité demandée est de +20 places. La quantité moyenne est de 200 places, si bien que la quantité demandée augmente de 10 %. La variation du revenu est de +50 $. Le revenu moyen est de 1 000 $, si bien que le revenu augmente de 5 %. L'élasticité-revenu de la demande d'entrées au cinéma est de 2:

$$\frac{10\%}{5\%} = 2.$$

La demande d'entrées au cinéma est élastique par rapport au revenu. Le pourcentage d'augmentation de la quantité demandée d'entrées est supérieur au pourcentage d'augmentation du revenu. *Si la demande d'un bien est élastique par rapport au revenu, le pourcentage du revenu consacré à l'achat de ce bien augmente quand le revenu augmente.*

La demande inélastique par rapport au revenu Si l'élasticité-revenu de la demande est positive mais inférieure à 1, la demande est inélastique par rapport au revenu. Le pourcentage d'augmentation de la quantité demandée est positif mais inférieur au pourcentage d'augmentation du revenu. *Si la demande d'un bien est inélastique par rapport au revenu, le pourcentage du revenu consacré à l'achat de ce bien décroît quand le revenu augmente.*

Les biens inférieurs Si elle est négative, l'élasticité-revenu de la demande concerne un bien *inférieur*. La quantité demandée de ce bien et le montant dépensé pour se le procurer *décroissent* quand le revenu augmente. Les petites motos, les pommes de terre et le riz sont des exemples de biens inférieurs consommés principalement par les gens à faible revenu.

MINITEST 2

1 Que mesure l'élasticité croisée de la demande?

2 L'élasticité croisée de la demande peut être positive ou négative. Dans chaque cas, que révèle-t-elle sur la relation entre deux produits?

3 Que mesure l'élasticité-revenu de la demande?

4 Que nous révèle l'élasticité-revenu d'un bien lorsqu'elle est négative?

5 Pourquoi le niveau de revenu influe-t-il sur la valeur de l'élasticité-revenu de la demande?

Réponses p. 129

L'élasticité-revenu de la demande dans la réalité

Les produits de première nécessité et les produits de luxe

Le tableau ci-dessous donne quelques exemples d'élasticité-revenu de la demande dans le monde réel. La demande de produits de première nécessité, comme les denrées et les vêtements, est inélastique par rapport au revenu, tandis que la demande de produits de luxe, comme le transport aérien et les vacances à l'étranger, est élastique par rapport au revenu.

Cependant, la définition de *produit de première nécessité* et de *produit de luxe* diffère selon le niveau de revenu : pour des gens à faible revenu, les denrées et les vêtements peuvent être des produits de luxe. Le niveau de revenu a donc un effet important sur l'élasticité-revenu de la demande.

La figure illustre cet effet sur la demande de denrées dans dix pays. Dans les pays à faible revenu, comme la Tanzanie et l'Inde, l'élasticité-revenu de la demande de denrées est élevée, alors qu'elle est faible dans les pays à revenu élevé, comme le Canada. Autrement dit, l'élasticité-revenu de la demande de denrées diminue à mesure que le revenu augmente. Les gens à faible revenu consacrent aux denrées un plus grand pourcentage de toute augmentation de revenu que les gens à revenu élevé.

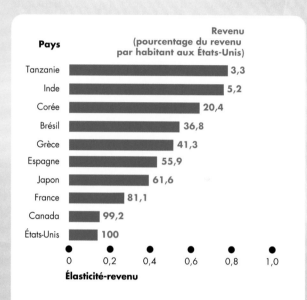

Source : Henri THEIL, Ching-Fan CHUNG et James L. SEALE junior, *Advances in Econometrics, Supplement 1, 1989, International Evidence on Consumption Patterns*, Greenwich (Conn.), JAI Press Inc., 1989.

L'élasticité-revenu de la demande

Demande élastique par rapport au revenu	
Transport aérien	5,82
Cinéma	3,41
Voyages à l'étranger	3,08
Électricité	1,94
Repas au restaurant	1,61
Trains et autobus locaux	1,38
Coupes de cheveux	1,36
Automobiles	1,07

Demande inélastique par rapport au revenu	
Tabac	0,86
Boissons alcoolisées	0,62
Meubles	0,53
Vêtements	0,51
Journaux et magazines	0,38
Téléphone	0,32
Denrées	0,14

Sources : H.S. HOUTHAKKER et Lester D. TAYLOR, *Consumer Demand in the Unites States*, Cambridge (Mass.), Harvard University Press, 1970 ; Henri THEIL, Ching-Fan CHUNG et James L. SEALE junior, *Advances in Econometrics, Supplement 1, 1989, International Evidence on Consumption Patterns*, Greenwich (Conn.), JAI Press Inc., 1989.

Maintenant que nous avons vu les divers types d'élasticité de la demande, passons de l'autre côté du marché et examinons l'élasticité-prix de l'offre.

 ## L'élasticité-prix de l'offre

Nous savons que, lorsque la demande s'accroît, le prix d'équilibre et la quantité d'équilibre augmentent. Mais une augmentation de la demande entraîne-t-elle une forte hausse du prix et une faible augmentation de la quantité ou, au contraire, une faible hausse du prix et une forte augmentation de la quantité ?

La réponse à cette question dépend de la sensibilité de la quantité offerte à une variation du prix. Vous comprendrez pourquoi en étudiant les graphiques (a) et (b) de la figure 4.8, qui reprennent l'exemple du cinéma. Au graphique (a), l'offre d'entrées au cinéma est illustrée par la courbe d'offre O_A, et au graphique (b), par la courbe d'offre O_B. Dans les deux cas, la demande initiale est D_0, le prix initial d'un billet est de 10 $ et la quantité échangée à l'équilibre est de 200 billets par semaine.

FIGURE 4.8   *L'effet d'une hausse de la demande sur le prix et la quantité*

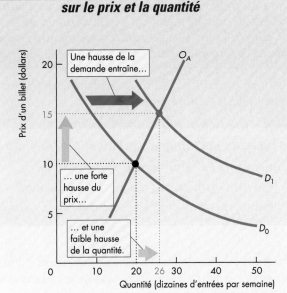

(a) Forte variation du prix et faible variation de la quantité

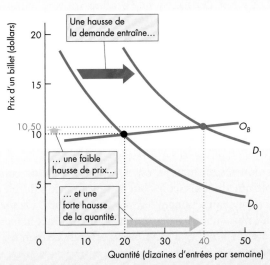

(b) Faible variation du prix et forte variation de la quantité

Au départ, le prix du billet est de 10 $, et la quantité vendue, de 200 entrées par semaine. Puis, une augmentation de la population et du revenu des consommateurs fait augmenter la fréquentation. La courbe de demande se déplace vers la droite jusqu'à D_1. Au graphique (a), le prix d'un billet augmente de 5 $, passant à 15 $, et la quantité n'augmente que de 60 entrées, passant à 260 entrées par semaine. Au graphique (b), le prix d'un billet n'augmente que de 50 ¢, passant à 10,50 $, et la quantité double, passant à 400 billets par semaine. Au graphique (b), la variation du prix est moins élevée, mais la variation de la quantité est plus élevée qu'au graphique (a) ; la quantité offerte est donc plus sensible au prix au graphique (b) qu'au graphique (a).

Une augmentation de la population et du revenu des consommateurs entraîne une augmentation de la demande d'entrées au cinéma. La courbe de demande se déplace vers la droite jusqu'à D_1. Au graphique (a), le prix d'une entrée monte de 5 $, passant à 15 $, et la quantité n'augmente que de 60 entrées, passant à 260 entrées par semaine. Au graphique (b), le prix d'un billet n'augmente que de 50 ¢, passant à 10,50 $, et la quantité s'accroît de 200 entrées, passant à 400 entrées par semaine.

Ces différents résultats s'expliquent par la sensibilité de la quantité offerte à une variation de prix, sensibilité que le concept d'*élasticité-prix de l'offre* permet d'évaluer.

Le calcul de l'élasticité-prix de l'offre

L'**élasticité-prix de l'offre** permet de mesurer la sensibilité de la quantité offerte d'un bien ou d'un service à une variation du prix de ce bien ou de ce service, quand tous les facteurs qui influent sur les intentions de vente, autres que le prix, restent les mêmes. L'élasticité-prix de l'offre se calcule selon la formule suivante :

$$\text{Élasticité-prix de l'offre} = \frac{\text{Pourcentage de variation de la quantité offerte}}{\text{Pourcentage de variation du prix}}.$$

La méthode est la même que pour l'élasticité de la demande. (Reportez-vous à la page 107 pour réviser la façon de procéder.) Calculons l'élasticité-prix de l'offre le long des courbes d'offre de la figure 4.8.

Au graphique (a), le prix d'un billet augmente de 5 $, passant de 10 $ à 15 $. Ainsi, le prix moyen est de 12,50 $ et le pourcentage de variation du prix par rapport au prix moyen est de 40 %. Le nombre d'entrées augmente de 60, passant de 200 à 260. Ainsi, la quantité moyenne est de 230 entrées par semaine et le pourcentage de variation de la quantité par rapport à la quantité moyenne est de 26 %. L'élasticité de l'offre est égale à 0,65, soit 26 % divisés par 40 %.

Au graphique (b), le prix du billet augmente de 50 ¢, passant de 10 $ à 10,50 $. Donc, le prix moyen est de 10,25 $ et le pourcentage de variation du prix par rapport au prix moyen est de 4,9 %. La quantité de billets augmente de 200, passant de 200 à 400 billets par semaine. Donc, la quantité moyenne est de 300 billets et le pourcentage de variation de la quantité par rapport à la quantité moyenne est de 67 %. L'élasticité de l'offre est égale à 13,67, soit 67 % divisés par 4,9 %.

Le test du triangle peut aussi être employé pour déterminer l'élasticité de l'offre, qui peut s'écrire :

$$\text{Élasticité-prix de l'offre} = \frac{\Delta Q/Q'}{\Delta P/P'} = \frac{P'/Q'}{\Delta P/\Delta Q}$$

L'offre sera élastique si le terme P'/Q' au numérateur est plus grand que le terme $\Delta P/\Delta Q$ au dénominateur. Elle sera inélastique dans le cas contraire. Comme les deux termes ont le même signe, on n'a pas de fait à tracer un triangle, seule la corde suffira. L'exercice est mené dans la figure 4.9.

Au point vert, la pente de la corde reliant l'origine à ce point, soit P'/Q', est plus abrupte que la pente $\Delta P/\Delta Q$ de la courbe d'offre, et l'offre est élastique. Autrement dit, la corde croise la courbe d'offre au point vert par le dessous. Au point noir, la pente de la corde est plus douce que la pente de la courbe d'offre, et l'offre est inélastique. Autrement dit, la corde croise la courbe d'offre au point vert par le dessus.

Au point rouge, les deux pentes sont égales, c'est-à-dire que la corde y est tangente à la courbe d'offre, et l'élasticité égale 1. Notez que cela sera toujours le cas pour une courbe d'offre qui prend la forme d'une droite passant par l'origine, c'est-à-dire qui se confond avec toute corde reliant l'origine à l'un de ses points.

La figure 4.10 illustre des courbes d'offre affichant différents types d'élasticité de l'offre. Si la quantité offerte reste constante quel que soit le prix, la courbe d'offre est verticale et l'élasticité est nulle (0) ; on dit alors que l'offre est parfaitement inélastique. Le graphique (a) illustre ce cas. Le cas intermédiaire est celui où le pourcentage de variation du prix est égal au pourcentage de variation de la quantité ; on

dit alors que l'offre a une élasticité unitaire. Le graphique (b) illustre ce cas. Quelle que soit sa pente, la courbe d'offre a une élasticité unitaire puisqu'il s'agit d'une droite qui passe par l'origine. Enfin, si, à partir d'un certain prix, les producteurs consentent à vendre n'importe quelle quantité, la courbe d'offre est horizontale et l'élasticité de l'offre est infinie ; on dit alors que l'offre est parfaitement élastique. Le graphique (c) illustre ce cas.

Les facteurs qui influent sur l'élasticité de l'offre

L'élasticité-prix de l'offre dépend de deux facteurs :

- la substituabilité des facteurs de production ;
- le temps de réponse des producteurs à la variation de prix.

La substituabilité des facteurs de production   La production de certains biens et services exige le recours à des facteurs de production rares ou exclusifs. L'offre de ce genre de produits est peu élastique, voire parfaitement inélastique, car les producteurs n'ont pas la capacité de modifier leur volume de production. D'autres biens et services sont produits avec des facteurs de production très courants et très polyvalents. Leur offre est très élastique, car les producteurs peuvent modifier facilement leur volume de production en fonction des variations de prix. La concurrence les incite d'ailleurs à le faire.

Une toile de Riopelle est un exemple de bien dont la courbe d'offre est verticale, et l'offre, parfaitement inélastique. À l'opposé, le blé présente une courbe d'offre presque horizontale, et son offre est donc très élastique. De fait, le blé peut se cultiver sur une terre où on peut tout aussi bien faire pousser du maïs ; il est donc aussi facile de cultiver du blé que du maïs, et le coût de renonciation du blé – le maïs auquel on renonce – est presque constant. De même, quand plusieurs pays peuvent produire un même bien (le sucre ou le bœuf, par exemple), l'offre de ce bien est très élastique.

L'élasticité de l'offre de la plupart des biens et services se situe entre ces deux extrêmes. Une augmentation de la quantité produite entraîne une augmentation des coûts. De même, une hausse de prix entraîne une augmentation de la quantité offerte. L'élasticité de l'offre se situe alors quelque part entre zéro et l'infini.

Le temps de réponse des producteurs à la variation de prix   Pour étudier l'effet du temps qui s'écoule après une variation de prix, on distingue trois horizons temporels de l'offre :

1. l'offre instantanée (O_I) ;
2. l'offre à court terme (O_{CT}) ;
3. l'offre à long terme (O_{LT}).

FIGURE 4.9   *Le test du triangle pour l'offre*

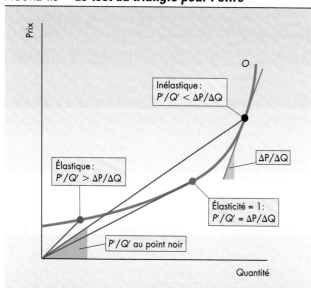

Le test du triangle appliqué à un point de la courbe d'offre ne demande que de tracer la corde reliant ce point à l'origine. Si la corde coupe la courbe d'offre par le dessous, comme au point vert, l'offre est élastique. Si elle la coupe par le dessus, comme au point noir, elle est inélastique. Et si la corde est tangente à la courbe d'offre, comme au point rouge, l'élasticité de l'offre est égale à 1.

FIGURE 4.10 *L'offre inélastique et l'offre élastique*

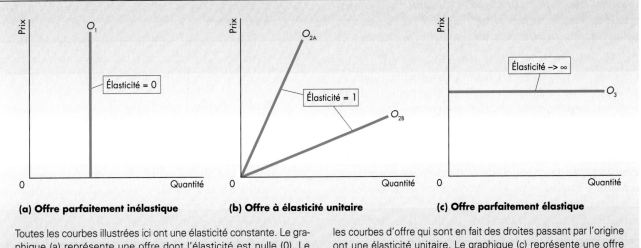

(a) Offre parfaitement inélastique **(b) Offre à élasticité unitaire** **(c) Offre parfaitement élastique**

Toutes les courbes illustrées ici ont une élasticité constante. Le graphique (a) représente une offre dont l'élasticité est nulle (0). Le graphique (b) illustre une offre dont l'élasticité est unitaire. Toutes les courbes d'offre qui sont en fait des droites passant par l'origine ont une élasticité unitaire. Le graphique (c) représente une offre dont l'élasticité tend vers l'infini.

Les trois courbes sont illustrées à la figure 4.11 pour le cas de nos cinémas. Chacune représente l'offre du marché selon un horizon temporel différent. Dans cet exemple, la courbe d'offre instantanée O_I représente l'offre, c'est-à-dire la relation entre le prix et la quantité offerte, sur l'espace de quelques jours tout au plus, pendant lesquels les producteurs n'ont pas le temps de s'ajuster. Si on considère le même marché, mais sur un horizon de quelques semaines, ce qui permet aux producteurs de s'ajuster un peu, la courbe d'offre à court terme est plus appropriée. Sur un horizon de plusieurs mois, alors que les producteurs ont tout le temps qu'il faut pour ajuster leur production aux nouvelles conditions du marché, la courbe d'offre à long terme représente mieux le lien entre le prix du marché et la quantité offerte.

La *courbe d'offre instantanée* illustre l'effet d'une variation de prix, à la hausse ou à la baisse, sur la quantité offerte. Certains biens, comme les fruits et les légumes, ont une offre instantanée parfaitement inélastique. Les quantités offertes dépendent de décisions prises plusieurs mois avant la mise en marché, et parfois même, comme dans le cas des oranges, plusieurs années avant. La courbe d'offre instantanée est alors verticale, car, quel que soit le prix des oranges, les producteurs ne peuvent pas modifier leur offre. Ils ont récolté, emballé et expédié leur récolte sur le marché, et la quantité offerte ce jour-là est fixe.

D'autres biens ou services, comme les appels interurbains, ont une offre instantanée parfaitement élastique. Quand un nombre inhabituel de personnes décident de téléphoner en même temps, la demande de liaisons téléphoniques par câble, de commutations informatiques et de communications par satellite augmente brusquement, et la quantité offerte grimpe en conséquence. Toutefois, le prix reste constant. Les planificateurs de télécommunications

FIGURE 4.11 *L'élasticité de l'offre et l'horizon temporel*

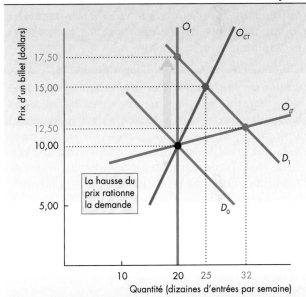

La relation entre le prix du marché et la quantité offerte (l'offre) dépend de l'horizon temporel considéré. Lorsque celui-ci est très réduit, il est représentée par la courbe d'offre instantanée (O_I): l'offre est parfaitement inélastique parce que les producteurs ne peuvent ajuster la quantité. À court terme, il est possible d'ajuster un peu la quantité : la courbe d'offre à court terme (O_{CT}) reflète alors la relation. À long terme, l'offre devient encore plus flexible, c'est-à-dire plus élastique : la courbe d'offre à long terme (O_{LT}) reflète mieux alors la relation entre le prix et la quantité échangée.

interurbaines prévoient et gèrent les fluctuations de la demande et redirigent les appels afin de maintenir l'équilibre entre la quantité offerte et la quantité demandée sans hausse de prix. Au prix du marché, l'offre s'ajuste ainsi à toute variation de la demande et est donc parfaitement élastique (courbe d'offre horizontale).

La *courbe d'offre à court terme* illustre l'effet d'une variation du prix sur la quantité offerte une fois que les producteurs ont procédé à certains des ajustements techniques possibles. Une variation du prix déclenche une série d'ajustements. Le premier touche habituellement la quantité de main-d'œuvre employée. Pour augmenter la production à court terme, les entreprises demandent souvent à leurs employés de faire des heures supplémentaires et, parfois, embauchent du personnel additionnel. Pour réduire la production à court terme, elles licencient des employés ou réduisent leurs heures de travail. Par la suite, elles peuvent procéder à d'autres ajustements, comme la formation de nouveaux employés ou l'achat d'équipement.

La pente de la courbe d'offre à court terme est positive parce que les producteurs peuvent prendre des mesures pour modifier rapidement la quantité offerte en réponse à une variation du prix. Par exemple, si le prix des oranges baisse, ils peuvent cesser de les cueillir et les laisser pourrir dans les arbres; si leur prix monte, ils peuvent utiliser plus d'engrais et irriguer la terre davantage pour optimiser le rendement des plantations.

La *courbe d'offre à long terme* illustre l'effet d'une variation du prix sur la quantité offerte une fois que les producteurs ont utilisé tous les moyens techniques possibles pour ajuster l'offre. Dans le cas des oranges, il faut une quinzaine d'années pour amener de nouveaux plants à maturité. Dans d'autres cas, la construction d'une nouvelle usine et la formation des travailleurs à l'utilisation de nouvelles machines ou de nouvelles méthodes prennent souvent des années.

Dans la figure 4.11, la demande est initialement donnée par D_0, et l'équilibre du marché est au point noir, qui correspond à un prix d'entrée de 10 $ et à 200 billets vendus. La sortie d'un film exceptionnel en 3D fait ensuite augmenter la demande de manière imprévue, l'amenant à D_1. Pour prédire la suite des événements, il faut préciser l'horizon temporel considéré, c'est-à-dire la courbe d'offre qui représente les décisions des propriétaires de salles.

■ Sur un horizon de quelques jours, il n'est pas possible d'ajuster la quantité offerte. Les propriétaires de salles annulent tous les rabais et le prix grimpe

rapidement à 17,50 $ (point bleu) pour rationner la quantité demandée le long de la courbe d'offre instantanée.

■ À court terme, sur un horizon de quelques semaines, les propriétaires de salles embauchent du personnel supplémentaire et réaménagent leurs horaires afin d'accroître leur offre le long de la courbe d'offre à court terme. La quantité échangée peut alors croître jusqu'à 250 entrées par semaine à un prix de 15 $ (point vert).

■ À long terme, si l'intérêt pour les films en 3D se maintient, de nouvelles salles sont construites pour accueillir la nouvelle clientèle. On vend maintenant 320 entrées par semaine au prix de 12,50 $ (point rouge sur la courbe d'offre à long terme).

Vous savez maintenant mesurer l'élasticité-prix de l'offre et de la demande. Le tableau 4.1 résume les types d'élasticité décrits dans ce chapitre. Avant de passer au chapitre suivant, où vous étudierez l'efficacité des marchés concurrentiels, lisez la rubrique «Entre les lignes» (p. 122), qui porte sur les marchés de l'essence et de l'automobile. Vous pourrez y appliquer ce que vous avez appris sur l'élasticité de la demande.

MINITEST 3

1 Définissez l'élasticité-prix de l'offre.

2 Quels facteurs expliquent que l'offre de certains biens est élastique et l'offre d'autres biens inélastique ?

3 Donnez des exemples de biens ou de services dont l'offre est parfaitement inélastique (nulle) et dont l'offre est presque parfaitement élastique.

4 Comment l'horizon temporel des décisions relatives à l'offre influe-t-il sur l'élasticité-prix de l'offre ?

Réponses p. 130

TABLEAU 4.1 *Petit glossaire de l'élasticité*

Nature de la demande	Valeur numérique	Interprétation
Élasticité-prix de la demande		
Parfaitement élastique	Tend vers l'infini	Une hausse du prix, aussi infime soit-elle, entraîne la quantité demandée à zéro*.
Élastique	Supérieure à 1	Le pourcentage de diminution de la quantité demandée est supérieur au pourcentage d'augmentation du prix.
À élasticité unitaire	1	Le pourcentage de diminution de la quantité demandée est égal au pourcentage d'augmentation du prix.
Inélastique	Positive, mais inférieure à 1	Le pourcentage de diminution de la quantité demandée est inférieur au pourcentage d'augmentation du prix.
Parfaitement inélastique	0	La quantité demandée est la même quel que soit le prix.
Élasticité croisée de la demande		
Substituts parfaits	Tend vers l'infini	Une baisse du prix d'un autre bien substitut, aussi infime soit-elle, entraîne la quantité demandée à zéro.
Substituts	Positive	Une baisse du prix d'un autre bien substitut entraîne une baisse de la quantité demandée.
Biens indépendants	0	La quantité demandée demeure la même quand le prix d'un autre bien varie.
Compléments	Négative	Une baisse du prix d'un autre bien complémentaire fait croître la quantité demandée.
Élasticité-revenu de la demande		
Élastique par rapport au revenu (biens normaux)	Supérieure à 1	Le pourcentage d'augmentation de la quantité demandée est supérieur au pourcentage d'augmentation du revenu.
Inélastique par rapport au revenu (biens normaux)	Inférieure à 1, mais positive	Le pourcentage d'augmentation de la quantité demandée est inférieur au pourcentage d'augmentation du revenu.
Élasticité-revenu négative (biens inférieurs)	Négative	Lorsque le revenu augmente, la quantité demandée diminue.
Élasticité-prix de l'offre		
Parfaitement élastique	Tend vers l'infini	Une baisse du prix, aussi infime soit-elle, entraîne la quantité offerte à zéro.
Élastique	Supérieure à 1	Le pourcentage d'augmentation de la quantité offerte est supérieur au pourcentage d'augmentation du prix.
Inélastique	Positive, mais inférieure à 1	Le pourcentage d'augmentation de la quantité offerte est inférieur au pourcentage d'augmentation du prix.
Parfaitement inélastique	0	La quantité offerte est la même quel que soit le prix.

* Dans chacune des descriptions, les directions de la variation peuvent s'inverser. Ici, par exemple, une baisse du prix, aussi infime soit-elle, entraîne une augmentation démesurée de la quantité demandée.

L'ÉLASTICITÉ-PRIX DE LA DEMANDE D'ESSENCE, DE CAMIONS ET DE VOITURES

THE CANADIAN PRESS, 2 JUILLET 2008

CHEZ GM CANADA, LES VENTES DE CAMIONS CHUTENT DE 35 %

Par *David Paddon*

Au Canada, les ventes de voitures et de camions légers, en général assez bonnes durant les cinq premiers mois de 2008, se sont mises à dégringoler soudainement le mois dernier, en raison du prix élevé de l'essence. En effet, les hausses de prix du carburant ont occasionné une contraction de la demande de camionnettes, de VUS et de voitures gourmandes en essence.

Chez General Motors du Canada, le plus grand fabricant d'automobiles du pays, les ventes totales du mois de juin ont glissé de 23,8 %. Au cours de ce mois, la société a vendu en tout 32 365 voitures et camions légers, comparativement à 42 466 en juin 2007.

Ce sont les ventes de camions GM qui ont subi la plus forte baisse, celle-ci étant de plus de 35 % par rapport à l'année dernière. [...]

Selon Marc Comeau, vice-président des ventes chez GM Canada : « Les ventes du mois de juin chez nous reflètent l'impact considérable et durable que la hausse du prix de l'essence a eu sur le marché, et la tendance qui en a résulté et qui se confirme chez les consommateurs d'acheter plutôt des voitures et des véhicules multisegments de petite taille. »

Mais GM n'était pas seule à connaître un piètre mois de juin.

Dans l'ensemble du Canada le mois dernier, on a vendu 63 540 camions légers, une baisse de 17,6 % par rapport au mois de juin de l'an passé, alors que les ventes de voitures ont augmenté de 4,3 %, passant de 92 052 l'an dernier à 95 989 cette année.

Par ailleurs, Subaru Canada a annoncé avoir établi un nouveau record pour le mois de juin. Ses ventes sont passées de 1 351 à 1 822 véhicules, une hausse de 34,9 %. ■

LES FAITS EN BREF

- En raison de la hausse du prix de l'essence, la demande de camionnettes, de VUS et de voitures gourmandes en essence baisse au Canada.

- Chez GM, les ventes de voitures et de camions légers ont chuté de 23,8 % en juin 2008.

- Chez GM, les ventes de camions ont connu une forte baisse de 35 % entre juin 2007 et juin 2008.

- Au Canada, on a vendu 63 540 camions légers, une baisse de 17,6 %, alors que les ventes de voitures ont augmenté de 4,3 %, passant de 92 052 en 2007 à 95 989 en 2008.

ANALYSE ÉCONOMIQUE

● Statistique Canada publie des données sur le prix de l'essence. Le **tableau 1** résume l'information sur la quantité et le prix. Si nous présumons que les autres facteurs influant sur les intentions d'achat n'ont pas varié, nous pouvons estimer l'élasticité-prix de la demande, grâce à la méthode du point moyen.

Tableau 1 L'élasticité-prix de la demande d'essence

	Quantité	Prix
	(millions de litres)	(par litre)
Juin 2007	110	1,07 $
Juin 2008	108	1,20 $
Variation	−2	0,13 $
Moyenne	109	1,14 $
Pourcentage de variation	−1,8 %	11,4 %
Élasticité	1,8 %/11,4 % = **0,16**	

● La **figure 1** illustre le calcul de l'élasticité-prix de la demande d'essence.

● Au Canada, l'élasticité-prix de la demande d'essence égale 0,16, et la demande d'essence est inélastique. Une variation importante du prix, en pourcentage, entraîne une variation faible, en pourcentage, de la quantité demandée d'essence.

● L'information contenue dans l'article nous permet d'estimer l'élasticité croisée de la demande des camions GM, des camions légers et des voitures par rapport au prix de l'essence.

● Le **tableau 2** présente des données complémentaires sur les quantités vendues et le prix de l'essence en juin 2007 et en juin 2008.

Tableau 2 L'élasticité croisée de la demande

	Juin 2007	Juin 2008	Pourcentage de variation	Élasticité croisée
	(nombre de véhicules)			
Camions GM	22 014	14 243	−42,9 %	−3,76
Camions légers	77 112	63 540	−19,3 %	−1,69
Voitures	92 052	95 898	4,1 %	0,36
Prix de l'essence (par litre)	1,07 $	1,20 $	11,4 %	

● Pour calculer l'élasticité croisée de la demande, on divise les chiffres de la quatrième colonne par 11,4 %.

● L'élasticité croisée de la demande de voitures est positive. Une augmentation du prix de l'essence entraîne une hausse de la demande de ce type de véhicule. Cela s'explique par le fait que les propriétaires de gros véhicules utilitaires souhaitent s'en départir pour une auto, à mesure que le prix de l'essence augmente. Dans ces conditions très particulières, la voiture et l'essence deviennent des *substituts* – on remplace la facture d'essence élevée par une auto.

● La **figure 2** illustre l'élasticité croisée de la demande de voitures par rapport au prix de l'essence.

● L'élasticité croisée de la demande de camions GM et de camions légers est négative et élevée. Une augmentation du prix de l'essence entraîne une chute de la demande de camions. Le camion et l'essence sont des *compléments*.

● La **figure 3** illustre l'élasticité croisée de la demande de camions par rapport au prix de l'essence.

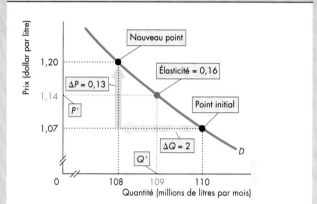

Figure 1 L'élasticité-prix de la demande d'essence

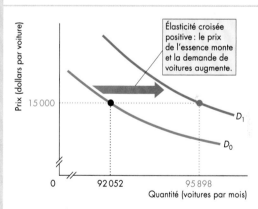

Figure 2 L'élasticité croisée : les voitures et le prix de l'essence

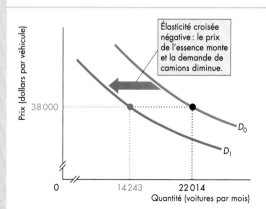

Figure 3 L'élasticité croisée : les camions GM et le prix de l'essence

Points clés

L'élasticité-prix de la demande (p. 106-113)

- L'élasticité-prix de la demande est une mesure de la sensibilité de la quantité demandée d'un bien à une variation du prix de ce bien.

- L'élasticité-prix de la demande est égale au pourcentage de variation de la quantité demandée divisé par le pourcentage de variation du prix.

- Plus la demande d'un bien est élastique, plus la quantité demandée réagit à une variation du prix.

- Si la demande d'un bien est élastique, une baisse du prix du bien fait augmenter les recettes ; si la demande a une élasticité unitaire, une baisse du prix ne modifie rien aux recettes ; si la demande est inélastique, une baisse du prix fait diminuer les recettes.

- L'élasticité-prix de la demande d'un bien dépend de la disponibilité de biens substituts, de la part du revenu consacrée à l'achat de ce bien et du temps qui s'écoule après la variation du prix du bien.

Les autres types d'élasticité de la demande (p. 113-116)

- L'élasticité croisée de la demande est une mesure de la sensibilité de la quantité demandée d'un bien à une variation du prix d'un substitut ou d'un complément de ce bien.

- L'élasticité croisée de la demande d'un bien est positive par rapport aux substituts de ce bien, et négative par rapport à ses compléments.

- L'élasticité-revenu de la demande est une mesure de la sensibilité de la quantité demandée d'un bien à une variation du revenu des consommateurs. L'élasticité-revenu de la demande d'un bien normal est positive, et celle d'un bien inférieur est négative.

- Quand l'élasticité-revenu de la demande d'un bien est supérieure à 1 (demande élastique par rapport au revenu), le pourcentage du revenu consacré à ce bien augmente à mesure que le revenu augmente.

- Quand l'élasticité-revenu de la demande d'un bien est inférieure à 1 mais positive (demande inélastique par rapport au revenu), le pourcentage du revenu consacré à ce bien décroît à mesure que le revenu augmente.

- Quand l'élasticité-revenu de la demande d'un bien est négative, la quantité achetée du bien diminue à mesure que le revenu augmente.

L'élasticité-prix de l'offre (p. 116-120)

- L'élasticité-prix de l'offre est une mesure de la sensibilité de la quantité offerte d'un bien à une variation du prix de ce bien.

- L'élasticité-prix de l'offre est généralement positive et se situe entre 0 (courbe d'offre verticale) et l'infini (courbe d'offre horizontale).

- L'élasticité-prix de l'offre dépend de la substituabilité des facteurs de production et du temps de réponse des producteurs à la variation de prix.

- L'offre instantanée décrit la réaction immédiate de la quantité offerte à une variation de prix.

- L'offre à court terme décrit la réaction de la quantité offerte à une variation de prix une fois que *certains* ajustements de production techniquement possibles ont été effectués.

- L'offre à long terme décrit la réaction de la quantité offerte à une variation de prix une fois que *tous* les ajustements de production techniquement possibles ont été effectués.

Figures et tableau clés

Figure 4.2 Le calcul de l'élasticité-prix de la demande (p. 107)

Figure 4.3 La demande inélastique et la demande élastique (p. 108)

Figure 4.4 Le test du triangle (p. 109)

Figure 4.5 L'élasticité le long d'une droite de demande (p. 110)

Figure 4.6 L'élasticité et les recettes (p. 111)

Figure 4.7 L'élasticité croisée de la demande (p. 114)

Figure 4.9 Le test du triangle pour l'offre (p. 118)

Figure 4.10 L'offre inélastique et l'offre élastique (p. 119)

Tableau 4.1 Petit glossaire de l'élasticité (p. 121)

Mots clés

Demande à élasticité unitaire Demande dont l'élasticité par rapport au prix est égale à 1, de sorte que le pourcentage de variation de la quantité demandée est égal au pourcentage de variation du prix (p. 108).

Demande élastique Demande dont l'élasticité par rapport au prix est supérieure à 1, de sorte que le pourcentage de variation de la quantité demandée est supérieur au pourcentage de variation du prix (p. 109).

Demande inélastique Demande dont l'élasticité est comprise entre 0 et 1, de sorte que le pourcentage de variation de la quantité demandée est inférieur au pourcentage de variation du prix (p. 108).

Demande parfaitement élastique Demande dont l'élasticité par rapport au prix est infinie ; l'élasticité de la quantité demandée est extrêmement sensible à la variation du prix (p. 109).

Demande parfaitement inélastique Demande dont l'élasticité est nulle ; la quantité demandée demeure constante lorsque le prix varie (p. 108).

Élasticité croisée de la demande Mesure de la sensibilité de la demande d'un bien à une variation du prix d'un substitut ou d'un complément ; ratio du pourcentage de variation de la quantité demandée sur le pourcentage de variation du prix de l'autre bien (p. 114).

Élasticité-prix de l'offre Mesure de la sensibilité de l'offre d'un bien à une variation de son prix ; ratio du pourcentage de variation de la quantité offerte sur celui du prix (p. 117).

Élasticité-prix de la demande Mesure de la sensibilité de la quantité demandée d'un bien à une variation de son

prix ; ratio du pourcentage de variation de la quantité demandée d'un bien sur celui du prix (p. 106).

Élasticité-revenu de la demande Mesure de la sensibilité de la demande d'un bien à une variation du revenu des consommateurs ; ratio du pourcentage de variation de la quantité demandée sur celui du revenu (p. 115).

Recettes Valeur des ventes d'une entreprise ; prix du bien multiplié par la quantité vendue (p. 110).

Test des recettes Méthode qui permet d'estimer l'élasticité-prix de la demande en observant l'effet d'une variation de prix sur les recettes totales (p. 111).

Test du triangle Méthode graphique permettant de déterminer si la demande est élastique ou non en un point donné ; il existe un test équivalent pour l'offre (p. 109, 118).

PROBLÈMES ET APPLICATIONS

1. La pluie ruine la récolte de fraises. Par conséquent, le prix des fraises monte, passant de 4 $ à 6 $ par boîte, et la quantité demandée descend, passant de 1 000 à 600 boîtes par semaine.

   a. Quelle est l'élasticité-prix de la demande de fraises dans cette fourchette de prix ?

   b. La demande de fraises dans cette fourchette de prix est-elle élastique ?

2. À la suite d'une augmentation de prix de 10 %, on observe que la quantité demandée d'un bien a baissé de 2 %.

   a. La demande de ce bien est-elle élastique, à élasticité unitaire ou inélastique ?

   b. Est-il facile de trouver un substitut à ce bien ou, au contraire, manque-t-on de bons substituts ? Ce bien est-il vraisemblablement un produit de première nécessité ou plutôt un produit de luxe ? S'agit-il d'un bien aux caractéristiques précises ou plutôt d'une catégorie de biens dont la définition est large ? Pourquoi ?

   c. Calculez l'élasticité-prix de la demande de ce bien et dites si les recettes provenant de la vente de ce bien ont augmenté ou diminué.

   d. Dites si ce bien est susceptible de faire partie de la liste suivante : jus d'orange, pain, dentifrice, billets de théâtre, vêtement, jeans, billets de la coupe Stanley. Justifiez votre réponse.

3. Le barème de demande de chambres d'hôtel est le suivant :

Prix (par nuit)	Quantité demandée (chambres par nuit)
200 $	10 000
250 $	8 000
400 $	5 000
500 $	4 000
800 $	2 500

   a. Qu'advient-il des recettes si le prix descend, passant de 400 $ à 250 $ par nuit ?

   b. Qu'advient-il des recettes si le prix descend, passant de 250 $ à 200 $ par nuit ?

   c. À quel prix les recettes sont-elles maximales ? Expliquez votre réponse.

   d. La demande de chambres d'hôtel est-elle élastique, à élasticité unitaire ou inélastique ?

4. En 2003, quand le téléchargement d'œuvres musicales a commencé à devenir populaire, Universal Music a réduit le prix des disques compacts de 21 $ à 15 $ en moyenne. La société a dit s'attendre à ce que la baisse de prix fasse grimper la quantité de CD vendus de 30 %.

   a. Quelle est, selon l'estimation d'Universal Music, l'élasticité-prix de la demande de disques compacts ?

b. Compte tenu de votre réponse à la question (a), s'il vous revenait de fixer le prix chez Universal Music, décideriez-vous de le réduire, de l'augmenter ou de le laisser tel quel ? Justifiez votre décision.

5. ### POURQUOI CETTE RÉACTION TIÈDE AUX HAUSSES DU PRIX DE L'ESSENCE ?

Les estimations fondées sur les données disponibles indiquent qu'une augmentation de 10 % du prix de l'essence entraîne à long terme une diminution de 5 à 10 % de sa consommation. [...] Le prix moyen de l'essence au pays a grimpé de 53 % entre 1998 et 2004, après indexation. Et pourtant, la consommation a augmenté de 10 % au cours de la même période.

Bien sûr, beaucoup d'autres choses ont changé pendant ce temps. Un des changements, peut-être le plus important, c'est l'augmentation des revenus de 19 %. [...] On s'attend normalement à ce que cela fasse monter les ventes d'essence d'environ 20 %. [...]

New York Times, 13 octobre 2005

a. D'après l'information contenue dans l'article, quelle est la sensibilité de la quantité demandée d'essence à la variation du prix à long terme ?

b. Calculez l'élasticité-revenu de la demande d'essence en vous fondant sur les renseignements donnés dans l'article.

c. Si tous les facteurs autres que l'augmentation du revenu et la hausse du prix n'ont pas changé, quelles conclusions peut-on tirer des données des années 1998 à 2004 quant à l'élasticité-prix de la demande d'essence ?

d. Énumérez tous les facteurs qui risquent de fausser l'estimation de l'élasticité-prix de la demande d'essence fondée uniquement sur les données de 1998 à 2004.

6. Une augmentation de 12 % du prix du jus d'orange entraîne une diminution de 22 % de la quantité demandée de jus d'orange et une augmentation de 14 % de la quantité demandée de jus de pomme.

a. Calculez l'élasticité-prix de la demande de jus d'orange.

b. Calculez l'élasticité croisée de la demande de jus de pomme par rapport au prix du jus d'orange.

7. ### LA HAUSSE DES PRIX DES MANUELS POUSSE LES ÉTUDIANTS DES UNIVERSITÉS À DIRE : « JE PASSE ! »

L'augmentation des prix des manuels scolaires est deux fois plus élevée que le taux d'inflation, [et] près de 60 % des

étudiants, à l'échelle du pays, choisissent de ne pas se procurer tout le matériel d'accompagnement des cours. [...] Les étudiants qui doivent travailler pour payer leurs études ou ceux dont les parents sont mis à mal par chaque augmentation des frais de scolarité ont parfois une très mauvaise surprise en voyant les prix des manuels. [...] Et bon nombre d'étudiants adoptent des stratégies de rechange. Ils se mettent en quête d'exemplaires usagés et revendent leurs livres à la fin du semestre ; ils font leurs achats en ligne, où les prix sont parfois meilleurs qu'à la librairie ; ils demandent aux professeurs de mettre un exemplaire en réserve à la bibliothèque et attendent leur tour pour le consulter. Ou encore, ils empruntent, copient, prennent des notes assidûment en classe – et espèrent que les questions des examens ne seront pas tirées des manuels.

Washington Post, 23 janvier 2006

Explicitez ce qui est sous-entendu dans l'article concernant :

a. l'élasticité-prix de la demande de manuels de niveau universitaire ;

b. l'élasticité-revenu de la demande de manuels de niveau universitaire ;

c. l'élasticité croisée de la demande des manuels vendus dans les librairies par rapport aux prix de ces manuels en ligne.

8. ### AU CHAPITRE DES RÉSULTATS, HOME DEPOT SE PORTE PLUTÔT MAL

Avec la chute du prix des maisons au pays, les gens hésitent à rénover leurs foyers, et s'ils font des améliorations, elles sont plus modestes. [...] On se contente de faire des réparations peu coûteuses, [...] et on évite les grosses dépenses [...] Comme les prix de l'essence et de la nourriture augmentent [...], il reste moins d'argent pour les grandes rénovations.

CNN, 20 mai 2008

Qu'est-ce qui est sous-entendu dans cet extrait à propos de l'élasticité-revenu de la demande d'articles ménagers coûteux ? Dans ce cas, l'élasticité-revenu de la demande est-elle supérieure ou inférieure à 1 ? Justifiez votre réponse.

9. ### LES VENTES DE SPAM GRIMPENT AVEC LA MONTÉE DES PRIX DE LA NOURRITURE

Les ventes de Spam – ce pâté de viande souvent vilipendé – sont à la hausse. Les consommateurs se procurent de plus en plus de viandes en conserve et d'autres mets à bon marché pour tirer le maximum de leurs ressources pécuniaires déjà à peine suffisantes. [...] Ils n'ont pas tardé à voir que les viandes comme Spam et d'autres aliments préparés peuvent se substituer aux coupes plus chères et sont un moyen de faire des économies.

AOL Money & Finance, 28 mai 2008

a. Le Spam est-il un bien normal ou un bien inférieur ? Justifiez votre réponse.

b. Selon vous, l'élasticité-revenu de la demande de Spam est-elle négative ou positive ? Justifiez votre réponse.

10. Quand le prix d'une assiette de sushis passe de 9 $ à 7 $ et que les autres facteurs restent les mêmes, la quantité demandée de sushis passe de 100 à 200 par heure, la quantité demandée de hamburgers passe de 200 à 100 par heure, et la quantité demandée de yogourts frappés passe de 150 à 250 verres par heure.

a. Calculez l'élasticité croisée de la demande de yogourts frappés par rapport aux sushis.

b. Calculez l'élasticité croisée de la demande de hamburgers par rapport aux sushis.

c. Quelle est l'utilité des deux élasticités croisées que vous venez de calculer pour un restaurateur qui vend des hamburgers et des yogourts frappés ?

11. On vous informe qu'une augmentation de 10 % du prix d'un bien fait monter la quantité offerte quotidiennement de ce bien de 1 % après un mois et de 25 % après un an.

a. L'offre de ce bien est-elle élastique, à élasticité unitaire ou inélastique ? Ce bien est-il vraisemblablement produit à l'aide de ressources productives faciles à obtenir ?

b. Quelle est l'élasticité de l'offre de ce bien après un an ? L'offre est-elle devenue plus élastique ou moins élastique ? Pourquoi ?

12. La quantité demandée du bien *A* augmente de 5 % quand le prix du bien *B* monte de 10 %. Les biens *A* et *B* sont-ils des compléments ou des substituts ? Dites en quoi la demande du bien *A* varie, et calculez-en l'élasticité croisée de la demande.

13. Le prix du carburant étant à la hausse, les compagnies aériennes augmentent leur tarif. Le tarif moyen passe de 50 ¢ par passager-kilomètre à 80 ¢ par passager-kilomètre et le nombre de passagers-kilomètres passe de 3,2 millions par jour à 2 millions par jour.

a. Quelle est l'élasticité-prix de la demande de voyages par avion, dans cette fourchette de prix ?

b. Décrivez la demande de voyages par avion dans cette fourchette de prix.

14. La figure suivante illustre la demande de location de DVD.

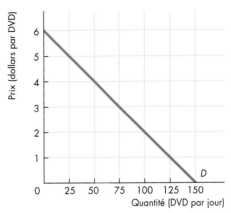

a. Calculez l'élasticité-prix de la demande de DVD lorsque le prix de location monte, passant de 3 $ à 5 $.

b. À quel prix l'élasticité-prix de la demande de DVD est-elle égale à 1 ?

15. Utilisez les données de la rubrique « Entre les lignes » (p. 122) pour calculer l'élasticité-prix de la demande d'essence au Canada.

16. Si la quantité demandée de soins dentaires augmente de 10 % quand le prix des soins dentaires diminue de 10 %, la demande de soins dentaires est-elle inélastique, élastique ou à élasticité unitaire ?

17. Le barème de demande des puces informatiques est le suivant :

| **Prix** | **Quantité demandée** |
(par puce)	(millions de puces par année)
200 $	50
250 $	45
300 $	40
350 $	35
400 $	30

a. Qu'advient-il des recettes si le prix de la puce passe de 400 $ à 350 $?

b. Qu'advient-il des recettes si le prix de la puce passe de 350 $ à 300 $?

c. À quel prix les recettes sont-elles maximales ?

d. Au prix moyen de 350 $, la demande de puces est-elle élastique, inélastique ou à élasticité unitaire ? Utilisez le test des recettes pour répondre à cette question.

e. À 250 $ la puce, la demande de puces est-elle élastique ou inélastique ? Utilisez le test des recettes pour répondre à cette question.

18. L'élasticité-prix de votre demande de bananes égale 4. Le prix des bananes augmente de 5 %.

   a. Quel est le pourcentage de variation de la quantité de bananes que vous achetez ?

   b. Quelle est la variation de ce que vous dépensez pour l'achat de bananes ?

19. On vous informe qu'une augmentation de 5 % du prix d'un bien fait monter la quantité offerte de ce bien de 8 % après un mois et de 10 % après un an.

   a. L'offre de ce bien est-elle élastique, à élasticité unitaire ou inélastique à court terme ?

   b. Ce bien est-il vraisemblablement produit à l'aide de ressources productives faciles à obtenir ?

   c. L'offre est-elle devenue plus élastique ou moins élastique à long terme ? Pourquoi ?

20.

POURQUOI LE PRIX DE L'ESSENCE SUIT CELUI DU PÉTROLE, À LA HAUSSE MAIS NON À LA BAISSE

Si le prix de l'essence semble monter en flèche quand le prix du pétrole brut augmente, puis redescendre tout doucement quand le prix du brut plonge, vous ne rêvez pas. C'est effectivement ce qui se passe. « Il existe un effet fusée pour la montée et un effet plume pour la descente ! » [...] Les stations-service continuent de vendre la même quantité d'essence quand le prix de gros diminue [...] « si bien qu'il n'y aucune raison de baisser. [...] La plupart du temps, [les stations-service] réagissent [à une montée du prix du pétrole] en haussant leurs propres prix, avant même d'avoir épuisé leur stock [...] ». Petit à petit, les forces du marché entrent en jeu et les prix se mettent à descendre quand les concurrents du voisinage réduisent leurs prix.

CNN, 12 janvier 2007

   a. Expliquez le lien entre l'élasticité de l'offre et les fluctuations du prix de l'essence.

   b. Expliquez la relation entre l'élasticité de la demande d'essence et les fluctuations de prix qui ont tendance à jouer « à la fusée et à la plume ».

21.

LES AMÉRICAINS S'ADAPTENT PEU À PEU AUX PRIX ÉLEVÉS DE L'ESSENCE

[...] en mars, aux États-Unis, on a parcouru en voiture 17,5 milliards de kilomètres de moins qu'en mars 2007 [...] « Les gens reconnaissent que les prix ne baisseront pas et ils s'adaptent à la hausse du coût de l'énergie. » [...] Les Américains consacrent 3,7 % de leur revenu disponible à l'achat de carburants pour le transport. Cette proportion a atteint un creux en 1998, à 1,9 %, après s'être élevée jusqu'à 4,5 % en 1981, un sommet [...] « En réalité, beaucoup de choix s'offrent à nous, tels que le type de voiture que nous

conduisons, où nous habitons, combien de temps nous passons à conduire et où nous décidons d'aller. » Pour beaucoup, le coût élevé de l'énergie signifie moins de repas au restaurant, des sorties de fin de semaine reportées, [...] moins de voyages par avion et plus de temps passé près du foyer. [...]

International Herald Tribune, 23 mai 2008

   a. Énumérez et expliquez les élasticités de la demande dont il est implicitement question dans l'article.

   b. Nommez et commentez les facteurs mentionnés dans l'article qui peuvent contribuer à rendre la demande d'essence inélastique.

22. Lorsque son revenu est passé de 3 000 $ à 5 000 $, Alex a augmenté sa consommation de bagels et a réduit sa consommation de beignes. La première est passée de 4 à 8 bagels par mois, et la seconde de 12 à 6 beignes par mois. Calculez l'élasticité-revenu de la demande d'Alex en ce qui concerne :

   a. les bagels ;

   b. les beignes.

23.

LE PROJET DE WAL-MART POUR METTRE LA RÉCESSION EN LAISSE

Wal-Mart [...] actualise sa mise en marché des produits pour les animaux de compagnie. Ceux-ci se retrouvent maintenant en face des produits pour bébés, l'autre catégorie de biens dont les ventes sont en croissance rapide. Selon les experts du commerce de détail, le lien se trouve dans le fait que, [...] même en temps de récession, les animaux seront nourris et les enfants recevront leurs jouets. [...]

CNN, 13 mai 2008

   a. Qu'est-ce que cet article sous-entend au sujet de l'élasticité-revenu de la demande de produits pour les animaux de compagnie et de produits pour les bébés ?

   b. Selon vous, l'élasticité-revenu de la demande est-elle supérieure ou inférieure à 1 ? Justifiez votre réponse.

24.

NETFLIX SE PROPOSE D'OFFRIR LE VISIONNEMENT DE FILMS EN LIGNE

Mardi dernier, Netflix, service de location de films en ligne, a annoncé que ses clients pourront, à l'avenir, visionner des films et des séries télévisées sur leur microordinateur. [...] Netflix est en concurrence avec Blockbuster, qui loue des enregistrements vidéo dans ses points de vente et qui offre maintenant un service de location en ligne.

CNN, 16 janvier 2007

a. En quoi l'offre de films en ligne influera-t-elle sur l'élasticité-prix de la demande de films à louer en magasin ?

b. Selon vous, l'élasticité croisée de la demande de films en ligne et de films à louer en magasin est-elle négative ou positive ? Justifiez votre réponse.

c. Selon vous, l'élasticité croisée de la demande de films en ligne par rapport au service d'accès à haut débit à Internet est-elle négative ou positive ? Justifiez votre réponse.

25.   **POUR LE MEILLEUR ET POUR LE PIRE, ET POUR LES ÉCONOMIES**

Près de la moitié des traiteurs et des planificateurs d'événements interrogés [...] ont dit avoir observé une diminution des dépenses pour les mariages par suite du ralentissement de l'économie : 12 % d'entre eux ont même fait état d'annulations de mariages pour des raisons pécuniaires.

Time, 2 juin 2008

a. Selon les renseignements contenus dans cet article, le mariage et les événements qui l'accompagnent sont-ils un bien normal ou un bien inférieur ? Justifiez votre réponse.

b. Le mariage et les événements qui l'accompagnent sont-ils plutôt des produits de première nécessité ou, au contraire, des produits de luxe ? Justifiez votre réponse.

c. Compte tenu de votre réponse à la question (b), faut-il conclure que l'élasticité-revenu de la demande est supérieure à 1, inférieure à 1 ou égale à 1 ?

26. Le tableau suivant présente le barème d'offre des appels interurbains.

Prix (par minute)	Quantité offerte (millions de minutes par jour)
10 ¢	200
20 ¢	400
30 ¢	600
40 ¢	800

Calculez l'élasticité de l'offre :

a. quand le prix des interurbains passe de 40 ¢ à 30 ¢ par minute ;

b. quand le prix moyen des interurbains est de 20 ¢ par minute.

27. Après avoir étudié la rubrique « Entre les lignes » (p. 122), répondez aux questions suivantes :

a. Selon vous, quels facteurs, autres que le prix de l'essence, sont susceptibles d'influer sur les intentions d'achat d'essence des automobilistes ?

b. Expliquez en quoi les facteurs que vous avez nommés en réponse à la question (a) peuvent modifier la demande d'essence.

c. En quoi les modifications de la demande relevées à la question (b) peuvent-elles avoir faussé notre estimation de l'élasticité-prix de la demande d'essence ?

d. Compte tenu de l'effet du prix de l'essence sur la demande de voitures et de camions légers, quelle variation auriez-vous prévue dans le prix des voitures et des camions légers (camionnettes) en 2008 ?

e. Quels types d'élasticité devez-vous connaître pour prédire l'ampleur de la variation des prix des voitures et des camionnettes ?

RÉPONSES AUX MINITESTS

MINITEST 1 (p. 113)

1. L'élasticité-prix de la demande est une mesure de la sensibilité de la quantité demandée à une variation du prix. Elle se calcule par le ratio du pourcentage de variation de la quantité demandée sur le pourcentage de variation du prix.

2. Pour faire en sorte qu'une baisse du prix soit interprétée de la même manière que la hausse inverse correspondante du prix.

3. Le test des recettes consiste à vérifier si une baisse du prix entraîne une hausse des recettes.

Si c'est le cas, on conclut que la demande est élastique ; dans le cas contraire, elle est inélastique.

4. La disponibilité de biens substituts, la part du revenu consacrée à l'achat du produit et le temps écoulé depuis la variation de prix.

5. Parce que les produits de luxe possèdent généralement plus de bons substituts que les produits de première nécessité.

MINITEST 2 (p. 115)

1. L'effet sur la quantité demandée d'un bien d'une variation du prix d'un autre bien.

2. Positive : les deux biens sont des substituts ; négative : les deux biens sont des compléments.

3. La sensibilité de la quantité demandée d'un bien à une variation du revenu des consommateurs.

4. Cela nous révèle qu'il s'agit d'un bien inférieur.

5. Pour les biens de première nécessité, l'élasticité-revenu décroît à mesure que le revenu s'accroît. Pour les biens de luxe, c'est le contraire. L'élasticité-revenu dépend donc du niveau de revenu.

MINITEST 3 (p. 120)

1. L'élasticité-prix de l'offre correspond au ratio du pourcentage de variation de la quantité offerte sur le pourcentage de variation du prix.

2. La substituabilité des facteurs de production et le temps de réponse des producteurs à la variation de prix.

3. Offre parfaitement inélastique : l'offre de terrains au centre-ville de Montréal. Offre très élastique : l'offre d'eau embouteillée au Québec.

4. Plus le temps de réponse des producteurs est rapide, ou plus l'horizon temporel considéré est grand, plus l'offre est élastique.

L'efficacité et l'équité

Chaque fois que vous vous versez un verre d'eau ou que vous commandez un repas, vous prenez implicitement position sur la meilleure utilisation de ressources rares et vous faites des choix en accord avec vos *intérêts individuels*. Les marchés coordonnent vos choix et ceux des autres. Mais le font-ils bien ? Leur allocation des ressources est-elle efficace ? ◆ L'économie de marché engendre d'énormes inégalités de revenu. Alors que vous avez les moyens de vous offrir une bouteille d'eau de source pure, bien des étudiants en Inde doivent se contenter d'une eau de puits contaminée ou débourser une somme importante pour un peu d'eau d'un camion-citerne. Cette situation est-elle juste ?

Objectifs du chapitre

- ◆ **Décrire les mécanismes par lesquels s'effectue l'allocation des ressources rares**
- ◆ **Expliquer le lien qui existe entre la demande et la valeur marginale, et définir le surplus du consommateur**
- ◆ **Expliquer le lien qui existe entre l'offre et le coût marginal, et définir le surplus du producteur**
- ◆ **Expliquer dans quelles conditions les marchés sont efficaces et dans quelles conditions ils sont inefficaces**
- ◆ **Expliquer les grandes idées sur la justice et évaluer l'affirmation selon laquelle les résultats des marchés sont injustes**

◆ L'*intérêt social* est un concept qui réunit les deux dimensions que nous venons d'évoquer : l'efficacité et la justice (ou équité). D'où la question centrale de ce chapitre : les marchés agissent-ils dans l'intérêt social ? Dans la rubrique « Entre les lignes » (p. 146), nous étudions la pertinence de hausser les tarifs d'électricité au Québec dans la poursuite de l'intérêt social.

Les mécanismes d'allocation des ressources

Dans ce chapitre, nous nous proposons d'évaluer la capacité des marchés à allouer les ressources de façon efficace et équitable. Pour ce faire, nous comparerons les marchés aux autres mécanismes d'allocation des ressources qui s'offrent à nous. Les ressources sont rares, et il faut trouver des moyens de les répartir entre les individus. Les marchés sont un de ces moyens, mais nous verrons qu'il y en a d'autres.

L'allocation des ressources peut être décidée par :

- ◆ le prix du marché ;
- ◆ un système hiérarchique ;
- ◆ une décision de la majorité ;
- ◆ un concours ;
- ◆ une queue (ou file d'attente) ;
- ◆ une loterie ;
- ◆ la discrimination selon des caractéristiques personnelles ;
- ◆ la force.

Examinons brièvement chacun de ces mécanismes.

Le prix du marché

Quand le prix du marché détermine l'allocation d'une ressource rare, ce sont ceux qui sont capables de payer et qui consentent à le faire qui obtiennent la ressource. Les gens qui décident de ne pas payer le prix du marché sont de deux types : il y a ceux qui en ont les moyens mais choisissent de ne pas acheter, et ceux qui ne sont pas assez riches pour s'offrir la ressource.

Pour beaucoup de biens et services, il n'y a aucun intérêt à distinguer entre ceux qui choisissent de ne pas acheter et ceux qui n'ont pas les moyens de le faire. Toutefois, la distinction est souvent importante. Par exemple, les plus démunis n'ont pas les moyens de payer des frais de scolarité, ni de se faire soigner par les médecins. Mais pour la plupart d'entre nous, l'éducation et les soins médicaux sont considérés comme essentiels. C'est pourquoi on a généralement recours à un des autres mécanismes pour assurer leur allocation.

Le système hiérarchique

Dans un **système hiérarchique**, l'allocation des ressources relève d'une autorité. Au Canada, ce système est largement utilisé dans les entreprises et la fonction publique. Par exemple, la plupart des employés suivent des directives qui leur sont données par leurs supérieurs. Autrement dit, une autorité alloue leur travail à la réalisation de tâches précises.

Le système hiérarchique fonctionne bien dans les organisations où l'autorité et les responsabilités sont clairement définies et où il est facile de contrôler les tâches à accomplir. Il donne de piètres résultats quand l'éventail des activités à contrôler est grand et qu'il est facile de duper les autorités. La Corée du Nord est sujette à un tel régime plutôt qu'au marché, mais ce système fonctionne si mal qu'il n'arrive pas à procurer assez de nourriture à la population.

La décision de la majorité

Un mécanisme d'allocation fondé sur la décision de la majorité répartit les ressources selon le choix exprimé par une majorité d'électeurs. Les sociétés emploient ce mécanisme pour élire les gouvernements représentatifs, lesquels prennent des décisions d'une importance capitale pour les citoyens. Par exemple, la majorité décide des taux d'impôt, dont l'application aboutit à la répartition des ressources rares entre les secteurs privé et public. Elle décide aussi de l'allocation des revenus fiscaux à divers postes concurrents tels que l'éducation et les soins de santé.

La décision de la majorité fonctionne bien quand les problèmes à résoudre concernent beaucoup de monde et que les intérêts individuels doivent être mis en veilleuse pour assurer l'utilisation la plus efficace des ressources.

Le concours

Dans un concours, les ressources sont allouées à un gagnant (ou à un groupe de gagnants). Les rencontres sportives sont une forme de concours. Par exemple, dans une compétition opposant Tiger Woods et d'autres golfeurs, le gagnant obtient le premier prix et réalise les gains les plus importants. Les concours existent dans bien d'autres contextes que celui des sports, bien que, habituellement, on ne les désigne pas par ce nom. Par exemple, le fondateur de Microsoft, Bill Gates, a gagné le concours de la création et de la commercialisation du système d'exploitation des PC.

Les concours fonctionnent bien quand les efforts des « joueurs » sont difficiles à évaluer et à récompenser directement. Quand un directeur d'entreprise offre à tous les employés la chance de gagner un prix considérable, tous sont motivés à travailler fort et à tenter de remporter le prix. Il y a peu de gagnants, mais le rendement du plus grand nombre s'est amélioré. À la fin, la production totale des employés est beaucoup plus élevée qu'elle ne l'aurait été en l'absence de concours.

La queue

La queue est un mécanisme d'allocation des ressources très répandu. Dans une queue, les premiers arrivés sont les premiers servis. Beaucoup de restaurants ne prennent pas de réservations. On y alloue les tables aux premiers qui se présentent. L'accès aux autoroutes s'effectue suivant le même principe : les premiers à s'engager sur les bretelles ont une place sur la voie rapide. S'il y a trop de véhicules sur la route, la vitesse diminue et les gens doivent patienter jusqu'à ce qu'une place devienne disponible dans la circulation.

La queue fonctionne bien quand une ressource limitée ne peut aller qu'à un usager à la fois. En servant l'usager qui arrive le premier, ce mécanisme réduit au minimum le temps perdu à attendre que la ressource se libère.

La loterie

Dans la loterie, les ressources sont allouées à ceux qui ont le numéro gagnant, qui choisissent les bonnes cartes, ou à qui la chance sourit dans un jeu quelconque. Chaque année, les loteries nationales et les casinos allouent des millions de dollars en biens et services.

Les loteries sont plus répandues que les gros lots et les roulettes qu'on trouve dans les casinos. On s'en sert dans certains aéroports pour allouer les droits d'atterrissage aux lignes aériennes. On les a utilisées pour allouer certains droits de pêche ou des fréquences du spectre électromagnétique pour la téléphonie mobile.

Les loteries fonctionnent bien quand il n'y a aucun moyen efficace de distinguer entre les usagers potentiels d'une ressource rare.

La discrimination selon des caractéristiques personnelles

On peut utiliser les caractéristiques personnelles comme critère d'allocation des ressources. Dans ce cas, les ressources vont à ceux qui ont les attributs voulus. Par exemple, à l'automne 2009 au Québec, le vaccin contre la grippe A(H1N1) était d'abord alloué aux membres de certains groupes dits « à risque ». De même, seuls les adultes peuvent acheter de l'alcool. Certaines des ressources les plus prisées sont allouées par ce mécanisme. Cependant, il arrive que celui-ci serve à des fins inadmissibles. C'est le cas lorsqu'on alloue les meilleurs postes aux hommes blancs, au détriment des minorités visibles et des femmes.

La force

Pour le meilleur et pour le pire, la force joue un rôle crucial dans l'allocation des ressources rares. Commençons par le pire.

Au cours de l'histoire, la guerre, c'est-à-dire l'emploi par un pays de la force militaire contre un autre pays, a joué un très grand rôle dans l'allocation des ressources. La domination économique des colonisateurs européens en Amérique et en Australie a été établie en grande partie par ce moyen.

Le vol, par lequel on s'empare de la propriété des autres sans leur consentement, joue aussi un grand rôle. Chaque année, l'allocation de milliards de dollars de ressources s'effectue, à divers degrés, par les actions conjuguées du crime organisé et des petits malfaiteurs.

La force joue aussi un rôle positif indispensable dans l'allocation des ressources. Elle procure à l'État un moyen efficace de garantir le transfert de la richesse des mieux nantis aux plus pauvres. Elle constitue aussi le fondement des règles de droit qui président aux échanges dans les marchés.

Le système juridique est la pierre angulaire de notre économie de marché. Sans les tribunaux pour faire respecter les contrats, il n'y aurait pas de commerce possible. Et sans le recours éventuel à la force, les tribunaux ne pourraient pas faire respecter les contrats. En dernière analyse, c'est l'État qui détient la force sur laquelle les tribunaux s'appuient pour faire leur travail.

D'une manière générale, la force de l'État est essentielle au maintien de la suprématie du droit. Cette suprématie est le fondement de la vie économique (et de la vie sociale et politique) des pays civilisés. Grâce à elle, les gens peuvent s'adonner à leurs activités économiques quotidiennes, sachant que leur propriété sera protégée – c'est-à-dire qu'ils peuvent poursuivre en justice ceux qui ne respectent pas leur propriété (et être poursuivis s'ils ne respectent pas la propriété des autres).

Ainsi libérés du fardeau de protéger leur propriété et ayant confiance que ceux avec qui ils négocient respecteront leurs engagements, les gens peuvent s'employer à accomplir les tâches dans lesquelles ils ont un avantage comparatif et à faire des échanges commerciaux qui profitent à toutes les parties.

MINITEST 1

1. Pourquoi avons-nous besoin de mécanismes d'allocation des ressources ?

2. Décrivez les différents mécanismes d'allocation des ressources rares.

3. Pour chaque mécanisme d'allocation, donnez un exemple qui illustre dans quelles circonstances il fonctionne bien.

4. Pour chaque mécanisme d'allocation, donnez un exemple qui illustre dans quelles circonstances il fonctionne mal.

Réponses p. 154

Dans les prochaines sections, nous allons voir comment le marché donne lieu à une utilisation efficace des ressources. Nous allons aussi examiner ce qui fait obstacle à l'efficacité et nous indiquerons dans quelles circonstances le marché n'est pas le meilleur mécanisme d'allocation des ressources. Après avoir considéré l'efficacité, nous concentrerons notre attention sur le problème plus épineux de l'équité.

La demande et la valeur marginale

On parle d'allocation efficace des ressources quand les gens estiment qu'ils obtiennent de celles-ci la plus grande valeur possible. Une telle allocation est réalisée quand la valeur marginale est égale au coût marginal (voir le chapitre 2, p. 45-47). Pour savoir si un marché concurrentiel est efficace, il faut vérifier si, à la quantité produite à l'équilibre, la valeur marginale égale le coût marginal. Commençons par examiner en quoi la demande du marché est représentative de la valeur marginale.

La demande, le consentement à payer et la valeur

Quand nous utilisons l'expression courante « en avoir pour son argent », nous établissons une distinction entre la valeur d'usage et la valeur d'échange : la valeur d'usage est ce que nous obtenons (l'utilité) ; la valeur d'échange, ce que nous payons (le prix). On mesure la valeur d'une unité supplémentaire d'un bien ou d'un service (la valeur marginale) par le prix maximal que les consommateurs consentent à payer pour l'acquérir. Or, le consentement à payer détermine la demande. *Une courbe de demande est une courbe de valeur marginale.*

Au graphique (a) de la figure 5.1, nous voyons que Lisa consent à payer 1 $ le 30ᵉ sandwich ; pour elle, 1 $ correspond à la valeur marginale de ce sandwich. Au graphique (b), Samuel consent à payer 1 $ le 10ᵉ sandwich, ce qui, pour lui, est la valeur marginale de ce sandwich. Quelle est alors la quantité à laquelle cette société (... de deux personnes) consent à payer 1 $ le sandwich marginal ? La *courbe de demande du marché* permet de répondre à cette question.

La demande individuelle et la demande du marché

La relation entre le prix d'un bien et la quantité de ce bien demandée par une personne s'appelle la *demande individuelle*. De même, la relation entre le prix d'un bien et la quantité de ce bien demandée par tous les acheteurs s'appelle la *demande du marché*.

La courbe de demande du marché est la somme horizontale des courbes de demande individuelle et s'obtient en additionnant les quantités demandées par tous les individus à chaque prix.

FIGURE 5.1 *La demande individuelle, la demande du marché et la valeur marginale sociale*

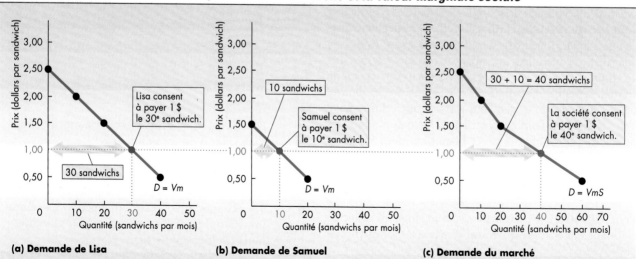

(a) Demande de Lisa

(b) Demande de Samuel

(c) Demande du marché

À 1 $ par sandwich, la quantité demandée par Lisa s'élève à 30 sandwichs et celle demandée par Samuel à 10 sandwichs, si bien que la quantité demandée par le marché égale 40 sandwichs. La courbe de demande du marché (graphique *c*) correspond à la somme horizontale des courbes de demande de Lisa (graphique *a*) et de Samuel (graphique *b*). Elle est identique à la courbe de valeur marginale sociale (*VmS*).

Le graphique (c) de la figure 5.1 présente la demande du marché de sandwichs dans le cas où Lisa et Samuel sont les seuls à faire partie du marché. La courbe de demande de ce graphique correspond à la somme horizontale des courbes de demande de Lisa (graphique *a*) et de Samuel (graphique *b*).

À 1 $ par sandwich, Lisa demande 30 sandwichs et Samuel en demande 10, si bien que la quantité demandée par le marché à ce prix est de 40 sandwichs. À partir de la courbe de demande du marché, nous constatons que la société consent à acheter 40 sandwichs par mois à 1 $ chacun. *La courbe de demande du marché est la courbe de valeur marginale sociale (VmS).*

Dans ce cas-ci, le prix est exprimé en dollars, mais il serait utile de le considérer comme la *valeur en dollars des autres biens auxquels on renonce* pour se procurer un sandwich supplémentaire.

Le surplus du consommateur

Nous n'avons pas toujours à payer le prix maximal que nous sommes disposés à payer – c'est le cas lorsque nous faisons une bonne affaire. Quand il achète une unité d'un bien à un prix moindre que le prix maximal qu'il est disposé à payer, le consommateur obtient un surplus, soit la différence entre la valeur d'usage qu'il confère à cette unité et la valeur d'échange qu'il débourse pour l'acquérir. Le **surplus du consommateur** est la somme de toutes ces différences pour toutes les unités achetées.

Le graphique (a) de la figure 5.2 montre le surplus du consommateur que Lisa retire de sa consommation de sandwichs quand elle les paie 1 $ chacun. À ce prix, elle en achète 30 par mois parce que, pour elle, le 30e sandwich vaut exactement 1 $. Mais Lisa est disposée à payer le 10e sandwich 2 $, si bien que la valeur marginale qu'elle en retire dépasse de 1 $ le prix qu'elle doit payer – son surplus pour le 10e sandwich est de 1 $.

Dans le cas de Lisa, le surplus du consommateur est la somme des surplus qu'elle retire de *tous les sandwichs qu'elle achète*. Cette somme correspond à l'aire du triangle vert situé sous la courbe de demande et au-dessus du prix du marché. Elle est égale à la base du triangle (30 sandwichs) multipliée par sa hauteur (1,50 $), le tout divisé par 2, ce qui donne 22,50 $. Dans ce graphique, l'aire du rectangle bleu indique le montant que Lisa dépense pour se procurer 30 sandwichs.

Le graphique (b) de la figure 5.2 montre le surplus du consommateur que Samuel retire, et le graphique (c) représente le surplus du consommateur pour l'ensemble du marché. Ce dernier surplus est la somme des surplus du consommateur de Lisa et de Samuel.

Tous les biens et services, comme les sandwichs, ont une valeur marginale décroissante et les consommateurs n'achètent pas d'unités auxquelles ils confèrent une valeur d'usage inférieure à leur prix. En conséquence, la valeur que les consommateurs retirent de leur consommation est supérieure à ce que celle-ci leur coûte.

FIGURE 5.2 *La demande et le surplus du consommateur*

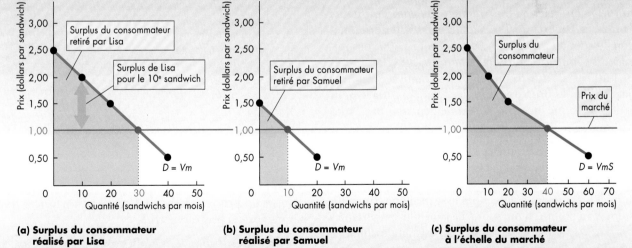

(a) Surplus du consommateur réalisé par Lisa

(b) Surplus du consommateur réalisé par Samuel

(c) Surplus du consommateur à l'échelle du marché

Au graphique (a), Lisa est disposée à payer le 10e sandwich 2 $. Au prix du marché, soit à 1 $ par sandwich, Lisa a un surplus de 1 $ pour le 10e sandwich. Le triangle vert représente son surplus du consommateur pour les 30 sandwichs qu'elle se procure à 1 $ chacun. Au graphique (b), le triangle vert représente le surplus du consommateur que réalise Samuel pour les 10 sandwichs qu'il se procure à 1 $ chacun. Au graphique (c), la zone verte correspond au surplus du consommateur à l'échelle du marché. Les rectangles bleus indiquent les sommes dépensées en sandwichs.

Le surplus du consommateur et la valeur

Le surplus du consommateur permet de comparer les mérites d'allocations différentes des ressources rares. On doit ce concept à un ingénieur français, Jules Dupuit, qui, au milieu du XIXᵉ siècle, cherchait un critère pour décider de l'opportunité de construire ou non une infrastructure publique; par exemple, bâtir ou non un pont au-dessus d'une rivière. La question revient à comparer la valeur d'usage de ce pont pour les gens avec ce qu'il en coûte pour le construire. Mais si on avait une bonne idée du coût de construction, on n'avait pas de critère pour juger si le jeu en valait la chandelle.

Avant Dupuit, l'opinion générale était qu'on mesurait la valeur d'usage d'un bien ou d'un service en déterminant le prix commun que les gens étaient prêts à payer pour en jouir. Adam Smith avait bien insisté sur la distinction entre la valeur d'échange d'un bien (son prix) et sa valeur d'usage (l'utilité individuelle qu'on lui attache), mais cette dernière notion demeurait floue aux yeux des économistes.

Considérons la figure 5.3, qui représente la demande de passages par mois d'une rivière. Le passage peut se faire grâce à une barge au coût de 40 $, un traversier au coût de 20 $ ou un pont au coût de 5 $. Au prix de 40 $, la quantité demandée est de 700 passages par jour au point *A*. Au prix de 20 $, la quantité demandée double, passant à 1 400 passages par jour au point *B*. À 5 $ par passage, la quantité demandée gonfle à 4 000 passages par jour. On cherche un critère général pour déterminer si l'État doit mettre en place une barge, un traversier ou s'il doit bâtir à grands frais un pont.

Pour Dupuit, les critères en vogue à l'époque étaient inadéquats. On établissait la valeur d'un pont en calculant les économies qu'il permettait aux consommateurs de réaliser. Par exemple, si un pont entraînait une réduction du coût du passage de 20 $ à 5 $ pour 1 400 consommateurs (point *B*), on concluait qu'il valait (20 $ − 5 $) × 1 400 = 21 k$ par jour (l'aire combinée des rectangles bleu et brun). Selon cette logique, bâtir le pont était une bonne idée si son coût ne dépassait pas 21 k$ par jour.

Dupuit objectait que ce calcul ne représentait pas la valeur du pont puisqu'il dépendait du point de référence qu'on choisissait. Par exemple, si on considérait les économies qu'auraient réalisées des usagers d'une barge (du point *A* au point *C*), qui sont ici encore plus importantes (24,5 k$, soit l'aire combinée des rectangles bleu et orange), on devait assigner une valeur différente au pont.

Le problème, c'est que les économies réalisées dépendent du prix de la solution de rechange (la barge ou le traversier); or, Dupuit cherchait un concept de valeur d'usage non ambigu et bien distinct de celui de valeur d'échange. Le surplus du consommateur résout ce problème, car les

FIGURE 5.3 *La valeur et le surplus du consommateur*

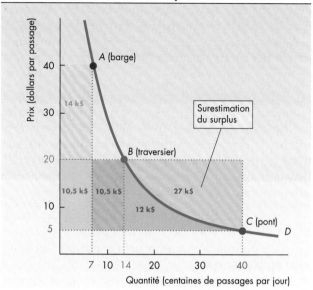

Les trois points sur la courbe de demande *D* sont associés à trois scénarios de transport. Au point *A*, le passage se fait par barge : au prix de 40 $, les consommateurs achètent 700 passages. Au point *B*, le transport se fait par traversier : au prix de 20 $, les consommateurs achètent 1 400 passages. Au point *C*, on dispose d'un pont : au prix de 5 $, les consommateurs achètent 4 000 passages. On veut une mesure de la valeur d'usage de ces trois options pour les consommateurs. L'idée est de calculer les économies réalisées par les consommateurs selon l'option choisie. La somme des rectangles bleu et orange mesure l'économie réalisée par les consommateurs qui consentent à payer 40 $ par passage si on construit le pont. La somme des rectangles bleu et brun mesure l'économie pour les consommateurs ne consentant à payer que 20 $. Pour éviter d'avoir une mesure différente selon l'option de référence choisie, on mesure les économies par rapport à la valeur d'usage de chaque passage, le long de la courbe de demande. En outre, on mesure les économies non seulement pour les consommateurs existants, mais pour tous les consommateurs susceptibles d'emprunter le pont s'il est érigé.

Dans le cas où le traversier est remplacé par un pont, le gain de surplus pour les consommateurs correspond à la somme du rectangle bleu, du rectangle brun et de la zone verte. Compter la zone rose comme une économie serait une erreur parce que les usagers du traversier ne consentent pas à payer 20 $ pour se procurer les 2 600 passages en sus des 1 400 qu'ils consomment.

économies sont calculées pour chaque consommateur par rapport au prix *maximal* qu'il consent à payer et non par rapport au prix du marché.

En outre, ne considérer que les consommateurs actuels est une erreur. Si on bâtit le pont pour remplacer un traversier, la quantité demandée passe de 1 400 à 4 000 passages par jour (du point *B* au point *C*) : plus de monde en profite. La valeur du pont doit logiquement dépendre de l'ampleur de cette nouvelle clientèle. Certains proposaient donc de chiffrer les économies en fonction de la quantité demandée finale. Selon ce principe, on devrait bâtir le pont à condition que son coût ne dépasse pas $(20\,\$ - 5\,\$) \times 4\,000 = 60$ k\$ par jour (les rectangles bleu et brun, ainsi que les zones verte et rose). Mais ce calcul présume qu'un passage a la même valeur pour tous les consommateurs. Or, la valeur d'usage qu'accordent les consommateurs à un passage décroît à mesure que leur nombre augmente, en suivant la courbe de demande du marché.

Le pont vaut au moins 20\$ pour chacun des 1400 consommateurs initiaux du traversier. Il vaut tout juste 20\$ pour un petit nombre d'entre eux et il vaut moins pour tous ceux qui choisissent de ne pas prendre le traversier. Le pont vaut au moins 5\$ pour tous les consommateurs finaux du pont, mais il vaut certainement davantage pour ceux qui consentaient auparavant à payer 20\$ pour un passage par traversier.

Cette logique conduit directement à intégrer la demande au concept du surplus du consommateur. La somme de 60 k\$ surestime les économies des consommateurs par un montant correspondant à l'aire de la zone rose : les derniers consommateurs du pont ne réalisent pas une économie supplémentaire de 15\$ puisqu'ils n'étaient pas prêts à acheter un passage lorsque son prix atteignait 20\$.

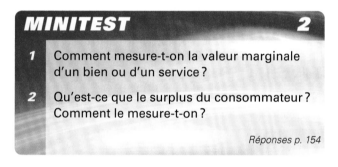

MINITEST **2**

1 Comment mesure-t-on la valeur marginale d'un bien ou d'un service ?

2 Qu'est-ce que le surplus du consommateur ? Comment le mesure-t-on ?

Réponses p. 154

 ## L'offre et le coût marginal

Nous allons maintenant nous pencher sur le lien très étroit qui existe entre l'offre du marché et le coût marginal. Notre démarche sera calquée sur celle que nous venons d'employer pour traiter de la demande du marché et de la valeur marginale, deux notions qui font pendant à celles que nous allons étudier. Les entreprises visent à réaliser un profit. Pour ce faire, elles doivent vendre leurs produits à un prix qui excède le coût de production. Examinons la relation entre le coût et le prix.

L'offre, le coût et le prix minimal induisant une offre

Les entreprises réalisent un profit quand elles reçoivent davantage de la vente d'un bien ou d'un service que ce qu'il leur en coûte pour le produire. Les consommateurs font une distinction entre la valeur et le prix ; les producteurs, eux, font une distinction entre le coût et le prix. Le coût est ce que le producteur sacrifie, et le prix, ce qu'il reçoit.

Le coût de production d'une unité supplémentaire d'un bien ou d'un service est le coût marginal de ce bien ou de ce service – soit le prix minimal que les producteurs doivent recevoir pour consentir à produire une unité supplémentaire. Comme le coût marginal croît avec la quantité, on peut associer un tel prix minimal à chaque quantité. Ce prix minimal assure que les producteurs offriront au moins cette quantité. *Une courbe d'offre est une courbe de coût marginal.*

Au graphique (a) de la figure 5.4, Max consent à produire le 100e sandwich si le prix est de 3\$, soit le coût marginal de ce sandwich. Au graphique (b), Antoine consent à produire le 50e sandwich au prix de 3\$, ce qui, dans son cas, est le coût marginal de ce sandwich. Quelle est alors la quantité que ce marché consent à produire à 3\$ par sandwich ? La *courbe d'offre du marché* permet de répondre à cette question.

L'offre individuelle et l'offre du marché

La relation entre le prix d'un bien et la quantité de ce bien offerte par un producteur s'appelle l'*offre individuelle*. De même, la relation entre le prix d'un bien et la quantité de ce bien offerte par tous les producteurs s'appelle l'*offre du marché*.

La courbe d'offre du marché est la somme horizontale des courbes d'offre individuelle et s'obtient en additionnant les quantités offertes par tous les producteurs à chaque prix.

Le graphique (c) de la figure 5.4 présente l'offre du marché dans le cas où Max et Antoine sont les seuls producteurs de sandwichs. La courbe d'offre de ce graphique correspond à la somme horizontale des courbes d'offre de Max (graphique *a*) et d'Antoine (graphique *b*).

À 3\$ par sandwich, Max offre 100 sandwichs et Antoine en offre 50, si bien que la quantité offerte par le marché à ce prix est de 150 sandwichs. À partir de la courbe d'offre du marché, nous constatons que le marché consent à offrir 150 sandwichs par mois à 3\$ chacun. *La courbe d'offre du marché est la courbe de coût marginal social (CmS).*

Comme dans notre exposé sur la demande, le prix est exprimé en dollars, mais on peut aussi se le représenter comme la *valeur en dollars des autres biens et services auxquels on renonce* pour produire un sandwich supplémentaire.

Le surplus du producteur

Quand elle vend une unité d'un bien à un prix qui excède le coût de production de cette unité, l'entreprise obtient un surplus, soit la différence entre le prix de vente et le

FIGURE 5.4 **L'offre individuelle, l'offre du marché et le coût marginal social**

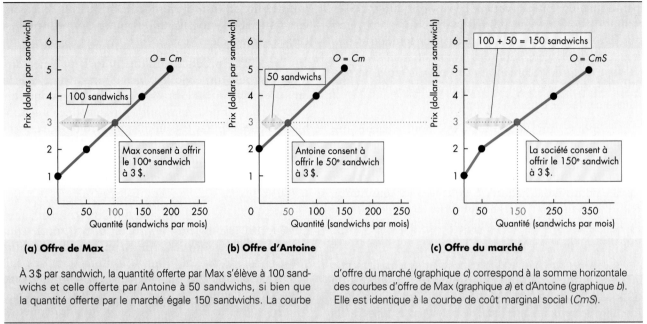

(a) Offre de Max **(b) Offre d'Antoine** **(c) Offre du marché**

À 3 $ par sandwich, la quantité offerte par Max s'élève à 100 sandwichs et celle offerte par Antoine à 50 sandwichs, si bien que la quantité offerte par le marché égale 150 sandwichs. La courbe

d'offre du marché (graphique *c*) correspond à la somme horizontale des courbes d'offre de Max (graphique *a*) et d'Antoine (graphique *b*). Elle est identique à la courbe de coût marginal social (*CmS*).

coût de production. Le **surplus du producteur** est la somme de toutes ces différences pour toutes les unités vendues.

Le graphique (a) de la figure 5.5 montre le surplus du producteur que Max obtient de la vente de sandwichs au prix de 3 $ chacun. À ce prix, il vend 100 sandwichs par mois parce que le coût de production du 100ᵉ sandwich est égal à 3 $. Mais Max consent à produire le 50ᵉ sandwich

à son coût marginal, lequel est de 2 $. De ce fait, il obtient un surplus de 1 $ pour ce sandwich.

Dans le cas de Max, le surplus du producteur est la somme des surplus qu'il obtient de la vente de ses sandwichs. Cette somme correspond à l'aire du triangle bleu situé sous le prix du marché et au-dessus de la courbe d'offre. Elle est égale à la base du triangle (100 sandwichs)

FIGURE 5.5 **L'offre et le surplus du producteur**

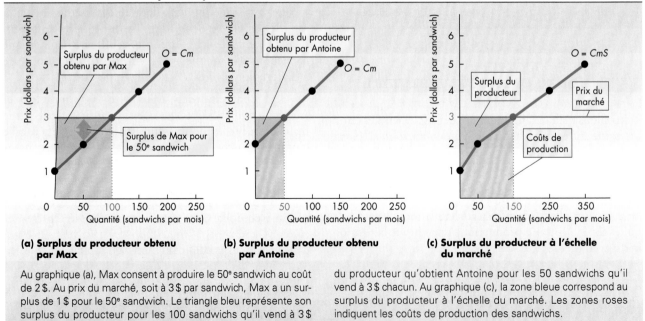

(a) Surplus du producteur obtenu par Max **(b) Surplus du producteur obtenu par Antoine** **(c) Surplus du producteur à l'échelle du marché**

Au graphique (a), Max consent à produire le 50ᵉ sandwich au coût de 2 $. Au prix du marché, soit à 3 $ par sandwich, Max a un surplus de 1 $ pour le 50ᵉ sandwich. Le triangle bleu représente son surplus du producteur pour les 100 sandwichs qu'il vend à 3 $ chacun. Au graphique (b), le triangle bleu représente le surplus

du producteur qu'obtient Antoine pour les 50 sandwichs qu'il vend à 3 $ chacun. Au graphique (c), la zone bleue correspond au surplus du producteur à l'échelle du marché. Les zones roses indiquent les coûts de production des sandwichs.

multipliée par sa hauteur (2 $), le tout divisé par 2, ce qui donne 100 $. Dans ce graphique, la zone rose indique ce que coûte à Max la production de 100 sandwichs.

Au graphique (b), l'aire du triangle bleu est égale au surplus du producteur qu'obtient Antoine, et au graphique (c), la zone bleue représente le surplus du producteur à l'échelle du marché. Ce dernier surplus est la somme des surplus du producteur de Max et d'Antoine.

Le surplus du producteur cumule les profits qu'obtient le producteur lorsqu'il entreprend de produire. Toutefois, il ne comptabilise pas les coûts fixes qu'il faut supporter pour pouvoir commencer à produire. Nous reviendrons sur ce point dans les chapitres 10 et 11.

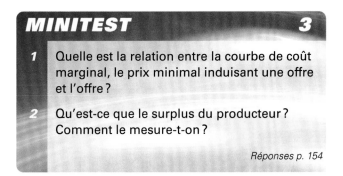

MINITEST 3

1 Quelle est la relation entre la courbe de coût marginal, le prix minimal induisant une offre et l'offre ?

2 Qu'est-ce que le surplus du producteur ? Comment le mesure-t-on ?

Réponses p. 154

Le surplus du consommateur et le surplus du producteur permettent de mesurer l'efficacité d'un marché. Voyons comment on peut utiliser ces concepts pour étudier l'efficacité d'un marché concurrentiel.

 ## Le marché concurrentiel est-il efficace ?

Le graphique (a) de la figure 5.6 illustre le marché du sandwich. Les forces du marché que nous avons décrites au chapitre 3 (p. 84-85) amènent le marché du sandwich à son prix d'équilibre, soit à 3 $ par sandwich, et à sa quantité d'équilibre, soit à 10 000 sandwichs par jour. Les acheteurs jouissent d'un surplus du consommateur (zone verte) et les vendeurs d'un surplus du producteur (zone bleue), mais cet équilibre concurrentiel est-il efficace ?

L'efficacité de l'équilibre concurrentiel

Nous avons vu que la courbe de demande indique la valeur marginale d'usage d'un sandwich. Comme un sandwich ne profite qu'à celui qui le mange, la courbe de demande de ce bien mesure aussi sa valeur marginale pour l'ensemble de la société, soit la valeur marginale sociale, *VmS*

(la distinction, lorsqu'elle existe, entre la valeur marginale et la valeur marginale sociale est traitée aux chapitres 16 et 17). Ainsi, dans le cas présent, la courbe de demande est également la courbe *VmS*.

FIGURE 5.6 *Un marché du sandwich efficace*

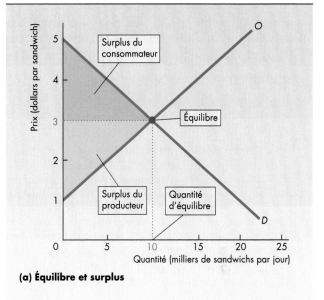

(a) Équilibre et surplus

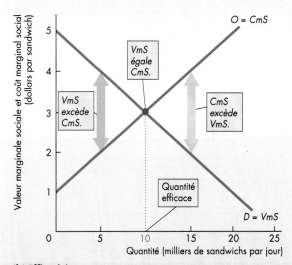

(b) Efficacité

Le graphique (a) montre que l'équilibre concurrentiel s'établit quand la quantité demandée égale la quantité offerte. Le surplus du consommateur correspond à l'aire de la zone située sous la courbe de demande et au-dessus du prix du marché (triangle vert). Le surplus du producteur correspond à l'aire de la zone située au-dessus de la courbe d'offre et sous le prix du marché (triangle bleu). Le graphique (b) montre que l'utilisation des ressources est efficace quand la valeur marginale sociale, *VmS*, est égale au coût marginal social, *CmS*.

La quantité efficace du graphique (b) est identique à la quantité d'équilibre du graphique (a). Dans un marché concurrentiel, on produit la quantité efficace de sandwichs.

Nous avons vu aussi que la courbe d'offre indique le coût marginal d'un sandwich. Si le coût du sandwich est assumé entièrement par ceux qui le produisent, la courbe d'offre de ce bien mesure son coût marginal pour l'ensemble de la société (voir le chapitre 16). Ce coût est appelé coût marginal social, *CmS*. Ainsi, dans le cas présent, la courbe d'offre est également la courbe *CmS*.

Au graphique (b), la valeur marginale sociale est égale au coût marginal social au point d'intersection des deux droites. Ce point correspond exactement au point d'intersection de la courbe d'offre et de la courbe de demande du graphique (a). Dans ces conditions, l'utilisation des ressources est efficace à l'échelle de la société.

Si la production est inférieure à 10 000 sandwichs par jour, les consommateurs accordent à un sandwich supplémentaire une valeur marginale supérieure à son coût de production. Si la production est supérieure à 10 000 sandwichs par jour, le coût de production de ce sandwich

Les marchés à l'œuvre

La main invisible

Adam Smith a été le premier à suggérer, dans son ouvrage *Recherches sur la nature et les causes de la richesse des nations* (1776), que les marchés concurrentiels consacrent les ressources aux usages qui maximisent leur valeur (voir p. 67). Selon Smith, dans un marché concurrentiel, chaque agent contribue, comme « guidé par une main invisible, à l'atteinte d'une fin [l'utilisation efficace des ressources] qui lui est étrangère ».

On voit l'œuvre de la main invisible dans la bande dessinée ci-contre, et dans le monde aujourd'hui.

Parasol à vendre

Le vendeur itinérant possède des rafraîchissements et un parasol. Pour lui, ces rafraîchissements et ce parasol ont leur coût marginal et leur prix minimal auquel il est prêt à les offrir. Pour le lecteur assis sur le banc, ils ont leur valeur marginale d'usage respective, ce qui se traduit par un consentement à payer du lecteur. On voit que, dans le cas du parasol, la valeur marginale pour le lecteur excède le coût marginal pour le vendeur. À l'inverse, dans le cas des rafraîchissements, le coût marginal pour le vendeur excède la valeur marginale pour le lecteur. Le lecteur achète le parasol. Le vendeur itinérant obtient un surplus du producteur en vendant son parasol à un prix supérieur à son coût marginal, et le lecteur obtient un surplus du consommateur en achetant le parasol à un prix inférieur à la valeur marginale qu'il lui confère. Les deux améliorent leur sort et le parasol a trouvé l'utilisation qui maximise sa valeur.

La main invisible à l'œuvre de nos jours

L'économie de marché reproduit inlassablement l'activité illustrée dans la bande dessinée pour aboutir à une allocation efficace des ressources.

Un gel en Floride fait baisser l'offre d'oranges. Comme il y a moins d'oranges en vente au Canada, la valeur marginale sociale des oranges augmente. La pénurie fait monter le prix et le marché dirige la quantité offerte vers les consommateurs pour qui les oranges ont la plus grande valeur.

Une nouvelle technologie fait diminuer le coût de production des ordinateurs. De ce fait, l'offre d'ordinateurs augmente et le prix descend. La baisse du prix provoque une hausse de la quantité demandée de ces biens devenus tout à coup moins chers. La valeur marginale sociale d'un ordinateur est maintenant égale à son coût marginal social.

On voit par ces exemples que les forces du marché produisent trois effets : elles tendent constamment à égaliser le coût marginal social et la valeur marginale sociale ; elles aboutissent à une allocation efficace des ressources ; et elles maximisent le surplus total (le surplus du consommateur et le surplus du producteur).

supplémentaire dépasse la valeur marginale que les consommateurs y accordent. Ce n'est qu'à 10 000 sandwichs par jour que le sandwich marginal vaut exactement ce qu'il coûte à produire.

Le marché concurrentiel amène la quantité produite de sandwichs à la quantité efficace – soit 10 000 sandwichs par jour. Si on produit moins de 10 000 unités par jour, il y a une pénurie, et le prix monte, ce qui entraîne une augmentation de la production. Si on produit plus de 10 000 unités par jour, il y a un surplus, et le prix baisse, ce qui entraîne une diminution de la production. Ainsi, un marché concurrentiel du sandwich entraîne une allocation efficace.

La production de la quantité efficace maximise le *surplus total* (la somme du surplus du consommateur et du surplus du producteur). En veillant à leurs intérêts individuels, les acheteurs et les vendeurs agissent finalement dans l'intérêt social.

La sous-production et la surproduction

Deux situations peuvent amener un résultat inefficace : soit qu'on ne produit pas assez d'un bien (sous-production), soit qu'on en produise trop (surproduction).

La sous-production Supposons un marché du sandwich comme celui qui est illustré au graphique (a) de la figure 5.7. Si on ne produit dans ce marché que 5 000 sandwichs par jour, les consommateurs consentent à payer 4 $ un sandwich qui ne coûte que 2 $ à produire. Le surplus total est inférieur à ce qu'il pourrait être en produisant et en vendant davantage. La quantité produite est inefficace, et il y a sous-production.

On mesure l'inefficacité par la **perte de surplus**, qui est la diminution du surplus total résultant d'un niveau de production inefficace. Le triangle gris du graphique (a) représente cette perte de surplus.

La surproduction Au graphique (b) de la figure 5.7, la quantité de sandwichs produite s'élève à 15 000 unités par jour, de sorte que les consommateurs ne consentent à payer que 2 $ un sandwich qui en coûte 4 à produire. La production du 15 000ᵉ sandwich entraîne un gaspillage de ressources de 2 $. Ici aussi, le triangle gris représente la perte de surplus et signifie que le surplus total est inférieur à ce qu'il pourrait être.

La perte de surplus est supportée par l'ensemble de la société. Il s'agit d'une perte *sociale*.

Les obstacles à l'efficacité

Certains obstacles s'opposent à l'efficacité et entraînent la sous-production ou la surproduction. Ce sont :

 ◆ les prix et les quantités réglementés ;

FIGURE 5.7 *La sous-production et la surproduction*

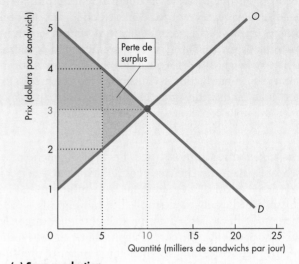

(a) Sous-production

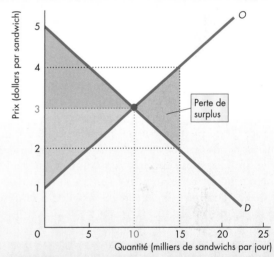

(b) Surproduction

Si, au graphique (a), on produit 5 000 sandwichs par jour, on essuie une perte de surplus (triangle gris) qui réduit le surplus total. Ce qui reste de ce dernier est représenté par les zones verte et bleue. Si on produit moins de 10 000 sandwichs par jour, la valeur marginale d'un sandwich excède toujours son coût.

Si, au graphique (b), on produit 15 000 sandwichs par jour, on supporte également une perte de surplus qui réduit d'autant le surplus total. Si on produit plus de 10 000 sandwichs par jour, le coût d'un sandwich supplémentaire excède toujours sa valeur marginale pour les consommateurs.

 ◆ les taxes et les subventions ;
 ◆ les effets externes ;
 ◆ les biens collectifs et les ressources communes ;
 ◆ les monopoleurs ;
 ◆ les coûts de transaction élevés.

Les prix et les quantités réglementés Les prix réglementés, tels que les loyers plafonds que les propriétaires de logements ne doivent pas dépasser, ou les lois qui obligent les employeurs à payer un salaire minimum, entravent parfois les ajustements de prix qui permettent d'équilibrer la quantité demandée et la quantité offerte. Ces prix engendrent la sous-production. Les quantités réglementées, auxquelles les producteurs agricoles sont tenus de se conformer, ont aussi pour conséquence la sous-production.

Les taxes et les subventions Les taxes augmentent les prix que paient les acheteurs et diminuent ceux que reçoivent les vendeurs. Elles réduisent la quantité produite et engendrent la sous-production. Les subventions – paiements que l'État verse à des producteurs – réduisent les prix que paient les acheteurs et augmentent ceux que reçoivent les vendeurs. Elles augmentent la quantité produite et engendrent la surproduction.

Les effets externes Un effet externe est un coût ou un avantage qui retombe sur des gens autres que le vendeur ou l'acheteur. Une centrale thermique qui fonctionne au charbon et rejette du dioxyde de carbone dans l'atmosphère engendre un coût externe. La société qui exploite la centrale ne tient pas compte du coût des changements climatiques quand elle décide de la quantité d'électricité à produire. Il en résulte une surproduction. À l'opposé, l'occupante d'un appartement qui installe un détecteur de fumée et réduit du même coup le risque d'incendie auquel son voisin est exposé engendre un avantage externe. Elle ne tient pas compte de la valeur qu'en tire son voisin quand elle décide combien de détecteurs installer. Il en résulte une sous-production.

Les biens collectifs et les ressources communes Un *bien collectif* est un bien (ou un service) que chacun peut consommer même sans le payer. La sécurité nationale en est un exemple. Dans les marchés concurrentiels, il y a sous-production de la sécurité nationale parce qu'il est dans l'intérêt de chacun d'éviter de payer sa part d'un tel bien et de laisser aux autres le soin de régler la facture.

Une *ressource commune* n'appartient à personne, et tous peuvent en faire usage. La morue de l'Atlantique en est un exemple. Il est dans l'intérêt individuel de chacun de ne pas tenir compte des coûts qu'il impose aux autres quand il décide quelle quantité d'une ressource commune utiliser. Il en résulte une surexploitation de la ressource.

Les monopoleurs Un *monopoleur* est une entreprise qui vend un bien ou un service pour lequel il n'y a aucun autre fournisseur. Le service d'aqueduc et de distribution de gaz naturel en sont des exemples. Le monopoleur vise la maximisation du profit. N'ayant pas de concurrent, il fixe le prix qui lui permet de réaliser ce profit maximal. Ce faisant, il produit moins et exige un prix plus élevé. Il en résulte une sous-production.

Les coûts de transaction élevés Les nombreux marchés de détail qu'on observe dans les centres commerciaux emploient des quantités énormes de ressources rares, sous forme de main-d'œuvre et de capital. Exploiter un marché, quel qu'il soit, coûte cher. En économie, on appelle **coûts de transaction** le coût de renonciation des échanges qui s'effectuent dans les marchés.

Dans bien des cas, on trouve souhaitable de s'en remettre au prix du marché pour faire l'allocation des ressources rares. Encore faut-il que l'exploitation du marché vaille le coût de renonciation qu'on doit supporter pour l'établir. Certains marchés coûtent trop cher à faire fonctionner. Par exemple, si vous voulez jouer au tennis sur le terrain «gratuit» de votre quartier, vous n'avez pas à débourser le prix du marché pour jouer. Vous attendez votre tour et vous «payez» de votre temps le droit d'entrée. Quand les coûts de transaction sont élevés, il arrive que le marché ne soit pas adéquat et qu'il y ait sous-production.

Nous avons vu à quelles conditions l'allocation des ressources est efficace. Nous avons indiqué comment un marché concurrentiel peut être efficace, et nous avons énuméré certains des obstacles à l'efficacité. Les autres mécanismes d'allocation des ressources garantissent-ils de meilleurs résultats que le marché?

Suppléer les lacunes du marché

Les mécanismes que nous avons décrits au début de ce chapitre permettent-ils de corriger l'inefficacité qu'engendrent parfois les marchés? Dans certains cas, ils le peuvent. En économie, on combat souvent le feu par le feu: nous verrons au chapitre 16 qu'on résout le problème des effets externes à l'aide de taxes et de subventions.

On a souvent recours à la décision de la majorité pour tenter d'améliorer l'allocation des ressources. Toutefois, cette façon de procéder présente aussi des lacunes. Un groupe qui défend les intérêts particuliers de ses membres peut s'avérer majoritaire. Par exemple, les prix et les quantités réglementés à l'origine d'inefficacité sont presque toujours le fait de groupes d'intérêts majoritaires qui imposent des coûts à la minorité. Ces diktats de la majorité ne profitent pas nécessairement au plus grand nombre puisque chacun d'entre nous appartient en même temps à quelques groupes majoritaires et à plusieurs groupes minoritaires (voir la figure 5.8). De plus, les lois adoptées à la majorité sont traduites en mesures concrètes par des fonctionnaires qui ont leurs intérêts particuliers et agissent en conséquence.

FIGURE 5.8 *Les diktats de la majorité*

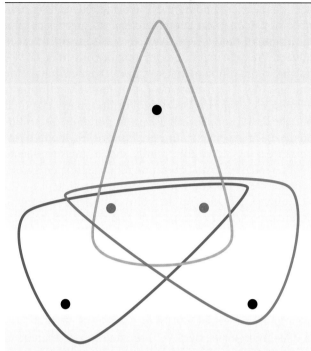

Cette figure illustre un cas où la règle de la majorité dessert mal le plus grand nombre. On a une société composée de cinq personnes, chacune représentée par un point. Il y a trois groupes d'intérêts majoritaires (comportant trois personnes) imposant leurs vues à la minorité au sujet d'une question d'ordre publique (par exemple, la politique fiscale, la politique en éducation et la politique environnementale). Chacun des groupes est représenté par un triangle de couleur qui inclut ses membres. Malgré ce que la règle laisse présumer, la majorité des individus (les points noirs) voient leurs intérêts frustrés sur une majorité de questions (deux sur trois) par une minorité (les deux points rouges).

Dans les entreprises, les cadres donnent des directives et évitent ainsi les coûts de transaction qu'il leur faudrait supporter s'ils devaient recourir au marché chaque fois qu'ils ont une tâche à faire exécuter.

La queue est la meilleure façon de procéder dans certaines situations. Par exemple, considérons le cas d'une file d'attente à un guichet automatique. Plutôt que d'attendre leur tour, les gens pourraient se mettre à s'échanger leurs places après entente sur un prix du « marché ». Mais il faudrait alors une autorité pour faire respecter les ententes. À un guichet occupé, le principe du premier arrivé, premier servi produit l'arrangement le plus efficace.

Aucun mécanisme ne peut assurer à lui seul l'allocation efficace de toutes les ressources. En dernière analyse, les marchés donnent d'excellents résultats avec le concours d'autres mécanismes tels que la décision de la majorité, les systèmes hiérarchiques et la queue.

Réponses p. 154

MINITEST **4**

1 Les marchés concurrentiels utilisent-ils les ressources efficacement ? Justifiez votre réponse.

2 Qu'est-ce que la perte de surplus ? Dans quelles conditions l'observe-t-on ?

3 Quels sont les obstacles qui s'opposent à l'allocation efficace des ressources dans une économie de marché ?

L'allocation efficace des ressources est-elle juste ? Le marché concurrentiel assure-t-il aux travailleurs une rémunération juste de leur travail ? Les consommateurs y paient-ils toujours un prix juste ? N'est-il pas essentiel que l'État intervienne dans certains marchés concurrentiels pour éviter que les prix ne montent trop haut ou ne descendent trop bas ? Telles sont les questions sur lesquelles nous allons maintenant nous pencher.

Le marché concurrentiel est-il juste ?

Lors d'une catastrophe naturelle comme un ouragan ou du verglas, le prix de nombreux biens de première nécessité grimpe en flèche. Cette flambée des prix s'explique par le fait que la demande et le consentement à payer augmentent, alors que l'offre reste la même. La montée des prix assure une allocation efficace des ressources rares. Mais les médias qui commentent ces hausses de prix évoquent rarement l'efficacité ; ils parlent plutôt d'équité ou de justice. Ainsi, on entend souvent dire qu'il est injuste que les marchands fassent des profits aux dépens des victimes des catastrophes naturelles. De même, quand des travailleurs non qualifiés travaillent pour un salaire que la plupart d'entre nous trouvent insuffisant, les médias et certains politiciens reprochent aux employeurs d'exploiter indûment leur main-d'œuvre.

Comment décide-t-on de ce qui est juste et de ce qui ne l'est pas ? On peut *croire* que quelque chose est injuste, mais est-il possible de le *savoir* ? Quels sont les *principes* de la justice ? Les philosophes tentent de répondre à cette question depuis des siècles. Les économistes ont également proposé certaines réponses, dont, soulignons-le, aucune ne fait l'unanimité.

Les économistes s'entendent sur l'efficacité, c'est-à-dire sur le fait qu'il importe d'obtenir la tarte économique la plus grosse possible au plus bas coût possible, mais leurs vues divergent sur l'équité, c'est-à-dire sur la juste part de la tarte économique qui doit revenir à chacun. La raison en est simple: les idées sur la justice ne sont pas strictement d'ordre économique; elles relèvent aussi de la politique, de l'éthique et de la religion. Cela dit, les économistes ont réfléchi à ces questions et peuvent apporter leur contribution. Voyons ce qu'ils ont à dire sur le sujet.

Les économistes du XIXᵉ siècle ont invoqué de bons arguments à l'appui de l'égalité. La justice représente alors les principes que nous devrions suivre pour atteindre cette égalité. Pour penser à la justice, imaginez la vie économique comme un jeu – un jeu sérieux – où les idées sur la justice se divisent en deux catégories:

- il y a injustice si le *résultat* est injuste;
- il y a injustice si les *règles* sont injustes.

Il y a injustice si le *résultat* est injuste

Les premières tentatives pour établir un principe de justice partaient du point de vue que c'est le résultat qui importe. De ce point de vue, si on souhaite l'égalité, on considérera qu'il y a injustice si les revenus des gens sont trop inégaux. Par exemple, il est injuste que les présidents des banques touchent des millions de dollars par année tandis que les commis n'en gagnent que quelques milliers; de même, il est injuste que le marchand profite d'une catastrophe naturelle pour encaisser de plus gros profits tandis que ses clients paient des prix plus élevés.

Au XIXᵉ siècle, certains philosophes et économistes émirent l'idée que, pour atteindre le meilleur résultat possible, la société devait chercher à égaliser les revenus. Pour que la tarte économique procure le plus grand bonheur possible, avançaient-ils, il faut la découper en parts égales et remettre à chacun sa part. Finalement, cette hypothèse se révéla infondée, mais pour une raison qui en elle-même comporte une leçon. Il vaut donc la peine de l'examiner de plus près.

L'utilitarisme On appelle **utilitarisme** la doctrine du XIXᵉ siècle selon laquelle seule l'égalité peut engendrer l'efficacité. L'utilitarisme propose, comme objectif à atteindre, «le plus grand bonheur du plus grand nombre». Certains des plus éminents penseurs de l'époque, notamment Jeremy Bentham et John Stuart Mill, ont été des défenseurs de ces idées. Pour eux, on distingue le «bien» du «mal» selon le degré de satisfaction qui en résulte pour les gens. Cultiver du blé est une «bonne» entreprise, car cela permet de produire du pain qui apaise la faim. Faire la guerre à un tyran est une «bonne» entreprise si cela permet d'améliorer le sort des gens; ce sera une «mauvaise» entreprise si la guerre engendre plus de souffrances que n'en engendrait la domination du tyran. L'utilitarisme s'oppose à des conceptions du bien et du mal fondées sur des intuitions, la religion ou des concepts abstraits comme l'honneur.

Selon les utilitaristes, pour arriver au «plus grand bonheur du plus grand nombre», il faut transférer le revenu du riche au pauvre jusqu'à complète égalité – jusqu'à ce qu'il n'y ait plus ni riche ni pauvre. Leur raisonnement est le suivant. Premièrement, tous les humains ont au départ les mêmes désirs fondamentaux et une capacité similaire de jouir de la vie. Deuxièmement, plus le revenu d'un individu est élevé, moins la valeur (l'utilité) marginale qu'il obtient de 1 $ supplémentaire est importante. Le millionième dollar dépensé par une personne riche a moins d'importance pour elle, et donc pour la société, que le millième dollar dépensé par une personne moins nantie en a pour cette dernière. Par conséquent, lorsqu'on transfère 1 $ du millionnaire à quelqu'un de moins riche, la société gagne davantage qu'elle n'y perd, et il en résulte un bien-être *total* plus élevé que si le riche avait gardé ce dollar.

La figure 5.9 illustre cette idée utilitariste. Louis et Jean ont la même courbe de valeur marginale pour la richesse, *Vm*. (Pour l'un comme pour l'autre, nous avons choisi de mesurer la valeur marginale sur une échelle de 1 à 3.) Louis est au point *A*; il gagne 5 000 $ par année, et la valeur marginale pour 1 $ de revenu est de 3. Jean est au point *B*; il gagne 45 000 $ par année, et sa valeur marginale pour 1 $ de revenu est de 1. Lorsqu'on transfère 1 $ de Jean à Louis, Jean perd 1 unité de valeur marginale, et Louis en gagne 3. Par conséquent, la valeur totale de Louis et de Jean s'en trouve accrue, et le partage de la tarte économique est plus efficace. Si on transfère un deuxième

FIGURE 5.9   *La justice utilitariste*

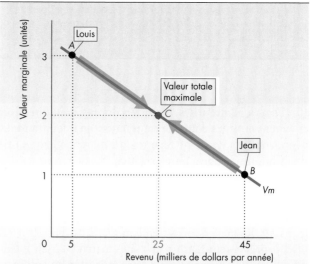

Louis se trouve au point *A*: il gagne 5 000 $ par année et a 3 unités de valeur. Au point *B*, Jean gagne 45 000 $ par année et a 1 unité de valeur. Quand on transfère des dollars du revenu de Jean à Louis, la perte de Jean est moindre que le gain de Louis, et ce, jusqu'au point *C*. Ce n'est qu'à ce point *C*, où chacun a 25 000 $ par année et 2 unités de valeur, que leur avantage total atteint un maximum et ne peut plus s'accroître.

dollar, la même chose se produit : Louis gagne plus que Jean ne perd. Il en va de même pour chaque dollar transféré jusqu'à ce que Louis et Jean se retrouvent tous les deux au point *C*. À ce point *C*, Louis et Jean ont chacun 25 000 $ et 2 unités de valeur ; le partage de la tarte économique est maintenant le plus efficace possible, et il procure le plus grand bonheur possible à Louis et à Jean.

Mais cette approche pose problème, car elle associe à la valeur marginale un sens que nous ne lui avons pas donné dans ce livre. Rappelons qu'au chapitre 1, nous avons défini la valeur marginale d'un bien comme la valeur qu'accorde un consommateur à une unité supplémentaire de ce bien. Par exemple, le consommateur peut dire qu'une banane vaut pour lui 1 $ même s'il ne la paie que 50 ¢. Mais quelle valeur accorder à 1 $ sinon 1 $? Pour suivre la logique utilitariste dans le cas de Jean et Louis, il faut présumer que la consommation de 1 $ (en achetant des biens) procure une sensation psychologique de bien-être plus forte chez Louis que chez Jean, de sorte qu'en redistribuant le dollar de Jean à Louis on accroît la « somme » du bien-être de ces deux individus. Les économistes du XIXᵉ siècle concevaient l'utilité comme une mesure de ces impressions, à l'instar de la température qui est une mesure de la chaleur pour les physiciens. Cette conception est tombée en désuétude au début du XXᵉ siècle. Toutefois, soulignons que cela n'a pas rendu la philosophie utilitariste caduque, mais a rompu le lien étroit qu'elle avait jusque-là avec l'économie politique.

Le compromis fondamental Égaliser les revenus pose toutefois un problème majeur : il faut tenir compte des coûts liés aux transferts de revenu. Or, reconnaître le coût des transferts de revenu nous amène à ce qu'on appelle le **compromis fondamental** – c'est-à-dire au compromis entre l'efficacité et la justice.

Le compromis fondamental résulte de la prise en compte de plusieurs problèmes. Premièrement, le transfert de revenu des gens qui gagnent beaucoup aux gens qui gagnent moins ne peut se faire qu'en imposant les revenus élevés. Or, imposer ces revenus a des conséquences. L'impôt sur le revenu du travail amène les gens à travailler moins, de sorte que la quantité de travail tombe en deçà de la quantité efficace. L'impôt sur le revenu du capital amène les gens à épargner moins, de sorte que la quantité de capital tombe en deçà de la quantité efficace. Comme les quantités de travail et de capital sont inférieures aux quantités efficaces, la production de biens et services tombe également en deçà de la quantité efficace. La tarte économique rapetisse.

Le compromis fondamental se fait entre la taille de la tarte économique et le degré d'égalité de son partage. Plus la quantité de revenu redistribuée par les impôts est importante, plus l'inefficacité s'accroît, et plus la tarte économique rapetisse.

La redistribution du revenu engendre une deuxième source d'inefficacité, dans la mesure où le dollar prélevé à un riche ne devient pas un dollar de plus dans la poche d'un pauvre. En effet, une partie de cet argent va à l'administration des systèmes d'imposition et de transferts. Le coût des organismes qui perçoivent les impôts et les taxes et qui administrent les transferts sociaux, comme l'Agence du revenu et le ministère des Ressources humaines et du Développement des compétences du Canada, engloutit une partie des impôts perçus. De plus, les contribuables recourent aux services d'une armée de comptables, de vérificateurs et d'avocats afin de s'assurer qu'ils paient bien le bon montant d'impôts ; ces activités mobilisent elles aussi un capital et une main-d'œuvre spécialisée qui, autrement, pourraient servir à produire des biens et services qui ont de la valeur pour les consommateurs.

Si on prend en considération tous ces coûts, on constate que le transfert de 1 $ prélevé à un riche ne donne pas 1 $ de plus au pauvre, loin de là. En fait, des impôts élevés risquent même de faire du tort aux gens à faible revenu. Par exemple, si des entrepreneurs croulant sous les impôts décident de travailler moins fort et ferment certaines de leurs entreprises, des travailleurs peu qualifiés se retrouveront au chômage et devront se chercher un autre travail, qui risque d'être encore moins bien payé.

À l'heure actuelle, en raison du compromis fondamental, personne ne soutient que l'équité passe par l'égalité absolu des revenus.

Assurer le plus grand bien-être possible au plus pauvre Dans son ouvrage désormais classique *Théorie de la justice*, le philosophe John Rawls a proposé en 1971 une solution inédite du problème du compromis fondamental. Pour Rawls, compte tenu de tous les coûts de transferts de revenu, la répartition la plus juste de la tarte économique est celle qui assure le plus grand bien-être possible au plus pauvre. Il faut imposer les revenus des riches et transférer aux pauvres ce qui reste une fois payés les coûts liés à l'administration des systèmes d'imposition et de transferts. Cependant, précise Rawls, les impôts ne doivent pas être trop élevés, sinon ils font rapetisser la tarte économique à tel point que la part du plus pauvre se réduit à des miettes. En d'autres termes, une grosse part d'une petite tarte est souvent moins avantageuse qu'une petite part d'une grosse tarte. L'objectif est de faire en sorte que la part du plus pauvre soit aussi grosse que possible, sans pour autant qu'elle soit forcément égale aux autres.

Si la justice est dans les résultats, il faut qu'on voie une amélioration de ces derniers au terme du jeu. Certains économistes soutiennent que ces améliorations sont elles-mêmes injustes et qu'il faut adopter un autre point de vue pour mener à bien notre réflexion sur l'équité.

LA FACTURE D'HYDRO VA GRIMPER

LA PRESSE, 29 SEPTEMBRE 2009

DÉNONCÉ DEPUIS LONGTEMPS, LE « BLOC PATRIMONIAL » EST CIBLÉ

Par *Denis Lessard*

Oubliez les péages partout au Québec et les droits de scolarité au collégial. Le gouvernement Charest a déjà choisi sa cible pour augmenter ses recettes rapidement : les tarifs d'Hydro-Québec.

Au cœur du débat des prochaines semaines : le « bloc patrimonial » d'Hydro-Québec, une énorme quantité d'énergie (165 térawattheures) dont le prix est artificiellement bloqué à 2,8 cents le kilowattheure, environ le tiers de sa valeur sur les marchés d'exportation. [...]

[Selon le ministre Raymond Bachand,] une majoration de 1 cent le kilowattheure fait entrer 1,8 milliard de dollars dans les coffres de l'État. Si on met en place des mesures compensatoires de 300 millions « pour augmenter la protection de ceux qui en ont moins les moyens », [...] il restera tout de même un gain de 1,5 milliard pour équilibrer les finances publiques, a-t-il expliqué. Plus tard, sa porte-parole a précisé que 1 cent d'augmentation représente plutôt 1,4 milliard de gains nets.

La fin de semaine dernière, en marge du conseil général du Parti libéral, le nouveau ministre du Développement économique, Clément Gignac, a d'ailleurs répété ce qu'il a maintes fois dit dans sa vie d'économiste : il faut hausser le prix de l'électricité. Les bas tarifs sont un encouragement à la consommation et, au bout du compte, profitent davantage aux nantis. [...]

Spécialiste de ces questions, Jean Thomas Bernard, professeur à l'Université Laval, explique qu'il faudrait hausser les tarifs [...] « Hydro exporte à 9 cents, elle nous vend à moins de 3 cents... Chez nos voisins, cela coûte beaucoup plus cher : en Ontario, c'est 70 % de plus », poursuit l'universitaire. [...] L'ex-premier ministre Lucien Bouchard [...] disait « qu'on était un marchand de bonbons qui avait le choix entre les vendre ou les manger », rappelle M. Bernard. ■

LES FAITS EN BREF

- Le gouvernement du Québec a besoin d'argent.

- Hausser de 1 ¢ le prix de l'électricité que les Québécois consomment se traduirait par une augmentation de l'encaisse de 1,4 milliard de dollars pour Hydro-Québec plus 300 millions de dollars mis en réserve pour des mesures compensatoires.

- Le prix que paient les Québécois est actuellement limité à 2,8 ¢/kWh.

- Hydro-Québec exporte en moyenne l'électricité à 9 ¢/kWh sur le marché américain.

- Selon Clément Gignac, les tarifs actuels profitent davantage aux nantis.

ANALYSE ÉCONOMIQUE

- Hausser le prix de l'électricité de 1 ¢ se traduit par une augmentation de l'encaisse de 1,4 G\$ + 0,3 G\$ = 1,7 G\$. Comme 1 ¢/kWh = 0,01 G\$/TWh, cela signifie que les Québécois consomment

$$\frac{1,7 \text{ G\$}}{1 \text{ ¢/kWh}} = \frac{1,7 \text{ G\$}}{0,01 \text{ G\$/TWh}} = 170 \text{ TWh}$$

  dont la plus grande partie est payée 2,8 ¢/kWh. Dans la figure, la consommation actuelle est au point A et les recettes d'Hydro-Québec provenant du Québec correspondent aux rectangles bleu et orange.

- Pour Hydro-Québec, offrir un kilowattheure au Québec entraîne un coût marginal de renonciation. En effet, l'entreprise doit renoncer à vendre ce kilowattheure sur le marché nord-américain à un prix P supérieur. Hydro-Québec vend actuellement 20 TWh au prix moyen de 9 ¢ sur ce marché. Mais tous les kilowattheures ne sont pas vendus au même prix : la demande des États-Unis fluctue, si bien que seule une petite partie des exportations est vendue à un prix très élevé ; pour vendre davantage, Hydro-Québec doit exporter lorsque le prix est moins intéressant. Sur une base annuelle, le prix qu'elle obtient à la marge décroît avec l'ampleur de ses exportations.

● Sur le graphique, on compte horizontalement les ventes au Québec à partir de zéro à gauche. Ce qui n'est pas vendu au Québec est exporté ; donc, on compte horizontalement les exportations à partir de la droite. Le prix marginal que reçoit Hydro-Québec est actuellement d'environ 7 ¢/kWh au point *C*. La zone rose correspond aux recettes provenant des exportations, lesquelles sont vendues à un prix de plus en plus faible à mesure que l'entreprise pénètre ce marché. Le coût de renonciation de vendre au Québec diminue donc à mesure qu'elle exporte. Autrement dit, ce coût marginal augmente à mesure qu'Hydro-Québec accroît ses ventes au Québec. Le coût marginal représente l'offre d'Hydro-Québec. Le marché est au point *A*, qui n'appartient pas à la courbe d'offre, parce que l'entreprise est réglementée : on l'oblige à vendre au Québec à un prix inférieur à son coût de renonciation.

● Le surplus des consommateurs québécois correspond à la somme des trois zones vertes. Le surplus du producteur est résumé par les rectangles bleu et orange (ainsi que par la zone rose sur le marché américain). On voit qu'au point *A* le surplus total n'est pas maximisé : les 30 derniers térawattheures consommés au Québec ont une valeur marginale sur le marché américain plus grande que celle que leur attribuent les Québécois. Il en résulte une perte de surplus d'une ampleur correspondant au triangle gris.

● Le prix payé par les Québécois est en deçà du coût de renonciation d'Hydro-Québec pour toutes les unités vendues, mais cela ne signifie pas qu'il y a du gaspillage : les consommateurs québécois valorisent davantage les 140 premiers térawattheures que le marché américain (la droite de demande *D* est au-dessus de la courbe d'offre). Par conséquent, vendre ces térawattheures aux Québécois est efficace. Le gaspillage ne concerne que les 30 derniers térawattheures, lesquels sont les fameux bonbons qu'on a le choix de manger ou vendre.

● Si on autorisait Hydro-Québec à hausser le prix payé par les Québécois, le surplus total augmenterait. Voyons pourquoi. Il s'agit ici de faire monter le prix jusqu'à 5,5 ¢, de sorte qu'on aboutisse au point *B* où la valeur marginale des Québécois égale le prix nord-américain. Les conséquences de cette augmentation sont les suivantes :

(i) La demande des Québécois baisse de 30 TWh (un calcul basé sur une élasticité de −0,3), restaurant du même coup l'efficacité. Hydro-Québec hausse d'autant ses exportations.

(ii) Les recettes provenant des exportations augmentent d'un montant correspondant aux petits triangles gris et vert foncé plus le rectangle orange.

(iii) La baisse des ventes au Québec fait baisser les recettes d'un montant correspondant au rectangle orange. En revanche, le prix plus élevé gonfle les recettes associées aux 140 premiers térawattheures d'un montant correspondant au rectangle vert.

(iv) Pour résumer les points ii et iii, le rectangle orange est gagné d'un côté et perdu de l'autre, de sorte que les recettes totales s'accroissent d'un montant correspondant au rectangle vert et aux triangles vert foncé et gris.

(v) Le surplus des consommateurs baisse d'un montant correspondant au rectangle et au petit triangle verts.

Hydro-Québec gagne donc plus que les consommateurs ne perdent, de sorte que le surplus total s'accroît d'un montant correspondant à la différence, soit le triangle gris. Dans notre illustration, ce gain avoisine 600 millions de dollars.

● On a haussé le prix de l'électricité de plus de 2,5 ¢ pour ne réaliser au maximum qu'un gain de 600 millions de dollars. On parlait pourtant plus haut de 1,7 milliard pour chaque cent d'augmentation. C'est que la plus grande partie de l'accroissement des profits pour Hydro-Québec représente en fait un transfert des poches des consommateurs Québécois vers celles du gouvernement qui possède Hydro-Québec. L'ampleur de ce transfert n'ajoute ni n'enlève rien à la richesse collective des Québécois.

● Toutefois, un gain récurrent de 600 millions de dollars est une somme appréciable. Pour le réaliser, on doit faire une ponction de plus de 4 milliards de dollars dans le revenu des Québécois. Un tel brassage d'argent va nécessairement en affecter certains plus que d'autres. En règle générale, plus on consomme d'électricité, plus on est touché. Dans la mesure où on considère que 1 $ perdu en surplus par Jean vaut 1 $ perdu en surplus par Pierre, l'observation du ministre Gignac est correcte puisque les plus nantis consomment plus d'électricité. En revanche, si le gouvernement choisissait plutôt de hausser les impôts pour renflouer ses coffres, les nantis contribueraient bien davantage au trésor public que les plus pauvres.

● En haussant les tarifs, le gouvernement obtient beaucoup d'argent plus facilement qu'il ne l'obtiendrait en haussant les impôts. Il améliore en outre l'efficacité de la consommation d'électricité pour un montant avoisinant un demi-milliard de dollars. Mais comme une hausse des tarifs touche plus de monde qu'une hausse des impôts, elle est moins avantageuse pour les pauvres.

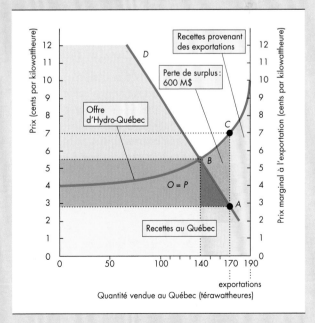

Il y a injustice si les *règles* sont injustes

L'idée qu'il y a injustice si les règles du jeu sont injustes revient fondamentalement au précepte «ne fais pas à autrui ce que tu ne veux pas qu'autrui te fasse». Dans la vie économique, cette idée se traduit par l'*égalité des chances*. Mais des chances égales pour faire quoi? Le philosophe Robert Nozick a répondu à cette question en 1974, dans son essai *Anarchie, État et utopie*. Nozick y soutient que la notion de justice fondée sur des résultats justes est impraticable, et que la justice doit plutôt reposer sur des *règles* justes. Plus précisément, Nozick avance que la justice économique tient à deux règles:

1. l'État doit imposer des lois qui établissent et protègent la propriété privée;
2. la propriété privée doit se transférer d'une personne à l'autre uniquement par l'échange volontaire.

Selon la première règle de Nozick, tout ce qui a de la valeur doit appartenir à des individus, et l'État doit se charger d'empêcher le vol. Selon sa deuxième règle, la seule façon légitime pour un individu d'acquérir quelque chose consiste à l'échanger contre autre chose qu'il possède. Toujours selon Nozick, si on observe ces règles – les seules règles justes –, le résultat ne peut être que juste. Peu importe que le partage de la tarte économique apparaisse inégal, pourvu que chaque individu qui a participé à sa confection ait fourni volontairement ses services en échange de la part qu'on lui offrait.

En vertu de ces règles, si elle est juste au départ, la distribution le restera. Par contre, si on enfreint les règles, il en résulte des injustices. Pour comprendre pourquoi, imaginons un monde où elles ne sont pas respectées et examinons ce qui se passe.

D'abord, supposons que certains biens ou ressources n'appartiennent à personne, qu'ils sont une propriété collective. Chacun est alors libre d'essayer de s'en emparer. Le plus fort finit par y parvenir. Et, une fois qu'il s'en est emparé, le plus fort les *possède* et empêche les autres d'en profiter.

Supposons maintenant que nous n'insistions par sur l'échange *volontaire* dans le transfert de la propriété d'une personne à l'autre. Quelle autre possibilité reste-t-il? Le transfert *involontaire* – autrement dit, le vol. Seuls les forts obtiennent ce qu'ils veulent, et ne laissent aux faibles que les ressources et les biens dont ils ne veulent pas. Dans un régime politique gouverné par la majorité, les forts sont ceux qui font partie de la majorité ou ceux qui ont assez de ressources pour influer sur l'opinion publique et s'assurer ainsi la majorité.

Lorsqu'on observe les deux règles de la justice, chacun – le fort comme le faible – a droit au même traitement. Chacun est libre d'utiliser ses ressources et ses habiletés pour produire des choses qui ont de la valeur à ses yeux et aux yeux d'autrui, et chacun est libre d'échanger le fruit de ses efforts.

Les impôts sont des transferts involontaires de propriété privée. Du point de vue des tenants des règles justes, ils sont donc injustes. Pourtant, la plupart des économistes croient, comme la majorité des gens, qu'un impôt peut être juste. C'est que nous ne naissons pas tous égaux. Certains viennent au monde plus riches ou mieux dotés que d'autres. Les règles de Nozick nous assurent que si le monde est juste, il le restera. Mais est-ce si rassurant puisque le monde est initialement injuste?

Pour défendre sa conception de la justice, Rawls nous propose de réfléchir aux règles du jeu économique comme si nous ignorions quel rôle nous devrons y jouer. Si notre destin est de naître dans la peau du plus pauvre, n'est-il pas naturel de se soucier avant tout du sort de ce dernier? La plupart des économistes adoptent aujourd'hui une version plus générale de cette idée, que le philosophe et économiste John Harsanyi (Prix Nobel d'économie) s'est employé à développer. Pour Harsanyi, si on demande aux gens de réfléchir à ce qu'ils estiment juste, ils le feront en définitive comme s'ils ignoraient leur rôle dans le jeu économique, mais sans nécessairement être persuadés qu'ils aboutiront dans la peau du plus pauvre. N'étant pas pessimistes en général, le gens ne se croient pas destinés à la pauvreté. Ils préfèrent alors se représenter un jeu où les pauvres s'en tirent peut-être un peu moins bien que possible si cela signifie que la majorité des gens s'en sortent beaucoup mieux. Les écarts entre les riches et les pauvres sont alors «justes» lorsque le risque (imaginaire) et les conséquences d'aboutir dans la peau d'une personne plus ou moins riche ou plus ou moins pauvre nous paraissent acceptables.

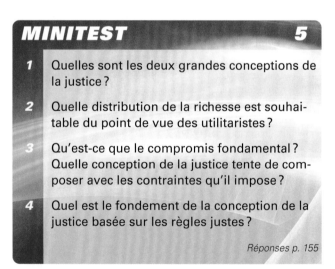

MINITEST   **5**

1   Quelles sont les deux grandes conceptions de la justice?

2   Quelle distribution de la richesse est souhaitable du point de vue des utilitaristes?

3   Qu'est-ce que le compromis fondamental? Quelle conception de la justice tente de composer avec les contraintes qu'il impose?

4   Quel est le fondement de la conception de la justice basée sur les règles justes?

Réponses p. 155

Vous venez d'étudier les deux enjeux fondamentaux de l'économique: l'efficacité et l'équité (la justice). Dans le prochain chapitre, nous examinerons certaines sources d'inefficacité et d'injustice. À maintes reprises dans cet ouvrage – et dans votre vie –, vous reviendrez aux notions d'efficacité et de justice traitées ici. La rubrique «Entre les lignes» (p. 146) se penche sur un débat qui fait couler beaucoup d'encre et pousser les hauts cris au Québec. A-t-on quelque chose à gagner d'une hausse des tarifs d'électricité?

Points clés

Les mécanismes d'allocation des ressources (p. 132-133)

◆ Étant rares, les ressources doivent être allouées d'une manière ou d'une autre par le biais d'un système ou d'un mécanisme.

◆ L'allocation des ressources peut s'effectuer par le prix du marché, un système hiérarchique, la décision de la majorité, un concours, une queue, une loterie, la discrimination selon des caractéristiques personnelles ou la force.

La demande et la valeur marginale (p. 134-137)

◆ Le prix maximal que les consommateurs consentent à payer représente la valeur marginale, si bien que la courbe de demande est aussi une courbe de valeur marginale.

◆ La courbe de demande du marché est la somme horizontale des courbes de demande individuelle. Elle est une courbe de valeur marginale sociale.

◆ La valeur correspond à ce que les consommateurs *consentent* à payer, soit leur valeur d'usage ; le prix, à ce qu'ils *doivent* réellement payer, soit la valeur d'échange.

◆ Il y a création de surplus lorsqu'un consommateur achète une unité à un prix inférieur au prix maximal qu'il consent à payer. On calcule le surplus du consommateur en additionnant les surplus de chacune des unités achetées.

L'offre et le coût marginal (p. 137-139)

◆ Le prix minimal induisant une offre est le coût marginal, si bien que la courbe d'offre est aussi une courbe de coût marginal.

◆ La courbe d'offre du marché est la somme horizontale des courbes d'offre individuelle. Elle est une courbe de coût marginal social.

◆ Le coût correspond à ce que les producteurs paient ; le prix, à ce qu'ils reçoivent.

◆ Il y a création de surplus lorsque le producteur vend une unité à un prix supérieur au prix minimal qu'il demande pour produire cette unité. On calcule le surplus du producteur en additionnant les surplus pour chacune des unités produites.

Le marché concurrentiel est-il efficace ? (p. 139-143)

◆ Dans un équilibre concurrentiel, la valeur marginale sociale est égale au coût marginal social, et l'allocation des ressources est efficace.

◆ En veillant à leurs intérêts individuels, les acheteurs et les vendeurs agissent finalement dans l'intérêt social.

◆ La somme du surplus du consommateur et du surplus du producteur est maximale.

◆ Lorsque la production est inférieure ou supérieure à la quantité efficace, on observe une perte de surplus.

◆ Les prix et les quantités réglementés, les taxes et les subventions, les effets externes, la présence de biens collectifs et de ressources communes, les monopoleurs, et les coûts de transaction élevés peuvent occasionner la sous-production ou la surproduction et avoir pour conséquence l'inefficacité.

Le marché concurrentiel est-il juste ? (p. 143-148)

◆ On distingue deux grandes conceptions de la justice : celle du résultat juste et celle des règles justes.

◆ La conception du résultat juste suppose des transferts de revenus du riche au pauvre.

◆ La conception des règles justes repose sur le droit de propriété et l'échange volontaire.

Figures clés

Figure 5.1	La demande individuelle, la demande du marché et la valeur marginale sociale (p.134)
Figure 5.2	La demande et le surplus du consommateur (p.135)
Figure 5.4	L'offre individuelle, l'offre du marché et le coût marginal social (p.138)
Figure 5.5	L'offre et le surplus du producteur (p.138)
Figure 5.6	Un marché du sandwich efficace (p.139)
Figure 5.7	La sous-production et la surproduction (p.141)

Mots clés

Compromis fondamental Compromis entre l'équité et l'efficacité (p.145).

Coûts de transaction Coûts qu'entraîne le fait de rechercher un partenaire commercial, de parvenir à une entente sur les prix et sur les autres aspects de la transaction, et de s'assurer que les conditions du contrat sont respectées ; coûts liés à la production et à la signature du ou des contrats indispensables à toute transaction (p.142).

Perte de surplus Diminution du surplus total qui résulte d'un niveau de production inefficace (p.141).

Surplus du consommateur Somme des différences entre la valeur marginale d'usage d'une unité d'un bien pour un consommateur et le prix de cette unité, de toutes les unités consommées (p.135).

Surplus du producteur Somme des différences entre le prix d'une unité d'un bien et son coût marginal de production pour une entreprise, de toutes les unités produites (p.138).

Système hiérarchique Système dans lequel l'allocation des ressources relève d'une autorité (p.132).

Utilitarisme Philosophie selon laquelle est *bien* ce qui procure du bonheur aux gens et qui recommande de viser « le plus grand bonheur du plus grand nombre » (p.144).

PROBLÈMES ET APPLICATIONS

1. Chez West, restaurant considéré comme la « meilleure table de Vancouver », les réservations sont indispensables. Au Bistro Chez Michel, restaurant de North Vancouver, il est recommandé de réserver. Chez Vij, non loin de l'Université de la Colombie-Britannique, on n'accepte pas les réservations.

a. Dites par quel mécanisme d'allocation des ressources rares s'effectue l'attribution des places dans ces trois restaurants.

b. Pourquoi, à votre avis, les restaurants adoptent-ils des politiques différentes quant aux réservations ?

c. Pourquoi le mécanisme d'allocation choisi par chacun de ces restaurants est-il vraisemblablement le plus efficace ?

d. Pourquoi, à votre avis, les restaurants n'utilisent-ils pas le prix du marché pour faire l'allocation de leurs tables ?

2. Le tableau suivant présente les barèmes de demande de voyages en train d'Audrey, de Béa et de Chloé, qui sont les seules acheteuses dans le marché.

Prix (par kilomètre)	Quantité demandée (kilomètres)		
	Audrey	**Béa**	**Chloé**
3 $	30	25	20
4 $	25	20	15
5 $	20	15	10
6 $	15	10	5
7 $	10	5	0
8 $	5	0	0
9 $	0	0	0

a. Dressez le barème de demande du marché.

b. Quel prix maximal Audrey, Béa et Chloé consentent-elles chacune à payer le voyage de 20 kilomètres ? Pourquoi ?

c. Quelle est la valeur marginale sociale quand les trois femmes parcourent 60 kilomètres au total ?

d. Quelle est la valeur marginale d'un kilomètre pour chacune des femmes quand elles parcourent 60 kilomètres au total, et combien de kilomètres chacune d'elles parcourt-elle ?

e. Quel est le surplus du consommateur de chaque voyageuse quand le prix est de 4 $ par kilomètre ?

f. Quel est le surplus du consommateur à l'échelle du marché quand le prix est de 4 $ par kilomètre ?

3. ### GRÂCE À EBAY, LES ACHETEURS ÉCONOMISENT DES MILLIARDS

Si vous pensez réaliser des économies en faisant vos achats par enchères sur le site eBay, vous avez probablement raison. [...] Deux professeurs agrégés [...] ont calculé la différence entre le prix réel payé lors des ventes aux enchères et le prix maximum que les enchérisseurs ont affirmé être disposés à payer [...] et les chercheurs du Maryland ont découvert qu'elle se chiffrait en moyenne à au moins 4 $ par vente aux enchères.

Information Week, 28 janvier 2008

a. Quel est le mécanisme utilisé pour faire l'allocation des biens sur le site eBay ?

b. En quoi les ventes aux enchères sur le site eBay influent-elles sur le surplus du consommateur ?

4. Le tableau suivant présente les barèmes d'offre d'excursions en montgolfières de Xavier, Yacov et Zacharie, qui sont les seuls vendeurs dans le marché.

Prix (par excursion)	Quantité offerte (excursions par semaine)		
	Xavier	**Yacov**	**Zacharie**
100 $	30	25	20
90 $	25	20	15
80 $	20	15	10
70 $	15	10	5
60 $	10	5	0
50 $	5	0	0
40 $	0	0	0

a. Dressez le barème d'offre du marché.

b. Quel prix minimal Xavier, Yacov et Zacharie consentent-ils chacun à accepter pour offrir 20 excursions ? Pourquoi ?

c. Quel est le coût marginal social quand on effectue 30 excursions au total ?

d. Quel est le coût marginal de chacun des exploitants quand ils effectuent 30 excursions au total, et combien d'excursions chacun d'eux offre-t-il ?

e. Quel est le surplus du producteur de chaque exploitant quand le prix est de 70 $ par excursion ?

f. Quel est le surplus du producteur à l'échelle du marché quand le prix est de 70 $ par excursion ?

5. Utilisez les renseignements fournis dans le bulletin d'information du problème nᵒ 3 pour répondre aux questions suivantes.

a. Une vente aux enchères sur le site eBay peut-elle apporter un surplus au vendeur ?

b. Illustrez par un graphique une vente aux enchères sur le site eBay et indiquez-y le surplus du consommateur et le surplus du producteur.

6. La figure suivante illustre le marché des téléphones cellulaires.

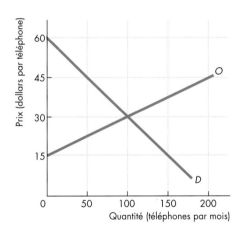

a. Quels sont le prix d'équilibre et la quantité d'équilibre ?

b. Délimitez par des zones de couleur le surplus du consommateur et le surplus du producteur. Indiquez chaque zone par une légende appropriée.

c. Indiquez par une zone de couleur et une légende appropriée le coût de production des téléphones vendus.

d. Calculez le surplus total.

e. Quelle est la quantité efficace à produire ?

7. Le tableau suivant présente les barèmes d'offre et de demande de la crème solaire.

Prix	Quantité demandée	Quantité offerte
(par bouteille)	(bouteilles par jour)	
0 $	400	0
5 $	300	100
10 $	200	200
15 $	100	300
20 $	0	400

On impose aux fabricants de crème solaire une limite de production de 100 bouteilles par jour.

a. Quel est le prix maximal que les consommateurs consentent à payer la 100ᵉ bouteille ?

b. Quel est le prix minimal que les producteurs consentent à accepter pour la 100ᵉ bouteille ?

c. Décrivez la situation de ce marché.

d. Par quel moyen peut-on faire l'allocation des 100 bouteilles à ceux qui vont à la plage ?

8.

WII EN RUPTURE DE STOCK AU JAPON

[…] Le week-end dernier, le Japon a succombé, à son tour, à la folie du Wii. [...] Cependant, étant donné le grand intérêt pour la console de jeu de Nintendo – dont le récent battage publicitaire télévisé a duré deux mois –, on s'attend à ce que la demande dépasse largement l'offre. […] Chez Yodobashi Camera, il a été convenu que les premiers arrivés seraient les premiers servis. En conséquence, les clients enthousiastes se sont présentés tôt pour ne pas être en reste. [Toutefois] ceux qui ont tenté de prendre la file après 6 h ou 7 h ont été repoussés [et] on en a aperçu un bon nombre qui se précipitaient vers les plus petites boutiques, en l'occurrence Akihabara, où on avait institué une loterie pour déterminer à qui iraient les Wii.

Gamespot News, 1ᵉʳ décembre 2006

a. Pourquoi s'attend-on à ce que la quantité demandée dépasse la quantité offerte ?

b. Nintendo a-t-elle produit la quantité efficace de consoles Wii ? Justifiez votre réponse.

c. Selon vous, Nintendo aurait-elle de bonnes raisons de limiter sa production et de mettre sur le marché moins de consoles que ce que les clients consentent à acheter ?

d. Quels sont les deux mécanismes d'allocation des ressources mentionnés dans l'article cité ?

e. Ces mécanismes d'allocation des consoles sont-ils efficaces ?

f. À votre avis, qu'a-t-on fait, dans certains cas, des consoles qu'on a achetées ?

g. Expliquez quel mécanisme d'allocation des consoles Wii est le plus équitable : le prix du marché ou les deux méthodes mentionnées dans l'article.

9. LES FORÊTS PRIVÉES DE LA NOUVELLE-ZÉLANDE

À la fin des années 1980, la Nouvelle-Zélande s'est rendue à l'évidence qu'une cure de désintoxication était inévitable. Le pays était devenu accro d'interventionnisme. [...] Au début des années 1990, la moitié des forêts de plantation de l'État étaient déjà [vendues] au plus offrant ; on amorçait ainsi une nouvelle ère de privatisation des forêts. « Nous voulons que les [compagnies forestières] se comportent comme les agriculteurs. Ces derniers prennent les mesures nécessaires pour ne pas détruire ni épuiser le sol. Ils s'occupent de leurs fermes pour qu'elles ne cessent jamais de produire. »

Reuters, 7 septembre 2007

a. À la fin des années 1980, l'exploitation forestière se faisait-elle dans l'intérêt social ou dans l'intérêt des compagnies ?

b. Depuis le début des années 1990, l'industrie forestière de la Nouvelle-Zélande s'est-elle montrée efficace ? L'exploitation forestière par les compagnies privées se fait-elle dans l'intérêt social ?

c. Qu'est-ce qui incite les compagnies forestières privées à « se comporter comme les agriculteurs » ?

10. Le tableau suivant présente les barèmes d'offre de tours de motomarine par Richard, Sam et Tom, qui sont les seuls à offrir ces tours.

Prix	Quantité offerte		
(par tour)	(tours par jour)		
	Richard	**Sam**	**Tom**
10,00 $	0	0	0
12,50 $	5	0	0
15,00 $	10	5	0
17,50 $	15	10	5
20,00 $	20	15	10

a. Quel est le prix minimal induisant une offre de 10 tours par jour pour chacun des fournisseurs de tours ?

b. Quel fournisseur reçoit le plus grand surplus du producteur quand le prix d'un tour est de 17,50 $? Justifiez votre réponse.

c. Quel est le coût marginal social lorsqu'on fait 45 tours par jour ?

d. Dressez le barème d'offre du marché des tours de motomarine.

11. Le tableau suivant présente des barèmes d'offre et de demande des sandwichs.

Prix	Quantité demandée	Quantité offerte
(par sandwich)	(sandwichs par heure)	
0 $	300	0
1 $	250	50
2 $	200	100
3 $	150	150
4 $	100	200
5 $	50	250
6 $	0	300

a. Quel est le prix maximal que les consommateurs consentent à payer le 200e sandwich ?

b. Quel est le prix minimal que les producteurs consentent à accepter pour le 200e sandwich ?

c. Une quantité de 200 sandwichs par heure est-elle inférieure ou supérieure à la quantité efficace ?

d. Quelle est la perte de surplus quand on produit 200 sandwichs par heure ?

e. Quel est le surplus du consommateur, le surplus du producteur et le surplus total quand le marché du sandwich est efficace ?

f. Qu'advient-il du surplus du consommateur et du surplus du producteur quand la demande de sandwichs augmente et qu'on produit la quantité efficace ?

12. LE PRIX JUSTE DE LA MUSIQUE NUMÉRIQUE. POURQUOI, À 99 CENTS PAR CHANSON, EST-CE TROP CHER, ET PAS ASSEZ ?

Le prix unique pratiqué par Apple, soit « tout à 99 cents », ne fait pas que des heureux. Est-ce que 99 cents n'est pas payer trop cher certains enregistrements qui ne plaisent qu'à un petit nombre ? Ce qui manque, c'est un système qui continue de remplir les coffres des entreprises, sans être injuste pour les amateurs de musique. La solution : un marché des produits de base en temps réel qui réunit certains aspects du iTune d'Apple, du Nasdaq, du Chicago Mercantile Exchange, de Priceline et d'eBay. [...] Le prix des chansons dépendrait strictement de la demande. Plus le nombre de téléchargements [d'une chanson] est élevé [...], plus le prix [de cette chanson] est élevé. [...] Moins il y a de téléchargements, plus le prix est bas. [...] En définitive, la solution équivaut à l'instauration pure et simple d'un marché libre – où seules les forces de ce dernier déterminent le prix.

Slate, 5 décembre 2005

Supposons que le coût marginal social du téléchargement d'une chanson du iTunes Store est nul. (Cette supposition implique que le coût d'exploitation du iTunes Store ne change pas quand le nombre de chansons téléchargées augmente.)

a. Tracez le graphique du marché de la musique à télécharger où on vend tout à 99 ¢. Représentez le surplus du consommateur et le surplus du producteur sur le graphique.

b. Si on vend tout à 99 ¢, le marché est-il efficace ? S'il ne l'est pas, représentez la perte de surplus sur votre graphique.

c. Si on adopte la structure de prix proposée dans l'article, quels changements observera-t-on dans le surplus du consommateur, le surplus du producteur et la perte de surplus ?

d. Si on adopte la structure de prix proposée, le marché sera-t-il efficace ? Justifiez votre réponse.

e. La structure de prix proposée dans l'article revient-elle « à l'instauration pure et simple d'un marché libre » ? Justifiez votre réponse.

13. ### TICKETMASTER ACCUSÉ D'EXPLOITER LES CONSOMMATEURS AU CANADA

Ticketmaster en avait déjà plein les bras de mettre sur pied la billetterie pour le compte de Live Nation, mais voilà qu'elle doit maintenant tenter d'apaiser la colère des fans d'Elton John en Saskatchewan, qui l'accusent d'exploiter les consommateurs. Au moment de la mise en vente des billets du concert d'Elton John à Saskatoon, les fans ont découvert que toutes les places qui leur étaient allouées étaient déjà vendues. Ticketmaster les redirigeait alors vers Tickets Now, un site secondaire dont elle est propriétaire. Le site avait non seulement des billets à vendre, mais les prix demandés étaient aussi beaucoup plus élevés que ceux affichés à l'origine par Ticketmaster, ce qui amena les clients à accuser l'entreprise de s'adonner à un trafic de billets. [...]

Ticketmaster a affirmé ne pas savoir que les clients étaient redirigés vers le site de Tickets Now. L'entreprise a d'ailleurs supprimé ce lien de son site Web. Le directeur de la billetterie en Saskatchewan a indiqué que « le stock de billets appartient au promoteur et à l'artiste, et ce dernier décide qui se verra accorder le privilège d'obtenir des billets avant qu'on les offre au public, par exemple les fan-clubs ».

Rolling Stone, 14 juillet 2008

a. De quelle forme d'exploitation est-il question ici ? Cette pratique se fait-elle dans l'intérêt social ou dans l'intérêt particulier des vendeurs ?

b. Quel est l'effet du « trafic de billets » sur le surplus du consommateur et le surplus du producteur ?

c. Considérez-vous comme une pratique équitable de la part de Ticketmaster le fait que les clients aient été « redirigés vers le site de Tickets Now » après la mise en vente des billets au public ?

d. Décrivez le mécanisme d'allocation utilisé quand l'artiste « décide qui se verra accorder le privilège d'obtenir des billets avant qu'on les offre au public, par exemple les fan-clubs ».

14. ### LE CONFLIT DE LA TAXE D'EAU ; LES FERMIERS D'ESCONDIDO AFFIRMENT QUE L'AUGMENTATION LES CONDUIRA À LA FAILLITE

La ville envisage une hausse importante de la taxe d'eau pour les agriculteurs, qui dans le passé n'ont pas eu à payer autant que les propriétaires de résidences et les entreprises. [...] Depuis 1993, la taxe d'eau a augmenté de plus de 90 % pour les propriétaires de résidences, tandis que les agriculteurs [...] ont connu des augmentations de seulement 50 % environ, [...]

San Diego Union-Tribune, 14 juin 2006

a. L'allocation de l'eau aux agriculteurs et aux résidences de San Diego vous paraît-elle efficace ? Justifiez votre réponse.

b. Si les agriculteurs paient leur eau plus cher, l'allocation des ressources devient-elle plus efficace ?

c. Si les agriculteurs paient leur eau plus cher, qu'advient-il du surplus du consommateur et du surplus du producteur résultant de la vente d'eau ?

d. La différence de prix pour les agriculteurs et les propriétaires de résidences est-elle équitable ?

15. Après avoir étudié la rubrique « Entre les lignes » (p. 146), répondez aux questions suivantes :

a. Expliquez en quoi l'ampleur de la perte de surplus actuelle engendrée par le bas tarif de l'électricité au Québec dépend de l'élasticité de la demande.

b. Est-il possible de concevoir un mécanisme d'allocation de l'électricité tel que les consommateurs québécois paient encore moins cher, mais tel que le surplus total soit maximisé ?

c. Est-ce que l'analyse présentée dans la rubrique devrait être menée différemment si Hydro-Québec était une compagnie privée ? L'analyse serait-elle différente en ce qui a trait à l'efficacité ? en ce qui a trait à l'équité ?

RÉPONSES AUX MINITESTS

MINITEST 1 (p. 133)

1. Parce que les ressources sont rares. Il faut donc des règles qui déterminent qui pourra en jouir et qui en sera privé.

2. Le prix du marché : la ressource est allouée à qui l'achète ; le système hiérarchique : l'autorité centrale décide de l'allocation ; la décision de la majorité : la majorité décide à l'issue d'un vote ; le concours : les ressources sont allouées au gagnant ; la queue : les ressources sont attribuées d'abord aux premiers arrivés ; la loterie : les ressources sont attribuées au hasard parmi un ensemble déterminé de participants à la loterie ; la discrimination : l'allocation est déterminée selon les caractéristiques personnelles des gens ; la force : le plus puissant accapare la ressource.

3. Le prix du marché : lorsqu'il n'y a aucune raison importante d'allouer la ressource à une personne plutôt qu'à une autre, par exemple un sandwich. Le système hiérarchique : lorsque l'allocation de la ressource participe d'un système où les tâches et responsabilités de chacun sont clairement définies et bien contrôlées, par exemple le pilotage d'un 747. La décision de la majorité : lorsque l'allocation affecte la population dans son ensemble, par exemple l'éducation. Le concours : lorsque la ressource doit idéalement être allouée au plus « méritant » qu'on aurait autrement beaucoup de difficulté à reconnaître, par exemple l'octroi par appel d'offres d'un contrat d'architecture pour un immeuble de prestige. La queue : afin d'économiser le temps d'attente lorsqu'une ressource limitée ne peut être exploitée que par une personne à la fois, par exemple la rencontre d'un médecin en clinique sans rendez-vous. La loterie : lorsqu'il n'y a aucun autre moyen de distinguer entre les usagers. La discrimination : lorsque la ressource doit idéalement être attribuée à des gens ayant des caractéristiques observables particulières, par exemple les cours de français aux immigrants. La force : lorsqu'il n'y a aucun autre mécanisme en place, par exemple le droit de passage des bateaux marchands au large des côtes de la Somalie ; soulignons que l'existence des autres mécanismes dépend implicitement de l'exercice de la force par l'État pour leur maintien.

4. Le marché n'incite pas les citoyens d'une métropole à fournir une quote-part suffisante pour financer efficacement la police. Un système hiérarchique serait incapable de déterminer les proportions relatives efficaces de Xbox, de consoles Nintendo, de Wii, etc.,

à produire. Il serait inefficace de s'en remettre à la décision de la majorité pour savoir quels manuscrits méritent d'être édités. Attribuer les droits de visite chez un médecin par concours est probablement injuste et inefficace. Attribuer les nouvelles voitures en demandant aux consommateurs de faire la queue est inefficace. Attribuer les soins de santé par une loterie est inefficace, puisqu'il est préférable de les donner aux malades plutôt qu'aux personnes bien portantes. Discriminer l'accès aux bars selon l'âge est sans doute efficace, mais cela ne l'est pas si le critère est la couleur de la peau. Si l'allocation des ressources se faisait par l'exercice privé de la force, notre vie serait un enfer.

MINITEST 2 (p. 137)

1. Par la demande.

2. Le surplus du consommateur est donné par l'aire entre la courbe de demande et la droite horizontale du prix. Autrement dit, il égale la somme des différences entre la valeur marginale et le prix de chaque unité consommée.

MINITEST 3 (p. 139)

1. À un niveau de production donné, la courbe de coût marginal donne le prix minimal que doit recevoir le producteur pour consentir à produire à ce niveau, c'est-à-dire pour avoir cette offre. Elle est donc identique à la courbe d'offre.

2. Le surplus du producteur est la somme des différences entre le prix et le coût marginal de production. Il représente l'aire entre la droite horizontale de prix et la courbe de coût marginal, entre zéro et la quantité produite.

MINITEST 4 (p. 143)

1. Les marchés concurrentiels utilisent les ressources efficacement, de sorte que la valeur marginale de chaque bien correspond à son coût marginal de production, à condition qu'ils ne soient pas sujets à des obstacles comme les effets externes qui entraînent, selon le cas, la sous-production ou la surproduction.

2. Il y a perte de surplus quand le surplus, la tarte économique des échanges, n'est pas aussi grand qu'il pourrait l'être. Il y a nécessairement perte de surplus si la valeur marginale d'un bien diffère de son coût marginal de production.

3. Les prix et les quantités réglementés ; les taxes et les subventions ; les effets externes ; les biens collectifs et les ressources communes ; les monopoleurs et les coûts de transaction élevés.

MINITEST 5 (p. 148)

1. La conception qui commande des résultats justes et celle qui commande des règles justes.

2. Une répartition égalitaire.

3. Le compromis entre l'égalité et la création de la plus grande tarte économique possible. Ce compromis participe de la conception égalitariste de la justice (les résultats justes).

4. La conception de la justice basée sur les règles justes est fondée sur le précepte : « Ne fais pas à autrui ce que tu ne veux pas qu'autrui te fasse. »

Les interventions de l'État
dans les marchés

Bien que les prix des maisons aient baissé en 2007, les locataires canadiens ont vu leurs loyers augmenter de 2,6 % en moyenne. Les autorités doivent-elles plafonner les loyers pour permettre aux locataires de se loger à un coût raisonnable ? Ou doivent-elles s'y prendre autrement et hausser le salaire minimum pour que les gens puissent payer leur loyer ? ◆ Les taxes et les impôts permettent à l'État de plonger la main dans presque toutes les bourses et tous les marchés. Lorsque vous êtes sur le marché du travail, vous versez des impôts sur le revenu et contribuez à l'assurance-emploi. Par ailleurs, on ajoute des taxes de vente à presque tout ce que vous achetez. Vous vous dites probablement qu'on vous fait payer plus que votre juste part. Alors qui, de l'acheteur ou du vendeur, est vraiment imposé et qui est gagnant quand on supprime une taxe ? ◆ Dans certains marchés, l'État intervient non pas par la taxation, mais par son contraire, la subvention. Par exemple, dans le marché des produits agricoles, les pouvoirs publics subventionnent souvent les producteurs pour faire baisser les prix à la consommation. Parfois, ils limitent les quantités que les agriculteurs sont autorisés à produire. Les subventions et les limitations de production contribuent-elles à rendre les marchés efficaces ?

Objectifs du chapitre

◆ **Expliquer comment le plafonnement des loyers engendre de l'inefficacité et des pénuries de logements**

◆ **Expliquer comment l'imposition d'un salaire minimum engendre de l'inefficacité et du chômage**

◆ **Expliquer les effets des taxes**

◆ **Expliquer les effets des quotas et des subventions sur la production, les coûts et les prix**

◆ **Expliquer le fonctionnement des marchés de produits illégaux**

◆ Dans ce chapitre, nous nous pencherons aussi sur le prix plafond, la réduction d'impôt et la subvention, trois moyens qui ont été proposés pour compenser la hausse du prix de l'essence. Dans la rubrique « Entre les lignes » (p. 174), nous appliquerons les principes que nous avons vus pour comprendre l'incidence du prix plancher et de la taxe verte sur le marché de l'essence au Québec.

Le marché du logement et le plafonnement des loyers

C'est au logement, plus qu'à tout autre bien ou service, que va la plus grande part de notre revenu. Il n'est donc pas étonnant que le loyer soit un enjeu politique. Quand les loyers sont élevés, ou qu'ils montent en flèche, il n'est pas rare que les locataires fassent pression sur les pouvoirs publics pour qu'ils interviennent et imposent des limites.

On appelle **prix plafond** un prix réglementé au-delà duquel il est illégal de vendre un bien ou un service. L'effet du plafonnement d'un prix varie selon que le prix plafond est supérieur ou inférieur au prix d'équilibre.

Un prix plafond *supérieur au prix d'équilibre* n'a aucun effet, car il n'entre pas en conflit avec les forces du marché, lesquelles continuent à s'exercer librement. Par contre, un prix plafond *inférieur au prix d'équilibre* a des répercussions importantes sur le marché, puisqu'il empêche le prix d'équilibrer l'offre et la demande. Le mécanisme législatif et le mécanisme du marché s'affrontent, de sorte que l'un ou l'autre – ou les deux – doit fatalement céder du terrain.

Les effets du plafonnement des loyers

Quand il y a imposition d'un prix plafond dans le marché du logement, on parle de **plafonnement des loyers**. Lorsqu'il est inférieur au loyer d'équilibre, le plafond engendre :

- une pénurie de logements ;
- un effort de prospection ;
- un marché noir.

La pénurie de logements Au prix d'équilibre, la quantité demandée est égale à la quantité offerte. Dans le marché du logement, lorsque les loyers sont au prix d'équilibre, la quantité de logements offerts est égale à la quantité de logements demandés et il n'y a ni surplus ni pénurie de logements.

Mais si les loyers sont inférieurs au prix d'équilibre, la quantité de logements demandés est supérieure à la quantité de logements offerts – il y a pénurie. En conséquence, si les loyers sont inférieurs au loyer d'équilibre par suite d'un plafonnement, il se crée une pénurie de logements.

En cas de pénurie, la quantité disponible est la quantité offerte. D'une manière ou d'une autre, il faut allouer cette quantité à certains – et seulement à certains – des ménages qui constituent la demande. L'allocation peut se faire, entre autres, par une augmentation de l'effort de prospection.

L'effort de prospection Pour un consommateur, la **prospection** est la recherche d'un fournisseur avec qui s'entendre. Chacun de nos achats suppose une certaine prospection. Vous voulez acheter un téléphone cellulaire dernier cri et vous connaissez quatre boutiques qui le vendent, mais vous ignorez laquelle l'offre au meilleur prix. Que faites-vous ? Vous prenez quelques minutes pour vous renseigner dans Internet. Certains marchés exigent une recherche plus longue que d'autres. C'est le cas de celui du logement, où les consommateurs doivent visiter plusieurs maisons ou appartements avant de faire leur choix.

Si le prix est réglementé et qu'il y a pénurie, la prospection est considérablement accrue. Ainsi, dans un marché du logement où les loyers sont plafonnés, le locataire qui cherche un toit épluche les journaux, à l'affût des annonces de logements à louer mais aussi des avis de décès : toute information sur un logement qui se libère est inestimable, et dès qu'il entrevoit une possibilité, il se précipite dans l'espoir d'arriver avant les autres.

Le *coût de renonciation* d'un bien inclut, en plus de son prix, la valeur de l'effort de prospection qu'il a exigé. Le coût de renonciation d'un logement est donc égal à son loyer (un prix réglementé) *plus* le temps et les ressources dépensés pour le dénicher (un prix non réglementé). Or, cette prospection coûteuse mobilise du temps et des ressources – téléphone, automobile, essence, etc. – qui pourraient être utilisés à des fins plus productives. Autrement dit, s'il est possible de plafonner le coût direct du loyer, il n'en est pas de même pour le coût total, lequel peut même se révéler *plus élevé* que le prix exigé dans un marché non réglementé.

Le marché noir Le plafonnement des loyers favorise la création d'un **marché noir**, un marché illégal dans lequel le prix d'équilibre excède le prix plafond. Le marché du logement n'est pas le seul marché réglementé qui engendre un marché noir. Pour ne prendre que cet exemple, les revendeurs de billets font des affaires en or lors des grands événements musicaux ou sportifs.

Lorsqu'il y a plafonnement des loyers, les locataires et les propriétaires cherchent constamment des moyens de contourner la loi en augmentant le loyer réel. Une pratique courante pour ce faire consiste à verser au propriétaire une somme considérable sous un prétexte quelconque – par exemple, 2 000 $ pour des rideaux usés à la corde ou pour simplement obtenir une clé.

Le niveau des loyers du marché noir dépend de la rigueur de la loi et de son application. Si l'application n'est pas très stricte, les loyers avoisinent le niveau qu'on observerait dans un marché libre ; si elle est très stricte, ils peuvent grimper jusqu'au prix maximal que les locataires sont prêts à payer.

La figure 6.1 illustre les effets du plafonnement des loyers. La demande de logements est représentée par la droite *D* et l'offre par la droite *O*. Les loyers sont plafonnés à 800 $ par mois. La zone grise contient les loyers au-dessus du plafond, ou loyers illégaux. Soulignons que le loyer d'équilibre, qui se situe à l'intersection des droites de la demande et de l'offre, est un loyer illégal.

Si les loyers sont plafonnés à 800 $ par mois, le nombre de logements disponibles est de 60 000, et la quantité demandée, de 100 000. Il y a donc pénurie, puisqu'il manque 40 000 logements.

Pour louer le 60 000e logement, quelqu'un est disposé à payer 1 200 $ par mois, somme qui peut être atteinte soit par un effort de prospection qui élève le montant total du loyer à 1 200 $ par mois, soit par une transaction sur le marché noir. Dans les deux cas, le locataire finit par supporter un coût supérieur au loyer d'équilibre qui aurait cours dans un marché sans plafonnement.

L'inefficacité du plafonnement des loyers

Lorsque le loyer plafond est inférieur au loyer d'équilibre, on assiste à une sous-production inefficace du logement. La *valeur marginale sociale* du logement excède le *coût marginal social*, et on observe une perte de surplus qui touche à la fois le surplus du producteur et celui du consommateur (voir le chapitre 5, p. 141).

La figure 6.2 illustre cette inefficacité. Le loyer plafond (800 $ par mois) est au-dessous du loyer d'équilibre (1 000 $ par mois) et la quantité offerte de logements (60 000) est inférieure à la quantité efficace (80 000).

Comme la quantité offerte de logements est inférieure à la quantité efficace, il y a une perte de surplus (triangle gris). Par ailleurs, on constate une diminution du surplus du producteur (triangle bleu) et du surplus du consommateur (triangle vert). Le rectangle rose représente la perte éventuelle occasionnée par l'effort de prospection accru. Cette perte est supportée par le consommateur, et la perte totale du plafonnement des loyers est égale à la somme de la perte de surplus et de l'augmentation du coût de la prospection.

Le plafonnement des loyers est-il équitable ?

S'il est vrai que le plafonnement des loyers est inefficace, ne permet-il pas en revanche une allocation plus équitable des logements ? Examinons cette question de plus près.

Au chapitre 5 (p. 143), nous avons vu deux principes clés concernant l'équité. Selon le principe des *règles justes*, tout ce qui empêche l'échange volontaire est injuste ; en conséquence, le plafonnement des loyers est injuste. Toutefois, selon le principe des *résultats justes*, une issue

FIGURE 6.1   *Le plafonnement des loyers*

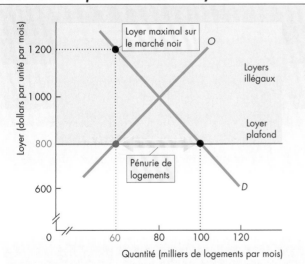

Tout loyer au-dessus du plafond de 800 $ par mois (zone grise) est illégal. À 800 $ par mois, la quantité offerte de logements est de 60 000 logements. Des locataires frustrés se cherchent désespérément un logement et font affaire avec des locateurs sur le marché noir. Quelqu'un est disposé à louer le 60 000e logement 1 200 $ par mois.

FIGURE 6.2   *L'inefficacité du plafonnement des loyers*

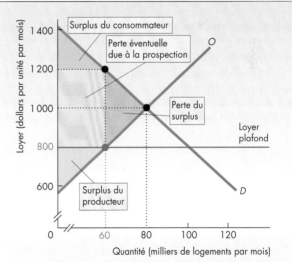

Sans plafonnement des loyers, le marché produit la quantité efficace de logements, soit 80 000 logements, dont le loyer s'établit à 1 000 $ par mois. Un loyer plafond de 800 $ par mois réduit la quantité offerte à 60 000 logements. Le surplus du producteur et le surplus du consommateur diminuent, et il en résulte une perte de surplus. Le rectangle rose représente le coût des ressources utilisées pour alimenter l'augmentation de la prospection. La perte totale du plafonnement des loyers est égale à la somme du rectangle rose et du triangle gris.

est équitable si elle est avantageuse pour les moins bien nantis. Dans ce cas, le résultat le plus équitable est celui qui procure les rares logements disponibles aux plus pauvres. Pour vérifier si le plafonnement des loyers permet d'obtenir ce résultat plus équitable, nous devons examiner comment le marché alloue les rares logements disponibles dont le loyer est plafonné.

On n'élimine pas la rareté en interdisant les hausses de loyer. Au contraire, comme il diminue la quantité de logements disponibles, le plafonnement des loyers devient une contrainte supplémentaire qui pèse sur le marché du logement. En effet, il faut trouver un moyen de rationner les logements et de les allouer à ceux qui consentent à les occuper au loyer plafond.

Si l'allocation des rares logements disponibles ne peut pas se faire par le truchement du loyer, quels autres mécanismes peut-on utiliser, et sont-ils équitables ? Parmi les mécanismes possibles, il y a :

- la loterie ;
- la queue ;
- la discrimination.

La loterie attribue les logements à ceux qui ont de la chance, non à ceux qui sont pauvres. Accorder les logements selon une queue (une méthode utilisée en Angleterre après la Seconde Guerre mondiale) favorise les plus prévoyants, qui s'inscrivent en premier sur les listes d'attente, non les plus pauvres. La discrimination fait appel à des critères arbitraires dictés par les convictions et les intérêts personnels des propriétaires. Dans le cas des habitations à loyer modique, la répartition est souvent motivée par les intérêts particuliers des pouvoirs publics chargés d'administrer les immeubles.

En principe, les propriétaires et les fonctionnaires agissant dans leur intérêt propre pourraient se fonder sur certains critères d'équité pour allouer les logements, mais il est peu probable qu'ils le fassent. La discrimination basée sur les liens d'amitié, les relations familiales ou sur les préférences raciales, ethniques ou sexuelles risque davantage de faire partie de l'équation. On peut rendre la discrimination illégale, mais on ne peut pas la faire disparaître.

Dans ces conditions, on ne peut guère invoquer l'équité pour justifier le plafonnement des loyers. Quand il est impossible d'ajuster le prix du logement aux circonstances du marché, d'autres moyens d'allouer les rares logements disponibles entrent en jeu, et les résultats ne sont pas forcément équitables.

Le plafonnement des loyers en pratique

Les gens riches et célèbres sont les gagnants

New York, San Francisco, Londres et Paris, quatre des plus grandes villes du monde, ont adopté le plafonnement des loyers dans certaines parties de leur marché du logement. Winnipeg y a recours et Toronto l'a utilisé de 1975 à la fin des années 1990. Certaines villes canadiennes, dont Calgary, Edmonton et Vancouver, n'ont pas de tels règlements.

Nous pouvons voir les effets du plafonnement des loyers sur le marché du logement en comparant les villes qui ont de tels plafonds à celles qui n'en ont pas. La comparaison nous permet de tirer deux conclusions.

D'une part, le plafonnement des loyers entraîne incontestablement une pénurie de logements. D'autre part, il diminue le loyer pour certains, mais il le fait monter pour d'autres.

À la suite d'une enquête* menée aux États-Unis en 1997, on a montré que, à New York, le loyer des logements *disponibles* était 2,5 fois plus élevé que la moyenne des loyers dans l'ensemble de la ville, mais égal au loyer moyen à Philadelphie, où il n'y a pas de plafonnement des loyers. À New York, les gagnants du plafonnement sont les familles qui sont établies là depuis longtemps, certaines d'entre elles étant parmi les plus riches et les plus célèbres. Le poids électoral des gagnants maintient la réglementation, et les nouveaux venus en font les frais.

Ainsi, en principe et en pratique, le plafonnement des loyers est inefficace et injuste.

* William Tucker, « How Rent Control Drives Out Affordable Housing ».

MINITEST 1

1 Qu'est-ce que le plafonnement des loyers ? Quels sont ses effets lorsque le plafond fixé est supérieur au loyer d'équilibre ?

2 Quels sont les effets du plafonnement des loyers lorsque le plafond fixé est inférieur au loyer d'équilibre ?

3 Comment les rares logements sont-ils alloués lorsque les loyers sont plafonnés ?

4 Pourquoi le plafonnement des loyers entraîne-t-il inefficacité et injustice dans le marché du logement ?

Réponses p. 182

Maintenant que vous connaissez le fonctionnement d'un prix plafond, nous allons étudier les effets d'un prix plancher : le salaire minimum dans le marché du travail.

Le marché du travail et le salaire minimum

Dans la mesure où il détermine nos emplois et nos salaires, le marché du travail est le marché le plus crucial pour la plupart d'entre nous. D'un côté, les entreprises décident de la demande de main-d'œuvre : plus les salaires sont bas, plus la demande est forte. De l'autre côté, les ménages décident de l'offre de main-d'œuvre : plus les salaires sont élevés, plus l'offre est forte. Le salaire équilibre la quantité demandée et la quantité offerte.

Quand les salaires sont bas, ou qu'ils ne suivent pas l'augmentation des prix, les syndicats entreprennent souvent de faire pression sur les pouvoirs publics pour qu'ils imposent une hausse des salaires.

On appelle **prix plancher** un prix réglementé en deçà duquel il est illégal de vendre un bien ou un service.

L'effet d'un prix plancher sur le marché varie selon que ce prix est supérieur ou inférieur au prix d'équilibre.

Un prix plancher *inférieur au prix d'équilibre* n'a aucun effet, car il n'entre pas en conflit avec les forces du marché, lesquelles continuent à s'exercer librement. Par contre, un prix plancher *supérieur au prix d'équilibre* a des répercussions importantes sur le marché, puisqu'il empêche le prix d'équilibrer l'offre et la demande. Le mécanisme législatif et le mécanisme du marché s'affrontent, de sorte que l'un ou l'autre – ou les deux – doit fatalement céder du terrain.

Quand le prix plancher s'applique au marché du travail, on parle de **salaire minimum**. Un salaire minimum supérieur au salaire d'équilibre crée du chômage. Examinons les effets du salaire minimum.

Le salaire minimum accroît le chômage

Au prix d'équilibre, la quantité demandée est égale à la quantité offerte. Dans le marché du travail, lorsque les salaires sont à l'équilibre, la quantité de travail offerte est égale à la quantité de travail demandée et il n'y a ni surplus ni pénurie de main-d'œuvre.

Mais si le salaire est supérieur au salaire d'équilibre, la quantité de travail offerte dépasse la quantité de travail demandée – il y a surplus de main-d'œuvre. Autrement dit, si le salaire minimum est au-dessus du salaire d'équilibre, on crée un surplus de main-d'œuvre. La demande de travail détermine le niveau d'emploi, et la main-d'œuvre en trop se retrouve au chômage.

La figure 6.3 illustre l'effet du salaire minimum sur l'emploi. La demande de travail est représentée par la droite *D* et l'offre de travail par la droite *O*. La droite horizontale rouge représente le salaire minimum, lequel est établi

FIGURE 6.3   *Le salaire minimum et le chômage*

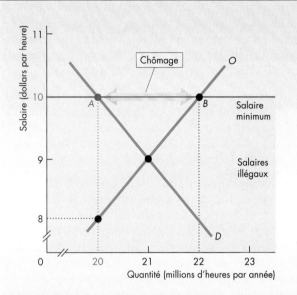

Le salaire minimum a été établi à 10 $ par heure. Tout salaire inférieur à 10 $ par heure est illégal (zone grise). Au salaire minimum de 10 $ par heure, le niveau d'emploi tombe à 20 millions d'heures par année, pour une offre de 22 millions d'heures. Il en résulte un chômage – *AB* – de 2 millions d'heures par année. Avec une demande réduite à 20 millions d'heures, certains travailleurs sont prêts à offrir la 20 millionième heure de travail à 8 $ seulement.

à 10 $ par heure. Il est illégal de payer des salaires inférieurs à ce montant, c'est-à-dire des salaires qui se situent dans la zone grise du graphique. Au salaire minimum, la quantité demandée est de 20 millions d'heures par année (point *A*), et la quantité offerte, de 22 millions d'heures par année (point *B*), de sorte que 2 millions d'heures de travail restent inutilisées.

Avec une demande réduite à 20 millions d'heures, certains travailleurs sont prêts à offrir cette 20 millionième heure de travail à 8 $ seulement. Des chômeurs frustrés et prêts à travailler pour 8 $ par heure doivent donc consacrer du temps et des ressources à la prospection, c'est-à-dire à chercher un emploi difficile à trouver au salaire minimum (10 $ par heure).

L'inefficacité du salaire minimum

Dans le marché du travail, la courbe d'offre mesure le coût marginal social du travail supporté par les travailleurs. Ce coût est celui du loisir auquel on renonce. La courbe de demande mesure la valeur marginale sociale du travail. Cette mesure est égale à la valeur des biens et services produits. Un marché du travail non réglementé dirige les ressources en main-d'œuvre rares vers les emplois qui optimisent leur valeur. Le marché est efficace.

Le salaire minimum enraie ce mécanisme du marché, si bien qu'il entraîne du chômage et une augmentation de la recherche d'emploi. À la quantité de travail employée, la valeur marginale sociale du travail dépasse son coût marginal social. Il en résulte une perte de surplus, qui diminue le surplus des entreprises et celui des travailleurs.

La figure 6.4 illustre cette inefficacité. Le salaire minimum (10 $ par heure) est supérieur au salaire d'équilibre (9 $ par heure), et la quantité de travail demandée et employée (20 millions d'heures) est inférieure à la quantité efficace (21 millions d'heures).

Comme la quantité de travail employée est inférieure à la quantité efficace, il y a une perte de surplus, représentée par le triangle gris. Le surplus des entreprises est réduit au triangle bleu et celui des travailleurs au triangle vert. Le rectangle rose représente la perte potentielle occasionnée par l'augmentation de la prospection effectuée pour trouver un emploi. Cette dernière perte est supportée par les travailleurs. La perte totale causée par le salaire minimum est la somme de la perte de surplus et du coût accru de la recherche d'emploi.

Le salaire minimum est-il injuste ?

Le salaire minimum est injuste selon les deux critères de justice que nous avons définis : il produit un *résultat* injuste et il impose une *règle* injuste.

FIGURE 6.4 *L'inefficacité du salaire minimum*

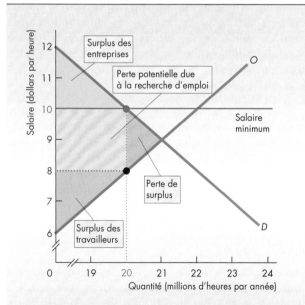

Le salaire minimum réduit l'emploi. Le surplus des entreprises (zone bleue) et celui des travailleurs (zone verte) diminuent, et on observe une perte de surplus (zone grise). La recherche d'emploi augmente et occasionne une perte représentée par la zone rose.

Le *résultat* est injuste parce que les seules personnes qui profitent du salaire minimum sont celles qui ont un emploi et qui le gardent. Pour les chômeurs, la situation

Le salaire minimum en pratique

Séparer la cause de l'effet

Au Canada, les lois sur le salaire minimum relèvent des provinces. En 2008, le salaire minimum horaire au pays allait de 7,50 $ (au Nouveau-Brunswick et à l'Île-du-Prince-Édouard) à 10 $ (au Nunavut).

Le salaire minimum crée-t-il du chômage, et si oui, dans quelle mesure ? En règle générale, on considère qu'une hausse de 10 % du salaire minimum entraîne une diminution de 1 % à 3 % de l'emploi chez les jeunes.

Cette estimation a été remise en question par David Card de l'Université de Californie à Berkeley (voir la synthèse de la sixième partie) et Alan Krueger de l'Université Princeton.

Selon ces chercheurs, les hausses du salaire minimum ont *augmenté* le taux d'emploi des jeunes et *diminué* le chômage.

S'appuyant sur leur étude des salaires minimum en Californie, au New Jersey et au Texas, Card et Krueger affirment que le taux d'emploi des travailleurs à faible revenu s'est accru avec l'augmentation du salaire minimum. Selon eux, les travailleurs deviennent plus consciencieux et plus productifs ; ils sont moins portés à quitter leur emploi, ce qui réduit les coûts liés au roulement de la main-d'œuvre ; enfin, les gestionnaires sont motivés à chercher des moyens d'augmenter la productivité de la main-d'œuvre.

Les thèses de Card et Krueger laissent sceptiques beaucoup d'économistes, qui se demandent pourquoi les entreprises ne paient pas de leur plein gré des salaires supérieurs au salaire d'équilibre pour favoriser des habitudes de travail plus productives. On indique aussi que d'autres facteurs peuvent expliquer la hausse du taux d'emploi constatée par Card et Krueger.

Selon Daniel Hamermesh de l'Université du Texas à Austin, Card et Krueger ont mal choisi le moment à étudier. Hamermesh affirme que, en fait, les entreprises réduisent l'emploi *avant* la hausse du salaire minimum, justement en prévision de cette hausse. S'il a raison, l'étude des effets d'une hausse du salaire minimum *après* cette hausse passe à côté de ses vrais effets.

De leur côté, Finis Welch de l'Université A&M du Texas et Kevin Murphy de l'Université de Chicago soutiennent que les hausses du taux d'emploi observées par Card et Krueger résultent de différences régionales dans la croissance économique, et non de la hausse du salaire minimum.

Par ailleurs, un salaire minimum plus élevé que le salaire d'équilibre se traduit par une quantité offerte plus grande d'heures de travail. Selon certains économistes, ces heures supplémentaires sont en fait offertes par des jeunes qui abandonnent prématurément leurs études avant la fin du secondaire.

est pire que s'il n'y avait pas de salaire minimum. Certains de ceux qui cherchent un emploi et en trouvent un sont pénalisés au bout du compte, car ils doivent supporter le coût accru de la prospection. De plus, les emplois ne vont pas nécessairement à ceux qui en ont le plus besoin. Si l'allocation des emplois ne se fait pas par le truchement du salaire, d'autres mécanismes déterminent qui trouvera du travail. Un de ces mécanismes est la discrimination, qui est une autre forme d'injustice.

Le salaire minimum impose une *règle* injuste parce qu'il empêche l'échange volontaire. Les entreprises sont disposées à engager plus de main-d'œuvre et les gens sont prêts à travailler davantage, mais la loi du salaire minimum les en empêche.

Si l'imposition d'un salaire minimum entraîne des injustices pour les chômeurs, le gouvernement ne dispose-t-il pas de moyens pour corriger autrement ces injustices ? Par exemple, si une hausse du salaire minimum permettait d'accroître considérablement le bien-être de ceux qui conservent leur emploi, ne serait-elle pas désirable dans la mesure où l'on compenserait adéquatement, par le biais des programmes sociaux, ceux qui se retrouveraient au chômage ?

Cela serait le cas si les travailleurs recevant le salaire minimum appartenaient aux ménages disposant des plus faibles revenus dans la société. Or, tout aussi paradoxal que cela puisse paraître, ce n'est pas du tout le cas. En Ontario[1], 80 % des travailleurs au salaire minimum n'appartiennent

pas à un ménage pauvre. Il s'agit, par exemple, d'étudiants demeurant chez leurs parents. En outre, dans 75 % des ménages pauvres, on ne retrouve aucun travailleur payé au salaire minimum : beaucoup ne travaillent pas, de sorte que leur bien-être n'est pas directement affecté par une hausse du salaire minimum. Au Québec[2], 13 % des familles sont pauvres et plus de la moitié d'entre elles ne comptent aucun travailleur. Seules 6 % des familles pauvres comptent un travailleur au salaire minimum. Si on veut augmenter le bien-être des plus pauvres, il faut s'y prendre autrement qu'en haussant le salaire minimum.

Nous allons maintenant étudier une intervention des pouvoirs publics beaucoup plus répandue dans les marchés : les taxes. Nous verrons que les taxes changent les prix et les quantités. Nous découvrirons aussi un fait étonnant : les pouvoirs publics peuvent imposer des taxes, mais ils ne décident pas qui les paiera ! Enfin, nous montrerons que les taxes occasionnent une perte de surplus.

Les taxes

Tous nos revenus et presque tous les biens et services que nous achetons sont imposés. L'impôt sur le revenu et les contributions à la Sécurité sociale sont prélevés à la source par les employeurs. La TPS et la taxe de vente provinciale s'ajoutent au prix de ce que nous achetons. Les employeurs paient aussi une cotisation d'assurance-emploi pour leur personnel. Les revendeurs de produits du tabac, de boissons alcoolisées et d'essence paient une taxe chaque fois qu'ils effectuent une vente.

Mais qui sont ceux qui paient ces taxes au bout du compte ? Comme l'impôt sur le revenu et la cotisation à l'assurance-emploi sont prélevés sur les salaires, et que la taxe de vente s'ajoute au prix des produits et des services, n'est-il pas évident que ce sont les particuliers qui les paient ? N'est-il pas tout aussi évident que l'employeur paie l'assurance-emploi et que les producteurs de tabac acquittent la taxe sur les cigarettes ?

Qui paie les impôts en réalité ? Comme nous allons le constater, la réponse n'est pas claire et les législateurs n'ont pas le pouvoir d'intervenir à cet égard. Commençons par définir l'incidence de la taxe.

L'incidence de la taxe

L'**incidence d'une taxe** est l'attribution à l'acheteur et au vendeur de la part du fardeau de cette taxe qui revient à chacun d'eux. Quand l'État impose une taxe sur la vente

---

---

1. A. Mascella et S. Teja, (2009), « Minimum Wage Increases as an Anti-Poverty Policy in Ontario », *Canadian Public Policy – Analyse de politiques*, XXXV (3).

2. J.-F. Mercier (2009), « Impact de la hausse du salaire minimum sur la pauvreté et les faibles revenus », *Rapport de stage*, Université Laval.

d'un bien[3], le prix payé par l'acheteur peut grimper du plein montant de la taxe, d'une partie de ce montant ou de rien du tout. Si le prix est majoré du plein montant de la taxe, le fardeau de celle-ci est assumé entièrement par l'acheteur – autrement dit, l'acheteur paie la taxe. Si le prix payé par l'acheteur augmente d'une valeur inférieure à la taxe, le fardeau est réparti entre le vendeur et l'acheteur. Enfin, si le prix ne change pas, alors le fardeau repose entièrement sur les épaules du vendeur.

L'incidence de la taxe ne dépend pas des lois fiscales. Celles-ci peuvent instituer des taxes sur les ventes ou des taxes sur les achats, mais le résultat est le même dans les deux cas. Pour s'en convaincre, examinons la taxe sur les cigarettes au Québec.

Une taxe sur les ventes

Le 1er janvier 2011, le Québec augmentera la taxe sur les ventes de cigarettes, la faisant passer à 2,65 $ par paquet de 25 cigarettes. Pour comprendre les effets de cette taxe (que nous arrondirons à 3 $) sur les vendeurs de cigarettes, commençons par considérer ses effets sur l'offre et la demande dans le marché des cigarettes.

À la figure 6.5, la demande est représentée par la droite D, et l'offre par la droite O. En l'absence de taxe, le prix d'équilibre est de 6 $ par paquet et on échange 250 millions de paquets par année.

Une taxe sur les ventes équivaut à une augmentation des coûts, si bien que l'offre diminue. Pour trouver où se situe maintenant la courbe d'offre, nous ajoutons la taxe au prix minimum que les vendeurs sont disposés à accepter pour chaque quantité vendue. Nous savons que, sans la taxe, les vendeurs consentent à offrir 250 millions de paquets par année à 6 $ l'unité. En conséquence, avec une taxe de 3 $, ils ne voudront offrir 250 millions de paquets par année que si le prix monte à 9 $ le paquet. L'offre est alors représentée par la droite rouge, O + *taxe sur les ventes*.

L'équilibre s'établit à l'intersection de la nouvelle courbe d'offre et de la courbe de demande, soit à 225 millions de paquets par année. Le prix payé par l'acheteur augmente de 2 $; il passe à 8 $ par paquet. Le vendeur reçoit 5 $ par paquet, ce qui représente une diminution de 1 $. Ainsi, l'acheteur et le vendeur se partagent la taxe : le premier paie 2 $ et le second, 1 $.

Une taxe sur les achats

Supposons que, au lieu d'une taxe sur les ventes, le Québec impose une taxe de 3 $ sur les achats de cigarettes.

Une taxe sur les achats abaisse le montant que les acheteurs consentent à payer aux vendeurs, si bien qu'elle

---

3. Le même principe s'applique aux services et aux facteurs de production (terre, travail, capital).

FIGURE 6.5 *La taxe sur les ventes*

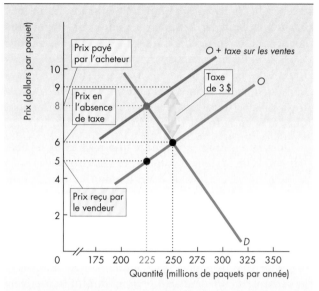

En l'absence de taxe, on échange 250 millions de paquets par année à 6 $ l'unité. Avec une taxe sur les ventes de 3 $ par paquet, la droite d'offre, O + *taxe sur les ventes*, se déplace vers la gauche. La quantité d'équilibre tombe à 225 millions de paquets par année, le prix payé par l'acheteur passe à 8 $ par paquet, et le prix reçu par le vendeur est réduit à 5 $ par paquet. La taxe augmente le prix que paie l'acheteur d'un montant moindre que celui de la taxe et diminue le prix que reçoit le vendeur. Ainsi, l'acheteur et le vendeur partagent le fardeau de la taxe.

fait diminuer la demande et en déplace la courbe vers la gauche. Pour trouver où se situe maintenant la courbe de demande, nous soustrayons la taxe du prix maximum que les acheteurs sont prêts à payer pour chaque quantité achetée. La figure 6.6 montre que, en l'absence de taxe, les acheteurs consentent à se procurer 250 millions de paquets par année à 6 $ par paquet. Avec une taxe de 3 $, ils n'acceptent d'acheter 250 millions de paquets par année que si le prix se maintient à 6 $, taxe comprise. Autrement dit, les acheteurs ne sont pas disposés à donner aux vendeurs plus de 3 $ par paquet. Ayant baissé, la demande est maintenant représentée par la droite rouge, D − *taxe sur les achats*.

L'équilibre s'établit à l'intersection de la nouvelle courbe de demande et de la courbe d'offre, soit à 225 millions de paquets par année. Le vendeur reçoit 5 $ par paquet, et l'acheteur paie 8 $.

L'équivalence de la taxe sur les achats et de la taxe sur les ventes

La taxe sur les achats illustrée à la figure 6.6 a le même effet que la taxe sur les ventes de la figure 6.5. Dans les deux cas, la quantité d'équilibre descend à 225 millions de paquets par année, le prix payé par les acheteurs monte

FIGURE 6.6 *La taxe sur les achats*

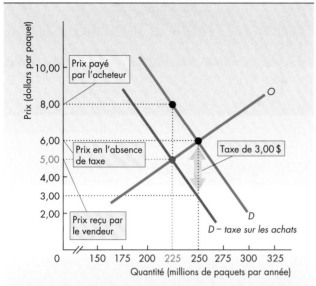

En l'absence de taxe, on échange 250 millions de paquets par année à 6$ l'unité. Avec une taxe de 3$ par paquet sur les achats, la droite de demande, D – *taxe sur les achats*, se déplace vers la gauche. La quantité d'équilibre tombe à 225 millions de paquets par année, le prix payé par l'acheteur passe à 8$ par paquet, et le prix reçu par le vendeur est réduit à 5$ par paquet. La taxe augmente le prix que paie l'acheteur d'un montant moindre que celui de la taxe et diminue le prix que reçoit le vendeur. Ainsi, l'acheteur et le vendeur partagent le fardeau de la taxe.

à 8$ le paquet, et le prix reçu par les vendeurs tombe à 5$ par paquet. L'acheteur paie 2 des 3 dollars de la taxe, et le vendeur acquitte le reste, soit 1$.

On obtiendrait le même résultat final si le gouvernement répartissait le fardeau de la taxe à parts égales entre l'acheteur et le vendeur, en imposant deux taxes de 1,50$ sur les cigarettes, l'une sur les ventes et l'autre sur les achats. Une fois que le marché aurait retrouvé son équilibre, le prix de vente augmenterait de 50¢. Dans ce cas, il en coûterait 1,50$ + 50¢ = 2$ de plus par paquet qu'auparavant à l'acheteur (l'acheteur paie son paquet 50¢ plus cher et doit en plus débourser une taxe de 1,50$ par paquet), et chaque paquet rapporterait 1,50$ − 50¢ = 1$ de moins au vendeur (le vendeur gagne 50¢ de plus par paquet, mais il doit payer une taxe de 1,50$).

Ainsi, si le gouvernement peut choisir le montant de la taxe qu'il souhaite imposer, il ne peut pas vraiment choisir la répartition du fardeau de la taxe entre les acheteurs et les vendeurs.

Les cotisations à l'assurance-emploi Les cotisations à l'assurance-emploi sont un exemple de taxe que le gouvernement fédéral impose sur l'achat de travail (par les employeurs) et la vente de travail (par les employés). Les

principes que nous venons d'exposer s'appliquent aussi à cette taxe. C'est le marché du travail, et non le gouvernement fédéral, qui décide de la répartition du fardeau de la taxe entre les entreprises et les travailleurs.

Dans l'exemple de la taxe sur les cigarettes au Québec, l'acheteur paie 2$ de plus et le vendeur reçoit 1$ de moins par paquet qu'auparavant. Parfois, c'est l'acheteur qui paie toute la taxe, alors que le vendeur continue de recevoir le même prix. Parfois, c'est le contraire : l'acheteur paie le même montant qu'auparavant et le vendeur absorbe dans ses recettes tout le montant de la taxe. Nous allons voir que les modalités du partage de la taxe entre l'acheteur et le vendeur dépendent des élasticités de la demande et de l'offre.

L'incidence de la taxe et l'élasticité de la demande

Le partage de la taxe entre acheteurs et vendeurs dépend en partie de l'élasticité de la demande. On distingue deux cas extrêmes :

- la demande est parfaitement inélastique – l'acheteur paie ;
- la demande est parfaitement élastique – le vendeur paie.

La demande est parfaitement inélastique La figure 6.7 présente le marché de l'insuline, dont la consommation quotidienne est vitale pour les diabétiques. La droite verticale D

FIGURE 6.7 *La taxe et la demande parfaitement inélastique*

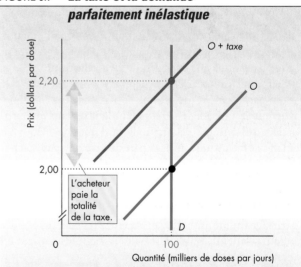

Dans ce marché de l'insuline, la demande est parfaitement inélastique. En l'absence de taxe, le prix est de 2$ la dose, et la quantité, de 100 000 doses par jour. Une taxe de 0,20$ par dose déplace la courbe d'offre jusqu'à O + *taxe*. Le prix monte à 2,20$ la dose, mais la quantité échangée ne varie pas. L'acheteur paie la totalité de la taxe.

montre que, à 100 000 doses par jour, la demande d'insuline est parfaitement inélastique, et ce, quel que soit son prix. Autrement dit, un diabétique se passerait de tout pour acheter la dose d'insuline essentielle à sa santé. L'offre de l'insuline est représentée par la droite *O*. En l'absence de taxe, le prix est de 2 $ la dose, et la quantité échangée, de 100 000 doses par jour.

Si l'insuline est taxée à raison de 0,20 $ par dose, on doit ajouter la taxe au prix le plus bas auquel les compagnies pharmaceutiques consentent à vendre l'insuline, ce qui donne la nouvelle courbe d'offre *O + taxe*. Le prix monte à 2,20 $ la dose, mais la quantité échangée reste la même. Le consommateur paie la totalité de la taxe de vente de 0,20 $ par dose.

La demande est parfaitement élastique La figure 6.8 illustre le marché des marqueurs roses. Comme le montre la droite horizontale *D*, à 1 $ l'unité, la demande de marqueurs roses est parfaitement élastique.

Si les marqueurs roses sont moins chers que les marqueurs jaunes, tout le monde en utilise : s'ils sont plus chers, personne n'en achète. L'offre est représentée par la droite *O*. En l'absence de taxe, le prix d'un marqueur rose est de 1 $, et la quantité demandée, de 4 000 marqueurs par semaine.

Supposons qu'on impose une taxe de 0,10 $ sur les marqueurs roses et sur eux seuls. L'offre est alors représentée par la droite *O + taxe*. Le prix reste à 1 $ l'unité, et la quantité de marqueurs roses tombe à 1 000 par semaine. La taxe de vente de 0,10 $ ne modifie pas le prix que paie l'acheteur, mais elle réduit le prix que reçoit le vendeur d'une somme égale à la totalité de la taxe, soit 0,10 $ par marqueur.

Comme nous venons de le voir, quand la demande est parfaitement inélastique, l'acheteur paie intégralement la taxe, et quand elle est parfaitement élastique, c'est le vendeur qui l'assume. Habituellement, comme la demande n'est ni parfaitement inélastique ni parfaitement élastique, l'acheteur et le vendeur se partagent la taxe dans une proportion qui reflète l'élasticité de la demande. Moins la demande est élastique, plus la part de taxe que paie l'acheteur est importante.

L'incidence de la taxe et l'élasticité de l'offre

Le partage du montant de la taxe entre les acheteurs et les vendeurs dépend également de l'élasticité de l'offre. Ici encore, on distingue deux cas extrêmes :

- ◆ l'offre est parfaitement inélastique – le vendeur paie ;
- ◆ l'offre est parfaitement élastique – l'acheteur paie.

L'offre est parfaitement inélastique Le graphique (a) de la figure 6.9 présente le marché de l'eau d'une source dont le débit constant ne peut être ajusté. Comme

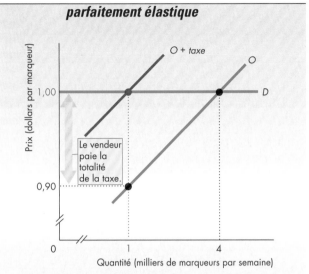

FIGURE 6.8 *La taxe et la demande parfaitement élastique*

Dans ce marché de marqueurs roses, la demande est parfaitement élastique. En l'absence de taxe, le prix est de 1 $ le marqueur, et la quantité, de 4 000 marqueurs par semaine. Une taxe de 0,10 $ par marqueur déplace la courbe d'offre jusqu'à *O + taxe*. Le prix reste à 1 $ l'unité, mais la quantité échangée tombe à 1 000 par semaine. Le vendeur paie la totalité de la taxe.

l'indique la courbe d'offre *O*, à 100 000 bouteilles par semaine, l'offre est parfaitement inélastique. La demande de cette eau est représentée par la droite *D*. En l'absence de taxe, le prix est de 50 ¢ la bouteille et, à ce prix, la quantité échangée est de 100 000 bouteilles.

Supposons qu'on taxe cette eau à raison de 5 ¢ la bouteille. La courbe d'offre reste inchangée parce que, même si le prix qu'ils reçoivent baisse, les producteurs continuent à produire 100 000 bouteilles par semaine. Cependant, les acheteurs ne consentent à acheter ces 100 000 bouteilles que si le prix n'excède pas 50 ¢ la bouteille. La taxe fait descendre à 45 ¢ la bouteille le prix que reçoit le producteur, et ce dernier paie la totalité de la taxe.

L'offre est parfaitement élastique Le graphique (b) de la figure 6.9 présente le marché du sable dont les fabricants de puces informatiques extraient le silicone. Comme le montre la courbe d'offre *O*, à 10 ¢ le kilogramme, l'offre est parfaitement élastique. La demande de ce sable est représentée par la droite *D*. En l'absence de taxe, le prix est de 10 ¢ le kilo ; à ce prix, la quantité échangée est de 5 000 kilos par semaine.

Si le sable est taxé à raison de 1 ¢ le kilo, on doit ajouter la taxe au prix d'offre minimal. Les fournisseurs consentent maintenant à offrir n'importe quelle quantité de

FIGURE 6.9 *La taxe et l'élasticité de l'offre*

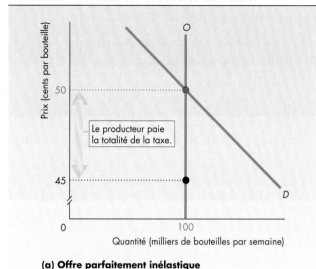

(a) Offre parfaitement inélastique

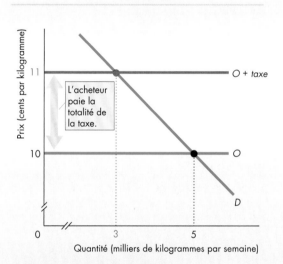

(b) Offre parfaitement élastique

Le graphique (a) présente le marché d'une eau de source. L'offre est parfaitement inélastique. En l'absence de taxe, le prix est de 50 ¢ la bouteille. Avec une taxe de 5 ¢ la bouteille, le prix se maintient à 50 ¢ la bouteille. La quantité échangée reste la même, mais le prix que reçoivent les producteurs descend à 45 ¢ la bouteille. Le producteur paie la totalité de la taxe.

Le graphique (b) présente le marché du sable. L'offre est parfaitement élastique. En l'absence de taxe, le prix est de 10 ¢ le kilogramme. Une taxe de 1 ¢ le kilogramme fait monter le prix d'offre minimal à 11 ¢ le kilogramme. La courbe d'offre se déplace jusqu'à *O* + *taxe*. Le prix monte à 11 ¢ le kilogramme. L'acheteur paie la totalité de la taxe.

sable à 11 ¢ le kilo le long de la courbe *O* + *taxe*. Un nouvel équilibre s'installe lorsque la nouvelle courbe d'offre croise la courbe de demande à un prix de 11 ¢ le kilo et à une quantité de 3 000 kilos par semaine. La taxe a augmenté le prix que paient les acheteurs d'une somme équivalente

au montant intégral de la taxe – 1 ¢ le kilo –, et elle a fait baisser la quantité vendue. L'acheteur paie la totalité de la taxe.

Comme nous venons de le voir, quand l'offre est parfaitement inélastique, le producteur paie intégralement la taxe, et quand l'offre est parfaitement élastique, c'est l'acheteur qui l'assume en totalité. Habituellement, comme la demande n'est ni parfaitement inélastique, ni parfaitement élastique, l'acheteur et le producteur se partagent la taxe dans une proportion qui reflète l'élasticité de l'offre. Plus l'offre est élastique, plus la part de taxe qu'assume l'acheteur est importante.

Les taxes et l'efficacité

La taxe correspond à la différence entre le prix que paient les acheteurs et le prix que reçoivent les vendeurs, et elle occasionne une sous-production inefficace. Le prix que paient les acheteurs est aussi leur consentement à payer, lequel mesure la *valeur marginale sociale*. De même, le prix que reçoivent les vendeurs est aussi leur prix d'offre minimal, lequel est égal au *coût marginal social*.

La taxe fait en sorte que la valeur marginale sociale excède le coût marginal social. De plus, elle diminue le surplus du producteur et celui du consommateur, et elle occasionne une perte de surplus.

La figure 6.10 illustre l'inefficacité d'une taxe sur les baladeurs MP3. La courbe de demande, *D*, témoigne de la valeur marginale sociale, et la courbe d'offre, *O*, du coût marginal social. En l'absence de taxe, le marché produit la quantité efficace (5 000 baladeurs par semaine).

Avec la taxe, le prix d'offre minimal augmente du montant de la taxe et la courbe d'offre se déplace jusqu'à *O* + *taxe*. Cette courbe *ne constitue pas* le coût marginal social. La taxe n'est pas un coût de production *social*, mais plutôt un transfert de ressources au profit de l'État. À la nouvelle quantité d'équilibre (4 000 baladeurs par semaine), le surplus du consommateur et le surplus du producteur rétrécissent tous les deux. Une partie de chacun de ces surplus passe à l'État sous forme de recettes fiscales (zone mauve). Une autre partie devient une perte de surplus (zone grise).

C'est seulement dans les cas extrêmes de demande parfaitement inélastique et d'offre parfaitement inélastique que la taxe n'influe pas sur la quantité échangée, si bien qu'elle n'occasionne pas de perte de surplus.

Au chapitre 16, nous verrons que le prix d'offre minimal des vendeurs ne correspond pas toujours au coût marginal social. Dans ce cas, imposer une taxe peut au contraire créer davantage de surplus pour la société. C'est le cas dans l'exemple des cigarettes où le coût marginal social devrait inclure, en sus du prix d'offre minimal, les coûts sociaux de soins de santé accrus qu'entraîne l'usage du tabac.

FIGURE 6.10 *Les taxes et l'efficacité*

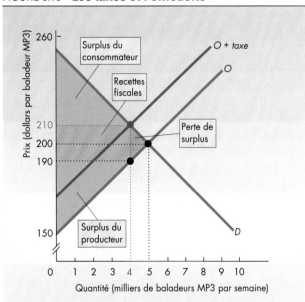

En l'absence de taxe, on produit 5 000 baladeurs par semaine. Avec une taxe de 20 $, le prix que paie l'acheteur passe à 210 $, le prix que reçoit le producteur tombe à 190 $, et la quantité descend à 4 000 baladeurs par semaine. Le surplus du consommateur est réduit à l'équivalent de la zone verte, et le surplus du producteur, à l'équivalent de la zone bleue. Une partie de la perte du surplus du consommateur et du surplus du producteur va à l'État en recettes fiscales (zone mauve); une autre partie devient une perte de surplus (zone grise).

Les impôts en pratique

Les travailleurs et les consommateurs portent le gros du fardeau

L'impôt sur le revenu des particuliers, les taxes de vente provinciales et la TPS forment la majeure partie des recettes fiscales au Canada. Comme l'élasticité de l'offre de travail est faible et que l'élasticité de la demande de travail est élevée, ce sont les travailleurs qui paient la plus grande part de l'impôt sur le revenu. Comme l'élasticité de la demande d'alcool, de tabac et d'essence est faible et que l'élasticité de l'offre est élevée, le fardeau de ces taxes (taxes d'accise) retombe davantage sur les acheteurs que sur les vendeurs.

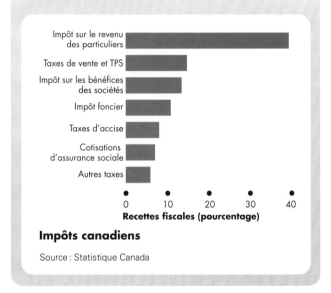

Impôts canadiens

Source : Statistique Canada

Les taxes et l'équité

Nous avons examiné l'incidence et l'efficacité de la taxe. Toutefois, quand les instances politiques débattent les questions fiscales, ce n'est ni l'incidence ni l'efficacité, mais plutôt l'équité qui retient l'attention. Les néo-démocrates soutiennent que les réductions d'impôts sont injustes parce que ce sont les riches qui en profitent. Pour les conservateurs, l'équité exige que les riches bénéficient le plus des réductions d'impôts, puisque ce sont eux qui paient la plupart des impôts. Il n'y a pas de réponse facile en matière de justice fiscale.

Selon les économistes, deux principes d'équité opposés s'appliquent à la fiscalité :

◆ le principe du juste retour ;
◆ le principe de la capacité contributive.

Le principe du juste retour Selon le *principe du juste retour*, il faut que les impôts que les gens paient égalent les avantages qu'ils retirent des services que l'État leur procure. Cet arrangement est équitable parce que ceux qui bénéficient le plus des services sont appelés à verser les plus fortes contributions. Il revient à traiter les impôts et la

consommation des services publics comme s'il s'agissait de dépenses de consommation privées.

Le principe du juste retour permet de justifier les taxes élevées sur l'essence pour financer les travaux de voirie, les taxes élevées sur l'alcool et les produits du tabac pour l'administration des services de santé, et de hauts taux d'imposition sur les revenus élevés en contrepartie des avantages de l'ordre et de la sécurité publique, dont les riches bénéficient peut-être plus que les pauvres.

Le principe de la capacité contributive Selon le *principe de la capacité contributive*, ou principe de la capacité de payer, il faut que les impôts que les gens paient soient proportionnels à leur capacité de supporter le fardeau fiscal qu'on leur impose. Une personne riche peut supporter ce fardeau plus facilement qu'une personne pauvre. Ainsi, on peut utiliser ce principe pour renforcer le principe du juste retour et justifier de hauts taux d'imposition sur les revenus élevés.

MINITEST 3

1 Quel est l'effet d'une taxe sur le prix que paie l'acheteur et sur celui que reçoit le vendeur, lorsque l'offre est très élastique par rapport à la demande ?

2 Quel est l'effet d'une taxe sur le prix que paie l'acheteur, sur celui que reçoit le vendeur et sur la quantité échangée lorsque l'offre est parfaitement inélastique ?

3 Pourquoi les taxes entraînent-elles une baisse du surplus ?

4 Dans quelles conditions une taxe n'entraîne-t-elle aucune réduction du surplus ?

5 Quels sont les deux principes d'équité qui s'appliquent à la fiscalité ?

Réponses p. 182

Nous allons maintenant examiner deux autres types d'interventions des pouvoirs publics dans les marchés : les quotas et les subventions. On a souvent recours à ces mesures pour venir en aide aux marchés des produits agricoles.

 ## Les quotas et les subventions

Gels précoces ou tardifs, étés chauds et secs, printemps pluvieux… L'incertitude domine la vie des agriculteurs, qui subissent parfois de dures épreuves économiques. Les fluctuations du temps entraînent des fluctuations de la production et des prix, ce qui signifie parfois que les recettes sont maigres. Les gouvernements interviennent dans les marchés des produits agricoles pour aider les agriculteurs à se prémunir contre les prix faibles et les baisses de revenu.

On a parfois recours à un prix plancher, dont le fonctionnement ressemble à celui du salaire minimum que nous avons étudié. Toutefois, nous avons vu que ce type d'intervention des pouvoirs publics entraîne une offre excédentaire et est inefficace. Il en va de même d'un prix plancher pour les produits agricoles.

Les gouvernements utilisent souvent deux autres moyens d'intervention dans les marchés des produits agricoles :

♦ les quotas ;

♦ les subventions.

Les quotas

Dans les marchés du lait, des œufs et de la volaille (entre autres), il arrive que les gouvernements imposent des quotas. Un **quota**, ou contingent, est l'imposition réglementaire d'une quantité maximale qu'une entreprise est autorisée à produire dans une période donnée. Nous allons en mesurer les effets en examinant ce qui se passe quand on soumet le marché du lait à un quota.

Supposons que les producteurs laitiers veuillent limiter l'offre totale de lait pour obtenir un meilleur prix et qu'ils persuadent le gouvernement d'instituer un quota sur le lait.

L'effet du quota varie selon que la quantité imposée est supérieure ou inférieure à la quantité d'équilibre. Si le quota est plus élevé que la quantité d'équilibre, il ne se passera rien, car la production des éleveurs est déjà inférieure au contingent. Par contre, un quota *inférieur à la quantité d'équilibre* a d'importantes répercussions, soit :

♦ une diminution de l'offre ;

♦ une augmentation du prix ;

♦ une diminution du coût marginal ;

♦ une sous-production inefficace ;

♦ une incitation à tricher et à surproduire.

La figure 6.11 illustre ces effets.

FIGURE 6.11 *Les effets d'un quota*

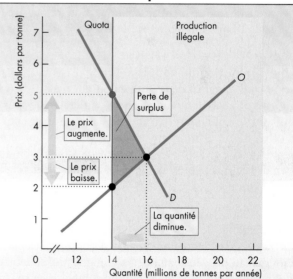

En l'absence de quota, les éleveurs produisent 16 millions de tonnes de lait par année, qu'ils vendent 3 $ la tonne. Un quota est imposé, qui limite la production à 14 millions de tonnes par année. La quantité produite tombe à 14 millions de tonnes par année, le prix s'élève à 5 $ la tonne, et le coût marginal du producteur descend à 2 $ la tonne. Comme le coût marginal social (sur la courbe d'offre) est inférieur à la valeur marginale sociale (sur la courbe de demande), la sous-production occasionne une perte de surplus.

Une diminution de l'offre Le quota sur la production de lait fait diminuer l'offre de cette denrée. Chaque producteur se voit imposer une limite, laquelle est inférieure à la quantité qu'il produirait – et offrirait – en l'absence de quota. La somme des limites de tous les producteurs est égale au quota, et toute production qui dépasse ce montant est illégale.

La quantité offerte devient alors la quantité permise par le quota, et cette quantité est fixe. Dès lors, l'offre de lait est parfaitement inélastique à la quantité permise par le quota.

À la figure 6.11, en l'absence de quota, les éleveurs produisent 16 millions de tonnes de lait par année – la quantité d'équilibre du marché. Le quota impose une limite de 14 millions de tonnes par année. Toute production qui dépasse cette limite et qui se situe dans la zone grise du graphique est illégale. Comme dans les cas du prix plafond et du prix plancher, le mécanisme du marché et le mécanisme législatif sont en conflit dans cette zone.

La droite verticale rouge, *Quota*, est la nouvelle courbe d'offre de lait pour tous les prix supérieurs à 2 $ la tonne.

Une augmentation du prix Le quota fait monter le prix du lait. Les pouvoirs publics, qui fixent le quota, laissent libre cours aux forces du marché pour qu'elles déterminent le prix. Comme il réduit l'offre de lait, le quota occasionne une hausse du prix. À la figure 6.11, en l'absence de quota, le prix s'établit à 3 $ la tonne. Avec le quota de 14 millions de tonnes, le prix passe à 5 $ la tonne.

Une diminution du coût marginal Le quota fait baisser le coût marginal de la production de lait. En effet, les éleveurs produisent moins et cessent d'utiliser les ressources qui ont le coût marginal le plus élevé. Sur la courbe d'offre, on observe un glissement vers le bas, qui représente la baisse de l'offre (et du coût marginal) de la production de lait. À la figure 6.11, le coût marginal vient s'établir à 2 $ la tonne.

L'inefficacité Le quota donne lieu à une sous-production inefficace. À la quantité produite, la valeur marginale sociale est égale au prix du marché, qui a augmenté. À la quantité produite, le coût marginal social a baissé et se situe sous le prix du marché. En conséquence, la valeur marginale sociale excède le coût marginal social et il en résulte une perte de surplus.

Une incitation à tricher et à surproduire Le quota incite les producteurs de lait à tricher et à dépasser la limite de production qui leur est imposée. Comme le prix est plus élevé que le coût marginal, l'éleveur peut réaliser un plus grand profit s'il produit une unité supplémentaire. Par contre, si tous les producteurs dépassent leur limite, le quota cesse d'opérer, et le prix retombe à son niveau d'équilibre (d'avant le quota).

Pour que le quota donne les résultats escomptés, les producteurs de lait doivent mettre sur pied un système de surveillance pour prévenir la surproduction. Mais une telle entreprise est coûteuse. De plus, il est difficile de dépister ceux qui trichent et de les punir.

En raison de ces difficultés, les producteurs sont souvent amenés à faire pression sur les gouvernements pour qu'ils instituent le quota et veillent à son respect.

Les subventions

Au Canada, dans l'Union européenne et aux États-Unis, on subventionne les producteurs de céréales, de viande, de lait, d'œufs et de bien d'autres denrées alimentaires. Une **subvention** est une aide financière que l'État accorde au producteur.

Les effets d'une subvention sont semblables à ceux d'une taxe, mais ils vont dans le sens inverse. Ces effets sont :

- ◆ une augmentation de l'offre ;
- ◆ une chute du prix et une hausse de la quantité produite ;
- ◆ une augmentation du coût marginal ;
- ◆ une aide financière consentie par l'État aux agriculteurs ;
- ◆ une surproduction inefficace.

Nous allons examiner les effets d'une subvention en prenant comme exemple le marché des céréales. La figure 6.12 illustre ces effets.

Une augmentation de l'offre À la figure 6.12, en l'absence de subvention, la courbe de demande, *D*, et la courbe d'offre, *O*, déterminent le prix et la quantité des céréales, qui se chiffrent respectivement à 40 $ la tonne et à 40 millions de tonnes par an.

Supposons que le gouvernement institue une subvention de 20 $ la tonne pour les producteurs de céréales. Une subvention est en quelque sorte une taxe négative. Alors qu'une taxe équivaut à une augmentation du coût, la subvention équivaut à une baisse du coût. Elle entraîne une augmentation de l'offre.

On détermine la position de la nouvelle courbe d'offre en soustrayant la valeur de la subvention du prix d'offre minimal du producteur. À la figure 6.12, en l'absence de subvention, les producteurs de céréales consentent à offrir 40 millions de tonnes par année à 40 $ la tonne. Avec la

FIGURE 6.12 *Les effets d'une subvention*

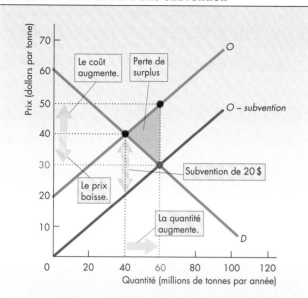

En l'absence de subvention, les agriculteurs produisent 40 millions de tonnes par année à 40 $ la tonne. Une subvention de 20 $ par tonne déplace la courbe d'offre vers la droite jusqu'à *O − subvention*. La quantité d'équilibre passe à 60 millions de tonnes par année, le prix tombe à 30 $ la tonne, et le prix plus la subvention versée aux producteurs montent à 50 $ la tonne. Un nouvel équilibre s'établit, où le coût marginal social (sur la courbe d'offre) excède la valeur marginale sociale (sur la courbe de demande). La subvention a pour effet une surproduction inefficace et une perte de surplus.

subvention de 20 $ la tonne, ils offrent 40 millions de tonnes par année si le prix n'est pas supérieur à 20 $ la tonne. L'offre est alors représentée par la droite rouge *O − subvention*.

Une chute du prix et une hausse de la quantité produite La subvention fait baisser le prix des céréales et augmenter la quantité produite. À la figure 6.12, l'équilibre s'établit à l'intersection de la nouvelle courbe d'offre et de la courbe de demande : on obtient alors un prix de 30 $ la tonne et une quantité produite de 60 millions de tonnes par année.

Une augmentation du coût marginal La subvention fait baisser le prix payé par le consommateur, mais elle augmente le coût marginal de la production des céréales. Le coût marginal s'élève parce que la production de céréales augmente et, dans ces conditions, les producteurs se mettent à utiliser des ressources qui sont moins idéales pour la culture des céréales. Sur la courbe d'offre, on observe un déplacement vers le haut, qui représente la hausse de l'offre (et du coût marginal) de la production. À la figure 6.12, le coût marginal vient s'établir à 50 $ la tonne.

Subventionner les producteurs agricoles aujourd'hui

Produire là où il ne faudrait pas

Les subventions aux agriculteurs sont un des principaux facteurs qui s'opposent à l'utilisation efficace des ressources dans le marché mondial des produits agricoles. Elles contribuent ainsi à alimenter les tensions entre les pays riches et les pays en développement.

Le Canada, l'Union européenne et les États-Unis accordent à leurs agriculteurs des subventions, et il en résulte une surproduction inefficace de denrées alimentaires dans ces économies prospères.

Il y a même une étude internationale qui a conclu que les Canadiens pourraient améliorer leur sort en choisissant d'importer *tous* les aliments qu'ils consomment plutôt que de les produire eux-mêmes.

Par ailleurs, en raison des subventions distribuées dans les pays riches, les agriculteurs des pays d'Afrique, d'Asie et d'Amérique latine, dont les économies sont en développement, parviennent difficilement à établir et à maintenir une position concurrentielle dans les marchés mondiaux de l'alimentation. Ces agriculteurs peuvent souvent produire à un coût de renonciation moindre que leurs pendants canadiens, européens et américains.

L'Australie et la Nouvelle-Zélande sont deux pays riches qui ont cessé de subventionner leurs producteurs agricoles. Depuis, l'efficacité de l'agriculture s'est améliorée dans ces pays. La Nouvelle-Zélande a tant et si bien augmenté l'efficacité de la production d'agneaux et de produits laitiers que certains l'appellent l'Arabie saoudite du lait (par analogie aux réserves et à la production pétrolières prodigieuses de ce dernier pays).

L'opposition internationale aux subventions est forte. L'opposition augmente également au sein du Canada, de l'Union européenne et des États-Unis, mais elle n'est pas aussi vigoureuse que le lobbying des producteurs agricoles, si bien qu'il ne faut pas s'attendre à l'abolition prochaine de cette forme d'aide.

Une aide financière consentie par l'État aux agriculteurs L'État verse une subvention aux agriculteurs pour chaque tonne de céréales produite. Dans notre exemple, la production passe à 60 millions de tonnes par année, et les agriculteurs reçoivent une subvention de 20 $ la tonne, ce qui représente des versements par l'État qui totalisent 1,2 G $ par année.

Toutefois, comme nous l'avons illustré avec les taxes, ce qui détermine qui des consommateurs ou des producteurs bénéficient de la subvention, c'est l'élasticité de la demande et de l'offre. Si la demande est très élastique ou l'offre très inélastique, de sorte que le prix du marché ne change pas, ce sont les producteurs qui profitent de la subvention. Si, au contraire, la demande est très inélastique ou l'offre très élastique, la subvention entraînera essentiellement une baisse du prix du marché en faveur des consommateurs.

Une surproduction inefficace La subvention entraîne une surproduction inefficace. À la quantité produite, la valeur marginale sociale est égale au prix du marché, qui chute. Le coût marginal social augmente et dépasse le prix du marché. Comme le coût marginal social excède la valeur marginale sociale, l'augmentation de la production a pour conséquence l'inefficacité.

Les subventions ont des répercussions ailleurs dans le monde. En effet, le prix ayant baissé sur le marché intérieur, les producteurs subventionnés ont avantage à mettre une partie de leur récolte en vente sur le marché mondial. L'augmentation de l'offre sur ce marché fait baisser les prix partout. En raison de cette baisse, les agriculteurs des pays étrangers réduisent leur production et leurs recettes diminuent.

Dans certains marchés, l'État intervient pour rendre illégal le commerce des biens qu'on y échange. Examinons le fonctionnement de ces marchés.

Les marchés de produits illégaux

Les marchés de certains biens et services sont réglementés et le commerce de certains produits est illégal. Les drogues illégales comme la marijuana, la cocaïne, l'ecstasy et l'héroïne en sont les exemples les plus connus.

Bien qu'elles soient illégales, ces drogues font l'objet d'un commerce de plusieurs milliards de dollars. Le modèle et les principes économiques qui expliquent les échanges de biens et services expliquent parfaitement ces échanges de produits illégaux. Pour étudier le marché des produits illégaux, nous allons d'abord examiner les prix et les quantités qui auraient cours si ces produits n'étaient pas interdits, ce qui nous permettra de dégager ensuite les effets de leur interdiction. Finalement, nous verrons comment l'imposition d'une taxe pourrait réduire leur consommation.

Le marché libre d'une drogue

La figure 6.13 présente le marché d'une drogue. La courbe de demande D montre que, toutes choses égales d'ailleurs, plus le prix de cette drogue est bas, plus la quantité demandée est importante. La courbe d'offre O indique que, toutes choses égales d'ailleurs, plus le prix de la drogue est bas, plus la quantité offerte est faible. Si la drogue n'était pas illégale, la quantité échangée serait Q_C et le prix, P_C.

FIGURE 6.13 *Le marché d'un produit illégal*

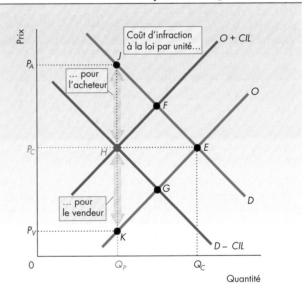

La demande de drogues est représentée par la droite D, et l'offre par la droite O. Si les drogues ne sont pas illégales, la quantité Q_C est échangée au prix P_C – point E. Si le commerce des drogues devient illégal, le coût d'infraction à la loi (*CIL*) s'ajoute au prix d'offre minimal, et l'offre devient $O + CIL$. L'équilibre du marché se déplace jusqu'au point F. Si l'achat de drogues est illégal, le coût d'infraction à la loi doit être déduit du prix maximal que les acheteurs consentent à payer, et la demande descend à $D + CIL$. L'équilibre du marché se déplace jusqu'au point G. Si l'achat et la vente de drogues sont tous deux illégaux, il y a déplacement des courbes d'offre *et* de demande, et l'équilibre du marché s'établit au point H. Le prix du marché se maintient à P_C, mais le prix du marché plus le coût d'infraction à la loi pour les acheteurs monte – point J –, et le prix du marché moins le coût d'infraction à la loi pour les vendeurs baisse – point K.

Le marché illégal d'une drogue

Lorsqu'un produit est illégal, les coûts liés à son commerce augmentent, et ce, en fonction de l'importance des sanctions imposées aux contrevenants et de la rigueur avec laquelle on applique la loi. Plus les sanctions sont fortes et la loi appliquée sévèrement, plus les coûts sont élevés. Selon le cas, les sanctions sont imposées aux acheteurs, aux vendeurs, ou aux acheteurs et aux vendeurs.

Les sanctions visent les vendeurs   Au Canada, les trafiquants de drogues sont passibles de fortes sanctions. Par exemple, le trafiquant de marijuana avec moins de 3 kilogrammes en sa possession est passible d'une peine d'emprisonnement de 5 ans moins un jour. Le trafiquant d'héroïne ou le trafiquant de marijuana avec 3 kilogrammes ou plus en sa possession risque la détention à perpétuité. Par rapport à ce que serait un marché libre des drogues, ces sanctions augmentent le prix de vente et réduisent l'offre. Pour connaître la nouvelle courbe d'offre, il faut ajouter les coûts d'infraction à la loi (*CIL*) au prix le plus bas que les trafiquants sont prêts à accepter. Comme nous le constatons à la figure 6.13, la courbe d'offre se déplace alors vers la gauche jusqu'à $O + CIL$. Si les sanctions prévues par la loi ne visaient que les vendeurs, l'équilibre du marché se déplacerait du point E jusqu'au point F.

Les sanctions visent les acheteurs   Au Canada, la possession de drogues comme la marijuana, la cocaïne et l'héroïne est illégale. Ainsi, la possession de marijuana peut entraîner une peine d'emprisonnement de 6 mois et une amende de 1 000 $. La possession d'héroïne peut valoir au contrevenant jusqu'à 7 ans d'emprisonnement. Les sanctions pour possession frappent les acheteurs; pour déterminer le prix maximal que ces derniers consentent à payer, il faut donc déduire de la valeur du produit le coût d'infraction à la loi. La demande diminue, et la courbe de demande se déplace vers la gauche. À la figure 6.13, la courbe de demande se déplace jusqu'à $D - CIL$. Si les sanctions ne visent que les acheteurs, l'équilibre du marché se déplace du point E au point G.

Les sanctions visent les vendeurs et les acheteurs   Si les sanctions visent à la fois les vendeurs et les acheteurs, l'offre et la demande diminuent toutes deux, et on observe un déplacement de la courbe d'offre et de la courbe de demande. À la figure 6.13, les coûts d'infraction à la loi sont les mêmes pour les acheteurs et les vendeurs, de sorte que les deux courbes se déplacent d'une même distance vers la gauche. L'équilibre du marché se déplace jusqu'au point H. Le prix reste donc celui qui prévaudrait dans un marché libre (soit P_C), mais la quantité échangée descend jusqu'à Q_P.

Plus les sanctions sont fortes et l'application de la loi rigoureuse, plus le déclin de la demande ou de l'offre ou des deux sera important. Si les sanctions sont plus sévères pour les vendeurs, le déplacement de la courbe d'offre est plus grand que celui de la courbe de demande et le prix du marché s'élève au-dessus de P_C. Si les sanctions sont plus sévères pour les acheteurs, le déplacement de la courbe de demande est plus grand que celui de la courbe d'offre et le prix du marché devient inférieur à P_C. Au Canada, les sanctions imposées aux vendeurs sont beaucoup plus sévères que celles imposées aux acheteurs, de sorte que, par rapport à ce qui se passerait dans un marché libre, la quantité échangée diminue, et le prix augmente.

Si les sanctions sont assez fortes et l'application de la loi assez rigoureuse, il est théoriquement possible de réduire la demande ou l'offre ou les deux au point où la quantité échangée devient égale à zéro. Toutefois, en pratique, un tel résultat est rarissime, et ne s'est jamais vu au Canada en ce qui concerne les drogues illégales, principalement à cause du coût exorbitant de la répression criminelle et de l'insuffisance des ressources policières. Cet état de fait amène certaines personnes à proposer qu'on légalise les drogues (et d'autres produits illégaux) et qu'on autorise leur vente libre tout en les taxant aussi lourdement qu'on le fait pour une drogue légale comme l'alcool. Comment fonctionnerait un tel marché?

La légalisation et la taxation des drogues

Compte tenu de ce que nous venons d'étudier sur les effets des taxes, on comprend facilement que, en légalisant et en taxant suffisamment les drogues, on pourrait faire diminuer l'offre, augmenter le prix et diminuer la quantité achetée autant qu'en interdisant les drogues. Qui plus est, l'État bénéficierait ainsi d'énormes recettes fiscales.

Le commerce illégal aux fins d'évasion fiscale   Il faudrait probablement une taxe extrêmement lourde pour réduire la quantité de drogues au niveau où elles sont consommées lorsqu'elles sont illégales. Il est également probable que de nombreux trafiquants et consommateurs de drogues tenteraient alors de camoufler leurs activités pour échapper à la taxe, comme on l'observe actuellement dans le cas du commerce illégal du tabac. Ce faisant, ils s'exposeraient de nouveau au coût d'infraction à la loi – celle qui taxe les drogues, cette fois. Si cette loi prévoyait des sanctions équivalentes et était appliquée avec la même rigueur que la loi antidrogue, l'analyse que nous avons faite plus tôt s'appliquerait ici. Autrement dit, la quantité échangée de drogues varierait selon la sévérité des sanctions, et selon que ces sanctions viseraient les acheteurs, les vendeurs ou les acheteurs et les vendeurs.

UNE TAXE POUR LE FONDS VERT

LE SOLEIL, 3 SEPTEMBRE 2009

QUÉBEC NE HAUSSERA PAS LE PRIX MINIMUM

Par *Pierre Couture*

Les indépendants du pétrole reviennent à la charge pour refiler directement aux automobilistes leur contribution au Fonds vert. Une demande aussitôt rejetée par Québec.

« C'est une option fermement exclue », a dit hier au *Soleil* la ministre de l'Énergie Nathalie Normandeau par la voix de son attaché de presse Christian Tanguay.

Ce n'est un secret pour personne, l'imposition d'une redevance au Fonds vert en 2007 à l'industrie pétrolière ne passe toujours pas. Cette année, 200 millions $ seront versés à ce fonds consacré à la lutte contre les changements climatiques. Or, l'Association québécoise des indépendants du pétrole (AQUIP) demande à Québec que leur redevance au Fonds vert soit dorénavant intégrée au prix minimum estimé (PME) de l'essence. Le PME est fixé chaque semaine par la Régie de l'énergie.

Ce que le gouvernement Charest n'est pas du tout prêt à faire. « Notre position est assez claire, a ajouté le porte-parole de la ministre. C'est non. »

Si Québec pliait aux demandes de l'AQUIP, le prix plancher de l'essence pourrait augmenter d'environ 1 ¢ le litre au Québec. Depuis quelques mois, l'AQUIP a mandaté une firme de lobbying pour rencontrer l'entourage de la ministre afin de la sensibiliser à leur cause. Une rencontre est d'ailleurs prévue à cet effet ces prochains jours à Québec.

Les redevances au Fonds vert sont calculées selon la proportion des émissions de gaz carbonique attribuables à chaque secteur énergétique. Cette année, la contribution de l'industrie pétrolière s'élève à 150 millions $. Le secteur de l'essence verse à lui seul 69 millions $ comparativement à 43 millions $ pour le secteur mazout et 36 millions $ pour le secteur diesel.

Les 1500 détaillants indépendants du Québec estiment ne pas avoir la marge de manœuvre nécessaire pour assumer leur contribution au Fonds vert. Ils soutiennent notamment ne pas faire de profit sur des activités de raffinage, contrairement aux grosses pétrolières et raffineurs comme Ultramar, Petro-Canada et Shell. ■

LES FAITS EN BREF

- Depuis 2007, les vendeurs d'essence paient une taxe de 0,80 ¢ par litre d'essence vendu pour financer le Fonds vert du Québec.

- Les redevances versées par le secteur de l'essence représentent 69 M$.

- Les vendeurs indépendants souhaitent que cette taxe soit incluse dans la détermination du prix plancher de l'essence.

- Québec refuse, arguant que cela ferait monter le prix plancher de 1 ¢.

- Les vendeurs indépendants n'ont pas autant de marge de manœuvre que les grosses pétrolières.

ANALYSE ÉCONOMIQUE

- En 2007, le ministre Béchard annonçait l'imposition d'une taxe additionnelle de 0,80 ¢ le litre sur l'essence afin de financer le Fonds vert. Il admettait s'en remettre « à la bonne foi » des pétrolières afin que celles-ci ne transmettent pas la taxe aux consommateurs en haussant leurs prix.

● Aussi bizarre que cela puisse paraître (beaucoup d'économistes doutent de la pertinence de ce prix plancher), la Régie de l'énergie du Québec a le mandat de fixer un prix plancher pour l'essence au Québec. Ce prix plancher protège les petits détaillants indépendants, aux dépens des consommateurs, contre des «pratiques abusives de vente à un prix inférieur à ce qu'il en coûte pour acquérir et revendre l'essence».

● L'imposition de la redevance pour le Fonds vert a fait mal aux vendeurs d'essence. La **figure 1** illustre pourquoi. L'équilibre du marché était initialement au point noir et l'essence se vendait un peu moins de 1$ le litre. On présume que le prix plancher avoisinait le prix d'équilibre, de sorte qu'il n'avait pas d'effet.

● L'imposition de la taxe aux producteurs se traduit par un déplacement de l'offre vers la gauche. On obtient l'équilibre actuel au point rouge avec un prix de 1$ et environ 8 625 millions de litres annuellement vendus. Les redevances au Fonds vert atteignent 0,8 ¢ × 8 625 ML = 69 M$, soit la somme des deux rectangles mauves. Même si la taxe est perçue chez les vendeurs, le paiement de cette somme est en fait partagé avec les consommateurs selon la droite correspondant au prix initial (représenté ici par le prix plancher). À la suite de l'imposition de la taxe, le prix du marché a grimpé à 1$ et les consommateurs paient leur essence plus cher: ils contribuent donc au Fonds, leur part correspondant au rectangle mauve pâle.

● La hausse du prix fait en sorte que les vendeurs sont parvenus à faire payer une partie de la facture par les consommateurs. Toutefois, ils reçoivent environ 0,5¢ de moins qu'auparavant pour chaque litre d'essence vendu. Leur contribution au Fonds correspond au rectangle mauve foncé. Cette baisse du prix reçu fait particulièrement mal aux petits vendeurs indépendants qui ont généralement des coûts de distribution plus élevés que les grandes pétrolières.

● Les indépendants aimeraient que le montant de la taxe soit incorporé au prix plancher. Voyons pourquoi.

● Tous les vendeurs n'ont pas les mêmes coûts. Le prix plancher est établi afin de protéger les vendeurs contre une concurrence «trop» agressive qui viserait à les évincer du marché. Pour mener une telle concurrence, il faut avoir les reins solides. Ainsi, le prix plancher protège les vendeurs qui ont les coûts les plus élevés en gardant le prix élevé.

● La **figure 2** illustre ce qui arriverait si on haussait le prix plancher de 1 ¢, le faisant passer à près de 101 ¢. À ce prix, la demande baisse à 8 525 ML, soit 100 ML de moins qu'auparavant. Il suffit de hausser marginalement la redevance à 0,81 ¢ pour continuer à recueillir 69 M$.

● Comme le prix plancher est supérieur au prix d'équilibre avec taxe (1$), il entraîne une offre excédentaire. Comme elles ont des coûts plus bas et une plus grande capacité, ce sont surtout les grosses pétrolières qui se voient empêchées d'écouler toute leur essence sur le marché. Les ventes des indépendants ne changent pas: ces derniers bénéficient

avant tout du prix plus élevé qu'ils obtiennent pour leur essence (presque 1¢ de plus).

● L'État continue de percevoir 69 M$ des vendeurs d'essence. Toutefois, l'essence se vend 1 ¢ de plus qu'avant l'imposition de la taxe de 0,8 ¢. Malgré la taxe, les producteurs reçoivent plus par litre vendu. Le surplus des producteurs s'accroît: ceux-ci perdent en vente la zone correspondant au triangle gris foncé, mais la hausse du prix leur fait gagner l'équivalent du rectangle bleu foncé.

● En incluant la redevance au prix plancher, les consommateurs sont les grands perdants. Ils sont maintenant les seuls à contribuer au Fonds vert. En outre, comme on vend encore moins d'essence qu'auparavant, la perte de surplus s'accroît davantage.

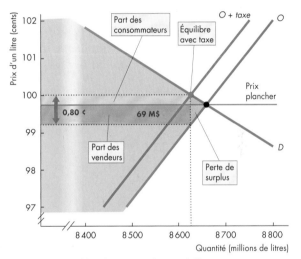

Figure 1 L'imposition d'une taxe de 0,8 ¢ le litre pour financer le Fonds vert

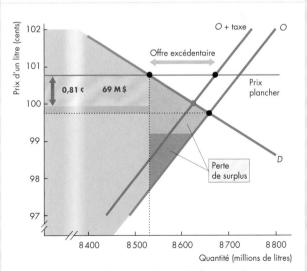

Figure 2 L'imposition d'une taxe de 0,8 ¢ le litre pour financer le Fonds vert, doublée d'une hausse de 1 ¢ du prix plancher de l'essence

L'interdiction ou la taxation : les avantages et les inconvénients Quelle est la solution la plus efficace : la prohibition ou la taxation ? Le fait qu'on puisse utiliser les recettes fiscales pour renforcer l'application de la loi et pour sensibiliser plus efficacement le public aux dangers des drogues plaide en faveur de leur taxation. Cependant, la prohibition pure et simple est une balise sociale claire qui peut influer sur les préférences et réduire la demande de drogues, ce qui fait pencher la balance en faveur de l'interdiction. De plus, bien des gens détestent l'idée que l'État puisse tirer profit du commerce de substances nocives.

Vous savez maintenant comment utiliser le modèle de l'offre et de la demande pour prédire les prix, évaluer les interventions de l'État dans les marchés, et analyser les sources et les coûts de l'inefficacité. Dans la rubrique « Entre les lignes » (p. 174), nous nous intéressons au marché de l'essence au Québec, où l'on retrouve à la fois des taxes et un prix plancher.

MINITEST 5

1 Comment l'imposition d'une sanction pour le trafic d'une drogue illégale influe-t-elle sur la demande, sur l'offre, sur le prix et sur la quantité consommée de cette drogue ?

2 Comment l'imposition d'une sanction pour la possession d'une drogue illégale influe-t-elle sur la demande, sur l'offre, sur le prix et sur la quantité consommée de cette drogue ?

3 Comment l'imposition d'une sanction pour le trafic ou la possession d'une drogue illégale influe-t-elle sur le prix et sur la quantité consommée de cette drogue ?

4 Y a-t-il un argument économique en faveur de la légalisation des drogues ? Lequel ?

Réponses p. 183

Points clés

Le marché du logement et le plafonnement des loyers
(p. 158-160)

◆ Le plafonnement des loyers n'a aucun effet si le plafond est supérieur au loyer d'équilibre.

◆ Un loyer plafond inférieur au loyer d'équilibre engendre une pénurie de logements, une augmentation de l'effort de prospection et un marché noir.

◆ Un loyer plafond inférieur au loyer d'équilibre est inefficace et injuste.

Le marché du travail et le salaire minimum (p. 161-163)

◆ Un salaire minimum inférieur au salaire d'équilibre n'a aucun effet.

◆ Un salaire minimum supérieur au salaire d'équilibre peut engendrer du chômage et des pertes de temps en prospection.

◆ Hausser le salaire minimum au-dessus du salaire d'équilibre ne contribue pas à diminuer la pauvreté parce que la plupart des ménages pauvres ne comptent pas de travailleurs au salaire minimum.

Les taxes (p. 163-169)

◆ Une taxe augmente le prix que paie l'acheteur, mais généralement d'un montant inférieur à la taxe.

◆ Les modalités du partage de la taxe entre l'acheteur et le vendeur dépendent des élasticités de la demande et de l'offre.

◆ Moins la demande est élastique et plus l'offre l'est, plus la part de taxe que paie l'acheteur est importante.

◆ Si la demande est parfaitement élastique ou que l'offre est parfaitement inélastique, le vendeur paie la totalité de la taxe. Si la demande est parfaitement inélastique ou que l'offre est parfaitement élastique, l'acheteur paie la totalité de la taxe.

Les quotas et les subventions (p. 169-172)

◆ Les quotas engendrent une sous-production inefficace, ce qui fait monter les prix.

◆ Une subvention est en quelque sorte une taxe négative. Elle fait baisser le prix et augmenter le coût de production, et elle engendre une surproduction inefficace.

Les marchés de produits illégaux (p. 172-176)

◆ Les sanctions imposées aux vendeurs d'un produit illégal augmentent le coût du produit pour les vendeurs et font baisser l'offre.

◆ Les sanctions imposées aux acheteurs d'un produit illégal réduisent le consentement à payer des acheteurs et font baisser la demande.

◆ Les sanctions imposées aux vendeurs et aux acheteurs font diminuer la quantité du produit, augmenter le prix que les acheteurs paient et baisser le prix que les vendeurs reçoivent.

◆ La légalisation et la taxation produisent les mêmes résultats que les sanctions imposées aux acheteurs et aux vendeurs.

Figures clés

Figure 6.1 Le plafonnement des loyers (p. 159)

Figure 6.2 L'inefficacité du plafonnement des loyers (p. 159)

Figure 6.3 Le salaire minimum et le chômage (p. 161)

Figure 6.4 L'inefficacité du salaire minimum (p. 162)

Figure 6.5 La taxe sur les ventes (p. 164)

Figure 6.6 La taxe sur les achats (p. 165)

Figure 6.10 Les taxes et l'efficacité (p. 168)

Figure 6.11 Les effets d'un quota (p. 169)

Figure 6.12 Les effets d'une subvention (p. 171)

Figure 6.13 Le marché d'un produit illégal (p. 172)

Mots clés

Incidence d'une taxe Attribution à l'acheteur et au vendeur de la part du fardeau de la taxe qui revient à chacun d'eux (p. 163).

Marché noir Échange illégal entre un acheteur et un vendeur (p. 158).

Plafonnement des loyers Règlement qui rend illégale l'imposition d'un loyer plus élevé que le niveau fixé (p. 158).

Prix plafond Prix réglementé au-delà duquel il est illégal de vendre un bien ou un service (p. 158).

Prix plancher Prix réglementé en deçà duquel il est illégal de vendre un bien ou un service (p. 161).

Prospection Recherche d'un fournisseur avec qui s'entendre (p. 158).

Quota Imposition réglementaire d'une quantité maximale qu'une entreprise est autorisée à produire dans une période donnée (p. 169).

Salaire minimum Salaire le plus bas qu'une entreprise peut légalement verser à un travailleur (p. 161).

Subvention Aide financière que l'État accorde à un producteur (p. 170).

PROBLÈMES ET APPLICATIONS

1. Le graphique suivant représente le marché des logements locatifs.

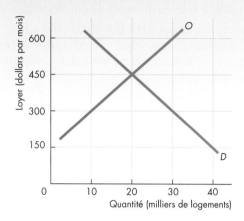

a. Quel est le loyer d'équilibre et quelle est la quantité d'équilibre dans ce marché ?

b. Si les loyers sont plafonnés à 600 $ par mois, combien de logements sont loués et combien manque-t-il de logements pour répondre à la demande ?

Si les loyers sont plafonnés à 300 $ par mois :

c. combien de logements sont loués ?

d. combien manque-t-il de logements pour répondre à la demande ?

e. quel prix maximal un locataire consentira-t-il à payer le dernier logement disponible ?

2.

LA RÉGLEMENTATION DES LOYERS PARALYSE LE MARCHÉ AU MANITOBA

Le Manitoba est en passe de devenir le « parent pauvre » des provinces de l'Ouest en ce qui a trait à l'offre, à la disponibilité et à la qualité des logements locatifs. Or, sans logements à louer, comment attirer et retenir les jeunes talents qui font marcher l'économie ? [...] L'Alberta et la Saskatchewan ont aboli le plafonnement des loyers. La Colombie-Britannique a rétabli la réglementation des loyers en 2004 avec une directive basée sur l'IPC plus 2 % [...] En réalité, le système adopté par la Colombie-Britannique est à peine différent de l'économie de marché.

En laissant libre cours aux systèmes du marché, les trois provinces à l'ouest de nous ont vu croître le nombre d'unités de logement disponibles au cours des dernières années. Par contraste, le Manitoba a connu une perte nette de plus de 1 000 unités entre 1998 et 2004. Le taux d'inoccupation est passé de 5,5 % à 1,1 % en dix ans, et se situe maintenant bien en dessous de la moyenne nationale de 2,7 %.

Winnipeg Free Press, 25 septembre 2005

a. Expliquez les effets de la réglementation des loyers sur la quantité de logements offerts et sur la quantité demandée au Manitoba.

b. Au moyen d'un graphique d'offre et de demande, illustrez les effets de la réglementation des loyers dans le marché du logement à Winnipeg.

c. Expliquez pourquoi le taux d'inoccupation a baissé au cours des dernières années au Manitoba et a augmenté dans les trois autres provinces de l'Ouest.

d. Le *Winnipeg Free Press* a aussi rapporté que « chaque année, au Manitoba, on voit d'autres logements locatifs convertis en condominiums ». Y a-t-il un segment de la population qui est protégé par la réglementation des loyers ?

e. Expliquez les changements qui se produiraient dans le marché du logement si la réglementation des loyers était abolie à Winnipeg. Quelles seraient les répercussions sur le surplus total et la perte de surplus ?

3. Les barèmes d'offre et de demande de résidences sur le campus sont les suivants :

Loyer (par chambre)	Quantité demandée (chambres)	Quantité offerte (chambres)
500 $	2 500	2 000
550 $	2 250	2 000
600 $	2 000	2 000
650 $	1 750	2 000
700 $	1 500	2 000

a. Si l'université plafonne les loyers à 650 $ par mois, quel est le loyer payé par les étudiants, combien de chambres sont louées, et le marché du logement sur le campus est-il efficace ?

b. Si l'université plafonne les loyers à 550 $ par mois et veille à ce que cette limite soit rigoureusement respectée, quel est le loyer payé par les étudiants, combien de chambres sont louées, et le marché du logement sur le campus est-il efficace ?

c. Supposons que, malgré le plafonnement des loyers à 550 $ par mois et une surveillance étroite, un marché noir s'installe. Quel serait le loyer maximal sur le marché noir ? Le marché du logement sur le campus serait-il équitable ? Justifiez votre réponse.

4. Supposons que le gouvernement plafonne les honoraires des avocats. Quels changements observera-t-on dans la quantité de travail effectué par les avocats, le surplus du consommateur des clients des avocats, et le surplus du producteur des cabinets d'avocats ? Le plafonnement des honoraires aura-t-il pour conséquence une utilisation efficace des ressources ? Pourquoi ?

5. Les barèmes d'offre et de demande de jeune main-d'œuvre sont les suivants :

Salaire (par heure)	Quantité demandée (heures par mois)	Quantité offerte (heures par mois)
4 $	3 000	1 000
5 $	2 500	1 500
6 $	2 000	2 000
7 $	1 500	2 500
8 $	1 000	3 000

a. Quel est le salaire d'équilibre et quel est le nombre d'heures de travail effectué ?

b. Quel est le niveau de chômage ?

Si le salaire minimum pour les jeunes est de 5 $ par heure :

c. combien d'heures consacrent-ils au travail ?

d. quel est le nombre d'heures de chômage ?

Si le salaire minimum pour les jeunes est de 7 $ par heure :

e. quel est le nombre d'heures de travail et le nombre d'heures de chômage ?

f. si la demande de jeune main-d'œuvre augmente de 500 heures par mois, quel est le salaire horaire et le nombre d'heures de chômage chez les jeunes ?

6. Les barèmes d'offre et de demande de carrés au chocolat sont les suivants :

Prix (par unité)	Quantité demandée (millions par jour)	Quantité offerte (millions par jour)
50 ¢	5	3
60 ¢	4	4
70 ¢	3	5
80 ¢	2	6
90 ¢	1	7

a. Si les carrés au chocolat ne sont pas taxés, quel est leur prix à l'unité, et combien en consomme-t-on ?

b. Si on impose une taxe sur les ventes de 20 ¢ par carré au chocolat, quel est leur prix à l'unité, et combien en consomme-t-on ? Qui paie la taxe ?

c. Si on impose une taxe sur les achats de 20 ¢ par carré au chocolat, quel est leur prix à l'unité, et combien en consomme-t-on ? Qui paie la taxe ?

d. Si on impose une taxe de 20 ¢ par carré au chocolat, quelle est la recette fiscale de l'État et quelle est la perte de surplus ?

7. Les barèmes d'offre et de demande de riz sont les suivants :

Prix (par boîte)	Quantité demandée (boîtes par semaine)	Quantité offerte (boîtes par semaine)
1,00 $	3 500	500
1,10 $	3 250	1 000
1,20 $	3 000	1 500
1,30 $	2 750	2 000
1,40 $	2 500	2 500
1,50 $	2 250	3 000
1,60 $	2 000	3 500

Quel est le prix, le coût marginal de la production de riz et la quantité produite si le gouvernement :

a. impose un quota de 2 000 boîtes de riz par semaine ?

b. accorde aux producteurs de riz une subvention de 0,30 $ par boîte ?

8. Le graphique suivant représente le marché d'une substance interdite.

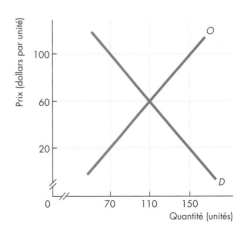

Quels sont le prix du marché et la quantité échangée si on impose une sanction de 20 $ par unité :

a. aux vendeurs seulement ?

b. aux acheteurs seulement ?

c. aux vendeurs et aux acheteurs ?

9.

LES SUBVENTIONS ACCORDÉES AUX AGRICULTEURS PAR LES PAYS ÉTRANGERS : LA RIPOSTE

[...] Quant aux subventions pour les récoltes, les producteurs agricoles de l'Union européenne ont reçu environ 6 $ par boisseau, ceux des États-Unis 2,50 $ par boisseau, et ceux du Canada seulement 40 ¢ par boisseau.

CBC News Online, 6 août 2004

Selon vous, dans quel marché y a-t-il le plus grand surplus par rapport à la production d'équilibre et quel est le marché le plus inefficace ?

10.

PÉNURIE DE CHARBON DANS LES CENTRALES CHINOISES

En Chine, les centrales thermiques sont à court de charbon, conséquence imprévue de la réglementation des prix instituée par le gouvernement pour protéger la population contre la hausse mondiale des coûts de l'énergie – un retour aux habitudes communistes de la planification étatique. [...] Pékin a aussi imposé un gel du prix de détail de l'essence et du diesel. Cette mesure a aidé les agriculteurs et les pauvres des villes, mais elle a stimulé la vente de voitures de luxe gourmandes en essence et engendré une croissance annuelle à deux chiffres dans la consommation de carburant.

Les raffineries de pétrole disent qu'elles essuient des pertes considérables et, l'année dernière, certaines d'entre elles ont commencé à réduire leur production, ce qui a provoqué des pénuries de carburant à certains endroits dans le sud de la Chine.

CNN, 20 mai 2008

---

a. La réglementation des prix en Chine a-t-elle donné lieu à l'établissement d'un prix plafond ou d'un prix plancher ?

b. Expliquez comment la réglementation des prix en Chine a engendré des pénuries ou des surplus dans les marchés du charbon, de l'essence et du diesel.

c. Illustrez votre réponse à la question (b) au moyen d'un graphique qui s'appuie sur le modèle de l'offre et de la demande.

d. Expliquez en quoi la réglementation des prix en Chine a modifié le surplus du consommateur, le surplus du producteur, le surplus total et la perte de surplus dans les marchés du charbon, de l'essence et du diesel.

e. Illustrez votre réponse à la question (d) au moyen d'un graphique qui s'appuie sur le modèle de l'offre et de la demande.

11. Le graphique suivant représente le marché des logements locatifs.

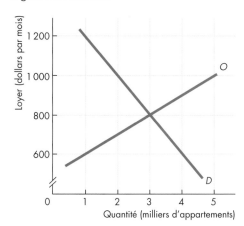

a. Quel est le loyer et combien d'appartements sont loués ? Si les loyers sont plafonnés à 900 $ par mois, quel est le loyer et combien d'appartements sont loués ?

b. Si les loyers sont plafonnés à 600 $ par mois, quel est le loyer et combien d'appartements sont loués ? Si un marché noir s'installe, jusqu'à quel point le loyer peut-il monter ? Justifiez votre réponse.

c. Si on plafonne les loyers à 600 $ par mois et qu'on fait rigoureusement respecter la limite, le marché du logement est-il efficace ? Quelle est la perte de surplus ? Le marché du logement est-il équitable ? Pourquoi ?

12.

L'INDE FAIT PRESSION SUR LES PAYS DU GOLFE AFIN D'OBTENIR LE SALAIRE MINIMUM POUR SES TRAVAILLEURS

Les pays producteurs de pétrole du golfe [Persique], déjà aux prises avec d'intenses revendications syndicales, font face à de nouvelles pressions de la part de l'Inde pour que les travailleurs non qualifiés reçoivent un salaire minimum. Avec son contingent de 5 millions de travailleurs, l'Inde est la plus importante source de main-d'œuvre étrangère dans la région. Son action constitue l'effort le plus vigoureux entrepris à ce jour par une mère patrie en vue d'obtenir de meilleures conditions de travail pour ses ressortissants. [...]

International Herald Tribune, 27 mars 2008

Supposons que les pays du Golfe paient aux travailleurs indiens un salaire minimum supérieur au salaire d'équilibre.

a. Quelles seraient les répercussions d'une telle mesure sur le marché du travail de la région ? Illustrez votre réponse au moyen d'un graphique d'offre et de demande.

b. Quelles seraient les répercussions sur le marché du travail en Inde ? Illustrez votre réponse au moyen d'un graphique d'offre et de demande. [Attention : le salaire minimum s'applique aux pays du Golfe, non à l'Inde.]

13. Le graphique suivant représente le marché des tomates. Supposons maintenant que le gouvernement accorde une subvention de 4 $ par kilogramme aux producteurs de tomates.

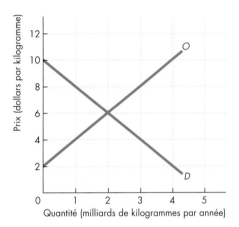

a. Avant l'entrée en vigueur de la subvention, quels sont le prix et la quantité d'équilibre des tomates ? Le marché des tomates est-il efficace ?

b. Après l'entrée en vigueur de la subvention, quelle est la quantité produite, la quantité demandée de tomates et le montant de la subvention reçue par les producteurs ?

c. Le marché subventionné des tomates est-il efficace ? Qui sont les gagnants et qui sont les perdants de la subvention, et quelle est la perte de surplus ? Peut-on considérer que la subvention est équitable ?

14. Les barèmes de demande et d'offre de tulipes sont les suivants :

a. Si les tulipes ne sont pas taxées, quel est leur prix par bouquet, et combien en consomme-t-on ?

b. Si on impose une taxe de 6 $ par bouquet, quel est leur prix par bouquet, et combien en consomme-t-on ? Qui paie la taxe ?

15.

À LANZHOU, EN CHINE, ON PESTE CONTRE LA HAUSSE DU PRIX DES NOUILLES AU BŒUF

En Chine, mentionner la ville de Lanzhou, c'est évoquer les nouilles au bœuf. À l'heure actuelle, on trouve plus de 1 000 boutiques de nouilles au bœuf dans cette ville industrielle de l'ouest qui compte 3 millions d'habitants. [...] Le mois dernier, le prix d'un bol de nouilles est passé de 33 ¢ à 40 ¢. La hausse a eu l'effet d'une bombe. [...] Le 26 juin, à la suite des protestations suscitées par l'augmentation, les autorités locales ont été amenées à décréter un prix plafond de 33 ¢ par bol de nouilles.

Los Angeles Times, 28 juillet 2007

a. Considérez le marché des nouilles au bœuf de Lanzhou. En plus de la hausse de prix, le *Los Angeles Times* a rapporté que le prix de l'huile de palme, un ingrédient important des nouilles, a grimpé de 20 % au cours de l'année. Expliquez quelles répercussions la montée du prix à 40 ¢ a eues sur le surplus du consommateur, le surplus du producteur et le surplus total.

b. Selon le *Los Angeles Times*, quand les autorités ont annoncé le prix plafond, beaucoup de consommateurs « ont applaudi ». Décrivez la situation dans le marché des nouilles si le prix plafond est respecté. Le surplus du consommateur est-il plus grand ou plus petit qu'avant le plafonnement du prix ?

c. Le *Los Angeles Times* a indiqué que, en l'absence de sanctions imposées aux contrevenants, les boutiques « refusent de se conformer à la directive ». Ce marché noir est-il efficace ou inefficace ? Est-il équitable ?

16. Les barèmes de demande et d'offre d'une drogue sont les suivants :

Prix (par bouquet)	Quantité demandée (bouquets par semaine)	Quantité offerte (bouquets par semaine)
10 $	100	40
12 $	90	60
14 $	80	80
16 $	70	100
18 $	60	120

Prix (par unité)	Quantité demandée (unités par jour)	Quantité offerte (unités par jour)
50 $	500	300
60 $	400	400
70 $	300	500
80 $	200	600
90 $	100	700

a. Si ni les acheteurs ni les vendeurs ne sont passibles de sanctions, quel est le prix de la drogue, et combien d'unités en consomme-t-on ?

b. Si les vendeurs sont passibles d'une sanction de 20 $ par unité, quel est le prix de la drogue, et combien en consomme-t-on ?

c. Si les acheteurs sont passibles d'une sanction de 20 $ par unité, quel est le prix de la drogue, et combien en consomme-t-on ?

17. Après avoir étudié la rubrique « Entre les lignes » (p. 174), répondez aux questions suivantes :

a. À l'aide des graphiques, estimez combien il en coûterait de plus aux consommateurs si on haussait le prix plancher de 1 ¢ comme à la figure 2.

b. Estimez l'ampleur de la perte de surplus dans chacun des deux scénarios.

RÉPONSES AUX MINITESTS

MINITEST 1 (p. 160)

1. L'imposition par la loi d'un loyer maximum auquel les propriétaires peuvent louer leurs logements. Lorsque le plafond fixé est supérieur au loyer d'équilibre, il n'a pratiquement pas d'effet, car très peu de locataires accepteraient de transiger à un prix supérieur.

2. Lorsqu'il est inférieur au loyer d'équilibre, le plafond entraîne une pénurie de logements et l'émergence d'un marché noir. De plus, il accroît l'effort de prospection des locataires qui cherchent un logement.

3. Cela dépend des institutions en place. Les logements peuvent être alloués par loterie, selon une queue ou encore en discriminant les locataires selon certaines caractéristiques comme l'âge ou le revenu.

4. Il est inefficace parce qu'il se traduit par une hausse des coûts de prospection et une baisse de l'offre de logement. Il est injuste dans la mesure où les bénéficiaires d'un loyer réduit ne sont pas toujours les plus démunis.

MINITEST 2 (p. 163)

1. Le salaire minimum est un prix plancher. Il contraint le salaire du marché à la baisse et entraine du chômage lorsqu'il est supérieur au salaire d'équilibre.

2. Il n'a alors aucun effet.

3. Parce que leurs coûts de prospection pour un emploi sont accrus.

4. Il empêche la réalisation d'échanges volontaires à un salaire inférieur au salaire minimum entre des travailleurs voulant travailler et des entreprises prêtes à les embaucher.

5. Il est injuste parce que seuls les travailleurs gardant leur emploi en profitent et parce qu'il empêche des échanges volontaires. En outre, il ne favorise pas les ménages les plus démunis au Canada.

MINITEST 3 (p. 169)

1. Le prix reçu par le vendeur change peu ; c'est l'acheteur qui absorbe le gros de la taxe.

2. La quantité échangée ne change pas, le prix baisse d'un montant égal à celui de la taxe et le vendeur supporte seul le montant de la taxe.

3. Parce qu'elles entraînent une réduction de la quantité échangée et creusent ainsi un écart entre le prix payé par l'acheteur, soit la valeur marginale sociale, et le prix reçu par le vendeur, soit le coût marginal social.

4. Lorsque la quantité échangée ne change pas ; ce qui se produit lorsque la demande ou l'offre est parfaitement inélastique.

5. Le principe de juste retour et celui de la capacité contributive.

MINITEST 4 (p. 172)

1. S'il est inférieur à la quantité d'équilibre, un quota réduit la quantité produite et provoque une hausse de son prix. Dans le cas contraire, le quota est sans effet.

2. Parce qu'ils restreignent la production en un point où la valeur marginale sociale de la production dépasse son coût marginal social.

3. Parce que, s'ils ont un intérêt collectif à maintenir le quota, les producteurs ont un intérêt individuel à le transgresser. Il leur faut donc mettre en place un mécanisme de surveillance coûteux.

4. Une subvention fait baisser le prix du marché et entraîne une augmentation de la quantité produite.

5. Parce qu'elles augmentent la production en un point où sa valeur marginale sociale est inférieure à son coût marginal social.

MINITEST 5 (p. 176)

1. Sanctionner les producteurs n'affecte pas la demande, provoque une diminution de l'offre, entraîne une hausse du prix et une diminution de la quantité échangée.

2. Sanctionner les acheteurs provoque une diminution de la demande, n'affecte pas l'offre, entraîne une baisse du prix et une diminution de la quantité échangée.

3. La quantité consommée diminue, mais l'effet sur le prix demeure ambigu selon que la sanction influe davantage sur l'offre ou sur la demande.

4. La légalisation des drogues permettrait à l'État de recueillir facilement des recettes fiscales additionnelles qui pourraient être consacrées, par exemple, à la sensibilisation du public aux dangers des drogues.

Les marchés mondiaux

Le iPod, les jeux Wii et les chandails Roots sont trois articles, parmi bien d'autres, que nous pouvons acheter au Canada mais qui ne sont pas fabriqués au pays. En réalité, la plupart des biens que nous consommons sont faits ailleurs, souvent en Asie ; ils sont ensuite transportés jusqu'ici par bateau ou par avion. De plus, outre des biens, nous achetons aussi des services provenant de l'étranger. Quand nous demandons de l'assistance technique au téléphone, il est fort probable que nous nous adressions à quelqu'un qui se trouve en Inde, ou à un système de reconnaissance vocale qui a été programmé là-bas. La conversation est acheminée par satellite ou par fibres optiques, en même temps qu'une multitude de messages vocaux, d'images vidéo et de données de toute provenance. ◆ Toutes ces activités font partie du phénomène de la mondialisation, laquelle est en train de transformer nos vies. La mondialisation soulève bien des questions et provoque des débats animés. Nombreux sont ceux parmi nous qui voulons savoir s'il est possible de faire concurrence à des gens qui gagnent des salaires très inférieurs aux nôtres.

Objectifs du chapitre

◆ **Expliquer comment fonctionnent les marchés internationaux**

◆ **Énumérer les avantages du commerce international et en indiquer les gagnants et les perdants**

◆ **Expliquer les effets des restrictions au commerce international**

◆ **Expliquer et critiquer les arguments invoqués pour limiter le commerce international**

◆ Pourquoi se donne-t-on tant de mal pour communiquer et commercer avec d'autres pays, parfois éloignés ? Dans le présent chapitre, nous proposerons des éléments de réponse à cette question. La rubrique « Entre les lignes » (p. 202) permettra d'appliquer les principes que nous aurons examinés et d'analyser les effets de l'entente intervenue entre le Canada et les États-Unis sur le bois d'œuvre.

Le fonctionnement des marchés mondiaux

Grâce au commerce que nous entretenons avec d'autres pays, les biens et services que nous achetons et consommons ne se limitent pas à ceux que nous produisons nous-mêmes. Les biens et services qui nous viennent d'autres pays constituent nos **importations**, et ceux que nous vendons aux autres pays sont nos **exportations**.

Le commerce international

Aujourd'hui, le commerce international est un secteur d'activité d'une ampleur prodigieuse. En 2008, la valeur des importations et des exportations dans le monde s'élevait à 35 T$ (35 millions de millions de dollars), ce qui représente plus de la moitié de la valeur de la production mondiale. Les États-Unis sont le plus important partenaire de ces échanges commerciaux : ce pays est à l'origine de 10 % des exportations et il reçoit 15 % des importations mondiales. L'Allemagne et la Chine, qui occupent le deuxième et le troisième rang à cet égard, sont loin derrière.

En 2008, les exportations totales du Canada s'élevaient à 535 G$, ce qui équivaut à environ 34 % de la valeur de la production canadienne. Les importations totales se chiffraient à 503 G$, soit environ 32 % de la valeur des dépenses totales du pays.

Le Canada échange des biens et des services. En 2008, environ 13 % de ses exportations et environ 18 % de ses importations étaient des services.

Le moteur du commerce international

La force qui anime le commerce international est l'*avantage comparatif*. Au chapitre 2 (p. 50), nous avons vu qu'une personne possède un avantage comparatif si elle peut accomplir une activité ou produire un bien ou service à un coût de renonciation moindre que toute autre personne. Lorsqu'un pays peut accomplir une activité ou produire un bien ou service à un coût de renonciation moindre que tous les autres pays, on dit que ce pays possède un *avantage comparatif national*.

Le coût de renonciation de la production d'un t-shirt est moins élevé en Chine qu'au Canada. En conséquence, la Chine a un avantage comparatif dans la production de t-shirts. Le coût de renonciation de la production d'un avion à réaction destiné au transport régional est moindre au Canada qu'en Chine. Le Canada a donc un avantage comparatif dans la production d'avions de transport régional.

Au chapitre 2, nous avons vu qu'en se spécialisant dans la production du bien pour lequel chacun d'eux a un

Le commerce international au Canada

Principaux échanges : de l'énergie contre des automobiles

La figure montre les principales importations et exportations en dollars. Les véhicules automobiles, y compris les pièces, et le pétrole brut sont à la fois des importations et des exportations majeures. Toutefois, en valeur nette, le Canada est un *importateur* de véhicules et de pièces d'autos, et un *exportateur* de pétrole brut. Il exporte aussi beaucoup de gaz naturel. En somme, les Canadiens échangent de l'énergie contre des véhicules et des pièces d'autos.

Les importations et les exportations du Canada en 2008

Source : Statistique Canada.

avantage comparatif et en échangeant leurs produits, Maxime et Catherine tirent profit de la situation et améliorent leur sort.

Le même principe s'applique au commerce international. La Chine a un avantage comparatif dans la production de t-shirts et le Canada a un avantage comparatif dans la production d'avions de transport régional. Dès lors, les deux pays ont intérêt à se spécialiser et à échanger leurs biens. La Chine peut acheter des avions du Canada à un coût de renonciation moindre que si elle les produisait elle-même, et le Canada peut acheter de la Chine des t-shirts à un coût de renonciation moins élevé que s'il les fabriquait lui-même. De plus, grâce au commerce international, les fabricants chinois obtiennent un meilleur prix pour leurs t-shirts et Bombardier obtient également un meilleur prix pour ses avions. Les deux pays tirent profit de l'échange.

Nous allons maintenant examiner de plus près les gains qu'on peut tirer du commerce international en nous penchant sur l'offre et la demande dans les marchés mondiaux des t-shirts et des avions de transport régional.

Pourquoi le Canada importe-t-il des t-shirts?

Le Canada importe des t-shirts parce que le reste du monde a un avantage comparatif dans la production de ce type de vêtement. La figure 7.1 montre comment cet avantage comparatif donne naissance au commerce international et comment le commerce influe sur le prix des t-shirts et sur les quantités produites et achetées.

La courbe de demande D_{Can} et la courbe d'offre O_{Can} représentent l'offre et la demande du marché intérieur du Canada. La courbe de demande montre les quantités de t-shirts que les Canadiens consentent à acheter aux divers prix indiqués. La courbe d'offre nous donne les quantités de t-shirts que l'industrie canadienne du vêtement consent à vendre aux divers prix indiqués – c'est-à-dire, la quantité offerte à chaque prix quand tous les t-shirts vendus au Canada sont fabriqués au pays.

Le graphique (a) représente ce que serait le marché des t-shirts au Canada s'il n'y avait pas de commerce international. Le prix du vêtement serait de 8 $ et, chaque année, 4 millions de t-shirts seraient produits par les fabricants et achetés par les consommateurs canadiens.

Le graphique (b) présente le marché des t-shirts en présence de commerce international. Le prix du t-shirt est alors déterminé par le marché mondial, et non par le marché intérieur du Canada. Le prix du marché mondial est inférieur à 8 $ par t-shirt, ce qui signifie que les pays étrangers ont un avantage comparatif dans la production des t-shirts. La droite de prix mondial indique que, sur le marché mondial, le t-shirt se vend 5 $.

Selon la courbe de demande canadienne D_{Can}, à 5 $ l'unité, les Canadiens achètent 6 millions de t-shirts par année. Selon la courbe d'offre canadienne O_{Can}, à 5 $ l'unité, les fabricants de vêtements produisent 2 millions de t-shirts par année. Pour acheter 6 millions de t-shirts quand le Canada n'en produit que 2 millions, nous devons importer la différence. La quantité de t-shirts importés s'élève à 4 millions d'unités par année.

FIGURE 7.1   *Un marché avec importations*

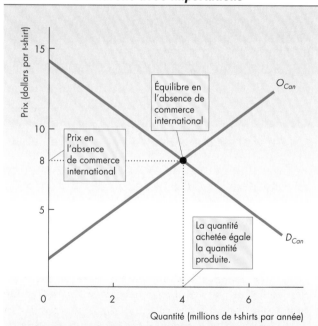

(a) Équilibre en l'absence de commerce international

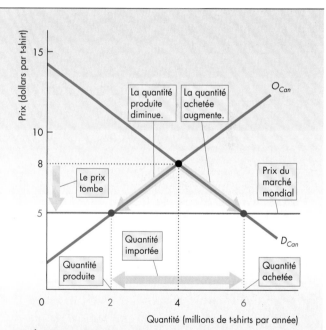

(b) Équilibre dans un marché avec importations

Le graphique (a) représente le marché des t-shirts au Canada en l'absence de commerce international. Selon la courbe de demande intérieure D_{Can} et la courbe d'offre intérieure O_{Can}, le prix d'un t-shirt s'établit à 8 $, et la quantité produite et achetée au Canada se chiffre à 4 millions de t-shirts par année.

Le graphique (b) représente le marché des t-shirts au Canada en présence de commerce international. Le prix d'un t-shirt sur le marché mondial s'établit à 5 $; il est déterminé par l'offre et la demande mondiales. Sur le marché canadien, le prix du t-shirt tombe à 5 $. Les Canadiens se procurent alors 6 millions de t-shirts par année. Au Canada, la production tombe à 2 millions d'unités par année. Les importations sont alors de 4 millions de t-shirts par année.

Pourquoi le Canada exporte-t-il des avions de transport régional ?

La figure 7.2 représente le commerce international des avions de transport régional à propulsion par réaction. La courbe de demande D_{Can} et la courbe d'offre O_{Can} montrent l'offre et la demande du marché intérieur du Canada. La courbe de demande indique les quantités d'avions de transport régional que les compagnies aériennes du Canada consentent à acheter selon les prix demandés. La courbe d'offre nous donne les quantités d'avions que Bombardier consent à vendre aux prix indiqués.

Le graphique (a) représente ce que serait le marché des avions de transport régional au Canada s'il n'y avait pas de commerce international. Le prix d'un avion serait de 100 M$ et, chaque année, 40 appareils seraient produits par Bombardier et achetés par les compagnies aériennes canadiennes.

Le graphique (b) présente le marché des avions de transport régional en présence de commerce international. Le prix d'un appareil est alors déterminé par le marché mondial, et il s'élève à plus de 100 M$, ce qui signifie que le Canada a un avantage comparatif dans la production de ces avions. La droite de prix mondial indique que, sur le marché mondial, un avion de transport régional se vend 150 M$.

Selon la courbe de demande canadienne D_{Can}, à 150 M$ l'unité, les compagnies aériennes canadiennes achètent 20 avions de transport régional par année. Selon la courbe d'offre canadienne O_{Can}, à 150 M$ l'unité, Bombardier produit 70 appareils par année. La quantité produite au Canada (70 avions par année) moins

FIGURE 7.2 *Un marché avec exportations*

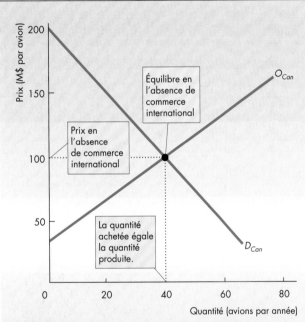

(a) Équilibre en l'absence de commerce international

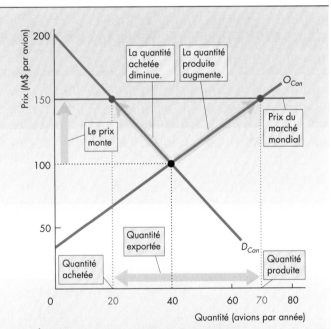

(b) Équilibre dans un marché avec exportations

Sur le graphique (a), qui représente le marché canadien en l'absence de commerce international, la courbe de demande intérieure D_{Can} et la courbe d'offre intérieure O_{Can} déterminent le prix des avions de transport régional. Ce prix s'établit à 100 M$, et 40 appareils sont construits et achetés chaque année.

Sur le graphique (b), qui représente le marché canadien en présence de commerce international, l'offre mondiale et la demande mondiale déterminent le prix des avions de transport régional. Ce prix s'établit à 150 M$. Le prix augmente au Canada. Bombardier produit alors 70 avions par année, et les achats des compagnies aériennes canadiennes tombent à 20 appareils par année. Le Canada exporte 50 avions de transport régional par année.

la quantité que les compagnies aériennes canadiennes achètent (20 avions par année) égale la quantité exportée, soit 50 avions de transport régional par année.

Les enjeux du commerce international : gagnants, perdants et gains nets

Le commerce international a ses gagnants, mais il a aussi ses perdants. C'est pourquoi on entend souvent les gens se plaindre de la concurrence internationale. Qui sont les gagnants et qui sont les perdants dans ce domaine ? C'est ce que nous allons maintenant examiner. Nous comprendrons mieux alors d'où viennent ceux qui dénoncent la concurrence internationale. Nous verrons pourquoi certains fabricants grognent contre les importations à bon marché. Nous verrons aussi pourquoi on n'entend pas de plaintes de la part des consommateurs de biens et de services importés, ni de la part des exportateurs, sauf pour réclamer un meilleur accès aux marchés étrangers.

Les gains et les pertes de l'importation

On mesure les gains et les pertes qui découlent de l'importation en examinant ses effets sur le surplus du consommateur, le surplus du producteur et le surplus total. Les gagnants sont ceux dont le surplus augmente et les perdants sont ceux dont le surplus diminue.

Dans la figure 7.3, le graphique (a) montre ce que seraient le surplus du consommateur et le surplus du producteur s'il n'y avait pas de commerce international des t-shirts. La demande intérieure D_{Can} et l'offre intérieure O_{Can} du Canada déterminent le prix et la quantité. Le surplus du consommateur est représenté par la zone verte et le surplus du producteur par la zone bleue. Le surplus total est la somme des surplus du consommateur et du producteur.

Le graphique (b) montre l'évolution de ces surplus quand le marché canadien s'ouvre à l'importation. Au Canada, le prix baisse et devient égal au prix mondial. La quantité achetée augmente pour atteindre la quantité demandée au prix mondial et le surplus du consommateur, qui se limitait jusque-là à la zone A, s'étend maintenant à la grande zone verte composée de $A + B + D$.

FIGURE 7.3   *Les gains et les pertes dans un marché avec importations*

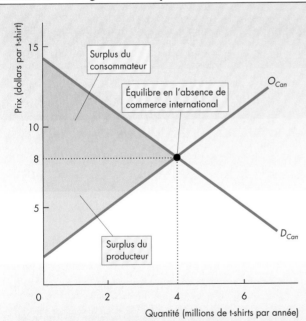

(a) Surplus du consommateur et du producteur en l'absence de commerce international

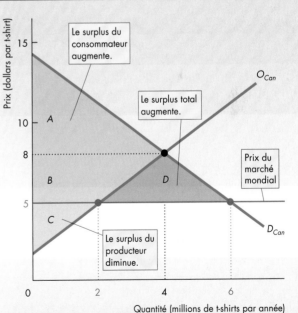

(b) Gains et pertes de l'importation

Sur le graphique (a), en l'absence de commerce international, le surplus du consommateur est représenté par la zone verte et le surplus du producteur par la zone bleue.

Sur le graphique (b), en présence de commerce international, le prix tombe. Il s'établit à 5 $ par t-shirt, c'est-à-dire qu'il égale le

prix mondial. Le surplus du consommateur s'accroît ; il comprend les zones $A + B + D$. Le surplus du producteur est réduit à la zone C. La zone B correspond au transfert de surplus du producteur au consommateur. La zone D représente l'augmentation du surplus total – le gain de l'importation.

La quantité produite au Canada tombe à la quantité offerte au prix mondial et le surplus du producteur est maintenant réduit à la petite zone bleue *C*.

Une partie de l'augmentation du surplus du consommateur, plus précisément la zone *B*, correspond à la perte de surplus du producteur – autrement dit, il y a redistribution du surplus total. Toutefois, l'autre partie de l'augmentation du surplus du consommateur, soit la zone *D*, est un gain net. Cet accroissement du surplus total résulte de la baisse du prix et de l'augmentation des achats; il représente le gain de l'importation.

Les gains et les pertes de l'exportation

On mesure les gains et les pertes de l'exportation de la même manière qu'on mesure ceux de l'importation, c'est-à-dire par les effets produits sur le surplus du consommateur, le surplus du producteur et le surplus total.

Dans la figure 7.4, le graphique (a) montre ce que seraient le surplus du consommateur et le surplus du producteur s'il n'y avait pas de commerce international. La demande intérieure D_{Can} et l'offre intérieure O_{Can} déterminent le prix et la quantité. Le surplus du consommateur est représenté par la zone verte et le surplus du producteur par la zone bleue. On additionne ces deux surplus pour obtenir le surplus total.

Le graphique (b) montre l'évolution de ces surplus quand le bien est exporté. Le prix augmente et devient égal au prix mondial. La quantité achetée diminue et devient la quantité demandée au prix mondial. Il en résulte une baisse du surplus du consommateur, ce que figure la zone *C*, en vert. La quantité produite grimpe pour atteindre la quantité offerte au prix mondial et le surplus du producteur, représenté jusque-là par la zone *C*, en bleu, s'étend maintenant à la grande zone bleue composée de *B* + *C* + *D*.

Une partie de l'augmentation du surplus du producteur, plus précisément la zone *B*, correspond à la perte de surplus du consommateur – autrement dit, il y a redistribution du surplus total. Toutefois, l'autre partie de l'augmentation du surplus du producteur, soit la zone *D*, est un gain net. Cet accroissement du surplus total résulte de la hausse du prix et de l'augmentation de la production; il représente le gain de l'exportation.

FIGURE 7.4 *Les gains et les pertes dans un marché avec exportations*

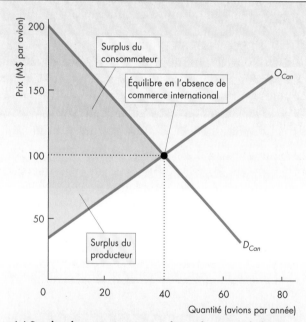

(a) Surplus du consommateur et du producteur en l'absence de commerce international

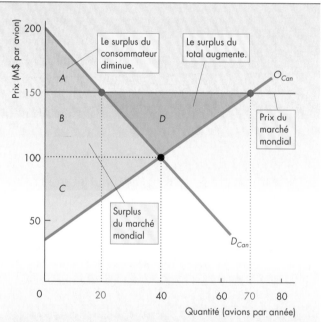

(b) Gains et pertes de l'exportation

Sur le graphique (a), qui représente le marché canadien en l'absence de commerce international, le surplus du consommateur est donné par la zone verte et le surplus du producteur par la zone bleue.

Sur le graphique (b), en présence de commerce international, le prix s'élève pour atteindre le prix mondial. Le surplus du consommateur est réduit à la zone *A*. Le surplus du producteur s'accroît; il comprend maintenant les zones *B* + *C* + *D*. La zone *B* correspond au transfert de surplus du consommateur au producteur. La zone *D* représente l'augmentation du surplus total – le gain de l'exportation.

MINITEST 2

1 Comment les gains de l'importation se répartissent-ils entre les consommateurs et les producteurs du pays importateur ?

2 Comment les gains de l'exportation se répartissent-ils entre les consommateurs et les producteurs du pays exportateur ?

3 Pourquoi le gain net du commerce international est-il positif ?

Réponses p. 210

Les restrictions au commerce international

Afin d'influer sur le commerce international et de protéger les industries nationales de la concurrence étrangère, l'État a recours à quatre types de mesures :

- les tarifs douaniers ;
- les quotas d'importation ;
- diverses barrières à l'importation ;
- les subventions à l'exportation.

Les tarifs douaniers

Un **tarif douanier** (ou *droit de douane*) est une taxe qu'impose un pays importateur sur un bien importé lorsque ce bien traverse sa frontière. Par exemple, l'Inde impose un tarif de 100 % sur le vin en provenance de l'Ontario. Ainsi, quand un Indien importe une bouteille de vin de l'Ontario à 10 $, il verse 10 $ à l'État indien en droit de douane.

Pour l'État, la tentation d'imposer des tarifs douaniers est forte. Non seulement ils représentent une source de revenus, mais ils permettent aussi de protéger les intérêts de ceux qui gagnent leur vie dans les industries touchées par la concurrence internationale. Cependant, comme nous allons maintenant le voir, les tarifs et les autres types de restrictions au libre-échange diminuent les gains du commerce international et ne servent pas l'intérêt social.

Les effets des tarifs douaniers

Pour étudier les effets des tarifs douaniers, nous allons reprendre l'exemple de l'importation de t-shirts par le Canada. Lorsqu'il y a libre-échange, les t-shirts sont importés et vendus au prix mondial. Supposons que, pressé par les fabricants de vêtements canadiens, le gouvernement impose un tarif douanier sur les t-shirts en provenance de l'étranger. Les acheteurs de t-shirts paient alors le prix mondial plus le tarif. Il en découle plusieurs conséquences, qui sont illustrées dans la figure 7.5.

Le graphique (a) montre l'état du marché lorsqu'il n'y a pas de barrières au commerce international. Chaque année, le Canada produit 2 millions de t-shirts et en importe 4 millions au prix mondial de 5 $ l'unité. Le graphique (b) illustre ce qui se passe quand on impose un tarif douanier de 2 $ par t-shirt. On observe les changements suivants dans le marché des t-shirts :

- au Canada, le prix d'un t-shirt augmente de 2 $;
- la quantité de t-shirts achetés au Canada baisse ;
- la quantité de t-shirts produits au Canada augmente ;
- la quantité de t-shirts importés au Canada diminue ;
- le gouvernement du Canada perçoit les recettes tarifaires.

L'augmentation du prix des t-shirts Les Canadiens qui veulent acheter un t-shirt doivent payer le prix mondial plus le tarif douanier, si bien que le prix passe à 7 $, une augmentation de 2 $. Le graphique (b) de la figure 7.5 montre la nouvelle droite du prix intérieur, qui se situe au-dessus de la droite du prix mondial et s'en écarte de 2 $.

La baisse des achats La hausse du prix du t-shirt entraîne une baisse de la quantité demandée le long de la courbe de demande. Sur le graphique (b), les achats, qui sont au départ de 6 millions de t-shirts par année à 5 $ l'unité, passent à 4,5 millions de t-shirts par année à 7 $ l'unité.

L'augmentation de la production intérieure La hausse du prix du t-shirt stimule la production intérieure, et les fabricants de vêtements canadiens augmentent la quantité offerte le long de la courbe d'offre. Le graphique (b) montre que, de 2 millions de t-shirts à 5 $ l'unité, la production passe à 3,5 millions de t-shirts par année à 7 $ chacun.

La diminution des importations Les importations diminuent de 3 millions de t-shirts, passant de 4 millions à 1 million par année. Cette diminution est attribuable à la fois à la baisse des achats et à l'accroissement de la production intérieure.

Les recettes tarifaires Les recettes tarifaires de l'État s'élèvent à 2 M$ — 1 million de t-shirts importés × 2 $ l'unité. Ce montant est représenté par le rectangle mauve.

Les gagnants, les perdants et la perte sociale dans le cas d'un tarif douanier L'imposition d'un tarif douanier sur un bien importé fait des gagnants et des perdants et cause une perte sociale. Quand le Canada impose un tarif douanier sur un bien importé,

- les Canadiens qui consomment ce bien sont perdants ;
- les producteurs canadiens du bien sont gagnants ;

FIGURE 7.5 **Les effets d'un tarif douanier**

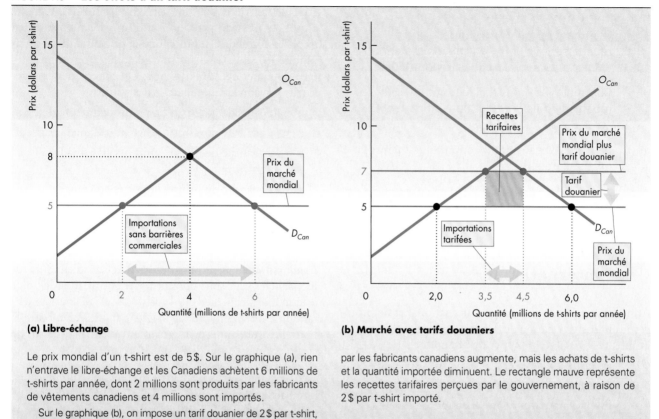

(a) Libre-échange

(b) Marché avec tarifs douaniers

Le prix mondial d'un t-shirt est de 5 $. Sur le graphique (a), rien n'entrave le libre-échange et les Canadiens achètent 6 millions de t-shirts par année, dont 2 millions sont produits par les fabricants de vêtements canadiens et 4 millions sont importés.

Sur le graphique (b), on impose un tarif douanier de 2 $ par t-shirt, ce qui porte le prix de celui-ci à 7 $ au Canada. La production

par les fabricants canadiens augmente, mais les achats de t-shirts et la quantité importée diminuent. Le rectangle mauve représente les recettes tarifaires perçues par le gouvernement, à raison de 2 $ par t-shirt importé.

♦ les pertes des consommateurs canadiens sont supérieures aux gains des producteurs canadiens;

♦ la société est perdante : il y a perte de surplus.

Les Canadiens qui consomment le bien sont perdants En raison de la hausse du prix du t-shirt au Canada, la quantité de t-shirts demandée diminue. L'effet combiné de la hausse du prix et de la diminution de la quantité achetée fait baisser le surplus du consommateur – au Canada, ce dernier supporte une perte engendrée par le tarif douanier.

Les producteurs canadiens du bien sont gagnants Comme le prix d'un t-shirt importé augmente de la valeur du tarif douanier, les fabricants de t-shirts canadiens peuvent vendre leur produit au prix mondial plus le tarif. Au prix plus élevé, la quantité de t-shirts offerts par les fabricants canadiens augmente. L'effet combiné de la hausse du prix et de l'augmentation de la quantité produite fait monter le surplus du producteur – le producteur canadien réalise un gain engendré par le tarif douanier.

Les pertes des consommateurs canadiens sont supérieures aux gains des producteurs canadiens Le surplus du consommateur diminue, et ce, pour quatre raisons : il se transforme en partie en surplus du producteur; il sert à

effacer la perte due à l'augmentation des coûts de production (les fabricants d'ici ont des coûts plus élevés que ceux de l'étranger); il diminue parce que les importations baissent; et l'État s'en approprie une partie sous forme de recettes tarifaires. La figure 7.6 montre la répartition de cette perte de surplus du consommateur.

Le graphique (a) montre le surplus du consommateur et le surplus du producteur quand rien n'entrave le libre-échange des t-shirts. Le graphique (b) montre l'évolution de ces surplus après l'imposition d'un tarif douanier de 2 $ sur les t-shirts importés.

Le surplus du consommateur – la zone verte – diminue. La perte de surplus se compose de quatre éléments. Premièrement, une partie du surplus du consommateur passe aux producteurs. La zone bleue, *B*, représente cette perte (et l'accroissement du surplus du producteur). Deuxièmement, une partie du surplus du consommateur sert à compenser les coûts de production plus élevés au Canada. La zone *C*, en gris, indique cette perte. Troisièmement, une partie du surplus du consommateur est transférée à l'État. La zone mauve, *D*, représente cette perte (et l'augmentation du revenu de l'État). Quatrièmement, une partie du surplus du consommateur est perdue parce que les importations diminuent. La zone *E*, en gris, figure cette perte.

FIGURE 7.6 *Les gagnants et les perdants dans un marché soumis à un tarif douanier*

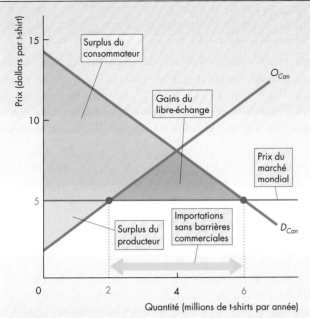

(a) Libre-échange

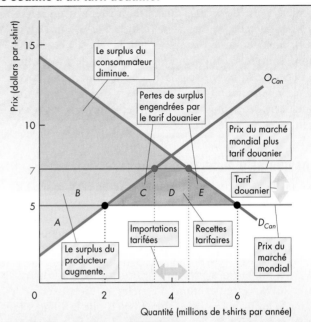

(b) Marché soumis à un tarif douanier

Le prix mondial d'un t-shirt est de 5 $. Sur le graphique (a), rien n'entrave le libre-échange et le Canada importe 4 millions de t-shirts par année. Le surplus du consommateur, le surplus du producteur et les gains du libre-échange sont maximisés.

Sur le graphique (b), on impose un tarif douanier de 2 $ par t-shirt, ce qui porte le prix de celui-ci à 7 $ au Canada. La quantité

importée diminue. Le surplus du consommateur est amputé des zones *B*, *C*, *D* et *E*. Le surplus du producteur augmente et comprend maintenant les zones *A* et *B*. Le revenu tarifaire de l'État est représenté par la zone *D*. Le tarif douanier occasionne une perte de surplus égale à la somme des zones *C* + *E*.

Les tarifs douaniers au Canada

Presque éliminés

Les tarifs douaniers canadiens, qui existaient déjà avant la Confédération, ont connu une augmentation marquée dans les années 1870 avec l'adoption de la Politique nationale et sont restés élevés jusque dans les années 1930. Depuis l'adoption de l'**Accord général sur les tarifs douaniers et le commerce (GATT)** en 1947, plusieurs cycles de négociations, dont les plus importants figurent ci-contre, ont réduit constamment les tarifs douaniers, qui ont presque disparu aujourd'hui. Toutefois, d'autres barrières à l'échange persistent.

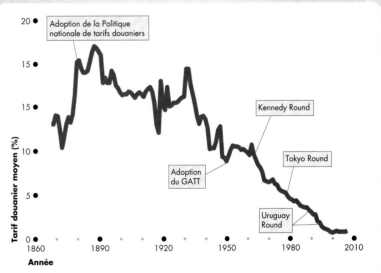

L'évolution des tarifs douaniers canadiens de 1868 à 2004

La société est perdante : il y a perte de surplus Une partie de la perte de surplus du consommateur est transférée aux producteurs et une autre partie à l'État, qui l'utilise pour financer des programmes publics chers à la population. Toutefois, l'augmentation des coûts de production et la perte occasionnée par la diminution des importations ne va à personne. Il s'agit d'une perte sociale, c'est-à-dire une perte de surplus. Les zones *C* et *E*, en gris, représentent cette perte de surplus.

Les quotas d'importation

Nous allons maintenant examiner le deuxième type de mesures utilisé pour restreindre le commerce : les **quotas d'importation**. Un quota d'importation est une restriction qui limite la quantité maximale d'un bien qu'on peut importer durant une période donnée.

La plupart des pays imposent des quotas d'importation sur un large éventail d'articles. C'est ainsi que le Canada en impose sur les aliments tels que la viande, les œufs et les produits laitiers, et sur les biens manufacturés tels que les textiles et l'acier.

Les quotas d'importation permettent à l'État de protéger les intérêts de ceux qui gagnent leur vie dans les industries touchées par la concurrence internationale. Mais nous allons montrer que, comme les tarifs douaniers, les quotas d'importation réduisent les gains du commerce international et ne servent pas l'intérêt social.

Les effets des quotas d'importation Les effets des quotas d'importation ressemblent à ceux des tarifs douaniers. Le prix monte, la quantité achetée diminue et la quantité produite au Canada augmente. La figure 7.7 illustre ces effets.

Le graphique (a) montre l'état du marché lorsqu'il n'y a pas de barrières au commerce international. Le graphique (b) illustre ce qui se passe quand on impose un quota qui limite l'importation à 1 million de t-shirts par année. Au Canada, la courbe d'offre de t-shirts devient la courbe d'offre intérieure O_{Can} plus la quantité autorisée par le quota d'importation. Ainsi, la courbe d'offre est maintenant $O_{Can} + quota$. Le prix du t-shirt passe à 7 $, la quantité de t-shirts achetés au Canada tombe à 4,5 millions d'unités par année, la quantité de t-shirts fabriqués au Canada monte à 3,5 millions par année, et la quantité de t-shirts importés est celle fixée par le quota, soit 1 million par année. Comme on peut le vérifier sur le graphique (b) de la figure 7.6, tous les effets du quota sont identiques à ceux du tarif douanier de 2 $ par t-shirt.

FIGURE 7.7 ***Les effets d'un quota d'importation***

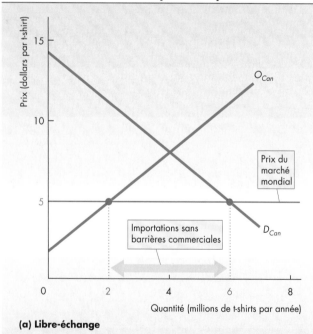

(a) Libre-échange

Sur le graphique (a), rien n'entrave le commerce international et les Canadiens achètent 6 millions de t-shirts par année au prix mondial. Le Canada produit 2 millions de t-shirts et en importe 4 millions par année.

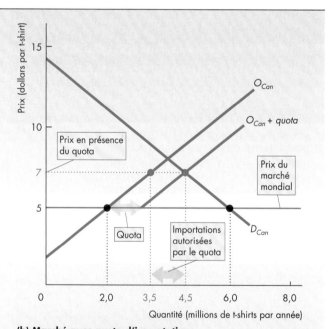

(b) Marché avec quota d'importation

Sur le graphique (b), on impose un quota d'importation de 1 million de t-shirts par année. L'offre de t-shirts au Canada est représentée par la droite $O_{Can} + quota$. Le prix augmente au Canada, pour s'établir à 7 $ l'unité. La production par les fabricants canadiens augmente, mais les achats de t-shirts et la quantité importée diminuent.

Les gagnants, les perdants et la perte sociale dans le cas d'un quota d'importation L'imposition d'un quota d'importation fait des gagnants et des perdants comme dans le cas du tarif douanier, mais il y a une différence intéressante.

Quand le Canada impose un quota d'importation,

- les Canadiens qui consomment ce bien sont perdants;
- les producteurs canadiens du bien sont gagnants;
- les importateurs du bien sont gagnants;
- la société est perdante: il y a perte de surplus.

La figure 7.8 illustre les gains et les pertes occasionnés par le quota d'importation et montre comment le surplus du consommateur et le surplus du producteur changent quand on impose un quota de 1 million de t-shirts par année.

Le surplus du consommateur – la zone verte – diminue. Les consommateurs essuient une perte engendrée par le quota d'importation. La perte de surplus se compose de quatre éléments. Premièrement, une partie du surplus du consommateur passe aux producteurs. La zone bleue, *B*, représente cette perte (et l'accroissement du surplus du producteur). Deuxièmement, une partie du surplus du consommateur est perdue parce que les coûts

de production au Canada sont plus élevés que le prix mondial. La zone *C*, en gris, indique cette perte. Troisièmement, une partie du surplus du consommateur est transférée aux importateurs qui achètent les t-shirts 5 \$ (soit au prix mondial) et les revendent 7 \$ (au prix intérieur canadien). Les zones *D*, en bleu, représentent cette perte de surplus du consommateur ainsi que le profit des importateurs. Quatrièmement, une partie du surplus du consommateur est perdue parce que les importations diminuent. La zone *E*, en gris, figure cette perte.

Les pertes de surplus du consommateur imputables aux coûts de production plus élevés et à la diminution des importations sont une perte sociale – une perte de surplus. Les zones *C* et *E*, en gris, représentent cette perte de surplus. La réduction du surplus total est égale à la somme des zones *C + E*.

Notre analyse met en évidence l'unique différence entre le quota et le tarif douanier. Ce dernier est une source de revenu pour l'État alors que le quota engendre un profit pour l'importateur. Tous les autres effets sont identiques, à condition que les quantités d'importations autorisées par le quota soient les mêmes que celles qui résultent de l'application du tarif douanier.

FIGURE 7.8 *Les gagnants et les perdants dans un marché soumis à un quota d'importation*

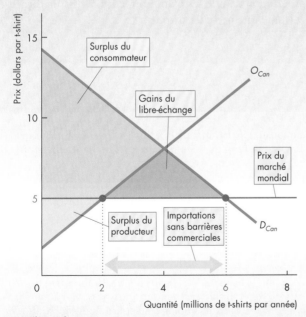

(a) Libre-échange

Le prix mondial d'un t-shirt est de 5 \$. Sur le graphique (a), rien n'entrave le libre-échange, si bien que le Canada produit 2 millions de t-shirts par année et en importe 4 millions. Le surplus du consommateur, le surplus du producteur et les gains du libre-échange sont maximisés.

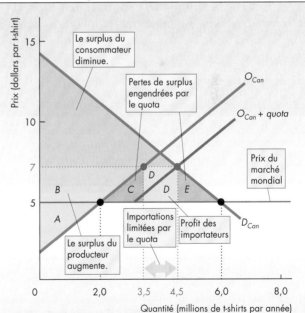

(b) Marché soumis à un quota d'importation

Sur le graphique (b), le quota d'importation fait monter le prix du t-shirt à 7 \$. La quantité importée diminue. Le surplus du consommateur est amputé des zones *B*, *C*, *D* et *E*. Le surplus du producteur augmente et comprend maintenant les zones *A* et *B*. Le profit des importateurs est représenté par les deux zones *D*. Le quota occasionne une perte de surplus égale à la somme des zones *C + E*.

Autres barrières commerciales

Outre les tarifs douaniers et les quotas d'importation, l'État peut adopter deux autres types de mesures qui influent sur les importations:

- ◆ la réglementation en matière de santé, en matière de sécurité ou dans d'autres domaines;
- ◆ les restrictions volontaires d'exportation.

Les barrières réglementaires Des milliers de règles de toutes sortes, en particulier en matière de santé et de sécurité, limitent le commerce international. Par exemple, les aliments importés au Canada sont contrôlés par l'Agence canadienne d'inspection des aliments, qui a pour mandat de protéger «non seulement les aliments, mais aussi les végétaux et les animaux, facteur inhérent à la consommation d'aliments salubres et de qualité supérieure». Le 20 mai 2003, la découverte au pays d'un unique cas d'encéphalopathie spongiforme bovine (maladie de la vache folle) a eu pour conséquence une interdiction immédiate des exportations de bœuf canadien dans le monde entier. L'Union européenne interdit l'importation de la plupart des organismes génétiquement modifiés, tels que le canola du Canada. Cette forme de réglementation a pour effet de limiter le commerce international, bien que ce ne soit pas là sa raison d'être.

Les restrictions volontaires d'exportation La restriction volontaire d'exportation ressemble à un quota auquel se soumet un exportateur étranger. Ce type de barrière commerciale est rare. Elle a vu le jour dans les années 1980 quand le Japon s'est imposé de réduire ses exportations de pièces d'automobiles vers l'Amérique du Nord.

Les subventions à l'exportation

Une *subvention* est une aide financière que l'État accorde au producteur. Au chapitre 6 (p. 170), nous avons analysé les effets d'une subvention sur la quantité et le prix d'un produit agricole.

Une *subvention à l'exportation* est une aide financière que l'État accorde au producteur d'un bien exporté. Ce type de subvention est interdit aux termes de plusieurs ententes internationales, dont l'Accord de libre-échange nord-américain (ALENA), et selon les règles de l'Organisation mondiale du commerce (OMC). Malgré l'interdiction, les subventions accordées par le Canada, les États-Unis et l'Union européenne aux producteurs agricoles finissent par faire augmenter la production intérieure et une partie de celle-ci est exportée. Ces exportations de produits agricoles subventionnés nuisent au producteur d'autres pays, notamment ceux d'Afrique, d'Amérique centrale et d'Amérique du Sud, car elles réduisent leur capacité de concurrencer sur les marchés mondiaux. Les subventions à l'exportation apportent des gains aux producteurs intérieurs, mais elles favorisent la sous-production dans le reste du monde, ce qui est inefficace et entraîne une perte de surplus.

Échec à Doha

Les intérêts individuels ont raison de l'intérêt social

L'**Organisation mondiale du commerce (OMC)** est une institution internationale créée par les principaux pays importateurs et exportateurs pour superviser le commerce international et faire tomber les barrières à l'échange.

En 2001, au cours d'une conférence tenue à Doha, au Qatar, où étaient réunis les ministres du commerce de tous les pays membres, on s'est entendu pour amorcer des négociations en vue de réduire les barrières tarifaires et les quotas qui entravent le commerce international des produits agricoles et des services. Ces négociations portent le nom de **Programme de Doha pour le développement**, ou *Doha Round*.

Depuis 2001, il y a eu des milliers d'heures de conférences à Cancún en 2003, à Genève en 2004 et à Hong Kong en 2005, ainsi que des réunions régulières dans les bureaux du Secrétariat de l'OMC à Genève. Malgré les millions de dollars que ces discussions coûtent aux contribuables, les progrès réalisés sont décevants.

Les pays riches, avec en tête les États-Unis, l'Union européenne et le Japon, veulent un meilleur accès aux marchés des pays en développement en échange d'un meilleur accès pour ces pays aux riches marchés mondiaux, en particulier ceux des produits agricoles.

Les pays en développement, ralliés autour du Brésil, de la Chine, de l'Inde et de l'Afrique du Sud, veulent qu'on leur ouvre les marchés des produits agricoles dans les pays riches, mais ils veulent aussi protéger leurs industries naissantes.

Devant ces exigences incompatibles, les négociations sont au point mort et rien ne laisse entrevoir un déblocage. En défendant leurs intérêts individuels, les pays riches et les pays en développement sacrifient l'intérêt social.

L'argumentation antiprotectionniste

Le débat fait rage depuis que les nations existent et commercent entre elles : vaut-il mieux pour un pays se protéger de la concurrence étrangère ou s'adonner au libre-échange ? La discussion n'est pas close, mais la plupart des économistes ont rendu leur verdict : le protectionnisme est inefficace, alors que le libre-échange favorise la prospérité pour tous les pays. Nous avons exposé l'argument le plus probant en faveur du libre-échange – nous avons montré qu'il permet des gains pour le consommateur, qui sont supérieurs à toute perte subie par le producteur, si bien que la société réalise un gain net.

Mais le débat libre-échange/protectionnisme soulève d'autres questions, que nous allons maintenant examiner.

Les deux principaux arguments protectionnistes

Deux des arguments classiques qu'on invoque pour restreindre le commerce international sont les suivants :

- ◆ la protection des industries naissantes ;
- ◆ la protection contre le dumping.

La protection des industries naissantes Selon le premier argument en faveur du protectionnisme, l'**argument des industries naissantes**, il faut protéger une industrie naissante le temps qu'elle atteigne sa pleine maturité et puisse soutenir la concurrence sur les marchés mondiaux. Cet argument repose sur l'avantage comparatif dynamique qui peut découler de l'apprentissage par la pratique (voir le chapitre 2, p. 53).

Il est vrai que l'apprentissage par la pratique est un puissant facteur de croissance de la productivité, et que l'expérience en milieu de travail fait évoluer l'avantage comparatif. Cependant, ces faits ne justifient pas le protectionnisme.

Premièrement, l'argument des industries naissantes ne vaut que si les avantages de l'apprentissage par la pratique, *en plus* d'accroître les revenus des propriétaires et des travailleurs des entreprises d'une industrie naissante, s'étendent à d'autres industries et à d'autres secteurs de l'économie. Ainsi, l'apprentissage par la pratique génère d'énormes gains de productivité dans l'aéronautique, mais la quasi-totalité de ces gains reviennent aux actionnaires et aux travailleurs de Bombardier et d'autres constructeurs d'avions. Comme ceux qui prennent les décisions, courent les risques et font le travail sont aussi ceux qui profitent des gains dynamiques, ils tiennent compte de ces derniers quand ils décident de l'ampleur de leurs activités. Dans ce cas, les gains sont pratiquement nuls pour les autres secteurs de l'économie, et il est donc inutile que le gouvernement aide l'industrie aéronautique à réaliser une production efficace.

Deuxièmement, même si on prouvait qu'il est avantageux de protéger une industrie naissante, il serait plus efficace de le faire en subventionnant les entreprises de cette industrie à même les impôts. La subvention encouragerait l'industrie à acquérir la maturité nécessaire et à entrer en concurrence avec les producteurs efficaces ailleurs dans le monde. Elle éviterait aussi que le consommateur soit obligé de payer plus cher que le prix mondial.

La protection contre le dumping Le **dumping** est une pratique qui consiste pour une entreprise étrangère à vendre des biens d'exportation à un prix moindre que leur coût de production. Ainsi, une entreprise étrangère qui cherche à obtenir un monopole international pourrait avoir recours au dumping ; elle vendrait sa production à un prix moindre que son coût de production afin de mettre en faillite les entreprises nationales. Une fois celles-ci disparues, elle profiterait de sa situation de monopole pour exiger un prix plus élevé pour son produit. Le dumping est illégal selon les règles de l'OMC et sert habituellement de justification à des tarifs douaniers compensatoires temporaires, appelés droits antidumping.

Il y a cependant d'excellentes raisons de ne pas céder à l'argument protectionniste du dumping. D'abord, comme il est très difficile de déterminer les coûts d'une entreprise, le dumping est pratiquement impossible à déceler. On doit se contenter de vérifier si le prix d'exportation d'une entreprise est plus bas que le prix qu'elle pratique sur son marché intérieur. Or, la validité de cette vérification est douteuse, car il peut être légitime pour une entreprise d'exiger un prix moindre dans un marché où la quantité demandée est étroitement liée au prix et un prix plus élevé dans un marché où elle l'est moins.

Ensuite, on imagine mal un bien qui pourrait engendrer un monopole *mondial*. Même si toutes les entreprises nationales d'une industrie étaient mises en faillite, il serait toujours possible de trouver d'autres sources d'approvisionnement à l'étranger et d'acheter le bien à un prix déterminé par un marché concurrentiel.

Enfin, même si un bien ou un service pouvait engendrer un vrai monopole mondial, la meilleure façon de le contrer serait – comme pour le monopole intérieur – le recours à une réglementation (voir le chapitre 13, p. 400).

D'autres arguments protectionnistes

Si les deux arguments que nous venons d'étudier ne suffisent pas à justifier le recours au protectionnisme – on peut leur opposer de solides objections –, du moins ont-ils un certain fondement. Cependant, ce ne sont pas les seuls arguments qui se font entendre. On invoque bien des raisons de condamner la mondialisation et de vanter le protectionnisme. Ainsi, on soutient souvent que les mesures protectionnistes :

- sauvegardent les emplois ;
- nous permettent de concurrencer la main-d'œuvre étrangère bon marché ;
- pénalisent les entreprises qui ont des normes environnementales laxistes ;
- empêchent les pays riches d'exploiter les pays en développement.

La sauvegarde des emplois Premièrement, s'il élimine effectivement certains emplois, le libre-échange en crée d'autres. Il engendre une rationalisation mondiale du travail et une nouvelle allocation des ressources du travail aux secteurs d'activité où elles seront les plus productives. Ainsi pour ne prendre que l'exemple de l'industrie du textile, le commerce international a entraîné la fermeture de nombreuses usines et filatures au Canada, et des milliers de Canadiens et Canadiennes ont perdu leur emploi. Cependant, ailleurs dans le monde, des milliers de travailleurs et de travailleuses ont trouvé un emploi grâce à l'ouverture d'usines et de filatures dans leur pays. Et, au Canada, des milliers de travailleurs et de travailleuses ont obtenu des emplois plus rémunérateurs que ceux du textile, parce que d'autres industries ont pris de l'expansion et ont créé de nouveaux emplois. En somme, il s'est créé plus d'emplois qu'il ne s'en est perdu.

Deuxièmement, les mesures protectionnistes peuvent effectivement sauver certains emplois, mais à un coût élevé. L'exemple des quotas imposés à l'industrie du textile est très probant à cet égard. Historiquement, toujours dans l'industrie du textile, les quotas imposés en vertu de l'Arrangement multifibres[1] ont protégé des emplois, surtout aux États-Unis. La Commission du commerce international (CCI) des États-Unis estime que les quotas ont permis de conserver 72 000 emplois dans le textile aux États-Unis, mais aussi que les dépenses annuelles en vêtements dans ce pays ont dépassé de 15,9 G$ (160 $ par famille) ce qu'elles auraient été s'il y avait eu libre-échange. Toujours selon la CCI, chaque emploi sauvegardé dans l'industrie du textile a coûté 221 000 $ US.

Troisièmement, les importations créent des emplois. Elles en créent chez les détaillants qui vendent les biens importés et chez les entreprises qui entretiennent ces biens. Elles génèrent aussi des revenus dans le reste du monde, revenus dont une partie est consacrée à l'achat de biens et services canadiens.

La possibilité de concurrencer la main-d'œuvre étrangère bon marché Avec la suppression des tarifs douaniers entre le Canada, les États-Unis et le Mexique, on a prédit un « gigantesque effet d'aspiration » qui entraînerait la délocalisation des emplois canadiens vers le Mexique. Voyons ce qui cloche dans ce pronostic.

Le coût unitaire de la main-d'œuvre est égal au salaire divisé par la productivité du travail. Par exemple, si un travailleur de l'industrie automobile canadienne gagne 30 $ par heure et produit 15 unités par heure, le coût moyen de la main-d'œuvre pour produire 1 unité est de 2 $. Si un travailleur de l'industrie automobile mexicaine gagne 3 $ par heure et produit 1 unité par heure, le coût moyen de la main-d'œuvre pour produire 1 unité est de 3 $. Toutes choses égales d'ailleurs, plus la productivité d'un travailleur est élevée, plus son salaire l'est aussi. Les travailleurs qui gagnent des salaires élevés ont une productivité élevée ; ceux qui gagnent de faibles salaires ont une faible productivité.

Si les travailleurs canadiens qui reçoivent des salaires élevés sont plus productifs en moyenne que leurs homologues mexicains moins bien rémunérés, leur productivité varie selon les industries. Par exemple, la productivité des travailleurs canadiens est relativement plus élevée dans la production de services financiers et de réseaux téléphoniques que dans la production de métaux et de certaines pièces standardisées de machinerie. Les secteurs où les

---

1. Cette convention internationale a été remplacée le 1er janvier 1995 par l'Accord de l'OMC, lequel a mis en place un processus transitoire en vue de la suppression définitive des quotas.

travailleurs canadiens sont relativement plus productifs que leurs homologues mexicains sont ceux où le Canada détient un *avantage comparatif*.

En instaurant le libre-échange – c'est-à-dire en produisant plus de biens et de services pour lesquels nous détenons un avantage comparatif afin de les exporter, et en produisant moins de biens et de services pour lesquels nos partenaires commerciaux détiennent un avantage comparatif afin de les importer –, nous améliorons à la fois notre situation et celle des citoyens d'autres pays.

La concurrence avec des pays aux normes environnementales laxistes

Selon un autre argument protectionniste, de nombreux pays pauvres comme la Chine et le Mexique ont une politique environnementale beaucoup plus laxiste que la nôtre ; comme ces pays sont prêts à polluer et que nous ne le sommes pas, les tarifs douaniers sont essentiels pour que nous puissions leur faire concurrence. S'ils veulent s'adonner au libre-échange avec des pays plus riches et plus « verts », ces pays devront adopter des normes environnementales plus rigoureuses.

L'argument du protectionnisme pour raisons environnementales est faible. D'abord, un pays pauvre ne peut pas se permettre de se soucier autant de son environnement qu'un pays riche. Aujourd'hui, la Chine, le Mexique et les anciens pays communistes d'Europe de l'Est sont parmi les endroits où on observe les pires cas de pollution de l'air et de l'eau. Mais il y a à peine quelques décennies, c'étaient Londres et Los Angeles qui remportaient la palme à cet égard. Pour Pékin et Mexico, le seul espoir de jouir un jour d'un environnement plus propre réside dans la croissance rapide des revenus. Le libre-échange contribue à cette croissance. Plus les revenus y augmenteront, plus vite les pays en développement auront les *moyens*, comme ils le souhaitent, d'assainir leur environnement. D'autre part, certains pays pauvres détiennent un avantage comparatif dans la production de « travail salissant », ce qui représente pour eux une façon d'augmenter leur revenu et permet en même temps à l'ensemble de l'économie mondiale d'atteindre des objectifs plus élevés qu'elle ne le pourrait autrement en matière de qualité de l'environnement.

L'exploitation des pays en développement par les pays riches

Selon un autre argument protectionniste, il faut restreindre le commerce international pour empêcher les riches des pays industrialisés d'exploiter les pauvres des pays en développement en les forçant à travailler pour des salaires de famine.

Le travail des enfants ou celui des adultes dans des conditions avoisinant l'esclavage posent un problème sérieux et sont à condamner. Cependant, en commerçant avec les pays pauvres, nous augmentons la demande des biens qui y sont produits et, mieux encore, nous favorisons la demande de travail dans ces pays. Quand la demande de travail augmente dans les pays en développement, les salaires augmentent aussi. Donc, loin d'exploiter les gens des pays pauvres, le commerce international améliore leurs perspectives d'avenir et augmente leurs revenus.

Par comparaison avec les avantages du libre-échange, les arguments protectionnistes que nous venons de passer en revue ne font pas le poids. Mais il y a un nouveau phénomène qui pointe à l'horizon de notre économie : l'*impartition délocalisée*. Faut-il maintenant se protéger contre cette nouvelle forme de concurrence étrangère ? Voyons de quoi il retourne.

L'impartition délocalisée

Roots, Canadian Tire et Blackberry : en quoi ces icônes de l'économie canadienne se ressemblent-elles ? Elles créent des emplois, mais au lieu de recruter leur personnel au Canada, elles font appel à la Chine, à l'Inde, à la Thaïlande, voire aux États-Unis – ces entreprises pratiquent la délocalisation. Qu'est-ce que la délocalisation ?

La délocalisation

Une entreprise établie au Canada peut se procurer les biens qu'elle vend par l'entremise d'une ou de plusieurs des activités suivantes :

1. Elle produit les biens au Canada avec une main-d'œuvre locale.
2. Elle produit les biens dans un pays étranger avec la main-d'œuvre de ce pays.
3. Elle achète les produits finis, les composants ou les services d'entreprises établies au Canada.
4. Elle achète les produits finis, les composants ou les services d'entreprises établies dans des pays étrangers.

Les activités 3 et 4 portent le nom d'**impartition**. Les activités 2 et 4 sont appelées **délocalisation**. L'activité 4 est une **impartition délocalisée**. Précisons qu'une entreprise qui ouvre une succursale dans un autre pays délocalise ainsi une partie de son activité.

La délocalisation se pratique depuis des centaines d'années, mais elle a connu une croissance rapide durant les années 1990 et s'est mise alors à susciter des inquiétudes. En effet, beaucoup d'entreprises canadiennes ont établi dans d'autres pays leurs services de technologie de l'information et certains services de bureau, tels que les services financiers, la comptabilité et la gestion des ressources humaines.

L'expansion de la délocalisation dans les années 1990

Pour que la délocalisation réussisse, les gains rendus possibles par la spécialisation et l'échange doivent être assez importants pour compenser les coûts de la communication et du transport. Si le coût de production d'un t-shirt en Chine n'est pas inférieur à la somme de son coût de production au Canada et des frais de transport depuis la Chine, il est alors plus efficace de produire les t-shirts au Canada et d'éviter le transport.

Le même raisonnement s'applique au commerce des services. Si on les délocalise, il faut qu'on puisse obtenir les services à un coût assez bas pour les offrir à l'acheteur à un prix avantageux. Avant les années 1990, les frais de communication sur de grandes distances étaient trop élevés pour que la délocalisation des services soit efficace. Dans les années 1990, l'utilisation des satellites, de la fibre optique et des ordinateurs a réduit le coût d'un appel téléphonique entre le Canada et l'Inde à moins de un dollar par heure. C'est alors qu'une foule de ressources dans des pays étrangers sont devenues concurrentielles par rapport aux ressources de même nature au Canada.

Les avantages de la délocalisation Les gains à l'échange réalisés par la délocalisation sont les mêmes que ceux engendrés par toute autre forme de commerce. Dans les sections précédentes de ce chapitre, nous avons utilisé comme exemples les t-shirts et les avions de transport régional. Nous aurions pu tout aussi bien citer les services bancaires et les centres d'appels (ou toute autre paire de services). Une banque canadienne peut exporter des services bancaires à des entreprises indiennes, et des Indiens peuvent exploiter des centres d'appels utilisés par les entreprises canadiennes. Ce type de commerce est profitable pour le Canada et l'Inde à condition que le Canada ait un avantage comparatif dans les services bancaires et que l'Inde en ait un dans les centres d'appels.

Dans les années 1990, on a vu se concrétiser des avantages comparatifs de cette nature. C'est en Inde que se trouve la plus grande population instruite de langue anglaise au monde. Le pays est situé dans un fuseau horaire qui le place une demi-journée en avance sur la côte est des États-Unis et à mi-chemin entre l'Asie et l'Europe, ce qui facilite les opérations qui se poursuivent 24 heures sur 24, 7 jours sur 7. Avant les années 1990, quand les frais de communication avec un travailleur en Inde s'élevaient à quelques dollars par minute, il était trop coûteux d'exploiter les vastes ressources de cette partie du monde. Mais aujourd'hui, le prix abordable d'un appel interurbain ou d'une connexion à Internet a rendu possible l'utilisation des ressources qui se trouvent en Inde pour produire des services au Canada à un coût plus avantageux que si on se servait des ressources d'ici. En contrepartie, grâce au revenu qu'ils gagnent à exporter des services, les Indiens se procurent des biens et des services produits au Canada.

Les inquiétudes suscitées par la délocalisation Bien que la délocalisation rende possibles des gains liés à la spécialisation et à l'échange, beaucoup estiment qu'elle entraîne également des coûts qui annulent les gains. Pourquoi?

Parmi les principales raisons, on soutient que la pratique fait perdre des emplois dans le secteur des services. La disparition d'emplois dans l'industrie manufacturière, au profit d'autres pays, se poursuit depuis des décennies, mais le secteur des services s'est toujours accru suffisamment, au Canada, pour créer de nouveaux emplois capables de remplacer ceux qui se perdaient dans cette industrie. Avec la fuite des postes de service vers l'étranger, on craint qu'il ne restera pas assez d'emplois pour les Canadiens. Ces craintes ne sont pas justifiées.

Certains emplois de service passent à l'étranger, mais d'autres se multiplient ici. Le Canada importe les services des centres d'appels, mais il exporte de l'enseignement, des soins médicaux, des services juridiques et financiers, et bien d'autres services encore. Tous les jours, on crée des postes dans ces secteurs et la croissance n'est pas près de s'arrêter.

On ignore le nombre exact de postes délocalisés, et les estimations varient. Quoi qu'il en soit, même selon les estimations les plus élevées, il s'agit d'un nombre infime par comparaison avec le taux de création d'emploi normal.

Les gagnants et les perdants Les gains à l'échange ne se répartissent pas également entre tous les membres de la société. En moyenne, les Canadiens profitent de l'impartition délocalisée. Malheureusement, il y a aussi des perdants. Ce sont ceux qui ont investi dans le capital humain nécessaire pour accomplir un travail particulier, mais qui voient maintenant ce travail s'envoler à l'étranger.

L'assurance-emploi procure une aide temporaire aux travailleurs qui perdent leur emploi de cette façon. Toutefois, la solution à long terme passe par la requalification et la reconversion professionnelle.

En plus de fournir une aide à court terme par les prestations d'assurance-emploi, l'État doit jouer un rôle important dans l'éducation pour donner à la main-d'œuvre du XXIe siècle l'habitude de la formation continue et de la requalification, et la préparer à assumer des tâches dont nous ignorons encore aujourd'hui la nature exacte.

Les écoles, les collèges et les universités sont appelés à grandir et à accomplir de mieux en mieux leur mandat de formation d'une main-d'œuvre compétente et capable de s'adapter.

Prévenir les guerres commerciales

Nous venons de passer en revue les arguments protectionnistes les plus courants, ainsi que les arguments qui les réfutent. Cependant, il existe un autre argument antiprotectionniste plus général et plus convaincant que nous n'avons pas encore évoqué: les mesures protectionnistes sont une invite aux représailles et peuvent déclencher de terribles guerres de tarifs douaniers ou de quotas entre les pays. On a assisté à une telle guerre commerciale durant la Grande Dépression, quand les États-Unis ont instauré le tarif Smoot-Hawley. Tous leurs partenaires commerciaux ont riposté en imposant leurs propres tarifs et, en très peu de temps, le commerce mondial s'est effondré. Les coûts faramineux de cette catastrophe pour tous les pays ont dissuadé ces derniers de recourir de nouveau à des mesures aussi manifestement autodestructrices ; ils ont débouché sur le GATT, et ont pavé la voie à l'ALENA, à la CEAP et à l'Union européenne.

Pourquoi le commerce international est-il restreint ?

Pourquoi continue-t-on à restreindre le commerce international en dépit de la force des arguments antiprotectionnistes que nous venons d'évoquer ? Essentiellement pour deux raisons :

- ◆ les recettes publiques générées par les tarifs douaniers ;
- ◆ la recherche de rentes.

Les recettes tarifaires La perception des recettes publiques est coûteuse. Dans les pays développés comme le Canada, un système de perception fiscale bien rodé permet de recueillir des milliards de dollars en impôts sur le revenu et en taxes sur les ventes, et ce, parce que la plupart des transactions économiques y sont réalisées par des entreprises qui doivent produire des états financiers vérifiés. Sans ces états financiers, la perception des recettes fiscales par des organismes comme l'Agence du revenu du Canada serait gravement compromise. Et même avec des états financiers vérifiés, on arrive à ne percevoir qu'une partie des recettes fiscales potentielles. Notons que, dans les pays industrialisés, ce sont principalement l'impôt sur le revenu et les taxes sur les ventes qui remplissent les coffres de l'État ; les recettes tarifaires ne représentent qu'une source de revenu secondaire.

Dans les pays en développement, la perception des impôts et des taxes pose un problème épineux. En effet, une grande partie des transactions économiques y relèvent d'une économie informelle où les états financiers sont pratiquement inexistants, de sorte que les recettes fiscales provenant de l'impôt sur le revenu et des taxes sur les ventes sont très minces. Dans ces pays, le commerce international est le seul secteur où les transactions économiques sont consignées et vérifiées. Les tarifs douaniers sont donc une forme de taxation plus intéressante pour ces pays, qui y recourent d'ailleurs beaucoup plus largement que les pays industrialisés.

La recherche de rentes On appelle **recherche de rentes** toute tentative pour s'approprier un surplus du consommateur, un surplus du producteur ou un profit économique

par le lobbying et d'autres activités politiques exercées par des groupes de pression. Comme le libre-échange n'augmente les possibilités de consommation qu'en moyenne, tous les groupes sociaux n'en profitent pas nécessairement, et certains peuvent même y perdre. Autrement dit, certains groupes tirent profit du libre-échange, alors que d'autres en font les frais, même si au total les avantages sont supérieurs aux coûts. Cette répartition inégale des coûts et des avantages du libre-échange est le principal obstacle à la libéralisation du commerce international.

Revenons à l'exemple du commerce des t-shirts et des avions de transport régional. Les gains du libre-échange reviennent à toutes les personnes qui participent à la production des avions ainsi qu'aux consommateurs de t-shirts qui se les procurent maintenant à meilleur prix. Les coûts liés à l'adhésion au libre-échange, eux, sont assumés par les producteurs de vêtements et leurs employés qui doivent se mettre à la production d'autres biens et services pour lesquels le Canada a un avantage comparatif.

En général, l'avènement du libre-échange fait beaucoup de gagnants. Cependant, comme ils sont nombreux, chacun ne reçoit qu'une petite part des gains. Les gagnants pourraient s'organiser et constituer une force politique vouée à la promotion du libre-échange. Mais l'action politique coûte cher. Elle nécessite du temps et des ressources rares, et les gains par personne sont trop minces pour que le jeu en vaille la chandelle.

À l'inverse, le nombre de perdants est restreint, mais les pertes de chacun sont considérables. C'est pourquoi, ceux-ci sont disposés à dépenser des sommes importantes pour faire pression contre le libre-échange.

Chacun des deux groupes soupèse les gains et les coûts, et adopte la ligne de conduite la plus avantageuse pour lui. Les gagnants comparent les avantages du libre-échange à ce qu'il en coûte pour le défendre. Les perdants mesurent les avantages du protectionnisme par rapport à ce qu'il en coûte pour l'instaurer. Comme ils ont plus à perdre, ceux qui militent contre le libre-échange font plus de lobbying que ceux qui y sont favorables.

Le dédommagement des perdants

Si, au total, les gains du libre-échange dépassent les pertes qu'il occasionne, pourquoi les individus et les groupes qui y gagneraient n'offrent-ils pas de dédommager ceux qui y perdraient, de façon à faire l'unanimité en faveur du libre-échange ? Essentiellement, parce que les obstacles à une indemnisation directe et correctement calculée sont presque insurmontables.

Premièrement, la détermination des perdants du libre-échange et l'estimation de leurs pertes engendreraient des coûts énormes. Deuxièmement, on ne pourrait jamais déterminer avec certitude si les difficultés d'une personne ou

LES ÉTATS-UNIS PROTÈGENT LEURS PRODUCTEURS DE BOIS D'ŒUVRE

CBC NEWS ONLINE, 23 AOÛT 2006

LE CONFLIT DU BOIS D'ŒUVRE

Le conflit du bois d'œuvre couve depuis plus de 20 ans, mais il a de nouveau fait éruption en mai 2002, quand les États-Unis ont imposé des droits de 27 pour cent sur les exportations de bois d'œuvre canadien, sous prétexte que le Canada subventionne injustement les producteurs de bois d'épinettes, de pins et de sapins. [...]

Le conflit porte sur les droits de coupe. Ceux-ci sont des montants fixes que les sociétés doivent verser à l'État pour le bois qu'elles abattent sur les terres publiques. Pour plusieurs aux États-Unis, les droits de coupe canadiens ne sont pas assez élevés, et constituent dès lors des subventions. Certains producteurs forestiers américains ont formé une coalition qui exige que les provinces adoptent le système américain et mettent les droits de coupe sur le marché pour les vendre aux plus offrants.

Le litige entre le Canada et les États-Unis à propos du bois d'œuvre fait penser à une rivalité entre frères. Il se poursuit depuis plusieurs décennies. Le Canada lui-même est divisé sur le sujet. Le B.C. Lumber Trade Council a déclaré qu'une guerre commerciale avec les États-Unis [...] serait ruineuse et que, pour l'éviter, il vaudrait mieux se plier aux demandes américaines. Le Conseil du libre-échange pour le bois d'œuvre, formé de producteurs forestiers du Québec et de l'Ontario, a préféré contester l'imposition des droits compensatoires. La plupart des entreprises forestières canadiennes et les gouvernements s'entendent au moins sur l'objectif à atteindre : le libre-échange pour le bois d'œuvre.

Or, le 26 avril 2006, on apprenait que le Canada et les États-Unis avaient conclu un accord-cadre qui laissait entrevoir la fin du litige. Selon l'accord-cadre, les États-Unis doivent rembourser près de 80 % des 5 milliards de dollars de droits perçus par l'Agence des douanes américaines au cours des quatre années précédentes. La part du bois d'œuvre canadien sur le marché des États-Unis ne dépassera pas la barre actuelle des 34 %. [...] Le Canada imposera aussi une taxe d'exportation sur le bois d'œuvre à destination des États-Unis si le prix tombe sous les 355 $ par mille pied-planches. ■

LES FAITS EN BREF

● Le conflit du bois d'œuvre couve depuis plus de 20 ans. Les producteurs forestiers des États-Unis soutiennent que le Canada pratique une forme de subvention déloyale au profit de ses producteurs parce que les droits de coupe ne sont pas fixés par des ventes aux enchères.

● En mai 2002, les États-Unis ont imposé un tarif douanier de 27 %, ce qui leur a rapporté des recettes tarifaires de 5 G$.

● L'accord prévoit le remboursement par les États-Unis de 80 % des recettes tarifaires et maintient à 34 % la part du marché américain allouée au Canada.

● Si le prix tombe sous les 355 $ par mille pied-planches, on imposera une taxe d'exportation.

ANALYSE ÉCONOMIQUE

● Avant l'accord de 2006, les États-Unis imposaient un tarif douanier de 27 % sur les importations de bois d'œuvre en provenance du Canada. Le tarif nuisait à l'intérêt social du Canada et des États-Unis.

● La **figure 1** illustre le marché américain du bois d'œuvre. La demande des acheteurs américains est représentée par la droite D.

● Soit deux courbes d'offre : celle des producteurs canadiens, O_C, et celle des producteurs américains, $O_{É.-U.}$ Supposons que le Canada peut fournir n'importe quelle quantité de chargements de bois à 100 $ par chargement.

● Avec un tarif douanier de 27 % sur les importations, le prix du bois d'œuvre canadien sur le marché américain est de 100$ (le prix initial) + 27 $ (le tarif douanier), si bien que la courbe d'offre de bois d'œuvre canadien se déplace pour devenir O_C + *tarif douanier*.

● À 127 $ par chargement, la quantité totale de bois d'œuvre achetée aux États-Unis est QC_1, soit une quantité QP_1 produite aux États-Unis et la quantité $QC_1 - QP_1$ importée du Canada.

● Le gain des producteurs américains est représenté par la zone A. Les recettes tarifaires des États-Unis sont données par la zone C. La perte de surplus occasionnée par le tarif douanier correspond aux zones $B + E$.

● L'accord-cadre de 2006 a supprimé le tarif douanier, mais imposé un quota sur les importations du Canada. Le quota, qui correspond à ce qui a été importé en 2006, équivaut à 34 % du marché américain.

● La **figure 2** montre le marché américain après l'accord-cadre. L'offre de bois d'œuvre sur le marché des États-Unis comprend maintenant l'offre des producteurs américains plus le quota sur le bois d'œuvre canadien. Elle est représentée par la droite $O_{É.-U.}$ + *quota*.

● Le prix aux États-Unis se maintient à 127$ par chargement, la quantité de bois d'œuvre achetée aux États-Unis est toujours QC_1, la quantité produite aux États-Unis est stable à QP_1, et les importations du Canada demeurent $QC_1 - QP_1$.

● Le seul changement apporté par l'imposition du quota est que les recettes tarifaires se transforment en gains pour les importateurs américains, qui achètent le bois à 100 $ par chargement au Canada et le revendent à 127$ aux États-Unis.

● La différence entre le tarif douanier et le quota devient plus importante et plus intéressante quand la demande de bois d'œuvre augmente aux États-Unis.

● Avec un tarif douanier, une augmentation de la demande américaine ne change rien au prix ni au surplus du producteur aux États-Unis. Elle n'a pas d'effet non plus sur la perte de surplus. Toutefois, on observe une augmentation des importations.

● Avec le quota, une augmentation de la demande américaine fait monter le prix aux États-Unis et y fait croître le surplus du producteur ainsi que la perte de surplus. Les importations ne changent pas.

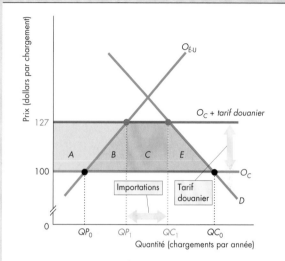

Figure 1 Le marché des États-Unis protégé par un tarif douanier

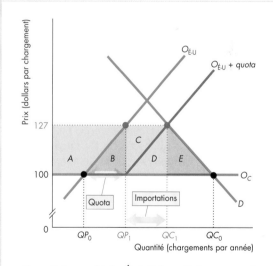

Figure 2 Le marché des États-Unis protégé par un quota

d'une entreprise sont imputables au libre-échange ou à d'autres causes dont elle porte peut-être la responsabilité. Troisièmement, les gens qui semblent être les perdants à un moment donné seront peut-être en fait les vrais gagnants. Ainsi, dans un premier temps, la jeune travailleuse de l'industrie automobile qui perd son travail à Windsor et se voit forcée de prendre un emploi dans l'extraction pétrolière en Alberta sera d'abord contrariée par la perte de son emploi et par l'obligation de déménager. Cependant, un an ou deux plus tard, elle estimera probablement qu'elle a eu de la chance, car ce changement lui a valu une augmentation de revenu et une plus grande sécurité d'emploi.

Toutefois, comme en général nous ne dédommageons pas les victimes du libre-échange, le protectionnisme reste encore aujourd'hui une caractéristique persistante et répandue de notre vie économique et politique.

Dans la rubrique « Entre les lignes » (p. 202), nous appliquerons les principes que nous avons étudiés à l'analyse des conséquences des tarifs douaniers compensatoires imposés par les États-Unis sur le bois d'œuvre canadien.

MINITEST 4

1 En quoi consistent l'argument des industries naissantes et l'argument du dumping, qu'on utilise pour défendre le protectionnisme ? Ces arguments sont-ils fondés ?

2 Le protectionnisme peut-il sauvegarder des emplois, préserver l'environnement et empêcher l'exploitation des travailleurs des pays en développement ?

3 Qu'est-ce que l'impartition délocalisée ? Qui sont les gagnants et les perdants de cette pratique ?

4 Qu'est-ce qui explique qu'on continue à imposer des tarifs douaniers sur les importations ? Pourquoi les gagnants du libre-échange ne remportent-ils pas le débat politique ?

Réponses p. 210

RÉSUMÉ

Points clés

Le fonctionnement des marchés mondiaux (p. 186-189)

- La force qui anime le commerce international est l'*avantage comparatif*.

- Si le prix mondial d'un bien est inférieur au prix intérieur, le reste du monde possède un avantage comparatif dans la production de ce bien. Le pays où le prix intérieur est élevé a intérêt à produire moins, consommer plus et importer le bien.

- Si le prix mondial d'un bien est supérieur au prix intérieur d'un pays, ce dernier possède un avantage comparatif dans la production de ce bien et il a intérêt à en produire plus, à en consommer moins et à l'exporter.

Les enjeux du commerce international : gagnants, perdants et gains nets (p. 189-191)

- Dans un marché où il n'y a pas de restrictions sur les importations, le surplus du consommateur est plus élevé, le surplus du producteur plus modeste et le surplus total plus élevé que s'il n'y a pas de commerce international.

- Dans un marché où il n'y a pas de restrictions sur les exportations, le surplus du consommateur est plus modeste, le surplus du producteur plus élevé et le surplus total plus grand que s'il n'y a pas de commerce international.

Les restrictions au commerce international (p. 191-197)

- Les pays restreignent le commerce international en imposant des tarifs douaniers, des quotas d'importation et d'autres barrières à l'importation.

- Les restrictions au commerce international augmentent le prix des importations sur le marché national, diminuent le volume des importations, diminuent le surplus du consommateur, augmentent le surplus du producteur et occasionnent une perte de surplus.

L'argumentation antiprotectionniste (p. 197-204)

- Les arguments selon lesquels le protectionnisme permet de protéger les industries naissantes et d'empêcher le dumping sont faibles.

- Les arguments selon lesquels le protectionnisme sauvegarde des emplois, permet de concurrencer la main-d'œuvre étrangère bon marché, pénalise les entreprises qui ont des normes environnementales laxistes et empêche les pays riches d'exploiter les pays en développement n'ont pas de fondements économiques solides.

- L'impartition délocalisée n'est qu'un nouveau moyen de réaliser des gains à l'échange. Lui opposer des mesures protectionnistes entraînerait des coûts très importants pour la société.

- Les restrictions au commerce international sont bien reçues parce qu'elles représentent des pertes minimes pour la majorité et des gains importants pour un petit nombre. Ceux qui en profitent ont un avantage individuel plus marqué à les défendre que les membres de la majorité n'ont d'avantage individuel à s'y opposer.

◆ Lorsqu'un pays ouvre ses frontière, il est très difficile de détecter et de dédommager les travailleurs et les entreprises qui sont négativement affectés.

Figures clés

Figure 7.1   Un marché avec importations (p. 187)

Figure 7.2   Un marché avec exportations (p. 188)

Figure 7.3   Les gains et les pertes dans un marché avec importations (p. 189)

Figure 7.4   Les gains et les pertes dans un marché avec exportations (p. 190)

Figure 7.5   Les effets d'un tarif douanier (p. 192)

Figure 7.6   Les gagnants et les perdants dans un marché soumis à un tarif douanier (p. 193)

Figure 7.7   Les effets d'un quota d'importation (p. 194)

Figure 7.8   Les gagnants et les perdants dans un marché soumis à un quota d'importation (p. 195)

Mots clés

Accord général sur les tarifs douaniers et le commerce (GATT) Accord multilatéral, signé en 1947, visant la réduction des tarifs douaniers qui restreignent le commerce international (p. 193).

Argument des industries naissantes Argument selon lequel une industrie naissante a besoin de protection le temps qu'elle atteigne sa pleine maturité et qu'elle puisse soutenir la concurrence sur les marchés mondiaux (p. 197).

Délocalisation Pratique qui consiste, pour une entreprise, à produire des biens ou des services dans un pays étranger avec la main-d'œuvre de ce pays, ou encore à se procurer des produits finis, des composants ou des services auprès d'entreprises situées à l'étranger (p. 199).

Dumping Pratique qui consiste pour une entreprise étrangère à vendre des biens d'exportation à un prix moindre que leur coût de production (p. 197).

Exportations Biens et services vendus à l'étranger (p. 186).

Impartition Pratique qui consiste, pour une entreprise, à se procurer des produits finis, des composants ou des services auprès d'entreprises situées dans le même pays ou à l'étranger (p. 199).

Impartition délocalisée Pratique qui consiste, pour une entreprise, à se procurer des produits finis, des composants ou des services auprès d'entreprises situées à l'étranger (p. 199).

Importations Biens et services en provenance de l'étranger (p. 186).

Organisation mondiale du commerce (OMC) Organisation internationale qui impose à ses membres le respect des accords du GATT (p. 196).

Programme de Doha pour le développement Négociations tenues à Doha, au Qatar, en vue de réduire les barrières tarifaires et les quotas qui entravent le commerce international des produits agricoles et des services. Synonyme : Doha Round (p. 196).

Quota d'importation Restriction qui limite la quantité maximale d'un bien qu'on peut importer durant une période donnée (p. 194).

Recherche de rentes Toute tentative pour s'approprier un surplus du consommateur, un surplus du producteur ou un profit économique par le lobbying et d'autres activités politiques exercées par des groupes de pression (p. 201).

Tarif douanier Taxe qu'impose un pays importateur sur un bien importé lorsque ce bien traverse sa frontière. Synonyme : Droit de douane (p. 191).

PROBLÈMES ET APPLICATIONS

1. Le Canada produit du bois d'œuvre et du vin. Il exporte du bois d'œuvre et importe du vin. Le reste du monde importe du bois d'œuvre canadien et exporte du vin au Canada.

    a. Supposons que le Canada ne commerce pas avec le reste du monde. Comparez les prix d'équilibre du bois d'œuvre et du vin au Canada avec les prix mondiaux de ces biens.

    b. Par rapport au reste du monde, le Canada a-t-il un avantage comparatif dans la production du bois d'œuvre, ou est-ce l'inverse ? Par rapport au reste du monde, le Canada a-t-il un avantage comparatif dans la production de vin, ou est-ce l'inverse ?

    c. Comparez les quantités de vin que les vignobles canadiens produisent et que les Canadiens achètent selon que le pays commerce ou non avec le reste du monde.

    d. Comparez les quantités de bois d'œuvre que le reste du monde produit et qu'il achète selon qu'il commerce ou non avec le Canada.

e. Quels sont les gains qui résultent du commerce du bois d'œuvre et du vin entre le Canada et le reste du monde ?

2. Les fleuristes grossistes (entreprises qui fournissent des fleurs aux magasins de détail) achètent et vendent leurs roses dans des boîtes qui contiennent 120 tiges. Le tableau présente des données sur le marché de gros des roses. Le barème de demande représente la demande des grossistes, et le barème d'offre donne l'offre des horticulteurs d'Amérique du Nord.

Prix	Quantité demandée	Quantité offerte
(par boîte)	(millions de boîtes par année)	
100 $	15	0
125 $	12	2
150 $	9	4
175 $	6	6
200 $	3	8
225 $	0	10

Les grossistes nord-américains peuvent acheter les roses aux enchères à Aalsmeer, aux Pays-Bas, à 125 $ par boîte.

a. Sans commerce international, quel serait le prix d'une boîte de roses ? Combien de boîtes seraient achetées et vendues chaque année en Amérique du Nord ?

b. Au prix que vous avez déterminé à la question (a), l'avantage comparatif dans la production de roses appartient-il à l'Amérique du Nord ou au reste du monde ?

c. Si les grossistes nord-américains achètent les roses au plus bas prix possible, combien en achètent-ils des horticulteurs locaux ? Combien en importent-ils ?

d. Illustrez par un graphique le marché de gros des roses en Amérique du Nord. Montrez l'équilibre du marché en l'absence de commerce international et l'équilibre avec libre-échange. Indiquez la quantité de roses produites localement, la quantité importée et la quantité totale achetée en Amérique du Nord.

3. **LA DÉCOUVERTE D'UN GISEMENT DE PÉTROLE SOUS-MARIN POURRAIT HISSER LE BRÉSIL AU RANG DES GRANDS PAYS EXPORTATEURS**

La découverte, à la fin de l'année dernière, d'un énorme gisement de pétrole sous-marin pourrait transformer le plus grand pays de l'Amérique du Sud en un exportateur d'importance.

[...] Il y a à peine dix ans, l'idée que le Brésil devienne un jour autosuffisant en matière d'énergie paraissait farfelue ; nul n'aurait imaginé qu'il pourrait devenir pays exportateur. [...] La société Petrobras a été fondée il y a cinq décennies principalement pour s'occuper de l'importation du pétrole nécessaire à l'économie brésilienne en croissance. [...] Puis, il y a deux ans [...] le Brésil a atteint le but qu'il poursuivait depuis longtemps : devenir autosuffisant en matière d'énergie. [...]

International Herald Tribune, 11 janvier 2008

a. Décrivez l'avantage comparatif du Brésil dans la production de pétrole et expliquez pourquoi son avantage comparatif a changé.

b. Illustrez par un graphique le marché du pétrole au Brésil jusqu'à la découverte d'il y a quelques années et expliquez pourquoi le pays était importateur de pétrole.

c. Illustrez par un graphique le marché du pétrole au Brésil d'ici quelques années et expliquez pourquoi le pays pourrait devenir exportateur de pétrole.

4. À l'aide des données sur le marché de gros des roses en Amérique du Nord (problème n° 2),

a. Expliquez qui sont les gagnants et qui sont les perdants du libre-échange des roses par rapport à ce qui se passerait si les consommateurs nord-américains n'achetaient que des roses cultivées localement.

b. Illustrez par un graphique les gains et les pertes résultant du libre-échange.

c. Calculez les gains résultant du commerce international.

5. **CARTE POSTALE DE BANGALORE. HEUREUX DE SE JOINDRE À L'ÉCONOMIE MONDIALE, LES TRAVAILLEURS INDIENS DES TECHNOLOGIES DE L'INFORMATION PERFECTIONNENT LEURS COMPÉTENCES EN RELATIONS INTERPERSONNELLES**

La multitude de travailleurs indiens à l'emploi des centres d'appels et des entreprises du secteur technologique [...] ont une formation technique de pointe, [mais] leur capacité de s'exprimer et leur compétences en relations interpersonnelles sont loin d'être à la hauteur. [...] Pleins feux sur les écoles de maintien de Bangalore.

Time, 5 mai 2008

a. Quel est l'avantage comparatif auquel fait allusion cet article ?

b. Selon votre lecture de cet article, dites quels sont les services que Bangalore (l'Inde) exporte et importe ?

c. Quels sont les gagnants et les perdants du commerce international que vous avez décrit en réponse à la question (b) ?

6. Reprenez les données du problème n° 2 sur le marché de gros des roses en Amérique du Nord.

a. Si on impose un tarif douanier de 25 $ par boîte sur les importations de roses, qu'advient-il du prix nord-américain des roses, de la quantité de roses achetées, de la quantité produite en Amérique du Nord et de la quantité importée par les grossistes ?

b. Qui sont les gagnants et les perdants de la situation créée par ce tarif douanier ?

c. Illustrez par un graphique les gains et les pertes résultant du tarif douanier. Indiquez les gains et les pertes, les recettes tarifaires et la perte de surplus.

7. Reprenez les données du problème n° 2 sur le marché de gros des roses en Amérique du Nord.

a. Si on impose un quota d'importation de 5 millions de boîtes de roses, qu'advient-il du prix nord-américain des roses, de la quantité de roses achetées, de la quantité produite en Amérique du Nord et de la quantité importée ?

b. Qui sont les gagnants et les perdants de la situation créée par ce quota ?

c. Illustrez par un graphique les gains et les pertes, les profits des importateurs et la perte de surplus résultant du quota d'importation.

8.   **LES VENTES DE VOITURES S'ACCÉLÈRENT À MESURE QUE LES PRIX BAISSENT**

En 20 ans, l'achat d'une voiture, [en Australie], n'a jamais été une aussi bonne affaire. En conséquence, au fur et à mesure que les prix chutent, on assiste à une montée en flèche des ventes. [...] [En 2000, l'Australie a ramené le tarif douanier à 15 % et] le 1er janvier 2005, le tarif sur les véhicules importés est passé de 15 % à 10 %.

Courier-Mail, 26 février 2005

a. Expliquez qui est gagnant et qui est perdant depuis qu'on a réduit le tarif douanier sur les voitures importées.

b. Illustrez par un graphique les changements qu'on observe dans le prix d'une voiture, la quantité achetée, la quantité produite en Australie et l'importation de voitures.

9.   **UN FABRICANT CHINOIS REJETTE LES PLAINTES DE PNEUS DÉFECTUEUX PORTÉES CONTRE LUI PAR LES É.-U.**

[...] Les autorités américaines ont ordonné le rappel de plus de 450 000 pneus défectueux. [...] Mardi, la société chinoise qui fabrique les pneus [...] a contesté les allégations et a laissé entendre que le rappel pourrait être une manœuvre de concurrents étrangers qui cherchent à nuire aux exportations de la société vers les États-Unis. [...] La surveillance accrue des produits fabriqués en Chine est devenue une source de nouvelles frictions dans les relations commerciales entre les États-Unis et la Chine et soulève des inquiétudes dans les organismes de réglementation, dans les entreprises et chez les consommateurs à propos des risques associés à de nombreux produits importés de Chine. [...]

International Herald Tribune, 26 juin 2007

a. Qu'est-ce qu'on peut déduire de cet article à propos de l'avantage comparatif de la production de pneus aux États-Unis et en Chine ?

b. La qualité des produits est-elle un argument valable pour s'opposer au libre-échange ?

c. Comment les producteurs nationaux pourraient-ils exploiter injustement l'argument de la qualité des produits pour faire obstacle au libre-échange ?

10.   **POURQUOI LA PLANÈTE N'A PLUS LES MOYENS DE MANGER**

Avec l'épuisement des stocks [de nourriture], certains pays se sont mis à restreindre les exportations de denrées alimentaires pour protéger leurs propres réserves. Ces mesures ont fait grimper les prix et punissent les pays – surtout les plus pauvres – qui doivent importer une bonne part de leur nourriture.

Time, 19 mai 2008

a. Quels sont les avantages pour un pays d'importer sa nourriture ?

b. Quels sont les coûts qui peuvent résulter du fait d'être dépendant des importations pour sa subsistance ?

c. Si un pays restreint les exportations de nourriture, quel est l'effet de cette mesure sur le prix des aliments dans ce pays et sur les quantités de denrées produites, consommées et exportées ?

d. Tracez un graphique du marché des aliments dans un pays qui exporte de la nourriture. Montrez l'évolution du prix de la nourriture et celle des quantités de nourriture consommées, produites et exportées quand les exportations de denrées sont restreintes.

11. Supposons que le prix mondial des œufs est de 1 $ la douzaine, que le Canada ne fait pas de commerce international, et que le prix d'équilibre des œufs au Canada est de 3 $ la douzaine. Puis, le Canada s'ouvre au commerce international.

a. Qu'advient-il du prix des œufs au Canada ?

b. Les Canadiens achètent-ils plus d'œufs ou, au contraire, en achètent-ils moins ?

c. Les éleveurs canadiens produisent-ils plus d'œufs ou, au contraire, en produisent-ils moins ?

d. Le Canada exporte-t-il ou importe-t-il des œufs ? Pourquoi ?

e. La situation de l'emploi dans l'industrie des œufs au Canada change-t-elle ? Si oui, pourquoi ?

12. Supposons que le prix mondial de l'acier est de 500 $ la tonne, que l'Inde ne fait pas de commerce international et que le prix d'équilibre de l'acier en Inde est de 400 $ la tonne. Puis, l'Inde s'ouvre au commerce international.

a. Qu'advient-il du prix de l'acier en Inde ?

b. Qu'advient-il de la quantité d'acier produite en Inde ?

c. Qu'advient-il de la quantité d'acier achetée par l'Inde ?

d. L'Inde exporte-t-elle ou importe-t-elle de l'acier ? Pourquoi ?

13. Les semi-conducteurs sont des composants clés des ordinateurs portables, des téléphones cellulaires et des iPods. Le tableau suivant contient des renseignements sur le marché des semi-conducteurs au Canada.

Prix	Quantité demandée	Quantité offerte
(par unité)	(millions d'unités par année)	
10 $	25	0
12 $	20	20
14 $	15	40
16 $	10	60
18 $	5	80
20 $	0	100

Un semi-conducteur se vend 18 $ sur le marché mondial.

a. Quel serait le prix d'un semi-conducteur sans commerce international ? Combien de semi-conducteurs achèterait-on et vendrait-on par année au Canada ?

b. Au prix que vous avez établi en réponse à la question (a), le Canada possède-t-il un avantage comparatif dans la fabrication de semi-conducteurs ?

c. Si les fabricants canadiens vendent leurs semi-conducteurs au plus haut prix possible, combien en vendent-ils au Canada et combien en exportent-ils ?

14. **LA CORÉE DU SUD S'APPRÊTE À REPRENDRE L'IMPORTATION DU BŒUF DES ÉTATS-UNIS**

À quelques restrictions près, la Corée du Sud ouvre son marché au bœuf des États-Unis. [...] En 2003, le pays avait interdit l'importation du bœuf américain à la suite d'inquiétudes soulevées par la découverte d'un cas de maladie de la vache folle aux États-Unis. L'interdiction avait alors fermé ce qui était alors le troisième marché en importance pour les exportateurs de bœuf des États-Unis. [...]

CNN, 29 mai 2008

a. De la Corée du Sud et des États-Unis, quel pays possède un avantage comparatif dans la production de bœuf ? Sur quel fait rapporté dans le bulletin d'information vous appuyez-vous pour répondre à cette question ?

b. Expliquez les effets que l'interdiction d'importer du bœuf des États-Unis a eus sur les producteurs et les consommateurs de bœuf de la Corée du Sud.

c. Illustrez votre réponse à la question (b) par un graphique du marché du bœuf en Corée du Sud. Indiquez les changements observés dans le surplus du consommateur, le surplus du producteur et la perte de surplus.

d. Supposons que la Corée du Sud est le seul pays importateur de bœuf des États-Unis. Expliquez les effets de l'interdiction sur les producteurs et les consommateurs de bœuf aux États-Unis.

e. Illustrez votre réponse à la question (d) par un graphique du marché du bœuf aux États-Unis. Indiquez les changements observés dans le surplus du consommateur, le surplus du producteur et la perte de surplus.

15. **AGIR IMMÉDIATEMENT, MANGER PLUS TARD**

[...] la famine imminente dans les pays pauvres [...] a ses origines dans [...] l'adoption, aux États-Unis et en Europe, d'une politique mal avisée de subventions destinées à encourager le détournement des cultures vivrières pour produire des biocarburants comme l'éthanol à base de maïs [...] [Autrement dit], on distribue des subventions pour mettre la nourriture de la planète dans le réservoir d'essence.

Time, 5 mai 2008

a. Quel est l'effet, sur le prix mondial du maïs, de l'utilisation accrue de cette céréale pour produire de l'éthanol aux États-Unis et en Europe ?

b. En quoi le nouveau prix mondial du maïs influe-t-il sur la quantité de maïs produite dans un pays pauvre en développement qui possède un avantage comparatif dans la culture du maïs ? En quoi influe-t-il sur la quantité de maïs consommée par le pays et la quantité exportée ou importée ?

c. Illustrez votre réponse à la question (b) par un graphique du marché du maïs dans le pays en question. Indiquez les changements observés dans le surplus du consommateur, le surplus du producteur et la perte de surplus.

16. Avant 1995, le commerce entre le Canada et le Mexique était soumis à des tarifs douaniers. En 1995, le Mexique adhère à l'ALENA. Depuis lors, les deux pays éliminent petit à petit tous leurs tarifs douaniers.

a. Expliquez les effets de l'ALENA sur les prix payés par les consommateurs canadiens pour les biens en provenance du Mexique et sur la quantité des biens mexicains importés par le Canada. Qui sont les gagnants du libre-échange ? Qui sont les perdants ?

b. Expliquez les effets de l'ALENA sur la quantité des exportations du Canada vers le Mexique et sur les recettes tarifaires du Canada.

c. Supposons que, en 2008, les producteurs de tomates en Ontario font du lobbying auprès du gouvernement du Canada pour qu'il impose un quota d'importation sur les tomates du Mexique. Expliquez qui seraient les gagnants et qui seraient les perdants d'un tel quota au Canada.

17. Supposons que, en réaction à des mises à pied massives dans l'industrie canadienne du textile, le gouvernement du Canada impose un tarif douanier de 100 % sur les importations de textiles en provenance de Chine.

a. Expliquez en quoi le tarif douanier sur les textiles changera le prix payé par les Canadiens pour leurs textiles, la quantité de textiles importés et la quantité de textiles produits au Canada.

b. Expliquez en quoi les gains à l'échange des Canadiens et des Chinois vont changer. Qui seront les gagnants et qui les perdants au Canada ?

18. Si le Canada et l'Australie pratiquaient le libre-échange, l'Australie exporterait du bœuf. À l'heure actuelle, le Canada impose un quota d'importation sur le bœuf australien.

a. Expliquez en quoi ce quota influe sur le prix payé par les Canadiens pour leur bœuf, la quantité de bœuf produit au Canada et les gains à l'échange des Canadiens et des Australiens.

b. Expliquez qui, au Canada, sont les gagnants et qui les perdants des quotas sur l'importation de bœuf.

19. ### OMC : LES EXPORTATEURS DE PRODUITS AGRICOLES SIGNIFIENT AUX PAYS RICHES QU'ILS DOIVENT OUVRIR LES MARCHÉS ALIMENTAIRES

Dimanche, les pays en développement et les exportateurs de denrées alimentaires des pays riches et pauvres ont exigé que les États-Unis et l'Union européenne ouvrent leurs marchés alimentaires et éliminent les subventions qui faussent les relations commerciales. [...] Dans son communiqué, le Cairns Group of agricultural exporters, qui comprend le Canada, la Nouvelle-Zélande, l'Argentine, l'Afrique du Sud et la Thaïlande a affirmé : « Les membres à l'origine des plus importantes distorsions dans le commerce international des produits agricoles – l'Union européenne, les États-Unis et le Japon – doivent assumer une grande part de la responsabilité. Nous pouvons et nous devons saisir dès maintenant l'occasion de concrétiser les principaux paramètres du Doha Round. Le coût d'un échec dans ce domaine est trop important. » [...] M. Zoellick, ex-délégué des États-Unis en matière commerciale, [...] a déclaré qu'un système d'échange ouvert et équitable inciterait les agriculteurs des pays en développement à augmenter leur production. Les consommateurs profiteraient de la baisse des prix tandis que les États feraient des économies sur les subventions et amélioreraient leurs budgets.

Reuters, 20 juillet 2008

a. Expliquez pourquoi les agriculteurs des pays en développement augmenteraient leur production si les subventions étaient éliminées dans les pays de l'Union européenne, aux États-Unis et au Japon.

b. Expliquez pourquoi les consommateurs de l'Union européenne, des États-Unis et du Japon profiteraient de la baisse des prix que l'élimination des subventions entraînerait.

c. Quels sont les coûts d'un échec du Doha Round ? Qui sont les gagnants et qui les perdants ?

20. Après avoir étudié la rubrique « Entre les lignes » (p. 202), répondez aux questions suivantes :

a. Pourquoi les États-Unis imposaient-ils, jusqu'en 2006, un tarif douanier sur l'importation du bois d'œuvre canadien ?

b. Quels étaient les effets du tarif douanier sur la production de bois d'œuvre au Canada et aux États-Unis et sur les exportations canadiennes ?

c. Qui étaient les gagnants et qui les perdants de l'imposition du tarif douanier sur le bois d'œuvre en provenance du Canada ?

d. Après le remplacement du tarif douanier par un quota d'importation, quels changements a-t-on observés dans la production de bois d'œuvre et dans les exportations canadiennes ? Qui sont les gagnants et qui les perdants de l'imposition du quota ?

21. **LES PROMESSES D'AIDE SUPPLÉMENTAIRE N'IMPRESSIONNENT PAS LES PAYS PAUVRES**

[…] les États-Unis, l'Union européenne et le Japon [se proposent] d'éliminer les droits de douane et les quotas [d'importation] sur presque tous les biens en provenance de près

d'une cinquantaine de pays parmi les plus pauvres de la planète […] L'idée d'un traitement libre de droits, libre de quotas suscite de profondes divisions parmi les pays en développement, à tel point que certains négociateurs […] disent qu'il faut élargir le plan.

New York Times, 15 décembre 2005

a. Pourquoi veut-on éliminer les barrières commerciales au profit des pays les plus pauvres seulement ?

b. Qui seraient les gagnants de l'élimination de ces barrières commerciales ? Qui seraient les perdants ?

c. Pourquoi le plan suscite-t-il des divisions parmi les pays en développement ?

RÉPONSES AUX MINITESTS

MINITEST 1 (p. 188)

1. En l'absence d'importations, le marché serait en état de pénurie au prix mondial. Les importations au prix mondial résorbent cette pénurie locale.

2. En l'absence d'exportations, le marché serait en état d'offre excédentaire au prix mondial. Les exportations au prix mondial épongent cette offre excédentaire.

MINITEST 2 (p. 191)

1. Il n'y aura importation que si le prix mondial est inférieur au prix local. Lorsqu'on ouvre le marché, le prix local s'ajuste au prix mondial (le Canada est un trop petit marché pour influer sur le prix mondial). Comme le prix baisse, les consommateurs y gagnent et les producteurs locaux y perdent.

2. Il n'y aura exportation que si le prix mondial est supérieur au prix local. Lorsqu'on ouvre le marché, le prix local s'ajuste au prix mondial. Comme le prix monte, les consommateurs y perdent et les producteurs locaux y gagnent.

3. Parce que les pays se spécialisent dans la production des biens pour lesquels ils ont un avantage comparatif. L'économie mondiale est plus efficace et produit plus.

MINITEST 3 (p. 197)

1. Par l'imposition de tarifs, de quotas ou de barrières réglementaires.

2. La production intérieure s'accroît, la quantité achetée diminue et le prix monte.

3. Les producteurs y gagnent et les consommateurs y perdent bien qu'une partie de leurs pertes se traduise par des recettes tarifaires pour l'État. Les pertes sont supérieures aux gains parce que les producteurs locaux ont accru leur production en supportant des coûts supérieurs au prix mondial et que les importations de biens produits à meilleur coût sont moindres.

4. La production intérieure s'accroît, la consommation baisse et le prix monte.

5. Les effets sont les mêmes qu'à la question 3 à une différence près : alors que le tarif douanier procure des recettes tarifaires à l'État, le quota entraîne des gains pour les importateurs.

MINITEST 4 (p. 204)

1. Selon l'argument des industries naissantes, il est avantageux pour un pays de protéger pour un temps ses industries qui jouissent d'un avantage comparatif dynamique. Il n'est pas justifié dans la mesure où les représentants de cette industrie sont en mesure d'exploiter cet avantage et d'en retirer tous les bénéfices (de sorte qu'ils sont incités à l'exploiter adéquatement). Selon l'argument du dumping, il faut protéger les industries nationales contre des concurrents qui chercheraient à monopoliser le marché en y vendant à un coût inférieur à leur coût de production. L'argument n'est guère fondé dans la mesure ou l'émergence d'un monopole international durable est illusoire.

2. Le protectionnisme peut sauvegarder des emplois mais à un coût que la plupart des gens trouveront trop élevé. Il ne préserve l'environnement qu'en freinant le développement des pays sous-développés. En empêchant les pays en développement de se développer pleinement, il ne contribue guère à l'émancipation des travailleurs qui y résident.

3. L'achat par une entreprise locale de produits finis, de composantes ou de services d'entreprises établies dans des pays étrangers. Une entreprise ne choisit d'impartir une partie de ses activités que si elle en bénéficie. Les gains des entreprises enrichissent les citoyens qui les possèdent et la baisse des coûts peut éventuellement se traduire par des baisses de prix au profit des consommateurs. Les travailleurs directement affectés par ces délocalisations y perdent à court terme.

4. Les tarifs douaniers demeurent la principale source de recettes pour les gouvernements des pays en développement. Ils génèrent des rentes importantes pour des groupes ciblés, qui sont donc motivés à les défendre, au prix de pertes diffuses pour l'ensemble des citoyens qui ne jugent pas avantageux de s'opposer individuellement à leur imposition.

Le prodigieux marché

Les cinq chapitres que vous venez d'étudier expliquaient le fonctionnement des marchés. Vous avez ainsi pu constater que le marché est un prodigieux instrument. Non seulement il donne à des gens qui ne se sont jamais vus et qui ignorent tout les uns des autres la possibilité de commercer, mais il leur permet aussi d'allouer leurs rares ressources aux usages qui ont le plus de valeur à leurs yeux. Les marchés peuvent être très simples ou extrêmement organisés. Ils sont anciens et ils sont modernes. ◆ Dans *Les découvreurs* (Laffont, Paris, 1986, p. 142), l'historien américain Daniel J. Boorstin décrit un ancien marché simple à la fin du XIVᵉ siècle :

> Au départ du Maroc, les caravanes musulmanes traversaient l'Atlas et, au bout de vingt jours de marche, atteignaient les rives du fleuve Sénégal. Là, les marchands marocains disposaient leurs marchandises – sel, verroterie en corail du Ceuta, produits manufacturés quelconques – en piles séparées. Puis, ils se retiraient. Les indigènes, qui extrayaient de l'or de mines à ciel ouvert, venaient vers le rivage et plaçaient un petit tas d'or à côté de chaque pile de produits marocains. Après quoi, ils disparaissaient à leur tour, laissant les Marocains prendre l'or qui leur était proposé ou réduire l'importance de la pile en fonction du « prix » offert. Puis, de nouveau, les étrangers se retiraient, et ainsi de suite jusqu'à conclusion de l'affaire. C'est par ce système que les Marocains se procuraient leur or.

Une vente aux enchères où les pouvoirs publics du Canada vendent des droits d'utilisation des radiofréquences à des diffuseurs et à des compagnies de téléphonie cellulaire est un exemple de marché moderne organisé. ◆ Il existe des marchés pour absolument tout ce qui peut s'échanger : biens, services et ressources, existants ou futurs ; devises comme les dollars, les euros et les yens. Tout ce qui est imaginable est échangeable sur un marché.

ALFRED MARSHALL (1842-1924) *a grandi dans une Angleterre transfigurée par les chemins de fer et une industrialisation en pleine expansion. En 1877, professeur à Cambridge, il épousa une de ses étudiantes, Mary Paley, et ce mariage l'obligea à quitter l'Université en raison des règles de l'établissement sur le célibat. En 1884, à la faveur d'un assouplissement de ces règles, les Marshall revinrent à Cambridge, où Alfred devint professeur d'économie politique. Si bien d'autres chercheurs ont contribué à raffiner la théorie de l'offre et de la demande, c'est Alfred Marshall qui, avec la collaboration reconnue de Mary Paley, en a donné la première formulation complète et approfondie dans la forme que nous connaissons aujourd'hui. Publié en 1890, son traité monumental* The Principles of Economics *a fait autorité pendant près d'un demi-siècle des deux côtés de l'Atlantique.*

Les forces à considérer sont [...] si nombreuses qu'il vaut mieux n'en prendre que quelques-unes à la fois.

[...] Nous commençons donc par isoler les relations primaires de l'offre, de la demande et du prix.

– ALFRED MARSHALL, *The Principles of Economics*

avec **SUSAN ATHEY**

SUSAN ATHEY

Susan Athey *est professeure d'économie à l'Université Harvard. Née en 1970 à Boston, elle grandit à Rockville, au Maryland, où elle obtient son diplôme d'études secondaires en trois ans. À 20 ans, elle est bachelière de l'Université Duke avec trois majeures – en économie, en mathématiques et en informatique. Elle reçoit son doctorat de l'Université Stanford à 24 ans et, à 29 ans, on lui donne la permanence à l'Institut de technologie du Massachusetts (MIT) et à Stanford. Après avoir enseigné au MIT pendant six ans et à Stanford pendant cinq ans, elle s'installe à Harvard en 2006. Parmi les nombreux honneurs qu'elle a reçus, le plus prestigieux est le John Bates Clark Medal, prix décerné au meilleur économiste âgé de moins de 40 ans. Elle est la première femme à en être récipiendaire.*

Les recherches de la professeure Athey sont d'une envergure remarquable tant par les sujets traités que par les méthodes employées. Lorsqu'ils s'apprêtent à vendre des ressources naturelles aux enchères, les pouvoirs publics s'inspirent de ses découvertes fondamentales (et la consultent éventuellement) pour l'organisation de la vente. Un économiste qui se propose de mettre une théorie à l'épreuve et qui doit, pour ce faire, manipuler un grand nombre de données fera appel à ses travaux en statistique et en économétrie.

Michael Parkin et Robin Bade se sont entretenus avec Susan Athey de ses recherches, des progrès réalisés par les économistes dans la compréhension et la création des marchés et de ses conseils aux étudiants.

Professeure Athey, qu'est-ce qui vous a amenée à vous intéresser à l'économie?

À une époque, je me consacrais aux mathématiques et à l'informatique, mais ces sujets manquaient de pertinence à mes yeux.

J'ai découvert les sciences économiques en travaillant comme adjointe à la recherche pour un professeur qui étudiait la vente aux enchères. J'avais un emploi d'été dans une entreprise qui fournissait des ordinateurs à l'État par la vente aux enchères. Bob Marshall, mon professeur, a écrit deux articles sur ce sujet et a été appelé à témoigner devant le Congrès américain, qui cherchait à améliorer le système des achats d'ordinateurs par l'État. L'expérience m'a inspirée; elle m'a montré que les idées économiques sont un moteur puissant de changement dans le monde et qu'elles peuvent servir à améliorer l'efficacité dans bien des domaines.

Cette première inspiration vous habite toujours et continue d'animer une bonne part de votre recherche. Expliquez-nous comment les économistes étudient la vente aux enchères.

La conception des règles de fonctionnement des marchés, en particulier des marchés aux enchères, exige l'utilisation de tous les outils qu'offrent les sciences économiques.

Une vente aux enchères est un jeu bien défini. On peut rédiger les règles du jeu et utiliser à bon escient un modèle théorique formel pour cerner le problème réel auquel les joueurs ont à faire face. Et les théories réussissent très bien à prédire les comportements.

Les acheteurs arrivent avec une idée de la valeur des objets et cette idée constitue une information privée. Ils ne savent pas quelle valeur les autres participants ont en tête; il arrive même qu'ils ne savent pas quelle est leur propre évaluation. Par exemple, s'ils achètent des droits d'exploitation d'un gisement pétrolier, ils peuvent être incertains de la quantité de pétrole qui se trouve dans le sol. Dans ce cas, l'information sur la quantité de pétrole exploitable est répartie entre les acheteurs, parce que chacun d'eux a fait ses propres recherches. Les acheteurs sont aux prises avec un problème stratégique – combien miser – et avec un problème de renseignement – inférer ce que sera la valeur de l'objet s'ils l'emportent.

Les participants doivent reconnaître que leur enchère ne compte que s'ils gagnent, et qu'ils ne gagnent que si leur mise dépasse celle des autres. Lorsqu'il s'aperçoit qu'il a été le plus optimiste, un participant devrait être amené à réviser ses croyances.

Pour le vendeur, il existe plusieurs formules de ventes aux enchères. Il peut avoir recours à une enchère sous pli cacheté, où il reçoit les offres dans des enveloppes fermées et les ouvre à un moment prédéterminé; il peut aussi tenir une enchère anglaise, où chacun a l'occasion de renchérir à voix haute sur l'offre la plus élevée. Il y a différentes façons d'établir le prix à partir des enchères reçues par le commissaire-priseur. Ainsi, le vendeur peut prendre en considération les recettes. Quant aux pouvoirs publics, ils ont tendance à se préoccuper avant tout d'efficacité allocative.

La formule adoptée pour la vente aux enchères influe aussi bien sur les recettes que sur l'efficacité. Entre autres questions importantes, le vendeur doit se demander quels seront les effets de la formule adoptée sur la participation des acheteurs, car cela déterminera si les enchères seront vives et si l'objet aboutira entre les mains de l'enchérisseur qui lui assigne la valeur la plus élevée.

De quoi faut-il tenir compte quand on met sur pied un marché aux enchères?

Le site eBay est un exemple de marché aux enchères où le concepteur du marché établit les règles d'interaction entre les acheteurs et les vendeurs.

Quand on met sur pied un marché aux enchères, on fait face à un ensemble de problèmes particuliers. Les acheteurs et les vendeurs sont eux-mêmes des agents indépendants, qui s'occupent de leurs propres intérêts. La conception du marché doit répondre à deux critères: d'une part, il faut que la formule des enchères aboutisse à une allocation efficace; d'autre part, il faut s'assurer que la vente aux enchères et la structure d'ensemble du marché invitent les gens à participer.

Dans le cas de eBay, la plateforme détermine les formules de ventes aux enchères qui sont possibles: les ventes durent un certain temps et les acheteurs ont l'occasion d'enchérir les uns sur les autres pendant toute cette période. Par ailleurs, la plateforme permet aux vendeurs d'offrir leurs produits à prix ferme. Elle comprend aussi certains outils et services pour permettre aux utilisateurs de trouver des articles à l'aide de divers critères, de faire le suivi des enchères, de faire des critiques ou des commentaires, et de jauger la réputation des participants. Les vendeurs peuvent décider quel sera le niveau du prix de réserve, s'ils préfèrent avoir un prix de réserve secret, combien de temps la vente durera, s'ils offriront leur produit à prix ferme, à quelle heure la vente se terminera, combien d'information donner, et combien d'illustrations afficher.

Tous ces facteurs influent sur la participation des enchérisseurs et sur les recettes des vendeurs. Le succès de la plateforme repose sur sa capacité d'inciter les acheteurs comme les vendeurs à participer.

La théorie des enchères nous permet-elle de prédire en quoi l'issue d'une enchère anglaise diffère de celle d'une enchère sous pli cacheté?

Bien sûr. Dans le cours de mes recherches, j'ai comparé la formule de l'enchère anglaise à celle de l'enchère sous pli cacheté. J'ai montré comment la formule choisie peut changer beaucoup de choses quand de petits enchérisseurs se mesurent à d'autres plus puissants qui assignent habituellement (mais pas toujours) une valeur plus élevée à l'objet mis aux enchères.

Lorsque les enchères se font à haute voix, il est rare qu'un petit enchérisseur gagne, parce que quelqu'un d'autre, aux reins plus solides, prenant connaissance de l'enchère, y réagit et renchérit sur le premier.

Dans le cas de l'enchère sous pli cacheté, les participants atténuent leurs enchères – ils donnent des montants inférieurs à leur évaluation, s'assurant un certain profit s'ils gagnent – et les gros enchérisseurs n'ont pas l'occasion d'enchérir sur un petit participant qui offre inopinément un prix élevé. Les gros enchérisseurs savent que leur position est faible, si bien qu'ils atténuent considérablement leurs enchères – ils donnent des montants bien en deçà de leur évaluation. Cela permet à un petit enchérisseur de se montrer téméraire et de mettre une enchère qui bat toutes les autres, même si elle est inférieure à l'évaluation. La conséquence, c'est que cette formule encourage l'entrée des petits enchérisseurs. J'ai découvert empiriquement que cet effet d'entrée est important et qu'il contribue à hausser les recettes de l'enchère sous pli cacheté par comparaison avec l'enchère anglaise.

> L'enchère sous pli cacheté prévient plus efficacement la collusion [...] et génère des recettes plus élevées que l'enchère anglaise.

Toutes choses égales d'ailleurs, l'enchère sous pli cacheté rapporte-t-elle toujours des recettes supérieures à celles de l'enchère anglaise?

Seulement si les enchérisseurs forment un groupe asymétrique – composé de gros et de petits enchérisseurs –, et même dans ce cas, l'effet est ambigu. Il s'agit d'une question empirique, mais elle a tendance à se vérifier. Nous avons aussi montré que l'enchère sous pli cacheté prévient plus efficacement la collusion. Il existe des raisons théoriques de penser que la collusion est plus difficile à réaliser quand les offres sont secrètes. En effet, lorsque les enchères se font à voix haute, les enchérisseurs savent si quelqu'un fait une enchère plus élevée que ce qui a été entendu et peuvent réagir en conséquence. Nous avons constaté empiriquement dans les ventes de billes de bois du Service des forêts des États-Unis que l'écart entre les enchères secrètes et publiques était encore plus grand que ce qu'un modèle de concurrence ne laisse prévoir, ce qui donne à penser qu'il y a peut-être une part de collusion.

Quel est le rapport entre les ventes aux enchères et le modèle de l'offre et de la demande?

Les lois fondamentales de l'offre et de la demande se manifestent dans un marché comme eBay. Plus le nombre de vendeurs offrant des produits semblables est élevé, plus les prix qu'ils peuvent exiger sont faibles. De même, plus il y a d'acheteurs demandant ces articles, plus les vendeurs peuvent en tirer de bons prix.

Il est important qu'un marché aux enchères attire des acheteurs et des vendeurs dans des proportions assez équilibrées pour que, des deux côtés, on trouve plus profitable d'accomplir ses transactions dans ce marché plutôt que par un autre mécanisme. Pour le vendeur, plus il y a d'enchérisseurs sur la plateforme, plus la demande est grande et plus les prix montent. À l'opposé, pour l'acheteur, plus il y a de vendeurs sur la plateforme, plus l'offre est grande et meilleurs sont les prix.

Les lois fondamentales de l'offre et de la demande se manifestent dans un marché comme eBay.

Peut-on dire du raisonnement que vous venez de faire qu'il équivaut à redécouvrir les courbes de l'offre et de la demande?

Exactement. Lorsqu'on étudie les courbes de l'offre et de la demande, on se heurte chaque fois à une difficulté importante: à savoir, comment les prix sont fixés dans la réalité. Selon le type de marché qu'on considère, les mécanismes réels qui gouvernent la fixation des prix sont différents. La vente aux enchères constitue un des moyens de donner un prix à un bien. Sauf qu'on a tendance à recourir aux enchères dans des situations où les objets sont uniques, et alors il n'y a pas de prix du marché unique pour l'objet à vendre. Si on vend quelque chose pour lequel il existe un grand nombre de substituts, on peut imaginer qu'il y aura un prix du marché dans lequel cet objet peut être échangé. La vente aux enchères est une façon de trouver un prix du marché pour quelque chose qui n'appartient pas à un marché fixe.

Peut-on considérer la vente aux enchères comme un mécanisme pour trouver la quantité et le prix d'équilibre?

Exactement. On peut considérer l'ensemble des ventes aux enchères en cours sur eBay comme un mécanisme pour découvrir le prix d'équilibre. Certains articles peuvent se vendre un peu au-dessus ou un peu en dessous, mais en règle générale, à mon avis, les prix déterminés aux enchères sur eBay représentent les prix d'équilibre.

L'économie est-elle un bon sujet de majeure? Quelles autres disciplines vont de pair avec les sciences économiques?

Je considère, bien sûr, qu'un bac en économie est un choix fantastique. Le sujet me passionne. Je pense que la science économique est une discipline qui nous entraîne à être rigoureux. Si vous vous appliquez, vous finirez votre bac en économie avec un esprit plus discipliné qu'au départ. Que vous vous destiniez aux affaires ou à une carrière universitaire, vous serez mieux en mesure d'examiner les choses de façon logique et structurée et de dire, par exemple, si une politique est raisonnable, si un modèle d'entreprise est cohérent ou si une structure d'industrie a un avenir. C'est ce qu'il faut rechercher dans un baccalauréat. Vous ne devez pas vous contenter d'absorber des connaissances, mais chercher à former votre esprit et apprendre à penser de manière à appliquer vos compétences tout au long de votre carrière. Je crois que les sciences économiques vont bien avec la statistique et les mathématiques ou avec d'autres disciplines qui étudient la vie politique.

Avez-vous des conseils particuliers à donner aux femmes qui s'apprêtent à faire un choix de carrière? Pourquoi l'économique est-elle un bon champ d'étude pour une femme?

Sur le plan des études, l'économique est une discipline passablement objective, où ce sont les meilleures idées qui l'emportent. De ce point de vue-là, tout le monde est sur le même pied. Il n'est pas facile de concilier une carrière universitaire avec une vie de famille avant la permanence, mais cela devient très facile après. À l'université ou ailleurs, il existe un large éventail d'emplois assez bien rémunérés qui vous laissent une certaine autonomie quant aux heures de travail et qui permettent de faire une contribution sérieuse et satisfaisante. Qu'on soit homme ou femme, si on choisit de fonder une famille, il faut réévaluer ses choix de carrière et le compromis à faire entre temps et argent. Vous avez de meilleures chances de persévérer et de réussir dans votre carrière si vous y trouvez une certaine satisfaction. Une carrière en sciences économiques, c'est un vaste choix d'emplois et la possibilité de gagner un salaire assez élevé pour qu'il soit rentable de rester sur le marché du travail une fois payés les frais du service de garde, tout en préservant ses valeurs.

TROISIÈME PARTIE

Les choix des ménages

CHAPITRES

8 Les préférences, les possibilités et les choix

9 Le travail, l'épargne, le risque et la valeur

Les préférences, les possibilités et les choix

Jusqu'à présent, nous avons mené notre étude de l'économie grâce aux concepts d'offre et de demande. Au chapitre 3, nous avons vu comment le jeu de l'offre et de la demande déterminait les prix sur les marchés. Au chapitre 4, nous avons affiné notre analyse grâce au concept d'élasticité qui, lorsqu'il est appliqué tant à la demande qu'à l'offre, nous permet de détailler leurs interactions. Au chapitre 5, nous avons évoqué comment les gains en jeu sur un marché se répartissent entre les acheteurs et les vendeurs, par suite des interactions entre la demande et l'offre. Enfin, dans les chapitres 6 et 7, nous avons vu comment les interventions de l'État dans les marchés modifiaient ces interactions. ◆ Dans les prochains chapitres, nous allons tâcher de comprendre les facteurs fondamentaux desquels émergent les concepts de demande et d'offre. Jusqu'ici, nous avons examiné les relations économiques un peu comme on regarde un match de hockey depuis les gradins du Centre Bell ou à la télé. Deux équipes s'affrontent, la demande et l'offre, et nous tentons de suivre le jeu en bons gérants d'estrade. Nous allons maintenant entrer dans la chambre des joueurs de chaque équipe afin de comprendre vraiment comment cela marche.

Objectifs du chapitre

- ◆ **Comprendre la notion d'utilité et préciser les limites du surplus du consommateur comme mesure du bien-être**

- ◆ **Décrire la droite budgétaire d'un ménage ainsi que la façon dont elle varie sous l'effet d'un changement de prix ou de revenu**

- ◆ **Représenter graphiquement les préférences d'un consommateur à l'aide de courbes d'indifférence et expliquer le principe du taux marginal de substitution décroissant**

- ◆ **Prédire les effets des variations de prix et de revenu sur les choix de consommation**

- ◆ **Décrire quelques-unes des nouvelles branches des sciences économiques qui permettent d'expliquer les choix de consommation**

◆ Dans ce chapitre, nous allons étudier comment les choix de consommation déterminent la demande. Ces choix *révèlent* la nature des biens et services qui contribuent le plus à notre bien-être. La demande est donc liée à la mesure du bien-être que les économistes emploient. Entre autres, nous développerons le *modèle du consommateur*, lequel permet d'analyser le comportement de ce dernier. Dans la rubrique « Entre les lignes » (p. 244), nous emploierons ce modèle pour analyser la réaction des consommateurs à l'arrivée de livres électroniques.

La mesure du bien-être

La demande est la manifestation des désirs des consommateurs. On présume que ceux-ci cherchent à obtenir le plus grand bien-être possible, c'est-à-dire à acquérir les biens et services qui leurs procurent la plus grande valeur d'usage compte tenu de leur budget limité. La valeur d'usage ou l'**utilité** est donc la mesure numérique du bien-être.

Une mesure numérique permet de comparer et de classer. Par exemple, si vous vous achetez une nouvelle table, vous prenez ses mesures pour déterminer si elle est plus large ou non que la porte du salon où vous comptez l'installer. Vous pouvez classer vos meubles par ordre de grandeur. Connaître la position (une mesure numérique) de votre équipe de hockey favorite permet de déterminer si elle participera ou non aux séries éliminatoires, c'est-à-dire si elle est *meilleure* que la meilleure des équipes éliminées.

On distingue deux types de mesures : les **mesures cardinales** et les **mesures ordinales**. La grandeur en mètres est une mesure cardinale alors que la position dans une liste est une mesure ordinale. Les mesures ordinales se résument à un classement admettant les égalités (par exemple, trois équipes partageant le cinquième rang). Les degrés d'une mesure cardinale sont informatifs : non seulement sait-on qu'une brique lego de 8 cm est plus large qu'une brique de 4 cm, mais on en déduit qu'elle est aussi large que deux briques de 4 cm. Il n'en est pas de même pour les mesures ordinales : sur la seule base du classement, on ne saurait dire si la compétition sera plus vive entre la première et la seconde équipe au classement qu'entre la dernière et l'avant-dernière.

La course du 100 mètres aux Jeux olympiques combine les deux sortes de mesure : grâce au chronomètre, on obtient une mesure cardinale du temps de chaque coureur. À partir de cette mesure cardinale, on peut facilement établir un classement (or, argent, bronze, 4e position, et ainsi de suite), soit une mesure ordinale. On ne saurait dire si la lutte entre l'or et l'argent a été plus serrée que celle entre l'argent et le bronze sans l'information supplémentaire que procure la mesure cardinale. Ainsi, si le gagnant de l'or a couru en 9,60 s, alors que ceux de l'argent et du bronze ont terminé en 9,82 s et 9,83 s, la lutte a été plus vive pour la médaille d'argent.

A priori, l'emploi d'une mesure cardinale ne garantit pas que celle-ci sera plus informative. Si un coureur termine le marathon de New York en 2 h 50 et celui de Boston en 3 h 12, cela ne signifie pas nécessairement qu'il était plus performant à New York qu'à Boston. Encore faut-il s'assurer, par exemple, que la température était la même lors des deux événements. En outre, si le second marathon a été couru quelques jours après le premier, on ne s'attend pas à ce que les deux performances soient comparables à cause de la fatigue.

En économie, les grandeurs physiques employées pour mesurer la production, comme la masse ou le volume, se prêtent à des mesures cardinales. Les mesures du bien-être, par contre, sont essentiellement ordinales. Nous avons déjà étudié une telle mesure, soit le surplus du consommateur, qui représente les « économies » que le consommateur d'une quantité donnée d'un bien réalise par rapport au montant maximal qu'il était prêt à payer cette quantité.

Le surplus du consommateur est mesuré en dollars. Or, si la monnaie est une mesure cardinale du revenu, elle n'est qu'une mesure ordinale du bien-être. La performance en minutes du coureur de marathon dépend de la température. Le bien-être en dollars, quant à lui, dépend des prix du marché : avec le même revenu, on s'en tire mieux lorsque les biens qu'on a l'habitude d'acheter coûtent relativement moins cher. Mais surtout, le bien-être qu'on obtient de la consommation dépend de notre niveau de consommation général. Lorsqu'ils étaient petits, vos grands-parents étaient enchantés de recevoir une orange à Noël ; un cadeau qui laisserait un enfant d'aujourd'hui perplexe…

Pour reprendre l'analogie du coureur de marathon, supposons que, à mi-course, on tente de prédire son résultat final. Peut-on simplement extrapoler à partir du temps qu'il a mis à parcourir la moitié de la distance ? Évidemment non, puisque notre coureur est fatigué. Plus grande est la distance déjà parcourue, moins grande est celle qu'il parviendra à parcourir dans un temps donné. Il en est un peu de même pour ce qui est de l'utilité mesurée en dollars : plus on est riche, moins on parvient à améliorer sa situation avec une somme d'argent donnée supplémentaire.

La monnaie n'est pas une mesure cardinale du bien-être, pas plus que la distance parcourue par le marathonien n'est une mesure cardinale du temps écoulé depuis le début de la course. Ces deux mesures sont ici ordinales.

Le surplus du consommateur et la compensation

Le surplus du consommateur repose sur une logique de **compensation**. Pour savoir ce qu'est pour vous l'utilité d'une orange supplémentaire, on vous demande le prix maximal que vous êtes prêt à payer cette orange. Si vous répondez (honnêtement) 1 $, on conclut que l'orange vous procure une utilité de 1 $. Si vous la payez 25 ¢, l'achat vous procure un surplus, c'est-à-dire une utilité, de 1 $ − 25 ¢ = 75 ¢. On aurait pu aussi vous donner l'orange et vous demander à quel prix minimal vous acceptez de vous en départir ; autrement dit, quelle compensation vous exigez. En toute logique, vous devriez répondre de nouveau 1 $, et ce, quel que soit le prix que vous l'ayez payée.

Le surplus d'un consommateur n'est toutefois pas une mesure *précise* du bien-être. Examinez la figure 8.1, où la courbe D_1 représente la demande de Marielle pour

FIGURE 8.1   *Un problème de mesure de l'utilité*

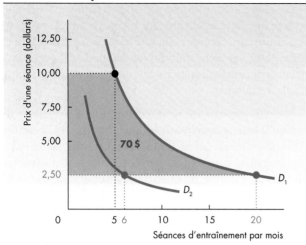

Marielle achète 5 séances d'entraînement par mois à 10 $ chacune (point bleu). On lui propose de ne payer que 2,50 $ par séance si elle se procure un abonnement fixe. À combien devrait s'élever le prix de cet abonnement pour que Marielle accepte cette proposition ? Marielle achètera 20 séances si elle ne les paie que 2,50 $. Selon la logique du surplus du consommateur, elle économisera donc 70 $, soit l'aire bleue sous la courbe de demande entre 10 $ et 2,50 $. Pourtant, Marielle devrait refuser de payer 70 $, sinon sa demande se déplacera trop vers la gauche jusqu'à la courbe D_2 et elle n'achètera plus que 6 séances.

des séances d'entraînement au gymnase. Le prix d'une séance est de 10 $ et Marielle achète 5 séances par mois au point noir.

Pour établir que le surplus du consommateur n'est pas une mesure précise du bien-être, nous allons montrer qu'il peut donner des résultats contradictoires. Si nous ne parvenons pas à faire passer une table de 100 cm de large par une porte de 105 cm de large, nous pouvons conclure que le ruban employé pour mesurer la table au magasin n'était pas précis.

Supposons que le gymnase propose à Marielle d'abaisser le prix d'une séance à 2,50 $ à condition qu'elle achète un abonnement. À 2,50 $ la séance, Marielle réaliserait des économies et viendrait quatre fois plus souvent, au point bleu. Le prix de l'abonnement est fixé à un montant égal aux économies qu'elle est censée réaliser, son gain de surplus, soit l'aire verte sous sa courbe de demande entre 10 $ et 2,50 $. Il s'élève ici à 70 $.

Si le surplus du consommateur était une bonne mesure du bien-être, Marielle devrait tout juste accepter le marché : ce qu'elle paie en abonnement serait compensé par les économies qu'elle pourrait réaliser en ne déboursant plus que 2,50 $ pour chaque séance.

Pourtant, Marielle a tout intérêt à refuser ce marché. Elle doit refuser parce que le coût de l'abonnement est trop cher. Et l'abonnement est trop cher parce que le surplus du consommateur *surestime* ici la valeur d'usage qu'elle accorde aux 15 séances supplémentaires qu'elle est censée se procurer à prix réduit. Voyons pourquoi.

Marielle demande 20 séances lorsque le prix descend à 2,50 $, mais c'est là la quantité qu'elle demande avec son revenu *actuel*. Si elle doit payer un abonnement de 70 $, son revenu disponible pour acheter des séances en est réduit d'autant et toute sa courbe de demande se contracte vers la courbe D_2. Ainsi, une fois l'abonnement payé, Marielle ne souhaite plus consommer que 6 séances à 2,50 $ (au point rouge) plutôt que 20.

Si l'abonnement coûte 70 $, Marielle est perdante parce qu'on présume qu'elle réalisera des économies (du surplus) sur 20 séances alors qu'elle ne souhaitera plus en acheter que 6. En calculant le prix de l'abonnement sur 20 séances, on lui fait donc payer plus cher que ce qu'elle économisera par la suite. En acceptant l'offre, Marielle paierait 70 $ + 6 × 2,50 $ = 85 $ pour 6 séances, alors qu'elle ne paie actuellement que 50 $ pour 5 séances. Cette sixième séance marginale lui coûterait 35 $, soit beaucoup plus que ce qu'elle consent actuellement à payer pour chaque séance ! On a beau forcer, la table n'entre pas dans le salon.

Le surplus du consommateur n'est pas une bonne mesure de la valeur d'usage, ou utilité, lorsque celle-ci est sensible aux variations du pouvoir d'achat. Nous nous sommes servi de la demande de Marielle pour calculer le prix de l'abonnement, lequel a entraîné une variation telle de son pouvoir d'achat que sa demande en a été modifiée.

Pour mesurer adéquatement l'utilité, il faut comprendre précisément comment la demande est modifiée par une variation du pouvoir d'achat, que celle-ci soit induite par une variation des prix ou par une variation du revenu. C'est à cette fin qu'a été développé le modèle du consommateur que nous allons maintenant étudier. Nous reviendrons en fin de chapitre sur la mesure de l'utilité.

Le modèle du consommateur

Le **modèle du consommateur** est une explication schématisée des choix économiques des consommateurs. Il montre comment la demande de séances d'entraînement de Marielle varie avec son revenu ou avec les prix des biens qu'elle consomme. Il s'applique dans une variété de situations toutes plus différentes les unes que les autres. Nous l'emploierons ici pour comprendre les décisions de consommation courante. Au chapitre suivant, nous verrons comment ce même modèle peut aussi expliquer les décisions d'offre de travail, d'épargne ou d'investissement à la bourse.

Cette souplesse est due à la simplicité du modèle : le comportement humain est associé à la solution d'un **problème d'optimisation sous contrainte**. Un problème d'optimisation consiste à choisir le « meilleur » élément dans un ensemble ; le problème est sous contrainte si des circonstances externes, et peut-être changeantes, limitent les choix qui s'offrent à nous. Par exemple, trouver la table dont la couleur s'agence le mieux avec les murs de notre salon (la « meilleure » table) est un problème d'optimisation sous contrainte s'il faut veiller à ce qu'elle puisse passer par la porte du salon (la contrainte). Sur le plan des choix économiques, le consommateur doit décider du panier de biens de consommation qu'il préfère (celui qui lui procure la plus grande utilité) parmi ceux que lui permet son budget (la contrainte).

Tout problème d'optimisation sous contrainte compte deux parties :

1. La description de l'objectif : Quel élément cherche-t-on à obtenir ? La table de la plus belle couleur ? Le panier de biens qu'on désire le plus ? Qu'est-ce qui nous permet de juger qu'un élément est « meilleur » qu'un autre ?

2. La contrainte : Quels sont les éléments parmi lesquels nous pouvons choisir ?

Dans le modèle du consommateur, l'objectif concerne les *préférences* et la contrainte le *budget*. Nous allons détailler ces deux parties en commençant par la seconde.

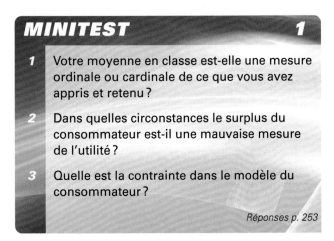

MINITEST 1

1 Votre moyenne en classe est-elle une mesure ordinale ou cardinale de ce que vous avez appris et retenu ?

2 Dans quelles circonstances le surplus du consommateur est-il une mauvaise mesure de l'utilité ?

3 Quelle est la contrainte dans le modèle du consommateur ?

Réponses p. 253

Le budget

Le consommateur doit choisir parmi plusieurs paniers de biens qu'il peut s'offrir. Un **panier de biens** est une énumération des quantités de chaque bien achetées par le consommateur au cours d'une période donnée. Par exemple, la location mensuelle d'un appartement, 150 L d'essence par mois, 500 g de sucre, 1 800 kWh d'électricité, 3 séances de cinéma, et ainsi de suite.

Certains biens, les biens divisibles, peuvent être achetés exactement dans la quantité souhaitée ; ainsi, l'essence, le sucre et l'électricité sont des biens divisibles. La location d'un appartement ou une séance de cinéma, par contre, sont des biens indivisibles. Le modèle du consommateur concernant les biens divisibles est beaucoup plus simple à expliquer.

Le plus souvent, on peut redéfinir un bien de manière à ce qu'il soit approximativement divisible. La location d'un appartement, par exemple, peut être comptée en location de mètres carrés par mois (la superficie de l'appartement jouant le rôle de quantité). Si une personne voit 3 films de 2 heures par mois, elle voit 36 films par année, c'est-à-dire qu'elle consacre 72 heures par année au cinéma, ou $72/12 = 6$ heures par mois. En réduisant sa consommation d'un film par année, sa consommation annuelle baisse à $70/12 = 5,83$ heures par mois. En considérant une période de référence suffisamment longue, on peut donc convertir approximativement des variations indivisibles en variations divisibles : une personne qui diminue sa consommation mensuelle de 0,17 heure de cinéma par mois voit en fait un film de moins par année.

Si les ménages consomment des dizaines de biens, on peut étudier plus facilement les choix qui s'offrent à eux en supposant qu'ils n'en consomment que deux. L'analyse des choix des consommateurs n'est pas qualitativement différente lorsqu'on considère plus de biens. On peut supposer en outre que le consommateur décide d'abord de la portion de son revenu qu'il souhaite consacrer au logement, à la nourriture, aux loisirs, etc., et qu'il choisit ensuite comment répartir la somme prévue dans chaque poste budgétaire.

Dans ce qui suit, nous étudierons donc les choix de Marielle, qui consacre une partie fixe de son revenu à ses loisirs, lesquels se résument à des visites au gymnase et des séances de cinéma. Pour nous faciliter la tâche, nous compterons ces biens comme des biens divisibles en les rapportant en heures d'entraînement et en heures de cinéma. Un panier de biens inclut donc un certain temps passé au gymnase et un certain temps passé au cinéma.

La droite budgétaire

L'ensemble des paniers de consommation qu'un ménage peut s'offrir s'appelle l'*ensemble budgétaire*. La forme et l'étendue de cet ensemble dépendent du revenu du ménage et du prix des biens. Marielle consacre 80 $ de son revenu mensuel aux loisirs, lesquels se résument à deux activités : l'exercice physique et le cinéma. Une heure d'entraînement au gymnase coûte 16 $ et une heure de cinéma 8 $.

Chaque ligne du tableau de la figure 8.2 décrit un panier de consommation que Marielle peut s'offrir. En choisissant le panier *A*, elle passe 10 heures au cinéma,

FIGURE 8.2 *La droite budgétaire*

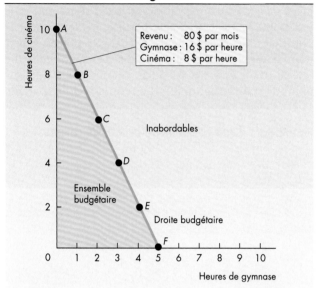

Revenu :	80 $ par mois
Gymnase :	16 $ par heure
Cinéma :	8 $ par heure

Paniers de biens	Gymnase (heures par mois)	Cinéma (heures par mois)
A	0	10
B	1	8
C	2	6
D	3	4
E	4	2
F	5	0

La droite budgétaire délimite la frontière supérieure de l'ensemble budgétaire. Le tableau indique quelques paniers que Marielle peut acheter avec un budget de 80 $ lorsque les prix d'une heure au gymnase et d'une heure au cinéma sont de 16 $ et de 8 $, respectivement. Avec le panier A, Marielle épuise son revenu de 80 $ en achetant 10 heures de cinéma sans fréquenter le gymnase. Le graphique montre la droite budgétaire de Marielle, dont les points A à F correspondent aux paniers A à F du tableau.

Pour calculer l'équation de la droite budgétaire, on pose l'égalité des dépenses et du revenu :

$$(16\,\$ \times Q_G) + (8\,\$ \times Q_C) = 80\,\$.$$

On divise ensuite par 8 $ pour obtenir

$$2Q_G + Q_C = 10.$$

Puis, on soustrait $2Q_G$ des deux membres de l'équation, ce qui donne

$$Q_C = 10 - 2Q_G.$$

mais ne s'entraîne plus, ce qui épuise les 80 $ qu'elle consacre à ses loisirs. Dans le cas du panier *F*, elle passe 5 heures au gymnase, mais elle ne va plus au cinéma ; là encore, elle dépense les 80 $ dont elle dispose. En fait, tous les paniers de biens décrits dans le tableau épuisent le budget de loisirs de Marielle puisque chacun coûte exactement 80 $. La **droite budgétaire** est l'ensemble des paniers qui épuisent le budget.

Chaque panier peut être représenté par un point sur un graphique où la quantité achetée du premier bien apparaît en abscisse et celle du second bien en ordonnée. Ainsi, les paniers *A* à *F* du tableau correspondent aux points *A* à *F* de la figure 8.2. Ils forment une ligne qui correspond à la droite budgétaire.

L'ensemble budgétaire La droite budgétaire de Marielle illustre les contraintes budgétaires qui limitent ses choix ; elle trace la frontière supérieure de l'ensemble budgétaire. Marielle peut s'offrir tous les paniers correspondant aux points situés sous la droite budgétaire et sur cette droite, mais aucun de ceux qui sont au-dessus. L'ensemble budgétaire correspond donc au triangle délimité par la droite budgétaire et les axes du graphique (voir la figure 8.2). La position de cette droite dépend des prix et du revenu de Marielle ; en conséquence, l'ensemble budgétaire de celle-ci varie selon les fluctuations de son revenu et les changements de prix. Voyons comment en détaillant la droite budgétaire.

L'équation de la droite budgétaire s'obtient en posant l'égalité entre les dépenses et le revenu (ou le budget) :

$$\text{Dépenses} = \text{Revenu}.$$

Les dépenses sont égales à la somme du prix de chaque bien multiplié par la quantité achetée. Dans le cas de Marielle, l'équation est la suivante :

Dépenses = (Prix du gymnase × Heures d'entraînement) + (Prix du cinéma × Heures de cinéma).

En notant P_G et P_C les prix d'une heure au gymnase et au cinéma, Q_G et Q_C les heures (Q pour quantité) de gymnase et de cinéma, et Y le revenu, on obtient

$$P_G Q_G + P_C Q_C = Y.$$

Si on utilise le prix des biens – 16 $ pour le gymnase et 8 $ pour le cinéma – et les 80 $ que Marielle consacre chaque mois à ses loisirs, on obtient

$$(16\,\$ \times Q_G) + (8\,\$ \times Q_C) = 80\,\$.$$

Marielle peut choisir n'importe quelle combinaison d'heures de gymnase Q_G et d'heures de cinéma Q_C qui résout cette équation. Pour exprimer la relation entre ces quantités, on divise les deux membres de l'équation par le prix du bien représenté en ordonnée dans le graphique (les heures de cinéma), ce qui donne

$$Q_C + \frac{P_G}{P_C} \times Q_G = \frac{Y}{P_C}.$$

On soustrait ensuite $P_G / P_C \times Q_G$ des deux membres de l'équation pour obtenir

$$Q_C = \frac{Y}{P_C} - \frac{P_G}{P_C} \times Q_G$$

soit une droite de pente $-P_G/P_C$ et d'ordonnée à l'origine Y/P_C.

Marielle doit donc choisir un panier qui respecte l'équation

$$Q_C = \frac{80\,\$}{8\,\$} - \frac{16\,\$}{8\,\$} \times Q_G$$

ou encore

$$Q_C = 10 - 2Q_G$$

soit une droite de pente −2 et d'ordonnée à l'origine égale à 10.

Par exemple, le panier *A* de la figure 8.2 correspond à $Q_G = 0$ et $Q_C = 10$, et on a bien $10 = 10 + 2 \times 0$. Le panier *D* correspond à $Q_G = 3$ et $Q_C = 4$, et on a bien $4 = 10 - 2 \times 3$. On peut vérifier ainsi toutes les autres lignes du tableau.

L'équation de la droite budgétaire comporte deux variables déterminées par Marielle, Q_G et Q_C, et deux variables sur lesquelles elle n'a aucun pouvoir, Y/P_C et P_G/P_C. Examinons de plus près ces deux dernières variables.

Le revenu réel On appelle **revenu réel** le revenu d'un ménage exprimé par la quantité de biens que ce ménage peut se permettre d'acheter. Supposons que le revenu de Marielle se résume à la somme qu'elle consacre à ses loisirs. Exprimé en heures de cinéma, son revenu réel équivaut à Y/P_C, soit son revenu nominal divisé par le prix d'une entrée au cinéma ou encore le nombre maximal d'heures de cinéma qu'elle peut acheter si elle y consacre tout son revenu. Comme Marielle dispose d'un revenu de 80 $ et que le prix d'une heure de cinéma est de 8 $, son revenu réel est de 10 heures de cinéma, ce qui, à la figure 8.2, correspond au point situé à l'intersection de la droite budgétaire et de l'axe des ordonnées. On peut aussi exprimer son revenu réel en heures de gymnase, soit Y/P_G, qui correspond au panier *F* (5 heures de gymnase et pas de cinéma).

Le prix relatif Nous avons présenté au chapitre 3 la notion de **prix relatif**, soit le prix monétaire d'un bien divisé par celui d'un autre bien. Dans l'équation de la droite budgétaire de Marielle, la variable P_G/P_C est le prix relatif d'une heure de gymnase exprimé en heures de cinéma. Ici, $P_C = 16$ $ et $P_C = 8$ $, donc $P_G/P_C = 2$ heures de cinéma par heure de gymnase. Pour aller au gymnase une heure de plus par mois, Marielle doit donc renoncer à 2 heures de cinéma. Le prix relatif d'une heure de gymnase exprimé en heures de cinéma correspond à la valeur absolue de la pente de la droite budgétaire.

Une variation de prix Quand les prix varient, la droite budgétaire varie. Toutes choses égales d'ailleurs, plus le prix monétaire du bien mesuré en abscisse est bas, plus la pente de la droite budgétaire est faible. Par exemple, si le prix d'une heure de gymnase baisse à 8 $, le revenu réel exprimé en heures de cinéma ne change pas, mais le prix relatif d'une visite au gymnase décroît. La droite budgétaire tourne vers la droite et s'adoucit, comme l'illustre le graphique (a) de la figure 8.3. Le revenu réel de Marielle

FIGURE 8.3 *Les variations de prix et de revenu*

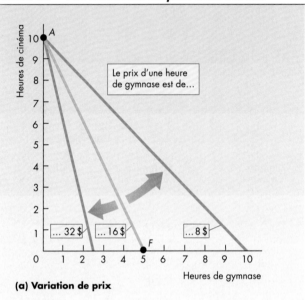

(a) Variation de prix

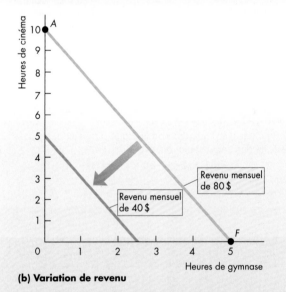

(b) Variation de revenu

Au graphique (a), le prix d'une heure de gymnase varie. Quand il passe de 16 $ à 8 $, la droite budgétaire tourne vers la droite autour du panier *A* et sa pente s'adoucit. Quand il monte de 16 $ à 32 $, la droite budgétaire tourne vers la gauche et sa pente s'accentue. Au graphique (b), le revenu descend de 80 $ à 40 $ tandis que les prix demeurent inchangés. Dans ce cas, la droite budgétaire se déplace vers la gauche, mais sa pente reste la même.

exprimé en heures de gymnase double, parce qu'elle peut maintenant acheter 10 heures d'entraînement plutôt que 5 avec les mêmes 80 $.

À l'inverse, si ce prix augmente et passe de 16 $ à 32 $, la droite budgétaire tourne vers la gauche et sa pente devient plus abrupte. Le revenu réel en heures de gymnase diminue de moitié parce que Marielle peut s'offrir seulement 2 heures et demi d'entraînement plutôt que 5 avec les mêmes 80 $.

Dans les deux cas, cette rotation se fait autour du panier *A* qui demeure sur la droite budgétaire quel que soit le prix d'une heure de gymnase. En effet, ce panier ne dépend que du revenu réel exprimé en heures de cinéma, et celui-ci ne change pas.

Une variation de revenu Une variation du revenu nominal modifie le revenu réel, mais non les prix relatifs. La droite budgétaire se déplace, mais sa pente reste la même. Toutes choses égales d'ailleurs, une hausse du revenu nominal accroît le revenu réel et déplace la droite budgétaire vers la droite. Inversement, une baisse du revenu nominal réduit le revenu réel et déplace la droite budgétaire vers la gauche.

Le graphique (b) de la figure 8.3 illustre l'effet d'une variation de revenu sur la droite budgétaire de Marielle. La droite budgétaire initiale, où Marielle consacre 80 $ de son revenu aux loisirs, est la même que celle de la figure 8.2. La nouvelle droite budgétaire montre les possibilités de

consommation de Marielle quand elle ne consacre plus que 40 $ par mois aux loisirs. Les deux droites budgétaires ont la même pente parce que le prix relatif est le même dans les deux cas. La nouvelle droite budgétaire est plus près de l'origine que la droite initiale parce que le montant réel que Marielle consacre aux loisirs a diminué.

Nous venons de déterminer les limites de consommation d'un ménage. Voyons maintenant comment nous pouvons décrire les préférences de ce ménage et les représenter sur une carte de préférences.

Les préférences et les courbes d'indifférence

Contrainte par un budget de loisirs limité à 80 $, Marielle peut néanmoins choisir n'importe lequel des paniers de biens sur sa droite budgétaire. Quel panier va-t-elle choisir ? Seule Marielle peut répondre à cette question parce que c'est une affaire de goût. En économie, on appelle **préférences** les goûts des consommateurs. Chaque consommateur a des préférences qui lui sont propres.

On illustre les préférences en se servant du concept d'*indifférence*. Pensez à deux biens que vous consommez : par exemple, des vêtements et des soupers au restaurant. On vous offre le choix entre une chemise et un souper au restaurant. Si vous vous empressez de choisir la chemise, vous exprimez une préférence pour la chemise ; dans le cas contraire, pour le souper au restaurant. Mais il est aussi possible que vous soyez *indifférent*, c'est-à-dire qu'il vous importe peu de prendre la chemise ou le souper.

Supposons que vous préférez recevoir la chemise, mais qu'on vous propose maintenant le choix entre une chemise et *deux* soupers au restaurant ? Même si vous avez une préférence marquée pour les vêtements, on pourra sans doute, en ajustant le nombre de chemises et le nombre de soupers au restaurant, vous mettre en situation d'indifférence. Par exemple, il peut vous être indifférent de recevoir deux chemises ou cinq soupers au restaurant.

On vous propose maintenant d'acheter une chemise 20 $. Si la valeur d'usage que vous accordez à la chemise est de 30 $ et que vous disposez de cette somme, vous achetez cette chemise : cette occasion d'achat vous a permis de réaliser 30 $ − 20 $ = 10 $ en surplus. Toutefois, si on vous offre plutôt la chemise à 30 $, il vous est indifférent d'acheter ou non : si vous n'achetez pas, votre situation ne change pas, et si vous achetez, vous réalisez un surplus de 30 $ − 30 $ = 0 $. La situation d'indifférence signifie donc que vous retirez la même valeur d'usage, c'est-à-dire la même utilité, des options qui s'offrent à vous.

MINITEST 2

1 Que montre la droite budgétaire d'un ménage ?

2 Comment les prix relatifs et le revenu réel d'un ménage influent-ils sur sa droite budgétaire ?

3 Quelle est l'équation de la droite budgétaire d'un ménage qui dispose d'un revenu de 40 $ et qui n'achète que des billets d'autobus à 2 $ chacun et des magazines à 4 $ chacun ?

4 Si le prix des billets d'autobus augmente, qu'advient-il du prix relatif des magazines et de la pente de la droite budgétaire de ce ménage ?

5 Si le revenu nominal d'un ménage augmente et que les prix restent constants, qu'advient-il du revenu réel du ménage et de sa droite budgétaire ?

Réponses p. 253

Dans le modèle du consommateur, on illustre les préférences de Marielle en définissant l'ensemble des paniers entre lesquels il lui est indifférent de choisir. Un tel ensemble s'appelle une **courbe d'indifférence**, et ce, parce que sa représentation sur un graphique prend généralement la forme d'une courbe. La courbe verte de la figure 8.5 (a) est un exemple de courbe d'indifférence. Les paniers C et G appartiennent tous deux à cette courbe d'indifférence. Cela signifie que, pour Marielle, il est indifférent de consommer :

- le panier C: 2 heures de gymnase et 6 heures de cinéma, ou
- le panier G: un peu plus de 6 heures de gymnase et un peu moins de 2 heures de cinéma.

En d'autres termes, on peut dire que Marielle accorde la même valeur d'usage aux paniers C et G, c'est-à-dire que ceux-ci lui procurent la même utilité.

Pour Marielle, il est indifférent de choisir entre le panier C et n'importe quel panier sur la courbe d'indifférence passant par C. Ce n'est pas le cas si elle doit choisir entre le panier C et tous les autres paniers qui ne sont pas sur cette courbe. Ainsi, elle préférera C à certains d'entre eux et préférera les autres à C.

La description des préférences de Marielle consiste à *classer* tous les paniers. Nous verrons plus loin qu'il suffit pour cela de savoir comment tracer la courbe d'indifférence passant par chaque panier. Même si les préférences de Marielle lui sont toutes personnelles, on présume qu'elles satisfont certaines propriétés assez naturelles que nous allons expliquer une à une. Chacune de ces propriétés contribue à donner à la courbe d'indifférence sa forme particulière.

La continuité

La **continuité** est une propriété qui n'a d'importance que lorsque les biens sont parfaitement divisibles. Considérons par exemple vos préférences pour des paniers contenant une certaine quantité de jus d'orange et une certaine quantité de café. Supposons que vous consommez 1 L de jus et 1 L de café par jour et qu'on réduit marginalement la quantité de café à 999 mL par jour. Vos préférences seront *continues* si, aussi minime que soit cette réduction, il y a toujours moyen d'ajuster marginalement la quantité de jus d'orange afin de vous maintenir en situation d'indifférence. Par exemple, il peut vous être indifférent de recevoir un panier incluant 1 L de chaque boisson et un panier incluant 1003 mL de jus d'orange et 999 mL de café (ce sont vos goûts qui déterminent que 3 mL de jus d'orange supplémentaires compensent adéquatement la baisse de 1 mL de café). Nous présumons que les préférences sont continues.

Dans le modèle du consommateur, la continuité donne son sens à la courbe d'indifférence. Considérez le panier au point C du graphique (a) de la figure 8.5. Comme les préférences sont continues, on ne s'étonne pas de trouver « collés » au panier C (le long de la courbe d'indifférence verte) d'autres paniers qui procurent à Marielle la même utilité. Ces autres paniers peuvent être aussi proches que l'on veut de C. Quel que soit l'ajustement marginal qu'on fait à un panier en diminuant la quantité d'un bien, on pourra réajuster marginalement la quantité de l'autre bien et aboutir à un autre panier très proche qui laisse le consommateur indifférent.

La monotonicité

La **monotonicité** signifie simplement que, toutes choses étant égales d'ailleurs, Marielle préfère augmenter sa consommation de chaque bien. Cela exclut les cas où son intérêt pour un bien baisse au point où elle préférerait en consommer moins. La monotonicité contraint beaucoup la forme de la courbe d'indifférence.

Considérez le panier C du graphique (a) de la figure 8.4. Si les préférences de Marielle sont monotones, les paniers situés dans la partie jaune, c'est-à-dire les paniers qui incluent plus d'heures de gymnase et de cinéma que le panier C, sont plus attrayants pour elle. À l'inverse, tous les paniers situés dans la partie grise contiennent moins d'heures de gymnase et de cinéma et sont donc moins attrayants que le panier C.

Si nous n'en savons pas davantage sur les goûts de Marielle, nous ne pouvons pas classer les paniers situés dans les parties blanches par rapport à C. Par exemple, le panier Z contient plus d'heures de gymnase mais moins d'heures de cinéma que le panier C; est-il plus ou moins attrayant que le panier C? Seule Marielle peut répondre à cette question.

Toutefois, si nous cherchons un panier qui n'est ni plus ni moins attrayant que le panier C aux yeux de Marielle, nous le trouverons nécessairement dans l'une de ces deux parties blanches. Par exemple, Marielle peut désigner le panier G comme ni plus ni moins attrayant que C, de sorte qu'elle lui attribue la même utilité.

La courbe d'indifférence qui lie les paniers C et G doit donc passer dans les zones blanches, ce qui implique qu'elle ne peut être croissante.

Sachant que, pour Marielle, il est indifférent de choisir entre les paniers C et G, nous sommes en mesure de classer beaucoup plus de paniers. Comme précédemment, nous pouvons d'emblée exclure les paniers comptant une plus grande ou une plus faible quantité de chaque bien que le panier G. Les parties blanches se trouvent encore plus réduites au profit des zones jaune (les paniers que Marielle préfère à C et G) et grise (les paniers auxquels elle préfère C et G).

FIGURE 8.4 *La construction d'une courbe d'indifférence*

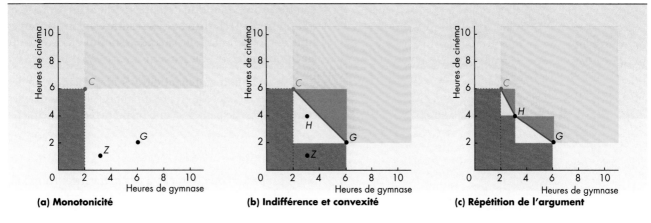

(a) Monotonicité   **(b) Indifférence et convexité**   **(c) Répétition de l'argument**

Si les préférences de Marielle sont monotones, les paniers situés dans la partie jaune du graphique (a) sont préférés au panier C, car ils comptent plus d'heures de gymnase et de cinéma que celui-ci. Toutefois, le panier C est préférable à tous les paniers situés dans la partie grise pour la raison inverse. On ne peut classer les paniers dans les parties blanches par rapport à C sans connaître davantage les préférences de Marielle. En revanche, on sait que tout panier qui n'est ni plus ni moins attrayant que le panier C doit forcément se trouver dans l'une de ces zones.

Au graphique (b), Marielle a indiqué que le panier G est aussi attrayant que le panier C. On en conclut que C est préférable à Z, car C est équivalent à G et G est préférable à Z (G compte une plus grande quantité de tous les biens que Z). L'ensemble des paniers non classés par rapport à C (les zones blanche et verte) est maintenant réduit.

Si les préférences de Marielle sont convexes, elle préfère les paniers situés sur la corde reliant C et G à ces deux derniers paniers. Puisque tout panier dans le triangle vert compte une plus grande quantité de tous les biens qu'un panier situé sur cette corde, il est aussi préféré à C et G. L'ensemble des paniers non classés se limite maintenant aux zones blanches qui restent.

Au graphique (c), on présume que Marielle juge le panier H équivalent à C et G. On peut donc répéter les opérations précédentes pour établir la relation entre C et H, puis entre H et G, ce qui permet de classer de nouveaux paniers. La zone blanche des paniers non classés s'en trouve encore réduite. Elle finit par disparaître lorsque tous les paniers sont classés par rapport à C. On obtient alors la courbe d'indifférence apparaissant à la figure 8.5.

Autrement dit, certains paniers que nous ne parvenions pas à classer auparavant par rapport au panier C peuvent maintenant l'être indirectement en passant par le panier G. Par exemple, on ne pouvait classer directement le panier Z par rapport au panier C, mais si les paniers C et G procurent la même utilité, alors le panier Z doit en procurer moins puisqu'il inclut moins d'heures de gymnase et de cinéma que le panier G. Les paniers apparaissant dans le triangle vert du graphique (b) ne sont toujours pas classés par rapport à C et G et doivent être ajoutés aux zones blanches. Pour les classer, nous allons avoir besoin d'une autre hypothèse, la *convexité des préférences* qui concerne les préférences de Marielle à l'endroit de *combinaisons de paniers*.

Les combinaisons de paniers

Rappelons que les préférences de Marielle sont définies à l'égard de paniers de biens et non des biens eux-mêmes. Au lieu de dire que Marielle préfère 3 heures de gymnase à 2 heures de cinéma, on dit qu'elle préfère un panier incluant 3 heures de gymnase et 0 heure de cinéma à un autre panier incluant 0 heure de gymnase et 2 heures de cinéma. Nous procédons ainsi parce que nous nous

intéressons à la demande de Marielle pour *tous* les biens en ayant en tête que la part de son revenu qu'elle consacre à un premier bien diminue d'autant le pouvoir d'achat dont elle dispose pour en acquérir un second.

En outre, les paniers ont l'avantage de pouvoir être *combinés*. On ne peut pas combiner une heure de gymnase et une heure de cinéma, pas plus qu'on ne peut combiner une pomme et une orange (à moins de faire une salade de fruits…). Mais on peut combiner des paniers, c'est-à-dire, à partir de deux paniers, en créer un troisième.

On obtient une **combinaison de paniers** en additionnant un certain pourcentage de chacun d'entre eux, de sorte qu'on obtienne au total 100 %. Par exemple, le panier formé de 33 % du panier C et de 67 % du panier G est une combinaison des paniers C et G. Comme le panier C compte 2 heures de gymnase et 6 heures de cinéma, 33 % de ce panier représente 40 minutes (2/3 d'heure) de gymnase et 2 heures de cinéma. Le panier G compte 6 heures de gymnase et 2 heures de cinéma : 67 % de ce panier représente 4 heures de gymnase et 1 h 20 min de cinéma. Cette combinaison est donc le panier qui inclut 40 min + 4 h = 4 h 40 min de gymnase et 2 h + 1 h 20 min = 3 h 20 min de cinéma.

FIGURE 8.5 *La carte de préférences*

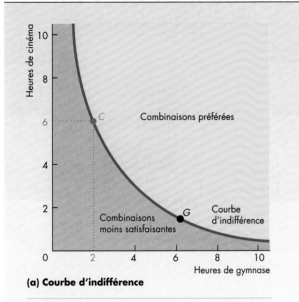

(a) Courbe d'indifférence

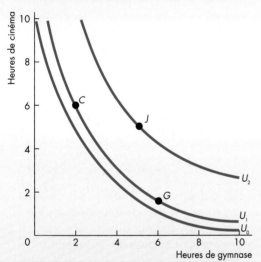

(b) Carte de préférences de Marielle

Le graphique (a) présente une des courbes d'indifférence de Marielle. Tous les paniers situés sur la courbe d'indifférence, tels que *C* et *G*, procurent à Marielle la même satisfaction. Marielle préfère n'importe quel panier situé au-dessus de cette courbe (zone jaune) à ceux situés sur cette courbe et elle préfère n'importe quel panier situé sur cette courbe à ceux situés sous cette courbe (zone grise).

Le graphique (b) montre trois courbes d'indifférence qui font partie de la carte des préférences de Marielle – U_0, U_1 et U_2. Marielle préfère le panier *J* aux paniers *C* et *G*, et elle préfère n'importe quel panier de la courbe U_1 aux paniers de la courbe U_0.

En variant les pourcentages, il existe une infinité de combinaisons possibles : toutes ces combinaisons se retrouvent sur la ligne verte liant les paniers *C* et *G* sur le graphique (b) de la figure 8.4. Cette ligne est en réalité une corde ; en effet, elle sous-tend l'arc formé par la courbe

d'indifférence entre les points *C* et *G*. Le panier *C* est la combinaison extrême où l'on prend 100 % du panier *C* et 0 % du panier *G*. Le panier *G* est l'autre extrême. Le panier situé au point milieu sur la corde est celui qu'on obtient en combinant 50 % du panier *C* avec 50 % du panier *G*.

Nous allons maintenant raffiner notre perception des préférences de Marielle en présumant qu'elle considère les combinaisons de paniers d'une manière bien particulière.

La convexité

Nous supposons que Marielle a des préférences convexes, c'est-à-dire qu'elle préfère à deux paniers *C* et *G* entre lesquels elle est indifférente, toutes les combinaisons qu'on peut construire à partir de ces paniers (à l'exception de *C* et *G*).

La **convexité** indique donc que Marielle préfère aux paniers *C* et *G* tous les paniers situés sur la corde verte (à l'exclusion des extrêmes *C* et *G*). Pourquoi alors, si elle juge équivalent de consommer 2 heures de gymnase et 6 heures de cinéma (le panier *C*) ou de consommer 6 heures de gymnase et 2 heures de cinéma (le panier *G*), Marielle devrait-elle préférer consommer 4 h 40 min de gymnase et 3 h 20 min de cinéma ? Nous allons répondre à cette question en considérant le cas de préférences *non* convexes.

La convexité exclut les cas où Marielle souhaiterait spécialiser sa consommation ; par exemple, il peut lui être indifférent de consommer 8 heures de gymnase ou 8 heures de cinéma, pourvu qu'elle ne se livre qu'à une seule activité. Pour elle, répartir son temps entre les deux activités est peu attrayant. Une telle préférence n'est pas convexe.

S'il vous est indifférent de consommer 4 cornichons acidulés ou 6 fraises sucrées, mais que la perspective de manger 2 cornichons *avec* 3 fraises (le panier mitoyen) vous dégoûte, vos préférences pour ces deux biens ne sont pas convexes.

La convexité des préférences revient à dire que vous préférez toute combinaison de deux paniers – qui ne sont pas nécessairement tous les deux sur une même courbe d'indifférence – au panier que vous préférez le moins. Par exemple, on a établi plus haut que Marielle préférait le panier *C* au panier *Z*. La convexité implique qu'elle préfère tous les paniers le long de la corde unissant *C* et *Z* (non illustrée) au panier *Z*.

En règle générale, la convexité des préférences devient plausible lorsqu'on considère des biens génériques, comme le « logement », le « transport », les « loisirs » ou la « nourriture ». Elle stipule alors que, si on vous propose deux paniers, vous préférerez toujours avoir la possibilité de les réarranger afin d'obtenir une combinaison qui convienne mieux à vos goûts (ce qui n'est probablement pas réalisable dans le cas des paniers de cornichons et de fraises...). Ainsi, si l'on vous propose deux paniers qui vous paraissent équivalents, le premier incluant un très grand logement (en mètres carrés) avec un régime alimentaire minimal (en calories), et le second incluant une mansarde et un régime de lutteur sumo, il est plausible que vous trouviez avantageux de combiner ces paniers afin d'obtenir un logement plus modeste avec un régime mieux équilibré. En ce cas, vos préférences sont convexes.

La convexité des préférences donne sa forme arquée (convexe) à la courbe d'indifférence. Si les préférences de Marielle sont convexes, toutes les combinaisons entre les paniers C à G sur la corde verte lui procurent davantage d'utilité. En outre, tous les paniers situés dans le triangle vert au-dessus de la corde verte comptent une plus grande quantité de chaque bien qu'un des paniers situé sur cette corde. Donc, chaque panier dans le triangle vert est plus désirable qu'un panier situé sur la corde, qui est lui-même plus attrayant que les paniers C et G. On en conclut que Marielle préfère tous les paniers du triangle vert à ces deux derniers paniers.

Ainsi, en présumant que Marielle juge les paniers C et G équivalents – et en présumant que ses préférences sont continues, monotones et convexes –, nous sommes parvenus à classer beaucoup d'autres paniers. Au graphique (b) de la figure 8.4, Marielle doit préférer tous les paniers situés dans les zones jaune et verte au panier C et elle doit préférer C à tous les paniers de la zone grise. Seuls les paniers de la zone blanche demeurent à classer par rapport au panier C.

Pour aller plus loin, nous devons demander à Marielle d'indiquer un autre panier dans le triangle blanc qui lui procure la même utilité que le panier C. Supposons qu'elle choisit le panier H. En reprenant les mêmes arguments que précédemment, nous pouvons préciser la relation entre les paniers C et H d'une part, et les paniers H et G d'autre part, ce qui nous permet de classer plus de paniers. Nous obtenons ainsi le graphique (c) de la figure 8.4, où la zone blanche des paniers non classés est réduite.

En répétant ce procédé, nous finissons par construire la courbe d'indifférence apparaissant à la figure 8.5, où *tous* les paniers sont classés par rapport au panier C. Nous tenons alors une représentation graphique qui nous permet de faire trois observations :

- ◆ Marielle préfère au panier C tous les paniers dans la zone jaune au-dessus de la courbe ;
- ◆ il lui est indifférent de se procurer n'importe quel panier sur la courbe d'indifférence, y compris C ;
- ◆ elle préfère C à tous les paniers dans la zone grise sous la courbe.

La courbe d'indifférence de Marielle présente une forme particulière qui dépend des goûts de celle-ci, mais les propriétés générales de monotonicité et de convexité impliquent que cette courbe sera décroissante et arquée vers l'origine. Pour construire la courbe, nous avons implicitement fait appel

à une dernière propriété des préférences de Marielle qui joue un rôle extrêmement important en économie : la rationalité.

La rationalité

Les préférences de Marielle sont rationnelles si elles n'entraînent pas de contradiction. Beaucoup de propositions en analyse économique moderne présument que les acteurs économiques sont *rationnels*. Il est donc important de comprendre ce qu'on entend par **rationalité**.

Supposons que vous préfériez aller au cinéma plutôt qu'au gymnase et que vous préfériez aller au gymnase plutôt que d'aller en classe. Vous êtes alors rationnel si vous préférez aller au cinéma plutôt que d'aller en classe. La rationalité implique simplement que vous devez être cohérent dans vos choix.

La rationalité n'implique rien d'autre quant à la nature de vos goûts. En particulier, elle n'oppose pas ce qui peut paraître « raisonnable » à ce qui relève de la fantaisie. Par contre, un investisseur qui préfère investir en bourse plutôt que dans l'immobilier et qui préfère l'immobilier aux placements garantis n'est pas rationnel s'il préfère les placements garantis aux investissements boursiers.

En construisant la courbe d'indifférence de Marielle passant par le panier C, nous avons implicitement présumé que ses préférences étaient rationnelles. Au graphique (b) de la figure 8.4, nous avons dit que Marielle préférait le panier C au panier Z parce qu'il lui était indifférent de se procurer C ou G et que G était préféré à Z. Ce raisonnement en chaîne ne tient que si les préférences de Marielle sont rationnelles.

La carte de préférences

Chaque panier appartient à une courbe d'indifférence. Nous avons défini celle à laquelle appartient le panier C, ainsi que tous les paniers qui lui procurent la même utilité. Nous pouvons répéter l'exercice à partir d'un panier de la zone jaune que Marielle trouve plus attrayant que C ou un panier de la zone grise auquel elle préfère C. Nous obtenons alors d'autres courbes d'indifférence. Au graphique (b) de la figure 8.5, la courbe du panier C est appelée U_1. Elle côtoie deux autres courbes d'indifférence, U_0 et U_2. Puisque ses préférences sont monotones, Marielle préfère les paniers sur U_2 aux paniers sur U_1, et elle préfère ces derniers aux paniers sur U_0. On dira qu'U_2 est une courbe d'indifférence plus « haute » qu'U_1.

Un tel ensemble de courbes d'indifférence s'appelle une **carte de préférences**. La carte de préférences représente complètement les préférences de Marielle, c'est-à-dire qu'elle nous permet de classer n'importe quelle paire de paniers. Si les deux paniers d'une paire appartiennent à la même courbe d'indifférence, Marielle les juge équivalents ; sinon, elle préfère celui qui appartient à la courbe la plus haute.

Comme les préférences de Marielle peuvent différer considérablement de celles de Max ou des vôtres, nous pouvons construire différentes cartes. Toutefois, si les préférences des consommateurs sont monotones et convexes, nous obtiendrons des cartes de préférence qui respecteront les trois règles expliquées à la figure 8.6.

Nous avons déjà vu la première règle : une courbe d'indifférence représentant des préférences monotones ne doit pas comporter de portion croissante. La courbe tracée au graphique (a) de la figure 8.6 viole cette règle. Les paniers *A* et *B* appartiennent à la même courbe d'indifférence et procurent donc la même utilité. Pourtant, *B* inclut plus de chaque bien que *A* ; il devrait donc être plus attrayant que *A*.

La deuxième règle émane de la propriété de convexité : une courbe d'indifférence doit être convexe (arquée vers l'origine). La courbe tracée au graphique (b) de la figure 8.6 viole cette règle. Pour le consommateur, il n'y a pas de différence entre se procurer le panier *A*, *B* ou *C*. Par contre, tout panier situé au-dessus de la corde verte reliant *A* et *C*, notamment le panier *B*, devrait être plus attrayant que ces deux paniers. La courbe d'indifférence ne devrait pas passer par *B*.

La troisième règle stipule que la carte de préférences d'un consommateur rationnel ne devrait jamais comporter de courbes d'indifférence qui se croisent. La courbe tracée au graphique (c) de la figure 8.6 viole cette règle. Les paniers *A* et *B* procurent la même utilité puisqu'ils sont situés sur la même courbe d'indifférence rouge. De même, les paniers *A* et *C* procurent la même utilité puisqu'ils sont situés sur la même courbe d'indifférence bleue. En toute logique, les paniers *B* et *C* devraient aussi procurer la même utilité. Pourtant *B* inclut une plus grande quantité de chaque bien que *C*.

Comme les courbes d'indifférence ne se croisent pas, une carte de préférences ressemble à la coupe transversale d'un oignon, ou encore, aux courbes de niveaux d'une carte topographique. L'analogie avec une carte topographique est particulièrement adéquate : dans une telle carte, les courbes représentent l'élévation du terrain par rapport au niveau de la mer. Une montagne y apparaît comme une série de cercles concentriques avec le sommet au centre. Quand on passe d'une courbe à l'autre, on monte. Dans une carte de préférences, chaque courbe représente un niveau d'utilité, et quand on passe à une courbe plus haute, dans la direction du côté supérieur droit, on atteint un niveau d'utilité plus élevé.

Nous allons maintenant apprendre à interpréter une carte de préférences en portant attention à la pente des courbes d'indifférence.

Le taux marginal de substitution

On appelle **taux marginal de substitution** (*TmS*) le taux auquel un consommateur est disposé à substituer une quantité d'un bien à une quantité d'un autre bien. Quand on

---

FIGURE 8.6 *Les mauvaises cartes de préférences*

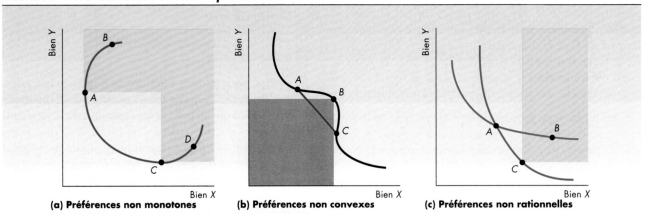

(a) Préférences non monotones   **(b) Préférences non convexes**   **(c) Préférences non rationnelles**

Les préférences illustrées dans les graphiques (a), (b) et (c) violent l'une ou l'autre des propriétés de monotonicité, de convexité et de rationalité. Trois règles découlent de ces propriétés. (1) **Une courbe d'indifférence ne doit pas avoir de portion croissante**. Au graphique (a), les paniers *A* et *B* appartiennent à la même courbe d'indifférence et procurent donc la même utilité. Pourtant le panier *B* compte une plus grande quantité de chaque bien que le panier *A*, ce qui est contradictoire. Il en va de même pour *C* et *D*.

(2) **Une courbe d'indifférence doit être arquée par rapport à l'origine**. Au graphique (b), les paniers *A*, *B* et *C* procurent la

même utilité. Pourtant, tout panier situé au-dessus de la corde reliant *A* et *C*, notamment *B*, est plus désirable que ces derniers.

(3) **Deux courbes d'indifférence ne doivent jamais se croiser**. Au graphique (c), les paniers *A* et *B* procurent la même utilité puisqu'ils appartiennent à la même courbe d'indifférence rouge. De même, les paniers *A* et *C* procurent la même utilité puisqu'ils appartiennent à la même courbe d'indifférence bleue. En toute logique, les paniers *B* et *C* doivent donc aussi procurer la même utilité. Pourtant le panier *B* contient une plus grande quantité de chaque bien que le panier *C*.

peut remplacer 1 mL de café par 3 mL de jus d'orange sans changer l'utilité, on a un *TmS* égal à 3/1 = 3 en termes de jus d'orange par rapport au café, ou égal à 1/3 en termes de café par rapport au jus d'orange. Le taux marginal de substitution correspond à la valeur absolue de la pente de la courbe d'indifférence passant par le panier considéré.

Supposons que Marielle consomme 2 heures de gymnase et 6 heures de cinéma au point *C* de la figure 8.7. La valeur absolue de la pente de la courbe d'indifférence passant par ce panier est de 10/5 = 2. Cela signifie que, à la marge, Marielle est prête à substituer des heures de cinéma à des heures de gymnase au taux de 2 pour 1. Autrement dit, 2 minutes de cinéma (de plus ou de moins) équivalent pour elle à 1 minute de gymnase (de moins ou de plus). En substituant à ce taux, on aboutit à un autre panier qui se trouve sur la même courbe d'indifférence que l'ancien, de sorte que l'utilité de Marielle ne change pas.

Le taux marginal de substitution de Marielle est beaucoup plus bas au panier *G* et n'atteint que 4,5/9 = ½. Le taux marginal de substitution varie donc selon le panier consommé. Il exprime la désirabilité relative de chaque bien étant donné les quantités consommées.

FIGURE 8.7 *Le taux marginal de substitution*

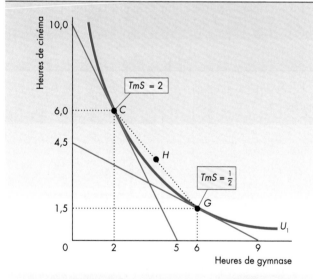

Comme Marielle aime les mélanges, la courbe d'indifférence liant les paniers *C* et *G* doit passer sous la corde en pointillé regroupant ces mélanges, dont le panier *H*. La courbe a donc une forme convexe. La valeur de la pente d'une courbe d'indifférence s'appelle le taux marginal de substitution ou *TmS*. La tangente rouge qui touche la courbe au point C révèle que Marielle est prête à renoncer à 10 minutes de cinéma pour 5 minutes de gymnase supplémentaires. Son taux marginal de substitution au point C est donc de 2 (10/5). La tangente rouge qui touche la courbe au point G révèle que Marielle est disposée à renoncer à 4,5 minutes de cinéma pour 9 minutes de gymnase supplémentaires. Son taux marginal de substitution au point G est de ½ (4,5/9).

♦ Si la pente de la courbe d'indifférence est abrupte, le taux marginal de substitution est élevé ; Marielle est prête à renoncer à plusieurs minutes de cinéma en échange d'un peu plus de temps au gymnase sans que son utilité baisse.

♦ Si la pente de la courbe d'indifférence est faible, le taux marginal de substitution est faible ; pour obtenir plus de temps au gymnase tout en retirant la même satisfaction, Marielle ne voudra renoncer qu'à peu de temps au cinéma.

Le taux marginal de substitution décroît à mesure que Marielle passe moins de temps au cinéma et fréquente plus longtemps le gymnase. Il baisse graduellement de 2 à ½ entre les paniers *C* et *G* le long de la courbe d'indifférence. Cette caractéristique découle de la propriété de convexité que nous avons prêtée aux préférences de Marielle.

Le taux marginal de substitution décroissant Pour mieux saisir la notion de **taux marginal de substitution décroissant**, mettez-vous à la place de Marielle et supposez que vous consommez 10 heures de cinéma par semaine sans fréquenter le gymnase. À combien de minutes de cinéma seriez-vous prêt à renoncer pour passer 30 minutes au gymnase ? Probablement un bon nombre. Supposons maintenant que vous consommez 1 heure de cinéma par semaine (2 films par mois) et 6 heures de gymnase. Combien d'heures de cinéma seriez-vous prêt à sacrifier pour passer 1 heure de plus au gymnase ? Probablement très peu. De manière générale, plus vous passez de temps au gymnase, moins vous êtes disposé à sacrifier du temps au cinéma pour vous faire suer un peu plus en espadrilles.

Le taux marginal décroissant indique qu'il est d'autant plus difficile de substituer une petite quantité d'un premier bien à une petite quantité d'un second qu'on consomme peu de ce premier bien relativement au second. C'est une conséquence de la convexité des préférences : si les préférences de Marielle sont convexes, elle préfère le panier mélangé *H* aux paniers *C* et *G* de la figure 8.7. Cela implique que le panier *H* appartient à une courbe d'indifférence plus haute que celle à laquelle appartiennent *C* et *G*. Donc, cette dernière courbe d'indifférence passe sous la corde reliant *C* et *G* et a la forme convexe qui implique un *TmS* décroissant.

Le degré de convexité d'une courbe d'indifférence révèle jusqu'à quel point une personne est disposée à substituer un bien à un autre tout en retirant la même satisfaction de sa consommation. Prenons quelques exemples pour clarifier ce point.

Le degré de substituabilité

Les trois exemples de la figure 8.8 illustrent que la décroissance du *TmS* peut être plus ou moins marquée. Nous allons voir que cela dépend du degré de substituabilité entre les deux biens, c'est-à-dire la facilité avec laquelle on peut remplacer l'un par l'autre.

Les substituts parfaits Certains biens se substituent si facilement les uns aux autres qu'on ne remarque même pas la différence. C'est le cas par exemple des stylos. Lorsqu'ils s'en procurent, la plupart des gens ne font pas attention à la marque ni au fait qu'ils proviennent de la papeterie plutôt que du supermarché. Ils sont prêts à renoncer à un stylo de la papeterie s'ils peuvent en obtenir un de plus du supermarché. Lorsque deux biens sont de parfaits substituts, leurs courbes d'indifférence sont des droites à pente négative, comme celles du graphique (b) de la figure 8.8. La droite est la forme de courbe convexe la moins convexe qu'on puisse imaginer. Le taux marginal de substitution est constant dans ce cas.

Lorsque des biens sont des substituts parfaits, cela ne signifie pas qu'ils sont équivalents : cela signifie que l'on peut remplacer l'un par l'autre dans une proportion déterminée sans que cette proportion en soit modifiée. Autrement dit, quelle que soit l'importance de la substitution en cause, le *TmS* demeure constant. Une bouteille d'eau de 2 L est un substitut parfait à une bouteille d'eau de 1 L : on peut toujours remplacer la première par la seconde au *TmS* constant de 1 pour 2.

Les compléments Certains biens ne peuvent se substituer les uns aux autres parce qu'ils sont complémentaires. C'est le cas des chaussures du pied droit et des chaussures du pied gauche, exemple qu'illustre le graphique (c) de la figure 8.8. Les courbes d'indifférence des compléments sont en forme de L, une forme très convexe. La combinaison de 1 chaussure du pied gauche et de 2 chaussures du pied droit procure la même satisfaction que la combinaison de 1 chaussure du pied gauche et de 1 chaussure du pied droit. Il est plus satisfaisant d'avoir 2 paires de chaussures qu'une seule, mais 1 paire de chaussures plus 1 chaussure du pied droit ne donne pas plus de satisfaction qu'une paire seule. Ici, le taux marginal de substitution demeure indéterminé : si nous avons plus de chaussures gauches que de chaussures droites, nous sommes prêts à sacrifier n'importe quelle portion de l'excédent pour accroître le nombre de chaussures droites ; et l'inverse dans le cas contraire.

Les substituts et les compléments aussi parfaits que ceux que nous venons d'évoquer sont rares, mais ces exemples nous permettent de comprendre que la forme des courbes d'indifférence nous renseigne sur le degré de substituabilité de deux biens. Plus il est facile de substituer deux biens l'un à l'autre, plus le taux marginal de substitution tend vers une valeur constante. Autrement dit, il tend à former une droite plutôt qu'une courbe. Deux biens

FIGURE 8.8 *Le degré de substituabilité*

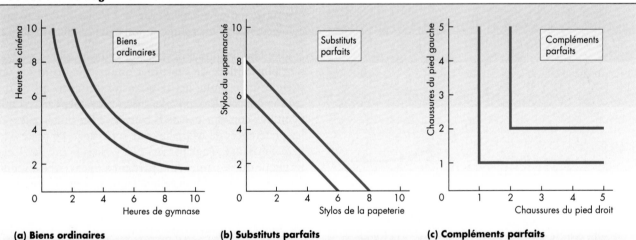

(a) Biens ordinaires

(b) Substituts parfaits

(c) Compléments parfaits

La forme des courbes d'indifférence révèle le degré de substituabilité des biens. Le graphique (a) présente les courbes d'indifférence de deux biens ordinaires : des heures de gymnase et de cinéma. Pour passer moins de temps au cinéma sans que sa satisfaction diminue, le consommateur doit obtenir plus d'heures de gymnase ; plus sa consommation d'heures de cinéma baisse, plus il lui faut passer du temps au gymnase pour compenser cette baisse.

Le graphique (b) présente les courbes d'indifférence de deux substituts parfaits. Remplacer un stylo acheté au supermarché par un stylo acheté à la papeterie laisse le consommateur indifférent.

Le graphique (c) présente les courbes d'indifférence de deux compléments parfaits qui ne peuvent se substituer l'un à l'autre. Posséder deux chaussures du pied gauche et une chaussure du pied droit n'est pas plus désirable que de posséder une chaussure de chaque pied ; cependant, il est préférable d'avoir deux chaussures de chaque pied qu'une seule de chaque pied.

qui se substituent difficilement l'un à l'autre donneront des courbes d'indifférence très incurvées, avec des tracés qui se situent entre ceux des graphiques (a) et (c).

Dans ce dessin de Weber, le serveur semble convaincu que le coca-cola et le vin d'Alsace sont de parfaits substituts ainsi que des compléments du porc. Souhaitons pour lui que les consommateurs soient de son avis…

Avec le porc, je vous suggère
un vin d'Alsace ou un coca-cola.

MINITEST 3

1. Quelles sont les propriétés qu'on attribue aux préférences des consommateurs ?

2. Comment combiner un premier panier incluant 6 oranges et 2 pommes à un second panier incluant 3 oranges et 5 pommes afin d'obtenir un troisième panier incluant 4 oranges et 4 pommes ?

3. Qu'est-ce qu'une courbe d'indifférence et comment une carte de préférences illustre-t-elle les préférences du consommateur ?

4. Pourquoi une courbe d'indifférence est-elle décroissante ? Pourquoi est-elle convexe par rapport à l'origine ?

5. Quelle propriété des préférences assure que deux courbes d'indifférence ne peuvent se croiser ?

6. Comment s'appelle la pente d'une courbe d'indifférence en valeur absolue ?

7. Comment change le taux marginal de substitution du consommateur lorsqu'on se déplace vers la droite et vers le bas le long d'une courbe d'indifférence ?

Réponses p. 253

L'analyse du comportement du consommateur

Dans le présent chapitre, nous avons donné les principes fondamentaux du modèle du consommateur. Nous avons d'abord décrit l'ensemble budgétaire de ce dernier, soit l'ensemble des paniers qu'il peut s'offrir compte tenu de son budget. Nous avons ensuite décrit ses préférences à l'égard de ces paniers. Nous pouvons maintenant analyser les choix du consommateur, sa *demande*, en présumant qu'il va sélectionner le panier qu'il préfère parmi ceux qui lui sont accessibles.

Le meilleur panier possible

Lorsqu'elle choisit son panier d'heures de gymnase et de cinéma, Marielle dépense toute la part de son revenu consacrée aux loisirs, ce qui la situe sur sa courbe d'indifférence la plus haute possible. La figure 8.9 illustre ce choix. La droite budgétaire est tirée de la figure 8.2 et les courbes d'indifférence, du graphique (b) de la figure 8.5. Marielle choisit le panier C qui inclut 2 heures de gymnase et 6 heures de cinéma. Cela veut dire que, lorsqu'elle consacre 80 $ à ses loisirs et que les prix de 1 heure de gymnase et de 1 heure de cinéma sont respectivement de 16 $ et de 8 $, elle *demande* 2 heures de gymnase et 6 heures de cinéma. Le panier C inclut les quantités de chaque bien qu'elle demande.

À propos du panier C, nous pouvons faire les observations suivantes :

◆ Le panier se trouve sur la droite budgétaire de Marielle.

◆ Il se trouve aussi sur la courbe d'indifférence la plus haute possible parmi celles croisant la droite budgétaire.

◆ Il présente un taux marginal de substitution égal à la pente de la droite budgétaire.

Sur la droite budgétaire Marielle choisit un panier sur sa droite budgétaire parce que ses préférences sont monotones : si possible, elle veut toujours consommer davantage. Si elle choisissait un panier en deçà de sa droite budgétaire, elle n'épuiserait pas son budget et il lui serait possible d'acheter davantage de l'un ou l'autre des deux biens. On ne considère pas ici la possibilité d'épargner : on peut présumer qu'elle a déjà pris par le passé sa décision

FIGURE 8.9 *Le meilleur panier possible*

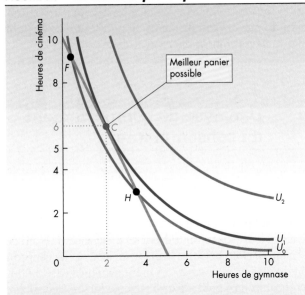

Pour Marielle, il est préférable d'acheter le panier *C*. Ce panier se situe à la fois sur sa droite budgétaire et sur la courbe d'indifférence la plus haute possible. De plus, le taux marginal de substitution entre les heures de gymnase et de cinéma (la pente de la courbe d'indifférence U_1) est égal au prix relatif de 1 heure de gymnase exprimé en heures de cinéma (la pente de la droite budgétaire).

d'épargne et qu'elle a choisi de dépenser en entier son budget de loisirs (nous aborderons le problème de l'épargne dans le chapitre 9).

Sur la courbe d'indifférence la plus haute possible
Comme ses préférences sont monotones, Marielle préfère les paniers situés sur la courbe d'indifférence U_2 qui est plus haute que les deux autres. Toutefois, elle ne peut acheter ces paniers, car ils sont au-dessus de sa droite budgétaire : ils coûtent trop cher. Elle doit se limiter aux paniers à l'intérieur de l'ensemble délimité par sa droite budgétaire. Parmi ceux-ci, le panier *C* est celui qui appartient à la plus haute courbe d'indifférence.

Si Marielle ne choisissait pas le panier accessible appartenant à la plus haute courbe d'indifférence, on pourrait s'interroger sur ce qu'on entend par «préférences»... Marielle pourrait, par exemple, choisir par habitude, par mimétisme ou sans réfléchir à ce qu'elle veut vraiment. Ce type de comportement existe, mais l'analyse économique n'y prête guère attention. On présume toujours que, en général, les gens vont se procurer les biens qu'ils désirent vraiment le plus.

Le taux marginal de substitution est égal à la pente de la droite budgétaire Les deux observations précédentes suffisent pour préciser la demande de Marielle.

La troisième est une *conséquence* des deux premières : elle nous révèle une propriété fondamentale du fonctionnement des marchés. Voyons pourquoi.

Le *TmS* est le taux personnel auquel Marielle substitue un bien à un autre. Si son *TmS* est de 3, cela veut dire qu'elle est prête à échanger 3 minutes de cinéma pour 1 minute supplémentaire de gymnase. La pente de la droite budgétaire, elle, représente le prix relatif de 1 minute de gymnase en minutes de cinéma. Si la pente est de 2, cela veut dire que 1 minute de gymnase vaut 2 minutes de cinéma ; autrement dit, 1 minute de gymnase *s'échange* contre 2 minutes de cinéma.

Si le *TmS* au panier choisi n'égalait pas la pente budgétaire, ce panier ne procurerait pas la plus haute utilité à Marielle parmi les paniers qui lui sont accessibles. Par exemple, au panier *F*, le *TmS* de Marielle est plus élevé que la pente de la droite budgétaire. Cela signifie que le nombre de minutes de cinéma que Marielle est prête à échanger contre 1 minute de gymnase est plus élevé que ce que le marché ne demande ! Marielle a donc avantage à échanger des minutes de cinéma contre des minutes de gymnase. En effet, si son *TmS* est de 3 et que la pente de la droite budgétaire est de 2, elle est prête à sacrifier 3 minutes de cinéma pour 1 minute de gymnase, mais le marché lui permet de réaliser cet échange en ne sacrifiant que 2 minutes. En réalisant cet échange, c'est-à-dire en échangeant 2 minutes de cinéma contre 1 minute de gymnase, Marielle gagne donc l'équivalent en valeur d'usage de 1 minute de cinéma qu'elle n'a pas à sacrifier. En réalisant cet échange, Marielle augmente la quantité de minutes de gymnase qu'elle consomme et diminue celle de cinéma. En demeurant sur sa droite budgétaire, son utilité augmente, car elle a réalisé l'économie de 1 minute de cinéma : les paniers tout juste à la droite de *F* sur la droite budgétaire appartiennent à des courbes d'indifférence plus hautes que celle à laquelle *F* appartient. Entre *F* et *C*, l'utilité de Marielle augmente, passant d'U_0 à U_1.

L'inverse se produit au panier *H* où le *TmS* de Marielle est inférieur à la pente de la droite budgétaire. Supposons que, pour ce panier, le *TmS* égale 1, c'est-à-dire que Marielle est prête à sacrifier 1 minute de gymnase pour obtenir 1 minute de cinéma supplémentaire sans que son bien-être en soit affecté. Comme le marché est prêt à offrir 2 minutes de cinéma contre la même minute de gymnase, Marielle a avantage à «échanger avec le marché» : en sacrifiant 1 minute de gymnase, elle obtient du marché 2 minutes de cinéma alors qu'elle se serait contentée d'une seule. Elle fait donc un gain en valeur d'usage de 1 minute de cinéma. De fait, en demeurant sur sa droite budgétaire, les paniers situés tout juste à gauche du panier *H* appartiennent à des courbes d'indifférence plus hautes que celle qui inclut *H*. Entre *H* et *C*, l'utilité de Marielle augmente, passant d'U_0 à U_1.

«Échanger avec le marché» signifie simplement réaménager son plan de consommation. Marielle dépense ici 80 $ en loisirs; si elle envisage d'acheter 1 heure de gymnase à 16 $ et 8 heures de cinéma à 8 $ en respectant son budget (1 × 16 $ + 8 × 8 $ = 80 $), elle peut réaménager ce plan en «vendant» des heures de cinéma à 8 $ pour «acheter» des heures de gymnase à 16 $. Par exemple, elle peut vendre 2 heures de cinéma contre 1 heure de gymnase, ce qui ferait passer sa consommation d'heures de gymnase à 2 et baisser celle d'heures de cinéma à 6. Elle échange ainsi avec le marché 2 heures de cinéma contre 1 heure de gymnase à partir du panier de consommation initialement considéré.

Marielle échange donc avec le marché tant que cela lui apparaît profitable. Ce faisant, son *TmS* change. Elle atteint sa plus haute courbe d'indifférence au point *C* quand toutes ces options de gains en valeur d'usage ont été réalisées. Au point *C*, le *TmS* de Marielle et le taux auquel le marché est prêt à échanger (le prix relatif, ou encore la pente de la droite budgétaire) sont égaux. Il n'y a plus de gain à faire: pour obtenir 1 minute de gymnase de plus, Marielle n'est prête à sacrifier que 2 minutes de cinéma *au plus*, mais le marché n'est disposé à lui procurer cette minute supplémentaire de gymnase que contre 2 minutes de cinéma *au moins*. Il n'y a plus d'échange strictement profitable à faire.

En soi, cette égalité n'a rien de bien extraordinaire. Toutefois, elle le devient lorsqu'on réalise que *tous* les consommateurs égalisent leur *TmS* au *même* prix relatif de marché et donc que *tous* les consommateurs ont le même *TmS*. Notre *TmS* représente la valeur d'usage relative personnelle que nous accordons aux biens. En achetant sur les marchés, tous les consommateurs accordent ensemble leurs valeurs relatives.

Nous n'avons pas tous les mêmes préférences. Pourtant, nous convenons tous qu'un billet de cinéma vaut moins qu'un ordinateur personnel et qu'un ordinateur personnel vaut moins qu'un bateau de plaisance. Il y a plus là que la simple observation commune des prix du marché: c'est que, en consommant, nous alignons inconsciemment nos valeurs marginales personnelles sur celles du marché. À ce titre, le marché est un formidable diapason auquel nous accordons tous nos valeurs marginales en décidant quelle quantité consommer de chaque bien.

Utilisons maintenant le modèle du consommateur pour prévoir comment celui-ci réagira à une variation de prix.

Une variation de prix

Dans le chapitre 3, nous avons présenté le concept de demande: lorsque le prix d'un bien diminue, le consommateur en achète davantage. Nous avons vu au chapitre 4

que cet effet était plus ou moins prononcé selon l'élasticité de la demande. Par exemple, lorsque la demande est très inélastique, une importante baisse du prix n'entraîne pas un grand changement dans la consommation.

Cela implique que, si un consommateur dépense 100 $ par mois en repas au restaurant et que le prix des repas est diminué de 50 %, il ne continuera pas nécessairement à dépenser la même somme. S'il dépense moins, il emploiera l'argent dégagé à des achats supplémentaires d'autres biens. S'il dépense plus, il devra couper dans ses dépenses consacrées à d'autres biens. Donc, tout changement de prix d'un bien particulier a potentiellement un effet sur la demande de *tous* les biens consommés.

Au chapitre 4, nous avons aussi vu le concept d'élasticité-prix croisée qui évoque la possibilité que la quantité demandée d'un bien change à la suite de la variation du prix d'un autre bien. Ce qu'il faut retenir, c'est que la demande est un concept global: le consommateur a une demande pour des *paniers* de biens et cette demande dépend des prix de tous les biens. Le modèle du consommateur a été bâti dans cet esprit: il nous permet de comprendre comment le choix du panier change quand un ou plusieurs prix changent.

Le graphique (a) de la figure 8.10 nous servira à analyser l'effet produit par une baisse du prix des films. Au départ, 1 heure de gymnase coûte 16 $, 1 heure de cinéma coûte 8 $, et Marielle dispose d'un budget de loisirs de 80 $. Marielle achète le panier *C*: elle consomme 2 heures de gymnase et 6 heures de cinéma par mois.

Supposons maintenant que le prix de 1 heure de gymnase descend à 8 $. Selon le graphique (a) de la figure 8.3, quand le prix de 1 heure de gymnase baisse, la droite budgétaire se déplace vers l'extérieur et s'adoucit. La nouvelle droite budgétaire correspond à la droite orange foncé du graphique (a) de la figure 8.10.

Pour Marielle, le panier *J*, qu'elle ne pouvait auparavant s'offrir, devient alors accessible: elle achète 6 heures de gymnase et 4 heures de cinéma. Avec la baisse du prix des heures de gymnase, Marielle délaisse le cinéma pour le gymnase: sa consommation de cinéma est passée de 6 à 4 heures, et celle de gymnase de 2 à 6 heures. Marielle a donc substitué des heures de gymnase à des heures de cinéma. Avec ce changement, son utilité augmente puisqu'elle atteint la courbe d'indifférence *U*₂ qui est plus haute que la courbe initiale *U*₁: une baisse de prix avantage toujours le consommateur.

La courbe de demande Au chapitre 3, nous avons indiqué que la courbe de demande a une pente négative. Nous pouvons maintenant tracer une courbe de demande à partir de la droite budgétaire et des courbes d'indifférence d'un consommateur. Ce faisant, nous constatons la cohérence

FIGURE 8.10   *La variation de prix et la demande*

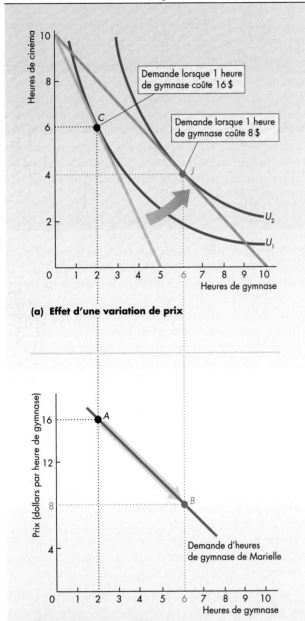

Demande lorsque 1 heure
de gymnase coûte 16 $

Demande lorsque 1 heure
de gymnase coûte 8 $

(a) Effet d'une variation de prix

(b) Courbe de demande

Le graphique (a) illustre l'effet d'une variation du prix des heures
de gymnase. Au départ, Marielle choisit le panier *C*, mais quand
le prix d'une heure de gymnase passe de 16 $ à 8 $, elle choisit
le panier *J*.

Le graphique (b) montre la demande d'heures de gymnase
de Marielle. À 16 $ l'heure, elle fréquente le gymnase 2 heures
par mois (point *A*). À 8 $ l'heure, elle accroît sa fréquentation
à 6 heures (point *B*). La courbe de demande de Marielle relie
tous les points obtenus en faisant pivoter la droite budgétaire
autour du panier comportant 10 heures de cinéma et aucune
heure de gymnase, comme l'indique la flèche orange. L'utilité
de Marielle augmente : elle atteint la courbe d'indifférence U_2
qui est plus haute que la courbe initiale U_1.

qui existe entre la loi de la demande et l'idée que le consommateur choisit le panier de biens qu'il préfère parmi ceux
qu'il peut s'offrir.

Établissons la courbe de demande d'heures de gymnase de Marielle. Pour cela, il suffit de baisser progressivement le prix de 1 heure de gymnase et de déterminer le
meilleur panier possible pour Marielle à chaque prix. Le
graphique (b) de la figure 8.10 présente deux prix et deux
points qui se situent sur la courbe de demande d'heures
de gymnase de Marielle. Quand 1 heure de gymnase
coûte 16 $, Marielle en achète 2 par mois, ce qui corres-
pond au point *A*. Quand le prix descend à 8 $, Marielle
en achète 6, ce qui correspond au point *B*. La courbe de
demande comporte ces deux points ainsi que tous ceux
qu'on obtient à mesure que le prix décroît. Elle a une pente
négative : plus le prix est bas, plus Marielle en achète. C'est
ce que nous dit la loi de la demande.

Voyons maintenant les effets d'une variation de revenu
de Marielle sur sa demande.

Une variation de revenu

Le graphique (a) de la figure 8.11 montre l'effet d'une
variation du revenu sur la demande de Marielle. Quand
son budget mensuel de loisirs s'élève à 80 $ et que 1 heure
de gymnase coûte le même montant que 1 heure de
cinéma, soit 8 $, Marielle achète le panier *J* qui inclut
6 heures de gymnase et 4 heures de cinéma. Quand son
budget tombe à 56 $ et que les prix restent les mêmes, elle
achète le panier *K* qui n'inclut que 4 heures de gymnase et
3 heures de cinéma. Quand son revenu baisse, Marielle
consomme moins des deux biens. Pour elle, les heures de
gymnase et de cinéma sont des biens normaux. Son utilité
baisse, puisque le panier *K* appartient à la courbe d'indifférence U_1 qui est moins haute que la courbe U_2 : personne n'aime voir diminuer son budget.

La courbe de demande et le revenu   Comme le montre
le graphique (b) de la figure 8.11, une variation de revenu
déplace la courbe de demande. Avec un budget de 80 $
par mois, la courbe de demande de Marielle est D_2, la
même qu'à la figure 8.10(b). Mais quand son budget
tombe à 56 $, Marielle consomme moins d'heures de gym-
nase à chaque prix, et sa courbe de demande se déplace vers
la gauche jusqu'à D_1.

L'effet substitution et l'effet revenu

Comme nous l'avons vu au chapitre 3, une variation du
prix d'un bien entraîne une variation de la quantité demandée à cause de deux facteurs :

◆ l'effet substitution ;

◆ l'effet revenu.

FIGURE 8.11 *La variation de revenu et la demande*

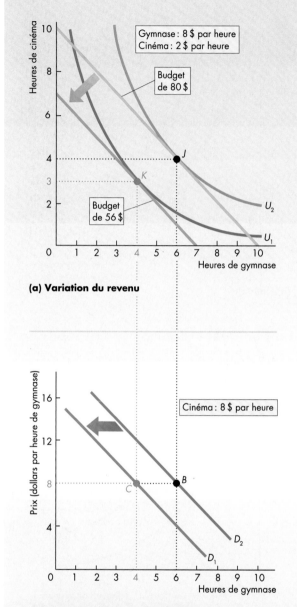

(a) Variation du revenu

(b) Demande d'heures de gymnase

Une variation de revenu déplace la droite budgétaire et modifie le choix du meilleur panier disponible, c'est-à-dire de la demande.

Au graphique (a), quand son revenu passe de 80 $ à 56 $ par mois, Marielle achète moins d'heures de gymnase et de cinéma.

Au graphique (b), la demande d'heures de gymnase de Marielle est représentée par la droite D_2 quand son revenu est de 80 $. Sa demande se déplace vers la gauche jusqu'à la droite D_1 quand son revenu tombe à 56 $. Pour Marielle, 1 heure de gymnase est un bien normal. Sa demande diminue, car elle fréquente maintenant moins le gymnase à chacun des prix. Son utilité baisse, passant de U_2 à U_1.

Le modèle du consommateur nous permet d'isoler précisément ces deux effets.

Le graphique (a) de la figure 8.12 illustre l'effet total d'une variation de prix : la demande passe du panier C au panier J. Le graphique (b) décompose ce passage en deux parties : un effet substitution du panier C au panier K et un effet revenu du panier K au panier J.

L'effet substitution L'**effet substitution** est l'effet d'une variation de prix sur les quantités consommées qui n'est pas attribuable à une variation du pouvoir d'achat. On isole cet effet en déterminant comment le consommateur ajustera ses achats si on le compense pour que son utilité demeure la même, avant et après la variation du prix, c'est-à-dire pour qu'il choisisse en définitive un nouveau panier de consommation sans changer de courbe d'indifférence.

Par exemple, lorsque le prix de 1 heure de gymnase est réduit de 16 $ à 8 $, la demande de Marielle passe du panier C au panier J. La pente en valeur absolue de la droite budgétaire est réduite de 2 à 1, c'est-à-dire que 1 heure de gymnase, qui valait auparavant 2 heures de cinéma, s'échange maintenant contre 1 heure de cinéma.

On repère le panier J grâce aux propriétés énoncées plus haut : le panier J est celui sur la nouvelle droite budgétaire où le *TmS* égale la pente de la nouvelle droite budgétaire. Sans surprise, la baisse du prix permet à Marielle d'accroître son utilité qui passe de la courbe U_1 à la courbe plus haute U_2.

Le panier intermédiaire K est celui que Marielle choisirait si l'on diminuait son budget, de sorte qu'elle demeurerait sur la même courbe d'indifférence U_1. Il s'agit donc du panier sur la courbe d'indifférence U_1 (au lieu de la nouvelle droite budgétaire) où son *TmS* égale la pente de la nouvelle droite budgétaire. L'effet substitution est le passage de C à K : il correspond ici à un accroissement de $4 - 2 = 2$ heures de gymnase et une réduction de $6 - 3 = 3$ heures de cinéma.

Pour visualiser l'effet substitution, on peut aussi faire « glisser » la droite budgétaire le long de la courbe d'indifférence U_1 en veillant à la maintenir tangente à celle-ci, jusqu'à ce que la pente de la droite budgétaire corresponde au nouveau rapport de prix. En réduisant le prix des heures de gymnase, on a abaissé la pente et on s'est déplacé le long de la courbe d'indifférence U_1 du panier C jusqu'au panier K, comme le suggère la flèche rose.

Un tel glissement le long de la courbe d'indifférence U_1 se traduit par une augmentation du nombre d'heures de gymnase consommées (première flèche verte du graphique b). C'est donc dire que l'effet substitution d'une baisse du prix des heures de gymnase correspond à une hausse de la quantité d'heures de gymnase consommée. Une hausse du prix aurait eu un effet inverse.

L'effet revenu L'**effet revenu** représente la part de l'ajustement de la demande à la suite d'une variation de prix qui est attribuable à une variation du pouvoir d'achat. Il constitue le complément de l'effet substitution pour obtenir l'effet total de la variation de prix. Autrement dit, l'effet revenu est l'effet total moins l'effet substitution. Lorsque le prix des heures de gymnase baisse, Marielle ajuste son panier en passant de *C* à *J* (effet total). Nous avons vu que l'effet substitution représentait un passage de *C* à *K* ; pour aboutir à *J*, il faut un passage de *K* à *J* : l'effet revenu.

Ce passage de *K* à *J* est tout à fait similaire à celui que nous avons représenté à la figure 8.11 pour illustrer l'effet d'une variation du revenu sur la demande de Marielle. L'effet revenu s'apparente donc à une variation du revenu, d'où son nom. Au graphique (b) de la figure 8.12, le passage de *K* à *J* met en jeu une augmentation de 2 heures de gymnase (le passage de 4 à 6 heures indiqué par la seconde flèche verte) et une augmentation de 1 heure de cinéma (de 3 à 4).

L'effet revenu renforce l'effet substitution parce que les heures de gymnase sont un bien normal. Pour isoler l'effet substitution, il a fallu imaginer le choix de Marielle avec un budget réduit correspondant à la droite budgétaire en orange pâle sur laquelle on retrouve le panier *K*. Pour compléter l'effet total, c'est-à-dire en ajoutant l'effet revenu, il faut rétablir le budget de Marielle à son niveau original, mais au nouveau prix, ce qui correspond à la droite budgétaire en orange foncé sur laquelle on retrouve le panier *J*. L'effet revenu résulte donc d'un accroissement du revenu de Marielle (par rapport à la droite budgétaire en orange pâle). Comme les heures de gymnase sont un bien normal, un accroissement de revenu entraîne un accroissement de la quantité consommée.

Les biens inférieurs Nous venons d'étudier l'effet d'une variation du prix d'un bien normal. L'effet d'une variation du prix d'un bien inférieur est différent. Par définition, un bien inférieur est un bien dont la consommation diminue à mesure que le revenu augmente. Dans le cas d'un bien inférieur, l'effet revenu atténue donc l'effet substitution plutôt que de le renforcer. La figure 8.13 illustre ce cas.

En théorie, rien n'empêche que l'effet revenu soit tellement fort qu'il supplante en sens contraire l'effet substitution. Une baisse de prix se traduirait alors par une baisse de la quantité demandée. Autrement dit, elle invaliderait la loi de la demande ! Cette bizarrerie signale davantage une limite du modèle du consommateur qu'une réelle possibilité.

La décomposition d'une variation de prix en un effet substitution et un effet revenu affine notre compréhension du comportement des consommateurs. Lorsque nous accroissons notre demande d'un bien, par exemple

FIGURE 8.12 *L'effet substitution et l'effet revenu*

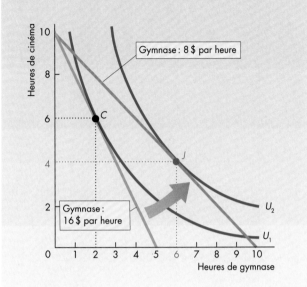

(a) Effet total

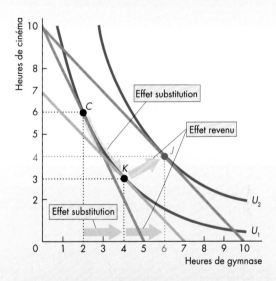

(b) Effet substitution et effet revenu

L'effet total d'une baisse du prix des heures de gymnase – graphique (a) – représente le passage de *C* à *J*. On peut le décomposer en un effet substitution et en un effet revenu – graphique (b).

Pour isoler l'effet substitution, nous réduisons hypothétiquement le revenu de Marielle afin que sa demande *K* au nouveau prix appartienne à la courbe d'indifférence initiale U_1. L'effet substitution est le déplacement de *C* à *K*.

L'effet revenu correspond au passage complémentaire de *K* à *J* pour obtenir l'effet total. Cela revient à rétablir le revenu original de Marielle que nous avions diminué pour trouver *K*. L'utilité de Marielle grimpe alors d'U_1 à U_2.

Dans cet exemple, l'effet revenu sur la demande d'heures de gymnase renforce l'effet substitution.

FIGURE 8.13 *L'effet substitution et l'effet revenu dans le cas d'un bien inférieur*

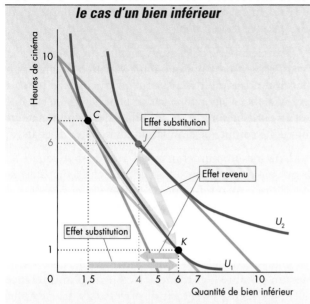

Dans le cas d'un bien inférieur, l'effet revenu atténue l'effet substitution. À la suite d'une baisse du prix d'un bien inférieur, Marielle délaisse le panier C pour le panier J. Le passage de C à K correspond à l'effet substitution habituel : la demande pour le bien inférieur augmente de 4,5 unités. Le passage de K à J correspond à l'effet revenu. Avec un bien inférieur, un accroissement du revenu entraîne une *baisse* de la quantité demandée de 6 à 4 unités. L'effet revenu tempère donc ici l'effet substitution.

d'un DVD, parce qu'il est en solde, c'est généralement l'effet substitution qui est à l'œuvre : nous accroissons notre demande parce que ce bien en solde est maintenant plus attrayant qu'un autre bien substitut dont le prix n'est pas réduit.

Lorsque nous accroissons notre demande d'un bien parce que nous nous croyons plus riches, c'est l'effet revenu qui est à l'œuvre. Par exemple, quand les taux d'intérêt baissent, la demande de maisons s'accroît parce que beaucoup de ménages souhaitent devenir propriétaires. Ce n'est pas que les ménages trouvent maintenant les maisons relativement plus attrayantes que les logements, mais plutôt qu'ils se sentent relativement plus riches et plus en mesure d'accéder à la propriété.

L'effet revenu est faible quand la variation du prix n'entraîne qu'une variation négligeable du pouvoir d'achat. C'est le cas lorsque la variation du prix concerne un bien qui représente une faible partie du budget. Si le prix du sel de table augmente de 10 %, la variation du pouvoir d'achat est négligeable parce que les achats de sel de table représentent peu dans le budget. Les choses deviennent plus sérieuses si l'on envisage une augmentation de 10 % de la nourriture en général. Une telle variation peut avoir

des conséquences désastreuses dans les pays en développement où la nourriture représente une part importante du budget.

Le degré de substituabilité et l'élasticité-prix

Au chapitre 4, nous avons vu que l'*élasticité-prix* des biens possédant de bons substituts est élevée et que celle des biens essentiels est très faible. Le modèle du consommateur permet de rendre compte de ce phénomène.

À la figure 8.8, nous avons représenté les courbes d'indifférence correspondant à des biens substituts parfaits ou compléments parfaits. La figure 8.14 met en lumière l'importance relative de l'effet substitution et de l'effet revenu selon qu'on a affaire à des biens substituts – graphique (a) – ou des biens complémentaires – graphique (b).

Dans les deux cas, la demande est initialement au point C et elle se déplace au point J à la suite de la même variation du prix du bien en abscisse. L'effet substitution et l'effet revenu sont représentés par le panier intermédiaire K. On remarque que la variation de la demande pour le bien dont le prix a baissé est beaucoup plus importante lorsqu'on a affaire à des biens substituts que lorsqu'on a affaire à des compléments, et ce, à cause de l'effet substitution qui est beaucoup plus fort.

En outre, la demande baisse pour le second bien (compté en ordonnée) dans le cas des biens substituts alors qu'elle augmente dans le cas des compléments. Quand il s'agit de biens substituts, le consommateur réagit à la baisse du prix d'un premier bien en substituant ce dernier au second bien. Si les biens sont des compléments, le consommateur réagit à la baisse de prix du premier bien en employant les économies qu'il réalise pour acheter des unités supplémentaires des *deux* biens.

Sans surprise donc, l'élasticité de la demande d'un bien possédant de bons substituts sera très forte. Toutefois, on ne peut pas conclure que la demande d'un premier bien en relation de complémentarité avec un second bien sera inélastique. Ce premier bien peut néanmoins posséder de bons substituts. Par exemple, une cartouche d'encre de marque Hewlett-Packard est un complément parfait d'une imprimante à jet d'encre de marque Hewlett-Packard. On peut trouver sur le marché des cartouches génériques qui fonctionnent aussi avec les imprimantes Hewlett-Packard. La cartouche d'encre Hewlett-Packard possède donc de bons substituts et sa demande sera élastique.

La mesure de l'utilité

Nous avons commencé ce chapitre en démontrant que la mesure de l'utilité que nous avions jusqu'ici employée, le surplus du consommateur, pouvait donner des résultats

FIGURE 8.14 *Le degré de substituabilité et la variation de prix*

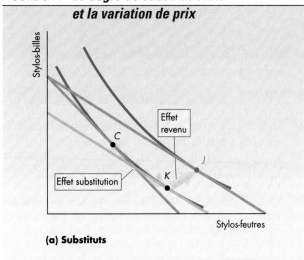

(a) Substituts

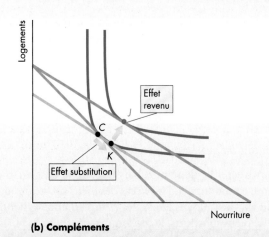

(b) Compléments

Les deux graphiques illustrent l'effet que produit sur la demande une même baisse de prix du bien en abscisse. Dans le cas de biens substituts, l'effet substitution est très fort et la demande du bien en abscisse augmente beaucoup. Le consommateur substitue le bien en abscisse au bien en ordonnée. Dans le cas de biens complémentaires, l'effet substitution est très faible et la demande augmente en bonne partie à cause de l'effet revenu. Le consommateur emploie les économies qu'il réalise pour acheter des unités supplémentaires des deux biens.

aberrants lorsque les variations de pouvoir d'achat modifiaient la valeur que le consommateur prête aux différents biens.

Le plus souvent, la variation du pouvoir d'achat induite par une variation de prix est faible. Il en est ainsi parce que nous consommons une multitude de biens et que nous ne consacrons qu'une petite part de notre revenu à chacun d'eux. Nous ne nous sentons pas plus pauvres si le prix du sel de table s'accroît de 10%. Dans ces conditions, le surplus du consommateur demeure une bonne mesure de

l'utilité, tandis que la demande s'avère une bonne mesure de la valeur marginale que nous accordons à une unité supplémentaire d'un bien.

Dans le modèle du consommateur à deux biens, l'effet revenu est exacerbé puisque toute variation de prix a un effet non négligeable sur le pouvoir d'achat. Le modèle devient alors un laboratoire parfait pour déterminer ce que doit être une mesure idéale de l'utilité des consommateurs qui tienne compte de la variation du pouvoir d'achat.

Une mesure numérique de l'utilité est adéquate si, chaque fois qu'un panier A est jugé préférable à un panier B, elle indique qu'on assigne une utilité plus grande à A qu'à B. Par analogie, le temps de passage à un point de contrôle est une bonne mesure de la lenteur d'un coureur: plus il s'est écoulé de temps, plus le coureur est lent.

Dans le modèle du consommateur, il s'agit d'assigner un nombre à chacune des courbes d'indifférence (U_0, U_1, U_2, etc.) de la carte de préférences, tel que, plus une courbe est haute, plus le nombre qui lui est assigné est élevé. L'utilité d'un panier donné est alors le nombre qui a été assigné à la courbe d'indifférence à laquelle il appartient. Dans ces conditions, si un panier A est préféré à un panier B, c'est qu'il appartient à une courbe d'indifférence plus haute et que l'utilité qui lui est assignée est donc plus élevée.

Pour assigner un nombre à une courbe d'indifférence, la manière la plus courante de procéder consiste à déterminer le revenu nominal minimal nécessaire au consommateur pour atteindre cette courbe d'indifférence.

Le graphique (a) de la figure 8.15 illustre la carte de préférences d'un consommateur pour des oranges et des pommes. Chaque orange coûte 2$ et chaque pomme 1$. L'ordonnée à l'origine de chaque droite budgétaire représente donc le revenu en dollars (équivalent au revenu réel en pommes) associé à cette droite. Par exemple, sur la droite la plus basse, il faut 8$ pour acheter 8 pommes. La même somme nous permet d'acheter 4 oranges à l'autre extrémité de la droite budgétaire. La seconde droite correspond à un revenu de 12$ et la dernière de 18$.

Nous voulons assigner une valeur d'usage à chacun des paniers. Pour ce faire, nous devons assigner un nombre à U_0, à U_1 et à U_2. Nous allons assigner à la courbe U_0 le revenu *minimal* dont doit disposer le consommateur pour atteindre cette courbe. On voit ici que, si le consommateur dispose de moins de 8$, il ne pourra s'offrir le panier B et il ne pourra certainement pas atteindre U_0. S'il a plus que 8$, par exemple 12$, il pourra s'offrir des paniers appartenant à des courbes plus hautes que U_0, par exemple, le panier A sur U_1. Avec 8$, le consommateur parvient tout juste à atteindre U_0 en achetant le panier B. On décrète donc que $U_0 = 8$$. On refait le même exercice pour établir que $U_1 = 12$$ et $U_2 = 18$$. On a

FIGURE 8.15 *La mesure de l'utilité*

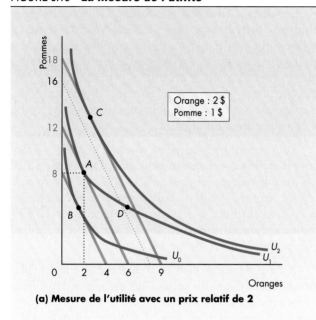

(a) Mesure de l'utilité avec un prix relatif de 2

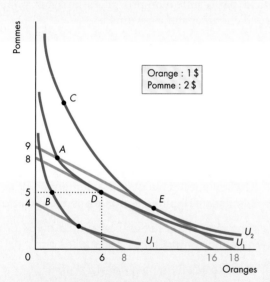

(b) Mesure de l'utilité avec un prix relatif de 2

Les deux graphiques illustrent la même carte de préférences. On peut assigner avec cohérence un niveau d'utilité à chaque courbe en calculant le revenu minimal nécessaire pour acheter un panier sur cette courbe étant donné les prix du marché. L'exercice est mené sur chacun des graphiques pour des conditions de marché différentes : au graphique (a), le prix relatif d'une orange est de 2 (1 orange vaut 2 pommes), alors qu'il est de ½ au graphique (b). On obtient ainsi deux mesures de l'utilité différentes, bien que tout aussi adéquates l'une que l'autre, pour classer les paniers.

Ces mesures nous permettent de déterminer le montant de la compensation monétaire qu'on doit verser au consommateur pour maintenir son niveau de vie en dépit d'une variation des prix.

construit une mesure précise de l'utilité : si un panier *A* a une plus grande utilité en dollars qu'un panier *B*, c'est bien parce que le consommateur préfère le panier *A* au panier *B*.

Même si nous avons trouvé une mesure non ambiguë de l'utilité, il est important de rappeler qu'il s'agit d'une mesure purement ordinale. Nous avons établi notre mesure alors que les oranges valaient deux fois le prix des pommes. Le graphique (b) montre les nombres que nous aurions obtenus si les pommes valaient deux fois le prix des oranges. Dans ce cas, il est plus facile de lire le revenu nominal associé à chaque droite budgétaire sur l'abscisse plutôt que sur l'ordonnée. À la droite la plus élevée, par exemple, correspond un revenu de 18 $, soit le nombre maximal d'oranges que le consommateur peut acheter au prix de 1 $ chacune.

Notez que la carte de préférences est exactement la même que celle du graphique (a) : on cherche à mesurer la même chose. Avec ces prix, toutefois, il en coûte maintenant 16 $ pour atteindre la courbe U_1. Cette nouvelle mesure est aussi valable que l'ancienne, car elle permet de faire les mêmes comparaisons : un panier *A* sera préféré à un panier *B* si son utilité en dollars est plus élevée. Mais on voit qu'on ne peut pas interpréter les degrés d'utilité exprimés en dollars.

Avec la première mesure, la différence d'utilité entre les paniers *A* et *B* (12 $ − 8 $ = 4 $) ne correspond qu'au 2/3 de celle entre les paniers *C* et *A* (18 $ − 12 $ = 6 $). Avec la seconde mesure, elle est quatre fois plus grande (16 $ − 8 $ = 8 $, par rapport à 18 $ − 16 $ = 2 $). On ne peut donc pas dire que, selon la première mesure, *C* est beaucoup plus utile que *A* et *B* (dont les utilités sont comparables), et que, selon la seconde mesure, *A* est beaucoup moins utile que *B* et *C* (qui ont à leur tour une utilité comparable). Même mesurée en dollars, l'utilité demeure une mesure ordinale.

La variation compensée

Mesurer l'utilité en dollars a des applications utiles. Le gouvernement cherche souvent à compenser certains consommateurs à la suite de changements de prix. Par exemple, dans la rubrique « Entre les lignes » du chapitre 5, nous avons vu que le gouvernement du Québec envisageait de hausser les tarifs d'électricité et de mettre en place des mesures compensatoires de 300 M $ pour protéger ceux qui n'ont pas les moyens de payer. Comment établir le montant de ces compensations ? C'est ce que nous allons voir.

Revenons au graphique (a) de la figure 8.15 et supposons que le consommateur dispose de 12 $. Il consomme donc le panier *A*, soit 8 pommes et 2 oranges, et atteint le niveau d'utilité U_1. Supposons maintenant que le prix des oranges et des pommes change et qu'on se retrouve dans la situation illustrée par le graphique (b). Le panier *A* coûte maintenant 18 $, de sorte que le consommateur ne peut plus se l'offrir. Son niveau de vie va nécessairement baisser à moins qu'on ne le compense au moyen d'une somme en argent pour lui permettre de faire face aux nouveaux prix.

Quelle est la compensation minimale qu'on doit verser au consommateur afin que son utilité ne change pas ? Une manière de s'assurer que le consommateur n'est pas perdant consiste à faire en sorte qu'il puisse continuer à acheter le même panier A qu'auparavant. Comme ce panier coûte maintenant 18 $, il faut, selon cette logique, ajouter 6 $ au revenu du consommateur pour lui permettre de maintenir son niveau de vie.

Mais avec 18 $ dans les poches et les nouveaux prix, le consommateur ne continuera pas à acheter le panier A. Il va plutôt acheter le panier E, qui lui procure plus d'utilité. Pour maintenir le consommateur au même niveau d'utilité U_1, il suffit de lui verser 4 $ afin de porter son revenu total à 16 $, soit le nombre assigné à U_1 avec la nouvelle mesure d'utilité évaluée aux nouveaux prix. Avec 16 $ en poche et les nouveaux prix, le consommateur achètera le panier D qui lui procure ni plus ni moins d'utilité que le panier A puisqu'ils appartiennent tous deux à la même courbe d'indifférence.

Nous avons établi la compensation adéquate à 4 $. Le calcul de cette compensation est précis parce que les mesures du bien-être que nous avons employées tiennent compte de la variation du pouvoir d'achat induite par la variation des prix. En déterminant sa demande, le consommateur *économise* en cherchant à obtenir le plus de satisfaction possible compte tenu des nouveaux prix. Le panier A comporte peu d'oranges et beaucoup de pommes : un bon choix lorsque les oranges coûtent deux fois plus cher que les pommes, mais un mauvais choix dans le cas contraire. On ne doit pas s'étonner que, au panier D comme au panier E, le consommateur ait diminué sa consommation de pommes et accru sa consommation d'oranges. Ce faisant, il réagit à la variation de son pouvoir d'achat en réajustant son TmS au nouveau rapport des prix, lequel est passé de 2 au graphique (a) de la figure 8.15 à ½ au graphique (b).

Le calcul de la compensation minimale doit tenir compte de cette réaction du consommateur aux nouveaux prix. Si ces derniers favorisent le consommateur, il faut envisager une compensation négative, c'est-à-dire une somme d'argent qu'on soustrait du revenu du consommateur afin de maintenir son utilité inchangée avant et après le changement de prix. Par exemple, on peut reprendre le même exemple, mais en supposant qu'on est initialement dans la situation (b) et que le consommateur dispose d'un revenu de 16 $. Les oranges et les pommes se vendent respectivement 1 $ et 2 $ pièce et le consommateur achète 6 oranges et 5 pommes (panier D).

Supposons maintenant que le prix des oranges double et que celui des pommes est diminué de moitié. La pente de la droite budgétaire devient alors plus abrupte, comme dans la situation (a). Avec 16 $ en poche et les nouveaux prix, la droite budgétaire devient la droite en pointillé. Le panier D n'est plus accessible, mais on voit qu'il y a maintenant beaucoup de paniers (entre les paniers A et C) qui sont accessibles et qui procurent plus d'utilité que le panier D. En l'absence de compensation, et même s'il ne peut plus consommer comme auparavant, le consommateur est gagnant.

Pour le maintenir au même niveau d'utilité U_1, il faudrait lui faire payer une compensation. De combien ? De 4 $, afin de réduire son revenu à 12 $, lequel constitue le revenu minimal dont il doit disposer pour atteindre le niveau d'utilité U_1 aux nouveaux prix. Avec 12 $ en poche, le consommateur choisit le panier A et maintient tout juste son niveau de vie à U_1.

Si nous avions procédé ainsi en début de chapitre plutôt qu'en recourant au surplus du consommateur, nous aurions pu déterminer correctement le prix de l'abonnement (la compensation) que Marielle devait payer pour bénéficier par la suite d'un prix plus avantageux pour ses séances d'entraînement au gymnase.

MINITEST 4

1. Comment appelle-t-on le panier de biens choisi par le consommateur ?

2. Quelles conditions caractérisent le panier de biens choisi par le consommateur ?

3. Qu'advient-il de la quantité demandée d'un bien normal quand le prix de ce bien baisse ?

4. On peut diviser l'effet d'une variation de prix en deux composantes. Lesquelles ?

5. Dans le cas d'un bien normal, l'effet revenu renforce-t-il l'effet substitution ou l'atténue-t-il ?

6. Dans quelle condition la valeur absolue de l'effet substitution est-elle relativement faible par rapport à celle de l'effet revenu ?

7. Peut-on mesurer l'utilité en dollars ? Précisez.

Réponses p. 253

 ## Les choix de consommation : nouvelles perspectives

La théorie de l'utilité appliquée aux choix du consommateur a été développée dans les années 1860 par

William Stanley Jevons. Celui-ci associait l'utilité à des sensations psychologiques de plaisir et de douleur, mais, dans la première moitié du XXᵉ siècle, les économistes ont réalisé qu'on pouvait fonder la théorie sur des bases purement logiques, comme nous l'avons fait ici, sans référence à des considérations psychologiques.

Jevons aurait bien voulu regarder à l'intérieur du cerveau humain pour mesurer comment la consommation influe sur le bien-être des gens. Il croyait que le cerveau représentait l'ultime boîte noire et que personne ne parviendrait jamais à l'observer directement. Pour les économistes modernes, s'introduire dans la tête des individus n'est pas nécessaire : la théorie ne met en cause que la capacité des gens à choisir de manière rationnelle, quelles que soient leurs motivations. Mais, pour Jevons, comme pour la plupart des économistes aujourd'hui, l'objectif de la théorie de l'utilité est d'expliquer nos actions et non pas ce qui se passe dans le cerveau.

Au cours des 150 dernières années, les sciences économiques se sont développées sans l'aide de la psychologie et sans se préoccuper des progrès réalisés dans cette discipline. Les deux sciences se donnent pour défi d'expliquer le comportement humain, mais elles emploient des moyens différents pour le faire.

Il y a bien quelques chercheurs qui ont entrevu les avantages qu'il y aurait à explorer les problèmes économiques à l'aide des outils de la psychologie. Ces chercheurs, certains formés en économie et certains en psychologie, estiment que le modèle du consommateur est fondé sur une conception du pouvoir de décision des gens qui attribue un rôle exagéré à la rationalité. Ils proposent une autre approche inspirée des méthodes de la psychologie.

D'autres chercheurs encore, certains formés en économie et certains en neurosciences, se servent d'outils récents pour explorer le cerveau humain et tenter d'ouvrir la « boîte noire » de Jevons.

Dans la présente section, nous proposons un bref aperçu de ces nouvelles méthodes qui suscitent l'enthousiasme en économie. Nous allons porter notre attention sur deux programmes de recherche apparentés :

- ◆ l'économie comportementale ;
- ◆ la neuroéconomie.

L'économie comportementale

En **économie comportementale**, on étudie comment les limites du cerveau humain en matière de capacité de calcul et de prise de décision rationnelle influent sur les comportements dans le domaine économique. On se penche autant sur les décisions que prennent les gens que sur les conséquences de ces décisions pour le fonctionnement des marchés.

Il s'agit d'une approche qui se fonde sur l'observation des comportements. On s'intéresse particulièrement aux anomalies – aux choix qui paraissent irrationnels. Et on s'efforce de rendre compte de ces anomalies grâce à certains concepts de la psychologie, en l'occurrence ceux définissant les particularités du fonctionnement mental qui entravent les choix rationnels.

En économie comportementale, on ne présume pas que les personnes poursuivent rationnellement la maximisation de leur utilité. On considère plutôt que trois entraves les empêchent de faire des choix rationnels. Ces entraves sont la rationalité limitée, la volonté limitée et l'intérêt individuel limité.

La rationalité limitée La rationalité est une faculté limitée par le pouvoir de calcul du cerveau humain. Nos facultés intellectuelles, aussi admirables soient-elles, ne nous permettent pas toujours d'aboutir à un choix rationnel.

Dans le cas de Marielle, qui doit choisir entre le cinéma et le gymnase, on imagine mal qu'elle n'arrive pas à se décider. Mais si un doute s'installe dans son esprit, il est possible qu'elle éprouve des difficultés. Par exemple, elle a lu le résumé de *Polytechnique* sur *canoe.ca*, mais veut-elle vraiment voir ce film ? Est-ce bien la meilleure manière d'accroître son utilité ? Les gens qui sont aux prises avec l'incertitude ont tendance à s'en remettre à des « recettes », à consulter leurs amis ou à se fier à leurs instincts, plutôt qu'à se fonder sur des raisonnements logiques.

La volonté limitée Nous prenons parfois des décisions, sachant, au moment de les prendre, que nous allons les regretter. La volonté est la faculté qui nous permet de renverser ces décisions. Toutefois, elle est aussi une faculté limitée, sujette à des défaillances.

Nous nous laissons parfois emporter par nos impulsions à nous procurer des biens même si cela signifie que nous devrons plus tard nous priver d'autre chose qui était pourtant prévu au budget. Dans ce cas, le choix rationnel serait de nous en tenir au budget établi. Mais nous n'avons pas toujours la volonté de le faire. Tantôt, nous résistons à la tentation, tantôt non.

L'intérêt individuel limité La poursuite de l'intérêt individuel se heurte aussi à des limites. C'est ainsi que nous renonçons parfois à nos intérêts propres pour aider les autres.

Une tempête hivernale s'abat sur la Côte-Nord et Marielle, prise de compassion pour les victimes, verse 10 $ lors d'une collecte de fonds à leur intention. Il ne lui reste maintenant que 70 $ à consacrer ce mois-ci au cinéma et au gymnase. Selon son barème, les quantités qu'elle achète ne sont pas celles qui maximisent son utilité.

VERSION PAPIER CONTRE VERSION ÉLECTRONIQUE

LE DEVOIR, 9 JANVIER 2010

LA POPULARITÉ DU LIVRE ÉLECTRONIQUE POURRAIT SE CONCRÉTISER EN 2010

L'arrivée de plusieurs nouveaux modèles de livres électroniques sur le marché en 2010 pourrait bien concrétiser la popularité de ce genre de produit, croient plusieurs experts.

Selon la Consumer Electronics Association des États-Unis, qui organise l'International Electronics Consumer Show qui se déroule actuellement à Las Vegas, quelque 2,2 millions de livres électroniques ont été vendus en 2009, soit quatre fois plus que l'année précédente.

Actuellement, le modèle le plus populaire est le Kindle, qui est offert par le géant du Web Amazon. Le Kindle, qui est en vente au Canada depuis quelques semaines seulement, coûte 259 $, contre 489 $ pour la version «de luxe» avec un écran plus large, le Kindle DX. Les deux appareils donnent accès à quelque 380 000 titres, certains étant offerts pour aussi peu que 10 $.

Au jour de Noël 2009, pour la première fois, Amazon a vendu plus de titres électroniques que papier.

Les autres grands joueurs, pour l'instant, sont le libraire Barnes & Noble et son livre électronique Nook, qui se vend 259 $US, et le géant japonais de l'électronique Sony, qui offre un modèle de base à 200 $US. ∎

LES FAITS EN BREF

● Les consommateurs ont maintenant accès à des livres électroniques coûtant seulement 10 $ dans certains cas, pourvu qu'ils se procurent un lecteur coûtant entre 200 et 260 $.

● Le Kindle d'Amazon donne ainsi accès à 380 000 titres.

● Le prix moyen d'un livre en papier au Québec est d'environ 20 $.

ANALYSE ÉCONOMIQUE

● Les livres en papier et les livres électroniques sont des biens substituts quoique, pour bien des gens, il s'agit de substituts médiocres.

● Pour un irréductible du livre en papier comme Zoé, il est difficile de compenser une réduction du nombre de livres en papier par une augmentation du nombre de livres électroniques dans son panier de consommation. Pour Zoé, le taux marginal de substitution entre le livre électronique et le livre en papier est très élevé comme l'illustre la pente des courbes d'indifférence qui forment sa carte de préférences (**figure 1**). Les courbes deviennent de plus en plus hautes lorsqu'on accroît le nombre de livres papier dans son panier vers la droite, mais un accroissement du nombre de livres électroniques a moins d'effet sur son bien-être.

● Ahmed pense différemment. Pour lui, un livre électronique peut facilement remplacer un livre papier. Il ne rejette pas ce dernier, lequel est plus pratique à la plage par exemple. Ses préférences dépendent en fait de sa consommation. Lorsqu'il consomme beaucoup de livres papier, il trouve pénible de les voir s'entasser dans son appartement. L'attrait du livre électronique lui apparaît évident et son utilité croît plus rapidement avec un livre électronique supplémentaire plutôt qu'un livre papier : ses courbes d'indifférence sont plutôt plates dans le coin inférieur droit de sa carte (**figure 2**) ; ainsi, lorsqu'il consomme le panier orange sur la courbe d'indifférence la plus basse, il peut gagner la courbe supérieure avec 5 livres papier supplémentaires (panier jaune) ou seulement 2 livres électroniques (panier vert). En revanche, lorsqu'il consomme beaucoup de livres électroniques, il perçoit mieux les mérites d'un bon vieux livre papier. Ses préférences ressemblent alors à celles de Zoé, et il se satisferait plus d'un livre papier supplémentaire plutôt que d'un autre fichier dans son lecteur ; ses courbes d'indifférence sont assez abruptes dans le coin supérieur gauche de sa carte.

● Tous deux ont un budget annuel de 320 $ à consacrer aux livres. Pour consommer des livres électroniques, il leur faut dépenser 240 $, qu'ils peuvent amortir sur deux ans (compte tenu de l'usure de l'appareil, de sa vétusté prévisible et des risques de perte), soit 120 $ par an.

● S'ils s'en tiennent aux livres papier, chacun peut se procurer 320 $/20 $ = 16 livres par an, soit le panier représenté par un point rouge et n'incluant aucun livre électronique.

● S'ils achètent le lecteur, le budget de livres est réduit à 320 $ − 120 $ = 200 $. Ils peuvent maintenant substituer des livres électroniques aux livres papier au taux de 2 pour 1, soit la pente de leur droite budgétaire orange : 2 livres électroniques à 10$ leur coûtent autant qu'un livre papier à 20 $.

● Avec le lecteur, Zoé choisit de consommer le panier au point bleu, qui n'inclut que 6 livres électroniques. Même si elle a acheté le lecteur, elle continue d'acheter 7 livres papier. Au total, elle retire de ce panier une satisfaction moins importante que si elle avait consacré le prix du lecteur à l'achat de livres supplémentaires au point rouge : le point bleu appartient à une courbe d'indifférence moins haute que le point rouge. Si l'on mesure sa valeur d'usage en livres papier (c'est ici possible parce que toutes les courbes d'indifférence croisent l'abscisse), l'utilité de Zoé *baisserait* de 16 à 14 livres papier (l'équivalent en livres papier, au point noir, de consommer 7 livres papier et 6 livres électroniques). L'option du lecteur a donc une valeur négative pour Zoé compte tenu des livres papier supplémentaires qu'elle pourrait se procurer en renonçant à son achat.

● Pour Ahmed, c'est différent. Même en achetant le lecteur, il a maintenant accès à un panier qu'il estime préférable à ce qu'il obtenait auparavant. Il réduit sa consommation de livres papier à 5 et il achète 10 livres électroniques. Ce panier au point bleu appartient à une courbe d'indifférence plus haute que celui au point rouge. Il le trouve donc plus avantageux et il choisit d'acheter le lecteur. En livres papier, l'achat du lecteur lui permet de réaliser un surplus correspondant à 20 − 16 = 4 livres papier (consommer 5 livres papier et 10 livres électroniques est équivalent pour lui à consommer 20 livres papier au point noir).

● Tout est affaire de prix : si le prix des livres électroniques baissait à 5 $, ils s'échangeraient sur le marché au taux de 4 pour 1. À ce taux, la droite brune délimiterait le nouvel ensemble budgétaire de Zoé et elle trouverait alors aussi avantageux d'acheter un lecteur : elle doublerait sa consommation de livres électroniques, ceux-ci passant à 12, et elle atteindrait ainsi une courbe d'indifférence plus haute que celle à laquelle appartient le point rouge, correspondant à une utilité de 18 livres papier au point vert. De la même manière, si le prix des lecteurs baissait suffisamment, sa droite budgétaire orange, qui délimite les paniers de livres accessibles une fois amorti le prix du lecteur, se déplacerait vers la droite et elle pourrait trouver avantageux d'acquérir le lecteur.

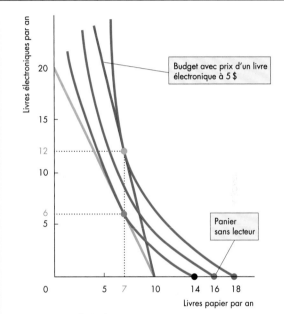

Figure 1 Le choix de Zoé

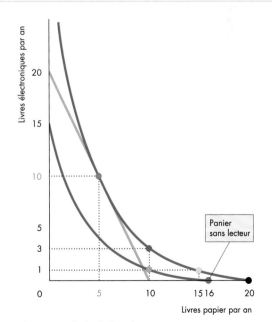

Figure 2 Le choix d'Ahmed

Les principales applications de l'économie comportementale sont dans le domaine des finances, où l'incertitude constitue un facteur clé de la prise de décisions, et dans le domaine de l'épargne, où l'avenir joue un rôle de premier plan (nous étudierons ces décisions dans le chapitre suivant).

Il existe toutefois un phénomène observé par les économistes du comportement qui a une portée générale et qui influe peut-être sur vos choix. Il s'agit de l'effet de dotation.

L'effet de dotation Les gens ont tendance à attribuer une plus grande valeur aux objets qui leur appartiennent et ce, simplement parce que ce sont les leurs. C'est l'effet de dotation. Si vous effectuez l'allocation de votre revenu de façon à maximiser l'utilité, le prix que vous consentez à débourser pour vous procurer un bien devrait égaler celui que vous consentez à accepter pour renoncer à un bien identique dont vous êtes déjà propriétaire.

Les sujets qui ont participé à des expériences dans ce domaine manifestent l'effet de dotation. Le prix qu'ils consentent à verser pour obtenir une tasse est moins élevé que celui qu'ils consentent à recevoir pour se défaire d'une tasse identique qui leur appartient. Selon les économistes du comportement, cette attitude contredit les prédictions du modèle du consommateur.

La neuroéconomie

La **neuroéconomie** est l'étude de l'activité cérébrale qui accompagne une prise de décision économique. Cette discipline utilise les concepts et les méthodes d'observation des neurosciences pour examiner les décisions économiques.

Il s'agit d'une discipline expérimentale. Ainsi, on soumet les sujets à un protocole expérimental où ils prennent une décision économique pendant qu'on observe et enregistre l'activité électrique ou chimique de leur cerveau au moyen d'appareils comme ceux qu'utilisent les neurochirurgiens pour diagnostiquer les troubles cérébraux.

Les observations fournissent des renseignements sur les parties du cerveau qui sont sollicitées à chaque étape de la prise de décision.

On a observé que certaines décisions économiques mettent à contribution la région du cerveau où nos souvenirs sont stockés, où nous analysons les données et où nous anticipons les conséquences de nos actions. (Cette région porte le nom de « cortex préfrontal ».) Si les gens prennent des décisions rationnelles, qui maximisent l'utilité, c'est dans cette région du cerveau qu'ils le font.

Toutefois, certaines décisions économiques font intervenir la région du cerveau où nous emmagasinons les souvenirs d'anxiété et de peur (région appelée « hippocampe »). Les décisions qui se prennent sous l'influence de cette partie du cerveau risquent davantage d'être irrationnelles et motivées par la peur ou la panique.

Les neuroéconomistes sont aussi en mesure d'observer les fluctuations de la quantité de dopamine, une hormone cérébrale qui devient plus abondante en réponse aux événements agréables et plus rare lorsqu'on éprouve une déception. Un jour, ces observations permettront peut-être aux neuroéconomistes de mesurer l'utilité et d'éclairer les rouages intérieurs de la fameuse boîte noire ultime.

La controverse

Les nouvelles méthodes d'analyse des choix de consommation, que nous venons de décrire brièvement, sont de plus en plus utilisées pour examiner les décisions qui se prennent dans le monde des affaires et sur le marché des capitaux. Les recherches qu'elles permettent sont appelées à se multiplier.

Cependant, l'économie comportementale et la neuroéconomie ont aussi des détracteurs. Comme Jevons, la plupart des économistes sont d'avis que l'objectif de leur discipline est d'expliquer les décisions que prennent les gens et qui se manifestent dans leurs actions. Ce qui se passe dans la tête des personnes ne relève pas de l'économie.

En outre, la plupart des économistes préféreraient analyser plus en profondeur les anomalies apparentes et tenter d'expliquer pourquoi ce ne sont pas des anomalies après tout. Enfin, ils rappellent que le modèle du consommateur est un instrument puissant grâce auquel ils peuvent expliquer les choix et la demande des consommateurs.

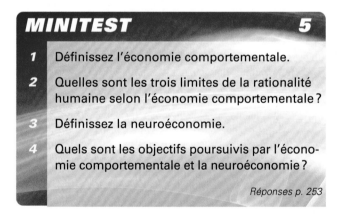

MINITEST **5**

1 Définissez l'économie comportementale.

2 Quelles sont les trois limites de la rationalité humaine selon l'économie comportementale ?

3 Définissez la neuroéconomie.

4 Quels sont les objectifs poursuivis par l'économie comportementale et la neuroéconomie ?

Réponses p. 253

Dans la rubrique « Entre les lignes » (p. 244), vous avez vu comment on peut employer le modèle du consommateur pour expliquer l'évolution du marché du livre électronique.

Les gens prennent bien d'autres décisions que celles qui concernent leur consommation courante de biens et services. Ils décident de travailler à temps plein ou à temps partiel, d'épargner ou d'emprunter pour acheter une maison, d'investir en bourse ou de placer leur argent dans des certificats d'épargne garantis. Dans le prochain chapitre, nous allons voir que le modèle du consommateur permet aussi d'analyser ces décisions.

Points clés

La mesure du bien-être (p. 220-222)

◆ On distingue deux types de mesures : les mesures cardinales et les mesures ordinales. Contrairement à ceux des mesures ordinales, les degrés des mesures cardinales procurent une information d'intensité. L'utilité est une mesure ordinale.

◆ Le surplus du consommateur n'est pas une mesure précise de l'utilité quand celle-ci est sensible aux variations du pouvoir d'achat.

◆ Le modèle du consommateur permet d'expliquer la demande individuelle. Ce modèle schématise le comportement du consommateur en l'assimilant à un problème d'optimisation (maximiser l'utilité) sous contrainte (choisir un panier qui satisfait la contrainte budgétaire).

Le budget (p. 222-225)

◆ La droite budgétaire trace la frontière supérieure de l'ensemble budgétaire, soit tous les paniers de biens qu'un ménage peut s'offrir compte tenu de son revenu et des prix des biens.

◆ Le point d'intersection de la droite budgétaire et de l'axe des ordonnées indique le revenu réel du ménage exprimé en quantité du bien mesuré en ordonnée. De même, le point d'intersection de la droite budgétaire et de l'axe des abscisses indique le revenu réel exprimé en quantité du bien mesuré en abscisse.

◆ La valeur absolue de la pente de la droite budgétaire indique le prix relatif du bien mesuré en abscisse exprimé en quantité du bien mesuré en ordonnée.

◆ Une variation du prix d'un des biens modifie la pente de la droite budgétaire. Une variation de revenu déplace la droite budgétaire, mais ne modifie pas sa pente.

Les préférences et les courbes d'indifférence (p. 225-233)

◆ On peut représenter les préférences d'un consommateur en traçant sa carte de préférences : ses courbes d'indifférence. Une courbe d'indifférence relie des paniers de biens qui procurent la même utilité au consommateur.

◆ Si les préférences du consommateur sont continues, monotones, convexes et rationnelles, ses courbes d'indifférence sont décroissantes, convexes et ne se croisent pas.

◆ Un consommateur préfère n'importe quel panier de biens situé au-dessus d'une courbe d'indifférence à tous ceux situés sur cette courbe ou en dessous.

◆ La valeur absolue de la pente d'une courbe d'indifférence s'appelle le taux marginal de substitution. Il s'agit du taux auquel on remplace une quantité du bien en ordonnée par une quantité du bien en abscisse sans que l'utilité du consommateur ne change, c'est-à-dire en demeurant sur la même courbe d'indifférence.

◆ Le taux marginal de substitution décroît à mesure que la consommation du bien mesuré en ordonnée diminue et que la consommation du bien mesuré en abscisse augmente.

◆ Les courbes d'indifférence sont d'autant moins convexes que les biens considérés sont de bons substituts.

L'analyse du comportement du consommateur (p. 233-242)

◆ La demande du consommateur correspond au panier de biens qu'il préfère parmi ceux qu'il peut s'offrir.

◆ La demande du consommateur se situe sur la droite budgétaire et sur la courbe d'indifférence la plus haute possible, au point où son taux marginal de substitution est égal au prix relatif.

◆ L'effet total d'une variation de prix peut se décomposer en un effet substitution et un effet revenu.

◆ L'effet substitution est l'effet d'une variation de prix sur les quantités demandées par le consommateur lorsqu'on ajuste son revenu de sorte que son utilité ne change pas.

◆ L'effet substitution entraîne toujours une augmentation de la demande du bien dont le prix relatif a baissé.

◆ L'effet revenu complète l'effet substitution. Il s'apparente à l'effet d'une variation du revenu sur la demande du consommateur.

◆ Dans le cas d'un bien normal, l'effet revenu renforce l'effet substitution ; dans le cas d'un bien inférieur, l'effet revenu s'exerce dans le sens contraire et atténue l'effet substitution.

◆ Plus les biens sont substituts, plus l'effet substitution est important.

◆ On peut mesurer avec précision l'utilité en calculant le revenu nécessaire minimal pour atteindre un niveau de satisfaction donné.

◆ On obtient une mesure différente selon les prix qu'on pose pour déterminer ce revenu. Toutes ces mesures concernent les mêmes préférences. Cela souligne le caractère ordinal de ces mesures.

◆ Ces mesures en dollars sont employées pour calculer la compensation à verser aux consommateurs afin de préserver leur bien-être à la suite d'une variation des prix.

Les choix de consommation : nouvelles perspectives
(p. 242-246)

♦ L'économie comportementale étudie les limites du pouvoir de calcul du cerveau humain et les entraves à la prise de décisions rationnelles.

♦ Certains choix de consommation s'expliquent par la rationalité limitée, la volonté limitée et l'intérêt individuel limité.

♦ La neuroéconomie emploie les concepts et les méthodes des neurosciences pour examiner l'activité que les événements et les choix économiques suscitent dans le cerveau humain.

Figures clés

Figure 8.2 La droite budgétaire (p. 223)

Figure 8.3 Les variations de prix et de revenu (p. 224)

Figure 8.4 La construction d'une courbe d'indifférence (p. 227)

Figure 8.5 La carte de préférences (p. 228)

Figure 8.6 Les mauvaises cartes de préférences (p. 230)

Figure 8.7 Le taux marginal de substitution (p. 231)

Figure 8.8 Le degré de substituabilité (p. 232)

Figure 8.9 Le meilleur panier possible (p. 234)

Figure 8.10 La variation de prix et la demande (p. 236)

Figure 8.11 La variation de revenu et la demande (p. 237)

Figure 8.12 L'effet substitution et l'effet revenu (p. 238)

Figure 8.14 Le degré de substituabilité et la variation de prix (p. 240)

Figure 8.15 La mesure de l'utilité (p. 241)

Mots clés

Carte de préférences Représentation graphique des préférences d'un consommateur. Ensemble des courbes d'indifférence de ce dernier (p. 229).

Combinaison de paniers Panier obtenu en additionnant des portions d'autres paniers qui somment à 1; par exemple, la moitié d'un premier panier, le tiers d'un second et le sixième d'un troisième (p. 227).

Compensation Montant qu'on doit verser au consommateur afin de le maintenir au même niveau de satisfaction à la suite d'une variation de prix. Il peut aussi s'agir d'un montant qu'on doit déduire du revenu du consommateur (p. 220).

Continuité Propriété des préférences à l'endroit de paniers formés de biens divisibles stipulant que, si on varie légèrement la quantité d'un premier bien de ce panier, on peut toujours compenser cette variation par une petite variation de l'autre bien en maintenant le consommateur en état d'indifférence (p. 226).

Convexité Propriété des préférences stipulant qu'un consommateur préfère toute combinaison de deux paniers entre lesquels il est indifférent à chacun de ces paniers. Cette propriété est équivalente à préférer toute combinaison de deux paniers (qu'il ne lui est pas nécessairement indifférent de se procurer) à celui des deux qu'il aime le moins (p. 228).

Courbe d'indifférence Ensemble de paniers de consommation qui procurent la même utilité au consommateur. Pour celui-ci, il est indifférent de se procurer un panier ou un autre sur la courbe (p. 226).

Droite budgétaire Ensemble des paniers qui épuisent le budget. Limite supérieure de l'ensemble budgétaire (p. 223).

Économie comportementale Étude de l'influence exercée sur les comportements dans le domaine économique par les limites du cerveau humain en matière de capacité de calcul et de prise de décision rationnelle. Les recherches portent sur les décisions que prennent les gens et sur les conséquences de ces décisions pour le fonctionnement des marchés (p. 243).

Effet revenu À la suite d'une variation de prix, part de la variation de la demande attribuable à une variation du pouvoir d'achat. Effet complémentaire à l'effet substitution (p. 238).

Effet substitution Effet d'une variation de prix sur la demande qui ne tient pas compte de la variation du pouvoir d'achat (p. 237).

Mesure cardinale Mesure numérique dont les degrés ont une valeur informative. La longueur en mètres, le poids en kilogrammes ou la température en degrés Celsius sont des mesures cardinales (p. 220).

Monotonicité Propriété des préférences stipulant que l'utilité qu'un consommateur accorde à un panier augmente lorsqu'on accroît la quantité de n'importe quel des biens qu'il inclut (p. 226).

Mesure ordinale Mesure numérique dont les degrés ne suggèrent qu'un classement sans indication d'intensité. La position dans une liste et l'utilité mesurée en dollars sont des mesures ordinales (p. 220).

Modèle du consommateur Explication schématisée des choix économiques des consommateurs (p. 221).

Neuroéconomique Étude de l'activité cérébrale qui accompagne une prise de décision économique (p. 246).

Panier de biens Énumération des quantités de chaque bien achetées par le consommateur au cours d'une période donnée (p. 222).

Préférences Goûts personnels d'un consommateur exprimés sous la forme d'un classement systématique des différents paniers qu'il peut éventuellement consommer (p. 225).

Prix relatif Rapport ou relation entre le prix d'un produit et le prix d'un autre produit ; le prix relatif est un coût de renonciation (p. 224).

Problème d'optimisation sous contrainte Problème général consistant à choisir le ou les « meilleurs » éléments parmi les éléments d'un ensemble qui respectent certaines contraintes (p. 222).

Rationalité Propriété des préférences d'un consommateur telle que si celui-ci préfère un premier panier à un second, et ce second à un troisième, alors il préfère le premier panier au troisième (p. 229).

Revenu réel Quantité d'un bien que le revenu d'un consommateur lui permet d'acheter ; revenu du consommateur exprimé en unités de biens et services qu'il peut se permettre d'acheter ; résultat de la division du revenu par le prix d'un bien donné (p. 224).

Taux marginal de substitution Taux auquel un consommateur est disposé à substituer une quantité d'un bien à une quantité d'un autre bien sans que son utilité ne change (c'est-à-dire en restant sur la même courbe d'indifférence). Valeur absolue de la pente de la courbe d'indifférence (p. 230).

Taux marginal de substitution décroissant Tendance du taux marginal de substitution à décroître le long de la courbe d'indifférence à mesure qu'augmente la consommation du bien représenté en abscisse et que diminue la consommation du bien représenté en ordonnée (p. 231).

Utilité Mesure numérique du bien-être procuré par la consommation d'un panier particulier. Valeur d'usage de ce panier (p. 220).

PROBLÈMES ET APPLICATIONS

1. Sarah a un revenu de 12 $ par semaine. Le maïs soufflé coûte 3 $ le sac, et le yogourt fouetté, 3 $ l'unité.

   a. Quel est le revenu réel de Sarah exprimé en yogourts fouettés ?

   b. Quel est le revenu réel de Sarah exprimé en maïs soufflé ?

   c. Quel est le prix relatif du yogourt fouetté exprimé en maïs soufflé ?

   d. Quel est le coût de renonciation d'un yogourt fouetté ?

   e. Calculez l'équation de la droite budgétaire de Sarah (en plaçant les sacs de maïs soufflé du côté gauche de l'équation).

   f. Construisez un graphique qui montre la droite budgétaire de Sarah avec le yogourt fouetté en abscisse.

   g. Dans le graphique que vous venez de tracer, quelle est la valeur de la pente de la droite budgétaire de Sarah ? Qu'est-ce qui détermine cette valeur ?

2. Le revenu de Sarah passe de 12 $ à 9 $ par semaine. Le prix du maïs soufflé se maintient à 3 $ le sac, et celui du yogourt fouetté, à 3 $ l'unité.

   a. Quel est l'effet de la diminution du revenu de Sarah sur son revenu réel exprimé en yogourts fouettés ?

   b. Quel est l'effet de la diminution du revenu de Sarah sur son revenu réel exprimé en maïs soufflé ?

   c. Quel est l'effet de la diminution du revenu de Sarah sur le prix relatif du yogourt fouetté exprimé en maïs soufflé ?

   d. Quelle est la pente de la nouvelle droite budgétaire de Sarah avec le yogourt fouetté en abscisse ?

3. Sarah a un revenu de 12 $ par semaine. Le prix du maïs soufflé passe de 3 $ à 6 $ le sac, et celui du yogourt fouetté se maintient à 3 $ l'unité.

   a. Quel est l'effet de l'augmentation du prix du maïs soufflé sur le revenu réel de Sarah exprimé en yogourts fouettés ?

   b. Quel est l'effet de l'augmentation du prix du maïs soufflé sur le revenu réel de Sarah exprimé en maïs soufflé ?

   c. Quel est l'effet de l'augmentation du prix du maïs soufflé sur le prix relatif du yogourt fouetté exprimé en maïs soufflé ?

   d. Quelle est la pente de la nouvelle droite budgétaire de Sarah avec le yogourt fouetté en abscisse ?

4.

L'ANNÉE EN MÉDECINE

La pseudoéphédrine est un des principes actifs de Sudafed, un médicament utilisé pour combattre les allergies. [...] On s'en sert couramment dans les labos clandestins pour produire de la méthamphétamine [...] Dorénavant, pour soulager ses symptômes au moyen de Sudafed, on devra s'adresser au pharmacien ou à un préposé, présenter une pièce d'identité avec photo et signer un registre. Il existe bien une solution de rechange, la phényléphrine; malheureusement, elle n'est pas aussi efficace.

Time, 4 décembre 2006

a. Tracez une courbe d'indifférence pour les médicaments Sudafed et phényléphrine en tenant compte des données de l'article.

b. Indiquez sur votre graphique les combinaisons préférées de ceux et celles qui souffrent d'allergies, les combinaisons moins satisfaisantes et celles qui procurent une égale satisfaction.

c. Expliquez la variation du taux marginal de substitution le long de cette courbe d'indifférence.

5. Tracez vos courbes d'indifférence pour les combinaisons de biens suivantes:

- Gants de la main gauche et gants de la main droite.
- Coca-Cola et Pepsi.
- Balles et bâtons de baseball.
- Tylenol et acétaminophène (nom générique du médicament dans Tylenol).
- Lunettes et lentilles cornéennes.
- Microordinateurs de bureau et microordinateurs portables.
- Skis et bâtons de ski.

a. Pour chaque combinaison, indiquez si les biens sont des substituts parfaits, des compléments parfaits ou ne font partie ni d'une catégorie ni de l'autre.

b. Dites ce qui caractérise la forme de chacune de vos courbes d'indifférence et expliquez la relation entre la forme et le taux marginal de substitution lorsque les quantités des deux biens varient.

6. Corinne a choisi la meilleure combinaison possible de biscuits et de bandes dessinées. Elle a consacré la totalité de son revenu à l'achat de 30 biscuits à 1 $ chacun et de 5 bandes dessinées à 2 $ chacune. Le mois prochain, le prix du biscuit descendra à 0,50 $ et celui de la bande dessinée grimpera à 5 $.

a. Corinne pourra-t-elle s'offrir 30 biscuits et 5 bandes dessinées le mois prochain?

b. Corinne choisira-t-elle d'acheter 30 biscuits et 5 bandes dessinées? Pourquoi?

c. Si Corinne n'achète pas les mêmes quantités de biscuits et de bandes dessinées que d'habitude le mois prochain, quel bien achètera-t-elle en plus grande quantité et quel bien achètera-t-elle en moins grande quantité?

d. Quand les prix vont changer le mois prochain, y aura-t-il à la fois un effet revenu et un effet substitution à l'œuvre, ou seulement l'un de ces effets? Expliquez votre réponse.

7. **LES FRIPERIES FONT DE BONNES AFFAIRES**

Voici une chaîne de magasins qui affirme, contrairement à la plupart des détaillants, que le ralentissement économique est l'occasion de faire de bonnes affaires. [Cette chaîne] vend des vêtements, des jouets et des meubles pour enfants. Les articles, de marques reconnues, sont usagés. [...] L'an dernier, le chiffre d'affaires de l'entreprise s'est élevé à 20 M $, une hausse de 5 % par rapport à l'année précédente. «Jusqu'ici cette année, les ventes ont déjà augmenté de 5 %.»

CNN, 17 avril 2008

a. Selon ce bulletin d'information, les vêtements usagés sont-ils des biens normaux ou des biens inférieurs?

b. Expliquez l'effet d'une baisse du prix sur la quantité de vêtements usagés que le consommateur achète quand son revenu ne change pas.

c. Décrivez l'effet substitution et l'effet revenu créés par une baisse du prix des vêtements usagés quand le revenu ne change pas.

d. Tracez un graphique qui illustre les courbes d'indifférence d'une famille pour les vêtements usagés et les autres biens et services.

e. Sur votre graphique, tracez deux droites budgétaires qui montrent l'effet d'une baisse du revenu sur la quantité de vêtements usagés que la famille achète.

8. **LE CANADA REÇOIT MOINS DE VISITEURS DES ÉTATS-UNIS EN RAISON DU DOLLAR ÉLEVÉ ET DU PRIX DE L'ESSENCE**

[...] Statistique Canada a annoncé aujourd'hui qu'au mois de juin, le nombre de résidents des États-Unis qui visitent le Canada est passé à 2,56 millions, une baisse de 16 % par rapport à l'année précédente. [...] Avant le rapport publié lundi, Ann Swerdfager, directrice des relations publiques du Stratford Shakespeare Festival à Stratford, en Ontario, a indiqué: «D'habitude, les visiteurs des États-Unis dépensent beaucoup d'argent ici, plus même que les Canadiens. Bien sûr, les ventes de billets ont diminué.» [...] La baisse la plus marquée a été observée dans le nombre de touristes américains qui viennent en voiture passer la journée. Selon les données, qui ne sont pas désaisonnalisées, on en compte 22 % de moins que l'an dernier. [...]

Bloomberg News, 18 août 2008

a. Décrivez le degré de substituabilité de l'essence et des billets du festival. Tracez une carte de préférence qui illustre votre propos.

b. Tracez une droite budgétaire pour l'essence et les billets du festival et indiquez le meilleur point possible.

c. Sur votre graphique, indiquez le déplacement du meilleur point possible sous l'action d'une hausse du prix de l'essence.

9. LE PRIX DE L'ESSENCE GRÈVE LES BUDGETS

[...] Beaucoup de gens affirment qu'ils sortent moins et qu'ils doivent réduire leurs dépenses pour rester à flot [...] Ils se servent le moins possible de la voiture, diminuent leurs achats, renoncent à manger au restaurant et se privent de ce qui n'est pas essentiel.

CNN, 29 février 2008

a. Tracez la droite budgétaire d'un ménage qui ne consomme que deux biens : l'essence et les repas au restaurant. Indiquez quelles combinaisons d'essence et de repas au restaurant sont abordables et quelles combinaisons sont inabordables.

b. Tracez une deuxième droite budgétaire qui montre comment une hausse du prix de l'essence modifie les combinaisons abordables et inabordables d'essence et de repas au restaurant. Décrivez ce qui advient des possibilités de consommation du ménage.

c. En quoi une hausse du prix de l'essence modifie-t-elle le prix relatif des repas au restaurant ?

d. En quoi une hausse du prix de l'essence modifie-t-elle le revenu réel exprimé en repas au restaurant ?

10. Rashid n'achète que des livres et des CD. La figure suivante illustre ses préférences.

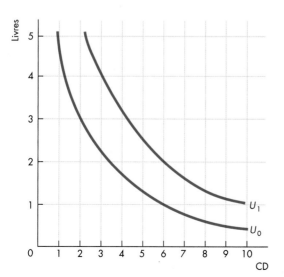

a. Si Rashid choisit 3 livres et 2 CD, quel est son taux marginal de substitution ?

b. Si Rashid choisit 2 livres et 6 CD, quel est son taux marginal de substitution ?

c. Les courbes d'indifférence de Rashid révèlent-elles un taux marginal de substitution décroissant ? Pourquoi ?

11. Sarah a un revenu de 12 $ par semaine. Le maïs soufflé coûte 3 $ le sac, et le jus de fruits, 1,50 $ la canette. La figure suivante illustre les préférences de Sarah.

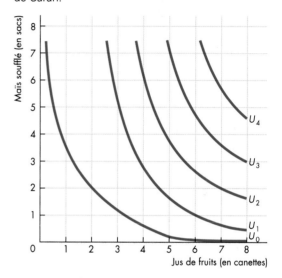

a. Quelles quantités de maïs soufflé et de jus de fruits Sarah achète-t-elle ?

b. Quel est le taux marginal de substitution au point où se situe la consommation de Sarah ?

12. Supposons maintenant qu'au problème n° 11 le prix du jus de fruits monte à 3 $ la canette, et que le prix du maïs soufflé et le revenu de Sarah restent les mêmes.

a. Quelles quantités de jus de fruits et de maïs soufflé Sarah achète-t-elle maintenant ?

b. Trouvez deux points qui permettent de repérer la courbe de demande de jus de fruits de Sarah. Tracez la courbe de demande de Sarah.

c. Quel est l'effet substitution de la variation de prix ?

d. Quel est l'effet revenu de la variation de prix ?

e. Le jus de fruits est-il un bien normal ou un bien inférieur ?

13. Vincent a choisi la meilleure combinaison possible de muffins et de cafés. Il a consacré la totalité de son revenu à l'achat de 10 muffins à 1 $ chacun et de 20 tasses de café à 2 $ chacune. Mais voici que le prix du muffin grimpe à 1,50 $ et que celui des cafés passe à 1,75 $ la tasse.

a. Vincent peut-il encore s'offrir 10 muffins et 20 cafés ?

b. Vincent choisira-t-il d'acheter 10 muffins et 20 cafés ? Pourquoi ?

c. Si Vincent n'achète pas les mêmes quantités de muffins et de cafés que d'habitude, quel bien achètera-t-il en plus grande quantité et quel bien achètera-t-il en moins grande quantité ?

d. Quand les prix changent, y a-t-il à la fois un effet revenu et un effet substitution à l'œuvre, ou seulement l'un de ces effets ? Expliquez votre réponse.

14.   **HAUSSES DU PRIX DE L'ESSENCE :**
        BEAUCOUP DOIVENT SE SERRER LA CEINTURE

Beaucoup [de gens] ont commencé à substituer des biens moins chers à ceux qu'ils achetaient jusque-là. Par exemple, on ne prend plus son café chez Starbucks mais chez McDonald's, ou encore on fait ses emplettes dans les magasins-entrepôts tels que Costco ou Sam's Club plutôt que chez l'épicier du quartier.

MSNBC, 20 mars 2008

a. L'augmentation du prix de l'essence pousse les consommateurs à substituer le café de McDonald's à celui de Starbucks. Dans ce cas, le café de McDonald's est-il un bien normal ou un bien inférieur ? Expliquez votre réponse.

b. Au moyen d'un graphique présentant une courbe d'indifférence et deux droites budgétaires, illustrez l'effet d'une hausse du prix de l'essence sur la quantité de café achetée chez McDonald's et chez Starbucks.

15.   **L'AUTOCUEILLETTE NE**
         SE LIMITE PAS AUX FRUITS

Profitant de leur situation à proximité des marchés de quartier et de l'intérêt croissant des consommateurs pour les fruits et légumes cultivés localement, de plus en plus de fermiers de Laval ont cessé de vendre leurs produits aux grossistes pour les offrir directement aux consommateurs, qui les trouvent sur des étalages au bord de la route ou en font eux-mêmes la cueillette.

Voici comment cela fonctionne. On se rend à la ferme, on prend quelques paniers à l'entrée, on parcourt les rangs de

légumes en voiture, on s'arrête pour cueillir ce qu'on veut, et on règle la note à la sortie.

Il y a 20 ans, la famille Sauriol était parmi les premières à offrir l'autocueillette sur ses terres. Auparavant, elle vendait tous ses produits aux grossistes. Elle a commencé par ouvrir ses portes à la cueillette libre des fraises ; puis, peu de temps après, elle a étendu le programme à une grande gamme de légumes. [...]

The Gazette, 30 août 2008

a. Quel est le rapport entre l'essence et les légumes qu'on se procure par autocueillette ?

b. Tracez la carte de préférence et la droite budgétaire d'un Québécois de façon à illustrer la meilleure combinaison possible d'essence et de légumes d'autocueillette.

c. Sur votre graphique, montrez l'effet d'une hausse du prix de l'essence sur la quantité d'essence et sur la quantité de légumes cueillis.

16. La taxe de vente provinciale est une taxe sur les biens. Certaines personnes disent que la TPS, qui porte sur les biens et les services, constitue une meilleure taxe. Supposons que toutes les taxes de vente provinciales sont remplacées par une TPS provinciale. Expliquez et illustrez au moyen d'un graphique les effets d'une telle mesure sur :

a. le prix relatif des livres et des coupes de cheveux ;

b. la droite budgétaire montrant les quantités de livres et de coupes de cheveux qui sont abordables pour vous ;

c. vos achats de livres et de coupes de cheveux.

17. Après avoir étudié la rubrique « Entre les lignes » (p. 244), répondez aux questions suivantes :

a. Comment achetez-vous vos livres ?

b. Tracez la droite budgétaire qui délimite les paniers de livres et de séances de cinéma que vous pouvez vous offrir compte tenu du budget que vous consacrez à ces biens.

c. Tracez votre carde de préférences à l'endroit des livres et des séances de cinéma.

d. Analysez comment votre demande de livres et de séances de cinéma changerait si l'on vous offrait un Kindle vous permettant d'acheter des livres à moitié prix.

RÉPONSES AUX MINITESTS

MINITEST 1 (p. 222)

1. Il s'agit d'une mesure ordinale. Celui qui a obtenu 80 % à l'examen ne sait pas vraiment deux fois plus de choses que celui qui a obtenu 40 %. Tout ce qu'on peut dire, c'est qu'il en sait plus.

2. Lorsque la valeur d'usage marginale d'un bien est sensible aux variations du pouvoir d'achat.

3. Le budget.

MINITEST 2 (p. 225)

1. Les paniers de biens qui épuisent le revenu.

2. Les prix relatifs influent sur la pente de la droite budgétaire, et le revenu sur la distance qui la sépare de l'origine.

3. Avec les billets en abscisse : $Q_M = 10 - \frac{1}{2} Q_A$. Avec les magazines en abscisse : $Q_A = 20 - 2 Q_M$.

4. Le prix relatif des magazines diminue. La pente de la droite budgétaire devient plus abrupte si les billets sont en abscisse, moins abrupte s'ils sont en ordonnée.

5. Le revenu réel augmente dans une même proportion et la droite budgétaire se déplace vers l'extérieur.

MINITEST 3 (p. 233)

1. La continuité, la monotonicité, la convexité et la rationalité.

2. Il suffit d'ajouter un tiers du premier panier à deux tiers du second.

3. Une courbe d'indifférence est un ensemble de paniers de biens qui procurent tous la même utilité au consommateur. Une carte de préférences regroupe plusieurs de ces courbes : on peut déterminer si un panier est préféré ou non à un autre selon la hauteur de la courbe à laquelle il appartient.

4. Elle est décroissante parce que les préférences sont monotones : si on baisse la quantité d'un bien, il faut augmenter celle de l'autre pour garder le consommateur indifférent. Elle est convexe à cause de la convexité des préférences : le consommateur préfère une combinaison de deux paniers équivalents (sur une corde liant ces paniers) à chacun de ces paniers. La courbe d'indifférence qui unit les paniers doit donc passer sous la corde, ce qui implique qu'elle est convexe.

5. La rationalité.

6. Le taux marginal de substitution.

7. Il diminue.

MINITEST 4 (p. 242)

1. Sa demande.

2. a) Le panier se situe sur la droite budgétaire ; b) il se situe sur la plus haute courbe d'indifférence possible ; c) le *TmS* est égal au rapport des prix.

3. Elle augmente.

4. Un effet substitution et un effet revenu.

5. Il le renforce.

6. Quand les biens sont fortement complémentaires.

7. Oui, mais on obtient quand même une mesure essentiellement ordinale.

MINITEST 5 (p. 246)

1. Étude du comportement économique qui tient compte des limites du cerveau humain en matière de capacité de calcul.

2. La rationalité limitée, la volonté limitée et l'intérêt individuel limité.

3. Étude de l'activité cérébrale qui accompagne une prise de décision économique.

4. Explorer les problèmes économiques à l'aide des outils de la psychologie et des neurosciences.

Le travail, l'épargne, le risque et la valeur

Les gens prennent bien d'autres décisions que celles qui concernent la façon de dépenser leur revenu en consommant des biens et services. Dans le modèle du consommateur que nous avons développé au chapitre précédent, nous expliquons avant tout *comment* les gens choisissent, sans nous attarder sur la nature des choix en question. Dans ce chapitre, nous allons voir que ce modèle peut être adapté pour étudier une foule de choix de toutes natures. Notamment, nous allons l'employer pour comprendre comment les préférences pour les loisirs déterminent l'offre de travail des consommateurs, comment leur patience pour retarder leur consommation détermine leur propension à épargner ou à emprunter, et comment leur attitude face au risque détermine la manière dont ils investissent. En fin de chapitre, nous verrons comment le modèle du consommateur a permis aux économistes d'expliquer l'origine de la valeur des biens.

Objectifs du chapitre

- ◆ **Prédire les effets des variations de salaire sur les choix travail-loisir**
- ◆ **Prédire les effets d'une variation du taux d'intérêt sur l'épargne**
- ◆ **Prédire les effets d'une variation du taux d'intérêt sur la prise de risque**
- ◆ **Expliquer l'origine des prix**

◆ Dans la rubrique « Entre les lignes » (p. 274), nous passerons en revue le cas de Georges et Gérard, deux Québécois en apparence semblables qui doivent investir 10 000 $ chacun dans leur REER.

Les choix relatifs aux heures de travail et de loisir

Chaque semaine, nous partageons les 168 heures dont nous disposons entre le travail, l'entretien du ménage, les sorties au cinéma et au gymnase, et ainsi de suite. Comment décidons-nous de l'allocation de notre temps ? Le modèle du consommateur nous aide à répondre à cette question.

La notion de préférences ne s'applique pas uniquement aux heures de gymnase, de cinéma, au popcorn et aux voitures. Nous avons aussi des préférences pour le temps que nous souhaitons consacrer à nos activités hors de la pure sphère économique ; ce qu'on appelle le temps consacré à nos **loisirs**. Par loisirs, nous entendons toute activité qui limite le temps alloué au travail rémunéré, comme les soins donnés aux enfants, le temps de bâtir une cabane de jardin ou le temps passé à la plage.

Grâce au modèle du consommateur, nous pouvons analyser la demande de loisirs comme celle de n'importe quel autre bien ou service. La demande de loisirs va nous permettre en retour de définir l'**offre de travail**, c'est-à-dire la relation entre le salaire et la quantité d'heures que les travailleurs sont prêts à offrir sur le marché du travail (sur ce marché, les travailleurs sont du côté de l'offre et les entreprises qui les embauchent sont du côté de la demande).

L'offre de travail

Plus nous consacrons de temps aux loisirs, plus notre revenu est faible. Nous voulons certainement disposer d'un bon revenu pour bénéficier des biens et services qu'il permet d'acquérir. Comme toujours, nous aimerions avoir beaucoup de loisirs et beaucoup d'argent, mais il faut faire des choix : plus nous passons de temps à travailler, moins nous avons de temps à consacrer à nos loisirs. La droite budgétaire revenu-temps décrit cette relation entre le loisir et le revenu.

Le graphique (a) de la figure 9.1 montre la droite budgétaire revenu-temps de Marielle. Si elle s'offre une semaine entière – 168 heures – de loisirs, Marielle a un revenu nul (point Z). En offrant du travail contre un salaire, elle peut échanger son temps contre un revenu le long de sa droite budgétaire revenu-temps. La pente de cette droite est déterminée par le salaire horaire. À un salaire de 5 $ par heure, la droite budgétaire revenu-temps de Marielle est celle qui a la pente la plus faible au graphique (a). À un salaire de 10 $ par heure, la droite budgétaire revenu-temps de Marielle est celle du milieu (orange foncé). Et à un salaire de 15 $ par heure, la droite budgétaire revenu-temps de Marielle est la plus abrupte.

Marielle s'offre des heures de loisir en ne travaillant pas pendant ces heures et en renonçant au revenu correspondant. Le coût de renonciation d'une heure de loisir est le salaire horaire qu'elle aurait gagné en travaillant.

Le graphique (a) de la figure 9.1 montre aussi la courbe d'indifférence revenu-loisir de Marielle. Celle-ci choisit la meilleure combinaison possible de revenu et de temps ; pour ce faire, elle procède de la même façon qu'elle le faisait pour choisir la meilleure combinaison possible de films et d'heures de gymnase. Elle atteint sa courbe d'indifférence la plus haute possible en choisissant le point où son taux marginal de substitution (la valeur de la pente de la courbe d'indifférence) est égal au salaire horaire. Le choix de Marielle dépend du salaire horaire qu'elle gagne. Si le salaire est de 5 $ par heure, Marielle choisit le point A et travaille 20 heures par semaine (168 − 148), pour un revenu de 100 $ par semaine. Si le salaire est de 10 $ par heure, Marielle choisit le point B et travaille 35 heures par semaine (168 − 133), pour un revenu de 350 $ par semaine. Et si le salaire est de 15 $ par heure, Marielle choisit le point C et travaille 30 heures par semaine (168 − 138), pour un revenu de 450 $ par semaine.

La courbe d'offre de travail

Le graphique (b) de la figure 9.1 présente la courbe d'offre de travail (OL) de Marielle. Cette courbe montre que si le salaire monte de 5 $ à 10 $ par heure, le nombre d'heures de travail de Marielle passe de 20 à 35 par semaine. Cependant, quand le salaire monte à 15 $ par heure, Marielle réduit à 30 heures par semaine sa quantité de travail.

L'offre de travail de Marielle est conforme à ce que l'on observe d'une manière générale. Au XIXe siècle, la semaine de travail moyenne était de 70 heures. Aujourd'hui, elle n'est plus que d'environ 35 heures. Plus les salaires ont augmenté au fil du temps, plus les heures de travail ont diminué, ce qui, à première vue, semble contradictoire. En effet, comme le salaire horaire est le coût de renonciation d'une heure de loisir, l'augmentation du salaire horaire augmente le coût de renonciation d'une heure de loisir, ce qui, en soi, entraîne une réduction des heures de loisir et une augmentation des heures de travail. Alors pourquoi la semaine de travail compte-t-elle moins d'heures à mesure que les salaires augmentent ? Parce que l'augmentation du salaire horaire augmente le revenu, et qu'une augmentation du revenu accroît la demande de tous les biens normaux. Le loisir étant un bien normal, la demande de loisir s'accroît à mesure que le revenu augmente.

L'augmentation du salaire produit à la fois un effet substitution et un effet revenu. Comme elle accroît le coût de renonciation du loisir, elle produit un effet substitution – le ménage renonce à des heures de loisir en échange d'un revenu accru. Mais comme elle accroît le revenu, l'augmentation du salaire produit également un effet revenu – le ménage demande davantage d'heures de loisir. Ce résultat du choix rationnel du ménage explique que la semaine de travail moyenne a raccourci constamment à mesure que le salaire moyen a augmenté.

FIGURE 9.1 *L'offre de travail*

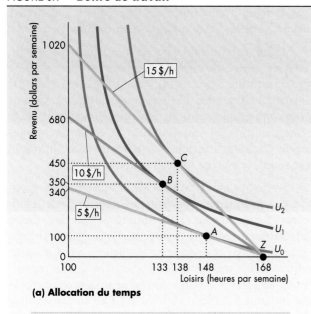

(a) Allocation du temps

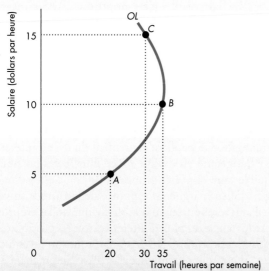

(b) Courbe d'offre de travail

Au graphique (a), si le salaire est de 5 $ par heure, Marielle s'offre 148 heures de loisir par semaine et travaille 20 heures (point *A*). Si son salaire monte de 5 $ à 10 $ par heure, Marielle réduit ses heures de loisir à 133 par semaine et accroît ses heures de travail, qui passent à 35 par semaine (point *B*). Mais si le salaire monte de 10 $ à 15 $ par heure, Marielle accroît ses heures de loisir, qui passent à 138 par semaine, et réduit ses heures de travail à 30 par semaine (point *C*).

Le graphique (b) montre la courbe d'offre de travail de Marielle ; les points *A*, *B* et *C* de cette courbe correspondent aux choix de Marielle sur la droite budgétaire du graphique (a).

L'augmentation des salaires a incité les ménages à utiliser une partie de leurs revenus accrus pour s'offrir un plus grand nombre d'heures de loisir.

En fonction de leurs préférences, les consommateurs choisissent comment répartir leur temps entre les loisirs et le travail. Ils consacrent du temps au travail afin d'obtenir un revenu et de pouvoir consommer. Mais, comme nous allons le voir, les consommateurs ont aussi la possibilité de choisir *quand* ils souhaitent consommer leur revenu.

Les choix relatifs à l'endettement et à l'épargne

Si la possibilité pour les consommateurs de se procurer des biens et services sur les marchés existe depuis des temps immémoriaux, celle de pouvoir épargner ou emprunter pour réallouer sa consommation dans le temps est relativement récente. Au Canada, par exemple, la fondation de la Société canadienne d'hypothèques et de logement, qui a permis le développement du marché hypothécaire, date du milieu du siècle dernier seulement. Sans emprunt, comment s'acheter une première maison ? Sans épargne, comment assurer notre retraite quand nous ne serons plus en mesure de travailler ? Le modèle du consommateur permet d'analyser les choix d'emprunt et d'épargne et, en particulier, de comprendre comment le taux d'intérêt influe sur ces choix.

La droite budgétaire intertemporelle

Nous avons, pour la plupart, des revenus assez prévisibles. Si nous conservons le même emploi, nous savons à quoi nous attendre l'an prochain. Si nous le perdons, nous bénéficions pendant un temps de l'assurance emploi et nous finissons habituellement par trouver un nouvel emploi. Ainsi, ce que nous avons, ce n'est pas *un* revenu, mais une suite, ou un profil, de revenus que nous recevons périodiquement.

Prenons un cas simple : Carl gagne 20 k$ cette année, mais il compte en gagner 30 k$ l'an prochain une fois terminée sa période de probation. Le découpage temporel de ses revenus est important : gagner 20 k$ cette année et 30 k$ l'an prochain n'est pas la même chose que gagner 50 k$ aujourd'hui et rien l'an prochain ou ne rien recevoir cette année et obtenir 50 k$ l'an prochain.

Selon le taux d'intérêt auquel Carl peut emprunter et épargner (nous supposons que toutes ces opérations se font au même taux), la suite de ses revenus détermine une **droite budgétaire intertemporelle**. La droite budgétaire intertemporelle précise comment Carl peut réallouer sa consommation dans le temps en empruntant ou en épargnant.

Examinons la figure 9.2. En abscisse, on trouve la consommation courante de Carl en dollars, et en ordonnée, sa consommation l'an prochain. Le panier noir représente sa situation actuelle : Carl reçoit 20 k$ cette année et 30 k$ l'an prochain. S'il n'emprunte ni n'épargne, il consommera 20 k$ cette année et 30 k$ l'an prochain.

Supposons maintenant que Carl puisse emprunter ou épargner au taux de 20 %. S'il épargne tout, il pourra consommer 30 k$ + 20 k$ × 1,20 = 54 k$ l'an prochain, soit l'ordonnée à l'origine de la droite budgétaire en orange pâle. Carl peut aussi emprunter en mettant en gage son revenu futur de 30 k$ pour assurer ses créditeurs qu'il va bien rembourser. Combien peut-il emprunter au maximum ? S'il emprunte 100 $, il doit rembourser 100 $ × 1,20 = 120 $; en usant de la règle de trois, s'il doit rembourser 120 $, il peut donc emprunter 120 $/1,20 = 100 $. Comme Carl peut rembourser au plus 30 k$, il peut emprunter au maximum 30 k$/1,20 = 25 k$. Donc, sa consommation courante ne doit pas dépasser 20 k$ + 25 k$ = 45 k$, soit l'abscisse à l'origine de la droite budgétaire en orange pâle.

Notez que, au taux de 20 %, recevoir 45 k$ aujourd'hui est équivalent à recevoir 54 k$ l'an prochain puisqu'en investissant 45 k$ aujourd'hui on obtiendra 45 k$ × 1,20 = 54 k$ l'an prochain. De même, en empruntant 45 k$ aujourd'hui, on devra rembourser 54 k$ l'an prochain. Ces deux montants représentent la **richesse intertemporelle** de Carl, exprimée en deux unités de mesure différentes : les dollars courants et les dollars futurs. La richesse intertemporelle d'un consommateur cumule tous ses revenus à venir en en ajustant l'importance selon le taux d'intérêt et la date à laquelle le revenu est reçu – plus tôt on détient ce dollar, plus tôt on peut l'épargner. Elle peut être exprimée en dollars courants ou dollars futurs, de la même manière qu'elle peut être exprimée en dollars américains ou en euros. C'est un concept important parce que plusieurs décisions du consommateur, telles que l'achat d'une maison, sont prises en fonction de sa richesse intertemporelle et non de son revenu courant.

L'épargne permet à Carl d'augmenter sa consommation dans le futur au prix d'une baisse de sa consommation dans le présent ; l'emprunt lui permet de faire le contraire. Bien sûr, Carl n'est pas obligé de tout épargner ni d'emprunter au maximum. Il peut modifier son profil de consommation cette année et l'an prochain à n'importe quel point de sa droite budgétaire intertemporelle.

Marielle substituait des heures d'entraînement au gymnase à des heures de cinéma à un taux correspondant au ratio du nombre d'heures de gymnase jugé équivalent par le marché à un nombre d'heures donné de cinéma. Ce taux correspondait à la pente de sa droite budgétaire. De la même manière, Carl peut substituer des dollars de consommation courante à des dollars de consommation future au taux auquel le marché les juge équivalents.

Quel est ce taux ? En baissant sa consommation courante de 1 $, il augmente sa consommation future de 1,20 $. Donc, 1 $ courant vaut 1,20 $ futur et la pente de sa droite budgétaire est égale à 1 + le taux d'intérêt de 20 %. La figure illustre deux opérations financières que Carl peut réaliser. Avec la première, il épargne 10 k$ qui lui rapportent 12 k$ l'année suivante. Il abaisse ainsi sa consommation courante à 20 k$ − 10 k$ = 10 k$ au panier bleu, mais accroît sa consommation future à 30 k$ + 12 k$ = 42 k$. Avec la seconde, Carl emprunte 20 k$ au taux de 20 % avec promesse de rembourser 24 k$ l'année suivante. Il accroît alors sa consommation courante à 20 k$ + 20 k$ = 40 k$ au point rouge, mais réduit sa consommation future à 30 k$ − 24 k$ = 6 k$.

L'effet d'une variation du taux d'intérêt

Les possibilités de substitution intertemporelle de la consommation dépendent clairement du taux d'intérêt. La droite budgétaire en orange foncé illustre ces possibilités lorsque le taux d'intérêt grimpe à 100 %, c'est-à-dire que chaque dollar épargné en rapporte deux l'année suivante et qu'il faut rembourser au double chaque dollar emprunté. Une telle hausse du taux d'intérêt accroît les possibilités de consommation future. S'il épargnait tout son revenu courant, Carl pourrait obtenir jusqu'à 70 k$ l'an prochain (l'ordonnée à l'origine). En contrepartie, la hausse du taux d'intérêt réduit les possibilités de consommation courante. Carl ne peut pas obtenir un prêt qui dépasse 15 k$, de sorte que sa consommation courante est réduite à 20 k$ + 15 k$ = 35 k$ (l'abscisse à l'origine).

Quel que soit le taux d'intérêt, le profil original de revenus appartient toujours à la droite budgétaire. Par exemple, dans la figure, le panier noir est au croisement des deux droites budgétaires tracées. Cela s'explique aisément : Carl peut certainement s'offrir un profil de consommation correspondant à celui qu'il aurait s'il ne faisait aucune opération financière. Plus subtilement : comme consommateur, Carl subit les conséquences des variations du taux d'intérêt. Si, par exemple, il souhaite emprunter, une hausse du taux d'intérêt est pour lui une mauvaise nouvelle. Mais Carl est partiellement protégé parce que les variations du taux d'intérêt influent aussi sur sa richesse intertemporelle.

Par exemple, dans la figure, on voit qu'une hausse du taux d'intérêt fait pivoter la droite budgétaire autour du panier noir dans le sens des aiguilles d'une montre, ce qui entraîne une diminution de la richesse intertemporelle exprimée en dollars courants sur l'abscisse. Quand le taux d'intérêt grimpe, les dollars courants prennent de la valeur par rapport aux dollars futurs : 1 $ courant s'échange contre davantage de dollars futurs. La baisse de la richesse en dollars courants de Carl s'explique par la baisse de la valeur relative des 30 k$ qu'il attend l'an prochain. Toutefois, si les dollars courants ont pris de la valeur, Carl en bénéficie aussi puisqu'il en détient 20 k$. Sa richesse courante ne pourra donc jamais baisser en deçà de 20 k$.

Les préférences temporelles

Même si les paniers bleu, noir et rouge de la figure 9.2 appartiennent à la même droite budgétaire, ces profils de consommation n'ont pas tous la même valeur d'usage pour Carl. Ils ne lui sont pas indifférents. Carl dispose d'une certaine richesse intertemporelle et il souhaite l'allouer comme il l'entend entre les différentes périodes. Carl a des **préférences temporelles**, c'est-à-dire que, entre deux profils de consommation, il est en mesure de dire lequel il préfère.

La figure 9.3 illustre les préférences temporelles de Carl. La droite de revenu étalé (en brun) regroupe tous les profils de consommation constants sur les deux périodes. Chaque courbe d'indifférence regroupe des profils qui ont la même valeur d'usage pour Carl. Par exemple, il est pour lui équivalent de dépenser 40 k$ cette année et 10 k$ l'an prochain (panier vert en bas à droite) ou 10 k$ cette année et 40 k$ l'an prochain (panier vert en haut à gauche).

On voit que les préférences temporelles de Carl sont monotones et convexes. Elles sont monotones parce que Carl aime toujours être en mesure de consommer plus en n'importe quelle période donnée (quitte à donner son argent aux pauvres si cela le rend plus heureux). Elles sont convexes parce qu'on présume que Carl préfère étaler sa consommation dans le temps.

Les préférences de Carl sont convexes parce que les profils situés sur la corde bleue reliant les deux profils verts (le côté supérieur du triangle bleu) lui procurent plus d'utilité que ces deux profils. Carl n'aime pas les profils mal équilibrés : il obtient en tout 50 k$ de chaque profil vert, soit en moyenne 25 k$ par période, mais il trouve que le panier bleu, qui lui procure vraiment 20 k$ à chaque période, est équivalent puisqu'il appartient à la même courbe d'indifférence.

Rappelez-vous que des préférences non convexes signifient qu'une personne favorise la consommation d'un des « biens » qu'elle peut s'offrir aux dépens de l'autre. Ici, des préférences non convexes signifieraient que Carl

FIGURE 9.2 *L'emprunt et l'épargne*

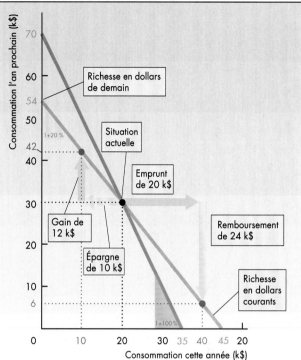

La situation financière actuelle de Carl est représentée par le panier noir. Carl dispose de 20 k$ cette année et recevra 30 k$ l'an prochain. Ce panier est au croisement de deux droites budgétaires intertemporelles qui diffèrent par leur pente, laquelle est égale à 1 plus le taux d'intérêt dans chaque cas. Supposons que le taux d'intérêt est de 20 % : cela signifie que 1 $ aujourd'hui vaut 1,20 $ demain ; on peut donc substituer des dollars d'aujourd'hui aux dollars de demain au taux de 1,20/1 = 1 + 20 %.

En épargnant, Carl peut choisir n'importe quel profil de consommation sur la partie gauche de la droite en orange pâle, c'est-à-dire en diminuant sa consommation courante pour augmenter sa consommation future. Par exemple, en épargnant 10 k$, il réduit d'autant sa consommation courante et il accroît sa consommation future de 10 k$ × 1,20 = 12 k$. Son nouveau profil au point bleu est de 20 k$ − 10 k$ = 10 k$ aujourd'hui, et de 30 k$ + 12 k$ = 42 k$ l'an prochain. Le maximum que Carl peut consommer l'an prochain apparaît sur l'ordonnée à l'origine, soit 54 k$.

En empruntant, il peut choisir n'importe quel profil de consommation sur la partie droite de la droite. Par exemple, en empruntant 20 k$, Carl peut élever sa consommation courante à 20 k$ + 20 k$ = 40 k$ aujourd'hui, mais il devra rembourser 20 k$ × 1,20 = 24 k$ l'an prochain, ce qui réduira sa consommation future à 30 k$ − 24 k$ = 6 k$ et le placera au point rouge. Le maximum que Carl peut consommer aujourd'hui apparaît sur l'abscisse à l'origine, soit 45 k$.

préfère toujours consommer le plus possible cette année ou l'année prochaine. Cela paraît peu plausible : s'ils le peuvent, la très grande majorité des gens préfèrent éviter de grandes variations de revenu. Par exemple, vous seriez heureux d'apprendre aujourd'hui que vous obtiendrez avec certitude 1 million de dollars l'an prochain (vos préférences

FIGURE 9.3 *Les préférences pour la consommation future*

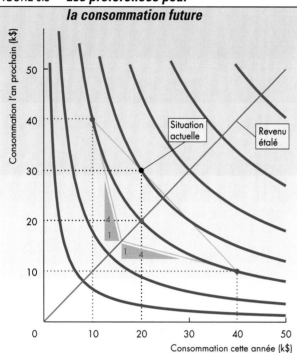

Ce graphique représente les préférences de Carl pour la consommation future et présente. On constate qu'il lui est indifférent de consommer 40 k\$ cette année et 10 k\$ l'an prochain (point vert inférieur), ou le contraire (point vert supérieur), ou encore de consommer 20 k\$ chaque année au point bleu sur la droite de revenu étalé.

La convexité des préférences indique que Carl préfère les profils de consommation plus étalés dans le temps. Autour de la droite de revenu étalé (où les profils de consommation sont constants dans le temps), Carl substitue de la consommation présente à de la consommation future au taux de 1 pour 1. Mais à mesure qu'on s'éloigne de la droite de revenu étalé, son *TmS* change et atteint 4 pour 1 et 1 pour 4 aux points verts.

Le triangle bleu illustre la symétrie qui caractérise ces préférences particulières. Les *TmS* aux deux points verts sont inversés. Carl y est disposé à échanger 4 \$ d'une période où il est riche contre 1 \$ d'une période où il est pauvre, qu'il soit riche dans le présent ou le futur. La même symétrie caractérise toutes les paires de points placés en miroir par rapport à la droite de revenu étalé.

sont monotones), mais vous vous empresseriez sans doute de passer à la banque afin d'obtenir une avance… auquel cas vos préférences temporelles sont convexes. Vous souhaitez étaler votre richesse intertemporelle dans le temps.

Même si vos préférences sont convexes, vous ne choisissez pas toujours d'égaliser votre consommation dans le temps. Nous allons voir que votre décision à cet égard dépend, entre autres, du taux d'intérêt. Mais elle peut aussi dépendre de vos goûts. Comme dans la fable *La cigale et la fourmi* de La Fontaine, certaines personnes sont pressées de jouir maintenant des plaisirs de la vie alors que d'autres préfèrent planifier des lendemains plus confortables.

Nous avons à dessein assigné à Carl des préférences temporelles exemptes de ces travers afin de mieux isoler plus loin l'effet du taux d'intérêt sur son comportement. En effet, le taux auquel Carl est prêt à substituer de la consommation future à de la consommation présente ne dépend que de l'étalement relatif de sa consommation dans le temps, que cela soit dans le présent ou dans le futur. Autrement dit, si Carl recevait le même revenu à chaque période, et s'il n'y avait aucun incitatif à emprunter ou à épargner, c'est-à-dire si le taux d'intérêt était nul, Carl ne souhaiterait ni emprunter ni épargner.

Cette particularité de ses préférences est apparente lorsqu'on considère les *TmS* de Carl aux points verts, qui correspondent aux pentes des deux côtés inférieurs du triangle bleu. Lorsqu'il consomme 10 k\$ cette année et 40 k\$ l'an prochain, il consent à substituer 4 \$ de consommation future à 1 \$ supplémentaire de consommation courante. Lorsque la situation est inversée, au point vert inférieur, il substitue 4 \$ de consommation courante à 1 \$ supplémentaire de consommation future. Dans les deux cas, il substitue les dollars quand il est riche aux dollars quand il est pauvre au *même* taux. Sur sa droite de revenu étalé, Carl substitue les dollars de consommation au taux de 1 pour 1. Carl est donc préoccupé par l'étalement de sa consommation dans le temps mais, à étalement donné, il est indifférent à consommer plus dans le présent ou dans le futur.

L'emprunt et l'épargne

Bien que Carl traite ici symétriquement la consommation présente et la consommation future, il souhaite étaler sa consommation. Selon la valeur du taux d'intérêt, cette motivation va induire chez lui un comportement d'emprunteur, lorsque le taux d'intérêt est faible, ou d'épargnant, lorsqu'il est élevé.

La figure 9.4 illustre le comportement de Carl lorsque le taux est de 20 %. Carl a initialement le profil noir : 20 k\$ cette année et 30 k\$ l'an prochain. En ce point, son *TmS* est plus élevé que la pente de sa droite budgétaire. Cela signifie que Carl accorde plus de valeur aux dollars courants que ne le fait le marché. Ainsi, il est prêt à sacrifier davantage de dollars futurs pour 1 \$ courant de plus. Il emprunte donc 2,5 k\$ sous promesse de rembourser 2,5 k\$ × 1,20 = 3 k\$ l'an prochain. Sa consommation courante monte à 20 k\$ + 2,5 k\$ = 22,5 k\$ cette année et baisse à 30 k\$ − 3 k\$ = 27 k\$ l'an prochain, soit le profil rouge.

Ce faisant, Carl a accru son utilité sur la courbe vert pâle et a accordé son *TmS* au taux auquel le marché substitue les dollars futurs et courants. Carl s'est aussi rapproché de la droite de revenu étalé puisque le ratio de sa consommation courante sur sa consommation future, soit 22,5 k\$/27 k\$ = 0,83, est plus près de 1 qu'il ne l'était

FIGURE 9.4   *L'emprunt*

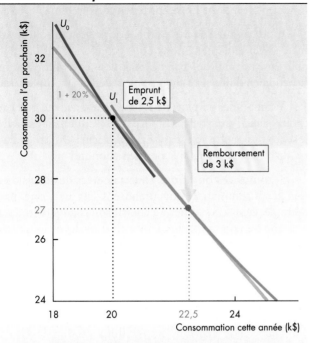

Les préférences représentées dans ce graphique correspondent à celles données à la figure 9.3. La droite budgétaire intertemporelle est la même que celle illustrée à la figure 9.2 pour un taux d'intérêt de 20 %. La situation financière initiale de Carl est indiquée par le panier noir. Son *TmS* y est plus élevé que la pente de la droite budgétaire, ce qui signifie que Carl accorde une valeur marginale plus grande à la consommation courante que ne le fait le marché. Il emprunte donc 2,5 k\$ afin d'augmenter sa consommation courante à 22,5 k\$, au panier rouge, quitte à devoir rembourser 3 k\$, soit le remboursement du capital de 2,5 k\$ plus les intérêts de 20 % × 2,5 k\$ = 500 \$, et à voir sa consommation future baisser à 30 k\$ − 3 k\$ = 27 k\$. En empruntant, Carl a ajusté son *TmS* au taux du marché et a accru son utilité.

FIGURE 9.5   *L'épargne*

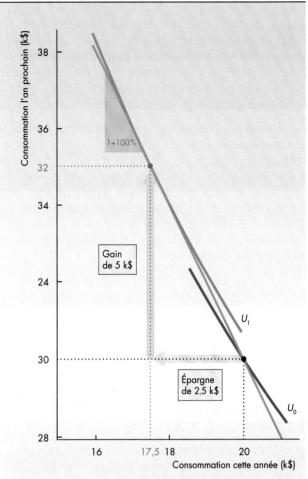

Si le taux d'intérêt devient suffisamment élevé, Carl se met à épargner, même si cela réduit davantage sa consommation courante. Les préférences sont les mêmes qu'auparavant, mais le taux d'intérêt est maintenant de 100 % : chaque dollar épargné en rapporte deux l'année suivante. À ce taux, son *TmS* au panier noir est inférieur à la pente de sa droite budgétaire, ce qui signifie que Carl accorde une valeur marginale plus faible à la consommation courante que ne le fait le marché. Il est donc disposé à échanger des dollars courants contre des dollars futurs : c'est-à-dire qu'il se met à épargner. Carl trouve avantageux d'épargner 2,5 k\$ en réduisant sa consommation courante d'autant à 17,5 k\$. Sa consommation future croît à 30 k\$ + 5 k\$ = 35 k\$. Carl a réalloué sa consommation dans le temps, de sorte que son *TmS* corresponde à la pente de sa droite budgétaire intertemporelle au panier bleu. À ce taux, épargner lui permet d'accroître son utilité.

initialement (20 k\$/30 k\$ = 0,66). Est-ce à dire que Carl, qui recevra plus l'an prochain, cherchera toujours à emprunter ? Non, pas plus qu'un amateur de foie gras n'est insensible à son prix, Carl ne cherchera à acquérir des dollars courants à tout prix. Autrement dit, si leur prix relatif augmente suffisamment, c'est-à-dire si le taux d'intérêt devient très grand, Carl va se mettre à vendre des dollars, c'est-à-dire qu'il deviendra un épargnant.

La figure 9.5 illustre la décision de Carl lorsque le taux d'intérêt grimpe à 100 %. Seule la pente de la droite budgétaire a changé par rapport à la figure 9.4 ; elle est passée de 1 + 20 % = 1,2 à 1 + 100 % = 2. À ce taux, le *TmS* de Carl à son profil initial (point noir) est maintenant inférieur au taux auquel le marché échange 1 \$ courant contre 1 \$ futur. Ce taux est extrêmement avantageux pour les épargnants : pour chaque dollar épargné, le marché en donne deux l'année suivante.

Même s'il souhaite étaler son revenu, Carl ne peut pas laisser passer cette chance. Il accroît son utilité en déséquilibrant davantage son profil de consommation. Il épargne 2,5 k\$, ce qui baisse ses dépenses courantes à 17,5 k\$ et augmente son budget futur à 35 k\$ au point bleu. À ce point, Carl a accordé de nouveau son *TmS* au taux du marché.

En passant de 20 % à 100 %, le taux d'intérêt a incité Carl à devenir épargnant plutôt qu'emprunteur. En fait, emprunter ou épargner sont deux manifestations d'un seul et même comportement économique, soit le désir de réallouer sa richesse intertemporelle dans le temps. Étant donné le taux d'intérêt, Carl souhaite prendre une position particulière concernant son profil de consommation. Quand le taux d'intérêt change, il réajuste cette position.

Quand Carl emprunte, il est un acheteur de dollars courants et un vendeur de dollars futurs ; quand il épargne, il devient un vendeur de dollars courants et un acheteur de dollars futurs. Ainsi, en variant le taux d'intérêt, on peut obtenir les demande et offre de crédit individuelles de Carl, comme nous l'avions fait pour la demande d'heures de gymnase de Marielle. En agrégeant un grand nombre de consommateurs, on obtient les demande et offre de crédit à l'échelle du marché.

MINITEST **2**

1 Pourquoi une hausse du taux d'intérêt diminue-t-elle la richesse intertemporelle du consommateur exprimée en dollars courants ?

2 Si le taux d'intérêt est de 10 %, à combien de dollars courants équivalent 10 $ futurs ?

3 Pourquoi le profil de revenus d'un consommateur appartient-il toujours à sa droite budgétaire intertemporelle, quel que soit le taux d'intérêt ?

Réponses p. 280

Nous venons de voir qu'il est possible de substituer de la consommation présente à de la consommation future, de la même façon qu'on substitue des heures de cinéma à des heures de gymnase, afin d'atteindre la plus haute courbe d'indifférence possible tout en satisfaisant une contrainte budgétaire. Nous allons maintenant voir qu'on peut adapter le modèle du consommateur et réinterpréter la notion de substitution afin d'analyser le comportement d'un individu qui doit choisir parmi plusieurs options aux conséquences incertaines.

◆ Les choix relatifs à la prise de risque

Nous épargnons et nous empruntons parce que nous sommes capables d'imaginer aujourd'hui ce que sera notre situation demain. Nous serions inquiets de savoir que l'indigence nous guette à la retraite. Mais ce n'est pas là la seule façon dont nous appréhendons l'avenir.

C'est connu, il est bien difficile de prévoir, surtout l'avenir… Non seulement nous nous projetons dans l'avenir pour faire nos choix d'épargne, mais nous envisageons notre situation en différentes circonstances dépendant du hasard.

Y aura-il des emplois dans le secteur d'activité que j'ai choisi quand j'aurai terminé mes études ? Comment pourrai-je acheter une autre voiture si j'ai un accident ? Qu'adviendra-t-il de mes placements si la bourse s'effondre ?

À toutes ces questions sont associées des décisions que le consommateur doit prendre. C'est ainsi que, par exemple, celui-ci est amené à choisir son champ d'études ; à assurer ou non sa voiture ; à investir dans des actions promettant un rendement élevé mais risqué ou dans des placements à rendement faible mais sûr comme les certificats de placement garanti. Ces décisions déterminent enfin des phénomènes économiques tels que la demande d'assurance ou la demande d'actions sur les marchés boursiers.

Dans cette section, nous allons étudier le choix de Véronique qui a 1 000 $ à placer. Il nous faudrait un modèle légèrement différent pour analyser sa demande d'assurance ou le choix de son champ d'études, mais les concepts généraux que nous allons présenter demeureraient les mêmes dans tous les cas.

L'investissement en bourse

La figure 9.6 illustre les différentes positions que peut prendre Véronique pour placer 1 000 $. Elle peut conserver l'argent dans son compte bancaire, mais elle n'en n'obtiendra alors aucun rendement. Elle peut aussi en investir une partie à la bourse, auquel cas elle obtiendra un rendement de 16 % si la bourse monte et elle perdra tout son capital si la bourse baisse (nous étudions une situation extrême).

Le graphique illustre la situation financière de Véronique selon que la bourse baisse (en abscisse) ou monte (en ordonnée). Véronique a initialement tout son argent à la banque au point noir. Si elle laisse tout son argent dans son compte bancaire, elle obtiendra ni plus ni moins que 1 000 $, et ce, que la bourse monte ou baisse. Ce point est donc sur la bissectrice de revenu certain qui regroupe tous les points qui ont la même composante en ordonnée et en abscisse.

En achetant des actions, Véronique peut changer ce profil de situations financières. Par exemple, si elle achète 275 $ d'actions, la valeur de son portefeuille grimpera de 275 $ × 16 % = 44 $, si la bourse monte, et chutera de 275 $ × 100 % = 275 $ si la bourse baisse. Elle se sera donc déplacée au point bleu où elle obtient 1 000 $ + 44 $ = 1044 $ si la bourse monte, et 1 000 $ − 275 $ = 725 $ si la bourse baisse.

FIGURE 9.6 *L'investissement en bourse*

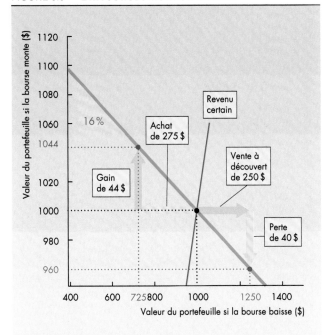

Véronique dispose de 1 000 $ qu'elle peut investir en bourse, en tout ou en partie. Si la bourse monte, Véronique obtient un rendement de 16 % sur le montant qu'elle a investi. Si elle baisse, elle perd tout son capital, c'est-à-dire qu'elle obtient un rendement de −100 %. En investissant, Véronique peut donc augmenter sa richesse lorsque la bourse monte, mesurée en ordonnée, ou diminuer sa richesse mesurée en abscisse lorsqu'elle baisse.

Les différentes positions financières que peut prendre Véronique sont représentées par une droite budgétaire dont la pente correspond au ratio des rendements 16 %/−100 % = −16 %. En investissant, Véronique peut obtenir n'importe quel profil à la gauche de cette droite jusqu'à concurrence de 1 000 $ × 1,16 = 1 160 $ si elle investit tout ; sa richesse en cas de baisse est alors réduite à zéro. Le graphique illustre un cas où Véronique investit 275 $ au point bleu dans l'espoir de faire un gain de 16 % × 275 $ = 44 $. Si elle a de la chance, sa richesse grimpera à 1 000 $ + 44 $ = 1 044 $; sinon, elle obtiendra 1 000 $ − 100 % × 275 $ = 725 $. En n'investissant pas, Véronique demeure au point noir sur la ligne de revenu certain où le montant de sa richesse demeure indépendant du résultat boursier.

Véronique peut aussi prendre une position lui assurant une plus grande richesse en cas de baisse en vendant à découvert. Pour atteindre le point rouge, Véronique vend à découvert pour 250 $ d'actions, c'est-à-dire qu'elle emprunte des actions qu'elle s'empresse de vendre sous la promesse de les rendre une fois le résultat boursier connu. Si la bourse monte, Véronique perd : elle doit racheter les actions qu'elle n'a plus pour les rendre, mais celles-ci valent maintenant 16 % plus cher. La figure illustre un cas où Véronique a emprunté pour 250 $ d'actions qu'elle doit racheter ensuite à 250 × 1,16 = 290 $. Elle a donc perdu 40 $, soit 16 % de 250 $. Si la bourse baisse, les actions ne valent plus rien : Véronique n'a rien à rembourser et sa richesse s'est accrue de 250 $. Elle a donc 1 000 $ − 40 $ = 960 $ dans le premier cas (en ordonnée) et 1 000 $ + 250 $ = 1 250 $ dans le second (en abscisse).

En variant le montant qu'elle investit en bourse, Véronique peut prendre n'importe quelle position à gauche du point noir sur la droite orange passant par les points noir et bleu. Chaque dollar investi lui fait perdre 1 dollar (−100 %) en cas de baisse et gagner 16 ¢ (16 %) en cas de hausse. Elle se déplace donc vers la gauche le long d'une droite de pente 16 %/−100 % = −16 %, tel que le triangle orange l'indique en valeur absolue. C'est à ce taux, de 1 $ en cas de baisse contre 16 ¢ en cas de hausse, que le marché boursier lui permet de réaménager la valeur de son portefeuille dans les deux éventualités.

En investissant, Véronique prend une position plus risquée puisque la valeur de son portefeuille au point bleu dépend maintenant de l'état du marché. Elle s'est éloignée de la droite de revenu certain, et son portefeuille vaut maintenant plus quand la bourse monte que lorsqu'elle baisse.

La vente à découvert

Véronique peut se déplacer à la droite du point noir initial le long de la droite orange par le biais d'une **vente à découvert**. La vente à découvert consiste à vendre des actions que l'on ne détient pas (on les emprunte temporairement) pour les racheter (afin de les rendre) une fois l'incertitude résolue sur les marchés. C'est une opération profitable si l'on croit que la valeur des actions va baisser puisqu'on les vend alors à un prix plus élevé que celui auquel on les rachète.

La figure illustre l'effet d'une vente à découvert de 250 $. Si la bourse baisse, comme l'espère Véronique, les actions ne vaudront plus rien et il ne lui en coûtera rien pour les acheter afin de les rendre : elle aura gagné les 250 $ que lui auront rapportés la vente initiale. Si la bourse monte, Véronique devra racheter les actions 16 % plus cher qu'elle les a initialement vendues : elle aura donc perdu 250 $ × 16 % = 40 $. Au total, son portefeuille vaudra 1 000 $ + 40 $ = 960 $ si la bourse monte, et 1 000 $ + 250 $ = 1 250 $ si la bourse baisse, soit le point rouge. En variant le montant de sa vente à découvert, Véronique peut prendre n'importe quelle position à droite du point noir.

Il est donc possible pour Véronique de substituer à loisir des dollars dans la perspective que la bourse monte et des dollars dans la perspective que la bourse baisse, à un taux déterminé par le ratio des rendements de la bourse dans chaque circonstance, c'est-à-dire 16 %/−100 %.

Pourquoi Véronique s'exposerait-elle ainsi dans un sens ou dans l'autre ? Parce que cela peut être avantageux si elle est persuadée que la bourse va monter. Mais pour répondre plus précisément à cette question, il nous faut considérer ses préférences à l'égard des différentes positions risquées qu'elle peut prendre.

Les préférences pour le risque

Nous venons de voir que Véronique peut choisir parmi différents profils de valeurs de portefeuille, c'est-à-dire parmi les différents points de la figure 9.6. Il est tout à fait naturel de présumer que Véronique puisse exprimer des préférences à l'égard de ces différents profils. Toutefois, contrairement au cas des préférences pour le temps, la description de ces profils ne résume pas toute l'information dont Véronique a besoin pour faire son choix.

En particulier, il est évident que les préférences de Véronique vont dépendre des probabilités que la bourse monte ou baisse. Si elle est convaincue que la bourse va monter, il lui apparaîtra plus avantageux d'acheter des actions que de vendre à découvert. Si elle est convaincue du contraire, elle préférera vendre à découvert.

Supposons que, selon Véronique, il y a 90 % de chances que la bourse monte et 10 % de chances qu'elle baisse. Ces probabilités peuvent s'exprimer par une cote, soit le ratio de la probabilité que la bourse baisse sur la probabilité que la bourse monte. La cote est ici de $10\%/90\% = 1/9$.

La cote doit apparaître sur la carte des préférences de Véronique lorsque l'on considère son *TmS* aux points où elle n'est pas exposée au risque, c'est-à-dire lorsqu'elle occupe une position le long de la droite de revenu certain.

Considérons la carte de préférences de Véronique représentée à la figure 9.7. En tout point de la ligne de revenu certain, Véronique doit substituer les dollars en cas de hausse et les dollars en cas de baisse avec un *TmS* égal à la cote de 1/9.

Supposons qu'on vous propose de vous verser $X\$$ chaque fois qu'un dé bien équilibré à 10 faces tombe sur un chiffre différent du 1. S'il tombe sur le 1, vous devez payer 1 $. Quel est le montant minimum $X\$$ pour lequel vous devriez accepter de jouer ?

Vous devriez accepter de jouer si vous gagnez plus que vous ne perdez en moyenne. En moyenne, vous gagnez $9/10 \times X\$$ et vous perdez $1/10 \times 1\$$. Il faut donc que $X\$$ soit égal à $1/9\$$ pour qu'il vous soit indifférent de jouer ou non. C'est donc que vous êtes prêt à substituer $1/9\$$ en cas de gain à 1 $ en cas de perte. Votre *TmS* est égal à $(1/9\$)/1\$ = 1/9$, soit égal à la cote de $(1/10)/(9/10) = 1/9$.

Cette exigence est seulement valable pour de petits montants. À mesure que les enjeux augmentent, il est tout à fait naturel pour Véronique de refuser de jouer à moins qu'on ne compense les risques qu'elle prend.

Dans la figure, on a tracé la ligne de cote tangente au point noir qui caractérise la situation initiale de Véronique : 1 000 $ à la banque. Toutes les positions le long de la ligne de cote procurent la même richesse en moyenne, mais elles deviennent de plus en plus risquées

FIGURE 9.7 *Les préférences pour le risque*

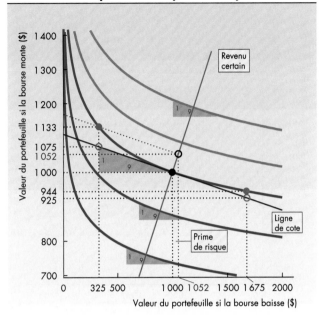

Cette figure illustre les préférences de Véronique pour les différentes positions qu'elle peut prendre sur le marché. Au point noir, elle obtient 1 000 $ quoi qu'il arrive. En ce point, comme en tous ceux de la droite de revenu certain, son *TmS* est égal à la cote, soit le ratio de la probabilité que la bourse baisse sur la probabilité qu'elle monte. Véronique pense que la bourse va baisser avec une probabilité de 10 % et va monter avec une probabilité de 90 %, soit une cote de $10\%/90\% = 1/9$.

Lorsque la prise de risque devient grande d'un côté ou de l'autre de la ligne de revenu certain, la cote ne change pas mais le *TmS* de Véronique change, ce qui reflète son aversion pour le risque. Elle accepte ainsi d'acheter pour 675 $ d'actions si elle peut réaliser un gain de $1\,133\$ - 1\,000\$ = 133\$$ lorsque la bourse monte (au point bleu), soit plus que les 75 $ que requiert la cote de 1 pour 9 (au cercle bleu). De même, elle accepte de vendre 675 $ d'actions à découvert seulement si elle peut les racheter à 741 $ plutôt qu'à 750 $, de sorte que sa perte, si la bourse monte, se limite à $741\$ - 675\$ = 66\$ = 1\,000\$ - 944\$$ (au point rouge) plutôt que les $75\$ = 750\$ - 675\$ = 1\,000\$ - 925\$$ (au cercle rouge) que requiert la cote de 1 pour 9.

Le gain moyen supplémentaire qu'elle réalise est appelé la prime de risque et est ici rapporté sur la droite de revenu certain pour le point bleu. Plus les primes de risque sont élevées, plus Véronique manifeste de l'aversion pour le risque et plus ses courbes d'indifférence sont convexes par rapport à la ligne de cote.

à mesure que l'on s'éloigne d'un côté ou de l'autre de la ligne de revenu certain. Ainsi, la position au cercle bleu rapporte en moyenne

$$10\% \times 325\$ + 90\% \times 1\,075\$ = 1\,000\$,$$

soit le même montant qu'au point noir et qu'au cercle rouge :

$$10\% \times 1\,675\$ + 90\% \times 925\$ = 1\,000\$.$$

Mais pourquoi Véronique prendrait-elle le risque de perdre 675 $ en cas de baisse en investissant autant, si c'est pour obtenir en moyenne le même montant (1 000 $) qu'elle peut s'assurer en gardant son argent à la banque ? Autrement dit, est-ce que la chance de gagner 75 $ au cercle bleu vaut le risque d'en perdre 675 $? Probablement pas. Pour que Véronique accepte d'investir 675 $, il faudra lui promettre un meilleur rendement en cas de gain. Selon la figure, il ne lui sera indifférent d'investir ou non que si elle peut espérer recevoir 133 $ en cas de gain, de sorte que sa position soit au point bleu.

Pour Véronique, il est équivalent (1) de risquer 675 $ dans l'espoir d'en gagner 133 $ ou (2) de ne pas investir et de ne faire aucun gain ni perte au point noir. En investissant au point bleu, Véronique réalise maintenant un gain moyen de

$$10\,\% \times -675\,\$ + 90\,\% \times 133\,\$ = 52\,\$$$

qui est rapporté sur la droite de revenu certain. Autrement dit, pour accepter d'investir au point bleu, Véronique exige un gain moyen de 52 $ par rapport à sa situation initiale. Ce gain moyen est appelé la **prime de risque**.

En vendant à découvert au point rouge, Véronique prend aussi un risque, mais il est moins important parce qu'elle peut perdre au plus 16 % sur le capital qu'elle investit. Il est donc naturel que la prime de risque (non illustrée) qu'elle demande pour prendre cette position soit moins élevée.

Plus Véronique demande une prime de risque élevée, plus elle manifeste de l'**aversion pour le risque**. Il lui faut une compensation moyenne plus importante pour les risques qu'elle court. Autrement dit, elle n'est pas prête à prendre autant de risques pour une prime donnée. À l'examen de la figure, on voit que si Véronique avait demandé une prime de risque plus grande que 52 $, c'est que le point bleu aurait été plus haut dans le graphique et que sa courbe d'indifférence passant par les points noir et bleu aurait été plus convexe. On peut faire la même observation à propos du point rouge.

Donc, plus une personne manifeste de l'aversion pour le risque, plus ses courbes d'indifférence pour les différentes positions sont convexes par rapport à la ligne de cote, et plus vite son *TmS* en ces positions diverge de la cote donnée sur la droite de revenu certain, en devenant plus abrupt que la cote dans le cas d'un achat d'actions et moins abrupt que la cote dans le cas d'une vente à découvert.

La demande de titres boursiers

Maintenant que nous comprenons comment Véronique peut choisir une position sur le marché boursier et comment ses préférences à l'égard de ses positions sont structurées, il est facile de dériver sa demande de titres boursiers

en superposant, comme précédemment, le graphique 9.6 représentant sa droite budgétaire au graphique 9.7 représentant ses préférences.

Au graphique (a) de la figure 9.8, le rendement des actions lorsque la bourse monte est relativement faible à 8 %. Dans ces conditions, le *TmS* de Véronique au point noir est plus élevé que la pente de sa droite budgétaire. Comme ce point est sur sa ligne de revenu certain, son *TmS* est égal à la cote de 1 pour 9 qui représente sa perception des chances relatives que la bourse baisse. Véronique estime que 1 $ en cas de hausse (probable à 90 %) vaut 9 $ en cas de baisse (probable à 10 %). Pour le marché, 100 $ de perte en cas de baisse méritent 8 $ de gain en cas de hausse, soit un rendement de 8 %, ou encore 100/8 $ = 12,50 $ de perte en cas de baisse méritent 1 $ de gain en cas de hausse.

Un dollar en cas de hausse vaut donc plus pour le marché que pour Véronique (12,50 $ contre 9 $). Celle-ci est donc disposée à échanger des dollars en cas de hausse contre des dollars en cas de baisse, ce qu'elle réalise en vendant à découvert. Ce faisant, elle s'expose davantage au risque et le taux auquel elle substitue les dollars dans les deux cas se met à décroître. Véronique vend 350 $ d'actions à découvert pour prendre la position au point rouge où son utilité est plus élevée. Si la bourse monte, elle rachète les actions au prix de 350 $ × 1,08 = 378 $ et essuie une perte de 378 $ − 350 $ = 28 $. Si la bourse baisse, les actions n'ont plus de valeur (rendement supposé ici de −100 %) et elle conserve les 350 $ obtenus de leur vente.

Le graphique (b) illustre le même problème mais avec des taux de rendement plus élevés. Avec un rendement de 20 %, le marché compense 100/20 $ = 5 $ en cas de baisse par 1 $ en cas de hausse. Au point noir, Véronique estime que 9 $ en cas de baisse valent 1 $ en cas de hausse. Elle accorde donc plus de valeur aux dollars en cas de hausse que le marché, comme l'indique son *TmS* inférieur à la pente de sa droite budgétaire.

Pour accorder ses préférences marginales avec celles du marché et accroître son utilité, Véronique achète 400 $ d'actions, ce qui diminue d'autant la valeur de son portefeuille en cas de baisse. Si la bourse monte, ses actions valent maintenant 400 $ × 1,20 = 480 $, une somme qui s'ajoute aux 600 $ qu'elle avait conservés par prudence en argent (au point bleu). La figure illustre aussi le choix de Véronique au point vert lorsque le rendement s'élève à 16 %. Elle n'investit alors que 275 $.

Le modèle du consommateur que nous avons développé au chapitre 8 s'est révélé adéquat pour comprendre la décision de travailler, d'épargner ou d'investir en bourse. Il existe en fait un lien étroit entre ce modèle et toute l'entreprise de la réflexion économique. Une des définitions les plus célèbres de la discipline est due à l'anglais Lionel Robbins qui écrivait dans les années trente :

FIGURE 9.8 *La demande de titres boursiers*

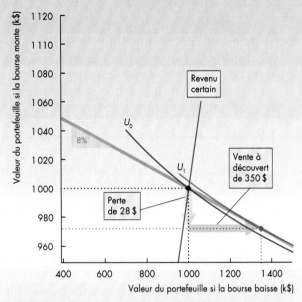

a) Vente à découvert avec un rendement faible

Dans les deux figures, les préférences sont les mêmes que celles illustrées à la figure 9.6. Au graphique (a), le rendement des actions lorsque la bourse monte est relativement faible à 8 %. Dans ces conditions, Véronique vend 350 $ d'actions à découvert pour prendre la position au point rouge où son utilité est plus élevée. Si la bourse monte, elle rachète les actions au prix de 350 $ × 1,08 = 378 $ et essuie une perte de 378 $ − 350 $ = 28 $. Si la bourse baisse, les actions n'ont plus de valeur (rendement supposé ici de −100 %) et elle conserve les 350 $ obtenus de leur vente.

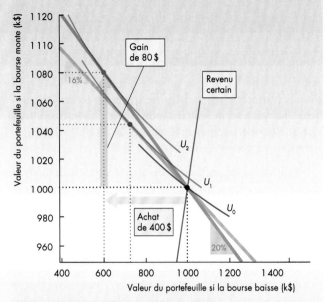

b) Achat d'actions avec des rendements élevés

Le graphique (b) illustre le même problème, mais avec des taux de rendement plus élevés. Avec un rendement de 20 %, Véronique achète 400 $ d'actions, ce qui diminue d'autant la valeur de son portefeuille en cas de baisse. Si la bourse monte, ses actions valent maintenant 400 $ × 1,20 = 480 $, une somme qui s'ajoute aux 600 $ qu'elle avait conservés par prudence en argent (au point bleu). Le graphique illustre aussi le choix de Véronique au point vert lorsque le rendement s'élève à 16 %. Elle n'investit alors que 275 $.

MINITEST 3

1 Comment un investisseur peut-il réaliser des gains s'il pense que la bourse va baisser ?

2 À quoi doit être égal le *TmS* d'un investisseur qui cherche la plus grande utilité possible en échangeant des dollars en cas de hausse contre des dollars en cas de baisse ?

3 À quoi reconnaît-on un investisseur dont l'aversion pour le risque est élevée ?

4 Toutes choses étant égales d'ailleurs, quel est l'effet sur la demande d'actions d'une hausse du rendement potentiel de ces actions ?

Réponses p. 280

« l'économie est la science qui étudie le comportement humain en tant que relation entre les fins et les moyens rares à usage alternatif ». C'est exactement ce que fait le modèle du consommateur, les « fins » étant représentées par la carte de préférences et « les moyens rares à usage alternatif » par l'ensemble budgétaire.

Nous allons maintenant voir que ce même modèle nous permet de comprendre plus en profondeur un problème qui fascine philosophes, théologiens, économistes et bien d'autres depuis des siècles : l'origine de la valeur.

◆ Les échanges et l'origine de la valeur

Rappelez-vous (chapitre 2) de Maxime et Catherine qui avaient accru considérablement les quantités de yaourts frappés et de salades de fruits qu'ils pouvaient produire en se spécialisant chacun dans la production d'un des deux biens. Il était apparent que, en échangeant, tous deux pouvaient bénéficier de cette spécialisation en obtenant chacun au final plus de yaourts et de salades de fruits qu'ils n'auraient pu en produire individuellement. Toutefois, nous avions montré que plusieurs partages de la production finale étaient possibles, certains à l'avantage de Maxime et d'autres de Catherine, selon le prix relatif auquel les yaourts frappés et les salades de fruits étaient échangés.

À quel prix devraient se faire ces échanges ? Nous sommes maintenant en mesure de répondre à cette question fondamentale qui renvoie aux problèmes classiques de la distribution et de la valeur.

Le problème de la distribution consiste à mettre en lumière les éléments qui déterminent la distribution du revenu dans une économie. Qui obtient quoi et pourquoi ? Le problème de la valeur consiste à élucider l'origine des prix. Pourquoi une pomme vaut, disons, deux oranges et pas trois ? Les deux problèmes sont intimement liés du point de vue du consommateur puisque, comme nous l'avons vu, sa demande dépend essentiellement de son revenu et des prix.

L'origine des prix

On ne peut pas comprendre le problème de la valeur si on ne se convainc pas d'abord du mystère qui l'entoure. À la question « combien vaut une pomme ? », nous avons répondu jusqu'ici en usant du modèle de l'offre et de la demande. Une pomme vaut le prix qui fait en sorte que la quantité demandée de pommes égale la quantité offerte de pommes. Mais il s'agit là d'un modèle d'**équilibre partiel**, en ce sens qu'il présume que tous les autres prix sont fixés. Parmi ces autres prix, il y a le salaire de la personne qui récolte cette pomme, le prix du camion qui a transporté cette pomme jusqu'au marché, le prix de l'essence qui a permis à ce camion de rouler, et ainsi de suite. Expliquer le prix d'une pomme en invoquant le montant de tous ces autres prix qui déterminent à la fois l'offre et la demande ne constitue pas une explication fondamentale de l'origine des prix. Nous sommes à la recherche d'une explication qui ne soit pas circulaire, c'est-à-dire qui ne dépende pas d'autres prix.

Les premiers économistes qui se sont intéressés à cette question aux XVIIIe et XIXe siècles, notamment Adam Smith, David Ricardo et Karl Marx, ont cru trouver une réponse en ancrant la chaîne des prix au prix du travail. Leur idée était d'associer à tout objet la quantité de travail nécessaire pour le produire ; lorsqu'un bien était produit avec une machine, on comptait la quantité de travail qui avait été nécessaire pour produire la machine, et ainsi de suite. Tous les prix ne dépendaient alors que d'un seul prix, le prix du travail, que l'on expliquait par une donnée physique, soit la quantité de nourriture minimale nécessaire pour faire vivre le travailleur.

Cette théorie avait ses mérites pour l'époque, mais elle n'était pas toujours cohérente. En particulier, elle était incapable d'expliquer pourquoi, entre deux statues dont la production avait nécessité la même quantité de travail, la plus « belle » valait plus cher. Dans la seconde moitié du XIXe siècle, le français Léon Walras a développé une nouvelle théorie qui donne une place prépondérante aux préférences des consommateurs. Cette théorie que nous allons esquisser demeure aujourd'hui celle à laquelle se réfèrent la grande majorité des économistes lorsqu'ils évoquent la valeur des biens et services.

L'équilibre général

Au lieu d'expliquer l'origine d'un prix en considérant l'équilibre partiel de l'offre et de la demande sur un marché en gardant tous les autres prix fixes, nous allons considérer l'équilibre de l'offre et de la demande simultanément sur *tous* les marchés. Un tel équilibre s'appelle **équilibre général**, ou encore équilibre *walrasien* (en l'honneur de Walras).

Comme il s'agit d'un exercice assez difficile, nous allons considérer l'économie la plus simple qui soit : pour avoir un prix *relatif*, il nous faut au moins deux biens ; pour avoir des échanges sur des marchés, il nous faut au moins un acheteur et un vendeur. Nous allons donc considérer une économie formée de deux personnes pouvant consommer deux biens différents. Pourquoi pas Maxime et Catherine et leurs paniers de yaourts frappés et de salades de fruits !

En se spécialisant, Maxime est parvenu à produire 30 yaourts frappés et Catherine 30 salades de fruits. À quelles conditions vont-ils échanger ? En définitive, cela dépend du type de relations qui existent entre eux. Si Maxime et Catherine sont frère et sœur, ils n'échangeront probablement pas aux mêmes conditions que s'ils sont deux parfaits étrangers. Le problème de la valeur est ici posé dans un contexte où il existe des millions de personnes qui sont en relation d'échange entre elles par le biais des marchés : lorsque vous achetez une orange au marché Jean-Talon à Montréal, vous n'avez pas besoin de connaître celui qui l'a cueillie en Floride pour mener à bien l'échange.

Ainsi, même s'ils ne sont que deux dans cette micro-économie, nous allons supposer que Maxime et Catherine interagissent uniquement par le biais des marchés. Maxime est un vendeur de yaourts frappés et un acheteur de salades de fruits ; Catherine est une vendeuse de salades de fruits et une acheteuse de yaourts frappés. Tous deux ont comme seul revenu le produit de leurs ventes. Tous deux sont des consommateurs de yaourts frappés et de salades de fruits. Leurs préférences sont illustrées à la figure 9.9.

Les prix déterminent les revenus

Dans une analyse d'équilibre partiel, les revenus des consommateurs sont fixes. Nous avons vu au chapitre 3 que la demande du consommateur change lorsque son revenu change. Dans une analyse d'équilibre général, les revenus ne sont pas fixes parce que les prix déterminent les revenus de la même manière que le taux d'intérêt modifiait la richesse intertemporelle de Carl plus haut. Voyons pourquoi.

FIGURE 9.9 *Les préférences de Maxime et de Catherine*

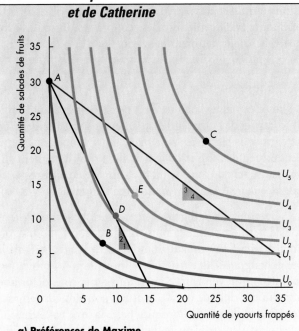

a) Préférences de Maxime

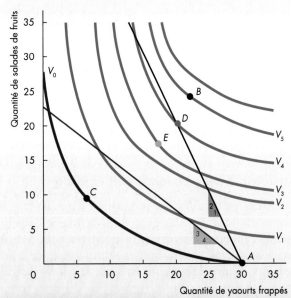

b) Préférences de Catherine

Les graphiques illustrent les cartes de préférences de Maxime et de Catherine. Avant de procéder aux échanges, Maxime possède le panier *A* (30 salades de fruits et 0 yaourt) ; tous les paniers appartenant aux courbes d'indifférence supérieures en vert pâle lui procureraient plus d'utilité. Le panier initial de Catherine est aussi indiqué par la lettre *A* (0 salade de fruits et 30 yaourts) ; tous les paniers appartenant aux courbes d'indifférence supérieures en bleu pâle lui procureraient plus d'utilité. L'ensemble budgétaire de Maxime croît avec le prix des salades de fruits ; celui de Catherine, avec le prix des yaourts. Quel que soit le prix relatif, leur revenu est toujours suffisant pour leur permettre d'acheter leur panier initial. L'index d'utilité de Maxime est noté par *U* et celui de Catherine, par *V*.

Maxime vend 12 salades de fruits afin de s'acheter des yaourts frappés. C'est son seul revenu. Combien de yaourts pourra-t-il s'acheter avec ce revenu ? Cela dépend du prix relatif des yaourts en salades de fruits. Si un yaourt vaut deux salades de fruits, son revenu lui permettra d'en acheter 6, mais si le prix baisse à 2 yaourts pour 3 salades de fruits (1 yaourt vaut 1,5 salade de fruits), il pourra en acheter 8. Son revenu dépend du prix. Il en est de même pour Catherine.

Supposons que Maxime vend 12 salades de fruits. Si le prix relatif des yaourts baisse, passant de 2 à 1,5 salades de fruits, le revenu disponible de Maxime pour l'achat de yaourts passe de 6 à 8 yaourts. La même baisse de prix aurait un effet encore plus grand si Maxime vendait plus de salades de fruits. Pour éviter d'avoir à préciser le nombre de salades de fruits vendues par Maxime, il est plus simple de considérer l'effet d'une variation de prix sur le revenu qu'il obtiendrait en vendant toutes ses salades de fruits. On ne perd rien à procéder ainsi : il est parfaitement équivalent de dire que, au prix de 2 salades de fruits par yaourt, Maxime vend 12 salades de fruits, ou de dire que, au prix de 2 salades de fruits par yaourt, Maxime vend toutes ses salades de fruits et en rachète 18 par la suite au même prix. En effet, en vendant 12 salades de fruits au prix de 2 salades de fruits pour 1 yaourt, Maxime en garde 30 − 12 = 18 pour lui et emploie le revenu de ses ventes pour acheter 12/2 = 6 yaourts. Mais il aurait pu tout aussi bien vendre ses 30 salades de fruits, acheter 6 yaourts (l'équivalent de 12 salades de fruits) et racheter 18 salades de fruits.

En fait, quel que soit le prix, Maxime est toujours en mesure de s'acheter 30 salades de fruits, soit celles qu'il possède déjà. Si les salades de fruits coûtent cher, c'est-à-dire lorsque le prix relatif d'un yaourt en salades de fruits est faible, Maxime est riche (puisqu'il vend des salades de fruits) et il peut s'acheter 30 salades de fruits. Si les salades de fruits sont bon marché, lorsque le prix relatif d'un yaourt est élevé, Maxime est pauvre, mais il peut quand même s'acheter 30 salades de fruits parce qu'elles sont bon marché. De la même manière, Catherine est toujours en mesure de s'offrir les 30 yaourts qu'elle détient déjà.

Les droites budgétaires illustrées à la figure 9.9 confirment ce point. Maxime est clairement plus riche quand le prix des salades de fruits est élevé (droite mauve) que lorsqu'il est faible (droite noire). Son ensemble budgétaire devient plus grand et il peut maintenant s'offrir le panier *E* qui était auparavant inabordable. Mais quel que soit le prix, il peut toujours s'offrir le panier *A* qu'il détient déjà. La même chose se produit dans le cas de Catherine, sauf que son ensemble budgétaire devient plus grand lorsque le prix des yaourts est élevé (droite noire).

L'économie en boîte

Nous voulons comprendre comment les prix peuvent équilibrer simultanément tous les marchés. Nous n'avons ici qu'un prix relatif, soit le prix relatif d'une salade de fruits en yaourts frappés, ou son inverse, soit le prix relatif d'un yaourt frappé en salades de fruits. Mais nous avons deux marchés : celui des yaourts frappés et celui des salades de fruits.

Un équilibre sur le marché des yaourts signifie que Maxime et Catherine demandent ensemble 30 yaourts, soit le nombre total de yaourts offerts par Catherine. Bien sûr, Catherine pourrait vouloir garder les yaourts pour elle si leur prix était trop bas mais, comme nous l'avons expliqué plus haut, il est équivalent de présumer qu'elle les vend tous à tout prix, quitte à en racheter davantage pour elle si le prix lui apparaît particulièrement bas. Un équilibre sur le marché des salades de fruits signifie que Maxime et Catherine demandent ensemble 30 salades, soit le nombre total de salades de fruits offerts par Maxime.

Si Maxime et Catherine demandent plus de 30 yaourts, il y a pénurie de yaourts. Ce sera le cas, par exemple, si Catherine veut garder tous les yaourts pour elle et que Maxime souhaite en même temps en acheter. S'ils demandent ensemble moins de 30 yaourts, cela signifie qu'il y a offre excédentaire : Catherine détermine sa demande de yaourts et de salades de fruits sur la base du revenu qu'elle obtient en vendant tous ses yaourts ; s'il y a offre excédentaire, cela veut dire que Catherine n'est pas parvenue à les vendre tous et qu'elle n'a pas réalisé le revenu sur lequel elle comptait pour supporter sa demande.

Jusqu'ici, nous avons représenté un équilibre partiel sur un marché par l'intersection des droites de demande et d'offre. Pour représenter un équilibre général sur deux marchés, nous allons recourir à une autre représentation graphique ayant l'allure d'une boîte.

Considérons la boîte tracée dans la figure 9.10. La largeur et la longueur de la boîte égalent respectivement le nombre total de yaourts et le nombre total de salades de fruits (30 chacun). Grâce aux échelles en vert sur le côté gauche et le côté inférieur de la boîte, on peut interpréter chaque point comme un panier demandé par Maxime. Par exemple, au point B, Maxime demande 8 yaourts et 6 salades de fruits.

Les échelles en bleu sur le côté droit et le côté supérieur de la boîte nous permettent d'interpréter chaque point comme un panier demandé par Catherine. Par exemple, au point B, Catherine demande 22 yaourts et 24 salades de fruits.

Soulignons que le panier A de Maxime qui apparaît au graphique (a) de la figure 9.9 correspond au panier A ici : 30 salades de fruits et aucun yaourt. De même, le panier A de Catherine qui apparaît au graphique (b) de la figure 9.9 correspond aussi au panier A ici : 30 yaourts et aucune salade de fruits. Ce n'est pas une coïncidence : dans cette boîte chaque point peut aussi s'interpréter comme une allocation complète des yaourts et des salades de fruits entre Maxime et Catherine. Par exemple, au point B, Maxime reçoit 8 yaourts et Catherine le reste, soit $30 - 8 = 22$ yaourts. Il reçoit en outre 6 salades de fruits et Catherine le reste, soit $30 - 6 = 24$ salades de fruits.

Le point A est commun aux trois graphiques parce qu'il constitue l'allocation initiale des ressources entre Maxime et Catherine. Maxime a 0 yaourt et Catherine le reste, soit $30 - 0 = 30$ yaourts. Maxime a 30 salades de fruits et Catherine le reste, soit $30 - 30 = 0$ salade de fruits.

Comme nous l'avons fait au graphique (a) de la figure 9.9, nous pouvons tracer, à partir du panier A, la droite budgétaire de Maxime lorsque le prix relatif est de 2 (2 salades de fruits pour 1 yaourt). Ce faisant, nous traçons du même coup la droite budgétaire de Catherine, laquelle est identique à celle que nous avons tracée au graphique (b) de la figure 9.9 pour un prix relatif égal à 2. Cela s'explique par le fait qu'une droite est complètement définie par sa pente et un de ses points. La droite budgétaire de Catherine est bien celle de pente 2 qui passe par le point A (pour s'en convaincre, on peut vérifier que les droites de pente 2 apparaissant dans les graphiques *a* et *b* de la figure 9.9 et la droite ici passent toutes par le point D). Autrement dit, quel que soit le prix relatif que nous considérions, Maxime et Catherine partagent dans ce graphique la même droite budgétaire.

Dans quelles conditions aura-t-on alors un équilibre général sur les marchés du yaourt et des salades de fruits ? Il y aura équilibre seulement si Maxime et Catherine choisissent le même point sur la droite budgétaire. D'une part, il faut qu'ils choisissent chacun un point sur la droite budgétaire, sinon ils ne respectent pas leur budget. D'autre part, il faut qu'ils choisissent le même point, sinon, comme nous l'avons vu plus haut, leurs demandes ne constituent pas ensemble une allocation complète des yaourts et des salades de fruits disponibles.

Supposons, par exemple, qu'au prix de 2, Maxime choisit de consommer le panier H sur sa droite budgétaire : 8 yaourts et 14 salades de fruits. Pour Maxime, cela peut être un choix tout à fait défendable et cela épuise son revenu de 30 salades de fruits (ou 15 yaourts valant 2 salades de fruits chacun). Catherine pour sa part opte pour le panier I : 17 yaourts et 26 salades de fruits. On a alors une offre excédentaire de 5 yaourts puisque leurs demandes combinées de yaourts égalent 25 (< 30). On a aussi une pénurie de salades de fruits puisque leurs demandes combinées de salades de fruits égalent 40 (> 30).

Par contre, si tous deux choisissent le panier D, on a un équilibre général. Maxime demande 10 salades de fruits et Catherine 20, de sorte que les 30 salades de fruits de

FIGURE 9.10   *L'économie en boîte*

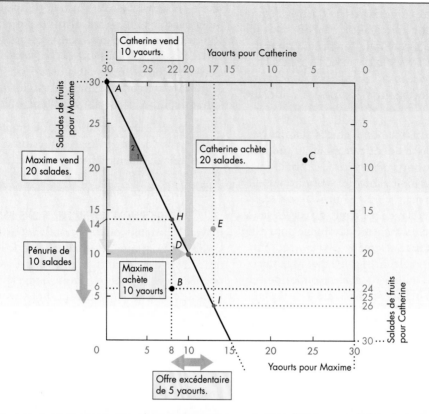

On peut représenter par une boîte la distribution des biens dans une économie schématisée ne comportant que deux biens, les yaourts et les salades de fruits, et deux consommateurs, Maxime et Catherine. Les longueurs des côtés horizontal et vertical de la boîte représentent les quantités *totales* de yaourts et de salades de fruits dans l'économie. Tout panier dans cette boîte correspond ainsi à une *allocation* des biens entre Maxime et Catherine. Par exemple, le panier *B* correspond à l'allocation qui réserve 8 yaourts et 6 salades de fruits à Maxime alors que Catherine reçoit 22 yaourts et 24 salades de fruits. Le panier de Maxime est lu comme à l'habitude à partir de l'abscisse sur le côté inférieur de la boîte et de l'ordonnée sur son côté gauche. Le panier de Catherine est lu à partir du coin supérieur droit de la boîte, l'abscisse courant de droite à gauche sur le côté supérieur de la boîte et l'ordonnée courant de haut en bas sur son côté droit. Cette allocation, comme toutes les autres, épuise les ressources de l'économie : 8 + 22 = 30 yaourts et 6 + 24 = 30 salades de fruits.

Avant d'échanger, Maxime et Catherine détiennent les paniers donnés par l'allocation *A* : Maxime possède toutes les salades de fruits et Catherine tous les yaourts. Tout prix relatif entre les yaourts et les salades de fruits détermine une droite budgétaire pour chacun. Dans la figure, le prix relatif de 2 salades de fruits pour 1 yaourt

est illustré. Comme il possède toutes les salades de fruits, Maxime peut donc s'offrir les 30 salades de fruits ou 15 yaourts avec son budget, ou n'importe quel panier le long de sa droite budgétaire. Puisqu'elle possède 30 yaourts, Catherine peut envisager de s'offrir jusqu'à 60 salades de fruits à ce prix, même si c'est physiquement impossible ici.

Une fois le prix relatif déterminé, Maxime et Catherine choisissent chacun un panier sur leur droite budgétaire commune. Supposons que Maxime choisisse le panier *H*, 8 yaourts et 14 salades de fruits, et Catherine le panier *I*, 17 yaourts et 26 salades de fruits. Chacun respecte son budget, mais ces demandes sont incompatibles à l'échelle du marché : elles aboutissent à une offre excédentaire de 30 − 8 − 17 = 5 sur le marché des yaourts et à une pénurie de 30 − 14 − 26 = −10 sur le marché des salades de fruits.

Pour obtenir un équilibre général, il faut que Maxime et Catherine demandent le même point sur leur droite budgétaire commune, par exemple le point *D*. Maxime vend alors 20 salades de fruits à Catherine et en conserve 10 pour lui (sa demande). Catherine vend 10 yaourts à Maxime et en conserve 20 pour elle (sa demande). Au prix de 2, les 20 salades de fruits vendues par Maxime valent les 10 yaourts que Catherine lui vend en échange.

Maxime sont écoulées. Maxime demande 10 yaourts et Catherine 20 yaourts, de sorte que les 30 yaourts de Catherine sont écoulés. Autrement dit, Maxime vend 20 salades de fruits à Catherine (flèche rouge verticale) et en conserve 10 pour lui (sa demande), et il emploie le revenu tiré de ses ventes (20 salades de fruits) pour acheter de Catherine 10 yaourts (à 2 salades de fruits par

yaourt). Maxime et Catherine ont donc physiquement échangé 20 salades de fruits contre 10 yaourts au prix de 2 pour 1.

Est-ce la fin de l'histoire ? Non, parce que nous n'avons pas expliqué pourquoi Maxime et Catherine voudraient choisir le point *D* en particulier. Pour cela, il nous faut introduire leurs préférences dans la boîte.

La boîte d'Edgeworth

Nous allons maintenant ajouter à cette boîte les préférences de Maxime et de Catherine présentées aux graphiques (a) et (b) de la figure 9.9 afin d'obtenir une **boîte d'Edgeworth**, ainsi nommée en l'honneur de Francis Ysidro Edgeworth, un économiste irlandais, contemporain de Walras, à qui on doit aussi le concept de courbe d'indifférence.

La boîte d'Edgeworth est un outil graphique très ingénieux qui permet de représenter en même temps toutes les allocations possibles dans une économie composée de deux biens et de deux personnes, ainsi que les préférences de ces personnes à l'endroit des paniers créés par ces allocations. Dans l'étude du commerce international, ces deux « personnes » peuvent être remplacées par deux pays, chacun spécialisé dans la production d'un des deux biens.

Nous avons déjà présenté à la figure 9.10 une bonne partie des composantes de la boîte. À la figure 9.11, nous y ajoutons les préférences de Maxime en vert et de Catherine en bleu pour les différents paniers qu'ils peuvent éventuellement consommer. Afin de ne pas trop encombrer la boîte, seules les portions d'intérêt des cartes de préférences de chacun sont dessinées. Les courbes d'indifférence de Maxime vont croissant, comme à l'habitude, dans la direction nord-est. Celles de Catherine, par contre, sont inversées et augmentent dans la direction sud-ouest. C'est que les préférences concernent les paniers et non les allocations comme telles; or, les paniers de Catherine se lisent de haut en bas et de droite à gauche à partir du coin supérieur droit de la boîte.

Nous allons maintenant voir que le point D ne peut pas être une allocation d'équilibre général. En effet, au prix relatif de 2, ni Maxime ni Catherine ne souhaite

FIGURE 9.11 *La boîte d'Edgeworth*

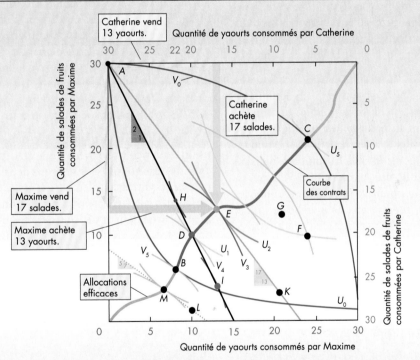

La boîte d'Edgeworth contient *beaucoup* d'information. Essentiellement, nous avons introduit les préférences de Maxime et de Catherine de la figure 9.9 dans l'économie en boîte de la figure 9.10. Les préférences de Maxime se lisent comme à l'habitude : elles croissent dans la direction nord-est à mesure que l'on accroît la quantité de yaourts et de salades de fruits qu'il peut consommer. Celles de Catherine, par contre, sont représentées à l'envers. Pour elle, le point de consommation nulle est dans le coin supérieur droit de la boîte et ses préférences croissent dans la direction sud-ouest.

La courbe mauve ondulée regroupe les allocations *efficaces*, c'est-à-dire les allocations telles que Maxime et Catherine ont le même *TmS*. La section foncée de la courbe entre les points *B* et *C* est la *courbe des contrats*. Celle-ci regroupe toutes les distributions de paniers efficaces qui sont acceptables pour Maxime et Catherine.

Depuis *A*, le point *D* rouge n'est pas une allocation d'équilibre parce qu'il n'est atteignable qu'avec un prix relatif de 2, pour lequel les demandes de Maxime et de Catherine sont incompatibles, puisqu'elles se situent aux points *H* et *I*.

Le point *E* est une allocation d'équilibre. Le prix du marché est donné par la pente de la droite budgétaire commune : 17 salades de fruits s'échangent contre 13 yaourts ; une salade vaut donc 13/17 = 0,76 yaourt et un yaourt vaut 17/13 = 1,31 salade de fruits. À ce prix, Maxime choisit de vendre 17 de ses salades de fruits pour acheter 13 yaourts et il obtient la plus grande utilité possible au point *E* en consommant 13 yaourts et 13 salades de fruits. Catherine choisit de vendre 13 de ses yaourts pour acheter 17 salades de fruits. Elle obtient aussi la plus grande utilité possible au point *E* en consommant 17 yaourts et 17 salades de fruits.

demander le panier qui correspond à ce point. Au point D, le *TmS* de Maxime est inférieur à 2, c'est-à-dire qu'il est prêt à échanger plus que 1 yaourt pour 2 salades de fruits. Maxime maximise donc son utilité en consommant plus de salades de fruits et moins de yaourts au panier H où son *TmS* est maintenant égal au prix du marché. Il en va de même pour Catherine : elle accorde une plus grande valeur marginale relative aux salades de fruits que celle établie par le prix du marché. Son *TmS* est aussi inférieur à 2. Elle demande donc plutôt le panier I qui inclut plus de salades de fruits et moins de yaourts. Nous avons déjà vu plus haut que ces deux demandes incompatibles se traduisaient par une offre excédentaire sur le marché des yaourts et une pénurie sur le marché des salades de fruits.

Nous avons vu au chapitre 3 qu'une pénurie entraînait une hausse de prix et qu'une offre excédentaire (un surplus) entraînait une baisse de prix. Donc, il faut s'attendre à une hausse du prix des salades de fruits et à une baisse du prix des yaourts, c'est-à-dire à une baisse du prix relatif des yaourts en salades de fruits. En cherchant de ce côté, nous parvenons à déterminer le prix qui équilibre tous les marchés. Ce prix, qu'on retrouve au point E, est de 17/13 = 1,31 salade de fruits pour 1 yaourt. Voyons pourquoi il rend l'équilibre possible.

Comme pour le point D, le point E est un équilibre si Maxime et Catherine le choisissent volontairement. Toutefois, contrairement au point D, les *TmS* de Maxime et de Catherine sont égaux à la pente de la droite budgétaire (le prix relatif) au point E. L'allocation de paniers au point E correspond donc aux paniers que Maxime et Catherine demanderaient pour eux-mêmes étant donné les revenus respectifs qu'engendre le prix du marché de 17/13. Maxime vend 17 salades de fruits et achète 13 yaourts avec le revenu de ses ventes. Catherine vend 13 yaourts qui lui permettent de financer sa consommation de 17 salades de fruits. Les 30 yaourts et les 30 salades de fruits sont demandés. L'équilibre général est réalisé.

Les facteurs déterminant la valeur

L'intérêt de la boîte d'Edgeworth, c'est qu'on y voit, à l'œuvre en même temps, les différents facteurs qui déterminent la valeur des biens et des ressources que nous consommons. Passons-les en revue.

La rareté La valeur des biens dépend de leur rareté relative. Si notre boîte était deux fois plus large que haute, c'est-à-dire si cette économie comportait 60 yaourts plutôt que 30, il est bien possible que le prix d'équilibre des yaourts en soit abaissé. Avec leurs revenus respectifs, Maxime et Catherine atteindraient vite un point où leur *TmS* pour le calcul de l'équivalence entre les salades de fruits et les yaourts serait assez faible, c'est-à-dire qu'ils

seraient prêts tous deux à sacrifier une grande quantité de yaourts pour quelques salades de fruits supplémentaires. Comme ce *TmS* commun à l'équilibre détermine le prix relatif, le prix des yaourts serait plus bas.

La désirabilité La désirabilité des biens est déterminée par les préférences des gens. Clairement, le prix d'équilibre général dans la boîte dépend de la forme des cartes de préférences de tous les consommateurs. Une économie en tous points semblables à celle où évoluent Maxime et Catherine, mais où les consommateurs affichent des goûts complètement différents, aurait un prix d'équilibre général différent.

La répartition des ressources Le prix d'équilibre passe par le point A qui correspond à la répartition initiale des ressources, avant les échanges, dans cette économie. On obtient le même résultat que dans notre exemple si la répartition initiale des ressources est au point K situé sur la même droite budgétaire orangée d'équilibre, puisque Maxime et Catherine bénéficient alors chacun du même revenu qu'auparavant de sorte que leurs demandes ne changent pas : le point E demeure une allocation d'équilibre. Mais si la répartition initiale est au point L plutôt qu'au point A, tout peut changer. On aboutit alors au point M à un prix inférieur de 5/7 = 0,71 salade de fruits pour un yaourt.

La répartition initiale des ressources modifie la répartition de la richesse et détermine en définitive la demande dans une économie. Considérons deux économies avec les mêmes ressources, également réparties dans la première et très inégalement réparties dans la seconde. La richesse sera bien répartie dans la première et très inégalement répartie dans la seconde avec une poignée de millionnaires et beaucoup de pauvres. Il est tout à fait possible que la demande de voitures de luxe soit plus forte dans la seconde économie, qui compte pourtant beaucoup plus de pauvres, parce que la première économie ne compte pas de gens suffisamment riches pour exprimer une telle demande.

L'efficacité

Une particularité de l'allocation d'équilibre E, c'est que les *TmS* de Maxime et de Catherine y sont égaux. Ce fait n'a rien d'étonnant. Nous avons souligné au chapitre 8 qu'en choisissant le panier de biens qu'ils préfèrent, les consommateurs alignent tous leur *TmS* personnel sur le prix relatif (la pente de la droite budgétaire), de sorte qu'ils alignent par le fait même tous leurs *TmS* entre eux.

Ce n'est toutefois pas une caractéristique générale des allocations possibles des biens dans l'économie. Par exemple, au point F, Maxime accorde une importance bien plus grande aux salades de fruits que Catherine (il est prêt à sacrifier plus de yaourts que Catherine pour une même quantité de salades de fruits). Une allocation où les *TmS* de tous les consommateurs sont égaux est une **allocation efficace**, en ce sens qu'elle épuise les possibilités d'échange volontaire entre les consommateurs.

À l'origine, Edgeworth a employé sa boîte pour étudier les possibilités de troc entre consommateurs. C'est une interprétation différente de celle que nous avons adoptée ici parce que Maxime et Catherine sont alors censés s'échanger leurs biens directement, de la main à la main, et non par le biais d'un mécanisme anonyme comme les marchés.

Edgeworth notait que les échanges entre Maxime et Catherine ne devraient pas aboutir à l'allocation *F* puisque tous les deux ont encore avantage à échanger. Au point *F*, Maxime accorde plus d'importance que Catherine aux salades de fruits. Dès lors, l'un et l'autre peuvent accroître leurs utilités en échangeant quelques yaourts de Maxime contre quelques salades de fruits de Catherine, pour aboutir quelque part dans la lunette formée par les deux courbes d'indifférence passant par le point *F*, par exemple au point *G*. Le point *G* est situé sur une courbe d'indifférence supérieure à celle passant par le point *F*, tant pour Maxime que pour Catherine : les deux y gagnent.

En ce sens, le point *F* n'est pas une allocation efficace des biens parce que cette allocation n'épuise pas les possibilités d'échange. Mais le point *G* n'est pas efficace non plus dans la mesure où les *TmS* de chacun n'y sont toujours pas alignés. Pour obtenir une allocation efficace, il leur faut échanger jusqu'à ce qu'ils gagnent la courbe mauve qui regroupe toutes les allocations où les *TmS* sont égaux. Tout échange sur cette courbe implique nécessairement que l'une des deux parties y perd en retombant sur une courbe d'indifférence plus basse. Dans ces circonstances, il ne s'agit plus d'un échange volontaire où les deux parties sont gagnantes.

La courbe des contrats

Dans son analyse du troc, Edgeworth considérait comme *acceptables* toutes les allocations qui procuraient plus d'utilité aux deux parties que l'allocation initiale au point *A*. Ces allocations sont faciles à repérer : Maxime préfère à l'allocation *A* toutes les allocations qui sont au-dessus de sa courbe d'indifférence (en vert foncé) passant par les points *A* et *B* de niveau U_0; Catherine préfère à l'allocation *A* toutes les allocations qui sont au-dessus de sa courbe d'indifférence (en bleu foncé) passant par les points *A* et *C* de niveau V_0. Toutes les allocations qui sont incluses dans la forme oblongue délimitée par ces courbes d'indifférence sont donc acceptables.

Lorsqu'on s'intéresse aux allocations qui sont à la fois acceptables et efficaces, on obtient la portion foncée de la courbe mauve entre les points *A* et *B*, qu'on appelle

couramment la **courbe des contrats**, soit l'ensemble des allocations qui peuvent raisonnablement résulter d'échanges volontaires. Parmi ces allocations, celles proches du point *C* sont à l'avantage de Maxime, celles proches du point *B* sont à l'avantage de Catherine.

En l'absence d'autres précisions quant à la manière dont Maxime et Catherine procèdent à leurs échanges, tout ce qu'on peut dire, c'est que le partage des yaourts et des salades de fruits devrait se faire *quelque part* le long de la courbe des contrats.

La véritable surprise, c'est que le mécanisme du marché choisit un point particulier le long de la courbe des contrats, ici le point *E* (a priori, plusieurs points d'équilibre sont possibles). Nous avons vu que l'allocation du marché est efficace. Elle est acceptable parce que nous avons montré plus haut que Maxime et Catherine étaient toujours en mesure de s'offrir le point *A*, quel que soit le prix du marché.

Ainsi, non seulement les interactions par le biais des marchés entraînent une allocation efficace qui épuise les possibilités d'échanges mutuellement avantageux, mais elles

---

MINITEST 4

1. Quel élément la théorie moderne des prix ajoute-t-elle à la réflexion classique sur l'origine de la valeur ?

2. En quoi le modèle standard d'offre et de demande est-il un modèle d'équilibre *partiel* ?

3. Lorsque Maxime demande le panier au point *H* et Catherine le panier au point *I*, on observe une pénurie de salades de fruits. Quelles demandes occasionneraient une pénurie de yaourts ?

4. Au prix relatif de 2 salades de fruits pour 1 yaourt, Maxime demande le panier au point *H* et Catherine le panier au point *I*. Qu'advient-il de ces points de tangence entre la courbe d'indifférence de chacun et la droite budgétaire quand le prix relatif descend à 17/13 = 1,31 ?

5. Quels sont les trois facteurs qui déterminent la valeur des biens ?

6. Pourquoi l'allocation au point *M'* n'appartient-elle pas à la courbe des contrats ?

7. Pourquoi l'allocation au point *F* n'appartient-elle pas à la courbe des contrats ?

Réponses p. 280

REER 2010

LE SOLEIL, 30 JANVIER 2010

NE PAS PERDRE DE VUE LES ACTIONS

Par *Louis Tanguay*

« C'est certain qu'on aura une autre correction boursière. » Toute la question est de savoir quand, indique Richard Pilotte, planificateur financier. Même si le passé n'est garant de rien, dit-il, un retour sur les sept dernières crises montre qu'elles ont des origines différentes, mais que les cycles durent toujours environ six à sept ans.

Comme presque un an s'est déjà écoulé depuis que les indices boursiers ont atteint leur dernier creux en mars 2009, on peut donc envisager d'avancer prudemment pour les cinq prochaines années. À cause des très faibles taux d'intérêt, les dépôts à terme offrent actuellement peu d'attrait. Et le temps n'est pas propice au rendement des obligations gouvernementales. [...] Si le marché des titres à revenu fixe était «normal», il recommanderait probablement à un investisseur moyen de ne pas aller vers une plus forte composante en actions. Mais peut-on laisser plus de 35 % d'un portefeuille attendre sans rendement ?

Par contre, on ne peut pas perdre les actions de vue et, si on considère qu'on est encore en début de phase ascendante, l'idée de profiter du momentum de croissance des bénéfices des sociétés se défend pour viser un rendement «raisonnable». Mais tout dépend d'où on part.

Georges et Gérard

Pour illustrer la différence, le spécialiste imagine deux collègues de travail tous deux à 10 ans de la retraite et disposant de chacun 10 000 $ à investir dans leur REER cette année, grâce aux droits de cotisation accumulés. Le 1er février 2009, la valeur de leur épargne enregistrée était égale à 100 000 $ et investie de la même manière à 40 % en placements à revenu fixe et à 60 % en actions.

Georges, le constant, n'a pas modifié son allocation d'actif, même si ses actions ont encore facilement perdu 20 000 $. Mais leur remontée lui en a ensuite redonné environ 12 000 $, ce qui amène aujourd'hui son REER autour de 92 000 $. Si Gérard, l'incertain, a vendu ses actions au pire moment, son portefeuille peut bien ne plus valoir que 65 000 $.

Georges pourrait forcer un peu la note avec sa cotisation de 2010 et pousser la proportion d'actions à un peu plus de 60 % en gardant à l'esprit de la rabaisser à ce niveau dès que les taux d'intérêt auront remonté. Dans le cas de Gérard, son expérience lui a probablement appris qu'il n'avait pas raison de paniquer, mais qu'il n'aurait jamais dû avoir un portefeuille exposé au marché boursier à plus de 50 %. Comme il n'a plus d'actions, il peut envisager d'y revenir graduellement, mais en n'y mettant pas plus de 35 % de son nouvel investissement et seulement après un examen en profondeur de ses objectifs. ∎

LES FAITS EN BREF

- Au milieu de l'hiver, c'est la saison du REER (Régime enregistré d'épargne-retraite). Les consommateurs épargnent afin de réduire leur revenu imposable tel que le permet le régime.

- La crise financière de l'automne 2008 a refroidi les élans des consommateurs qui auparavant n'hésitaient pas à prendre davantage de risques pour obtenir un meilleur rendement de leurs placements.

- Initialement, Georges et Gérard avaient un montant identique qu'ils ont placé de la même manière. Ils ont aujourd'hui des situations financières bien différentes qui s'expliquent par leur comportement durant la crise.

- Gérard n'aurait pas dû avoir un portefeuille exposé au marché boursier à plus de 50 %.

ANALYSE ÉCONOMIQUE

● Avant la crise, Georges et Gérard semblent en tous points semblables. Ils ont tous deux 100 k\$ qu'ils répartissent en achetant 60 k\$ d'actions et 40 k\$ de titres fixes à faible rendement que nous supposerons nul ici. Nous n'analysons pas leurs décisions d'épargne ; seule nous intéresse leur prise de risque. Si la bourse monte, ils obtiennent un rendement de 50 % sur le capital investi ; si elle baisse, la valeur de ce capital fond de 42 % : chaque tranche de 100 \$ ne vaut plus que 58 \$. Par conséquent, dans la figure, la pente de leurs droites budgétaires égale le ratio des rendements, 50/42, tel que l'indique le triangle orange.

● Les préférences de Georges pour le risque sont notées en vert. Il estime que les chances pour que la bourse monte ou baisse sont égales, ce qui lui donne une cote de 1/1, tel que l'indique le triangle mauve dénotant la pente de son *TmS* sur la ligne de revenu certain. Lorsqu'il est faiblement exposé au risque, Georges estime qu'un dollar de gain quand la bourse monte compense adéquatement un dollar de perte quand elle baisse.

● Georges dispose initialement de 100 k\$ en argent, soit le point orange sur la droite budgétaire supérieure. À ce point, son *TmS* est inférieur à la pente de la droite budgétaire : le marché compense chaque dollar de perte lorsque la bourse baisse par 50/42 = 1,19 \$ lorsqu'elle monte. Pour Georges, qui ne demande que 1 \$ de compensation, il est donc avantageux d'investir. Il prend une position risquée sur le marché en s'éloignant de la droite de revenu certain jusqu'à ce que son *TmS* égale 50/42 au point A. Si la bourse monte, il gagne 30 k\$, et si elle baisse, il perd 25 k\$. Il a donc investi 30 k\$/50 % = 25 k\$/42 % = 60 k\$ en plaçant les 40 k\$ dans des titres fixes.

● La crise abaisse la valeur des actions de Georges à 58 % × 60 k\$ = 35 k\$. Son portefeuille ne vaut plus que 40 k\$ + 35 k\$ = 75 k\$ sur la droite budgétaire inférieure. Georges le constant choisit de ne pas modifier la composition de son portefeuille en optant pour le point B. Au point B, il peut gagner 92 k\$ − 75 k\$ = 17 k\$ ou perdre 75 k\$ − 60 k\$ = 15 k\$. Il y détient donc 175 k\$/42 % = 35 k\$ en actions, soit son portefeuille initial de 60 k\$ dont la valeur a été réduite de 42 %. Cette position demeure optimale pour lui, parce que son *TmS* y est toujours égal au ratio des rendements du marché.

● Par chance, la bourse remonte : Georges a maintenant 92 k\$ plus 10 k\$ d'épargne qu'il ajoute à son portefeuille. Il choisit le point C sur sa nouvelle droite budgétaire en plaçant (133 k\$ − 102 k\$)/50 % = (102 k\$ − 76 k\$)/42 % = 62 k\$ en actions et le reste dans un titre fixe.

● Gérard fait initialement les mêmes choix que Georges, mais en voyant la bourse baisser, il panique et vend en catastrophe ses actions au pire moment, de sorte qu'il perd 35 k\$ plutôt que 25 k\$ et aboutit au point D avec 65 k\$ en titres fixes. Le comportement de Gérard laisse songeur. Manifestement, il avait mal évalué ses préférences à l'égard du risque en prenant initialement la position au point A comme Georges. Son *TmS* en ce point devait en fait être plus accentué que la pente budgétaire comme le suggère la courbe d'indifférence en bleu pointillé passant en ce point.

● Gérard peut s'être mépris sur ses préférences pour deux raisons. Peut-être pensait-il que la probabilité que la bourse baisse était plus faible, auquel cas son *TmS* aurait été partout plus faible (la cote aurait été plus faible), ce qui l'aurait incité à prendre une position plus risquée. Peut-être s'est-il mépris sur son aversion pour le risque, auquel cas ses courbes d'indifférence auraient été plus convexes, de sorte qu'il aurait égalisé son *TmS* avec la pente de la droite budgétaire en une position moins risquée. Nous retiendrons cette seconde hypothèse.

● Au lieu de la position A, Gérard aurait dû prendre la position E en n'achetant que (118 k\$ − 100 k\$)/50 % = 35 k\$ d'actions, c'est-à-dire en n'y allouant que 35 % de son portefeuille. Aujourd'hui, Gérard a aussi 10 k\$ de plus à investir qui s'ajoutent aux 65 k\$ qu'il est parvenu à préserver. Il est donc sur la droite budgétaire inférieure. En respectant cette règle du 35 % qui lui convient mieux, il investit 35 % × 75 k\$ = 26 k\$, qui lui rapporteront 26 k\$ × 1,50 = 39 k\$ en cas de hausse et 26 k\$ × 0,58 = 15 k\$ en cas de baisse ; en comptant les 75 k\$ − 26 k\$ = 49 k\$ qu'il conserve en titres fixes, sa position finale sera 49 k\$ + 39 k\$ = 88 k\$ en cas de hausse et 49 k\$ + 15 k\$ = 64 k\$ en cas de baisse, soit le point F où son *TmS* égale le ratio des rendements.

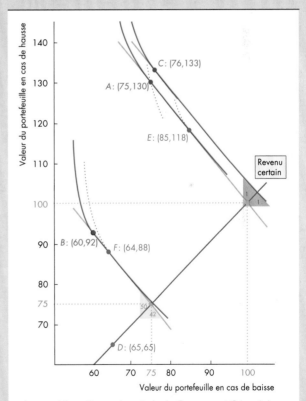

Le graphique illustre les choix de Georges et Gérard. Les préférences de Georges sont notées en vert alors que celles de Gérard sont en bleu. Leurs *TmS* respectifs sont égaux autour de la droite de revenu certain parce qu'ils perçoivent la même probabilité que la bourse monte. En revanche, ils s'écartent l'un de l'autre à mesure qu'ils prennent des positions risquées. Notamment, les courbes d'indifférence de Gérard sont plus convexes, ce qui signifie qu'il manifeste plus d'aversion pour le risque que Georges. Sur les deux droites budgétaires illustrées, Gérard atteint une utilité plus élevée en prenant une position moins risquée que celle qui convient à Georges.

induisent aussi une distribution particulière de la richesse le long de la courbe des contrats. Cette distribution dépend des mêmes facteurs qui déterminent la valeur et n'a aucune propriété normative : elle peut être juste ou très injuste.

Nous terminerons cette exploration de la théorie moderne de la valeur en évoquant un résultat fascinant suggéré par Edgeworth, mais qui ne devait être confirmé par des recherches avancées qu'un demi-siècle plus tard, dans les années cinquante. Lorsqu'on multiplie le nombre de consommateurs dans l'économie, la courbe des contrats (qui est alors un objet plus complexe parce qu'elle regroupe des allocations assignant des paniers précis à plus de consommateurs) rétrécit comme une peau de chagrin. En effet, les consommateurs ont de plus en plus de possibilités de faire des alliances pour se protéger des partages inéquitables comme le point B pour Maxime ou le point C pour Catherine. Quand le nombre de consommateurs est très grand, il ne reste plus beaucoup d'allocations qui soient à la fois acceptables et efficaces. C'est-à-dire qu'il est beaucoup plus difficile de trouver une allocation de troc qui

accommode tout le monde au mieux. Mais le marché continue malgré tout de sélectionner une telle allocation. Le marché, en ce sens, reproduit l'allocation idéale qu'on obtiendrait au terme d'une négociation sans fin si on mettait toute la population dans une même pièce pour échanger de la main à la main.

C'est en étudiant les préférences que l'on comprend à quel point la science économique est essentiellement une science sociale. Les phénomènes économiques sont toujours teintés par les préférences individuelles des acteurs économiques. Dans la rubrique « Entre les lignes » (p. 274), nous avons vu comment deux individus en apparence semblables, Georges et Gérard, peuvent adopter des comportements d'investissement bien différents à cause de leurs préférences différentes pour le risque.

Dans les prochains chapitres, nous nous pencherons sur les choix des entreprises. Nous verrons comment la recherche de profit des entreprises les amène à faire des choix qui déterminent l'offre de biens et services ainsi que la demande de ressources productives.

Points clés

Les choix relatifs aux heures de travail et de loisir
(p. 256-257)

- L'offre de travail est expliquée par la demande de loisir.

- Le salaire détermine le revenu provenant du travail et représente le coût de renonciation du loisir.

- L'augmentation du salaire produit à la fois un effet substitution et un effet revenu de sorte que la courbe d'offre du travail peut être retournée sur elle-même.

Les choix relatifs à l'endettement et à l'épargne
(p. 257-262)

- En épargnant et en empruntant, le consommateur peut réallouer sa consommation dans le temps.

- Le taux d'intérêt détermine le prix relatif de la consommation future. Il influe aussi sur la richesse intertemporelle du consommateur exprimée en dollars courants ou en dollars futurs.

- Les consommateurs préfèrent généralement étaler leur consommation dans le temps.

Les choix relatifs à la prise de risque (p. 262-266)

- En achetant des actions ou en les vendant à découvert, un investisseur peut moduler son exposition aux risques boursiers.

- Lorsque le risque est faible, les investisseurs réallouent leur position sur le marché selon la cote qui caractérise la probabilité que la bourse monte ou descende.

- Toutes choses égales d'ailleurs, les investisseurs préfèrent généralement les positions non risquées. Pour accepter de prendre une position risquée, ils demanderont une prime de risque. Ils manifestent ainsi de l'aversion pour le risque.

Les échanges et l'origine de la valeur (p. 266-276)

- La théorie moderne de la valeur attribue un grand rôle aux préférences des consommateurs dans la détermination des prix.

- Cette théorie repose sur le modèle d'équilibre général, où l'on cherche à déterminer les prix qui équilibrent tous les marchés simultanément.

- Pour illustrer la théorie, on emploie un modèle de l'économie la plus simple possible, qu'on représente graphiquement dans une boîte d'Edgeworth.

- La rareté, la désirabilité et la répartition initiale des ressources déterminent ensemble les prix d'équilibre.

- Le mécanisme de marché entraîne une allocation efficace des ressources sur la courbe des contrats.

Figures clés

Figure 9.1 L'offre de travail (p. 257)

Figure 9.4 L'emprunt (p. 261)

Figure 9.5 L'épargne (p. 261)

Figure 9.6 L'investissement en bourse (p. 263)

Figure 9.7 Les préférences pour le risque (p. 264)

Figure 9.8 La demande de titres boursiers (p. 266)

Figure 9.10 L'économie en boîte (p. 270)

Figure 9.11 La boîte d'Edgeworth (p. 271)

Mots clés

Allocation efficace Répartition des biens entre les consommateurs telle que leurs *TmS* sont égaux (p. 273).

Aversion pour le risque Un investisseur qui demande une prime de risque manifeste de l'aversion pour le risque. Terme générique pour qualifier les préférences, à rendement moyen égal, pour les positions les moins risquées (p. 265).

Boîte d'Edgeworth Représentation graphique d'une économie d'échange à deux biens et deux consommateurs (p. 271).

Courbe des contrats Ensemble des allocations de la boîte d'Edgeworth qui sont à la fois efficaces et acceptables par tous les consommateurs, en ce sens que ceux-ci obtiennent au moins autant d'utilité au terme de l'échange que s'ils refusaient d'échanger (p. 273).

Droite budgétaire intertemporelle Ensemble des profils de consommation qui épuisent la richesse intertemporelle du consommateur (p. 258).

Équilibre général Analyse de l'équilibre sur les marchés lorsqu'on présume que les prix de tous les biens peuvent s'ajuster (p. 267).

Équilibre partiel Analyse de l'équilibre sur le marché d'un bien lorsqu'on présume que les prix de tous les autres biens demeurent constants (p. 267).

Loisirs Toute activité qui limite le temps alloué au travail rémunéré, comme les soins donnés aux enfants ou le temps passé à la plage (p. 256).

Offre de travail Relation entre le salaire et la quantité d'heures que les travailleurs sont prêts à offrir sur le marché du travail (p. 256).

Préférences temporelles Préférences du consommateur à l'endroit de différents profils de consommation possibles dans le temps (p. 259).

Prime de risque Gain moyen en dollars qu'un investisseur demande pour adopter une position risquée (p. 265).

Richesse intertemporelle Somme des revenus courants et futurs du consommateur, pondérée par le taux d'intérêt (1 dollar courant vaut 1 + *taux* dollar futur) (p. 258).

Vente à découvert Opération boursière consistant à vendre immédiatement des actions que l'on ne possède pas encore dans l'espoir que leur prix baisse et qu'on puisse les acheter à un prix inférieur à celui auquel on les a vendues (p. 263).

PROBLÈMES ET APPLICATIONS

1.   ### UN SECOND REVENU EST-IL AVANTAGEUX?

Pour savoir s'il est avantageux d'avoir deux emplois, calculez quelle proportion du salaire le plus faible sera consacré aux dépenses rendues nécessaires par le fait que les deux parents travaillent. La garde des enfants sera probablement ce qui coûtera le plus cher. [...] N'oubliez pas de tenir compte des dépenses liées au travail [...] les déplacements, les vêtements, la blanchisserie, les repas. [...] De plus, vous n'aurez peut-être pas le temps ou l'énergie de faire le ménage ou de préparer le dîner. En conséquence, vous devrez peut-être recourir plus souvent [...] au prêt-à-manger. [...]

CNN, 15 mars 2006

a. Quel est le coût de renonciation du fait qu'un des adultes de la famille reste à la maison pour s'occuper des enfants?

b. Quel est le coût de renonciation du fait qu'un des adultes de la famille travaille plutôt que de rester à la maison?

c. Pourquoi le coût de renonciation d'un emploi augmente-t-il avec le nombre d'enfants dans la famille?

d. De quelle façon le nombre d'enfants dans la famille influe-t-il sur le taux marginal de substitution lorsque l'on considère le loisir par rapport aux biens et services?

2.   ### FLOYD MAYWEATHER JR. ANNONCE SA RETRAITE

[...] Annonçant qu'il prend sa retraite [...], le boxeur Floyd Mayweather Jr., champion du monde invaincu, a mis fin aux négociations qui devaient aboutir à la tenue d'un combat en septembre où il aurait été opposé à nouveau à Oscar De La Hoya.

En mai 2007, Mayweather Jr. l'a emporté par décision majoritaire sur De La Hoya au cours d'un combat qui a établi un nouveau record de recettes totales et de recettes de télévision payante. [L'associé de La Hoya] ne croit pas qu'il s'agisse d'une tactique employée par Mayweather pour obtenir plus d'argent dans un match contre De La Hoya. [...] «Il a déjà gagné assez d'argent pour vivre le reste de ses jours

dans le confort, et s'il veut plus de temps pour s'occuper de ses bébés, c'est une bonne chose. [...] »

Los Angeles Times, 6 juin 2008

a. Expliquez la décision de Mayweather en faisant appel aux notions d'effet substitution et d'effet revenu.

b. Au salaire que Mayweather touche pour chacun de ses combats, la courbe d'offre de travail du boxeur affiche-t-elle une pente positive ou se recourbe-t-elle vers l'axe des ordonnées?

c. Tracez un graphique de la droite budgétaire et des courbes d'indifférence de Mayweather pour le loisir et le salaire, et illustrez sa décision d'accepter ou non un autre combat. Montrez comment une augmentation du salaire par combat modifie sa décision.

3.   ### VOUS ÊTES PEUT-ÊTRE MIEUX (OU MOINS BIEN) PAYÉ QUE VOUS NE CROYEZ

[...] Si jamais vous avez été contraint de choisir entre un emploi à votre goût et un autre dont le salaire est meilleur mais qui vous plaît moins, vous vous êtes probablement demandé s'il existait quelque part un économiste en mesure de [...] vous dire combien vaut la satisfaction au travail [...] Avoir confiance dans la direction est de loin le facteur le plus important à considérer. Supposons qu'on vous donne un nouveau patron et que vous vous sentiez dès lors un peu plus en confiance [...] (disons que vous gagnez un point sur une échelle de un à dix). Cela équivaut à une hausse de salaire de 36%. Autrement dit, l'augmentation de votre niveau de confiance fait monter votre satisfaction générale dans la vie, et ce, à peu près autant qu'une hausse de salaire de 36%.

CNN, 29 mars 2006

a. Supposons que la confiance dans la direction et le salaire soient deux biens que l'on puisse mesurer sur une échelle de un à dix. Tracez une courbe d'indifférence (avec la confiance en abscisse) qui reflète ce qui est dit dans le bulletin d'information.

b. Selon l'article, quel est le taux marginal de substitution qui s'applique dans le cas de la confiance dans la direction et du salaire ?

c. Que sous-entend l'article à propos du principe du taux marginal de substitution décroissant ? Cela peut-il être exact ?

---

4. ## LES TAUX VONT MONTER, AVERTIT CARNEY

Le gouverneur de la Banque du Canada, Mark Carney, a averti les consommateurs canadiens et les banques de ne pas se laisser berner par un faux sentiment de sécurité en raison des faibles taux d'intérêt qui ont cours depuis plusieurs mois. [...] Selon M. Carney, les taux d'intérêt extraordinairement bas rendus possibles par la politique monétaire de la Banque du Canada permettent présentement aux Canadiens de s'endetter davantage, mais il a précisé que ces taux allaient augmenter et que les prêts qui sont présentement à la portée de certains consommateurs pourraient ne plus l'être dans l'avenir.

Le Soleil, 17 décembre 2009

---

a. Pourquoi les Canadiens s'endettent-ils davantage lorsque le taux d'intérêt est bas ?

b. Qui bénéficierait d'une hausse des taux ? Ceux qui ont de l'argent aujourd'hui (par exemple, les rentiers) ou ceux qui en attendent dans l'avenir (par exemple, les jeunes) ?

c. À l'aide du modèle du consommateur, montrez comment une hausse des taux peut conduire à la faillite d'un emprunteur.

---

5. ## CARTE BLANCHE À... RACHEL JAILLET

Originaire de Sainte-Marie-de-Kent, Rachel Jaillet représente actuellement 26 pays à titre de Miss North America. [...] Son règne prendra toutefois fin en août 2010, lors de la prochaine édition du concours, qui doit avoir lieu à Las Vegas.

1. Le matin, vous ne pouvez commencer votre journée sans... Un verre de lait et du pain [...]

8. Êtes-vous économe ou dépensière ? Économe [...]

18. Que feriez-vous avec un million de dollars ? J'en mettrais la moitié à la banque, dans un compte d'épargne pour récolter un peu d'intérêts. J'irais en voyage avec ma famille et j'irais en Haïti pour aider les pauvres.

L'Acadie Nouvelle, 31 octobre 2009

---

a. Pourquoi diable la première chose à laquelle pense Mme Jaillet dans la perspective de recevoir 1 million de dollars est-elle de gagner encore plus d'argent grâce aux intérêts ?

b. Comment un gain de 1 million de dollars affecterait-il l'offre de travail de Mme Jaillet ?

---

6. ## SIX CANADIENS SUR DIX VIVENT DE PAIE EN PAIE

Selon un sondage mené pour l'Association canadienne de la paie (ACP) auprès de 2 800 personnes, 59 % des employés canadiens auraient des difficultés à acquitter leurs obligations si leur paie était versée une semaine plus tard que prévu. [...] Parmi les groupes d'âge, ce sont les jeunes Canadiens de 18 à 34 ans qui, dans une proportion de 64 %, sont les plus nombreux à longer inconfortablement le précipice budgétaire. [...] « C'est inquiétant, les gens ont pris des habitudes de consommation qui font en sorte qu'ils ont peu de marge de manœuvre, constate Maurice Gosselin, titulaire de la chaire Groupe Investors en planification financière à l'Université Laval. Et on est chanceux, on est dans une période où les taux d'intérêt sont bas. » Rien de surprenant, dès lors, que la moitié des répondants s'estiment incapables d'épargner plus de 5 % de leur paie nette. [...] Les travailleurs ont pourtant conscience de l'importance de l'épargne. En effet, 31 % des Canadiens ont eu la noble intention d'économiser davantage que l'année précédente, sans parvenir pour autant à joindre le geste au souhait.

La Presse, 15 septembre 2009

---

a. Utilisez le modèle du consommateur pour expliquer pourquoi les jeunes sont plus susceptibles que leurs aînés de vivre à crédit.

b. Comment réagiront les jeunes si les taux d'intérêt se mettent à monter ?

---

7. ## PHOTO À CRÉDIT

Michel gagne 30 k$ par année et a besoin de 28 k$ pour vivre. Il souhaite acheter le plus tôt possible l'appareil photo de ses rêves qui coûte 3 800 $. Quel est le taux d'intérêt le plus élevé qui lui permet néanmoins de réaliser immédiatement son rêve ?

---

8. ## L'INCERTITUDE MINE LA CONFIANCE DES INVESTISSEURS CANADIENS

Rendus sceptiques par la lenteur de la reprise, les investisseurs canadiens placent de plus en plus leurs économies dans des régimes enregistrés conservateurs, révèle une étude de la Banque Scotia. Les investisseurs sont plus optimistes au sujet de l'économie qu'ils ne l'étaient il y a un an, mais ils demeurent incertains quant à la direction qu'elle prendra [...] Quelque 55 % des participants à l'étude ont dit adopter un point de vue neutre sur l'économie, puisqu'ils ne savent pas comment l'économie se comportera. [...]

« Quand vous n'êtes pas certain en tant qu'investisseur, la réaction habituelle est de ne pas être trop agressif et d'être assez conservateur dans vos placements. »

Le Droit, 5 janvier 2010

a. Si les investisseurs étaient presque certains que la bourse allait monter, que feraient-ils ?

b. S'ils étaient presque certains qu'elle allait descendre, que feraient-ils ?

c. Expliquez le comportement des investisseurs.

---

9. **DU SIROP D'ÉRABLE À 10 $**

Les érables à sucre sont tout autour de nous mais nous ne réalisons pas vraiment tout ce qui se profile derrière. Le sirop d'érable est une deuxième nature culinaire pour nous, au point où nous avons tendance à le tenir pour acquis. [...]

Le sirop d'érable, c'est nos truffes à nous, notre bœuf Kobe, notre caviar et notre foie gras. Malgré tout, [...] nous rechignons à l'idée de payer son juste prix. Ces derniers mois, les consommateurs ont grimacé encore plus que d'habitude car les prix ont monté. Habitués de payer aussi peu que 5 $ pour la conserve de 540 ml, voilà qu'ils ont vu les tarifs grimper à 8, 9, voire 10 $! [...]

Bon an, mal an, il faudra s'adapter aux récents prix du sirop d'érable. Parce que tout augmente, d'abord, mais aussi parce que le sirop que nous ont légué les peuples autochtones est le plus prisé au monde. [...]

Alors si vous avez une érablière et qu'un Japonais vous offre 15 ou 20 $ pour votre conserve parce qu'il considère ça aussi bon que du miel biologique des alpages, vous seriez bien mal avisé de ne pas lui vendre, non ?

Le Droit, 22 avril 2009

---

a. Expliquez pourquoi le prix du sirop d'érable augmente.

b. Est-ce que cette hausse de prix est à l'avantage du Québec en général ?

c. Qu'est-ce qui se passerait si on interdisait l'exportation du sirop d'érable ?

d. Énoncez les facteurs qui déterminent le prix du sirop d'érable.

10. Après avoir étudié la rubrique « Entre les lignes » (p. 274), répondez aux questions suivantes :

a. Si Georges estime qu'il y a une augmentation de la probabilité de voir baisser les cours, comment réarrangera-t-il son portefeuille ?

b. Dans quelles circonstances Georges serait-il disposé à vendre des titres à découvert dans l'espoir de les racheter à bas prix ?

RÉPONSES AUX MINITESTS

MINITEST 1 (p. 257)

1. Le salaire qu'on aurait obtenu en travaillant durant cette heure.

2. À cause de l'effet revenu : la hausse du salaire augmente le revenu et, comme le loisir est un bien normal, le consommateur souhaite en obtenir davantage.

MINITEST 2 (p. 262)

1. Parce qu'elle diminue la valeur des dollars qu'il recevra dans le futur sans rien changer à la valeur des dollars courants qu'il détient (exprimée en dollars courants).

2. 10 $ / (1 + 10 %) = 9,09 $

3. Parce que le consommateur peut certainement « s'offrir » son propre revenu.

MINITEST 3 (p. 266)

1. En vendant à découvert.

2. À la cote des probabilités, soit le ratio de la probabilité de baisse sur la probabilité de hausse.

3. Il demande une prime de risque plus élevée et ses courbes d'indifférence sont plus convexes par rapport à la ligne de cote.

4. La hausse de rendement accroît la demande.

MINITEST 4 (p. 273)

1. Le rôle des demandes des consommateurs, c'est-à-dire de leurs préférences.

2. Il présume que les prix des biens autres que celui considéré demeurent constants.

3. Il y aurait pénurie de yaourts si Maxime demandait le panier au point *I* et Catherine le panier au point *H*.

4. Ils se rapprochent : la pénurie sur le marché des salades de fruits et l'offre excédentaire sur le marché des yaourts sont graduellement résorbées et finissent par disparaître au point d'équilibre *E*.

5. La rareté, la désirabilité et la répartition des ressources.

6. Elle n'est pas acceptable pour Maxime.

7. Elle n'est pas efficace.

Vivre le mieux possible

Les puissantes forces de l'offre et de la demande façonnent la fortune des familles, des entreprises, des nations et des empires comme les vagues et les vents façonnent les rochers du littoral. Nous avons vu aux chapitres 3 à 7 comment ces forces font monter et baisser les prix et les quantités achetées et vendues, font fluctuer les revenus et allouent les ressources à l'usage qui maximise leur valeur. ◆ Ces forces redoutables émanent discrètement des choix individuels que nous opérons en privé, et que décrivent les chapitres 8 et 9. Le chapitre 8 explore la théorie des choix, qui explique comment on doit aborder les décisions tant « économiques », comme les choix de consommation, que « non économiques », comme la décision de se marier ou non, et le nombre d'enfants qu'on choisit d'avoir. Du point de vue de la théorie des choix, ces décisions disparates procèdent du même problème : parmi un ensemble restreint d'options, on doit retenir celle qu'on préfère. D'une certaine façon, aucun choix n'est vraiment « non économique ». Chaque fois qu'il y a rareté, un choix s'impose, et l'économique étudie tous ces choix. ◆ Les premiers économistes (Adam Smith et ses contemporains) comprenaient mal les choix des ménages, et ce n'est qu'au XIXᵉ siècle qu'on a fait des progrès en la matière. Jeremy Bentham (ci-dessous) est le premier économiste à avoir appliqué le concept d'utilité à l'étude des choix humains. Dans les pages qui suivent, vous rencontrerez Steven Levitt de l'Université de Chicago, l'un des plus éminents observateurs du comportement humain.

JEREMY BENTHAM (1748-1832) a vécu à Londres. Fils et petit-fils d'avocats, il a fait lui aussi des études de droit à Oxford. Cependant, il a rapidement rompu avec la tradition familiale pour mener une carrière d'écrivain, d'activiste et de membre du parlement britannique, cherchant constamment des lois rationnelles qui assureraient « le plus grand bonheur au plus grand nombre ».

Jeremy Bentham, dont le corps embaumé est conservé dans un cabinet de verre à l'Université de Londres, a été le premier à utiliser le concept d'utilité pour expliquer les choix humains et – comme on ne faisait guère de différence entre expliquer et prescrire à son époque – pour dire aux gens comment ils devaient se comporter. Bentham a aussi été l'un des premiers à proposer des pensions de retraite, la sécurité d'emploi, le salaire minimum et des mesures sociales comme la gratuité de l'éducation et des soins de santé.

[...] c'est le plus grand bonheur du plus grand nombre qui est la mesure du bien et du mal.

– JEREMY BENTHAM, *Fragment on Government*

avec **STEVEN D. LEVITT**

STEVE D. LEVITT

Steven D. Levitt *est titulaire de la chaire Alvin H. Baum en économie à l'Université de Chicago. Né à Minneapolis, il a obtenu son baccalauréat à Harvard et son doctorat à l'Institut de technologie du Massachusetts (MIT). Récipiendaire de nombreux honneurs, il a obtenu récemment la John Bates Clark Medal offerte au meilleur économiste âgé de moins de 40 ans.*

Le professeur Levitt a étudié une variété extraordinaire de choix humains et s'est penché sur les conséquences qui en découlent. Il a examiné les effets de la police sur la criminalité ; il a montré que les agents immobiliers obtiennent un meilleur prix quand ils vendent leur propre maison que lorsqu'ils vendent celles des autres ; il a conçu une épreuve pour démasquer les enseignants qui trichent ; et il a analysé les choix des trafiquants de drogue et des membres de gang. Une bonne part de ces recherches ont été publiées dans Freakonomics (Steven D. Levitt et Stephen J. Dubner, Harper-Collins, 2005). Cette somme de travail, en apparence disparate, tire son unité de l'approche utilisée, qui est celle des expériences naturelles. Le professeur Levitt possède un incroyable talent pour repérer précisément les situations appropriées et en dégager les données qui lui permettent d'étudier les effets qui l'intéressent.

Michael Parkin et Robin Bade se sont entretenus avec Steven Levitt de sa carrière et des progrès réalisés par les économistes dans leur compréhension des réactions des gens aux incitatifs présents dans toutes les sphères de l'activité humaine.

Professeur Levitt, pourquoi êtes-vous devenu économiste ?

J'ai suivi un cours d'introduction à l'économie en première année du bac. Toutes les idées qu'on y traitait me paraissaient parfaitement sensées – elles coïncidaient avec ce que je pensais naturellement. Mes amis étaient déconcertés. Je me disais : « C'est dans ce domaine que je veux travailler ! »

L'idée de faire un choix rationnel à la marge se trouve au cœur de l'économique. Diriez-vous que vos recherches appuient en général cette idée ou qu'elles la remettent en question ? Avez-vous des exemples à nous donner ?

Je n'aime pas le mot « rationnel » dans ce contexte. Je crois que les économistes cèdent à la facilité quand ils présument que les agents sont rationnels. L'important, c'est plutôt de savoir si les gens réagissent à des incitatifs. Mes recherches appuient tout à fait l'idée que les humains réagissent fortement aux incitatifs, et ce, dans toutes sortes de situations. C'est ce que j'ai observé auprès des trafiquants de drogue, des voleurs d'autos, des lutteurs de sumo, des agents immobiliers et des enseignants de l'école primaire, pour ne citer que ces exemples.

Quels sont les incitatifs auxquels réagissent les trafiquants de drogue ? Est-ce qu'une meilleure compréhension de ces réactions nous éclaire sur le rôle que les programmes publics pourraient jouer quant à la consommation des drogues ?

Les gens sont exposés à des incitatifs qui diffèrent selon la situation particulière dans laquelle ils se trouvent. Par exemple, les trafiquants de drogue veulent s'enrichir, mais ils veulent aussi éviter d'être arrêtés ou tués. Les données que nous avons recueillies sur le trafic de la drogue nous indiquent que, lorsque les affaires sont bonnes, les vendeurs sont plus disposés à courir le risque de se faire arrêter pour s'assurer une part du marché. En même temps, ils font tout ce qu'ils peuvent pour minimiser leurs risques. Par exemple, les vendeurs de crack avaient autrefois l'habitude d'avoir la drogue avec eux.

Lorsqu'on a adopté des lois imposant des punitions sévères à ceux qui étaient pris en possession de quantités de drogues plus que minimales, les trafiquants se sont mis à garder le crack ailleurs que sur eux et à ne transporter que ce qu'ils venaient de vendre à un client. Autre exemple : les lutteurs de sumo, quant à eux, se préoccupent surtout de leur rang dans le classement officiel. Dans certains matchs, il arrive que l'enjeu soit plus grand pour l'un des lutteurs que pour l'autre. Nous avons observé que les lutteurs de sumo n'hésitent pas à recourir à la corruption pour assurer la victoire à celui qui en a besoin.

Pourquoi un économiste s'intéresserait-il au crime et à la corruption ?

Selon moi, les sciences économiques sont avant tout une façon de voir le monde et un ensemble d'outils qui permettent de penser clairement. Les questions auxquelles on peut s'attaquer grâce à ces outils sont illimitées. C'est là que réside, à mon avis, toute la force des sciences économiques. Si vous comprenez l'économique et que vous employez les outils judicieusement, vous réussirez mieux en affaires, ou vous serez un meilleur médecin, un meilleur fonctionnaire, et un meilleur parent.

> Selon moi, les sciences économiques sont avant tout une façon de voir le monde et un ensemble d'outils qui permettent de penser clairement.

Quel est le modèle économique qui s'applique à la criminalité, et comment permet-il de trouver de meilleurs moyens de combattre le crime ? À cet égard, parlez-nous un peu de votre travail sur le comportement des voleurs d'autos ?

Le modèle économique de la criminalité est fondé sur la proposition que les gens ont le choix, soit de travailler pour un salaire dans la légalité, soit de gagner de l'argent en pratiquant une activité illégale. Le modèle établit rigoureusement l'ensemble des coûts associés à la criminalité (par exemple, le salaire auquel on renonce et les sanctions auxquelles on s'expose) et les avantages du crime (par exemple, le butin). Il permet aussi d'analyser comment un individu qui maximise son profit décide s'il doit commettre des crimes et en quelle quantité. Le modèle est utile, entre autres, parce qu'il met en évidence de quelle façon les programmes publics peuvent influer sur le taux de criminalité. Par exemple, nous pouvons améliorer nos chances d'attraper les criminels ou augmenter la durée de la peine de ceux qui sont condamnés. L'État peut aussi tenter d'intervenir dans le marché du travail pour rehausser l'attrait des emplois légaux – par exemple, au moyen du salaire minimum.

> Si on compare simplement les villes, on constate que celles qui ont les plus grandes forces policières sont aussi celles qui ont le plus de criminalité, mais ce n'est pas que la police est la cause des crimes, c'est que le crime fait croître l'embauche de policiers.

Pourquoi est-il difficile de vérifier si une présence policière accrue fait baisser la criminalité ? Comment avez-vous trouvé la réponse ?

Nous pensons que, s'il y a plus d'agents de police, il y aura moins de crimes, le coût de la criminalité devenant plus élevé par suite de l'augmentation de la surveillance. Pour que les programmes publics réussissent, il est important de savoir dans quelle mesure les interventions policières font baisser la délinquance. En pratique, cela est difficile à déterminer parce que nous n'embauchons pas les policiers de façon aléatoire. Au contraire, là où se commettent beaucoup de crimes, la demande d'agents est plus élevée, et le nombre de ceux-ci augmente. Si on compare simplement les villes, on constate que celles qui ont les plus grandes forces policières sont aussi celles qui ont le plus de criminalité, mais ce n'est pas que la police est la cause des crimes, c'est que le crime fait croître l'embauche de policiers.

Pour savoir s'il existe une relation causale entre l'action policière et une baisse de la criminalité, on voudrait mettre sur pied une expérience randomisée dans laquelle on augmenterait aléatoirement la force policière dans certaines villes et on la diminuerait ailleurs. Ce type d'expérience est impossible à réaliser. L'économiste doit alors repérer et observer des « expériences naturelles » pour répondre à ses questions.

J'ai choisi de faire mes observations en temps d'élection municipale. C'est que les maires embauchent plein de policiers avant une élection pour créer l'impression qu'ils « s'attaquent vigoureusement au crime ». Si on suppose qu'elles n'influent pas par ailleurs sur la criminalité, les élections ont alors un effet randomisant qui, par intervalles, fait augmenter le nombre de policiers dans certaines villes. J'ai découvert ainsi que la criminalité baisse durant l'année qui suit les élections une fois terminée la période de rodage des recrues. Il s'agit de preuves indirectes, mais cet exemple nous montre comment les économistes se servent de leurs outils pour aborder des questions difficiles.

Vos recherches indiquent que la légalisation de l'avortement fait baisser la criminalité. Dites-nous comment vous êtes arrivé à cette conclusion ? Comment cela joue-t-il dans le débat sur l'avortement ?

La théorie est simple : les enfants qui ne sont pas voulus vivent des vies difficiles (entre autres, ils sont plus sujets que les autres à devenir des criminels) ; après la légalisation de l'avortement, il y a moins d'enfants non désirés.

En conséquence, on s'attend à ce que la criminalité diminue (au bout de 15 à 20 ans, délai nécessaire pour que les enfants grandissent et atteignent l'âge où se commettent le plus de crimes).

Nous avons examiné l'évolution de la délinquance 15 à 20 ans après la cause *Roe c. Wade*, dans les États où les taux d'avortements étaient soit élevés, soit bas, et dans ceux où l'avortement avait été légalisé quelques années plus tôt qu'ailleurs au pays. Il a même été possible d'analyser ce qui s'était passé chez les individus nés immédiatement avant ou après la légalisation de l'avortement.

Toutes les observations allaient dans le même sens. La criminalité diminue considérablement là où on a légalisé l'avortement.

Toutefois, nos résultats ne pèsent pas beaucoup dans le débat sur l'avortement. Si, comme l'affirment ceux qui s'y opposent, l'avortement est un meurtre, alors les effets observés sur l'activité criminelle sont dérisoires par comparaison. De même, si être maître de son corps constitue pour la femme un droit inaliénable, comme le soutiennent les défenseurs de la liberté de choix, alors nos estimations concernant la criminalité ne sont pas pertinentes.

Nos résultats en disent plus sur le fait de ne pas être voulu. Il y a de grands avantages à s'assurer que les enfants qui viennent au monde sont voulus et qu'on s'occupe bien d'eux. Parmi les moyens de parvenir à ce résultat, il y a la planification des naissances, l'adoption, l'avortement et l'éducation des parents.

Le terrorisme préoccupe tout le monde par les temps qui courent. On peut présumer que les terroristes réagissent à des incitatifs. Pensez-vous qu'il est possible d'utiliser les connaissances acquises en sciences économiques pour mieux comprendre et peut-être même combattre le terrorisme?

Le terrorisme est une question particulièrement difficile à aborder par le biais des incitatifs. Les terroristes qui nous inquiètent le plus sont ceux qui agissent par conviction religieuse. Ce sont des gens qui sont prêts à risquer leur vie pour accomplir un acte terroriste. En conséquence, la seule peine qu'on puisse leur opposer consiste à les empêcher de réaliser leur projet en les attrapant auparavant ou peut-être en réduisant au minimum les dommages qu'ils peuvent infliger. Contrairement aux criminels de droit commun, ils ne se laissent pas dissuader par la menace d'une peine à venir. Heureusement, les personnes disposées à sacrifier leur vie pour une cause ne sont pas nombreuses, même parmi les extrémistes.

> [...] chaque fois que j'observais quelque chose dans le monde, je me demandais : « S'agit-il d'une expérience naturelle? »

Les étudiants peuvent-ils apprendre à utiliser les expériences naturelles ou est-ce que vous avez un don qu'il n'est pas facile d'enseigner?

Je ne crois pas que je possède un tel don. La plupart de ceux auxquels on reconnaît une compétence dans un domaine donné ont acquis leur habileté par le travail et l'expérience. C'est certainement mon cas.

À une époque, je me contentais de me promener et, chaque fois que j'observais quelque chose dans le monde, je me demandais : « S'agit-il d'une expérience naturelle? » De temps à autre, il m'arrivait d'en découvrir une, et ce, parce que j'étais à l'affût.

Quels conseils donneriez-vous à un étudiant qui veut devenir économiste et qui s'intéresse aux expériences naturelles, ou qui se destine à une carrière plus générale en sciences sociales?

Je dirais que la meilleure chose à faire pour un étudiant, c'est d'intégrer ce qu'il apprend à l'ensemble de sa vie, plutôt que de se contenter de le mémoriser en vue des examens pour ensuite l'oublier. Ceux qui se passionnent pour les sciences économiques (ou pour n'importe quelle discipline) ont plusieurs longueurs d'avance sur ceux qui ne visent que la note de passage.

CHAPITRES

10 L'organisation de la production

11 La production et les coûts

12 La concurrence parfaite

13 Le monopole

14 La concurrence monopolistique

15 L'oligopole

L'organisation de
la production

À l'automne 1990, un scientifique britannique du nom de Tim Berners-Lee invente le Web, un concept génial qui favorise la création et la croissance de milliers d'entreprises. L'une d'elles, Research in motion (RIM), est une société canadienne qui fabrique des appareils sans fil, dont le BlackBerry. L'entreprise a été fondée en 1984 à Waterloo, en Ontario, par Mike Lazaridis. Comment RIM et les deux autres millions d'entreprises au Canada prennent-elles leurs décisions d'affaires ? Comment réussissent-elles à fonctionner efficacement ?
◆ La plupart des entreprises dont le nom nous est familier ne *fabriquent* pas de biens ; elles les *achètent* et les *revendent*. Par exemple, Apple ne fabrique pas le iPod. Le disque dur de l'appareil est produit par Toshiba, le module écran par Toshiba et Matsushita, et les autres pièces par une foule d'entreprises ; puis, la société taiwanaise Inventec fait l'assemblage de tous les éléments. Pourquoi Apple ne fabrique-t-elle pas son iPod ? Comment les entreprises décident-elles de ce qu'elles fabriquent elles-mêmes et de ce qu'elles achètent à d'autres ?

Objectifs du chapitre

◆ **Expliquer ce qu'est une entreprise et décrire les problèmes économiques que toutes les entreprises doivent résoudre**

◆ **Distinguer l'efficacité technique de l'efficacité économique**

◆ **Définir le problème principal-agent, et expliquer comment les différents types d'entreprises composent avec ce problème**

◆ **Décrire les divers types de marchés dans lesquels fonctionnent les entreprises**

◆ **Expliquer pourquoi certaines activités économiques sont coordonnées par les marchés et d'autres par les entreprises**

◆ Ce chapitre porte sur les entreprises et sur les choix qu'elles font. En 2009, le prix de la Banque de Suède à la mémoire d'Alfred Nobel a été octroyé à l'américain Oliver E. Williamson pour son analyse de la gouvernance économique et des frontières de l'entreprise, soit les thèmes principaux que nous aborderons ici. Dans la rubrique « Entre les lignes » (p. 306), nous appliquerons les principes abordés dans ce chapitre à l'industrie de l'entreposage frigorifique au Québec.

L'entreprise et ses problèmes économiques

Si les deux millions d'entreprises canadiennes diffèrent par leur taille et par leur secteur d'activité, toutes accomplissent les mêmes fonctions économiques fondamentales. En effet, par définition, une **entreprise** est une organisation qui mobilise et gère des facteurs de production afin de produire et de vendre des biens et services.

Notre objectif est de prédire le comportement des entreprises. Pour ce faire, nous devons connaître le but et les contraintes qu'ont en commun toutes les entreprises.

Le but de l'entreprise

Lorsqu'ils demandent à des entrepreneurs de définir leurs objectifs, les économistes obtiennent différentes réponses. Certains entrepreneurs diront viser l'amélioration continue de la qualité de leur produit, d'autres, la croissance de l'entreprise ou sa part de marché, d'autres encore, la satisfaction du personnel, et de plus en plus aujourd'hui, il y en aura qui parleront de responsabilité sociale et environnementale. Si tous ces objectifs sont légitimes, aucun n'est fondamental. En fait, ce ne sont là que des moyens d'atteindre le but premier de l'entreprise.

Ce but premier, c'est la maximisation du profit. L'entreprise qui ne cherche pas à maximiser son profit risque fort d'être éliminée ou absorbée par une entreprise qui, elle, cherche à maximiser son profit.

Quel est exactement ce profit qu'une entreprise cherche à maximiser ? Pour répondre à cette question, prenons l'exemple de Maille Maille, une petite manufacture de chandails fondée et dirigée par Nico.

La comptabilisation du profit

En 2009, la vente de ses chandails a rapporté 400 000 $ à Maille Maille. Les dépenses de l'entreprise pour l'année sont les suivantes : 80 000 $ de laine, 20 000 $ de fournitures et services, 120 000 $ de salaires, 5 000 $ pour la location d'un ordinateur et 5 000 $ d'intérêts sur un emprunt bancaire. Avec des dépenses totalisant 230 000 $, Maille Maille a dégagé un surplus de 170 000 $.

Pour mesurer le profit de Maille Maille, le comptable de l'entreprise a soustrait 20 000 $ du montant en surplus pour la dépréciation. La *dépréciation* est la perte de valeur du capital d'une entreprise (dans le cas de Maille Maille, le capital comprend les installations et les métiers à tricoter). Les comptables calculent la dépréciation selon les règles de l'Agence du revenu du Canada, qui sont des normes comptables reconnues. Selon le bilan du comptable, le profit de Maille Maille s'est donc chiffré à 150 000 $ en 2009.

La comptabilité économique

Les comptables calculent le profit pour s'assurer que les impôts que paie l'entreprise sont exacts et pour montrer aux investisseurs comment leur argent est utilisé. L'économiste, lui, mesure le profit en vue de prédire les décisions que prendra l'entreprise, et ces décisions ont pour but de maximiser le *profit économique*. Le **profit économique** d'une entreprise est égal à sa recette totale moins son coût de production, ce dernier étant équivalent au *coût de renonciation de la production*.

Le coût de renonciation de la production

Le *coût de renonciation* est la valeur de la meilleure possibilité à laquelle on renonce pour en obtenir une autre. Pour une entreprise, le coût de renonciation de sa production est la valeur du meilleur autre usage qu'elle aurait pu faire de ses ressources.

Le coût de renonciation de la production est une autre possibilité réelle à laquelle l'entreprise a renoncé. On exprime ce coût en unités monétaires pour être en mesure d'additionner et de comparer les valeurs des possibilités auxquelles on a renoncé.

Le coût de renonciation de la production d'une entreprise est égal à la somme des coûts d'utilisation des ressources. L'entreprise emploie trois types de ressources, selon leur provenance :

- celles qu'elle achète sur le marché ;
- celles qui lui appartiennent déjà ;
- celles qui lui sont fournies par le propriétaire de l'entreprise.

Les ressources achetées sur le marché L'entreprise supporte un coût de renonciation quand elle se procure des ressources sur le marché. Le montant dépensé à cet effet fait partie du coût de renonciation de la production parce qu'il aurait pu servir à acheter d'autres ressources pour produire d'autres biens ou services. Dans le cas de Maille Maille, les ressources achetées sur le marché sont la laine, les fournitures et services, la main-d'œuvre, l'ordinateur en location et l'emprunt bancaire. Les 230 000 $ que Maille Maille a déboursés en 2009 pour les obtenir auraient pu être utilisés autrement. En conséquence, ils représentent une partie du coût de renonciation de la production de chandails.

Les ressources qui appartiennent à l'entreprise L'entreprise supporte un coût de renonciation lorsqu'elle emploie son propre capital. Le coût d'utilisation de ce dernier fait partie du coût de renonciation de la production parce que l'entreprise pourrait vendre le capital qui lui appartient et louer du capital d'une autre entreprise. Quand elle utilise son propre capital, l'entreprise le loue implicitement à elle-même. Dans ce cas, le coût de renonciation s'appelle le **loyer implicite** du capital. Ce loyer implicite se compose de deux éléments: la dépréciation économique et l'intérêt sacrifié.

La dépréciation économique La *dépréciation* est la diminution de la valeur du capital d'une entreprise. En comptabilité, on la mesure au moyen de formules qui n'ont pas de rapport avec l'évolution de la valeur marchande du capital. À l'opposé, la **dépréciation économique** correspond à la baisse de la *valeur marchande* du capital au cours d'une période donnée. Elle est égale à la valeur marchande du capital au début de la période moins sa valeur marchande à la fin de la période.

Par exemple, si Nico pouvait vendre ses installations et ses métiers à tricoter pour la somme de 400 000 $ le 1er janvier 2009 et que le 31 décembre 2009, il peut vendre le même capital 375 000 $, sa dépréciation économique pour l'année 2009 se chiffre à 25 000 $ (400 000 $ − 375 000 $). Cette baisse de 25 000 $ fait partie du coût de renonciation de la production.

L'intérêt sacrifié Les fonds utilisés pour acheter du capital auraient pu servir à d'autres fins. Le cas échéant, ils auraient rapporté un revenu d'intérêts. Ces intérêts dont on se prive font partie du coût de renonciation de la production.

Supposons que Maille Maille a prélevé 300 000 $ sur ses propres fonds pour acheter du capital. Si elle avait acheté des obligations au lieu d'un atelier de tricot (prenant alors en location le capital dont elle a besoin pour produire ses chandails), l'entreprise aurait eu des revenus d'intérêts annuels de 15 000 $. Ces intérêts sacrifiés font partie du coût de renonciation de la production.

Les ressources fournies par le propriétaire de l'entreprise Le propriétaire d'une entreprise peut fournir *à la fois* son entrepreneuriat et son travail.

L'entrepreneuriat Le propriétaire d'une entreprise, ou un entrepreneur qu'il engage, fournit souvent son entrepreneuriat – facteur de production dont la fonction est d'organiser les activités de l'entreprise et de prendre les décisions. Le rendement de l'entrepreneuriat est le profit, et le profit habituel qu'un entrepreneur réalise sur le marché en exploitant ses habiletés entrepreneuriales s'appelle le **profit normal**. Le profit normal est le coût de l'entrepreneuriat et il fait partie du coût de renonciation de la production.

Si Nico fournit son entrepreneuriat et que le profit normal qu'il peut tirer de ce service s'élève à 45 000 $ par année, il faut donc ajouter ce montant au coût de renonciation de la production de Maille Maille.

Le travail du propriétaire En plus de son entrepreneuriat, le propriétaire d'une entreprise peut également fournir son travail, et ce, sans rémunération. Le coût de renonciation du travail du propriétaire est le salaire que ce dernier a sacrifié en renonçant à l'emploi le plus rémunérateur qu'il aurait pu avoir.

Si Nico fournit du travail pour assurer la bonne marche de son entreprise et qu'il renonce à un autre emploi dont le salaire est de 55 000 $ par année, le montant de ce salaire fait partie du coût de renonciation de la production de Maille Maille.

Distinguer, dans la rémunération que reçoit Nico, la part attribuable à son entrepreneuriat de celle qui provient de son travail a ici un intérêt limité. Cette distinction est un rappel que l'entrepreneuriat est une fonction très différente de celle du travail. En particulier, contrairement au salaire, la rémunération de l'entrepreneuriat est incertaine: Nico n'obtiendra un bénéfice de l'exploitation de Maille Maille que dans la mesure où il est doué pour les affaires et… que les conditions du marché lui sont favorables.

La comptabilité économique en bref

Le tableau 10.1 résume les concepts de la comptabilité économique. Les recettes totales de Maille Maille se chiffrent à 400 000 $, et son coût de renonciation de la production, à 370 000 $; son profit économique est donc de 30 000 $.

TABLEAU 10.1   *La comptabilité économique*

Poste		Montant
Recettes totales		**400 000 $**
Coûts des ressources achetées sur le marché		
Laine	80 000 $	
Fournitures et services	20 000 $	
Salaires versés	120 000 $	
Location d'un ordinateur	5 000 $	
Intérêts payés	5 000 $	230 000 $
Coûts des ressources appartenant à l'entreprise		
Dépréciation économique	25 000 $	
Intérêt sacrifié	15 000 $	40 000 $
Coûts des ressources fournies par le propriétaire		
Profit normal de Nico	45 000 $	
Salaire auquel Nico a renoncé	55 000 $	100 000 $
Coût de renonciation de la production		**370 000 $**
Profit économique		**30 000 $**

Le revenu personnel de Nico comprend les 30 000 $ de profit économique et les 100 000 $ qu'il gagne en fournissant des ressources à Maille Maille.

Les décisions

Pour atteindre son but, c'est-à-dire maximiser son profit économique, l'entreprise doit prendre des décisions concernant :

1. la nature et la quantité des biens et services à produire ;
2. les techniques de production à utiliser ;
3. la gestion et la rémunération de ses gestionnaires et de ses travailleurs ;
4. la mise en marché et le prix de ses produits ;
5. les composantes qu'elle produira elle-même et celles qu'elle achètera à d'autres entreprises.

L'entreprise doit prendre chacune de ces décisions en tenant compte des contraintes qu'elle subit, et sur lesquelles nous allons maintenant nous pencher.

Les contraintes de l'entreprise

L'entreprise est soumise à trois types de contraintes qui limitent le profit économique qu'elle peut réaliser :

- les contraintes technologiques ;
- les contraintes d'information ;
- les contraintes de marché.

Les contraintes technologiques Les économistes donnent un sens très général au terme **technologie**, qu'ils définissent comme toute méthode ou tout procédé permettant de produire un bien ou un service. La technologie d'une entreprise inclut toutes les techniques auxquelles elle recourt, de la conception détaillée des machines à l'agencement du lieu de travail, en passant par sa propre organisation. Ainsi, le centre commercial découle d'une technologie destinée à la production de la vente au détail qui diffère de la technologie du comptoir de vente par catalogue ou du magasin du centre-ville.

La technologie est en constante progression. Avec des ordinateurs capables de communiquer verbalement et de reconnaître notre voix, et des voitures pourvues d'un dispositif pour trouver l'adresse que nous cherchons dans une ville inconnue, nous pouvons accomplir de plus en plus de choses. Pour les entreprises, le progrès technologique multiplie les nouvelles occasions de profit.

Cependant, à tout moment donné, l'accroissement du profit que peut réaliser l'entreprise est limité par la technologie dont elle dispose. Pour produire davantage et accroître ses revenus, l'entreprise doit mobiliser davantage de ressources et engager des coûts plus élevés. Ainsi, avec les installations et la main-d'œuvre dont elle dispose actuellement, Ford ne peut produire qu'une quantité donnée d'automobiles par jour. Pour en produire un plus grand nombre, l'entreprise devra mobiliser davantage de ressources, ce qui accroîtra ses coûts et limitera la hausse du profit qu'elle espérait réaliser en vendant les voitures supplémentaires.

Les contraintes d'information Nous ne détenons jamais toute l'information dont nous aurions besoin pour prendre des décisions. Nous manquons d'information tant sur l'avenir que sur le présent. Supposons par exemple que vous ayez l'intention d'acheter un nouvel ordinateur. Quand devriez-vous l'acheter ? Cela dépend de l'évolution des prix. Où devriez-vous l'acheter ? Cela dépend des prix que pratiquent des centaines de boutiques informatiques. Pour trouver la meilleure affaire possible, il vous faudrait comparer la qualité et les prix qu'offre chacune des boutiques. Mais le coût de renonciation de cette information dépasserait alors celui de l'ordinateur !

Comme vous, l'entreprise subit la contrainte d'une information incomplète sur la qualité et l'effort de sa main-d'œuvre, sur les intentions d'achat actuelles et futures de ses clients et sur les projets de ses concurrents. Il se peut que ses travailleurs se la coulent douce, que des clients se tournent vers des concurrents, ou encore qu'un de ces derniers s'apprête à lancer un produit révolutionnaire qui dépréciera la valeur de sa production.

Les entreprises tentent de créer des systèmes incitatifs pour les travailleurs afin de s'assurer qu'ils travaillent fort même sans supervision. Elles font des études de marché pour en savoir plus sur les désirs et les dispositions de leurs clients, et elles se surveillent étroitement les unes les autres pour tenter de deviner ce que la concurrence leur réserve. Or, ces efforts n'arrivent pas à éliminer les problèmes d'incertitude et d'information incomplète, qui limitent le profit économique réalisable.

Les contraintes de marché Le volume des ventes et le prix des produits d'une entreprise sont limités par le consentement à payer des clients ainsi que par les prix que pratiquent ses concurrents et par leurs efforts commerciaux. De même, les ressources qu'une entreprise peut acheter et le prix qu'elle les paie dépendent de la disposition des gens à travailler et de leur disposition à investir dans l'entreprise. Les entreprises dépensent des milliards de dollars par année pour la mise en marché et la vente de leurs produits, recrutant les gens les plus créatifs pour concevoir des messages publicitaires capables d'émerger du flot de publicité qui inonde le petit écran. Les contraintes de marché et les dépenses qu'engagent les entreprises pour les surmonter limitent leur profit.

MINITEST 1

1 Quel est le but premier de toute entreprise et qu'advient-il des entreprises qui ne poursuivent pas ce but ?

2 Les comptables et les économistes calculent différemment les coûts et le profit des entreprises. Pourquoi ?

3 Quels éléments expliquent que le coût de renonciation total diffère des coûts totaux calculés selon la méthode comptable ?

4 Pourquoi le profit normal est-il un coût de renonciation ?

5 Quels types de contraintes subit l'entreprise et comment ces contraintes limitent-elles son profit ?

Réponses p. 314

Dans le reste de ce chapitre, ainsi qu'aux chapitres 11 jusqu'à 14, nous nous pencherons sur les choix que font les entreprises. Nous allons apprendre à prédire les décisions d'une entreprise en les interprétant comme autant de réactions aux contraintes qu'elle subit et à l'évolution de ces contraintes. Voyons d'abord les contraintes technologiques.

L'efficacité technique et l'efficacité économique

Research in Motion emploie une main-d'œuvre considérable, et la plupart de ses travailleurs possèdent un capital humain (leur savoir et leurs habiletés) important ; par contre, cette entreprise n'utilise qu'une faible quantité de capital physique (machines et installations). Une compagnie minière utilise au contraire une énorme quantité de matériel d'exploitation des mines (capital physique), mais emploie une main-d'œuvre très réduite. Pourquoi ? La réponse réside dans l'efficacité. En matière de production, on distingue deux concepts d'efficacité : l'efficacité technique et l'efficacité économique. L'**efficacité technique** s'observe quand il n'est pas possible de produire plus avec des quantités de facteurs données, et l'**efficacité économique** s'observe quand le coût de production d'une quantité donnée est le plus bas possible. Prenons un exemple pour clarifier ces deux concepts.

Supposons qu'il existe quatre méthodes pour produire des téléviseurs :

A. *le montage robotisé*, où une seule personne surveille l'ensemble du processus, lequel est commandé par ordinateur ;

B. *la chaîne de montage*, où chaque travailleur se spécialise dans une tâche précise qu'il accomplit à mesure que les téléviseurs en cours d'assemblage passent sur la chaîne de production ;

C. *le montage manuel*, où chaque travailleur assemble un téléviseur à l'aide de quelques outils manuels ;

D. *le montage traditionnel*, où chaque travailleur se spécialise dans une tâche précise, mais se déplace d'un établi à l'autre pour l'accomplir.

Le tableau 10.2 donne les quantités de travail et de capital requises pour produire 10 téléviseurs par jour avec chacune de ces quatre méthodes. Laquelle est la plus efficace ?

TABLEAU 10.2 *Quatre façons de produire 10 téléviseurs par jour*

	Méthode	Quantité de facteurs	
		Main-d'œuvre	Capital
A	Montage robotisé	1	1 000
B	Chaîne de montage	10	10
C	Montage manuel	1 000	1
D	Montage traditionnel	100	10

L'efficacité technique

Rappelez-vous qu'il y a *efficacité technique* quand la production d'une quantité donnée requiert le moins de facteurs possible. En examinant les chiffres du tableau 10.2, on constate que la méthode *A* est celle qui requiert le plus de capital et le moins de main-d'œuvre, et que la méthode *C* est celle qui utilise le plus de main-d'œuvre et le moins de capital. Les méthodes *B* et *D* se situent entre les deux précédentes ; elles requièrent moins de capital mais plus de main-d'œuvre que la méthode *A*, et plus de capital mais moins de main-d'œuvre que la méthode *C*.

Comparons les méthodes *B* et *D*. La méthode *D* requiert 100 travailleurs et 10 unités de capital pour produire 10 téléviseurs, alors que la méthode *B* ne requiert que 10 travailleurs et 10 unités de capital pour produire ces mêmes 10 téléviseurs. Comme elle requiert la même quantité de capital et beaucoup plus de main-d'œuvre que la méthode *B*, la méthode *D* est techniquement inefficace.

Parmi les autres méthodes, y en a-t-il une autre qui soit techniquement inefficace ? La réponse est non.

La méthode *A* requiert plus de capital mais moins de main-d'œuvre que la méthode *B*, et la méthode *C* requiert plus de main-d'œuvre mais moins de capital que la méthode *B*.

Voyons maintenant ce qu'il en est de l'efficacité économique de ces méthodes.

L'efficacité économique

On s'en souvient, il y a efficacité économique quand le coût de production d'une quantité donnée est le plus bas possible.

La méthode *D*, techniquement inefficace, est également économiquement inefficace. Comme elle requiert la même quantité de capital que la méthode *B* mais 10 fois plus de main-d'œuvre, elle est plus coûteuse. Une méthode techniquement inefficace n'est jamais économiquement efficace. Autrement dit, une méthode efficace économiquement est nécessairement efficace techniquement.

L'une des trois méthodes efficaces sur le plan technique est aussi efficace économiquement. Les deux autres ne le sont pas. Ce sont les prix des facteurs de production qui déterminent laquelle est efficace.

Dans le tableau 10.3(a), la main-d'œuvre coûte 75 $ par jour et la location du capital se chiffre à 250 $ par jour.

On constate alors que la méthode *B* est la moins coûteuse et que, par conséquent, elle est économiquement efficace.

Dans le tableau 10.3(b), la main-d'œuvre coûte 150 $ par jour et le capital se loue 1 $ par jour. Dans ce cas, la méthode *A* est moins coûteuse et est donc économiquement efficace. En fait, le capital est si peu coûteux par rapport à la main-d'œuvre que la méthode qui requiert le plus de capital s'avère la méthode économiquement efficace.

Au tableau 10.3(c), la main-d'œuvre ne coûte que 1 $ par jour alors que la location du capital monte à 1 000 $ par jour. La méthode *C* est la moins coûteuse – la méthode économiquement efficace. Ici, la main-d'œuvre est si peu coûteuse par rapport au capital que c'est la méthode nécessitant le plus de main-d'œuvre qui s'impose comme la méthode économiquement efficace.

Ces exemples montrent que l'efficacité économique dépend du coût relatif des facteurs. La méthode économiquement efficace est celle qui requiert une petite quantité d'un facteur plus coûteux et une plus grande quantité d'un facteur moins coûteux.

La différence entre le coût comptable et le coût de renonciation distingue le message des économistes de celui des comptables. De même, la différence entre l'efficacité technique et l'efficacité économique distingue le propos des économistes de celui des ingénieurs. De nouvelles solutions

TABLEAU 10.3 *Les coûts de diverses méthodes pour produire 10 téléviseurs par jour*

(a) Coût de la main-d'œuvre : 75 $ par jour ; location du capital : 250 $ par jour

Méthode	Facteurs Main-d'œuvre	Capital	Coût de la main-d'œuvre (75 $ par jour)		Coût du capital (250 $ par jour)		Coût total
A	1	1 000	75 $	+	250 000 $	=	250 075 $
B	**10**	**10**	**750 $**	+	**2 500 $**	=	**3 250 $**
C	1 000	1	75 000 $	+	250 $	=	75 250 $

(b) Coût de la main-d'œuvre : 150 $ par jour ; location du capital : 1 $ par jour

Méthode	Facteurs Main-d'œuvre	Capital	Coût de la main-d'œuvre (150 $ par jour)		Coût du capital (1 $ par jour)		Coût total
A	**1**	**1 000**	**150 $**	+	**1 000 $**	=	**1 150 $**
B	10	10	1 500 $	+	10 $	=	1 510 $
C	1 000	1	150 000 $	+	1 $	=	150 001 $

(c) Coût de la main-d'œuvre : 1 $ par jour ; location du capital : 1 000 $ par jour

Méthode	Facteurs Main-d'œuvre	Capital	Coût de la main-d'œuvre (1 $ par jour)		Coût du capital (1 000 $ par jour)		Coût total
A	1	1 000	1 $	+	1 000 000 $	=	1 000 001 $
B	10	10	10 $	+	10 000 $	=	10 010 $
C	**1 000**	**1**	**1 000 $**	+	**1 000 $**	=	**2 000 $**

technologiques sont régulièrement proposées pour produire différemment les biens et services que nous consommons. Par exemple, on construit aujourd'hui des maisons dotées de systèmes de chauffage géothermique et on fabrique des voitures hybrides. Lorsqu'on présente ces solutions, on insiste sur leur efficacité technique : la géothermie requiert moins d'énergie (mais nécessite un lourd investissement lors de la construction de la maison) et la voiture hybride consomme moins d'essence (mais coûte actuellement plus cher à l'achat). L'économiste ne remet pas en cause l'efficacité technique de ces solutions, mais insiste sur le critère de l'efficacité économique pour décider de leur adoption.

Dans les débats qui entourent l'adoption de ces nouvelles techniques, on évoque souvent le coût de renonciation *social* de la production, par opposition au coût de renonciation *privé* que nous avons considéré jusqu'à présent. Le coût de renonciation social de la production inclut, en plus du coût de renonciation privé, le coût indirect qu'entraîne la production pour la société ; le plus souvent, ce coût indirect est le coût de la pollution que génère la production (nous étudierons plus en détail la distinction entre le coût social et le coût privé au chapitre 16). En dernière analyse, les meilleures décisions économiques devraient être fondées sur le coût social de la production. Cela colore les débats sur l'adoption de nouvelles techniques : une méthode de production peut être techniquement efficace, économiquement inefficace lorsqu'on ne prend en considération que le coût privé, mais économiquement efficace lorsqu'on tient compte du coût social.

La production du papier illustre ces distinctions. Au XIXᵉ siècle, on produisait le papier à partir de fibres provenant de chiffons. La matière première coûtait cher et l'industrie du recyclage était florissante : les chiffonniers recueillaient les tissus usagés et les vieux papiers. Les producteurs de papier maximisaient leurs profits en produisant une bonne partie du papier à partir de fibres recyclées.

En 1844, le Canadien Charles Fenerty découvrait un nouveau procédé pour obtenir du papier à partir des fibres vierges du bois. Ce n'était que la première d'une série d'innovations technologiques qui devaient bouleverser l'industrie papetière, de sorte que, au milieu du siècle dernier, il était devenu économiquement efficace pour les producteurs de papier de réaliser le plus gros de leur production à partir des fibres du bois. L'industrie du recyclage du papier, quant à elle, avait disparu.

À la fin des années 1980, les coûts d'enfouissement des vieux papiers grimpaient rapidement et causaient bien des maux de tête aux municipalités responsables de la gestion des déchets. En ne prenant en considération que les coûts privés des producteurs, le recyclage du vieux papier n'était pas une solution économiquement efficace, mais il le devenait lorsqu'on tenait compte du coût social de l'enfouissement. La « crise des déchets », comme on l'a appelée, a amené la mise en place de systèmes de récupération du papier (le bac bleu) financés par les entreprises – une activité disparue depuis plus d'un demi-siècle. En 2002, elle a abouti à l'adoption par le Québec d'une loi sur la récupération et le recyclage.

Ainsi, pour la société comme pour les entreprises, il ne suffit pas d'adopter une technique efficace de production. Il faut qu'elle soit économiquement efficace compte tenu des prix du marché. Une entreprise qui n'utilise pas la méthode de production économiquement efficace ne maximise pas son profit. Nous verrons que, dans un marché concurrentiel, les entreprises qui produisent au moindre coût sont favorisées. Les entreprises inefficaces ferment leurs portes ou sont achetées par des entreprises dotées de coûts plus faibles.

MINITEST 2

1. Peut-on dire qu'une entreprise qui utilise la technologie la plus récente est économiquement efficace ? Pourquoi ?

2. Peut-on dire qu'une entreprise qui pourrait abaisser ses coûts en réduisant sa production est économiquement inefficace ? Pourquoi ?

3. Expliquez la différence fondamentale entre l'efficacité technique et l'efficacité économique.

4. Pourquoi certaines entreprises utilisent-elles énormément de capital et très peu de main-d'œuvre, tandis que d'autres utilisent énormément de main-d'œuvre et très peu de capital ?

Réponses p. 315

Nous allons maintenant nous pencher sur les contraintes d'information des entreprises et sur la multiplicité des structures organisationnelles que ces contraints engendrent.

L'information et l'organisation

Toute entreprise organise la production de biens et services en combinant et en coordonnant les facteurs de production qu'elle mobilise. Les entreprises disposent de deux types de systèmes pour organiser la production :

- les systèmes hiérarchiques ;
- les systèmes incitatifs.

Les systèmes hiérarchiques

Un **système hiérarchique** est un mode d'organisation des facteurs de production fondé sur la hiérarchie : les ordres s'y transmettent de haut en bas, et l'information, de bas en haut. Les gestionnaires passent l'essentiel de leur temps à recueillir et à traiter l'information relative à la performance de leurs subordonnés et à décider des ordres à donner et de la meilleure manière de les faire exécuter.

Le système hiérarchique le plus simple est celui de l'armée. Au sommet de la hiérarchie, un commandant en chef (par exemple, le premier ministre du Canada) décide des grands objectifs stratégiques. Sous ses ordres, les généraux organisent leurs ressources militaires et commandent des officiers au rang de moins en moins élevé, qui dirigent des unités de plus en plus petites et coordonnent l'exécution de tâches de plus en plus précises. Au bas de la hiérarchie, les soldats utilisent les systèmes d'armes.

Moins rigides que le système de commandement de l'armée, les systèmes hiérarchiques des entreprises présentent néanmoins des similarités avec celui-ci. Un directeur général (PDG) dirige des cadres supérieurs spécialisés en gestion de la production, en marketing, en finance, en ressources humaines et, parfois, dans d'autres aspects des activités de l'entreprise. Sous les ordres des cadres supérieurs, on trouve un ou plusieurs niveaux de cadres intermédiaires qui, à leur tour, dirigent les chefs d'exploitation responsables des opérations quotidiennes de l'entreprise. Au bas de la hiérarchie, les travailleurs font fonctionner la machinerie et fabriquent ou vendent les produits et services de l'entreprise.

Les petites entreprises n'ont qu'un ou deux paliers de directeurs ; les grandes en ont plusieurs. Le nombre de paliers de gestion d'une entreprise varie selon sa complexité et les techniques de traitement de l'information dont elle dispose. On compte aujourd'hui davantage de personnes ayant pour fonction de diriger un service ou une équipe, bien que, dans les années 1990, on ait assisté à des suppressions de ce type de postes à la suite de la révolution informatique. Dans certaines industries, cette révolution a entraîné une réduction importante du nombre de paliers et, par conséquent, du nombre de cadres intermédiaires.

Même s'ils déploient des efforts considérables pour être bien informés – afin de prendre des décisions éclairées et d'émettre des directives qui permettront une utilisation efficace des ressources –, les gestionnaires ne reçoivent que des informations partielles sur ce qui se passe dans les secteurs de l'entreprise dont ils sont responsables. C'est pourquoi les entreprises recourent à des systèmes hiérarchisés mais aussi à des systèmes incitatifs pour organiser la production.

Les systèmes incitatifs

Un **système incitatif** est un mode d'organisation de la production qui utilise des mécanismes similaires à ceux du marché au sein de l'entreprise. Au lieu d'émettre des ordres, les cadres supérieurs offrent des primes d'encouragement pour inciter le personnel à travailler de manière à maximiser le profit de l'entreprise.

Les organisations commerciales de vente sont celles qui recourent le plus aux mesures d'incitation. Leurs représentants commerciaux, qui travaillent généralement seuls et sans supervision, sont encouragés à fournir plus d'efforts par des primes de rendement importantes.

Les systèmes incitatifs peuvent fonctionner à tous les niveaux de l'entreprise. La rémunération des chefs de direction prévoit, par exemple, une participation aux bénéfices de l'entreprise, et celle des travailleurs en usine comprend parfois une prime de productivité.

La combinaison des systèmes

Les entreprises utilisent diverses combinaisons de systèmes hiérarchiques et de systèmes incitatifs qui maximisent leur profit. Elles privilégient les systèmes hiérarchiques s'il est facile de surveiller le rendement ou si le moindre écart par rapport au rendement idéal est très coûteux, et les systèmes incitatifs s'il est impossible ou trop coûteux de surveiller le rendement.

Par exemple, Bombardier peut facilement surveiller le rendement des travailleurs de ses chaînes de montage, car elles ralentissent dès que quelqu'un travaille trop lentement. C'est pourquoi un système hiérarchique convient à ce type d'organisation. Par contre, il est très coûteux de surveiller un chef de direction. Ainsi, qui peut dire avec certitude en quoi John Roth, l'ancien chef de la direction de Nortel, a contribué au succès initial de Nortel puis aux problèmes que l'entreprise a connus par la suite ? Nul ne peut répondre de manière certaine à cette question, mais les actionnaires de Nortel ont dû mandater quelqu'un pour diriger l'entreprise et lui offrir un programme d'incitation pour maximiser le rendement de leurs actions. La performance de Nortel met en lumière un problème général qu'on appelle le problème principal-agent.

Le problème principal-agent

Le **problème principal-agent** consiste à déterminer le système de rémunération qui incite un *agent* à agir dans le meilleur intérêt d'un *principal*. Par exemple, chez RIM, un actionnaire est un principal, et un gestionnaire est un agent. Les actionnaires de RIM (principaux) doivent s'assurer que les gestionnaires de l'entreprise (agents) agissent au mieux des intérêts des actionnaires. De même, Steve Jobs, président d'Apple (principal), doit inciter les concepteurs (agents) qui travaillent à la prochaine génération du iPhone à se montrer efficaces.

Qu'ils soient chefs de direction ou simples employés, les agents poursuivent leurs propres objectifs, qui peuvent être différents des objectifs du principal. L'objectif d'un actionnaire de la Banque Nationale (principal) est de maximiser le profit de l'entreprise – le profit réel, et non un profit fictif sur papier. Mais le profit de l'entreprise dépend des décisions de ses gestionnaires (agents), qui ont leurs propres objectifs. Ainsi, un directeur de banque peut inviter un client à une partie de hockey durant les heures de travail sous prétexte de fidéliser ce client, alors qu'en fait son seul objectif est de s'offrir du bon temps aux frais de l'entreprise. Ce faisant, l'agent atteint l'un de ses objectifs (s'offrir du bon temps), mais cet objectif entre en conflit avec l'intérêt du principal (maximiser ses profits). Dans sa relation avec ses caissiers (agents), ce même directeur de banque devient à son tour le principal. Il veut que les caissiers fassent leur possible pour attirer et satisfaire de nouveaux clients, ce qui lui permettra d'atteindre ses objectifs d'exploitation. Mais les caissiers aiment bien bavarder entre eux, quitte à faire attendre les clients…

Pour maximiser son profit, la Banque Nationale, comme toutes les entreprises, doit constamment chercher des moyens de composer au mieux avec le problème principal-agent.

Composer avec le problème principal-agent

Donner des ordres ne règle pas le problème principal-agent. Dans la plupart des entreprises, les actionnaires sont dans l'impossibilité de surveiller les gestionnaires, et ces derniers ne peuvent pas surveiller constamment leurs subordonnés. Chaque principal doit donc trouver des moyens de motiver les agents à travailler dans l'intérêt du principal.

Les trois principaux moyens de résoudre le problème principal-agent sont:

- la propriété;
- les primes de rendement;
- les contrats à long terme.

La propriété Céder la propriété (ou une partie de la propriété) d'une entreprise à un gestionnaire ou à un travailleur peut parfois l'inciter à améliorer son rendement au travail, ce qui accroît le profit de l'entreprise. Très courants pour les cadres supérieurs, les régimes de copropriété sont rares pour l'ensemble des travailleurs. C'est pourtant la solution qu'a adoptée Cando, une compagnie manitobaine qui appartient en partie à ses employés et qui fournit des services spécialisés, des matériaux de qualité et des solutions innovantes à ses clients du secteur ferroviaire et aux entreprises qui dépendent du transport de matériaux en vrac. C'est aussi la solution choisie par Boisaco, une compagnie forestière du Saguenay qui compte parmi ses principaux actionnaires deux coopératives de travailleurs.

Les primes de rendement Les primes de rendement sont couramment utilisées. Elles reposent sur divers critères de rendement tels que les profits, la production ou les objectifs de vente. La promotion d'un employé pour son bon rendement est un autre exemple de prime de rendement.

Les contrats à long terme Les contrats à long terme lient les gestionnaires et les travailleurs (agents) au succès du ou des propriétaires de l'entreprise (principaux). Ainsi, le fait de faire signer un contrat de plusieurs années au chef de direction l'incite à adopter une vision à long terme et à élaborer des stratégies qui permettront de maximiser le profit sur une longue période.

Ces trois façons de composer avec le problème principal-agent débouchent sur diverses formes d'organisations économiques, chacune offrant une réponse différente au problème principal-agent, et chacune utilisant à divers degrés la propriété, les primes de rendement et les contrats à long terme. Voyons quelles sont ces différentes formes d'entreprises.

Les diverses formes d'entreprises

Les trois principales formes d'entreprises sont:

- l'entreprise individuelle;
- la société de personnes;
- la société par actions.

L'entreprise individuelle Une *entreprise individuelle* est une entreprise qui appartient à un seul propriétaire, dont la responsabilité est illimitée. Par *responsabilité illimitée*, on entend la responsabilité légale qu'a le propriétaire de régler toutes les dettes de l'entreprise jusqu'à un montant égal au total de ses avoirs. Si les avoirs de l'entreprise ne suffisent pas à régler ces dettes, les créanciers peuvent exiger d'être payés à même les biens personnels du propriétaire. Le dépanneur, le programmeur à la pige, le rédacteur indépendant et l'artiste, voilà autant d'exemples d'entreprises individuelles.

Le propriétaire de l'entreprise individuelle prend toutes les décisions de gestion, retire les bénéfices de l'entreprise et est responsable de ses pertes. Les bénéfices du propriétaire d'une entreprise individuelle sont considérés comme un revenu; ils s'ajoutent à ses autres revenus et sont imposés comme des revenus personnels. En ce qui concerne la gestion de l'entreprise, le problème principal-agent est complètement résolu par la propriété: comme le gestionnaire est aussi le propriétaire, il est enclin à veiller aux intérêts de l'entreprise.

La société de personnes La *société de personnes* est une entreprise qui appartient à plusieurs propriétaires (deux ou plus) dont la responsabilité est illimitée. Les associés doivent s'entendre sur une structure de gestion et sur un mode de répartition des bénéfices. Comme pour l'entreprise individuelle, les bénéfices d'une société de personnes sont imposés à titre de revenu personnel des propriétaires, cependant chaque associé est légalement responsable de toutes les dettes de l'entreprise (jusqu'à concurrence de la totalité de ses avoirs personnels). On dit dans ce cas que chaque associé a l'entière responsabilité des dettes de la société, ce qu'on appelle la *responsabilité conjointe illimitée*. La majorité des cabinets juridiques et des cabinets d'experts-comptables sont des sociétés de personnes.

Dans une société de personnes, l'incidence du problème principal-agent est à la fois complexe et mitigée. Complexe parce que les propriétaires doivent s'entendre sur la direction qu'ils souhaitent donner à l'entreprise; mitigée parce que chaque propriétaire manifeste un intérêt direct, bien que dilué, à ce que l'entreprise prospère, et parce que les propriétaires se connaissent et peuvent se surveiller mutuellement.

La société par actions La *société par actions* est une entreprise qui appartient à un ou à plusieurs actionnaires dont la responsabilité est limitée. La *responsabilité limitée* signifie que, légalement, les propriétaires sont responsables des dettes de l'entreprise seulement jusqu'à concurrence du montant de leur investissement initial. Si la société fait faillite, ses propriétaires ne peuvent être contraints de payer ses dettes à même leurs biens personnels.

Les bénéfices d'une société par actions sont imposés indépendamment des revenus de ses actionnaires. Les actionnaires paient des impôts sur les revenus qu'ils

La répartition des entreprises au Canada selon leur taille

Beaucoup plus de petites que de grandes

Industrie Canada recense les établissements qui forment l'économie du pays et les classe selon leur taille en fonction du nombre de personnes à leur emploi. Un établissement n'est pas la même chose qu'une entreprise. Certaines entreprises exploitent plus d'un établissement. Par exemple, la société Loblaw comprend plus d'un millier d'épiceries au Canada. C'est ainsi qu'une grande entreprise peut exploiter de nombreux petits établissements. Ne perdez pas cela de vue lorsque vous analyserez la figure ci-contre.

Au Canada, la plupart des établissements (55 %) sont très petits et comptent moins de 5 employés. La plupart des autres (38 %) ont de 5 à 99 employés. Seulement 2,2 % des établissements emploient plus de 100 personnes, et il n'y a que 3 257 établissements (0,3 %) de plus de 500 employés.

La figure montre comment les établissements se répartissent selon leur taille au sein des principales industries du pays. La plupart des grands établissements (représentés par les bandes rouges) se trouvent dans les secteurs de l'administration publique, des services publics et de l'enseignement. Mais on trouve aussi quelques grands établissements dans le secteur de la fabrication, dans l'industrie de l'information et de la culture, ainsi que dans celle de l'extraction minière et de l'extraction du pétrole et du gaz.

C'est dans les services professionnels, dont font partie les avocats et les notaires, les comptables et certains services scientifiques, et en agriculture (secteur qui comprend la foresterie, la pêche et la chasse) qu'on compte le plus grand nombre de microétablissements, représentés par les bandes bleues.

Au Canada, la plupart des entreprises, quelle que soit leur taille, sont des sociétés par actions. Beaucoup d'entreprises de très petite taille (moins de 5 employés) trouvent avantageux de s'incorporer.

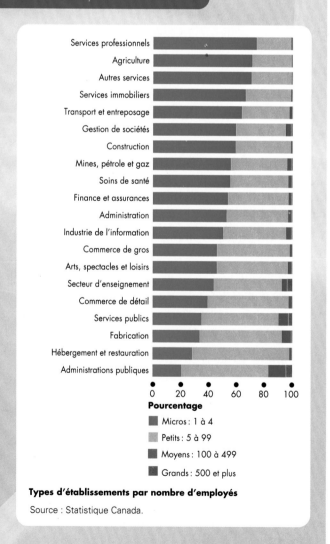

Types d'**établissements** par nombre d'employés

Source : Statistique Canada.

reçoivent en dividendes et sur leur gain en capital lorsqu'ils vendent leurs actions. Le gain en capital est le profit tiré de la vente d'une action (ou d'une obligation) à un prix supérieur au prix d'achat initial. Les actions des sociétés génèrent des gains en capital lorsque les sociétés conservent une partie de leurs bénéfices et les réinvestissent dans des activités rentables au lieu de payer des dividendes. Les bénéfices ainsi retenus sont imposés deux fois, puisque les gains en capital qu'ils génèrent sont aussi soumis à l'impôt.

La société par actions est sujette au problème principal-agent puisque les gestionnaires de l'entreprise n'en sont pas les propriétaires – situation courante dans les très grandes entreprises, où personne n'est assez riche pour les acheter. Ainsi, une société comme Bell Canada appartient à des milliers d'actionnaires. C'est donc dans ce type d'entreprise qu'on trouve le plus grand nombre de primes de rendement et de contrats à long terme.

Les avantages et les inconvénients des diverses formes d'organisations

L'existence même de trois grandes formes d'entreprises implique que chacune présente des avantages et des inconvénients, sinon seule l'une ou l'autre survivrait. Le tableau 10.4 résume ces avantages et ces inconvénients.

Nous venons de voir comment les contraintes technologiques et les contraintes d'information influent sur les entreprises. Nous avons vu pourquoi certaines entreprises, qui emploient beaucoup de main-d'œuvre et de capital humain, ont un capital physique réduit. Nous avons aussi vu comment les entreprises combinent les systèmes hiérarchique et incitatif, et se donnent différents types d'organisation en réponse au problème principal-agent.

Nous allons maintenant étudier les types de marchés dans lesquels les entreprises évoluent et nous classerons les situations auxquelles elles ont à faire face.

TABLEAU 10.4 *Les avantages et les inconvénients des diverses formes d'entreprises*

Type d'entreprise	Avantages	Inconvénients
Entreprise individuelle	■ Les formalités de constitution sont simples. ■ Le processus décisionnel est simple. ■ Les bénéfices ne sont imposés qu'une seule fois en tant que revenus personnels. ■ Le problème principal-agent est résolu par la propriété.	■ Aucun mécanisme n'est prévu pour éviter les mauvaises décisions. ■ Le propriétaire engage tous ses biens personnels. ■ L'entreprise disparaît avec son propriétaire. ■ Le coût du capital et celui de la main-d'œuvre sont élevés par comparaison avec ceux de la société par actions.
Société de personnes	■ Les formalités de constitution sont simples. ■ Le processus décisionnel est diversifié. ■ Le retrait de l'un des associés n'empêche pas le fonctionnement de la société. ■ Les bénéfices ne sont imposés qu'une seule fois en tant que revenus personnels.	■ La nécessité d'arriver à un consensus peut rendre le processus décisionnel lent et coûteux. ■ Chacun des associés engage la totalité de ses biens personnels. ■ Le retrait de l'un des associés peut entraîner une insuffisance de capitaux. ■ Le coût du capital et celui de la main-d'œuvre sont élevés par comparaison avec ceux de la société par actions.
Société par actions	■ La responsabilité des propriétaires est limitée. ■ Il est possible de lever des capitaux importants à de faibles coûts. ■ La qualité de la gestion n'est pas restreinte par la compétence des propriétaires. ■ Les structures sont permanentes. ■ Les contrats de travail à long terme réduisent les coûts de la main-d'œuvre.	■ La complexité de la structure de gestion ralentit parfois le processus décisionnel et le rend coûteux. ■ La société doit acquitter des impôts sur les bénéfices ; de plus, les dividendes sont imposés à titre de revenus personnels. ■ Le problème principal-agent s'y pose avec beaucoup d'acuité.

Les marchés et l'environnement concurrentiel

Les marchés où évoluent les entreprises varient considérablement. Certains sont très concurrentiels, et il est difficile d'y réaliser des profits ; d'autres semblent pratiquement exempts de concurrence, et les entreprises qui les dominent dégagent d'énormes bénéfices. Certains marchés sont submergés par des campagnes publicitaires acharnées, chaque entreprise tentant de persuader les acheteurs de la supériorité de ses produits ; et dans d'autres marchés, les acteurs se comportent comme s'ils jouaient un jeu de stratégie.

Les économistes distinguent quatre structures de marché :

- la concurrence parfaite ;
- la concurrence monopolistique ;
- l'oligopole ;
- le monopole.

La concurrence parfaite La **concurrence parfaite** est une structure de marché où de nombreuses entreprises vendent un produit identique, où les acheteurs sont nombreux, où aucune restriction ne limite l'entrée de nouvelles entreprises dans l'industrie, et où toutes les entreprises et tous les acheteurs sont bien informés des prix pratiqués par chacune des entreprises du marché. Les marchés mondiaux du maïs, du riz et d'autres céréales sont des exemples de concurrence parfaite.

La concurrence monopolistique La **concurrence monopolistique** est une structure de marché où un grand nombre d'entreprises se font concurrence en proposant des produits similaires mais légèrement différents. La **différenciation du produit** – technique qui consiste à mettre en valeur les caractéristiques permettant de distinguer un produit de ses concurrents – confère à chaque entreprise un certain pouvoir de monopole dans le marché puisqu'elle est la seule à offrir cette version particulière du produit. Par exemple, dans le marché des pizzas, des centaines d'entreprises proposent chacune leur version de la pizza idéale – chacune est la seule à afficher une marque particulière. Notons que les produits différenciés ne sont pas nécessairement des produits différents, l'important étant que les clients les perçoivent comme tels. Par exemple, les diverses marques d'acide acétylsalicylique (aspirine) sont chimiquement identiques ; seul leur conditionnement (emballage, présentation) diffère.

L'oligopole L'**oligopole** est une structure de marché où un petit nombre d'entreprises se font concurrence tout en étant conscientes que leurs actions influent les unes sur les autres et déterminent leurs gains respectifs. La production de logiciels, la construction d'avions et le transport aérien sont des exemples d'industries oligopolistiques. Certains oligopoles proposent des produits presque identiques, comme les colas de Coke et de Pepsi ; d'autres offrent des produits différenciés, comme les avions de Boeing et d'Airbus.

Le monopole Le **monopole** est une structure de marché où une seule entreprise produit un bien ou un service pour lequel il n'existe aucun substitut proche et où des barrières empêchent de nouvelles entreprises de pénétrer le marché. Dans certains endroits, les entreprises qui fournissent les services de téléphone, de gaz, d'électricité, de télévision par câble et d'eau courante sont des monopoles locaux, c'est-à-dire des monopoles restreints à une zone géographique donnée. La société par actions Microsoft, qui a mis au point Windows et Vista, jouit par exemple d'un monopole mondial presque complet sur le marché des systèmes d'exploitation.

La concurrence parfaite est la forme la plus extrême de la concurrence, et le monopole est la forme la plus extrême d'absence de concurrence. Les deux autres structures de marché se situent entre ces extrêmes. Un marché oligopolistique se distingue d'un marché en concurrence monopolistique par l'influence que peut exercer une entreprise sur le marché. Dans un marché en concurrence monopolistique, cette influence se limite à la variété de produits qu'offre l'entreprise : si Nike réduit sa production de chaussures, cela influence très peu le prix des chaussures en général puisqu'il y a beaucoup d'autres fabricants. En revanche, dans un marché oligopolistique, l'influence de chaque entreprise sur l'industrie est assez importante pour que celle-ci en tienne compte dans ses décisions. Par exemple, si Coke réduit sa production de colas de moitié, elle sait que cela aura une incidence directe sur le marché. On dit que les entreprises qui font partie d'un marché oligopolistique se comportent stratégiquement.

Pour déterminer la structure d'un marché, il faut considérer plusieurs facteurs, notamment son degré de concentration, qui indique jusqu'à quel point le marché est dominé par un petit nombre d'entreprises. Les économistes évaluent cette caractéristique des marchés à l'aide d'indicateurs qu'on appelle les mesures de concentration.

Les mesures de concentration

Les économistes ont élaboré deux mesures de concentration industrielle :

- ◆ le ratio de concentration fondé sur quatre entreprises (RC$_4$) ;
- ◆ l'indice de Herfindahl-Hirschman (IHH).

Le ratio de concentration fondé sur quatre entreprises
Le **ratio de concentration fondé sur quatre entreprises (RC$_4$)** mesure (en pourcentage) la valeur des ventes comptabilisées des quatre plus grandes entreprises d'une industrie par rapport aux ventes totales de cette industrie. Le ratio de concentration va de presque 0 pour la concurrence parfaite à 100 % pour le monopole ; c'est la principale mesure utilisée pour évaluer la structure de marché.

Le tableau 10.5 présente deux exemples fictifs de calcul d'un ratio de concentration, l'un concernant des fabricants de pneus et l'autre, des imprimeurs. Dans le premier

exemple, 14 entreprises se partagent le marché des pneus ; comme les quatre plus importantes réalisent 80 % des ventes totales de l'industrie, le ratio de concentration s'élève à 80 %.

Par contre, dans l'industrie de l'imprimerie, qui compte 1 004 entreprises, les quatre plus grands imprimeurs ne réalisent que 0,5 % des ventes totales ; dans ce cas, le ratio de concentration n'est que de 0,5 %.

Un RC$_4$ faible indique une concurrence très vive ; un RC$_4$ élevé, une concurrence très faible. Le ratio de concentration d'un monopole est de 100 % ; la plus grande (et la seule) entreprise réalise la totalité des ventes de l'industrie. On considère qu'un RC$_4$ supérieur à 60 % dénote un marché très concentré et dominé par quelques entreprises en oligopole, alors qu'un RC$_4$ inférieur à 60 % indique un marché très concurrentiel. Au Canada, le Bureau de la concurrence ne s'oppose pas aux fusions si le RC$_4$ demeure inférieur à 65 %.

L'indice de Herfindahl-Hirschman L'**indice de Herfindahl-Hirschman (IHH)** est la somme des carrés des parts du marché (en pourcentage) de chacune des 50 plus grandes entreprises (ou de toutes les entreprises s'il y en a moins de 50) d'une industrie. Ainsi, dans un marché de quatre entreprises où la part de chacune est respectivement de 50 %, 25 %, 15 % et 10 %, on calcule l'indice de Herfindahl-Hirschman de la manière suivante :

$$IHH = 50^2 + 25^2 + 15^2 + 10^2 = 3\ 450.$$

TABLEAU 10.5 *Le calcul du ratio de concentration (RC$_4$) : deux exemples*

Fabricants de pneus		Imprimeurs	
Entreprise	**Ventes** (M$)	**Entreprise**	**Ventes** (M$)
Pneus 9 inc.	250	Première Impression	2,5
Pneus Ronds inc.	200	Forte Impression	2,0
Pneus Lys inc.	150	Vive Impression	1,8
Pneus Micheline inc.	100	Nette Impression	1,7
Ventes des 4 plus grandes entreprises	700	Ventes des 4 plus grandes entreprises	8,0
Ventes des 10 autres entreprises	175	Ventes des 1 000 autres entreprises	1 592,0
Ventes de l'industrie	875	Ventes de l'industrie	1 600,0

Ratio de concentration fondé sur quatre entreprises (RC$_4$) :

Fabricants de pneus :	$\dfrac{700}{875\ \%} \times 100\ \% = 80\ \%$	Imprimeurs :	$\dfrac{8}{1\ 600} \times 100\ \% = 0,5$

Les mesures de concentration de l'économie canadienne

Du sucre concentré

Statistique Canada calcule et publie le ratio de concentration fondé sur quatre entreprises pour chaque industrie au pays. Les bandes vertes de la figure ci-contre représentent ces ratios.

La production du sucre est très concentrée ; il s'agit presque d'un monopole. Les industries du tabac, de la bière, des pneus, des boissons gazeuses et de la glace sont aussi très concentrées. Ce sont des oligopoles.

Les industries du vêtement, des pâtisseries, des textiles et des tissus sont très concurrentielles, comme le révèlent les faibles ratios de concentration dans ces secteurs.

Les industries qui fabriquent des produits pharmaceutiques, des blouses pour les femmes et les filles ou des portes et fenêtres en bois sont modérément concentrées ; ce sont des exemples de concurrence monopolistique.

Les mesures de concentration sont utiles en tant qu'indicateurs du degré de concentration d'un marché, mais d'autres données sont nécessaires pour déterminer la structure du marché.

Ainsi, dans le cas des journaux et des fabricants d'automobiles, les mesures de concentration ne donnent pas une idée juste du degré de concurrence.

La plupart des journaux sont locaux. Ils desservent une ville, parfois un quartier seulement. Ainsi, en dépit du faible ratio de concentration, les journaux sont en fait concentrés dans leurs localités respectives.

Le marché des automobiles est international et le Canada importe sans restriction des voitures de fabrication étrangère. Bien qu'elle ait un ratio de concentration élevé, l'industrie automobile est concurrentielle.

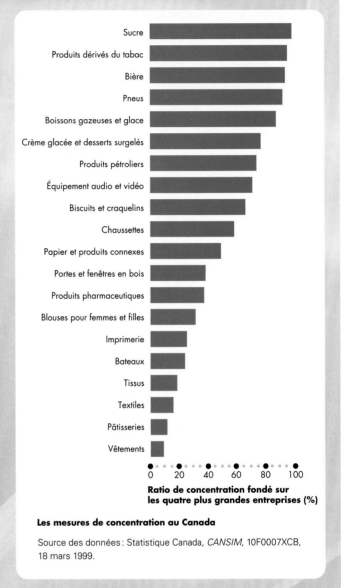

Les mesures de concentration au Canada

Source des données : Statistique Canada, *CANSIM*, 10F0007XCB, 18 mars 1999.

Quand la concurrence est vive, l'IHH est faible. Par exemple, si chacune des 50 plus grandes entreprises d'une industrie a une part de marché de 0,1 %, l'IHH est égal à $0,1^2 \times 50 = 0,5$. Dans un monopole, l'IHH est de 10 000 – une seule entreprise détient 100 % des parts du marché : $100^2 = 10\,000$.

L'IHH permet de classifier les types de marchés. Si l'IHH est inférieur à 1 000, on considère qu'il s'agit d'un marché concurrentiel, et plus l'indice est faible, plus la concurrence est forte. Un IHH qui se situe entre 1 000 et 1 800 dénote une concurrence modérée – une forme de concurrence monopolistique. On considère qu'un marché où l'IHH dépasse 1 800 est très concentré, de sorte qu'une intervention du Bureau de la concurrence au Canada pourrait se révéler nécessaire.

Les limites des mesures de concentration

Les mesures de concentration ont des limites qui tiennent au fait qu'on ne tient pas compte des trois facteurs suivants :

- l'étendue géographique du marché ;
- les barrières à l'entrée et le taux de roulement des entreprises ;
- l'adéquation entre le marché et l'industrie.

L'étendue géographique du marché Les mesures de concentration sont fondées sur la part de marché des entreprises à l'échelle nationale. Or, si bien des produits se vendent sur un marché national, d'autres se vendent sur un marché régional ou mondial. Ainsi, le ratio de concentration de l'industrie des journaux est faible, ce qui indique un degré de concurrence élevé, mais dans la plupart des villes, l'industrie est en fait très concentrée. À l'opposé, le ratio de concentration de l'industrie automobile est élevé, ce qui donne à penser que la concurrence est faible dans ce marché. En réalité, les trois producteurs d'automobiles nord-américains doivent se mesurer aux producteurs étrangers, qui leur livrent une concurrence féroce sur le marché national et, surtout, sur les marchés étrangers.

À des fins réglementaires, on définit l'étendue géographique d'un marché en considérant la région minimale qu'un monopole doit contrôler pour être tenté de manipuler les prix. Par exemple, si le propriétaire d'une station-service isolée à la campagne tente de manipuler les prix à son avantage, il ne fera que s'aliéner sa clientèle qui ira s'approvisionner au village voisin. On estimera donc que le monopole local dont semble jouir ce propriétaire est illusoire, car cette station fait partie d'un marché plus large. Pour déterminer l'étendue du marché, on commence par établir quel contrôle ce propriétaire doit avoir pour manipuler profitablement les prix. Si on estime qu'il dispose de ce pouvoir en contrôlant toutes les stations à 70 km à la ronde, on conclut que cette zone constitue le marché auquel appartient la station et les indices de concentration sont calculés pour cette zone.

Les barrières à l'entrée et le taux de roulement des entreprises Certains secteurs très concentrés sont faciles à pénétrer, et le taux de roulement y est souvent très important. Ainsi, les petites villes ne comptent que quelques restaurants, mais comme il n'y a aucune barrière à l'ouverture de nouveaux restaurants, plusieurs entreprises y tentent leur chance.

Par ailleurs, un marché qui compte seulement quelques entreprises peut demeurer concurrentiel en raison des entrées potentielles. En effet, les rares entreprises d'un tel

Les structures de marché dans l'économie nord-américaine

Un environnement hautement concurrentiel

Jusqu'à quel point les marchés nord-américains sont-ils concurrentiels ? La majorité des entreprises y fonctionnent-elles dans un environnement concurrentiel ? Ou sont-elles plutôt en situation de concurrence monopolistique, d'oligopole ou de monopole ?

Les informations nécessaires pour répondre à ces questions sont difficiles à obtenir. Le dernier à s'être attaqué à ce problème est William G. Shepherd, professeur de sciences économiques à l'Université du Massachusetts à Amherst. Son étude, dont les résultats sont présentés dans la figure ci-contre, couvre la période allant de 1939 à 1980.

En 1980, 75 % de la valeur des biens et services échangés en Amérique du Nord provenaient de marchés essentiellement concurrentiels (concurrence presque parfaite ou concurrence monopolistique). Les monopoles et les quasi-monopoles avaient généré à peine 5 % des ventes, et les oligopoles, qu'on trouve surtout dans le secteur manufacturier, 18 %.

Durant la période analysée, l'économie est devenue de plus en plus concurrentielle. Comme on le constate, le pourcentage de la production vendue par les entreprises dans les marchés concurrentiels (zones bleues) a augmenté, à l'inverse de celui des entreprises dans les marchés oligopolistiques (zones rouges).

Notons que l'économie a été beaucoup plus exposée à la concurrence du reste du monde dans les dernières décennies. L'étude de William G. Shepherd ne rend

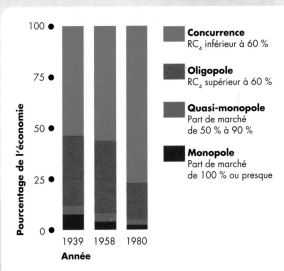

Concurrence
RC_4 inférieur à 60 %

Oligopole
RC_4 supérieur à 60 %

Quasi-monopole
Part de marché de 50 % à 90 %

Monopole
Part de marché de 100 % ou presque

Les structures de marché dans l'économie

Source des données : William G. Shepherd, « Causes of Increased Competition in the U.S. Economy, 1939-1980 », *Review of Economics and Statistics*, novembre 1982, p. 613-626. © MIT Press Journals. Tous droits réservés.

pas compte de cette situation, si bien qu'elle sous-estime probablement le degré de concurrence dans l'économie nord-américaine.

marché sont exposées à la concurrence possible de nombreuses entreprises qui ne manqueront pas de pénétrer le marché s'il y a une possibilité de profit économique.

L'adéquation entre le marché et l'industrie Pour calculer les ratios de concentration, Statistique Canada répartit les entreprises canadiennes entre diverses industries à l'aide d'une grille de classification assez rigide. Or, les marchés de produits ne correspondent pas toujours aux industries, et ce, pour trois raisons.

Premièrement, les marchés sont habituellement plus restreints que les industries. Ainsi, l'industrie pharmaceutique, dont le ratio de concentration est très faible, fonctionne en fait sur de multiples marchés pour des produits particuliers – le marché des vaccins contre la rougeole ou celui des médicaments contre le cancer, par exemple. Comme ces médicaments ne se concurrencent pas entre eux, cette industrie qui semble très concurrentielle inclut des entreprises qui fonctionnent sur des marchés monopolistiques (ou quasi monopolistiques) de produits qui n'ont pratiquement aucun substitut.

Deuxièmement, la plupart des entreprises fabriquent plusieurs produits. Ainsi, Nortel produit, entre autres, du matériel de télécommunication mais aussi des services de bases de données Internet ; cette entreprise fonctionne donc sur divers marchés. Cependant, Statistique Canada classe Nortel dans l'industrie du matériel de télécommunication, et le fait que l'entreprise concurrence d'autres entreprises de commerce électronique n'est pas pris en considération dans le calcul des mesures de concentration pour ce marché.

Troisièmement, les entreprises passent d'un marché à l'autre selon les occasions de profit qu'elles y voient. Ainsi, la compagnie de chemin de fer du Canadien Pacifique, à l'origine une simple compagnie ferroviaire, s'est diversifiée et offre aujourd'hui des services hôteliers, des produits forestiers, des produits du pétrole et du charbon, et… des services ferroviaires. À ses débuts, en 1937, Bombardier fabriquait des autoneiges. Aujourd'hui, l'entreprise produit des avions et des trains. Depuis quelques années, les éditeurs de journaux, de magazines et de livres ont également diversifié leurs produits pour offrir des services Internet et multimédias. Ces allers-retours entre divers marchés démontrent qu'il est facile d'entrer et de sortir d'un marché, et illustrent bien les limites des mesures de concentration.

En fait, il n'est pas évident de définir ce qu'on entend par « marché » afin d'établir le degré de concurrence qui y prévaut. Doit-on inclure, par exemple, les entreprises qui fabriquent de la cellophane dans le marché plus général du papier d'emballage ou considérer la cellophane comme un marché distinct ? Les autorités qui réglementent la concurrence doivent analyser les marchés pour les circonscrire. Elles doivent déterminer si des biens sont des substituts suffisamment proches pour qu'on les considère comme appartenant au même marché.

Malgré leurs limites, les mesures de concentration restent des indicateurs fort utiles quand on les utilise conjointement avec l'information provenant des analyses de l'étendue du marché, des barrières à l'entrée et de la diversification des entreprises. Le tableau 10.6 résume la nature des données qui, avec les mesures de concentration, permettent de déterminer la structure de tel ou tel marché du monde réel.

Vous connaissez maintenant les diverses structures de marché et les caractéristiques qui permettent de les reconnaître. Nous terminerons ce chapitre en nous posant la

TABLEAU 10.6 *Les structures de marché*

Caractéristiques	Concurrence parfaite	Concurrence monopolistique	Oligopole	Monopole
Nombre d'entreprises dans l'industrie	Élevé	Élevé	Faible	Une
Produit	Identique	Différencié	Identique ou différencié	Aucun substitut proche
Barrières à l'entrée	Aucune	Aucune	Un certain nombre	Nombreuses
Influence de l'entreprise sur le prix	Aucune	Faible	Considérable	Considérable ou prix réglementé
Ratio de concentration	0	Faible	Élevé	100
IHH (valeurs approximatives)	Inférieur à 100	101 à 999	Supérieur à 1 000	10 000
Exemples	Blé, maïs	Alimentation, vêtement	Automobile, céréales	Téléphone (appels locaux), électricité, gaz

question suivante : qu'est-ce qui incite des entreprises à acheter des biens à d'autres entreprises plutôt que de les produire elles-mêmes ?

Les marchés et les entreprises

L'entreprise est une institution qui mobilise et gère des facteurs de production afin de produire et de vendre des biens et services. Dans l'organisation de leur production, les entreprises coordonnent les décisions et les activités économiques de nombreuses personnes. Cependant, elles ne sont pas les seules institutions à coordonner l'activité économique ; comme nous l'avons vu au chapitre 3, les marchés le font aussi. En ajustant les prix, les marchés équilibrent les décisions des acheteurs et des vendeurs, rendant les quantités demandées égales aux quantités offertes de chaque bien ou service.

La coordination par les marchés

La production d'un concert rock illustre bien la coordination par les marchés. Un organisateur loue un stade et du matériel de scène, et engage des techniciens à l'enregistrement audio et vidéo, des groupes rock, une superstar, un relationniste, un agent de publicité et un vendeur de billets – autant de transactions de marché. Puis, il vend des billets à des milliers d'amateurs de rock, les droits audio à une maison de disques et les droits de télédiffusion à un réseau de télévision – autres transactions de marché. Si on produisait des concerts rock comme on produit des flocons de maïs, l'entreprise qui produit des concerts rock posséderait tout le capital utilisé (stade, scène, matériel audiovisuel) et emploierait toute la main-d'œuvre nécessaire (chanteurs, musiciens, ingénieurs, techniciens, préposés à la vente, etc.).

L'impartition – l'achat de pièces ou de biens à une autre entreprise – est un autre exemple de coordination par les marchés. Dell y recourt pour tous les composants des ordinateurs qu'elle produit, et les principaux fabricants d'automobiles font de même pour les glaces, les parebrises, les transmissions, les pneus et plusieurs autres pièces.

Qu'est-ce qui détermine si un ensemble d'activités particulières est coordonné par les marchés ou par une entreprise ? La réponse est simple : le coût. Compte tenu du coût de renonciation du temps et du coût des autres facteurs de production qui devront être mobilisés, on utilisera la méthode la moins coûteuse – entreprise ou marché. Autrement dit, l'entreprise utilisera la méthode économiquement efficace.

Les entreprises coordonnent l'activité économique si elles peuvent accomplir une tâche plus efficacement que les marchés ; le cas échéant, la création d'une entreprise est rentable. Par contre, si les marchés peuvent accomplir une tâche plus efficacement qu'une entreprise, les gens utilisent les marchés, et toute tentative de créer une entreprise pour suppléer le marché dans cette coordination est alors vouée à l'échec.

Pourquoi les entreprises ?

Les entreprises sont souvent plus efficaces que les marchés pour coordonner l'activité économique, et cela, parce qu'elles peuvent réaliser quatre types d'économies :

- des économies de coûts de transaction ;
- des économies d'échelle ;
- des économies de gamme ;
- des économies liées à la production en équipe.

Les économies de coûts de transaction Ronald Coase, économiste à l'Université de Chicago et prix Nobel d'économie en 1991, a avancé que les entreprises existent parce qu'elles accomplissent certaines activités plus efficacement que les marchés. Coase s'est penché sur la capacité des entreprises à réduire ou à éliminer les coûts de transaction. Les **coûts de transaction** sont les coûts qu'entraîne le fait de rechercher un partenaire commercial, de parvenir à une entente sur les prix et sur les autres aspects de la transaction, et de s'assurer que les conditions du contrat sont respectées – autrement dit, les coûts liés à la production et à la signature du ou des contrats indispensables à toute transaction. Pour les transactions de marché, les acheteurs et les vendeurs doivent se rencontrer et négocier les conditions de leur entente. Ils ont parfois recours à un avocat pour rédiger un contrat. Le cas échéant, une rupture de contrat entraîne des dépenses supplémentaires. Une entreprise peut faire baisser ces coûts de transaction : comme il n'est pas nécessaire de signer des contrats entre les diverses divisions d'une même entreprise, cela réduit d'autant le nombre de transactions nécessaires.

Considérons, par exemple, deux moyens qui s'offrent à vous pour faire réparer votre voiture.

La coordination par une entreprise Vous laissez votre voiture au garage. L'ensemble que constituent les pièces, les outils et les heures de travail du mécanicien, soit tout ce qui est nécessaire pour que votre voiture soit de nouveau en état de rouler, sera coordonné par le propriétaire du garage. Vous n'aurez qu'à acquitter une seule facture pour toutes ces activités.

La coordination par le marché Vous faites appel à un mécanicien pour découvrir le problème et dresser la liste des pièces et des outils nécessaires à la réparation de votre voiture. Vous allez acheter les pièces, vous louez les outils chez Loue-Tout, puis vous demandez au mécanicien de réparer votre voiture. Vous rapportez ensuite les outils. Vous avez acquitté plusieurs factures, dont les heures de travail du mécanicien, les frais de location des outils et le coût des pièces.

Qu'est-ce qui vous incite à choisir l'une ou l'autre de ces méthodes ? La réponse est simple : le coût. En tenant compte du coût de renonciation de votre temps et des autres facteurs de production nécessaires, vous choisirez la méthode la moins coûteuse, autrement dit, la méthode économiquement efficace.

Avec la première méthode, vous effectuez une seule transaction avec une seule entreprise. Il est vrai que cette entreprise devra conclure plusieurs transactions – engager la main-d'œuvre et acheter les pièces et les outils nécessaires à la réparation. Mais, contrairement à vous, l'entreprise ne réalise pas toutes ces transactions pour réparer votre seule voiture ; elles lui permettent d'en réparer des centaines d'autres. Lorsque les gens font réparer leur voiture au garage au lieu de procéder eux-mêmes à toutes les transactions que nous avons décrites, le nombre de transactions est donc considérablement réduit.

Les économies d'échelle Une entreprise fait des **économies d'échelle** quand le coût de production unitaire d'un bien diminue à mesure que le niveau de production augmente. Les fabricants d'automobiles, par exemple, font des économies d'échelle parce qu'en produisant plus d'automobiles, ils peuvent recourir à des équipements plus économiques et à de la main-d'œuvre ultraspécialisée, tandis qu'une entreprise qui ne produirait que quelques automobiles par année devrait utiliser des méthodes manuelles beaucoup

plus coûteuses. La coordination par les entreprises est plus efficace que la coordination par les marchés pour réaliser les économies d'échelle qui découlent de la spécialisation et de la division du travail.

Les économies de gamme Une entreprise fait des **économies de gamme** quand elle utilise des ressources spécialisées (et souvent coûteuses) pour produire une gamme de biens et services. Par exemple, Toshiba fait appel à ses concepteurs et utilise ses installations spécialisées pour fabriquer le disque dur du iPod. Par ailleurs, l'entreprise produit bien d'autres types de disques durs et de dispositifs connexes. Ainsi, Toshiba fabrique le disque dur du iPod à un coût inférieur à celui que pourrait obtenir une entreprise dont ce serait le seul produit.

Les économies liées à la production en équipe Le processus de production où un groupe de personnes se spécialisent dans des tâches mutuellement complémentaires s'appelle *production en équipe*. Les sports, comme le hockey ou le baseball, sont de bons exemples de travail en équipe : certains joueurs sont spécialisés dans le lancer, d'autres dans le frapper ; certains jouent à la défense, d'autres à l'attaque. On trouve d'innombrables exemples de travail en équipe dans la production de biens et services. On sait que les chaînes de production d'automobiles et de téléviseurs sont plus efficaces si les individus travaillent en équipe et se spécialisent dans certaines tâches. On peut aussi considérer l'entreprise dans son ensemble comme une équipe composée d'acheteurs de matières premières et d'autres facteurs de production, de travailleurs affectés à la production et de vendeurs. Chaque membre de l'équipe est spécialisé, mais la valeur de la production de l'équipe et les bénéfices qu'elle génère dépendent de la coordination des activités de tous les membres. Armen Alchian et Harold Demsetz, de l'Université de Californie à Los Angeles (UCLA), ont été les premiers à émettre l'idée que la création d'entreprises est la conséquence des économies que permet la production en équipe.

Comme les entreprises peuvent réaliser des économies sur les coûts de transaction, des économies d'échelle, des économies de gamme et des économies liées à l'efficacité de la production en équipe, ce sont elles plutôt que les marchés qui coordonnent la majeure partie de nos activités économiques. Cependant, l'efficacité économique des entreprises a des limites. Quand une entreprise devient trop grande ou trop diversifiée, le coût de gestion et de contrôle par unité produite augmente. Dans ce cas, l'entreprise peut redevenir efficace en réduisant ses effectifs, et en se procurant plus de biens et services sur le marché.

IBM est un exemple d'entreprise qui, à un moment donné, est devenue trop grande pour être efficace, et qui, pour tenter de corriger la situation, s'est morcelée en plusieurs petites entreprises se spécialisant chacune dans un segment du marché de l'informatique.

Il arrive que les entreprises établissent entre elles des relations à long terme, de sorte qu'il devient difficile de déterminer où s'arrête une entreprise et où commence l'autre. Ainsi, GM a des relations à long terme avec des fournisseurs de glaces, de pneus et d'autres pièces, et Wal-Mart a des relations à long terme avec des fournisseurs de certains des biens vendus en magasin. Ce type de relations permet à des entreprises comme GM et Wal-Mart de diminuer les coûts de transaction, qui seraient beaucoup plus élevés si elles devaient magasiner dans les marchés mondiaux chaque fois qu'elles doivent s'approvisionner.

La rubrique «Entre les lignes» (p. 306) examine quelle position occupe la compagnie québécoise Congébec dans le marché de l'entreposage frigorifique au Canada. Dans les quatre chapitres qui suivent, nous continuerons notre étude des entreprises et de leurs décisions. Au chapitre 11, nous verrons les relations entre le coût et la production à divers niveaux de production – relations communes à toutes les formes d'entreprises, quelle que soit la structure de marché. Puis, nous examinerons les problèmes particuliers des entreprises dans divers types de marchés.

MINITEST 5

1. Quels sont les deux types de coordination de l'activité économique ?

2. Qu'est-ce qui détermine si la production sera coordonnée par les marchés ou par l'entreprise ?

3. Quelles sont les principales raisons qui expliquent que les entreprises arrivent souvent à coordonner la production à un coût moindre que les marchés ?

Réponses p. 315

LE QUÉBEC EXPORTE L'HIVER

LE SOLEIL, 7 NOVEMBRE 2009

LA CROISSANCE PAR LE FROID

Par *Louis Tanguay*

Après avoir acquis une position dominante dans l'industrie de l'entreposage frigorifique au Québec, l'entreprise Congébec, qui a son siège social […] à Québec, s'apprête à prendre pied dans le reste du Canada en commençant par les Maritimes.

De retour d'un séjour à Halifax cette semaine, Laurier Pedneault, président de l'entreprise familiale, a expliqué au *Soleil* que lui et son équipe sont prêts à construire pour 10 millions $ d'entrepôts dans la région de la capitale de la Nouvelle-Écosse «à très court terme».

Il est toutefois plus réaliste de prévoir, dit-il, que cette implantation se fera par un mélange d'acquisition et de construction.

Non seulement évoque-t-il la possibilité pour son entreprise de devenir rapidement un joueur majeur dans cette région du Canada, mais elle pourrait aussi s'implanter solidement en Ontario, d'ici deux à trois ans.

Déjà, sa compagnie gère un actif de 100 millions $ investi principalement dans sept centres d'entreposage […]

L'avenir de l'industrie du froid, soutient Laurier Pedneault, est porté par trois facteurs principaux. D'abord, le style de vie des familles qui ont de plus en plus recours pour leur alimentation à des mets congelés offerts dans un nombre croissant de présentations adaptées à leurs préoccupations en matière de goût et de santé.

De plus, beaucoup d'aliments soumis à des pointes de demande ponctuelles (les dindes à Noël ou les pains à hot-dog en début d'été, par exemple) nécessitent un stockage pendant plusieurs mois entre leur préparation et leur arrivée sur les tablettes des épiciers.

Enfin, les producteurs d'aliments ont de plus en plus tendance à confier en impartition la complexe gestion de la chaîne de froid entre leurs usines et les grands réseaux de distribution. Il s'agit d'une activité très fortement contrôlée où la traçabilité des marchandises manutentionnées est un enjeu majeur pour la réputation de la compagnie.

La durée moyenne de séjour des denrées entreposées est de deux mois, ce qui signifie que tout le contenu de ses entrepôts connaît six ou sept rotations par année.

L'entreprise de M. Pedneault a été créée il y a 35 ans et elle est relativement seule dans ce domaine depuis 30 ans à Québec*. Elle a pris son expansion dans la région de Montréal en offrant des services flexibles à proximité des grands axes autoroutiers.

En sortie de crise économique, le président de Congébec ne craint pas d'affirmer que l'industrie du surgelé est antirécession. Son rôle est avant tout de prolonger la vie des aliments. «On permet d'ajuster les périodes de récolte et de consommation», résume le patron de Congébec. L'entreprise n'a pour ainsi dire jamais eu à faire des mises à pied. […] ∎

---

* Congébec se classe 25ᵉ au monde pour ses volumes d'entreposage (23,8 millions de pieds cubes) et se situe au 20ᵉ rang en Amérique du Nord.

LES FAITS EN BREF

● Congébec gère déjà sept centres d'entreposage et veut prendre de l'expansion en Nouvelle-Écosse où elle compte construire de nouveaux entrepôts et en acquérir d'autres.

● Congébec occupe une position dominante au Québec, mais se classe au 20ᵉ rang en Amérique du Nord.

● La croissance de l'industrie du froid s'explique en partie par la propension des producteurs d'aliments à déléguer à d'autres la gestion de la chaîne de froid entre leurs usines et les grands réseaux de distribution.

● L'entreprise doit être en mesure de stocker des aliments sujets à des pointes de demande.

● Congébec semble à l'abri des récessions.

ANALYSE ÉCONOMIQUE

● Ce portrait de Congébec illustre plusieurs des concepts relatifs à la définition d'une entreprise et d'un marché que nous avons vus dans ce chapitre.

● Les clients de Congébec sont des producteurs d'aliments. Ils pourraient choisir d'entreposer eux-mêmes leur marchandise en se dotant des équipements appropriés, mais ils trouvent plus avantageux de déléguer cette activité à Congébec. La coordination des services d'entreposage frigorifique est donc ici assurée par le marché.

- Cette façon de procéder s'explique par les avantages dont jouit Congébec. D'une part, tous les services d'entreposage bénéficient d'économies d'échelle. En effet, ils utilisent des entrepôts de grande taille, qui sont plus économiques que les petits, car la quantité de métal (ou de tout autre matériau) nécessaire pour faire une boîte croît moins vite que son volume utile. En outre, en diversifiant sa clientèle, une entreprise comme Congébec bénéficie d'économies de gamme puisqu'elle exploite mieux sa capacité en entreposant des dindes à Noël et des pains à hot-dog en début d'été. Si les producteurs de dindes assuraient eux-mêmes leurs services d'entreposage, ils devraient disposer de la même capacité de pointe, qu'ils sous-exploiteraient lors de la belle saison.

- En offrant des services flexibles à proximité des grands axes autoroutiers, Congébec minimise les coûts de transport et de transaction pour ses clients.

- Enfin, la gestion de la chaîne de froid est une activité très contrôlée: la production d'aliments est une activité déjà suffisamment complexe, de sorte que les producteurs préfèrent déléguer la tâche de l'entreposage frigorifique et de la traçabilité à des spécialistes.

- La définition des frontières d'une «entreprise» est délicate. Les sept centres de Congébec ne forment qu'une entreprise. Si on vendait ces centres à sept groupes différents, on obtiendrait sept entreprises sans qu'il n'y ait eu de réelle croissance. Il y a croissance réelle lorsque Congébec construit de nouveaux entrepôts, mais l'acquisition d'entrepôts de ses concurrents ne représente qu'un redécoupage du paysage industriel.

- Les **figures 1** et **2** illustrent les parts de marché des entreprises d'entreposage frigorifique au Canada et au Québec. Congébec est quatrième au Canada et dominante au Québec.

- On obtient l'indice RC$_4$ pour le Canada en sommant les parts de marché (estimées ici par la capacité) au Canada de VersaCold (45 %), de Confederation Freezers (9 %), de Conestoga Cold Storage (9 %) et de Congébec (9 %), ce qui

donne 0,72. On obtient l'indice RC$_4$ pour le Québec en sommant les parts de marché au Québec de Congébec (45 %), de VersaCold (36 %), d'Everest Cold Storage (13 %) et de Conestoga Cold Storage (4 %), soit 0,98.

- On obtient l'indice IHH en sommant les carrés des parts du marché en pourcentage. Pour le Québec, on obtient $45^2 + 36^2 + 13^2 + 4^2 + 2^2 = 3\,510$. Un calcul similaire donne un IHH de 2 402 pour le Canada.

- Ces valeurs élevées confirment que le marché canadien et le marché québécois sont tous deux très concentrés, ce qui n'est pas propice à l'émergence de la concurrence. En outre, Congébec semble à l'abri des récessions, ce qui n'est certainement pas caractéristique des entreprises évoluant dans un marché très concurrentiel.

- Mais on ne peut pas porter de jugement définitif sur le degré de concurrence de l'industrie à partir des seules informations disponibles ici. D'une part, en calculant les indices de concentration à l'échelle nord-américaine, on obtiendrait des valeurs plus faibles (IHH de 807). Il faut juger si, par exemple, une entreprise américaine installée au Vermont peut concurrencer Congébec sur le marché québécois. En outre, les barrières à l'entrée sont relativement faibles dans cette industrie, et ce, même si, une fois qu'un producteur d'aliments a intégré un entreposeur particulier à sa chaîne de production, il est très coûteux pour lui de le délaisser pour un concurrent.

- Les figures 1 et 2 ne rendent pas compte de la complexité du marché de la propriété des entreprises. Par exemple, la compagnie dominante au Canada, VersaCold, était jusqu'à récemment propriété de la compagnie de transport islandaise Eimskip. En juin 2009, pour éviter la faillite à la suite de la crise financière, Eimskip a vendu VersaCold à la compagnie américaine Yucaipa. Cette dernière possède également AmeriCold qui, si elle est peu présente au Canada, est dominante aux États-Unis. Yucaipa a donc aujourd'hui une position dominante en Amérique du Nord, en contrôlant à elle seule 34 % de l'offre dans ce marché.

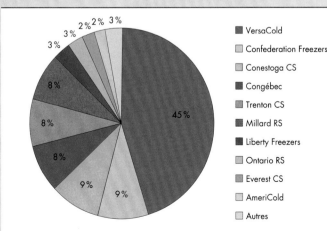

Figure 1 La répartition de la capacité d'entreposage frigorifique au Canada

Source: International Association of Refrigerated Warehouses.

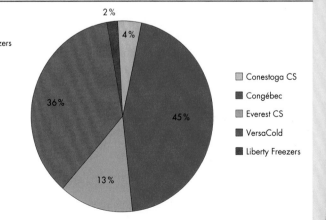

Figure 2 La répartition de la capacité d'entreposage frigorifique au Québec

Source: International Association of Refrigerated Warehouses.

Points clés

L'entreprise et ses problèmes économiques (p. 288-291)

- Les entreprises mobilisent et gèrent des facteurs de production afin de produire et de vendre des biens et services.

- Le but des entreprises est de maximiser leur profit économique (recettes totales moins coût de production, ce dernier étant équivalent au *coût de renonciation de la production*).

- Le coût de renonciation de la production d'une entreprise est égal à la somme des coûts d'utilisation des ressources. Les ressources de l'entreprise comprennent celles qu'elle achète sur le marché, celles qui lui appartiennent déjà et celles qui lui sont fournies par le propriétaire de l'entreprise.

- Le profit normal est le coût de l'entrepreneuriat et il fait partie du coût de renonciation de la production.

- Les contraintes technologiques, les contraintes d'information et les contraintes de marché limitent le profit des entreprises.

L'efficacité technique et l'efficacité économique (p. 291-293)

- Une méthode de production est techniquement efficace quand il n'est pas possible de produire autant avec moins de facteurs de production.

- Une méthode de production est économiquement efficace quand il n'est pas possible de produire autant à moindre coût.

L'information et l'organisation (p. 293-298)

- Toute entreprise organise la production de biens ou de services en combinant et en coordonnant les facteurs de production qu'elle mobilise.

- L'entreprise utilise une combinaison de systèmes hiérarchiques et de systèmes incitatifs pour organiser la production.

- Les entreprises composent avec le manque d'information et l'incertitude en incitant leurs gestionnaires et leurs travailleurs à agir conformément aux objectifs de l'entreprise.

- L'entreprise individuelle, la société de personnes et la société par actions composent avec le problème principal-agent en recourant à la propriété, aux primes de rendement et aux contrats à long terme.

Les marchés et l'environnement concurrentiel (p. 298-303)

- La concurrence parfaite est une structure de marché où les entreprises sont nombreuses à vendre le même produit, où les acheteurs sont nombreux et où aucune restriction ne limite l'entrée de nouvelles entreprises dans l'industrie.

- La concurrence monopolistique est une structure de marché où un grand nombre d'entreprises se font concurrence en proposant des produits similaires, mais légèrement différents, où les acheteurs sont nombreux et où aucune restriction ne limite l'entrée de nouvelles entreprises dans l'industrie.

- L'oligopole est une structure de marché où un petit nombre d'entreprises se font concurrence. Le nombre d'entreprises est limité par des barrières à l'entrée dans le marché.

- Le monopole est une structure de marché où une seule entreprise produit un bien ou un service pour lequel il n'existe aucun substitut proche et où des barrières empêchent d'autres entreprises de pénétrer le marché.

Les marchés et les entreprises (p. 303-305)

- Les entreprises coordonnent l'activité économique lorsqu'elles peuvent accomplir une tâche plus efficacement – à un coût moindre – que les marchés.

- Les entreprises sont souvent plus efficaces que les marchés pour coordonner l'activité économique, et cela, parce qu'elles peuvent réaliser des économies de coûts de transaction, des économies d'échelle, des économies de gamme et des économies liées à la production en équipe.

Tableaux clés

Tableau 10.4 Les avantages et les inconvénients des diverses formes d'entreprises (p. 297)

Tableau 10.5 Le calcul du ratio de concentration (RC_4): deux exemples (p. 299)

Tableau 10.6 Les structures de marché (p. 302)

Mots clés

Concurrence monopolistique Structure de marché où de nombreuses entreprises qui produisent des biens différenciés se font concurrence par la qualité du produit, le prix et le marketing, et où il n'y a aucune barrière à l'entrée ou à la sortie (p. 298).

Concurrence parfaite Structure de marché où de nombreuses entreprises vendent le même bien à de nombreux acheteurs, où aucune restriction ne limite l'entrée de nouvelles entreprises dans l'industrie, et où les entreprises et les acheteurs sont parfaitement informés des prix pratiqués par chacune des entreprises de l'industrie (p. 298).

Coûts de transaction Coûts liés à la production et à la signature des contrats indispensables à toute transaction. Coûts qu'entraîne le fait de rechercher un partenaire commercial, de parvenir à une entente sur les prix et sur les autres aspects de la transaction, et de s'assurer que les conditions des contrats sont respectées (p. 303).

Dépréciation économique Baisse de la valeur marchande du capital au cours d'une période donnée (p. 289).

Différenciation du produit Pratique consistant pour une entreprise à offrir un produit légèrement différent de ceux de ses concurrents (p. 298).

Économies d'échelle Économies qu'une entreprise réalise grâce aux caractéristiques de sa technologie, lorsque son coût moyen à long terme diminue à mesure que sa production augmente (p. 304).

Économies de gamme Économies qu'une entreprise réalise lorsqu'elle utilise des ressources spécialisées (et souvent coûteuses) pour produire une gamme de biens et services (p. 304).

Efficacité économique Situation où le coût de production est le plus bas possible (p. 291).

Efficacité technique Situation où il n'est pas possible de produire plus avec des quantités de facteurs données (p. 291).

Entreprise Unité économique qui mobilise et gère des facteurs de production afin de produire et de vendre des biens et services (p. 288).

Indice de Herfindahl-Hirschman (IHH) Mesure de la concentration dans un marché qui correspond à la somme des carrés des parts du marché (en pourcentage) de chacune des 50 plus grandes entreprises (ou de toutes les entreprises s'il y en a moins de 50) d'une industrie (p. 299).

Loyer implicite Coût de renonciation de l'utilisation du capital lorsque l'entreprise renonce à un loyer en choisissant d'utiliser elle-même son capital (p. 289).

Monopole Structure de marché où une seule entreprise produit un bien ou un service pour lequel il n'existe aucun substitut proche et où des barrières empêchent de nouvelles entreprises de pénétrer le marché (p. 298).

Oligopole Structure de marché où un petit nombre d'entreprises se font concurrence tout en sachant comment leurs interactions déterminent leurs gains respectifs (p. 298).

Problème principal-agent Problème consistant à déterminer le système de rémunération qui incite un *agent* à agir dans le meilleur intérêt d'un *principal* (p. 294).

Profit économique Différence entre la recette totale et le coût de production d'une entreprise. Le coût de production est équivalent au *coût de renonciation de la production* (p. 288).

Profit normal Profit habituel qu'un entrepreneur peut espérer réaliser sur le marché en exploitant ses habiletés entrepreneuriales (p. 289).

Ratio de concentration fondé sur quatre entreprises (RC₄) Mesure (en pourcentage) de la valeur des ventes comptabilisées des quatre plus grandes entreprises d'une industrie par rapport aux ventes totales de cette industrie (p. 299).

Système hiérarchique Mode d'organisation des facteurs de production fondé sur la hiérarchie : les ordres s'y transmettent de haut en bas, et l'information, de bas en haut (p. 294).

Système incitatif Mode d'organisation de la production qui utilise des mécanismes similaires à ceux du marché au sein de l'entreprise. Au lieu d'émettre des ordres, les cadres supérieurs offrent des primes d'encouragement qui inciteront le personnel à travailler de manière à maximiser le profit de l'entreprise (p. 294).

Technologie Toute méthode ou tout procédé qui permet de produire un bien ou un service (p. 290).

PROBLÈMES ET APPLICATIONS

1. Il y a un an, Alice et Benoît ont fondé Becs fins, une entreprise d'embouteillage de vinaigres aromatisés. Calculez le coût de renonciation de la production de Becs fins pour sa première année d'exploitation à partir des informations suivantes :

   - Benoît et Alice ont investi 50 000 $ de leur avoir dans l'entreprise ;
   - ils ont acheté 30 000 $ d'équipement ;
   - ils ont engagé un employé à qui ils versent un salaire de 20 000 $ par année ;

   - Benoît a quitté son emploi, où il gagnait 30 000 $ par année, et travaille maintenant à temps plein pour Becs fins ;
   - Alice a conservé son emploi, où elle gagne 30 $ par heure, mais elle a renoncé à 10 heures de loisir par semaine (pendant 50 semaines) pour travailler pour Becs fins ;
   - Becs fins a acheté 10 000 $ de biens et services à d'autres entreprises ;
   - la valeur marchande de l'équipement de Becs fins à la fin de l'année s'élevait à 28 000 $;

- Benoît et Alice ont une maison avec une hypothèque de 100 000 $ à 6 % d'intérêt par année.

2. Thomas offre un service de cirage de chaussures à l'aéroport. Comme il n'a ni formation ni expérience, il ne peut pas trouver d'emploi ailleurs. Les cireurs de chaussures qu'il connaît gagnent 10 000 $ par année. Thomas verse 2 000 $ par année à l'aéroport pour l'espace qu'il occupe, et sa recette totale s'élève à 15 000 $ par année. Il a déboursé 1 000 $ pour se procurer un fauteuil, du cirage et des brosses et il a réglé la facture avec sa carte de crédit. Le solde de celle-ci porte intérêt à 20 % par année. À la fin de l'année, on a offert de verser 500 $ à Thomas pour son commerce et tout l'équipement qui s'y rapporte. Calculez le coût de renonciation de la production et le profit économique de l'entreprise de Thomas.

3. Il existe quatre méthodes pour laver 100 chemises :

Méthode	Main-d'œuvre (heures)	Capital (machines)
A	1	10
B	5	8
C	20	4
D	50	1

a. Lesquelles de ces méthodes sont techniquement efficaces ?

b. Laquelle de ces méthodes est économiquement efficace si le salaire horaire et le loyer implicite du capital sont :

(i) salaire = 1 $; loyer = 100 $?

(ii) salaire = 5 $; loyer = 50 $?

(iii) salaire = 50 $; loyer = 5 $?

4. Les ventes des entreprises de l'industrie du tatouage sont les suivantes :

Entreprise	Ventes (dollars par année)
Fleurs de peau	450
Totem	325
Stigmates	250
Art vivant	200
Autres (15 entreprises)	800

a. Calculez le ratio de concentration fondé sur quatre entreprises.

b. Quelle est la structure de l'industrie ?

5. **RÉFORME EN BLOC**

Lego est un fabricant de jouets établi au Danemark, qui produit des briques de couleur en plastique. En 2003 et 2004, l'entreprise a essuyé des pertes économiques. Elle était aux prises avec des concurrents qui vendaient des produits semblables à prix réduit et elle devait composer avec une baisse de la population des garçons de 5 à 9 ans (ses principaux clients) dans beaucoup de pays riches. En 2004, Lego a pris certaines mesures pour redevenir profitable. Elle a congédié 3 500 de ses 8 000 employés, fermé des usines en Suisse et aux États-Unis, ouvert des usines en Europe de l'Est et au Mexique et mis en place un système de rémunération fondé sur le rendement pour ses chefs de services. En 2005, Lego réalisait un profit.

D'après « Picking up the Pieces »,
The Economist, 28 octobre 2006

a. Décrivez les problèmes auxquels Lego devait faire face en 2003 et 2004 et montrez le lien entre ces problèmes et les trois types de contraintes auxquelles toute entreprise est soumise.

b. Parmi les actions entreprises par Lego pour redevenir profitable, y en a-t-il qui visaient à corriger une inefficacité ? Laquelle ou lesquelles ? Comment Lego a-t-elle procédé pour atteindre l'efficacité économique ?

c. Parmi les actions entreprises par Lego pour redevenir profitable, y en a-t-il qui s'attaquent à un problème d'information et d'organisation ? Laquelle ou lesquelles ? Comment Lego a-t-elle changé sa façon de composer avec le problème principal-agent ?

d. Dans quel type de marché Lego évolue-t-elle ?

6. **L'ÉQUIPE AGRICOLE DE JOHN DEERE**

En 2001, Deere [...] a fait son entrée sur le marché indien en inaugurant le centre de Pune [Inde]. Personne ne s'y attendait : Deere est connue pour son matériel agricole lourd et ses grosses machines de construction. En Inde, une bonne partie des quelque 300 millions de fermiers utilisent encore des charrues tirées par des bœufs.

Fortune, 14 avril 2008

a. Pourquoi les fermiers indiens utilisent-ils encore beaucoup la charrue tirée par des bœufs ? Cette pratique est-elle efficace ou inefficace ? Justifiez votre réponse.

b. En quoi la contrainte technologique que subissent les fermiers indiens est-elle appelée à changer avec l'arrivée des machines agricoles de John Deere ?

c. De quelle façon l'entrée de John Deere dans le marché des instruments aratoires indien est-elle susceptible d'influer sur le profit escompté de l'entreprise ?

7. VOICI LES ÉLÉMENTS. À VOUS MAINTENANT DE CRÉER LE PRODUIT !

L'idée, c'est que les entreprises qui réussissent le mieux n'inventent plus de produits et services à elles seules. Elles les créent avec le concours de leurs clients et, ce faisant, elles arrivent à offrir une expérience unique à chacun d'eux. Il y a toutefois un corollaire important : aucune entreprise ne possède assez de ressources – ne peut jamais en posséder assez – pour fournir une expérience unique à chaque client. En conséquence, pour s'acquitter de sa tâche, chacune d'elles doit organiser un réseau mondial de fournisseurs et de partenaires et le remanier constamment afin de rester à jour.

Fortune, 26 mai 2008

a. Décrivez la méthode d'organisation et de coordination de la production employée ici. Utilise-t-on un système hiérarchique ou un système incitatif ?

b. Comment cette façon d'organiser et de coordonner la production aide-t-elle les entreprises à réduire les coûts ?

8. RÉCOMPENSER L'ÉCHEC

Au cours des 25 dernières années, le salaire des chefs de direction a augmenté [...] plus vite que les profits des entreprises, la croissance économique ou la rémunération moyenne des travailleurs. [...] Une solution de rechange plus raisonnable au système de rémunération actuel obligerait les PDG à posséder beaucoup d'actions de leur entreprise. Si on donne des actions au patron, il faudra réduire le salaire et les primes qu'il touche pour tenir compte de leur valeur. Quant aux primes, elles devraient refléter l'amélioration du résultat en trésorerie par rapport au coût du capital de l'entreprise, et non être fondées sur des mesures faciles à manipuler telles que le bénéfice par action. [Dans le cas des primes] il ne devrait pas y avoir de plafond, mais il faudrait que les PDG ne puissent pas les toucher avant un certain nombre d'années.

Fortune, 28 avril 2008

a. Quel est le problème économique qu'on veut surmonter quand on tente de trouver une façon équitable de rémunérer le chef de la direction ?

b. Comment les propositions avancées dans l'article permettent-elles de régler le problème que vous avez décrit en réponse à la question (a) ?

9. GAMESTOP MARQUE DES POINTS

Pour les adeptes de jeux vidéo, GameStop est la boutique qui a le plus de cachet. Seule Wal-Mart a une plus grande part du marché – mais pour combien de temps ? [...] L'année dernière, la part de marché de Wal-Mart s'élevait à 21,3 %. Celle de GameStop était de 21,1 % et elle pourrait bien dépasser celle de Wal-Mart cette année [...] mais [les femmes] semblent préférer acheter chez Target plutôt que chez GameStop. [...] Belle occasion pour Wal-Mart et Target de venir rogner la part de marché de GameStop. [...]

Fortune, 9 juin 2008

a. D'après l'article, quelle est la structure du marché des détaillants de jeux vidéo ?

b. En vous servant des renseignements fournis dans l'article, proposez une fourchette de valeurs pour le ratio de concentration RC_4 et pour l'IHH dans le cas de ce marché.

10. COMMENT CRÉER, EN SIX ÉTAPES, UNE ENTREPRISE EN DÉMARRAGE AU SUCCÈS ASSURÉ

Mais se lancer en affaires est une aventure complexe, risquée, qui exige un effort de tous les instants. En effet, seulement les deux tiers des petites entreprises sont encore là deux ans après leur création, et seulement 44 % tiennent le coup au moins quatre ans. [...] Il faut être prêt à prendre plus d'un risque calculé. [...] La plupart des entrepreneurs mettent en marche leur entreprise en puisant dans leurs épargnes, et dans celles de leurs amis et de leur famille. De fait, près de la moitié des jeunes entreprises sont financées au départ grâce aux cartes de crédit de leur fondateur. [...] Il est difficile d'obtenir un prêt bancaire, sauf si on a des actifs – et, dans ce cas, c'est souvent son propre foyer qu'on met en gage.

CNN, 18 octobre 2007

a. Lorsqu'on démarre une entreprise, quels sont les risques et les bénéfices éventuels d'être propriétaire à la façon des entrepreneurs qui sont décrits dans ce bulletin d'information ?

b. Comment une société de personnes permettrait-elle de mieux atténuer les risques mentionnés dans ce bulletin d'information ?

c. Comment une société par actions permettrait-elle de mieux atténuer les risques mentionnés dans ce bulletin d'information ?

11. POSTE DE L'OUTAOUAIS D'HYDRO-QUÉBEC : DES SOUS-TRAITANTS RÉCLAMENT DES MILLIONS

Travailler sur le chantier d'un bâtiment appartenant à Hydro-Québec ne constitue pas une garantie de paiement rapide... et complet. Des entrepreneurs [...] sont en train de

l'apprendre à leurs dépens. [...] Un contrat a été attribué par Hydro-Québec à la multinationale ABB, qui agit comme maître d'œuvre des travaux. L'entreprise s'est tournée vers l'entrepreneur Pomerleau, un géant de la construction au Québec, qui a, à son tour, fait appel à des sous-traitants spécialisés dans divers domaines. « C'est un clé-en-main pour Hydro », résume Patrick Meunier, président de Profex Construction. Sept mois se sont écoulés depuis que son entreprise a terminé les travaux de maçonnerie au poste de l'Outaouais. « Présentement, on a des comptes recevables d'environ 500 000 $, explique M. Meunier. On est une dizaine d'entrepreneurs pris là-dedans. Et on n'a aucun recours. » Ce sont des travaux supplémentaires ou des ajouts au contrat qui tardent à être payés. Le Groupe Piché Construction était responsable des systèmes intérieurs, du gypse aux joints, en passant par les montants métalliques et les plafonds suspendus. Bien que les travaux soient terminés depuis les Fêtes, l'entreprise attend toujours « quelques centaines de milliers de dollars » de Pomerleau. « Eux, ils sont en réclamation avec ABB, explique le président Yan Piché. [...] [L'entreprise de] Serge Gauthier qui a fourni de la main-d'œuvre au chantier, attend des paiements totalisant près d'un demi-million de dollars. Il estime que les intérêts qu'il doit assumer ont tôt fait d'anéantir sa marge de profit. « L'impact est extrêmement négatif, dit-il. Là, il va falloir mettre les avocats dans ça, ce qui va nous coûter une fortune pour clore le dossier. Ça traîne, ça traîne, ça traîne... » [...] « Hydro-Québec ne peut pas se prononcer, parce que ça ne la concerne pas. C'est vraiment entre ABB et ses fournisseurs », a indiqué Flavie Côté, attachée de presse d'Hydro-Québec.

Le Droit, 22 août 2009

a. Décrivez une manière différente d'allouer les ressources productives pour réaliser les travaux sur le poste de l'Outaouais.

b. Quels sont les coûts de transaction qui sont en jeu ici?

c. Quel est l'avantage pour Hydro-Québec de déléguer la supervision des travaux à ABB?

12. Alex est programmeur. En 2008, il a gagné 35 000 $. Le 1er janvier 2009, il démarre une entreprise de fabrication de planches de bodyboard. À la fin de la première année d'exploitation, il remet à son comptable les renseignements suivants:

- Il a cessé de louer son chalet, qui lui rapportait 3 500 $ par année, et s'en sert comme atelier de fabrication. La valeur marchande du chalet est passée de 70 000 $ à 71 000 $.

- L'achat de matériaux, les frais de téléphone et de services publics, et diverses autres dépenses montent à 50 000 $.

- La location de machines s'élève à 10 000 $ par année.

- Alex a déboursé 15 000 $ en salaires.

- Il a retiré 10 000 $ de son compte d'épargne, qui rapporte 5 % d'intérêt par année.

- Il a emprunté 40 000 $ de la banque à 10 % d'intérêt par année.

- Ses ventes de planches de bodyboard se chiffrent à 160 000 $.

- Le profit normal s'élève à 25 000 $ par année.

a. Calculez le coût de renonciation de la production et le profit économique d'Alex.

b. Le montant de la dépréciation du chalet en 2009 a été établi à 7 000 $ par le comptable. Selon ce dernier, quel est le profit d'Alex?

13. En 2008, Julie enseignait la musique. Elle a gagné 20 000 $ cette année-là. Elle a aussi mis son sous-sol en location, ce qui lui a rapporté 4 000 $. Le 1er janvier 2009, elle a quitté l'enseignement, elle a cessé de louer son sous-sol et l'a transformé en bureau pour sa nouvelle entreprise de conception de sites Web. Elle a retiré 2 000 $ de son compte d'épargne pour acheter un ordinateur. Au cours de 2009, elle a déboursé 1 500 $ pour la location d'un serveur Web et 1 750 $ pour l'accès à haut débit à Internet. La recette totale de la conception de sites Web s'est élevée à 45 000 $. Julie a obtenu, pour l'année, 5 % d'intérêt sur le solde de son compte d'épargne. Le profit normal se chiffre à 55 000 $ par année. À la fin de 2009, Julie aurait pu vendre son ordinateur 500 $.

Calculez le coût de renonciation de la production et le profit économique de Julie pour 2009.

14. Vous pouvez faire votre déclaration de revenus en recourant à l'une ou l'autre des méthodes suivantes:

A. Avec un microordinateur et un logiciel d'impôt (en 1 heure).

B. Avec une calculette (en 12 heures).

C. Avec une calculette, un crayon et du papier (en 12 heures).

D. À la main (en 16 heures).

Le microordinateur et le logiciel coûtent 1 000 $, la calculette, 10 $ et le papier et le crayon, 1 $.

a. Laquelle de ces méthodes est techniquement efficace?

b. Laquelle de ces méthodes est économiquement efficace si votre salaire est de:

(i) 5 $ par heure ?

(ii) 50 $ par heure ?

(iii) 500 $ par heure ?

15. Loblaws exploite plus de 1 000 épiceries au pays. Elle compte plus de 140 000 employés et ses recettes totales s'élèvent à près de 30 G $. Chapman's Ice Cream est une entreprise familiale de Markdale, en Ontario, qui est dirigée par Penny et David Chapman. Elle recrute son personnel dans la région et fournit de la crème glacée à Loblaws.

   a. Selon vous, comment Loblaws coordonne-t-elle ses activités ? Utilise-t-elle plus probablement un système hiérarchique ou a-t-elle aussi recours à des systèmes incitatifs ? Pourquoi ?

   b. Selon vous, quelle est la méthode de coordination employée par Penny et David Chapman ? Utilisent-ils plus probablement un système hiérarchique ou ont-ils aussi recours à des systèmes incitatifs ? Pourquoi ?

   c. Décrivez les problèmes principal-agent auxquels doivent faire face Loblaws et Chapman's Ice Cream et comparez-les. Selon vous, comment ces entreprises composent-elles avec ce problème ?

16. Les parts de marché des chocolatiers sont les suivantes :

Entreprise	Part de marché
Cacao inc.	15 %
ChocoPlus inc.	10 %
Magie inc.	20 %
Chocopur inc.	15 %
Chocomanie inc.	25 %
Truffes inc.	15 %

   a. Calculez l'indice de Herfindahl-Hirschman.

   b. Quelle est la structure de cette industrie ?

17. Deux maisons de conception de premier plan, Astro Studios de San Francisco et Hers Experimental Design Laboratory, inc. d'Osaka, au Japon, ont collaboré avec Microsoft à la conception de la console de jeu Xbox 360. IBM, ATI et SiS ont conçu le matériel informatique de la console. Trois entreprises, Flextronics, Wistron et Celestica, fabriquent la Xbox 360 dans leurs usines en Chine et à Taiwan.

   a. Décrivez les rôles respectifs de la coordination par les marchés et de la coordination par les entreprises dans la conception, la fabrication et la mise en marché de la console de jeu Xbox 360.

   b. À votre avis, pourquoi Microsoft s'associe-t-elle à de nombreuses autres entreprises pour mettre la console Xbox sur le marché, plutôt que d'accomplir elle-même toutes les tâches requises à sa maison-mère de Seattle ?

   c. Quels sont les rôles respectifs des coûts de transaction, des économies d'échelle, des économies de gamme et des économies liées à la production en équipe dans la conception, la fabrication et la mise en marché de la console Xbox ?

   d. Selon vous, pourquoi la conception de la console Xbox se fait-elle aux États-Unis et au Japon, et sa fabrication en Chine et à Taiwan ?

18.
LES ENTREVUES DE GEOFFREY COLVIN : CHRYSLER

Chez nous, le principal moteur de profitabilité réside dans le fait que la compagnie n'a pas pour point de mire la profitabilité. Notre point de mire, c'est la clientèle. Si nous trouvons le moyen de répondre aux attentes de nos clients mieux que nos concurrents, qu'est-ce qui peut nous arrêter ?

Fortune, 14 avril 2008

   a. Malgré les affirmations du vice-président du conseil d'administration et codirecteur général de Chrysler, pourquoi le point de mire de l'entreprise est-il en réalité la profitabilité ?

   b. Qu'adviendrait-il de Chrysler si l'entreprise ne s'employait pas à maximiser son profit, mais prenait plutôt ses décisions concernant la production et les prix en se donnant pour tâche de répondre aux attentes de ses clients ?

19.
MONTRES INDISPENSABLES

Trop de volatilité à la Bourse ? Las de la monotonie du marché des obligations ? Voici un investissement pas comme les autres – qu'on peut de surcroît porter à son bras. [...] En général, l'achat d'une montre donne un rendement de 10 % sur cinq à dix ans. [On peut] obtenir mieux dans un fonds indiciel, mais [...] y a-t-il meilleur investissement pour accessoiriser sa toilette ?

Fortune, 14 avril 2008

   a. Quel est le coût d'une montre ?

   b. Quel est le coût de renonciation de la possession d'une montre ?

   c. La possession d'une montre constitue-t-elle une occasion de réaliser un profit économique ?

20.

QUELLE EST LA PROCHAINE ÉTAPE POUR GOOGLE?

Il a utilisé à merveille son «20 % de temps libre», ce fameux jour de la semaine que Google accorde à ses ingénieurs pour qu'ils planchent sur le projet de leur choix. [...] Avec quelques-uns de ses collègues, il a fait ce que bien des jeunes génies font chez Google : il a pondu un truc génial. [...] Chez Google, ce qu'on obtient souvent à la place de l'allocation des ressources, c'est l'anarchie du laisser-faire. [...]

Fortune, 26 mai 2008

a. Décrivez la méthode d'organisation de la production que Google emploie à l'égard de ses ingénieurs chargés de créer les logiciels.

b. Quels sont les gains potentiels et les coûts de renonciation associés à cette méthode ?

21.

UN MOMENT DOUX-AMER POUR LES CULTIVATEURS AUXQUELS LE GOUVERNEMENT FÉDÉRAL OFFRE 300 M$ AFIN QU'ILS ABANDONNENT L'INDUSTRIE MORIBONDE DU TABAC

Vendredi, l'industrie centenaire de la culture du tabac au Canada a franchi une étape de plus sur la voie de son inexorable disparition. [...] Ottawa a annoncé qu'elle versera aux cultivateurs 300 M$ pour les aider à délaisser le métier lucratif qu'ils accomplissaient autrefois avec fierté. [...]

Environ 1 000 fermes familiales produisent encore du tabac sur les terres sablonneuses. [...] On s'attend à ce que la plupart des cultivateurs acceptent l'argent et cessent tout simplement d'exploiter leur ferme ou s'orientent vers d'autres types de culture commerciale. [...]

John Schwager, qui possède un équipement de culture du tabac évalué à près de 100 000 $, a affirmé [...] : «Si c'est fini pour le tabac, tout cet équipement ne vaut plus rien. En plus, nous sommes au chômage.»

Presse Canadienne , 1er août 2008

a. En quoi le paiement offert pour cesser de cultiver le tabac influe-t-il sur le coût de renonciation de cette culture ?

b. Quel est le coût de renonciation de l'utilisation de l'équipement qui appartient à John Schwager ?

c. Quel est le coût de renonciation de l'utilisation du sol sablonneux où le tabac pousse si bien ?

d. Sur quels critères un cultivateur de tabac se fonde-t-il pour décider s'il doit cesser l'exploitation de sa ferme ou s'orienter vers un autre type de culture commerciale ?

22. Après avoir étudié la rubrique « Entre les lignes » (p. 306), répondez aux questions suivantes :

a. Comment un producteur d'aliments détermine-t-il s'il devrait gérer lui-même ou non l'entreposage et le transport de sa production ?

b. Dans l'industrie de l'entreposage frigorifique, les entreprises jouissent de certains avantages qui favorisent leur concentration. Quels sont ces avantages ?

RÉPONSES AUX MINITESTS

MINITEST 1 (p. 291)

1. Les entreprises cherchent à maximiser leur profit économique. Celles qui se détournent de cet objectif risquent d'être évincées du marché ou d'être reprises en main par des concurrents plus avisés.

2. Leurs objectifs sont différents. Les comptables souhaitent déterminer avec précision les taxes et impôts que leurs clients doivent payer et présenter aux investisseurs un portrait exact de la situation financière de l'entreprise. Les économistes cherchent à expliquer les décisions et le comportement des entreprises.

3. En plus des coûts comptables, le coût de renonciation inclut la valeur des ressources apportées par le propriétaire et la valeur de l'emploi alternatif des ressources de l'entreprise (notamment les intérêts sacrifiés sur le capital financier). De plus, la dépréciation du capital y est calculée différemment.

4. Parce que l'entrepreneur aurait pu consacrer son temps et son ingéniosité à une autre entreprise.

5. Les contraintes technologiques imposent un cadre de production à l'entreprise au sein duquel un accroissement de la production nécessite toujours des coûts plus importants. Les contraintes d'information obligent l'entreprise à mettre en place des systèmes de contrôle coûteux et elles limitent la qualité de ses décisions. Les contraintes de marché incluent les prix auxquels l'entreprise acquiert les ressources nécessaires à la production, les limites quant au prix auquel elle peut espérer écouler sa production, et tous les efforts de marketing qu'elle peut faire pour repousser ces limites.

MINITEST 2 (p. 293)

1. Non. Cela dépend de ce qu'il en coûte pour employer cette technologie. Si ce coût est prohibitif, il peut être avantageux de produire avec une vieille technologie.

2. Non. En suivant ce raisonnement, toutes les entreprises auraient avantage à ne rien produire pour être efficace, ce qui serait absurde. On raisonne sur les coûts pour un niveau de production donné. Il est entendu que si on accroît la production, les coûts augmenteront.

3. L'efficacité technique est atteinte s'il n'est pas possible de produire autant en employant moins de facteurs de production. L'efficacité économique est atteinte s'il n'est pas possible de produire autant à moindre coût. L'efficacité économique implique l'efficacité technique.

4. Dans la mesure où elles ont accès à la même technologie, les entreprises ne font pas face aux mêmes prix des facteurs de production. Celle pour qui le prix du capital est peu élevé par rapport à celui de la main-d'œuvre (le salaire) en emploiera relativement beaucoup. Celle pour qui c'est le contraire en emploiera relativement peu.

MINITEST 3 (p. 298)

1. Dans un système hiérarchique, les employés suivent les ordres que leur donnent leurs supérieurs. Dans un système incitatif, ils choisissent d'agir selon leurs intérêts, lesquels sont influencés par des mesures d'incitation.

2. Le principal doit commander à l'agent, mais ne peut contrôler directement les actions de ce dernier. Le principal et l'agent n'ont pas nécessairement les mêmes intérêts. On résout le problème en modulant la propriété de la production, en recourant à des primes de rendement et en signant des contrats à long terme.

3. L'entreprise individuelle résout complètement le problème principal-agent, mais engage la responsabilité illimitée de son propriétaire. La société de personnes permet de répartir cette responsabilité entre les associés, mais sa gestion est plus complexe. La société par actions est sujette au problème principal-agent, mais sa capacité de financement est grande, puisque la responsabilité de ses actionnaires est limitée au capital investi.

4. La plupart des entreprises sont des sociétés par actions. Les deux autres formes d'entreprises survivent parce qu'elles répondent à des besoins particuliers.

MINITEST 4 (p. 303)

1. La concurrence parfaite : plusieurs entreprises vendent un produit identique à de nombreux acheteurs informés quant au prix. La concurrence monopolistique : une structure similaire à la concurrence parfaite, mais les entreprises vendent des produits différenciés. L'oligopole : structure de marché caractérisée par un petit nombre d'entreprises, conscientes que leurs actions influent les unes sur les autres et déterminent leurs gains respectifs. Le monopole : une seule entreprise produit un bien ne possédant aucun substitut proche.

2. Le ratio de concentration fondé sur quatre entreprises (RC_4) : la somme des parts du marché des quatre plus grandes entreprises. L'indice de Herfindahl-Hirschman (IHH) : la somme des carrés des parts du marché des 50 plus grandes entreprises.

3. Lorsque les entreprises se concurrencent effectivement à l'échelle nationale (échelle à laquelle on calcule les mesures de concentration). Le lien entre les mesures de concentration et le degré de concurrence dépend en outre de la présence de barrières à l'entrée : si l'entrée est trop facile, on ne peut pas inférer qu'une forte concentration se traduira nécessairement par un faible degré de concurrence. Enfin, il doit y avoir adéquation entre le marché et l'industrie pour laquelle ces mesures ont été calculées.

4. Selon William G. Shepherd, l'économie nord-américaine serait devenue de plus en plus concurrentielle entre 1939 et 1980.

MINITEST 5 (p. 305)

1. La coordination par les marchés et la coordination par les entreprises.

2. Le type de coordination le moins coûteux dans les circonstances.

3. Leurs coûts de transaction sont plus faibles et elles peuvent bénéficier d'économies d'échelle, de gamme ou liées à la production en équipe.

La production
et les coûts

Bombardier est le plus gros avionneur au pays ; Hydro-Québec est un fournisseur d'électricité important en Amérique du Nord ; Maille Maille est une petite entreprise fictive qui produit des chandails de laine. Ces entreprises ont de nombreuses différences mais, en même temps, elles se ressemblent à plusieurs égards. En effet, elles doivent décider des quantités qu'elles produiront, du nombre de travailleurs qu'elles emploieront, ainsi que de la quantité et du type de capital qu'elles utiliseront. ◆ La capacité de production de Ford et des autres constructeurs d'automobiles de l'Amérique du Nord dépasse largement le nombre de véhicules qu'ils vendent. Pourquoi ces constructeurs n'utilisent-ils pas leurs coûteuses installations à leur pleine capacité ? ◆ Hydro-Québec produit de l'électricité à un coût bien plus faible que ses concurrents et pourrait en produire plus, car il reste des rivières à aménager. Qu'est-ce qui l'empêche de prendre encore plus de place sur le marché ? Telles sont les questions auxquelles nous répondrons dans ce chapitre.

Objectifs du chapitre

◆ **Distinguer les horizons temporels à court terme et à long terme**

◆ **Expliquer la relation entre la production d'une entreprise et la quantité de travail à court terme**

◆ **Expliquer la relation entre la production d'une entreprise et le coût à court terme, et tracer le graphique des coûts à court terme**

◆ **Expliquer la relation entre la production d'une entreprise et le coût à long terme, et tracer le graphique du coût moyen à long terme**

◆ Nous étudierons les choix de Maille Maille inc., qui illustrent bien ceux auxquels font face toutes les entreprises. Nous appliquerons les principes que nous avons vus à l'analyse des coûts réels des constructeurs d'automobiles. Dans la rubrique « Entre les lignes » (p. 334), nous étudierons la structure de coûts d'Hydro-Québec.

L'horizon temporel des décisions

Les entreprises prennent de nombreuses décisions, mais toutes n'ont pas la même importance. Certaines sont cruciales et, une fois qu'elles sont prises, il est très coûteux et parfois impossible de les renverser. Une mauvaise décision peut mener une entreprise à la faillite.

La plus importante décision est le choix du secteur d'activité. Dans la plupart des cas, l'entrepreneur fonde sa décision sur son expérience et ses intérêts, mais aussi sur les perspectives de profit. Personne ne démarre une entreprise sans croire qu'elle sera profitable – que ses recettes totales dépasseront son coût de production.

L'entreprise fictive que nous allons étudier dans ce chapitre a déjà choisi son secteur d'activité et sa méthode d'organisation. Nous allons supposer qu'il lui reste à décider des quantités à produire, des facteurs de production à employer et du prix de ses produits.

Les décisions concernant la quantité à produire et le prix à demander dépendent de la structure du marché, car chaque structure de marché – concurrence parfaite, concurrence monopolistique, oligopole et monopole – pose des problèmes particuliers. Par contre, les décisions concernant la façon de produire une quantité donnée sont similaires pour *tous* les types d'entreprises dans *toutes* les structures de marché.

Les mesures que peut prendre une entreprise pour influer sur la relation entre la production et le coût dépendent du moment où elle veut agir. L'entreprise qui veut modifier son niveau de production immédiatement a moins de possibilités que celle qui veut le changer d'ici à six mois ou d'ici à six ans.

Pour étudier la relation entre la production d'une entreprise et son coût, les économistes distinguent deux horizons temporels :

♦ le court terme ;
♦ le long terme.

Le court terme

Le **court terme** est l'horizon temporel durant lequel les quantités utilisées d'au moins un des facteurs de production restent fixes ; le plus souvent, le capital, la terre et l'entrepreneuriat sont les facteurs de production fixes et le travail est le facteur de production variable. On appelle *installations* l'ensemble des facteurs de production fixes de l'entreprise. À court terme, les installations d'une entreprise sont donc fixes.

Dans le cas de Maille Maille, les installations de l'entreprise sont les locaux de l'atelier de tricot et les métiers à tricoter. Dans le cas d'un producteur d'électricité, les installations de l'entreprise sont ses immeubles, ses génératrices, ses ordinateurs et ses systèmes de contrôle.

Pour accroître sa production à court terme, une entreprise doit accroître la quantité d'un facteur de production variable. Généralement, ce facteur est le travail. Pour produire davantage, Maille Maille doit donc accroître sa main-d'œuvre et faire fonctionner ses métiers à tricoter un plus grand nombre d'heures par jour. De même, le producteur d'électricité doit engager davantage de main-d'œuvre et faire fonctionner ses génératrices un plus grand nombre d'heures par jour.

Les décisions à court terme sont faciles à renverser. L'entreprise peut augmenter ou diminuer sa production à court terme en augmentant ou en diminuant la quantité de travail qu'elle utilise.

Le long terme

Le **long terme** est un horizon temporel assez étendu pour qu'on puisse modifier les quantités de *tous* les facteurs de production. Autrement dit, le long terme est la période de temps qu'il faut à l'entreprise pour modifier ses *installations*.

Pour accroître sa production à long terme, l'entreprise peut soit modifier ses installations, soit accroître la quantité de travail qu'elle utilise (ou les deux). Maille Maille peut décider d'installer d'autres métiers à tricoter, d'utiliser un nouveau type de machine, de réorganiser sa gestion ou d'engager plus de main-d'œuvre. Les décisions à long terme sont difficiles, voire impossibles, à renverser. Une fois qu'elle a décidé de la taille de ses installations, l'entreprise doit généralement s'en accommoder un certain temps. On appelle **coût irrécupérable** un montant qu'on a dépensé par le passé pour des installations et qu'on ne peut recouvrer à la revente.

L'entreprise n'est sensible qu'aux coûts qu'elle peut éviter. Ainsi, à court terme, seuls les coûts des facteurs variables influent sur ses décisions. À long terme, ses décisions sont sensibles aux coûts de tous les facteurs de

MINITEST **1**

1 Distinguez les horizons temporels à court terme et à long terme.

2 Pourquoi ne tient-on pas compte des coûts irrécupérables dans les décisions courantes de l'entreprise ?

Réponses p. 343

production. Toutefois, dans la mesure où ils ont déjà été engagés, les coûts irrécupérables n'ont plus d'influence sur ses décisions.

Nous allons commencer notre étude des coûts à court terme et des coûts à long terme en nous penchant sur les contraintes techniques à court terme que subit l'entreprise.

Les contraintes techniques à court terme

À court terme, l'entreprise qui veut accroître sa production doit augmenter la quantité du facteur variable qu'elle utilise, soit le travail. Elle peut ainsi embaucher davantage de personnel ou demander à son personnel en place de faires des heures supplémentaires.

La relation entre la production et la quantité utilisée de travail se décrit à l'aide de trois concepts :

1. la production ;
2. la productivité marginale ;
3. la productivité moyenne.

Ces concepts peuvent être illustrés par des barèmes de production et par des courbes de productivité. Commençons par les barèmes de production.

Les barèmes de production

Le tableau 11.1 présente certaines données qui décrivent la production, la productivité marginale et la productivité moyenne de Maille Maille. Ces chiffres indiquent comment la quantité de chandails produits augmente à mesure que l'entreprise accroît sa main-d'œuvre. Ils nous informent aussi de la productivité des travailleurs de Maille Maille.

Considérez d'abord les colonnes « Travail » et « Production ». La **production** est la quantité de chandails maximale qu'on peut obtenir d'une quantité de travail donnée. Les chiffres de ces deux colonnes montrent que plus Maille Maille emploie de main-d'œuvre, plus la production s'accroît. Ainsi, quand Maille Maille emploie 1 travailleur, sa production est de 4 chandails par jour, et quand Maille Maille emploie 2 travailleurs, sa production est de 10 chandails par jour. Chaque augmentation du niveau d'emploi se traduit par une augmentation de la production.

La **productivité marginale** (*Pm*) du travail est l'augmentation de la production qui résulte d'une unité de travail supplémentaire quand tous les autres facteurs de production restent constants. On calcule la productivité marginale en divisant l'augmentation de la production ΔQ

par l'augmentation de la quantité de travail ΔL requise pour réaliser cette production :

$$Pm = \frac{\Delta Q}{\Delta L}.$$

Par exemple, au tableau 11.1, quand Maille Maille fait passer sa main-d'œuvre de 2 à 3 travailleurs ($\Delta L = 1$) sans modifier son capital, la productivité marginale du troisième travailleur est de 3 chandails – la production passe de 10 à 13 chandails ($\Delta Q / \Delta L = 3$).

La **productivité moyenne** (*PM*) nous renseigne sur la productivité de l'*ensemble* des travailleurs. On la calcule en divisant la production par la quantité utilisée de travail.

$$PM = \frac{Q}{L}$$

Par exemple, au tableau 11.1, la productivité moyenne de 3 travailleurs est de 4,33 chandails par travailleur – 13 chandails par jour divisés par 3 travailleurs.

En examinant de plus près les chiffres du tableau 11.1, on observe que la productivité marginale augmente d'abord avec le nombre de travailleurs, puis finit par décroître. Ainsi, la productivité marginale passe de 4 chandails par jour pour le premier travailleur à 6 chandails par jour pour le deuxième travailleur, puis elle tombe à 3 chandails par jour pour le troisième travailleur. De même, la productivité moyenne

TABLEAU 11.1 *La production, la productivité marginale et la productivité moyenne*

	Travail (travailleurs par jour)	Production (chandails par jour)	Productivité marginale (chandails par travailleur supplémentaire)	Productivité moyenne (chandails par travailleur)
A	0	0		
			4	
B	1	4		4,00
			6	
C	**2**	**10**		5,00
			3	
D	**3**	**13**		**4,33**
			2	
E	4	15		3,75
			1	
F	5	16		3,20

La production est la quantité totale produite. La productivité marginale est la variation de la production qui résulte d'une unité supplémentaire de travail. Par exemple, quand la main-d'œuvre passe de 2 à 3 travailleurs par jour (de *C* à *D*), la production passe de 10 à 13 chandails par jour. La productivité marginale qui résulte de l'ajout d'un travailleur est de 3 chandails. La productivité moyenne est la production divisée par la quantité utilisée de travail. Par exemple, la productivité moyenne de 3 travailleurs est de 4,33 chandails par travailleur (13 chandails par jour divisés par 3 travailleurs).

commence par augmenter, puis finit par décroître. Les courbes de productivité montrent plus clairement les relations entre la quantité de travail et la production, la productivité marginale et la productivité moyenne.

Les courbes de productivité

Les courbes de productivité sont des représentations graphiques des relations entre la quantité de travail et la production, la productivité marginale et la productivité moyenne ; elles montrent comment ces dernières varient quand la quantité de travail change. Ces courbes illustrent également les relations entre la production, la productivité marginale et la productivité moyenne.

La fonction de production (à court terme) La figure 11.1 montre la fonction de production (*FP*) de Maille Maille. Cette fonction est la reproduction graphique des données du barème de production de l'entreprise. Les points *A* à *F* de la fonction de production correspondent aux lignes *A* à *F* du tableau 11.1.

Considérez la forme de la fonction de production. Quand la quantité de travail passe de 0 à 1 travailleur par

jour, la pente de la fonction de production devient plus abrupte ; puis, quand la quantité de travail grimpe à 3, 4 et 5 travailleurs par jour, la pente s'adoucit.

La fonction de production est semblable à la *courbe des possibilités de production* que nous avons étudiée au chapitre 2. Elle sépare les niveaux de production réalisables des niveaux irréalisables. Tous les points situés à l'extérieur de la fonction de production correspondent à des niveaux de production irréalisables. Tous les points situés à l'intérieur de cette courbe (zone orangée) sont réalisables, mais inefficaces – ils requièrent plus de travail que nécessaire pour produire une quantité donnée. Seuls les points situés *sur* la fonction de production sont techniquement efficaces. La production maximale qu'on peut réaliser avec une quantité donnée de travail dépend évidemment des installations en place. À court terme, celles-ci sont fixes et ne sont donc pas spécifiées ici. Nous verrons le lien entre la fonction de production et les installations quand nous étudierons les possibilités de production à long terme.

La courbe de productivité marginale La figure 11.2 montre la productivité marginale du travail de Maille Maille. Le graphique (a) reproduit la fonction de production de la figure 11.1. Le graphique (b) montre la courbe de productivité marginale *Pm*.

Au graphique (a), les rectangles orangés illustrent la productivité marginale du travail. La hauteur de chaque rectangle mesure la productivité marginale. La pente de la fonction de production mesure également la productivité marginale. Souvenez-vous que la pente d'une courbe est la variation de la valeur de la variable mesurée en ordonnée (la production) divisée par la variation de la variable mesurée en abscisse (le travail) quand on se déplace le long de la courbe. Une unité supplémentaire de travail, qui porte à 3 le nombre de travailleurs, fait passer la production de 10 à 13 chandails. Ainsi, la pente de l'arc *CD* est égale à 3 chandails par travailleur supplémentaire, comme la productivité marginale que nous venons de calculer.

La décomposition du travail en unités plus petites permet de tracer la courbe de productivité marginale qu'on voit au graphique (b) de la figure 11.2. La *hauteur* de cette courbe à un point précis mesure la *pente* de la fonction de production à un point donné. Le graphique (a) montre que, avec 3 travailleurs, la production passe de 10 à 13 chandails. Cette augmentation de 3 chandails apparaît sur l'axe des ordonnées du graphique (b) comme la productivité marginale du troisième travailleur. Nous avons inscrit cette productivité marginale à mi-chemin entre 2 et 3 travailleurs (point rouge). Notez qu'au graphique (b) la productivité marginale atteint un sommet (point maximal) à 1,5 travailleur, et qu'à ce point la productivité marginale est de 6 chandails par travailleur supplémentaire. Ce sommet se situe à

FIGURE 11.1 *La fonction de production*

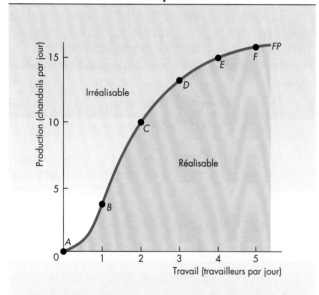

La fonction de production à court terme, *FP*, est construite à partir des données du tableau 11.1 ; elle montre que la quantité maximale de chandails qu'on peut produire varie quand la quantité utilisée de travail change. Par exemple, 2 travailleurs peuvent produire 10 chandails par jour (point *C*). Les points *A* à *F* correspondent aux lignes *A* à *F* du tableau 11.1. La fonction de production trace la frontière entre les niveaux de production réalisables et les niveaux de production irréalisables. Les points situés sous la courbe *FP* sont inefficaces.

1,5 travailleur parce que la pente de la fonction de production est plus abrupte lorsque la quantité de travail passe de 1 à 2 travailleurs.

FIGURE 11.2 *La production et la productivité marginale*

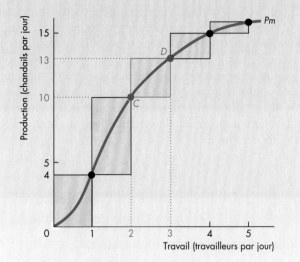

(a) Fonction de production à court terme

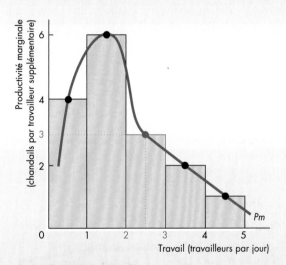

(b) Productivité marginale

Les rectangles orangés mesurent la productivité marginale. Par exemple, si le nombre de travailleurs par jour passe de 2 à 3, la productivité marginale correspond au rectangle orangé dont la hauteur est de 3 chandails. (La productivité marginale est indiquée à mi-chemin des quantités de travail pour souligner le fait qu'elle résulte d'une *variation* de la quantité de travail, laquelle passe d'un niveau à un autre.) Plus la courbe de fonction de production (*FP*) est abrupte au graphique (a), plus la productivité marginale (*Pm*) est élevée au graphique (b). La productivité marginale augmente jusqu'à ce qu'elle atteigne un sommet (dans cet exemple, lorsqu'on emploie 1,5 travailleur par jour), puis elle se met à diminuer; on parle alors d'une productivité marginale décroissante.

La fonction de production et la courbe de productivité marginale diffèrent selon les entreprises et selon les types de biens (ou services). La fonction de production de Bombardier diffère de celle d'Hydro-Québec, laquelle diffère de celle de Maille Maille, mais les courbes que ces fonctions engendrent ont toutes une forme similaire, car la plupart des processus de production présentent deux caractéristiques communes :

◆ une phase initiale de rendements marginaux croissants ;

◆ des rendements marginaux décroissants à des niveaux de production plus élevés.

Les rendements marginaux croissants Les rendements marginaux croissants surviennent quand la productivité marginale d'un travailleur supplémentaire dépasse la productivité marginale du travailleur précédent. Les rendements marginaux croissants découlent d'une spécialisation et d'une division du travail accrues dans le processus de production.

Par exemple, si Nico, le propriétaire de Maille Maille, n'emploie qu'un travailleur, ce dernier doit tout apprendre sur la production de chandails : achats de la laine et vérification de sa texture et de sa couleur, fonctionnement et réparation des métiers à tricoter, emballage, expédition, etc. Toutes ces tâches doivent être accomplies par une seule et même personne. Par contre, si Nico engage un deuxième employé, les deux travailleurs peuvent se spécialiser dans divers aspects du processus de production et, ensemble, ils feront plus que doubler la production de l'entreprise. Comme la productivité marginale du deuxième travailleur dépasse celle du premier, on assiste à une croissance du rendement marginal.

Les rendements marginaux décroissants Au départ, la plupart des processus de production donnent des rendements marginaux croissants, mais tous les processus de production en arrivent tôt ou tard à des rendements marginaux *décroissants*. On parle de **rendement marginal décroissant** quand la productivité marginale d'un travailleur supplémentaire est moindre que celle du travailleur précédent.

Les rendements marginaux décroissants découlent du fait que de plus en plus de travailleurs utilisent les mêmes installations. Dans ces conditions, plus on ajoute de travailleurs, moins la contribution de chaque travailleur supplémentaire est importante.

Si Nico embauche un troisième travailleur, la production augmente, mais dans une moindre mesure qu'avec l'embauche du deuxième travailleur. Dans un processus de production simple, comme celui de Maille Maille, au-delà de deux travailleurs, les gains provenant de la spécialisation et de la division du travail sont nuls. Avec un troisième travailleur, l'usine produit davantage de chandails, mais les métiers fonctionnent presque aux limites de leur capacité. Il y a même des moments où le troisième travailleur n'a rien à faire, car les machines fonctionnent sans son concours. Plus le nombre de travailleurs augmente, plus la production augmente, mais les augmentations sont de moins en moins importantes ; les rendements marginaux sont décroissants. Ce phénomène est si généralisé qu'on l'a qualifié de « loi ». Selon la **loi des rendements décroissants**,

quand une entreprise augmente la quantité employée d'un facteur de production en gardant constantes les quantités employées des autres facteurs, la productivité marginale du premier facteur finit par diminuer.

Nous reviendrons à la loi des rendements décroissants quand nous étudierons les coûts d'une entreprise, mais voyons d'abord ce qui en est de la productivité moyenne du travail et, plus précisément, de la courbe de productivité moyenne.

La courbe de productivité moyenne La figure 11.3 illustre la productivité moyenne de la main-d'œuvre de Maille Maille ; elle montre également la relation entre la productivité moyenne et la productivité marginale. Les points *B* à *F* de la courbe de productivité moyenne *PM* correspondent aux lignes *B* à *F* du tableau 11.1 (p. 319).

FIGURE 11.3 *La productivité moyenne*

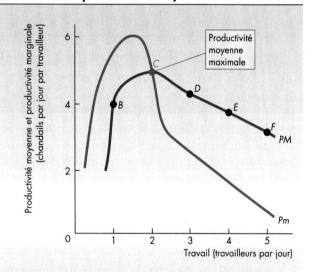

Le graphique illustre la productivité moyenne du travail ainsi que la relation entre la productivité moyenne et la productivité marginale. Avec 1 travailleur, la productivité marginale (*Pm*) est supérieure à la productivité moyenne (*PM*), de sorte que la productivité moyenne augmente. Avec 2 travailleurs, la productivité marginale est égale à la productivité moyenne, de sorte que la productivité moyenne atteint son sommet. Avec plus de 2 travailleurs, la productivité marginale est inférieure à la productivité moyenne, de sorte que la productivité moyenne diminue.

La productivité moyenne passe de 1 à 2 travailleurs (son sommet se situe au point *C*), puis décroît à mesure qu'on utilise plus de travailleurs. Notez que la productivité moyenne est maximale quand elle égale la productivité marginale. Autrement dit, la courbe de productivité marginale croise la courbe de productivité moyenne au sommet (point maximal) de cette dernière. Aux niveaux d'emploi où la productivité marginale dépasse la productivité moyenne, la productivité moyenne *croît* ; aux niveaux d'emploi où la productivité marginale est inférieure à la productivité moyenne, la productivité moyenne *décroît*. Cette relation entre les courbes de productivité moyenne et de productivité marginale est une caractéristique générale de la relation entre la valeur moyenne et la valeur marginale de n'importe quelle variable. Prenons un exemple familier : vos notes.

La note marginale et la moyenne

Comment améliorer sa moyenne

Vous aimeriez avoir une moyenne plus élevée ? Assurez-vous que la note de votre prochain examen soit plus haute que votre moyenne actuelle ! Le prochain examen est votre examen marginal. Si la note que vous y obtenez — votre note marginale — est supérieure à votre moyenne (comme la note en microéconomie, sur la figure), celle-ci s'améliorera. Si elle lui est égale (comme la note en français, sur la figure), votre moyenne ne bougera pas. Si elle lui est inférieure (comme la note en histoire, sur la figure), votre moyenne baissera.

La relation qui existe entre votre note marginale et votre moyenne est exactement la même que celle qu'on observe entre la productivité marginale et la productivité moyenne.

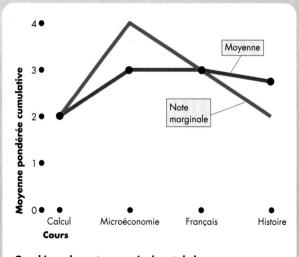

Graphique des notes marginales et de la moyenne

Les coûts des entreprises sont liés aux courbes de productivité. C'est ce que nous allons maintenant examiner.

 ## Le coût à court terme

Pour augmenter sa production à court terme, l'entreprise doit accroître sa main-d'œuvre, et donc augmenter son coût. La relation entre la production et le coût se décrit à l'aide de trois concepts:

- ◆ le coût de production;
- ◆ le coût marginal;
- ◆ le coût moyen.

Le coût de production

Le **coût de production** (*C*) d'une quantité *Q* est égal aux dépenses minimales en facteurs de production que l'entreprise doit engager pour produire cette quantité. Nous avons vu au chapitre 10 que plusieurs combinaisons de facteurs de production permettent d'obtenir le même résultat. On peut produire avec beaucoup de capital et peu de main-d'œuvre ou l'inverse. Parmi ces combinaisons, nous avons distingué celles qui sont techniquement efficaces, et, parmi celles-ci, celles qui sont économiquement efficaces – c'est-à-dire qui permettent de produire au plus bas coût possible. Le coût de production est le coût d'une combinaison économiquement efficace.

Le coût de production est divisé en deux parties: le coût *fixe* et le coût *variable*.

Le **coût fixe** (*CF*) est la part du coût attribuable aux facteurs de production fixes de l'entreprise. Dans le cas de Maille Maille, le coût fixe comprend la location des métiers à tricoter et le *profit normal*, qui est le coût de renonciation de l'entrepreneuriat de Nico (voir le chapitre 10, p. 289). La quantité de facteurs de production fixes ne varie pas en fonction de la quantité produite, si bien que le coût fixe ne

dépend pas du niveau de production. (L'inverse n'est pas vrai. Le niveau de production que l'entreprise peut atteindre dépend de la taille de ses installations, lesquelles déterminent directement ses coûts fixes.)

Le **coût variable** (*CV*) est la part du coût attribuable aux facteurs de production variables de l'entreprise. Dans le cas de Maille Maille, le facteur variable est la main-d'œuvre, et la part du coût attribuable à celle-ci est la masse salariale de l'entreprise. Le coût variable change avec le niveau de production.

Le coût de production est la somme du coût fixe et du coût variable, soit:

$$C = CF + CV.$$

Le tableau de la figure 11.4 montre le coût de production de Maille Maille. Avec un métier à tricoter que Nico loue 25 $ par jour, le *coût fixe* est de 25 $. Pour produire ses chandails, Nico embauche une main-d'œuvre qui lui coûte 25 $ par travailleur par jour. Le *coût variable* est égal au nombre de travailleurs multiplié par 25 $. Par exemple, pour produire 13 chandails par jour (ligne *D* du tableau), Nico engage 3 travailleurs, ce qui donne un *CV* de 75 $. Comme le coût de production est égal à la somme des coûts fixe et variable, le coût de production de 13 chandails par jour est égal à 100 $ (soit 25 $ + 75 $). Vérifiez les calculs des autres lignes du tableau.

Le graphique de la figure 11.4 présente les courbes de coût de Maille Maille. On y exprime le coût en fonction de la production. La courbe de coût fixe (*CF*) est une droite horizontale parce que le coût fixe ne varie pas en fonction de la production; il est toujours de 25 $ par jour. La courbe de coût variable (*CV*) et la courbe de coût (*C*) sont toutes deux positives parce que le coût variable (la main-d'œuvre) augmente à mesure que la production s'accroît. Comme le montrent les deux flèches, l'écart vertical entre ces deux courbes (*CV* et *C*) est égal au coût fixe.

Penchons-nous maintenant sur le coût marginal d'une entreprise.

Le coût marginal

À la figure 11.4, le coût et le coût variable augmentent de moins en moins vite à de faibles niveaux de production, puis se mettent à augmenter de plus en plus vite à mesure que la production augmente. Pour comprendre ces caractéristiques des variations du coût, il faut recourir au concept de *coût marginal*.

Le **coût marginal** d'une entreprise est l'augmentation du coût qui résulte de la production d'une unité supplémentaire. On calcule le coût marginal en divisant l'augmentation du coût Δ*C* par l'augmentation de la production Δ*Q*:

$$Cm = \frac{\Delta C}{\Delta Q}.$$

FIGURE 11.4 *Les courbes de coût*

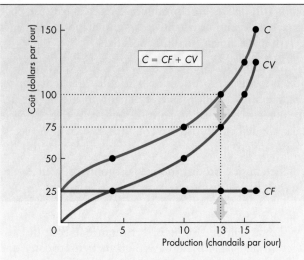

	Travail	Production	Coût fixe (*CF*)	Coût variable (*CV*)	Coût (*C*)
	(travailleurs par jour)	(chandails par jour)		(par jour)	
A	0	0	25 $	0 $	25 $
B	1	4	25 $	25 $	50 $
C	2	10	25 $	50 $	75 $
D	**3**	**13**	**25 $**	**75 $**	**100 $**
E	4	15	25 $	100 $	125 $
F	5	16	25 $	125 $	150 $

Maille Maille loue 1 métier à tricoter dont le loyer est de 25 $ par jour ; cette somme est le coût fixe de l'entreprise. Maille Maille embauche de la main-d'œuvre à un salaire de 25 $ par jour par travailleur, et ce coût est le coût variable de l'entreprise. Par exemple, si Maille Maille emploie 3 travailleurs (ligne *D*), son coût variable est égal à 3 × 25 $, ce qui donne 75 $ par jour. Le coût est la somme du coût fixe et du coût variable. Ainsi, quand Maille Maille emploie 3 travailleurs, le coût de l'entreprise est de 100 $ par jour – un coût fixe de 25 $ plus un coût variable de 75 $.

Le graphique montre les courbes de coût de l'entreprise. Le coût fixe est constant – ce qui donne une droite horizontale (*CF*). Le coût variable augmente avec la production. En conséquence, la courbe *CV* et la courbe *C* augmentent elles aussi avec la production. Comme le montrent les flèches, l'écart vertical entre la courbe *C* et la courbe *CV* est égal au coût fixe.

Ainsi, quand la production passe de 10 à 13 chandails, le coût s'élève de 75 $ à 100 $. La variation de la production est de 3 chandails, et la variation du coût est de 25 $. Le coût marginal d'un chandail est donc de 8,33 $ (25 $ ÷ 3).

À la figure 11.5, la courbe de coût marginal *Cm* illustre les données sur le coût marginal présentées dans le tableau. Cette courbe est en forme de U car, si l'embauche d'un deuxième travailleur fait baisser le coût marginal, l'embauche d'un troisième, d'un quatrième et d'un cinquième travailleur entraîne des augmentations successives du coût marginal.

À de faibles niveaux de production, le coût marginal diminue, à cause des économies qui résultent de la spécialisation accrue et de la division du travail. Mais avec la croissance de la production, il finit par augmenter, et ce, en raison de la *loi des rendements décroissants*. Selon cette loi, l'augmentation de la production de chaque travailleur supplémentaire est de plus en plus faible. Comme la production d'une unité supplémentaire exige un surcroît de main-d'œuvre, le coût d'une unité supplémentaire (le coût marginal) finit nécessairement par augmenter.

Le coût marginal nous indique la variation de coût qui résulte de l'augmentation de la production. Examinons maintenant les coûts moyens de Maille Maille.

Le coût moyen

On distingue trois concepts de coûts moyens :

1. le coût fixe moyen ;
2. le coût variable moyen ;
3. le coût moyen.

Le **coût fixe moyen** (*CFM*) est le coût fixe par unité produite. Le **coût variable moyen** (*CVM*) est le coût variable par unité produite. Le **coût moyen** (*CM*) est le coût par unité produite. On calcule le coût moyen à partir du coût, en procédant comme suit :

$$C = CF + CV.$$

Si on divise chaque coût par la quantité produite (*Q*), on obtient

$$\frac{C}{Q} = \frac{CF}{Q} = \frac{CV}{Q}$$

ou

$$CM = CFM + CVM.$$

Le tableau de la figure 11.5 présente le calcul du coût moyen. Par exemple, à la ligne *C*, la production est de 10 chandails. Le coût fixe moyen est de 2,50 $ (soit 25 $ ÷ 10), le coût variable moyen est de 5,00 $ (soit 50 $ ÷ 10) et le coût est de 7,50 $ (soit 75 $ ÷ 10). Notez que le coût moyen est égal à la somme du coût fixe moyen (2,50 $) et du coût variable moyen (5,00 $).

Le graphique de la figure 11.5 montre les courbes de coût moyen. La courbe de coût fixe moyen (*CFM*) a une pente négative. La courbe de coût moyen (*CM*) et la courbe

FIGURE 11.5 *Le coût marginal et les coûts moyens*

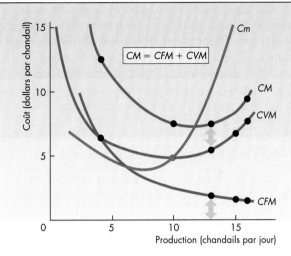

Le coût marginal est égal à la variation du coût divisée par la variation de la production. Quand la production passe de 4 à 10 chandails – une augmentation de 6 chandails –, le coût augmente de 25 $, et le coût marginal est égal à 4,17 $ (soit 25 $ ÷ 6).

On calcule chacun des coûts moyens (*CFM*, *CVM*, *CM*) en divisant le coût en cause (coût fixe, coût variable ou coût moyen) par la quantité produite. Par exemple, si on produit 10 chandails, le *CFM* est de 2,50 $ (soit 25 $ ÷ 10), le *CVM* est de 5 $ (soit 50 $ ÷ 10) et le *CM* est de 7,50 $ (soit 75 $ ÷ 10).

Le graphique montre que la courbe *Cm* a la forme d'un U, et qu'elle croise la courbe *CVM* et la courbe *CM* à leur point le plus bas (leur point minimal). Le coût fixe moyen (*CFM*) diminue à mesure que la production augmente. La courbe *CM* et la courbe *CVM* ont aussi la forme d'un U. Comme le montrent les deux flèches, l'écart vertical entre ces deux courbes est égal au coût fixe moyen.

	Travail (travailleurs par jour)	Production (chandails par jour)	Coût fixe (*CF*)	Coût variable (*CV*)	Coût (*C*)	Coût marginal (*Cm*)	Coût fixe moyen (*CFM*)	Coût variable moyen (*CVM*)	Coût moyen (*CM*)
				(par jour)		(par chandail supplémentaire)		(par chandail)	
A	0	0	25 $	0 $	25 $		–	–	–
						6,25 $			
B	1	4	25 $	25 $	50 $		6,25 $	6,25 $	12,50 $
						4,17 $			
C	2	10	25 $	50 $	75 $		2,50 $	5,00 $	7,50 $
						8,33 $			
D	3	**13**	25 $	75 $	100 $		**1,92 $**	**5,77 $**	**7,69 $**
						12,50 $			
E	4	15	25 $	100 $	125 $		1,67 $	6,67 $	8,33 $
						25,00 $			
F	5	16	25 $	125 $	150 $		1,56 $	7,81 $	9,38 $

de coût variable moyen (*CVM*) sont en forme de U. Comme le montrent les deux flèches, l'écart vertical entre les courbes *CM* et *CVM* correspond au coût fixe moyen. Cet écart se réduit à mesure que la production augmente parce que le coût fixe moyen baisse avec l'augmentation de la production.

Pourquoi la courbe de coût moyen a-t-elle la forme d'un U ? Le coût moyen (*CM*) est la somme du coût fixe moyen (*CFM*) et du coût variable moyen (*CVM*). La forme de la courbe *CM* reflète donc la forme des courbes *CFM* et *CVM*. La forme en U de la courbe *CM* exprime l'effet de deux forces opposées :

- la répartition du coût fixe sur une production plus importante ;
- un rendement marginal décroissant – et donc un coût marginal croissant – lorsque la production devient importante.

Quand la production augmente, l'entreprise répartit ses coûts fixes sur une production plus importante, de sorte que son coût fixe moyen diminue – la pente de la courbe *CFM* est négative.

Cependant, pour augmenter la production, il faut augmenter l'emploi du facteur variable (le travail). On finit ainsi par atteindre un niveau où le rendement marginal du facteur variable décroît, et où la production de chaque unité supplémentaire exige des quantités toujours plus grandes de travail. Le coût variable moyen se met donc à augmenter, et la pente de la courbe *CVM* de l'entreprise devient positive.

La forme de la courbe *CM* reflète l'effet de ces deux forces opposées. Lorsque la production est faible, le coût fixe moyen est très important et l'évolution du coût moyen reflète surtout l'évolution du coût fixe moyen. Lorsque la production est très élevée, le coût fixe moyen est plutôt faible et l'évolution du coût moyen reflète surtout l'évolution du coût variable moyen.

Comme le coût fixe moyen est toujours décroissant, le coût moyen est décroissant lorsque la production est faible. Comme le coût variable moyen est croissant lorsque la production est très élevée, le coût moyen est croissant lorsque la production est très élevée.

Le coût marginal et le coût moyen

La courbe de coût marginal (*Cm*) croise la courbe de coût variable moyen et la courbe de coût moyen *à leur point le plus bas*. Autrement dit, quand le coût marginal est inférieur au coût moyen, ce dernier baisse, et quand le coût marginal est supérieur au coût moyen, ce dernier monte. Cette relation vaut à la fois pour la courbe *CM* et pour la courbe *CVM*; il s'agit là d'une autre manifestation du lien entre les concepts moyen et marginal illustré à la figure 11.3 et dans l'exemple de vos notes d'examens.

Il existe une autre manière d'illustrer ce lien qui nous sera utile pour la suite de notre propos. À la figure 11.6, nous avons tracé la courbe de coût moyen. Traçons un rectangle orangé délimité par l'origine et un point de cette courbe: sa largeur représente une quantité et sa hauteur le coût moyen si on produit cette quantité. Par conséquent, l'aire de ce rectangle représente le coût total:

$$C = Q \times CM$$

Si on accroît marginalement la quantité produite, la variation de l'aire du rectangle – ou variation du coût – représente le coût marginal. L'exercice est mené dans chacun des trois panneaux en trois points différents: dans le premier, au point où le coût moyen est décroissant; dans le second, au point où le coût moyen est minimal; et dans le dernier, au point où le coût moyen est croissant. Accroître la quantité modifie l'aire du rectangle en largeur et en hauteur. Dans les trois cas, la variation horizontale (en bleu) correspond au coût moyen: c'est la variation verticale qui change selon le cas.

Dans le premier cas, la variation verticale est négative, c'est-à-dire qu'il faut retrancher au rectangle la zone hachurée en rouge. La variation totale est donc la zone bleue moins la zone rouge: comme cette variation représente le coût marginal et comme la zone bleue correspond au coût moyen, cela signifie que le coût marginal est inférieur au coût moyen en ce point. Donc, quand le coût moyen est décroissant, le coût marginal est inférieur au coût moyen.

Dans le second cas, la variation verticale est nulle. La variation totale – le coût marginal – est représentée par le rectangle bleu, soit le coût moyen. Donc, quand le coût moyen est minimal, le coût marginal est égal au coût moyen.

FIGURE 11.6 *Le lien entre le coût marginal et le coût moyen*

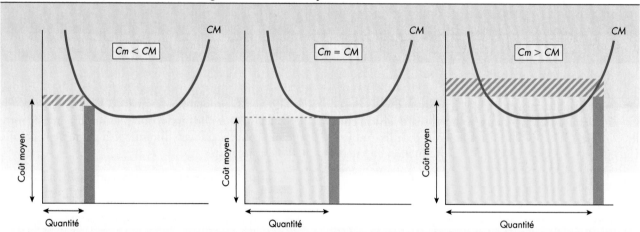

L'aire du rectangle orangé délimité par l'origine et un point sur la courbe de coût moyen représente le coût total. En accroissant la quantité à la marge, on constate que la variation de l'aire correspond au coût marginal. La variation horizontale en bleu égale le coût moyen. Le signe de la variation verticale dépend de la zone où on se trouve sur la courbe de coût moyen. La variation verticale est négative (zone hachurée rouge) si la courbe de coût moyen est décroissante. Dans ce cas, la variation totale – ou coût marginal – est inférieure au coût moyen. La variation verticale est nulle au minimum du coût moyen: le coût marginal égale alors le coût

moyen. Enfin, la variation verticale est positive (zone hachurée bleue) si la courbe de coût moyen est croissante: le coût marginal est supérieur au coût moyen.

Si on remplace la courbe de coût moyen *CM* par celle de coût variable moyen *CVM*, les mêmes figures illustrent alors le lien entre le coût marginal et le coût variable moyen. Si le rectangle orangé est délimité par la courbe de coût variable moyen, son aire représente alors le coût variable. Or, lorsqu'on augmente la quantité à la marge, la variation du coût variable correspond aussi au coût marginal.

Dans le dernier cas, la variation verticale est positive : au rectangle bleu, il faut ajouter la zone hachurée en bleu pour obtenir la variation totale, soit le coût marginal. Donc, quand le coût moyen est croissant, le coût marginal est supérieur au coût moyen.

En représentant explicitement la variation du coût total sur le graphique, nous avons ainsi établi le lien entre le coût marginal et le coût moyen tel qu'il apparaît à la figure 11.5.

De la même façon, nous pouvons montrer que la courbe de coût marginal croise la courbe de coût variable moyen en son minimum. Il suffit de reprendre l'exercice en remplaçant la courbe de coût moyen *CM* par la courbe de coût variable moyen *CVM*. L'argument est le même parce que, lorsque la quantité augmente à la marge, la variation du coût total – le coût marginal – correspond à la variation du coût variable. Le coût fixe, lui, ne change pas, par définition. Donc, en faisant varier le coût variable, nous obtenons aussi le coût marginal.

Les courbes de productivité et les courbes de coût

La technologie qu'utilise une entreprise détermine ses coûts. La figure 11.7 montre les relations entre les courbes de productivité de l'entreprise et ses courbes de coût. Le graphique du haut illustre la courbe de productivité moyenne, *PM,* et la courbe de productivité marginale, *Pm,* comme à la figure 11.3. Le graphique du bas illustre la courbe de coût variable moyen, *CVM,* et la courbe de coût marginal, *Cm,* comme à la figure 11.5. Notez que la nature des quantités mesurées sur les axes des deux graphiques est différente. En particulier, les courbes de productivité sont tracées en fonction de la quantité de travail employée alors que les courbes de coût sont tracées en fonction de la production.

Quand la main-d'œuvre passe de 0 à 1,5 travailleur par jour (graphique du haut), la production s'élève à 6,5 chandails par jour (graphique du bas). La productivité marginale et la productivité moyenne augmentent, alors que le coût marginal et le coût variable moyen diminuent. Quand la productivité marginale atteint son sommet, le coût marginal est à son plus bas.

Quand la main-d'œuvre passe de 1,5 à 2 travailleurs par jour (graphique du haut), la production atteint 10 chandails par jour (graphique du bas). La productivité marginale diminue et le coût marginal augmente. Par ailleurs, la productivité moyenne continue à augmenter, et le coût variable moyen, à diminuer. On atteint ainsi un niveau de production où la productivité moyenne atteint son sommet, et le coût variable moyen, son point le plus bas. Si la main-d'œuvre augmente encore, la production augmente aussi. Mais là, la productivité moyenne diminue et le coût variable moyen augmente.

La relation inverse entre la technologie et les coûts s'explique facilement par la définition de productivité moyenne

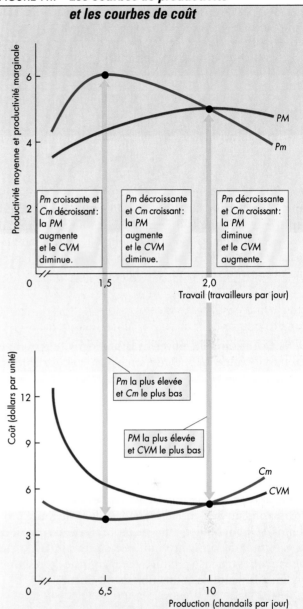

FIGURE 11.7 *Les courbes de productivité et les courbes de coût*

La courbe *Pm* d'une entreprise est liée à sa courbe *Cm*. Quand la productivité marginale augmente, comme c'est le cas lorsque la main-d'œuvre passe de 0 à 1,5 travailleur par jour, alors le coût marginal diminue. Quand la productivité marginale atteint son sommet, le coût marginal est au plus bas. Quand la productivité marginale diminue, comme c'est le cas lorsque l'entreprise engage plus de 1,5 travailleur par jour, alors le coût marginal augmente.

La courbe *PM* d'une entreprise est liée à sa courbe *CVM*. Quand la productivité moyenne augmente, comme c'est le cas lorsque la main-d'œuvre passe de 0 à 2 travailleurs par jour, le coût variable moyen diminue. Quand la productivité moyenne atteint son sommet, le coût variable moyen est au plus bas. Quand la productivité moyenne diminue, l'entreprise ayant engagé plus de 2 travailleurs par jour, le coût variable moyen augmente.

et de coût variable moyen, et par les équations qui en découlent. Rappelez-vous que la productivité moyenne du travail pour une quantité Q s'exprime par l'équation :

$$PM = \frac{Q}{L}$$

où L est la quantité minimale de travail nécessaire pour produire Q.

Le coût variable moyen pour produire Q se traduit par

$$CVM = \frac{CV}{Q}$$

où CV est le coût variable – le coût du travail. Ce coût représente le salaire (W) de chacune des unités de travail (L) nécessaire pour produire Q; donc $CV = WL$. En remplaçant CV par WL dans l'équation du CVM et en reprenant l'équation de la PM, on obtient

$$CVM = \frac{WL}{Q} = \frac{W}{(Q/L)} = \frac{W}{PM}.$$

Le coût variable moyen et la productivité moyenne du travail évoluent donc inversement; le coût variable est donc à son plus bas quand la productivité moyenne est maximale.

Le lien entre le coût marginal et la productivité marginale du travail s'établit de la même manière. Comme le capital est fixe, le seul moyen d'accroître la production de ΔQ unités est d'embaucher une quantité supplémentaire d'unités de travail (ΔL) au prix de W (le salaire) chacune. Le concept de productivité marginale du travail correspond au lien entre la variation de la quantité produite (ΔQ) qui résulte d'une quantité accrue de travail et la variation de la quantité utilisée de travail (ΔL). Or, nous avons vu que la productivité marginale correspond en fait à la pente de la fonction de production :

$$Pm = \frac{\Delta Q}{\Delta L}.$$

Par ailleurs, chacune des unités supplémentaires (ΔQ) engendrera un coût supplémentaire – le coût marginal –, et ce coût correspondra à l'augmentation des coûts du travail, c'est-à-dire

$$\Delta Q \times Cm = W \Delta L.$$

À partir de ces deux équations, on obtient

$$Cm = \frac{W}{(\Delta Q/\Delta L)} = \frac{W}{Pm}.$$

À court terme, le coût marginal et la productivité marginale du travail ont donc un rapport inverse. Le coût marginal croise la courbe de coût variable moyen à son point le plus bas pour la même raison que la courbe

de productivité marginale croise la courbe de productivité moyenne à son point le plus haut. Comme, à court terme, toute variation de coût résulte d'une variation de la quantité utilisée du facteur variable (le travail), le coût marginal est lié au coût variable moyen, et l'analogie avec vos notes d'examens tient toujours.

Le lien inverse entre la productivité et les coûts est très important. Peut-être avez-vous déjà entendu certains commentateurs, dans les médias, s'inquiéter de l'évolution de la productivité au Québec ou au Canada ? C'est un thème qui est souvent d'actualité. La productivité moyenne des travailleurs préoccupe les entreprises parce qu'elle influe directement sur leurs coûts. Nous verrons au prochain chapitre que les profits des entreprises dépendent de leurs coûts. Nous verrons au chapitre 18 que la valeur de la productivité marginale des travailleurs détermine les salaires. Les médias s'intéressent à la productivité parce que, comme nous allons maintenant le voir en détail, ce sont les changements dans la productivité qui provoquent des changements dans les coûts.

Les déplacements des courbes de coût

La position des courbes de coût à court terme d'une entreprise dépend de deux facteurs :

- ◆ la technologie;
- ◆ le prix des facteurs de production.

La technologie Un progrès technologique qui accroît la productivité améliore la productivité marginale et la productivité moyenne du travail. Avec une meilleure technologie, les mêmes facteurs de production peuvent produire des quantités accrues. Inversement, on peut produire la même quantité avec moins de facteurs de production. Le progrès technologique réduit donc les coûts de production et déplace les courbes de coût vers le bas.

Ainsi, quand la robotisation a permis d'accroître la productivité de l'industrie automobile, les courbes de productivité de Chrysler, Ford et GM se sont déplacées vers le haut et leurs courbes de coût vers le bas. Cependant, la relation entre leurs courbes de productivité et leurs courbes de coût n'a pas changé; elles sont toujours liées, comme on le voit à la figure 11.6.

Souvent, comme dans le cas des robots qui fabriquent des voitures, un progrès technologique amène l'entreprise à utiliser plus de capital (un facteur de production fixe) et moins de main-d'œuvre (un facteur de production variable). Un autre exemple de ce phénomène nous est donné par les banques, qui ont recours aux guichets automatiques pour toutes sortes de transactions. Les guichets font partie du capital (un facteur fixe) et remplacent la main-d'œuvre, c'est-à-dire les caissiers (un facteur variable).

Lorsqu'un tel changement se produit, le coût baisse, mais sa composition change : le coût fixe augmente et le coût variable diminue. Ce changement des proportions des coûts fixe et variable signifie que, à de faibles niveaux de production, le coût moyen pourrait augmenter, alors que, à des niveaux élevés de production, il pourrait diminuer.

Le prix des facteurs de production Une hausse du prix des facteurs de production augmente le coût de l'entreprise et déplace ses courbes de coût. À court terme, le sens du déplacement des courbes dépend du facteur de production dont le prix varie.

Une variation du loyer ou d'une autre composante du coût *fixe* déplace les courbes CF et CFM vers le haut, mais ne change ni les courbes CV et CVM, ni la courbe Cm. Par exemple, si les frais d'intérêts d'une compagnie de camionnage augmentent, c'est le coût *fixe* des services de transport qui augmente.

Une augmentation des salaires, de l'essence ou de toute autre composante du coût *variable* déplace vers le haut les courbes CV et CVM, ainsi que la courbe Cm, mais laisse les courbes CF et CFM inchangées. Par conséquent, si le salaire des camionneurs ou le prix de l'essence augmente, le coût variable et le coût *marginal* des services de transport augmentent.

Nous avons terminé notre étude des coûts à court terme. Le tableau 11.2 résume tous les concepts que nous venons d'examiner.

MINITEST **3**

1. Quand la production augmente, comment le coût marginal varie-t-il : (a) dans un premier temps ? (b) à la longue ?

2. Quelle est la forme de la courbe CFM ? Pourquoi observe-t-on cette forme ?

3. Quelle est la forme de la courbe CVM ? Quelle est celle de la courbe CM ? Pourquoi observe-t-on ces formes ?

4. Pourquoi la courbe Cm croise-t-elle les courbes CM et CVM à leur point le plus bas ?

Réponses p. 343

TABLEAU 11.2 *Petit glossaire de la productivité et des coûts*

Terme	Symbole	Définition	Équation
Production	Q	La quantité produite	
Productivité marginale	Pm	L'accroissement de la production résultant de l'emploi d'une unité supplémentaire de travail	$Pm = \Delta Q / \Delta L$
Productivité moyenne	PM	Production par travailleur	$PM = Q / L$
Coût fixe	CF	Coût indépendant du niveau de production ; coût des facteurs de production fixes	
Coût variable	CV	Coût qui varie selon le niveau de production ; coût des facteurs de production variables	
Coût	C	Coût de tous les facteurs de production utilisés quand ils sont économiquement efficaces	$C = CF + CV$
Fonction de production (à court terme)	FP	Quantité produite (Q) en fonction de la quantité utilisée de travail (facteur variable)	
Coût marginal	Cm	Variation du coût résultant de la production d'une unité supplémentaire	$Cm = \Delta C / \Delta Q$
Coût fixe moyen	CFM	Coût fixe par unité produite	$CFM = CF / Q$
Coût variable moyen	CVM	Coût variable par unité produite	$CVM = CV / Q$
Coût moyen	CM	Coût par unité produite	$CM = CFM + CVM$
Lien entre la productivité marginale et le coût marginal		En relation de proportionnalité inverse normalisée par le salaire W	$Cm = W / Pm$
Lien entre la productivité moyenne et le coût moyen		En relation de proportionnalité inverse normalisée par le salaire W	$CM = W / PM$

Le coût à long terme

Nous allons maintenant étudier le coût à long terme de l'entreprise. Quand elle doit prendre des décisions en fonction d'un horizon éloigné, l'entreprise peut faire varier aussi bien les quantités de travail que les quantités de facteurs fixes. Autrement dit, à long terme, tous les coûts sont variables.

Le comportement du coût à long terme dépend de la *fonction de production* de l'entreprise, c'est-à-dire de la relation entre la production optimale et les quantités de travail et de capital.

La fonction de production (à long terme)

Nous avons présenté plus haut la fonction de production qui exprime la production maximale réalisable avec une quantité donnée de travail. Cette fonction dépend d'une quantité donnée de capital – quantité que nous n'avons pas spécifiée, parce qu'à court terme elle est fixe. À long terme, cependant, l'entreprise peut modifier la quantité de capital qu'elle utilise. Dans ce cas, la fonction de production spécifie la relation entre les quantités utilisées de travail et de capital, d'une part, et la production maximale, d'autre part. Le tableau 11.3 illustre la fonction de production de Maille Maille pour quatre quantités de capital – c'est-à-dire pour quatre scénarios relatifs aux installations de Maille Maille.

Les chiffres du scénario 1 concernent un atelier de tricot doté d'un seul métier à tricoter – le cas que nous venons d'étudier. Les autres scénarios supposent que Maille Maille possède 2 métiers (scénario 2), 3 métiers (scénario 3) et

4 métiers (scénario 4). Autrement dit, si Nico double son capital en travaillant avec 2 métiers plutôt qu'un seul, diverses quantités de travail lui permettraient de produire les quantités qui figurent dans la colonne « Scénario 2 » du tableau. De même, les scénarios 3 et 4 nous donnent les productions qu'il pourrait obtenir avec 3 et 4 métiers à tricoter. Les données de chaque colonne permettent de tracer à la figure 11.8 la fonction de production à court terme que donne chaque scénario – chaque quantité de capital.

Les rendements décroissants Chaque scénario affiche des rendements décroissants. Vous pouvez le vérifier en calculant la productivité marginale de la main-d'œuvre avec 2, 3 et 4 métiers : quand la quantité de travail augmente, la productivité marginale finit par diminuer. Dans la figure 11.8, la pente de chaque courbe décroît à mesure que la quantité de travail s'accroît.

La productivité marginale décroissante du capital Si la productivité marginale du travail décroît, celle du capital en fait autant. Vous pouvez le vérifier en calculant

TABLEAU 11.3 *La fonction de production selon les quantités de capital*

Travail (travailleurs par jour)	Production (chandails par jour)			
	Scénario 1 1 métier	Scénario 2 2 métiers	Scénario 3 3 métiers	Scénario 4 4 métiers
1	4	10	13	15
2	10	15	18	20
3	13	18	22	24
4	15	20	24	26
5	16	21	25	27

Ce tableau présente les données de production pour quatre quantités de capital (quatre scénarios). Plus les installations sont importantes, plus la production l'est aussi pour n'importe quelle quantité de travail. Mais pour une quantité de capital donnée, la productivité marginale du travail décroît au fur et à mesure que la main-d'œuvre augmente. Pour une quantité de travail donnée, la productivité marginale du capital décroît au fur et à mesure que la quantité de capital utilisé augmente.

FIGURE 11.8 *La production avec différents niveaux de capital*

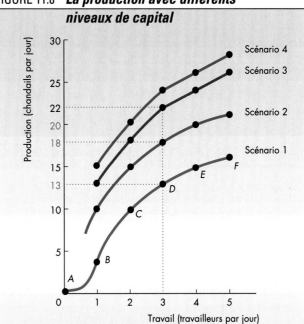

Ce graphique reprend la fonction de production de la figure 11.1 lorsque le niveau de capital (le nombre de métiers à tricoter) varie. Avec une unité de capital (scénario 1), 3 travailleurs peuvent produire au plus 13 chandails par jour (point D). Avec deux unités de capital (scénario 2), ces mêmes travailleurs produisent 18 chandails par jour, soit une augmentation de 5 chandails. Avec trois unités de capital (scénario 3), la production grimpe à 22 chandails, soit 4 de plus. L'augmentation de la production est ramenée de 5 à 4 chandails, parce que la productivité marginale du capital est décroissante. La position des points correspond aux données du tableau 11.3.

la productivité marginale du capital pour une quantité donnée de travail. La *productivité marginale du capital* est la variation de la production divisée par la variation du capital quand la quantité de travail reste constante – ou la variation de la production qui résulte d'une unité supplémentaire de capital. Par exemple, si Maille Maille emploie 3 travailleurs et double son capital, qui passe de 1 à 2 métiers à tricoter, la production quotidienne est alors de 18 chandails au lieu de 13. La productivité marginale du deuxième métier à tricoter est donc de 5 chandails par jour. Si l'entreprise porte à 3 le nombre de métiers, la production atteint 22 chandails par jour. La productivité marginale du troisième métier correspond à 4 chandails par jour, soit moins que les 5 chandails supplémentaires par jour que permettait de produire le deuxième métier. À la figure 11.8, quand on change de scénario et qu'on accroît la quantité de capital, l'augmentation de la production est décroissante. (Les courbes deviennent plus rapprochées.)

Voyons maintenant ce que la fonction de production implique pour les coûts à long terme.

Le coût à court terme et le coût à long terme

Maille Maille paie un travailleur 25 $ par jour et loue un métier à tricoter 25 $ par jour. Avec ces prix et les données du tableau 11.3, nous pouvons calculer le coût moyen de l'entreprise avec 2, 3 et 4 métiers à tricoter, et tracer les courbes correspondantes. Nous avons déjà calculé les coûts de Maille Maille avec un seul métier à tricoter (figures 11.4 et 11.5); à la figure 11.9, le coût moyen correspondant y est représenté par la courbe CM_1; la courbe de coût moyen y est également illustrée avec 2 métiers (CM_2), 3 métiers (CM_3) et 4 métiers (CM_4).

Nous observons maintenant à la figure 11.9 que la taille des installations de l'entreprise (la quantité de capital utilisée) a des effets considérables sur ses coûts. Deux constats s'imposent :

1. Chaque courbe CM à court terme a la forme d'un U.
2. Plus les installations sont importantes, plus le coût moyen atteint son minimum à un niveau de production élevé.

Quand la quantité de travail augmente, chaque courbe CM à court terme a la forme d'un U. Elle décroît initialement à mesure que le coût fixe est réparti sur un nombre croissant d'unités, puis elle s'accroît lorsque les rendements marginaux commencent à se manifester.

Le coût moyen le plus bas pour des installations plus importantes correspond à un niveau de production plus élevé que pour des installations réduites, car des installations de grande taille supposent un coût fixe plus élevé, et donc un coût fixe moyen plus élevé à n'importe quel niveau de production.

La courbe CM à court terme d'une entreprise dépend de la taille des installations existantes. Mais à long terme, l'entreprise est en mesure de décider de cette taille; elle choisit alors celle qui lui permet de produire la quantité voulue au coût moyen le plus bas.

FIGURE 11.9 *Les coûts à court terme de Maille Maille : quatre scénarios*

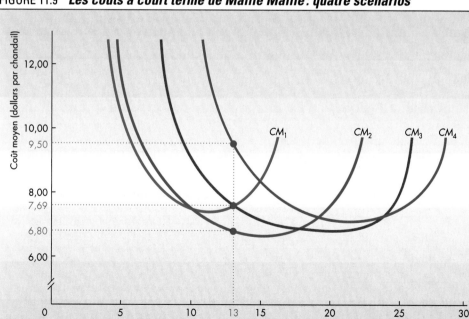

La figure montre les courbes de coût moyen à court terme pour quatre quantités de capital. Maille Maille peut produire 13 chandails par jour avec un seul métier à tricoter sur CM_1 ou avec 3 métiers à tricoter sur CM_3, à un coût moyen de 7,69 $ par chandail dans les deux cas. L'entreprise peut produire la même quantité de chandails avec 2 métiers à tricoter sur CM_2 à 6,80 $ par chandail, ou encore avec 4 métiers à tricoter sur CM_4 à 9,50 $ par chandail.

Si l'entreprise produit 13 chandails par jour, la méthode de production la moins coûteuse, la méthode de production à long terme, est celle qui utilise 2 métiers à tricoter (CM_2).

Supposons que Maille Maille a l'intention de produire 13 chandails par jour. Avec un seul métier à tricoter, le coût moyen est donné par la courbe CM_1 (à la figure 11.8), et le coût moyen à 13 chandails par jour est de 7,69 $ par chandail. Avec 2 métiers (courbe CM_2), le coût moyen descend à 6,80 $ par chandail. Avec 3 métiers (courbe CM_3), le coût moyen revient à 7,69 $ par chandail, le même qu'il était avec un seul métier. Enfin, avec 4 métiers (courbe CM_4), le coût moyen grimpe à 9,50 $ par chandail.

On sait que la taille des installations (la quantité de capital) économiquement efficace pour produire une quantité donnée est celle qui entraîne le coût moyen le plus bas. Dans le cas de Maille Maille, la taille des installations la plus économiquement efficace pour produire 13 chandails par jour est celle du scénario 2.

À long terme, Nico choisit la taille des installations pour laquelle son coût moyen est le plus bas. Quand une entreprise produit une quantité donnée au coût le plus bas possible, elle fonctionne sur sa *courbe de coût moyen à long terme*.

La courbe de coût moyen à long terme

La **courbe de coût moyen à long terme** ($CMLT$) exprime la relation entre le coût moyen le plus bas et le niveau de production quand tous les facteurs de production, notamment la quantité de capital et la quantité de travail, sont variables. Elle indique à l'entreprise, pour chaque niveau de production, les coûts les plus bas qu'elle peut afficher si elle choisit adéquatement la taille de ses installations. Une fois la taille fixée, l'entreprise fonctionne sur les courbes de coût à court terme qui correspondent à cette quantité de capital.

La figure 11.10 illustre la construction de la courbe de coût moyen à long terme $CMLT$ à partir de segments empruntés aux quatre courbes CM à court terme de la figure 11.9. Pour une production de 10 chandails ou moins par jour, le coût moyen le plus bas se situe sur la courbe CM_1. Pour une production de 10 à 18 chandails par jour, le coût moyen le plus bas se situe sur la courbe CM_2. Pour une production de 18 à 24 chandails par jour, le coût moyen le plus bas se situe sur la courbe CM_3. Lorsque la production dépasse 24 chandails, le coût moyen le plus bas se situe sur la courbe CM_4. Sur les courbes CM, les segments qui correspondent aux coûts moyens les plus bas dessinent quatre arcs dont le tracé est coloré en bleu foncé. La courbe festonnée que forment ces arcs, soit l'enveloppe inférieure des courbes de coût moyen à court terme, est la courbe $CMLT$.

Les économies et les déséconomies d'échelle

Nous avons vu que la forme des courbes de coûts d'une entreprise résulte de la technologie de celle-ci. Plus précisément, elle résulte de ses courbes de productivité.

FIGURE 11.10 *La courbe de coût moyen à long terme*

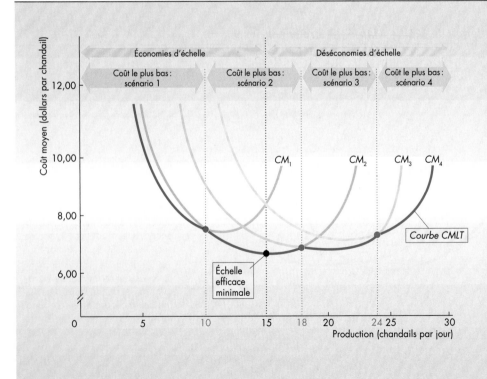

La courbe de coût moyen à long terme *CMLT* (en bleu foncé) représente le coût de production moyen le plus bas possible lorsque la quantité de travail et le capital varient. Les flèches vertes indiquent entre quels niveaux de production chaque scénario permet d'atteindre le coût moyen le plus bas. À l'intérieur des fourchettes délimitées par les flèches vertes, l'entreprise modifie sa production en variant la quantité de travail qu'elle emploie.

On observe des économies d'échelle le long de la courbe *CMLT* si le coût moyen baisse au fur et à mesure que la production augmente. On observe des déséconomies d'échelle si le coût moyen augmente avec le niveau de production. L'échelle efficace minimale est le niveau de production auquel le coût moyen est le plus bas, en l'occurrence 15 chandails par jour.

Une entreprise réalise des **économies d'échelle** quand sa courbe *CMLT* est décroissante, c'est-à-dire quand le coût moyen décroît à mesure que la production augmente. Ainsi, la courbe *CMLT* de la figure 11.10 indique que Maille Maille réalise des économies d'échelle en accroissant sa production tant qu'elle ne dépasse pas 15 chandails par jour.

Les économies d'échelle résultent principalement de la spécialisation accrue tant de la main-d'œuvre que du capital. Par exemple, si GM produit 100 automobiles par semaine, chaque travailleur doit accomplir plusieurs tâches différentes, et le capital doit se composer de machines et d'outils à usage multiple. Par contre, si GM produit 10 000 automobiles par semaine, chaque travailleur se spécialise dans quelques tâches, il utilise des outils spécifiques et il devient très compétent.

Une entreprise subit des **déséconomies d'échelle** quand sa courbe *CMLT* est croissante. Ainsi, à la figure 11.10, Maille Maille subit des déséconomies d'échelle quand sa production dépasse 15 chandails par jour. Les déséconomies d'échelle résultent de la présence de facteurs de production difficiles à reproduire. En théorie, une entreprise devrait pouvoir doubler son échelle de production en doublant les quantités de chacun des facteurs de production qu'elle emploie, et ce, sans voir ses coûts augmenter. Par exemple, si elle a une usine, elle en bâtit une seconde dotée des mêmes machines que la première et employant une main-d'œuvre aussi nombreuse et aussi qualifiée. Toutefois, la technologie d'une entreprise repose souvent implicitement sur des facteurs de production difficiles, voire impossibles, à reproduire. Par exemple, une entreprise qui dispose d'un accès au réseau ferroviaire peut ne pas être en mesure de recréer ce même avantage pour toutes ses installations. De même, on invoque souvent l'incapacité de calquer les fonctions entrepreneuriales.

Une entreprise connaît un **rendement d'échelle constant** quand la courbe *CMLT* est horizontale.

Les économies d'échelle des fabricants de voitures

Produire plus pour dépenser moins

Dans l'introduction de ce chapitre, nous notions que la capacité de production de la plupart des fabricants d'automobiles est bien supérieure à leurs ventes. Pourquoi ces entreprises n'utilisent-elles pas leurs coûteuses installations à pleine capacité ? Nous pouvons maintenant répondre à cette question.

Essentiellement, les fabricants d'automobiles profitent d'économies d'échelle. Un niveau de production élevé entraîne une baisse du coût moyen à long terme. Autrement dit, la pente de la courbe *CMLT* de l'entreprise est négative.

Le graphique ci-contre montre des courbes de coût moyen comme celles que connaissent les fabricants de voitures. Pour produire 20 véhicules par heure, une entreprise se donne les installations qui procurent le coût moyen à court terme représenté par la courbe *CM*₁. Le coût de production moyen d'un véhicule est de 20 000 $.

À 20 véhicules par heure, les installations ne sont pas utilisées au coût moyen le plus bas possible. Si elle pouvait vendre assez de voitures pour produire 40 véhicules par heure, l'entreprise pourrait se servir des mêmes installations et le coût moyen des véhicules serait de 15 000 $.

Mais si elle prévoyait produire 40 véhicules par heure, l'entreprise ne se limiterait pas aux installations qu'elle possède actuellement. Elle se doterait d'installations plus importantes avec un coût moyen à court terme correspondant à la courbe *CM*₂, et elle fabriquerait 40 voitures par heure à 10 000 $ par véhicule. À cause des économies d'échelle, ces constructeurs économisent en se dotant d'une capacité excédentaire.

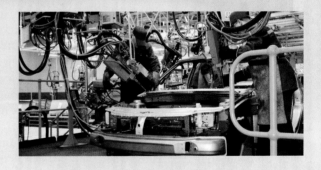

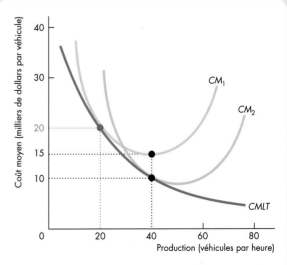

Les courbes de coût moyen d'un fabricant d'automobiles

LE PRIX DE L'ÉLECTRICITÉ

LE SOLEIL, 15 AOÛT 2009

LA FIN DE L'ÉLECTRICITÉ À BON MARCHÉ

Par *Gérard Bélanger* et *Jean-Thomas Bernard*,
professeurs au département d'économique
de l'Université Laval

La société québécoise doit s'adapter à une nouvelle réalité : la fin de la production de l'électricité à bon marché. Cette adaptation est d'autant plus difficile que durant plusieurs décennies, le Québec s'est démarqué par de faibles coûts dans la production de l'hydro-électricité. Ce qui était vrai jusqu'à aujourd'hui n'existe plus pour les projets futurs.

Les approvisionnements actuels en électricité reposent généralement sur des centrales à faibles coûts. Voici quelques ordres de grandeur. Le contrat des chutes Churchill, qui représente 12 % de la puissance disponible est à 0,35 ¢ le kilowattheure (kWh) et les centrales de la Baie-James, qui contribuent plus du tiers de la puissance installée, ont un coût d'environ 2,5 ¢/kWh. En 2008, le coût moyen du kilowattheure s'est établi à 2,8 ¢.

L'abondance des sites hydrauliques, qui furent exploités, en commençant par ceux qui étaient plus rapprochés et moins coûteux, a permis un coût moyen de production relativement bas. Qu'en est-il des projets futurs ? En mai 2009, Hydro-Québec a entrepris la construction d'un complexe hydroélectrique de 1550 mégawatts sur la rivière Romaine. Les coûts anticipés de cette électricité se situent aux environs de 10 ¢/kWh. Parallèlement, le récent appel d'offres de 2000 MW en énergie éolienne s'est soldé à un prix moyen de 10,3 ¢/kWh. C'est donc un autre univers avec des coûts de production qui s'éloignent énormément des coûts moyens d'approvisionnement actuels.

Le Québec perd ainsi son avantage relatif dans la production de l'électricité. Il est normal qu'il en soit ainsi, puisque les sites sont développés par un ordre de coûts croissants. ■

LES FAITS EN BREF

- Hydro-Québec souhaite accroître sa capacité de production en construisant un complexe hydro-électrique sur la rivière Romaine et en achetant de l'électricité éolienne.

- L'électricité provenant des chutes Churchill représente 12 % de la production d'Hydro-Québec. La société l'obtient au coût de 0,35 ¢ par kilowattheure.

- L'électricité provenant de la Baie-James représente 33 % de la production d'Hydro-Québec. Le coût de cette électricité est de 2,5 ¢ par kilowattheure.

- Le coût moyen actuel d'Hydro-Québec est de 2,8 ¢ par kilowattheure.

- La Romaine ajoutera 1550 mégawatts en capacité de production au coût de 10 ¢ par kilowattheure.

ANALYSE ÉCONOMIQUE

● Parce qu'elle développe les sites dans un ordre de coûts croissants, Hydro-Québec connaît des déséconomies d'échelle.

● La production d'hydroélectricité est caractérisée par un immense coût fixe – le coût de la construction du barrage – et de faibles coûts variables. La fonction de coût moyen se résume donc, pour l'essentiel, au coût fixe moyen.

● La **figure** illustre la structure de coûts à long terme d'Hydro-Québec. Dix courbes de coût moyen à court terme y sont tracées. Chaque courbe correspond au coût fixe moyen associé à un ensemble de centrales. Elle inclut les mêmes centrales que la précédente plus d'autres centrales plus coûteuses à développer. Ainsi, la première courbe verte à gauche concerne la centrale des chutes Churchill. La courbe suivante inclut à la fois Churchill et Beauharnois. Les centrales et leurs capacités sont représentées en ordre d'inclusion au bas de la figure. La courbe CM_1 inclut Churchill, Beauharnois, les centrales de la rivière Saint-Maurice, Carillon et le complexe Manic-Outardes. En ajoutant le complexe de la Baie-James et celui de Bersimis à cet ensemble, on obtient la courbe CM_2.

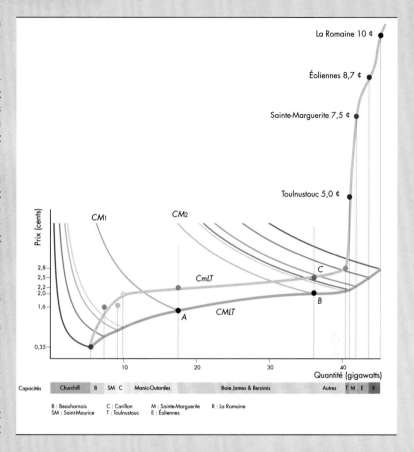

● Comme les coûts variables sont négligeables, les courbes n'affichent pas une forme en U. Toutefois, cette forme est implicitement présente, car la capacité des centrales est limitée, de sorte que le coût moyen devient infini pour tout niveau de production au-delà de la capacité. Chaque courbe se termine contre la courbe bleue au point de pleine capacité. La forme en U est illustrée par des tirets pour les courbes CM_1 et CM_2.

● La courbe à long terme est censée être l'enveloppe inférieure de ces courbes. Elle serait ici crénelée ; pour simplifier la présentation, nous l'avons simplement représentée par la courbe bleue $CMLT$. En outre, si Hydro-Québec accroît sa capacité (et ses coûts) en développant de nouvelles centrales, elle ne peut pas à l'inverse réduire ses coûts en réduisant sa capacité, car les centrales constituent un investissement irrécupérable.

● Chaque nouvelle centrale ajoute à la capacité d'Hydro-Québec, mais à un coût marginal croissant. Par exemple, la Baie-James complète le site de Manic-Outardes, mais au prix de 2,50 ¢ par kilowattheure (au point *C*), de sorte que, à pleine capacité, le coût moyen passe de 1,5 ¢ avec CM_1 (au point *A*) à 2 ¢ avec CM_2 (au point *B*).

● Le coût fixe moyen à pleine capacité de chaque groupe de centrales additionnelles est représenté par un point de couleur. Ces points définissent la courbe de coût marginal à long terme ($CmLT$) d'Hydro-Québec.

● Le coût marginal de production commence à grimper considérablement avec la construction entre 2001 et 2005 de la centrale de Toulnustouc au nord de Baie-Comeau. Le coût marginal passe de 2,8 ¢ à 5 ¢ bien que le coût moyen demeure autour de 2 ¢ : Toulnustouc n'ajoute que 526 MW à une capacité installée d'une quarantaine de gigawatts.

● Les projets suivants coûtent de plus en plus cher : Sainte-Marguerite, 7,5 ¢ ; les premières éoliennes, 8,7 ¢. Les projets de la Romaine et les futures éoliennes ont un coût marginal beaucoup plus élevé, qui dépasse 10 ¢ par kilowattheure. Le développement de ces projets finit par faire grimper le coût moyen à long terme d'Hydro-Québec.

● Bien que son coût moyen demeure faible en général, Hydro-Québec ne peut accroître sa capacité qu'en construisant des centrales aux coûts moyens de plus en plus élevés et dont la rentabilité est conditionnée par le prix du marché comme nous le verrons dans le chapitre suivant.

Les économies d'échelle de Maille Maille L'analyse de la fonction de production de Maille Maille (tableau 11.3) permet de dégager les économies d'échelle et les déséconomies d'échelle de l'entreprise. Avec 1 métier et 1 travailleur, l'entreprise produit 4 chandails par jour. Avec 2 métiers et 2 travailleurs, elle multiplie le coût par deux, mais sa production est plus que doublée, puisqu'elle atteint 15 chandails par jour. En conséquence, le coût moyen diminue et Maille Maille réalise des économies d'échelle. Avec 4 métiers et 4 travailleurs, le coût double à nouveau, mais la production ne suit pas dans les mêmes proportions, puisqu'elle se situe à 26 chandails par jour. Dès lors, le coût moyen augmente, et l'entreprise subit des déséconomies d'échelle.

L'échelle efficace minimale L'**échelle efficace minimale** est la plus petite quantité produite pour laquelle le coût moyen à long terme est le plus bas. Chez Maille Maille, cette échelle se situe à 15 chandails par jour.

L'échelle efficace minimale joue un rôle dans la détermination de la structure de marché. Si elle est petite par rapport à la demande, le marché peut accepter un grand nombre d'entreprises ; il est alors concurrentiel. Si l'échelle est grande par rapport à la demande, le nombre d'entreprises en mesure de faire un profit est faible. Dans certains cas, le marché ne peut faire vivre qu'une entreprise. On se trouve alors en situation d'oligopole ou de monopole. Nous reviendrons sur ces notions dans les trois chapitres qui suivent.

La rubrique «Entre les lignes» (p. 334) illustre la structure de coûts d'Hydro-Québec. Ceci nous permet de répondre à la question posée dans l'introduction quant à l'avantage d'Hydro-Québec sur ses concurrents dans la production d'électricité.

MINITEST 4

1 Que montre la fonction de production à long terme d'une entreprise ?

2 Expliquez pourquoi la loi des rendements décroissants s'applique aussi bien au capital qu'à la main-d'œuvre.

3 Que montre la courbe de coût moyen à long terme d'une entreprise ? Quelle relation entretient-elle avec les courbes de coût moyen à court terme de l'entreprise ?

4 Définissez les économies d'échelle et les déséconomies d'échelle. Comment surviennent-elles ? Quelle forme prend alors la courbe de coût moyen à long terme ?

5 Qu'est-ce que l'échelle efficace minimale d'une entreprise ?

Réponses p. 343

Points clés

L'horizon temporel des décisions (p. 318-319)

- À court terme, la quantité d'au moins un facteur de production est fixe, et la quantité des autres facteurs de production peut varier.

- À long terme, les quantités de tous les facteurs de production peuvent varier.

Les contraintes techniques à court terme (p. 319-323)

- La fonction de production à court terme indique la production maximale qu'une entreprise peut obtenir avec une quantité donnée de capital et diverses quantités de travail.

- Quand la production augmente, la productivité marginale de la main-d'œuvre augmente dans un premier temps, en raison de la spécialisation des travailleurs et de la division du travail.

- Après avoir atteint un maximum, la productivité marginale de la main-d'œuvre se met à diminuer, et ce, parce que de plus en plus de travailleurs utilisent le même capital – c'est la loi des rendements décroissants.

- Au départ, l'augmentation de la quantité de travail entraîne une augmentation de la productivité moyenne, mais après avoir atteint un maximum celle-ci finit par diminuer.

Le coût à court terme (p. 323-329)

- Quand la production augmente, le coût fixe reste constant. Cependant, comme le coût variable augmente, le coût augmente aussi.

- Quand la production augmente, le coût fixe moyen diminue, alors que le coût variable moyen, le coût moyen et le coût marginal diminuent à de faibles niveaux de production et augmentent à des niveaux élevés de production. Ces courbes de coût ont la forme d'un *U*.

- La courbe de coût marginal croise les courbes de coût moyen et de coût variable moyen à leur point le plus bas. Les courbes de coût sont en relation inverse avec les courbes de productivité.

Le coût à long terme (p. 330-336)

- Chaque taille d'installations détermine une structure de coûts et un jeu de courbes de coûts à court terme associé. À chaque niveau de production correspond une taille d'installations permettant de réduire au minimum le coût moyen. Plus la production est importante, plus cette taille d'installations le sera aussi.

- On trace la courbe de coût moyen à long terme en suivant l'enveloppe inférieure des courbes de coût moyen à court terme.

- Quand il y a des économies d'échelle, la courbe de coût moyen à long terme décroît ; quand il y a des déséconomies d'échelle, la courbe de coût moyen à long terme croît.

Figures et tableau clés

Figure 11.2   La production et la productivité marginale (p. 321)

Figure 11.3   La productivité moyenne (p. 322)

Figure 11.5   Le coût marginal et les coûts moyens (p. 325)

Figure 11.7   Les courbes de productivité et les courbes de coût (p. 327)

Figure 11.9   Les coûts à court terme de Maille Maille : quatre scénarios (p. 331)

Figure 11.10 La courbe de coût moyen à long terme (p. 332)

Tableau 11.2 Petit glossaire de la productivité et des coûts (p. 329)

Mots clés

Courbe de coût moyen à long terme   Courbe qui exprime la relation entre le coût moyen le plus bas et le niveau de production quand tous les facteurs de production, notamment la quantité de capital et la quantité de travail, sont variables (p. 332).

Court terme   Pour une entreprise, horizon temporel durant lequel la quantité d'au moins un facteur de production est fixe, tandis que les quantités des autres facteurs de production sont variables ; le facteur fixe est habituellement le capital, c'est-à-dire la taille des installations (p. 318).

Coût de production   Dépenses minimales en facteurs de production que l'entreprise doit engager pour produire une quantité donnée d'un bien (p. 323).

Coût fixe   Part du coût attribuable aux facteurs de production fixes de l'entreprise (p. 323).

Coût fixe moyen   Coût fixe par unité produite (p. 324).

Coût irrécupérable   Coût passé de l'achat d'installations qui n'ont pas de valeur de revente (p. 318).

Coût marginal   Coût de renonciation de la production d'une unité supplémentaire d'un bien ou d'un service ; résultat de la division de l'augmentation du coût de production par l'augmentation de cette production (p. 323).

Coût moyen Coût par unité produite (p. 324).

Coût variable Part du coût attribuable aux facteurs de production variables de l'entreprise (p. 323).

Coût variable moyen Coût variable par unité produite (p. 324).

Déséconomies d'échelle Augmentation du coût moyen à long terme subie par l'entreprise à mesure qu'augmente sa production en raison des caractéristiques de sa technologie (p. 333).

Échelle efficace minimale Quantité minimale produite pour laquelle le coût moyen à long terme est le plus bas (p. 336).

Économies d'échelle Économies qu'une entreprise réalise grâce aux caractéristiques de sa technologie, lorsque son coût moyen à long terme diminue à mesure que sa production augmente (p. 333).

Loi des rendements décroissants Principe selon lequel la productivité marginale de tout facteur de production diminue à mesure qu'on accroît son emploi lorsque les quantités des autres facteurs de production demeurent constantes (p. 322).

Long terme Horizon temporel au cours duquel on peut modifier les quantités de tous les facteurs de production (p. 318).

Production Quantité produite par une entreprise dans une période donnée (p. 319).

Productivité marginale Augmentation de la production qui résulte d'une unité de travail supplémentaire quand tous les autres facteurs de production restent constants (p. 319).

Productivité moyenne Quantité moyenne produite par un facteur de production; elle est égale à la production divisée par la quantité utilisée du facteur (p. 319).

Rendement d'échelle constant Caractéristique d'une technologie telle que le coût moyen à long terme demeure constant quelle que soit l'échelle de production (p. 333).

Rendement marginal décroissant Tendance de la productivité marginale d'un facteur à diminuer à mesure qu'on accroît son emploi sans accroître celui des autres facteurs. Synonyme : Loi des rendements décroissants (p. 323).

PROBLÈMES ET APPLICATIONS

1. Les nouvelles suivantes ont paru dans les journaux. Dans quel(s) cas, est-il question d'une décision à court terme ? à long terme ? Justifiez votre réponse.

31 janvier 2008 : Starbucks va ouvrir à l'étranger 75 établissements de plus que prévu, ce qui en portera le total à 975.

25 février 2008 : Mardi prochain, Starbucks fermera ses 7 100 établissements pendant trois heures, sans exception, pour permettre à ses baristas (préposés à la préparation des cafés) de suivre une formation.

2 juin 2008 : Starbucks remplace ses baristas par des distributeurs automatiques.

18 juillet 2008 : D'ici à la fin de mars, Starbucks aura fermé 616 établissements.

2. Grand Vent produit des planches à voile. Son barème de production est le suivant :

Travail (travailleurs par semaine)	Production (planches à voile par semaine)
1	30
2	70
3	120
4	160
5	190
6	210
7	220

a. Tracez la fonction de production.

b. Calculez la productivité moyenne de la main-d'œuvre et tracez la courbe de productivité moyenne.

c. Calculez la productivité marginale de la main-d'œuvre et tracez la courbe de productivité marginale.

d. À quels niveaux de production l'entreprise tire-t-elle profit de la spécialisation des travailleurs et de la division du travail ?

e. À quels niveaux de production l'entreprise subit-elle une diminution de la productivité marginale de la main-d'œuvre ?

f. À quels niveaux de production l'entreprise connaît-elle une augmentation de la productivité moyenne de la main-d'œuvre, mais une diminution de la productivité marginale de la main-d'œuvre ?

g. Expliquez pourquoi il est possible pour une entreprise de connaître en même temps une augmentation de la productivité *moyenne* et une diminution de la productivité *marginale.*

3. Au problème n° 2, Grand Vent engage des travailleurs à 500 $ par semaine et son coût fixe s'élève à 1 000 $ par semaine.

a. Calculez le coût, le coût variable et le coût fixe pour chaque niveau de production figurant au tableau. Reportez ces données sur un graphique et tracez les courbes de coût à court terme.

b. Calculez le coût moyen, le coût fixe moyen, le coût variable moyen et le coût marginal pour chaque niveau de production figurant au tableau. Reportez ces données sur un graphique et tracez les courbes de coût moyen à court terme et la courbe de coût marginal.

c. Illustrez les liens entre les courbes *PM*, *Pm*, *CVM* et *Cm* au moyen de graphiques comme ceux de la figure 11.6.

4. Aux problèmes n°s 2 et 3, Grand Vent est locataire d'une usine et voit son loyer augmenter de 200 $ par semaine. Si les autres facteurs restent constants, quels effets cette augmentation aura-t-elle sur les courbes de coût moyen à court terme et sur la courbe de coût marginal ?

5. Aux problèmes n°s 2 et 3, les travailleurs de Grand Vent obtiennent une augmentation de salaire qui porte leur rémunération à 600 $ par semaine. Si les autres facteurs restent constants, expliquez les effets de cette augmentation sur les courbes de coût moyen à court terme et sur la courbe de coût marginal.

6. Au problème n° 2, Grand Vent achète une deuxième usine et la quantité produite par chaque travailleur augmente de 50 %. Le coût fixe de chaque usine s'élève à 1 000 $ par semaine et le coût de la main-d'œuvre, à 500 $ par travailleur par semaine.

a. Si l'entreprise exploite ses deux usines, calculez le coût moyen quand Grand Vent produit 180 et 240 planches à voile par semaine. Reportez les résultats sur un graphique et tracez la courbe *CM*.

b. Pour produire 180 planches à voile par semaine, combien d'usines est-il efficace d'exploiter : une ou deux ?

c. Pour produire 210 planches à voile par semaine, combien d'usines est-il efficace d'exploiter : une ou deux ?

---

7. LES COMPAGNIES AÉRIENNES CHERCHENT DES MOYENS D'ÉCONOMISER LE CARBURANT POUR CONTRER LA HAUSSE DES PRIX

Les compagnies aériennes sont particulièrement touchées par la hausse des prix du carburant, car le ravitaillement des appareils constitue leur principale dépense. [...] Il faut 26 000 litres pour faire le plein d'un Boeing 737 et jusqu'à 227 000 litres pour un 747. [...] Chaque génération d'avions est plus efficace que la précédente. Chez Northwest, la consommation des appareils long-courriers Airbus A330 est inférieure de 38 % à celle des DC-10 qu'ils remplacent, et celle des moyen-courriers Airbus A319 est inférieure de 27 % à celle des DC-9 [...]

New York Times, 11 juin 2008

---

a. Pour une compagnie aérienne, le prix du carburant est-il un coût fixe ou un coût variable ?

b. Expliquez l'effet de la hausse des prix du carburant sur les coûts moyens et le coût marginal des compagnies aériennes.

c. Tracez un graphique qui représente les effets de la hausse des prix du carburant sur les courbes *CF*, *CV*, *CFM*, *CVM* et *Cm* d'une compagnie aérienne.

d. Expliquez de quelle façon la production, la productivité marginale et la productivité moyenne d'une compagnie aérienne sont modifiées lorsqu'on met au point une innovation technologique qui permet de réduire la consommation des avions.

e. Tracez un graphique qui illustre les effets de l'utilisation d'appareils à consommation réduite sur les courbes *FP*, *Pm* et *PM* d'une compagnie aérienne.

f. Expliquez de quelle façon le coût variable moyen, le coût marginal et le coût moyen d'une compagnie aérienne sont modifiés lorsqu'on met au point une innovation technologique qui permet de réduire la consommation des avions.

g. Tracez un graphique qui illustre les effets de l'utilisation d'appareils à consommation réduite sur les courbes *CVM*, *Cm* et *CM* d'une compagnie aérienne.

8. Le tableau suivant présente la fonction de production de Canots Véro.

Travail (travailleurs par semaine)	Production (excursions par semaine)			
	Scénario 1 10 canots	Scénario 2 20 canots	Scénario 3 30 canots	Scénario 4 40 canots
10	20	40	55	65
20	40	60	75	85
30	65	75	90	100
40	75	85	100	110

Véro paie 100 $ par jour pour la location de chaque canot et verse 50 $ par jour à chaque barreur qu'elle engage.

a. Tracez le graphique des courbes *CM* des scénarios 1 et 2.

b. Ajoutez à votre graphique les courbes *CM* des scénarios 3 et 4.

c. Sur la courbe *CMLT*, quel est le coût moyen si Canots Véro fait 40, 75 et 85 excursions par semaine ?

d. Quelle est l'échelle efficace minimale de l'entreprise ?

e. Expliquez comment Véro se sert de sa courbe *CMLT* pour décider du nombre de canots à louer.

f. La fonction de production de Canots Véro présente-t-elle des économies ou des déséconomies d'échelle ?

9. **COMMENT SE TIRER D'UN MAUVAIS PAS**

Chez Le Bottier, un fabricant de chaussures, les ventes sont passées de 160 000 $ en 2000 à 2,3 M $ en 2006. Puis, en 2007, elles sont tombées à 1,5 M $. Pedro et Ina Sanchez, qui dirigent l'entreprise, attribuent la baisse en partie à une inondation qui a endommagé les bureaux et sapé le moral.

CNN, 23 avril 2008 (selon un article paru dans Fortune)

Si les Sanchez ne se trompent pas dans leur analyse et que les prix des chaussures n'ont pas changé, expliquez les effets de l'inondation sur les courbes de production et de productivité marginale de Le Bottier.

10. **LES CLIENTS DE LA COMPAGNIE DE VOLS À PRIX RÉDUITS ZOOM, LAISSÉS EN PLAN PAR L'EFFONDREMENT DU TRANSPORTEUR, CHERCHENT D'AUTRES MOYENS DE SE RENDRE À DESTINATION**

Vendredi, des milliers de voyageurs se sont retrouvés sans transporteur pour les amener à destination, après l'effondrement soudain de Zoom, une compagnie aérienne d'Ottawa. [...]

L'entreprise doit plus de 400 000 $ à l'aéroport de Calgary ainsi que des sommes aux propriétaires des avions, aux équipes de soutien et aux ravitailleurs. Elle doit près de 200 000 $ à l'aéroport de Halifax [...] pour des frais d'atterrissage, des frais d'embarquement et d'autres frais impayés. [...] Ian Lee, [...] de l'Université Carleton, a affirmé qu'il ne faut pas être surpris de la faillite de Zoom. [...] Selon lui, « l'entreprise ne peut pas compter sur des économies d'échelle. Elle n'a pas le capital, ni les ressources, pour supporter les augmentations brutales du prix du carburant ».

CBC News, 29 août 2008

a. Parmi les coûts mentionnés dans le téléjournal, lesquels sont des coûts fixes ? des coûts variables ?

b. Tracez un graphique qui illustre, selon vous, les effets prévisibles des « augmentations brutales du prix du carburant » sur les courbes de coût à court terme de la compagnie aérienne.

c. Tracez un graphique qui illustre, selon vous, les effets prévisibles des « augmentations brutales du prix du carburant » sur les courbes de coût moyen et de coût marginal à court terme de Zoom.

d. Expliquez pourquoi les petits transporteurs aériens, tels que Zoom, ne peuvent pas « compter sur des économies d'échelle ».

11. **APRÈS LE PÉTROLE, CE SONT LES CÉRÉALES QUI VONT COÛTER PLUS CHER**

Tous les matins, en prenant le petit-déjeuner, des millions de [personnes] voient les conséquences de l'évolution récente des marchés des produits de base. [...] L'augmentation des prix des récoltes [...] a commencé à faire grimper le prix des petits-déjeuners.

The Economist, 21 juillet 2007

Expliquez les effets de l'augmentation des prix des récoltes sur le coût moyen et le coût marginal de la production des céréales qui se consomment au petit-déjeuner.

12. **HAUSSE DU PRIX DU CAFÉ CHEZ STARBUCKS**

Les mauvaises nouvelles en provenance de Starbucks seraient attribuables à la montée en flèche du coût du lait. [...] Le prix de gros [du] lait a augmenté de près de 70 % au cours des 12 derniers mois. [...] « Il y a beaucoup de lait dans les « caffe latte » de [Starbucks], souligne John Glass, analyste spécialisé en restauration chez CIBC World Markets.

USA Today, 24 juillet 2007

a. Le lait est-il un facteur de production fixe ou variable ?

b. Décrivez les effets de la hausse du prix du lait sur les courbes de coût à court terme.

13. Un incendie dans la Boulangerie Bernard détruit une partie des données sur les coûts. Le tableau suivant contient les informations que Bernard a réussi à récupérer sur des bouts de papier épargnés par le feu. (Les coûts sont en dollars.)

Q	CFM	CVM	CM	Cm
10	120	100	220	
				80
20	*A*	*B*	150	
				90
30	40	90	130	
				130
40	30	*C*	*D*	
				E
50	24	108	132	

Bernard vous demande de l'aider à reconstituer les données qu'il a perdues et qui vont dans les cases *A*, *B*, *C*, *D* et *E*.

14. L'entreprise Pros du pinceau se spécialise dans la peinture de résidences. Elle engage des étudiants à 250 $ par semaine et paie 500 $ par semaine pour la location d'équipement. Le tableau suivant présente la fonction de production de Pros du pinceau.

Travail (nombre d'étudiants)	Production (résidences par semaine)
1	2
2	5
3	9
4	12
5	14
6	15

a. Si Pros du pinceau repeint 12 résidences par semaine, calculez son coût, son coût moyen et son coût marginal.

b. À quel niveau de production le coût moyen est-il le plus bas ?

c. Expliquez pourquoi l'écart entre le coût et le coût variable est toujours le même quel que soit le niveau de production.

15. Au problème n° 14, supposons que Pros du pinceau double le nombre d'étudiants engagés et la quantité d'équipement loué. L'entreprise subit des déséconomies d'échelle.

a. Expliquez en quoi la courbe *CM* à une unité d'équipement diffère de celle obtenue lorsque l'entreprise utilise deux fois plus d'équipement.

b. Expliquez quelle est, selon vous, l'origine des déséconomies d'échelle.

16. Le tableau suivant présente la fonction de production de Montgolfières Pierre. Pierre paie 500 $ par jour pour la location de chaque ballon et verse 25 $ par jour à chaque pilote qu'il engage.

Travail (travailleurs par jour)	Production (excursions par jour)			
	Scénario 1 1 ballon	Scénario 2 2 ballons	Scénario 3 3 ballons	Scénario 4 4 ballons
10	4	10	13	15
20	10	15	18	20
30	13	18	22	24
40	15	20	24	26
50	16	21	25	27

a. Tracez le graphique des courbes *CM* des scénarios 1 et 2.

b. Ajoutez à votre graphique les courbes *CM* des scénarios 3 et 4.

c. Sur la courbe *CMLT*, quel est le coût moyen si Montgolfières Pierre fait 18 excursions par jour ? 15 excursions par jour ?

d. Expliquez comment Pierre se sert de sa courbe *CMLT* pour décider du nombre de montgolfières qu'il devrait louer.

17. Dans ses installations actuelles, une entreprise produit des biens au coût moyen le plus bas. Tracez la courbe *CM* à court terme et la courbe *CMLT* de l'entreprise pour chacune des situations suivantes et expliquez, à l'aide des concepts d'économies d'échelle et de déséconomies d'échelle, les circonstances dans lesquelles

a. l'entreprise peut réduire son coût moyen en accroissant ses installations ;

b. l'entreprise peut réduire son coût moyen en diminuant ses installations ;

c. l'entreprise n'est pas en mesure de réduire son coût moyen.

18. **LES ESPRESSOS DE STARBUCKS MAINTENANT EN LIBRE-SERVICE**

[…] on trouve dans les épiceries des postes à espresso automatiques et à libre-service. […] Les machines, qui font la mouture des grains de café, préparent des caffe latte, […] et des cafés filtres […] acceptent les cartes de crédit et les cartes de débit [et] l'argent comptant. [...] Concordia Coffee, un petit fabricant d'appareils à café de Bellevue, produit les postes libre-service et les vend à Coinstar un peu moins de 40 000 $ l'unité. Coinstar les installe [...] et les entretient. Les postes utilisent le café Seattle's Best [de Starbucks]. [...] Les postes libre-service fonctionnent sans barista et permettent ainsi d'épargner sur le coût de la main-d'œuvre. [...] Le personnel des épiceries se charge d'approvisionner la machine en grains de café et en lait. [...]

MSNBC, 1er juin 2008

a. Pour Coinstar, quel est le coût fixe par poste libre-service ?

b. Pour Coinstar, quel est le coût variable par poste libre-service ?

c. Supposons qu'une machine à café dont le fonctionnement nécessite un préposé coûte moins de 40 000 $. Quelle différence y a-t-il entre le coût, le coût fixe et le coût variable du service avec barista et ceux du service automatisé.

d. Tracez les courbes de coût marginal et de coûts moyens sous-entendus dans votre réponse à la question (c).

19. **UNE BOULANGERIE OÙ LES PROJETS FERMENTENT AUTANT QUE LA PÂTE**

Tous les jours, près de 500 clients se procurent leur pain, leurs scones, leurs muffins et leur café chez Avalon. [...] On craint de manquer de personnel et de directeurs. Avalon emploie présentement 35 personnes [et] se propose d'en engager 15 de plus [...] On prévoit une augmentation de la masse salariale de quelque 30 à 40 %. [...] Victor, le nouveau PDG, n'a pas tardé à mettre en œuvre un programme ambitieux, qui comprend des locaux plus grands. [...] Les coûts d'Avalon vont monter en flèche. [...] Par exemple, le loyer mensuel passera de 3 500 $ à 10 000 $.

CNN, 24 mars 2008

a. Laquelle des décisions d'Avalon signalées dans le bulletin d'informations est une décision à court terme ? laquelle est une décision à long terme ?

b. Pourquoi la décision à long terme est-elle plus risquée que la décision à court terme ?

c. De combien la décision à court terme fera-t-elle augmenter le coût variable d'Avalon ?

d. De combien la décision à long terme fera-t-elle augmenter le coût fixe mensuel d'Avalon ?

e. Tracez le graphique des courbes de coût à court terme avant et après les événements décrits dans le bulletin d'informations.

20. **GAP ENTEND RÉDUIRE LA TAILLE DE SES BOUTIQUES**

Gap a trop de boutiques de 1 150 mètres carrés [...] jugées trop grandes. [...] «Nous n'avons pas besoin de toute cette surface.» [...] La taille idéale se situe entre 600 et 1 000 mètres carrés. De plus, l'entreprise prévoit combiner certains magasins concepts, qui étaient séparés jusqu'ici. C'est ainsi que certaines boutiques Gap body, adulte, maternité, pour bébé et pour enfants seront fusionnées.

CNN, 10 juin 2008

a. Imaginez qu'une boutique Gap est une installation vouée à la production et expliquez pourquoi l'entreprise prend la décision de réduire la taille de ses magasins.

b. La décision de Gap a-t-elle pour horizon temporel le long terme ou le court terme ? Justifiez votre réponse.

c. Comment le fait de combiner les magasins concepts en une seule boutique permet-il de profiter davantage des économies d'échelle ?

21. **L'ILLUSION DES COÛTS IRRÉCUPÉRABLES**

Vous avez de bons billets pour un match de basketball à une heure de route de chez vous. Une tempête de neige fait rage dehors et le match est télévisé. Vous pouvez rester à la maison, au chaud et en sécurité, devant un bon feu de foyer, et voir le match à la télévision, ou bien vous habiller chaudement, extirper la voiture de la neige et aller assister à la partie au centre sportif. Que faites-vous ?

Slate, 9 septembre 2005

a. Vos billets sont achetés. De quel type de coût s'agit-il ?

b. Pourquoi le coût des billets ne devrait-il pas influer sur la décision que vous devez prendre maintenant, soit de rester à la maison ou de sortir pour vous rendre au match ?

22. Après avoir étudié la rubrique « Entre les lignes » (p. 334), répondez aux questions suivantes :

a. Nous avons dit que la courbe *CMLT* n'était pas la vraie courbe de coût moyen à long terme d'Hydro-Québec. Tracez la vraie courbe.

b. Expliquez pourquoi il en coûte aussi cher pour Hydro-Québec de produire 20 gigawatts que d'en produire 30.

RÉPONSES AUX MINITESTS

MINITEST 1 (p. 318)

1. À court terme, certains facteurs de production sont fixes. À long terme, ils sont tous variables.

2. Parce qu'il s'agit d'un coût que l'entreprise ne peut éviter. En effet, la dépense est déjà faite et, par définition, elle n'est pas récupérable. Elle ne peut donc expliquer les choix de l'entreprise en réponse à une variation de son environnement (par exemple, un changement de prix).

MINITEST 2 (p. 323)

1. Elle est (a) initialement croissante avec le travail ; puis (b) elle devient décroissante avec le travail.

2. La loi des rendements décroissants est la propension de la productivité marginale d'un facteur à baisser à mesure qu'on accroît son emploi. La productivité marginale décroît parce que les quantités des autres facteurs demeurent fixes.

3. La productivité moyenne croît lorsque la productivité marginale la dépasse et elle décroît lorsqu'elle est supérieure à la productivité marginale. Elle est maximale lorsqu'elle égale la productivité marginale.

MINITEST 3 (p. 329)

1. Il est initialement décroissant à cause des gains de productivité dus à la spécialisation et il croît à mesure que la loi des rendements marginaux décroissants se fait sentir.

2. Elle est proportionnelle à la réciproque (l'inverse multiplicatif) de la quantité. Elle tend vers zéro à mesure que la quantité augmente, puisque le coût fixe par unité devient alors négligeable.

3. La courbe de coût variable moyen *CVM* a une forme qui reflète celle du coût marginal. Si cette dernière a la forme d'un U, la courbe *CVM* prend aussi cette forme. La courbe de coût moyen *CM* est la somme (verticale) des courbes de coût fixe moyen *CFM* et de coût variable moyen *CVM*. Lorsque la production est faible, l'effet de *CFM* domine, et la courbe *CM* est décroissante comme *CFM*. Lorsque la production est élevée, l'effet de *CVM* domine, et la courbe *CM* est croissante comme *CVM*. Donc, la courbe *CM* a une forme en *U*, que la courbe *CVM* ait cette forme ou non.

4. Parce que le coût marginal est le concept marginal correspondant à la fois au coût total et au coût variable. Il croise donc leurs concepts moyens associés en leurs minimums respectifs.

MINITEST 4 (p. 336)

1. La production maximale qu'on peut obtenir en faisant varier tous les facteurs de production.

2. Un nombre fixe de travailleurs ne peut faire fonctionner qu'un nombre limité de machines. À mesure que le nombre de machines s'accroît, la capacité des travailleurs à les faire fonctionner adéquatement est mise à l'épreuve et les gains en production sont de plus en plus limités.

3. La courbe de coût moyen à long terme associe à chaque niveau de production le plus petit coût moyen que l'entreprise peut afficher en produisant à ce niveau, pour peu qu'elle ajuste adéquatement tous ses facteurs. Elle est l'enveloppe de toutes les courbes de coût moyen à court terme qu'on obtient en faisant varier la taille des installations.

4. L'entreprise connaît des économies d'échelle quand son coût moyen à long terme décroît à mesure qu'elle accroît sa production et qu'elle bénéficie des gains de la spécialisation. Elle connaît des déséconomies d'échelle quand le coût moyen croît, c'est-à-dire lorsqu'elle n'est plus en mesure de dupliquer parfaitement ses facteurs de production, notamment ceux qui assurent la supervision de l'emploi de ses ressources.

5. L'échelle efficace minimale est la plus petite quantité produite pour laquelle le coût moyen à long terme est le plus bas.

La concurrence parfaite

Les compagnies aériennes et les fabricants d'automobiles, de camions et d'autocars traversent des moments difficiles. Pour relancer les ventes, ils baissent les prix, et leurs profits se transforment en pertes. Les compagnies aériennes offrent moins de vols, elles font payer des suppléments pour les bagages, les boissons à bord, voire l'utilisation d'une couverture. Les fabricants de voitures ralentissent la production, ce qui entraîne des mises à pied, certaines temporaires, d'autres permanentes. General Motors, une des plus grandes compagnies au monde, a même fait faillite. ◆ En même temps, on constate qu'il y a eu des transformations extraordinaires au cours de la dernière décennie. Aujourd'hui, on peut se procurer un ordinateur portable très puissant pour 600 $, si bien que presque tous les étudiants en ont un. Il y a quinze ans, il fallait débourser 6 000 $ pour un appareil encombrant et peu performant. Il va sans dire qu'on voyait rarement de telles machines sur les campus. ◆ Quelles sont les forces à l'origine de cette diversité dans la production, les prix et les profits ? Qu'est-ce qui motive les entreprises à entrer dans les marchés et à en sortir, et quels sont les effets de ce va-et-vient ? Pourquoi les entreprises cessent-elles parfois de produire et licencient-elles temporairement leurs travailleurs ?

Objectifs du chapitre

- ◆ **Définir la concurrence parfaite**
- ◆ **Expliquer comment les entreprises décident de leur production et pourquoi certaines d'entre elles cessent temporairement leurs activités et licencient des travailleurs**
- ◆ **Expliquer comment se déterminent le prix et la production dans un marché parfaitement concurrentiel**
- ◆ **Expliquer pourquoi des entreprises entrent dans un marché concurrentiel et pourquoi elles en sortent, et préciser les effets des entrées et des sorties**
- ◆ **Prédire les effets d'une variation de la demande et d'un progrès technologique**
- ◆ **Expliquer en quoi la concurrence parfaite est efficace**

◆ Pour étudier les marchés concurrentiels, nous allons construire un modèle de marché où la concurrence est aussi féroce que possible – encore plus féroce que dans les exemples qui précèdent. Nous allons examiner un marché où règne ce qu'on appelle la *concurrence parfaite*. Dans la rubrique « Entre les lignes » (p. 373), nous appliquerons le modèle au marché de l'exploitation minière.

Qu'est-ce que la concurrence parfaite ?

Les entreprises que nous étudierons dans ce chapitre affrontent une concurrence à l'état brut. Un marché est en situation de **concurrence parfaite** lorsque les conditions suivantes sont réunies :

- de nombreuses entreprises vendent à de nombreux acheteurs des biens qui sont identiques les uns aux autres ;

- il n'y a aucune barrière à l'entrée dans le marché ;

- les entreprises et les acheteurs sont parfaitement informés des prix pratiqués par chacune des entreprises dans le marché.

L'agriculture, les pêcheries, l'industrie des pâtes et papiers, la fabrication de gobelets en carton ou de sacs en plastique, la vente d'aliments au détail, le développement de photos, l'entretien paysager, la plomberie, la peinture et les services de blanchisserie sont des exemples d'industries extrêmement concurrentielles.

Les conditions propices à la concurrence parfaite

La concurrence parfaite survient quand l'échelle efficace minimale – c'est-à-dire la plus petite quantité produite pour laquelle le coût moyen à long terme est le plus bas (voir le chapitre 11, p. 336) – de chaque producteur est faible par rapport à la demande du marché. Dans ces conditions, il y a de la place pour de nombreuses entreprises dans le marché. Les entreprises doivent également produire des biens ou des services *homogènes*, c'est-à-dire que le bien produit par une entreprise est très semblable à celui produit par n'importe lequel de ses concurrents, si bien que le consommateur l'achète indifféremment de n'importe quelle entreprise.

Les preneurs de prix

Les entreprises en concurrence parfaite sont des **preneurs de prix**. Un preneur de prix est une entreprise qui ne peut influer sur le prix du marché parce qu'elle ne fournit qu'une infime partie de la production totale de ce marché.

Supposons que vous êtes producteur de blé en Saskatchewan. Vous cultivez 500 hectares, ce qui, de prime abord, peut sembler considérable. Mais comparés aux millions d'hectares dévolus à la culture du blé qu'on trouve dans le reste des Prairies, le Midwest des États-Unis, l'Argentine, l'Australie et l'Ukraine, vos 500 hectares de blé sont une goutte d'eau dans l'océan. Votre blé ne se distingue en rien de celui de vos concurrents, et tous les acheteurs de blé sont parfaitement informés du prix du marché.

Si, dans le cas du blé, le prix du marché se chiffre à 300 $ la tonne, c'est là le prix le plus élevé que vous pouvez obtenir. Demandez 310 $, et personne n'achètera votre

produit. Si vous l'offrez à 290 $, vous aurez tout vendu en un clin d'œil et vous aurez perdu 10 $ la tonne. C'est pourquoi vous êtes un preneur de prix.

Le profit et la recette économiques

Le but d'une entreprise est de maximiser son profit économique, lequel est égal à sa recette moins son coût de production. Son coût de production, qui est un *coût de renonciation*, inclut le *profit normal* (voir le chapitre 10, p. 288).

La **recette** d'une entreprise est égale au prix unitaire du bien ou du service produit multiplié par le nombre d'unités vendues (prix × quantité vendue). La recette correspond donc à la valeur des ventes de l'entreprise exprimée en dollars. La **recette marginale** est la variation de la recette qui résulte de la vente d'une unité supplémentaire. Autrement dit, la recette marginale est égale à la variation de la recette divisée par la variation de la quantité vendue.

La figure 12.1 illustre ces deux concepts de recette par l'exemple de Maille Maille. Sur le graphique (a), l'intersection de la droite D, qui représente la demande du marché, et de la droite O, qui représente l'offre du marché, détermine le prix du marché, soit 25 $ par chandail. Étant l'un des mille petits producteurs de chandails, Maille Maille ne peut espérer obtenir plus de 25 $ par chandail.

La recette La recette est égale au prix multiplié par la quantité vendue. Le tableau de la figure 12.1 montre que, si Maille Maille vend 9 chandails, sa recette est de 225 $ (9 × 25 $).

Le graphique (b) montre la courbe de recette (R) de Maille Maille. Cette courbe indique la recette de l'entreprise en fonction de la quantité de chandails vendus. Ainsi, au point A de la courbe, l'entreprise vend 9 chandails, si bien que sa recette est de 225 $. Comme la vente de chaque chandail supplémentaire rapporte toujours un même montant de 25 $, la courbe de recette est une droite à pente positive.

La recette marginale La recette marginale est la variation de la recette qui résulte de la vente d'une unité supplémentaire. Au tableau de la figure 12.1, quand la quantité vendue passe de 8 à 9 chandails, la recette de Maille Maille passe de 200 $ à 225 $; sa recette marginale est donc de 25 $ par chandail.

Comme l'entreprise en situation de concurrence parfaite est un preneur de prix, la variation de la recette qui résulte de la vente d'une unité supplémentaire est égale au prix du marché. *En situation de concurrence parfaite, la recette marginale d'une entreprise est égale au prix du marché.* Le graphique (c) montre la courbe de recette marginale (Rm) de l'entreprise ; cette courbe est en fait une droite horizontale dont la valeur en ordonnée est le prix du marché.

FIGURE 12.1 *La demande, le prix et la recette en situation de concurrence parfaite*

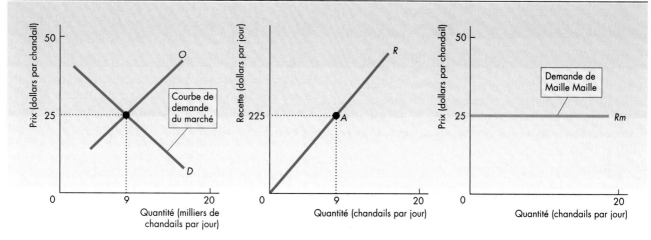

(a) Marché du chandail   **(c) Recette de Maille Maille**   **(b) Recette marginale de Maille Maille**

Quantité vendue (Q)	Prix (P)	Recette (R = P × Q)	Recette marginale (Rm = ΔR/ΔQ)
(chandails par jour)	(par chandail)		(par chandail supplémentaire)
8	25$	200$	
			..........25$
9	25$	225$	
			..........25$
10	25$	250$	

Sur le graphique (a), l'offre et la demande du marché déterminent le prix du marché (et la quantité produite). Le graphique (b) montre la courbe de recette (R) de l'entreprise. Le point A correspond à la deuxième ligne du tableau, selon laquelle Maille Maille vend 9 chandails à 25$ par chandail, ce qui représente une recette de 225$. Le graphique (c) montre la courbe de recette marginale (Rm) de l'entreprise, qui est également sa courbe de demande. La demande de Maille Maille est parfaitement élastique au prix du marché de 25$ par chandail.

La demande Au prix du marché, l'entreprise peut choisir la quantité de chandails qu'elle veut vendre. Ainsi, la courbe de demande de l'entreprise est une droite horizontale dont la valeur en ordonnée est le prix du marché. Autrement dit, cette courbe coïncide avec la courbe de recette marginale.

Lorsque la demande est représentée par une droite horizontale, on se trouve en présence d'une demande parfaitement élastique. Le chandail de Maille Maille est un *substitut parfait* au chandail de tout autre fabricant. Notons cependant que la demande du *marché* n'est pas parfaitement élastique. La pente de la courbe de demande du marché est négative, et son élasticité varie selon le degré de substituabilité d'un chandail par rapport à d'autres biens ou services.

Les décisions de l'entreprise

Le but de l'entreprise concurrentielle est de maximiser son profit économique, compte tenu des contraintes qu'elle subit. Pour atteindre cet objectif, elle doit décider :

1. si elle entre dans le marché ou si elle le quitte ;

2. quelle quantité elle produira ;

3. quels moyens elle doit mettre en œuvre pour produire au coût le plus bas.

Nous avons étudié au chapitre précédent comment une entreprise prend la dernière décision : elle adapte la taille de ses installations afin de réduire au minimum son coût moyen à long terme. Cette analyse présumait que l'entreprise savait quelle quantité produire. Nous allons maintenant nous pencher sur cette décision ainsi que sur la décision d'entrer ou de sortir du marché.

MINITEST   **1**

1 Pourquoi une entreprise en situation de concurrence parfaite est-elle un preneur de prix ?

2 Pourquoi, dans le cas de la production d'une entreprise, la demande est-elle plus élastique que la demande du marché ?

3 Pourquoi la courbe de recette marginale d'une entreprise est-elle horizontale au prix du marché ?

4 Quelles sont les décisions que l'entreprise doit prendre pour maximiser son profit ?

Réponses p. 382

Quelle quantité produire?

Les courbes de coût d'une entreprise (courbes de coût de production, de coût moyen et de coût marginal) montrent la relation qui existe entre la production et les coûts de cette entreprise (voir les pages 323 à 329). Les courbes de recette et de recette marginale montrent la relation entre la production et les recettes (p. 347). À partir des courbes de coût et de recette, nous pouvons déterminer la production qui maximise le profit économique de l'entreprise.

La figure 12.2 nous montre comment procéder dans le cas de Maille Maille. Le tableau donne la recette et le coût de Maille Maille à divers niveaux de production, et le graphique (a) présente les courbes de recette (*R*) et de coût (*C*) de Maille Maille. Ces courbes illustrent les données des trois premières colonnes du tableau.

Le profit économique est égal à la recette moins le coût. La quatrième colonne du tableau de la figure 12.2 montre le profit économique de Maille Maille; le graphique (b) illustre ces données par la courbe de profit économique (*PE*) de l'entreprise.

Il existe toute une plage de niveaux de production, entre 12 et 31 chandails par jour, qui permettent à Maille Maille de faire des profits. Dans cette plage, l'entreprise maximise son profit économique lorsqu'elle produit 25 chandails par jour. La recette se chiffre alors à 500$ par jour, le coût à 477$ par jour et le profit économique à 23$ par jour. Aucun autre niveau de production ne permet d'obtenir un meilleur profit. Quand elle produit moins de 12 chandails par jour ou plus de 31 chandails par jour, l'entreprise subit une perte économique. Quand la production quotidienne est exactement de 12 chandails ou de 31 chandails, le profit économique est nul. On appelle cette situation un **point mort**.

FIGURE 12.2 *La recette, le coût et le profit économique*

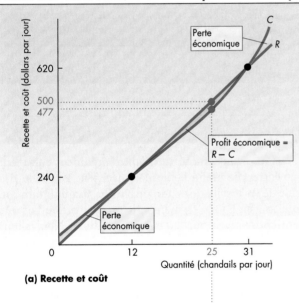

(a) Recette et coût

(b) Profit et perte économiques

Quantité (*Q*) (chandails par jour)	Recette (*R*)	Coût (*C*)	Profit économique (*R – C*)
0	0$	37$	−37$
5	100$	124$	−24$
10	200$	207$	−7$
12	240$	240$	0$
15	300$	292$	8$
20	400$	381$	19$
25	**500$**	**477$**	**23$**
30	600$	589$	11$
31	620$	620$	0$
35	700$	757$	−57$

Le tableau présente la recette, le coût et le profit (ou la perte) économique de Maille Maille quand les chandails se vendent 20$ l'unité. Le graphique (a) montre les courbes de recette et de coût, et le graphique (b) le profit économique.

L'entreprise réalise un profit optimal (23$ par jour, soit 500$ − 477$) quand elle produit 25 chandails par jour. Si la production est exactement de 12 chandails ou de 31 chandails par jour, le profit économique de Maille Maille est nul; ces quantités correspondent à des points morts. Si la production quotidienne est inférieure à 12 chandails ou supérieure à 31 chandails, Maille Maille subit une perte économique.

L'analyse marginale et l'offre de l'entreprise

Pour déterminer le niveau de production qui maximise le profit de l'entreprise, on peut aussi recourir à l'*analyse marginale*, c'est-à-dire comparer la recette marginale, Rm, et le coût marginal, Cm. Quand la production augmente, la recette marginale reste constante, mais le coût marginal finit par croître.

On distingue trois cas de figure :

1. $Rm > Cm$: Si la recette marginale dépasse le coût marginal, la recette résultant de la vente d'une unité supplémentaire dépasse le coût engendré par sa production. En conséquence, le profit économique augmente quand la production s'accroît.

2. $Rm < Cm$: Si la recette marginale est moindre que le coût marginal, la recette résultant de la vente d'une unité supplémentaire est inférieure au coût engendré par sa production, si bien que le profit économique augmente quand la production *diminue*.

3. $Rm = Cm$: Si la recette marginale est égale au coût marginal, la recette résultant de la vente d'une unité supplémentaire est égale au coût engendré par sa production. Le profit est optimal, et toute augmentation ou diminution de la production le fait baisser.

À la figure 12.3, si Maille Maille augmente sa production, la faisant passer de 24 à 25 chandails par jour, la recette marginale (20 $) est supérieure au coût marginal (19,65 $). Ainsi, la production du 25ᵉ chandail augmente le profit économique de 0,35 $, le faisant passer de 22,65 $ à 23 $. Dans le graphique, le profit économique réalisé quand l'entreprise produit 25 chandails plutôt que 24 est représenté par la zone bleu pâle.

Si la production augmente encore, passant de 25 à 26 chandails par jour, la recette marginale (20 $) devient inférieure au coût marginal (20,55 $). La production du 26ᵉ chandail entraîne une réduction du profit économique ; la dernière colonne du tableau montre que, de 23 $,

Figure 12.3   *Le niveau de production qui maximise le profit*

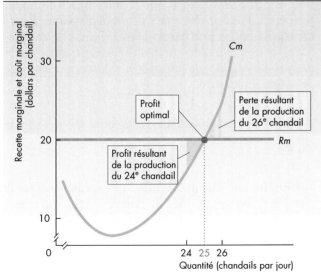

Pour maximiser son profit, l'entreprise détermine la quantité à produire de façon à ce que la recette marginale soit égale au coût marginal et que celui-ci soit croissant. Le tableau et le graphique montrent que le coût marginal et la recette marginale sont égaux, et que le profit économique est optimal lorsque Maille Maille produit 25 chandails par jour. Le tableau nous apprend que, si la production passe de 24 à 25 chandails par jour, le coût marginal (19,65 $) est inférieur à la recette marginale (20 $). Si la production passe de 25 à 26 chandails, le coût marginal (20,55 $) est supérieur à la recette marginale (20 $). Si la recette marginale est supérieure au coût marginal, une augmentation de la production accroît le profit économique. Si la recette marginale est inférieure au coût marginal, une augmentation de la production diminue le profit économique. Si la recette marginale est égale au coût marginal, le profit économique est optimal.

Quantité (Q) (chandails par jour)	Recette (R)	Recette marginale (Rm) (par chandail supplémentaire)	Coût (C)	Coût marginal (Cm) (par chandail supplémentaire)	Profit économique (R – C)
23	460 $		437,80 $		22,20 $
		.... 20 $		.... 19,55 $	
24	480 $		457,35 $		22,65 $
		.... 20 $		.... 19,65 $	
25	**500 $**		**477,00 $**		**23,00 $**
		.... 20 $		.... 20,55 $	
26	520 $		497,55 $		22,45 $
		.... 20 $		.... 20,95 $	
27	540 $		518,50 $		21,50 $

celui-ci tombe à 22,45 $. Dans le graphique, cette perte résultant de la décision de produire 26 chandails plutôt que 25 est représentée par la zone rose.

Maille Maille maximise son profit économique en produisant 25 chandails par jour, niveau de production auquel la recette marginale est égale au coût marginal.

Le niveau de production qui maximise le profit d'une entreprise est la quantité offerte par celle-ci au prix du marché. La quantité offerte à ce prix, c'est-à-dire à 20 $ par chandail, est de 25 chandails par jour. Si le prix était supérieur à 20 $ par chandail, l'entreprise augmenterait sa production. Inversement, s'il était inférieur, l'entreprise réduirait sa production. Ces adaptations aux différents prix du marché, dont le but est de maximiser le profit, constituent le fondement de la loi de l'offre :

Toutes choses égales d'ailleurs, la quantité offerte d'un bien est d'autant plus élevée que le prix du marché pour ce bien est élevé.

Nous venons de déterminer le niveau de production qui maximise les profits de Maille Maille grâce à l'analyse marginale. Celle-ci est souvent employée en économique pour déterminer le niveau « optimal » d'une variable. Par exemple, on peut s'en servir pour trouver la combinaison de facteurs permettant de produire au plus bas prix possible ou, comme ici, le niveau de production permettant d'obtenir les profits les plus élevés possible.

L'analyse marginale permet de résoudre aisément des problèmes très complexes où le niveau optimal est autrement difficile à déterminer. Dans le tableau de la figure 12.2, il n'est pas évident à l'examen des seules colonnes *R* et *C* que les profits sont optimaux lorsqu'on produit 25 chandails. En revanche, l'examen des colonnes *Rm* et *Cm* du tableau 12.3 nous le révèle immédiatement parce que c'est là que la recette marginale égale le coût marginal de production.

Déterminer le niveau optimal revient à trouver le point où planter un drapeau pour marquer le sommet d'une montagne. Pour un voyant, c'est un jeu d'enfant : il suffit de regarder et on voit bien où est le sommet… Imaginez maintenant qu'on vous bande les yeux ; comment vous y prendriez-vous pour trouver le sommet ? Le truc consiste à employer l'équivalent pédestre de l'analyse marginale : marchez tant que vous sentez que vous montez. Chaque pas vers le haut vous indique que vous vous approchez du sommet. Si, quelle que soit la direction que vous empruntez, vous sentez que vous ne pouvez grimper davantage, c'est que vous avez atteint le sommet.

De la même manière, l'analyse marginale nous guide pour déterminer le point où les profits sont les plus élevés. Chaque unité qui rapporte une recette marginale supérieure au coût marginal est un pas vers le haut qui nous indique que le profit augmente. Ce dernier atteint un maximum

lorsque la recette marginale égale le coût marginal. Tant que cette égalité est respectée, une unité supplémentaire n'ajoute ni n'enlève rien au profit : arrivé au sommet, nos pas ne nous permettent plus de grimper, quelle que soit la direction que nous empruntions.

En recourant à l'analyse marginale, on résout un problème global compliqué, par une succession de petits problèmes simples. L'analyse marginale ne résout pas tous les problèmes : si la montagne compte deux sommets, l'un étant plus élevé que l'autre, elle ne garantit pas que vous aboutirez au plus élevé d'entre eux. De la même manière, elle ne fonctionne ici que parce que la courbe de coût marginal est toujours croissante une fois que nous avons produit une dizaine de chandails, de sorte qu'elle ne peut croiser la droite de recette marginale qu'une seule fois. Notre montagne de profits a ici un seul sommet.

Les seuils de rentabilité et de fermeture

Nous avons vu qu'une entreprise maximise ses profits en produisant une quantité telle que sa recette marginale (le prix) égale son coût marginal. Mais il n'est pas toujours possible pour une entreprise de réaliser des profits : si le prix est trop bas, l'entreprise subira nécessairement des pertes. Devrait-elle cesser de produire pour autant ? Deux niveaux de prix particuliers, les seuils de rentabilité et de fermeture, déterminent si une entreprise est en mesure de réaliser des profits et s'il est opportun de demeurer en activité.

Le seuil de rentabilité Une entreprise fait des profits lorsque ses recettes *R* dépassent ses coûts *C* :

$$R > C$$

En divisant chaque membre de l'inéquation par la quantité *Q*, on voit qu'une firme fait des profits si sa recette moyenne, le prix, dépasse son coût moyen :

$$R/Q > C/Q$$

$$P > CM$$

Or ce n'est pas toujours possible. Les figures 12.4 et 12.5 illustrent deux cas envisageables pour Maille Maille. Dans le premier, le prix du marché est de 20 $ par chandail. À ce prix, il existe toute une plage de niveaux de production, entre 12 et 31 chandails, tels que le coût moyen ne dépasse pas le prix. Dans cette plage, Maille Maille maximise ses profits en produisant au point où son coût marginal de production est égal au prix, soit 25 chandails.

À mesure que le prix baisse, la plage se comprime et finit par se limiter à un seul point – 22 chandails par jour – lorsque le prix atteint 19 $. En deçà de 19 $, il n'est pas possible pour Maille Maille de réaliser un profit. La figure 12.5 illustre le cas où le prix tombe à 17,50 $. En ajustant son coût marginal sur le prix, Maille Maille

FIGURE 12.4 *Le seuil de rentabilité*

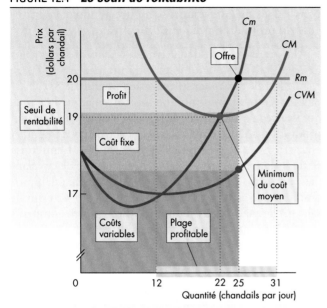

Lorsque le prix est de 20 $, il existe toute une plage de niveaux de production, entre 12 et 31 chandails, qui permettent à Maille Maille de faire des profits. Entre ces bornes, les profits sont les plus grands lorsque le coût marginal de production égale le prix, soit lorsque Maille Maille produit 25 chandails par jour. Les recettes de Maille Maille compensent les coûts variables (zone mauve) et le coût fixe (zone grise), et permettent de réaliser un profit (zone bleue).

À mesure que le prix décroît, cette plage se rétrécit pour se limiter à un seul niveau de production: 22 chandails par jour, lorsque le prix atteint le seuil de rentabilité. Le seuil de rentabilité correspond au minimum du coût moyen, soit 19 $. Si le prix est inférieur à ce seuil, Maille Maille essuie des pertes, car son coût moyen est nécessairement supérieur au prix.

produit 16 chandails par jour, mais elle essuie une perte puisque son coût moyen de production est de 19,35 $ par chandail. Nous verrons plus bas pourquoi Maille Maille peut néanmoins trouver avantageux de produire à perte.

On appelle **seuil de rentabilité** le plus bas prix auquel une entreprise peut produire sans subir de perte. Dans notre exemple, le seuil de rentabilité de Maille Maille est de 19 $. Il correspond au minimum du coût moyen d'une entreprise. Pour éviter les pertes, une entreprise doit produire en un point où son coût moyen ne dépasse pas le prix. Dans le pire des cas, elle peut toujours chercher à produire au point où son coût moyen est le plus bas, soit son seuil de rentabilité. Si ce n'est pas possible, c'est que le prix est inférieur à son seuil de rentabilité.

Le seuil de fermeture Si Maille Maille subit des pertes, leur montant est égal à la différence entre les coûts et les recettes de l'entreprise:

$$\text{Pertes} = C - R$$

Rappelons que les coûts se décomposent en coûts fixes (CF) et en coûts variables (CV), de sorte qu'on peut écrire

$$\text{Pertes} = CF + CV - R$$
$$= CF - (R - CV)$$

Cette formule nous indique que, si les recettes de Maille Maille dépassent ses coûts variables (c'est-à-dire si le terme entre parenthèses est positif), elle réduit ses pertes. Maille Maille a toujours l'option de ne rien produire, auquel cas elle n'a aucune recette ni coûts variables, de sorte que ses pertes se limitent au montant de ses coûts fixes. Mais, tant que ses recettes dépassent ses coûts variables,

$$R > CV$$

elle fait moins de pertes.

En divisant chaque membre de l'inéquation par la quantité Q, nous voyons qu'une entreprise réduit ses pertes si sa recette moyenne, le prix, dépasse son coût variable moyen:

$$R/Q > CV/Q$$
$$P > CVM$$

La figure 12.5 illustre un cas où Maille Maille est en mesure de réduire ses pertes en demeurant en activité. Le prix du marché est de 17,50 $ par chandail, soit moins que le seuil de rentabilité. À ce prix, Maille Maille subit nécessairement des pertes, mais il existe toute une plage de niveaux de production, entre 4 et 24 chandails, tels que le coût variable moyen ne dépasse pas le prix. Dans cette plage, les recettes de Maille Maille dépassent ses coûts variables et cet excédent réduit d'autant la perte sur les coûts fixes. Maille Maille minimise ses pertes dans cette plage en produisant au point où son coût marginal de production est égal au prix, soit 16 chandails.

La réduction de la perte est apparente sur le graphique. Les coûts fixes, soit la perte que Maille Maille essuierait en ne produisant pas, correspondent à l'aire combinée des rectangles rose et gris. En effet, le côté vertical de ce grand rectangle équivaut à la différence entre le coût moyen et le coût variable moyen, soit le coût fixe moyen. En multipliant par le côté horizontal, la quantité produite, on obtient le coût fixe. Or les pertes de Maille Maille se limitent au rectangle rose.

À mesure que le prix baisse, la plage de niveaux de production où le prix dépasse le coût variable moyen devient de plus en plus réduite et finit par se limiter à un seul point, 13 chandails par jour, lorsque le prix atteint 17 $. En deçà de 17 $, les coûts variables dépassent toujours les recettes, de sorte qu'il vaut mieux éviter de produire et limiter les pertes au montant des coûts fixes.

FIGURE 12.5 *Le seuil de fermeture*

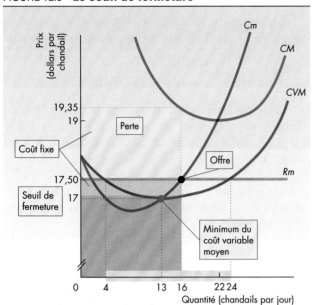

Lorsque le prix égale 17,50 $, Maille Maille essuie nécessairement des pertes. Mais elle peut les réduire sur la plage de niveaux de production ayant pour bornes les quantités 4 et 24 chandails par jour. Entre ces bornes, ses pertes sont les plus faibles lorsqu'elle produit 16 chandails par jour, soit lorsque son coût marginal de production égale le prix. Ses recettes compensent alors ses coûts variables (zone mauve) et une partie du coût fixe (zone grise). Maille Maille ne subit de perte que sur la partie du coût fixe restante (zone rose).

À mesure que le prix décroît, cette plage se rétrécit pour finir par se limiter à un seul niveau de production, 13 chandails par jour, lorsque le prix atteint le seuil de fermeture. Le seuil de fermeture correspond au minimum du coût variable moyen, soit 17 $. Si le prix est inférieur à ce seuil, Maille Maille minimise ses pertes en ne produisant pas, puisque ses recettes ne couvriraient même pas ses coûts variables.

Le surplus du producteur et le profit

Au chapitre 5, nous avons dit que le surplus du producteur est la somme de toutes les différences entre le prix auquel est vendu une unité d'un bien et son coût de production. Nous allons maintenant préciser cette notion et la distinguer du profit économique à court terme.

Le graphique (a) de la figure 12.6 illustre le surplus de Maille Maille quand le prix du marché est de 20 $. Maille Maille maximise ses profits en produisant 25 chandails par jour au point noir où son coût marginal de production égale le prix du marché. Le premier chandail produit lui coûte 18 $ (là où sa courbe de coût marginal croise l'axe des ordonnées) et lui rapporte 20 $. L'entreprise obtient donc, de la production et de la vente de ce chandail, un profit de 20 $ – 18 $ = 2 $. Le 25e chandail produit lui coûte 20 $ et lui en rapporte autant, de sorte qu'elle sait qu'elle ne doit pas produire davantage. En sommant tous les surplus, soit les différences entre le prix et le coût marginal, pour les 25 chandails produits, on obtient la zone bleue comprise entre la droite de prix *P* (recette marginale) et le coût marginal. Cette zone correspond au surplus du producteur.

L'aire sous la courbe de coût marginal cumule les coûts marginaux. Le premier chandail coûte 18 $ à produire, le treizième (qui correspond à la quantité produite au seuil de rentabilité) coûte 17 $ et le dernier, nous l'avons vu, 20 $. Les coûts augmentent à mesure que la production augmente et cette augmentation n'est imputable qu'aux coûts variables puisque, par définition, le coût fixe ne varie pas et ne dépend pas du nombre de chandails produits. Donc, en cumulant les coûts marginaux, on obtient une mesure des coûts variables: l'aire en mauve sous la courbe de coût marginal est le montant des coûts variables supportés pour produire 25 chandails.

Ensemble, le surplus du producteur et les coûts variables constituent la recette totale, soit l'aire du grand rectangle ayant pour côté vertical le prix (20 $) et pour côté horizontal la quantité produite (25 chandails). De fait,

$$R = P \times Q$$

La mesure des coûts variables sous la courbe de coût marginal doit être comparée avec celle représentée à la figure 12.4. Dans cette figure, les courbes de coûts et le prix sont les mêmes; Maille Maille y produit aussi 25 chandails. Mais les coûts variables sont rapportés à partir de la courbe de coût variable moyen. En multipliant le coût variable moyen lorsqu'on produit 25 chandails, au point mauve, par la quantité produite, soit 25 chandails, on obtient bien le montant des coûts variables puisque

$$CVM \times Q = CV/Q \times Q = CV$$

Donc, l'aire mauve de la figure 12.4 est égale à l'aire mauve du graphique (a) de la figure 12.6.

Dans la figure 12.4, on rapporte aussi les profits et le coût fixe. Ensemble, les coûts variables, le coût fixe et les profits forment un pâté chinois (steak, blé d'inde, patates...) qui distribue en étages la recette totale.

On appelle **seuil de fermeture** le plus bas prix auquel il est avantageux pour une entreprise de produire. Dans notre exemple, le seuil de fermeture de Maille Maille est de 17 $. Le seuil de fermeture correspond au minimum du coût variable moyen d'une entreprise. Pour qu'il soit avantageux de produire, le prix ne doit pas être inférieur au coût variable moyen. Dans le pire des cas, l'entreprise peut toujours chercher à produire au point où son coût variable moyen est le plus bas, soit la quantité correspondant à son seuil de fermeture. Si ce n'est pas possible, c'est que le prix est inférieur à son seuil de fermeture et l'entreprise a avantage à cesser sa production.

FIGURE 12.6 *Le surplus du producteur et le profit*

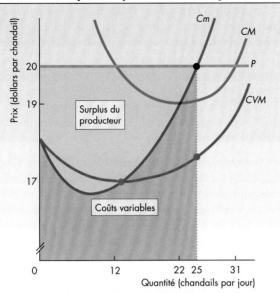

(a) Distribution de la recette entre le surplus du producteur et les coûts variables

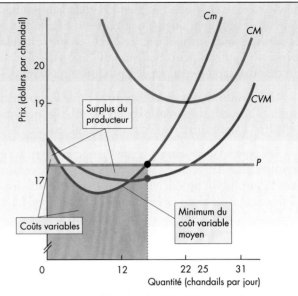

(b) Surplus du producteur quand le prix est très bas

Le graphique (a) est à comparer avec celui de la figure 12.4 de la page 351. Les deux graphiques illustrent les mêmes fonctions de coût et le même prix, mais les coûts variables y sont mesurés différemment. À la figure 12.4, les coûts variables correspondent à l'aire du rectangle inférieur en mauve, délimité par l'origine et le point mauve (soit le niveau de production et le coût variable moyen à ce niveau). Ici, ils sont déterminés par l'aire sous la courbe de coût marginal. Les aires sont identiques, de sorte qu'en retranchant les coûts variables du rectangle de la recette totale (le rectangle délimité par l'origine et le point noir), on obtient des surfaces équivalentes correspondant à la somme du profit et du coût fixe à la figure 12.4, et au surplus du producteur dans le graphique (a) de la présente figure. Le surplus du producteur est donc égal à la somme du profit et du coût fixe.

Le graphique (b) reprend la même décomposition de la recette avec un prix beaucoup plus bas, inférieur au seuil de rentabilité (19 $) mais supérieur au seuil de fermeture (17 $), de sorte que l'entreprise choisit de produire à perte. À l'aire bleue au-dessus de la courbe de coût marginal, il faut maintenant retrancher l'aire du triangle rose pour obtenir le surplus du producteur. Ce triangle représente la perte subie sur les premiers chandails produits, lesquels coûtent plus cher qu'ils ne rapportent. Le surplus est positif tant que l'aire bleue est plus grande que l'aire du triangle rose. À la limite, il est nul lorsque le prix atteint le seuil de fermeture au minimum du coût variable moyen, de sorte que la recette parvient tout juste alors à couvrir les coûts variables sans permettre de diminuer la perte sur le coût fixe.

Dans la figure 12.4, si on enlève les coûts variables (le steak) de la recette, il reste le profit et le coût fixe. Dans la figure 12.6, si on enlève les coûts variables, il reste le surplus du producteur. Comme les deux figures correspondent au même problème, que la recette est la même et qu'on a retranché les mêmes coûts variables, on en déduit que le reste est le même ; c'est-à-dire que

le surplus du producteur correspond à la somme du profit et du coût fixe.

Le surplus de Maille Maille est le bénéfice qu'elle obtient en produisant, c'est-à-dire sa recette moins les coûts qu'entraîne la production. Mais, à court terme, la production n'entraîne que des coûts variables puisque le coût fixe devra être payé que l'on produise ou pas. Donc,

Surplus du producteur = Recettes – Coûts variables

$$= R - CV$$

$$= R - CV - CF + CF$$

$$= R - (CV + CF) + CF$$

$$= R - C + CF$$

$$= \text{Profit} + \text{Coût fixe}$$

Pour développer cette expression, nous avons simplement ajouté zéro, soit $-CF + CF$, au côté droit de l'équation de la troisième ligne. Nous obtenons la dernière ligne en observant que le profit correspond bien à la différence entre les recettes et le coût total, soit $R - C$. Lorsque le prix égale le seuil de rentabilité, Maille Maille ne fait pas de profit et le surplus qu'elle réalise compense exactement le coût fixe qu'elle a engagé. À long terme, tous les coûts sont variables et le surplus du producteur s'interprète simplement comme du profit.

Le graphique (b) de la figure 12.6 illustre la répartition de la recette entre le surplus du producteur et le coût variable lorsque le prix est d'environ 17,50 $, soit moins que le seuil de rentabilité mais plus que le seuil de fermeture de 17 $. Le prix très bas fait apparaître une zone triangulaire rose sur la gauche : les premiers chandails produits coûtent ici plus cher qu'ils ne se vendent. Maille Maille les produit quand même parce que ce n'est pas le cas des suivants et on ne peut évidemment pas produire un 10ᵉ chandail si on n'en a pas déjà produit 9 auparavant...

On mesure le coût variable comme précédemment en prenant l'aire sous la courbe de coût marginal. Il correspond donc ici à l'aire mauve *plus* l'aire du triangle rose.

Les pertes qu'entraînent la production et la vente des premiers chandails doivent être comptées négativement dans le surplus du producteur. Celui-ci correspond donc à l'aire de la zone bleue *moins* l'aire du triangle rose. Ici, la zone bleue est plus grande que la zone rose, de sorte que le surplus du producteur est positif.

Comme le prix est inférieur au seuil de rentabilité, le profit économique est ici une perte. On a donc

$$\text{Surplus du producteur} = \text{Profit} + \text{Coût fixe}$$
$$= (-\text{ Perte}) + \text{Coût fixe}$$
$$= \text{Coût fixe} - \text{Perte} \qquad (*)$$

ou encore

$$\text{Perte} = \text{Coût fixe} - \text{Surplus du producteur}$$

Le surplus de Maille Maille correspond donc à la partie du coût fixe qu'elle parvient à couvrir une fois ses coûts variables payés. En ne produisant pas, Maille Maille fait une perte égale au montant de son coût fixe. En produisant, elle réalise un surplus qui lui permet de diminuer cette perte.

Maille Maille cessera de produire lorsque le prix sera tellement bas qu'elle ne sera plus en mesure d'obtenir un surplus. Dans le pire des cas, son surplus sera nul, ce qui signifie alors, selon l'expression marquée d'un astérisque, que sa perte égalera son coût fixe. Dans la figure, on a un surplus lorsque l'aire du triangle rose égale l'aire de la zone bleue. Cela se produit quand le prix se situe au seuil de fermeture, c'est-à-dire au minimum du coût variable moyen. En deçà de ce prix, le surplus du producteur devient négatif et Maille Maille a intérêt à ne rien produire afin de limiter sa perte au montant de son coût fixe.

La courbe d'offre d'une entreprise

La courbe d'offre d'une entreprise en concurrence parfaite montre comment le prix du marché influe sur le niveau de production qui maximise les profits. On la construit à partir des courbes de coût marginal et de coût variable moyen de l'entreprise. La figure 12.7 illustre cette construction.

Quand le prix excède le seuil de fermeture, l'entreprise maximise ses profits ou minimise ses pertes, le cas échéant, en produisant la quantité à laquelle son coût marginal est

égal au prix du marché. Quand le prix est en deçà du seuil de fermeture, l'entreprise limite ses pertes au paiement des coûts fixes en ne produisant pas. Ainsi, Maille Maille ne produit rien tant que le prix d'un chandail est inférieur à 17 $. Une fois ce seuil atteint, elle produit 13 chandails par jour et sa production croît ensuite avec le prix le long de sa courbe de coût marginal. Outre un seuil en zéro, la courbe d'offre correspond donc à la courbe de coût marginal pour tous les prix supérieurs au minimum du coût variable moyen.

La courbe de coût moyen nous informe de la performance financière de l'entreprise. Lorsque le prix est supérieur au minimum du coût moyen (le seuil de rentabilité), l'entreprise peut faire des profits en produisant le long de sa courbe d'offre ; sinon, elle fait nécessairement des pertes. À la figure 12.7, il est avantageux pour Maille Maille de produire dès que le prix dépasse 17 $, mais elle ne fait des profits que lorsque le prix dépasse 19 $. La portion rose de sa courbe d'offre correspond à la zone où elle subit des pertes et la portion bleue, à la zone où elle réalise des profits.

FIGURE 12.7 *La courbe d'offre d'une entreprise*

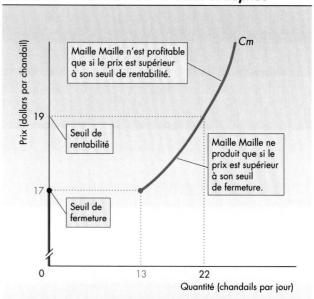

La courbe d'offre de Maille Maille indique quelle quantité elle doit produire selon le prix du marché. On la construit à partir de sa courbe de coût marginal. Lorsque le prix est inférieur au seuil de fermeture (17 $ par chandail), Maille Maille limite ses pertes à ses coûts fixes en ne produisant pas. Au-delà de ce prix, elle accroît sa production afin que son coût marginal corresponde au prix du marché, le long de sa courbe de coût marginal. Lorsque le prix est inférieur à son seuil de rentabilité (19 $), Maille Maille subit des pertes, mais parvient à couvrir une partie de ses coûts fixes en plus de ses coûts variables. Au-delà de ce seuil, Maille Maille réalise des profits.

La *déduction* de la loi de l'offre

Nous avons maintenant achevé l'explication de la loi de l'offre énoncée au chapitre 3 (p. 80). Toutes choses égales d'ailleurs, l'entreprise accroît son offre lorsque le prix augmente. Comme on le voit ici, cette proposition résulte des hypothèses que la courbe de coût marginal de l'entreprise finit par être croissante et que l'entreprise détermine son niveau de production afin de maximiser ses profits. Au chapitre 11, nous avons vu que la courbe de coût marginal est croissante à cause de la loi des rendements décroissants. La maximisation des profits et la loi des rendements décroissants impliquent donc ensemble qu'une entreprise concurrentielle aura une courbe d'offre qui ira croissant avec le prix du marché.

Ce raisonnement est typique de la méthode *déductive* avec laquelle une bonne partie de la théorie économique est construite. La méthode déductive consiste à postuler un nombre restreint d'hypothèses plausibles et d'en déduire logiquement des corollaires. La méthode déductive complète la méthode inductive, laquelle consiste à observer à répétition un phénomène et à exprimer une *loi* qui résume les observations. C'est ainsi qu'on a formulé la loi de l'offre après avoir maintes fois constaté que les entreprises ont tendance à accroître leur production lorsque le prix est élevé. La méthode déductive procède par raisonnement, la méthode inductive par observation. Ces deux méthodes sont employées dans la plupart des sciences, et en économique en particulier.

Jusqu'à présent, nous avons étudié le comportement d'une entreprise en la considérant isolément. En recourant à la méthode déductive, nous avons vu que le prix du marché détermine l'offre d'une entreprise. Mais qu'est-ce qui détermine le prix ? C'est ce que nous allons maintenant voir en considérant les offres individuelles de toutes les entreprises, soit l'offre de l'industrie.

Production et prix à court terme

Pour déterminer le prix du marché ainsi que la quantité achetée et vendue dans un marché parfaitement concurrentiel, il faut étudier les interactions de l'offre et de la demande dans ce marché. Comme toujours, celles-ci dépendent de l'horizon temporel qu'on considère. Dans l'analyse des coûts de l'entreprise (voir le chapitre 11, p. 318), nous distinguions le court et le long terme selon que l'entreprise était en mesure ou non d'adapter la taille de ses installations. Pour analyser le marché dans son ensemble, nous distinguons le court et le long terme selon que l'offre est restreinte aux entreprises en place ou qu'elle inclut toute entreprise pouvant éventuellement intégrer le marché. Commençons par voir ce qui se passe dans un marché en concurrence parfaite à court terme, c'est-à-dire quand le nombre d'entreprises est temporairement fixe.

La courbe d'offre à court terme de l'industrie

La **courbe d'offre à court terme de l'industrie** montre comment la quantité totale offerte par l'ensemble d'une industrie varie avec le prix du marché quand les installations de chaque entreprise et le nombre d'entreprises de l'industrie sont fixes. La quantité offerte par l'industrie à un prix donné est la somme des quantités offertes par chaque entreprise de l'industrie à ce prix. Nous avons déjà étudié cette question au chapitre 5 : nous la reprenons en détail ici en y incorporant la notion de seuil de fermeture.

La figure 12.8 montre la courbe d'offre d'une industrie formée de trois entreprises comme Maille Maille. Chaque entreprise a une courbe d'offre différente avec un seuil de fermeture distinct. La première se met à produire dès que le prix dépasse 15 $, mais bute rapidement sur sa capacité maximale de 10 chandails par jour. La seconde entre en activité dès que le prix atteint 17 $ et peut accroître sa production considérablement avant que le coût marginal de production ne devienne prohibitif. La troisième ne trouve avantageux de produire que si le prix dépasse 20 $.

FIGURE 12.8 *La courbe d'offre de l'industrie*

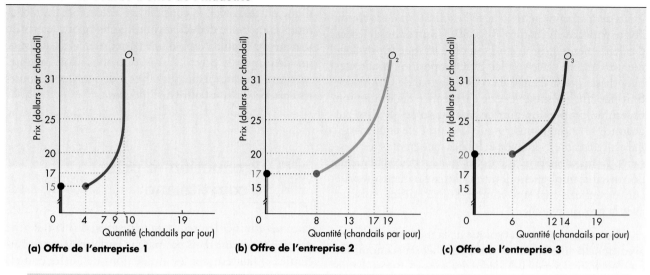

		Offre de l'entreprise			Quantité offerte par l'industrie
	Prix	**1**	**2**	**3**	
A	15 $	4	0	0	4
B	17 $	7	8	0	15
C	20 $	9 +	13 +	6	= 28
D	25 $	10	17	12	39
E	31 $	10	19	14	43

(d) Offre de l'industrie

Le barème d'offre de l'industrie est la somme des barèmes d'offre de toutes les entreprises de l'industrie. Sous forme graphique, cela signifie qu'on somme *horizontalement* les courbes d'offre de toutes les entreprises. Lorsque le prix est de 25 $, la quantité offerte par l'industrie, soit 39 chandails (au point *D* du graphique *d*), correspond à la somme horizontale des flèches représentant les quantités offertes par chacune des trois entreprises. Les entreprises entrent en activité selon l'ordre déterminé par leurs seuils de fermeture.

Le tableau qui accompagne la figure donne le barème d'offre correspondant pour chaque entreprise. En sommant les quantités offertes par chaque entreprise à tout prix donné, on construit le barème d'offre de l'industrie. Par exemple, au prix de 25 $ par chandail, l'entreprise 1, qui fonctionne à pleine capacité, produit 10 chandails, la seconde en produit 17 et la troisième 12; l'industrie offre donc 10 + 17 + 12 = 39 chandails. L'offre de l'industrie est tracée sur le graphique (d). On l'obtient à partir du barème d'offre calculé ou en sommant *horizontalement* les offres de chacune des trois entreprises. Contrairement aux offres individuelles qui ne comptent chacune qu'une discontinuité à leur seuil de fermeture, l'offre de l'industrie

en compte plusieurs correspondant aux différents seuils de fermeture des entreprises qui la composent. À mesure que le nombre d'entreprises dans l'industrie s'accroît, ces discontinuités deviennent négligeables: quelle que soit la quantité qu'on considère, on peut trouver un prix du marché qui incite les entreprises à produire cette quantité.

Lorsque le nombre d'entreprises est grand, un déplacement marginal le long de la courbe d'offre, par exemple un accroissement de la quantité offerte résultant d'une petite augmentation du prix, reflète à la fois un accroissement de la quantité produite par chaque entreprise en place et l'entrée en activité d'entreprises qui estimaient auparavant le prix trop faible pour produire, c'est-à-dire d'entreprises ayant un seuil de fermeture supérieur au prix qui était auparavant en vigueur. Ainsi, lorsque le prix varie, les entreprises se mettent à produire (lorsque le prix monte) ou cessent leurs activités (lorsque le prix baisse) selon *un ordre déterminé par leurs seuils de fermeture respectifs.*

Supposons que le prix est inférieur à 15 $. Dans ce cas, aucune entreprise ne produit. Dès qu'il atteint 15 $, l'entreprise 1 est en mesure de produire 4 chandails par jour au minimum de son coût variable moyen (point *A*). À mesure que le prix augmente, elle accroît sa production le long de sa courbe d'offre. Entre 15 $ et 17 $, l'entreprise 1 est la seule à produire et la courbe d'offre de l'industrie se confond donc avec la sienne. À 17 $, l'entreprise 2 entre en scène et l'offre de l'industrie saute au point *B*. Entre 17 $ et 20 $, les entreprises 1 et 2 sont les seules à produire dans l'industrie. La somme horizontale de leurs courbes d'offre correspond donc à celle de l'industrie. À partir de 20 $, au point *C*, toutes les entreprises produisent et les accroissements successifs de prix entraînent une hausse de la quantité offerte parce que toutes les entreprises accroissent leur production le long de leur courbe d'offre.

L'équilibre concurrentiel à court terme

Le graphique (a) de la figure 12.9 illustre un équilibre concurrentiel à court terme. La courbe d'offre de l'industrie, *O*, correspond à l'agrégation d'une multitude de courbes d'offre d'entreprises distinctes. On obtient cette agrégation en employant la méthode utilisée pour les trois entreprises de la figure 12.8. En chaque point de la courbe, la quantité offerte varie avec le prix parce que les entreprises accroissent leur production et que certaines d'entre elles commencent à produire ou cessent temporairement leurs activités. La courbe d'offre est bornée vers le bas à 15 $, soit le seuil de fermeture le plus bas qu'on peut trouver parmi les entreprises de l'industrie. Si la demande correspond à la courbe D_1, le prix d'équilibre est de 20 $. Chaque entreprise produit la quantité qui maximise son profit à ce prix. L'industrie produit 8 000 chandails par jour.

Une variation de la demande

Une variation de la demande modifie l'équilibre à court terme. Le graphique (b) illustre ces changements. Quand la demande augmente, la courbe de demande se déplace jusqu'à D_2, et le prix monte à 25 $. À ce prix, chaque

FIGURE 12.9 *L'équilibre à court terme*

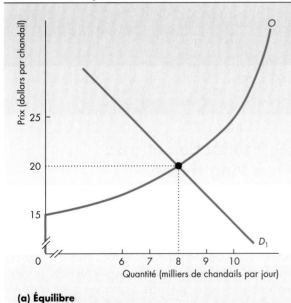

(a) Équilibre

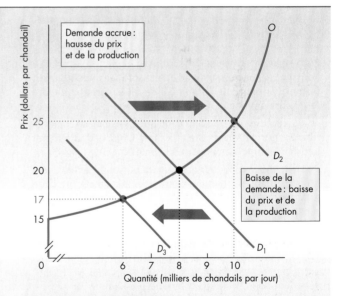

(b) Déplacement de l'équilibre

Sur le graphique (a), l'offre de l'industrie des chandails est représentée par la courbe *O*. Si la demande correspond à la courbe D_1, le prix du marché est de 20 $. Seules les entreprises dont le seuil de fermeture ne dépasse pas ce prix produisent. Au total, l'industrie offre 8 000 chandails par jour. Sur le graphique (b), quand la demande monte à D_2, le prix grimpe à 25 $. Les entreprises augmentent leur production et celles dont le seuil de fermeture se situe entre 20 $ et 25 $ commencent maintenant à produire. La production de l'industrie s'élève à 10 000 chandails par jour. Quand la demande descend à D_3, le prix tombe à 17 $. Toutes les entreprises dont le seuil de fermeture est supérieur à 17 $ cessent leurs activités ; les autres réduisent leur production. La quantité offerte par l'industrie chute à 6 000 chandails par jour.

entreprise maximise son profit en augmentant la production. Certaines entreprises, dont le seuil de fermeture est supérieur à 20 $ mais inférieur ou égal à 25 $, entrent maintenant en activité. L'industrie produit 10 000 chandails par jour. Cette production est répartie entre les entreprises selon le détail de la somme horizontale des offres de chacune d'elles, comme nous l'avons vu à la figure 12.8.

Si la demande diminue, la courbe de demande se déplace vers la gauche jusqu'à D_3. Le prix descend alors à 17 $. À ce prix, chaque entreprise maximise son profit en réduisant sa production. Les entreprises dont le seuil de fermeture est supérieur à 17 $ cessent temporairement leurs activités. L'industrie ne produit plus que 6 000 chandails par jour.

Les profits et les pertes à court terme

La performance financière d'une entreprise en concurrence à court terme dépend essentiellement du prix du marché et des coûts de production. Toutes les entreprises

reçoivent le même prix pour un produit identique, mais toutes n'ont pas nécessairement les mêmes coûts. Nous avons vu au chapitre 11 comment l'investissement abaisse généralement les coûts variables des entreprises et accroît leurs coûts fixes. Ainsi, les entreprises qui se sont dotées par le passé d'une large capacité de production auront des coûts variables plus faibles et un seuil de fermeture plus bas. Si le prix est bas, elles essuieront d'importantes pertes, mais continueront de produire afin d'en réduire l'ampleur. Les entreprises dotées d'une capacité plus faible, mais moins grevées de coûts fixes cesseront temporairement leurs activités. Si le prix est élevé, toutes les entreprises produiront et celles qui auront davantage investi feront plus de profits.

MINITEST   3

1 Comment construit-on la courbe d'offre à court terme d'une industrie concurrentielle ?

2 Comment le prix, la production et les profits des entreprises évoluent-ils à la suite d'un accroissement de la demande dans un marché en concurrence ?

3 Comment le prix, la production et les profits des entreprises évoluent-ils à la suite d'une diminution de la demande dans un marché en concurrence ?

Réponses p. 382

Ralentissement de la production et fermeture temporaire

La demande d'autocars est à la baisse chez MCI de Winnipeg

Motor Coach Industries (MCI) emploie environ 1 000 travailleurs dans son usine de Winnipeg, où l'entreprise fabrique des autocars depuis plus de 70 ans. En février 2008, elle a annoncé une nouvelle fâcheuse à Glen Tomchak, chef du syndicat des employés : l'usine allait fermer pendant une semaine en avril et certains travailleurs seraient licenciés.

Le porte-parole de MCI a indiqué que, dans la conjoncture économique actuelle aux États-Unis, la demande et le prix des autocars étaient à la baisse.

On peut expliquer la fermeture temporaire de l'usine en faisant appel à l'analyse que nous avons décrite dans le présent chapitre. La fermeture a eu lieu parce que la recette n'était pas suffisante pour couvrir le coût *variable*.

On peut aussi expliquer la réduction permanente du personnel par le même type d'analyse. La chute du prix d'un autocar a fait baisser la quantité de véhicules nécessaire pour maximiser le profit, si bien que MCI a été contrainte de réduire sa main-d'œuvre.

Production et prix à long terme

À court terme, une entreprise peut faire des profits ou subir des pertes. À long terme, une entreprise peut éviter toute perte en n'engageant pas de coût fixe. Elle n'engagera des ressources dans une industrie que si elle s'attend à faire des profits. Bien sûr, l'entreprise peut se méprendre et subir des pertes à court terme si le prix n'est pas aussi élevé qu'elle le prévoyait. Comme le dit le dicton, il est difficile de prévoir, surtout l'avenir... Admettons toutefois que les prévisions des gestionnaires sont adéquates la plupart du temps. Est-ce que cela signifie que les entreprises dans un marché concurrentiel sont nécessairement profitables ? Nous allons voir que, à cause du jeu des entrées et des sorties, une entreprise ne peut réaliser de profit économique à long terme que si elle dispose d'une structure de coûts plus avantageuse que celle de ses concurrents.

Entrées et sorties

Pour qu'un marché soit concurrentiel, il doit y avoir libre entrée des entreprises. Il y a entrée dans un marché lorsque le nombre d'entreprises présentes s'accroît: de nouvelles entreprises décident d'y engager des coûts fixes dans le but de produire. Il y a sortie lorsque le nombre d'entreprises diminue: certaines cessent leurs activités en n'engageant plus de coût fixe; elles choisissent de mettre ailleurs leurs ressources productives. Il y a libre entrée si l'accès à un marché ne requiert pas de permission spéciale (par exemple, une licence) ou n'exige pas l'acquisition d'une ressource rare que seules quelques entreprises pourraient détenir (par exemple, l'accès à un port naturel).

Il est important de distinguer l'entrée et la sortie de la décision de produire. L'entrée dans un marché implique de consacrer du capital afin de bâtir une capacité de production. C'est une opération qui prend du temps et qui n'est pas immédiatement réversible. Par contraste, la décision de produire – l'offre – est prise à court terme avec une capacité de production donnée. Une entreprise peut décider de produire même si elle essuie des pertes, mais une entreprise n'entrera pas dans un marché si elle est persuadée d'y subir des pertes. À court terme, la décision de produire dépend du seuil de fermeture; à long terme, la décision d'entrée ou de sortie dépend du seuil de rentabilité. La production est une décision de court terme, alors que l'entrée est une décision de long terme.

Une entreprise souhaite être présente dans un marché lorsque le prix y est supérieur à son seuil de rentabilité, de sorte qu'elle peut espérer y réaliser des profits. Elle souhaite le quitter si elle y subit des pertes. Une entreprise qui ne fait ni profit ni perte n'a aucune incitation à changer de marché. Une entreprise qui ne fait en apparence ni profit ni perte, mais qui pourrait réaliser des profits dans un autre marché, subit en fait des pertes si on tient compte du coût de la renonciation à ces profits. Pour maximiser ses profits, non seulement une entreprise doit-elle ajuster son niveau de production, adapter la taille de ses installations et choisir sa technique de production en réponse aux conditions du marché, mais elle doit également déterminer dans quel marché ses ressources généreront le meilleur rendement à long terme.

À court terme, les entreprises en place entrent en activité à mesure que le prix monte, et ce, dans l'ordre déterminé par leurs seuils de fermeture respectifs. À long terme, les entreprises entrent dans un marché dans l'ordre de leurs seuils de rentabilité respectifs. Celles qui ont un seuil de rentabilité très bas seront presque toujours présentes. Celles qui ont un seuil de rentabilité élevé n'entreront que si le prix semble vouloir demeurer à un niveau élevé pour longtemps.

Ce type de comportement s'observe notamment dans les industries minière et pétrolière. L'exploitation d'une ressource minière exige d'énormes investissements et n'est

entreprise que si le prix anticipé à long terme de la ressource le justifie. Comme le coût d'extraction varie considérablement d'un endroit à l'autre sur la planète, les projets ne sont pas tous entrepris au même moment. Par exemple, extraire du pétrole en Arabie saoudite est une opération presque toujours rentable, alors que l'extraire des sables bitumineux de l'Alberta n'a de sens économique que si le prix du pétrole est très élevé (voir la rubrique «Entre les lignes» du chapitre 18, p. 548). Les entreprises qui entrent en premier dans le marché du pétrole sont celles qui ont les coûts les plus bas pour une raison ou une autre. Une fois que la décision d'exploiter la ressource est prise, il est difficile de revenir en arrière; si le prix de la ressource s'avère décevant, l'entreprise peut toujours renoncer à l'exploiter, mais elle devra payer longtemps les coûts fixes associés à son investissement.

L'offre d'une industrie à court terme somme les offres des entreprises qui la composent. Quand une industrie accueille de nouvelles entreprises, l'offre agrégée augmente; quand elle en perd, l'offre agrégée diminue. Les entrées et les sorties influent directement sur l'offre de l'industrie. Par le jeu de l'offre et de la demande, les entrées et les sorties influent en plus sur le prix du marché et, en dernière analyse, sur les profits ou les pertes des entreprises.

La figure 12.10 illustre les effets de l'entrée de nouvelles entreprises dans l'industrie des chandails où évolue Maille Maille. La partie droite de la figure se lit comme un graphique d'offre ordinaire avec la quantité de chandails produits en abscisse et le prix en ordonnée. La partie gauche, où on retrouve une cloche saucissonnée, illustre la distribution des entreprises pouvant éventuellement œuvrer dans ce marché selon leur seuil de rentabilité. L'axe des ordonnées représente donc aussi les seuils de rentabilité.

Chaque section de couleur représente un pourcentage de la population, c'est-à-dire de l'ensemble des entreprises, ordonnée verticalement selon le seuil de rentabilité. Comme la cloche commence en bas au prix de 15 $ par chandail, cela veut dire que les entreprises dotées du plus faible seuil de rentabilité n'entrent dans ce marché que si le prix dépasse 15 $. Le mode de la distribution se situe autour de 18 $, et la médiane est d'environ 19,35 $: cela signifie que si le prix anticipé est de 19,35 $, la moitié du bassin d'entreprises concernées souhaiterait vendre dans ce marché.

À chaque bloc d'entreprises, on peut associer une courbe d'offre agrégée (figure 12.10). Trois courbes d'offre sont ainsi tracées. La première, O_1 en rose, regroupe les entreprises dont le seuil de rentabilité est inférieur à 17 $ et qui représentent 15 % de la population. Le seuil de rentabilité critique de 17 $ suscite une offre totale de 3 000 chandails par ces entreprises, ce qui correspond au point rose sur la courbe.

La seconde, O_2 en vert, regroupe les entreprises dont le seuil de rentabilité est inférieur à 19 $ et qui représentent 15 % + 30 % = 45 % de la population (les blocs

FIGURE 12.10 *Les entrées et les sorties*

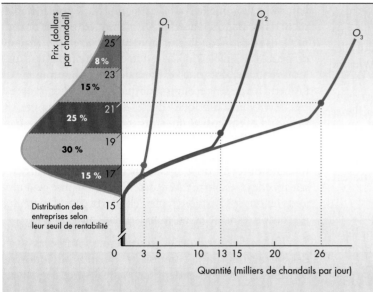

La cloche colorée de gauche détaille la distribution des entreprises pouvant entrer ou sortir du marché selon leur seuil de rentabilité. En rose : 15 % des entreprises ont un seuil de rentabilité inférieur à 17 $ (sur l'ordonnée) ; en vert : 30 % ont un seuil situé entre 17 $ et 19 $; et ainsi de suite. En cumulant les blocs d'entreprises, on construit trois courbes d'offre agrégée regroupant chaque fois un plus grand nombre d'entreprises dotées de seuils de rentabilité de plus en plus élevés.

rose et vert). Le seuil de rentabilité critique de 19 $ suscite une offre totale de 13 000 chandails par ces entreprises, ce qui correspond au point vert sur la courbe.

La troisième, O_3 en mauve, regroupe les entreprises dont le seuil de rentabilité est inférieur à 21 $ et qui représentent 15 % + 30 % + 25 % = 70 % de la population (les blocs rose, vert et mauve ensemble). Le seuil de rentabilité critique de 21 $ suscite une offre totale de 26 000 chandails par ces entreprises, ce qui correspond au point mauve sur la courbe.

Chaque courbe d'offre est à la droite de la précédente parce qu'elle inclut toutes les entreprises comprises dans cette dernière. Les courbes se confondent lorsque le prix est bas parce que, dans ce cas, beaucoup d'entreprises grevées de seuils de fermeture élevés cessent de produire : seules demeurent alors les entreprises du bloc rose dotées des coûts les plus bas, lesquelles sont présentes dans ces trois configurations de l'offre. Les courbes affichent un coude qui correspond au prix à partir duquel toutes les entreprises en place se mettent à produire (le plus haut seuil de fermeture dans l'industrie).

La figure illustre un jeu de vases communicants : quand le prix augmente, le nombre d'entreprises désirant être présentes dans le marché augmente aussi, ce qui se traduit par un déplacement de l'offre à court terme vers la droite. La forme de la cloche – la distribution des entreprises selon leur seuil de rentabilité – nous indique que cette pression vers la droite induite par une augmentation du prix sera d'autant plus importante que le nombre d'entreprises concernées est grand (et que leur capacité de production est importante). Ainsi, peu d'entreprises intègrent le marché à mesure que le prix monte lorsque celui-ci est inférieur à 16 $ ou supérieur à 24 $.

À court terme, l'équilibre du marché se produit au croisement de l'offre et de la demande comme l'illustre la figure 12.11. Avec une demande D_1, l'équilibre du marché s'établira au point brun, vert ou noir, selon que l'offre de l'industrie est donnée par O_1, O_2 ou O_3. Pour comprendre le jeu des entrées et des sorties à long terme, on doit réfléchir sur la stabilité de ces équilibres.

L'équilibre à long terme

Supposons que la courbe d'offre est O_1, de sorte que l'équilibre se produit au point brun avec un prix dépassant 23 $ par chandail et une quantité échangée d'un peu moins de 5 000 chandails par jour. Comme elles ont un seuil de rentabilité inférieur ou égal à 17 $, toutes les entreprises en place, appartenant au bloc rose, font d'importants profits. De fait, à 23 $ par chandail, toutes les entreprises des blocs vert, mauve et gris parviendraient aussi à faire des profits. La perspective de réaliser des profits les incite donc à entrer dans le marché. Mais, si de nouvelles entreprises entrent dans le marché, l'offre agrégée de l'industrie s'accroîtra, ce qui entraînera une baisse du prix et un accroissement de la quantité échangée. En ce sens, l'équilibre n'est pas stable à court terme.

Supposons maintenant que la courbe d'offre est O_3, de sorte que l'équilibre se produit au point noir avec un prix inférieur à 19 $ et une quantité échangée d'un peu plus de 14 000 chandails par jour. À ce prix, la moitié des entreprises en place, soit celles incluses dans les blocs rose, vert et mauve, subissent des pertes et la plupart d'entre elles cessent même de produire. Par conséquent, ces entreprises vont chercher à sortir du marché. Mais si elles quittent le marché, la courbe d'offre va se contracter vers la

FIGURE 12.11 *L'équilibre à long terme*

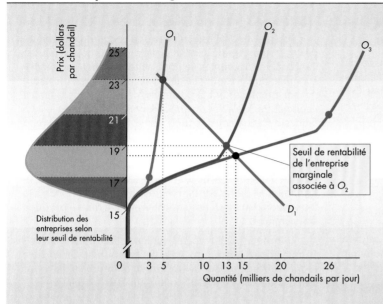

À court terme, l'équilibre du marché s'établit, selon le cas, au croisement d'une des courbes d'offre et de la courbe de demande. Par exemple, si seules les entreprises du bloc rose sont dans le marché, l'offre est O_1, et l'équilibre à court terme s'établit au point brun avec un prix de 23 $, assurant de juteux profits à ces entreprises. La perspective de réaliser des profits suscite l'entrée de nouvelles entreprises. Si toutes les entreprises des blocs rose, vert et mauve sont dans le marché, l'offre est O_3, et l'équilibre à court terme s'établit au point noir avec un prix à peine supérieur à 18 $, ce qui implique que toutes les entreprises du bloc mauve et une partie de celles du bloc vert subissent des pertes. Ces entreprises voudront sortir du marché.

Pour avoir une situation *stable* à long terme, le jeu des entrées et des sorties doit faire en sorte que l'offre s'établisse à O_2. On a alors un équilibre à court terme au point vert. Mais il s'agit aussi d'un équilibre à long terme puisque, au prix de 19 $, l'entreprise marginale parmi celles qui composent O_2 n'a ni profit ni perte.

gauche. On verra alors une hausse du prix du marché et une baisse de la quantité échangée. Cet équilibre n'est pas stable non plus.

Pour avoir un équilibre stable à long terme, il faut que l'offre soit telle que les entreprises en place n'aient pas intérêt à quitter le marché et que les entreprises hors du marché n'aient pas intérêt à y entrer. Lorsque la demande est D_1, cela se produit si l'offre est donnée par la courbe verte O_2. Voyons pourquoi.

Nous savons déjà que, si l'offre est donnée par O_2, le marché est en équilibre au point vert avec un prix de 19 $ par chandail et une quantité échangée de 13 000 chandails par jour. À 19 $ par chandail, aucune des entreprises en place, soit celles des blocs rose et vert, ne subit de perte et n'a intérêt à quitter le marché. En outre, toutes les autres entreprises ont un seuil de rentabilité supérieur à 19 $; elles n'ont donc aucune incitation à entrer dans ce marché. Le marché est en équilibre à la fois à court terme – lorsqu'on tient compte de la demande et de l'offre en place – et à long terme – lorsqu'on tient compte du fait que l'offre peut s'ajuster par le jeu des entrées et des sorties.

L'entreprise marginale On peut aussi réfléchir sur l'équilibre à long terme en analysant le sort de l'**entreprise marginale**, soit l'entreprise en place dont le seuil de rentabilité est le plus élevé. Parmi les entreprises du bloc rose, une entreprise est marginale si son seuil de rentabilité est de 17 $; parmi celles des blocs rose et vert ensemble, une entreprise est marginale si son seuil de rentabilité est de 19 $. Dans le cas de la courbe d'offre O_3, qui agrège les offres des entreprises des blocs rose, vert et mauve, les entreprises marginales sont celles dont le seuil de rentabilité égale 21 $.

Si l'entreprise marginale fait des profits, cela signifie qu'une entreprise dont le seuil de rentabilité est légèrement plus élevé pourrait en faire également et qu'elle aurait donc intérêt à entrer dans le marché. Si l'entreprise marginale essuie des pertes, elle a elle-même intérêt à quitter le marché, ce qui se traduira par des sorties. En bref, il n'y a pas d'entrée ni de sortie quand l'entreprise marginale n'a ni profit ni perte, c'est-à-dire quand le prix du marché correspond au seuil de rentabilité de l'entreprise marginale. Dans notre exemple, à l'équilibre à long terme au point vert, l'entreprise marginale appartient à la frange supérieure du bloc vert où le seuil de rentabilité égale 19 $.

Résumons. À court terme, l'équilibre du marché peut se produire au point brun, vert ou noir selon que la courbe d'offre est O_1, O_2 ou O_3. Dans le premier cas, l'offre est faible, le prix est élevé et il y a entrée de nouvelles entreprises. Dans le troisième, l'offre est grande, le prix est faible et il y a sortie de certaines entreprises. Pour avoir un équilibre à long terme, il faut que la demande croise une courbe d'offre à court terme à un prix qui correspond au seuil de rentabilité de l'entreprise marginale qui lui est associée.

La courbe d'offre à long terme de l'industrie

Nous avons vu que si la courbe de demande est D_1, l'équilibre à long terme se produit au point vert avec une offre donnée par O_2. À la figure 12.12, nous ajoutons une autre courbe de demande, D_2. Nous pouvons reprendre le même argument pour montrer que, avec une telle demande, l'équilibre à long terme se produira au point mauve avec une offre de O_3. En effet, lorsque toutes les entreprises dont le seuil de rentabilité ne dépasse pas 21 $ participent au marché (les blocs rose, vert et mauve), la courbe d'offre

Les entrées et les sorties

Microordinateurs et machines agricoles

Dans les années 1980 et 1990, on a vu un exemple d'entrée et de baisse des prix dans le marché des microordinateurs. Quand elle a lancé son premier PC en 1981, la société IBM avait peu de concurrents. L'appareil se vendait 7 000 $ (environ 16 850 $ en dollars d'aujourd'hui), et IBM réalisait un profit économique substantiel.

Témoins de l'énorme succès d'IBM, de nouvelles entreprises telles que Gateway, NEC, Dell et bien d'autres entrèrent dans le marché avec des appareils présentant des caractéristiques techniques identiques à celles d'IBM. En fait, la ressemblance était si parfaite qu'on en vint à appeler les nouveaux venus des « clones ». L'entrée massive dans le marché des microordinateurs a fait monter l'offre du marché et baisser les prix. Le profit économique de toutes les entreprises s'est mis à diminuer.

Aujourd'hui, un ordinateur de 400 $ est infiniment plus puissant que son prédécesseur de 1981, qui coûtait 42 fois plus cher.

Le marché des PC, qui fut le théâtre d'entrées dans les années 1980 et 1990, a connu récemment des sorties. En 2001, IBM, qui a créé le microordinateur, a annoncé qu'elle quittait le marché. La concurrence intense de Gateway, NEC, Dell et autres, qui ont fait leur entrée à la suite d'IBM, a fait tomber les prix et a dissipé le profit économique. Aujourd'hui, IBM concentre ses efforts sur les serveurs et sur d'autres créneaux du marché des ordinateurs.

IBM a quitté le marché des PC parce qu'elle subissait des pertes économiques. Sa sortie a réduit l'offre du marché et a permis aux autres entreprises de rester en place, mais avec un profit économique nul pour l'entreprise marginale.

International Harvester est une société qui fabrique des machines agricoles et qui, elle aussi, a choisi la sortie. Pendant des décennies, le nom « International Harvester » évoquait, dans l'esprit des gens, les tracteurs, les moissonneuses-batteuses et bien d'autres machines nécessaires à l'agriculture. Mais International Harvester n'était pas le seul fabricant d'équipement pour la ferme. Le marché est devenu extrêmement concurrentiel, et l'entreprise s'est mise à subir des pertes économiques. La société porte aujourd'hui un nouveau nom, Navistar International, et elle ne fabrique plus de tracteurs. En 1985, après des années de pertes économiques et de recettes en régression, elle a renoncé à la fabrication des machines agricoles et s'est mise à produire des camions.

International Harvester est sortie du marché en raison de la perte économique qu'elle subissait. Sa sortie a réduit l'offre et a permis aux autres entreprises de rester dans le marché et d'atteindre le seuil de rentabilité.

agrégée est donnée par O_3, et l'équilibre du marché s'établit au point mauve au prix de 21 $ et de 26 000 chandails échangés par jour. L'entreprise marginale parmi les entreprises participantes – sur la frange supérieure du bloc mauve – n'a donc ni profit ni perte, et aucune entreprise n'est incitée à entrer dans le marché ni à le quitter.

Est-il possible d'observer à long terme une quantité échangée et un prix correspondant au point bleu – soit un peu moins de 18 000 chandails par jour vendus à 25 $ chacun ? C'est certainement possible à court terme : il suffit que l'offre et la demande soient données par O_2 et D_2. Toutefois, c'est peu plausible à long terme parce que, à 25 $ par chandail, presque toutes les entreprises veulent entrer dans l'industrie. Pour observer un prix de 25 $ à long terme, il faudrait nécessairement que la demande soit beaucoup plus importante pour absorber toute cette production.

Ainsi, lorsqu'on envisage la possibilité d'entrées et de sorties dans une industrie, on constate qu'on ne peut souvent associer qu'un niveau de production particulier à long terme à un prix donné. Par exemple, le prix du pétrole peut certainement grimper à 130 $ le baril à court terme, comme nous l'avons vu à l'été 2008, mais ce prix ne peut être soutenu à long terme que si une demande accrue le justifie. Autrement dit, un tel prix ne fait que précipiter l'exploitation de nouveaux sites déjà connus (l'entrée), ce qui accroît l'offre et tempère le prix à plus ou moins brève échéance.

En associant ainsi à chaque prix la quantité compatible avec un équilibre à long terme, on obtient ce qu'on appelle la **courbe d'offre à long terme de l'industrie**. Celle-ci est illustrée à la figure 12.12 par la courbe orange marquée *OLT*. La courbe d'offre à long terme croise chacune des offres à court terme au seuil de rentabilité de l'entreprise marginale qui lui est associée. Par exemple, la

FIGURE 12.12 *Une variation de la demande*

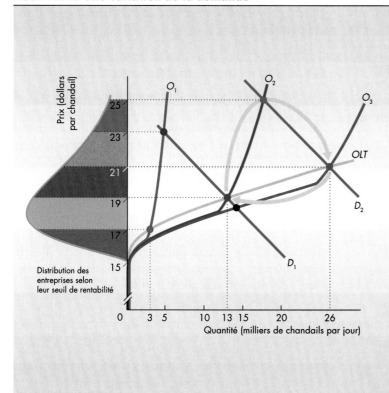

La courbe orange *OLT* passant par les points rose, vert et mauve est la courbe d'offre à long terme de l'industrie. Elle désigne le volume d'activité compatible à long terme avec un prix donné. L'équilibre à long terme est toujours à l'intersection de la courbe d'offre à long terme et de la courbe de demande.

Lorsque la demande est D_1, le marché est au point vert avec 13 000 chandails vendus au prix de 19 $. Si la demande augmente à D_2, le marché retrouvera un équilibre à long terme au point mauve avec 26 000 chandails vendus au prix de 21 $. Pour y parvenir, toutes les entreprises composant le bloc mauve devront intégrer le marché. À court terme, seules les entreprises en place, celles des blocs rose et vert, peuvent satisfaire la demande. Le prix grimpe à 25 $ au point bleu. C'est justement cette hausse du prix qui incite les entreprises du bloc mauve à entrer sur le marché, ce qui résulte en un gonflement de l'offre de O_2 à O_3.

L'évolution inverse illustre le phénomène des sorties. En partant de l'équilibre à long terme au point mauve, une baisse de la demande de D_2 à D_1 fait chuter le prix au point noir à moins de 19 $, ce qui provoque la sortie à long terme des entreprises formant le bloc mauve. Cette sortie entraîne une contraction de l'offre de O_3 à O_2, soit jusqu'à ce que l'entreprise marginale réalise à nouveau un profit nul.

courbe d'offre de l'industrie croise la courbe O_1 au point rose – 3 000 chandails à 17 $ chacun –, soit le seuil de rentabilité de l'entreprise marginale du bloc rose, bloc à partir duquel la courbe O_1 est construite.

Une variation de la demande

Supposons que la demande est D_1 et considérons l'équilibre à long terme : le jeu des entrées et sorties fait en sorte que, à la fin, l'industrie comprend les entreprises des blocs rose et vert pour constituer l'offre O_2. Treize mille chandails sont échangés chaque jour au prix de 19 $ par chandail. Nous allons maintenant imaginer un accroissement de la demande à D_2 à long terme et considérer la suite d'événements qui conduiront à un nouvel équilibre.

À la figure 12.12, la flèche turquoise supérieure nous indique l'évolution des prix et des quantités. À court terme, le nombre d'entreprises dans l'industrie est fixe. Le déplacement de la demande vers la droite provoque une hausse du prix le long de la courbe d'offre O_2 jusqu'au point bleu. Le prix dépasse maintenant 25 $ par chandail ! À court terme, la hausse du prix contrebalance cette demande accrue de deux façons : elle tempère la quantité demandée par les acheteurs et elle incite les entreprises en place à produire davantage. Celles-ci font maintenant d'importants profits, car elles vendent plus à un prix plus élevé.

À long terme, la hausse du prix entraîne l'entrée de nouvelles entreprises (issues du bloc mauve) dans l'industrie. Tout au long de cette transition, la courbe d'offre agrégée se déplace vers la droite et l'équilibre à court terme commence à glisser le long de D_2 en direction du point mauve. De ce fait, le prix baisse et la quantité échangée s'accroît, au bénéfice des consommateurs. Lorsque toutes les entreprises du bloc mauve sont entrées, la courbe d'offre est maintenant O_3 et l'équilibre à court terme est au point mauve : 26 000 chandails sont échangés à 21 $ pièce. Cet équilibre à court terme est aussi l'équilibre à long terme, puisque les entreprises des blocs gris et bleu ont un seuil de rentabilité dépassant 21 $ et ne souhaitent pas entrer dans le marché à ce prix.

La flèche du bas indique l'évolution inverse, lorsque la demande est initialement donnée par D_2 pour ensuite se contracter à D_1. Au début, c'est la catastrophe pour les entreprises en place. Alors que, par le passé, ils absorbaient 26 000 chandails par jour à 21 $ chacun, les consommateurs n'en demandent tout au plus aujourd'hui que 9 000 au même prix. Les invendus provoquent la chute du prix le long de la courbe d'offre O_3. Le prix chute tellement que plusieurs entreprises cessent tout simplement de produire – le prix étant inférieur à leur seuil de fermeture. Cette réaction tempère l'effondrement du prix en limitant la quantité offerte sur le marché. La baisse du prix signifie également des aubaines pour les consommateurs qui consentent à accroître leurs achats. Les choses se stabilisent à court terme au point noir, où un peu plus de 14 000 chandails sont échangés chaque jour à un prix guère supérieur à 18 $.

À long terme, les entreprises qui subissent maintenant des pertes quittent le marché. Dans notre exemple, plusieurs d'entre elles ne produisaient déjà plus rien parce que le prix avait chuté sous leur seuil de fermeture. Mais avec le temps, l'offre se contracte vers O_2 et le prix recommence à grimper le long de D_1 en direction du point vert, lequel représente l'équilibre à long terme correspondant à la demande D_1.

En glissant d'un équilibre à court terme vers un autre, nous sommes arrivés à un deuxième équilibre à long terme, soit le point vert au croisement de D_1 et O_2, le premier étant le point mauve au croisement de D_2 et O_3. Ces deux points sont sur la courbe d'offre de l'industrie. Par construction, celle-ci nous permet de trouver les équilibres à long terme: quelle que soit l'offre à court terme, on sait que

l'équilibre à long terme se trouve à l'intersection de la courbe de demande et de la courbe d'offre à long terme de l'industrie.

Les profits à long terme et la rente

En équilibre à long terme, l'entreprise marginale ne fait pas de profit. Comme elle a le seuil de rentabilité le plus élevé parmi les entreprises en place, cela signifie que toutes celles qui ont un seuil de rentabilité plus bas en font. Cette conclusion contredit l'enseignement prodigué dans plusieurs manuels d'économie selon lequel les entreprises ne réalisent aucun profit à long terme.

Tout est en fait une question de définition. Considérons le cas particulier où toutes les entreprises ont le même seuil de rentabilité. La figure 12.13 illustre cette possibilité. Sur le graphique (a), on retrouve la structure de coûts maintenant familière de Maille Maille.

FIGURE 12.13 ***Les entrées et les sorties avec des coûts identiques***

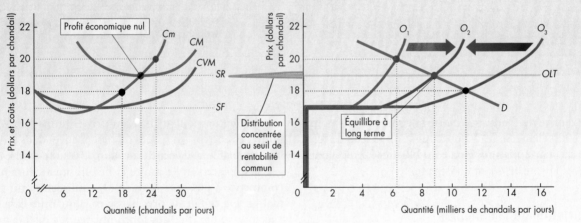

(a) Structure de coûts de Maille Maille   **(b) Marché des chandails**

Comme la figure 12.12, cette figure illustre l'équilibre avec entrées et sorties, mais dans le cas particulier où toutes les entreprises ont des coûts identiques à ceux de Maille Maille. Le graphique (a) illustre la structure de coûts de Maille Maille. Sur le graphique (b), la cloche a été remplacée par un seul point où se concentre toute la distribution des entreprises, au seuil de rentabilité commun de 19 $. Les courbes d'offre agrégée se décalent parfaitement horizontalement parce que toute entreprise nouvellement entrée a les mêmes seuils de fermeture et de rentabilité que Maille Maille. Toute les offres agrégées affichent un plateau au seuil de fermeture commun de 17 $. La courbe d'offre à long terme de l'industrie, *OLT*, est parfaitement élastique au niveau du seuil de rentabilité commun.

La courbe O_1 représente l'offre de 250 entreprises similaires à Maille Maille. Quand le prix est de 20 $, elles produisent chacune 25 chandails par jour et la quantité offerte totale, soit 6 250 chandails, correspond à la quantité demandée à ce prix (au point brun). À ce prix, les entreprises en place font des profits ce qui provoque l'entrée d'autres entreprises dans le marché et l'offre gonfle vers la droite vers O_2.

La courbe O_3 représente l'offre de 600 entreprises. Quand le prix est de 18 $, elles font des pertes qu'elles minimisent à court terme en produisant chacune 18 chandails par jour et la quantité offerte totale, soit 10 800 chandails, correspond à la quantité demandée à ce prix (au point noir). À long terme, certaines de ces entreprises quittent le marché pour éviter de perpétuer leurs pertes. L'offre se contracte alors vers O_2.

La courbe O_2 représente l'offre de 400 entreprises similaires à Maille Maille. Quand le prix est de 19 $, elles produisent chacune 22 chandails par jour et la quantité offerte totale, soit 8 800 chandails, correspond à la quantité demandée à ce prix (au point vert). À ce prix, les entreprises en place ne font ni profit ni perte puisque le prix correspond à leur seuil de rentabilité. Il n'y a donc ni entrée ni sortie et on a atteint un équilibre de long terme.

L'équilibre à long terme est à l'intersection de la courbe *OLT* et de la courbe de demande. Avec des coûts identiques, le prix à long terme égale le seuil de rentabilité commun, de sorte que toutes les entreprises sur le marché produisent le plus économiquement possible au minimum de leur coût moyen, et aucune ne réalise de profit économique.

Le graphique (b) reprend la figure 12.12, mais dans le cas où les entreprises pouvant entrer dans le marché ont toutes la même structure de coûts que Maille Maille. Par conséquent, la cloche de dispersion des seuils de rentabilité est maintenant concentrée en un seul point, soit le seuil de rentabilité de Maille Maille : 19 $. Toute entreprise dans le marché est ici marginale.

Les courbes d'offre agrégée se déclinent comme précédemment, la troisième dépassant la seconde qui dépasse la première. Elles s'emboîtent maintenant parfaitement horizontalement : en effet, l'offre agrégé ne dépend plus que du nombre d'entreprises présentes, sans égard aux particularités de chacune, puisqu'elles sont toutes identiques. Les courbes d'offre agrégée présentent un plateau au seuil de fermeture commun de 17 $. La courbe d'offre à long terme de l'industrie est maintenant parfaitement élastique au seuil de rentabilité commun.

Comme précédemment, l'équilibre à long terme s'établit à l'intersection de la courbe d'offre à long terme de l'industrie et de la courbe de demande (point vert). Les points brun et noir dénotent des équilibres à court terme instables, obtenus respectivement avec les offres agrégées O_1 et O_3. Au point brun, le prix du marché élevé incite d'autres entreprises à entrer dans le marché et l'offre gonfle pour devenir O_2. Au point noir, le prix du marché égale le seuil de fermeture : les entreprises en place subissent des pertes. Certaines quittent le marché et l'offre se contracte en O_2. L'analyse de l'évolution du marché à la suite d'une variation de la demande est identique à celle que nous avons développée plus haut.

Ce qui est remarquable ici, c'est que la courbe d'offre à long terme est parfaitement élastique et s'établit à un niveau correspondant au seuil de rentabilité commun de toutes les entreprises présentes. Par conséquent, les entreprises ne font pas de profit économique et tout le surplus du producteur suffit tout juste à payer leurs coûts fixes. Avec des coûts différenciés, seule l'entreprise marginale ne fait pas de profit à long terme alors qu'ici aucune n'en fait, puisque toutes les entreprises présentes sont marginales.

La capacité d'une entreprise de réaliser des profits à long terme dans une industrie concurrentielle dépend donc de ses coûts. Si ces derniers sont plus bas que ceux des autres, elle sera profitable. Mais nous avons vu au chapitre 10 qu'il faut prendre soin de mesurer correctement le coût de renonciation total de la production.

En plus des coûts du capital, des matières premières et de la main-d'œuvre, on doit aussi inclure le coût des ressources détenues par l'entreprise, ainsi que le profit normal censé rétribuer l'entrepreneur pour ses activités. Si on omet de compter parmi les coûts l'un ou l'autre de ces facteurs, il est facile de concevoir qu'une entreprise puisse jouir d'un important avantage de coût sur une autre et réaliser d'importants profits. Par exemple, si on omet de compter le coût du capital, une entreprise fortement capitalisée aura généralement des coûts variables plus bas et une capacité de production plus grande, ce qui se traduira par d'importants profits. Mais ces profits ne sont qu'apparents s'ils couvrent en définitive le coût d'acquérir ce capital.

Chaque fois qu'on envisage la possibilité que des entreprises aient des coûts différents, et donc des profits différents, on doit s'interroger sur la source de cet avantage. À la figure 12.10, nous avons représenté toute une population de fabricants de chandails dotés de seuils de rentabilité différents. Qu'est-ce qui justifie cette hétérogénéité ? Certaines des entreprises disposent peut-être d'une main-d'œuvre plus expérimentée. Si c'est le cas, celle-ci devrait être payée plus cher et cela devrait se refléter dans les coûts. Peut-être certaines entreprises ont-elles accès à un meilleur réseau de distribution ? ou sont-elles bien situées, près des sources d'approvisionnement en produits textiles ? Peut-être certaines jouissent-elles d'un microclimat qui leur permet d'économiser sur les coûts de chauffage ? Plus l'industrie est complexe, plus les possibilités sont nombreuses.

La disponibilité des ressources naturelles locales procure souvent un avantage important à certaines entreprises. Avec la technologie moderne, on peut faire pousser des tomates où on veut en février, mais cela coûte beaucoup moins cher dans un champ, sous le soleil du sud des États-Unis, que dans une serre à Portneuf. Certains endroits se prêtent bien à l'ostréiculture (la culture des huîtres), d'autres moins. Grâce à nos rivières, produire de l'électricité au Québec coûte moins cher que dans l'État de New York. La rubrique « Entre les lignes » (p. 373) présente le cas d'une mine d'or en Abitibi.

Le profit que confère un facteur de production permettant d'afficher des coûts plus bas est appelé une **rente économique**. On parle ainsi de la rente hydroélectrique pour évoquer la part des profits d'Hydro-Québec attribuable aux ressources hydroélectriques du Québec. Formellement, la rente est le paiement que reçoit un facteur de production en sus du minimum requis pour le maintenir dans son présent usage. Par exemple, la rente pétrolière associée à un terrain au Texas représente les profits supplémentaires qu'on en retire en y extrayant du pétrole plutôt qu'en y cultivant des tomates ou en le transformant en un terrain de golf (la plus profitable de ces deux dernières options). Si l'on obtient 100 k$ de profit du pétrole, 60 k$ d'un terrain de golf et 30 k$ de la culture des tomates, la rente est de 100 k$ − 60 k$ = 40 k$. Le pétrole doit rapporter au moins 60 k$ pour que l'on continue à maintenir le terrain dans son présent usage ; tout excédent constitue une rente.

En concurrence parfaite, les entreprises sont censées avoir accès aux mêmes possibilités de production, mais cela n'empêche pas l'émergence de rentes. Si un facteur de production procure un avantage particulier, les entreprises consentiront à payer au plus le montant des profits supplémentaires qu'il permet de réaliser. Ce montant est la rente associée à ce facteur. L'entreprise qui emploie ce facteur doit compter comme un coût de renonciation cette rente qu'elle choisit de réaliser par le biais de la production plutôt qu'en revendant le facteur à une entreprise concurrente. Présentée ainsi, la rente « disparaît » dans le coût de renonciation. Mais cet argument présume qu'il est possible de revendre ce facteur sans l'altérer. Or, ce n'est pas toujours possible.

Considérons par exemple un professionnel qui s'est bâti au fil des ans une clientèle fidèle. Cela peut représenter pour lui un avantage considérable en lui évitant de consacrer des ressources à publiciser ses services. Sa clientèle lui procure un avantage qu'il pourrait éventuellement négocier au moment de la retraite avec un professionnel plus jeune. Mais comme il ne peut garantir que sa clientèle suivra le plus jeune, elle a moins de valeur pour ce dernier que pour lui. Il ne peut vendre sa clientèle sans l'altérer, de sorte que, aujourd'hui, une partie des profits supplémentaires qu'elle procure n'a pas d'équivalent pour ce qui est du coût de renonciation. Cette partie non négociable constitue donc bien une rente.

En résumé, la libre entrée en concurrence dissipe les profits économiques que peuvent obtenir les entreprises à court terme. Les profits disparaissent à mesure que le prix baisse, et ce, au bénéfice des consommateurs, qui voient augmenter la part du surplus économique qui leur revient. À long terme, une fois qu'on a tenu compte du coût de renonciation de toutes les ressources de l'entreprise, un profit économique résiduel durable est appelé une rente. Ainsi, en comptant les rentes à part, il ne reste plus, par définition, de profit à distribuer.

MINITEST 4

1 Expliquez la distinction entre un équilibre à court terme et un équilibre à long terme dans un marché concurrentiel.

2 Décrivez la suite d'événements que déclenche une augmentation permanente de la demande dans une industrie concurrentielle. Qu'advient-il de la production, du prix et du profit économique à court terme et à long terme ?

3 Dans quelles circonstances la courbe d'offre à long terme de l'industrie est-elle parfaitement élastique ?

4 Expliquez ce qu'est la rente associée à un facteur de production.

Réponses p. 382

Les effets externes et le progrès technologique

Dans les années 1960, le comté de Santa Clara en Californie était surtout connu pour ses vergers qui approvisionnaient les conserveries locales de fruits. Aujourd'hui, la Silicon Valley, comme on la désigne maintenant, évoque plutôt l'industrie informatique avec des entreprises comme Intel, Apple, Hewlett-Packard et Google. Mark Zuckerberg a fondé Facebook en 2004 alors qu'il était étudiant à l'université Harvard au Massachusetts mais il a choisi Silicon Valley pour développer son entreprise. Une telle concentration d'entreprises n'est pas due au hasard ni au soleil : les coûts des entreprises dépendent souvent de la présence d'autres entreprises. Il est plus facile de recruter de bons informaticiens en Californie qu'en Arkansas parce qu'il est plus facile pour un bon informaticien d'y trouver du travail qu'en Arkansas. C'est là un exemple d'économie externe, un phénomème à l'échelle d'une industrie que nous allons maintenant étudier.

Les économies et les déséconomies externes

Dans un marché concurrentiel, on situe le prix d'équilibre à long terme à l'intersection de la courbe de demande et de la courbe d'offre de l'industrie à long terme. Nous avons vu que cette dernière courbe peut avoir une pente positive si les entreprises ont des seuils de rentabilité différents. Nous avons aussi vu qu'elle peut être parfaitement élastique, c'est-à-dire horizontale, si toutes les entreprises ont les mêmes seuils de rentabilité. Ces deux cas n'épuisent pas toutefois l'éventail des possibilités. La forme de la courbe d'offre à long terme de l'industrie dépend en outre de la présence potentielle d'économies ou de déséconomies externes.

Les **économies externes** sont les facteurs sur lesquels aucune entreprise n'a d'influence directe et qui réduisent les coûts de l'entreprise marginale quand la production de l'*industrie* augmente. Les **déséconomies externes** sont les facteurs sur lesquels aucune entreprise n'a d'influence directe et qui augmentent les coûts de l'entreprise marginale quand la production de l'*industrie* augmente. En l'absence d'économies et de déséconomies externes, les coûts de l'entreprise marginale restent constants quand la production de l'industrie varie.

La figure 12.14 illustre ces trois cas lorsque les entreprises ont des coûts identiques, de sorte qu'une pente non nulle de la courbe d'offre à long terme de l'industrie n'est pas attribuable aux effets de seuils de rentabilité que nous avons étudiés précédemment. Le graphique (a) illustre le cas que nous venons d'étudier à la figure 12.13 – coûts identiques et absence d'économies et de déséconomies externes. La courbe d'offre à long terme de l'industrie OLT_A est horizontale. Dans ce cas, une augmentation permanente de la demande, qui passe de D_0 à D_1, n'a aucun effet

FIGURE 12.14 *Les variations à long terme du prix et de la quantité*

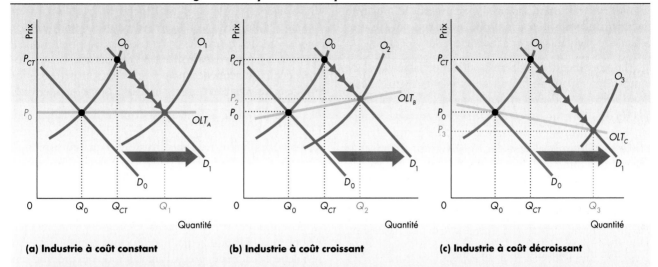

(a) Industrie à coût constant **(b) Industrie à coût croissant** **(c) Industrie à coût décroissant**

À long terme, trois types de variation du prix et de la quantité produite peuvent survenir. Quand la demande augmente, passant de D_0 à D_1, de nouvelles entreprises entrent dans l'industrie, et la courbe d'offre à court terme de l'industrie passe de O_0 à O_1.

Sur le graphique (a), la courbe d'offre à long terme de l'industrie, OLT_A, est parfaitement élastique. La quantité produite augmente, passant de Q_0 à Q_1, mais le prix reste à P_0. Sur le graphique (b),

l'offre à long terme de l'industrie est OLT_B; le prix monte à P_2, et la quantité, à Q_2. Cette situation survient en présence de déséconomies externes dans l'industrie.

Sur le graphique (c), la courbe d'offre à long terme est OLT_C; le prix descend à P_3, et la quantité augmente, passant à Q_3. Cette situation survient en présence d'économies externes dans l'industrie.

sur le prix à long terme. L'augmentation de la demande fait monter temporairement le prix de P_0 à P_{CT}, et la quantité de Q_0 à Q_{CT}. Les entrées font monter l'offre à court terme de O_0 à O_1, ce qui ramène le prix à son niveau initial, P_0, et fait monter la quantité à Q_1.

Le graphique (b) illustre le cas des déséconomies externes. Ici, la pente de la courbe d'offre à long terme de l'industrie (OLT_B) est positive. Une augmentation permanente de la demande, qui monte de D_0 à D_1, fait monter le prix à court terme et à long terme. Comme dans le cas précédent, l'augmentation de la demande entraîne une hausse temporaire du prix, qui passe à P_{CT}, et une augmentation à court terme de la quantité, qui passe de Q_0 à Q_{CT}. Les entrées font monter l'offre à court terme de O_0 à O_2, ce qui fait descendre le prix à P_2 et monter la quantité à Q_2.

En apparence, le graphique (b) est semblable à celui de la figure 12.12, mais ici toutes les entreprises ont les mêmes seuils de rentabilité, de sorte qu'aucune ne fait de profit à long terme : la hausse du prix de P_0 à P_2 a suscité l'entrée de nouvelles entreprises et ces entrées ont fait grimper les coûts de *toutes* les entreprises (les entrées ont provoqué des déséconomies externes) au point de dissiper tous les profits que cette hausse du prix aurait dû permettre. Ainsi, les déséconomies externes ne bénéficient à personne : elles ne génèrent aucune rente pour les entreprises et font monter les prix pour les consommateurs.

La congestion est une cause classique de déséconomies externes. Ainsi, la production accrue de l'industrie du transport aérien congestionne les aéroports et l'espace aérien, ce qui entraîne des retards et des attentes plus longues pour les passagers et pour les avions. Ces déséconomies externes signifient que, plus la production de services de transport aérien augmente, plus le coût moyen monte, ce qui donne une courbe d'offre à long terme positive. Par conséquent, une augmentation permanente de la demande entraîne une augmentation de la quantité et du prix.

Le graphique (c) illustre le cas des économies externes. Ici, la pente de la courbe d'offre à long terme (OLT_C) est négative. Une augmentation permanente de la demande, qui passe de D_0 à D_1, fait monter le prix à court terme et le fait baisser à long terme. Là encore, l'augmentation de la demande entraîne une hausse temporaire du prix, qui passe à P_{CT}, et une augmentation à court terme de la quantité, qui passe de Q_0 à Q_{CT}. Les entrées font monter l'offre à court terme de O_0 à O_3, ce qui fait descendre le prix à P_3 et monter la quantité à Q_3.

Comme dans le cas des déséconomies externes, la baisse du prix attribuable aux économies externes n'avantage ni ne lèse les entreprises puisque, si elles ont les mêmes seuils de rentabilité, elles continueront à n'afficher ni profit ni perte à long terme. Le prix a baissé de P_0 à P_3, et ce, au bénéfice seul des consommateurs. La présence d'économies externes milite donc en faveur d'une stimulation de la demande par les pouvoirs publics puisque les consommateurs y gagnent sans que les entreprises y perdent.

La croissance des services de soutien spécialisés dans une industrie en expansion fournit un excellent exemple d'économies externes. Par exemple, l'expansion de l'agriculture à la fin du XIXe et au début du XXe siècle a entraîné la croissance des services offerts aux agriculteurs. De nouvelles entreprises se sont spécialisées dans le développement et la commercialisation de la machinerie agricole et des engrais, ce qui a fait baisser les coûts agricoles moyens. Les exploitations agricoles ont bénéficié d'économies externes. À mesure que la demande de produits agricoles augmentait, la quantité produite augmentait elle aussi, mais les prix baissaient.

Le même phénomène se produit de nos jours dans l'industrie informatique, ce qui explique pourquoi tant d'entreprises de cette industrie trouvent avantageux de s'installer en Californie.

À long terme, le prix de nombreux biens et services a baissé non pas à cause des économies externes, mais en raison du progrès technologique. Voyons quels sont les effets de ce progrès sur un marché concurrentiel.

Le progrès technologique

Les industries découvrent sans cesse de nouvelles techniques de production moins onéreuses. Cependant, comme leur utilisation exige des investissements importants (nouvelles installations, nouveau matériel), leur adoption par l'ensemble de l'industrie prend un certain temps. Certaines entreprises dont les installations devaient être remplacées de toute façon se convertissent très vite aux nouvelles techniques ; à l'opposé, les entreprises dont les installations ont été renouvelées récemment continuent à s'en servir jusqu'à ce que les conditions du marché ne leur permettent plus de couvrir leur coût variable moyen. Même si leurs installations utilisant les anciennes méthodes sont encore relativement récentes, elles doivent alors s'en défaire pour se convertir à la nouvelle technique. Enfin, l'entreprise qui découvre une nouvelle technique lui permettant d'abaisser ses coûts a intérêt à garder cette innovation secrète le plus longtemps possible afin de jouir d'une rente d'innovation tant que cette technique ne sera pas copiée par le reste de l'industrie.

Avec les nouvelles techniques, les entreprises peuvent produire à un coût moindre, de sorte que leurs courbes de coût se déplacent vers le bas. Comme leurs coûts sont moins élevés, les entreprises sont prêtes à offrir une quantité donnée à un prix plus bas ou à produire une plus grande quantité à un prix donné. L'offre augmente et la courbe d'offre se déplace vers la droite. Pour une demande donnée, la quantité produite augmente et le prix baisse.

Deux forces sont à l'œuvre dans une industrie qui vit un changement technologique. Les entreprises qui se convertissent à la nouvelle technique réalisent un profit économique. Par conséquent, des entreprises dotées de ces nouvelles techniques entrent dans le marché. Et les entreprises qui s'accrochent à l'ancienne technologie essuient une perte économique et doivent soit quitter l'industrie, soit se moderniser.

À mesure que les entreprises qui utilisent l'ancienne technique disparaissent et que de nouvelles entreprises entrent dans l'industrie, le prix baisse et la quantité produite augmente. Finalement, l'industrie parvient à un nouvel équilibre à long terme où toutes les entreprises utilisent la nouvelle technique et réalisent un profit économique nul (profit normal). À long terme, la concurrence élimine le profit économique. Par conséquent, le progrès technologique n'apporte aux producteurs que des gains temporaires. En revanche, la baisse des prix et l'amélioration des produits qui résultent du progrès technologique représentent des gains permanents pour les consommateurs.

La figure 12.15 illustre cette suite d'événements. Le marché est initialement composé de 100 entreprises, toutes dotées de la même structure de coût donnée par la courbe de coût marginal Cm et la courbe de coût moyen CM, qui apparaissent sur le graphique (a). Chaque entreprise produit 10 unités qu'elle vend 15 $ chacune. Toutes les entreprises produisent à leur seuil de rentabilité, de sorte qu'aucune ne réalise de profit.

Sur le graphique (b), l'équilibre est au point bleu, à l'intersection de la courbe d'offre à court terme O_{100} agrégeant 100 entreprises et de la courbe de demande D. Il s'agit d'un équilibre à long terme puisque la courbe d'offre à long terme, OLT, passe également par ce point. Au seuil de rentabilité commun de 15 $, 100 entreprises produisent chacune 10 unités, de sorte que la quantité échangée est de 1 000 unités.

Supposons qu'une de ces entreprise parvient à développer une nouvelle technique de production lui permettant d'abaisser ses coûts à Cm' et CM', avec un nouveau seuil de rentabilité de 10 $. Si le prix demeure à 15 $, l'entreprise innovatrice peut dégager une rente d'innovation (rectangle bleu) en accroissant sa production de quatre unités au point orange du graphique (a). Comme l'entreprise est petite par rapport à la taille de l'industrie, l'accroissement de son offre a un effet négligeable sur l'offre de l'industrie et le prix ne baisse presque pas. Tant que l'entreprise sera seule à disposer de cet avantage, le marché demeurera stable, et elle fera des profits.

Avec le temps, les autres entreprises découvrent et mettent en place à leur tour cette innovation et cherchent toutes à accroître leur offre. Il ne s'agit plus maintenant d'un accroissement marginal : c'est toute la courbe d'offre à court terme qui s'est maintenant déplacée vers la droite pour devenir la courbe rouge O'_{100}. En conséquence, le prix baisse et la quantité augmente le long de la courbe

FIGURE 12.15 *Une innovation technologique*

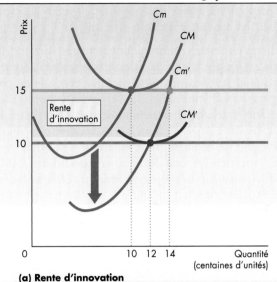

(a) Rente d'innovation

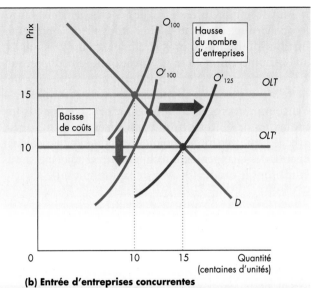

(b) Entrée d'entreprises concurrentes

Sur le graphique (a), l'industrie est initialement composée de 100 entreprises dotées de la même structure de coûts *Cm* et *CM*. Ces entreprises produisent toutes 10 unités au point bleu. Sur le graphique (b), l'équilibre du marché est représenté par le point bleu, où 1 000 unités sont échangées au prix de 15 $, soit à l'intersection de la courbe de demande *D* et de la courbe d'offre à long terme de l'industrie *OLT*.

Si elle développe une nouvelle technique de production qui abaisse les coûts à *Cm'* et *CM'*, une entreprise peut en retirer une rente d'innovation en accroissant son offre à 14 unités au point orange. Seule, elle n'a qu'un effet marginal sur les conditions du marché, mais une fois que plusieurs des entreprises en

place copient son exemple, l'offre agrégée se déplace de O_{100} à O'_{100}; le prix du marché baisse et la quantité échangée augmente alors au point rouge du graphique (b).

La perspective de profits provoque l'entrée de nouvelles entreprises qui font gonfler l'offre jusqu'à O'_{125}. On a atteint un nouvel équilibre à long terme à l'intersection de la courbe de demande et de la nouvelle courbe d'offre de l'industrie *OLT'* (point brun). Le marché compte maintenant 125 entreprises qui, grâce à la nouvelle technique, produisent chacune 12 unités à leur seuil de rentabilité. L'entrée a provoqué la dissipation des profits au bénéfice des consommateurs, qui jouissent maintenant d'un prix plus bas.

de demande pour atteindre un nouvel équilibre à court terme au point rouge du graphique (b). La baisse du prix est un coup dur pour les entreprises en place qui continuent d'employer l'ancienne technique: elles doivent suivre le progrès ou sortir du marché puisque le prix est maintenant inférieur à leur seuil de rentabilité.

L'entreprise innovatrice perd l'exclusivité de sa rente, mais elle continue de faire des profits, car le prix demeure plus élevé que son seuil de rentabilité. En fait, toutes les entreprises en place qui ont adopté l'innovation font maintenant des profits identiques.

La perspective de faire des profits provoque l'entrée de nouvelles entreprises dans l'industrie. Toutefois, la courbe d'offre à long terme de l'industrie a changé et se situe maintenant à *OLT'*, puisque la nouvelle technique a permis d'abaisser le seuil de rentabilité.

Ainsi, le prix continue de descendre et la quantité échangée d'augmenter jusqu'à ce que la courbe d'offre gonfle à O'_{125} et qu'on obtienne un nouvel équilibre du marché au point brun du graphique (b). Il y a maintenant 125 entreprises dans le marché, chacune produisant 12 unités au

minimum de son coût moyen (point brun du graphique de gauche), soit $125 \times 12 = 1\,500$ unités, que le marché absorbe au prix de 10 $, le nouveau seuil de rentabilité.

Dans le processus que nous venons de décrire, à court terme, les entreprises en place qui ont adopté la nouvelle technique – et l'entreprise innovatrice en particulier – ont réalisé des profits économiques pendant la période de transition. Les entreprises qui, pour une raison ou une autre, ont conservé l'ancienne technique ont été contraintes de fermer leurs portes, puisqu'elles ne sont plus rentables au nouveau prix d'équilibre. À long terme, le bénéfice de l'innovation revient entièrement aux consommateurs, qui bénéficient maintenant d'un prix plus bas.

Souvent, la diffusion d'une nouvelle technique a une dimension géographique – les entreprises en plein essor qui l'utilisent apportent la prospérité à une région jusque-là moins développée, tandis que des régions traditionnellement prospères connaissent un déclin. Parfois, les entreprises à technologie avancée sont situées à l'étranger alors que l'économie nationale repose sur des entreprises qui utilisent encore les anciennes techniques.

La révolution de l'information des années 1990 fournit de nombreux exemples de tels changements. Autrefois concentrée aux États-Unis, l'industrie de la programmation informatique prospère maintenant au Canada, au Royaume-Uni et en Inde. Traditionnellement produits à Los Angeles et à New York, les films et les émissions de télévision le sont maintenant souvent à Toronto et à Vancouver. Le progrès technologique ne se confine pas aux industries de l'information et du divertissement ; ainsi, avec le génie génétique, même la production agricole vit encore des changements technologiques majeurs (nous étudierons le cas des OGM au chapitre suivant).

MINITEST 5

1 Qu'est-ce qu'une économie externe ?

2 Décrivez la série d'événements que déclenche le développement d'une nouvelle technique moins coûteuse dans une industrie concurrentielle. Qu'advient-il de la production, du prix et du profit économique à court terme et à long terme ?

Réponses p. 382

 ## La concurrence et l'efficacité

Les décisions non coordonnées des consommateurs et des entreprises dans un marché concurrentiel entraînent une utilisation efficace des ressources. Au chapitre 2, nous avons étudié le concept d'efficacité. Puis, au chapitre 5, en nous appuyant uniquement sur des concepts de demande, d'offre, de surplus du consommateur et de surplus du producteur, nous avons indiqué que l'allocation des ressources dans un marché concurrentiel était efficace en ce sens. Maintenant que nous savons ce qu'il y a derrière les courbes d'offre et de demande d'un marché concurrentiel, nous pouvons mieux détailler ce qu'on entend lorsqu'on dit que le marché est *efficace*.

L'utilisation efficace des ressources

Rappelons que l'utilisation des ressources est efficace quand on produit les biens et services qui ont le plus de valeur pour les gens (voir le chapitre 2, p. 45 et le chapitre 5, p. 134). L'utilisation des ressources n'est efficace que si on ne peut améliorer le sort de quelqu'un sans pénaliser quelqu'un d'autre. Supposons qu'on produit un ordinateur dont personne ne veut et que personne n'utilisera jamais, alors que des gens réclament davantage de jeux vidéo. Dans ce cas, on pourrait produire un ordinateur de moins et se servir des ressources inutilisées pour produire plus de jeux

vidéo. Il serait ainsi possible d'améliorer le sort de certains sans pénaliser qui que ce soit, ce qui signifie que l'allocation actuelle des ressources n'est pas efficace.

Dans les termes économiques que vous avez appris à maîtriser, on dit que l'utilisation des ressources est efficace quand la valeur marginale sociale est égale au coût marginal social. Pour reprendre l'exemple de l'ordinateur et des jeux vidéo, la valeur marginale sociale des jeux vidéo est supérieure à leur coût marginal social, et le coût marginal social d'un ordinateur est supérieur à sa valeur marginale sociale. Par conséquent, en produisant moins d'ordinateurs et plus de jeux vidéo, on réaffecte les ressources à une production qui a une plus grande valeur pour les consommateurs.

Les choix, l'équilibre et l'efficacité

Ce que nous avons appris sur les décisions des consommateurs, sur les entreprises concurrentielles et sur l'équilibre du marché peut servir à décrire l'utilisation efficace des ressources.

Les choix Les consommateurs répartissent leur budget entre divers biens qui ont la plus grande valeur à leurs yeux. On construit les courbes de demande de ces consommateurs en déterminant comment la meilleure allocation budgétaire change lorsque le prix d'un bien varie. Les consommateurs tirent donc la plus grande valeur possible des sommes dont ils disposent à n'importe quel point de leurs courbes de demande. Si les consommateurs d'un bien ou d'un service sont les seuls à en tirer profit, alors la courbe de demande du marché mesure la valeur de ce bien ou service aux yeux de la société et coïncide avec la courbe de valeur marginale sociale.

Les entreprises concurrentielles produisent la quantité qui maximise leur profit, et on construit la courbe d'offre de l'entreprise en trouvant la quantité qui maximise le profit à chaque prix. Les entreprises tirent donc la plus grande valeur possible de leurs ressources à n'importe quel point de leurs courbes d'offre. Si les entreprises qui produisent un bien ou un service supportent tous les coûts de leur production, alors la courbe d'offre du marché mesure le coût marginal imposé à la société dans son ensemble et cette courbe coïncide avec la courbe de coût marginal social.

Nous étudierons plus en détail au chapitre 16 la distinction entre les valeurs privées et les valeurs sociales, de même qu'entre les coûts privés et les coûts sociaux. Il suffit ici de convenir que, en l'absence d'effets externes comme ceux que nous avons évoqués plus haut, ce que vaut une unité marginale d'un bien pour la société correspond à ce qu'elle vaut pour celui qui l'achète, et ce que coûte cette même unité pour la société correspond au coût marginal de l'entreprise qui la produit.

L'équilibre et l'efficacité L'utilisation des ressources est efficace quand la valeur marginale sociale est égale au coût marginal social. C'est ce qui se produit lorsqu'on atteint l'équilibre concurrentiel. En effet, pour les consommateurs, le prix est égal à la valeur marginale sociale et, pour les producteurs, il est égal au coût marginal social.

Les gains des échanges correspondent à la somme du surplus du consommateur et du surplus du producteur. Pour les consommateurs, les gains des échanges se mesurent par le *surplus du consommateur*, lequel correspond à la zone comprise sous la courbe de demande et au-dessus du prix payé (voir le chapitre 5, p. 135). Pour les producteurs, les gains des échanges se mesurent par le surplus du producteur. Les gains totaux des échanges correspondent à la somme du surplus du consommateur et du surplus du producteur. Lorsque le marché d'un bien ou d'un service est à l'équilibre, les gains des échanges sont maximisés.

Une allocation efficace La figure 12.16 illustre l'efficacité de la concurrence parfaite lorsque l'équilibre à long terme est atteint. Le graphique (a) représente la situation de l'entreprise marginale et le graphique (b), celle du marché. Au prix d'équilibre du marché (P^*), toutes les entreprises ajustent leur production au point où leur courbe de coût marginal croise leur droite de recette marginale. Ce point, rappelons-le, correspond au prix. Par conséquent, on ne peut

réaffecter la production d'une entreprise à une autre sans augmenter le coût total pour la société : en réaffectant la production d'une unité marginale d'une entreprise à une autre, la baisse des coûts dans la première entreprise serait inférieure à la hausse des coûts dans la seconde (le coût marginal évité dans la première, à gauche de q^*, est inférieur au coût marginal supplémentaire dans la seconde, à droite de q^*). Les entreprises en place produisent donc ensemble au plus bas coût possible sans pourtant coordonner explicitement leurs actions. En outre, l'entreprise marginale a le coût moyen le plus élevé puisqu'elle est la seule à ne pas faire de profit. Par conséquent, on ne peut en aucun cas réaffecter la production d'une entreprise à une autre entreprise absente du marché sans accroître les coûts, parce que les entreprises absentes ont des coûts encore plus élevés que l'entreprise marginale.

Sur le graphique (b), les consommateurs tirent le maximum de leurs ressources à n'importe quel point de la courbe de demande du marché, $D = VmS$. Le surplus du consommateur est représenté par la zone verte. Les producteurs tirent le maximum de leurs ressources à n'importe quel point de la courbe d'offre du marché, $O = CmS$. Le surplus du producteur est représenté par la zone bleue. L'utilisation des ressources est efficace à la quantité Q^* et au prix P^*. La valeur marginale sociale est alors égale au coût marginal social, et le surplus total (la somme du surplus du producteur et du surplus du consommateur) est optimal.

FIGURE 12.16 *L'efficacité de la concurrence parfaite*

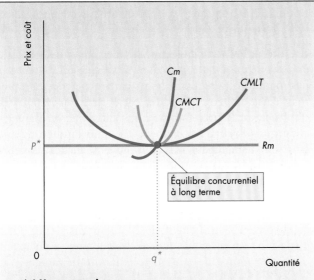

(a) Une entreprise

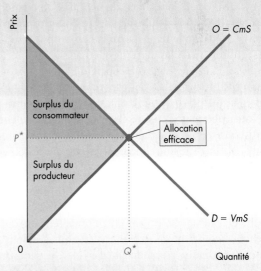

(b) Un marché

La situation de l'entreprise en concurrence parfaite est illustrée sur le graphique (a), où la quantité q^* est le niveau de production auquel le coût moyen à long terme est le plus bas possible. Sur le graphique (b), les consommateurs ont fait les meilleurs choix possible et leurs demandes se situent sur la courbe de demande

du marché ; par ailleurs, les coûts des entreprises sont les plus bas possible et leur production se situe sur la courbe d'offre du marché. En l'absence d'effets externes, l'utilisation des ressources est efficace à la quantité Q^* et au prix P^*. En concurrence parfaite, l'allocation des ressources est efficace.

L'efficacité, le prix et la main invisible L'allocation des ressources dans un marché concurrentiel est telle que la valeur marginale privée des consommateurs pour les dernières unités achetées égale le coût marginal des entreprises pour les dernières unités produites. En l'absence d'effet externe, cette allocation est efficace parce que les valeurs et coûts privés correspondent aux valeurs et coûts sociaux. Ce qui est remarquable, c'est que cette adéquation se fait par la médiation du prix.

Produit-on suffisamment de tomates pour satisfaire la société en février ? Lorsqu'ils achètent des tomates, les consommateurs ne se soucient pas des coûts des entreprises. Ils ne pondèrent pas la pertinence de consommer des tomates en février plutôt que des navets. Ils n'essaient pas de savoir s'il vaut mieux les produire dans le sud des États-Unis et payer le prix de leur transport jusqu'à Montréal ou les faire pousser dans une serre couverte de neige près de Portneuf. Lorsqu'ils achètent des tomates, les consommateurs ne se soucient que du prix des tomates. Si elles sont trop chères, ils achètent autre chose.

Lorsqu'elles produisent des tomates, les entreprises ne se préoccupent pas des désirs des consommateurs. Elles n'essaient pas de deviner si les consommateurs apprécieraient autant des navets ou des rutabagas ou s'ils sont disposés à consommer plus de tomates que l'an dernier. Lorsqu'elles produisent des tomates, les entreprises ne se soucient que du prix auquel elles peuvent les vendre.

Par leurs achats, les consommateurs ajustent la valeur marginale sociale d'une tomate supplémentaire au prix de marché d'une tomate. Par leur production, les entreprises ajustent le coût marginal social de produire une tomate supplémentaire au prix du marché. Le prix du marché, quant à lui, s'ajuste à la hausse ou à la baisse pour résorber tout déséquilibre entre les quantités demandées et offertes. À l'équilibre, la valeur marginale sociale d'une tomate est égal à son coût marginal social parce que la valeur marginale est égale au prix et que le prix est égal au coût marginal. Non seulement le prix réalise-t-il l'adéquation entre les quantités offertes et demandées, mais, dans un marché concurrentiel, il génère une allocation efficace des ressources.

Nous venons une seconde fois d'exposer l'argument fondamental de la main invisible d'Adam Smith présenté au chapitre 5. Le marché est un moyen d'allouer les ressources qui résulte en une allocation *efficace* selon le sens que nous avons énoncé en début de section. La main invisible n'est pas une entité magique descendue du ciel : c'est le mécanisme

des prix qui parviennent à coordonner les décisions d'une multitudes de personnes aux intérêts souvent divergents afin d'atteindre un résultat harmonieux, c'est-à-dire efficace.

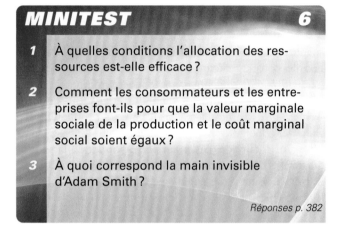

MINITEST   6

1. À quelles conditions l'allocation des ressources est-elle efficace ?

2. Comment les consommateurs et les entreprises font-ils pour que la valeur marginale sociale de la production et le coût marginal social soient égaux ?

3. À quoi correspond la main invisible d'Adam Smith ?

Réponses p. 382

Nous avons maintenant terminé l'étude de la concurrence parfaite. La rubrique « Entre les lignes » (p. 373) permettra d'utiliser les connaissances acquises pour analyser le marché de l'or.

L'intuition d'Adam Smith concernant les marchés concurrentiels est remarquable : l'ordre peut émerger du désordre sans autre impulsion que la seule liberté de commerce. Mais cette intuition a ses limites. D'une part, l'efficacité n'a rien à voir avec la justice (l'allocation résultant du marché peut être juste ou injuste). Ensuite, cette intuition est fausse lorsque les effets externes sont importants (voir le chapitre 16).

Enfin, les prix s'ajustent à la valeur marginale sociale et au coût marginal social dans la mesure où ils ne sont pas manipulés ; ce qui est le cas en concurrence parfaite, mais cesse de l'être quand les entreprises ont le pouvoir d'influer sur le prix comme nous allons le voir dans les chapitres suivants. Au chapitre 13, nous étudierons une structure de marché qui est l'antithèse même de la concurrence parfaite : le monopole, où une entreprise unique détermine seule le prix du marché. Par la suite, nous étudierons les cas intermédiaires : ainsi, au chapitre 14, nous nous pencherons sur la concurrence monopolistique et, au chapitre 15, sur l'oligopole. Nous aurons alors à notre disposition un ensemble de modèles qui nous permettront d'analyser toute une gamme de situations de marché.

NOUVELLE RUÉE VERS L'OR

LA PRESSE, 29 DÉCEMBRE 2007

FORTE PROGRESSION DE L'OR

Le prix de l'or a encore grimpé hier et il se dirigeait vers sa plus forte progression depuis 1979 [...] Delta Global Advisors, de Huntington Beach, en Californie, prédit que le prix de l'or atteindra 925 $US en 2008.■

LA PRESSE, 4 AOÛT 2008

L'OR ENTRAÎNE DE GRANDS PROJETS À MALARTIC

La ville de Malartic est assise sur une vraie mine d'or, mais l'exploitation de ce trésor a entraîné le déplacement d'une partie des habitants pour faire place à la plus grande mine à ciel ouvert au Canada, un projet titanesque devenu rentable grâce aux cours du métal jaune.

«On est assis sur l'or», lance Fernand Carpentier, maire de Malartic, ville de 3 600 habitants située à 600 km au nord-ouest de Montréal.

Cette ville-champignon a surgi de nulle part dans les années 30 à la faveur de la ruée vers l'or de l'Abitibi. Elle a connu son apogée à la fin des années 50 et porte encore quelques traces de cette époque glorieuse : après des années de forage souterrain, ses rues se sont gondolées. «Il y a 20 ans que les compagnies savent qu'il y a de l'or comme ça, mais son prix ne justifiait pas l'ampleur de ces projets-là», assure M. Carpentier.

Avec le prix du métal jaune qui dépasse aujourd'hui les 900 $US l'once, bien des projets redeviennent rentables au Canada, dont celui de Malartic, où le jeune groupe minier Osisko prévoit de construire une mine géante à ciel ouvert.

Près de 8,7 millions d'onces d'or ont été extraites dans cette région minière que plusieurs orpailleurs jugeaient épuisée, mais Osisko estime que 8,4 millions d'onces y dorment encore.

C'est ce qu'Osisko projette de faire avec son projet de 750 millions US, qui prévoit l'exploitation, à partir de 2010, d'une vaste mine à ciel ouvert, une opération onéreuse rendue possible par la hausse des cours de l'or et une nouvelle façon de penser l'extraction sur ce territoire.

«Notre projet, c'est la preuve qu'on peut retourner dans un ancien camp minier fermé depuis 25 ans avec de nouvelles idées scientifiques, de nouveaux concepts, et trouver un gisement», dit à l'AFP Brian Coates, responsable financier d'Osisko.

Mais le cratère va entraîner le déménagement de quelque 200 maisons, deux écoles, une garderie. «C'est 63 ans de ma vie qui sont ni plus ni moins perdus», regrette Ernest Rivest, 66 ans, dont la maison a été déplacée en juillet. Mais, philosophe, il note que cela donne du travail aux jeunes.■

LE DEVOIR, 2 SEPTEMBRE 2009

LES ALGONQUINS VEULENT BLOQUER LE PROJET OSISKO, À MALARTIC

Par *Robert Dutrisac*

Invoquant leurs droits ancestraux, les Algonquins d'Abitibi-Témiscamingue menacent de bloquer le projet de mine à ciel ouvert de la société Osisko à Malartic. [...] La nation algonquine soutient que la mine à ciel ouvert se situe sur leurs terres ancestrales. « Ce territoire nous a été confié par le Créateur depuis des temps immémoriaux et n'a jamais été cédé, transféré, abandonné ou vendu, que ce soit par traité, vente ou capitulation. Tout geste visant à y prélever des ressources naturelles constitue une agression envers notre peuple et nos droits », affirme le grand chef du Conseil tribal, Lucien Wabanonik. ■

LES FAITS EN BREF

● Pendant plus de 20 ans, le prix de l'or n'a pas dépassé les 450 $ US (**figure 1**), mais il a doublé depuis le milieu de la décennie, dépassant même les 1 000 $ US à l'automne de 2009.

● La mine souterraine de Malartic a été exploitée entre 1935 et 1965. On y a extrait plusieurs millions d'onces d'or.

● Le site contient encore de l'or, mais près de la surface, hors d'atteinte par la méthode d'exploitation traditionnelle, qui est souterraine.

● En novembre 2004, Osisko acquérait l'ancienne mine de Malartic dans l'intention de l'exploiter à ciel ouvert à l'aide d'une technologie moderne à haut tonnage et à basse teneur consistant à traiter un volume maximum de roche pour en extraire les moindres traces d'or.

● L'exploitation de la mine va entraîner des désagréments importants mais va donner du travail aux gens de la région.

● Les Algonquins menacent de bloquer le projet.

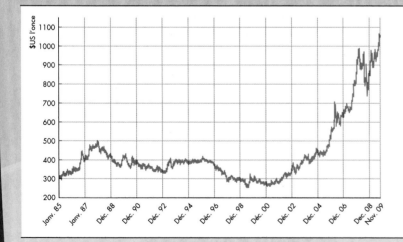

Figure 1 L'évolution du prix de l'or en dollars courants

Depuis 1985, le prix de l'or a oscillé autour de 400 $ US l'once. À partir de 2005, il a monté en flèche et a franchi la barre des 1 000 $ à l'automne 2009.

Source : www.kitco.com

ANALYSE ÉCONOMIQUE

● Il reste de l'or à Malartic, beaucoup d'or. Mais il n'est pas nécessairement rentable de l'extraire du sol. Tout dépend du prix. À 400 $ US l'once, l'exploitation n'est pas rentable ; à 465 $ US, elle le devient.

● La **figure 2** illustre la situation. Osisko prévoit dépenser 789 M$ US en installations. Elle envisage d'extraire 5,4 millions d'onces d'or durant toute la période d'exploitation au coût variable moyen d'exploitation de 319 $ par once extraite (le coût variable comprend notamment les salaires versés aux mineurs). Le coût moyen de 465 $ par once ($/oz) correspond à la somme du coût fixe moyen et du coût variable moyen :

$$465 \text{ \$/oz} = 789 \text{ M\$/5,4 Moz} + 319 \text{ \$/oz}$$

- À 400 $ l'once, l'exploitation permettrait de couvrir les coûts variables, mais pas les coûts fixes, et elle se traduirait en définitive par une perte.

- À 465 $ l'once, l'exploitation couvre ses frais sans dégager de profit économique : les investisseurs reçoivent un rendement normal sur le capital investi, les travailleurs sont payés et les différents paliers de gouvernement perçoivent des taxes.

- À 775 $ l'once, Osisko va dégager un important profit économique associé à la rente aurifère. À 1 000 $, c'est le pactole : le gros des recettes devient une pure rente, la compensation des facteurs de production (le coût moyen) n'en représentant même plus la moitié.

- Les règles institutionnelles concernant la propriété, les redevances minières, les taxes, etc. prévoient une répartition de cette rente entre les différents acteurs : Osisko et ses actionnaires, le gouvernement du Québec, la municipalité, etc. Mais les Algonquins veulent aussi avoir leur part du gâteau et se font entendre.

- Le gouvernement du Québec n'a pas d'influence sur le prix de l'or, mais il peut inciter les entreprises à lancer un projet en réduisant leurs coûts. Dans le cas de cette mine, la proximité des infrastructures (routes, bâtiments) et la disponibilité d'énergie à bon marché (électricité) ont été des éléments déterminants.

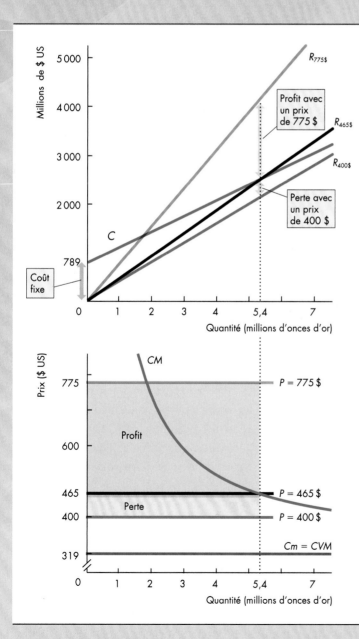

Figure 2 Le projet Osisko

La courbe de coût total d'Osisko, *C* dans le panneau du haut, comporte un coût fixe de 789 M $, ce qui donne une courbe de coût moyen décroissante dans le panneau du bas. La courbe ne se redresse pas par la suite pour former un U parce que le coût variable (le coût d'exploitation) est ici constant. La production d'Osisko est contrainte par la capacité de la mine (la ligne noire) et non par la présence de rendements décroissants.

L'éventail de droites orange, noire et rouge dans le panneau du haut représente les recettes selon que le prix est de 775 $, 465 $ ou 400 $. L'entreprise réalise un profit si les recettes dépassent les coûts au niveau de production choisi.

Osisko prévoit extraire 5,4 millions d'onces d'or de la mine. Compte tenu du coût variable d'exploitation de 319 $ l'once, cette quantité permet d'abaisser le coût moyen de production à 465 $ l'once.

Si le prix est inférieur à 465 $, le projet n'est pas rentable : dans le panneau supérieur, la perte correspond à la différence entre le niveau de la courbe de coût total et celui des recettes R_{400} ; dans le panneau du bas, la même perte est représentée par l'aire du rectangle rose.

Si le prix est supérieur à 465 $, le projet est rentable. Les deux panneaux indiquent les profits que l'entreprise peut réaliser si le prix atteint 775 $ l'once.

La décision d'Osisko d'entrer en production ou non dépend essentiellement de ses prévisions quant au prix du marché de l'or dans les années à venir.

Points clés

Qu'est-ce que la concurrence parfaite ? (p. 346-347)

◆ En concurrence parfaite, de nombreuses entreprises vendent à de nombreux acheteurs des biens qui sont identiques les uns aux autres ; il n'y a aucune barrière à l'entrée dans le marché ; les entreprises et les acheteurs sont parfaitement informés des prix pratiqués par chacune des entreprises dans le marché.

◆ Une entreprise parfaitement concurrentielle est un preneur de prix.

◆ La recette marginale d'une entreprise parfaitement concurrentielle est toujours égale au prix du marché.

Quelle quantité produire ? (p. 348-355)

◆ L'entreprise produit au niveau de production auquel la recette marginale (le prix) est égale au coût marginal.

◆ En situation d'équilibre à court terme, l'entreprise peut faire un profit économique, subir une perte économique ou se maintenir à son seuil de rentabilité.

◆ Le surplus du producteur égale la somme du profit (ou perte) et du coût fixe.

◆ Si son seuil de fermeture est supérieur au prix du marché, l'entreprise cesse temporairement ses activités.

◆ Si les prix sont inférieurs au seuil de fermeture, la courbe d'offre d'une entreprise coïncide avec l'axe des ordonnées ; si les prix sont supérieurs au seuil de fermeture, la courbe d'offre d'une entreprise coïncide avec sa courbe de coût marginal.

Production et prix à court terme (p. 355-358)

◆ La courbe d'offre du marché représente la somme des quantités offertes par chaque entreprise à chaque prix.

◆ L'offre et la demande du marché déterminent le prix.

◆ Une entreprise peut réaliser un profit économique, elle peut subir une perte économique ou son profit économique peut être nul.

Production et prix à long terme (p. 358-366)

◆ Le profit économique incite les entreprises à entrer dans le marché ; la perte économique les incite à en sortir.

◆ Les entrées augmentent l'offre et diminuent le prix et le profit. Les sorties diminuent l'offre et augmentent le prix et le profit.

◆ Dans un marché concurrentiel en équilibre à long terme, le profit économique de l'entreprise marginale est nul. Il n'y a ni entrée ni sortie.

Les effets externes et le progrès technologique (p. 366-370)

◆ Une diminution permanente de la demande entraîne la réduction de la production du marché ainsi que du nombre d'entreprises dans ce marché. Une augmentation permanente de la demande entraîne l'augmentation de la production du marché ainsi que du nombre d'entreprises.

◆ À long terme, et avec des entreprises aux coûts identiques, les effets d'une variation de la demande sur le prix dépendent de la présence d'économies externes (le prix baisse) ou de déséconomies externes (le prix monte). En l'absence d'économies externes et de déséconomies externes, le prix reste constant.

◆ Le progrès technologique augmente l'offre et, à long terme, réduit le prix et augmente la quantité produite.

La concurrence et l'efficacité (p. 370-372)

◆ L'utilisation des ressources est efficace quand on produit les quantités de biens et services qui ont la plus grande valeur aux yeux des consommateurs.

◆ En l'absence d'effets externes, la concurrence parfaite permet une allocation efficace des ressources. En situation d'équilibre à long terme, la valeur marginale sociale est égale au coût marginal social.

Figures clés

Figure 12.1 La demande, le prix et la recette en situation de concurrence parfaite (p. 347)

Figure 12.3 Le niveau de production qui maximise le profit (p. 349)

Figure 12.5 Le seuil de fermeture (p. 352)

Figure 12.6 Le surplus du producteur et le profit (p. 353)

Figure 12.7 La courbe d'offre d'une entreprise (p. 354)

Figure 12.9 L'équilibre à court terme (p. 357)

Figure 12.11 L'équilibre à long terme (p. 361)

Figure 12.16 L'efficacité de la concurrence parfaite (p. 371)

Mots clés

Concurrence parfaite Structure de marché où de nombreuses entreprises vendent à de nombreux acheteurs des biens identiques, où aucune restriction ne limite l'entrée de nouvelles entreprises dans le marché, et où les entreprises et les acheteurs sont parfaitement informés des prix pratiqués par chacune des entreprises dans le marché (p. 346).

Courbe d'offre à court terme de l'industrie Courbe qui représente les effets de la variation du prix du marché sur la quantité offerte lorsque les installations de chaque entreprise et le nombre d'entreprises de l'industrie sont fixes (p. 355).

Courbe d'offre à long terme de l'industrie Courbe qui représente les effets de la variation du prix du marché sur la quantité offerte une fois que tous les ajustements possibles ont été faits, y compris les variations de la taille de toutes les installations et du nombre d'entreprises dans le marché (p. 362).

Déséconomie externe Facteur sur lequel l'entreprise ne peut influer et qui entraîne la hausse de ses coûts lorsque la production de l'industrie augmente (p. 366).

Économie externe Facteur sur lequel l'entreprise n'a aucune influence et qui réduit ses coûts quand la production de l'industrie augmente (p. 366).

Entreprise marginale Une entreprise est marginale si elle a le seuil de rentabilité le plus élevé parmi les entreprises présentes dans le marché (p. 361).

Point mort Niveau de production à partir duquel les recettes dépassent les coûts (p. 348).

Preneur de prix Entreprise qui n'a aucune influence sur le prix du bien ou du service qu'elle produit (p. 346).

Recette Valeur des ventes d'une entreprise; prix unitaire du bien ou du service produit multiplié par le nombre d'unités vendues – prix × quantité vendue (p. 346).

Recette marginale Variation de la recette qui résulte de la vente d'une unité supplémentaire; résultat de la division de la variation de la recette par la variation de la quantité vendue (p. 346).

Rente économique Paiement que reçoit un facteur de production, en sus du minimum requis, pour être maintenu dans son présent usage; profit que confère à une entreprise la possession d'un facteur de production qui lui permet d'avoir des coûts plus bas que ses concurrents (p. 365).

Seuil de fermeture Prix correspondant au coût variable moyen minimal. Si le prix du marché dépasse le seuil de fermeture, l'entreprise peut réaliser une recette qui couvre ses coûts variables et lui permet de rembourser, ne serait-ce que partiellement, ses coûts fixes; elle devrait alors produire. Dans le cas contraire, elle devrait fermer ses portes pour limiter sa perte au montant du coût fixe (p. 352).

Seuil de rentabilité Prix le plus bas auquel une entreprise peut espérer faire un profit (p. 351).

PROBLÈMES ET APPLICATIONS

1. Linh fabrique des biscuits chinois identiques à ceux de dizaines d'autres entreprises. Il n'y a aucune barrière à l'entrée dans le marché de ces biscuits. De plus, les acheteurs et les fabricants sont parfaitement informés des prix qui s'y pratiquent.

  a. Dans quel type de marché Linh exploite-t-il son commerce?

  b. Qu'est-ce qui détermine le prix des biscuits chinois?

  c. Qu'est-ce qui détermine la recette marginale de Linh?

  d. Si les biscuits chinois se vendent 10$ par boîte et que Linh met les siens en vente à 10,50$ par boîte, combien de boîtes vend-il?

  e. Si les biscuits chinois se vendent 10$ par boîte et que Linh met les siens en vente à 9,50$ par boîte, combien de boîtes vend-il?

  f. Quelle est l'élasticité de la demande des biscuits chinois de Linh et en quoi diffère-t-elle de l'élasticité de la demande du marché de ces biscuits?

2. Pizza Maria est un preneur de prix. Ses coûts sont les suivants:

Production (pizzas par heure)	Coût (par heure)
0	10$
1	21$
2	30$
3	41$
4	54$
5	69$

  a. Calculez (1) le niveau de production qui maximise le profit et (2) le profit économique de Pizza Maria, si le prix du marché est:

  (i) 14$ par pizza.

  (ii) 12$ par pizza.

  (iii) 10$ par pizza.

  b. Quel est le seuil de fermeture de Pizza Maria et quel est son profit économique si l'entreprise ferme ses portes temporairement?

  c. Tracez la courbe d'offre de Pizza Maria.

  d. À quel prix les entreprises qui ont des coûts identiques à ceux de Pizza Maria quittent-elles le marché à long terme?

e. À quel prix les entreprises qui ont des coûts identiques à ceux de Pizza Maria entrent-elles dans le marché à long terme ?

3. Dans un marché en situation de concurrence parfaite, il y a 1 000 entreprises qui produisent du papier. Le barème de demande du marché du papier est le suivant :

Prix (par boîte)	Quantités demandées (milliers de boîtes par semaine)
3,65 $	500
5,20 $	450
6,80 $	400
8,40 $	350
10,00 $	300
11,60 $	250
13,20 $	200

Quand il utilise ses installations les moins coûteuses, chaque fabricant de papier supporte les coûts suivants :

Production (boîtes par semaine)	Coût marginal (par boîte supplémentaire)	Coût variable moyen (par boîte)	Coût moyen
200	6,40 $	7,80 $	12,80 $
250	7,00 $	7,00 $	11,00 $
300	7,65 $	7,10 $	10,43 $
350	8,40 $	7,20 $	10,06 $
400	10,00 $	7,50 $	10,00 $
450	12,40 $	8,00 $	10,22 $
500	20,70 $	9,00 $	11,00 $

a. Quel est le prix du marché ?

b. Quelle est la production du marché ?

c. Quelle est la production de chaque entreprise ?

d. Quel est le profit économique ou la perte économique de chaque entreprise ?

e. Y a-t-il des entreprises qui ont intérêt à entrer dans le marché à long terme ? Y en a-t-il qui ont intérêt à en sortir à long terme ?

f. À long terme, quel est le nombre d'entreprises dans le marché ?

g. Quel est le prix du marché à long terme ?

h. Quelle est la quantité de papier produite en situation d'équilibre à long terme ?

4. **LA CULTURE DES TOMATES**

Considérez une région peuplée de producteurs de tomates en concurrence parfaite. Chaque producteur possède un hectare de terrain. Il en coûte 20 000 $ en capital et en main-d'œuvre pour cultiver un hectare. Selon le terrain, le rendement par hectare peut être de 30 tonnes, 40 tonnes ou 60 tonnes.

a. Si les tomates se vendent à 60 ¢ le kilo, quels terrains seront exploités ?

b. Si les tomates se vendent à 70 ¢ le kilo, quels terrains seront exploités ?

c. Si les tomates se vendent à 1 $ le kilo, quelle part des profits réalisés sur les meilleures terres constitue une rente ?

d. Supposez que ces terrains n'ont de valeur que pour la culture des tomates. Calculez le prix de chaque type de terrain en fonction du prix des tomates.

5. Avec l'amélioration de la qualité des écrans d'ordinateurs, de plus en plus de gens lisent les documents en ligne plutôt que de les imprimer. La demande de papier baisse et ne remonte pas. Le barème de demande est le suivant :

Prix (par boîte)	Quantité demandée (milliers de boîtes par semaine)
2,95 $	500
4,13 $	450
5,30 $	400
6,48 $	350
7,65 $	300
8,83 $	250
10,00 $	200
11,18 $	150

Chaque fabricant de papier supporte les coûts indiqués au problème n° 3.

a. Quel est le prix et la production du marché, et quel est le profit économique ou la perte économique de chaque entreprise ?

b. Quels sont le prix d'équilibre à long terme et la production du marché, et quel est le profit économique ou la perte économique de chaque entreprise ?

c. Y a-t-il des économies externes ou des déséconomies externes dans ce marché, ou au contraire le coût est-il constant ? Illustrez votre réponse en traçant la courbe d'offre à long terme.

6. **À L'USINE DE SAINT-THOMAS, ON ÉLIMINE UNE ÉQUIPE ET 720 EMPLOIS**

Sterling Trucks s'apprête à éliminer une des deux équipes qui lui restent et à licencier 720 travailleurs de plus. [Elle] se joint ainsi au nombre grandissant d'entreprises forcées de réduire leurs effectifs en raison du ralentissement économique aux États-Unis.

L'an dernier, à Saint-Thomas, Sterling a mis à pied une première équipe et les 600 personnes qui la composaient [...] À l'époque où il y avait trois équipes, «nous fabriquions des camions pratiquement 24 heures sur 24, 5 jours sur 5», selon Elliott [président des TCA].

Mais en ces temps de récession, «on transporte moins de marchandises, la construction a ralenti – personne n'achète de camions. Nous avons vraiment besoin d'une relance économique [...] et nous espérons que le prix du carburant baisse et que les gens se remettent à acheter.»

Le président de la chambre de commerce de Saint-Thomas a qualifié les licenciements de «catastrophe» [...] «on ne peut minimiser ce que représente pour la ville 720 postes relativement bien payés». Chacun de ces emplois, a-t-il dit, «peut se répercuter sur sept autres et toucher ceux qui vendent des véhicules, qui tiennent une épicerie, jusqu'à ceux qui travaillent à la station-service du quartier».

Canadian Press, 18 juillet 2008

a. Expliquez comment un ralentissement de l'économie aux États-Unis peut obliger un fabricant de camions à réviser sa production à court terme.

b. À l'aide d'un graphique, montrez les effets du ralentissement de l'économie sur la production à court terme de Sterling.

c. Expliquez comment une augmentation du prix du carburant peut obliger un fabricant de camions à réviser sa production à court terme.

d. À l'aide d'un graphique, montrez les effets d'une augmentation du prix du carburant sur la production à court terme de Sterling.

e. Expliquez pourquoi un fabricant de camions peut essuyer une perte économique à court terme quand le prix du carburant augmente.

f. Si certains fabricants de camions décident de sortir du marché par suite des prix élevés du carburant, expliquez ce qui advient du profit ou de la perte économique de ceux qui restent.

g. Expliquez les répercussions de la perte des emplois bien payés sur le profit économique des épiceries de Saint-Thomas à court terme.

h. Au moyen d'un graphique, représentez les répercussions de la perte des emplois bien payés sur le profit économique des épiceries locales à court terme.

7. Dans un marché parfaitement concurrentiel en équilibre à long terme, est-il possible que:

a. le surplus du consommateur augmente?

b. le surplus du producteur augmente?

c. le sort d'une entreprise s'améliore si elle quitte ce marché pour un autre?

d. l'on puisse réorganiser la production entre les entreprises à moindre coût?

8. Au moyen d'un graphique, montrez les répercussions de la croissance démographique mondiale sur le marché mondial du blé et sur la situation d'un producteur de blé typique.

9. **WESTJET BIEN PLACÉE POUR ACCROÎTRE SA PART DE MARCHÉ**

«Comme tout le monde, nous voyons bien qu'il y a une récession, mais [nous] continuons de croître!» affirme Richard Bartrem, vice-président, culture et communication, de WestJet. [...] WestJet dispose d'à peu près tous les atouts – à commencer par des frais d'exploitation de 30% inférieurs à ceux de la concurrence – pour continuer de gruger des parts de marché à Air Canada. [...] WestJet profite ainsi du contexte difficile pour continuer de croître dans un marché qui lui est grand ouvert. [...] De plus, WestJet continue d'acheter des avions. Elle prévoit en recevoir 9 en 2009, et 44 d'ici 2013, ce qui portera à 121 le nombre de ses appareils. Le transporteur dispose ainsi d'une flotte parmi les plus jeunes de l'industrie: ses avions ont 3,7 ans en moyenne, comparativement à 19 ans pour l'ensemble des flottes aux États-Unis. Un avantage concurrentiel au chapitre des frais de carburant de 30 à 40% par rapport à la moyenne des concurrents, selon WestJet.

Les Affaires, 7 mars 2009

a. Pourquoi les concurrents de WestJet réduisent-ils leur présence sur le marché?

b. Pourquoi WestJet agit-elle différemment?

c. Qu'est-ce qui empêche les concurrents de WestJet de copier sa stratégie?

10. Le barème de demande du marché des yogourts fouettés est le suivant:

Prix (par yogourt fouetté)	Quantités demandées (yogourts fouettés par heure)
1,90 $	1 000
2,00 $	950
2,20 $	800
2,91 $	700
4,25 $	550
5,25 $	400
5,50 $	300

Le marché est en situation de concurrence parfaite, et chacune des 100 entreprises qui composent le marché a les coûts suivants lorsqu'elle utilise ses installations les moins coûteuses :

Production	Coût marginal	Coût variable moyen	Coût moyen
(yogourts fouettés par heure)	(par yogourt fouetté supplémentaire)	(par yogourt fouetté)	
3	2,50 $	4,00 $	7,33 $
4	2,20 $	3,53 $	6,03 $
5	1,90 $	3,24 $	5,24 $
6	2,00 $	3,00 $	4,67 $
7	2,91 $	2,91 $	4,34 $
8	4,25 $	3,00 $	4,25 $
9	8,00 $	3,33 $	4,44 $

a. Quel est le prix du marché d'un yogourt fouetté ?

b. Quelle est la production du marché des yogourts fouettés ?

c. Combien de yogourts fouettés chaque entreprise vend-elle ?

d. Quel est le profit économique ou la perte économique de chaque entreprise ?

e. Y a-t-il des entreprises qui entrent ou qui sortent du marché à long terme ?

f. À long terme, quel est le prix et la quantité d'équilibre du marché ?

11. **LES GOBE-SOUS À MOTEUR**

À Marietta, où la route longe la rivière Susquehanna, les deux stations-service, Rutter's Farm Store et Sheetz, se font face, chacune de son côté du chemin. Kelly Bosley, gérante de Rutter's, n'a pas à tendre le cou pour voir si le prix de l'essence a changé chez Sheetz. Quand le prix monte de l'autre côté de la route, ses pompes sont occupées. Quand Sheetz réduit son prix, il n'y a personne chez Rutter's [...] Vous vous trouvez impuissant devant les pétrolières ? Eh bien, Bosley gagne sa vie à vendre de l'essence – et sa capacité d'influer sur les prix est presque nulle.

Mining Journal, 24 mai 2008

a. Décrivez l'élasticité de la demande avec laquelle chacune de ces stations-service doit composer.

b. Pourquoi ces stations-service ne sont-elles pas en mesure d'influer beaucoup sur le prix de l'essence qu'elles vendent ?

c. Comment ces stations-service décident-elles de la quantité d'essence à mettre en vente ?

12. Copie Express est l'un des centres de reprographie situés près du campus universitaire. La figure montre les coûts de Copie Express.

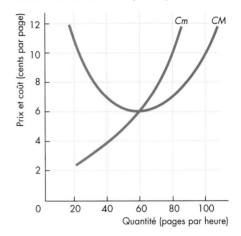

Si le prix du marché est de 10 ¢ par photocopie, calculez :

a. la recette marginale de Copie Express.

b. le niveau de production qui maximise le profit.

c. le profit économique de Copie Express.

13. **L'USINE DE CADILLAC FERME SES PORTES TEMPORAIREMENT ; SON AVENIR EST INCERTAIN.**

L'usine de Delta Truss, à Cadillac [Michigan], est fermée. Selon Pro-Build, la maison-mère, il s'agit d'« une interruption temporaire de la production ». Les travailleurs craignent que leur congé ne devienne permanent. Environ 60 personnes travaillent chez Delta Truss durant les mois les plus occupés. À l'heure actuelle, il y en a environ 20 [...] Dans une lettre, les directeurs [...] indiquent que « nous prévoyons redémarrer la production dans ces usines à la reprise des activités du printemps ».

9 & 10 News, 18 février 2008

a. Expliquez en quoi la fermeture influera sur le coût fixe (*CF*), le coût variable (*CV*) et le coût (*C*) de Delta Truss.

b. À quelles conditions la fermeture maximisera-t-elle le profit économique de Delta Truss (ou en minimisera-t-elle la perte) ?

c. À quelles conditions Delta Truss se mettra-t-elle à produire de nouveau ?

d. À quelles conditions Delta Truss sortira-t-elle du marché et fermera-t-elle définitivement ses portes ?

14. **EXXON MOBIL VEND TOUTES SES STATIONS-SERVICE À DES DISTRIBUTEURS**

Dans le sillage d'autres grandes compagnies pétrolières, Exxon Mobil Corp. a annoncé jeudi qu'elle se retire de la vente de l'essence au détail [...] «Compte tenu de l'évolution [...] du secteur hautement concurrentiel de la mise en marché des carburants, nous croyons que cette transition constitue la meilleure façon pour Exxon Mobil de rester concurrentielle et de poursuivre sa croissance», a affirmé Ben Soraci, directeur des ventes au détail d'Exxon Mobil pour les États-Unis. Exxon Mobil n'est pas la seule des grandes pétrolières à abandonner la vente de l'essence au détail, car il s'agit d'un marché où les profits sont plus difficiles à réaliser en raison de la hausse des prix du pétrole brut [...] Les propriétaires de stations-service disent avoir beaucoup de peine à faire un profit sur la vente de l'essence, [...] car ils n'arrivent pas à augmenter les prix à la pompe assez rapidement pour suivre [...] la montée en flèche des prix de gros.

Houston Chronicle, 12 juin 2008

a. La décision d'Exxon Mobil est-elle une décision de fermeture ou une décision de sortie du marché de la vente d'essence au détail ?

b. À quelles conditions cette décision entraînera-t-elle la maximisation du profit économique d'Exxon Mobil ?

c. En quoi cette décision d'Exxon Mobil influe-t-elle sur le profit économique réalisé par les autres entreprises qui font la vente d'essence au détail ?

15. **ENCORE UN FORMAT DVD, MAIS ON AFFIRME QU'IL COÛTERA MOINS CHER**

Le combat pour le format DVD haute définition de la prochaine génération vient tout juste de se terminer avec la victoire de Blu-ray sur HD DVD, et déjà un nouveau concurrent saute dans l'arène. Un nouveau système [...] appelé HD VMD [...] se cherche une niche. New Medium Enterprises, l'entreprise londonienne à l'origine de HD VMD, affirme que son système offre la même qualité que Blu-ray mais à meilleur prix [...] Le prix courant du lecteur Blu-ray dépasse les 300 $, alors que celui de l'appareil HD VMD a été fixé à 199 $ [...] «À ce prix, la stratégie de New Medium est vouée à l'échec, dit Andy Parsons, président de l'Association du disque Blu-ray, [...] parce qu'elle est fondée sur une prémisse erronée, à savoir que la technologie Blu-ray coûtera toujours plus cher.» Selon M. Parsons, «Lorsque les lasers bleus seront fabriqués en série, le coût des lecteurs ne pourra que baisser. Cela ne fait aucun doute que le prix de l'appareil Blu-ray finira par tomber à 90 $.»

New York Times, 10 mars 2008

a. Expliquez pourquoi, grâce aux nouvelles techniques de production des lecteurs Blu-ray, M. Parson a peut-être raison de croire que les prix vont baisser à long terme. Illustrez votre propos au moyen d'un graphique.

b. Même si le prix du Blu-ray baisse effectivement à 90 $ à long terme, pourquoi le système HD VMD à laser rouge risque-t-il de coûter quand même moins cher le moment venu ?

16. **LES VENTES ANNUELLES DE TÉLÉPHONES CELLULAIRES ONT ATTEINT UN MILLIARD D'APPAREILS**

En 2007, on a vendu plus de 1,15 milliard de téléphones mobiles dans le monde, une augmentation de 16 % par rapport aux 990,9 millions de l'année 2006 [...] Carolina Milanesi, directrice de la recherche sur les dispositifs mobiles chez Gartner, a indiqué dans un communiqué: «C'est dans les pays émergents, en particulier en Chine et en Inde, qu'a eu lieu le gros de la croissance, car beaucoup de gens y ont acheté leur premier téléphone. Dans les marchés établis, par exemple au Japon et en Europe de l'Ouest, on a tenté de satisfaire l'appétit des consommateurs pour les appareils polyvalents en offrant de nouveaux modèles assortis de récepteurs de télévision, d'accès au système de positionnement global (GPS), d'écrans tactiles et d'appareils photo à haute résolution.»

CNET News, 27 février 2008

a. Expliquez les effets de la croissance mondiale de la demande sur le marché des téléphones cellulaires et sur la situation à court terme des fabricants de cellulaires.

b. Tracez un graphique pour illustrer votre réponse à la question (a).

c. Expliquez les effets à long terme de la croissance mondiale de la demande sur le marché des téléphones cellulaires.

d. Quels sont les facteurs qui déterminent si le prix des téléphones cellulaires va augmenter, baisser ou rester le même dans le nouvel état d'équilibre à long terme ?

17. Après avoir étudié la rubrique «Entre les lignes» (p. 373), répondez aux questions suivantes :

a. Si le prix de l'or chute dans cinq ans, jusqu'à quel prix la mine demeure-t-elle rentable ?

b. Si le prix de l'or chute dans cinq ans, jusqu'à quel prix Osisko a-t-elle intérêt à demeurer en activité ?

c. Comment réagira le marché international à court terme si la demande d'or chute dans cinq ans ?

d. Comment réagira le marché international à long terme si la demande d'or chute dans cinq ans ?

e. En quoi le marché de l'or est-il efficace ?

RÉPONSES AUX MINITESTS

MINITEST 1 (p. 347)

1. Parce que le niveau de sa production est trop faible pour influer sur le prix du marché. En outre, ses options sont limitées : elle ne peut vendre plus cher qu'au prix du marché et, si elle vend moins cher, elle perd de l'argent sans en tirer aucun avantage.

2. Parce que la demande de la production d'une entreprise possède beaucoup de substituts parfaits, soit la production des autres entreprises. À l'inverse, la production du marché en général ne peut être remplacée que par un substitut imparfait.

3. Parce que l'entreprise reçoit toujours le même montant pour chaque unité additionnelle vendue, soit le prix du marché.

4. Décider d'entrer ou non sur un marché, déterminer un niveau de production et adapter la taille de ses installations à ce niveau de production.

MINITEST 2 (p. 355)

1. L'entreprise gagne à produire tant que son coût marginal ne dépasse pas sa recette marginale, soit le prix. Lorsque la production croît, le coût marginal de l'entreprise augmente à cause des rendements décroissants, alors que le prix demeure constant. L'entreprise accroît donc sa production jusqu'au point où son coût marginal égale tout juste le prix.

2. Son seuil de rentabilité, soit le minimum de son coût moyen.

3. Son seuil de fermeture, soit le minimum de son coût variable moyen.

4. En ne produisant pas, l'entreprise limite ses pertes au montant de ses coûts fixes. Il s'agit des pertes maximales qu'une entreprise peut subir en n'agissant pas.

5. La courbe d'offre correspond à la courbe de coût marginal pour tous les prix supérieurs au minimum du coût variable moyen. Pour les autres prix, elle est égale à zéro.

6. La méthode déductive part de postulats pour en dégager les implications logiques. La méthode inductive établit des propositions fondées sur l'observation systématique et répétitive d'un phénomène.

MINITEST 3 (p. 358)

1. En sommant horizontalement les courbes d'offre de toutes les entreprises qui la composent.

2. Ils augmentent.

3. Ils diminuent.

MINITEST 4 (p. 366)

1. L'équilibre à court terme survient quant l'offre égale la demande. L'équilibre à long terme est un équilibre à court terme tel que le prix du marché ne suscite ni entrée ni sortie influant sur l'offre.

2. Initialement, le prix, la quantité échangée ainsi que les profits de toutes les entreprises présentes dans le marché s'accroissent. Le prix plus élevé entraîne l'entrée de nouvelles entreprises dans le marché, ce qui fait gonfler l'offre agrégée. Les quantités échangées continuent de croître, mais le prix baisse à mesure que l'offre agrégée gonfle, jusqu'à ce que le profit de l'entreprise marginale redevienne nul.

3. La courbe d'offre à long terme de l'industrie est parfaitement élastique lorsque toutes les entreprises ont le même seuil de rentabilité.

4. La rente est le montant des profits supplémentaires qu'un facteur de production permet de réaliser par rapport au maximum qu'il pourrait donner si on l'utilisait autrement.

MINITEST 5 (p. 370)

1. Un effet sur lequel les entreprises n'ont aucune influence directe et qui réduit le seuil de rentabilité de l'entreprise marginale à mesure que la production agrégée de l'industrie augmente.

2. Initialement, l'entreprise innovante réalise des profits. L'offre agrégée augmente significativement lorsque l'innovation est adoptée par la plupart les entreprises présentes dans l'industrie. L'accroissement de l'offre fait baisser le prix et augmenter la quantité échangée, mais les entreprises continuent de faire des profits. Les profits élevés provoquent l'entrée de nouvelles entreprises qui font gonfler davantage l'offre agrégée. Avec le temps, le prix baisse encore, la quantité échangée augmente et tous les profits sont dissipés au bénéfice des consommateurs.

MINITEST 6 (p. 372)

1. Quand la valeur marginale sociale d'une unité est égale à son coût marginal social de production.

2. En faisant en sorte que chacune de ces valeurs soit égale au prix du marché.

3. Au mécanisme du prix du marché.

Le monopole

CHAPITRE
13

eBay, Google et Microsoft sont des acteurs dominants dans leurs marchés respectifs. Comme la plupart des internautes utilisent Google, les agences publicitaires l'utilisent aussi, ce qui attire encore plus d'internautes. Comme la plupart des ventes aux enchères sur le Web se font par eBay, la plupart des vendeurs ont recours à ce site, ce qui attire encore plus d'acheteurs. Comme la plupart des PC fonctionnent sous Windows, la plupart des logiciels sont écrits pour ce système d'exploitation, ce qui incite encore plus d'utilisateurs à adopter ce dernier. Les trois entreprises que nous venons de mentionner jouissent d'un avantage appelé effet externe de réseau (les effets externes sont abordés au chapitre 16), lequel constitue un obstacle important pour toute autre entreprise qui voudrait tenter une percée dans leur marché. ◆ Manifestement, eBay, Google et Microsoft ne sont pas dans la même situation que les entreprises en concurrence parfaite. Comment leur situation se compare-t-elle à celle de la concurrence parfaite ? Ces entreprises imposent-elles des prix exorbitants, qui vont à l'encontre des intérêts des consommateurs ? Leur présence comporte-t-elle des avantages ?

Objectifs du chapitre

- ◆ **Expliquer ce qu'est un monopole et distinguer le monopole non discriminant du monopole discriminant**
- ◆ **Expliquer comment une entreprise en situation de monopole non discriminant détermine sa production et son prix**
- ◆ **Comparer la performance et l'efficacité du monopole non discriminant avec celles du marché concurrentiel**
- ◆ **Expliquer comment la discrimination par les prix augmente le profit du monopoleur**
- ◆ **Expliquer comment la réglementation du monopole influe sur la production, le prix de vente, le profit économique et l'efficacité du monopoleur**

◆ Ce chapitre porte sur les marchés dans lesquels une entreprise peut influer sur le prix. Nous comparerons le comportement d'une telle entreprise avec celui d'une entreprise qui fonctionne dans un marché concurrentiel et nous verrons si le monopole est aussi efficace que la concurrence. Dans la rubrique « Entre les lignes » (p. 404), nous examinerons comment une grosse compagnie comme Monsanto est en mesure d'influer sur les prix à son profit.

Qu'est-ce que le monopole?

Un **monopole** est un marché formé d'une seule entreprise qui produit un bien ou un service n'ayant aucun substitut proche et qui est protégée de la concurrence par une barrière qui empêche l'entrée de nouvelles entreprises.

Examinons de plus près les deux caractéristiques clés du monopole:

- ♦ l'absence de substitut proche pour son produit;
- ♦ la présence de barrières à l'entrée.

L'absence de substitut proche

Quand un bien ou un service a un substitut proche, le producteur de ce bien ou de ce service, même s'il en est le seul fournisseur, doit affronter la concurrence des producteurs du substitut. Le monopole vend un produit ou un service qui n'a aucun bon substitut. L'eau potable a des substituts proches – les eaux embouteillées –, mais l'eau du robinet n'a aucun substitut efficace pour la douche ou le lavage des vêtements et de la voiture. C'est pourquoi une entreprise de services publics qui distribue l'eau du robinet est un monopole.

La présence de barrières à l'entrée

On appelle **barrière à l'entrée** un obstacle qui protège une entreprise contre l'arrivée sur le marché de concurrents potentiels. Il y a trois types de barrières à l'entrée:

- ♦ les barrières naturelles;
- ♦ les barrières de propriété;
- ♦ les barrières légales.

Les barrières naturelles Les barrières à l'entrée naturelles engendrent des **monopoles naturels**. Un monopole naturel est une industrie dans laquelle des économies d'échelle permettent à une seule entreprise de satisfaire la demande de l'ensemble du marché au coût le plus bas. Les entreprises qui distribuent le gaz, l'eau et l'électricité aux consommateurs sont des exemples de monopoles naturels.

À la figure 13.1, la demande d'électricité est représentée par la droite *D* et le coût moyen à long terme, par la courbe *CMLT*. Il y a des économies d'échelle tout le long de la courbe *CMLT*.

À elle seule, une entreprise peut produire 4 millions de kilowattheures à 5 ¢ le kilowattheure. À ce prix, la quantité demandée est de 4 millions de kilowattheures. À 5 ¢ le kilowattheure, cette entreprise peut donc satisfaire la totalité de la demande du marché. Par contre, si deux entreprises se partagent le marché, il en coûtera à chacune 10 ¢ le kilowattheure pour une production totale de 4 millions de kilowattheures.

Dans les conditions qu'illustre la figure 13.1, une seule entreprise peut approvisionner l'ensemble du marché à un coût moindre que celui que devraient supporter deux ou plusieurs entreprises. Le marché est un monopole naturel.

Les barrières de propriété Une barrière à l'entrée liée à la propriété se crée lorsqu'une entreprise s'approprie une grande partie d'une ressource clé. Ainsi, au cours du XXe siècle, la compagnie De Beers avait la mainmise sur plus de 90 % de la production mondiale de diamants (aujourd'hui, ce pourcentage est tombé à 65 %).

Nous avons vu au chapitre précédent que la possession d'un facteur de production particulier pouvait permettre à une entreprise de jouir d'une rente à long terme. La différence ici, c'est que la propriété de la ressource clé laisse l'entreprise à peu près seule sur le marché, ce qui lui permet de contrôler les coûts.

Les barrières légales Les barrières à l'entrée légales engendrent des monopoles légaux. Un **monopole légal** est un monopole résultant d'un privilège (concession, permis, brevet ou droit d'auteur), lequel est octroyé par une administration publique et agit comme barrière à l'entrée pour empêcher la concurrence.

FIGURE 13.1 *Le monopole naturel*

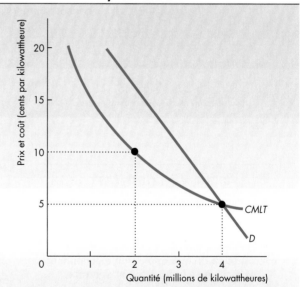

La demande d'électricité est représentée par la droite *D* et le coût moyen à long terme, par la courbe *CMLT*. À cause d'un coût fixe relativement important, il y a des économies d'échelle tout le long de la courbe *CMLT*. Une entreprise peut produire 4 millions de kilowattheures au coût de 5 ¢ le kilowattheure. Si deux entreprises se partagent la production, celle-ci coûtera à chacune 10 ¢ le kilowattheure. Ainsi, une entreprise peut répondre à la demande à un coût moindre que celui que devraient supporter deux ou plusieurs entreprises. Le marché est un monopole naturel.

Le monopole naturel aujourd'hui

Les monopoles à l'âge de l'information

Les technologies de l'information ont donné naissance à quatre grands monopoles naturels. Il s'agit d'entreprises dont les coûts fixes sont élevés, mais dont le coût marginal est presque nul, si bien qu'elles peuvent faire des économies d'échelle.

Grâce à Windows et à Internet Explorer, Microsoft s'est emparé de 93 % du marché des systèmes d'exploitation des microordinateurs PC et de 68 % de celui des navigateurs Web. eBay occupe 85 % du marché des ventes aux enchères de consommateur à consommateur par Internet et Google a 78 % du marché des moteurs de recherche.

Les nouvelles technologies peuvent aussi détruire les monopoles. FedEx, Purolator, les télécopieurs et le courrier électronique ont affaibli le monopole que détenait Postes Canada, l'antenne parabolique a miné celui des câblodistributeurs et l'arrivée de la photographie numérique a rendu caduc le monopole que détenait Polaroid sur la photo instantanée.

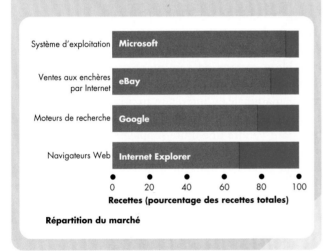

Répartition du marché

Une *concession publique* est un droit d'exploitation exclusif d'un bien ou d'un service octroyé à une entreprise. Ainsi, la Société canadienne des postes détient le droit exclusif de transporter du courrier postal de première classe.

La *licence publique* restreint l'accès à certaines activités, professions et industries. Le permis d'exercer certaines professions – médecine, droit, architecture, etc. – en est un bon exemple. La délivrance de licences ne crée pas nécessairement des monopoles, mais elle limite la concurrence. Les licences protègent le public en lui garantissant la compétence de leurs détenteurs. Au Québec, 45 professions font l'objet d'une licence sous la gouverne de l'Office des professions du Québec. On distingue les professions *à exercice exclusif* et les professions *à titre réservé*. Les premières, dont font partie les médecins et les chimistes, jouissent

d'un monopole sur la fourniture de certains services. Les secondes, auxquelles appartiennent entre autres les psychologues et les physiothérapeutes, n'ont pas de monopole, mais seuls leurs membres peuvent porter le titre de psychologue ou de physiothérapeute.

Le *brevet* est un droit exclusif de fabriquer, d'utiliser ou de vendre un bien ou un service accordé à son inventeur, et le *droit d'auteur* est un droit d'exploitation exclusif accordé à l'auteur d'une œuvre littéraire, musicale, théâtrale ou artistique. Les brevets et les droits d'auteur sont valables pour une durée variable selon les pays. Au Canada, un brevet est valable pour 20 ans.

Les brevets encouragent l'*invention* de nouveaux produits et de nouveaux procédés de production. De plus, ils stimulent l'*innovation* – l'utilisation des inventions – en incitant les inventeurs à faire connaître leurs découvertes pour les exploiter eux-mêmes ou en permettre l'utilisation en vertu d'une licence. Les brevets ont favorisé l'innovation dans les domaines les plus divers – de la graine de soja aux produits pharmaceutiques, en passant par les circuits intégrés et les jeux vidéo.

Les stratégies de fixation de prix du monopoleur

L'une des principales différences entre le monopoleur et l'entreprise en situation de concurrence tient au fait que le monopoleur fixe lui-même ses prix. Mais ce faisant, il se voit placé devant une contrainte de marché: pour vendre une plus grande quantité, il doit baisser son prix. On distingue deux types de situations monopolistiques, qui donnent naissance à deux stratégies de fixation de prix:

- ◆ la politique de prix unique;
- ◆ la discrimination par les prix.

La politique de prix unique L'entreprise en situation de **monopole non discriminant**, ou monopoleur à un seul prix, doit vendre chaque unité de sa production au même prix à tous les consommateurs. De Beers vend ses diamants (d'une même taille et d'une même qualité) au même prix à tous ses clients. Si De Beers essayait de vendre ses diamants moins cher à certains clients et plus cher à d'autres, seuls les clients avantagés achèteraient chez De Beers; les autres achèteraient leurs diamants à des clients de De Beers qui les paient moins cher. De Beers est en situation de monopole *non discriminant*.

La discrimination par les prix La **discrimination par les prix** est une pratique qui consiste à demander un prix différent pour diverses unités d'un même bien ou service. De nombreuses entreprises pratiquent la discrimination par les prix. Microsoft offre ses logiciels Windows et Office à différents prix selon les clients. C'est ainsi que les fabricants d'ordinateurs qui installent ces logiciels sur leurs appareils, les étudiants et les enseignants, l'État et les entreprises paient des prix différents. Dans les pizzerias, on offre souvent une seconde pizza à un prix inférieur à celui de la première. Ce sont là des exemples de *discrimination par les prix*.

Quand elle pratique la discrimination par les prix, l'entreprise donne l'impression qu'elle accorde une faveur à ses clients ; en fait, elle leur impose le prix le plus élevé possible pour chaque unité vendue et réalise ainsi le plus grand profit possible.

Pour pratiquer la discrimination, un monopoleur doit être en mesure de contrôler le marché secondaire (un marché de revente) pour son produit, sinon les clients autorisés à acheter à bas prix pourraient revendre à profit le bien aux clients frappés d'un prix plus élevé. En conséquence, les *monopoles discriminants* s'observent surtout dans le domaine des services où l'instauration d'un marché secondaire est difficile, voire impossible.

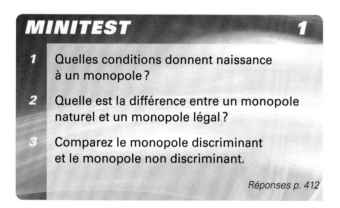

MINITEST   **1**

1   Quelles conditions donnent naissance à un monopole ?

2   Quelle est la différence entre un monopole naturel et un monopole légal ?

3   Comparez le monopole discriminant et le monopole non discriminant.

Réponses p. 412

Examinons maintenant le cas du monopoleur non discriminant et voyons comment il décide de son niveau de production et du prix à demander pour maximiser son profit.

La production et le prix du monopoleur non discriminant

Pour comprendre comment le monopoleur non discriminant décide de son niveau de production et de son prix, il faut commencer par étudier la relation entre le prix et la recette marginale.

La demande et la recette marginale

Comme il n'y a qu'une entreprise dans un monopole, la courbe de demande de cette entreprise est la courbe de demande du marché. Prenons l'exemple de Salon Lola,

l'unique salon de coiffure de Rivière-à-la-Truite, dont le barème de demande est indiqué au tableau de la figure 13.2. À 20 $ la coupe de cheveux, Lola n'a aucun client, mais plus elle baisse son prix, plus elle vend de coupes de cheveux par heure. Ainsi, à 14 $ la coupe, elle vend 3 coupes par heure (ligne *D*).

La recette (*R*) est égale au prix (*P*) multiplié par la quantité vendue (*Q*). Par exemple, à la ligne *D*, Lola vend 3 coupes de cheveux à 14 $ chacune ; sa recette est donc de 42 $. La recette marginale (*Rm*) est égale à la variation de la recette (Δ*R*) résultant de la vente d'une unité supplémentaire. Ainsi, quand le prix, qui était de 16 $ (ligne *C*), descend à 14 $ (ligne *D*), la quantité vendue passe de 2 à 3 coupes. La recette passe de 32 $ à 42 $; l'augmentation de la recette est donc de 10 $. Comme la quantité vendue a augmenté de 1 coupe de cheveux, la recette marginale est égale à la variation de la recette, soit 10 $. La recette marginale figure *entre* les deux lignes du tableau pour souligner le fait qu'elle résulte d'une variation de la quantité vendue.

Le graphique de la figure 13.2 montre la courbe de demande du marché et la courbe de recette marginale (*Rm*), et illustre le calcul que nous venons de faire. Chaque ligne du tableau correspond à un point situé sur la courbe de demande. Notez que, à chaque niveau de production, la recette marginale est inférieure au prix – la courbe *Rm* est sous la courbe de demande. En effet, quand on baisse le prix pour vendre une unité supplémentaire, deux forces opposées s'exercent sur la recette : l'augmentation de la quantité vendue entraîne un gain de recette, mais la baisse de prix entraîne une perte de recette. Ainsi, à 16 $ la coupe, Lola vend 2 coupes de cheveux (point *C*). Si elle baisse le prix de la coupe de cheveux, le faisant passer à 14 $, elle vend 3 coupes et réalise un gain de recette de 14 $ avec la troisième coupe. Cependant, comme les deux premières coupes ne lui rapportent maintenant que 14 $ chacune au lieu de 16 $ – soit 2 $ de moins par coupe –, elle essuie donc une perte de recette de 4 $ qu'elle doit soustraire du gain de recette de 14 $ réalisé sur la troisième coupe. Sa recette marginale est donc de 10 $, un montant inférieur au prix.

La recette et l'élasticité

La recette marginale d'une entreprise en situation de monopole non discriminant est reliée à l'élasticité de la demande du bien ou du service. Nous avons vu au chapitre 4 (p. 107) que l'élasticité-prix de la demande entre deux points s'exprime par

FIGURE 13.2 *La demande et la recette marginale*

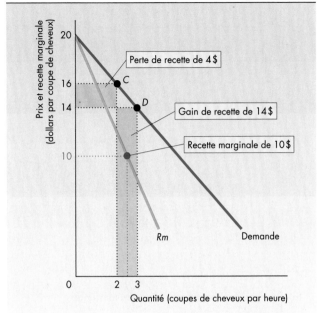

Ce tableau montre le barème de demande de Salon Lola. La recette (*R*) est égale au prix multiplié par la quantité vendue. Ainsi, à la ligne *C*, si le prix de la coupe de cheveux est de 16 $, Lola vend 2 coupes par heure pour une recette de 32 $. La recette marginale (*Rm*) correspond à la variation de la recette qui résulte de la vente d'une unité supplémentaire. Par exemple, si le prix de la coupe de cheveux passe de 16 $ à 14 $, la quantité vendue monte de 2 à 3 coupes de cheveux, et la recette augmente de 10 $. La recette marginale est donc de 10 $. Construites à partir des données du tableau, la courbe de demande et la courbe de recette marginale (*Rm*) illustrent le calcul de la recette marginale quand le prix de la coupe de cheveux descend de 16 $ à 14 $.

	Prix (*P*) (par coupe de cheveux)	Quantité demandée (*Q*) (coupes de cheveux par heure)	Recette (*R* = *P* × *Q*)	Recette marginale (*Rm* = Δ*R*/Δ*Q*) (par coupe de cheveux)
A	20 $	0	0 $	
				...... 18 $
B	18 $	1	18 $	
				...... 14 $
C	**16 $**	**2**	**32 $**	
				...... 10 $
D	**14 $**	**3**	**42 $**	
				...... 6 $
E	12 $	4	48 $	
				...... 2 $
F	10 $	5	50 $	

où Δ*Q* et Δ*P* représentent les variations de quantité et de prix entre ces points, alors que *Q*′ et *P*′ représentent les valeurs moyennes de ces points. Lorsque Lola choisit de baisser son prix de Δ*P* pour vendre Δ*Q* coupes de cheveux supplémentaires, elle s'attend à réaliser une recette supplémentaire de *P*′ × Δ*Q* avec ses nouveaux clients, mais elle doit aussi escompter une perte de Δ*P* × *Q*′ du côté des clients qu'elle coiffait déjà et à qui elle demande maintenant un prix plus bas (nous prenons les valeurs moyennes pour simplifier l'exposition ; c'est sans conséquence si les variations sont petites). Au total, sa recette marginale pour Δ*Q* coupes de cheveux supplémentaires* est

$$Rm = P' \times \Delta Q - \Delta P \times Q'$$

En divisant par Δ*Q*, on obtient sa recette marginale pour une coupe de cheveux supplémentaire

$$Rm = P' - \frac{\Delta P}{\Delta Q} Q'$$

En factorisant *P*′ du côté droit, on obtient

$$
\begin{aligned}
Rm &= \left(1 - \frac{\Delta P}{\Delta Q} \frac{Q'}{P'}\right) P' \\
&= \left(1 - \frac{1}{\dfrac{\Delta Q}{\Delta P} \dfrac{P'}{Q'}}\right) P' \\
&= \left(1 - \frac{1}{\dfrac{\Delta Q / Q'}{\Delta P / P'}}\right) P' \\
&= \left(1 - \frac{1}{e}\right) P'
\end{aligned}
$$

La demande d'un bien ou d'un service peut être élastique (élasticité > 1), inélastique (élasticité < 1) ou à élasticité unitaire (élasticité = 1). La demande est élastique si une baisse de 1 % du prix fait augmenter la quantité demandée de plus de 1 %. La demande est inélastique si une baisse de 1 % du prix fait augmenter la quantité demandée de moins de 1 %. La demande est à élasticité unitaire si une baisse de 1 % du prix accroît la quantité demandée de 1 % exactement (voir le chapitre 4).

Si la demande est élastique, une baisse de prix accroît la recette – le gain de recette qui découle de l'augmentation des quantités vendues compense largement la perte de recette qui découle de la baisse du prix –, et la recette marginale est positive. Dans la formule, si *e* > 1, alors 1 − 1/*e* > 0 et la recette marginale est positivement proportionnelle au prix.

Si la demande est inélastique, une baisse de prix réduit la recette – le gain de recette qui découle de l'augmentation de la quantité vendue ne suffit pas à éponger la perte de recette qui découle de la baisse du prix –, et la recette marginale est négative. Dans la formule, si *e* < 1, alors 1 − 1/*e* < 0 et la recette marginale est négativement proportionnelle au prix.

---

* On aura dans l'équation qui suit une somme plutôt qu'une différence si la variation du prix est comptée négativement ici et dans la formule de l'élasticité. Le développement mathématique suivant doit alors être légèrement modifié mais le résultat final demeure le même.

Si la demande est à élasticité unitaire, la recette reste la même – l'augmentation de recette qui découle de l'augmentation de la quantité vendue est égale à la perte de recette qui découle de la baisse du prix. Dans la formule, si $e = 1$, alors $1 - 1/e = 0$ et la recette marginale est nulle.

Ces relations sont inversées pour une hausse de prix. Ainsi, si la demande est inélastique, une hausse de prix entraînera une hausse de la recette.

La figure 13.3 illustre la relation entre la recette marginale, la recette et l'élasticité. Quand le prix de la coupe de cheveux descend progressivement de 20 $ à 10 $, la quantité demandée monte progressivement de 0 à 5 coupes par heure. À tous ces niveaux de production, la recette marginale (graphique *a*) est positive, la recette (graphique *b*) augmente, et la demande est élastique. Si le prix d'une coupe de cheveux continue à descendre, passant graduellement de 10 $ à 0 $, la quantité demandée augmente, passant progressivement de 5 à 10 coupes par heure. À partir de ce niveau de production (5 coupes de cheveux par heure), la recette marginale (graphique *a*) est négative, la recette (graphique *b*) diminue, et la demande de coupes de cheveux est inélastique. Si le prix d'une coupe de cheveux est de 10 $, la recette marginale est nulle, la recette est maximale, et la demande de coupes de cheveux est à élasticité unitaire.

Le lien entre la recette marginale du monopoleur et l'élasticité n'est pas fortuit. Nous avons vu en début de chapitre qu'une entreprise seule sur son marché ne jouit d'un vrai monopole que si le bien ou le service qu'elle offre ne possède pas de bons substituts. L'élasticité de la demande reflète cette condition : au chapitre 4, nous avons vu qu'un bien dont l'élasticité de la demande est faible possède peu de bons substituts et que, à l'inverse, un bien dont l'élasticité de la demande est élevée en possède beaucoup.

Ainsi, lorsque l'élasticité est faible, le bien a peu de substituts ; les consommateurs n'ont pas vraiment d'autre choix que de payer pour se le procurer. De plus, la recette marginale est négative, de sorte que le monopoleur n'a pas avantage à stimuler ses ventes en baissant son prix, car il perdrait ainsi de l'argent. Il a plutôt intérêt à garder le prix élevé quitte à vendre moins.

À l'inverse, lorsque l'élasticité est forte, le bien a beaucoup de bons substituts et la marge du monopoleur est très restreinte. Si ce dernier monte trop son prix, sa clientèle disparaîtra pour adopter les produits substituts. Dans ce cas, sa recette marginale est positive : le monopoleur a avantage à accroître ses ventes en baissant son prix afin d'accroître sa recette.

Dans un monopole, la demande est toujours élastique

La relation que nous venons d'établir entre la recette marginale et l'élasticité implique qu'un monopoleur qui maximise son profit ne produit jamais aux quantités qui

FIGURE 13.3 *La recette marginale et l'élasticité*

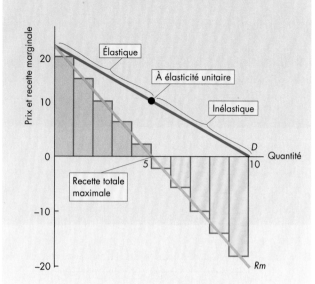

(a) Courbes de demande et de recette marginale

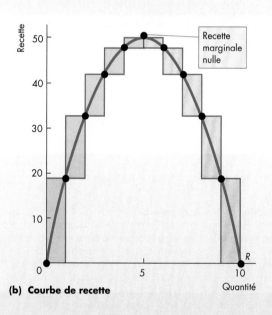

(b) Courbe de recette

Au graphique (a), la demande est représentée par la droite *D* et la recette marginale, par la droite *Rm*. Au graphique (b), la recette est représentée par la courbe *R*. Quand la production est de 0 ou de 5 coupes de cheveux par heure, une baisse du prix accroît la recette ; la recette marginale est alors positive, comme le montrent les rectangles bleus. La demande est élastique. Quand la production est de 5 à 10 coupes de cheveux par heure, une baisse du prix réduit la recette ; la recette marginale est alors négative, comme l'indiquent les rectangles roses. La demande est inélastique. Quand la production est de 5 coupes de cheveux par heure, la recette est maximale, et la recette marginale est nulle. La demande est à élasticité unitaire.

correspondent au segment inélastique de sa courbe de demande. S'il le faisait, il pourrait augmenter son prix et accroître sa recette, produire en moins grande quantité et diminuer ses coûts de sorte que son profit augmenterait. Mais à mesure qu'il augmenterait son prix, il grimperait le long de la courbe de demande et finirait par atteindre le segment élastique. Tout monopoleur qui maximise son profit produit donc dans le segment élastique de sa demande.

Voyons de plus près comment se déterminent la production et le prix du monopoleur.

La détermination du prix et du niveau de production

Le monopoleur fixe son prix et son niveau de production de façon à maximiser son profit économique. Pour ce faire, il doit considérer l'effet de la variation du niveau de production sur la recette et sur le coût. Un monopoleur subit les mêmes contraintes de technologie et de coût qu'une entreprise concurrentielle. En conséquence, son coût (y compris le coût moyen et le coût marginal) est comparable à celui d'une entreprise en situation de concurrence parfaite. Par ailleurs, la détermination de la recette du monopoleur (y compris le prix et la recette marginale) s'effectue de la façon que nous avons décrite plus haut.

Le prix maximum et la recette maximale Contrairement à l'entreprise en situation de concurrence parfaite, le monopoleur influe sur le prix de son produit. Néanmoins, il ne fixe pas ce prix au niveau le plus élevé *possible*. À ce niveau, il ne vendrait qu'une unité produite, ce qui représente en général une quantité inférieure à celle qui maximise le profit. En général, le monopoleur ne cherche pas non plus à maximiser la valeur de ses ventes. Sa recette est maximale lorsque la recette marginale est nulle. Mais une grosse recette n'a pas d'intérêt si une production élevée entraîne des coûts exorbitants.

Comme toute autre entreprise, le monopoleur cherche à maximiser ses profits en tenant compte à la fois de sa recette et de ses coûts. Le tableau 13.1 présente les données sur la recette, les coûts et le profit économique de Salon Lola. La figure 13.4 reprend ces données sous forme graphique.

Maximiser le profit économique Le tableau 13.1 et le graphique (a) de la figure 13.4 montrent que le coût (C) et la recette (R) augmentent à mesure que la production s'accroît. Toutefois, la croissance de C va en s'accélérant, alors que celle de R ralentit. Le profit économique, qui est égal à R moins C, augmente lorsque la production est faible, atteint un maximum, puis va en décroissant. Lola réalise un profit maximal (12 $) quand elle vend 3 coupes de cheveux par heure à 14 $ chacune. Si elle vend 2 coupes à 16 $ chacune ou 4 coupes à 12 $ chacune, son profit économique n'est plus que de 8 $.

La recette marginale égale le coût marginal Le tableau 13.1 et le graphique (b) de la figure 13.4 montrent la recette marginale (Rm) et le coût marginal (Cm) de Salon Lola.

TABLEAU 13.1 _La détermination de la production et du prix d'un monopoleur_

Prix (P) (par coupe de cheveux)	Quantité demandée (Q) (coupes de cheveux par heure)	Recette (R = P × Q)	Recette marginale (Rm = ΔR/ΔQ) (par coupe de cheveux)	Coût (C)	Coût marginal (Cm = ΔC/ΔQ) (par coupe de cheveux)	Profit économique (R − C)
20 $	0	0 $		20 $		−20 $
			.... 18 $		.... 1 $	
18 $	1	18 $		21 $		−3 $
			.... 14 $		.... 3 $	
16 $	2	32 $		24 $		+8 $
			.... 10 $		.... 6 $	
14 $	3	42 $		30 $		+12 $
			.... 6 $		.... 10 $	
12 $	4	48 $		40 $		+8 $
			.... 2 $		.... 15 $	
10 $	5	50 $		55 $		−5 $

Ce tableau fournit les données nécessaires pour déterminer le prix et la production qui maximisent le profit. La recette (R) est égale au prix multiplié par la quantité vendue. Le profit économique est égal à la recette moins le coût (C); il est maximisé avec 3 coupes de cheveux par heure à 14 $ la coupe. La recette est de 42 $, le coût, de 30 $ et le profit économique, de 12 $ (soit 42 $ − 30 $).

Quand Lola fait passer sa production de 2 à 3 coupes, *Rm* devient égal à 10 $ et *Cm* à 6 $; le profit de Lola augmente d'un montant égal à la différence entre ces deux montants, soit de 4 $ par heure. Si Lola accroît encore sa production, passant de 3 à 4 coupes par heure, *Rm* est de 6 $ et *Cm* de 10 $. *Cm* dépasse alors *Rm* de 4 $, ce qui réduit le profit de 4 $ par heure. Si *Rm* dépasse *Cm*, le profit augmente avec la production. Si *Cm* dépasse *Rm*, le profit augmente avec la *diminution* de la production. Si *Cm* est égal à *Rm*, le profit est maximisé.

Au graphique (b) de la figure 13.4, le profit maximum, représenté par le rectangle bleu, est donné par le prix (sur la droite de la demande *D*) moins le coût moyen (sur la courbe *CM*) multiplié par la quantité produite.

Toutes les entreprises maximisent leur profit en produisant au niveau auquel la recette marginale est égale au coût marginal. Dans le cas d'une entreprise concurrentielle, le prix est égal à la recette marginale, de sorte que les profits sont maximisés quand le coût marginal est égal au prix. Dans le cas d'un monopoleur, le prix est supérieur à la recette marginale, de sorte que les profits sont maximisés quand le coût marginal est inférieur au prix.

Dans certains cas, le coût marginal de production est toujours nul. Par exemple, une fois le coût fixe de production payé, il n'en coûte pas plus cher à l'éditeur d'une chanson à la mode que celle-ci soit diffusée plusieurs fois. Dans ces circonstances, rendre la recette marginale égale au coût marginal (nul) revient à la ramener à zéro, c'est-à-dire à maximiser les recettes.

Un monopoleur choisit un prix supérieur au coût marginal, mais cela lui permet-il toujours de réaliser un profit économique? Avec 3 coupes de cheveux par heure (graphique *b* de la figure 13.4), Lola a un coût moyen de 10 $ (voir la courbe *CM*) et son prix est de 14 $ (voir la droite *D*). Son profit par coupe de cheveux est de 4 $ (14 $ − 10 $). Le rectangle bleu représente le profit économique de Lola, lequel est égal au profit par coupe de cheveux (4 $) multiplié par le nombre de coupes de cheveux (3), ce qui donne 12 $.

Quand les entreprises marginales d'une industrie parfaitement concurrentielle réalisent un profit économique positif, de nouvelles entreprises entrent dans ce marché. Ce n'est pas le cas dans un monopole. Comme les barrières à l'entrée empêchent la venue de nouvelles entreprises concurrentes, le monopoleur peut continuer indéfiniment à réaliser un profit économique positif. Et ce profit peut être considérable, comme c'est le cas dans le commerce international des diamants.

Lola réalise un profit économique positif. Mais supposons que le propriétaire du local qu'elle loue en augmente considérablement le loyer. Si Lola doit lui donner 12 $ de plus par heure, son coût fixe horaire augmente

FIGURE 13.4 *La production et le prix d'un monopoleur*

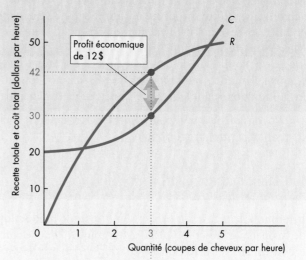

(a) Courbes de recette et de coût

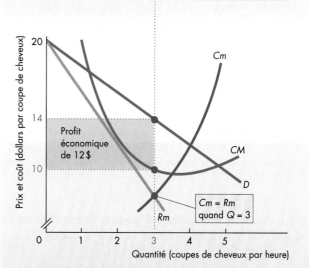

(b) Courbes de demande, de recette marginale et de coût marginal

Au graphique (a), le profit économique – l'écart vertical entre la recette (*R*) et le coût (*C*) – est maximisé avec une production de 3 coupes de cheveux par heure. Au graphique (b), le profit économique est maximisé quand le coût marginal (*Cm*) est égal à la recette marginale (*Rm*). La production qui maximise le profit est de 3 coupes de cheveux par heure. Déterminé par la courbe de demande (*D*), le prix est de 14 $ la coupe de cheveux. Comme le coût moyen (*CM*) est de 10 $ la coupe de cheveux, le profit économique (rectangle bleu) est de 12 $, soit le profit par coupe de cheveux (4 $) multiplié par 3 coupes de cheveux.

de 12 $. Son coût marginal et sa recette marginale restent les mêmes, de sorte que la production qui maximise son profit reste de 3 coupes de cheveux par heure, tandis que

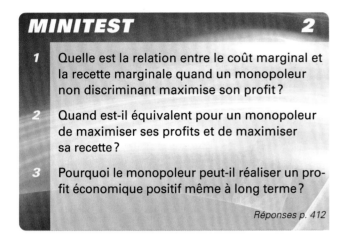

MINITEST   **2**

1   Quelle est la relation entre le coût marginal et la recette marginale quand un monopoleur non discriminant maximise son profit?

2   Quand est-il équivalent pour un monopoleur de maximiser ses profits et de maximiser sa recette?

3   Pourquoi le monopoleur peut-il réaliser un profit économique positif même à long terme?

Réponses p. 412

son profit économique passe de 12 $ par heure à 0 $. Si le loyer de Salon Lola augmente de plus de 12 $ par heure, Lola subit une perte économique. Si la situation devait persister, Lola serait contrainte de fermer son salon.

La concurrence parfaite et le monopole non discriminant : une comparaison

Imaginons une industrie parfaitement concurrentielle constituée de nombreuses petites entreprises identiques, et supposons que l'une des entreprises achète toutes les autres et crée ainsi un monopole. Que se passera-t-il dans cette industrie? Le prix montera-t-il ou baissera-t-il? La quantité produite augmentera-t-elle ou diminuera-t-elle? Le profit économique sera-t-il accru ou réduit? Des deux situations de marché – la concurrence parfaite du départ et le nouveau monopole –, laquelle est efficace? Telles sont les questions auxquelles nous allons maintenant répondre. Nous commencerons par examiner les effets du monopole sur le prix et le niveau de production, pour nous intéresser ensuite à son efficacité.

Le prix et le niveau de production

La figure 13.5 montre le marché que nous allons étudier. La courbe de demande du marché, *D*, est la même quelle que soit la structure de marché. Par contre, l'offre et l'équilibre diffèrent selon qu'il s'agit d'un monopole ou d'une industrie concurrentielle. Commençons par la concurrence parfaite.

La concurrence parfaite Au départ, quand l'industrie se compose de nombreuses petites entreprises parfaitement concurrentielles, la courbe d'offre de l'industrie, *O*, est égale à la somme des courbes d'offre de chacune des entreprises de l'industrie.

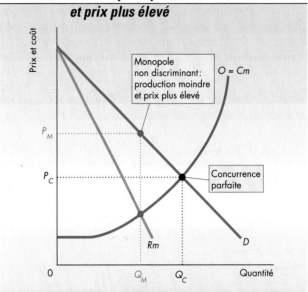

FIGURE 13.5 *Le monopole : production moindre et prix plus élevé*

Une entreprise concurrentielle produit la quantité Q_C au prix P_C. Un monopoleur non discriminant produit la quantité Q_M – niveau de production auquel la recette marginale est égale au coût marginal – et vend cette quantité au prix P_M. Par rapport à l'entreprise parfaitement concurrentielle, le monopoleur non discriminant produit moins et exige un prix plus élevé.

En situation de concurrence parfaite, le marché est en équilibre au point d'intersection de la courbe d'offre et de la courbe de demande. Le prix est P_C et la quantité produite par l'industrie est Q_C. Chaque entreprise est un preneur de prix; elle vend donc au prix P_C et maximise son profit en choisissant le niveau de production auquel son coût marginal est égal au prix. Comme chaque entreprise ne représente qu'une infime fraction de l'industrie, aucune n'essaie d'influer sur le prix du marché en augmentant ou en diminuant sa production.

Le monopole Supposons maintenant qu'une entreprise achète tous ces petits producteurs. Les consommateurs restent les mêmes, de sorte que la courbe de demande est identique à ce qu'elle était lorsque l'industrie était parfaitement concurrentielle. Cependant, le nouveau monopoleur voit dans cette courbe de demande une contrainte exercée sur le prix auquel il peut vendre son produit. Le monopoleur, dont la recette marginale est représentée par la droite *Rm*, maximise son profit au niveau de production auquel sa recette marginale est égale à son coût marginal. Pour trouver la courbe de coût marginal du monopole, il faut se souvenir que la courbe d'offre d'une industrie parfaitement concurrentielle est la somme horizontale des courbes d'offre de chacune des entreprises, et que la courbe d'offre d'une entreprise concurrentielle se confond avec sa courbe de coût marginal (voir le chapitre 12, p. 354). Par conséquent, quand une entreprise achète tous les autres producteurs d'une industrie, la courbe d'offre de l'industrie concurrentielle devient la courbe de coût marginal du monopole. Pour vous le rappeler, nous avons attribué à la courbe d'offre O l'étiquette Cm ($O = Cm$).

Lorsque la recette marginale du monopoleur est égale à son coût marginal, le niveau de production est Q_M – un niveau de production inférieur à ce qu'il était avec l'industrie concurrentielle (Q_C). Et le monopoleur vend au prix P_M – un prix supérieur à celui de l'industrie concurrentielle (P_C). Nous venons d'établir une proposition clé :

En situation de monopole non discriminant, l'entreprise produit moins et impose un prix plus élevé qu'en situation parfaitement concurrentielle.

La capacité excédentaire

Les entreprises ont toujours avantage à long terme à ajuster leur capacité de façon à produire la quantité qu'elles vendent au plus bas coût moyen possible. Une entreprise est en situation de capacité excédentaire si elle peut réduire ses coûts en produisant davantage, c'est-à-dire si elle produit en un point où sa courbe de coût moyen à long terme est décroissante (en deçà du minimum du coût moyen).

Nous avons vu qu'en concurrence parfaite, une entreprise ne peut être en situation de capacité excédentaire qu'à court terme ; ceci se produit quand le prix du marché est faible, de sorte que son offre est faible. À long terme, l'entreprise ajuste sa capacité de production afin d'avoir le plus bas coût moyen possible compte tenu de son offre au prix du marché. Comme l'entreprise ne fait pas de pertes à long terme, elle a toujours intérêt à exploiter la capacité de production qu'elle s'est donnée.

Les choses sont différentes dans le cas d'un monopole. Il n'est pas toujours avantageux pour un monopoleur d'exploiter toute sa capacité de production si cela l'oblige à trop baisser son prix. En particulier, un monopoleur qui ne fait pas de profit sera toujours en surcapacité. Voyons pourquoi.

La figure 13.6 illustre la situation dans laquelle se trouve une entreprise selon qu'elle est en concurrence parfaite – graphique (a) – ou en situation de monopole – graphique (b). L'entreprise a une capacité excédentaire si elle produit en deçà du niveau de production Q^* pour lequel son coût moyen à long terme est inférieur au minimum du coût moyen à long terme (point noir). Comme d'habitude, ce seuil Q^* se situe à l'intersection de la courbe de coût moyen et de la courbe de coût marginal.

Une entreprise réalise des profits si sa courbe de demande croise sa courbe de coût moyen de telle manière que le coût moyen puisse être inférieur au prix. Elle évite tout juste de faire des pertes si sa courbe de demande

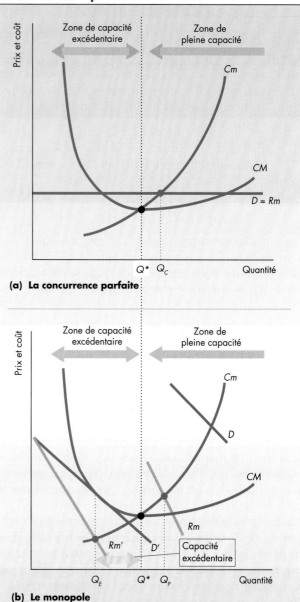

FIGURE 13.6 *La capacité excédentaire*

(a) **La concurrence parfaite**

(b) **Le monopole**

En situation de concurrence parfaite – graphique (a) –, on produit toujours à droite du minimum du coût moyen à long terme (point noir) en exploitant pleinement la capacité. En situation de monopole – graphique (b) –, la capacité est exploitée lorsque la demande est forte (droite D). Par contre, si la demande est déprimée (relativement aux coûts) au point que la courbe de recette marginale passe sous le minimum du coût moyen, le monopoleur produira en situation de capacité excédentaire. En particulier, c'est toujours le cas si le monopoleur ne fait pas de profit (demande D').

est tangente à sa courbe de coût moyen. La courbe de demande D d'une entreprise concurrentielle est horizontale et correspond à sa courbe de recette marginale Rm, alors que celle d'un monopoleur a une pente décroissante et est supérieure à sa courbe de recette marginale.

En conséquence, au graphique (a), si la courbe de demande coupe la courbe de coût moyen, la courbe de coût marginal de l'entreprise concurrentielle croise la courbe de recette marginale (la demande) en Q_C au point bleu, c'est-à-dire au-delà de Q^*. L'entreprise concurrentielle exploite toujours sa capacité.

Pour le monopoleur, le résultat dépend de l'intensité relative de la demande par rapport à ses coûts. Si la demande est forte (courbe D), le monopoleur exploite toute sa capacité en produisant Q_P au point bleu, où sa recette marginale égale son coût marginal. À l'inverse, si la demande est très faible, au point où la recette marginale passe sous le minimum du coût moyen (point noir), le monopoleur produira en deçà de Q^*. En gardant le prix élevé pour se maintenir à flot, l'entreprise se retrouve en situation de capacité excédentaire.

En particulier, c'est toujours le cas si la demande est tellement faible que le monopoleur parvient tout juste à éviter de faire des pertes (demande D'). La courbe de recette marginale croise alors la courbe de coût marginal en Q_E au point rouge, à gauche de Q^*. Ainsi, un monopoleur qui ne fait pas de profit possède toujours une capacité excédentaire. Ce résultat nous sera utile pour analyser la concurrence monopolistique dans le prochain chapitre.

Nous venons de comparer le niveau de production, le prix et l'exploitation de la capacité installée du monopole par rapport à l'industrie concurrentielle. Poursuivons la comparaison en examinant l'efficacité respective des deux types de marché.

L'efficacité

En l'absence de coûts externes et d'avantages externes, la concurrence parfaite est efficace. Le graphique (a) de la figure 13.7 illustre cette efficacité et nous servira de point de référence pour évaluer l'efficacité du monopole. La courbe de demande mesure la valeur marginale sociale de chaque unité produite ($D = VmS$). La courbe d'offre mesure le coût marginal social de chaque unité produite. La différence entre ces deux courbes donne la valeur nette sociale associée à chaque unité produite.

En cumulant ces unités, soit en mesurant l'aire entre ces deux courbes, on obtient une mesure de la valeur totale – le surplus – créée sur le marché par le jeu d'échange entre les consommateurs et les producteurs. Le marché est efficace parce qu'il réalise tous les échanges profitables jusqu'à la quantité Q_C, soit le plus grand surplus possible.

Le prix du marché P_C sépare ce surplus entre les consommateurs et les entreprises, les premiers bénéficiant du *surplus du consommateur* (voir le chapitre 5, p. 135, et le chapitre 12, p. 371), les secondes, du *surplus du producteur*, qui comprend les profits éventuels et le montant des

FIGURE 13.7 *L'inefficacité du monopole*

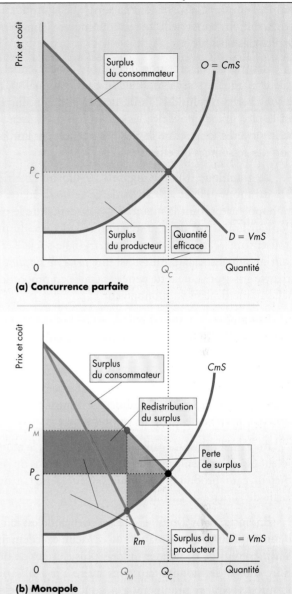

(a) Concurrence parfaite

(b) Monopole

En situation de concurrence parfaite – graphique (a) –, on produit la quantité Q_C et on vend au prix P_C. La valeur marginale sociale (VmS) est égale au coût marginal social (CmS); la somme du surplus du consommateur (triangle vert) et du surplus du producteur (région bleue) est la plus grande possible. Le monopoleur – graphique (b) – produit la quantité Q_M et hausse le prix à P_M. Le surplus du consommateur rétrécit, le monopoleur réalise un gain, et on observe une perte de surplus (triangle gris).

coûts fixes à court terme (voir le chapitre 5, p. 137, et le chapitre 12, p. 353). Le surplus du consommateur est représenté par le triangle vert sous la courbe de demande et au-dessus du prix d'équilibre. Le surplus du producteur correspond à la région bleue au-dessus de la courbe d'offre et sous le prix d'équilibre.

De plus, en situation d'équilibre concurrentiel à long terme, l'entrée et la sortie font en sorte que la production de chaque entreprise s'effectue au coût moyen à long terme le plus bas possible.

Résumons : en situation d'équilibre concurrentiel, la valeur marginale sociale est égale au coût marginal social ; la somme des surplus du consommateur et du producteur est la plus grande possible ; les entreprises produisent au coût moyen à long terme le plus bas possible ; et l'utilisation des ressources est efficace.

Le graphique (b) de la figure 13.7 illustre l'inefficacité du monopole et les causes de cette inefficacité. Le monopoleur produit la quantité Q_M et demande le prix P_M. La diminution de la production et la hausse du prix creusent un écart entre la valeur marginale sociale et le coût marginal social, créant ainsi une *perte de surplus*. Le triangle gris représente cette perte et sa taille est proportionnelle à l'inefficacité du monopoleur.

Le surplus du consommateur est réduit, et ce, pour deux raisons. D'abord, le consommateur y perd parce qu'il paie plus cher ce qu'il achète. La perte du consommateur est un gain pour le monopoleur et elle augmente le surplus du producteur. Ensuite, le consommateur y perd parce que la quantité de produit qu'il obtient est moindre. Cette perte fait partie de la perte de surplus.

Bien qu'il réalise un gain en haussant le prix, le monopoleur essuie en même temps une perte de surplus du producteur, car il produit et vend moins. Cette perte fait aussi partie de la perte de surplus.

En outre, nous avons vu que si la demande est faible, le monopoleur est en situation de capacité excédentaire. Ainsi, en plus de demander un prix plus élevé et de produire moins, le monopoleur peut nuire à la réalisation du surplus social en produisant à un coût moyen plus élevé que nécessaire.

La redistribution du surplus

Le monopole est inefficace parce que la valeur marginale sociale dépasse le coût marginal social, et qu'il y a une perte de surplus. Mais le monopole entraîne aussi une redistribution des surplus.

Une partie de la perte de surplus du consommateur va au monopoleur. À la figure 13.7, le monopoleur obtient la différence entre le prix le plus élevé, P_M, et le prix concurrentiel, P_C, pour la quantité vendue Q_M (rectangle bleu foncé). Cette partie de la perte de surplus du consommateur n'est pas une perte sociale, mais un transfert de surplus du consommateur vers le producteur monopoleur.

La recherche de rente

Le monopole engendre une perte de surplus et est donc inefficace. Mais le coût social du monopole peut dépasser cette perte de surplus, et ce, à cause de la recherche de rente.

La **rente économique** est le paiement que reçoit un facteur de production, en sus du minimum requis, pour être maintenu dans son présent usage. Au chapitre précédent, nous avons vu qu'une entreprise concurrentielle jouissait d'une rente lorsqu'elle disposait d'un avantage particulier lui permettant de produire à meilleur coût que les autres.

Considérons le cas de Marjolaine qui tire un profit économique annuel de 5 000 $ de son restaurant parce qu'elle jouit d'une situation de choix près du terminal d'autobus, alors que ses concurrents couvrent tout juste leurs coûts en incluant leur profit normal. À coûts égaux, Marjolaine offre par sa situation un meilleur service à sa clientèle, ce qui revient à dire qu'elle peut offrir un niveau de service donné à plus faible coût. Sa rente de situation est de 5 000 $, soit le montant qu'un concurrent devrait lui verser pour qu'elle accepte de lui laisser la place.

Une entreprise en situation de monopole dispose assurément d'un avantage particulier et le profit que sa situation lui permet de réaliser correspond à ce qu'on appelle la *rente de monopole*. Au lieu d'une situation de choix, Marjolaine pourrait ainsi obtenir une rente de 5 000 $ d'un droit de monopole sur la restauration que lui aurait octroyé la mairie. Il s'agit bien d'une rente économique : Marjolaine n'accepterait de concéder ce droit à un concurrent que contre un paiement d'au moins 5 000 $.

Si les deux cas font apparaître une rente économique, seule la rente de monopole entraîne une perte de surplus. En outre, si elle a du flair et qu'elle réhabilite un vieux bâtiment négligé pour le transformer en un restaurant bien situé pour la clientèle, Marjolaine accroît certainement le surplus social. La rente économique qu'elle obtient alors la récompense pour cette action. En revanche, si elle emploie ses talents de femme d'affaires pour obtenir un droit de monopole de la mairie, Marjolaine ne contribue pas au surplus social. Son action lui procure aussi une rente, mais aux dépens des consommateurs et de la société en général puisqu'elle n'obtient sa rente qu'au prix d'une perte de surplus. C'est ce type d'action néfaste qu'on appelle **recherche de rente**.

La recherche de profit économique d'un monopoleur est donc une recherche de rente – une tentative pour s'approprier le surplus du consommateur. La recherche de rente est une activité non productive, et la valeur des ressources qui y sont consacrées s'ajoute au coût social du monopole.

Les chercheurs de rente procèdent de deux façons :

◆ par l'achat d'un droit de monopole ;

◆ par la création d'un monopole.

L'achat d'un droit de monopole Souvent, le chercheur de rente tente d'acheter un droit de monopole à un prix inférieur au profit économique que génère ce droit de monopole. L'achat des permis d'exploitation de taxi est un exemple de ce type de recherche de rente. Dans certaines villes, les taxis sont réglementés : la Ville restreint à la fois les tarifs et le nombre de taxis, de sorte que l'exploitation d'un taxi engendre un profit économique. L'individu qui veut exploiter un taxi doit acheter un permis à quelqu'un qui en détient déjà un. Les gens consacrent temps et énergie à la recherche de droits de monopoles profitables et, ce faisant, ils utilisent des ressources rares qui autrement pourraient servir à produire des biens et services. La valeur de cette production perdue fait partie du coût social du monopole. Par contre, le montant payé pour l'achat d'un monopole n'est pas un coût social, car il s'agit simplement du transfert d'un surplus du producteur de l'acheteur au vendeur du monopole.

La corruption est un exemple classique de recherche de rente coûteuse. Quand un entrepreneur consacre une bonne partie de son temps et de son énergie à essayer d'obtenir un droit de monopole, quitte à céder une partie de la rente associée au monopole à un fonctionnaire peu scrupuleux, ce n'est pas le pot-de-vin en soi qui constitue une perte de surplus (il s'agit plutôt d'un transfert de rente), mais le temps et l'énergie de l'entrepreneur, des ressources humaines qui auraient pu servir à des fins plus utiles.

La création d'un monopole Essentiellement politique, l'activité de recherche de rente par la création d'un monopole prend la forme du lobbying et de tentatives d'influer sur le processus politique : contributions au financement des partis politiques en échange d'un appui pour l'adoption de dispositions législatives ou tentatives d'influer sur les décisions politiques, indirectement par des campagnes médiatiques ou plus directement en entretenant des relations avec les politiciens et les fonctionnaires. La câblodistribution est un exemple de droit de monopole créé de cette façon, et dont l'exercice est réglementé par le Conseil de la radiodiffusion et des télécommunications canadiennes (CRTC – elle a depuis été déréglementée). La réglementation qui restreint les périodiques étrangers à tirage dédoublé en est un autre exemple. Ces réglementations ont pour effet de limiter la production et d'augmenter le prix.

Ce type de recherche de rente est une activité coûteuse qui mobilise des ressources rares. Les entreprises dépensent des milliards de dollars pour tenter d'influer directement ou indirectement sur les décisions des premiers ministres, des ministres et des fonctionnaires afin d'obtenir des permis et des lois qui créent des barrières à l'entrée et établissent des droits de monopole.

L'équilibre de recherche de rente

Les barrières à l'entrée créent des monopoles, mais il n'y a pas de barrières à l'entrée en ce qui concerne la recherche de rente. Paradoxalement, la recherche de rente ressemble à la concurrence parfaite. Dès qu'il existe une possibilité de profit économique, de nouveaux chercheurs de rente tentent d'en profiter. La concurrence que se livrent les chercheurs de rente fait monter le prix du droit de monopole à tel point que le profit économique de son exploitation devient nul. À New York, par exemple, la concurrence a fait monter le prix du permis d'exploitation d'un taxi à plus de 100 000 $, ce qui élimine le profit économique de l'exploitant.

La figure 13.8 montre un équilibre de recherche de rente. Le coût de la recherche de rente est un coût fixe qu'on doit ajouter aux autres coûts du monopole. La recherche de rente s'intensifie et les coûts qu'elle entraîne augmentent jusqu'à ce que le profit économique disparaisse. La courbe de coût moyen, qui inclut le coût fixe de la recherche de rente, se déplace vers le haut jusqu'à ce qu'elle touche la courbe de demande. Le profit économique est maintenant nul ; il a été totalement englouti dans la recherche de rente.

FIGURE 13.8 *L'équilibre de recherche de rente*

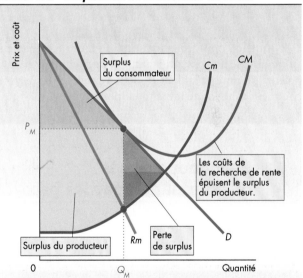

Comme la recherche de rente est une activité concurrentielle, le monopoleur utilise la totalité de son profit économique pour conserver son monopole. Le coût de la recherche de rente est un coût fixe supplémentaire. La courbe *CM* se déplace vers le haut jusqu'à ce que l'entreprise atteigne son seuil de rentabilité, au prix qui maximise le profit. Le profit économique est nul et le surplus du producteur compense exactement tous les coûts fixes. Selon que le coût de recherche de rente constitue une activité coûteuse en ressources ou un simple transfert, la perte du surplus du producteur (zone bleue) s'ajoute ou non à la perte de surplus engendrée par l'exercice du droit de monopole (zone grise).

Le surplus du consommateur reste intact, mais celui des producteurs disparaît. Si le coût d'acquisition de la rente a été dépensé en coût de lobbying de toute sorte, cette perte s'ajoute à la perte de surplus initiale et est à porter au compte de l'inefficacité du monopole. Si le coût d'acquérir la rente n'est en définitive qu'un transfert, comme dans l'exemple de l'acquisition d'un permis de taxi, la perte de surplus total n'est pas davantage alourdie.

MINITEST   **3**

1   Pourquoi un monopoleur non discriminant produit-il une moins grande quantité qu'il ne le ferait dans une industrie parfaitement concurrentielle ?

2   Comment le monopoleur s'empare-t-il du surplus du consommateur ?

3   Pourquoi le monopoleur non discriminant est-il inefficace ?

4   Qu'est-ce que la recherche de rente, et comment influe-t-elle sur l'inefficacité du monopole ?

Réponses p. 412

Jusqu'ici, nous nous sommes intéressés uniquement au monopole non discriminant. Or, de nombreux monopoleurs pratiquent la discrimination par les prix. Voyons comment fonctionnent ces monopoles.

Le monopole et la discrimination par les prix

La *discrimination par les prix* – c'est-à-dire la vente d'un même bien ou service à plusieurs prix différents – est pratiquée par les musées, les théâtres, les cinémas, les parcs d'attractions, les compagnies aériennes, les salons de coiffure et les pizzerias, comme bien d'autres types d'entreprises. Dans bien des cas, les entreprises qui exercent une discrimination par les prix ne sont pas des monopoleurs, mais tous les monopoleurs qui le peuvent la pratiquent.

Pour pratiquer la discrimination par les prix, le monopoleur doit pouvoir :

1. distinguer et isoler divers types d'acheteurs ;
2. vendre un produit qui ne peut être revendu.

Il n'y a pas nécessairement discrimination par les prix chaque fois qu'il y a différence de prix. Certains biens qui se ressemblent beaucoup ont des prix différents parce que leurs coûts de production diffèrent. Par exemple, le prix d'un kilogramme de céréales est moins élevé s'il est contenu dans une grande boîte plutôt que dans plusieurs petits emballages. La différence de prix reflète alors une différence de coût ; elle n'est pas le fait d'une discrimination par les prix.

À première vue, la discrimination par les prix peut sembler incompatible avec la maximisation du profit. Pourquoi les exploitants de salles de cinéma permettent-ils aux enfants de voir leurs films à prix réduit ? Pourquoi les coiffeurs consentent-ils des rabais aux aînés et aux étudiants ? Ces rabais ne réduisent-ils pas leur profit ?

S'approprier le surplus du consommateur

L'entreprise qui pratique la discrimination par les prix s'empare du surplus du consommateur et le convertit en profit économique. Pour ce faire, elle amène l'acheteur à débourser le montant qui se rapproche le plus possible du prix maximum qu'il consent à payer.

Les entreprises pratiquent deux types de discrimination par les prix :

◆ la discrimination par les prix fondée sur le type d'acheteurs ;

◆ la discrimination par les prix fondée sur la quantité vendue.

La discrimination par les prix fondée sur le type d'acheteurs Les gens n'accordent pas tous la même valeur aux biens qu'ils consomment, si bien qu'ils diffèrent les uns des autres quant à leur demande individuelle et à leur consentement à payer. Dans certains cas, les différences entre les acheteurs peuvent être corrélées avec des caractéristiques telles que l'âge, l'emploi ou certains traits faciles à cerner. Lorsque de telles corrélations existent, les entreprises peuvent avoir recours à la discrimination par les prix pour tirer le plus grand profit possible des différents groupes de clients.

Par exemple, pour un homme d'affaires, une présentation en tête-à-tête avec un client peut se traduire par une commande importante et très profitable. Pour les représentants de commerce et les voyageurs d'affaires, le bénéfice d'un voyage est donc considérable, et les voyageurs de cette catégorie consentent à payer un prix élevé pour un vol. À l'inverse, les vacanciers peuvent choisir entre plusieurs destinations différentes… ou aucune si le prix leur semble trop élevé. Pour les vacanciers, le bénéfice d'un vol est faible, et le prix qu'ils consentent à payer pour ce vol est peu élevé. Comme les voyageurs d'affaires sont prêts à payer leurs vols plus cher que les vacanciers, les compagnies aériennes peuvent réaliser un profit en pratiquant la discrimination par les prix auprès de ces deux groupes de voyageurs.

La discrimination par les prix fondée sur la quantité vendue Les courbes de demande individuelles ont généralement une pente négative et le bénéfice privé va en décroissant parce que la valeur que les acheteurs attribuent à n'importe quel bien ou service décroît à mesure que leur consommation de ce bien ou de ce service augmente. Quand toutes les unités consommées sont vendues au même prix, les acheteurs se retrouvent avec un surplus du consommateur égal à la valeur qu'ils tirent de chaque unité consommée moins le prix qu'ils paient pour cette unité.

Une entreprise peut s'approprier une partie de ce surplus du consommateur en pratiquant une forme de discrimination par les prix qui consiste à demander à un acheteur un prix différent pour un même bien selon la quantité qu'il achète. C'est ce type de discrimination par les prix qu'on pratique lorsque, à l'achat d'une pizza, on nous en offre une deuxième gratuitement (ou à prix réduit).

Voyons maintenant comment la discrimination par les prix augmente le profit économique.

Le profit et la discrimination par les prix

Global Air détient le monopole d'une destination exotique. La figure 13.9 présente la demande du marché pour les vols vers cette destination (droite *D*). Elle montre également la recette marginale (droite *Rm*), le coût marginal (courbe *Cm*) et le coût moyen (courbe *CM*) de Global Air.

Au départ, Global Air est un monopoleur non discriminant qui maximise son profit quand son niveau de production est tel que la recette marginale est égale au coût marginal, autrement dit quand elle vend 8 000 voyages par année à 1 200 $ le voyage. Le coût moyen d'un voyage étant de 600 $, le profit économique de Global Air est de 600 $ le voyage. Avec une production de 8 000 voyages, le profit économique de Global Air s'élève à 4,8 M$ par année (rectangle bleu), et le surplus du consommateur de ses clients correspond au triangle vert.

Global Air constate que plusieurs de ses clients sont des voyageurs d'affaires qui consentent probablement à payer plus de 1 200 $ pour un voyage. Une étude de marché lui confirme que certains voyageurs d'affaires seraient prêts à payer jusqu'à 1 800 $ le voyage, et que ces mêmes clients décident souvent de partir en voyage à la dernière minute. D'autres voyageurs d'affaires sont prêts à payer 1 600 $; ils connaissent la date de leur voyage une semaine d'avance et ne veulent jamais rester pour la fin de semaine. Enfin, d'autres voyageurs d'affaires sont prêts à payer jusqu'à 1 400 $; ils connaissent la date de leur voyage deux semaines d'avance et ne veulent pas rester pour la fin de semaine.

Global Air annonce donc sa nouvelle grille tarifaire: aucune restriction, 1 800 $; achat 7 jours d'avance, billet

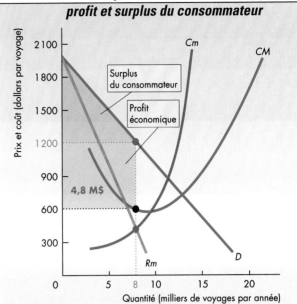

FIGURE 13.9 *Le monopoleur non discriminant: prix, profit et surplus du consommateur*

Global Air a le monopole d'une destination exotique. La demande du marché est représentée par la droite *D*. La recette marginale de Global Air est donnée par la droite *Rm*, le coût marginal par la courbe *Cm* et le coût moyen par la courbe *CM*. Étant un monopoleur non discriminant, Global Air maximise son profit en vendant 8 000 voyages par année à 1 200 $ le voyage. Son profit économique est de 4,8 M$ par année (rectangle bleu), et ses clients jouissent d'un surplus du consommateur (triangle vert).

non remboursable, 1 600 $; achat 14 jours d'avance, billet non remboursable, 1 400 $; achat 14 jours d'avance, billet non remboursable et retour le lundi, 1 200 $.

La figure 13.10 montre les résultats de cette nouvelle grille tarifaire – Global Air vend 2 000 places à chacun des quatre nouveaux prix – et explique pourquoi Global Air en est satisfaite. Le profit économique de Global Air, qui était de 4,8 M$ par année, s'est accru de 2,4 M$ grâce à ses tarifs plus élevés, augmentation qu'illustrent les marches bleu foncé de la figure 13.10. Le surplus du consommateur se réduit maintenant à la somme des petits triangles verts.

La discrimination par les prix parfaite

Il y a **discrimination par les prix parfaite** quand une entreprise est en mesure de vendre chaque unité produite au prix le plus élevé que l'acheteur consent à payer. Dans ce cas, le surplus du consommateur est absorbé en totalité par le producteur. Pour pratiquer cette forme de discrimination, l'entreprise doit faire preuve de créativité; elle doit opérer un découpage de son marché en petits segments et proposer à chacun d'eux un prix et des conditions uniques.

FIGURE 13.10   *Le monopoleur qui pratique la discrimination par les prix*

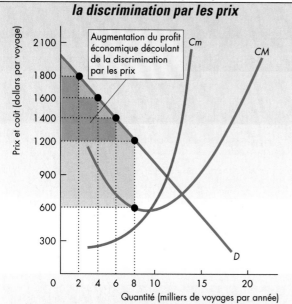

Global Air décide de pratiquer la discrimination par les prix et refait sa grille tarifaire comme suit : aucune restriction, 1 800 $; achat 7 jours d'avance, billet non remboursable, 1 600 $; achat 14 jours d'avance, billet non remboursable, 1 400 $; achat 14 jours d'avance, billet non remboursable et retour le lundi, 1 200 $. Avec cette nouvelle grille tarifaire, Global Air vend 2 000 voyages à chacun des quatre nouveaux prix. Son profit économique annuel augmente de 2,4 millions, passant à 7,2 millions (le rectangle bleu du départ auquel s'ajoutent les marches bleu foncé). Le surplus du consommateur des clients de Global Air diminue.

Avec une discrimination par les prix parfaite, il se passe quelque chose de particulier quant à la recette marginale : la courbe de demande du marché devient la courbe de recette marginale. Cela s'explique par le fait que la baisse de prix qui permet de vendre davantage ne s'applique qu'à l'unité marginale. L'entreprise continue à vendre toutes les autres unités au prix le plus élevé que chaque acheteur est prêt à payer. Pour l'entreprise qui pratique la discrimination par les prix parfaite, la recette marginale est donc *égale* au prix, et la courbe de demande du marché se confond avec la courbe de recette marginale.

Avec une recette marginale égale au prix, Global Air peut réaliser un profit encore plus considérable en augmentant sa production jusqu'à ce que le prix (et la recette marginale) soit égal au coût marginal.

Global Air se met donc à la recherche de voyageurs qui ne consentiraient pas à payer un voyage 1 200 $, mais qui accepteraient de payer plus que le coût marginal. C'est ainsi qu'elle offre divers forfaits de vacances qui peuvent attirer de nouveaux voyageurs, mais qui présentent peu d'intérêt pour ses anciens clients qui, eux, continuent de payer les

tarifs élevés. Avec ces nouveaux tarifs et forfaits, Global Air augmente ses ventes, s'empare de la totalité du surplus du consommateur et maximise son profit économique.

La figure 13.11 montre les résultats de cette discrimination par les prix parfaite. Les tarifs proposés à la clientèle d'origine permettent à Global Air de s'emparer de tout le surplus du consommateur de ce groupe de voyageurs pour le convertir en profit économique. Les nouveaux tarifs allant de 900 $ à 1 200 $ attirent 3 000 voyageurs supplémentaires et amènent l'absorption de leur surplus du consommateur. Global Air réalise maintenant un profit économique de plus de 9 M$.

On trouve des indices de discrimination parfaite dans les politiques de divulgation des prix adoptées par les entreprises. Dans les industries fortement concurrentielles, où les produits d'une entreprise sont de bons substituts à ceux d'une autre, les entreprises n'hésiteront pas à afficher leur prix pour attirer les clients et concurrencer agressivement leurs rivaux. Par comparaison, essayez de savoir combien il vous en coûterait pour acheter d'une entreprise un produit possédant peu de bons substituts, par exemple un équipement de laboratoire très spécialisé ou une salle de

FIGURE 13.11   *La discrimination par les prix parfaite*

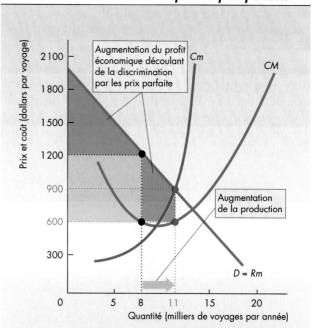

Les douzaines de tarifs ont permis d'exploiter les différences entre les divers types de voyageurs d'affaires, et plusieurs des nouveaux forfaits économiques avec de nombreuses restrictions ont attiré des vacanciers. Avec une discrimination par les prix parfaite, la courbe de demande du marché devient la courbe de recette marginale de Global Air. Le profit économique est maximisé quand le prix le plus bas est égal au coût marginal. Global Air vend 11 000 voyages et réalise un profit économique de 9,35 M$ par année.

conférence virtuelle : il est peu probable que l'entreprise claironne sur tous les toits le prix auquel elle est disposée à vous vendre son produit. Au contraire, on vous suggérera de contacter un représentant autorisé pour qu'il vous propose une offre correspondant à vos besoins. Ce faisant, l'entreprise s'assure qu'elle vous fera en vérité une offre très personnalisée : l'offre la plus chère qu'elle estime que vous consentirez à payer.

La discrimination par les prix parfaite, l'efficacité et la recherche de rente

Avec la discrimination par les prix parfaite, la production augmente jusqu'à ce que le prix soit égal au coût marginal, ce qui est représenté, à la figure 13.11, par l'intersection de la courbe de coût marginal et de la droite de demande. Il en résulte que le niveau de production du monopoleur est ramené à celui qui aurait cours dans une industrie parfaitement concurrentielle. La discrimination par les prix parfaite réduit à néant le surplus du consommateur. En revanche, le surplus du producteur dont jouit le monopoleur s'accroît pour devenir égal à la somme du surplus du consommateur et du surplus du producteur qu'on observerait dans un marché parfaitement concurrentiel. Comme la perte de surplus est nulle, la discrimination par les prix parfaite est efficace : le monopoleur discriminant crée la plus grosse tarte économique possible et se l'approprie en entier.

Plus le monopoleur s'approche de la discrimination par les prix parfaite, plus sa production s'approche de la production concurrentielle, et plus il est efficace.

Deux caractéristiques différencient la concurrence parfaite et la discrimination par les prix parfaite. Premièrement, le surplus se répartit différemment : alors qu'il est partagé

Voulez-vous savoir quel prix ridicule m'a coûté mon billet ?

Dessin de William Hamilton, *Voodoo Economics*, p. 3. © 1992.
Traduction et reproduction autorisées par The Chronicle Publishing Company.

Réaliser la discrimination par les prix parfaite

Combien de jours à Disney World ?

Le droit d'entrée pour une journée à Disney World, à Orlando, est de 75,62 $. Le lendemain, il vous en coûte 72,42 $ pour avoir accès au parc et, le troisième jour, vous devez débourser 68,17 $. Mais si vous souhaitez y passer un quatrième jour, vous ne paierez que 9,59 $ et le cinquième jour vous coûtera 3,20 $. Par la suite, jusqu'à 10 jours, le prix est de 2,12 $ par jour.

La société Disney espère qu'elle a bien estimé votre consentement à payer et qu'elle ne vous laisse pas beaucoup de surplus du consommateur. Elle croit que, après trois jours, votre valeur marginale est en chute libre.

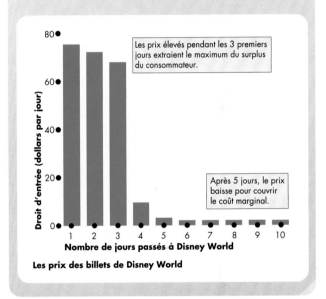

Les prix élevés pendant les 3 premiers jours extraient le maximum du surplus du consommateur.

Après 5 jours, le prix baisse pour couvrir le coût marginal.

Les prix des billets de Disney World

entre les consommateurs et les producteurs en situation parfaitement concurrentielle, il revient entièrement au producteur dans le cas de la discrimination par les prix parfaite. Deuxièmement, comme le producteur accapare la totalité du surplus, la recherche de rente devient encore plus profitable.

Les gens consacrent des ressources rares à la recherche de rente économique, et plus la rente est importante, plus ils consacrent de ressources à sa recherche. Comme aucune barrière à l'entrée ne limite la recherche de rente, les chercheurs de rente engloutissent à long terme la totalité du surplus du producteur.

Comme nous le rappelle le dessin humoristique ci-contre, les vraies compagnies aériennes n'ont rien à envier à Global Air…

Vous venez de voir que le monopole est profitable pour le monopoleur, mais coûteux pour le consommateur, et qu'il est généralement source d'inefficacité. À cause

Réponses p. 413

MINITEST **4**

1 Qu'est-ce que la discrimination par les prix, et comment un monopoleur peut-il s'en servir pour accroître son profit?

2 Expliquez ce qu'il advient du surplus du consommateur quand un monopoleur pratique la discrimination par les prix.

3 Expliquez ce qu'il advient du surplus du consommateur, du profit économique et de la production quand un monopoleur pratique la discrimination par les prix parfaite.

4 Comment s'y prennent les vraies compagnies aériennes pour pratiquer la discrimination par les prix? Donnez des exemples.

de ces caractéristiques, le monopole est soumis au débat politique et à une réglementation. Penchons-nous maintenant sur les grandes questions de politique économique que soulève le monopole.

La réglementation du monopole

Le monopoleur naturel nous place devant un dilemme. Grâce aux économies d'échelle, il produit au coût le plus bas. Mais en raison de son pouvoir de marché, il peut être tenté de demander un prix plus élevé que s'il était en situation de concurrence, et de ne pas produire suffisamment. Autrement dit, il a le pouvoir de servir ses propres intérêts au détriment de ceux de la société.

Pour résoudre le dilemme, on recourt souvent à la **réglementation**, c'est-à-dire à un ensemble de règles administrées par une autorité publique et destinées à influer sur les prix, les quantités, l'entrée et d'autres aspects de l'activité économique d'une entreprise ou d'une industrie. L'État met en place des organismes qui veillent à l'application et au respect de la réglementation. Par exemple, l'Office des transports du Canada réglemente les transports de compétence fédérale, notamment le transport ferroviaire, aérien et maritime, le transport par oléoducs et gazoducs et, dans certains cas, le transport commercial routier interprovincial. En 1979, l'Office a fait l'objet d'un examen particulier par le Vérificateur général du Canada et, l'année suivante, un programme de déréglementation était institué.

La **déréglementation** consiste à assouplir ou à abolir les règles qui s'appliquent aux prix, aux quantités, à l'entrée et à d'autres aspects de l'activité économique d'une entreprise ou d'une industrie. Au cours des 25 dernières années, on a procédé à la déréglementation de nombreux marchés au Canada, y compris ceux du transport ferroviaire et aérien intérieur, des services téléphoniques, du gaz naturel et du transport des céréales.

La réglementation est une façon de résoudre le dilemme que pose le monopole naturel, mais elle ne donne pas toujours les résultats escomptés. Il existe deux théories pour expliquer comment la réglementation fonctionne en réalité: ce sont la *théorie de l'intérêt public* et la *théorie de la capture de l'intervention*.

Selon la **théorie de l'intérêt public**, le pouvoir politique et les organismes de réglementation sont sans cesse à l'affût de l'inefficacité et instituent des règles destinées à éliminer la perte de surplus et à assurer l'allocation efficace des ressources.

Selon la **théorie de la capture de l'intervention**, la réglementation sert les intérêts du producteur, qui maximise son profit économique en capturant l'intervention. Les règles qui favorisent le producteur mais qui créent une perte de surplus sont adoptées parce que les gains du producteur sont importants et manifestes, alors que ceux des consommateurs pris isolément sont petits et invisibles. Aucun des consommateurs n'est tenté de s'opposer à lui seul à la réglementation, alors que le producteur a tout intérêt à faire pression pour l'obtenir.

Nous allons examiner une réglementation efficace qui sert les intérêts de la société et montrer pourquoi il n'est pas facile d'instituer et d'appliquer une telle réglementation.

La réglementation efficace d'un monopole naturel

La distribution du gaz naturel est un *monopole naturel* – une seule entreprise peut satisfaire la demande totale du marché à un prix inférieur à celui qui aurait cours avec deux ou plusieurs entreprises en concurrence. Au Québec, la société Gaz Métro détient le monopole de la distribution du gaz naturel. Le Québec ne produit pas de gaz naturel: tout le gaz qui y est consommé provient actuellement de l'Ouest canadien le long d'un gazoduc qui aboutit à la frontière avec l'Ontario près de Vaudreuil. L'activité de distribution consiste à acheminer le gaz depuis la frontière jusqu'au consommateur grâce à un réseau de tuyaux enfouis dans le sol. Enfouir des tuyaux dans le sol représente des immobilisations de capitaux importantes et impose des coûts fixes considérables, lesquels font partie du coût moyen. Si le nombre de ménages desservis augmente, l'entreprise voit son coût moyen diminuer, car elle peut répartir les coûts fixes entre un plus grand nombre de consommateurs.

L'unité de « production » pour Gaz Métro est le nombre de mètres cubes de gaz qu'elle livre aux consommateurs. Plus le prix qu'elle demande pour ce service est bas, plus celui-ci sera populaire et plus le réseau sera exploité. En revanche, un prix trop bas n'aidera pas la situation financière de l'entreprise.

En l'absence de réglementation, Gaz Métro déterminerait le prix de ce service afin de maximiser le profit. Comme pour tout monopole non discriminant, le prix qui maximise le profit est supérieur à celui qui suscite une utilisation efficace du service par les consommateurs, et il en résulte une perte de surplus. Gaz Métro est réglementé par la Régie de l'énergie du Québec qui sanctionne le prix auquel elle peut vendre son service.

La figure 13.12 illustre la structure de coûts de Gaz Métro à l'égard des clients consommant moins de 36 500 m³ par an, soit tous les clients résidentiels et la plupart des clients industriels et commerciaux de petite taille (les quelques gros consommateurs industriels de gaz sont ici exclus). La structure de coûts est résumée par la courbe de coût moyen à long terme *CMLT* et par la courbe de coût marginal *Cm*. Comme la courbe de coût marginal est en dessous de la courbe de coût moyen, on a affaire à un monopole naturel : plus ces clients consomment, plus on peut répartir le coût des installations et plus le coût moyen est bas.

Ensemble, ces clients consomment environ 700 millions de mètres cubes par an qu'ils paient 60 ¢ l'unité. De ce prix, 36 ¢ constituent des frais variables directement liés au volume de consommation, notamment le prix du gaz lui-même qui représente environ 20 ¢. Ces frais unitaires ne changent pas avec le volume de consommation et peuvent s'interpréter comme un coût marginal ou un coût variable moyen. La différence entre le coût moyen et ce coût variable moyen, soit 60 ¢ − 36 ¢ = 24 ¢, constitue le coût fixe moyen (flèche verte), soit le coût du service de distribution comme tel. Il décroît naturellement avec la quantité de gaz distribuée, c'est-à-dire avec l'exploitation du réseau.

FIGURE 13.12 *La réglementation d'un monopole naturel*

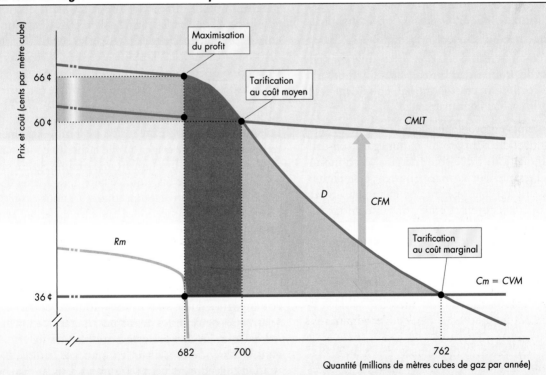

La demande du marché des petits consommateurs de gaz naturel au Québec est représentée par la droite *D*. Le coût marginal de Gaz Métro, un monopole naturel, est constant à 36 ¢ par mètre cube et est représenté par la droite *Cm*. Ce coût inclut le prix du gaz proprement dit que Gaz Métro offre à prix coûtant à ses clients. La courbe *CMLT* donne le coût moyen à long terme.

En l'absence de réglementation, l'entreprise maximise son profit en distribuant 682 millions de mètres cubes au prix de 66 ¢, ce qui lui permet de payer ses coûts fixes et variables et d'obtenir un profit (rectangle bleu). La tarification au coût marginal fixe le prix à 36 ¢ et assure que le réseau est efficacement employé. Soumis à cette règle, le monopole distribue 762 millions de mètres cubes et essuie une perte économique puisque le prix ne couvre que les coûts variables. La réglementation de second rang fait appel à la tarification au coût moyen et fixe le prix à 60 ¢ par mois. Le monopole distribue alors 700 millions de mètres cubes et son profit économique est nul.

La demande est peu élastique – entre 0,17 et 0,25 à 700 millions de mètres cubes – parce que ces petits consommateurs n'ont souvent qu'un seul système de chauffage et ne peuvent substituer rapidement une autre source d'énergie au gaz, mais elle croît rapidement lorsque le prix dépasse 66 ¢, alors que l'option de se munir d'un autre système de chauffage devient rentable et attrayante. Cela explique que la courbe de recette marginale affiche un coude au voisinage de 682 millions de mètres cubes par an, soit la quantité demandée à ce prix, alors qu'elle croise la courbe de coût marginal. Pour maximiser les profits (rectangle bleu), il est avantageux d'accroître le prix jusqu'à cette limite, mais pas au-delà, sinon on fait fuir la clientèle.

On exploite efficacement le réseau lorsque la valeur marginale des consommateurs pour le dernier mètre cube distribué – la demande – égale son coût marginal de distribution. Cela se produit ici si Gaz Métro distribue 762 millions de mètres cubes à 36 ¢ l'unité. En restreignant la distribution à la quantité de monopole, soit 682 millions de mètres cubes, la perte de surplus économique correspond à l'aire des deux zones grises, soit toutes les unités de gaz non distribuées auxquelles les consommateurs accordent plus de valeur (la demande) que ce qu'il en coûte au distributeur pour les fournir (le coût marginal).

Gaz Métro n'a aucun intérêt à susciter une exploitation efficace de son réseau si cela doit se traduire pour elle par une baisse de profits, mais la Régie peut lui imposer la **règle de tarification au coût marginal**, et lui demander de fixer un prix égal au coût marginal.

Il y a toutefois un problème. Pour être rentable, une entreprise doit vendre à un prix au moins égal à son coût moyen de production ; or, le coût marginal d'un monopoleur naturel est inférieur à son coût moyen : en lui imposant un prix égal à son coût marginal, on lui impose un prix inférieur à son coût moyen et on le condamne donc à la faillite financière. Comment l'entreprise peut-elle couvrir ses coûts et se plier en même temps à la règle de tarification au coût marginal ?

La solution consiste à appliquer une tarification à deux composantes (ou *tarif binôme*). Le consommateur paie un droit d'accès au réseau dont le montant *ne dépend pas de la quantité qu'il achète*. Le montant de ce droit d'accès est ajusté afin que la somme totale de ces droits corresponde au coût fixe de l'entreprise. Une fois le droit acquitté, le consommateur ne paie plus que le coût marginal. Par exemple, une compagnie de téléphone locale peut imposer à ses abonnés un forfait mensuel pour le raccordement au réseau, et leur facturer ensuite une somme égale au coût marginal (zéro) pour chaque appel local. Les clients de Gaz Métro paient actuellement des frais de branchement au réseau, mais ces frais ne couvrent pas les coûts fixes de l'entreprise. Toutefois, l'entreprise propose aujourd'hui des formules tarifaires inspirées des tarifs à plusieurs composantes afin de favoriser une exploitation optimale de son réseau.

La réglementation de second rang d'un monopole naturel

Dans le cas du monopoleur naturel, il n'est pas toujours possible d'obtenir le résultat efficace par la réglementation. Toutefois, on peut lui épargner une perte économique sans renoncer à la réglementation grâce à l'un des moyens suivants :

♦ la tarification au coût moyen ;
♦ la subvention par l'État.

La tarification au coût moyen Selon la **règle de tarification au coût moyen**, on fixe le prix de telle sorte qu'il soit égal au coût moyen. L'intersection de la courbe de coût moyen et de la droite de demande détermine la quantité produite. L'entreprise a un profit économique nul, mais elle couvre ses frais. Toutefois, comme le coût moyen du monopoleur naturel est supérieur au coût marginal, la quantité produite est inférieure à la quantité efficace et engendre une perte de surplus.

La figure 13.12 illustre la règle de tarification au coût moyen. Le prix est fixé à 60 ¢/m³, c'est-à-dire que le client paie les coûts variables plus 24 ¢ en frais de distribution consacrés au financement du réseau. À ce prix, Gaz Métro distribue 700 m³. Par rapport à ce qu'il distribuerait s'il n'était pas réglementé, la tarification au coût moyen limite la perte de surplus économique au triangle gris pâle.

La subvention par l'État L'État peut subventionner l'entreprise, c'est-à-dire exiger qu'elle tarife au coût marginal, tout en lui versant directement une somme égale à sa perte économique. Toutefois, pour ce faire, il doit taxer d'autres secteurs de l'activité économique. Or, nous avons vu au chapitre 6 que l'imposition d'une taxe engendre toujours une perte de surplus.

Au second rang… Quel est le meilleur choix : la tarification au coût moyen ou la tarification au coût marginal accompagnée d'une subvention ? Tout dépend de la taille relative des deux pertes de surplus. La tarification au coût moyen entraîne une perte de surplus (le triangle gris pâle) dans le marché desservi par le monopole naturel. La subvention engendre des pertes de surplus dans les marchés des biens qu'on taxe pour payer la subvention. La perte de surplus la plus petite constitue la solution de second rang pour la réglementation d'un monopole naturel. Toutefois, en pratique, il est très difficile de réaliser les calculs de pertes de surplus, si bien qu'on a généralement recours à la tarification au coût moyen plutôt qu'à la subvention.

Appliquer la tarification au coût moyen présente un défi de taille pour l'organisme de réglementation parce qu'il ne peut pas connaître avec certitude les coûts de l'entreprise. Donc, en pratique, il s'en remet à l'une des deux formules suivantes :

- ◆ la réglementation en fonction du taux de rendement ;
- ◆ la réglementation par prix plafond.

La réglementation du taux de rendement L'entreprise qui est soumise à la **réglementation du taux de rendement** doit justifier son prix en montrant que le rendement qu'elle tire de son capital ne dépasse pas un taux donné qui couvre le coût de renonciation du capital plus une rente raisonnable pour la motiver à produire. Gaz Métro est ainsi soumise à une réglementation du taux de rendement de ses activités de distribution du gaz qui lui permet d'obtenir un rendement d'environ 9 % sur sa base de capital installée à cette fin.

Ce type de réglementation peut toutefois être manipulé pour servir les intérêts particuliers du monopoleur plutôt que l'intérêt public. Par exemple, les dirigeants de l'entreprise peuvent hausser le prix en justifiant cette majoration par un gonflement des coûts entraîné par des avions privés, des billets de hockey gratuits (habilement maquillés en frais de représentation) et d'autres dépenses professionnelles attrayantes. La recette et les coûts croissant dans la même proportion, le rendement affiché sur la base de capital ne change pas, mais les dirigeants se paient des extras aux dépens des consommateurs.

La réglementation du taux de rendement a aussi comme défaut d'inciter l'entreprise à adopter un ratio capital/main-d'œuvre trop élevé. Comme on lui garantit un taux de rendement sur son capital qui dépasse son coût de renonciation, elle est incitée à substituer du capital à la main-d'œuvre affectée à la production. Acheter une machine pour remplacer des travailleurs devient plus intéressant parce que la machine lui revient relativement moins cher que les travailleurs. Puisque le rendement de l'entreprise est contrôlé, cet effet de distorsion des prix n'influe pas nécessairement sur ses profits, mais il accroît les coûts qu'elle transmet aux consommateurs.

La réglementation par prix plafond En raison des limites que nous venons d'exposer, l'État a de moins en moins recours à la réglementation du taux de rendement. À la place, il privilégie la **réglementation par prix plafond** en vertu de laquelle il fixe le prix maximum que l'entreprise est autorisée à demander. Cette forme de réglementation incite le monopoleur à être efficace et à réduire ses coûts. Elle est maintenant courante dans les industries de l'électricité et des télécommunications, où elle est en train de remplacer la réglementation du taux de rendement. Depuis quelques années, la réglementation à laquelle est sujette Gaz Métro comporte un mécanisme d'incitation à améliorer la performance qui s'apparente à un prix plafond.

Pour en illustrer le fonctionnement, voyons comment la réglementation par prix plafond s'applique à Gaz Métro. En l'absence de prix plafond, Gaz Métro doit vendre à un prix correspondant à son coût moyen de sorte que l'entreprise n'ait ni perte ni profit économique (c'est-à-dire qu'on autorise seulement un rendement fixe jugé « normal » sur le capital qu'elle a investi). À la figure 13.13, cela signifie que Gaz Métro produit au point noir en distribuant 700 millions de mètres cubes qu'elle vend au prix de 60 ¢/m³.

Toute variation des coûts variables est immédiatement transmise au consommateur. Ainsi, le consommateur supporte toutes les variations du prix du gaz, mais si, par exemple, le prix de l'électricité augmente (un intrant pour Gaz Métro), alors Gaz Métro fera payer la facture au consommateur et cette hausse sera sanctionnée par la Régie afin de maintenir la tarification au coût moyen. À l'inverse, si la Régie apprend que les coûts de Gaz Métro ont diminué pour une raison ou une autre, elle diminuera d'autant le prix que recevra Gaz Métro.

FIGURE 13.13 *La réglementation par prix plafond*

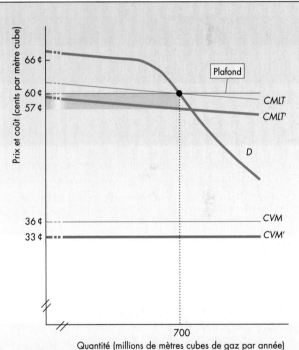

Les coûts historiques de Gaz Métro observés par la Régie sont donnés par les courbes *CMLT* et *CVM*. Imposer systématiquement la tarification au coût moyen élimine toute incitation pour Gaz Métro de réduire ses coûts s'il s'avérait que, en modifiant ses pratiques, elle pourrait les abaisser à *CMLT'* et *CVM'*. En limitant son intervention à l'imposition d'un prix plafond à 60 ¢, la Régie assure aux consommateurs un résultat au moins aussi bon qu'avec une tarification traditionnelle. En outre, si des économies se matérialisent, elle permet à Gaz Métro de réaliser un profit correspondant ici à l'aire du rectangle bleu. Au bout du compte, ce profit peut être partagé avec la clientèle et mener plus tard à un réajustement à la baisse du prix plafond.

ENTRE LES LIGNES

LE SOLEIL, 16 DÉCEMBRE 2008

MONSANTO VEILLE AU GRAIN AU QUÉBEC

Par *Annie Morin*

Trois agriculteurs du Saguenay-Lac-Saint-Jean devront verser plus de 20 000 $ en dédommagement à Monsanto pour avoir cultivé du canola modifié génétiquement sans en payer le brevet. [...] [Ils] ont admis avoir fait pousser du canola Roundup Ready, donc résistant à l'herbicide du même nom, sans détenir une licence en bonne et due forme. Pour utiliser des semences brevetées, [...]

les agriculteurs doivent payer un montant forfaitaire à l'entreprise qui a développé la technologie, en sus des graines facturées par un intermédiaire autorisé. [...]

« Il faut une sorte de réprimande, par équité pour les autres producteurs qui paient leur dû et parce qu'il faut bien financer nos activités de recherche et de développement », explique Mme Jordan [de Monsanto Canada].

William Van Tassel convient qu'il y a un prix pour des variétés plus performantes. « C'est sûr que personne n'aime ça envoyer de l'argent à Monsanto, surtout les années où les producteurs ne font pas leurs frais, mais c'est tout de même moins cher que les produits conventionnels qui exigeaient plus d'herbicides », fait-il valoir. ■

LE DEVOIR, 20 DÉCEMBRE 2008

LA POLICE DES GÈNES TRAQUE DES AGRICULTEURS DU SAGUENAY-LAC-SAINT-JEAN

Par *Fabien Deglise*

Monsanto a annoncé en grande pompe avoir mis la main au collet de trois agriculteurs du Saguenay-Lac-Saint-Jean qui ont planté du canola génétiquement modifié ...]

En une décennie, le canola transgénique est devenu incontournable partout au Canada [...]. Sur les 18 000 hectares en culture au Québec cette année, 100 % appartiennent à la famille des OGM [...] Les mauvaises herbes contre lesquelles il faut lutter

dans la culture du canola sont très proches de la famille du canola. [...] Or, comme la plante transgénique résiste à l'herbicide, la lutte devient plus efficace et les gains de productivité sont importants.

Cette logique biologique a donné des ailes au canola, délaissé pendant des années au Québec car trop compliqué à « élever ». Entre 2001 et aujourd'hui, les surfaces cultivées ont augmenté de 260 % [...]. Monsanto, premier pourvoyeur de cet OGM,

récolte environ 6 $ par hectare mis en champ, à titre de redevance [...]

Ces dernières années, [les producteurs] ont vu leurs coûts de production grimper en raison de l'augmentation du prix des semences, du pétrole, de la machinerie, des taxes... Ainsi, si un hectare de canola permet bon an mal an de générer entre 800 et 1000 $, à peine 50 à 100 $ vont rester dans les poches de l'agriculteur [...] ■

LES FAITS EN BREF

- Monsanto développe des semences qu'elle autorise les agriculteurs à employer contre le paiement d'une redevance.

- Ces semences génétiquement modifiées afin de résister aux herbicides permettent aux agriculteurs de réaliser des gains de productivité importants.

- Certains agriculteurs essaient de ne pas payer les redevances, mais Monsanto les traque en invoquant la nécessité de financer ses activités de recherche et développement.

- Les agriculteurs connaissent des temps difficiles, mais en recourant aux semences de Monsanto, il leur revient cependant moins cher de produire.

- Tant les surfaces cultivées que la part du canola génétiquement modifié se sont accrues avec les années.

ANALYSE ÉCONOMIQUE

● Dans les années 1990, Monsanto a développé le *Roundup Ready*, une variété de canola génétiquement modifié afin de résister aux herbicides, moins cher à faire pousser. Monsanto a obtenu un brevet sur cette innovation qui lui en confère le monopole qu'elle exploite en vendant une licence aux agriculteurs pour chaque hectare ensemencé.

● Si Monsanto demande un prix trop élevé, les agriculteurs choisiront les semences traditionnelles. Pour Monsanto, comme pour la société, le coût marginal supplémentaire d'emploi du *Roundup Ready*, par rapport au canola traditionnel, est nul: ses coûts de développement ont été déboursés par le passé.

● L'emploi du *Roundup Ready* génère beaucoup de surplus économique. Comme son coût d'emploi est nul, le surplus est maximal lorsque les agriculteurs peuvent librement l'utiliser. Toutefois, l'objectif de Monsanto n'est pas de maximiser le surplus économique de la société en général, mais bien le surplus qui lui revient par le biais des redevances.

● Les deux figures illustrent les gains par les agriculteurs et Monsanto selon le prix qu'elle demande. La **figure 1** représente la structure de coût de l'industrie du canola à l'échelle canadienne. Au prix de 1000 $ par hectare, l'industrie ensemence un peu moins de 3 millions d'hectares au minimum du coût moyen et ne fait donc pas de profit (point bleu).

● Supposons que le *Roundup Ready* permette d'économiser 8 $ par hectare. Ce gain peut être aussi bien considéré comme une réduction du coût marginal de l'industrie ou, tel que nous le faisons ici, comme un accroissement de la recette marginale (le prix) de 1000 $ à 1008 $. Si les agriculteurs pouvaient employer le *Roundup Ready* sans payer de redevance, ils étendraient l'ensemencement à plus de 5 millions d'hectares le long de la courbe d'offre (le coût marginal) jusqu'au point noir. Le gain de surplus serait maximal et correspondrait aux nouveaux profits réalisés par les agriculteurs (zones verte et grise).

● Monsanto ne peut demander plus de 8 $ pour la licence. À ce prix, il est indifférent pour les agriculteurs d'employer le *Roundup Ready* ou la variété traditionnelle. En réduisant le prix de sa licence, Monsanto permet aux agriculteurs de faire un peu de profit tout en accroissant ses propres profits. Voyons pourquoi.

La courbe d'offre de canola des agriculteurs constitue une courbe de demande de licences pour Monsanto, illustrée à la **figure 2**. Au prix de 8 $, Monsanto peut vendre un nombre de licences équivalant au plus à la production initiale des agriculteurs indifférents. À mesure qu'elle baisse son prix, elle peut en vendre davantage le long de la courbe *D* qui n'est que l'image inversée de la courbe d'offre de la figure 1 pour des prix entre 1000 $ et 1008 $.

● La recette totale de Monsanto (zone verte) est maximale lorsque sa recette marginale est nulle, soit quand quatre millions de licences sont octroyées au prix de 6 $. À ce prix, les producteurs réalisent un profit correspondant à la zone bleue puisqu'ils paient 6 $ pour une innovation qui en rapporte

davantage (8 $). Le surplus économique créé est toutefois moindre que si la nouvelle variété était exploitée à son plein potentiel: la zone bleue est plus petite que la zone grise et la différence entre les deux constitue la perte de surplus attribuable au pouvoir de monopole conféré par brevet à Monsanto.

● Une partie importante des profits économiques compense Monsanto *a posteriori* pour les coûts de développement du *Roundup Ready*. La perte de surplus générée par le système de brevets doit être comparée à ce qu'il en aurait coûté pour organiser autrement le développement de nouvelles variétés de semences.

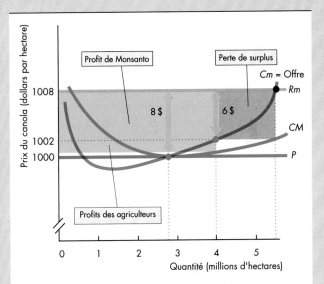

Figure 1 La production canadienne de canola

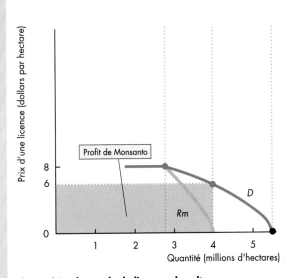

Figure 2 La demande de licences de culture du canola Roundup Ready

Le défaut de cette approche, c'est que Gaz Métro n'a aucune incitation à réduire ses coûts. Supposons qu'il soit possible pour l'entreprise de réduire ses frais variables à 33 ¢, au prix toutefois d'une difficile réorganisation du travail et d'un meilleur contrôle des dépenses courantes. Dans la figure, cela signifie que les gestionnaires de Gaz Métro réalisent que la structure de coûts de l'entreprise pourrait être reportée vers le bas et que les droites *CMLT* et *CVM* pourraient devenir *CMLT'* et *CVM'*. Quel serait l'intérêt d'en informer la Régie ? Celle-ci abaisserait le prix à 57 ¢ sans que la situation de l'entreprise en soit affectée, mais les gestionnaires devraient maintenant assurer un contrôle plus serré, donc plus pénible, de leurs dépenses.

L'approche du prix plafond incite l'entreprise à réduire ses coûts lorsque c'est possible, tout en préservant la tarification au coût moyen. Au lieu de systématiquement ajuster le prix au coût moyen réalisé de l'entreprise, la Régie détermine un prix plafond et laisse Gaz Métro libre de produire comme elle l'entend à condition qu'elle n'exige pas de sa clientèle un prix dépassant ce plafond. Initialement, ce prix plafond est fixé au niveau du coût moyen historique de l'entreprise. Si l'entreprise parvient à réduire ses coûts, elle peut alors dégager un profit (rectangle bleu). Périodiquement, le prix plafond est réajusté à la baisse pour tenir compte des économies réalisées par l'entreprise, mais moins rapidement que sous un régime de taux de rendement pur. En permettant à l'entreprise de réaliser des profits, on l'incite à réduire ses coûts. Ces réductions de coûts finissent par profiter aux consommateurs lorsque le plafond est réajusté.

Il est possible que l'organisme de réglementation fixe le plafond à un niveau trop élevé. C'est pourquoi la réglementation par prix plafond s'accompagne souvent d'une *réglementation de partage des bénéfices*, selon laquelle l'entreprise est tenue de rembourser les clients si les profits dépassent un certain seuil. Dans le cas de Gaz Métro, le mécanisme en place prévoit que toutes les économies réalisées par l'entreprise sont partagées avec la clientèle.

Enfin, contrairement à la réglementation du taux de rendement, l'imposition d'un prix plafond n'incite pas l'entreprise à accroître indûment sa base de capital. De fait, si l'entreprise a historiquement gonflé ses coûts en faisant payer la facture d'installations coûteuses (et pas nécessairement efficaces) aux consommateurs, l'imposition d'un régime de prix plafond l'incite maintenant à rationaliser ses opérations pour son bénéfice et, selon la règle de partage établie et le calendrier de la révision du prix plafond, celui des consommateurs.

Nous venons d'étudier le monopole. La rubrique « Entre les lignes » (p. 404) examine le contrôle qu'exerce la multinationale Monsanto sur la culture du canola au Canada. La concurrence parfaite, que nous avons vue au chapitre précédent, et le monopole pur ne représentent que les extrêmes du marché ; le prochain chapitre sera consacré aux structures de marché intermédiaires.

MINITEST 5

1. Quelle règle de tarification permet à un monopoleur réglementé d'obtenir un résultat efficace ? Quel problème cette règle pose-t-elle ?

2. Qu'est-ce que la règle de tarification au coût moyen ? Pourquoi cette règle n'est-elle pas un moyen efficace de réglementer un monopole ?

3. Qu'est-ce qu'un prix plafond ? Pourquoi s'agit-il d'un moyen plus efficace de réglementer un monopole que la réglementation du taux de rendement ?

4. Comparez la tarification au coût moyen, la tarification au coût marginal et la tarification qui maximise le profit quant au surplus du consommateur, au surplus du producteur et à la perte de surplus que chacune d'elles engendre.

Réponses p. 413

Points clés

Qu'est-ce que le monopole ? (p. 384-386)

◆ Un monopole est une industrie qui produit un bien ou un service pour lequel n'existe aucun substitut proche et dans laquelle le seul et unique fournisseur est protégé de la concurrence par une barrière à l'entrée.

◆ Une barrière à l'entrée peut être légale (concession publique, licence, brevet, droit d'auteur, propriété d'une ressource clé) ou naturelle (engendrée par des économies d'échelle).

◆ Un monopoleur peut pratiquer la discrimination par les prix si le bien ou le service qu'il produit ne peut être revendu ; s'il y a possibilité de revente, le monopoleur impose un prix unique (monopole non discriminant).

La production et le prix du monopoleur non discriminant (p. 386-391)

◆ La courbe de demande d'un monopoleur est la courbe de demande du marché, et la recette marginale d'un monopoleur non discriminant est inférieure au prix.

◆ Le monopoleur maximise son profit en produisant la quantité à laquelle sa recette marginale est égale à son coût marginal et en imposant le prix le plus élevé que les consommateurs sont prêts à payer pour cette quantité.

La concurrence parfaite et le monopole non discriminant : une comparaison (p. 391-396)

◆ Un monopole non discriminant impose un prix plus élevé et produit une quantité moindre qu'une industrie parfaitement concurrentielle.

◆ Un monopole non discriminant limite la production et crée une perte de surplus.

◆ La perte totale occasionnée par le monopole est égale à la somme de la perte de surplus et du coût des ressources consacrées à la recherche de rente.

Le monopole et la discrimination par les prix (p. 396-400)

◆ La discrimination par les prix convertit le surplus du consommateur en profit économique.

◆ La discrimination par les prix parfaite permet au monopole de réaliser le plus grand surplus social, c'est-à-dire la somme des surplus du consommateur et du producteur, tout en s'appropriant la totalité du surplus du consommateur. Le monopoleur qui la pratique obtient le prix maximal que chaque consommateur consent à payer pour chaque unité achetée. La quantité produite est la quantité efficace.

◆ Avec la discrimination par les prix parfaite, la recherche de rente peut éliminer la totalité du surplus du consommateur et du producteur.

La réglementation du monopole (p. 400-406)

◆ La réglementation d'un monopole naturel peut servir les intérêts de la société ou, au contraire, ceux du monopoleur (s'il y a capture de l'intervention).

◆ La tarification au coût marginal produit un résultat efficace, mais elle ne permet pas à l'entreprise de couvrir ses coûts.

◆ La tarification au coût moyen permet à l'entreprise de couvrir ses coûts, mais elle est inefficace.

◆ La réglementation du taux de rendement incite l'entreprise à adopter un ratio capital/travail inefficace et à gonfler ses coûts.

◆ La réglementation par prix plafond avec partage des bénéfices permet d'obtenir un résultat plus efficace que la réglementation du taux de rendement.

Figures et tableau clés

Figure 13.2 La demande et la recette marginale (p. 387)

Figure 13.3 La recette marginale et l'élasticité (p. 388)

Figure 13.4 La production et le prix d'un monopoleur (p. 390)

Figure 13.5 Le monopole : production moindre et prix plus élevé (p. 391)

Figure 13.7 L'inefficacité du monopole (p. 393)

Figure 13.10 Le monopoleur qui pratique la discrimination par les prix (p. 398)

Figure 13.11 La discrimination par les prix parfaite (p. 398)

Figure 13.12 La réglementation d'un monopole naturel (p. 401)

Figure 13.13 La réglementation par prix plafond (p. 403)

Tableau 13.1 La détermination de la production et du prix d'un monopoleur (p. 389)

Mots clés

Barrière à l'entrée Obstacle légal ou naturel qui protège une entreprise contre l'arrivée sur le marché de concurrents potentiels (p. 384).

Déréglementation Assouplissement ou abolition des règles qui s'appliquent aux prix, aux quantités, à l'entrée et à d'autres aspects de l'activité économique d'une entreprise ou d'une industrie (p. 400).

Discrimination par les prix Pratique qui consiste à demander un prix différent pour diverses unités d'un même bien ou service (p. 385).

Discrimination par les prix parfaite Discrimination réalisée par l'entreprise lorsqu'elle est en mesure de vendre chaque unité produite au prix le plus élevé que l'acheteur consent à payer (p. 397).

Monopole Structure de marché où une seule entreprise produit un bien ou un service pour lequel il n'existe aucun substitut proche et où des barrières empêchent de nouvelles entreprises de pénétrer le marché (p. 384).

Monopole légal Monopole résultant d'un privilège (concession, permis, brevet ou droit d'auteur), lequel est octroyé par une administration publique et agit comme barrière à l'entrée pour empêcher la concurrence (p. 384).

Monopole naturel Industrie dans laquelle des économies d'échelle permettent à une seule entreprise de satisfaire la demande de l'ensemble du marché au coût le plus bas (p. 384).

Monopole non discriminant Monopole où l'entreprise doit vendre chaque unité de sa production au même prix à tous les consommateurs (p. 385).

Recherche de rente Tentative d'enrichissement par l'appropriation d'une rente de monopole (p. 394).

Règle de tarification au coût marginal Règle en vertu de laquelle le prix fixé est égal au coût marginal, ce qui maximise le surplus total dans l'industrie réglementée (p. 402).

Règle de tarification au coût moyen Règle en vertu de laquelle le prix fixé est égal au coût moyen, ce qui

permet à l'entreprise de couvrir ses coûts en incluant le profit normal (p. 402).

Réglementation Ensemble de règles administrées par une autorité publique et destinées à influer sur les prix, les quantités, l'entrée et d'autres aspects de l'activité économique d'une entreprise ou d'une industrie (p. 400).

Réglementation du taux de rendement Réglementation qui fixe les prix de façon que l'entreprise réglementée tire de son capital un taux de rendement donné (p. 403).

Réglementation par prix plafond Réglementation qui fixe le prix maximum qu'une entreprise est autorisée à demander (p. 403).

Rente économique Paiement que reçoit un facteur de production, en sus du minimum requis, pour être maintenu dans son présent usage; par extension, tout profit récurrent attribuable à un avantage particulier comme une *rente de situation* ou une *rente de monopole* (p. 394).

Théorie de la capture de l'intervention Théorie selon laquelle la réglementation sert les intérêts du producteur, qui capture les interventions publiques et maximise son profit économique (p. 400).

Théorie de l'intérêt public Théorie selon laquelle le pouvoir politique et les organismes de réglementation sont sans cesse à l'affût de l'inefficacité et instituent des règles destinées à éliminer la perte de surplus et à assurer l'allocation efficace des ressources (p. 400).

PROBLÈMES ET APPLICATIONS

1. Postes Canada détient le monopole de la livraison du courrier de première classe. Pfizer Inc. fabrique *Lipitor*, un médicament délivré sur ordonnance qui fait baisser le taux de cholestérol dans le sang. Vidéotron est le seul câblodistributeur dans certaines régions du Québec.

   a. Quels sont les substituts, s'il y en a, des biens et des services énumérés ci-dessus?

   b. Quelles sont les barrières à l'entrée, s'il y en a, qui protègent les trois entreprises contre la concurrence?

   c. Quelles entreprises, s'il y en a, détiennent un monopole naturel? Justifiez votre réponse et illustrez votre propos au moyen d'une figure appropriée.

   d. Quelles entreprises, s'il y en a, détiennent un monopole légal? Justifiez votre réponse.

   e. Laquelle des entreprises est la plus susceptible de tirer profit de la discrimination par les prix? Laquelle est la plus susceptible de demander un prix unique pour le bien ou le service qu'elle offre?

2.   **LA REVANCHE DE BARBIE: LES TRIBUNAUX ENTENDRONT LA CAUSE DE LA POUPÉE**

Il y a quatre ans, Mattel Inc. a exhorté ses directeurs de se porter au secours de Barbie, malmenée par une nouvelle clique de poupées appelées Bratz. [...] La part du marché rétrécissait à une «vitesse inquiétante», disait-on. Il fallait que Barbie se montre plus «combative, révolutionnaire et sans pitié». Cet appel aux armes a abouti devant la cour fédérale. [...] Mattel accuse [...] le fabricant des Bratz, de lui avoir [...] volé l'idée de ces poupées avec leur moue et leur tête démesurée. Mattel tente de prendre possession des poupées Bratz, [...]

Wall Street Journal, 23 mai 2008

a. Avant l'entrée des Bratz dans le marché, quel type de monopole Mattel Inc. détenait-elle dans le marché des poupées avec une moue et une tête démesurée ?

b. Quelle barrière à l'entrée Mattel peut-elle revendiquer dans son plaidoyer pour la protéger de la concurrence dans le marché des poupées Barbie ?

c. Expliquez comment l'entrée des poupées Bratz est susceptible d'influer sur la demande des poupées Barbie.

---

3. **INTEL FAIT L'OBJET D'UNE ENQUÊTE**

Aux États-Unis, la Federal Trade Commission a ouvert une enquête pour déterminer si Intel, premier fabricant mondial de puces électroniques, a profité de sa dominance pour écarter par des pratiques illicites la poignée d'entreprises qui lui disputent le marché. Il y a déjà plusieurs années qu'Advanced Micro Devices, une petite société qui fabrique aussi des puces, se plaint de concurrence déloyale de la part d'Intel. […] Intel, dont la taille est de beaucoup supérieure à celle de ses rivales, détient 80 % du marché des microprocesseurs. […] Selon Intel, le marché des puces est concurrentiel, à preuve la baisse de prix des microprocesseurs, qui a été de 42,4 % entre 2000 et 2007 […] «ce qui montre combien la concurrence dans cette industrie est féroce […]»

Washington Post, 7 juin 2008

---

a. Intel a-t-elle un monopole dans le marché des puces électroniques ?

b. Évaluez l'argument d'Intel selon lequel la forte baisse des prix « montre combien la concurrence dans cette industrie est féroce ».

4. Voici le barème de demande de Source Claire, un monopoleur non discriminant.

Prix (par bouteille)	Quantité demandée (bouteilles par heure)
10 $	0
8 $	1
6 $	2
4 $	3
2 $	4
0 $	5

a. Calculez le barème de recette de Source Claire.

b. Calculez son barème de recette marginale.

c. Tracez un graphique montrant la courbe de demande du marché et celle de la recette marginale de Source Claire.

d. Pourquoi la recette marginale de Source Claire est-elle inférieure au prix ?

e. À quel prix la recette de Source Claire est-elle maximisée ?

f. Dans quelle fourchette de prix la demande d'eau embouteillée par Source Claire est-elle élastique ?

g. Pourquoi Source Claire refuse-t-elle de produire la quantité d'eau à laquelle la demande du marché est inélastique ?

5. Au problème n° 4, le coût de Source Claire, est le suivant :

Quantité produite (bouteilles par heure)	Coût
0	1 $
1	3 $
2	7 $
3	13 $
4	21 $
5	31 $

a. Calculez le coût marginal de chaque quantité du tableau.

b. Calculez la production et le prix qui maximisent le profit.

c. Calculez le profit économique.

6. Il en coûte 2 $ au Cinéma Lumières pour accueillir un spectateur supplémentaire. Le droit d'entrée est de 12 $, mais les aînés et les étudiants (avec carte) ne paient que 8 $, et les enfants de moins de douze ans, 6 $. Enfin, le billet est à demi-tarif le mardi.

a. Comment cette échelle de prix, plutôt que le droit d'entrée fixe à 12 $, permet-elle à Cinéma Lumières de réaliser un plus grand profit économique ?

b. Tracez un graphique qui illustre la réponse à la question (a).

c. Selon vous, est-il possible pour Cinéma Lumières d'augmenter encore plus son profit économique ? Comment ?

d. Le résultat est-il plus efficace que si Cinéma Lumières s'en tenait à un droit d'entrée unique ?

---

7. **CIEL OUVERT**

M. Jean-C. Lapierre et M. Jim Peterson, respectivement ministre des Transports et ministre du Commerce international, ont annoncé aujourd'hui que les gouvernements du

Canada et des États-Unis ont conclu un accord sur le transport aérien dit «à ciel ouvert», qui élargit la portée de l'entente de 1995 et présente des avantages prometteurs. Ainsi, les transporteurs canadiens de passagers et de fret aérien auront un meilleur accès au grand marché américain, d'où ils pourront atteindre des destinations dans d'autres pays; les règles de tarification seront assouplies pour les transporteurs canadiens et américains; les aéroports canadiens auront plus de liberté pour adopter des mesures destinées à attirer les transporteurs américains et offrir de meilleurs prix aux consommateurs.

«Cette nouvelle libéralisation de la relation canado-américaine en matière de transport aérien va permettre aux compagnies aériennes des deux pays de mieux satisfaire les besoins des voyageurs et des expéditeurs de marchandises», a indiqué M. Lapierre. «J'ai bon espoir que cette entente favorisera la création de nouveaux marchés et de nouveaux services, qu'elle fera baisser les prix et stimulera la concurrence.»

Pour M. Peterson, «la circulation des personnes, des biens et des services entre le Canada et les États-Unis joue un rôle crucial dans la bonne marche de nos activités quotidiennes [...] Les assouplissements adoptés ici, qui dépassent largement ceux de 1995, amélioreront le fonctionnement de l'ALENA et rendront l'Amérique du Nord plus concurrentielle.»

Transports Canada, 11 novembre 2005

a. Avant l'entrée en vigueur de l'accord «ciel ouvert», Air Canada était le seul transporteur canadien qui offrait des vols aux États-Unis. Quels intérêts la compagnie servait-elle: les siens ou ceux de la société?

b. Décrivez comment la discrimination par les prix a évolué dans le marché des voyages par avion après l'adoption de l'accord «ciel ouvert» et l'entrée des compagnies offrant des vols à prix réduits.

c. Expliquez quelles conséquences l'évolution de la discrimination par les prix – question (b) – a eues sur le prix et la quantité des voyages par avion.

8. La figure suivante illustre une situation semblable à celle de TransCanada, une entreprise de distribution du gaz naturel en Amérique du Nord. Cette société est un monopole naturel qui ne peut pas pratiquer la discrimination par les prix.

Quelle quantité TransCanada produira-t-elle et quel sera le prix du gaz naturel si l'entreprise:

a. n'est pas réglementée et maximise son profit?

b. est soumise à une réglementation qui lui interdit tout profit économique?

c. est soumise à une réglementation qui vise l'efficacité allocative?

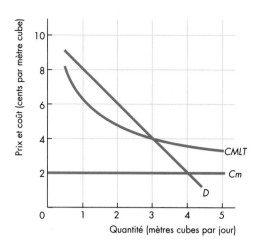

9. Quels sont le surplus du producteur, le surplus du consommateur et la perte de surplus de TransCanada (problème n° 8) si l'entreprise:

a. n'est pas réglementée et maximise son profit?

b. est soumise à une réglementation qui lui interdit tout profit économique?

c. est soumise à une réglementation qui vise l'efficacité allocative?

10. Voici sept entreprises à propos desquelles nous disposons des renseignements suivants:

• Dans le but d'augmenter sa part du marché, Coca-Cola vend sa boisson à un prix inférieur à Pepsi-Cola.

• Une entreprise unique, protégée par une barrière à l'entrée, offre un service personnel pour lequel il n'y a pas de bon substitut.

• Il y a une barrière à l'entrée, mais on peut trouver quelques bons substituts du bien produit.

• Une entreprise offre des tarifs réduits aux étudiants et aux personnes âgées.

• Une entreprise peut vendre la quantité qu'elle veut au prix courant.

• L'État accorde à Nike une licence exclusive pour la fabrication de balles de golf.

• Une entreprise réalise des économies d'échelle même quand elle produit la quantité qui satisfait entièrement la demande du marché.

a. Quelles entreprises sont des monopoleurs, réels ou potentiels?

b. Quelles entreprises sont des monopoleurs naturels? des monopoleurs légaux?

c. Quelles entreprises peuvent pratiquer la discrimination par les prix? Lesquelles ne le peuvent pas? Pourquoi?

11. Montgolfières en liberté est un monopoleur non discriminant dont le barème de demande figure dans les deux premières colonnes et le coût dans les deux dernières colonnes du tableau suivant :

Prix (par excursion)	Quantité demandée (excursions par mois)	Coût (par mois)
220 $	0	80 $
200 $	1	160 $
180 $	2	260 $
160 $	3	380 $
140 $	4	520 $
120 $	5	680 $

a. Établissez le barème de recette et le barème de recette marginale de Montgolfières en liberté.

b. Tracez le graphique de la demande du marché et de la recette marginale de Montgolfières en liberté.

c. Déterminez le prix et la production qui maximisent le profit, et calculez le profit économique de l'entreprise.

d. Quels sont la production et le prix s'il y a un impôt sur le profit de Montgolfières en liberté ?

e. Quels sont la quantité et le prix qui maximisent le profit, ainsi que le profit économique si, au lieu d'un impôt sur le profit, il y a une taxe sur la vente de 30 $ pour chaque excursion ?

12. La figure suivante illustre la situation de l'éditeur du seul quotidien local d'une petite ville isolée.

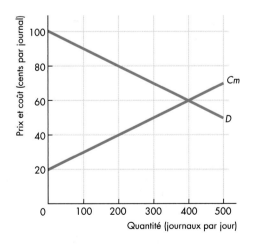

a. Dans le graphique, indiquez la quantité et le prix qui maximisent le profit.

b. Dans le graphique, indiquez la recette quotidienne de l'éditeur.

c. Au prix actuel, la demande de journaux est-elle élastique ou inélastique ? Pourquoi ?

d. Quels sont le surplus du consommateur et la perte de surplus ? Inscrivez-les dans le graphique.

e. Expliquez pourquoi ce marché peut inciter à la recherche de rente.

f. Quels seraient la quantité, le prix, le surplus du consommateur et le surplus du producteur s'il s'agissait d'un marché parfaitement concurrentiel ? Inscrivez-les dans le graphique.

13.

POUR LEUR CROISSANCE, LES TÉLÉCOMS MISENT SUR LES ACQUISITIONS

L'annonce, jeudi, d'une fusion de plusieurs milliards de dollars dans les télécommunications [...] montre de quelle façon les géants mondiaux du cellulaire cherchent les occasions de croissance dans les économies émergentes, mais n'ont d'autre recours que la fusion sur leurs propres territoires, où les possibilités d'expansion sont de plus en plus limitées.

Jeudi, France Télécom a offert d'acheter TeliaSonera, un opérateur de télécommunications suédois et finlandais. [...] Il n'a fallu que quelques heures à TeliaSonera pour rejeter l'offre considérée insuffisante, mais les analystes affirment que des offres plus alléchantes – de France Télécom ou d'ailleurs – pourraient persuader [TeliaSonera] de conclure une entente.

Pendant ce temps, aux États-Unis, Verizon Wireless [...] s'est entendu avec Alltel pour acquérir l'entreprise au prix de 28,1 G $, devenant du même coup l'opérateur de téléphonie mobile le plus important au pays.

En fusionnant, France Télécom et TeliaSonera se hisseraient au quatrième rang des opérateurs de téléphonie mobile du monde, [...] derrière China Mobile, Vodafone et la société espagnole Telefónica.

International Herald Tribune, 5 juin 2008

a. Expliquez pourquoi les multinationales des télécommunications pratiquent la recherche de rente.

b. Expliquez quelles peuvent être les conséquences des fusions sur l'efficacité du marché des télécommunications.

14.

HAUSSE DU TARIF JOURNALIER AU MONT-ORFORD

Le tarif du billet journalier à la station Mont-Orford devrait subir une hausse si l'on désire que l'entreprise redevienne rentable [selon] le comité de relance du centre de ski, qui suggère que ce tarif soit augmenté de 2,25 $ dès la saison 2009-2010 [...] cette mesure permettrait d'amasser 450 000 $ par année. Cette prévision est valide à condition qu'environ 200 000 jours/ski soient enregistrés annuellement, un achalandage qui n'aurait rien d'extraordinaire pour cette station.

La Tribune, 26 février 2009

a. Illustrez dans un graphique le lien entre la recette de la station et le nombre de jours/ski qu'elle parvient à vendre.

b. La demande de billets de ski au Mont-Orford est-elle élastique ou inélastique ?

c. Supposez qu'une hausse de tarif de 2,25 $ constitue une augmentation de 5 % du prix du billet et que la station vend actuellement 200 000 jours/ski. Quelle perte de jours/ski cette hausse de prix doit-elle provoquer au minimum pour qu'elle s'avère non rentable ?

---

15.   **POUR UNE MEILLEURE GESTION DE L'EAU**

La gestion de l'eau est un parent pauvre au Québec [...] le gouvernement du Québec [doit encadrer] l'utilisation de l'eau par les ménages et par les entreprises. Cette responsabilité incombe aux municipalités, mais c'est un domaine qu'il leur est très difficile de gérer [...] Il existe pourtant un moyen de remédier à ces difficultés. [...] À l'instar de l'électricité et du gaz, l'eau est un monopole naturel. Comme le fait la Régie de l'énergie, une Régie de l'eau fournirait un cadre régulateur aux organismes municipaux qui s'occupent de l'exploitation des équipements de traitement et de distribution de l'eau potable et du traitement des eaux usées, ainsi que de l'entretien et de la réparation des réseaux. Une telle régie approuverait leurs programmes d'investissements et d'économie d'eau, leurs procédures d'appel d'offres et d'octroi de contrats et leurs tarifs, sur la base des principes de l'utilisateur-payeur, du pollueur-payeur et du développement durable. Elle recevrait les plaintes des usagers et pourrait faire enquête.

Les Affaires, 23 mai 2009

---

a. Corrigez ce journaliste qui prétend que l'eau est un monopole naturel.

b. Pourquoi ne peut-on s'en remettre au marché pour discipliner les acteurs dans la distribution de l'eau ?

c. Que compte-t-on faire payer au consommateur en tarifant la distribution d'eau : le coût fixe ou le coût marginal ? Justifiez votre réponse.

16. Après avoir étudié la rubrique « Entre les lignes » (p. 404), répondez aux questions suivantes :

a. Du point de vue de l'efficacité dans la production, quels sont les enjeux de permettre ou non à Monsanto de contrôler l'emploi, par les agriculteurs, des semences qu'elle a créées ?

b. Si le gouvernement choisissait de réglementer Monsanto, quelles approches devrait-il considérer pour déterminer le prix que Monsanto peut demander aux agriculteurs ?

RÉPONSES AUX MINITESTS

MINITEST 1 (p. 386)

1. L'entreprise doit vendre un bien qui ne connaît pas de bon substitut ; sa position doit être protégée par une barrière à l'entrée, qu'elle soit naturelle, légale ou due au fait qu'il est le seul propriétaire d'une ressource essentielle à la production du bien.

2. Un monopole naturel n'a pas besoin de protection légale pour préserver sa position dominante : sa structure de coûts lui permet de toujours évincer des concurrents potentiels en vendant moins cher, sans mettre en péril sa situation financière.

3. Un monopoleur non discriminant vend au même prix à tous ses clients : s'il baisse son prix pour accroître sa clientèle, il réduit du coup la recette qu'il retire de ses ventes à sa clientèle existante. Un monopoleur discriminant ajuste son prix de vente à différentes classes de clientèle qu'il est en mesure d'isoler.

MINITEST 2 (p. 391)

1. La recette marginale décroît avec la production, le coût marginal croît avec la production. Lorsqu'ils sont égaux, les profits sont à leur maximum.

2. Lorsque le coût marginal de production est toujours nul.

3. La présence d'une barrière à l'entrée empêche l'apparition de concurrents qui forceraient le monopoleur à réduire son prix pour maintenir sa part de marché.

MINITEST 3 (p. 396)

1. Parce qu'il veut demander un prix plus élevé afin d'obtenir plus de profits.

2. En demandant un prix plus élevé.

3. Parce qu'il n'exploite pas toutes les possibilités d'échange : son prix est supérieur à son coût marginal de production.

4. La recherche de rente consiste à dépenser afin d'acquérir un droit de monopole. Elle contribue à l'inefficacité du monopole si cette dépense représente des ressources économiques rares. Si cette dépense ne constitue qu'un transfert, elle n'a pas d'incidence supplémentaire sur le surplus social total.

MINITEST 4 (p. 400)

1. La discrimination par les prix est la pratique tarifaire qui consiste à proposer des prix différents à des classes de consommateurs différentes. Elle permet au monopoleur d'accroître ses profits en vendant au meilleur prix possible dans chaque sous-marché.

2. Les clients ayant le plus fort consentement à payer paient davantage. Certains clients peuvent y gagner s'ils sont associés à une classe où le prix est réduit. En moyenne, toutefois, le surplus des consommateurs baisse au profit du monopoleur.

3. Le surplus économique s'accroît, mais la part du monopoleur (ses profits) s'accroît aux dépens de celle des consommateurs.

4. Elles proposent des prix différents selon la date (avant le départ) à laquelle est acheté le billet, la possibilité d'annulation, l'appartenance à un club, la fidélisation, la classe de services, etc.

MINITEST 5 (p. 406)

1. La tarification au coût marginal. Dans le cas d'un monopole naturel, cette règle ne permet pas au monopoleur d'atteindre l'équilibre financier.

2. Le prix est fixé au coût moyen de production. Dans le cas d'un monopole naturel, cette règle est inefficace parce que le coût marginal est inférieur au coût moyen : cela signifie qu'il est possible d'accroître le surplus en baissant le prix afin de rejoindre davantage de consommateurs.

3. Un prix plafond limite vers le haut la capacité du monopoleur de faire varier son prix. La politique du prix plafond incite le monopoleur à réduire ses coûts sans engendrer d'effet pervers lié à l'importance de la base de capital qu'on retrouve avec la réglementation du taux de rendement.

4. Le surplus total ainsi que celui du consommateur sont les plus grands quand on emploie la tarification au coût marginal. La tarification au coût moyen ne fait pas mieux et fixe à zéro le surplus du producteur. Le surplus du producteur est maximisé si le monopoleur est libre de tarifer comme il l'entend.

La concurrence
monopolistique

Il y a 50 ans, Moncton n'avait pas de pizzeria, pas plus, du reste, que la plupart des localités au Canada. Quand ils ont ouvert le premier Pizza Delight à Shediac, au Nouveau-Brunswick, Bernard Imbeault et ses deux associés et amis détenaient un monopole local. Les affaires allant bien, ils déménagèrent à Moncton, tout près. Aujourd'hui, leur entreprise compte 250 établissements au Canada sous les noms de Pizza Delight, Mikes Restaurants, Scores Restaurants et Bâton Rouge Restaurants. Mais le marché de la pizza est très concurrentiel. À l'heure actuelle, à Moncton, environ 50 pizzerias se livrent concurrence : Pizza Delight, Pizza Shack, Domino, Zio's Pizzeria, A1 Pizza, Norm's Pizza, Bravo Pizza, Wow Pizza, Vito's Pizza, Donairo's, Pizza Hut, Boston Pizza et beaucoup d'autres. ◆ Nous savons tous qu'une pizza est bien plus qu'une pizza. Les gens n'achètent pas leur pizza n'importe où. Ils ont des préférences quant à la croûte, à la sauce, aux garnitures, à la préparation, ainsi qu'au mode de cuisson, par exemple au four à bois. Les possibilités sont presque infinies. ◆ En raison de cette énorme diversité de produits, le marché de la pizza n'est pas parfaitement concurrentiel. Les producteurs de pizza se font concurrence, mais chacun a le monopole de sa recette particulière. ◆ Il en est de même pour la plupart des biens que nous achetons – c'est-à-dire qu'ils nous sont présentés sous une multitude de formes. Les chaussures sport et les téléphones cellulaires en sont deux exemples frappants.

Objectifs du chapitre

◆ **Définir la concurrence monopolistique**

◆ **Expliquer comment une entreprise en situation de concurrence monopolistique détermine le prix et le niveau de production à court terme et à long terme**

◆ **Expliquer pourquoi les dépenses de publicité sont élevées et pourquoi les entreprises utilisent des marques de commerce dans une industrie de concurrence monopolistique**

◆ Dans le présent chapitre, nous allons examiner un modèle de concurrence monopolistique qui nous aide à comprendre ce que nous observons tous les jours dans les marchés de la pizza, des chaussures, des téléphones cellulaires et de la plupart des services et des biens de consommation. La rubrique « Entre les lignes » (p. 428) nous montre comment le modèle de la concurrence monopolistique permet d'expliquer le marché des cellulaires multimédia et l'effervescence qui a marqué le lancement du Pre de Palm en 2009.

Qu'est-ce que la concurrence monopolistique ?

Jusqu'ici nous avons étudié la concurrence parfaite, dans laquelle un grand nombre d'entreprises produisent efficacement des biens ou des services au plus bas coût possible. Nous avons aussi étudié le monopole, dans lequel l'unique entreprise limite la production, quitte à ne pas produire au plus bas coût possible, afin d'obtenir un prix plus élevé que les entreprises en concurrence parfaite et faire plus de profits.

Dans le monde réel, la plupart des marchés sont concurrentiels, mais la concurrence n'est pas parfaite parce que les entreprises peuvent, jusqu'à un certain point, fixer leur prix comme dans un monopole ; on parle alors de *concurrence monopolistique.*

La **concurrence monopolistique** est une structure de marché où :

- de nombreuses entreprises se font concurrence ;
- les entreprises produisent des biens et des services différenciés ;
- les entreprises se font concurrence par la qualité du produit, le prix et le marketing ;
- il n'y a aucune barrière à l'entrée ou à la sortie.

Un grand nombre d'entreprises

Comme dans un marché parfaitement concurrentiel, dans un marché en concurrence monopolistique, on compte un grand nombre d'entreprises, ce qui entraîne pour ces dernières trois conséquences :

- une part de marché restreinte ;
- l'indifférence à l'égard des autres entreprises de l'industrie ;
- l'impossibilité de former une collusion.

Une part de marché restreinte Dans un marché de concurrence monopolistique, toute entreprise ne fournit qu'une petite partie de la production totale de l'industrie. Elle n'a donc qu'une influence limitée sur le prix de son produit, et celui-ci ne peut s'écarter que très légèrement du prix moyen des autres entreprises.

L'indifférence à l'égard des autres entreprises Dans une industrie de concurrence monopolistique, l'entreprise se doit d'être sensible au prix moyen du produit sur le marché, mais ne se soucie pas d'une entreprise concurrente en particulier. Comme toutes les entreprises sont relativement petites, aucune ne peut dicter les conditions du marché, et les décisions de l'une n'ont aucun effet direct sur les décisions des autres.

L'impossibilité de former une collusion Dans une industrie de concurrence monopolistique, les entreprises ne sont pas en mesure de s'allier pour fixer un prix plus élevé, car leur grand nombre rend la collusion impossible.

Un produit différencié

Une entreprise pratique la **différenciation du produit** quand elle offre un produit légèrement différent des produits qu'offrent des entreprises concurrentes. Un produit différencié est un substitut proche – mais non parfait – des produits des autres entreprises. Ainsi, un agriculteur peut produire des tomates ordinaires, des tomates de serre ou des tomates biologiques ; un fabricant de microordinateurs peut produire des appareils haut de gamme ou bas de gamme, etc. Certaines personnes sont prêtes à payer plus cher pour une version particulière d'un produit, de sorte que, quand son prix monte, la quantité demandée baisse, sans toutefois tomber nécessairement à zéro. Par exemple, Adidas, Asics, Diadora, Etonic, Fila, New Balance, Nike, Puma et Reebok fabriquent toutes des chaussures sport différenciées. Toutes choses égales d'ailleurs, si le prix des chaussures sport Adidas monte et que le prix des autres marques de chaussures sport reste constant, Adidas vend moins de chaussures, et les autres producteurs en vendent plus. Cependant, à moins que l'augmentation de prix soit vraiment importante, les chaussures de marque Adidas continuent à se vendre.

Une concurrence par la qualité du produit, par le prix et par le marketing

La différenciation de produit permet à l'entreprise de concurrencer les autres entreprises de l'industrie dans trois domaines :

- la qualité du produit ;
- le prix ;
- le marketing.

La qualité du produit La qualité d'un produit englobe toutes les caractéristiques qui le différencient des produits concurrents : conception, fiabilité, service à la clientèle, disponibilité, etc. La qualité d'un produit peut aller d'excellente à mauvaise. Certaines entreprises, comme Dell Computers, offrent un produit de grande qualité, bien conçu et fiable, et pour lequel le service à la clientèle est rapide et efficace. D'autres proposent un produit de piètre qualité, de conception médiocre et peu fiable (mais probablement moins cher…) ; les clients doivent franchir une certaine distance pour se le procurer, et le service à la clientèle laisse à désirer.

Le prix Dans un marché de concurrence monopolistique, l'entreprise a une courbe de demande négative en raison de la différenciation de produit ; elle peut donc fixer son prix et son niveau de production comme elle le ferait dans un monopole. Cependant, elle doit trouver un compromis entre la qualité et le prix : l'entreprise qui offre un produit de grande qualité peut pratiquer un prix plus élevé que celle dont le produit est de qualité inférieure.

Le marketing Dans un marché de concurrence monopolistique, l'entreprise doit assurer le marketing de son produit en raison de la différenciation de produit, et ce, essentiellement de deux façons : le conditionnement, c'est-à-dire la présentation du produit dans un but de mise en valeur, et la publicité. L'entreprise qui offre un produit de grande qualité veut le vendre au prix fort. Pour ce faire, elle doit le conditionner et le publiciser de manière à convaincre les acheteurs qu'ils obtiennent vraiment le produit de qualité supérieure pour lequel ils paient un prix élevé. Ainsi, les compagnies pharmaceutiques conditionnent et publicisent

leurs médicaments de marque de manière à persuader les acheteurs que la qualité de leurs articles est supérieure à celle des produits génériques, offerts à meilleur marché. De même, le fabricant d'un produit de moindre qualité le conditionne et le publicise de manière à convaincre les acheteurs que le prix avantageux compense la qualité médiocre.

L'absence de barrière à l'entrée et à la sortie

Comme il n'y a pas de barrière à l'entrée et à la sortie dans un marché de concurrence monopolistique, l'entreprise marginale ne peut y réaliser un profit économique à long terme. Quand elle fait un profit économique, de nouvelles entreprises entrent dans l'industrie. Les entrées font baisser le prix et dissipent le profit économique. Quand elle essuie des pertes économiques, l'entreprise marginale quitte l'industrie. Les sorties font monter le prix et augmenter

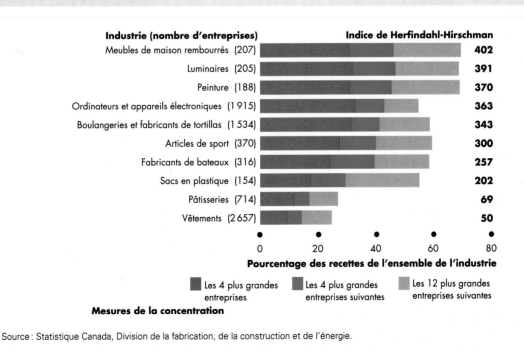

La concurrence monopolistique aujourd'hui

Le gros de nos achats courants

Les 10 industries mentionnées dans le graphique ci-dessous appartiennent chacune à un marché de concurrence monopolistique. Le chiffre entre parenthèses indique le nombre d'entreprises dans l'industrie. Les barres rouges donnent le pourcentage des ventes des 4 plus grandes entreprises de l'industrie ; les barres bleues, le pourcentage

des ventes des 4 plus grandes entreprises suivantes ; les barres orange, le pourcentage des ventes des 12 plus grandes entreprises suivantes. Autrement dit, la somme des barres rouge, bleue et orange donne le pourcentage des ventes des 20 plus grandes entreprises de l'industrie. L'indice de Herfindahl-Hirschman (voir le chapitre 10, p. 299) apparaît à droite.

Industrie (nombre d'entreprises) — **Indice de Herfindahl-Hirschman**

Industrie (nombre d'entreprises)	Indice de Herfindahl-Hirschman
Meubles de maison rembourrés (207)	402
Luminaires (205)	391
Peinture (188)	370
Ordinateurs et appareils électroniques (1 915)	363
Boulangeries et fabricants de tortillas (1 534)	343
Articles de sport (370)	300
Fabricants de bateaux (316)	257
Sacs en plastique (154)	202
Pâtisseries (714)	69
Vêtements (2 657)	50

0 20 40 60 80

Pourcentage des recettes de l'ensemble de l'industrie

Les 4 plus grandes entreprises — Les 4 plus grandes entreprises suivantes — Les 12 plus grandes entreprises suivantes

Mesures de la concentration

Source : Statistique Canada, Division de la fabrication, de la construction et de l'énergie.

le profit, et finissent par éliminer la perte économique. Une fois l'équilibre à long terme installé, il n'y a ni entrées ni sorties, et le profit économique de l'entreprise marginale est nul.

La concurrence monopolistique : quelques exemples

L'encadré de la page précédente présente 10 exemples d'industries canadiennes en concurrence monopolistique, chacune constituée d'un grand nombre d'entreprises (indiqué entre parenthèses). Dans l'industrie la plus concentrée, celle des meubles de maison rembourrés, les 4 plus grandes entreprises produisent seulement 30 % des ventes de l'industrie, et les 20 plus grandes entreprises en produisent 69 %. Le chiffre de droite donne l'indice de Herfindahl-Hirschman (voir le chapitre 10, p. 299). Plus cet indice est élevé, plus les parts de marché des principales entreprises de l'industrie sont élevées, et plus leurs demandes sont sensibles à des variations de prix. Les fabricants de vêtements, de pâtisseries et de sacs en plastique évoluent dans un marché de concurrence monopolistique.

MINITEST 1

1. Quelles sont les caractéristiques de la concurrence monopolistique ?

2. Comment les entreprises en concurrence monopolistique interagissent-elles ?

3. Donnez des exemples (autres que les exemples de la figure présentée dans l'encadré de la page précédente) d'industries en concurrence monopolistique près de votre campus.

Réponses p. 435

La production et le prix dans la concurrence monopolistique

Supposons que Michael Budman et Don Green, cofondateurs de Roots Canada Ltée, vous confient la direction de la production et du marketing des vestons Roots. Considérez les décisions que devez prendre. Tout d'abord, vous devez choisir la coupe et la qualité des vestons et mettre au point un programme de marketing. Puis, vous devez établir quelle quantité de vestons produire et à quel prix les vendre.

Supposons que Roots a déjà décidé de la coupe, de la qualité et du plan de marketing. Nous allons d'abord concentrer notre attention sur les décisions concernant la

production et le prix, puis nous examinerons, dans une autre section, celles qui touchent la qualité et le marketing.

Selon ses choix quant à la qualité des vestons et aux visées du marketing, Roots fait face à des coûts et à des conditions de marché définis. Étant donné ses coûts et la demande, comment Roots détermine-t-elle la quantité de vestons à produire et leur prix de vente ?

La détermination de la production et du prix à court terme

À court terme, l'entreprise en concurrence monopolistique détermine sa production et son prix de la même façon que le monopole. La figure 14.1 illustre ce fait dans le cas des vestons Roots.

La demande de vestons Roots est représentée par la droite D. Cette droite nous indique la quantité de vestons Roots demandée à chaque prix, compte tenu du prix des autres vestons. Il ne s'agit pas de la demande de vestons en général.

La courbe Rm est la courbe de recette marginale associée à la courbe de demande de vestons Roots ; elle se trace exactement comme la courbe de recette marginale d'un monopole non discriminant (voir le chapitre 13).

FIGURE 14.1 *Le profit économique à court terme*

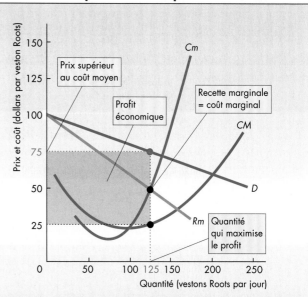

Roots maximise son profit en produisant la quantité à laquelle la recette marginale est égale au coût marginal, soit 125 vestons par jour, et en les vendant 75 $ chacun. Ce prix est supérieur au coût moyen, qui est de 25 $ par veston, si bien que l'entreprise réalise un profit économique de 50 $ par veston. Le rectangle bleu représente le profit économique, qui égale 6 250 $ par jour (50 $ par veston × 125 vestons par jour).

Le coût moyen et le coût marginal de la production d'un veston Roots sont représentés par les courbes *CM* et *Cm*, respectivement.

L'objectif de Roots est de maximiser son profit économique. Pour ce faire, l'entreprise produit la quantité de vestons à laquelle la recette marginale est égale au coût marginal. À la figure 14.1, cette production est de 125 vestons par jour. Roots demande le prix maximal que les acheteurs consentent à payer pour cette quantité, soit 75 $ par veston, comme l'indique la courbe de demande. Quand Roots produit 125 vestons par jour, son coût moyen est de 25 $ par veston, de sorte que l'entreprise réalise un profit économique de 6 250 $ par jour (50 $ par veston multipliés par 125 vestons par jour). Ce profit économique est représenté par le rectangle bleu.

Quand « maximiser le profit » rime avec « minimiser les pertes »

La figure 14.1 montre que Roots réalise un profit économique important, mais il arrive que les choses se passent autrement. Dans certains cas, la demande est trop faible pour qu'une entreprise réalise un profit économique.

Excite@Home s'est retrouvée dans cette situation. L'entreprise offrait un service d'accès à haut débit à Internet par l'intermédiaire du réseau de câblodistribution de la télévision. Elle espérait prendre une part importante du marché des portails Internet aux dépens d'AOL, de MSN et d'une foule d'autres fournisseurs.

La figure 14.2 illustre la situation dans laquelle se trouvait Excite@Home en 2001. La demande de son service de portail est représentée par la droite *D*, la recette marginale par la droite *Rm*, le coût moyen par la courbe *CM* et le coût marginal par la courbe *Cm*. Excite@Home maximise son profit – ou minimise ses pertes – en produisant la quantité à laquelle la recette marginale est égale au coût marginal. Cette quantité est de 40 000 clients. Excite@Home demande le prix que les acheteurs consentent à payer, dans ces conditions, soit 40 $ par mois selon la courbe de demande. À 40 000 clients, le coût moyen est de 50 $ par client, si bien qu'Excite@Home essuie une perte économique de 400 000 $ par mois (10 $ par client × 40 000 clients). Cette perte est représentée par le rectangle rose.

Rien jusqu'ici ne distingue l'entreprise en concurrence monopolistique du monopole non discriminant. La quantité produite est celle à laquelle la recette marginale est égale au coût marginal, et le prix demandé est celui que les acheteurs consentent à payer, soit celui qui correspond à la quantité produite sur la courbe de demande. La différence capitale entre le monopole et la concurrence monopolistique est déterminée par la suite des événements, selon que les entreprises en place réalisent des profits ou qu'elles essuient des pertes.

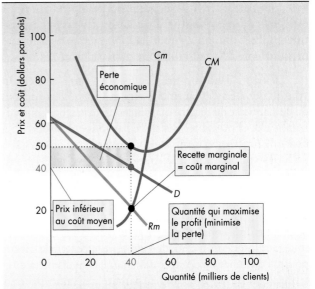

FIGURE 14.2 *La perte économique à court terme*

On maximise le profit quand la recette marginale est égale au coût marginal. La quantité qui minimise la perte est égale à 40 000 clients. Le prix de 40 $ par mois est inférieur au coût moyen de 50 $ par mois, si bien que l'entreprise essuie une perte économique de 10 $ par client. Le rectangle rose représente la perte économique, qui est de 400 000 $ par mois (10 $ par client × 40 000 clients).

À long terme : un profit nul pour l'entreprise marginale

Les entreprises qui se trouvent dans la même situation qu'Excite@Home ne peuvent pas subir longtemps une perte économique. Elles finissent par cesser leurs activités. De surcroît, il n'y a aucune barrière à l'entrée dans une industrie en concurrence monopolistique. Si les entreprises qui s'y trouvent réalisent un profit économique, de nouvelles entreprises sont susceptibles d'y entrer.

Quand des sociétés telles que Gap ou Eddie Bauer se mettent à offrir des vestons semblables à ceux de Roots, la demande de vestons Roots baisse. La courbe de demande des vestons Roots et la courbe de recette marginale se déplacent vers la gauche, entraînant une diminution de la quantité de vestons Roots qui maximise le profit et une chute du prix.

Il s'agit du phénomène de dissipation des profits à la suite d'entrées que nous avons étudié au chapitre 12. L'arrivée de nouveaux concurrents déplace l'offre de vestons génériques vers la droite et entraîne une baisse des prix des vestons. Pour une entreprise, cette hausse de l'offre des autres entreprises se traduit par une baisse de la demande concernant la variété particulière de vestons qu'elle produit : certains de ses clients la délaissent en faveur de celle d'un concurrent. Comme dans le cas de la concurrence parfaite, l'entrée se poursuit tant que l'entreprise margi-nale, qui hésite à employer ses ressources productives là ou ailleurs, est en mesure d'y réaliser des profits écono-miques. En situation d'équilibre à long terme, l'entreprise marginale ne doit faire ni profit ni perte.

La figure 14.3 montre l'équilibre à long terme. On voit qu'il y a eu déplacement vers la gauche des courbes de demande et de recette marginale de l'entreprise margi-nale. Celle-ci produit 75 vestons par jour et les vend 25 $ chacun. À cette quantité, le coût moyen est aussi égal à 25 $ par veston. Ainsi, l'entreprise marginale réalise un profit économique nul sur ses vestons.

Quand à Roots, ses profits à long terme dépendent de sa position par rapport à l'entreprise marginale. Comme dans le cas de la concurrence parfaite, si ses coûts de produc-tion sont inférieurs à ceux de l'entreprise marginale, Roots pourra continuer de dégager une marge bénéficiaire à long terme. Comme en concurrence parfaite, ce profit est inter-prété comme la rente associée aux facteurs de production particuliers qui lui permettent d'avoir des coûts plus bas.

Roots continuera de faire un profit même si elle ne dispose pas d'avantage de coûts. Il suffit pour cela que l'ar-rivée de nouveaux concurrents influe peu sur la demande de ses produits. Cela sera le cas si les variétés offertes par

les entreprises marginales sont de piètres substituts des ves-tons de marque Roots. Le profit de Roots s'interprète alors comme la rente de monopole associée à la marque qu'elle aura créée. Que l'entrée sur le marché des vestons soit libre ne signifie pas nécessairement qu'une nouvelle entreprise puisse facilement copier les vestons Roots. Dans ce cas extrême, Roots constitue alors un petit monopole.

La concurrence monopolistique et la concurrence parfaite

Les graphiques de la figure 14.4 mettent en parallèle la situation de l'entreprise marginale en concurrence mono-polistique et celle de l'entreprise marginale en concurrence parfaite. On note deux différences importantes entre ces situations:

- la capacité excédentaire;
- la majoration.

La capacité excédentaire Rappelez-vous qu'une entre-prise a une **capacité excédentaire** si son niveau de pro-duction est inférieur à l'**échelle efficace minimale**, soit la quantité pour laquelle le coût moyen est à son minimum (voir le chapitre 11, p. 336). À la figure 14.4, cette quan-tité est de 100 vestons par jour. Au graphique (a), l'entre-prise marginale produit 75 vestons par jour, et sa capacité excédentaire est de 25 vestons par jour. Par comparaison, une entreprise marginale similaire offrant des vestons génériques dans un marché en concurrence parfaite exploi-terait toute sa capacité à long terme en produisant au mini-mum de son coût moyen, comme cela est illustré dans le graphique (b).

La différence entre les deux situations tient à la diffé-renciation des produits: même si elles sont petites par rap-port à la taille du marché, les entreprises en concurrence monopolistiques jouissent d'un monopole sur la variété qu'elles produisent. Or, nous avons vu au chapitre précé-dent qu'un monopole qui ne parvient pas à faire des pro-fits est nécessairement en situation de capacité excédentaire. C'est justement le cas ici de l'entreprise marginale, dont la demande est si déprimée qu'elle parvient tout juste à éviter des pertes.

On peut observer autour de soi de nombreux exem-ples de la capacité excédentaire des entreprises en concur-rence monopolistique. Il y a presque toujours des tables libres au restaurant. Il n'est pas difficile de trouver une piz-zeria qui livre en moins de 30 minutes. À la station-service, il est rare que les voitures fassent la queue pour obtenir de l'essence. Il y a toujours plusieurs agents d'immeubles qui se bousculent pour nous aider à vendre notre maison ou à en trouver une. Ces industries sont en concurrence mono-polistique. Les entreprises qui les composent ont une capa-cité excédentaire. Elles pourraient augmenter leurs ventes en baissant les prix, mais elles essuieraient alors des pertes.

FIGURE 14.3   *La production et le prix à long terme*

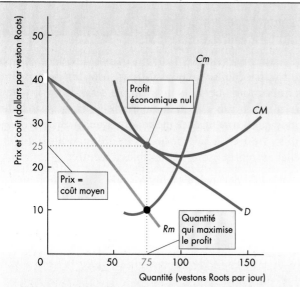

Le profit économique suscite l'entrée d'entreprises sur le mar-ché, ce qui diminue la demande pour les produits de toutes les entreprises. Quand la droite de demande de l'entreprise marginale touche la courbe de coût moyen *CM* à la quantité à laquelle la recette marginale *Rm* égale le coût marginal *Cm*, le marché est en équilibre à long terme. La quantité qui maxi-mise le profit est de 75 vestons par jour, et le prix de 25 $ par veston. Le coût moyen est lui aussi de 25 $ par veston, si bien que le profit économique de l'entreprise marginale est nul.

FIGURE 14.4 *La capacité excédentaire et la majoration*

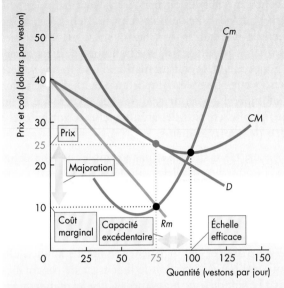

(a) Concurrence monopolistique

L'échelle efficace est de 100 vestons par jour. En concurrence monopolistique, la pente de la droite de demande est négative. En conséquence, à long terme, la quantité produite par l'entreprise marginale est inférieure à l'échelle efficace, et l'entreprise fonctionne avec une capacité excédentaire. La majoration est égale à la quantité qu'on ajoute au coût marginal pour obtenir le prix de vente.

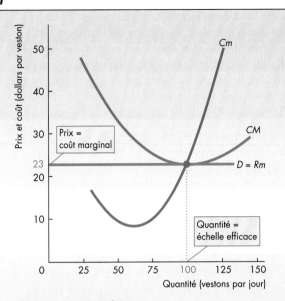

(b) Concurrence parfaite

À l'opposé, en concurrence parfaite, la demande est parfaitement élastique, si bien que la quantité produite correspond à l'échelle efficace et le prix est égal au coût marginal. L'entreprise marginale fabrique ses produits au plus bas coût possible et il n'y a pas de majoration.

La majoration Le montant qu'une entreprise ajoute au coût marginal pour fixer son prix de vente constitue ce qu'on appelle la **majoration**. Le graphique (a) de la figure 14.4 illustre la majoration pratiquée par l'entreprise marginale. À l'opposé, le graphique (b) montre qu'en concurrence parfaite le prix est toujours égal au coût marginal, si bien que la majoration est nulle. Concrètement, cela signifie qu'il est toujours possible de marchander avec une entreprise en concurrence monopolistique, qu'elle soit marginale ou non, alors que ce n'est pas le cas avec une entreprise en concurrence parfaite, laquelle n'y verrait pas d'intérêt.

Le coût marginal de production d'une entreprise en concurrence parfaite correspond au prix de marché : si elle vous vendait moins cher, elle perdrait de l'argent. Ce n'est pas le cas d'une entreprise en concurrence monopolistique qui tarife son produit comme un monopole : elle se retient de réaliser toutes les ventes profitables (pour lesquelles le prix dépasse le coût marginal de production) afin d'éviter à devoir baisser son prix pour toute sa clientèle. Pour autant qu'elle ne l'applique pas à sa clientèle existante, l'entreprise peut réaliser un profit supplémentaire en offrant une ristourne à un nouveau client afin de le convaincre d'acheter son produit. Comme le monopole, l'entreprise en concurrence monopolistique peut accroître ses profits si elle parvient à discriminer sa clientèle.

L'efficacité de la concurrence monopolistique

La quantité produite d'un bien est efficace lorsque sa valeur marginale sociale est égale à son coût marginal social. Par exemple, on produit une quantité efficace de vestons si, pour la société, la valeur d'un veston supplémentaire correspond à son coût de production. Si cette valeur est supérieure, on devrait produire davantage de vestons ; si elle est inférieure, on devrait en produire moins. Nous avons vu aux chapitres 5 et 8 que le prix d'un bien était une mesure (imparfaite) de la valeur que la société lui accorde. En l'absence de coûts externes, le coût social de production d'un veston correspond au coût marginal de l'entreprise. En conséquence, si le prix d'un veston Roots est supérieur à son coût marginal, la quantité produite de vestons Roots est inférieure à la quantité efficace. Or, nous venons de voir que le prix dépasse effectivement le coût marginal en concurrence monopolistique. La question qui se pose alors est la suivante : la concurrence monopolistique, cette structure de marché si prépondérante dans notre économie, produit-elle une allocation inefficace des ressources ?

Bien poser la question La réponse à la question ci-dessus demeure ouverte. Elle met en cause la valeur que nous accordons à la variété des biens auxquels nous avons accès dans une économie moderne.

En concurrence monopolistique, la majoration est attribuable à la différenciation du produit. C'est parce que les vestons Roots ne sont pas identiques à ceux d'Eddie Bauer, de Club Monaco, de Banana Republic, de Gap, de Levi, de Ralph Lauren et de tous les autres que la demande du produit Roots n'est pas parfaitement élastique. Pour que cette demande soit parfaitement élastique, il faudrait que tous les vestons de tous les fabricants soient identiques.

Souhaitons-nous vivre dans un monde dans lequel il n'y aurait qu'un seul type de veston? Pour la plupart des gens, la variété est une richesse – non seulement parce qu'elle offre à chacun l'occasion de choisir ce qui lui plaît, mais aussi parce que nous aimons bien être témoins de la diversité des choix des autres. Préférons-nous, par exemple, la Chine des années 1960, où presque tous étaient vêtus de l'uniforme maoïste, ou la Chine d'aujourd'hui, où chacun s'habille à son goût?

Par ailleurs, la concurrence monopolistique ne prévaut pas seulement dans les marchés des biens de consommation. On l'observe également dans celui des biens intermédiaires, où les entreprises s'approvisionnent pour développer leur capacité de production. Dans ces marchés, la variété signifie plus de solutions différentes aux besoins particuliers des entreprises. Un bien intermédiaire mieux adapté au processus de production permet à l'entreprise d'obtenir des coûts plus bas.

Si la variété est une richesse, pourquoi n'y a-t-il pas une infinité de produits différents? C'est que la variété est coûteuse. Il faut d'abord concevoir chacun de ces produits différents, puis il faut le faire connaître aux acheteurs. En raison des frais de conception et de marketing, toutes les variétés possibles ne présentent pas le même intérêt parce qu'il en existe déjà d'autres très similaires sur le marché.

Ainsi, la perte de surplus engendrée par la majoration est compensée par la valeur que nous accordons à la variété, de sorte qu'on ne peut a priori conclure que la concurrence monopolistique est inefficace. Dans la mesure où une nouvelle variété n'est développée à grand frais que si les profits qu'elle doit générer le justifient (voir plus loin), cet argument est séduisant.

D'un autre côté, avons-nous vraiment besoin de tous ces biens différenciés pour être heureux? Dans quelle mesure les désirons-nous vraiment? Ne sommes-nous pas parfois aliénés par la publicité qui nous pousse à consommer des choses dont nous n'avons pas vraiment besoin? Si la diversité du choix des autres peut générer un avantage positif externe, comme nous l'avons évoqué plus haut, ne peut-elle pas aussi générer l'envie?

De tout temps, les économistes ont été réticents à aborder ces questions, car elles mettent en cause l'origine de nos préférences, et ils estiment que c'est là une question qui déborde leur champ de compétence. Certains l'ont fait, notamment l'économiste américain Thorstein Veblen, qui a conçu en 1899 le concept de « consommation ostentatoire » pour décrire la propension des riches à acquérir des biens afin d'établir leur statut social. Au XIXe siècle, seuls les riches avaient accès à une multitude de biens et services. Aujourd'hui, la consommation d'une grande variété de biens occupe une place importante dans la vie du plus grand nombre. La position traditionnelle est érodée, et on évoque de plus en plus des arguments mettant en cause l'origine des désirs humains.

On justifie facilement, par exemple, qu'une école impose l'uniforme aux élèves si cela permet d'éviter une course à la mode qu'on estime inutile. Au Québec, on a modifié en 1980 la Loi sur la protection du consommateur afin d'interdire toute publicité adressée aux enfants de moins de 13 ans parce qu'on estimait qu'ils n'étaient pas en mesure d'exercer leur jugement comme des adultes. On met aujourd'hui en question le jugement de ces mêmes adultes à l'égard de leurs mauvaises habitudes alimentaires, encouragées par une industrie en concurrence monopolistique; celle-ci cherche à convaincre les consommateurs que les nouvelles croustilles n'ont rien à voir avec les anciennes et qu'ils devraient être prêts à payer plus cher pour se les procurer.

En résumé, la plupart des biens et services que nous consommons couramment sont produits par des marchés en concurrence monopolistique. Cette structure de marché semble inefficace parce qu'elle incite les entreprises à développer sans cesse de nouveaux produits en se dotant d'installation qu'elles n'exploitent pas au maximum. Pour juger du mérite de cet arrangement, il faut prendre en compte les avantages qu'il y a à vivre dans un monde où les biens et services nous sont offerts dans une très large

MINITEST 2

1 Comment une entreprise en concurrence monopolistique détermine-t-elle son niveau de production et son prix de vente?

2 Pourquoi l'entreprise marginale en concurrence monopolistique ne peut-elle réaliser de profit économique à long terme?

3 Pourquoi l'entreprise marginale en concurrence monopolistique fonctionne-t-elle avec une capacité excédentaire?

4 Pourquoi a-t-on recours à la majoration en concurrence monopolistique?

5 La concurrence monopolistique est-elle efficace?

Réponses p. 435

variété. Ces avantages sont patents en ce qui concerne les biens intermédiaires. Mais on peut légitimement se demander si nous sommes toujours les maîtres de nos désirs quand vient le temps de consommer.

Nous venons de voir comment l'entreprise en concurrence monopolistique détermine sa production et son prix à court terme et à long terme pour un produit donné et avec un plan de marketing donné. Mais comment l'entreprise décide-t-elle de la qualité du produit et de sa stratégie commerciale ? C'est ce que nous allons voir.

Le développement de produit et le marketing

Dans la section précédente, nous avons supposé que Roots avait déjà décidé de la qualité de son produit et de sa stratégie commerciale au moment de fixer son prix et de déterminer la quantité qu'elle allait produire. Nous allons maintenant examiner ces décisions préalables et leurs effets sur la production, le prix et le profit économique de l'entreprise.

L'innovation et le développement de produit

Les entreprises en concurrence monopolistique doivent être prêtes en tout temps à relever le défi que peut leur lancer un concurrent qui fait son entrée sur le marché. Pour réaliser un profit économique, elles doivent continuellement trouver le moyen de déjouer les imitateurs, qui tentent de s'installer dans le même créneau qu'elles. Un de ces moyens consiste à développer de nouveaux produits susceptibles de leur conférer, même temporairement, un avantage sur leurs concurrents. L'enjeu consiste toujours à offrir un produit attrayant qui se démarque des produits offerts par la concurrence, de sorte que ceux-ci n'en constituent que de mauvais substituts. La demande de l'entreprise innovante est alors inélastique, ce qui lui permet de majorer son prix et de réaliser un profit économique. Tôt ou tard, l'entrée d'imitateurs offrant des substituts proches fera disparaître son avantage concurrentiel initial, de sorte qu'elle devra de nouveau innover pour rétablir son profit économique.

L'efficacité et l'innovation en matière de produit
La décision de créer ou d'améliorer un produit vise à maximiser le profit. L'innovation et le développement de produit sont coûteux, mais ils génèrent des recettes additionnelles. L'entreprise considère le coût inhérent à l'amélioration de son produit et les profits supplémentaires qu'elle peut espérer de cette amélioration. Ce faisant, les entreprises innovent-elles trop ou pas assez ?

Du point de vue de la société, il est efficace d'innover si la valeur sociale du nouveau produit dépasse son coût social de développement. Si on fait abstraction des effets externes que nous avons évoqués précédemment (par exemple la consommation ostentatoire), la valeur sociale d'une innovation est l'augmentation du surplus total, la somme du surplus des consommateurs et des profits, qu'elle entraîne. Le coût social correspond ici au coût privé, soit le montant que l'entreprise doit débourser pour produire l'innovation. En décidant d'investir pour améliorer son produit, une entreprise ne considère que les profits supplémentaires qu'elle peut en retirer, pas l'accroissement du surplus des consommateurs. Par conséquent, la décision d'investir ou non dans l'amélioration du produit ne sera pas nécessairement efficace.

En particulier, une entreprise ne se lancera pas dans une innovation – même socialement très bénéfique – qui réduirait l'élasticité de la demande de son produit. Prenez l'exemple de Microsoft, qui produit le traitement de texte Word. Est-il bénéfique pour la société que Microsoft améliore son logiciel afin que les fichiers Word puissent être modifiés avec des logiciels concurrents ? Si le coût de l'amélioration n'est pas prohibitif, la réponse est oui, puisque cela permettrait aux utilisateurs d'échanger plus facilement leurs fichiers. La demande de tous les logiciels de traitement de texte augmenterait, et par ricochet le surplus total.

Mais la société Microsoft a-t-elle intérêt à faire cette innovation ? Probablement pas, parce que les logiciels concurrents deviendraient de meilleurs substituts de Word, de sorte que Microsoft ne serait plus en mesure de majorer autant son produit. Le surplus total croîtrait, mais une grande partie des gains irait aux consommateurs et aux concurrents de Microsoft. Comme Microsoft supporte les coûts, mais ne recueille pas tous les bénéfices, on ne peut pas présumer qu'elle mettra en œuvre toutes les innovations qui méritent de l'être du point de vue de la société.

Encore une fois, ces seules considérations ne permettent pas de juger définitivement de l'efficacité de la concurrence monopolistique. Dans beaucoup d'industries en concurrence monopolistique, les problèmes de compatibilité évoqués sont réglés par l'établissement de normes privées avant même que les entreprises mettent au point leurs produits. Les entreprises conviennent d'adhérer à des normes qui garantissent, par exemple, que le même DVD fonctionnera aussi bien dans un appareil Toshiba que dans un appareil Panasonic. L'industrie s'assure ainsi que la demande sera suffisamment importante pour justifier le développement des lecteurs de DVD. Chaque entreprise différencie ensuite son produit en modulant d'autres caractéristiques que la capacité de lire un DVD.

La publicité Pour les entreprises qui offrent des produits différenciés, il est essentiel que la clientèle soit informée des caractéristiques de ces produits et qu'elle sache ce qui les rend uniques par rapport à la concurrence. Dans certains cas, les entreprises tenteront de convaincre le consommateur que leur produit est tout à fait original même si, en réalité, la différence est mince. Pour ce faire, elles ont recours à la publicité et au conditionnement.

Les dépenses de publicité Les entreprises en concurrence monopolistique dépensent d'énormes sommes afin que les consommateurs valorisent les caractéristiques qui différencient leurs produits de ceux de leurs concurrents. Une part importante et toujours croissante du prix que nous payons pour des biens ou services sert donc à couvrir leurs coûts de mise en marché. Les dépenses de publicité dans les journaux, les magazines et Internet sont les principaux frais de commercialisation, mais ces derniers incluent également le coût des centres commerciaux qui ressemblent à des décors de cinéma, des catalogues et des dépliants sur papier glacé ainsi que les salaires, billets d'avion et notes d'hôtel des représentants.

Les frais de publicité influent de deux façons sur le profit de l'entreprise : ils augmentent les coûts et, s'ils sont efficaces, ils modifient la demande. Étudions ces effets de plus près.

Les coûts de mise en marché et le coût total de l'entreprise Les coûts de mise en marché sont des coûts fixes. Ils font grimper le coût total des entreprises. Par conséquent, comme tous les coûts fixes, les frais de publicité par unité produite baissent à mesure que la production augmente.

La figure 14.5 montre comment les coûts de mise en marché modifient le coût moyen de l'entreprise. La courbe bleue illustre le coût moyen de production de l'entreprise ; la courbe rouge illustre le coût moyen incluant la publicité. La hauteur de la zone rose entre les deux courbes montre le coût fixe moyen de la publicité. Le coût *total* de la publicité est un coût fixe, mais le coût *moyen* de la publicité diminue à mesure que la production s'accroît.

La figure montre que, si la publicité accroît suffisamment la quantité vendue, elle peut faire baisser le coût moyen. Par exemple, si la quantité vendue passe de 25 vestons par jour sans publicité à 100 vestons par jour avec publicité, le coût moyen par veston descend de 60 $ à 40 $. Même si le coût fixe a augmenté au total, il se répartit sur une plus grande quantité vendue, de sorte que le coût moyen diminue.

Les coûts de mise en marché et la demande Nous l'avons dit, la publicité et les autres efforts de vente modifient la demande du produit de l'entreprise. Mais la modifie-t-elle à la hausse ou à la baisse ? On peut affirmer sans aucun doute que l'entreprise qui a recours à la publicité

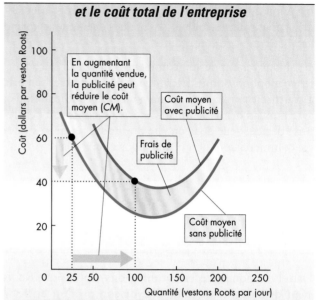

FIGURE 14.5 *Les coûts de mise en marché et le coût total de l'entreprise*

Les coûts de mise en marché (par exemple les dépenses de publicité) sont des coûts fixes qui s'ajoutent au coût de production et font monter le coût moyen. Cependant, cette augmentation du coût moyen diminue à mesure que la production augmente. Si la publicité permet de faire passer les ventes de 25 à 100 vestons par jour, le coût moyen quand à lui diminue, passant de 60 $ à 40 $ par veston.

s'attend à accroître sa demande en nous informant de la qualité de ses produits ou en cherchant à nous persuader de les choisir de préférence à ceux de ses concurrents.

Mais toutes les entreprises s'attendent à persuader les clients que leur produit ou leur service est imbattable. Si elle permet à une entreprise de survivre, la publicité peut aussi accroître le nombre d'entreprises dans l'industrie ; le cas échéant, elle réduit la demande de toutes les autres entreprises et la rend plus élastique. En conséquence, la publicité peut aboutir non seulement à une diminution du coût moyen, mais aussi à une baisse de la majoration et du prix.

La figure 14.6 illustre cet effet éventuel de la publicité. Au graphique (a), on voit que, sans publicité, la demande de vestons Roots n'est pas très élastique ; on maximise le profit à 75 vestons par jour et la majoration est élevée. Au graphique (b), on voit que la publicité, qui représente un coût fixe, fait augmenter le coût moyen, lequel passe de CM_0 à CM_1, mais n'influe pas sur le coût marginal, qui reste à Cm ; la demande devient beaucoup plus élastique, la quantité qui maximise le profit augmente, et la majoration diminue.

Ainsi, même si les consommateurs paient en définitive pour la publicité, puisqu'elle accroît les coûts des entreprises, celle-ci peut leur être bénéfique si elle les informe mieux et si elle accroît le degré de concurrence dans l'industrie.

FIGURE 14.6 *La publicité et la majoration*

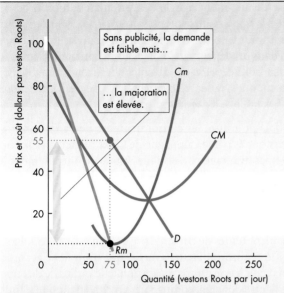

(a) Les entreprises ne font pas de publicité

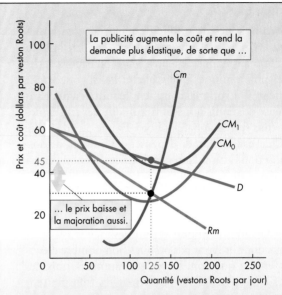

(b) Toutes les entreprises font de la publicité

Dans le graphique (a), aucune entreprise ne fait de publicité ; chaque entreprise a une demande relativement faible mais peu élastique. La production est modeste, et la majoration et le prix sont élevés.

Dans le graphique (b), le coût de la publicité fait déplacer la courbe de coût moyen *CM* vers le haut, soit de CM_0 à CM_1. Si toutes les entreprises ont recours à la publicité, la demande du produit de chacune d'elles devient plus élastique. La production augmente, le prix baisse et la majoration diminue.

Les coûts de mise en marché au Canada

L'exemple des chaussures sport

Quand nous achetons une paire de chaussures sport à 110 $, les matériaux qui ont servi à sa fabrication nous coûtent 14,25 $, la main-d'œuvre malaisienne 4,25 $, le coût d'immobilisation du capital et le profit normal du fabricant asiatique 7,50 $, et les frais de transport 0,75 $. Ces coûts totalisent 26,75 $. L'État perçoit 5,25 $ de droits d'importation, ce qui porte le total à 32 $. Où vont alors les 78 $ qui restent ? Ils servent à la publicité et aux divers services de distribution et de vente au détail.

Les chaussures sport n'ont rien d'exceptionnel à cet égard. Presque tout ce que nous achetons comprend des coûts de mise en marché supérieurs à la moitié du prix total. Il coûte plus cher de vendre que de fabriquer les vêtements, la nourriture, les appareils électroniques, les DVD, les revues et même les manuels scolaires.

Les frais de publicité ne constituent qu'une partie, souvent modeste, des coûts de mise en marché. Par exemple, Nike dépense environ 6,25 $ en publicité par paire de chaussures sport.

Dans l'ensemble de l'économie nord-américaine, on recense quelque 20 000 agences de publicité, employant plus de 200 000 personnes et réalisant un chiffre d'affaires de 45 G $. Ces données ne reflètent qu'une partie du coût total de la publicité, car les entreprises ont leur service de publicité interne, dont on ne peut qu'estimer les dépenses.

Toutefois, la part la plus importante des coûts de mise en marché n'est pas attribuable à la publicité, mais plutôt aux coûts des services de vente au détail. Les coûts de mise en marché (et le profit économique) des détaillants représentent souvent 50 % du prix de vente.

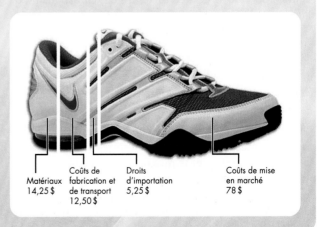

L'utilisation de la publicité pour transmettre un signal de qualité

Certaines campagnes de publicité dépassent l'entendement. C'est le cas des réclames télévisées de l'appareil photo Canon par la championne de tennis Maria Sharapova et des campagnes pharaoniques que Coke et Pepsi concoctent régulièrement. On voit mal comment le sourire aguichant d'une joueuse de tennis nous communique des renseignements concrets sur un appareil photo. Et que dire de Coke et Pepsi ? Quel est l'intérêt de dépenser des millions de dollars par mois pour attirer l'attention sur ces boissons pourtant très bien connues ?

Ne serait-ce pas la preuve qu'une bonne partie de la population est composée de consommateurs peu critiques, que les publicitaires manipulent pour les inciter à acheter des produits dont ils n'ont pas besoin ? Bon nombre d'économistes pensent que non. Selon leur rationalisation, ces campagnes en apparence non informatives transmettent de l'information à un public averti.

Les dépenses de publicité peuvent en effet représenter un signal envoyé au consommateur pour le convaincre de la haute qualité du produit qu'on lui propose. Par **signal**, on entend une action *coûteuse* qu'une personne (ou une entreprise) informée accomplit afin de communiquer un message *convaincant* à ceux qui ne sont pas informés. Prenons l'exemple de Coke et Oke, deux fabricants de boissons au cola.

Les deux boissons sont en apparence très semblables, mais le cola d'Oke n'est pas très bon et son goût varie beaucoup selon le lot bon marché d'ingrédients qu'elle se procure chaque semaine. Pour sa part, le cola de Coke est produit avec de meilleurs ingrédients et selon des normes de qualité plus élevées. Les consommateurs sont initialement ignorants des mérites de chaque cola. Bien sûr, certains consommateurs ayant acheté du Oke sont déçus lorsqu'ils tombent sur un mauvais lot, mais cette information ne circule pas beaucoup parmi la masse des consommateurs. Pour les consommateurs, une bouteille de cola est une bouteille de cola et, de temps en temps, une mauvaise bouteille de cola.

Cette situation est à l'avantage d'Oke, qui peut vendre son produit au même prix que celui de Coke, même s'il n'est pas d'aussi bonne qualité. Coke doit convaincre les consommateurs que le Coke et l'Oke, ce n'est pas pareil. Mais comment doit-elle s'y prendre ?

Coke ne peut pas simplement annoncer que son produit est de meilleure qualité parce que les consommateurs ne sont pas dupes : tout le monde dit cela ! Coke, pas plus qu'Oke, n'a de crédibilité aux yeux des consommateurs. Pour établir sa crédibilité, Coke choisit de faire de sa campagne de publicité un signal et opte pour la démesure ostentatoire. En dépensant beaucoup en publicité, Coke envoie le message suivant aux consommateurs : « Croyez-vous que je dépenserais autant d'argent en publicité si mon produit n'était pas bon et que le premier journaliste fouineur venu pourrait tout torpiller en repérant un mauvais lot de bouteilles dans un dépanneur ? » Si les consommateurs, constatant que Coke dépense effectivement beaucoup en publicité, concluent que, vraisemblablement, le Coke c'est autre chose que l'Oke, Coke a gagné son pari.

Mais pourquoi les consommateurs devraient-ils être impressionnés par la campagne de Coke ? Parce qu'Oke ne trouve pas avantageux d'en faire autant. Contrairement à Coke, Oke sait qu'il serait aventureux de sa part de prétendre que son produit est sans faille. Elle n'est donc pas prête à dépenser autant que Coke. Pour qu'un signal soit crédible, sa diffusion doit être à ce point coûteuse que ceux qui seraient tentés de copier le produit en sont découragés. Ainsi, les consommateurs avertis, qui n'auraient accordé aucun crédit à une campagne de publicité ordinaire de l'une ou de l'autre des deux compagnies en concluant que « Tout le monde dit ça ! », sont maintenant convaincus par la force du signal envoyé par Coke qu'elle dit sans doute vrai.

Selon cette théorie, l'enjeu d'une campagne publicitaire d'envergure n'est pas tant de véhiculer de l'information au premier degré – ce qui pourrait être fait à moindre coût – que d'établir la crédibilité de cette information auprès d'un public averti.

On emploie aujourd'hui la théorie du signal pour expliquer une myriade de comportements économiques. Par exemple, un entrepreneur qui souhaite obtenir un prêt d'une banque pour développer un produit qu'il prétend voué à être populaire, aura plus de succès, à valeurs de prêt égales, s'il engage ses propres fonds dans le projet : il signale alors à la banque la crédibilité de ses prétentions quant au produit. La banque fait alors le raisonnement suivant : si l'entrepreneur n'était qu'un aventurier et son laïus de vente de l'esbroufe, il n'aurait pas mis sa tête sur le billot en engageant ses propres fonds.

Les marques de commerce

Beaucoup d'entreprises consacrent des sommes considérables à la création et à la promotion de leur marque de commerce. Pourquoi ? Les avantages qu'elles espèrent en tirer sont-ils à la hauteur des coûts parfois élevés d'un tel exercice ?

La marque de commerce sert à deux choses : renseigner le consommateur sur la qualité du produit et inciter le fabricant à se donner des normes de qualité rigoureuses qu'il s'engage à respecter fidèlement.

Pour apprécier en quoi elle est utile au consommateur, il n'y a qu'à se rappeler toutes les fois qu'on se fie à la marque de commerce pour juger de la qualité d'un produit. Supposons que vous êtes en voyage et que l'heure est venue de choisir un établissement dans lequel vous arrêter pour la nuit. De la route, vous apercevez des panneaux réclames pour Holiday Inn, le motel Chez Norman et le relais routier d'Annie. Vous connaissez le Holiday Inn pour y avoir séjourné par le passé. Vous connaissez aussi leur publicité et savez à quoi vous attendre. Par contre, Norman et Annie vous sont parfaitement inconnus. Leurs établissements sont peut-être meilleurs que ce que vous connaissez, mais puisque vous n'en savez rien, vous renoncez à vous y arrêter. Vous vous fiez à la marque de commerce et vous choisissez le Holiday Inn.

Cet exemple explique aussi pourquoi une marque de commerce incite son détenteur à offrir un produit dont la qualité est très bonne et ne varie pas. Norman et Annie sont peu motivés à donner un service de haute qualité, car même s'ils le font, très peu de gens sont susceptibles de le savoir. À l'inverse, comme on s'attend à un certain niveau de service chez Holiday Inn, le fait de décevoir un client se traduit presque à coup sûr par la perte de ce dernier au profit d'un concurrent. En conséquence, Holiday Inn a tout intérêt à donner suite aux promesses qu'il fait dans la publicité qui sert à établir sa marque de commerce.

L'efficacité de la publicité et des marques de commerce

Dans la mesure où elles donnent des renseignements sur la nature exacte des différences entre les produits et sur la qualité de ces derniers, la publicité et les marques de commerce sont utiles au consommateur et lui permettent de faire un choix éclairé. Mais il faut toujours comparer ces gains réels pour les consommateurs aux coûts des ressources qu'on consacre à ces activités publicitaires.

Une vaste arène Nous l'avons dit, juger de l'efficacité de la concurrence monopolistique n'est pas facile. Dans certains cas, les gains résultant de la diversité des produits offerts sont nettement supérieurs à la somme des coûts de mise en marché et des pertes associées aux capacités excédentaires de production. Dans d'autres cas, on peut se demander s'il n'y aurait pas une meilleure façon d'organiser la production. Mais le marché est une vaste arène dans

laquelle des millions de personnes tentent continuellement d'améliorer la façon d'organiser les choses. Nous avons vu comment les entreprises de produits électroniques ont convenu de normes qui permettent à leur industrie de prospérer en tempérant les effets nocifs de la différenciation. Ce n'est qu'un exemple des actions mises en œuvre pour que le système fonctionne mieux. En situation de capacité excédentaire, des entreprises auront avantage à fusionner avec un de leurs concurrents proches afin de rationaliser leurs opérations et de diminuer leurs coûts. Par ailleurs, pour permettre au consommateur de s'y retrouver, des entreprises se spécialiseront dans les services d'information en lui proposant des comparaisons objectives de produits menées par des spécialistes, de sorte qu'il n'ait plus à payer indirectement pour la publicité afin d'obtenir un produit de qualité.

MINITEST 3

1 Outre les ajustements de prix, quels sont les moyens dont dispose l'entreprise en concurrence monopolistique pour rivaliser avec les autres entreprises ?

2 À quelles conditions l'innovation et le développement de produit sont-ils efficaces ?

3 Comment les coûts de mise en marché influent-ils sur le coût moyen d'une entreprise ?

4 Comment les dépenses de publicité influent-elles sur la demande ?

5 Qu'est-ce qu'un signal ?

Réponses p. 435

La concurrence monopolistique est une des structures de marché les plus courantes dans la vie quotidienne. La rubrique « Entre les lignes » (p. 428) illustre le fonctionnement de la concurrence monopolistique dans le marché des téléphones cellulaires multimédia.

LA DIFFÉRENCIATION DE PRODUIT DANS LE MARCHÉ DES TÉLÉPHONES CELLULAIRES MULTIMÉDIA

LES AFFAIRES.COM, 9 JUIN 2009

LE PRE DE PALM, UNE MENACE POUR RIM

Par *Olivier Schmouker*

Le BlackBerry du canadien Research In Motion a un nouvel adversaire : le Pre de Palm. Un concurrent de taille puisque le jour même de son lancement aux États-Unis, le 6 juin, des magasins se sont retrouvés en rupture de stock.

[…] Le cellulaire multimédia est équipé d'un mini-clavier coulissant. Et il est vendu 200 dollars américains à condition que l'on prenne un abonnement de deux ans auprès de l'opérateur Sprint Nextel, l'abonnement mensuel coûtant au minimum 70 dollars américains.

Des analystes financiers américains ont estimé que les ventes du Pre ont atteint les 200 000 exemplaires durant la fin de semaine dernière. […]

[…] il ne s'agit pas de ventes exceptionnelles, si on les compare à celles du iPhone 3G, qui ont culminé à 1 million d'exemplaires durant les trois premiers jours du lancement, en juin 2008.

« Notre objectif n'est pas de détourner des clients de RIM et d'Apple, mais de séduire des utilisateurs de cellulaires peu performants et de les inciter à passer aux smartphones », s'est défendu Jon Rubinstein, PDG de Palm, un ancien d'Apple qui a contribué à la mise au point du iPod.

Il y a de la place pour trois, voire cinq, fabricants de smartphones, a-t-il ajouté devant les médias lors du lancement du Pre. Mais, il est clair que le BlackBerry de RIM est maintenant sous pression.

[…] RIM table sur une nouvelle version de son BlackBerry Enterprise Server, à la sécurité renforcée.

[…] Apple ne reste pas les bras croisés, puisqu'il lance aujourd'hui même un nouvel iPhone, le 3GS (« S » pour *speed*), doté d'un meilleur appareil photo, d'une caméra vidéo, d'une plus longue autonomie et surtout d'une vitesse de navigation améliorée. Le iPhone 3GS est vendu au prix de 199 dollars américains, tandis que le iPhone 3G baisse à 99 dollars américains pour la version 8 Go. ∎

LES FAITS EN BREF

● Le 6 juin 2009, la compagnie Palm lance un nouveau téléphone intelligent doté d'un clavier coulissant, le Pre, qu'elle vend au même prix qu'un iPhone 3G (200 $).

● Trois jours plus tard, Apple riposte en lançant une nouvelle version améliorée de son iPhone à 200 $ et en abaissant le prix de l'ancienne version à 100 $.

● Le Pre concurrence aussi le BlackBerry de RIM, qui parie sur des fonctions de sécurité renforcée pour conserver sa clientèle d'affaires.

● Le prix d'un téléphone intelligent est lié à un abonnement à un opérateur de réseau particulier.

● Le marché des téléphones intelligents est en croissance aux dépens du marché des téléphones cellulaires classiques. Les plus gros joueurs sur ce marché sont, dans l'ordre, Nokia, RIM et Apple. Palm veut attirer des consommateurs depuis le marché des cellulaires classiques.

ANALYSE ÉCONOMIQUE

● Le modèle de concurrence monopolistique permet d'expliquer ce qui se passe sur le marché des téléphones intelligents.

● La **figure 1** illustre la situation d'Apple avec son iPhone 3G avant l'entrée de Palm avec le Pre. La demande du iPhone 3G a une pente décroissante parce qu'il s'agit d'un bien très différencié. Apple exploite son pouvoir de marché en rendant sa recette marginale égale à son coût marginal, et elle fait des profits en vendant 600 000 unités par mois.

● La perspective de faire des profits attire la concurrence. Palm développe un produit légèrement différent, doté d'un clavier coulissant, qu'elle choisit de vendre à un prix concurrentiel par rapport à celui d'Apple.

● Pour continuer à obtenir de bonnes marges, Apple développe un nouvel appareil encore plus différencié: le iPhone 3GS. L'arrivée du Pre et celle du iPhone 3GS ont un effet dépressif sur la demande du iPhone 3G: son prix baisse à 100 $ (**figure 2**). Apple ne fait maintenant plus de profit sur la vente du iPhone 3G, mais elle développe de nouvelles marges sur le iPhone 3GS.

● Le même phénomène se produit chez les autres concurrents comme RIM. Pour continuer à obtenir des profits, RIM doit différencier davantage son produit en le dotant de nouvelles fonctions de sécurité.

● À long terme, les marges disparaissent à moins qu'on développe de nouveaux produits. Les compagnies comme Palm cherchent à détourner les consommateurs du marché des téléphones classiques, où elles font maintenant peu de profits, vers le marché plus lucratif des téléphones intelligents.

● La différenciation des produits est une caractéristique de la concurrence monopolistique. Elle est à l'œuvre ici, mais le marché des téléphones intelligents n'est pas l'objet d'une concurrence monopolistique pure. Pour y participer, il faut avoir une entente avec un opérateur de réseau cellulaire. C'est ainsi que Palm s'est associé à Sprint Nextel, et Apple à AT&T (au Canada, Apple a une entente avec Rogers); le nombre très limité de ces opérateurs représente une barrière à l'entrée sur le marché. Celui-ci s'apparente plutôt à un oligopole, une structure encore plus concentrée, que nous verrons au prochain chapitre.

● Sur le marché des téléphones intelligents, les profits proviennent tant de la vente des appareils que des tarifs versés aux opérateurs, lesquels ont une liaison contractuelle avec les fabricants. AT&T, qui est l'opérateur exclusif du iPhone d'Apple aux États-Unis, subventionne chaque appareil à coups de centaines de dollars afin d'en réduire le prix. Ce mode de financement constitue un exemple de tarif binôme que nous avons évoqué au chapitre 13: le consommateur paie des frais fixes pour acquérir l'appareil et des frais variables associés à son contrat.

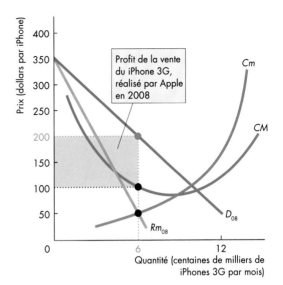

Figure 1 Le profit économique à court terme

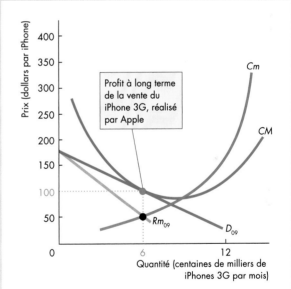

Figure 2 Le profit économique à long terme

Points clés

Qu'est-ce que la concurrence monopolistique ? (p. 416-418)

◆ La concurrence monopolistique est une structure de marché où un grand nombre d'entreprises offrent un produit différencié et se font concurrence par la qualité du produit, le prix et le marketing, et où il n'y a aucune barrière à l'entrée ou à la sortie.

La production et le prix dans la concurrence monopolistique (p. 418-423)

◆ L'entreprise en concurrence monopolistique a une courbe de demande à pente négative et produit la quantité à laquelle sa recette marginale, inférieure au prix, égale son coût marginal.

◆ Dans l'équilibre à long terme, les entrées et les sorties entraînent un profit économique nul et une capacité excédentaire pour l'entreprise marginale.

Le développement de produit et le marketing (p. 423-427)

◆ Les entreprises en concurrence monopolistique innovent et développent de nouveaux produits.

◆ Les coûts de mise en marché font monter le coût total de l'entreprise, mais peuvent réduire le coût moyen de production s'ils permettent une augmentation suffisante de la quantité vendue.

◆ Les dépenses de publicité peuvent accroître la demande d'un produit, mais leur généralisation dans toute l'industrie peut aussi entraîner une baisse de la demande du produit de chaque entreprise à cause de la concurrence accrue qu'elles suscitent dans l'industrie.

◆ L'efficacité ou l'inefficacité de la concurrence monopolistique dépend de la valeur qu'on accorde à la variété des produits.

Figures clés

Figure 14.1 Le profit économique à court terme (p. 418)

Figure 14.2 La perte économique à court terme (p. 419)

Figure 14.3 La production et le prix à long terme (p. 420)

Figure 14.4 La capacité excédentaire et la majoration (p. 421)

Figure 14.5 Les coûts de mise en marché et le coût total de l'entreprise (p. 424)

Figure 14.6 La publicité et la majoration (p. 425)

Mots clés

Capacité excédentaire Une entreprise a une capacité excédentaire si son niveau de production est inférieur à l'échelle efficace minimale (p. 420).

Concurrence monopolistique Structure de marché où de nombreuses entreprises qui produisent des biens différenciés se font concurrence par la qualité du produit, le prix et le marketing, et où il n'y a aucune barrière à l'entrée et à la sortie (p. 416).

Différenciation du produit Pratique consistant pour une entreprise à offrir un produit légèrement différent des produits de ses concurrents (p. 416).

Échelle efficace minimale Quantité pour laquelle le coût moyen est à son minimum. Cette quantité correspond au point le plus bas de la courbe *CM* (p. 420).

Majoration Montant qu'une entreprise ajoute au coût marginal pour fixer son prix de vente (p. 421).

Signal Action coûteuse qu'une personne (ou une entreprise) informée entreprend afin de communiquer un message convaincant à ceux qui ne sont pas informés (p. 426).

PROBLÈMES ET APPLICATIONS

1. Pour son entreprise point-com, Sarah a lancé un site Web où les clients peuvent acheter des chandails molletonnés qu'ils conçoivent eux-mêmes. Elle débourse 200 $ par semaine pour un petit bureau, sa connexion à Internet et ses autres frais. Les chandails que ses clients commandent sont réalisés par un sous-traitant auquel elle verse 20 $ par vêtement. Elle n'a pas d'autres frais. Le tableau suivant présente la quantité demandée de chandails en fonction du prix.

Prix (par chandail)	Quantité demandée (chandails par semaine)
0 $	50
20 $	40
40 $	30
60 $	20
80 $	10
100 $	0

a. Calculez la production qui maximise le profit, le prix et le profit économique de l'entreprise de Sarah.

b. Doit-on s'attendre à ce que d'autres entreprises se mettent à faire concurrence à Sarah en offrant des chandails molletonnés sur Internet ?

c. Comment la demande de chandails et le profit économique de Sarah évoluent-ils à long terme ?

2. La figure suivante illustre la situation de Pied léger inc., un fabricant de chaussures sport.

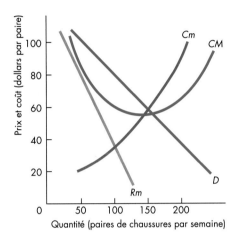

a. Quelle quantité de chaussures Pied léger produit-elle ?

b. Quel est le prix d'une paire de chaussures Pied léger ?

c. À combien s'élève le profit ou la perte économique de Pied léger ?

3. Dans le marché des chaussures sport, la courbe de demande et les courbes des coûts de toutes les entreprises sont semblables à celles de Pied léger (problème n° 2).

a. Comment le nombre de fabricants de chaussures sport évolue-t-il à long terme ?

b. Comment le prix des chaussures sport évolue-t-il à long terme ?

c. Comment la quantité de chaussures sport produite par Pied léger évolue-t-elle à long terme ?

d. Comment la quantité de chaussures sport évolue-t-elle à long terme dans l'ensemble de ce marché ?

e. Pied léger a-t-elle une capacité excédentaire à long terme ?

f. Si elle a une capacité excédentaire à long terme, pourquoi Pied léger ne diminue-t-elle pas sa capacité ?

g. Quelle relation observe-t-on entre le prix et le coût marginal de Pied léger ?

4. Le marché des chaussures sport dont il est question au problème n° 3 est-il efficace ou inefficace ? Justifiez votre réponse.

5. Supposons que la boutique Tommy Hilfiger offre des vestons qu'elle produit au coût marginal constant de 100 $. Pour fonctionner, la boutique doit débourser un coût fixe de 2 000 $ par jour. La boutique maximise son profit en vendant 20 vestons par jour. Mais voilà que les magasins concurrents se mettent à faire de la publicité pour attirer les acheteurs de vestons. La boutique Tommy Hilfiger réplique par des annonces qui lui coûtent 2 000 $ par jour, et elle doit maintenant vendre 50 vestons par jour pour maximiser son profit.

a. Quel était le coût moyen d'un veston dans cette boutique avant le lancement de la campagne de publicité ?

b. Quel est le coût moyen d'un veston dans cette boutique une fois engagée la campagne de publicité ?

c. Êtes-vous en mesure de dire ce que devient le prix d'un veston Tommy Hilfiger ? Si oui, pourquoi ? Sinon, pourquoi ?

d. Êtes-vous en mesure de dire ce que devient la majoration de Tommy Hilfiger ? Si oui, pourquoi ? Sinon, pourquoi ?

e. Êtes-vous en mesure de dire ce que devient le profit économique de Tommy Hilfiger ? Si oui, pourquoi ? Sinon, pourquoi ?

6. Comment Tommy Hilfiger, dont il est question au problème n° 5, peut-elle utiliser la publicité pour envoyer un signal ? De quelle façon produit-on un signal et comment ce dernier fonctionne-t-il ?

7. Revenons à Tommy Hilfiger, dont il est question au problème n° 5. Comment la marque de commerce que s'est donnée cette entreprise lui permet-elle d'augmenter son profit économique ?

8. **PAUSE-CAFÉ CHEZ STARBUCKS !**

L'achalandage dans les cafés Starbucks a diminué pour la première fois depuis la création de l'entreprise. [...] Un nombre croissant de clients se plaignent [...] que celle-ci a trahi ses origines en poursuivant ses objectifs de croissance. [...]

Starbucks va se remettre à offrir le café filtre préparé à partir de grains moulus sur place. Ceux qui souhaiteront faire remplir leur tasse à nouveau pourront obtenir le plein de café filtre sans frais [...] et les débits offriront deux heures d'accès à Internet sans fil. [...]

L'entreprise s'apprête à dévoiler sa nouvelle arme: une machine à expressos au profil surbaissé qui permet au client de mieux voir le *barista*[1] à l'œuvre. [...]

Il va sans dire que tous les changements apportés ces dernières années par Starbucks – machines à expressos automatiques, café moulu d'avance, comptoirs de vente à l'auto, moins de fauteuils moelleux et de moquette – ne se sont pas faits sans raison: l'objectif visé était de rationaliser les opérations ou d'accroître les ventes. [...] Ces choix étaient peut-être justifiés à l'époque [...] mais, au bout du compte, ils ont fini par diluer l'expérience qu'on voulait jusque-là concentrée essentiellement sur le café.

Time, 7 avril 2008

a. Expliquez comment les efforts déployés par Starbucks pour maximiser le profit ont fini par porter atteinte à la différenciation de son produit.

b. Expliquez en quoi la nouvelle stratégie de Starbucks va permettre, croit-on, d'augmenter le profit économique.

9. **COMMENT TROUVER LA PERLE RARE**

Reconnaissance des visages et déclenchement automatique au moindre sourire. Détection des scènes et ajustement automatique en conséquence. Enregistrement vidéo en haute définition. Photos en rafale à un rythme effréné. À l'épreuve de l'eau jusqu'à trois mètres de profondeur. Cet été, voilà des termes qu'il faudra bien connaître lorsque viendra le temps de magasiner pour un nouvel appareil photo numérique. Et pour trouver la perle rare. [...]

Côté vidéo, certains appareils photo font allègrement dans la surenchère. En témoigne l'EX-FS10, une nouveauté de la gamme d'appareils Exilim, chez Casio [...] ce modèle peut [...] stocker 1000 images durant cette même seconde [...]. Cette capacité étonnante du EX-FS10 est une exclusivité sur le marché, mais l'enregistrement de vidéo HD, elle, est une généralité: chaque fabricant reconnu possède au moins un appareil capable d'en faire autant.

[Considérez les] appareils robustes et submersibles. Du côté du numérique, c'était jusqu'à tout récemment l'exclusivité d'Olympus et de sa série «WS». Ce n'est plus le cas: Canon, Panasonic et d'autres encore investissent ce marché. Canon vient d'ailleurs tout juste de mettre en marché le modèle le plus étonnant du genre, le Powershot D10 [...]. Le D10 a droit à toutes les fonctions d'un appareil relativement haut de gamme: capteur CMOS de 12,1 mégapixels, zoom 3x, processeur d'images DIGIC 4 de Canon et écran ACL

de 2,5 pouces. Il peut en prime être plongé sous 10 mètres d'eau, peut survivre dehors à −12 degrés Celsius et peut tomber de haut sans problème.

Comme tous ses homologues à épaulettes, le Powershot D10 n'est pas donné, à environ 400 $. Ironiquement, Kodak et ses appareils photo étanches, mais jetables, à 12 $, demeure encore aujourd'hui l'option la plus abordable sur le marché. Et la moins inquiétante: on peut égarer l'appareil sans trop s'en faire... à moins d'avoir pris des images exceptionnelles de coraux hyper exotiques !

[...] Les fabricants sont désormais à la recherche du zoom plus ultra. [...] Des marques comme Nikon et, surtout, Olympus ont créé des gammes complètes destinées exclusivement à cette fonction.

Chez Olympus, il s'agit de la série SP. Son plus récent membre est le SP-590UZ (550 $) [...] Naturellement, ce nouvel appareil est aussi muni de toutes ces fonctions qui rendent la photographie numérique si étonnante: reconnaissance des visages, détection de scènes (paysage, portrait, nuit, contre-jour, etc.) et photographie en rafale. Mais ça, ça date déjà de l'année dernière, ce qui peut sembler une éternité dans le monde de la photo numérique !

La Presse, 11 juin 2009

a. Vérifiez que le marché des appareils photos numériques a toutes les caractéristiques d'un marché de concurrence monopolistique.

b. Par quel canal le développement par Canon et Panasonic d'appareils robustes gruge-t-il les profits d'Olympus ?

c. Pourquoi doit-on prendre en compte les appareils de Kodak à 12 $ pour analyser la demande du Powershot D10 à 400 $?

d. Qu'est-ce qui explique le rythme des innovations dans ce marché ?

e. Expliquez les avantages et les inconvénients du développement frénétique d'innovations dans ce marché.

10. **LE MARCHÉ DU CHOCOLAT HAUT DE GAMME**

L'année dernière, Gaétan Tessier, chocolatier à Gatineau, a transformé 250 kilogrammes de chocolat brut en délicieuses friandises de Pâques haut de gamme. Cette année, il compte en transformer trois fois plus [...] tellement la demande est forte [...]

Ce mois-ci, [...] Nestlé a annoncé qu'elle allait investir 20 M$ dans un centre de recherche en Suisse, lequel aura pour mandat de créer des produits nouveaux afin de répondre à l'accroissement prévu de la demande de confections de luxe et de première qualité.

Le géant du chocolat a indiqué que le marché du chocolat de luxe, qui se chiffre aujourd'hui à 3,7 G$, s'est accru de 8 %

---

1. Utilisé en français et en anglais, le terme *barista*, d'origine italienne, désigne celui qui a acquis un certain niveau de compétence dans la préparation de boissons au café à base d'expresso.

par année entre 2004 et 2006. Il a ajouté qu'il estime à 14 G$ la valeur du marché potentiel de chocolat de première qualité et il prévoit une augmentation de plus de 10 % du marché du chocolat de luxe et de celui du chocolat de première qualité dans les prochaines années.

« La demande de chocolat de première qualité continue de grimper », a affirmé Joan Steuer, fondatrice de la société américaine Chocolate Marketing, LLC [...] Selon Steuer, il y a deux faces à la croissance. D'une part, il y a les confections elles-mêmes – des chocolats de fantaisie produits par des artisans tels que Tessier et sa compagnie, ChocoMotive. D'autre part, il y a le conditionnement. En effet, Steuer a observé qu'on vend des confections dans des emballages « très fins », qui « autorisent des prix à l'avenant » [...]

Vancouver Sun, 22 mars 2008

a. Expliquez comment les « produits nouveaux » que Nestlé se propose de créer vont changer la demande de chocolats Nestlé à court terme.

b. Expliquez comment la forte demande de chocolats de première qualité sans emballage « fin » influera sur le profit économique réalisé par ChocoMotive.

c. Expliquez comment les emballages « fins » qui « autorisent des prix à l'avenant » influeront sur le profit économique réalisé par ChocoMotive à la question (b).

d. ChocoMotive peut-elle réaliser un profit économique à long terme ?

e. ChocoMotive a-t-elle une capacité excédentaire ou une majoration dans l'équilibre à long terme ?

11. Chloé enseigne le chant. Ses coûts fixes sont de 1 000 $ par mois, et ses coûts de main-d'œuvre sont de 50 $ par cours. Le tableau présente le tarif des leçons de chant en fonction de la demande.

Prix (par leçon)	Quantité demandée (leçons par mois)
0 $	250
50 $	200
100 $	150
150 $	100
200 $	50
250 $	0

a. Calculez la production qui maximise le profit, le prix et le profit économique de l'entreprise de Chloé.

b. Doit-on s'attendre à ce que d'autres entreprises se mettent à faire concurrence à Chloé en offrant des leçons de chant ?

c. Comment la demande de leçons et le profit économique de Chloé évoluent-ils à long terme ?

12. La figure suivante illustre la situation de Vélo Vito inc., un fabricant de vélos de montagne.

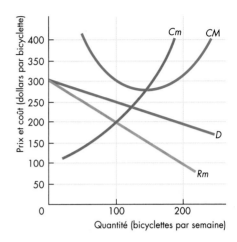

a. Quelle quantité de bicyclettes Vélo Vito produit-elle et quel est son prix ?

b. À combien s'élève le profit ou la perte économique de Vélo Vito ?

13. Dans le marché des vélos de montagne, la courbe de demande et les courbes des coûts de toutes les entreprises sont semblables à celles de Vélo Vito (problème nº 12).

a. Comment le nombre de fabricants de vélos de montagne évolue-t-il ?

b. Comment le prix des vélos de montagne évolue-t-il à long terme ?

c. Comment la quantité de vélos de montagne produite par Vélo Vito évolue-t-elle à long terme ?

d. Comment la quantité de vélos de montagne évolue-t-elle à long terme dans l'ensemble de ce marché ?

e. Vélo Vito peut-elle éviter la capacité excédentaire à long terme ? Si oui, comment ?

14. À votre avis, le marché des vélos de montagne dont il est question au problème nº 13 est-il efficace ou inefficace ? Justifiez votre réponse.

15. Anaïs fabrique de très bons biscuits. Son coût fixe total s'élève à 40 $ par jour, et son coût variable moyen est de 1 $ par sac. Peu de gens connaissent les biscuits d'Anaïs. Néanmoins, celle-ci maximise son profit en vendant 10 sacs par jour à 5 $ chacun. Elle estime qu'en consacrant 50 $ par jour à la publicité, elle pourra augmenter sa part du marché et vendre 25 sacs par jour à 5 $ chacun.

a. Si les résultats escomptés de la publicité se matérialisent, Anaïs peut-elle augmenter son profit économique en annonçant son produit ?

b. Si Anaïs a recours à la publicité, y aura-t-il une augmentation ou une diminution de son coût moyen pour la quantité produite ?

c. Si elle a recours à la publicité, Anaïs continuera-t-elle de vendre ses biscuits 5 $ par sac ? Sinon, procédera-t-elle à une augmentation ou à une réduction de son prix ?

---

16. **L'INDUSTRIE DES TÉLÉVISEURS DUREMENT TOUCHÉE PAR LA CRISE**

Pioneer a annoncé la semaine dernière qu'il se retirait du marché des téléviseurs [...] Si les fabricants voient leurs profits fondre comme neige au soleil, cela ne signifie pas que l'engouement pour les écrans plats et les ventes de téléviseurs soient en déclin. Au contraire, ils augmentent de façon radicale, mais les coûts de fabrication et la baisse des prix attribuable à une concurrence féroce font que la situation est de plus en plus intenable pour la plupart des acteurs.

Les consommateurs en retirent un certain avantage, puisque les appareils coûtent de moins en moins cher. Le grand public voit le luxe à sa portée, il aime ça et il en a vite pris l'habitude. [...] S'il y a une hausse de prix, la masse va-t-elle suivre ou va-t-elle se tourner du côté des produits chinois ? Si cela se produit, l'industrie de l'électronique occidentale en général risque de basculer dans le gouffre. [...]

On ne peut douter de la suprématie de la qualité des dalles plasma de la série Elite de Pioneer, baptisées Kuro (mot japonais pour noir), mais il reste que ces bijoux coûtaient une fortune à produire. [...]

Pioneer a été le premier au monde à commercialiser un écran de télévision plasma en 1997 et avait pendant un temps trouvé un créneau porteur avec les modèles haut de gamme. [...] Pioneer détenait une part de marché de 5,9 % des écrans plasma sur la période janvier-septembre 2008, loin derrière Panasonic qui en détient 37,2 %, Samsung Electronics, 22,8 % et LG Electronics, 15,5 % [...] Pioneer prévoit désormais se concentrer sur l'électronique pour la voiture, essentiellement dans les équipements audio et les systèmes de radionavigation.

Le Soleil, 21 février 2009

a. À l'aide d'un graphique, expliquez l'évolution des profits réalisés par Pioneer sur ses téléviseurs entre 1997 et 2009.

b. Selon vous, dans quel marché le potentiel de différenciation de produits est-il aujourd'hui le plus grand : celui des téléviseurs ou celui des systèmes de radionavigation ?

c. L'industrie électronique occidentale peut-elle résister aux assauts de la concurrence chinoise ? Par quels moyens ?

---

17. **AU SERVICE DES GOLFEUSES**

À l'heure actuelle, on observe une véritable course aux innovations dans le domaine des bâtons de golf pour femmes, lesquelles forment près du quart des 24 millions de golfeurs aux États-Unis [...] Callaway et Nike, deux des principaux fabricants d'équipement de golf, viennent de mettre sur le marché de nouveaux bâtons conçus expressément pour les femmes [...]

Time, 21 avril 2008

a. Par quel moyen Callaway et Nike essaient-elles de s'assurer un profit économique ?

b. Tracez un graphique qui montre les courbes de coûts et les courbes de recettes de Callaway ou de Nike sur le marché des bâtons de golf pour femmes.

c. Sur le graphique de la question (b), montrez le profit économique à court terme.

d. Expliquez pourquoi le profit économique réalisé par Callaway et Nike grâce aux bâtons de golf pour femmes est vraisemblablement temporaire.

---

18. **LA SOIF DE CHAMPAGNE**

Les exportations de champagne ont triplé au cours des 20 dernières années, et cela pose un problème aux viticulteurs de la Champagne, pays d'origine du célèbre mousseux, car on manque de raisin. C'est pourquoi les autorités françaises ont annoncé un agrandissement de la zone viticole de la Champagne visant à inclure 40 nouveaux villages. Il s'agit de la première révision de la carte des appellations d'origine depuis 1927, et – conséquence inévitable – la question est vivement débattue. Il faut analyser chaque parcelle de terrain pour s'assurer qu'elle respecte les normes, si bien que le nouveau lotissement n'entrera pas en vigueur avant plusieurs années. Entre-temps, pour les propriétaires de vignobles dont les terres sont appelées à prendre beaucoup de valeur si les changements se matérialisent, voilà certainement une belle occasion de lever son verre.

Fortune, 12 mai 2008

a. Pourquoi les vignobles qui aspirent à faire partie de la Champagne sont-ils soumis à des contrôles très stricts par les autorités françaises ?

b. Qui est le plus susceptible de s'opposer à cette révision ? Expliquez votre réponse.

c. Si la qualité des raisins produits par les vignobles des 40 villages est la même avec ou sans révision, pourquoi les propriétés sont-elles « appelées à prendre beaucoup de valeur » dans l'éventualité où la réforme est acceptée ?

19. **PEPSI CÉLÈBRE SES 75 ANS AU QUÉBEC**

Hier, le 12 juin 2009, Pepsi a marqué le coup d'envoi des célébrations de ses 75 ans d'existence au Québec par un investissement de 40 millions dans ses installations de Montréal et par le lancement d'une nouvelle campagne publicitaire ainsi que d'un tout nouveau logo. Pepsi en a profité également pour souligner les 25 ans de son association avec Claude Meunier. La toute nouvelle publicité de Pepsi créée par l'agence BBDO Montréal pour ces 75 ans de Pepsi au Québec fait un bilan humoristique des événements majeurs survenus au Québec au cours des 75 dernières années, le tout entremêlé de moments-clés dans l'histoire de Pepsi au Québec.

Le Devoir, 13 juin 2009

a. Quel message envoie Pepsi par sa nouvelle publicité ?

b. Quel message envoie Pepsi en dévoilant son nouvel investissement à Montréal ?

20. Après avoir étudié la rubrique « Entre les lignes » (p. 428), répondez aux questions suivantes :

a. Pourquoi la compagnie Apple a-t-elle lancé le iPhone 3Gs qui concurrence le iPhone 3G en en réduisant la demande ?

b. En baissant le prix du iPhone 3G à 100 $, Apple fait-elle disparaître la demande du Pre de Palm ?

c. Énumérez 10 manières de différencier un téléphone intelligent.

d. Tracez un graphique illustrant l'effet à long terme sur la demande de iPhone de l'arrivée de nouveaux concurrents comme le Pre de Palm.

e. À long terme, qui est le plus susceptible de réaliser des profits économiques : les fabricants d'appareils ou les opérateurs de réseaux ?

f. Pensez-vous que le marché des téléphones intelligents fonctionne efficacement ? Expliquez votre réponse.

RÉPONSES AUX MINITESTS

MINITEST 1 (p. 418)

1. De nombreuses entreprises concurrentes offrent un produit de même nature qui se différencie par la qualité, le prix, les caractéristiques, etc.

2. En modulant la qualité du produit et son prix par rapport à ceux des concurrents ainsi qu'en développant une stratégie de marketing particulière.

3. Les restaurants, les bars, les détaillants de vêtements.

MINITEST 2 (p. 422)

1. En s'assurant que son coût marginal de production est égal à sa recette marginale.

2. Si l'entreprise marginale réalise des profits, cela attirera d'autres entreprises ; celles-ci offriront de nouvelles variétés qui feront diminuer la demande des produits de l'entreprise marginale, et ce, jusqu'à une complète dissipation de ses profits.

3. Parce qu'elle se comporte comme un monopole et qu'un monopole est nécessairement en capacité excédentaire si sa demande est déprimée au point où il parvient tout juste à couvrir ses coûts de production.

4. Afin de réaliser plus de profits. Comme pour un monopole, l'entreprise vend moins en gardant son prix élevé, mais les ventes auxquelles elle renonce sont plus que compensées par les ventes qu'elle réalise à meilleur prix.

5. La question reste ouverte.

MINITEST 3 (p. 427)

1. Le développement de produit et le marketing.

2. Quand la valeur marginale sociale de l'innovation est égale au coût marginal social de son développement.

3. Ils constituent un coût fixe et ils accroissent sa courbe de coût moyen.

4. A priori, la publicité est conçue pour accroître la demande du produit. Mais la publicité des entreprises concurrentes peut la faire décroître.

5. Un signal est une action coûteuse qu'une personne informée entreprend afin de communiquer un message convaincant à ceux qui ne sont pas informés.

L'oligopole

Dans le marché des microordinateurs, une guerre féroce des prix a fait en sorte qu'on peut aujourd'hui se procurer un portable pour moins de 1 000 $ et un ordinateur de bureau pour moins de 500 $. Un petit nombre d'entreprises – Dell, Hewlett-Packard, Lenovo, Acer et Toshiba – détiennent plus de la moitié du marché mondial. Ces entreprises se surveillent les unes les autres de très près : leur survie en dépend. ◆ Dans certains marchés, il n'y a que deux entreprises. C'est le cas des fabricants de puces d'ordinateurs : Intel et Advanced Micro Devices produisent des puces qui conviennent à la plupart des microordinateurs. Comment fonctionne la concurrence lorsqu'il n'y a que deux joueurs ? ◆ Quand elles sont peu nombreuses à se disputer un marché, les entreprises agissent-elles dans l'intérêt social, comme celles qui sont en concurrence parfaite, ou, au contraire, limitent-elles la production pour augmenter leurs profits, comme les monopoles ? ◆ Ni la théorie du monopole ni celle de la concurrence parfaite ne prédisent le comportement des entreprises dont nous venons de parler.

Objectifs du chapitre

◆ **Définir l'oligopole**

◆ **Décrire trois modèles de base d'oligopoles**

◆ **Utiliser la théorie des jeux pour expliquer comment se déterminent le prix et le niveau de production dans un oligopole**

◆ **Utiliser la théorie des jeux pour expliquer comment se prennent certaines décisions stratégiques**

◆ **Décrire les lois anti-collusion auxquelles sont soumis les oligopoles**

◆ Les modèles proposés dans ce chapitre permettront de comprendre comment les marchés fonctionnent quand ils se composent d'un petit nombre d'entreprises. La rubrique « Entre les lignes » (p. 462) s'intéresse au marché des microordinateurs et décrit la bataille que Dell et Hewlett-Packard se sont livrée pour conquérir ce marché.

Qu'est-ce qu'un oligopole?

Comme la concurrence monopolistique, l'oligopole se situe entre la concurrence parfaite et le monopole. Dans certains cas, les entreprises en situation d'oligopole fabriquent un produit identique et tentent d'écarter la concurrence en offrant le meilleur prix; dans d'autres cas, les produits sont différents et se distinguent par leur prix, leur qualité et leur mise en marché. L'**oligopole** est une structure de marché où:

◆ des barrières naturelles ou légales empêchent l'entrée de nouvelles entreprises;

◆ un nombre restreint d'entreprises se font concurrence.

Les barrières à l'entrée

Certaines barrières à l'entrée, naturelles ou légales, peuvent créer un oligopole. Nous avons vu au chapitre 13 comment les économies d'échelle et la demande forment une barrière naturelle à l'entrée qui peut donner naissance à un *monopole naturel*. Les mêmes facteurs peuvent déboucher sur un *oligopole naturel*.

La figure 15.1 illustre deux cas d'oligopole naturel. Dans une ville quelconque, la demande de courses en taxi est représentée par la droite *D* (dans les deux graphiques).

Si le coût moyen d'une compagnie de taxi est représenté par la courbe CM_1 du graphique (a), le marché est un **duopole** naturel, c'est-à-dire un oligopole composé de deux entreprises. Ainsi, dans bien des localités, on trouve seulement deux compagnies de taxi, deux entreprises de location d'automobiles, deux centres de reprographie ou deux librairies.

Pour rester en activité, la compagnie doit exiger au moins 10 $ par course. À ce prix, la quantité de courses demandée est de 60 par jour, ce que peuvent fournir deux compagnies seulement. Il n'y a pas de place sur le marché pour une troisième entreprise. Toutefois, s'il n'y avait qu'une compagnie, celle-ci ferait un profit économique, et une deuxième compagnie se présenterait pour lui faire concurrence et prendre une part du profit économique.

Si le coût moyen de la compagnie de taxi est représenté par la courbe CM_2 du graphique (b), l'échelle efficace d'une compagnie est alors de 20 courses par jour. Le marché est assez grand pour accueillir trois entreprises.

Il y a oligopole légal quand une barrière à l'entrée légale limite le nombre d'entreprises sur un marché. Par exemple, il arrive qu'une ville accorde des licences à deux compagnies de taxi ou d'autobus, même si la combinaison de la demande et des économies d'échelle permettrait à plus de deux entreprises de prospérer.

FIGURE 15.1 *L'oligopole naturel*

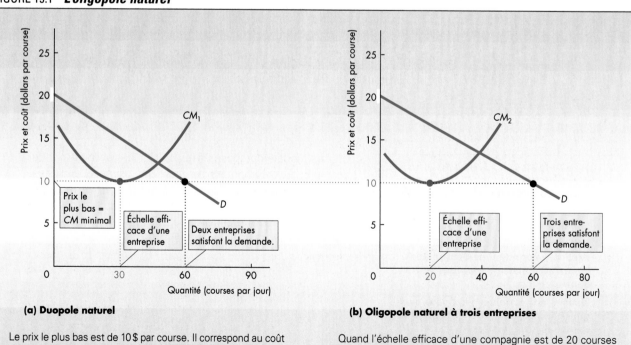

(a) Duopole naturel

Le prix le plus bas est de 10 $ par course. Il correspond au coût moyen minimal. Quand une compagnie fait 30 courses par jour, sa production a atteint l'échelle efficace et 2 compagnies peuvent satisfaire la demande du marché. Cet oligopole naturel comprend 2 entreprises; il s'agit d'un duopole naturel.

(b) Oligopole naturel à trois entreprises

Quand l'échelle efficace d'une compagnie est de 20 courses par jour, 3 compagnies peuvent satisfaire la demande du marché au prix le plus bas. Cet oligopole naturel comprend 3 entreprises.

Un nombre restreint d'entreprises

En raison des barrières à l'entrée, l'oligopole est formé d'un petit nombre d'entreprises, lesquelles détiennent chacune une part importante du marché. Ces entreprises sont interdépendantes et peuvent être tentées de coopérer les unes avec les autres pour hausser le profit économique global aux dépens des consommateurs.

L'interdépendance   Dans un marché où leur nombre est restreint, les entreprises influent, chacune par leur activité, sur les profits de toutes les autres. Zola Doré a ouvert un café dans le centre de Whitehorse en 2005. En avril 2008, Starbucks vint s'établir à proximité, ce qui porta à trois le nombre de cafés. C'était trop de concurrence pour une ville de 20 500 habitants. Starbucks a survécu, mais Zola fut contrainte de fermer boutique en juin 2008. Les deux entreprises étaient interdépendantes.

La tentation de coopérer   Dans un marché où leur nombre est restreint, les entreprises peuvent augmenter leurs profits en formant un cartel qui leur permet de se comporter comme un monopole. Un **cartel** est un groupe d'entreprises qui s'entendent pour limiter la production, hausser les prix et augmenter le profit économique. On dit alors qu'il y a **collusion** entre les entreprises. Les cartels sont illégaux, mais il en existe dans certains marchés. Toutefois, ils ont tendance à se désintégrer ; nous verrons pourquoi un peu plus loin dans le chapitre.

Exemples d'oligopoles   L'encadré ci-dessous présente quelques exemples d'oligopoles. La ligne de démarcation entre l'oligopole et la concurrence monopolistique n'est pas facile à préciser. En pratique, les critères qu'on utilise pour reconnaître l'oligopole sont les ratios de concentration, l'indice de Herfindahl-Hirschman (IHH) et certaines informations sur l'étendue géographique du marché et les barrières à l'entrée. En règle générale, on établit à 1 000 l'IHH limite entre l'oligopole et la concurrence monopolistique. Si l'indice est inférieur à 1 000, on parle de concurrence monopolistique. Si l'IHH d'un marché dépasse 1 000, il s'agit la plupart du temps d'un oligopole.

MINITEST   1

1   Quelles sont les deux principales caractéristiques de l'oligopole ?

2   Pourquoi les entreprises en situation d'oligopole sont-elles interdépendantes ?

3   Pourquoi la collusion est-elle tentante pour les entreprises en situation d'oligopole ?

4   Donnez des exemples d'oligopoles dont vous achetez les produits.

Réponses p. 469

Les oligopoles en bref

Un quasi-duopole des piles

Quelques-uns des marchés en situation d'oligopole au Canada sont représentés dans la figure ci-contre. Bien que, dans certains cas, le nombre d'entreprises (entre parenthèses) soit élevé, la part du marché détenu par les 4 plus grandes (bandes rouges) avoisine les 100 %.

Les marchés les plus concentrés – ceux des cigarettes, des véhicules automobiles, des céréales en boîtes, des chocolats et des piles – sont dominés par une ou deux entreprises.

Si vous cherchez une pile AAA pour votre télécommande ou votre brosse à dents, vous aurez du mal à éviter les marques Duracell ou Energizer.

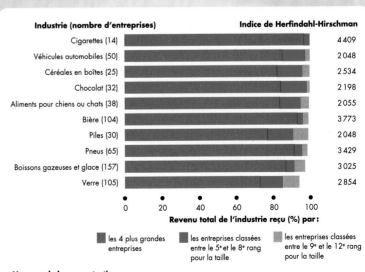

Industrie (nombre d'entreprises)	Indice de Herfindahl-Hirschman
Cigarettes (14)	4 409
Véhicules automobiles (50)	2 048
Céréales en boîtes (25)	2 534
Chocolat (32)	2 198
Aliments pour chiens ou chats (38)	2 055
Bière (104)	3 773
Piles (30)	2 048
Pneus (65)	3 429
Boissons gazeuses et glace (157)	3 025
Verre (105)	2 854

Revenu total de l'industrie reçu (%) par :
les 4 plus grandes entreprises | les entreprises classées entre le 5ᵉ et le 8ᵉ rang pour la taille | les entreprises classées entre le 9ᵉ et le 12ᵉ rang pour la taille

Mesures de la concentration

Source : Statistique Canada, Division de la fabrication, de la construction et de l'énergie.

Trois modèles de base d'oligopoles

Supposons que vous détenez l'exclusivité de la distribution d'un bien. En l'absence de concurrent, vous vous comportez comme un monopole. Nous avons vu au chapitre 13 comment un monopole détermine le prix auquel il doit vendre afin de maximiser ses profits. En déterminant son niveau de production, le monopole tient compte non seulement de ses coûts, mais aussi de ses recettes parce qu'il réalise qu'il ne peut accroître sa clientèle qu'en baissant son prix.

Comment cette situation change-t-elle si vous faites maintenant face à une concurrence? En gardant votre prix élevé, vous laissez le champ libre à vos concurrents, qui peuvent alors gruger votre part de marché. En baissant votre prix, vous risquez de faire moins de profit. Vos concurrents se posent les mêmes questions. Observera-t-on un prix proche de celui que choisirait un monopole ou de celui qu'on retrouverait en concurrence parfaite? Il n'y a pas de réponse simple à cette question; aussi allons-nous commencer à y répondre en étudiant trois modèles traditionnels de concurrence qui ont été proposés au fil des ans.

Le premier modèle considère un marché à plusieurs producteurs où un seul d'entre eux, par sa taille, est en mesure d'influer sur les prix. Il associe dans une même analyse des aspects du monopole et de la concurrence parfaite, sans toutefois clarifier le processus de la concurrence lorsque *plusieurs* producteurs sont en mesure d'influer sur les prix. Les deux autres modèles abordent justement cette question de front. On les doit à deux mathématiciens français du XIXᵉ siècle, Antoine-Augustin Cournot (1801-1877) – que nous présentons à la p. 471 – et Joseph Bertrand (1822-1900). Tous deux ont abordé le problème sous des angles différents et ont abouti à des conclusions contradictoires. Nous verrons que les solutions qu'ils ont proposées demeurent utiles aujourd'hui pour analyser la concurrence duopolistique.

Le modèle de l'oligopole à entreprise dominante

Le modèle traditionnel d'oligopole à entreprise dominante comprend une entreprise dominante, qui fixe le prix du marché, et une frange concurrentielle de petites entreprises, qui déterminent leur offre selon ce prix. L'entreprise dominante détient un avantage de coût substantiel sur les entreprises de la frange et réalise une bonne partie de la production de l'industrie. Un marché local dominé par une station-service d'importance ou par un magasin-entrepôt est un exemple courant d'oligopole à entreprise dominante.

Pour comprendre le fonctionnement d'un oligopole à entreprise dominante, supposons que 11 entreprises exploitent des stations-service dans une ville et que, dans ce marché, Super-E est l'entreprise dominante. La figure 15.2 représente le marché de l'essence dans cette ville. Au graphique (a), la droite de demande D montre que le prix influe sur la quantité demandée à chaque prix. La droite d'offre O_{10} est celle des 10 petites stations-service composant la frange concurrentielle.

Lorsque le prix est de 1,50 $ le litre, l'offre de la frange est de 10 000 litres par semaine. Comme, à ce prix, la demande est de 20 000 litres, cela laisse à Super-E 10 000 litres – soit l'écart AB – qu'elle peut combler. Cette part de marché constitue la **demande résiduelle** de Super-E; celle-ci se comporte comme toute autre demande, c'est-à-dire qu'elle décroît avec le prix de marché. Ainsi, si le prix est de 2 $ le litre, la frange occupe tout le marché, et la demande résiduelle de Super-E est nulle. À 1 $ le litre, les entreprises de la frange réduisent considérablement leur offre alors que la quantité demandée s'accroît: la part que peut combler Super-E devient importante. La demande résiduelle de Super-E est représentée dans le graphique (b) par la droite D_{SE}. On y associe une recette marginale Rm et la courbe de coût marginal Cm de Super-E.

Étant donné la demande résiduelle, Super-E se comporte comme un monopole; elle vend 10 000 litres par semaine à 1,50 $ le litre – soit la quantité à laquelle sa recette marginale est égale à son coût marginal. Les 10 autres entreprises se comportent comme des entreprises en concurrence parfaite et adoptent le prix de 1,50 $ le litre, auquel la quantité demandée dans l'ensemble du marché est de 20 000 litres d'essence. Super-E vend 10 000 litres d'essence, et les 10 petites entreprises aussi, comme on le voit sur le graphique (a).

L'entreprise dominante se comporte comme un monopole, mais en déterminant son prix à partir de la demande résiduelle qui la concerne une fois prise en compte la production de la frange concurrentielle. Implicitement, cela présume que l'entreprise dominante *anticipe* les ventes de ses concurrents selon les quantités qu'elle choisit elle-même de mettre en marché. Cette idée est à la base de la concurrence par les quantités qui a été développée par Cournot.

La concurrence par les quantités

Cournot présume que chaque entreprise se comporte comme un monopole, tout en prenant en compte la quantité mise sur le marché par sa rivale. Les entreprises se livrent à une **concurrence par les quantités** lorsque chacune cherche à anticiper la quantité du bien que sa rivale tentera d'écouler sur le marché.

Pour simplifier l'analyse, nous supposerons que le marché compte seulement deux entreprises, Gadgetix et Bebellum, chacune ayant importé de Chine un plein conteneur de 1 500 000 unités d'un gadget à la mode. Le coût

FIGURE 15.2 *Un oligopole à entreprise dominante*

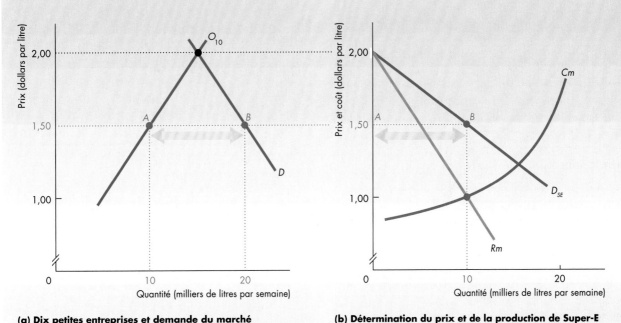

(a) Dix petites entreprises et demande du marché

(b) Détermination du prix et de la production de Super-E

Sur le graphique (a), la demande d'essence d'une localité est représentée par la droite D. L'offre de la frange concurrentielle des 10 petites entreprises est représentée par la droite O_{10}. Le marché compte aussi une entreprise dominante Super-E.

En soustrayant la quantité offerte par la frange de la quantité demandée, on obtient la demande résiduelle de Super-E, laquelle est représentée par la droite D_{SE} sur le graphique (b). Ainsi, lorsque le prix est de 1,50 $ le litre, la demande résiduelle de Super-E correspond à l'écart horizontal entre les points A et B sur les

deux graphiques. La recette marginale de Super-E est donnée par la droite Rm, et son coût marginal, par la courbe Cm. Super-E vend la quantité qui maximise son profit – la quantité à laquelle le coût marginal est égal à la recette marginale –, soit 10 000 litres par semaine ; à cette quantité, son prix est de 1,50 $ le litre. Les 10 petites entreprises adoptent ce prix et vendent chacune 1 000 litres par semaine, ce qui correspond au point A du graphique (a).

d'importation a déjà été déboursé, et il en coûterait trop cher à l'une et à l'autre de se déplacer sur un autre marché afin d'y d'écouler cette pacotille ; on peut donc présumer que les entreprises ne sont préoccupées que par leurs recettes, le coût de renonciation inhérent à la vente ou non d'une unité supplémentaire étant nul.

La demande de ce gadget est illustrée dans le graphique (a) de la figure 15.3. Pour écouler plus de 1 200 000 unités, il faut littéralement donner le produit. Comme les deux entreprises détiennent ensemble trois millions d'unités, cela signifie que, si le gadget était vendu en concurrence parfaite, il serait un bien libre et s'obtiendrait gratuitement : 1 200 000 unités seraient écoulées à un prix nul sans générer de profit.

En restreignant son offre, un monopole peut vendre certaines unités à un prix positif et en tirer un profit. Nous avons vu précédemment (figure 13.4b) que le monopole maximise ses profits lorsque sa recette marginale égale son coût marginal (ici zéro). Dans le graphique (a) de la

figure 15.3, on voit que le monopole restreint son offre à $Q_M = 600\,000$ unités afin d'obtenir un prix P_M positif et de maximiser ses profits.

Qu'en est-il s'il y a deux entreprises ? Cournot et Bertrand ont obtenu des réponses différentes selon que chaque entreprise anticipe la *quantité* offerte par sa rivale ou le *prix* que celle-ci proposera.

Cournot présume que chaque entreprise essaie d'anticiper la quantité que l'autre entreprise mettra sur le marché. Si Gadgetix croit que Bebellum s'abstiendra de vendre sur le marché, alors elle peut se comporter elle-même comme un monopole, vendre la quantité de monopole $Q_M = 600\,000$ et garder tous les profits pour elle. Reportons cette quantité Q_M sur l'axe virtuel en brun, en haut de la figure.

Supposons maintenant que Gadgetix envisage que Bebellum vendra 400 000 unités aux consommateurs, quoi qu'il arrive. Pour Gadgetix, cela signifie qu'elle ne pourra

FIGURE 15.3   *La dérivation de la fonction de réaction optimale*

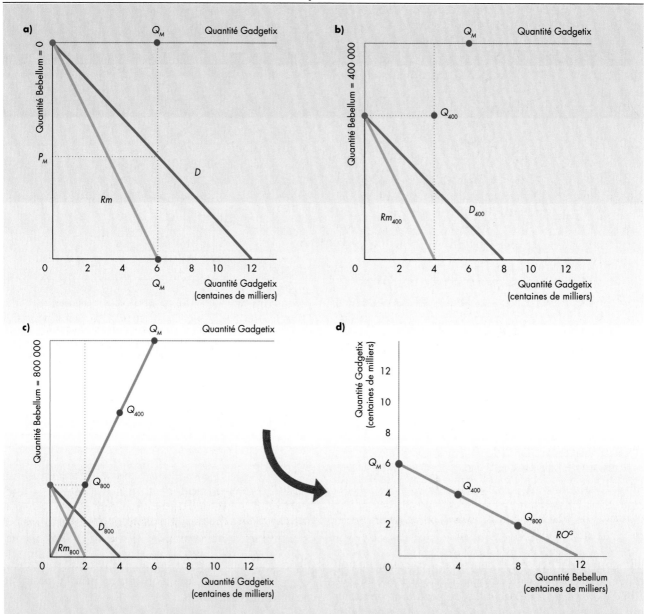

On obtient la fonction de réaction optimale de Gadgetix en considérant la demande résiduelle sur laquelle elle peut influer une fois
pris en compte l'effet de l'offre de Bebellum. Dans le graphique (a),
Bebellum n'offre rien, et Gadgetix, comme un monopole, a toute
la demande pour elle. Elle maximise sa recette de telle sorte que
sa recette marginale Rm soit égale à zéro en offrant la quantité de
monopole $Q_M = 600\,000$. La réaction optimale à une offre de zéro
est d'offrir la quantité de monopole. Dans le graphique (b), si
l'offre de Bebellum atteint 400 000 unités, la demande résiduelle
de Gadgetix est ramenée à D_{400}, et sa recette marginale, à Rm_{400}.

La réaction optimale à une offre de 400 000 unités est d'en offrir
autant. Dans le graphique (c), on obtient un troisième point de la
fonction de réaction optimale en associant une production optimale de 200 000 unités à une production de 800 000 unités
par Bebellum. Ces points permettent de tracer la fonction de réaction optimale de Gadgetix (droite verte). En faisant pivoter le graphique (c) de 90° dans le sens de la flèche grise, nous obtenons,
au graphique (d), la représentation habituelle de la fonction de réaction optimale.

écouler une première unité qu'à un prix déjà plus bas le
long de la courbe de demande. La vente de 400 000 unités par Bebellum a un effet dépressif sur la demande perçue par Gadgetix, comme l'illustre le graphique (b) de la
figure 15.3. La demande est passée de D à D_{400}, et la recette

marginale, de Rm à Rm_{400}. Sans surprise, Gadgetix réduit
son offre et la ramène à $Q_{400} = 400\,000$ afin que sa nouvelle recette marginale soit égale à zéro. Cette quantité a été
reportée plus haut afin qu'elle corresponde à la quantité
offerte par Bebellum illustrée par un point rouge.

Dans le graphique (c) de la figure 15.3, nous reprenons l'exercice en supposant que Bebellum offre 800 000 unités. La marge de manœuvre de Gadgetix devient alors extrêmement réduite puisque le marché ne peut absorber plus de 1 200 000 unités sans voir le prix chuter à zéro. La demande résiduelle perçue par Gadgetix tombe à D_{800}. Toujours afin que sa recette marginale soit nulle, Gadgetix choisit alors de réduire son offre et de la ramener à Q_{800} = 200 000, laquelle quantité est aussi reportée dans le graphique de telle manière qu'elle corresponde à la quantité mise sur le marché par Bebellum.

En procédant ainsi, on obtient en vert, graphique (d) de la figure 15.3, la **fonction de réaction optimale** RO^G de Gadgetix à la quantité mise sur le marché par Bebellum. Précisons que le graphique (d) découle du graphique (c), qui a subi une rotation de 90 degrés dans le sens des aiguilles d'une montre.

La fonction de réaction optimale de Gadgetix dicte la quantité qu'elle doit offrir pour maximiser ses profits selon la quantité qu'elle croit que sa rivale mettra sur le marché. Si elle prévoit que Bebellum ne vendra rien, Gadgetix doit elle-même vendre la quantité de monopole. Si elle prévoit que Bebellum inondera le marché de 1 200 000 unités, elle ne doit rien vendre puisque le prix de marché sera alors nul. Entre ces deux conjectures, la fonction de réaction optimale de Gadgetix donne la quantité optimale à mettre sur le marché selon la quantité qu'elle croit que sa rivale tâchera de vendre.

Selon Cournot, les entreprises mettent sur le marché des quantités qui sont des **réactions optimales** les unes pour les autres. Autrement dit, Gadgetix met sur le marché une quantité Q^G qui est une réaction optimale à la quantité Q^B mise sur le marché par Bebellum, pendant que Q^B est elle-même une réaction optimale de Bebellum à la quantité Q^G de Gadgetix. L'équilibre de Cournot est illustré à la figure 15.4. Les fonctions de réaction optimale se croisent au point C, où la quantité Q^G mise en vente par Gadgetix est une réaction optimale à la quantité Q^B mise en vente par Bebellum et vice-versa. S'il n'en n'était pas ainsi, le comportement des entreprises ne serait pas optimal puisque leurs profits ne sont maximisés que lorsqu'elles déterminent leur offre le long de leur fonction de réaction optimale.

L'équilibre de Cournot est mitoyen entre celui du monopole et celui de la concurrence parfaite. Si elles se comportaient comme un seul et même monopole, les deux entreprises se partageraient également le marché en offrant ensemble la quantité de monopole Q_M = 600 000, soit 300 000 unités chacune au point M. En concurrence parfaite, les 1 200 000 unités demandées par le marché seraient offertes à prix nul, soit 600 000 unités par entreprise au point B. L'équilibre de Cournot se situe entre les deux : chaque entreprise offre 400 000 unités – soit moins de

FIGURE 15.4 *L'équilibre de Cournot*

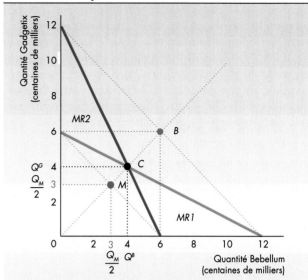

L'équilibre de Cournot est au croisement des courbes de réaction optimale des deux entreprises (point *C*). Au point *C*, chaque entreprise offre une quantité qui maximise ses profits compte tenu de la quantité offerte par sa rivale. Les entreprises se font concurrence puisqu'elles offrent une plus grande quantité (et donc vendent à un prix plus faible) que ne le ferait un monopole au point *M*. La concurrence est toutefois moins vive qu'en situation de concurrence parfaite (au point *B*), alors que le prix de marché chute jusqu'au coût marginal, et ce, au profit des consommateurs.

1 200 000 au total –, ce qui permet à l'une et à l'autre d'obtenir un prix positif, lequel est toutefois inférieur à celui qu'obtient le monopole. On peut montrer que, à mesure que le nombre des entreprises dans l'oligopole augmente, l'équilibre de Cournot en C se rapproche de l'équilibre de concurrence parfaite en B.

La concurrence par les prix

L'analyse de Cournot a été critiquée par Bertrand. Selon Bertrand, une entreprise n'essaie pas de réagir tant à la quantité mise sur le marché par sa rivale qu'au prix qu'elle pratique. Autrement dit, les entreprises se livrent une **concurrence par les prix**. Partant de cette autre prémisse, Bertrand aboutit à une conclusion radicalement différente quant au déroulement de la concurrence duopolistique.

Puisque chaque entreprise est en mesure d'inonder le marché à elle seule, Bertrand présume que chacune peut proposer un prix et s'engager à vendre toute quantité demandée à ce prix. Il suppose en outre que l'entreprise proposant le prix le plus bas emporte tout le marché, l'autre entreprise devant se résoudre à ne rien vendre. Enfin, si elles proposent le même prix, les deux entreprises se partagent également le marché à ce prix.

Comme pour la concurrence par les quantités, il convient que Gadgetix détermine le meilleur prix à proposer compte tenu de celui qu'elle croit que sa rivale demandera. Considérons une dernière fois le graphique (a) de la figure 15.3. Si Gadgetix pense que Bebellum fixera un prix supérieur au prix de monopole P_M, il lui suffit d'offrir ce prix pour emporter tout le marché et, comme ce prix maximise les profits d'une entreprise qui est seule sur le marché, c'est bien le prix qui maximise ses profits.

À l'inverse, si elle pense que Bebellum proposera un prix inférieur ou égal au prix de monopole, Gadgetix a intérêt à la concurrencer en offrant un prix légèrement inférieur. La figure 15.5 illustre pourquoi. Supposons que Bebellum propose un prix P_2 inférieur ou égal à P_M. Si Gadgetix propose un prix supérieur, elle n'obtient rien. Si elle propose elle aussi P_2, elle obtient la moitié de la recette, soit le triangle rose. Si, par contre, elle baisse son prix et le ramène à P_1, elle obtient tout le marché et donc toute la recette, soit le rectangle bleu, lequel dépasse en superficie le triangle rose. Si une entreprise est seule sur le marché, elle maximise ses profits en rapprochant son prix du prix de monopole P_M. Gadgetix a donc intérêt à ne baisser que très légèrement son prix afin d'emporter tout juste le marché sans trop s'éloigner du prix de monopole.

Pour Bertrand, les entreprises sont irrésistiblement engagées dans une concurrence par les prix qui les conduit à faire disparaître les profits de l'industrie au bénéfice des consommateurs. Chaque entreprise a intérêt à battre le prix de sa rivale. Ce faisant, le prix doit nécessairement baisser jusqu'à ce qu'il atteigne le coût marginal de production et que les entreprises cessent de se concurrencer puisqu'elles le feraient alors à perte. Dans notre exemple, cela se produit lorsque le prix devient nul et que les entreprises offrent chacune 600 000 unités (1 200 000 au total), soit la solution de concurrence parfaite illustrée au point B du graphique (d) de la figure 15.3.

Laquelle des analyses est vraie? Ni l'une ni l'autre n'est vraie ou fausse: malgré leur prémisses très similaires, la concurrence par les quantités à la Cournot et la concurrence par les prix à la Bertrand représentent des situations de concurrence différentes qui s'observent toutes les deux dans la réalité. Par exemple, dans un oligopole comme celui de la distribution d'essence, l'industrie alterne entre des périodes où les entreprises parviennent à faire des profits en modérant leur offre de services ainsi que l'enseigne Cournot et, épisodiquement, s'engagent néanmoins dans des guerres de prix dans l'esprit de Bertrand.

De fait, ces deux analyses ne résument pas la complexité des situations et des comportements qu'on observe sur les marchés oligopolistiques. Par exemple, nous n'avons pas considéré la possibilité pour les deux entreprises d'agir de connivence afin de n'offrir chacune que la moitié de la quantité de monopole ou, de manière équivalente, de ne vendre qu'au prix de monopole, afin de maximiser les profits de l'industrie aux dépens des consommateurs.

Pour examiner plus systématiquement les situations qui échappent aux analyses de Cournot et de Bertrand, nous avons besoin d'un outil puissant qui n'existait pas de leur temps: la théorie des jeux.

FIGURE 15.5 *La concurrence par les prix*

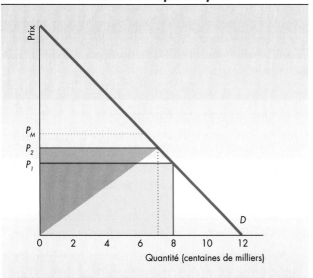

Si Bebellum propose un prix P_2 inférieur au prix de monopole P_M, Gadgetix a avantage à proposer un prix P_1 tout juste plus bas, de façon à emporter le marché et à obtenir la recette représentée par le rectangle bleu; avec un prix supérieur au prix de monopole P_M, elle ne vendrait rien et, avec P_2, elle n'obtiendrait que la moitié de la recette (le triangle rose).

MINITEST 2

1 Comment détermine-t-on la demande résiduelle d'une entreprise?

2 Croyez-vous qu'un marché à entreprise dominante est en équilibre à long terme? Justifiez votre réponse.

3 Qu'est-ce qui distingue la concurrence à la Cournot de la concurrence à la Bertrand?

4 Dans quelles circonstances l'équilibre de Cournot s'approche-t-il de l'équilibre en concurrence parfaite?

5 Selon la figure 15.3, si Bebellum offre la quantité de monopole, quelle quantité Gadgetix devrait-elle offrir?

Réponses p. 469

Les jeux de l'oligopole

La **théorie des jeux** est une méthode d'analyse des interactions stratégiques. On dit qu'il y a interaction stratégique quand tous les acteurs sont conscients de leur interdépendance et que chacun tient compte du comportement anticipé des autres pour moduler le sien. Inventée en 1937 par John von Neumann (1903-1957), la théorie des jeux a connu ses premiers développements importants en 1944 grâce aux travaux communs de von Neumann et d'Oskar Morgenstern (1902-1977) ; elle est aujourd'hui un domaine de recherche majeur en économique.

La théorie des jeux cherche à expliquer l'oligopole ainsi que d'autres formes de rivalités économiques, politiques, sociales et même biologiques (voir la rubrique « Entretien avec Drew Fudenberg » à la page 472).

Pour commencer notre étude de la théorie et de ses applications au comportement des entreprises, nous allons définir ce qu'on entend par « jeu ».

Qu'est-ce qu'un jeu ?

La théorie des jeux doit son nom aux premières applications étudiées par ceux qui l'ont initialement développée. Les mathématiciens Émile Borel et, surtout, John von Neumann avaient réfléchi à la meilleure façon de jouer au poker en présumant que les adversaires sont rationnels et en considérant la possibilité qu'ils bluffent. Dès 1944 toutefois, à la suite de la collaboration entre von Neumann et l'économiste Oskar Morgenstern, la théorie des jeux s'est affinée, permettant ainsi l'analyse des interactions entre des acteurs intelligents aux objectifs distincts. Un jeu devient alors la représentation abstraite d'une situation stratégique qui n'a rien à voir a priori avec un jeu de société.

Les modèles de Cournot et de Bertrand peuvent s'analyser comme des jeux. Nous allons ici étudier un jeu célèbre appelé le « dilemme du prisonnier », qui permet notamment de mieux comprendre les enjeux de la concurrence oligopolistique.

Le dilemme du prisonnier

Alain et Bernard ont été pris en flagrant délit de vol de voiture et vont tous deux être condamnés à deux ans de prison. Pendant l'interrogatoire des deux lascars, le procureur de la Couronne en vient à les soupçonner d'être également les auteurs d'un vol de banque de plusieurs milliers de dollars commis quelques mois plus tôt. Mais ce n'est qu'un soupçon et, à défaut de preuves, il ne pourra obtenir leur condamnation pour ce deuxième crime... à moins que l'un des deux voleurs ne passe aux aveux. Mais comment obtenir que l'un d'eux se mette à table ? En proposant un passeport pour la liberté à celui qui dénoncera son complice alors que ce dernier persiste à nier.

Le procureur enferme ainsi Alain et Bernard (les joueurs) dans des pièces séparées, de sorte qu'ils ne peuvent communiquer entre eux. Il annonce à chacun qu'ils sont tous deux soupçonnés du vol de banque, et leur propose un marché : si l'un et l'autre avouent le vol de banque, chacun écopera d'une peine de trois ans de prison pour les deux crimes ; si un seul avoue, il s'en tirera avec une peine d'un an seulement, tandis que son complice se verra condamner à dix ans de prison.

Alain doit donc décider s'il est avantageux pour lui d'avouer ou non, tout en sachant que Bernard fait face au même dilemme. Il s'agit d'une situation stratégique parce que la décision d'Alain a des conséquences directes sur Bernard et vice versa. Que vont-ils faire ? On en apprend plus en modélisant cette situation stratégique comme un jeu.

Tous les jeux comportent trois éléments :

- les stratégies ;
- les gains ;
- le concept d'équilibre.

Les stratégies Une **stratégie** est un plan d'actions à mettre en œuvre. Par définition, une stratégie se compose donc de plusieurs actions. Dans un jeu complexe, où les possibilités sont multiples, le joueur conçoit sa stratégie comme un plan de match dans lequel il spécifie les mesures qu'il entend prendre selon l'évolution du jeu. Dans un jeu simple comme le dilemme du prisonnier, chaque joueur n'a qu'une seule possibilité (avouer ou nier), et celle-ci constituera sa stratégie. Chaque joueur doit choisir une stratégie.

Ainsi, dans le dilemme du prisonnier, Alain et Bernard ont le choix entre deux stratégies :

1. avouer le vol de banque ;
2. nier toute culpabilité.

En combinant les deux stratégies, on obtient un **profil de stratégies** qui nous indique un déroulement possible du jeu. Dans le dilemme du prisonnier, il n'y a que deux joueurs et deux stratégies possibles : le jeu compte donc quatre profils de stratégies, soit :

1. ils avouent tous les deux ;
2. ils nient tous deux leur culpabilité ;
3. Alain avoue, mais Bernard nie sa culpabilité ;
4. Bernard avoue, mais Alain nie sa culpabilité.

La théorie des jeux repose sur un ensemble de conventions qui assurent sa cohérence sans trop en limiter l'applicabilité. Ainsi, on présume que les joueurs choisissent leurs stratégies *simultanément*, sans possibilité d'en informer les autres joueurs. Cela implique notamment que les joueurs ne peuvent s'entendre sur un profil de stratégies à poursuivre. Cette condition est implicitement satisfaite dans notre histoire lorsqu'on précise que les deux détenus sont placés dans des cellules séparées. Lorsque les joueurs ont la possibilité de parler avant d'agir ou de s'entendre sur un profil, on ajoutera explicitement ces actions dans l'ensemble des stratégies dont ils disposent.

Les gains On peut résumer les préférences d'un joueur à l'égard du profil de stratégie (les différentes manières dont le jeu peut se dérouler) par un nombre (son gain ou sa perte).

Dans un jeu à deux joueurs, ces nombres peuvent s'écrire aisément dans une **matrice de gains**. La matrice de gains compte autant de lignes que le nombre de stratégies dont dispose le premier joueur et autant de colonnes que le nombre de stratégies dont dispose le second joueur. Chaque case correspond donc à un profil de stratégies particulier (une stratégie pour chaque joueur) et on y inscrit les gains de chaque joueur.

Le tableau 15.1 présente la matrice de gains d'Alain et de Bernard. Les quatre cases résument les gains de chacun des deux accusés – le triangle rose de chaque case indique les gains d'Alain et le triangle bleu, ceux de Bernard – dans chacun des quatre profils possibles :

TABLEAU 15.1 *La matrice de gains dans le dilemme du prisonnier*

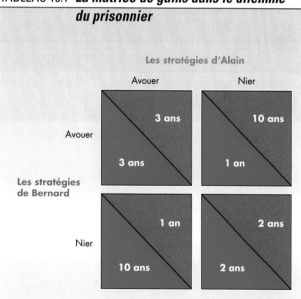

Chaque case correspond à un profil de stratégies particulier et inclut les gains respectifs des deux joueurs – Alain (triangle rose) et Bernard (triangle bleu) – pour chaque paire de décisions. Par exemple, si tous les deux passent aux aveux, leurs gains respectifs sont indiqués dans la case supérieure gauche. Chaque joueur a une stratégie dominante : avouer. On a donc un équilibre en stratégie dominante où les deux joueurs avouent et écopent chacun d'une peine de trois ans de prison.

- si les deux accusés avouent le vol (case supérieure gauche), ils écopent tous deux de 3 ans de prison ;
- si Bernard avoue et qu'Alain nie (case supérieure droite), Alain écope de 10 ans de prison et Bernard, de 1 an ;
- si Alain avoue et que Bernard nie (case inférieure gauche), Alain écope de 1 an de prison et Bernard, de 10 ans ;
- enfin, s'ils nient tous les deux (en bas à droite), ni l'un ni l'autre ne peut être condamné pour le vol de banque, mais ils seront tous deux condamnés pour le vol de voiture, et tous deux passeront 2 ans derrière les barreaux.

Le concept d'équilibre Toute analyse stratégique repose sur l'établissement d'un **concept d'équilibre**, soit un critère pour prédire le profil de stratégies qui sera joué, c'est-à-dire la manière dont se déroulera le jeu. Nous avons déjà vu que, chez Cournot, ce critère était fondé sur le choix d'un profil tel que les stratégies réunissaient des réactions optimales les unes par rapport aux autres. De fait, les économistes utilisent couramment une version généralisée de ce critère, développée par le mathématicien John Nash (1928-) de Princeton University, récipiendaire du prix Nobel d'économie en 1994, et dont le film *Un homme d'exception* (2001) raconte la vie.

À l'instar de Cournot, on obtient un **équilibre de Nash** lorsque chaque joueur choisit la meilleure stratégie qui s'offre à lui compte tenu des stratégies adoptées par les autres joueurs ; les stratégies adoptées par les joueurs constituent alors des réactions optimales les unes par rapport aux autres.

L'équilibre de Nash est un concept assez complexe dont le premier mérite est de pouvoir s'appliquer à tous les jeux. Il existe d'autres concepts plus simples, qui sont le plus souvent des cas particuliers de l'équilibre de Nash. Parmi ceux-ci, on note l'**équilibre en stratégies dominantes**. Une **stratégie dominante** est une stratégie qui est meilleure que les autres, quelles que soient les stratégies adoptées par les autres joueurs. Un joueur qui dispose d'une stratégie dominante n'a pas vraiment besoin d'anticiper le jeu de ses adversaires pour jouer idéalement. Lorsque tous les joueurs disposent d'une stratégie dominante, l'issue du jeu est facile à déterminer, chacun jouant sa stratégie dominante. C'est justement le cas avec le dilemme du prisonnier.

La stratégie dominante Envisageons la situation du point de vue d'Alain. Si Bernard avoue (cases du haut), Alain a intérêt à avouer également, car sa peine sera alors de 3 ans de prison au lieu de 10. Et, même si Bernard n'avoue pas (cases du bas), Alain a quand même intérêt à avouer, car il écopera alors de seulement 1 an de prison au lieu de 2. Passer aux aveux est donc une stratégie dominante pour Alain, car elle lui est avantageuse, quoi que fasse Bernard.

Du point de vue de Bernard, la situation se présente de la même manière. Si Alain avoue (cases de gauche), Bernard a intérêt à avouer lui aussi, car sa peine sera alors de 3 ans de prison au lieu de 10. Et, si Alain n'avoue pas (cases de droite), Bernard a quand même intérêt à avouer, car il écopera alors de seulement 1 an de prison au lieu de 2. Bernard dispose donc aussi d'une stratégie dominante : avouer.

Comme tous les joueurs ont une stratégie dominante, on présume qu'ils vont la jouer : chaque joueur passe aux aveux et chacun écope d'une peine de 3 ans de prison.

Une issue insatisfaisante Du point de vue des accusés, l'équilibre en stratégies dominantes – où chacun passe aux aveux – n'est pas le meilleur profil de stratégies qui puisse être joué. En effet, si aucun d'eux n'avoue, la peine de l'un et de l'autre n'est que de 2 ans de prison pour le vol de voiture alors qu'elle est de 3 ans s'ils jouent leur stratégie dominante. N'y a-t-il pas moyen de faire autrement ? Bien que chacun puisse se mettre dans la peau de l'autre, le dilemme demeure entier : chacun sait qu'il s'en sortira avec une peine de 2 ans s'il peut compter sur son complice pour ne pas avouer, mais chacun sait aussi que l'autre a plutôt intérêt à avouer. Tous deux finissent donc par avouer, avec un résultat insatisfaisant pour l'un comme pour l'autre. Et même s'ils pouvaient communiquer entre eux, ils auraient quand même intérêt individuellement à violer toute promesse mutuelle de garder le silence.

Les entreprises d'un oligopole sont dans une situation semblable à celle d'Alain et de Bernard. Voyons maintenant en quoi le jeu du dilemme du prisonnier nous aide à comprendre l'oligopole.

Un jeu d'oligopole : la fixation du prix

On peut utiliser la théorie des jeux et un jeu comme le dilemme du prisonnier pour comprendre la fixation de prix, les guerres de prix et d'autres aspects du comportement des entreprises oligopolistiques. Nous allons commencer par un jeu de fixation de prix dans un duopole.

Les coûts et la demande Notre duopole compte deux entreprises, Spectrum et Zoomax, qui produisent des analyseurs de métaux. Toutes deux ont les mêmes coûts de production : un coût fixe actualisé de 60 k$ par semaine plus 20 k$ par machine produite, le maximum étant de deux analyseurs par semaine. Comme les deux entreprises fabriquent des machines très semblables, le produit de

chacune est un substitut parfait du produit de l'autre et leur prix de vente est le même. La demande hebdomadaire pour les analyseurs de métaux est illustrée par la droite D_0 à la figure 15.6.

En situation de monopole, une entreprise peut réaliser 80 k$ de profit par semaine dans ce marché en produisant 2 machines qu'elle vend 90 k$ (2 × 90 k$ − 60 k$ − 2 × 20 k$). Si le marché comptait trois entreprises, celles-ci produiraient au moins trois analyseurs, lesquels se vendraient alors 70 k$ chacun : à ce prix, ces entreprises ne couvriraient pas leurs frais puisqu'il leur en coûte 60 k$ + 20 k$ = 80 k$ pour produire un premier analyseur. En produisant deux analyseurs, une entreprise peut réduire son coût moyen à 60 k$/2 + 20 k$ = 50 k$, mais le prix du marché est inférieur à 50 k$ dès que le nombre de machine à écouler dépasse quatre. La demande du marché ne peut donc permettre à trois entreprises de survivre.

FIGURE 15.6 *La demande d'analyseurs*

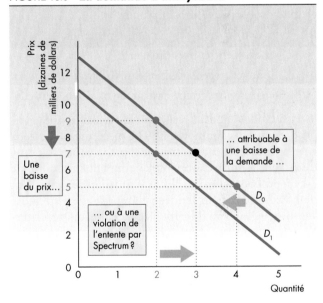

La droite bleue D_0 illustre la demande hebdomadaire d'analyseurs de métaux. Pour que 2 analyseurs par semaine trouvent preneur, il faut les vendre 90 k$ pièce. Si le prix est réduit à 70 k$, il y aura 3 analyseurs de vendus. À 50 k$ pièce, on en écoulera 4.

En agissant de connivence, Spectrum et Zoomax conviennent de n'écouler qu'un analyseur chacune par semaine afin de maintenir le prix à 90 k$ (point bleu). Pour accroître ses profits, Spectrum est tentée d'en vendre un troisième, ce qui ferait chuter le prix à 70 k$ (point noir). Pour justifier son incartade auprès de sa rivale, Spectrum peut prétendre qu'elle a bien respecté l'entente tacite et que la baisse du prix est attribuable à une baisse de la demande (droite rouge D_1, au point rouge).

Cette industrie est un duopole naturel : les profits d'un monopole suscitent l'entrée d'une seconde entreprise, alors que l'entrée d'une troisième entraîne une baisse des prix ne permettant pas à toutes les entreprises de survivre. Si Spectrum et Zoomax offrent deux analyseurs chacune, le prix de marché s'élève à 50 k$ et les deux entreprises ne font ni profit économique ni perte.

La collusion Afin de réaliser des profits, Spectrum et Zoomax décident de former une collusion afin de garder le prix de marché élevé. La collusion est une entente secrète – elle est illégale au Canada comme dans beaucoup de pays – entre des producteurs en vue de former un cartel, lequel s'emploie à limiter la production pour faire monter les prix et augmenter le profit. Chaque entreprise d'un cartel a le choix entre deux stratégies :

- respecter l'entente conclue en limitant sa production ;
- tricher en accroissant sa production.

Comme chaque entreprise a le choix des deux stratégies, les profils possibles sont les suivants :

1. les deux entreprises respectent l'entente ;
2. les deux entreprises trichent ;
3. Zoomax respecte l'entente, mais Spectrum triche ;
4. Spectrum respecte l'entente, mais Zoomax triche.

En produisant deux analyseurs par semaine, une entreprise réduit son coût moyen à 50 k$ pièce, mais si les deux entreprises écoulent deux machines par semaine, soit quatre au total, le prix chute à 50 k$ et ni l'une ni l'autre ne fait un profit économique. Dans la situation présente, il est plus avantageux pour les deux entreprises de restreindre leur production afin de garder le prix élevé, quitte à hausser leur coût moyen. En n'écoulant chacune qu'un analyseur – soit deux au total –, Zoomax et Spectrum maintiennent le prix à 90 k$ et toutes deux réalisent un profit économique de 90 k$ − 60 k$ − 20 k$ = 10 k$ par semaine.

Comme un monopole fait plus de profits, il serait avantageux qu'une des deux entreprises se retire au profit de l'autre, qui produirait alors ces deux unités et travaillerait ainsi à plein rendement. Spectrum pourrait par exemple racheter Zoomax ; elle rationaliserait en outre ses activités en ne maintenant qu'une usine en service. Mais rien n'empêcherait alors une nouvelle entreprise de venir concurrencer l'entreprise consolidée et on se retrouverait, une fois de plus, en situation de duopole. Comme nous l'avons évoqué plus haut, il s'agit d'un duopole naturel, de sorte que la seule structure de marché stable doit compter deux entreprises concurrentes.

Nous venons de décrire une issue possible de ce jeu de duopole : les deux entreprises qui forment un cartel conviennent de garder le prix à 90 k$ en ne vendant chacune qu'un analyseur par semaine. Cependant, comme le prix dépasse le coût marginal de 20 k$, l'une ou l'autre des entreprises peut être tentée d'accroître son profit en trichant – c'est-à-dire en produisant davantage que la quantité convenue. Voyons ce qui se passe quand l'une des entreprises triche ainsi.

Une des deux entreprises triche Les deux entreprises ayant convenu de n'écouler au total que deux analyseurs par semaine, Spectrum réalise qu'elle pourrait accroître son profit en en produisant un troisième. En agissant ainsi, le prix chute à 70 k$ par semaine, mais la perte de profit sur la première unité (le prix chute et elle se vend moins cher : 90 k$ − 70 k$ = 20 k$) est bien inférieure au gain sur la seconde (le nouveau prix est quand même supérieur au coût marginal de production 70 k$ − 20 k$ = 50 k$). De fait, si Zoomax continue de ne produire qu'un analyseur, Spectrum peut espérer un profit de 2 × 70 k$ − 60 k$ − 2 × 20 k$ = 40 k$ en agissant ainsi. Pour Zoomax, le bilan est moins intéressant : son coût moyen demeure élevé (80 k$), alors que le prix chute à 70 k$; elle fait donc maintenant une perte de 10 k$ sur le seul appareil qu'elle écoule.

Pour dissimuler son incartade, Spectrum peut prétendre qu'elle a bien respecté l'entente et que la baisse du prix est attribuable à une baisse de la demande. Nous avons vu au chapitre 3 qu'une baisse du prix pouvait être attribuable à une hausse de l'offre ou à une baisse de la demande. Dans la mesure où il est difficile pour Zoomax de contrôler tout ce qui se passe sur le marché, Spectrum peut maquiller l'effet déflationniste d'une hausse de son offre en invoquant l'incidence d'une baisse de la demande.

Spectrum avise ainsi Zoomax qu'elles ne pourront écouler leur production à moins de réduire le prix à 70 k$. La figure 15.6 illustre les prétentions de Spectrum : la demande se serait déplacée vers la gauche, passant de D_0 à D_1, de sorte qu'il faut réduire le prix à 70 k$ pour continuer d'écouler deux analyseurs par semaine. En réalité, la demande n'a pas bougé et, si le prix a chuté, c'est parce que Spectrum a porté son offre à deux analyseurs, soit maintenant trois au total si on compte celui offert par Zoomax.

Nous venons de décrire la deuxième issue possible de ce jeu de duopole : l'une des entreprises ne respecte pas l'entente collusoire. Si elle triche, Spectrum accroît ses profits, qui passent de 10 k$ à 40 k$ par semaine, mais c'est aux dépens de Zoomax, qui voit son profit de 10 k$ se transformer en une perte de 10 k$.

Le résultat global est le même si c'est Zoomax qui triche et Spectrum qui respecte l'entente. Le profit et le prix du duopole sont les mêmes, à la différence près que c'est Zoomax (l'entreprise tricheuse) qui voit son profit économique croître aux dépens de Spectrum (qui respecte l'entente).

Voyons maintenant ce qui se passe lorsque les deux entreprises trichent.

Les deux entreprises trichent Supposons maintenant que les deux entreprises trichent de la même façon que Spectrum dans l'exemple précédent. Chacune avise l'autre qu'elle ne peut écouler sa production au prix courant et qu'elle prévoit baisser son prix. Comme toutes deux exploitent complètement leur capacité de production, leur coût moyen tombe à 50 k$ par unité, mais le prix doit être ramené à 50 k$ pour que les quatre unités produites soient absorbées par le marché. Les deux entreprises ne font alors ni profits ni pertes ; de fait, l'allocation des ressources est efficace puisque le marché désire cette quantité à ce prix, et que les entreprises ne font pas de pertes en exploitant toute leur capacité de production.

Nous venons de voir la troisième issue possible de ce jeu de duopole. Les deux entreprises ne respectent pas l'entente collusoire, et chacune produit deux analyseurs par semaine au prix de 50 k$ l'unité. Chaque entreprise réalise un profit économique nul.

La matrice de gains Connaissant les stratégies et les gains possibles dans notre jeu de duopole, nous pouvons maintenant construire la matrice de gains et déterminer l'équilibre du jeu. Le tableau 15.2 présente une matrice de gains construite comme celle du dilemme du prisonnier du tableau 15.1. Chaque case nous renseigne sur les gains des deux entreprises (Dans le dilemme du prisonnier, tous les gains étaient des pertes.)

On sait que si les deux entreprises trichent (case supérieure gauche), elles produisent efficacement et leur profit économique est nul ; si les deux respectent l'entente (case inférieure droite), elles font chacune 10 k$ de profits. La case supérieure droite et la case inférieure gauche montrent ce qui se passe lorsqu'une entreprise triche alors que l'autre respecte l'entente : celle qui triche réalise un profit économique de 40 k$, et celle qui respecte l'entente essuie une perte de 10 k$.

L'équilibre en stratégies dominantes dans le dilemme du duopole Les entreprises en duopole doivent résoudre un dilemme semblable au dilemme du prisonnier. Vont-elles tricher ou respecter l'entente ? Pour répondre à cette question, vérifions si les entreprises ont une stratégie dominante.

Envisageons la situation du point de vue de Zoomax. Son raisonnement est le suivant : « Supposons que Spectrum triche. Si je respecte l'entente, j'essuierai une perte de 10 k$. Par contre, si je triche moi aussi, je réaliserai un profit économique nul, ce qui vaut mieux qu'une perte. Donc, j'ai intérêt à tricher. Par ailleurs, si Spectrum respecte

TABLEAU 15.2 *La matrice de gains du duopole*

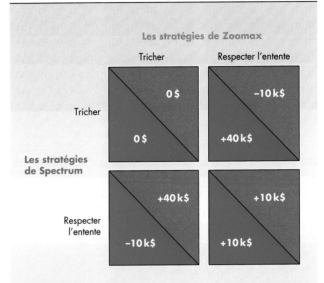

Les gains sont exprimés en milliers de dollars. Chaque case représente un profil de stratégies particulier et inclut les gains respectifs des deux entreprises, Zoomax (triangle rose) et Spectrum (triangle bleu), pour chaque paire de décisions. Par exemple, si les deux entreprises respectent l'entente, leurs gains respectifs sont indiqués dans la case inférieure droite. Tricher est une stratégie dominante pour chaque entreprise.

l'entente, je réaliserai un plus grand profit économique en trichant qu'en respectant l'entente (40 k$ au lieu de 10 k$). Donc, que Spectrum triche ou non, j'ai intérêt à tricher. » Zoomax possède donc une stratégie dominante : tricher.

Comme les deux entreprises sont dans une situation identique, tricher est aussi une stratégie dominante pour Spectrum. Par conséquent, les deux entreprises vont tricher. Si une seule des deux entreprises décidait de respecter l'entente, elle perdrait de l'argent. Et quoique l'industrie ne compte que deux entreprises, le prix et la quantité d'équilibre y sont les mêmes que dans une industrie concurrentielle.

On voit ainsi que, même si les entreprises ont un intérêt mutuel à colluder afin d'obtenir des profits plus élevés aux dépens des consommateurs, il n'est pas nécessairement dans leur intérêt individuel respectif de respecter les termes d'une entente de collusion. Un cartel est une structure instable qui a tendance à se désagréger.

D'autres jeux d'oligopole

Jusqu'à présent, nous avons analysé un jeu simple où les entreprises n'envisageaient que les stratégies possibles – respecter l'entente ou tricher – pour décider du prix et du niveau de production. Mais l'entreprise en oligopole a bien d'autres décisions à prendre. Doit-elle ou non se lancer dans une campagne publicitaire coûteuse? Doit-elle ou non modifier son produit? Doit-elle ou non le rendre plus fiable et plus durable? Doit-elle ou non pratiquer une discrimination des prix? Si oui, pour quels groupes de clients et jusqu'à quel point? Doit-elle investir dans de coûteux programmes de recherche et développement (RD) visant à réduire les coûts de production? Doit-elle rester dans l'industrie ou la quitter?

Toutes ces décisions peuvent être analysées, comme nous venons de le faire, à la lumière de la théorie des jeux.

Un jeu de recherche et développement

Procter & Gamble contre Kimberly-Clark

Les premières couches jetables ont été commercialisées il y a un peu plus de 40 ans. Procter & Gamble (qui fabrique Pampers et détient 40 % du marché) et Kimberly-Clark (qui fabrique Huggies et détient 33 % du marché) dominent l'industrie depuis ses débuts.

Quand les couches jetables sont apparues sur le marché, le prix de ce nouveau produit devait être concurrentiel par rapport à celui des couches lavables et réutilisables. Cet avantage initial ne fut obtenu qu'au prix de coûteux investissements en recherche et développement pour mettre au point des machines capables de produire des couches jetables à un coût aussi bas. Au fil du temps, de nouvelles entreprises ont tenté de pénétrer ce marché et de s'emparer des parts de marché des deux leaders, qui se livraient eux-mêmes concurrence pour maintenir ou accroître leur part de marché respective.

Au début des années 1990, Kimberly-Clark lançait les premières couches à attaches velcro. Et en 1996, Procter & Gamble lançait à son tour les premières couches qui « respirent ».

Dans cette industrie, comme dans toutes les autres, la clé du succès réside dans la conception d'un produit auquel les gens accordent une grande valeur par rapport à son coût de production. L'entreprise qui met au point le produit qui a la plus grande valeur aux yeux des gens et qui conçoit la technologie de production la moins coûteuse détient un avantage concurrentiel, court-circuite ses concurrents, augmente sa part de marché et accroît son profit.

Cependant, toute amélioration du produit et toute réduction de coût supposent d'importantes dépenses en recherche et développement, et ce coût supplémentaire diminue d'autant le profit découlant d'une part de marché accrue grâce à une réduction du coût. Si aucune entreprise de l'industrie ne faisait de RD, toutes s'en porteraient probablement mieux, mais dès qu'une entreprise en fait, toutes les autres doivent l'imiter.

Prenons l'exemple d'un jeu de recherche et développement, décrit dans l'encadré ci-dessous.

Le tableau 15.3 illustre (avec des chiffres fictifs) par une matrice de gains le dilemme de recherche et développement (RD) de Procter & Gamble et de Kimberly-Clark. Chaque entreprise peut choisir entre deux stratégies : dépenser 25 M$ par année en RD ou ne rien dépenser. Si aucune des entreprises ne fait de RD, elles réalisent ensemble un profit total de 100 M$, soit 30 M$ pour Kimberly-Clark et 70 M$ pour Procter & Gamble (case inférieure droite). Si les deux entreprises engagent des dépenses en RD, chacune maintient sa part du marché, mais doit déduire de son profit le coût de la RD (case supérieure gauche). Si Kimberly-Clark est seule à faire de la RD, elle gruge une large part du marché de Procter & Gamble et réalise un profit, tandis que Procter & Gamble essuie une perte (case supérieure droite). Enfin, si Procter & Gamble est seule à faire de la RD, elle gruge une part du marché de Kimberly-Clark et augmente ainsi son profit, tandis que Kimberly-Clark subit une perte (case inférieure gauche).

TABLEAU 15.3 *Pampers contre Huggies : un jeu de RD*

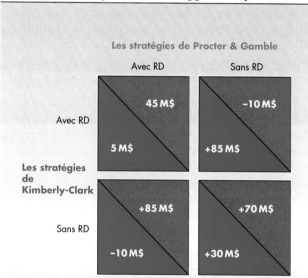

Chaque case montre les gains respectifs de Procter & Gamble (triangle rose) et de Kimberly-Clark (triangle bleu) selon le profil de stratégies joué. Si les deux entreprises font de la RD, elles maintiennent leur part de marché respective et leurs gains sont ceux de la case supérieure gauche. Si aucune des deux entreprises ne fait de RD, leurs gains sont ceux de la case inférieure droite. Si une des deux entreprises fait de la RD et que l'autre n'en fait pas, leurs gains sont ceux des cases supérieure droite et inférieure gauche. Dans ce jeu, faire de la RD est une stratégie dominante pour chaque entreprise. La structure de ce jeu est la même que celle du dilemme du prisonnier.

Connaissant la matrice de gains du tableau 15.3, les deux entreprises cherchent la meilleure stratégie possible. Le raisonnement de Kimberly-Clark est le suivant : « Si Procter & Gamble ne fait pas de RD, je réalise un profit de 30 M$ si je n'en fais pas non plus, et un profit de 85 M$ si j'en fais ; j'ai donc intérêt à faire de la RD. D'autant plus que si Procter & Gamble fait de la RD et que je n'en fais pas, j'essuie une perte de 10 M$, alors que si je fais de la RD, je réalise un profit de 5 M$. Là encore, j'ai intérêt à faire de la RD ».

Procter & Gamble tient le même raisonnement : « Si Kimberly-Clark ne fait pas de RD, mon profit est de 70 M$ si je n'en fais pas non plus, et de 85 M$ si j'en fais ; j'ai donc intérêt à faire de la RD. D'autant plus que si Kimberly-Clark fait de la RD, je réalise un profit de 45 M$ si j'en fais aussi, tandis que si je n'en fais pas, j'essuie une perte de 10 M$. Là encore, j'ai intérêt à investir en RD ».

Investir en RD est une stratégie dominante pour chaque entreprise : celle qui s'écarterait unilatéralement de cette stratégie perdrait nécessairement de l'argent. Cependant, en investissant toutes deux en RD, l'une et l'autre réaliseraient des profits moins élevés que si elles s'entendaient pour *ne pas* investir en RD.

Dans la réalité, Procter & Gamble et Kimberly-Clark ne sont pas seules dans l'industrie des couches jetables. De nombreuses autres entreprises se partagent une petite part du marché, chacune prête à gruger les parts de marché de Procter & Gamble et de Kimberly-Clark. Les investissements en RD de chacune de ces deux entreprises ont donc pour effet non seulement de défendre leur part de marché respective contre les attaques de l'autre, mais aussi de dresser des barrières à l'entrée qui protègent leur part de marché commune.

La défaillance de la main invisible

Tous les jeux que nous avons examinés sont des variantes du dilemme du prisonnier. L'essence de ce jeu réside dans la structure des gains qu'il autorise. Le profil de stratégie le plus défavorable pour chacun des joueurs consiste à coopérer alors que l'autre triche. Les joueurs souhaitent coopérer, mais le profil de coopération mutuelle ne constitue pas un équilibre parce que chaque joueur sait que ce n'est pas dans son *intérêt individuel* de coopérer si l'autre coopère. En poursuivant leurs intérêts individuels, les joueurs aboutissent à un résultat inefficace. Lorsqu'on applique ce raisonnement à l'ensemble de l'économie, le jeu du dilemme du prisonnier apparaît comme un contre-exemple de la main invisible d'Adam Smith censée promouvoir l'intérêt social quand nous poursuivons nos intérêts individuels.

Dans les faits, la « résolution » du dilemme du prisonnier connaît une solution évidente : si les joueurs veulent s'assurer de leur coopération mutuelle, ils doivent s'y contraindre en changeant la structure du jeu. Par exemple, les joueurs peuvent s'en remettre à un tiers à qui incomberait d'appliquer une punition sévère aux tricheurs afin de dissuader tout joueur d'adopter cette stratégie (laquelle cesse dès lors d'être dominante). Dans notre société, l'État en général joue ce rôle. Nous y reviendrons aux chapitres 17 et 18 avec d'autres situations illustrant la défaillance de la main invisible.

Le jeu de la poule mouillée

Tous les jeux ne se résolvent pas à l'aide du concept d'équilibre en stratégies dominantes. Considérez le *jeu de la poule mouillée*. Dans sa forme la plus saisissante, illustrée par James Dean dans le film *La fureur de vivre*, le jeu met en scène deux conducteurs adolescents, Jim et Buzz, qui roulent côte à côte et à toute allure, dans des voitures volées, vers une falaise. Le « perdant », la poule mouillée, est le premier à s'éjecter de la voiture avant qu'elle ne plonge dans l'abîme. Les deux joueurs ont pour stratégie soit de se dégonfler, en s'éjectant très tôt en sûreté, soit de jouer les matamores, en attendant que l'autre joueur se soit dégonflé pour s'éjecter. Les « gains » sont :

1. une perte énorme pour les deux joueurs si aucun d'eux ne se dégonfle ;

2. zéro pour celui qui se dégonfle (la poule mouillée) ;

3. la réussite pour celui qui s'éjecte en dernier.

Si Jim compte se dégonfler, la meilleure stratégie pour Buzz est de tenir le cap jusqu'à ce que Jim saute, et si Jim entend tenir le cap, la meilleure stratégie pour Buzz est de se dégonfler en toute sécurité (dans le film, Buzz tente de s'éjecter mais sa manche se coince dans la portière et il meurt).

Ce type de jeu existe aussi dans l'arène économique. Supposons qu'une nouvelle couche ait été créée à l'issue d'un travail de recherche et développement dont les résultats n'ont pu être cachés ou brevetés. Les deux entreprises sur le marché vont donc profiter des résultats de cette RD. Dans ce cas-ci, l'entreprise qui se dégonfle est celle qui a réalisé la RD.

Le tableau 15.4 présente une matrice de gains pour un jeu de la poule mouillée mettant aux prises Kimberly-Clark et Procter & Gamble à propos de RD. Deux stratégies s'offrent à chaque entreprise : s'engager dans des activités de RD (se dégonfler) ou non (tenir le cap).

Si personne ne se dégonfle, il n'y a pas de RD, et le profit supplémentaire de chaque entreprise est nul. Si les deux font de la RD – les deux se dégonflent –, chacune gagne 5 M$ (le profit réalisé grâce à la nouvelle technologie moins

TABLEAU 15.4 *La RD et le jeu de la poule mouillée*

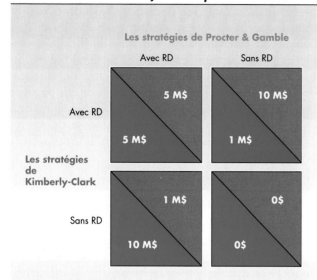

Si les deux entreprises font de la RD, leurs gains figurent dans la case supérieure gauche. Si ni l'une ni l'autre ne fait de la RD, leurs gains figurent dans la case inférieure droite. Si une seule entreprise fait de la RD, ses gains sont illustrés dans les cases supérieure droite et inférieure gauche. Les triangles roses représentent les gains de Procter & Gamble et les bleus, ceux de Kimberly-Clark. Dans ce jeu, l'équilibre survient quand seulement une des entreprises fait de la RD. La théorie demeure muette quant à l'identité de l'entreprise qui sera la première à se dégonfler.

le coût de la recherche). Si une des entreprises effectue de la RD, les gains sont de 1 M$ pour celle qui se dégonfle et de 10 M$ pour celle qui tient le cap.

Dans ce jeu, la meilleure stratégie dépend de celle que choisira l'adversaire. Par exemple, si elle pense que Procter & Gamble va se dégonfler, Kimberly-Clark a intérêt à ne pas entreprendre de RD; par contre, si elle pense que Procter & Gamble n'entreprendra pas de RD, Kimberly-Clark a intérêt à se dégonfler et à entreprendre de la RD pour réaliser un peu de profits. Kimberly-Clark n'a pas de stratégie dominante, pas plus que Procter & Gamble. Dans ces circonstances, le concept d'équilibre le plus approprié sera celui de Nash.

La signification de l'équilibre de Nash

Rappelez-vous qu'un profil de stratégies est un équilibre de Nash si toutes les stratégies qui le composent sont des réactions optimales les unes par rapport aux autres. Un équilibre en stratégies dominantes est toujours un équilibre de Nash puisqu'une stratégie dominante est une réaction optimale à *toutes* les stratégies que peuvent choisir les autres joueurs. L'inverse n'est toutefois pas vrai : un profil

de stratégies peut constituer un équilibre de Nash même s'il ne comporte pas de stratégies dominantes; les stratégies jouées ne sont les meilleures qu'en réponse aux stratégies *choisies* par les autres joueurs et elles pourraient s'avérer désastreuses si les autres joueurs ne se comportaient pas comme on l'a prévu.

Pour déterminer si un profil de stratégies constitue un équilibre de Nash, nous devons vérifier pour chaque joueur si sa stratégie constitue ou non une réaction optimale aux stratégies hypothétiques des autres joueurs dans ce profil. Par exemple, le profil correspondant à la case supérieure gauche, où les deux joueurs se dégonflent et investissent en RD ne peut constituer un équilibre de Nash : s'il y a investissement en RD de la part de Procter & Gamble, cela ne peut constituer une réaction optimale pour Kimberly-Clark; Procter & Gamble devrait plutôt ne pas investir, car elle réaliserait un profit de 10 M$.

En revanche, le profil correspondant à la case inférieure gauche est un équilibre de Nash : comme nous venons de le voir, la décision de Kimberly-Clark de ne pas investir en RD est une réaction optimale si elle pense que Procter & Gamble va le faire. Et investir est une réaction optimale de Procter & Gamble si elle pense que Kimberly-Clark n'investira pas. *Les deux stratégies sont des réactions optimales l'une envers l'autre.* Vous pouvez vérifier que le profil de la case supérieure droite constitue aussi un équilibre de Nash et que le dernier profil, où personne n'investit, n'en est pas un.

L'équilibre de Nash représente aujourd'hui une notion fondamentale de l'analyse microéconomique moderne. L'analyse classique procède toujours en déterminant la meilleure stratégie qu'un acteur économique devrait poursuivre, par exemple le meilleur plan de production pour une entreprise concurrentielle ou le meilleur panier de biens pour un consommateur. Ce type d'analyse fonctionne lorsqu'on estime que l'acteur n'a pas d'influence individuelle significative sur l'environnement économique dans lequel il évolue, sinon directement en ce qui le concerne; en situation de large concurrence, il est plausible de supposer que les entreprises et les consommateurs négligent l'effet de leurs actions sur les prix de marché même si, collectivement, leurs actions déterminent en définitive ces prix par le jeu de l'offre et de la demande. Cette hypothèse n'est plus plausible lorsque le nombre d'acteurs devient restreint, comme c'est le cas en concurrence oligopolistique. On a alors besoin d'un autre concept d'analyse.

Le concept d'équilibre de Nash est important parce qu'il s'applique dans tous les jeux (comportant un nombre fini de profils de stratégies), pourvu qu'on permette aux joueurs d'adopter éventuellement des stratégies dites mixtes où le joueur choisit une stratégie au hasard parmi ses réactions optimales (à l'instar d'un gardien de but qui s'élance au hasard, à gauche ou droite, sur un tir de pénalité au soccer). L'équilibre de Nash est donc le point de départ de toute analyse stratégique.

Dans des jeux plus complexes, les équilibres de Nash ne sont pas toujours évidents et on peut s'interroger sur ce qui devrait pousser les joueurs à adopter une stratégie incluse dans un équilibre. Par exemple, il y a deux équilibres de Nash dans le jeu illustré dans le tableau 15.5. Pouvez-vous les identifier? (Il s'agit de *MG*, au milieu à gauche et de *BD*, en bas à droite.) Jouer sa stratégie d'équilibre est la meilleure chose à faire si les autres joueurs en font autant, mais pourquoi devrait-on être persuadé que cela sera le cas? Nash a suggéré deux interprétations de son concept d'équilibre qui répondent à cette question.

Selon la première interprétation, l'équilibre de Nash est un critère qui a la propriété d'être cohérent. Supposez qu'on recommande aux joueurs un profil particulier. Si celui-ci n'est pas un équilibre de Nash, cela signifie qu'au moins un joueur se voit recommander une stratégie qui n'est pas une réaction optimale aux stratégies recommandées aux autres joueurs: la première chose que ce joueur aurait intérêt à faire, c'est de ne pas suivre cette recommandation! En ce sens, ce profil serait incohérent.

Selon cette première interprétation, des joueurs intelligents devraient anticiper un équilibre de Nash parce que toute autre suggestion serait incohérente.

Nash a aussi proposé une explication évolutionniste concernant des joueurs a priori peu intelligents, comme des insectes ou des chevreuils. Supposons que les joueurs interagissent à répétition en déterminant leurs stratégies par essai-erreur. À court terme, rien ne permet de penser qu'un équilibre de Nash sera joué, mais il est clair que les joueurs qui auront adopté une réaction optimale aux stratégies choisies par les autres auront relativement plus de succès pendant que les autres seront incités à essayer une autre stratégie afin d'améliorer leur sort. Cette évolution à tâtons pourra être très chaotique, et elle ne se stabilisera à long terme que lorsque tous les joueurs adopteront une réaction optimale aux stratégies des autres, c'est-à-dire quand tous les joueurs choisiront un équilibre de Nash (Fudenberg reprend cet argument à la page 473). Selon cette seconde interprétation, les interactions stables qu'on est susceptible d'observer à long terme doivent correspondre à des équilibres de Nash, qu'elles mettent en cause des entreprises oligopolistiques sophistiquées ou des animaux dénués de raison.

TABLEAU 15.5 *Un jeu plus complexe*

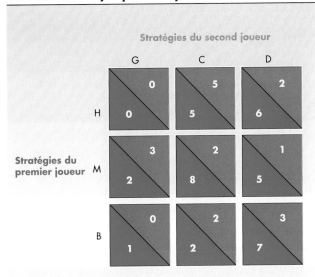

On repère deux équilibres dans ce jeu: *MG* (ligne du milieu à gauche) et *BD* (dernière ligne à droite). Le profil *MG* est un équilibre parce que la stratégie *M* du premier joueur est une réaction optimale à la stratégie *G* du second joueur et vice versa. Si le second joueur choisit *G*, jouer *H* procure 0 au premier joueur, jouer *B* lui procure 1 et jouer *M* lui procure le maximum, soit 2. La stratégie *M* est donc une réaction optimale à *G*. De même, si le premier joueur choisit *M*, jouer *C* procure 2 au second joueur, jouer *D* lui procure 1 et jouer *G* lui procure le maximum, soit 3. La stratégie *G* est donc une réaction optimale à *M*.

MINITEST 3

1. Quelles sont les caractéristiques communes de tous les jeux?

2. Décrivez le jeu du dilemme du prisonnier et expliquez pourquoi l'équilibre en stratégies dominantes débouche sur un résultat insatisfaisant pour les deux joueurs.

3. Pourquoi la collusion de deux entreprises pour limiter la production et augmenter le prix débouche-t-elle sur un jeu semblable au dilemme du prisonnier?

4. Qu'est-ce qui incite ces entreprises à ne pas respecter leur entente et à augmenter leur niveau de production?

5. Quelle est la stratégie dominante de chaque entreprise dans le dilemme du duopole, et pourquoi leur tentative de collusion pour augmenter le prix et le profit risque-t-elle de se solder par un échec?

6. Décrivez deux structures de gains pour le jeu de recherche et développement. Comparez le jeu du dilemme du prisonnier et le jeu de la poule mouillée.

Réponses p. 470

Les jeux répétés et les jeux séquentiels

Le premier jeu que nous avons étudié, le dilemme du prisonnier, ne se jouait qu'une seule fois; les accusés n'avaient pas la possibilité d'observer l'issue du jeu, puis de jouer de nouveau. Le jeu de duopole que nous avons décrit ne se jouait qu'une fois lui aussi. Cependant, dans le monde réel, les entreprises d'un duopole interagissent constamment, ce qui leur donne la possibilité d'apprendre à coopérer, à renforcer leur collusion et à réaliser un profit de monopole.

Par ailleurs, nous n'avons considéré jusqu'ici que des jeux où les protagonistes agissaient simultanément. Or, dans plusieurs situations du monde réel, un joueur agit en premier, puis les autres agissent à leur tour; le jeu est séquentiel plutôt que simultané, ce qui multiplie les issues possibles.

Examinons ces deux aspects de la décision stratégique.

Un jeu de duopole répété

On analyse les interactions à long terme à l'aide des jeux répétés. Comme le nom l'indique, dans un jeu répété, les protagonistes interviennent à répétition, sans perspective certaine de fin de jeu. On présume que les joueurs reçoivent leurs gains à chaque tour de jeu et qu'ils accordent moins d'importance à leurs gains futurs qu'à leurs gains présents. Dans un jeu répété, la stratégie spécifie généralement ce qu'on doit faire à chaque tour de jeu selon la manière dont le jeu se déroule.

Si deux entreprises jouent le même jeu à répétition, chacune a la possibilité de « punir » l'autre de son « mauvais » comportement. Si Spectrum triche cette semaine, Zoomax décidera peut-être de tricher la semaine prochaine, et vice versa. Sachant cela, avant de décider de tricher cette semaine, Spectrum réfléchira aux conséquences de ses actes sur le comportement de Zoomax la semaine prochaine. Où se situe l'équilibre dans ce jeu?

En fait, il y a plusieurs possibilités. On peut par exemple jouer à chaque tour le profil de stratégies correspondant à l'équilibre du jeu statique que nous venons d'analyser. À chaque tour, les deux joueurs trichent, et chacun réalise indéfiniment un profit économique nul. Dans ce contexte, aucun d'eux n'a intérêt à cesser unilatéralement de tricher; s'il le faisait, il subirait une perte tandis que l'autre réaliserait un profit. Tricher à chaque tour de jeu constitue donc aussi un équilibre de Nash dans le jeu répété. Toutefois, il ne s'agit plus d'une stratégie dominante : tricher n'est pas toujours une réaction optimale si cela peut entraîner des représailles coûteuses dans l'avenir. Ainsi, un autre équilibre de Nash est souvent possible : l'**équilibre coopératif**, où les entreprises réalisent de plus grands profits.

Dans le dilemme du prisonnier statique, la gamme de stratégies est limitée : tricher ou coopérer. Lorsque le jeu est répété, la gamme de stratégies possibles s'élargit. Deux stratégies à première vue similaires en début de jeu peuvent se distinguer considérablement selon la manière dont elles prescrivent les actions qui se dérouleront en fonction de l'évolution du jeu. En modulant leurs stratégies, les joueurs peuvent instaurer une discipline commune en ne coopérant que sous certaines conditions.

Un équilibre coopératif peut survenir quand la tricherie est punie. Il existe tout un éventail de punitions. La plus légère est la stratégie du Talion – respecter l'entente si l'autre l'a respectée durant la période précédente, sinon tricher à son tour durant quelques périodes –, et la plus lourde est la stratégie sans merci – coopérer si l'autre coopère, mais cesser toute coopération à jamais si l'autre a triché.

Dans le jeu de duopole que pratiquent Spectrum et Zoomax, il existe une version de la stratégie du Talion qui incite les deux entreprises à coopérer et à réaliser un profit de monopole. Prenons un exemple.

Le tableau 15.6 montre le profit économique que Spectrum et Zoomax réalisent sur plusieurs périodes dans deux éventualités : (1) la collusion; (2) la tricherie initiale

TABLEAU 15.6 *La tricherie avec punition*

Période de jeu	Collusion		Tricherie et riposte selon la stratégie du Talion	
	Profit de Spectrum	Profit de Zoomax	Profit de Spectrum	Profit de Zoomax
	(milliers de dollars)			
1	10	10	40	−10
2	10	10	−10	40
3	10	10	−10	40
4	10	10	10	10

Les gains sont exprimés en dizaines de milliers de dollars. Zoomax joue la stratégie du Talion avec deux tours de punition : elle coopère tant que Spectrum coopère, mais elle met un terme à la coopération pour au moins deux périodes si Spectrum triche, et elle ne la reprend que si Spectrum coopère pendant au moins deux périodes consécutives. Si les entreprises du duopole respectent leur entente, chacune réalise un profit économique de 10 k$ par période de jeu. Si Spectrum triche à la période 1, elle devra subir une perte de 10 k$ pendant les deux périodes suivantes si elle veut inciter Zoomax à reprendre la collusion. Sur trois périodes de jeu, l'entreprise tricheuse réalise un profit économique de 20 k$, alors que le respect de l'entente lui aurait rapporté un profit économique de 30 k$. En continuant de tricher période après période, Spectrum ne réaliserait plus aucun profit, de sorte que le gain initial de tricher ne paraîtrait plus avantageux dès la quatrième période.

de Spectrum avec une riposte de Zoomax qui cesse dès lors de coopérer pendant au moins deux périodes successives et qui ne reprend la coopération que si Spectrum coopère pendant au moins deux périodes successives. Ces deux éventualités découlent de la stratégie du Talion jouée par Zoomax : il y a coopération tant que l'autre coopère ; après une tricherie de l'adversaire, la coopération ne reprend que si le tricheur fait amende honorable en coopérant à son tour pendant que l'autre lui rend la monnaie de sa pièce. Les joueurs anticipent ce comportement et déterminent leurs actions en conséquence.

Si les deux entreprises respectent leur entente collusoire à la période 1, chacune réalise un profit économique hebdomadaire de 10 k$. Si Spectrum triche à la période 1, cette tricherie lui rapporte un profit de 40 k$ et inflige une perte de 10 k$ à Zoomax. Cependant, elle entraîne à la période 2 une riposte de Zoomax qui cesse dès lors de coopérer pendant au moins deux périodes. Spectrum, qui veut revenir rapidement à une situation de profit, doit pour cela respecter l'entente initiale pendant au moins deux périodes, et ce, même si elle sait que Zoomax la punira en trichant à son tour. Par conséquent, durant les périodes 2 et 3, Zoomax punit Spectrum qui, de son côté, respecte l'entente ; Zoomax réalise un profit économique de 40 k$, et Spectrum essuie une perte économique de 10 k$. En additionnant les gains des trois premières périodes, on constate que Spectrum aurait réalisé un profit plus élevé en ne trichant pas : 30 k$ au lieu de 40 k$ − 10 k$ − 10 k$ = 20 k$. Bien sûr, Spectrum pourrait éviter ces pertes au cours des seconde et troisième périodes en continuant de tricher, mais elle ne réaliserait plus alors aucun profit, de sorte que le gain initial découlant de la tricherie cesserait d'être avantageux dès la quatrième période.

Compte tenu de la stratégie du Talion que joue Zoomax, Spectrum réalise qu'elle a intérêt à coopérer lors de la première période. Comme la stratégie du Talion commande de coopérer lors de la première période, elle constitue de fait une réaction optimale pour Spectrum. Si les deux entreprises jouent la stratégie du Talion, on a un équilibre coopératif où toute tricherie est découragée.

Cet argument repose sur l'idée que les pertes de 10 k$ aux deuxième et troisième périodes sont commensurables et représentent un gain initial de 40 k$. Si Spectrum ne se souciait pas vraiment du futur, la perspective de subir des pertes dans l'avenir ne la découragerait pas de tricher lors de la première période. Ainsi, le fait qu'un cartel adopte une stratégie à courte vue ou une stratégie de collusion dépend essentiellement de l'importance que les entreprises accordent aux profits futurs, ainsi que du nombre de joueurs et de la facilité avec laquelle il est possible de déceler la tricherie et de la punir. Plus les joueurs sont nombreux, plus il est difficile de maintenir un cartel.

Les jeux et les guerres de prix Un jeu de duopole répété peut nous aider à comprendre le comportement des entreprises dans les marchés réels et, en particulier, les guerres de prix qu'elles se livrent. Certaines guerres de prix ressemblent à un jeu où les protagonistes adoptent la stratégie du Talion. Mais le jeu est un peu plus complexe que le jeu de fixation de prix que nous avons étudié, car nul n'a de certitude quant à la demande du produit.

Si elles adoptent la stratégie du Talion, les entreprises ont intérêt à garder leurs prix élevés. Cependant, les fluctuations de la demande font varier les prix et, quand le prix baisse, une des entreprises peut croire que l'autre a triché. Éclate alors une guerre de prix qui durera jusqu'à ce que chaque entreprise soit convaincue que l'autre est de nouveau prête à coopérer. On observera donc des cycles de guerres de prix et de collusion. Ce mécanisme peut expliquer les fluctuations du prix du pétrole sur les marchés internationaux.

Certaines guerres de prix sont déclenchées par l'entrée d'un petit nombre d'entreprises dans un marché qui a déjà été un monopole. Même si l'industrie ne compte que peu d'entreprises, celles-ci sont aux prises avec le dilemme du prisonnier et ne peuvent imposer des punitions efficaces en réaction aux baisses de prix. L'évolution du prix et du niveau de production de l'industrie des puces électroniques en 1995 et 1996 peut s'expliquer ainsi. Jusqu'en 1995, Intel Corporation dominait le marché des puces Pentium pour microordinateurs. L'entreprise pouvait maximiser son profit en produisant la quantité de puces qui égalait son coût marginal et sa recette marginale. Le prix des puces Intel était fixé de manière à ce que la quantité demandée soit égale à la quantité produite. Cependant, en 1995 et 1996, l'entrée de quelques nouvelles entreprises a transformé le monopole en oligopole. Si elles avaient maintenu le prix d'Intel et s'étaient partagé le marché, les entreprises auraient pu, ensemble, réaliser un profit économique égal à celui d'Intel. Mais comme elles étaient aux prises avec le dilemme du prisonnier, le prix a dégringolé jusqu'au niveau concurrentiel.

Nous allons maintenant étudier un jeu séquentiel. Bien que ce soit l'un des plus simples, ce jeu séquentiel d'entrée dans un marché contestable (voir plus loin) a une implication intéressante et donne une bonne idée de ce type de jeu.

Un jeu séquentiel d'entrée dans un marché contestable

Considérons maintenant un jeu où, contrairement à ceux que nous avons étudiés jusqu'ici, une entreprise prend une décision à la première étape du jeu, et l'autre prend une décision à la deuxième étape, *après avoir observé le jeu de la première entreprise*. Un tel jeu s'appelle un jeu séquentiel.

Nous allons nous pencher sur un jeu séquentiel dans **un marché contestable** – c'est-à-dire un marché dont l'entrée et la sortie sont libres, de sorte que les entreprises qui y évoluent doivent toujours envisager la possibilité d'avoir à soutenir la concurrence de nouveaux arrivants. Les routes desservies par les transporteurs aériens et les grandes voies navigables desservies par les compagnies de transport naval sont des exemples de marchés contestables. Rien n'empêche de nouvelles entreprises d'entrer dans l'industrie si une possibilité de profit économique apparaît et d'en sortir sans pénalité si cette possibilité disparaît.

Mesuré avec l'indice de Herfindahl-Hirschman (p. 299), le degré de concurrence d'un marché contestable semble faible ou nul, car cet indice ne tient compte que des concurrents effectifs et non de ceux qui pourraient l'être si les conditions du marché changeaient. Ainsi, malgré une apparente absence de concurrence, un marché contestable peut se comporter comme un marché en concurrence parfaite. Nous allons voir pourquoi en étudiant un jeu séquentiel d'entrée dans une route aérienne contestable.

Une route aérienne contestable Dans ce jeu, Grand Air inc. est la seule entreprise à desservir une route donnée, pour laquelle la demande et les coûts sont tels qu'il n'y a de place que pour un seul transporteur aérien. Cependant, une autre compagnie aérienne, Nouvel Air inc., pourrait desservir cette route.

La structure d'un jeu séquentiel est décrite par un arbre de jeu comme celui qu'on voit à la figure 15.7. À la première étape, Grand Air doit fixer son prix. Une fois ce prix fixé et annoncé, Grand Air ne pourra plus le changer – autrement dit, elle ne pourra pas réagir à l'entrée de Nouvel Air. Grand Air doit décider si elle pratiquera un prix de monopole ou un prix concurrentiel.

À la deuxième étape, Nouvel Air doit à son tour prendre une décision : entrera-t-elle ou non dans le marché ? Les clients, qui n'ont aucune loyauté particulière envers Grand Air (laquelle n'offre aucun programme pour grands voyageurs), achèteront les billets les moins chers. Par conséquent, si elle entre en scène et pratique un prix inférieur à celui de Grand Air, Nouvel Air s'emparera du marché.

La figure 15.7 présente les gains qui découlent de chacune de ces décisions – les gains de Grand Air dans les triangles roses et ceux de Nouvel Air dans les triangles bleus. Pour décider de son prix, Grand Air tient le raisonnement suivant : « Supposons que je pratique le prix de monopole. Si Nouvel Air entre dans le marché, son gain est de 90 k$; si elle n'entre pas, son gain est nul. Nouvel Air entrera donc dans le marché, auquel cas je perdrai 50 k$. Supposons maintenant que je pratique le prix concurrentiel. Si Nouvel Air n'entre pas dans le marché, sont profit est nul, mais si elle y entre, elle perd 10 k$. Donc, Nouvel Air n'entrera pas dans le marché, auquel cas mon profit économique sera nul. »

La meilleure stratégie de Grand Air consiste donc à pratiquer le prix concurrentiel et à réaliser un profit économique nul. Pour Grand Air, la possibilité de gagner 100 k$ en pratiquant le prix de monopole n'existe pas réellement, car Nouvel Air entrera alors dans le marché et s'emparera de celui-ci en pratiquant un prix inférieur.

FIGURE 15.7 *L'arbre d'un jeu séquentiel d'entrée dans un marché contestable*

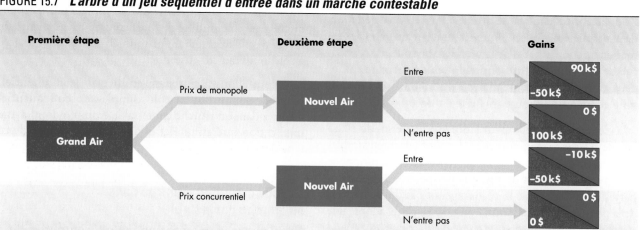

Si Grand Air pratique le prix de monopole, Nouvel Air gagne 90 k$ si elle entre dans le marché et rien si elle n'y entre pas. Par conséquent, si Grand Air pratique le prix de monopole, Nouvel Air entre dans le marché.

Si Grand Air pratique le prix concurrentiel, Nouvel Air ne gagne rien si elle n'entre pas dans le marché et essuie une perte si elle y entre. Par conséquent, si Grand Air pratique le prix concurrentiel, Nouvel Air n'entre pas dans le marché.

Dans cet exemple, Grand Air pratique un prix concurrentiel et réalise un profit économique nul. Cependant, elle aurait pu opter pour une stratégie moins coûteuse, la **fixation de prix limite**, qui consiste à pratiquer le prix le plus élevé qui inflige une perte à l'entrant. Comme toute perte, si faible soit-elle, suffit à dissuader les entrants, il n'est pas toujours nécessaire de fixer un prix aussi bas que le prix concurrentiel. Dans notre exemple, si Grand Air pratique le prix concurrentiel, Nouvel Air essuie une perte de 10 k$, mais une perte moins importante suffirait à la dissuader d'entrer dans le marché.

Ce jeu est intéressant parce qu'il montre un monopole qui, même en l'absence de réglementation, se comporte comme une industrie concurrentielle et sert les intérêts du consommateur. Cependant, ce résultat est loin d'être général, car il dépend d'une caractéristique cruciale du déroulement du jeu : à la deuxième étape, Grand Air est prisonnière du prix qu'elle a fixé à la première étape.

Si elle pouvait changer son prix à la deuxième étape, après avoir constaté que Nouvel Air n'entre pas dans le marché, Grand Air voudrait revenir au prix de monopole qui lui ferait gagner 100 k$ – ce qui est nettement mieux que le profit économique nul résultant du prix concurrentiel. Mais Nouvel Air, qui peut prévoir les intentions de Grand Air, peut aussi ne pas se laisser dissuader par le prix fixé à la première étape. Autrement dit, même si Grand Air pratique le prix de monopole, Nouvel Air peut décider d'entrer quand même dans le marché.

L'étude que nous venons de faire de deux des nombreux jeux répétés et séquentiels possibles montre à quel point ces divers types de jeux peuvent nous aider à mieux comprendre les forces qui déterminent les prix et les profits des entreprises.

MINITEST — 4

1   Quand les joueurs pratiquent à répétition le jeu du dilemme du prisonnier, quelles stratégies punitives s'offrent à eux ? Comment le fait de jouer à répétition modifie-t-il l'équilibre ?

2   En quoi l'équilibre d'un marché contestable diffère-t-il de celui d'un monopole ?

Réponses p. 470

Jusqu'ici, nous avons examiné le cas d'oligopoles qui exercent un pouvoir de marché non réglementé. Les entreprises comme Spectrum et Zoomax sont libres de négocier des arrangements collusoires pour maximiser leur profit sans se soucier du consommateur ou des réprimandes de la justice.

Toutefois, lorsqu'elle aboutit à une issue monopolistique, la collusion entre les entreprises a les mêmes conséquences que le monopole sur l'efficacité et l'intérêt social. Le profit se réalise aux dépens du surplus du consommateur, et il en résulte une perte de surplus. Nous allons maintenant étudier de quelle façon la loi anti-collusion du Canada limite le pouvoir de marché.

La loi anti-collusion

Une **loi anti-collusion** réglemente les oligopoles et les empêche de devenir des monopoles ou de se comporter comme eux. Elle peut soit servir l'intérêt social par la maximisation du surplus total, soit servir les intérêts individuels des producteurs par la maximisation des surplus des producteurs. Nous allons d'abord décrire la loi anti-collusion du Canada, puis nous examinerons quelques causes récentes entendues par les tribunaux.

La loi anti-collusion du Canada

La loi anti-collusion du Canada remonte à 1889. À cette époque, les monopoles faisaient l'objet d'importants débats politiques. Beaucoup s'inquiétaient de l'absence de concurrence dans diverses industries telles que celles du sucre et de l'épicerie, des biscuits et des confiseries, du charbon, de la ficelle, des instruments aratoires, des poêles, des cercueils, des œufs et de l'assurance-incendie. Aujourd'hui, les règles anti-collusion du Canada sont définies dans la Loi sur la concurrence de 1986 (voir le tableau 15.7 à la page suivante), qui a été amendée en 2009 et dont l'administration relève du Bureau de la concurrence et du Tribunal de la concurrence. La loi établit une distinction entre :

1. les actes criminels ;
2. les actes non criminels.

Les complots en vue de fixer les prix, le truquage des offres, les mesures de fixation des prix destinées à limiter la concurrence et la publicité trompeuse sont des actes criminels. Les accusations sont entendues et jugées par les tribunaux, et il incombe aux plaignants d'établir la preuve en bonne et due forme, hors de tout doute raisonnable.

Les fusionnements, l'abus de position dominante dans un marché, le refus de vendre et d'autres actions destinées à limiter la concurrence telles que la transaction exclusive sont des actes non criminels. Le commissaire du Bureau de la concurrence défère ces infractions présumées non criminelles au Tribunal de la concurrence, un tribunal quasi judiciaire.

TABLEAU 15.7   *La loi anti-collusion du Canada, ou Loi sur la concurrence (2009)*

Abus de position dominante

79. (1)   Lorsque, à la suite d'une demande du commissaire, il conclut à l'existence de la situation suivante :

 a)   une ou plusieurs personnes contrôlent sensiblement ou complètement une catégorie ou espèce d'entreprises à la grandeur du Canada ou d'une de ses régions ;

 b)   cette personne ou ces personnes se livrent ou se sont livrées à une pratique d'agissements anti-concurrentiels ;

 c)   la pratique a, a eu ou aura vraisemblablement pour effet d'empêcher ou de diminuer sensiblement la concurrence dans un marché,

le Tribunal peut rendre une ordonnance interdisant à ces personnes ou à l'une ou l'autre d'entre elles de se livrer à une telle pratique.

Fusionnements

92. (1)   Dans les cas où, à la suite d'une demande du commissaire, le Tribunal conclut qu'un fusionnement réalisé ou proposé empêche ou diminue sensiblement la concurrence, ou aura vraisemblablement cet effet [...] le Tribunal peut [...],

dans le cas d'un fusionnement réalisé, rendre une ordonnance enjoignant à toute personne, que celle-ci soit partie au fusionnement ou non :

 (i)   de le dissoudre [...]

 (ii)   de se départir, selon les modalités qu'il indique, des éléments d'actif et des actions [...]

[ou]

dans le cas d'un fusionnement proposé, rendre, contre toute personne, que celle-ci soit partie au fusionnement proposé ou non, une ordonnance enjoignant :

 (i)   à la personne [...] de ne pas procéder au fusionnement,

 (ii)   à la personne [...] de ne pas procéder à une partie du fusionnement.

Quelques affaires importantes

Voyons maintenant comment la Loi sur la concurrence a été appliquée récemment en examinant certains jugements d'importance. Le premier est particulièrement intéressant parce qu'il confirme le pouvoir du Tribunal de la concurrence de faire respecter ses ordonnances.

L'affaire Chrysler   En 1986, Chrysler a cessé de fournir des pièces d'automobile à Richard Brunet, un concessionnaire montréalais et a aussi dissuadé les autres concessionnaires de l'approvisionner en pièces. Le Tribunal de la concurrence a conclu que Chrysler cherchait à s'emparer du commerce de Brunet et lui a ordonné de continuer à vendre des pièces comme auparavant. Chrysler a refusé d'obtempérer et le Tribunal l'a citée à comparaître pour outrage au tribunal. La cause est passée en appel et a abouti en Cour suprême du Canada, laquelle a confirmé le pouvoir du tribunal d'exiger le respect de son jugement. Néanmoins, le tribunal a fini par abandonner l'accusation.

L'affaire NutraSweet   NutraSweet, le fabricant de l'aspartame, cet édulcorant contenu dans de nombreux aliments de régime hypoénergétique, a tenté d'obtenir le monopole de ce produit en restreignant l'utilisation de son logo – un tourbillon – aux seuls produits dont il était le fournisseur exclusif. Le 4 octobre 1990, le Tribunal de la concurrence a jugé qu'il s'agissait là d'un abus de position dominante qui limitait indûment la concurrence. Il a avisé NutraSweet qu'elle ne pouvait ni forcer ses contractants à honorer les contrats existants, ni signer de nouveaux contrats en tant que fournisseur exclusif, ni inciter à l'affichage de son fameux tourbillon. À la suite de ce jugement, la concurrence s'est mise à faire son œuvre et le prix de l'aspartame a baissé au Canada.

L'affaire Entreprises Bell Canada   En 1994, deux filiales des Entreprises Bell Canada, Télé-Direct (Publications) et Télé-Direct (Services), détenaient 90 % des parts du marché des annuaires téléphoniques sur leurs territoires. Or, ces deux sociétés liaient la vente d'espace publicitaire dans les Pages Jaunes à la vente de services publicitaires : quiconque voulait faire de la publicité dans les Pages Jaunes devait obligatoirement acheter les services publicitaires de l'une de ces deux entreprises. Considérant que cette pratique empêchait les autres agences de publicité de concurrencer efficacement ces deux filiales de Bell Canada en matière de publicité dans les Pages Jaunes, le commissaire du Bureau de la concurrence a déposé une demande d'interdiction de leurs pratiques de ventes liées. Le Tribunal a ordonné à Télé-Direct de mettre fin à ses agissements anticoncurrentiels discriminatoires et de ne plus lier la vente d'espace publicitaire à l'achat de services de publicité dans certains marchés.

D'autres causes récentes Ces dernières années, le Bureau de la concurrence a été saisi de plusieurs causes qui ont défrayé la chronique. Il y a eu, entre autres, la fusion de salles de cinéma résultant de l'acquisition de Famous Players par Cineplex Galaxy, la fixation des prix par un cartel des détaillants de l'essence au Québec, deux propositions de fusion de grandes banques canadiennes et les règles de transferts de propriété et de relocalisation de la LNH mises en cause au moment où Jim Balsillie a tenté d'acheter les Predators (voir les encadrés qui suivent).

Fusionnement autorisé

Acquisition de Famous Players par Cineplex Galaxy

En 2004, Cineplex Galaxy a acheté Famous Players. Mais la confirmation de la vente n'a pu se faire qu'avec l'autorisation du Bureau de la concurrence, lequel a effectué un examen minutieux de l'entente.

Les entreprises

1. **Cineplex Galaxy** exploitait 86 établissements comprenant 775 salles de cinéma, sous les noms Cineplex Odéon et Galaxy, en Colombie-Britannique, en Alberta, en Saskatchewan, au Manitoba, en Ontario et au Québec.

2. **Famous Players** exploitait 77 établissements avec 768 salles de cinéma dans les mêmes provinces que Cineplex Galaxy. Les noms de l'entreprise étaient Famous Players, Coliseum, Colossus, Paramount et SilverCity.

Cineplex Galaxy possédait plus d'établissements et de salles de projection, mais les recettes de Famous Players étaient supérieures aux siennes.

Les marchés

On ne peut pas parler d'un marché unique des salles de cinéma qui s'étendrait à l'ensemble du Canada. Chaque région urbaine constitue un marché en soi.

Les barrières à l'entrée

Selon le Bureau de la concurrence, il y a trois barrières à l'entrée dans l'industrie des salles de cinéma :

1. l'accès aux films à valeur commerciale ;
2. l'accès à des locaux ou à des emplacements convenables ;
3. les coûts irrécupérables et les risques.

L'accès aux films Les politiques de distribution des grands studios et des distributeurs font de l'entrée dans l'industrie une affaire risquée. Un nouveau concurrent ne peut s'assurer à l'avance d'obtenir l'accès à des films ayant une certaine valeur commerciale.

L'accès à des locaux ou à des emplacements À la fin des années 1990, on a entrepris de construire un grand nombre de complexes de cinémas en gradins, situés dans les meilleurs emplacements. En conséquence, dans bien des marchés urbains, il est difficile aujourd'hui d'acquérir un local ou un emplacement convenable pour y exploiter un cinéma.

Les coûts irrécupérables et les risques La grande majorité des nouveaux cinémas qui sont construits sont des complexes avec des salles en gradins, qui sont des immeubles

à vocation unique. Leur construction exige une importante mise de fonds, mais ces établissements n'ont pas de valeur de rachat, si bien que les frais engagés sont des coûts irrécupérables, ce qui rend l'entrée très risquée.

La concentration et la concurrence après le fusionnement

Si Cineplex Galaxy et Famous Players forment une seule entreprise, un grand nombre de marchés urbains deviendront très concentrés.

Le Bureau de la concurrence a repéré 17 marchés locaux. Dans sept cas, l'entité fusionnée aurait eu une part de marché de 100 % et, dans cinq autres, elle aurait formé un quasi-monopole.

Il y aurait eu de la concurrence à quelques endroits : à Montréal, de la part des Cinémas Guzzo ; et à Montréal, Ottawa et Toronto, de la part du groupe AMC, une grande entreprise américaine. Ailleurs, l'entité fusionnée aurait été confrontée à une concurrence limitée d'acteurs locaux ou régionaux plus modestes, ou bien n'aurait eu aucune concurrence.

La décision du Bureau de la concurrence

Le Bureau a examiné la totalité des répercussions que la fusion aurait sur la concurrence dans chacune des villes où Famous Players et Cineplex Galaxy se livraient concurrence. Il a déterminé qu'en toute vraisemblance la transaction diminuerait sensiblement la concurrence dans 17 régions à l'égard du prix et des facteurs autres que le prix, comme la qualité des cinémas et le choix de films.

Pour pallier ces préoccupations, le Bureau a demandé le dessaisissement de 35 cinémas dans 17 villes.

En règle générale, le Bureau a cherché à réduire dans chaque ville la part de marché de l'entité fusionnée environ au niveau de la plus grande part de marché détenue soit par Cineplex Galaxy, soit par Famous Players avant la fusion.

Source : Bureau de la concurrence. *Acquisition de Famous Players par Cineplex Galaxy.*

Fusionnements refusés

Les banques canadiennes

En janvier 1998, la Banque royale du Canada et la Banque de Montréal annoncent leur intention de fusionner et de créer une nouvelle banque. Peu après, en avril 1998, la CIBC et la Banque TD en font autant.

En décembre 1998, après quelques mois de délibération, le ministre des Finances, Paul Martin, fait savoir aux banques qu'elles ne peuvent pas procéder aux fusionnements proposés.

Pourquoi a-t-on empêché le fusionnement?

Selon le ministre des Finances, les fusions des banques n'auraient pas servi l'intérêt public parce qu'elles auraient abouti à:

- une trop grande concentration de pouvoir économique entre les mains de quelques institutions financières;
- une réduction de la concurrence dans le marché des services financiers;
- une diminution de la capacité du gouvernement du Canada de faire face à certaines situations futures.

Le point de vue du Bureau de la concurrence

Le Bureau de la concurrence a examiné les projets de fusionnement et leurs conséquences sur la concurrence dans le secteur des banques. Il a conclu qu'il en résulterait une diminution substantielle de la concurrence et qu'il y aurait des fermetures de succursales. Au bout du compte, les Canadiens obtiendraient moins de services, mais seraient contraints de les payer plus cher.

Au Canada, les fusions de banque sont devenues une question politique si épineuse que tout projet de fusionnement devra dorénavant recevoir la sanction du gouvernement fédéral.

MINITEST 5

1 Comment s'appelle la loi anti-collusion adoptée par le Parlement canadien?

2 Quelles actions constituent une infraction à la loi anti-collusion?

3 Dans quelles circonstances un fusionnement est-il refusé?

Réponses p. 470

L'oligopole est une structure de marché qu'on observe couramment dans la vie quotidienne. La rubrique «Entre les lignes» (p. 462) examine un jeu qui met aux prises Dell et HP dans le marché des microordinateurs.

Fixation des prix

Cartel de l'essence au Québec

En juin 2008, durant une période de flambée des prix du pétrole et de l'essence, le Bureau de la concurrence a porté des accusations au criminel contre un certain nombre d'individus et de sociétés de Victoriaville, Thetford Mines, Magog et Sherbrooke pour fixation des prix de l'essence à la pompe.

Les cartels de fixation des prix sont difficiles à démasquer. Que les prix soient les mêmes partout *ne prouve pas* qu'il existe une entente pour les fixer. Les entreprises en concurrence parfaite offrent des produits au même prix. La loi canadienne exige du Bureau de la concurrence qu'il prouve, hors de tout doute raisonnable, que les parties ont conclu *une entente pour fixer les prix*.

Dans la cause de la fixation des prix de l'essence au Québec, le Bureau de la concurrence a utilisé l'écoute électronique et les perquisitions, et il s'est prévalu d'un programme d'immunité qui encourage ceux qui sont eux-mêmes en contravention à fournir des preuves aux enquêteurs.

Au terme d'une investigation exhaustive, il a mis au jour des preuves que les détaillants s'étaient entendus par téléphone sur les prix à demander. Les faits indiquent que la plupart des détaillants de ces marchés ont fait partie du cartel.

Les tribunaux ont imposé des amendes de plus de 2 M$ aux entreprises qui ont plaidé coupable.

L'enquête du Bureau de la concurrence sur la fixation des prix dans le marché de la vente d'essence au détail se poursuit ailleurs au Canada.

Source: Bureau de la concurrence. *Le Bureau de la concurrence découvre un cartel sur l'essence au Québec.*

Abus de position dominante

La Ligue nationale de hockey

En mai 2007, Jim Balsillie a conclu une entente provisoire pour acquérir les Predators de Nashville dans l'intention, croyait-on, de relocaliser l'équipe à Hamilton, en Ontario.

L'établissement des Predators à Hamilton aurait empiété sur le marché des Maple Leafs de Toronto, qui exigeraient des dédommagements. De plus, il était possible que les Sabres de Buffalo soient aussi touchés et qu'ils demandent compensation, même si les règlements de la LNH permettent à une équipe de s'établir à au moins 80 kilomètres d'une autre franchise.

Selon les politiques de la LNH, une demande de relocalisation d'une franchise ne peut être acceptée que si l'acquéreur a tenté, en toute bonne foi, de garder l'équipe là où elle est établie. Balsillie, disait-on, n'avait fait aucun effort dans ce sens, si bien que la LNH fit annuler l'entente.

À la suite de débats animés dans les médias, le Bureau de la concurrence a examiné les politiques de la LNH relatives au transfert de propriété et au déménagement pour tenter de déterminer si elles contrevenaient aux règles de la concurrence ou si elles étaient seulement destinées à protéger les intérêts de la ligue.

Au terme d'une enquête minutieuse de grande envergure, le Bureau a conclu que les politiques de la LNH n'empêchaient pas la concurrence et ne constituaient pas un abus de position dominante. Au contraire, elles avaient pour but d'assurer une saine rivalité entre les équipes, d'attirer le plus de spectateurs possible et d'encourager les pouvoirs publics locaux à investir dans les installations sportives.

Source : Bureau de la concurrence. *Le Bureau de la concurrence conclut son examen portant sur les politiques de la Ligue nationale de hockey (LNH) relatives au déménagement et au transfert de propriété de franchises.*

DELL ET HP DANS UN JEU POUR ACQUÉRIR UNE PLUS GRANDE PART DU MARCHÉ

THE NEW YORK TIMES, 13 MAI 2006

AUJOURD'HUI, CE N'EST PAS UNE GUERRE DES PRIX QUI FAIT RECULER L'ADVERSAIRE...

Par *Damon Darlin*

Dell vend ses ordinateurs à prix sacrifiés.

La tactique est classique; elle vient tout droit du répertoire de manœuvres qui a permis à l'entreprise de devenir le plus grand fabricant d'ordinateurs au monde. Lorsque la demande générale de microordinateurs faiblit, c'est le moment de baisser les prix. Le ratio de marge bénéficiaire diminue temporairement, mais ce sont les concurrents qui en souffrent le plus, tandis qu'on augmente sa part du marché et qu'on profite de recettes accrues pendant bien des années.

C'est ce que Dell a fait en 2000, avec énormément de succès. Le mois dernier, l'entreprise a fait connaître son nouveau plan: des diminutions pouvant amener l'Inspiron au prix de 700 $ (prix courant: 1 200 $) et l'ordinateur de bureau Dimension au prix de 500 $ (prix courant: 1 079 $). Pour beaucoup d'analystes financiers qui suivent l'entreprise, [...] cette fois-ci, ce pourrait bien être de la folie. [...]

Qu'est ce qui a changé? [...] Plus que toute autre chose, ce sont les concurrents de Dell qui ont changé, plus particulièrement, Hewlett-Packard, qui n'est plus l'entreprise empâtée qu'elle était il y a six ans.

La preuve la plus éloquente de la nouvelle situation dans le marché des PC nous est donnée par les statistiques sur les livraisons mondiales. Au cours du premier trimestre, les livraisons de Dell se sont accrues de 10,2 %, [...] alors que celles de l'industrie atteignaient 12,9 %. C'est la première fois, depuis qu'on suit l'entreprise, que Dell accuse un retard de croissance des livraisons par rapport à celle de l'ensemble de l'industrie. Pendant la même période, les livraisons de Hewlett-Packard grimpaient de 22,2 %. [...]

Chez Hewlett, on sent qu'on peut battre Dell sans recourir à une guerre des prix. [...] C'est ainsi que l'entreprise a lancé une campagne de publicité ambitieuse pour se démarquer de sa rivale, par exemple par des annonces qui attirent l'attention sur le caractère personnel du microordinateur.

La campagne [...] fera appel à des vedettes qui expliqueront comment elles individualisent leur ordi. [HP] a installé des nouveautés technologiques telles que QuickPlay, qui permet de regarder un DVD ou d'écouter un CD sans attendre que le système d'exploitation du portable soit lancé. ■

LES FAITS EN BREF

- En 2000, Dell a réduit ses prix, ce qui lui a permis d'augmenter sa part du marché et ses recettes pendant les années qui ont suivi.

- En avril 2006, Dell a baissé radicalement ses prix.

- Les experts affirment que la stratégie ne fonctionnera pas cette fois-ci.

- Hewlett-Packard (HP) est beaucoup plus vigoureuse qu'il y a six ans.

- Au total, les livraisons de PC ont augmenté de 12,9 % au cours du premier trimestre de 2006. Celles de Dell se sont accrues de 10,2 % et celles de HP, de 22,2 %.

- HP affirme qu'elle peut battre Dell sans réduire ses prix. À la place, elle lance une campagne de mise en marché d'ordinateurs avec des caractéristiques nouvelles et améliorées, telles qu'une fonction qui permet d'utiliser des DVD et des CD sans passer par le système d'exploitation.

ANALYSE ÉCONOMIQUE

● Le marché mondial des PC est constitué d'un grand nombre d'entreprises, mais il est dominé par deux sociétés : Dell et Hewlett-Packard (HP).

● La **figure 1** montre la répartition du marché mondial des PC. On constate que Dell et HP sont les deux principaux joueurs, mais que près de 50 % du marché est desservi par de petites entreprises ayant chacune une part inférieure à 4 %.

● Le **tableau 1** présente la matrice de gains (en millions de dollars de profit) du jeu qui a opposé Dell et HP en 2000. (Les montants sont fictifs.)

● Le jeu a un équilibre en stratégies dominantes comparable à celui du jeu de duopole de la page 450.

● Si HP réduit ses prix, Dell réalise un profit supérieur en réduisant aussi les siens (+20 M$ contre −10 M$). Si HP ne baisse pas ses prix, Dell réalise là aussi un profit supérieur en réduisant les siens (+40 M$ contre zéro).

● Pour Dell, la meilleure stratégie consiste à baisser ses prix.

● Si Dell diminue ses prix, HP maximise son profit en diminuant aussi les siens (+5 M$ contre −20 M$), et si Dell ne change pas ses prix, HP réalise là aussi un plus grand profit en réduisant les siens (+10 M$ contre zéro).

● En conséquence, pour HP, la meilleure stratégie consiste à baisser ses prix.

● Le **tableau 2** présente les gains du jeu pour Dell et HP en 2006.

● Comme celui de l'année 2000, ce jeu a un équilibre en stratégies dominantes.

● Si HP baisse ses prix, Dell maximise son profit en baissant les siens (+10 M$ contre −10 M$), et si HP améliore son produit et son marketing, Dell réalise là aussi un meilleur profit en diminuant ses prix (+5 M$ contre −20 M$).

● En conséquence, pour Dell, la meilleure stratégie consiste à baisser ses prix.

● Si Dell baisse ses prix, HP maximise son profit en améliorant son produit et son marketing (+20 M$ contre +10 M$), et si Dell ne change pas ses prix, HP maximise son profit grâce à la même stratégie (+40 M$ contre +20 M$).

● En conséquence, pour HP, la meilleure stratégie est d'améliorer son produit et son marketing.

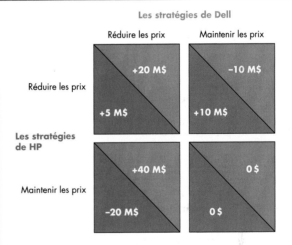

Tableau 1 Les stratégies et l'équilibre en 2000

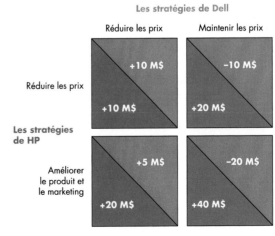

Tableau 2 Les stratégies et l'équilibre en 2006

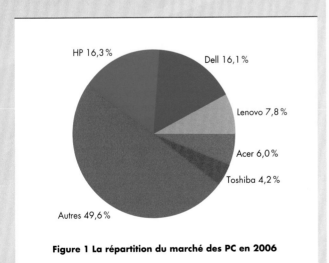

Figure 1 La répartition du marché des PC en 2006

Points clés

Qu'est-ce qu'un oligopole ? (p. 438-439)

♦ L'oligopole est une structure de marché où un nombre restreint d'entreprises se font concurrence.

Trois modèles de base d'oligopoles (p. 440-444)

♦ Quand le marché est dominé par une entreprise, cette dernière se comporte comme une entreprise monopolistique, et les petites entreprises deviennent des preneurs de prix.

♦ Lorsque deux entreprises se concurrencent en quantité, elles vendent plus et moins cher qu'un monopole, mais moins et plus cher que si elles étaient en concurrence parfaite.

♦ Lorsque deux entreprises se concurrencent en prix, elles vendent au même prix que si elles étaient en concurrence parfaite.

Les jeux de l'oligopole (p. 445-453)

♦ On étudie l'oligopole à l'aide de la théorie des jeux, laquelle permet d'analyser le comportement stratégique.

♦ Dans le jeu du dilemme du prisonnier, en agissant chacun dans son intérêt individuel, les deux accusés agissent contre leur intérêt social.

♦ Dans un oligopole (duopole), le jeu de fixation du prix est une forme de dilemme du prisonnier où les entreprises peuvent soit coopérer, soit tricher.

♦ Dans le duopole, tricher est une stratégie dominante pour chaque entreprise, si bien que les cartels ont tendance à être instables et la concurrence à être résiliente.

♦ La théorie des jeux permet d'étudier, en plus de la fixation du prix, les décisions des entreprises concernant d'autres variables stratégiques telles que la publicité et la recherche et développement.

Les jeux répétés et les jeux séquentiels (p. 454-457)

♦ Dans un jeu répété, une stratégie punitive peut déboucher sur un équilibre coopératif où les entreprises parviennent à maintenir les prix et leurs profits élevés.

♦ Lors d'un jeu séquentiel dans un marché contestable, un petit nombre d'entreprises peuvent se comporter comme des entreprises en concurrence parfaite.

La loi anti-collusion (p. 457-461)

♦ La loi anti-collusion est un des moyens empruntés par l'État pour contrôler les monopoles et les pratiques monopolistiques.

♦ Au Canada, les règles anti-collusion sont définies dans la Loi sur la concurrence, laquelle a été adoptée en 1986, puis amendée en 2009. L'application de la loi relève du Tribunal de la concurrence.

Figures et tableaux clés

Figure 15.1 L'oligopole naturel (p. 438)

Figure 15.2 Un oligopole à entreprise dominante (p. 441)

Figure 15.3 La dérivation de la fonction de réaction optimale (p. 442)

Figure 15.4 L'équilibre de Cournot (p. 443)

Figure 15.7 L'arbre d'un jeu séquentiel d'entrée dans un marché contestable (p. 456)

Tableau 15.1 La matrice de gains dans le dilemme du prisonnier (p. 446)

Tableau 15.2 La matrice de gains du duopole (p. 449)

Tableau 15.6 La tricherie avec punition (p. 454)

Mots clés

Cartel Groupe d'entreprises qui colludent contre les consommateurs pour limiter leur production afin d'augmenter les prix et les profits (p. 439).

Collusion Entente secrète et illicite entre deux (ou plusieurs) producteurs en vue de réduire la production de façon à faire monter les prix et à augmenter les profits (p. 439).

Concept d'équilibre Critère par lequel on détermine l'issue d'un jeu, c'est-à-dire quel profil de stratégie sera joué (p. 446).

Concurrence par les prix Mode de concurrence oligopolistique où les prix proposés par les entreprises déterminent les quantités qu'elles vendent (p. 443).

Concurrence par les quantités Mode de concurrence oligopolistique où le prix de marché est déterminé par le jeu de l'offre et de la demande, étant donné les quantités mises en marché par les entreprises (p. 440).

Demande résiduelle Part de la demande sur laquelle une entreprise peut influer une fois soustraites les quantités produites par ses concurrents (p. 440).

Duopole Oligopole comptant seulement deux producteurs qui se font concurrence (p. 438).

Équilibre coopératif Situation où les entreprises réalisent et partagent le profit de monopole (p. 454).

Équilibre de Nash Concept d'équilibre selon lequel chaque joueur choisit une stratégie qui s'avère une réaction optimale aux stratégies choisies par les autres joueurs (p. 446).

Équilibre en stratégies dominantes Concept d'équilibre où chaque joueur joue une stratégie dominante ; n'est applicable que si chaque joueur possède une telle stratégie (p. 446).

Fonction de réaction optimale Fonction qui détermine la meilleure stratégie d'un joueur compte tenu du profil de stratégies adopté par ses adversaires (p. 443).

Fixation de prix limite Stratégie d'un monopole consistant à pratiquer le prix le plus élevé possible tout en veillant à ce qu'il soit suffisamment bas pour décourager l'entrée de concurrents sur son marché (p. 457).

Loi anti-collusion Loi adoptée pour réglementer les oligopoles et les empêcher de devenir des monopoles ou de se comporter comme eux (p. 457).

Marché contestable Marché dont l'entrée et la sortie sont libres, de sorte que les entreprises qui y évoluent doivent toujours envisager la possibilité d'avoir à soutenir la concurrence de nouveaux arrivants (p. 456).

Matrice de gains Dans un jeu à deux, tableau qui résume les gains (ou pertes) de chaque joueur selon le profil de stratégies adopté par les deux joueurs (p. 446).

Oligopole Structure de marché où un petit nombre d'entreprises se font concurrence tout en sachant pertinemment que leurs interactions déterminent leurs gains respectifs (p. 438).

Profil de stratégies Combinaison de stratégies, une pour chaque joueur ; chaque case d'une matrice de gains correspond à un profil particulier (p. 445).

Réaction optimale Une stratégie est une réaction optimale aux stratégies adoptées par les autres joueurs si elle procure le plus grand gain possible dans les circonstances (p. 443).

Stratégie Plan d'actions qu'un joueur peut mettre en œuvre dans un jeu donné (p. 445).

Stratégie dominante Stratégie qui est la meilleure de toutes, quelles que soient les stratégies adoptées par les autres joueurs (p. 446).

Théorie des jeux Méthode d'analyse des interactions stratégiques (p. 445).

PROBLÈMES ET APPLICATIONS

1. La plupart des microprocesseurs de PC sont fabriqués par deux entreprises, Intel et Advanced Micro Devices. En quoi le marché de ces microprocesseurs est-il un duopole ? Tracez les courbes de demande et de coût qui représentent la situation de ce marché et rendent compte des barrières empêchant l'entrée de nouvelles entreprises.

2. **LE CONSOMMATEUR DE BANDE PASSANTE PAIE LE PRIX FORT**

L'obsolescence du réseau canadien de transfert des données numériques, par Internet ou par cellulaire, pourrait avoir à terme un prix économique et social important. Mais pour le moment, c'est le consommateur qui règle la facture.

En 2007, l'Organisation de coopération et de développement économiques, a mesuré en effet le prix pour accéder et utiliser à la bande passante dans une trentaine de pays, dont le Canada. Résultat : alors qu'un Megabit/seconde de bande passante, soit l'unité de base de mesure de la capacité de transfert d'un réseau, coûte 0,13 $ en moyenne à un Japonais, il faut près de 4 $ à un Canadien pour obtenir la même chose.

À titre comparatif, les Français (0,33 $), les Suédois (0,35 $) ou les Américains (2,83 $) doivent débourser beaucoup moins pour avoir la chance d'échanger courriels, photos ou vidéos par Internet. Un clivage palpable cette semaine d'ailleurs alors que la compagnie Numéricâble en France proposait à ses clients une connexion par fibre optique contre 34 $ par mois. Au même moment, à Montréal, Vidéotron exposait sur son site une offre de branchement deux fois moins rapide pour les téléchargements et 100 fois moins rapide pour le téléversement en échange d'une facture de... 90 $, soit trois fois plus cher.

« C'est une belle différence, oui, commente à l'autre bout du fil de téléphone Marc Labelle, porte-parole du câblodistributeur. Mais il faut faire attention avec ces comparaisons. Le marché européen, ce n'est pas le même qu'ici », ajoute-t-il, tout en refusant de qualifier de retard technologique les disparités techniques importantes qui prévalent entre les offres de services d'ici et du reste du monde. « Nous suivons l'évolution de notre clientèle et notre offre répond à l'ensemble de leurs besoins Internet. »

Le Devoir, 16 mai 2009

a. Combien de compagnies offrent un accès à Internet dans votre localité ?

b. Donnez une autre explication du prix élevé des services Internet au Canada.

3. **LA MAISON DU CINÉMA AJUSTE SES PRIX**

Une semaine après que le cinéma Galaxy a réduit de 25 % le prix de ses tickets, la Maison du cinéma réplique avec une baisse de tarifs pour les 25 ans et moins.

«Nous prenons cette décision dans l'optique de maintenir notre politique des meilleurs prix», soutient Jacques Foisy, le propriétaire du complexe indépendant du centre-ville.

Affirmant «vouloir faire plaisir aux cinéphiles sherbrookois», Cineplex Divertissement avait descendu le prix de son billet pour adultes de 9,50 $ à 6,99 $, vendredi dernier, faisant de son établissement du boulevard Bertrand-Fabi celui de la chaîne où le ticket coûte le moins cher au Québec.

«J'aimerais bien savoir pourquoi Cineplex ne veut pas faire plaisir aux autres Québécois, mais seulement aux Sherbrookois. Dans les autres marchés, où la chaîne est seule, où elle n'a pas de compétition, les tarifs sont plutôt à la hausse. Ça m'apparaît mystérieux. Ça ressemble étrangement à du dumping», constate M. Foisy.

La Tribune, 5 juin 2009

a. À quel type de marché la diffusion de films en salles à Sherbrooke correspond-elle ?

b. Quel type de concurrence la Maison du cinéma et Cineplex se livrent-ils ?

c. Expliquez dans quelle mesure Cineplex discrimine sa clientèle.

4. Supposez un jeu où deux joueurs, qui ne peuvent pas se parler, doivent répondre à une question. Ils peuvent y répondre honnêtement ou mentir. Si tous deux disent la vérité, ils reçoivent chacun 100 $. Si l'un d'eux dit la vérité et que l'autre ment, le menteur reçoit 500 $ et le joueur honnête ne reçoit rien. Si les deux mentent, ils reçoivent chacun 50 $.

a. Décrivez les stratégies et les gains de ce jeu.

b. Construisez la matrice de gains.

c. Quel est l'équilibre de ce jeu ?

d. Comparez ce jeu au dilemme du prisonnier. S'agit-il du même jeu ? Justifiez votre réponse.

5. Savonnex et Brillo sont les seuls fabricants de savon à lessive sur un marché donné. Les deux entreprises conviennent de se partager également le marché. Si toutes deux respectent leur entente, elles font un profit de 1 M$ chacune. Si l'une des entreprises triche, elle réalise un profit de 1,5 M$, et l'autre essuie une perte de 0,5 M$. Si les deux trichent, elles ne font aucun profit. Aucune des deux ne peut surveiller les actions de l'autre.

a. Quelles sont les stratégies de ce jeu ?

b. Construisez la matrice de gains.

c. Quel est l'équilibre du jeu si on ne le joue qu'une fois ?

d. S'agit-il d'un équilibre en stratégies dominantes ? Justifiez votre réponse.

6. Supposez que Savonnex et Brillo (problème n° 5) jouent le jeu de duopole à répétition et que les gains sont les mêmes à chaque tour.

a. Quelles stratégies s'offrent aux deux entreprises ?

b. Les entreprises peuvent-elles adopter une stratégie qui aboutit à un équilibre coopératif ?

c. Si l'équilibre coopératif s'établit, la tentation de tricher disparaît-elle ? Justifiez votre réponse.

7. **CAPITALE PÉTROLIÈRE**

À la fin des années 1990, Reliance a dépensé 6 G$ et a embauché 75 000 travailleurs pour construire une raffinerie de pétrole de premier ordre à Jamnagar en Inde. [...] Aujourd'hui, Reliance annonce qu'elle va plus que doubler la taille de l'installation, qui [...] pourra revendiquer le titre de la plus grande raffinerie au monde [...] avec une production de 1,2 million de litres d'essence par jour, ou environ 5 % de la capacité mondiale. [...] L'entreprise se propose de tourner les robinets de Jamnagar vers l'ouest, c'est-à-dire vers les États-Unis et l'Europe, où il est devenu trop coûteux et politiquement difficile de construire de nouvelles raffineries. [...] La gigantesque entreprise sera en mesure de faire fluctuer le marché : à la bourse de Singapour, on s'attend à une chute du prix des combustibles dès que la production aura atteint sa vitesse de croisière.

Fortune, 28 avril 2008

a. Selon cet article, le marché mondial de l'essence ne serait pas parfaitement concurrentiel. Expliquez cette assertion.

b. Quelles barrières à l'entrée sont susceptibles de limiter la concurrence dans ce marché et de donner à une entreprise comme Reliance le pouvoir d'influer sur le prix du marché ?

8. Vital et Dynamo sont les seuls fabricants d'une nouvelle boisson énergétique. Les deux entreprises conviennent de se partager également le marché. Si toutes deux respectent leur entente, chacune réalise un profit de 4 M$. Si l'une ou l'autre triche, l'entreprise tricheuse réalise un profit de 6 M$, et l'autre essuie une perte de 1,5 M$. Si les deux trichent, elles ne font aucun profit. Aucune des deux ne peut surveiller les actions de l'autre.

a. Supposez que le jeu ne se joue qu'une fois.

(i) Quelle est la matrice de gains ?

(ii) Décrivez la meilleure stratégie de chaque entreprise.

(iii) Quel est l'équilibre du jeu ?

b. Si ce jeu de duopole se joue à répétition, quelles sont les deux stratégies possibles ?

9.

LES PLUS GRANDES ENTREPRISES DU QUÉBEC ET DU CANADA 2009 – N° 5 : POTASH CORP.

Potash Corp. est le premier producteur de potasse du monde, avec 10 millions de tonnes en 2008. Son plus proche concurrent est la société biélorusse Belaruskall, qui a produit 8,5 millions de tonnes de potasse en 2007. Deux autres entreprises canadiennes, Mosaic et Agrium, figurent parmi les principaux producteurs mondiaux. Les trois sociétés canadiennes ont d'ailleurs mis en place un système de gestion de l'offre pour les exportations. Elles sont réunies au sein de la firme entreprise Canpotex, qui négocie les contrats avec les clients étrangers. Cette année, les producteurs canadiens ont décidé de limiter leur production afin de contrer une baisse des prix.

Commerce, Vol. 110, n° 6, juillet 2009

a. Quel élément de cet article donne à penser que la potasse constitue un marché oligopolistique ?

b. Expliquez quel avantage les producteurs canadiens de potasse trouvent à se regrouper au sein de Canpotex.

c. Quel type de concurrence caractérise le marché de la potasse ?

d. Selon vous, les concurrents de Canpotex apprécient-ils sa « gestion de l'offre » ?

10.

RÉVOLUTION DANS LE SANS-FIL

Les heures de l'oligopole Bell-Telus-Rogers sont comptées dans le marché du sans-fil. Une nouvelle concurrence s'organise et promet de livrer une bataille sans merci pour prendre sa place dans cette industrie aux 12,7 milliards de revenus. Un combat féroce, dont l'impact devrait d'abord se faire sentir dans la poche des consommateurs.

Dans la vaste majorité des régions du pays, Bell, Rogers et Telus sont seuls à offrir la téléphonie mobile. Ils empochent en moyenne 58 $ par mois par client, une des factures les plus élevées au monde.

Le temps de l'oligopole tire toutefois à sa fin. Industrie Canada a accordé une série de licences à 15 « nouveaux entrants » cet été, pour forcer une concurrence accrue dans l'industrie du sans-fil. Les entreprises gagnantes – Globalive, Quebecor et DAVE Wireless en tête – sont agressives et promettent d'investir des sommes colossales pour bâtir leurs propres réseaux.

L'objectif de ces aspirants fournisseurs [est de] mettre la main sur une partie du lucratif marché canadien de la téléphonie mobile. Une percée qui se fera d'abord sentir... dans le portefeuille des consommateurs.

Dans leur ensemble, les nouveaux venus, qui ont pour la plupart décroché des licences régionales, vont représenter l'équivalent d'un quatrième fournisseur national, selon la firme de notation new-yorkaise Moody's. Dans un rapport récent, l'agence a abaissé sa perspective sur Bell, Rogers et Telus « en raison de la concurrence grandissante qui va mettre une pression à la baisse sur les prix » d'ici 12 à 18 mois.

La Presse, 14 septembre 2008

a. Décrivez la nature des barrières à l'entrée qui gênent la concurrence dans le marché de la téléphonie cellulaire.

b. A priori, les coûts d'exploitation des entrants ne sont probablement pas moins élevés que ceux des entreprises en place. Expliquez pourquoi leur arrivée devrait néanmoins amener des prix plus bas.

c. Quel outil réglementaire principal Industrie Canada emploie-t-elle pour contrôler ce marché ?

d. À votre avis, les Canadiens seraient-ils mieux servis par un monopole réglementé ?

11.

COCA-COLA ET PEPSI, UNE LUTTE SANS MERCI

Pour la première fois depuis 1967, le géant rouge [Coca-Cola] débarque dans la région du golfe. [...] Aujourd'hui, Pepsi défend âprement sa part du gâteau au Moyen-Orient, le seul endroit où elle domine le marché. [...] Coke et Pepsi se sont bien gardés d'engager une guerre des prix au Moyen-Orient. Coca-Cola a décidé que c'est par le marketing, et non par les prix, qu'elle accroîtrait ses ventes. [...] Pepsi a hésité, puis a emboîté le pas maladroitement en imitant les stratégies de sa rivale. Coke a poussé plus loin sa campagne sur le lieu de vente : [...] Coca-Cola, le perdant du Moyen-Orient qui remonte la pente, semble prendre goût à la bagarre. [Coke et Pepsi] se livrent une lutte sans merci, et c'est tant mieux pour nous tous.

AME Info, 8 avril 2004

a. Décrivez le jeu que Coca-Cola et Pepsi jouent au Moyen-Orient. Pourquoi est-ce « tant mieux pour » tous ceux qui habitent le Moyen-Orient ?

b. Pourquoi Coke et Pepsi, qui sont pourtant engagées dans une « lutte sans merci », évitent-elles la guerre des prix ?

12. Bulles et Mousse sont les deux seuls fabricants de boisson gazeuse à l'anis, un produit Nouvel Âge destiné à concurrencer la boisson gazeuse au gingembre. Les deux entreprises se demandent quelle quantité de boisson elles doivent produire. Elles savent que, si elles se limitent toutes deux à 10 000 litres par jour, elles réaliseront chacune 100 k$ de profit par jour. Autrement dit, elles se partageront le profit maximal qu'elles peuvent ensemble espérer atteindre, soit 200 k$ par jour. Elles savent aussi que, si l'une d'elles produit 20 000 litres par jour tandis que l'autre en prépare 10 000, celle qui en produit plus réalisera un profit économique de 150 k$ alors que l'autre essuiera une perte économique de 50 k$. Elles savent également qu'en produisant toutes deux 20 000 litres par jour, leur profit économique sera nul.

a. Construisez la matrice de gains du jeu que Bulles et Mousse doivent jouer.

b. Trouvez l'équilibre de Nash de ce jeu.

c. Quel est l'équilibre du jeu si Bulles et Mousse le jouent à répétition ?

---

13. **EN ASIE, LES PAYS EXPORTATEURS DE RIZ SE RÉUNISSENT POUR PARLER DE CARTEL**

Les pays exportateurs de riz ont l'intention d'entreprendre des pourparlers en vue de former un cartel pour réglementer le prix de cette denrée de base. [...] La Thaïlande, le Cambodge, le Laos et le Myanmar devaient se rencontrer mardi pour examiner une proposition à cet effet, présentée par la Thaïlande, premier exportateur mondial de riz. Afin d'apaiser les inquiétudes, les pays ont indiqué [...] avant la réunion [...] que leur action n'allait pas occasionner une diminution de l'offre et une hausse des prix.

Contrairement à l'Organisation des pays exportateurs de pétrole, le cartel du riz aurait pour but « non seulement d'assurer la stabilité des réserves de nourriture dans chaque pays, mais aussi de prévenir les pénuries dans la région et dans le monde », a affirmé lundi Hun Sen, premier ministre du Cambodge. « Nous n'allons pas stocker (le riz) et hausser les prix alors qu'il y a pénurie », a-t-il dit.

Les Philippines n'étaient pas rassurées. « Il s'agit d'une très mauvaise idée [...] qui va aboutir à la création d'un oligopole et qui fera du tort à l'humanité », a dit vendredi Edgardo Angara, président du Comité sénatorial de l'Agriculture aux Philippines. Selon ce dernier, le cartel risque de rendre le riz hors de prix pour « des millions et des millions de personnes ».

CNN, 6 mai 2008

a. Dans l'éventualité où ils deviennent un oligopole avec une entente collusoire qui maximise les profits, expliquez comment les pays exportateurs de riz peuvent influer sur le marché mondial de cette denrée et sur son prix. Illustrez par un graphique l'influence des pays exportateurs de riz sur le marché mondial de cette denrée.

b. Même en l'absence d'une loi anti-collusion internationale, pourquoi ce cartel trouvera-t-il difficile de maintenir l'entente collusoire qu'il a conclue ? Rédigez votre réponse en vous servant des notions de la théorie des jeux.

---

14. **AIR CANADA SOMMÉE DE NE PAS EMPÊCHER DES VOLS ADDITIONNELS D'EMIRATES AIRWAYS**

L'Association des consommateurs du Canada (ACC) presse le gouvernement fédéral de ne pas laisser Air Canada imposer son veto sur des vols additionnels d'Emirates Airways.

Emirates veut augmenter le nombre de ses vols directs entre le Canada et le Moyen-Orient. Le transporteur en compte actuellement trois par semaine entre Toronto et Dubaï depuis octobre 2007. L'acquisition de deux appareils A380 lui permet d'augmenter ses capacités de transport de passagers.

Air Canada s'oppose à l'augmentation du nombre de vols. L'Association des pilotes d'Air Canada soutient que cela pourrait menacer la situation financière, déjà difficile, de l'entreprise et pourrait l'amener à demander la protection de la Loi sur les arrangements avec les créanciers.

La Presse, 16 juin 2009

a. Expliquez en quoi le marché des vols aériens entre le Canada et le Moyen-Orient est un marché contestable.

b. Supposez qu'Emirates décide en définitive d'employer ses deux nouveaux appareils pour desservir des routes vers l'Asie. Est-ce que cela signifie qu'Air Canada pourra exercer un pouvoir de monopole sur les vols entre le Canada et le Moyen-Orient ?

---

15. **UNE ÉNERGIE MONSTRE**

À 5,7 G$, la catégorie des boissons énergétiques, dans laquelle Monster occupe le deuxième rang derrière Red Bull, a connu un ralentissement, tandis que les imitateurs tentent de se trouver une place dans le marché [...] et dans le cœur des adolescents. [...] Au cours des cinq dernières années, la part du marché de Red Bull en dollars est passée de 91 % à moins de 50 % [...] et ce, largement au profit de Monster.

Fortune, 25 décembre 2006

a. Décrivez la structure du marché des boissons énergétiques. Comment cette structure a-t-elle évolué ces dernières années ?

b. Expliquez les divers obstacles auxquels Monster et Red Bull se heurteraient si elles tentaient de conclure une entente collusoire et de fixer un prix de monopole pour leurs boissons.

16. Microsoft a son Xbox 360, Nintendo son Wii et Sony son PlayStation 3. Ces trois entreprises se livrent une lutte acharnée dans le marché des consoles de jeu de dernière génération. Le Xbox 360 est arrivé le premier sur la scène ; Wii a le prix le plus bas ; PS3 offre la technologie la plus avancée et coûte le plus cher.

a. Si la concurrence qui existe entre ces trois compagnies a elle-même les allures d'un jeu, décrivez les stratégies des participants quant à la conception, au marketing et au prix.

b. Compte tenu des renseignements fournis, quel est l'équilibre du jeu ?

c. Pouvez-vous imaginer pourquoi les trois consoles sont si différentes les unes des autres ?

17. Supposons que Firefox et Microsoft mettent chacune au point leur propre version d'un nouveau navigateur Web qui permet aux annonceurs de cibler les clients avec une grande précision. De plus, ces nouveaux navigateurs sont conviviaux et plus amusants que les navigateurs déjà existants. Chaque entreprise se demande si elle doit vendre son produit ou l'offrir gratuitement.

a. Quels avantages découleraient probablement de chaque décision ?

b. Quelle décision chacune des entreprises prendra-t-elle vraisemblablement ?

18. Décrivez le jeu connu sous le nom de dilemme du prisonnier. Pour ce faire :

a. imaginez une situation propice au déclenchement du jeu ;

b. construisez la matrice de gains ;

c. expliquez comment déterminer l'équilibre du jeu.

19. Pourquoi les compagnies Coca-Cola et Pepsi-Cola dépensent-elles des sommes faramineuses en publicité ? Ces annonces publicitaires profitent-elles aux compagnies ou aux clients ? Expliquez votre réponse en décrivant un jeu qui illustre les choix que font Coca-Cola et Pepsi-Cola.

20. Après avoir étudié la rubrique « Entre les lignes » (p. 462), répondez aux questions suivantes :

a. Quelles ont été les stratégies de Dell et de HP en 2000 et en 2006 ?

b. Pourquoi, selon l'article, Dell a-t-elle rencontré plus d'obstacles en 2006 qu'en 2000 ?

c. Pourquoi HP s'est-elle refusée à lancer son nouveau produit et sa campagne de marketing *et* à baisser en même temps ses prix ?

d. Selon vous, que doit faire Dell pour reprendre sa place de chef de file dans le marché ?

e. Comment peut-on caractériser le marché mondial des PC ? S'agit-il d'un oligopole ou d'un marché de concurrence monopolistique ?

RÉPONSES AUX MINITESTS

MINITEST 1 (p. 439)

1. Un nombre restreint d'entreprises sur le marché ; des barrières à l'entrée qui empêchent l'arrivée de nouveaux concurrents.

2. Par ses actions, chaque entreprise influe non seulement sur ses profits, mais aussi sur ceux que peuvent réaliser ses concurrents.

3. La collusion permet à une industrie oligopolistique de se comporter comme un monopole et de réaliser plus de profits.

4. Entrées au cinéma (Famous Players, Cineplex Odeon, Cinémas Guzzo) ; téléphonie cellulaire (Bell, Rogers, Telus) ; bière (Molson et Labatt avec une petite frange de microbrasseries).

MINITEST 2 (p. 444)

1. En soustrayant de la demande l'offre des autres entreprises.

2. Non, sauf si le prix fixé par l'entreprise dominante correspond au minimum du coût moyen des entreprises de la frange concurrentielle. S'il est inférieur, la frange disparaît, et l'entreprise dominante devient un monopole. S'il est supérieur, les entreprises de la frange font des profits, ce qui devrait attirer davantage d'entreprises dans l'industrie en minant ainsi la part de marché de l'entreprise dominante. À long terme, le prix est donc déterminé par le minimum du coût moyen des entreprises concurrentielles, comme dans le modèle de concurrence parfaite, et non par les pratiques monopolistiques de l'entreprise dominante.

3. Dans la concurrence à la Cournot, les entreprises essaient d'anticiper les quantités mises en marché par leurs rivales. Dans la concurrence à la Bertrand, elles envisagent plutôt les prix proposés par celles-ci.

4. Lorsque le nombre d'entreprises augmente dans l'oligopole : plus d'entreprises conduit à plus de concurrence.

5. Selon la fonction de réaction optimale RO^G de Gadgetix, si Bebellum offre 600 000 unités, Gadgetix ne devrait en offrir que 300 000.

MINITEST 3 (p. 453)

1. Un ensemble de joueurs avec des stratégies, des gains associés aux profils de stratégies et un concept de solution.

2. Chaque joueur a une stratégie dominante consistant à dénoncer l'autre joueur, de sorte que le profil où les deux joueurs se dénoncent mutuellement est joué, et ce, même s'il est moins intéressant pour chaque joueur que le profil où ils gardent tous les deux le silence.

3. Chaque entreprise a un avantage individuel à accroître sa production aux dépens de l'autre.

4. Elles souhaitent profiter du prix élevé que permet la retenue de leurs partenaires.

5. Chacune des entreprises a une stratégie dominante visant l'accroissement de sa production de sorte que, collectivement, elles ne parviennent pas à garder le prix élevé.

6. Voir les tableaux 15.3 et 15.4. Le dilemme du prisonnier se résout en une stratégie dominante. Le jeu de la poule mouillée n'a pas d'équilibre en stratégies dominantes, mais comporte deux équilibres de Nash qui correspondent aux profils où un seul joueur se dégonfle.

MINITEST 4 (p. 457)

1. Il en existe plusieurs, mais on retient ici la stratégie du Talion (œil pour œil, dent pour dent) et la stratégie sans merci (refus définitif de coopérer après une première incartade). En jouant à répétition, il est possible d'éviter le dilemme du prisonnier.

2. La seule entreprise en place abaisse son prix en deçà du prix de monopole afin de décourager l'entrée sur le marché de concurrents potentiels.

MINITEST 5 (p. 460)

1. La Loi sur la concurrence.

2. Les complots en vue de fixer les prix, le truquage des offres, les mesures de fixation des prix destinées à limiter la concurrence, la publicité trompeuse, les fusionnements, l'abus de position dominante dans un marché, le refus de vendre et d'autres actions destinées à limiter la concurrence telles que la transaction exclusive.

3. Lorsqu'il diminue trop la concurrence.

Gérer le changement et limiter le pouvoir du marché

Notre économie est en perpétuel changement. D'année en année, de nouveaux biens et services apparaissent, et d'anciens disparaissent ; de nouvelles entreprises naissent, et d'anciennes meurent. Ce processus de changement est engendré et géré par des entreprises qui évoluent dans des marchés. ◆ Quand un nouveau produit est mis en vente, il n'est offert au début que par quelques entreprises qui jouissent alors d'un pouvoir énorme pour déterminer les quantités à produire et les prix des produits. En 1999, Nikon mettait sur le marché le premier appareil photo numérique réflex ; le prix de l'appareil dépassait 8 000 $. Avant l'arrivée de la photographie numérique, seuls les appareils photo à film instantané fabriqués par Polaroid permettaient de voir immédiatement le résultat dès la prise d'une photo. Avec l'avènement des appareils numériques, les ventes de Polaroid se mirent à décliner inexorablement, ce qui amena la faillite de la compagnie en octobre 2001. Aujourd'hui, Canon, Leica, Olympus, Panasonic, Pentax, Samsung, Sigma, Sony et d'autres offrent eux aussi des appareils numériques réflex pour seulement 500 $. ◆ Dans bien

des marchés, l'entrée de nouveaux joueurs aboutit à la concurrence. Même s'il n'y a que deux entreprises rivales dans une industrie, le marché se transforme de manière spectaculaire. L'*interdépendance stratégique* peut donner naissance à une situation de concurrence parfaite. ◆ Avec l'arrivée continuelle de nouvelles entreprises, l'industrie finit par devenir concurrentielle. Toutefois, dans la plupart des marchés, la concurrence n'est pas parfaite. Les entreprises vendent des produits différenciés, si bien qu'elles se retrouvent en situation de *concurrence monopolistique*. ◆ Souvent, une industrie très concurrentielle perd de son pouvoir à mesure que les entreprises les plus prospères éliminent les plus petites soit en les chassant de l'industrie, soit en acquérant leurs actifs. Par ce processus, une industrie peut redevenir un oligopole, voire un monopole, comme on le voit en ce moment dans les industries automobile et bancaire. ◆ L'étude des entreprises et des marchés nous permet de mieux comprendre les forces responsables de l'allocation de nos ressources rares et de reconnaître la marque de la main invisible.

Le français ANTOINE-AUGUSTIN COURNOT (1801-1877) est considéré comme le père de l'économie mathématique. Mathématicien de formation, il s'intéresse aussi à l'astronomie, à la philosophie et bien sûr à l'économie. C'est dans ses Recherches sur les principes mathématiques de la théorie des richesses, *publiées en 1838, qu'il propose son analyse originale de la concurrence duopolistique. Ce livre n'aura que peu d'écho lors de sa publication, mais influencera par la suite toute une génération d'économistes-mathématiciens, notamment ses compatriotes Joseph Bertrand et, surtout, Léon Walras, qui développera le modèle mathématique sur lequel une bonne partie de la théorie économique moderne est fondée.*

La notion d'équilibre oligopolistique élaborée par Cournot, avec ses fonctions de réaction optimale (qu'il appelait fonctions de réaction), est en fait une application très précoce du concept d'équilibre fondamental de la théorie des jeux inventé par l'Américain John F. Nash en 1951.

Tout le monde se forme une idée vague des effets de la concurrence : la théorie aurait dû s'attacher à préciser cette idée.

– ANTOINE-AUGUSTIN COURNOT, *Recherche sur les principes mathématiques de la théorie des richesses*, 1838

ENTRETIEN

avec **DREW FUDENBERG**

DREW FUDENBERG

Drew Fudenberg *est titulaire de la chaire Frederic E. Abbe en sciences économiques à l'Université Harvard. Né à New York en 1957, il a étudié les mathématiques appliquées à Harvard et l'économique au MIT, où il a obtenu son doctorat en 1981. Il a enseigné et fait ses premières recherches à l'Université de Californie à Berkeley. De là, il est venu au MIT en 1987, puis à Harvard en 1993.*

Le professeur Fudenberg est un chef de file de la théorie des jeux. Il s'est penché sur un vaste éventail de problèmes qui surviennent quand les joueurs n'ont pas assez d'information pour que le déroulement du jeu suive un scénario classique, comme ceux que nous avons décrits au chapitre 15. Ses travaux ont amené la publication de plus de 60 articles et de deux ouvrages importants : Game Theory, en collaboration avec Jean Tirole (MIT Press, 1991) et The Theory of Learning in Games, en collaboration avec David K. Levine (MIT Press, 1998).

Michael Parkin et Robin Bade se sont entretenus avec Drew Fudenberg de sa carrière, des espoirs que suscite la théorie des jeux et de quelques-uns des résultats de ses travaux.

Professeur Fudenberg, les mathématiques sont-elles un meilleur choix de majeur au baccalauréat que les sciences économiques pour quelqu'un qui se destine à une carrière en économique ?

Les maths sont une bonne préparation pour quiconque veut poursuivre des études de deuxième et troisième cycles en économique, plus particulièrement en théorie économique, en partie parce que certains résultats sont utiles, mais surtout parce que la discipline favorise le développement de la pensée abstraite et de la rigueur dans l'argumentation.

Cela dit, ma majeure n'était pas en maths pures mais en «maths appliquées». À Harvard, ce programme, assez souple, comprend des cours de physique, d'informatique et des cours dans une application que l'étudiant doit choisir en dehors des mathématiques. En fait, au bac, j'ai suivi autant de cours en sciences économiques qu'en mathématiques pures et appliquées. Compte tenu de la direction dans laquelle mes recherches m'ont amené, j'aurais probablement mieux fait, à l'époque, de suivre plus de cours en maths et en probabilité. En revanche, j'ai développé pendant cette période ce qui, pour un économiste, constitue sans doute la plus importante compétence en mathématiques : la volonté de fouiller les livres pour se donner de nouveaux outils quand il le faut.

Pourquoi êtes-vous devenu économiste ?

Les cours d'économie à l'université m'ont beaucoup plu. J'ai suivi quelques cours des cycles supérieurs pendant mon bac et j'ai bien vu que je me tirerais d'affaire en maîtrise. J'ai eu la chance d'avoir des professeurs enthousiasmants tels que Kenneth Arrow, Howard Raiffa et Michael Spence, ainsi qu'un conseiller (Steven Shavell) qui m'a dit de songer à la maîtrise et m'a encouragé à lire les revues spécialisées. La dernière année du bac, mon cœur balançait entre les sciences économiques et le droit, et j'ai opté pour l'économique au printemps.

Les manuels d'introduction à l'économie (y compris celui-ci) décrivent la théorie des jeux comme un bon outil pour comprendre le comportement stratégique des oligopoles. Pouvez-vous nous donner des exemples d'autres applications de cette théorie ?

La théorie des jeux est largement utilisée en sciences économiques. Elle nous permet d'évaluer la crédibilité d'une banque centrale qui poursuit une politique monétaire anti-inflationniste, le dilemme d'un gouvernement qui se demande s'il doit taxer le capital ou ne pas payer sa dette, les négociations entre les syndicats et la direction, les décisions des économies en développement de nationaliser les entreprises étrangères, les négociations engagées par les avocats avant les procès et le lobbying des groupes d'intérêts.

On fait aussi appel à la théorie des jeux ailleurs qu'en économique. Les politologues l'emploient pour analyser la course aux armements et d'autres décisions stratégiques. Les biologistes y ont recours pour élucider la dynamique de l'évolution et de la survie des espèces.

Certains économistes affirment que la théorie des jeux est l'instrument d'analyse définitif. D'autres disent qu'elle n'est pas fondée dans la réalité. Comment en expliqueriez-vous les réalisations et les espoirs à un nouvel étudiant ?

Dans son état actuel, la théorie des jeux est loin d'être parfaite, mais elle nous aide incontestablement à comprendre un vaste ensemble de situations importantes et à faire des prédictions au sujet de celles-ci. Tous les aspects de l'économie peuvent être considérés comme un jeu. Ce n'est pas vraiment profitable de le faire dans les cas où il n'y a qu'un décideur (et aucun autre acteur) ou dans les situations de concurrence parfaite (où chaque acteur ne s'intéresse qu'au prix du marché et à ses propres décisions). Mais dans tous les autres cas, le choix semble être le suivant : ou bien on a recours à la théorie des jeux, ou bien on renonce à analyser la situation.

La théorie des jeux s'est avérée utile pour examiner certaines questions qualitatives telles que : « Comment les interactions répétées favorisent-elles la coopération ? » et « Comment une entreprise dominante dans un marché avec des effets externes en réseau peut-elle exploiter la situation ? » On l'utilise aussi depuis longtemps pour expliquer l'issue de jeux expérimentaux créés dans les laboratoires d'économie.

Il est plus difficile d'appliquer la théorie aux études économétriques portant sur des données recueillies sur le terrain. Toutefois, ces dernières années, on a fait beaucoup de progrès à ce sujet, grâce en partie à mes collègues Ariel Pakes et Susan Athey. (À propos de cette dernière, voir la page 213.)

La critique selon laquelle « la théorie n'est pas fondée dans la réalité » contient des parcelles de vérité : (a) il arrive que des changements, en apparence petits, dans les prémisses d'un jeu aboutissent à de grandes différences dans l'ensemble des équilibres ; (b) même quand on croit bien connaître la nature du jeu auquel on assiste, il arrive que les prédictions soient moins précises qu'on ne le souhaiterait. Évidemment, on peut soulever

ces mêmes objections dans bien des domaines, mais je dois avouer que la vie universitaire, tout comme celle de tous les jours, serait plus simple si ces reproches n'étaient pas vrais.

Dans les jeux que vous étudiez, les joueurs ont des connaissances limitées. Comment les économistes peuvent-ils étudier des jeux dans lesquels les joueurs ne connaissent pas la nature des gains et ne peuvent pas prédire les actions des autres joueurs ?

Le concept classique de l'équilibre de Nash stipule que chaque joueur applique la meilleure stratégie qui s'offre à lui compte tenu des stratégies des autres joueurs. Il n'exige pas toutefois que le joueur connaisse parfaitement le jeu, pas plus qu'il ne précise quand et comment le comportement des joueurs peut donner naissance à un semblant d'équilibre. Dans certains jeux, des joueurs astucieux parviennent, après mûre réflexion, à jouer une stratégie d'équilibre du premier coup.

Cependant, dans les expériences en théorie des jeux, on observe plus couramment un début de jeu loin de l'équilibre, puis une progression vers celui-ci au fur et à mesure que les joueurs deviennent plus expérimentés. L'adaptation peut se faire au terme d'un apprentissage par les sujets humains qui sont conscients d'être dans un jeu, mais cela n'est pas nécessaire. L'équilibre de Nash peut aussi s'établir quand les joueurs sont des agents génétiquement programmés qui ne réfléchissent pas du tout. Les biologistes qui s'intéressent à l'évolution, par exemple, étudient des jeux qui mettent aux prises des gènes : un gène survivra dans une population s'il s'avère être une réaction optimale aux autres gènes qu'on retrouve dans la population.

Donc, le fait que les agents ne connaissent pas le jeu ne remet pas en cause la pertinence de la théorie des jeux. Cependant, ces adaptations exigent du temps et, dans certaines situations, il ne faut peut-être pas s'attendre à ce que le jeu observé se rapproche de l'équilibre.

Dans le laboratoire, il est assez facile de distinguer les actions qui mènent à l'équilibre de celles qui s'en éloignent, car l'expérimentateur contrôle les gains. À l'inverse, il est plus difficile de le faire lorsque les données sont prises sur le terrain, où les gains font partie des variables qu'on tente de mesurer.

L'application de la théorie des jeux au monde réel a beaucoup avancé ces dernières années, mais le projet s'est surtout maintenu en équilibre en tant que postulat. Concevoir des tests empiriques pour évaluer l'équilibre est un des principaux problèmes à résoudre pour ceux qui veulent appliquer la théorie des jeux.

> […] ou bien on a recours à la théorie des jeux, ou bien on renonce à analyser la situation.

Comment acquiert-on une réputation et comment cela permet-il d'obtenir de meilleurs résultats? La réputation améliore-t-elle toujours l'issue?

Pour acquérir la réputation de «bien faire *x*», il faut tout simplement sauter sur toutes les occasions de faire *x*! À court terme, cela peut occasionner des coûts, mais si vous prévoyez jouer souvent ce jeu et que vous êtes patient, vous avez peut-être intérêt à supporter les coûts pour établir la réputation que vous cherchez.

À l'inverse, celui qui ne voit que le court terme ou qui manque de patience n'est pas disposé à investir dans sa réputation. Le cas le plus simple est celui du joueur «à long terme» qui fait face à une suite de joueurs «à court terme», les concurrents choisissant leurs actions en même temps à chaque tour et l'historique des actions étant accessible à tous les joueurs qui n'ont pas encore joué. Dans ce cas, les occasions d'améliorer sa réputation ne peuvent pas nuire au joueur à long terme; de fait, elles lui sont habituellement utiles. Les choses se compliquent si deux ou plusieurs joueurs à long terme tentent chacun de faire avancer sa réputation ou si, lors d'un tour, les actions ne sont pas accomplies en même temps.

Par exemple, il est difficile d'acquérir la réputation de «faire *x* si son adversaire fait *y*» lorsque l'adversaire ne joue jamais *y*!

Un de vos premiers articles porte le titre intrigant «L'effet du chat repu, le stratagème du chiot câlin et l'allure de loup affamé». Qu'avez-vous examiné dans cet article et qu'avez-vous découvert?

Des articles de Michael Spence et Avinash Dixit avaient déjà expliqué comment une entreprise établie peut décider de «surinvestir» en capital pour inciter les entrants ultérieurs (de «deuxième période») à rechercher une place modeste lorsqu'ils arrivent sur la scène. Les auteurs pensaient qu'en investissant davantage en capital l'entreprise réduit les coûts de production de la deuxième période, ce qui lui permet d'accroître sa production à ce deuxième stade. Cela a pour effet de pousser l'entrant à réduire sa propre production, ce qui est dans l'intérêt de l'entreprise établie.

Jean Tirole et moi-même avons produit une analyse systématique et une taxonomie des différentes décisions d'investissement que peut prendre l'entreprise établie pour orienter le comportement d'un entrant éventuel. Nous avons décrit quatre stratégies possibles, puis nous avons passé plusieurs semaines à leur trouver de bons noms.

Voici la liste. La «stratégie du ténor» est celle que Spence et Dixit ont étudiée: l'entreprise établie gonfle ses investissements pour qu'on croit qu'elle est un adversaire de taille aux moyens redoutables. En situation de concurrence, cette stratégie incite l'entrant à produire moins, voire à renoncer à entrer, si bien qu'il s'agit d'une bonne stratégie d'accommodation à l'entrée et de dissuasion de l'entrant.

La «stratégie du chat repu» consiste à accroître ses investissements pour paraître gras et indolent. Elle constitue une bonne accommodation si le fait de ne pas attaquer déclenche une réaction favorable chez l'entrant, mais ce ne sera jamais un bon moyen de décourager l'entrée.

Le «stratagème du chiot câlin» est plus ou moins le contraire: sous-investir pour se montrer petit et peu menaçant.

Enfin, l'«allure du loup affamé» consiste à comprimer les dépenses et à se montrer combatif de façon à intimider les rivaux. Cette stratégie s'applique quand, pendant la première période, on a investi en publicité plutôt qu'en capital physique.

Pour acquérir la réputation de «bien faire x», il faut tout simplement sauter sur toutes les occasions de faire x!

Quels conseils donneriez-vous à quelqu'un qui vient de commencer à étudier l'économie? Quels autres sujets vont de pair avec l'économique? Avez-vous des lectures à suggérer?

Les grands économistes de Heilbronner faisait partie des lectures proposées dans le premier cours d'économique que j'ai suivi. Encore aujourd'hui, je trouve que cet ouvrage donne une bonne vue d'ensemble du domaine. Je recommande aussi de lire l'histoire économique de Douglas North, notamment *Structure and Change in Economic History* et, de David S. Landes, *The Unbound Prometheus: Technological Change and Industrial Development in Western Europe from 1750 to the Present.*

Je conseille à mes étudiants de feuilleter régulièrement les périodiques tels que l'*Economist*, le *Financial Times* et le *Wall Street Journal*, à la recherche d'articles intéressants. Au fur et à mesure qu'ils avancent dans le programme, les étudiants devraient faire l'effort de parcourir régulièrement les revues d'économique pour se familiariser avec la recherche en cours et voir s'il y a des sujets qui piquent leur curiosité.

En ce qui concerne les cours dans d'autres matières, je conseille aux étudiants qui veulent faire des études de deuxième et troisième cycles en économique de se perfectionner en maths en suivant un cours d'introduction à l'analyse réelle, et de suivre un cours en probabilité et un autre en statistique. Il est utile d'avoir des notions en programmation, mais cela peut s'acquérir en dehors des cours. Pour le reste, c'est selon les intérêts des étudiants.

CINQUIÈME PARTIE
Les lacunes du marché et les choix publics

CHAPITRES

16 Les effets externes

17 Les biens collectifs et les ressources communes

Les effets externes

Nous brûlons des quantités considérables de combustibles fossiles – charbon, gaz naturel et pétrole –, ce qui cause les pluies acides et le réchauffement de la planète. Nous déversons des déchets toxiques dans les rivières, les lacs et les océans. Ces problèmes environnementaux d'une importance cruciale sont à la fois la responsabilité de tous et celle de personne. Comment pouvons-nous prendre à notre compte les torts que nous causons à autrui chaque fois que nous allumons notre système de chauffage ou de climatisation ? ◆ Tous les jours ou presque, on annonce une découverte en médecine, en génie, en chimie, en physique ou même en économie. Le savoir humain progresse constamment, et de plus en plus de gens ont accès à un savoir de plus en plus vaste. Le stock de connaissances humaines s'accroît sans cesse, et il semble que rien n'arrêtera cette croissance. Nous devenons de plus en plus savants, mais la progression du savoir humain est-elle assez rapide ? Allouons-nous assez de ressources à l'éducation et à la recherche ? Y a-t-il assez d'enfants qui vont à l'école ? Y restent-ils assez longtemps et y travaillent-ils assez fort ? Nous porterions-nous mieux si nous consacrions plus de ressources à l'éducation et à la recherche ?

Objectifs du chapitre

◆ **Expliquer l'origine des effets externes**

◆ **Expliquer pourquoi les effets externes négatifs occasionnent une surproduction inefficace et comment les droits de propriété, les redevances sur les émissions, les permis négociables et la taxation permettent d'obtenir un résultat plus efficace**

◆ **Expliquer pourquoi les effets externes positifs occasionnent une sous-production inefficace et comment la fourniture publique, les subventions, les bons et les brevets améliorent l'efficacité économique**

◆ Ce chapitre traite du problème des effets externes, ou externalités, c'est-à-dire des effets positifs ou négatifs que nos actions individuelles ont sur autrui. Les effets externes s'opposent aux effets internes, que nous avons définis jusqu'à présent comme la satisfaction que procurent les biens aux consommateurs ou les profits que réalisent les entreprises. Dans nos choix économiques, les effets externes s'effacent devant les effets internes. Et pourtant, leur poids fait pencher la balance dans maints domaines, notamment dans ceux de l'environnement et du savoir. Dans la rubrique « Entre les lignes » (p. 492), nous examinerons comment on peut réduire les émissions de gaz carbonique et combattre le réchauffement planétaire grâce à une taxe sur le carbone.

Les effets externes dans la vie quotidienne

On appelle **effets externes** (ou **externalités**) les *coûts* de *production* qui retombent sur des personnes autres que le producteur – ou les *avantages* dont elles bénéficient –, et les *coûts* de *consommation* qui retombent sur des personnes autres que le consommateur – ou les *avantages* dont elles bénéficient. Les effets externes se distinguent des effets internes qui touchent directement l'agent économique qui prend la décision de production ou de consommation. Les effets qui imposent un coût sont appelés **effets externes négatifs** et ceux qui procurent un avantage, **effets externes positifs**.

Il y a donc quatre types d'effets externes :

- les effets externes de production négatifs (coûts externes de production) ;
- les effets externes de consommation négatifs (coûts externes de consommation) ;
- les effets externes de production positifs (avantages externes de production) ;
- les effets externes de consommation positifs (avantages externes de consommation).

Lorsqu'ils négligent les effets externes de leurs activités, les acteurs économiques ne peuvent pas compter uniquement sur le marché pour assurer une allocation efficace des ressources. On est alors en présence d'une **lacune du marché**, que les pouvoirs publics pourront souvent combler.

Les effets externes de production négatifs

La congestion de la circulation, la pollution et les émissions de gaz carbonique sont à l'origine des effets externes de production négatifs les plus dommageables et les plus répandus.

La congestion de la circulation Matin et soir, les ponts de Montréal sont engorgés de voitures qui avancent lentement, parechoc contre parechoc. Une personne qui choisit de voyager en voiture plutôt qu'en train de banlieue ne considère que les coûts et les bénéfices internes de chaque option : le prix de la voiture comparé au prix d'un ticket de train ; la durée du voyage et le confort associé à chaque option, etc. En choisissant l'auto, elle néglige toutefois le coût externe imposé aux autres automobilistes par l'ajout d'une voiture supplémentaire sur les routes à l'heure de pointe.

On estime que le coût annuel de la congestion de la circulation dans la région métropolitaine, principalement en temps perdu, s'élève à 1,4 milliard de dollars, soit autant que ce qu'on dépense chaque année pour l'entretien de l'ensemble du réseau routier québécois ! Ce coût de congestion est une externalité de production négative.

L'analyse économique des effets externes considère différentes façons de régler les problèmes de congestion de la région métropolitaine.

La pollution et les émissions de gaz carbonique Par une chaude journée d'été, nous allumons naturellement la climatisation dans notre automobile : cela coûte un peu plus cher en essence, mais nous estimons qu'avoir de l'air frais est un avantage suffisamment important. Ce faisant, nous ne tenons compte que des effets internes de nos choix et négligeons les effets externes : consommer plus d'essence contribue à accroître le réchauffement de la planète ! Chaque fois que nous allumons nos appareils de climatisation, que nous faisons couler l'eau chaude, que nous conduisons nos voitures, que nous prenons l'avion, l'autobus ou le train, nous créons de la pollution, et notre empreinte écologique se creuse un peu plus.

L'activité économique contribue à la pollution de l'air, de l'eau et du sol, et ces diverses zones de pollution entrent en interaction dans l'*écosystème*.

La pollution atmosphérique Le transport routier et les procédés industriels sont la cause de 60 % de la pollution de l'air, et la production d'électricité, de 20 % seulement (voir, à la page suivante, l'encadré sur l'évolution de la pollution atmosphérique aux États-Unis depuis 1980).

Beaucoup de gens croient que l'air est de plus en plus pollué. Ils n'ont pas tort pour ce qui est de bien des pays en développement. La croissance rapide de l'économie chinoise a créé un important problème de qualité de l'air à Pékin. Durant les Jeux olympiques de 2008, on a interrompu les travaux de construction et fermé les usines pour assainir temporairement l'air qui, autrement, aurait pu mettre en danger la santé des participants.

En revanche, dans les pays riches, on observe une diminution de la plupart des substances polluantes dans l'air. En fait, la pollution atmosphérique est en baisse depuis plus de 30 ans.

Si la pollution de l'air diminue, les émissions de gaz carbonique et d'autres gaz à effet de serre tels que le méthane sont en hausse. La concentration de dioxyde de carbone dans l'atmosphère augmente à un rythme sans précédent.

Les coûts de la pollution de l'air et des émissions de gaz carbonique sont élevés et perturbent de vastes régions du globe. Les émanations de dioxyde de souffre et d'oxydes d'azote provenant des centrales électriques au charbon et au mazout sont à l'origine des *pluies acides*, qui endommagent les forêts et les cultures. Des substances

L'évolution de la pollution atmosphérique

L'assainissement de l'air

La figure ci-contre montre l'évolution des concentrations de six polluants atmosphériques aux États-Unis. On a pratiquement éliminé le plomb de l'atmosphère. Les concentrations de dioxyde de soufre, de monoxyde de carbone et de particules en suspension ont diminué d'environ 50 %. Bien qu'ils soient plus difficiles à éliminer, l'ozone et le dioxyde d'azote sont aujourd'hui à 70 % de ce qu'ils étaient en 1980.

Le progrès réalisé est encore plus impressionnant lorsqu'on le compare à l'évolution de l'activité économique. Entre 1980 et 2007, la production totale s'est accrue de 123 %. Les kilomètres parcourus par les véhicules ont augmenté de 90 %, la consommation d'énergie de 82 % et la population de 35 %. Alors que toute cette activité économique était à la hausse, la pollution de l'air dans son ensemble *diminuait* de plus de 30 %.

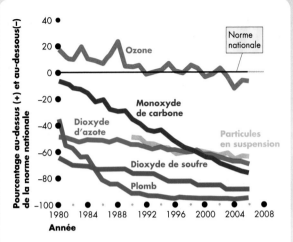

Six sources de pollution atmosphérique

Source : *Latest Findings on National Air Quality : Status and Trends through 2006.* United States Environmental Protection Agency. www.epa.gov/air/airtrends/2007/

---

en suspension dans l'air, telles que le plomb qui s'échappe de certaines catégories d'essence, sont soupçonnées de causer le cancer et d'autres maladies mortelles. La déplétion de la *couche d'ozone* nous expose davantage au rayonnement ultraviolet du soleil et à ses effets cancérogènes. Mais les coûts les plus élevés sont ceux qu'entraîne l'augmentation de la concentration de gaz carbonique, dont les conséquences sont le réchauffement de la planète et les changements climatiques. Ces derniers, en particulier, risquent d'entraîner des coûts astronomiques.

Certaines innovations technologiques destinées à réduire les coûts, à diminuer la pollution atmosphérique et à ralentir la formation du gaz carbonique font partie des solutions possibles. Certaines existent déjà ; d'autres nécessitent plus de recherche et de développement pour devenir réalité.

On peut rendre les véhicules automobiles plus « verts » en employant de nouveaux carburants tels que l'éthanol, le gaz naturel, le propane, le butane et l'hydrogène. Certains véhicules peuvent rouler à l'électricité, grâce entre autres à des piles. Toutefois, la capacité de cette dernière forme d'énergie à diminuer la pollution de l'air et les émissions de gaz carbonique dépend des moyens utilisés pour la produire.

La pollution de l'eau Le déversement des déchets industriels et des eaux usées non traitées, ainsi que l'écoulement de surface des engrais chimiques polluent les océans, les lacs et les rivières.

Essentiellement, il existe deux moyens de prévenir la pollution des cours d'eau et des mers. L'un consiste à traiter chimiquement les déchets pour les rendre inertes ou biodégradables ; l'autre, largement utilisé pour les matières nucléaires, consiste à utiliser des sites terrestres pour y enfouir les déchets dans des conteneurs aussi hermétiques que possible.

La pollution du sol La pollution du sol résulte du déversement de déchets toxiques. Les ordures ménagères ordinaires ne sont pas polluantes, sauf si elles pénètrent dans le système d'approvisionnement en eau. Le recyclage est une option attrayante, mais il exige des investissements importants et il n'est économique que dans la mesure où le prix des matières recyclées demeure élevé. L'incinération coûte cher et entraîne de la pollution atmosphérique. Tout compte fait, ces deux dernières solutions ne sont efficaces que si le coût de l'enfouissement est élevé.

Les effets externes de consommation négatifs

Les effets externes de consommation négatifs sont une source d'irritation pour la plupart des gens. L'individu qui fume dans un lieu clos génère une fumée qui est nocive et que la plupart des gens trouvent désagréable. Fumer

L'évolution de la température de l'atmosphère et les émissions de CO$_2$

La plus énorme lacune du marché?

À la demande du gouvernement du Royaume-Uni, l'économiste britannique Nicholas Stern a rédigé un rapport sur le réchauffement planétaire et les changements climatiques. Cet important rapport, le *Stern Review on the Economics of Climate Change*, a suscité beaucoup d'intérêt. Selon son auteur, les changements climatiques constituent « la plus énorme lacune du marché jamais observée ». Pour prévenir les catastrophes dues aux changements climatiques, il faut que la concentration des gaz à effet de serre ne dépasse pas 550 parties par million (ppm) de CO$_2$ (et une quantité équivalente des autres gaz à effet de serre). En 2007, cette concentration était de 430 ppm, mais elle augmente de plus de 2 ppm par année, si bien que le seuil critique sera atteint vers 2070.

L'évolution de la température et des émissions de CO$_2$ contraste vivement avec celle de la pollution de l'air, comme l'illustre la figure ci-contre. Bien que le sujet soit encore débattu, la plupart des scientifiques disent que la principale source de ces changements est l'activité économique humaine. Les analyses des carottes de glace révèlent des fluctuations des quantités de CO$_2$ sur de longues périodes, mais jamais la concentration n'a connu une hausse aussi rapide.

Pour maintenir le taux des gaz à effet de serre à 550 ppm, il faut diminuer les émissions pour que, d'ici à 2050, elles soient à 75 % ou moins de leur niveau actuel. Il faudra continuer par la suite à limiter les émissions de façon à atteindre 20 % de la concentration actuelle.

Les coûts de ces mesures seront élevés. Stern les estime à 1 % de la valeur de la production mondiale. S'ils devaient être assumés par ceux qui habitent les pays riches – les seuls qui en ont vraiment les moyens –, les coûts s'élèveraient à environ 750 $ par personne par année.

Certains économistes remettent en question les prémisses et les conclusions de Stern, affirmant que la réduction des émissions coûtera beaucoup moins cher si nous nous accordons plus de temps pour atteindre notre objectif et attendons les innovations technologiques qui feront baisser le prix des énergies renouvelables, produites, entre autres, par le soleil, les marées et le vent.

Tous les économistes s'accordent à dire que de nouveaux incitatifs sont nécessaires pour encourager les gens à s'attaquer au problème du réchauffement planétaire. Le coût des activités qui produisent du gaz carbonique doit augmenter et celui des nouvelles sources d'énergie doit tomber.

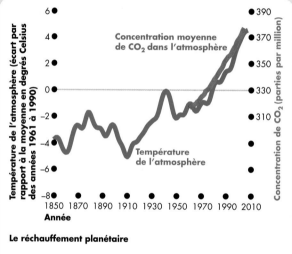

Le réchauffement planétaire

Source : Met Office Hadley Centre et Scripps Institution of Oceanography.

---

entraîne un effet externe de consommation négatif. Pour éviter cet effet externe, on interdit aux gens de fumer dans les endroits publics. Mais cette interdiction impose un effet externe de consommation négatif aux fumeurs! Ici, la majorité impose un coût à la minorité, c'est-à-dire aux fumeurs qui aimeraient pouvoir fumer tranquillement au restaurant ou en avion.

Les fêtes bruyantes ou les concerts rock en plein air sont d'autres exemples de coûts externes de consommation. Ce sont aussi des exemples qui démontrent que l'interdiction pure et simple de l'activité n'est pas une solution : si cela évite un coût externe aux voisins qui veulent dormir, cela impose un coût externe aux gens qui veulent s'amuser.

Laisser les mauvaises herbes envahir sa pelouse (et celle des voisins), ne pas ramasser les feuilles à l'automne, laisser son chien se soulager sur le terrain du voisin ou japper à tue-tête, voilà autant d'exemples d'effets externes de consommation négatifs.

Les effets externes de production positifs

Quand Miels d'Anicet met ses ruches dans un champ de fraises à Ferme-Neuve, ses abeilles récoltent pollen et nectar pour les transformer en miel parfumé et, du même coup, elles font la pollinisation des fleurs, ce qui accroît la production de fraises. Cet exemple illustre deux effets externes de production positifs : Miels d'Anicet profite de la production du propriétaire du champ de fraises, et le propriétaire du champ de fraises profite de la production de Miels d'Anicet. Comme les effets externes négatifs, les effets externes positifs posent problème quand on les néglige.

Les effets externes de consommation positifs

Quand vous recevez un vaccin antigrippal, vous réduisez vos risques de contracter la grippe, mais aussi de la transmettre à ceux qui ne sont pas immunisés. Le vaccin antigrippal a donc des effets externes de consommation positifs.

Quand le propriétaire d'un bâtiment historique restaure sa propriété, ses voisins et les passants en tirent du plaisir. De même, quand quelqu'un construit une maison dans le style des luxueuses demeures bourgeoises de Westmount ou encore une structure architecturale extraordinaire comme le Stade olympique de Montréal, tous ceux qui passent devant en profitent. L'éducation, dont nous traiterons plus loin dans ce chapitre, est un autre exemple d'effet externe de consommation positif.

MINITEST 1

1 Quels sont les quatre types d'effets externes ?

2 Donnez un exemple de chaque type d'effet externe. Choisissez des exemples autres que ceux qui sont présentés dans cette section.

3 Comment les marchés ou les pouvoirs publics s'occupent-ils des effets externes que vous avez décrits ?

Réponses p. 499

Nous avons décrit les quatre types d'effets externes et avons fourni des exemples de chacun d'eux. Nous allons maintenant examiner ces coûts externes d'un point de vue économique et, pour illustrer notre propos, nous utiliserons des exemples qui se rapportent à la pollution, le plus important des effets externes négatifs.

Les effets externes négatifs : l'exemple de la pollution

Avant d'aborder l'étude des effets externes négatifs engendrés par la pollution, nous devons d'abord distinguer les coûts privés de production des coûts sociaux de production.

Les coûts privés et les coûts sociaux

Un **coût privé** de production est un coût supporté par le producteur d'un bien ou d'un service. Nous savons que le *coût marginal* est le coût de production d'une *unité supplémentaire* d'un bien ou d'un service ; le **coût marginal privé** (Cm) est le coût de production d'une unité supplémentaire d'un bien ou d'un service que supporte le producteur de ce bien ou de ce service.

Nous avons vu qu'un *coût externe* est un coût de production d'un bien ou d'un service qui est supporté par des personnes autres que le producteur de ce bien ou de ce service. Le **coût marginal externe** est le coût de production d'une unité supplémentaire d'un bien ou d'un service supporté par des personnes autres que le producteur.

Le **coût marginal social** (CmS) est un coût marginal supporté par l'ensemble de la société (le producteur et le reste de la population) ; c'est la somme du coût marginal privé et du coût marginal externe :

$$CmS = Cm + \text{Coût marginal externe}$$

On exprime les coûts en dollars, mais il faut se souvenir qu'il s'agit d'un coût de renonciation – on renonce à quelque chose de réel, par exemple à une rivière propre ou à un air pur, pour obtenir autre chose.

L'évaluation d'un coût externe Les économistes utilisent les prix du marché pour évaluer le coût monétaire de la pollution. Imaginons, par exemple, deux rivières semblables – l'une polluée par des déversements de produits chimiques, l'autre propre. On construit 500 maisons identiques le long de chacune. Les maisons en bordure de la rivière propre se louent 2 500 $ par mois ; celles en bordure de la rivière polluée, 1 500 $ par mois. Si la pollution est la seule différence perceptible entre les deux rivières et les deux sites, le coût de la pollution est la différence de loyer, soit 1 000 $ par mois. Et le coût externe de la pollution pour les 500 maisons est de 500 000 $ par mois.

Le coût externe et la production La figure 16.1 donne un exemple de la relation entre production et coût dans une industrie chimique polluante. Le coût marginal, représenté par la droite Cm, est le coût marginal privé supporté par les usines qui fabriquent le produit polluant – appelons-le Chimicol. Le coût marginal augmente avec la quantité produite de Chimicol. Quand elles déversent des matières toxiques dans une rivière, les entreprises imposent un coût marginal externe qui augmente avec la quantité produite de Chimicol. Le coût marginal social, représenté par la droite CmS, correspond à la somme du coût marginal privé et du coût marginal externe. Par exemple, quand on produit 4 000 tonnes de Chimicol par mois, le coût marginal privé est de 100 $ par tonne, le coût marginal externe de 125 $ par tonne et le coût marginal social de 225 $ par tonne.

La figure 16.1 montre que, quand la quantité produite augmente, la pollution s'accroît, et le coût marginal externe de la pollution augmente. Cependant, elle ne révèle pas la quantité de pollution, quantité qui dépend du fonctionnement du marché des produits chimiques. Commençons par voir ce qui arrive quand l'industrie a toute liberté de polluer.

FIGURE 16.1   *Un coût externe*

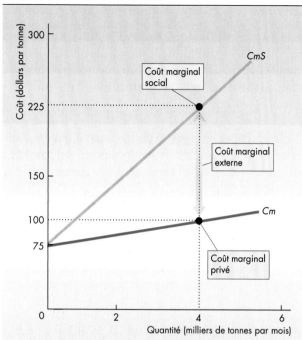

La droite *Cm* représente le coût marginal privé supporté par les entreprises qui produisent une substance chimique appelée Chimicol. La droite *CmS* représente la somme du coût marginal privé et du coût marginal externe. Quand on produit 4 000 tonnes de Chimicol par mois, le coût marginal privé est de 100$ par tonne, le coût marginal externe de 125$ par tonne et le coût marginal social de 225$ par tonne.

La production et la pollution: combien?

La quantité de pollution que produit une industrie non réglementée dépend du prix d'équilibre du marché et de la quantité produite du bien. À la figure 16.2, la demande d'un produit polluant – disons le Chimicol – est représentée par la droite *D*. La demande est une mesure de la valeur marginale sociale, *VmS*, que procure le Chimicol: les acheteurs de Chimicol sont prêts à payer 100$ pour acheter la 4 000ᵉ tonne produite. La droite d'offre *O* mesure le coût marginal privé, *Cm*, des producteurs; cette droite représente aussi le coût marginal privé, car quand elles décident de leur production et de leur offre, les entreprises ne considèrent que les coûts qu'elles auront à supporter. L'équilibre du marché s'établit à un prix de 100$ par tonne et à une quantité de 4 000 tonnes par mois.

Cet équilibre est inefficace. Comme nous l'avons vu au chapitre 5, l'allocation des ressources est efficace quand la valeur marginale sociale est égale au coût marginal social. Mais quand on compare valeur marginale sociale et coût marginal social, il faut compter tous les coûts – privés et externes. Donc, avec un coût externe, l'allocation des ressources est efficace quand la valeur marginale sociale est

égale au coût marginal *social*, ce qui est le cas quand on produit 2 000 tonnes de Chimicol par mois. L'équilibre du marché correspond donc à une surproduction de 2 000 tonnes par mois, et il crée une perte de surplus, le triangle gris.

Comment les gens qui vivent sur le bord de la rivière polluée peuvent-ils amener les entreprises polluantes à réduire leur production? Si on trouvait le moyen d'y arriver, tout le monde y gagnerait, les propriétaires des entreprises comme les riverains. Explorons quelques pistes de solutions.

Les droits de propriété

L'établissement d'un droit de propriété là où il n'en existe pas peut réduire l'inefficacité qui résulte d'un effet externe. Le **droit de propriété** est une entente sociale qui régit la possession, l'utilisation et la vente de facteurs de production et de biens et services. Dans les sociétés modernes, un droit de propriété est un titre légal qu'on peut faire respecter en s'adressant aux tribunaux.

FIGURE 16.2   *L'inefficacité qui résulte d'un coût externe*

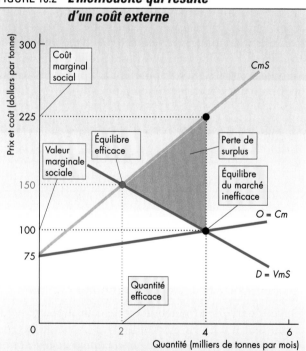

L'offre du marché et le coût marginal privé sont représentés par la droite *O = Cm*. La demande et la valeur marginale sociale sont représentées par la droite *D = VmS*. L'équilibre du marché s'établit à un prix de 100$ par tonne et à une quantité produite de 4 000 tonnes par mois; il est inefficace parce que le coût marginal social dépasse la valeur marginale sociale. La quantité efficace est de 2 000 tonnes par mois. Le triangle gris représente la perte de surplus qui découle de l'effet externe (pollution).

Supposons que les entreprises de produits chimiques sont propriétaires des rivières et des 500 maisons qui bordent chacunes d'elles. On sait que le loyer que les gens consentent à payer varie selon la quantité de pollution : ils sont prêts à payer 2 500 $ par mois pour vivre sur le bord d'une rivière non polluée, mais seulement 1 500 $ par mois s'ils doivent vivre avec la pollution qu'engendre une production de 4 000 tonnes de substances chimiques par mois. À ce niveau de production, les entreprises perdent 1 000 $ par mois par maison, soit 500 000 $ par mois. Les producteurs doivent maintenant supporter le coût de la pollution qu'ils créent, soit la perte de loyer qui résulte de cette pollution.

La figure 16.3 illustre ce scénario en reprenant l'exemple de la figure 16.2. Avec des droits de propriété, la droite *Cm* ne mesure plus la totalité du coût de renonciation de la production des entreprises, car elle n'inclut pas les pertes sur les loyers que la pollution entraîne. La droite *CmS* devient alors la droite de coût marginal privé *Cm*. Comme tous les coûts retombent sur les producteurs, la droite d'offre du marché, $O = Cm = CmS$, englobe tous les coûts marginaux.

FIGURE 16.3 *L'atteinte de l'efficacité par l'attribution de droits de propriété*

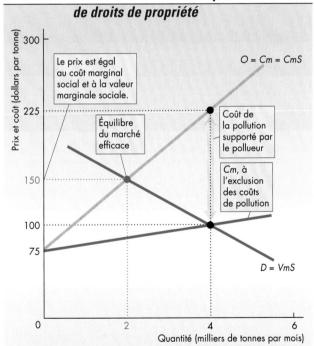

Avec des droits de propriété, la droite de coût marginal dont le coût de la pollution est exclu ne représente plus qu'une partie du coût marginal des producteurs. La droite de coût marginal privé (ligne orange) inclut le coût de la pollution (les pertes sur les loyers), si bien que la droite d'offre est $O = Cm = CmS$. L'équilibre du marché s'établit à un prix de 150 $ par tonne et à une quantité de 2 000 tonnes par mois ; cet équilibre est efficace, car le coût marginal social est égal à la valeur marginale sociale. La quantité efficace de pollution est différente de zéro.

L'équilibre du marché s'établit maintenant à un prix de 150 $ par tonne et à une quantité de 2 000 tonnes par mois, et il est efficace. Les entreprises polluent encore, mais la quantité de pollution qu'elles créent est efficace.

Le théorème de Coase

Le choix de l'agent économique à qui on confie un droit de propriété dans ces circonstances importe-t-il ? Est-ce que cela change quelque chose qu'on le confie au pollueur ou à la victime de la pollution ? À première vue, ce choix semble crucial : s'il revient aux propriétaires de maisons d'autoriser ou non les entreprises à déverser leur pollution dans la rivière, ne vont-ils pas choisir de les empêcher de le faire ? Par conséquent, n'est-il pas logique de s'en remettre à l'État pour réglementer l'usage de la rivière ? C'est ce que tout le monde pensait jusqu'en 1960, y compris les économistes qui réfléchissaient à la question depuis longtemps.

C'est alors que l'économiste Ronald Coase (voir la page 524) eut une intuition remarquable et formula ce qui est devenu le **théorème de Coase**. Ce théorème repose sur la proposition suivante : s'il y a un droit de propriété, que le nombre de parties qui négocient est faible et que les coûts de transaction sont minimes, les transactions privées sont efficaces. Il n'y a aucun effet externe parce que les parties engagées dans la transaction prennent en considération tous les coûts et les bénéfices, et ce, peu importe qui détient les droits de propriété.

L'application du théorème de Coase Dans l'exemple que nous venons d'étudier, les propriétaires des entreprises possédaient la rivière polluée et les maisons riveraines. Supposons maintenant que les riverains ne sont plus locataires, mais propriétaires de leur maison et de la rivière. Dans ce scénario, les entreprises doivent payer les propriétaires de maisons pour avoir le droit de déverser leurs déchets. Plus la quantité de déchets déversés dans la rivière est importante, plus ce paiement est élevé. Ici encore, les entreprises doivent supporter le coût de renonciation de la pollution qu'elles créent. La quantité de produits chimiques créés et la quantité de déchets déversés sont les mêmes, quels que soient les propriétaires de la rivière. Si la rivière et les maisons appartiennent aux entreprises polluantes, celles-ci supportent le coût de leur pollution puisque le loyer des maisons baisse. Et si la rivière et les maisons appartiennent aux résidents, les entreprises supportent le coût de leur pollution puisqu'elles doivent verser une compensation aux propriétaires riverains. Dans les deux cas, les entreprises supportent le coût de leur pollution et déversent la quantité efficace de déchets dans la rivière.

La solution de Coase ne fonctionne que si les coûts de transaction sont faibles. Les **coûts de transaction** représentent le coût de renonciation lié au fait de mener une transaction. Si vous achetez une maison, par exemple, vous paierez une série de coûts de transaction : la commission de l'agent immobilier, les honoraires du notaire qui vérifie les titres de propriété du vendeur et assure leur transfert à votre nom, etc.

Dans notre exemple, les coûts de transaction supportés par un nombre restreint d'entreprises et de riverains peuvent être suffisamment faibles pour permettre aux deux parties de s'entendre et de négocier une solution efficace. Cependant, dans bien des cas, les coûts de transaction sont si élevés qu'ils rendent la solution négociée inefficace, auquel cas le théorème de Coase ne s'applique pas.

Supposons que tout le monde est propriétaire de l'espace atmosphérique au-dessus de sa maison, disons jusqu'à 10 kilomètres d'altitude. Si quelqu'un pollue votre atmosphère, vous pouvez lui réclamer une compensation. Mais pour obtenir cette compensation, vous devez trouver les pollueurs et les persuader de vous payer. Imaginez l'ampleur des coûts liés à la négociation et à l'application de telles ententes entre les quelque 340 millions d'habitants du Canada et des États-Unis (sans compter ceux du Mexique) et les dizaines de milliers d'entreprises qui émettent du dioxyde de soufre, entraînent les pluies acides et polluent les propriétés. Dans un tel cas, on a recours aux choix publics pour composer avec les effets externes.

Selon l'argument fondamental de Coase, on ne peut présumer que le recours à l'État est *toujours* la meilleure façon de composer avec les effets externes. Si le nombre d'acteurs et les coûts de transaction sont faibles, comme pour Miels d'Anicet et son voisin cultivateur de fraises, on peut présumer que les parties s'entendront afin d'internaliser tous les coûts et les bénéfices liés à leurs activités respectives, sans que l'intervention de l'État soit nécessaire. Lorsque les coûts de transaction sont importants, le recours à l'État peut s'avérer la meilleure solution. Examinons quelques-unes des mesures que l'État peut mettre en place.

Les pouvoirs publics et les coûts externes

Les administrations publiques peuvent recourir à trois types de mesures pour composer avec les effets externes :

- ◆ la taxation ;
- ◆ les redevances sur les émissions ;
- ◆ les permis négociables.

La taxation Pour inciter les producteurs à limiter la pollution, on peut imposer un type particulier de taxe : la **taxe pigouvienne**, ainsi nommée en l'honneur d'Arthur Cecil Pigou. Cet économiste britannique a été le premier, dans les années 1920, à proposer un moyen de composer avec les effets externes.

En fixant un taux de taxation égal au coût marginal externe, on peut amener les entreprises à se comporter comme si elles devaient supporter directement le coût de l'effet externe. Pour voir comment des mesures gouvernementales peuvent modifier les résultats du marché en présence d'effets externes, revenons à notre rivière et à nos usines de Chimicol.

Supposons que le gouvernement a évalué avec précision le coût marginal externe et qu'il impose aux usines une taxe qui correspond exactement à ce coût. La figure 16.4 illustre les effets de cette taxe. La droite de demande et de valeur marginale sociale, $D = VmS$, et la droite de coût marginal des entreprises, Cm, sont les mêmes qu'à la figure 16.2. La taxe de pollution est égale au coût marginal externe de la pollution. On ajoute cette taxe au coût marginal privé pour trouver l'offre du marché, soit la droite $O = Cm + taxe = CmS$. Cette droite représente l'offre du marché parce qu'elle indique les quantités offertes à chaque prix compte tenu du coût marginal des entreprises et de la taxe de pollution qu'elles doivent payer. Elle représente également le coût marginal social parce que la taxe de pollution est égale au coût marginal externe.

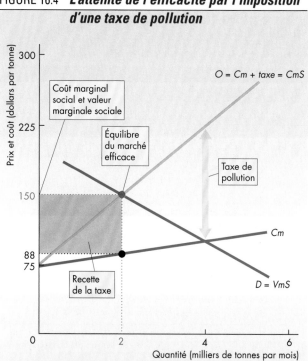

FIGURE 16.4 *L'atteinte de l'efficacité par l'imposition d'une taxe de pollution*

L'État impose une taxe de pollution égale au coût marginal externe de la pollution. La droite d'offre devient la droite de coût marginal privé, *Cm*, plus la taxe ; autrement dit, *O = Cm + taxe*. L'équilibre du marché se situe à un prix de 150 $ par tonne et à une quantité de 2 000 tonnes par mois ; cet équilibre est efficace parce que le coût marginal social est égal à la valeur marginale sociale. L'État perçoit la recette fiscale représentée par le rectangle mauve.

L'offre et la demande établissent maintenant l'équilibre du marché à un prix de 150 $ par tonne et à une quantité de 2 000 tonnes par mois. À ce niveau de production, le coût marginal social et la valeur marginale sociale sont tous deux de 150 $ par tonne, de sorte que le résultat est efficace. Les entreprises supportent un coût marginal de 88 $ par tonne et paient une taxe de 62 $ par tonne. L'État perçoit 124 000 $ par mois en taxe.

Les redevances sur les émissions Les redevances sur les émissions sont un autre moyen de forcer le pollueur à payer le coût externe de sa pollution. L'État fixe des redevances sur les émissions, c'est-à-dire un prix à payer par unité de pollution. Plus une usine crée de pollution, plus ses redevances sont élevées. Rare en Amérique du Nord, cette façon de traiter les effets externes sur l'environnement est courante en Europe. Ainsi, en France, en Allemagne et aux Pays-Bas, les pollueurs de l'eau paient une redevance sur leurs déversements de déchets.

Cependant, pour fixer une redevance qui permette d'atteindre l'efficacité, l'État doit disposer d'une foule d'informations auxquelles il a rarement accès.

Les permis négociables Plutôt que d'imposer aux pollueurs une taxe ou des redevances sur les émissions, on peut fixer une limite de pollution à chaque pollueur potentiel. Comme chaque entreprise connaît ses coûts et ses bénéfices liés à la pollution, le fait pour l'État de rendre les permis de polluer négociables est un moyen ingénieux de contourner l'obstacle de l'information privée à laquelle il n'a pas accès. L'État attribue à chaque entreprise un permis l'autorisant à émettre une certaine quantité de pollution, et ces permis peuvent être achetés ou vendus. Les entreprises qui peuvent réduire leur pollution à un faible coût marginal vendent leurs permis, et celles pour qui le coût de la réduction de la pollution est élevé achètent des permis. Le marché des permis détermine le prix auquel ces permis s'échangent ; les entreprises achètent ou vendent des permis jusqu'à ce que leur coût marginal de pollution soit égal au prix du marché.

Encore plus que les redevances sur les émissions, les permis de polluer négociables incitent les entreprises à trouver des technologies moins polluantes, puisque le prix de la pollution augmente avec la demande de permis.

Le marché des permis d'émission L'Environmental Protection Agency (EPA) américaine attribue des permis négociables depuis l'adoption du Clean Air Act en 1970.

Dans les années 1980, les échanges de permis de polluer par le plomb étaient très courants aux États-Unis, et le programme américain de permis négociables apparaît comme une réussite, car il a permis d'éliminer le plomb de l'atmosphère des États-Unis. Cependant, l'obtention de pareils résultats pour d'autres substances risque d'être plus difficile, car la pollution par le plomb est unique à plusieurs égards. D'abord, la majeure partie de cette pollution provient d'une seule et même source : l'essence au plomb. Deuxièmement, le niveau de plomb dans l'essence est facile à surveiller. Troisièmement, l'objectif du programme était clair : éliminer le plomb dans l'essence.

Actuellement, l'EPA envisage d'utiliser des permis négociables pour rendre plus efficace la limitation des émissions de CFC – les gaz qu'on soupçonne d'endommager la couche d'ozone. Pour sa part, Environnement Canada n'a jamais eu recours aux permis négociables, mais ce mécanisme a été retenu lors de la création du Fonds pour le climat dans le budget de 2005.

MINITEST 2

1. Quelle est la différence entre coûts privés et coûts sociaux ?

2. Comment un effet externe négatif empêche-t-il un marché concurrentiel d'allouer efficacement les ressources ?

3. Comment l'attribution de droits de propriété peut-elle éliminer un effet externe négatif ? Décrivez le fonctionnement de cette mesure.

4. Comment la taxation nous aide-t-elle à composer avec les effets externes négatifs ? Une taxe de pollution peut-elle inciter les entreprises à produire la quantité efficace de pollution ?

5. Comment les redevances sur les émissions et les permis négociables fonctionnent-ils ?

Réponses p. 500

Les effets externes positifs : l'exemple du savoir

Le savoir vient de l'éducation et de la recherche. Pour étudier l'économique du savoir, il faut d'abord distinguer les valeurs privée et sociale que procure une activité économique.

La valeur privée et la valeur sociale

Lorsque nous consommons un bien ou un service, nous en retirons un avantage, comme nous l'avons vu au chapitre 8. La demande d'un consommateur est la mesure la plus simple de cet avantage : si un consommateur achète six pains par semaine lorsque leur prix est de 2 $ par unité, cela signifie que la valeur du sixième pain pour ce consommateur est de 2 $. Pour la plupart des biens et services, la notion de demande suffit pour établir la valeur sociale d'un bien, mais ce n'est plus le cas si la consommation entraîne des effets externes. Par exemple, nous avons vu que la construction d'un bel édifice pouvait comporter des effets externes de consommation positifs. En payant 150 000 $ une maison attrayante qu'il aurait pu faire bâtir pour 100 000 $ s'il avait rogné sur la qualité de la façade, un consommateur révèle qu'une belle façade vaut pour lui 50 000 $; mais ce montant n'est pas une bonne mesure de la valeur sociale d'une belle façade si celle-ci est aussi appréciée par les passants qui ne participent pas, eux, à la décision de la faire construire.

On doit donc distinguer la **valeur marginale privée** qu'un consommateur tire d'un bien ou d'un service – mesuré ici par sa demande – de la **valeur marginale sociale** (*VmS*). Celle-ci inclut en sus les avantages externes qu'en retirent indirectement les autres consommateurs :

VmS = demande + avantage marginal externe

La figure 16.5 donne un exemple de la relation entre la demande et la valeur marginale sociale. La **valeur privée** que les étudiants attribuent à un diplôme universitaire (par exemple de meilleures perspectives d'emploi et des revenus supérieurs à la moyenne) est représentée par la demande *D*. Cette valeur diminue au fur et à mesure qu'augmente le niveau d'études, lequel est mesuré ici par le nombre d'étudiants par année : avec 1,5 million d'étudiants, la valeur d'un diplôme pour le dernier étudiant inscrit est de 10 000 $, soit le prix que celui-ci est prêt à payer pour ce diplôme. Si les étudiants s'inscrivent dans un ordre représentant leur intérêt pour les études, la valeur marginale privée doit décroître ; pour qu'un 2 millionième étudiant choisisse de s'inscrire, il faudra que le prix chute bien en deçà de 10 000 $, la valeur privée qu'il prête aux études n'atteignant pas ce montant.

Cependant, les diplômés universitaires génèrent des **avantages externes**. En moyenne, ils tendent à être de meilleurs citoyens ; leur taux de criminalité est plus faible, et ils acceptent mieux les opinions d'autrui. De plus, une société qui compte un grand nombre de diplômés universitaires peut s'offrir des médias et des activités culturelles et sociales de grande qualité.

Dans l'exemple de la figure 16.5, l'avantage marginal externe est de 15 000 $ par étudiant par année quand 1,5 million d'étudiants s'inscrivent à l'université. La valeur marginale sociale, représentée par la droite *VmS*, correspond à la somme de la valeur marginale privée (la demande) et de l'avantage marginal externe. Ainsi, quand 1,5 million d'étudiants par année s'inscrivent à l'université, la valeur marginale privée est de 10 000 $ et l'avantage marginal externe, de 15 000 $, de sorte que la valeur marginale sociale totalise 25 000 $.

FIGURE 16.5 *Un avantage externe*

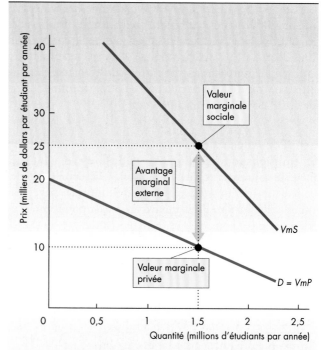

La droite de demande *D* mesure la valeur marginale privée qu'attribuent les étudiants à une formation universitaire. La droite *VmS* montre la somme de la valeur marginale privée et de l'avantage marginal externe. Quand 1,5 million d'étudiants fréquentent l'université, la valeur marginale privée est de 10 000 $; l'avantage marginal externe, de 15 000 $; et la valeur marginale sociale, de 25 000 $. Cela signifie qu'on ne peut demander plus de 10 000 $ pour former un étudiant supplémentaire (ce que cet étudiant est prêt à payer, soit sa valeur privée), même si la société estime à 25 000 $ (la valeur marginale privée plus l'avantage marginal externe) la valeur (sociale) de cette formation.

Si la valeur marginale privée est décroissante, la valeur marginale sociale variera – à la hausse ou à la baisse – selon l'évolution de l'avantage marginal externe. Ici, on présume que l'avantage marginal externe décroît avec le niveau de scolarité, ce qui signifie qu'il est surtout important que la société compte des personnes instruites. Il en serait autrement si nous considérions l'effet externe d'un vaccin dont l'administration est d'autant plus cruciale que le nombre de personnes à immuniser est grand si on veut éradiquer la maladie.

Quand ils prennent des décisions relatives à leurs études, les gens ne tiennent pas compte des avantages externes ; ils ne considèrent que la valeur privée. Par conséquent, si nous laissions les forces du marché s'exercer librement – c'est-à-dire si l'enseignement était offert par des établissements privés non subventionnés qui demandaient aux étudiants de payer le plein prix de leurs études –, nous ne produirions pas assez de diplômés universitaires.

La figure 16.6 illustre la sous-production de diplômés universitaires qu'on observerait si le gouvernement abandonnait complètement l'enseignement supérieur au secteur privé. L'offre et le coût marginal social sont représentés par la droite $O = CmS$. La demande et la valeur marginale privée sont données par la droite $D = VmP$. L'équilibre du marché s'établit à un prix (frais de scolarité) de 15 000 $ par étudiant par année et à une quantité de 750 000 étudiants par année. Dans cet équilibre, la valeur marginale sociale se chiffre à 38 000 $, soit 23 000 $ de plus que le coût marginal social. L'étudiant marginal, qui accorde aux études une valeur privée légèrement inférieure à 15 000 $, ne s'inscrit pas parce qu'il ne prend pas en compte les bénéfices supplémentaires indirects de près de 23 000 $ qu'en retirerait la société. Il y a trop peu d'étudiants à l'université, puisque la quantité efficace – celle où la valeur marginale sociale est égale au coût marginal social – est de 1,5 million d'étudiants. Le triangle gris illustre la perte de surplus.

Une sous-production semblable à celle de la figure 16.6 surviendrait au primaire et au secondaire dans un marché de l'éducation non réglementé. La valeur privée d'apprendre à lire, à écrire et à compter est importante pour les enfants (la possibilité de gagner un meilleur revenu), mais même ces connaissances élémentaires entraînent en plus un avantage externe puisqu'elles en font de meilleurs citoyens.

Les activités de recherche qui produisent de nouvelles connaissances génèrent elles aussi des effets externes. Ainsi, une fois qu'Isaac Newton l'eut découverte, la formule du calcul des variations infinitésimales des fonctions – le calcul différentiel – a pu être utilisée librement par tout le monde. De même, après l'invention en 1979 du tableau électronique VisiCalc, tout le monde a pu reprendre gratuitement l'idée pour mettre au point son propre tableur ; Lotus Corporation a lancé son 1-2-3, Microsoft a suivi avec Excel, et les deux produits ont connu un immense succès. La construction du premier centre commercial dans les années 1920 aux États-Unis a révolutionné l'organisation du commerce de détail ; comme tout le monde pouvait copier l'idée librement, les centres commerciaux ont poussé comme des champignons.

Quand quelqu'un fait une découverte, d'autres peuvent s'en inspirer. Copier une idée exige du travail ; ceux qui y recourent subissent un coût de renonciation, mais la plupart du temps ils n'ont pas à payer le savant ou l'inventeur pour pouvoir utiliser la découverte. Quand ils prennent une décision, les gens ne tiennent pas compte de ses avantages externes. Seule la valeur privée associée à cette décision les intéresse.

Quand on décide du nombre d'années d'études qu'on fera ou de la quantité de recherche à laquelle on se livrera, on compare le coût *privé* à la valeur *privée* ; on ne prend pas en considération les avantages externes ou on les sous-évalue. Si on laissait les forces du marché régir librement les activités d'enseignement et de recherche, celles-ci seraient donc insuffisantes.

Pour éviter cette carence et favoriser la quantité efficace d'un bien ou d'un service qui génère un avantage externe, les pouvoirs publics doivent modifier les résultats du marché en effectuant des choix.

Les pouvoirs publics et les avantages externes

En présence d'avantages externes, les pouvoirs publics peuvent recourir à quatre types de mesures pour atteindre une allocation efficace des ressources :

◆ la fourniture de services publics ;
◆ les subventions ;
◆ les bons ;
◆ les brevets et les droits d'auteur.

La fourniture de services publics On parle de **fourniture de services publics** quand le bien ou le service est produit par un établissement public qui tire ses revenus

FIGURE 16.6 *L'inefficacité qui résulte d'un avantage externe*

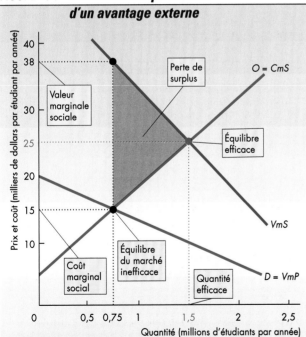

La demande du marché, soit la valeur marginale privée, est représentée par la droite $D = VmP$. L'offre et le coût marginal social sont donnés par la droite $O = CmS$. L'équilibre du marché – des frais de scolarité de 15 000 $ par année et 750 000 étudiants – est inefficace parce que la valeur marginale sociale dépasse le coût marginal social. La quantité efficace est de 1,5 million d'étudiants. Le triangle gris représente la perte de surplus découlant du nombre insuffisant des inscriptions.

de l'État ; il en est ainsi des services fournis par le système d'éducation public (écoles, collèges et universités).

Le graphique (a) de la figure 16.7 montre comment la fourniture de services publics peut remédier à la sous-production qu'on observe à la figure 16.6. Comme la fourniture de services publics ne peut pas réduire le coût de production, le coût marginal social est le même qu'avant. L'avantage marginal privé et l'avantage marginal externe sont également inchangés.

La quantité est efficace lorsque la valeur marginale sociale est égale au coût marginal social. Au graphique (a), la quantité efficace est de 1,5 million d'étudiants. On a déterminé les frais de scolarité de manière à obtenir la quantité efficace d'inscriptions d'étudiants ; on a fait en sorte qu'ils correspondent à la valeur privée pour la quantité efficace. En conséquence, ils s'établissent à 10 000 $ par année. Le reste du coût de l'université publique est supporté par les contribuables ; dans notre exemple, ce coût s'élève à 15 000 $ par étudiant par année.

Les subventions Les **subventions** sont des avantages financiers que l'État accorde à des producteurs privés. En liant la subvention au niveau de production, les pouvoirs publics peuvent inciter les décideurs du secteur privé à prendre en considération les effets externes dans leurs décisions.

Le graphique (b) de la figure 16.7 illustre le fonctionnement des subventions aux universités privées. En l'absence de subventions, l'offre du marché est donnée par la droite $O_0 = CmS$. La demande et la valeur privée sont représentées par la droite $D = VmP$. Si l'État donne aux universités une subvention de 15 000 $ par étudiant par année, on doit soustraire cette subvention du coût marginal de l'éducation pour trouver la nouvelle courbe d'offre du marché, soit la droite $O_1 = CmS - subvention$ (quelle que soit la quantité offerte, la subvention abaisse le coût de production de cette quantité). L'équilibre du marché est atteint quand les frais de scolarité sont de 10 000 $ par année et le nombre d'étudiants, de 1,5 million par année. Former 1,5 million d'étudiants entraîne un coût marginal social de

FIGURE 16.7   *L'atteinte de l'efficacité par la fourniture de services publics et par les subventions*

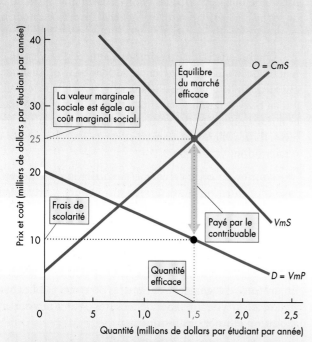

(a) Fourniture de services publics

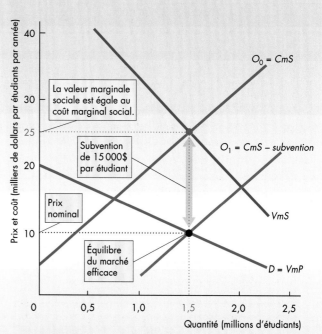

(b) Subvention

Au graphique (a), la valeur marginale sociale est égale au coût marginal social quand 1,5 million d'étudiants par année – la quantité efficace – s'inscrivent à l'université. Les frais de scolarité s'établissent à 10 000 $ par année, une somme égale à la valeur privée. Les contribuables supportent les 15 000 $ de coût supplémentaire par étudiant.

Au graphique (b), avec une subvention de 15 000 $ par étudiant, l'offre est représentée par la droite $O_1 = CmS - subvention$. Le prix d'équilibre s'élève à 10 000 $, et l'équilibre du marché est efficace avec 1,5 million d'étudiants par année. La valeur marginale sociale est égale au coût marginal social.

25 000 $ et procure une valeur marginale sociale de 25 000 $. Donc, avec un coût marginal social égal à la valeur marginale sociale, la subvention a permis d'atteindre l'efficacité. Les frais de scolarité et la subvention couvrent exactement le coût marginal des universités.

Les bons Un **bon** est une sorte de jeton que l'État attribue aux ménages afin qu'ils puissent acheter certains biens et services. Milton Friedman, lauréat du prix Nobel d'économie de 1976, s'est longtemps fait le défenseur d'un système de bons pour donner aux parents plus de choix et de pouvoir dans l'éducation de leurs enfants. Certains plaident en faveur d'un tel système aux niveaux collégial et universitaire, pour que les étudiants puissent à la fois recevoir une aide financière et exercer un choix. Au Québec, l'Action démocratique a proposé en 2003 l'instauration d'un système de bons d'éducation.

Cette formule permet aux parents de choisir l'établissement que fréquenteront leurs enfants et d'utiliser le bon d'éducation pour payer une partie des frais de scolarité. Les établissements d'enseignement encaissent les bons pour payer leurs factures. Les bons ne peuvent servir qu'à l'achat du bien ou du service spécifié. Cette particularité fait augmenter la demande de ce bien ou de ce service, car elle incite les détenteurs de bons à les utiliser.

La figure 16.8 illustre le fonctionnement d'un système de bons. L'État remet à chaque étudiant un bon dont la valeur correspond à celle de l'avantage marginal externe. Les étudiants se servent de ces bons pour compléter la somme en argent qu'ils doivent verser pour recevoir un enseignement universitaire. La droite de valeur marginale sociale devient la droite de demande d'enseignement universitaire $D = VmS$. L'équilibre du marché se situe à un prix de 25 000 $ par étudiant par année, avec 1,5 million d'étudiants inscrits dans les universités. Chaque étudiant paie 10 000 $ en frais de scolarité, et les universités perçoivent le complément de 15 000 $ par étudiant provenant du bon.

Si le gouvernement estime correctement la valeur de l'avantage externe et que le bon qu'il émet correspond à cette valeur, le résultat est efficace. Le coût marginal social est égal à la valeur marginale sociale, et la perte de surplus est éliminée.

Les bons ressemblent aux subventions, mais, selon leurs partisans, ils sont plus efficaces parce que les consommateurs peuvent veiller plus efficacement que le gouvernement à la performance des établissements d'enseignement.

Les brevets et les droits d'auteur Le savoir pourrait bien être le seul facteur de production qui échappe au phénomène des rendements marginaux décroissants. Un savoir accru (dans les domaines pertinents) rend les gens plus productifs, et rien n'indique jusqu'ici que les gains de productivité qui découlent du nouveau savoir soient moins importants que par le passé.

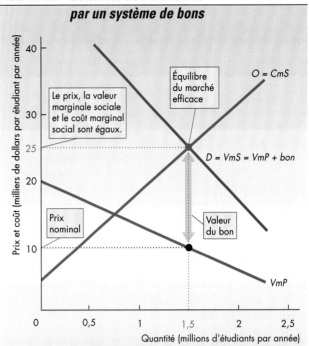

FIGURE 16.8 *L'atteinte de l'efficacité par un système de bons*

Avec des bons, les acheteurs consentent à payer leur valeur privée, *VmP*, et à encaisser leur bon, de sorte que la demande coïncide avec la valeur marginale sociale, ce que représente la droite $D = VmS$. Avec 1,5 million d'étudiants inscrits, l'équilibre du marché est efficace : à cette quantité, le prix, la valeur marginale sociale et le coût marginal social s'égalisent. Les frais de scolarité englobent les 10 000 $ en argent et la valeur du bon.

Ainsi, en 30 ans, l'évolution des connaissances en matière de processeurs a donné plusieurs générations de puces qui ont rendu les microordinateurs de plus en plus puissants. Chaque avancée dans la conception et la fabrication des microprocesseurs a entraîné des gains de puissance et de productivité de plus en plus considérables. On observe le même phénomène dans le domaine de la conception et de la fabrication des aéronefs. Le Flyer 1, créé en 1903 par Orville et Wilbur Wright, était un monoplace à peine capable de survoler un champ ; en 1949, le Lockheed Constellation pouvait transporter 120 passagers de New York à Londres avec deux escales de ravitaillement, à Terre-Neuve et en Irlande ; le dernier modèle du Boeing 747 peut transporter 400 passagers sans escale de Singapour à New York (un vol de 15 325 kilomètres en 20 heures). En service depuis 2007, l'Airbus A380 peut transporter 853 passagers sans escale de Singapour à Londres (environ 13 heures et demie de vol pour parcourir 10 849 kilomètres). Et on trouve des exemples similaires dans des domaines aussi divers que l'agriculture, la biogénétique, les communications, l'ingénierie, le spectacle, la médecine et l'édition.

L'augmentation du stock de connaissances sans diminution du rendement s'explique notamment par l'immense diversité des techniques qu'on peut essayer. L'économiste Paul Romer, professeur à l'Université Stanford en Californie, se sert d'un exemple saisissant pour illustrer ce phénomène :

> [Supposons que,] pour faire un produit fini, il faille fixer une à une 20 pièces différentes à un cadre. Un travailleur pourrait procéder dans l'ordre numérique, fixant d'abord la pièce nº 1, puis la pièce nº 2 [...]. Ou alors, il pourrait procéder dans un autre ordre, fixer d'abord la pièce nº 10, puis la pièce nº 7 [...]. Avec 20 pièces [...], le nombre de séquences d'assemblage possibles est largement supérieur au nombre de secondes qui se sont écoulées depuis que le big-bang a créé l'Univers. On peut donc affirmer avec certitude que, dans toutes les activités humaines, nous n'avons expérimenté jusqu'ici qu'une infime fraction des séquences possibles[1].

Si nous considérons tous les procédés connus, tous les produits existants et tous leurs composants, nous pouvons en conclure qu'à ce jour nous n'avons fait qu'effleurer les frontières du possible.

Comme le savoir est productif et qu'il crée des avantages externes, il faut que l'État adopte des mesures qui incitent ceux qui ont de nouvelles idées à y investir une quantité d'efforts efficace. Le meilleur moyen d'y parvenir découle du théorème de Coase et consiste à accorder aux découvreurs et aux inventeurs des **droits de propriété intellectuelle** sur leurs inventions ou leurs découvertes. Le dispositif juridique qui établit des droits de propriété intellectuelle est, selon la nature de la création, le brevet ou le droit d'auteur. Un **brevet** ou un **droit d'auteur** est un droit exclusif qu'accorde l'État à l'inventeur d'un bien, d'un service ou d'un procédé de production sur l'utilisation et la vente de cette invention pendant une période donnée. Le brevet permet à l'inventeur d'interdire à d'autres de tirer gratuitement avantage de son travail pendant un certain nombre d'années.

S'ils encouragent l'invention et l'innovation, les brevets ont aussi un coût économique. Tant qu'un brevet est en vigueur, son propriétaire en a le monopole. Or, comme nous l'avons vu au chapitre 13, le monopole est une autre source d'inefficacité. Cependant, si on renonce au brevet, on diminue l'effort qui permet la mise au point de nouveaux biens, services ou procédés et, ce faisant, on ralentit le flux des inventions. Pour parvenir à un résultat efficace, on fait donc un compromis entre les avantages qui découlent d'un nombre accru d'inventions et le coût d'un droit de monopole temporaire sur celles-ci.

Les limites de l'intervention publique

La présence sur les marchés d'effets externes – négatifs comme la pollution ou positifs comme le marché du savoir – est la principale justification microéconomique de l'intervention des autorités publiques sur les marchés. Par exemple, la responsabilité de l'État de faire en sorte que la pollution industrielle soit adéquatement contenue fait virtuellement l'unanimité. Le cœur des débats concerne la manière d'y parvenir.

De l'avis de certains, l'État est l'acteur le mieux outillé pour discipliner les marchés. D'autres, qui s'inspirent de Coase, estiment que les acteurs privés sont capables d'autodiscipline pourvu qu'on leur procure les bonnes incitations, notamment en leur attribuant des droits de propriété sur les ressources exposées à la pollution.

Le débat sur les moyens anime encore plus vivement les deux camps. Parmi les partisans de l'intervention de l'État, il y a ceux qui préconisent une intervention sur les quantités et ceux qui préconisent une intervention sur les prix. L'État peut forcer directement une entreprise à limiter ses émissions d'hydrocarbures à un niveau donné (intervention sur les quantités) ou il peut lui imposer une taxe (intervention sur les prix) suffisamment élevée pour l'inciter à choisir d'elle-même de limiter ses émissions à ce même niveau.

Lorsqu'on choisit d'octroyer des droits de propriété, de nouveaux problèmes se posent. Coase a illustré que, dans des conditions idéales, la manière dont on distribuait ces droits importait peu. Mais ces conditions idéales sont rarement réunies, et l'expérience nous porte à croire que l'allocation finale des ressources en dépend beaucoup. Par exemple, l'État a choisi de composer avec plusieurs externalités liées au bien-être des enfants en procurant aux parents des allocations familiales (appelé au Québec *paiement de Soutien aux enfants*) et en leur laissant la liberté de dépenser cet argent comme ils le jugent bon pour le bien-être des enfants. Plusieurs études ont démontré que la nature des biens et services achetés avec cet argent changeait selon que le versement était fait à la mère ou au père (au Québec, les allocations sont versées à la mère).

Toutes les méthodes que nous avons étudiées sont réparties sur un spectre allant d'une commande directe de la production par l'État à une délégation complète aux acteurs privés par l'octroi de droits de propriété. En définitive, le débat sur les moyens se règle au cas par cas. Les économistes ont toutefois cherché à cerner les facteurs clés qui militent en faveur d'une méthode particulière. Nous avons vu plus haut que l'octroi de droits de propriété suggéré par Coase ne peut fonctionner que lorsque les acteurs privés sont peu nombreux et que les coûts de transaction sont faibles. La capacité de l'État à gérer adéquatement les externalités dépend aussi des coûts de transaction. Pour imposer une taxe, l'État doit par exemple connaître le coût

---

1. Extrait de « Ideas and Things », article publié dans *The Future Surveyed*, cahier spécial de *The Economist*, 11 septembre 1993, p. 71-72.

marginal externe de la pollution – une information souvent coûteuse à obtenir. Pour imposer l'emploi d'une méthode de production particulière, il lui faut embaucher – donc rémunérer – des inspecteurs pour discipliner les entreprises contrevenantes. Ces coûts limitent la capacité d'intervention de l'État.

La rubrique « Entre les lignes » (p. 492) examine comment on peut réduire les émissions de gaz à effet de serre au moyen d'une taxe sur le carbone et de subventions pour la conversion à l'énergie solaire.

MINITEST 3

1 En vertu de quelle particularité les activités de recherche qui produisent de nouvelles connaissances créent-elles des avantages externes ?

2 Comment la fourniture de services publics, les subventions et les bons permettent-ils à l'État d'obtenir la quantité d'éducation efficace ?

3 Comment la fourniture de services publics, les subventions et les bons ainsi que les brevets et les droits d'auteur permettent-ils à l'État d'obtenir la quantité de recherche-développement efficace ?

4 Quelles contraintes freinent l'intervention du gouvernement sur les marchés pour régler les problèmes créés par les effets externes ?

Réponses p. 500

COMBATTRE LES ÉMISSIONS DE GAZ CARBONIQUE PAR UNE TAXE SUR LE CARBONE ET DES SUBVENTIONS POUR LA CONVERSION À L'ÉNERGIE SOLAIRE

THE NEW YORK TIMES, 25 MARS 2008

CONTRE LES ÉMISSIONS DE CO$_2$: TAXER, MAIS NE PAS DÉPENSER

Par *Monica Prasad*

[...] taxer les émissions de CO$_2$, ce n'est rien de nouveau. Le Danemark, la Finlande, la Norvège et la Suède le font depuis les années 1990, mais dans la plupart de ces pays, la taxation n'a pas permis d'obtenir une diminution importante des émissions – de fait, en Norvège, celles-ci ont augmenté de 43 % par habitant. [...]

Le Danemark fait pourtant exception à la règle. [...] Comment a-t-il réussi là où les autres ont échoué ? [...]

Le Danemark a résisté à la tentation de maximiser les revenus de la taxe. À la place, il a remis les recettes à l'industrie, principalement sous forme de subventions pour favoriser l'innovation en matière de protection de l'environnement. D'une part, il force les entreprises danoises à renoncer au carbone et, d'autre part, il les encourage à innover sur le plan écologique, sans saper le pouvoir concurrentiel de l'économie. C'est là la première leçon qu'on peut tirer de l'expérience danoise.

La deuxième leçon, c'est que la taxe sur le carbone a fonctionné au Danemark parce qu'il était facile pour les entreprises de se convertir aux énergies propres. Les pouvoirs publics ont investi des sommes considérables dans les énergies renouvelables et ont subventionné l'innovation destinée à sauver l'environnement. À une époque, le Danemark dépendait du charbon plus que les trois autres pays (mais pas plus que les États-Unis aujourd'hui). Lorsque la taxation incita les entreprises à abandonner le charbon et que les investissements dans l'énergie renouvelable leur procurèrent un moyen facile de le faire, la conversion se réalisa. La clé se trouvait dans la proposition d'une solution de rechange accessible. [...]

Une augmentation de la taxe sur l'essence [...] serait [...] une mauvaise décision politique. [...] Elle hausserait les revenus, mais ne contribuerait pas à réduire la pollution.

Si nous voulons diminuer les émissions de gaz carbonique, nous aurions intérêt à suivre l'exemple du Danemark : taxer les émissions de gaz carbonique par les industries et remettre les recettes à ces dernières sous forme de subventions pour la recherche et la mise en place d'innovations telles que les sources d'énergie propres, les carburants moins polluants et les systèmes de capture du CO$_2$. ∎

---

* Monica Prasad (2009). Taxation as a Regulatory Tool. Dans Edward J. Balleisen et David A. Moss, *Government and Markets : Toward a New Theory of Regulation*, Cambridge University Press, p. 363-390.

LES FAITS EN BREF

- Le Danemark, la Finlande, la Norvège et la Suède ont une taxe sur le carbone depuis les années 1990.

- Les émissions de gaz carbonique ont augmenté en Norvège, n'ont presque pas changé en Finlande et en Suède, et ont diminué au Danemark.

- Le Danemark a utilisé les recettes de la taxe sur le carbone pour faciliter la conversion des centrales électriques du charbon à une forme d'énergie plus propre.

- Une augmentation de la taxe sur l'essence hausserait les revenus, mais ne réduirait pas la pollution.

- L'Amérique du Nord devrait suivre l'exemple du Danemark.

ANALYSE ÉCONOMIQUE

● La **figure 1** montre pourquoi, comme l'indique l'article, une taxe sur l'essence ne réduirait presque pas la pollution.

● La demande d'essence à court terme, D_{CT}, est inélastique. Si, au Canada, on haussait le prix de l'essence (au moyen d'une taxe sur le carbone) de telle sorte qu'il égale le prix européen, la consommation d'essence diminuerait très peu.

● La demande d'essence à long terme, D_{LT}, est élastique. La consommation finirait peut-être par ressembler à ce qu'elle est en Europe, mais il faudrait attendre bien des années.

● La **figure 2** montre pourquoi une taxe sur le carbone qui sert à subventionner les sources d'énergie propre entraîne une diminution de la pollution.

● Le graphique (a) de la figure 2 illustre les coûts d'utilisation du charbon pour produire l'électricité. Ces coûts comprennent un coût externe : *CmS* est supérieur à *Cm*. Le graphique (b) illustre le coût d'utilisation de l'énergie solaire. Ici, il n'y a pas de coût externe : *Cm = CmS*.

● Supposons que le coût marginal social de la production d'électricité est égal à la valeur marginale de l'électricité à 30 cents par kilowattheure (¢/kWh) et que le prix du marché de l'électricité est aussi de 30 ¢/kWh.

● Dans le graphique (a), une taxe sur le carbone qui équivaut au coût marginal externe fait augmenter le coût marginal de production de telle sorte que celui-ci devient égal au coût marginal social.

● Si l'énergie solaire n'est pas subventionnée, une centrale thermique au charbon continue de fonctionner et produit 5 mégawattheures (MWh).

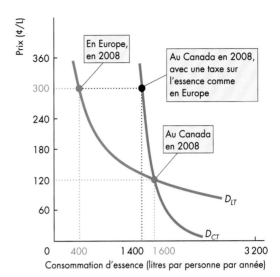

Figure 1 La taxe sur l'essence

● S'il y a une taxe sur le carbone et que la conversion à l'énergie solaire est subventionnée, on ferme la centrale thermique marginale au charbon et on ouvre une centrale à l'énergie solaire. L'article le dit bien : la subvention rend la substitution d'énergie intéressante pour le producteur.

● La combinaison de la taxe et de la subvention est toutefois *inefficace*. La production d'électricité par énergie solaire s'effectue maintenant au coût marginal social de 50 ¢/kWh alors qu'au charbon le coût est efficace à 30 ¢/kWh.

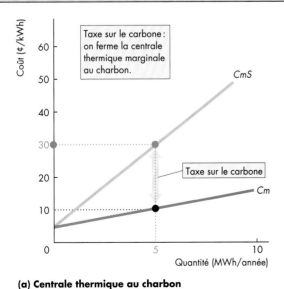

(a) Centrale thermique au charbon

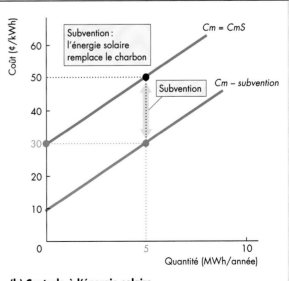

(b) Centrale à l'énergie solaire

Figure 2 L'utilisation de la taxe sur le carbone pour subventionner d'autres formes d'énergie

Points clés

Les effets externes dans la vie quotidienne (p. 478-481)

◆ Un effet externe peut résulter soit d'une activité de production, soit d'une activité de consommation.

◆ Un effet externe négatif impose un coût externe.

◆ Un effet externe positif procure un avantage externe.

Les effets externes négatifs : l'exemple de la pollution (p. 481-485)

◆ Les coûts externes de production sont les coûts liés à la production d'un bien ou d'un service qui retombent sur des gens autres que le producteur de ce bien ou de ce service. Le coût marginal social est égal à la somme du coût marginal privé et du coût marginal externe.

◆ En présence d'un coût marginal externe, les producteurs, qui ne tiennent compte que du coût marginal privé, se livrent à la surproduction.

◆ L'attribution de droits de propriété permet parfois de surmonter un effet externe négatif.

◆ Quand il est impossible d'attribuer des droits de propriété, l'État peut remédier aux effets externes en recourant aux taxes et aux redevances sur les émissions.

Les effets externes positifs : l'exemple du savoir (p. 485-491)

◆ Les avantages externes de consommation sont les avantages liés à la consommation d'un bien ou d'un service dont jouissent des gens autres que le consommateur de ce bien ou de ce service.

◆ La valeur marginale sociale est égale à la somme de la valeur privée (la demande) et de l'avantage marginal externe.

◆ L'éducation engendre des externalités, car les gens instruits tendent à être de meilleurs citoyens, à commettre moins de crimes et à appuyer des activités culturelles et sociales de grande qualité.

◆ La recherche engendre des externalités car, une fois émise par une personne, une idée peut être copiée par d'autres.

◆ Les bons d'éducation, les subventions aux établissements d'enseignement et la fourniture de services publics à un coût inférieur au coût de production sont des mesures qui peuvent accroître l'efficacité de la quantité d'éducation.

◆ Les brevets et les droits d'auteur créent des droits de propriété intellectuelle et sont un incitatif à l'innovation. Cependant, ils créent également un monopole temporaire, qui entraîne lui-même de l'inefficacité. Le résultat efficace est donc un compromis entre les avantages qui découlent d'un nombre accru d'inventions et le coût d'un droit de monopole temporaire sur celles-ci.

Figures clés

Figure 16.2 L'inefficacité qui résulte d'un coût externe (p. 482)

Figure 16.3 L'atteinte de l'efficacité par l'attribution de droits de propriété (p. 483)

Figure 16.4 L'atteinte de l'efficacité par l'imposition d'une taxe de pollution (p. 484)

Figure 16.6 L'inefficacité qui résulte d'un avantage externe (p. 487)

Figure 16.7 L'atteinte de l'efficacité par la fourniture de services publics et par les subventions (p. 488)

Figure 16.8 L'atteinte de l'efficacité par un système de bons (p. 489)

Mots clés

Avantage externe Avantage que la consommation d'un bien ou d'un service procure à d'autres personnes que le consommateur de ce bien ou de ce service (p. 486).

Bon Sorte de jeton que le gouvernement attribue aux ménages et dont ils peuvent se servir pour acheter certains biens et services (p. 489).

Brevet Droit exclusif qu'accorde l'État à l'inventeur d'un bien, d'un service ou d'un procédé de production sur l'utilisation et la vente de son invention pendant une période donnée (p. 490).

Coût marginal externe Coût de production d'une unité supplémentaire d'un bien ou d'un service supporté par des personnes autres que le producteur (p. 481).

Coût marginal privé Coût de production d'une unité supplémentaire d'un bien ou d'un service supporté par le producteur de ce bien ou de ce service (p. 481).

Coût marginal social Coût marginal supporté par l'ensemble de la société (le producteur et le reste de la population) ; c'est la somme du coût marginal privé et du coût marginal externe (p. 481).

Coût privé Coût supporté par le producteur d'un bien ou d'un service (p. 481).

Coûts de transaction Coûts qu'entraîne le fait de rechercher un partenaire commercial, de parvenir à une entente sur les prix et sur les autres aspects de la transaction, et de s'assurer que les conditions du contrat sont respectées; coûts liés à la production et à la signature du ou des contrats indispensables à toute transaction (p. 483).

Droit d'auteur Droit exclusif qu'accorde l'État à l'inventeur d'un bien, d'un service ou d'un procédé de production sur l'utilisation et la vente de son invention pendant une période donnée (p. 490).

Droit de propriété Ensemble de conventions sociales, ayant force de loi, qui régissent la possession, l'utilisation et la cession des ressources, des facteurs de production ou des biens et services (p. 482).

Droit de propriété intellectuelle Droit de propriété que détiennent les découvreurs et les inventeurs (p. 490).

Effet externe Voir Externalité.

Effet externe négatif Effet externe qui impose un coût externe (p. 478).

Effet externe positif Effet externe qui procure un avantage externe (p. 478).

Externalité Coût ou avantage de production qui retombe sur des gens autres que le producteur; coût ou avantage de consommation qui retombe sur des gens autres que le consommateur. Synonyme: effet externe (p. 478).

Fourniture de services publics Production d'un bien ou d'un service par un établissement public qui tire ses revenus de l'État (p. 487).

Lacune du marché Circonstance dans laquelle on ne peut présumer que l'allocation des ressources par le marché est efficace; en particulier, lorsqu'on est en présence d'effets externes (p. 478).

Subvention Avantage financier que l'État accorde à des producteurs privés (p. 488).

Taxe pigouvienne Taxe imposée dans le but d'inciter les producteurs à limiter une activité qui génère des coûts externes (p. 484).

Théorème de Coase Proposition voulant que, en présence de droits de propriété et de faibles coûts de transaction, les transactions privées soient efficaces et les effets externes nuls (p. 483).

Valeur marginale privée Valeur qu'accorde un consommateur à une unité supplémentaire d'un bien ou d'un service (p. 486).

Valeur marginale sociale Valeur qu'accorde la société à une unité supplémentaire d'un bien ou d'un service. Elle inclut la valeur (marginale) privée perçue par la personne qui la consomme ainsi que tous les avantages ou désavantages externes perçus par les autres citoyens (p. 486).

Valeur privée Valeur d'usage que le consommateur tire d'un bien ou d'un service (p. 486).

PROBLÈMES ET APPLICATIONS

1. Pour chacun des faits suivants, dites s'il s'agit d'un effet externe. Le cas échéant, précisez s'il s'agit d'un effet externe de production ou de consommation et s'il est positif ou négatif.

   - Les avions décollent de l'aéroport international Pearson pendant l'Open de tennis du Canada, qui a lieu tout près.
   - Le soleil se couche sur l'océan Pacifique.
   - Le nombre de personnes qui font des maîtrises et des doctorats augmente.
   - Une personne porte un parfum fort à un concert de musique classique.
   - Un résident du quartier fait pousser un beau jardin devant sa maison.
   - Une personne parle au téléphone cellulaire en conduisant.
   - Le pain est cuit dans le four de la boulangerie.

2. Le tableau suivant donne les coûts et les avantages résultant de la production d'un pesticide qui pollue un lac utilisé par un truiticulteur.

Quantité de pesticide produite (tonnes par semaine)	Coût marginal (par tonne)	Coût marginal externe (par tonne)	Valeur marginale sociale (par tonne)
0	0 $	0 $	250 $
1	5 $	33 $	205 $
2	15 $	67 $	165 $
3	30 $	100 $	130 $
4	50 $	133 $	100 $
5	75 $	167 $	75 $
6	105 $	200 $	55 $
7	140 $	233 $	40 $

   a. Si le lac n'appartient à personne et qu'il n'y a aucune loi sur la pollution, combien de tonnes de pesticide produit-on? Quel est le coût marginal de la pollution supporté par le truiticulteur?

   b. Si le lac appartient au truiticulteur, combien de tonnes de pesticide produit-on? Combien le producteur du pesticide verse-t-il au truiticulteur par tonne de pesticide?

c. Si le lac appartient au producteur de pesticide et qu'un lac non pollué se loue 1 000 $ par semaine, combien de tonnes de pesticide produit-on ? Quel loyer le truiticulteur verse-t-il au producteur de pesticide pour l'utilisation du lac ?

d. Comparez les quantités de pesticide que vous avez obtenues aux questions (b) et (c), et expliquez la relation entre ces deux quantités.

3. Reprenez les données du problème n° 2. Supposez que le lac n'appartient à personne et que le gouvernement impose une taxe de pollution.

   a. À quel montant faut-il fixer la taxe par tonne de pesticide produite pour obtenir un résultat efficace ?

   b. Expliquez le lien entre les réponses que vous avez données aux problèmes n° 3(a) et 2(a).

4. À partir de l'information fournie au problème n° 2, et en supposant que le lac n'appartient à personne, imaginez que le gouvernement délivre trois permis de pollution négociables, deux au truiticulteur et un à l'usine de pesticide. Chaque permis autorise la même quantité de pollution du lac, et la somme de ces quantités est la quantité de pollution efficace.

   a. Quelle quantité de pesticide produit-on ?

   b. Quel est le prix du marché d'un permis de pollution ? Qui achète et qui vend un permis ?

   c. Expliquez le lien entre votre réponse et celles que vous avez données aux problèmes 2(a) et 3(a) ?

5. Supposons que le coût marginal de l'éducation d'un étudiant est de 4 000 $ par année et qu'il est constant. La figure montre la droite de demande.

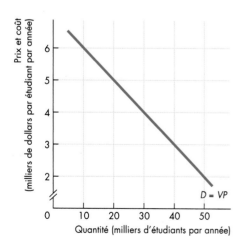

a. S'il n'y a aucune intervention de l'État et que les établissements scolaires sont concurrentiels, combien d'étudiants s'inscrivent ? À combien s'élèvent les frais de scolarité ?

b. L'avantage externe de l'éducation est de 2 000 $ par étudiant par année, et il est constant. Si l'État veut fournir la quantité efficace d'éducation, combien procurera-t-il de places dans les établissements scolaires ? À combien s'élèvent les frais de scolarité ?

6. ### JOURNÉE SANS SACS EN PLASTIQUE

Les marchés d'alimentation Provigo, Maxi et Loblaws offriront gratuitement un sac réutilisable avec tout achat de 35 $ et plus, ou un bac réutilisable avec tout achat de 100 $ ou plus. [...]

Plusieurs marchands récompensent les clients qui utilisent des sacs réutilisables en leur remettant 5 ¢ par sac. Certains réclament des mesures plus dissuasives, telles que l'imposition d'une taxe sur chaque sac en plastique fourni à la caisse des commerces. D'autres réclament l'interdiction pure et simple des sacs en plastique.

La Société des alcools du Québec [a décidé] de retirer complètement ses sacs à usage unique dans son réseau. [...]

L'Irlande a introduit une taxe sur les sacs en plastique. [...] les clients se voient facturer une taxe de 25 cents sur chaque sac en plastique ou en papier utilisé.

Au Danemark, la taxe est imposée au commerçant qui l'absorbe dans le prix de ses produits.

En France, on veut interdire la commercialisation des sacs en plastique d'épicerie non biodégradables.

Le Soleil, 6 juin 2008

a. Décrivez l'effet externe associé à l'utilisation des sacs en plastique.

b. Recensez dans l'article les différentes mesures proposées pour contrer cette externalité.

c. À l'aide d'un graphique, illustrez la perte sèche générée par l'utilisation des sacs en plastique.

d. Sur le même graphique, illustrez l'effet d'une taxe sur les sacs en plastique.

e. Expliquez en quoi une taxe peut être préférable à une interdiction des sacs en plastique.

7. ### LE CANADA ET LES ÉTATS-UNIS PROPOSENT LA CRÉATION D'UN MARCHÉ DE QUOTAS D'ÉMISSION POUR COMBATTRE LE RÉCHAUFFEMENT PLANÉTAIRE

Mardi dernier, sept États de l'ouest des États-Unis et quatre provinces canadiennes ont recommandé la mise en place d'un marché régional de quotas négociables permettant l'échange de crédits compensatoires pour que, d'ici à 2020, la région réduise la pollution par les gaz à effet de serre de 15 % par rapport au niveau de 2005. [...] Le programme permettrait de réduire les émissions jusqu'à concurrence de 49 % en favorisant le financement de projets verts, tels que la reforestation. [...] Il a pour objectif d'imposer des limites obligatoires et applicables sur les émissions de gaz à effet de serre par un système de quotas. La valeur de ces derniers serait déterminée sur un marché où on pourra les échanger. [...] Le programme favoriserait la réduction de la consommation d'énergie par une plus grande efficacité et le recours à des technologies plus propres. [...] Chaque État pourrait accorder des permis aux entreprises qui émettent des gaz à effet de serre ou mettre ces permis aux enchères ou les deux. On recommande d'utiliser les enchères pour au moins 10 % des permis au début et pour au moins 25 % d'ici à 2020. [...]

Reuters, 23 septembre 2008

a. Qu'est-ce qui détermine les quotas ? Comment la mise aux enchères des permis permettra-t-elle d'atteindre les objectifs de réduction de la pollution ?

b. Quels incitatifs pourrait-on utiliser pour encourager les entreprises qui polluent à planter des arbres ?

c. Expliquez comment le programme pourrait améliorer l'efficacité de l'utilisation des technologies propres.

8. **COÛT DU DÉCROCHAGE SCOLAIRE AU CANADA: 37 G$ PAR ANNÉE**

Le décrochage scolaire coûte cher. Très cher. Au Canada, la facture grimpe à [...] 37 milliards $ par année, selon une étude réalisée par le Conseil canadien sur l'apprentissage. À l'aide de différentes statistiques, l'auteure Olena Hankivsky en arrive à cette conclusion en tenant compte notamment des retombées sociales du décrochage. Cette somme astronomique comprend les coûts pour l'État canadien en matière d'aide sociale, de criminalité, d'assurance-emploi et de pertes de recettes fiscales, auxquels il faut ajouter les coûts pour les individus. Chaque décrocheur doit payer de sa poche 8 000 $ supplémentaires pour des soins de santé chaque année et subit une perte de revenu de 3 500 $. En général, on accepte le fait que le décrochage au secondaire ait des conséquences négatives sur la personne et sur la société. Au Canada, un jeune sur cinq quitte l'école sans diplôme. Au Québec, ce nombre grimpe à un sur quatre.

Le Soleil, 5 février 2009

a. Quels coûts déterminent la décision d'un jeune de décrocher ?

b. Qu'est-ce qu'une « retombée sociale » ?

c. Pourquoi est-il légitime que l'État impose un âge minimum pour quitter l'école ?

d. Le Canada consacre environ 4 % de son PNB à l'éducation. Que représentent 37 milliards de dollars à l'échelle du PNB canadien ?

9. La figure ci-dessous représente un marché de pesticides non réglementé. Les usines de pesticides produisent aussi des déchets, qu'elles déversent dans un lac à la sortie de la ville. Le coût marginal externe du déversement est égal au coût marginal privé de la production de pesticides (autrement dit, le coût marginal social de la production de pesticides égale deux fois le coût marginal privé).

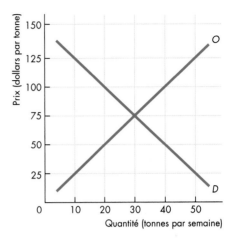

a. Si le lac n'appartient à personne, combien de tonnes de pesticides produit-on ? Quelle est la quantité de pesticides efficace ?

b. Si le lac appartient aux habitants de la ville, combien de tonnes de pesticides produit-on ? Quel montant les habitants de la ville exigent-ils des usines à titre de compensation pour le déversement des déchets ?

c. Si le lac appartient aux usines de pesticides, combien de tonnes de pesticides produit-on ?

d. Si le lac n'appartient à personne et que l'État impose une taxe de pollution, quel est le montant de cette dernière qui permet d'obtenir un résultat efficace ?

10. **LES ALIMENTS SANTÉ, UN CRÉNEAU PORTEUR**

Le secteur des aliments santé est en émergence dans la région de Québec. [...] « Un nombre grandissant d'entreprises de la région offrent des aliments santé ou orientent leurs stratégies vers le développement de produits naturels », note la directrice du Consortium Aliments santé.

L'organisme a vu le jour afin de favoriser la production, la transformation et la mise en marché d'aliments santé. Le Consortium regroupe une vingtaine d'entreprises.

« On sent un engouement et une volonté des entreprises à travailler ensemble pour renforcer ce secteur. [...] Le Consortium permet de renforcer les liens non seulement entre les entreprises, mais aussi avec des centres de recherche. »

La synergie de la filière agroalimentaire prend notamment la forme d'activités de réseautage et de formation. « Il y a beaucoup à apprendre des autres dirigeants d'entreprise. [...] Les expériences de chacun peuvent nous aider à améliorer le fonctionnement ou le rendement de nos entreprises. » [...]

Les entreprises du Consortium travaillent aussi ensemble à mettre en œuvre des mesures pour résoudre les problèmes de disponibilité et de qualification de la main-d'œuvre.

Les Affaires, 16 mai 2009

a. Quel avantage les entreprises qui participent au Consortium obtiennent-elles ? En quoi constitue-t-il un effet externe ?

b. Comment l'expérience des dirigeants d'entreprise pourrait-elle être négociée sur un marché ? Pourquoi l'offre sur un tel marché risquerait-elle d'être réduite ?

11. Les deux premières colonnes du tableau ci-dessous présentent le tarif de l'électricité produite par une centrale thermique au charbon ; les deuxième et troisième colonnes montrent le coût de production de l'électricité dans cette centrale.

Prix (par kilowatt)	Quantité (kilowatts par jour)	Coût marginal (par kilowatt)
4 ¢	500	10 ¢
8 ¢	400	8 ¢
12 ¢	300	6 ¢
16 ¢	200	4 ¢
20 ¢	100	2 ¢

Supposez que le coût marginal externe de la pollution produite par la centrale est égal au coût marginal.

a. S'il n'y a pas de règlements pour limiter la pollution, quels sont la quantité d'électricité produite, le prix de l'électricité et le coût marginal externe de la pollution engendrée ?

b. S'il n'y a pas de règlements pour limiter la pollution, quels sont le coût marginal social de l'électricité produite et la perte de surplus ?

c. Supposez que l'État impose une taxe de pollution telle que la centrale produit dès lors la quantité efficace. Quels sont le prix de l'électricité, la taxe et les recettes quotidiennes de la taxe ?

12. **PAS PLUS DE RESSOURCES POUR LA PROTECTION DES LACS**

La ministre Line Beauchamp [...] estime que la nouvelle possibilité pour les municipalités de percevoir les amendes imposées aux pollueurs risque de changer la dynamique actuelle.

Le projet de loi sur le caractère collectif des ressources en eau introduit en effet une disposition qui permet aux municipalités d'intenter une poursuite pénale, si l'application de la loi relève de leurs compétences, et d'en conserver le fruit.

Mme Beauchamp croit que les municipalités pourraient ainsi être plus enclines à consacrer des efforts à la protection des lacs. Elles pourraient, par exemple, recueillir une amende de 500 $ à 2 000 $ pour un citoyen dont la fosse septique n'est pas aux normes.

Le Soleil, Actualités, 15 avril 2009

a. Pour un citoyen, quels coûts et avantages y a-t-il à respecter les normes environnementales ?

b. Pour une municipalité, quels coûts et avantages y a-t-il à faire respecter les normes environnementales ?

c. En quoi le nouveau projet de loi devrait-il motiver les municipalités à mieux faire respecter la loi ?

13. **SÉGUIN AU CŒUR D'UN GRAND SPECTACLE**

Richard Séguin est le sixième auteur-compositeur-interprète québécois à qui on rend hommage par un grand spectacle présenté uniquement à Montréal, Québec et Saguenay.

« Ce sera un autre grand moment de l'histoire de la musique québécoise, a assuré en conférence de presse Marcel Auclair de Chanson Internationale. C'est plus qu'un spectacle, c'est un grand événement ». Les cinq premières éditions de l'événement ont été présentées à Saguenay. [...] « L'an passé, nous avons enregistré un déficit de 31 000 $, a confirmé Marcel Auclair. Je n'ai pas mis de pression, mais la prise en main de l'événement par la région était conditionnelle à sa tenue ici. Au niveau financier, c'était toujours très juste. » [...] Mais Marcel Auclair, bien que conscient que le spectacle ne peut générer de grands profits, estime que la situation de l'an passé ne devrait pas se répéter. [...] « L'an passé, c'était la pire des situations. Avec l'aide de 20 000 $ de Promotion Saguenay, ça devrait bien aller », souligne celui qui précise que la tenue du spectacle génère des retombées économiques évaluées à plus de 200 000 $.

Le Quotidien, 20 mai 2009

a. Quelle logique économique pousse à présenter un spectacle qui ne couvre pas ses frais ?

b. Pourquoi Promotion Saguenay accepte-t-elle de donner 20 000 $ au promoteur ?

c. À qui profite la tenue du spectacle ?

14. **PLUS VERTES, LES AMPOULES FLUO ?**

Le plus souvent oui [...] les ampoules fluocompactes représentent le meilleur choix environnemental pour la majorité des foyers québécois, qui se chauffent à l'électricité. La raison ?

Elles consomment jusqu'à 75 % moins d'énergie et durent 10 fois plus longtemps que les incandescentes.

En revanche, les 16 % de ménages qui utilisent le gaz naturel ou le mazout, moins efficaces, ont plutôt intérêt à conserver leurs «vieilles» ampoules à incandescence en période de chauffe. En effet, la chaleur qu'elles dégagent permet de remplacer une partie du chauffage, ce qui diminue son impact sur l'environnement.

Les avantages de l'ampoule fluocompacte s'avèrent nettement supérieurs aux nouveaux problèmes qu'elle apporte, c'est-à-dire les dommages dus au mercure et aux composants électroniques de son ballast (régulateur de puissance). Pour y remédier, une seule solution : instaurer des mécanismes de récupération et de recyclage des ampoules en fin de vie.

Protégez-vous, janvier 2009

a. Quel est le principal effet externe négatif engendré par l'utilisation des ampoules fluocompactes et incandescentes ?

b. Quel effet externe négatif supplémentaire est généré par les ampoules fluocompactes ?

c. Pourquoi les ampoules fluocompactes sont-elles préférables aux ampoules incandescentes ?

d. Peut-on attendre du marché qu'il détermine une répartition efficace des ampoules fluocompactes et incandescentes ?

15. **VERTS, VERTS, LES PLUS LOURDS QUE L'AIR ?**

[...] L'aviation est responsable de 2 à 3 % des émissions de dioxyde de carbone d'origine humaine. Le dioxyde de carbone est le principal gaz à effet de serre [...] La plupart des environnementalistes estiment que la seule solution est de rendre les déplacements par avion plus coûteux, par exemple au moyen de taxes élevées sur le carburant [...] Mais l'industrie du transport aérien [affirme qu'elle] présente beaucoup plus d'avantages que d'inconvénients – 8 % de la [production] mondiale – en transportant les touristes, les gens d'affaires et les marchandises d'un bout à l'autre du monde.

Economist.com, 14 août 2007

a. Quels sont les effets externes créés par l'industrie du transport aérien ?

b. Pourquoi les taxes élevées sur le carburant encouragent-elles les compagnies aériennes à agir dans l'intérêt social ?

16. Après avoir étudié la rubrique « Entre les lignes » (p. 492), répondez aux questions suivantes :

a. Comment une taxe sur le carbone change-t-elle les coûts supportés par l'exploitant d'une centrale thermique au charbon ?

b. Comment une subvention change-t-elle les coûts supportés par l'exploitant d'une centrale solaire ?

c. Pourquoi y aurait-il des conséquences pour l'exploitant d'une centrale thermique au charbon si l'énergie solaire était subventionnée ?

d. Pourquoi la combinaison d'une taxe sur le carbone et d'une subvention publique rendrait-elle le coût marginal social de la production d'électricité trop élevé ?

e. Peut-on imaginer qu'il soit utile à la fois d'imposer une taxe sur le carbone et de subventionner l'exploitation de l'énergie solaire ?

RÉPONSES AUX MINITESTS

MINITEST 1 (p. 481)

1. Les effets externes de production et de consommation positifs et négatifs.

2. L'aménagement d'un parc d'attractions à un effet externe de production positif sur les hôtels environnants, car la clientèle du parc souhaite loger à proximité. En détruisant temporairement l'habitat de la faune, l'industrie forestière a un effet externe de production négatif sur les pourvoiries. Tout nouvel adhérent à un réseau de rencontres sur Internet a un effet externe de consommation positif sur les personnes déjà inscrites, car il accroît le bassin de personnes à rencontrer. Conduire une motomarine a un effet externe de consommation négatif sur les baigneurs d'un lac.

3. Les attractions touristiques comme les festivals sont souvent subventionnées par les autorités publiques. L'exploitation de la forêt est régie par des lois et règlements. Les externalités de réseau, comme celles du réseau de rencontres mentionnées dans la réponse précédente, entraînent le plus souvent une concentration du marché ; par exemple, eBay domine le marché des services d'enchère sur Internet : les acheteurs et les vendeurs préfèrent eBay parce

qu'on y trouve plus d'acheteurs et de vendeurs que partout ailleurs… Des règlements ont été édictés afin de discipliner les adeptes de la motomarine près des zones de baignade.

MINITEST 2 (p. 485)

1. Les coûts sociaux incluent les coûts privés ainsi que tous les coûts externes.

2. Dans un marché libre, il y a égalité de la valeur marginale sociale et du coût marginal privé, lequel n'inclut pas les coûts externes. La valeur marginale sociale de la dernière unité produite est donc inférieure à son coût marginal social et, idéalement, elle ne devrait pas être produite, sinon il y a surproduction.

3. L'attribution de droits de propriété transforme les coûts externes en coûts privés. Ils sont alors adéquatement pris en compte sur un marché dans le jeu de l'offre et de la demande.

4. Lorsqu'une taxe est ajustée au montant des coûts externes, le coût marginal privé considéré par les entreprises (avec la taxe) correspond au coût marginal social. Le jeu de l'offre et de la demande assure alors une allocation efficace des ressources.

5. Les redevances fonctionnent comme une taxe : le gouvernement fixe un prix par unité de pollution qui correspond au coût marginal externe qu'elle entraîne. Dans un système de permis négociables, le gouvernement ne fixe pas de prix, mais une quantité totale d'émission (correspondant au nombre de permis) qu'il autorise. Le prix des permis est déterminé par le jeu de l'offre et de la demande.

MINITEST 3 (p. 491)

1. Les nouvelles connaissances peuvent être employées par tous sans entraîner de coût additionnel important.

2. En accroissant la demande d'éducation.

3. En accroissant l'offre de recherche-développement.

4. Les coûts d'acquisition d'information sur les coûts externes et les coûts de supervision.

Les biens collectifs et les ressources communes

Quelle est la différence entre le service de police de la ville de Montréal et la société Brinks Security, entre les poissons de l'océan Atlantique et ceux qui proviennent d'une pisciculture en Estrie, et entre un concert en salle de Dan Bigras et une émission télédiffusée ? ◆ Pourquoi l'État fournit-il certains biens et services tels que le maintien de l'ordre public et la défense nationale ? Pourquoi ne laisse-t-on pas à l'entreprise privée le soin d'offrir ces biens et services sur le marché de telle sorte que les consommateurs puissent se les procurer selon leurs besoins ? L'État fournit-il ces services en quantités appropriées ou, au contraire, en produit-il trop ou pas assez ? ◆ La demande de la plupart des biens et services s'accroît sans cesse, car il y a de plus en plus de gens avec des revenus de plus en plus élevés. Par exemple, le poissons sauvage pêché en mer est devenu un bien très recherché. Toutefois, les stocks de poisson des océans n'appartiennent à personne. Ce sont des ressources communes, et tous sont libres d'en profiter. Les stocks de poissons sont-ils surexploités ? Certaines espèces marines sont-elles menacées de disparition ? Le prix du poisson doit-il inévitablement grimper ? Que peut-on faire pour protéger les stocks de poissons de la planète ?

Objectifs du chapitre

◆ Expliquer les différences entre biens privés, biens collectifs et ressources communes

◆ Expliquer le problème du passager clandestin et comment se détermine la quantité de biens collectifs

◆ Expliquer la tragédie des communaux et par quels moyens on peut la prévenir

◆ Dans le présent chapitre, nous commencerons par classifier les biens et les ressources. Ensuite, nous expliquerons comment se détermine l'ampleur de la fourniture de services publics par l'État. Enfin, nous examinerons la tragédie des communaux. Dans la rubrique « Entre les lignes » (p. 516), nous nous pencherons sur un exemple contemporain de tragédie des communaux : la dégradation de l'Antarctique par le tourisme.

La classification des biens et des ressources

Les biens, les services et les ressources diffèrent les uns des autres selon qu'on peut, ou non, rendre leur usage privé, et selon que leur utilisation par un consommateur diminue la quantité disponible pour d'autres. Expliquons-nous.

Les biens appropriables et les biens non appropriables

Un **bien appropriable** est un bien qu'on peut s'approprier, c'est-à-dire qu'il est possible d'empêcher quelqu'un d'autre de le consommer ou d'en jouir. Les services de sécurité de la société Brinks, la Pisciculture de l'Estrie et le concert de Dan Bigras en sont des exemples. En effet, les promoteurs du concert de Dan Bigras peuvent décider de ne laisser entrer que les gens possédant un billet. On ne peut obtenir ces biens et services qu'en payant un prix.

Dans le cas d'un **bien non appropriable**, il est impossible (ou extrêmement coûteux) d'empêcher quelqu'un d'en profiter. Les services de la police de Montréal, les poissons de l'Atlantique et un concert télédiffusé en sont des exemples. Quand les policiers arrêtent un chauffard, leur intervention est salutaire à tous ceux qui utilisent la voie publique. N'importe qui peut pêcher au large. Et, à condition d'avoir un poste de télévision, n'importe qui peut regarder les émissions qui sont en ondes.

L'usage singulier et l'usage commun

Un **bien d'usage singulier** est un bien dont la consommation par une personne diminue ce qui en reste pour les autres consommateurs. Un camion de la société Brinks n'est pas en mesure de livrer de l'argent à deux banques en même temps. On ne peut pas consommer un poisson plus d'une fois.

Un **bien d'usage commun** est un bien dont la consommation par une personne ne réduit pas la quantité qu'une autre personne peut consommer. Les services de la police et un concert télédiffusé sont des biens d'usage commun. Lorsqu'on en profite, cela n'en prive pas les autres.

Les quatre catégories de biens

La figure 17.1 présente une classification des biens, des services et des ressources qui comprend quatre catégories.

Les biens privés Un **bien privé** est un bien appropriable d'usage singulier. Un berlingot de lait et un poisson de la Pisciculture de l'Estrie sont des biens privés.

Les biens collectifs Un **bien collectif** est un bien non appropriable d'usage commun. Il peut être consommé en même temps par tous, et on ne peut en interdire la

FIGURE 17.1 *Les quatre catégories de biens*

	Biens privés	Ressources communes
Usage singulier	Aliments et boissons Automobile Résidence	Poissons des océans Atmosphère Parcs publics
	Monopoles naturels	**Biens collectifs**
Usage commun	Internet Télévision par câble Pont ou tunnel	Défense nationale Police Contrôle de la circulation aérienne
	Appropriable	**Non appropriable**

Un bien privé est un bien appropriable d'usage singulier. Un bien collectif est un bien non appropriable d'usage commun. Une ressource commune est un bien non appropriable d'usage singulier. Un bien qui est appropriable et d'usage commun est produit par un monopole naturel.

jouissance à personne. La défense nationale en est le meilleur exemple.

Les ressources communes Une **ressource commune** est un bien non appropriable d'usage singulier. Une unité d'une telle ressource ne peut être utilisée qu'une fois, mais on ne peut empêcher quiconque d'utiliser les autres unités. Les poissons de l'océan sont une ressource commune. Ce sont des biens d'usage singulier parce que, dès lors qu'ils sont pêchés, ils ne sont plus disponibles pour les autres. Ce sont aussi des biens non appropriables parce qu'il est difficile d'interdire à quiconque de les pêcher.

Les monopoles naturels Dans un monopole naturel, il y a des économies d'échelle à tous les niveaux de production pour lesquels il existe une demande (voir la page 384). Il s'établit un cas particulier de monopole naturel lorsque le bien ou le service est produit à un coût marginal nul. Un tel bien est d'usage commun. S'il est aussi appropriable, il provient d'un monopole naturel. Internet et la télévision par câble en sont des exemples.

MINITEST 1

1 Quelles sont les différences entre un bien privé, un bien collectif, une ressource commune et un monopole naturel ?

2 Donnez des exemples de biens (ou de services ou de ressources) de chacune des quatre catégories. Choisissez des exemples autres que ceux qui sont présentés dans cette section.

Réponses p. 523

Les biens collectifs

Pourquoi l'État se charge-t-il de la défense nationale ? Pourquoi n'achetons-nous pas individuellement les services de défense nationale que nous désirons, plus ou moins chacun d'entre nous, de Protection Pôle Nord enr., une entreprise privée soumise à la concurrence et aux lois du marché et dont le fonctionnement est semblable, à cet égard, à celui de McDonald's ? C'est parce que la défense nationale est un bien collectif – c'est-à-dire un bien non appropriable d'usage commun. Dans le cas d'un tel bien, on se heurte habituellement au problème du passager clandestin.

Le problème du passager clandestin

Le *passager clandestin* est une personne qui jouit d'un bien ou d'un service sans payer. Comme un bien collectif est là pour que tous l'utilisent et qu'on ne peut empêcher quiconque d'en profiter, personne n'a intérêt à payer sa part du bien. Chacun veut se prévaloir du bien aux frais des autres. De là naît le **problème du passager clandestin**, c'est-à-dire que, laissé à lui-même, le marché fournit un bien collectif en quantité trop faible pour que celle-ci soit efficace. La valeur marginale sociale du bien collectif est supérieure à son coût marginal social, et il y a une perte de surplus.

Examinons la valeur marginale sociale et le coût marginal social d'un bien collectif.

La valeur marginale sociale d'un bien collectif

Imaginons que la société se compose uniquement de deux membres : Léa et Max. Ceux-ci attachent beaucoup de valeur à la défense nationale. La figure 17.2 illustre la valeur que procure un système de satellites de défense. Les graphiques (a) et (b) montrent les courbes de demande individuelles de Léa et de Max, soit D_L et D_M. Comme pour un bien privé, la demande d'un bien collectif décroît à mesure que la quantité du bien augmente – la pente de chaque courbe est négative.

Nous avons vu aux chapitres 5 et 8 que la demande individuelle est une mesure du bénéfice privé que procure le bien, soit une mesure de la valeur que la personne accorde au bien. Par exemple, en suivant la courbe de demande de Léa, on comprend que celle-ci consent à payer 80 $ pour un premier satellite, 60 $ pour un second, etc. Pour sa part, Max ne consent à payer que 50 $ pour le premier satellite, 40 $ pour le second, etc. On en conclut que, pour cette société de deux personnes, un premier satellite « vaut » 80 $ + 50 $ = 130 $, un second « vaut » 60 $ + 40 $ = 100 $, etc. En sommant les demandes de Léa et de Max à chaque prix, on obtient la valeur *sociale* marginale de chaque satellite.

FIGURE 17.2   *La valeur d'un bien collectif*

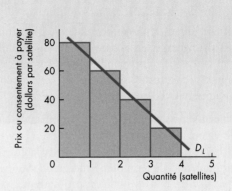

(a) Demande de Léa

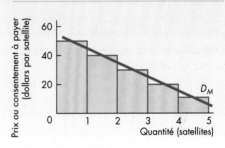

(b) Demande de Max

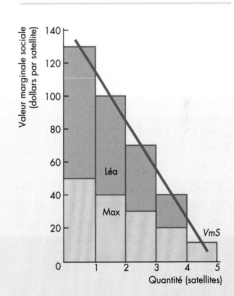

(c) Valeur marginale sociale pour l'ensemble de l'économie

La valeur marginale sociale de chaque quantité du bien collectif est la somme des valeurs marginales individuelles (les demandes ou bénéfices privés) de tous les individus. La demande de Léa est représentée par la courbe D_L et celle de Max par la courbe D_M. La valeur marginale sociale pour l'ensemble de l'économie est donnée par la courbe *VmS*.

Le graphique (c) représente la valeur marginale sociale de l'économie que forment Léa et Max, laquelle est donnée par la courbe *VmS*. Comme chaque membre de la société reçoit la même quantité d'un bien collectif, on obtient la courbe de valeur marginale sociale de ce bien en additionnant les demandes de tous les individus à chaque *quantité* – autrement dit, en additionnant *verticalement* les courbes de demande individuelles.

Notons qu'il existe une différence importante entre la courbe de valeur marginale sociale d'un bien collectif et celle d'un bien privé. En effet, on obtient la courbe de valeur marginale sociale d'un bien privé en *additionnant les quantités demandées* par tous les consommateurs à chaque *prix* – autrement dit, en additionnant *horizontalement* les courbes de demande individuelles (voir le chapitre 5).

La courbe de valeur marginale sociale d'un bien privé correspond à la demande agrégée. Si on produit une quantité donnée d'un bien privé (donc appropriable), on doit la répartir entre Léa et Max. La meilleure répartition qu'on puisse choisir (qui maximise la valeur sociale) est celle qui correspond aux demandes individuelles (qui mesurent les valeurs individuelles) à un prix tel que la demande agrégée correspond à cette quantité : si Max accorde moins de valeur que Léa à la dernière unité qu'elle reçoit, la valeur sociale serait augmentée si on transférait celle-ci à Léa. En sommant horizontalement les demandes, on obtient donc, pour chaque quantité de bien privé produite, la plus grande valeur sociale possible qu'on puisse atteindre par la distribution adéquate de cette quantité. Il en est tout autrement dans le cas d'un bien collectif (donc non appropriable) parce qu'on n'a pas à le distribuer : toute quantité produite peut être à la fois consommée par Léa et par Max. La valeur sociale de cette quantité est donc bien le résultat de la sommation verticale des valeurs individuelles (les demandes) des membres de cette société.

Le coût marginal social d'un bien collectif

Le coût marginal social d'un bien collectif s'établit de la même façon que celui d'un bien privé – voir la page 137. Le principe de la croissance du coût marginal vaut pour les biens collectifs, et la courbe de coût marginal social d'un tel bien a une pente positive.

La quantité efficace d'un bien collectif

Pour connaître la quantité efficace d'un bien collectif, nous faisons appel au principe que nous avons défini au chapitre 5 et que nous avons appliqué à maintes reprises. En vertu de ce principe, la quantité efficace est celle pour laquelle la valeur marginale sociale est égale au coût marginal social.

Dans la figure 17.3, la valeur marginale sociale des satellites de défense est représentée par la courbe *VmS* et

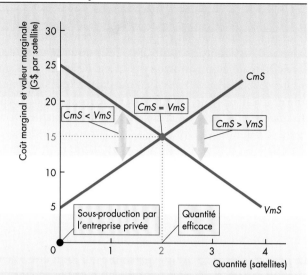

FIGURE 17.3 *La quantité efficace d'un bien collectif*

À moins de 2 satellites, la valeur marginale sociale, *VmS*, est supérieure au coût marginal social, *CmS*. À plus de 2 satellites, *CmS* est plus élevé que *VmS*. C'est seulement quand il y a 2 satellites que *CmS* est égal à *VmS* et que la quantité est efficace.

leur coût marginal social par la courbe *CmS*. (Dans ce cas-ci, la société comprend 300 millions de membres en plus de Léa et de Max.)

Si la valeur marginale sociale est supérieure au coût marginal social, comme c'est le cas lorsque moins de 2 satellites sont fournis, on peut utiliser plus efficacement les ressources en augmentant la quantité. La valeur sociale de ces satellites supplémentaires dépasse leur coût. Si le coût marginal social est plus élevé que la valeur marginale sociale, comme lorsqu'on fournit plus de 2 satellites, on peut faire une utilisation plus efficace des ressources en diminuant la quantité. L'économie réalisée par la réduction du coût est supérieure à la diminution de la valeur.

Si la valeur marginale sociale est égale au coût marginal social, comme c'est le cas lorsqu'on fournit exactement 2 satellites, il n'y a pas d'utilisation plus efficace des ressources. Au-delà de 2 satellites, la protection supplémentaire obtenue ne vaut pas son prix. À l'inverse, si on réduit le nombre de satellites, l'économie qu'on réalise ne compense pas la perte de valeur. À 2 satellites, les ressources sont employées efficacement.

L'inefficacité de la fourniture privée

L'entreprise privée – par exemple, Protection Pôle Nord enr. – peut-elle fournir la quantité efficace de satellites ? Probablement pas, et ce, parce que personne n'a intérêt à se procurer une part du système de satellites. Chacun se dit : « Que j'achète ou non une part ne changera rien au nombre de satellites fourni par Protection Pôle Nord enr. Par ailleurs, ma consommation personnelle sera plus élevée si je profite du service de manière clandestine, sans payer ma part du système. Je profite du même niveau de sécurité que les autres sans payer, ce qui me permet d'acheter plus de biens privés. Je vais dépenser mon argent pour des biens privés et profiter gratuitement des biens collectifs. » Ce type de raisonnement est à l'origine du problème du passager clandestin. Si toute la population pense de cette façon, Protection Pôle Nord enr. n'a pas de revenus, si bien que l'entreprise ne fournit pas de satellites. La quantité voulue étant de 2 satellites, la fourniture privée est manifestement inefficace.

L'efficacité de la fourniture publique

Le processus politique peut être efficace ou inefficace. Examinons d'abord un cas qui aboutit à une allocation efficace. Supposons qu'il y a deux partis politiques, les Faucons et les Colombes, qui s'entendent sur tous les sujets sauf sur le nombre de satellites. Les Faucons proposent de fournir 3 satellites, et les Colombes un seul. Toutefois, les deux partis veulent aussi être élus. Ils font alors un sondage auprès des électeurs et découvrent la courbe de valeur marginale sociale de la figure 17.4. Ils consultent également les fabricants de satellites pour dresser un tableau des coûts marginaux. Ils font alors une analyse par simulation. Si les Faucons proposent 3 satellites et les Colombes 1 satellite, les deux partis vont mécontenter les électeurs au même degré. Par rapport à la quantité efficace, les Colombes veulent une sous-production de 1 satellite et

les Faucons une surproduction de 1 satellite. La perte de surplus est la même dans les deux cas. Il est impossible de prévoir qui gagnera les élections.

Les Faucons prennent conscience qu'ils ont intérêt à ne pas camper sur leurs positions s'ils veulent remporter les élections. Ils calculent que, en se contentant de proposer 2 satellites, ils gagneront les élections si les Colombes en restent à 1 satellite. Les Colombes appliquent la même logique et se disent que, si elles passent de 1 à 2 satellites, elles peuvent gagner les élections à condition que les Faucons proposent 3 satellites.

À la fin, les deux partis proposent 2 satellites. Les électeurs ne parviennent pas à les départager et leur accordent à chacun 50 % des voix.

Quel que soit le résultat des élections, l'État fournit 2 satellites et cette quantité est efficace. La concurrence dans le marché politique entraîne la fourniture efficace d'un bien collectif.

Le principe de la différenciation minimale La tendance des concurrents à s'imiter les uns les autres pour s'attirer le plus de clients ou d'électeurs possible correspond à ce qu'on appelle le **principe de la différenciation minimale**. Ce principe sous-tend le comportement des partis politiques. Il explique aussi pourquoi les restaurants de prêt-à-manger se côtoient et pourquoi les derniers modèles de voitures ont à peu près les mêmes caractéristiques. Si McDonald's ouvre un nouveau restaurant, il est probable que Wendy's viendra s'établir tout près plutôt qu'à deux kilomètres. Si Chrysler construit une nouvelle fourgonnette avec une portière coulissante du côté du conducteur, il y a fort à parier que Ford lui emboîtera le pas.

Le processus politique peut donner les résultats efficaces dont nous venons de parler seulement si les électeurs sont bien renseignés, mesurent les enjeux et votent aux élections. Par ailleurs, les partis politiques doivent connaître les préférences des électeurs. Dans la section qui suit, nous allons voir qu'il n'est pas toujours possible de réunir de telles conditions.

L'inefficacité de la surproduction publique

Pour que la concurrence entre deux partis politiques procure la quantité efficace d'un bien collectif, la fonction publique doit prendre part à l'entreprise et contribuer à sa réalisation. Dans le cas des satellites, les fonctionnaires du ministère de la Défense nationale doivent accepter le projet et collaborer.

L'objectif des fonctionnaires Supposons que les fonctionnaires veuillent maximiser le budget de leur ministère parce que cela leur apporte plus de prestige et de pouvoir. L'objectif du ministère de la Défense nationale devient alors d'obtenir le plus gros budget possible.

FIGURE 17.4 *Une issue efficace du processus politique*

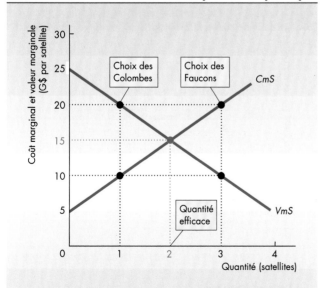

Les Colombes voudraient fournir 1 satellite et les Faucons 3. Pour chacun des partis, l'issue politique du conflit consiste à proposer 2 satellites, à défaut de quoi il risque de perdre les élections.

La figure 17.5 montre ce qui se passe si ce ministère atteint son objectif. Les fonctionnaires peuvent tenter de persuader les élus que 2 satellites coûtent plus cher que le montant prévu à l'origine au budget, ou bien ils peuvent se montrer plus audacieux et soutenir qu'il faut plus de 2 satellites. Comme le montre la figure 17.5, les fonctionnaires persuadent les élus d'opter pour 3 satellites.

Pourquoi les élus ne s'opposent-ils pas aux fonctionnaires? La surproduction de satellites ne leur fera-t-elle pas perdre la faveur des électeurs? Elle le fera si ces derniers sont bien informés et savent quel est leur intérêt fondamental. Cependant, il arrive qu'ils ne soient pas bien renseignés et que des groupes d'intérêts, qui eux le sont, aident le ministère à atteindre son objectif et à repousser les objections des élus.

L'ignorance rationnelle Selon l'un des principes de l'analyse économique des choix publics, pour l'électeur, rester ignorant par rapport à toute question qui n'a pas d'effet perceptible sur son bien-être économique est une décision rationnelle. On appelle **ignorance rationnelle** la décision de ne pas s'informer si le coût d'acquisition de l'information dépasse le bénéfice qu'on prévoit en retirer.

Ainsi, chaque électeur sait, d'une part, qu'il n'a pratiquement aucune influence sur la politique de défense nationale du gouvernement du Canada et, d'autre part, que s'informer des aspects techniques de la défense exigerait énormément de temps et d'efforts. Par conséquent, les

Les dépenses publiques de santé et de sécurité

Au Canada, la santé prime

Au Canada, l'État fournit la plupart des services de santé et de sécurité. Le gouvernement fédéral, les dix provinces et les trois territoires jouent chacun des rôles clés. La figure ci-dessous montre comment les dépenses totales pour ces deux services ont évolué depuis 1989. On voit que, à 2 000 $ par personne, la santé a coûté environ deux fois plus cher que la sécurité jusqu'en 1997. Depuis lors, les dépenses de santé ont augmenté de 45 %.

Les services de sécurité comprennent la défense nationale, la gendarmerie royale, les services de police provinciale et locale et les douanes. Le graphique montre que les dépenses à ce chapitre sont demeurées assez constantes à environ 1 000 $ par personne.

Les dépenses de santé comprennent les sommes destinées aux hôpitaux, aux médecins, à l'achat des médicaments et à la santé publique. La part du lion va aux hôpitaux. Les dépenses pour les médicaments, que ces derniers soient ou non d'ordonnance, viennent au second rang et connaissent la croissance la plus rapide. Les salaires des médecins constituent la troisième dépense en importance.

Les dépenses de santé varient d'une province et d'un territoire à l'autre. Les frais par personne sont plus élevés dans le Yukon, les Territoires du Nord-Ouest et le Nunavut que dans les provinces, car il est coûteux d'assurer des services à une population peu nombreuse dispersée sur un vaste territoire.

FIGURE 17.5 *La fonction publique et la surproduction*

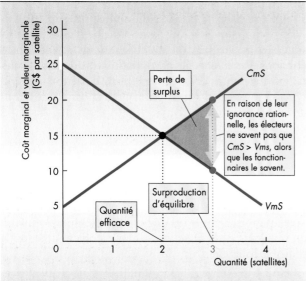

Les fonctionnaires bien informés veulent maximiser leur budget et, par ignorance rationnelle, les électeurs leur permettent de se rapprocher de leur objectif. Il peut donc y avoir surproduction d'un bien collectif, ce qui est inefficace et entraîne une perte de surplus.

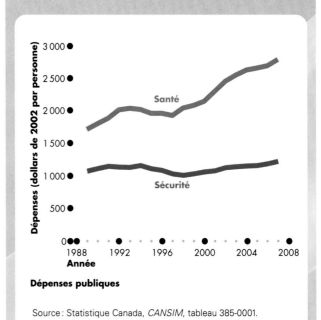

Dépenses publiques

Source : Statistique Canada, *CANSIM*, tableau 385-0001.

électeurs restent relativement mal informés sur les détails de ces questions. Nous avons pris l'exemple de la défense nationale, mais le principe s'applique à tous les aspects de l'activité économique de l'État.

Tous les électeurs sont des consommateurs des services de la défense nationale, mais tous ne sont pas des producteurs à cet égard. C'est cependant le cas d'un petit nombre d'entre eux. Parce qu'ils possèdent des entreprises productrices de composants de satellites ou qu'ils travaillent pour ces entreprises, ces électeurs ont un intérêt individuel direct dans les choix publics en matière de défense nationale, car ces choix influent sur leur revenu et leur carrière. Ils sont donc motivés à bien s'informer des questions de défense nationale et à constituer un lobby axé sur la promotion de leurs intérêts propres.

En collaboration avec les fonctionnaires chargés de fournir un bien collectif, les électeurs informés qui produisent ce bien exercent une influence plus importante que les électeurs relativement mal informés, qui ne font que consommer ce bien collectif.

Entre l'ignorance rationnelle des électeurs mal informés et l'influence des lobbys qui défendent des intérêts particuliers, il se crée un équilibre politique qui aboutit à la production d'un excédent de biens collectifs par rapport à la quantité efficace. Ainsi, dans notre exemple, on pourrait finir par mettre en orbite 3 satellites ou plus au lieu de 2, la quantité efficace.

La tentation de gonfler les budgets n'existe pas uniquement dans la fonction publique. Elle se retrouve dans toutes les grandes entreprises où les actionnaires sont dispersés et, de ce fait, ont rationnellement intérêt à ne pas consacrer d'effort afin de s'informer.

Le problème est d'autant plus aigu que les institutions, que ce soit un ministère ou une grande entreprise, sont peu transparentes et que leurs activités sont complexes. La presse peut jouer un rôle important en abaissant le coût lié à l'information pour les électeurs ou les actionnaires. Elle leur permet ainsi de mieux surveiller les fonctionnaires et les dirigeants censés travailler dans leur intérêt.

Deux types d'équilibre politique

Nous avons vu que deux types d'équilibre politique sont possibles : l'équilibre politique efficace et l'équilibre politique inefficace. Ces deux types d'équilibre politique correspondent à deux théories du secteur public :

- ◆ la théorie de l'intérêt public ;
- ◆ la théorie des choix publics.

La théorie de l'intérêt public La théorie de l'intérêt public prédit que les choix du secteur public sont tels qu'ils aboutissent à la fourniture efficace des biens collectifs.

Ce résultat survient dans un système politique idéal dans lequel les électeurs sont pleinement informés des effets des mesures politiques et refusent de voter en faveur de mesures qui pourraient être améliorées.

La théorie des choix publics La théorie des choix publics prédit que le secteur public fait des choix dont la conséquence est la surproduction inefficace des biens collectifs. Ce résultat survient dans les marchés politiques où :

- ■ on présume que les fonctionnaires tentent avant tout de gonfler leurs budgets pour accroître leur prestige ;
- ■ les électeurs pratiquent l'ignorance rationnelle et fondent leur choix seulement sur les propositions politiques qui les concernent directement.

Les électeurs sont plus soucieux de leurs intérêts en tant que producteurs qu'en tant que consommateurs, et les fonctionnaires agissent également dans leur propre intérêt. Il en résulte des déficiences gouvernementales semblables à celles du marché.

Laquelle de ces théories contradictoires est la bonne ? Les avis sont partagés, car chacune d'elles est bien incomplète. De plus, en étudiant les gouvernements dans le monde, on trouve des exemples qui corroborent parfois l'une, parfois l'autre. Mais tous les économistes s'entendent sur une chose : en Occident, depuis deux cents ans, le gouvernement a pris énormément de place dans l'économie.

La croissance du gouvernement

Sachant comment se détermine la quantité de biens collectifs, nous avons maintenant un élément d'explication de l'expansion du secteur public : cette dernière tient en partie au fait que la demande de certains biens collectifs augmente plus rapidement que la demande de biens privés, et ce, pour deux raisons :

- ◆ les préférences des électeurs ;
- ◆ une surproduction inefficace.

Les préférences des électeurs L'expansion du secteur public peut s'expliquer par les préférences des électeurs. En effet, quand le revenu des électeurs augmente (comme il le fait en général d'une année à l'autre), la demande de plusieurs biens collectifs – soins de santé, éducation, défense nationale, autoroutes, aéroports, systèmes de contrôle de la circulation aérienne, protection de l'environnement, etc. – augmente plus rapidement que le revenu. (En langage technique, l'*élasticité-revenu de la demande* de biens collectifs est supérieure à 1 – voir le chapitre 4). S'ils ne soutenaient pas l'accroissement des dépenses pour ces biens collectifs, les politiciens ne seraient pas élus.

Les gouvernements interviennent dans l'économie

La figure ci-dessous illustre l'importance grandissante du gouvernement dans l'économie de divers pays depuis plus d'un siècle. Le gouvernement connaît une poussée de croissance au lendemain de chacune des deux guerres mondiales (1914-1918 et 1939-1945). Cette croissance se stabilise au tournant des années 1980.

En 1996, près de 45 % du PNB canadien est dépensé par les différents paliers de gouvernement. Les dépenses directes en biens et services représentent un peu moins de la moitié de cette somme ; le reste est constitué de transferts aux particuliers.

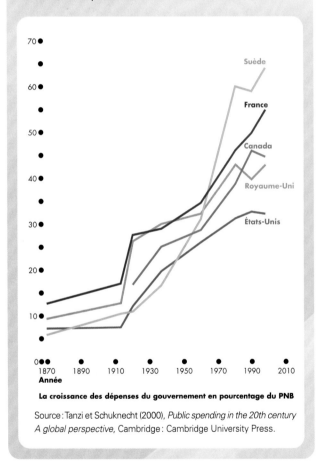

La croissance des dépenses du gouvernement en pourcentage du PNB

Source : Tanzi et Schuknecht (2000), *Public spending in the 20th century A global perspective*, Cambridge : Cambridge University Press.

Une surproduction inefficace Une surproduction inefficace peut expliquer la *taille* du secteur public, mais pas son *taux de croissance*. Elle explique (peut-être) pourquoi la taille de l'État dépasse la taille efficace, mais non pourquoi le secteur public utilise une part croissante des ressources totales.

La riposte des électeurs

Quand ils jugent que le secteur public devient trop lourd par rapport à la valeur qu'ils accordent aux biens collectifs, les électeurs peuvent s'en prendre aux programmes gouvernementaux et à la fonction publique. Dans les années 1990, au fédéral comme au provincial, pour être élus, les politiciens de tous les partis devaient proposer un secteur public plus léger et plus efficace. Les attentats du 11 septembre 2001 ont accru le consentement à payer le prix de meilleurs services de sécurité, mais n'ont probablement pas affaibli le désir d'un allègement de la taille du secteur public.

Les électeurs – et les politiciens – peuvent aussi contrer la tendance du secteur public à augmenter son budget, lorsque cette tendance se manifeste, par la privatisation de la *production* des biens collectifs, car la fourniture publique d'un bien collectif n'implique pas nécessairement que ce bien soit *produit* par un organisme public. Ainsi, ce sont souvent des entreprises privées qui assurent les services de collecte des déchets (un bien collectif) ; on assiste également à des expériences de privatisation des services d'incendie et même des prisons.

MINITEST 2

1 Décrivez le problème du passager clandestin et expliquez pourquoi il rend la fourniture privée d'un bien collectif inefficace.

2 Dans quelles conditions la concurrence que se livrent les politiciens pour obtenir des votes a-t-elle pour résultat la production de la quantité efficace d'un bien collectif ?

3 Comment l'ignorance rationnelle des électeurs et la volonté des fonctionnaires de maximiser leur budget peuvent-elles empêcher la concurrence dans le marché politique de déboucher sur la production de la quantité efficace d'un bien collectif ? Ces deux facteurs entraînent-ils une sous-production ou une surproduction de biens collectifs ?

Réponses p. 523

Nous avons vu comment les biens collectifs entraînent le problème du passager clandestin, lequel a pour conséquence la sous-production de ces biens. Nous allons maintenant examiner le cas des ressources communes et nous verrons comment ces dernières donnent naissance au problème contraire – celui de leur surexploitation.

Les ressources communes

Les stocks de morue de l'Atlantique sont en déclin depuis les années 1950. Certains biologistes estiment que cette espèce est menacée d'extinction dans plus d'une région.

La population des baleines du Pacifique Sud diminue aussi, si bien que certains groupes font des pressions pour qu'on proscrive leur exploitation dans les eaux autour de l'Australie et de la Nouvelle-Zélande afin de permettre à ces animaux de se multiplier.

L'exploitation forestière, l'élevage, les mines, l'extraction du pétrole et les barrages sont en train de détruire les forêts tropicales humides de l'Asie du Sud-Est, de l'Amérique centrale et de l'Amérique du Sud, et ce, à un rythme alarmant. Du train où vont les choses, la plupart de ces forêts auront disparu d'ici à 2030.

Tous ces exemples se rapportent à la propriété commune et le problème qu'ils illustrent s'appelle la *tragédie des communaux.*

La tragédie des communaux

La **tragédie des communaux** provient du fait que les gens ne voient pas l'intérêt de prévenir la surexploitation et la déplétion d'une ressource de propriété commune. Si une ressource n'appartient à personne, chacun l'utilise sans se préoccuper des conséquences pour les autres.

L'origine de la tragédie des communaux L'expression «tragédie des communaux» est apparue en Angleterre au XIVᵉ siècle. À cette époque, les villages sont entourés de terrains en friche. Tous ont accès à ces terres communales, ou communaux, et peuvent y laisser paître leurs vaches et leurs moutons.

Comme il s'agit de pâturages ouverts à tous, personne ne cherche à en prévenir la surexploitation. On se retrouve alors avec des terres pratiquement dépouillées de végétation, sur lesquelles de moins en moins de bêtes peuvent se nourrir.

Au XVIᵉ siècle, le prix de la laine augmente et l'Angleterre devient un pays exportateur de ce produit. L'élevage de moutons est alors profitable et les éleveurs veulent devenir maîtres des terres qu'ils utilisent. Petit à petit, les communaux sont privatisés et clôturés. La surexploitation cesse et l'utilisation de la terre devient plus efficace.

La tragédie des communaux aujourd'hui À l'heure actuelle, la tragédie des communaux a pris la forme de la surpêche en mer. Elle constitue un problème pressant, tout particulièrement dans le cas de la morue de l'Atlantique. À la fin des années 1980, on pêchait encore 425 000 tonnes de ce poisson dans les eaux canadiennes, mais la population a rapidement décliné de sorte qu'on a dû imposer un moratoire sur cette pêche en 1992. C'est là un exemple des graves conséquences de la surpêche.

L'exploitation durable

L'exploitation durable, ou exploitation sans déprédation de l'environnement, correspond au taux d'exploitation qu'il est possible de maintenir indéfiniment. Dans le cas des poissons des océans, il s'agit de la quantité de poissons (d'une espèce donnée) qu'on peut pêcher chaque année pendant un nombre d'années indéfini, sans faire disparaître l'espèce.

Ce taux d'exploitation dépend du stock actuel de poissons et du nombre de bateaux utilisés pour la pêche. Pour un stock donné, plus il y a de bateaux en mer, plus il y a de poissons pêchés. Toutefois, s'il y a trop de bateaux, on assiste à la déplétion des stocks.

Ainsi, la quantité de poissons pêchés augmente en proportion du nombre de bateaux, pourvu que le stock se maintienne. Cependant, au-delà d'un certain seuil critique, le stock de poissons diminue en raison du nombre croissant de bateaux, et la quantité de poissons pêchés aussi.

Le tableau 17.1 illustre la relation entre le nombre de bateaux de pêche et la quantité de poissons qu'ils rapportent. Dans cet exemple, les quantités sont fictives.

TABLEAU 17.1 ***Exploitation durable : pêche totale, pêche moyenne et pêche marginale***

	Bateaux (milliers)	Pêche totale (milliers de tonnes par mois)	Pêche moyenne (tonnes par bateau)	Pêche marginale (tonnes par bateau)
A	0	0		
				90
B	1	90	90	
				70
C	2	160	80	
				50
D	3	210	70	
				30
E	4	240	60	
				10
F	5	250	50	
				−10
G	6	240	40	
				−30
H	7	210	30	
				−50
I	8	160	20	
				−70
J	9	90	10	
				−90
K	10	0	0	

Lorsque le nombre de bateaux en mer augmente, la quantité de poissons pêchés augmente d'abord, puis décroît lorsqu'il y a surpêche. La pêche moyenne et la pêche marginale par bateau diminuent à mesure que le nombre de bateaux augmente.

Pêche totale   La pêche totale représente ici un taux d'exploitation durable. Dans le tableau 17.1, les valeurs des deux premières colonnes mettent en évidence le lien entre le nombre de bateaux et la pêche totale. Dans la figure 17.6, nous représentons ce lien par une fonction.

On voit que, lorsque le nombre de bateaux passe de 0 à 5 000, la pêche totale augmente pour atteindre un maximum de 250 000 tonnes par mois. Au-delà de 5 000 bateaux, la pêche totale se met à diminuer et, à 10 000 bateaux, les stocks de poissons sont épuisés, si bien que les prises sont nulles.

Lorsque le nombre de bateaux dépasse 5 000, il y a surpêche, c'est-à-dire que les stocks commencent à s'épuiser et que les poissons qui restent sont plus difficiles à trouver et à pêcher.

Pêche moyenne   La pêche moyenne est égale à la pêche totale divisée par le nombre de bateaux. Elle figure dans la troisième colonne du tableau 17.1.

À 1 000 bateaux, la prise totale est de 90 000 tonnes et la moyenne est de 90 tonnes par bateau. À 2 000 bateaux, la prise totale est de 160 000 tonnes et la moyenne est de 80 tonnes. La quantité de poissons pêchés par bateau diminue à mesure que le nombre de bateaux augmente. Lorsque la flotte est constituée de 8 000 bateaux, chacun d'eux ne prend que 20 tonnes de poissons par mois.

La diminution des moyennes est un exemple du principe des rendements décroissants.

FIGURE 17.6   *L'exploitation durable des pêcheries*

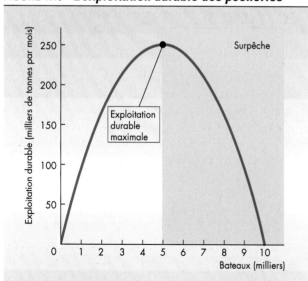

L'exploitation durable augmente en proportion du nombre de bateaux, mais elle finit par atteindre un maximum. Au-delà de ce plafond, une augmentation du nombre de bateaux fait diminuer les stocks de poissons, et la pêche totale décroît. Il y a surpêche quand l'exploitation durable se met à diminuer.

Pêche marginale   La pêche marginale est la fluctuation de la pêche totale qu'on observe quand un bateau s'ajoute à la flotte existante. On la calcule en divisant la valeur de l'écart observé dans la pêche totale par l'augmentation du nombre de bateaux. Elle est donnée dans la quatrième colonne du tableau 17.1.

Considérons, par exemple, les lignes *C* et *D* du tableau. Lorsque le nombre de bateaux augmente de 1 000, la pêche augmente de 50 000 tonnes, si bien que l'augmentation de la pêche par bateau est égale à 50 tonnes. Dans le tableau, cette valeur se situe à mi-chemin entre les lignes *C* et *D*, parce qu'elle représente la pêche marginale pour 2 500 bateaux, nombre qui se situe à mi-chemin entre les valeurs qui ont servi à la calculer.

Notons que, comme c'est le cas pour la pêche moyenne, la pêche marginale diminue à mesure que le nombre de bateaux augmente. Notons également que la pêche marginale est toujours inférieure à la pêche moyenne puisque celle-ci décroît.

Lorsque le nombre de bateaux est tel que l'exploitation durable est maximale, la pêche marginale est égale à zéro. Si on augmente encore le nombre de bateaux, elle devient négative – autrement dit, en mettant plus de bateaux à la mer, on fait diminuer la pêche totale.

L'équilibre de la surpêche

Il y a tragédie des communaux lorsque les ressources communes sont surexploitées. Pourquoi les stocks de poissons sont-ils surexploités? Pourquoi y a-t-il surpêche? Pourquoi le nombre maximum de bateaux qui partent en mer n'est-il pas celui qui permet de maximiser l'exploitation durable, c'est-à-dire 5 000 dans le présent exemple? Pour répondre à ces questions, nous devons examiner les coûts et les bénéfices privés du pêcheur.

Supposons que le coût d'un bateau de pêche équivaut à 20 tonnes de poissons par mois. Cela signifie que, pour compenser le coût de renonciation de l'entretien et de l'utilisation du bateau ainsi que son temps (son salaire), le pêcheur doit prendre 20 tonnes par mois. S'il espère pêcher au moins 20 tonnes par mois, le pêcheur consent à prendre la mer.

Le bénéfice privé d'exploitation du bateau correspond aux recettes du pêcheur lorsqu'il vend ses prises. Comme nous avons exprimé la valeur des coûts en poissons, nous pouvons faire de même pour les recettes, qui équivalent alors à la pêche moyenne que nous avons calculée plus haut. Tout pêcheur prendra la mer tant que la pêche moyenne (son bénéfice marginal privé) sera supérieure à son coût marginal (compté en poissons). Mais, à mesure que le nombre de bateaux augmente, la pêche moyenne par bateau diminue, de sorte que le nombre de bateaux en mer ne se stabilise que lorsque la pêche moyenne est égale au coût d'un bateau de pêche.

Dans la figure 17.7, le coût d'un bateau de pêche est représenté par la droite *Cm* et la pêche moyenne par la droite *PM*. On obtient la droite *PM* à partir des valeurs de pêche moyenne du tableau 17.1.

On voit que, si le nombre de bateaux est inférieur à 8 000, chaque bateau prend plus de poissons qu'il n'en coûte pour les pêcher. Comme la pêche est profitable, il y a 8 000 bateaux en mer et on atteint l'équilibre de la surpêche. Si un seul pêcheur prenait congé, la surpêche serait moins importante. Toutefois, ce pêcheur se trouverait à renoncer à un profit économique éventuel.

L'intérêt individuel du pêcheur consiste à attraper des poissons, mais l'intérêt social serait de limiter la pêche. La quantité de poissons pêchés par bateau diminue à mesure que la flotte existante grossit. Lorsqu'ils décident de prendre la mer, les pêcheurs ne tiennent pas compte de cette diminution. Ils ne se préoccupent que de leur bénéfice *privé*. Finalement, on se trouve engagé dans une surexploitation *inefficace* de la ressource.

L'exploitation efficace des communaux

L'exploitation efficace d'une ressource commune correspond au niveau d'exploitation auquel le coût marginal de l'utilisation de la ressource est égal à la valeur marginale sociale qu'on en obtient.

FIGURE 17.7 *L'origine de la surpêche*

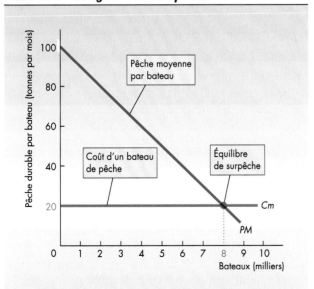

La pêche moyenne diminue à mesure que le nombre de bateaux augmente. La pêche moyenne par bateau, *PM*, constitue le bénéfice privé du pêcheur. Le coût d'un bateau équivaut à 20 tonnes de poissons, ce que représente la droite *Cm*. À l'équilibre, on compte 8 000 bateaux – une situation de surpêche.

La valeur marginale sociale Si le bénéfice privé procuré par bateau correspond à la pêche moyenne, la valeur marginale sociale correspond à la pêche marginale – l'augmentation de la pêche totale découlant de l'ajout d'un bateau à la flotte existante. Il en est ainsi parce que, lorsqu'un nouveau bateau prend la mer, on doit tenir compte non seulement des poissons *en plus* qu'il permettra de pêcher, mais aussi des poissons *en moins* qu'on pêchera sur chacun des bateaux de la flotte existante. La valeur marginale sociale est l'*augmentation* de la quantité de poissons pêchés par bateau et non la quantité moyenne de poissons pêchés par bateau.

Nous avons donné les valeurs de la pêche marginale au tableau 17.1. Nous reproduisons une partie de ce tableau dans la figure 17.8, où nous présentons également le graphique du bénéfice privé (la pêche moyenne) et de la valeur marginale sociale *VmS* (la pêche marginale).

Notons tout d'abord que la valeur marginale sociale est inférieure au bénéfice privé, quel que soit le nombre de bateaux. La pêche moyenne est avantageuse pour chaque bateau, c'est-à-dire qu'elle sert les intérêts privés du pêcheur qui l'exploite. Cependant, l'ajout d'un bateau *diminue* la pêche pour tous, si bien qu'il faut soustraire la valeur de cette diminution de celle de la pêche du bateau supplémentaire pour connaître la valeur marginale sociale de ce dernier.

L'exploitation efficace S'il n'y a pas de coûts externes, le coût marginal social est égal au coût marginal. Dans la figure 17.8, le coût marginal et le coût marginal social sont représentés par la même droite, *Cm = Cms*. L'exploitation est efficace quand les valeurs de *VmS* et de *Cm* sont égales, soit quand 4 000 bateaux pêchent chacun 60 tonnes de poissons par mois. On voit dans le tableau que, lorsque le nombre de bateaux passe de 3 000 à 4 000 (valeur médiane = 3 500), la valeur marginale sociale est de 30 tonnes, ce qui est supérieur au coût marginal social. Quand le nombre de bateaux passe de 4 000 à 5 000 (valeur médiane = 4 500), la valeur marginale sociale est de 10 tonnes, valeur inférieure au coût marginal social. À 4 000 bateaux, la valeur marginale sociale est de 20 tonnes et est égale au coût marginal social.

Comment s'assurer d'un résultat efficace

Les conditions nécessaires pour assurer l'exploitation efficace d'une ressource commune sont beaucoup plus faciles à définir qu'à mettre en place. Pour bien utiliser une ressource commune, il faut créer un mécanisme qui motive ceux qui l'exploitent à tenir compte des conséquences marginales sociales de leurs actions. Les principes que nous avons mis en lumière lors de l'étude des effets externes au chapitre 16 s'appliquent dans le cas des ressources communes.

FIGURE 17.8 *L'exploitation efficace d'une ressource commune*

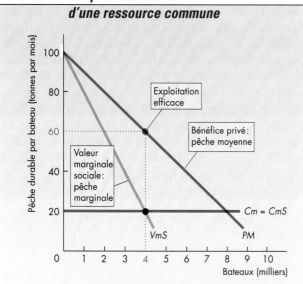

Bateaux (milliers)	Pêche totale (milliers de tonnes par mois)	Pêche moyenne (bénéfice privé) (tonnes par bateau)	Pêche marginale (*VmS*) (tonnes par bateau)
A 0	0		
			90
B 1	90	90	
			70
C **2**	**160**	80	
			50
D **3**	**210**	70	
			30
E 4	240	60	
			10
F 5	250	50	

La valeur marginale sociale d'un bateau de pêche correspond à la fluctuation de la valeur sociale résultant d'un bateau supplémentaire. Le tableau montre que, lorsque le nombre de bateaux passe de 2 000 à 3 000 (de la ligne *C* à la ligne *D*), la pêche totale passe de 160 000 à 210 000 tonnes par mois. La pêche marginale et la valeur marginale sociale sont alors de 50 tonnes.

Le graphique illustre la valeur marginale sociale (la pêche marginale), représentée par la droite *VmS*, et le bénéfice privé (la pêche moyenne), représenté par la droite *PM*. La valeur marginale sociale est inférieure au bénéfice privé parce que celui-ci diminue à mesure qu'augmente le nombre de bateaux. Le nombre efficace de bateaux est de 4 000 embarcations – la valeur marginale sociale et le coût marginal social sont alors égaux, à 20 tonnes par bateau.

Les trois principaux moyens utilisés pour rendre efficace l'exploitation d'une ressource commune sont :

- les droits de propriété ;
- les quotas de production ;
- les quotas individuels transférables (QIT).

Les droits de propriété Une ressource commune qui n'appartient à personne et que tous peuvent utiliser librement est à l'opposé de la *propriété privée*, laquelle est une ressource appartenant à un *particulier* avide d'en maximiser la valeur. Ainsi, on peut prévenir la tragédie des communaux en retranchant la ressource du patrimoine commun et en la transformant en propriété privée. En accordant des droits de propriété privée, on reporte sur les propriétaires les conditions auxquelles était soumise la société. La droite *VmS* de la figure 17.8 devient celle du bénéfice marginal *privé* du propriétaire, lequel subit alors tous les inconvénients que peut entraîner la surexploitation de la ressource. Il a donc dès lors tout intérêt à exploiter efficacement la ressource.

Cette solution de la tragédie des communaux *est* réalisable dans certains cas. C'est ainsi qu'on a remédié à la première tragédie des communaux héritée du Moyen Âge en Angleterre. C'est aussi la solution qui a permis de prévenir la surexploitation des ondes qui servent à la téléphonie cellulaire. Le droit d'utiliser ces ondes, lesquelles font partie de ce qu'on appelle un spectre des fréquences, a été vendu aux enchères par les gouvernements. Le propriétaire d'un segment du spectre est le seul autorisé à l'employer (ou à en permettre l'utilisation par des sous-traitants).

Cependant, il n'est pas toujours possible d'accorder des droits de propriété privée. Par exemple, il serait difficile de le faire dans le cas des océans. Ce ne serait pas impossible, mais il serait très onéreux de défendre ces droits sur des milliers d'hectares d'océan. Il serait encore plus difficile d'accorder des droits de propriété privée de l'atmosphère et de les protéger.

Lorsqu'il en coûte trop d'accorder des droits de propriété privée et de les protéger, on a recours à une forme d'intervention de l'État. La plus simple de ces interventions est celle des quotas de production.

Les quotas de production Nous avons examiné les effets des quotas de production au chapitre 6 et nous avons vu qu'un quota peut créer un écart entre la valeur marginale sociale et le coût marginal social, si bien qu'il en résulte une perte de surplus. Dans l'exemple du chapitre 6, le marché était efficace sans quota alors que, dans le cas de l'exploitation d'une ressource commune, le marché est inefficace. En effet, il y a surproduction. En conséquence, l'imposition d'un quota qui limite la production peut favoriser l'obtention d'un résultat plus efficace.

On peut imposer un quota soit sur le nombre de bateaux, soit sur la quantité de poissons pêchés. Dans notre exemple, la quantité pêchée est déterminée par le nombre de bateaux, si bien qu'un quota sur le nombre de bateaux équivaut à un quota sur la quantité de poissons pêchés.

La figure 17.9 illustre le cas d'un quota qui aboutit à un résultat efficace. Ce quota limite le nombre de bateaux à 4 000, nombre qui assure une pêche efficace, c'est-à-dire pour lequel la valeur marginale sociale, *VmS*, est égale au coût marginal social, *CmS*. Si les bateaux autorisés à pêcher sont les seuls à prendre la mer, le résultat est efficace.

La mise en vigueur d'un quota de production pose deux problèmes. Premièrement, tous les propriétaires de bateaux ont intérêt à tricher et à mettre à la mer plus de bateaux qu'il n'est permis de le faire. Il en est ainsi parce que leur bénéfice privé est supérieur au coût marginal. Par conséquent, s'il utilise plus de bateaux, chaque propriétaire obtient un plus grand revenu. Si on est assez nombreux à ne pas respecter le quota, la surpêche recommence et la tragédie des communaux persiste.

Deuxièmement, en règle générale, le coût marginal n'est pas le même pour tous les producteurs, contrairement à ce que notre exemple laisse entendre. Certains producteurs sont avantagés par rapport à d'autres. Les règles de l'efficacité exigent que les permis de pêche aillent aux producteurs qui ont les plus bas coûts marginaux. Cependant, le ministère qui donne les permis ne connaît pas le coût marginal de chacun des producteurs. Et s'il tentait d'obtenir cette information, les producteurs seraient enclins à donner de faux renseignements pour augmenter leur quota.

En fin de compte, un quota de production est une solution possible, mais seulement si on peut surveiller les producteurs et si ces derniers ont tous le même coût marginal. Quand l'une ou l'autre de ces conditions n'est pas remplie, le résultat du quota de production n'est pas efficace.

Les quotas individuels transférables Lorsqu'il est difficile de surveiller les producteurs ou que le coût marginal varie d'un producteur à l'autre, il existe un système de quotas plus sophistiqué qui permet d'obtenir un résultat efficace. Il s'agit du **quota individuel transférable (QIT)**, lequel consiste en un permis de production, ou d'exploitation, limité donné à un individu, qui est libre ensuite de transférer (vendre) son quota à un tiers. Un marché des QIT s'établit alors, et ces derniers se vendent au prix du marché.

Dans le cas d'un QIT, le prix du marché est la somme la plus élevée qu'on consent à verser pour l'obtenir. Ce prix correspond au bénéfice privé – la pêche moyenne par bateau – moins le coût de la mise à l'eau du bateau.

Un propriétaire de bateaux avec un QIT peut vendre celui-ci au prix du marché. S'il décide de le garder parce qu'il veut prendre la mer, il subit un coût de renonciation. Le prix du QIT s'ajoute donc au coût de renonciation d'un pêcheur qui décide de prendre la mer : il ne choisira cette option que si son bénéfice privé – la pêche moyenne – dépasse ce coût, soit le prix du QIT plus le coût d'exploitation du bateau. Tant que la pêche moyenne dépasse ce coût, les propriétaires de bateaux sans quota vont renchérir pour en obtenir un, et le prix du QIT va grimper jusqu'à ce que le bénéfice privé égale le coût de renonciation :

Bénéfice privé = coût de renonciation

Pêche moyenne = coût d'exploitation + prix du QIT

Ainsi,

Prix du QIT = pêche moyenne − coût d'exploitation

La figure 17.10 illustre le fonctionnement des QIT. Pour maintenir un bateau à l'eau, il en coûte l'équivalent de 20 tonnes de poissons par mois. Sans quota, 8 000 bateaux, rapportant chacun 20 tonnes par mois, seraient mis à l'eau. L'égalité entre la valeur marginale sociale *VmS* et le coût *C* d'un bateau nous indique qu'il est efficace de ne mettre à la mer que 4 000 bateaux. La pêche moyenne par bateau est alors de 60 tonnes par mois. Le gouvernement émet donc des quotas pour 4 000 bateaux qu'il distribue parmi les pêcheurs.

Une fois les quotas distribués, les pêcheurs savent que la pêche moyenne sera au moins de 60 tonnes par mois puisque le nombre de bateaux sur l'eau ne dépassera pas 4 000. Par conséquent, un bateau à l'eau rapporte 60 tonnes

FIGURE 17.9   ***Un quota de production pour l'exploitation efficace d'une ressource commune***

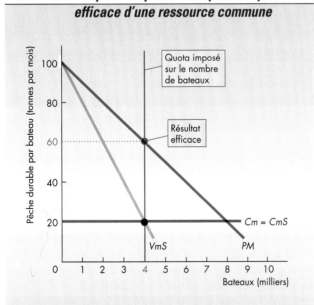

En vertu du quota imposé, le nombre de bateaux autorisés à pêcher est fixé à 4 000. La pêche rapporte alors la quantité de poissons pour laquelle la valeur marginale sociale, *VmS*, est égale au coût marginal social, *CmS*. Si on parvient à faire respecter les quotas, on obtient un résultat efficace.

FIGURE 17.10 *Un quota individuel transférable pour l'exploitation efficace d'une ressource commune*

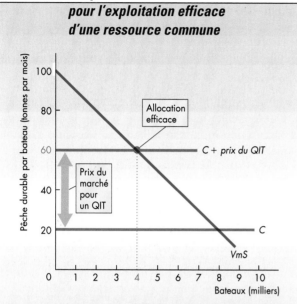

On accorde un nombre suffisant de quotas pour que l'exploitation se maintienne au niveau efficace. Le prix du marché pour un QIT est égal au bénéfice privé (la pêche moyenne) moins le coût d'exploitation. En détenant un QIT, chaque pêcheur encourt le plein coût de renonciation de l'emploi de la ressource commune, de sorte que son intérêt individuel coïncide avec l'intérêt social.

moins les 20 tonnes en coût d'exploitation, pour un profit de 60 – 20 = 40 tonnes. Tout pêcheur ne disposant pas d'un quota sera prêt à payer 40 tonnes pour en obtenir un. Tout pêcheur disposant d'un quota ne s'en départira pas pour moins. Le prix d'un quota est l'équivalent de 40 tonnes de poissons par mois, soit le montant de la rente économique qu'il permet d'obtenir (voir le chapitre 12, p. 365).

Ce système est intéressant dans la mesure où il permet une allocation efficace des ressources même si les pêcheurs subissent des coûts différents. Toutes choses étant égales d'ailleurs, pour qu'il y ait allocation efficace des ressources, il faut que l'accès à la mer soit d'abord octroyé aux pêcheurs ayant les coûts les plus bas. Dans un système de quotas traditionnel, ce n'est pas garanti : un pêcheur avec des coûts élevés peut posséder un quota pendant qu'un pêcheur avec des coûts faibles n'en a pas.

Avec des quotas transférables, cette situation ne risque pas de se produire parce que l'emploi d'un quota a plus de valeur pour des pêcheurs ayant des coûts faibles que pour des pêcheurs ayant des coûts élevés. Par le jeu du marché, les seconds vendront volontiers leurs quotas aux premiers. Les propriétaires de bateaux qui ont des coûts élevés préféreront ne pas pêcher et ils décideront d'encaisser la valeur de leur quota en s'en départissant.

Les choix publics et l'équilibre politique

Lorsque nous avons étudié la fourniture des biens collectifs, nous avons vu que l'équilibre politique peut être inefficace – résultat attribuable aux lacunes du secteur public. Un tel résultat politique est aussi possible lorsqu'on exploite une ressource commune. On peut imaginer une allocation efficace des ressources et mettre au point un système de QIT pour la réaliser, mais on n'est pas pour autant assuré que le résultat du processus politique sera efficace. Dans le cas des stocks de poissons de l'océan, certains pays sont arrivés à un équilibre politique efficace, mais d'autres n'y sont pas parvenus.

Les économistes sont d'avis que les QIT constituent un bon outil pour assurer l'exploitation efficace des stocks de poissons des océans. Par conséquent, l'engagement des pouvoirs politiques à imposer des QIT est un résultat efficace, et un manque de volonté politique à cet égard est un résultat inefficace.

L'Australie et la Nouvelle-Zélande ont institué des QIT pour protéger les stocks de poissons du Pacifique Sud et de l'océan Antarctique. L'Islande a fait de même pour la pêche au hareng et au capelan dans ses eaux. À ce jour, les résultats de l'expérience sont encourageants. Les pêcheurs gagneraient à dépasser leurs quotas, mais ils semblent être plutôt rares à le faire. De plus, ceux qui ont un QIT ont intérêt à surveiller ceux qui n'en ont pas et à dénoncer les contrevenants.

Les QIT favorisent la conservation des stocks de poissons, mais ils font aussi diminuer la taille de l'industrie de la pêche. Cette conséquence va à l'encontre des intérêts privés des propriétaires de bateaux. Dans tous les pays, l'industrie de la pêche s'oppose aux restrictions qu'on lui impose, mais en Australie et en Nouvelle-Zélande la résistance n'est pas assez forte pour faire tomber les QIT.

L'introduction de quotas et de QIT en particulier peut entraîner d'autres problèmes. D'une part, même si elle contribue à accroître la taille de la tarte économique, la distribution initiale des quotas peut faire des gagnants et des perdants. Le plus souvent, les quotas sont initialement attribués sur une base historique de l'exploitation de la ressource, de sorte que ceux qui ont le plus contribué à son étiolement sont en définitive favorisés. D'autre part, le système de quotas accroît considérablement la valeur de marché d'une activité qui suscitait auparavant peu d'intérêt économique. Les conséquences sociales d'un tel changement sont difficiles à prévoir et à contrôler.

En 1991, la mise en vigueur de QIT pour la pêche au poisson de fond dans la baie de Fundy en Nouvelle-Écosse s'est traduite par une réduction de moitié de la flotte en l'espace de quatre ans. L'attribution des permis sur la base historique des prises passées s'est avérée problématique. Par ailleurs, de nombreux petits pêcheurs ont trouvé avantageux de vendre leurs QIT à de gros pêcheurs industriels : la concentration de l'industrie qui en a résulté a eu des effets sociaux désastreux sur les petites communautés auxquelles ces pêcheurs appartiennent. L'opposition soulevée a réussi à faire échouer tout autre projet de QIT. Un comité parlementaire est même allé jusqu'à soutenir que l'expérience de l'Australie et de la Nouvelle-Zélande ne devait pas servir à justifier le recours à ce type de quotas. Aux États-Unis, le Congrès a interdit les QIT dans le golfe du Mexique et le Pacifique Nord.

La rubrique «Entre les lignes» (p. 516) examine les effets de la congestion des touristes dans une des régions les plus sauvages du monde : l'Antarctique !

Dans le prochain chapitre, nous aborderons une nouvelle partie de la microéconomie. Nous nous attaquerons à la troisième grande question des sciences économiques : pour qui les biens et services sont-ils produits ? Nous nous

pencherons sur les marchés des facteurs de production et mettrons en lumière comment se déterminent les salaires et les autres formes de revenu.

L'ANTARCTIQUE N'APPARTIENT À PERSONNE

L'ACTUALITÉ, 1ᵉʳ NOVEMBRE 2008

CROISIÈRE MYTHIQUE

Par *Gary Lawrence*

Il y a environ 15 ans, à peine 8 000 voyageurs visitaient annuellement l'Antarctique*. Mais depuis, la fréquentation a explosé : 37 000 touristes s'y sont rendus en 2006-2007, et en 2007-2008, on s'attendait à en voir 47 000, une augmentation de 27 %. La plupart participent à une croisière, et tous sont attirés par les décors naturels spectaculaires, le contact unique avec la faune et la possibilité d'atteindre le bout du monde à des tarifs désormais « abordables » (au moins 5 000 dollars, quand même). […]

En général, tous les navires de croisière mouillent aux mêmes endroits, là où s'ébattent manchots, phoques, otaries et autres lions de mer […].

Les sociétés qui exploitent ces navires s'entendent entre elles pour ne pas s'entremêler les pales la saison touristique venue.

« Ces compagnies vendent le privilège d'aller dans l'un des endroits les plus isolés de la terre, alors elles ne peuvent se permettre de rencontrer trop de monde », explique Jean Lemire, chef de la Mission Antarctique à bord du Sedna IV. […]

Le tourisme en Antarctique fait l'objet d'une entente unique au monde, celle de l'Association internationale des organisateurs de voyages dans l'Antarctique (IAATO). En vertu de celle-ci, chaque entreprise membre s'engage, d'une manière volontaire, à respecter un minimum de règles (des lignes directrices, en fait) pour assurer un tourisme ultra-durable et archi-responsable. Plus de 90 % des navires de croisière antarctique en sont membres. […]

Malgré toutes ces précautions, nombreux sont ceux qui s'inquiètent des effets négatifs du tourisme en Antarctique : sites et quiétude de la faune menacés, déstabilisation potentielle du fragile écosystème, risque d'une catastrophe environnementale majeure en cas de naufrage...

[Selon] Jim Barnes, président de la Coalition sur l'Antarctique et l'océan Austral (ASOC), qui regroupe une centaine d'ONG liées à la protection de l'environnement […] le tourisme en Antarctique a déjà atteint les limites de l'acceptable, et il faut dès maintenant imposer un quota annuel de visiteurs […]

« Plus facile à dire qu'à faire, rétorque Denise Landau, directrice de l'IAATO. Les seules règles qui régissent le tourisme en Antarctique sont celles que nos membres s'imposent volontairement et on ne peut empêcher une entreprise d'exploiter un navire dans cette région du globe. »

[…] « L'an dernier, une famille en voilier a accosté sur une île avec un berger allemand qui s'est mis à courir à travers une manchotière. En quelques heures, ils ont fait plus de ravages que 20 ans de tourisme encadré et conscientisé », raconte Christopher Gilbert, guide-conférencier sur le MS Fram. ■

* Selon le traité sur l'Antarctique de 1959, ce continent n'appartient à aucun pays et est voué à la paix et à la science.

LES FAITS EN BREF

- Le tourisme en Antarctique a beaucoup augmenté depuis 15 ans.

- Les touristes apprécient l'état sauvage des lieux, mais contribuent par leur présence à le mettre en péril.

- Les armateurs évitent d'être au même endroit en même temps afin de ne pas déplaire aux touristes.

- Les armateurs ont fondé une association qui regroupe 90 % des navires afin de contrôler leurs activités.

- Certains estiment qu'il faudrait mettre en place des quotas.

- L'Antarctique n'appartient à personne.

ANALYSE ÉCONOMIQUE

● L'Antarctique est une destination touristique prisée parce qu'elle est sauvage.

● L'Antarctique n'appartient à personne et est donc une ressource commune.

● Comme personne n'en contrôle les accès, trop de bateaux visitent les lieux attrayants pour les touristes.

● Les touristes sont prêts à payer très cher pour visiter l'Antarctique, mais plus ils le fréquentent, moins ils consentent à payer, considérant que le caractère sauvage est déprécié.

● En absence de contrôle, le tourisme en Antarctique pourrait perdre son intérêt.

● La **figure** illustre la tragédie des communaux engendrée par le tourisme en Antarctique.

● Le bénéfice privé que procure l'organisation d'une croisière correspond aux recettes de cette croisière, lesquelles dépendent du prix que les touristes sont prêts à payer, soit leur demande.

● Un armateur estime profitable d'ajouter un bateau à la flotte de l'industrie touristique tant que son bénéfice privé D est supérieur au coût d'exploitation C, soit tant qu'il y a moins de 80 bateaux en exploitation.

● En ajoutant un bateau à la flotte, l'armateur réalise un gain, mais il fait baisser le bénéfice de ses concurrents parce que les touristes n'aiment pas la présence... des autres touristes. À cause de cet effet de congestion, la valeur marginale sociale VmS d'un bateau supplémentaire est inférieure au bénéfice privé qui revient à l'armateur.

● En l'absence de contrôle, l'industrie compterait 80 bateaux et la valeur sociale de l'industrie serait nulle: la congestion serait telle qu'un touriste ne serait pas prêt à payer plus que ce qu'il en coûterait pour le transporter à cet endroit (2 000 $). C'est la tragédie des communaux.

● L'exploitation efficace de la ressource touristique est atteinte lorsque 40 bateaux fréquentent le site. À ce niveau léger de fréquentation, un touriste est prêt à payer le voyage 6 000 $.

● Une cinquantaine de bateaux fréquentent déjà le site et le prix d'une croisière a chuté à 5 000 $.

● Afin de préserver le site, les armateurs ont formé une association qui limite les activités de ses membres. Mais l'adhésion est volontaire et certains ont choisi de ne pas y adhérer. À 5 000 $ le billet, il demeure très profitable pour un armateur d'ajouter un bateau.

● L'idéal serait d'imposer un quota de 40 bateaux pour toute l'industrie... mais l'Antarctique n'appartient à personne.

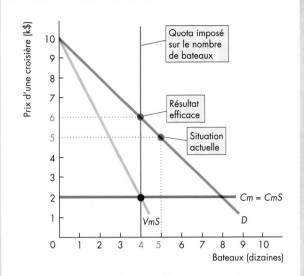

Un quota de production pour l'exploitation efficace d'une ressource commune

Points clés

La classification des biens et des ressources
(p. 502)

◆ Un bien privé est un bien ou un service appropriable d'usage singulier.

◆ Un bien collectif est un bien ou un service non appropriable d'usage commun.

◆ Une ressource commune est un bien non appropriable d'usage singulier.

Les biens collectifs (p. 503-508)

◆ Étant non appropriables et d'usage commun, les biens collectifs donnent naissance au problème du passager clandestin. Ainsi, personne n'a intérêt à payer sa part de ce qu'il en coûte d'offrir un bien collectif.

◆ La quantité efficace d'un bien collectif est celle pour laquelle la valeur marginale sociale est égale au coût marginal social.

◆ La concurrence entre les partis politiques, qui ont pour objectif commun de plaire au plus grand nombre d'électeurs, peut entraîner la fourniture efficace d'un bien collectif. Elle peut aussi amener tous les partis à proposer les mêmes politiques, en vertu du principe de la différenciation minimale.

◆ Si les fonctionnaires se donnent pour but de maximiser leurs budgets et si les électeurs pratiquent l'ignorance rationnelle, il est possible que la quantité de biens collectifs fournis soit supérieure à la quantité efficace.

Les ressources communes (p. 508-515)

◆ Les ressources communes donnent naissance à un problème appelé « tragédie des communaux » : personne n'a d'intérêt individuel à conserver les ressources et à les exploiter de façon efficace.

◆ En l'absence de contrôle, chacun exploite la ressource tant que le bénéfice marginal privé qu'il en retire dépasse son coût marginal privé d'exploitation.

◆ On peut encourager l'exploitation efficace d'une ressource commune en créant des droits de propriété privée, en imposant des quotas ou en accordant des quotas individuels transférables.

Figures clés

Figure 17.1 Les quatre catégories de biens (p. 502)

Figure 17.2 La valeur d'un bien collectif (p. 503)

Figure 17.3 La quantité efficace d'un bien collectif (p. 504)

Figure 17.4 Une issue efficace du processus politique (p. 505)

Figure 17.5 La fonction publique et la surproduction (p. 506)

Figure 17.7 L'origine de la surpêche (p. 511)

Figure 17.8 L'exploitation efficace d'une ressource commune (p. 512)

Mots clés

Bien appropriable Bien qu'on peut s'approprier pour en contrôler la consommation. La vue d'une sculpture est un bien appropriable si on peut loger l'œuvre dans un musée dont on contrôle l'accès. Tous les biens privés comme les pommes et les voitures sont appropriables (p. 502).

Bien collectif Bien non appropriable d'usage commun ; peut être consommé en même temps par tous, et nul ne peut en interdire la jouissance à quiconque (p. 502).

Bien d'usage commun Bien, ressource ou service dont la consommation par une personne ne réduit pas la quantité pouvant être consommée par une autre (p. 502).

Bien d'usage singulier Bien, ressource ou service dont la consommation par une personne diminue ce qui en reste pour les autres consommateurs (p. 502).

Bien non appropriable Bien qu'il est difficile, voire impossible, de s'approprier pour en contrôler la consommation. La vue d'une belle façade d'un édifice est un bien non appropriable si on ne peut empêcher les passants de la regarder. Les poissons exotiques de l'océan sont un bien non appropriable si on ne parvient pas à en contrôler l'exploitation (p. 502).

Bien privé Bien ou service qui est appropriable et d'usage singulier (p. 502).

Ignorance rationnelle Décision de ne pas s'informer si le coût d'acquisition de l'information dépasse le bénéfice qu'on prévoit en retirer (p. 506).

Principe de la différenciation minimale Tendance des concurrents à s'imiter les uns les autres pour s'attirer le plus de clients ou d'électeurs possible (p. 505).

Problème du passager clandestin Problème résultant du fait que les consommateurs peuvent jouir d'un bien d'usage commun sans en payer le prix. Un fichier de musique en format MP3 est un bien d'usage commun sujet à un problème de passager clandestin quand les internautes le téléchargent sans payer depuis des sites de distribution illégaux (p. 503).

Quota individuel transférable (QIT) Permis de production (d'exploitation) limité donné à un individu, qui est libre ensuite de le transférer (vendre) à un tiers (p. 513).

Ressource commune Bien non appropriable d'usage singulier (p. 502).

Tragédie des communaux Surexploitation et déplétion d'une ressource de propriété commune due au fait que les consommateurs n'ont pas d'intérêt privé immédiat à conserver cette ressource (p. 509).

PROBLÈMES ET APPLICATIONS

1. Pour chacun des éléments suivants, dites s'il s'agit d'un bien appropriable, non appropriable, d'usage singulier ou d'usage commun, et s'il s'agit d'un bien privé, d'un bien collectif ou d'une ressource commune :
   - Le parc national du Mont-Tremblant
   - Un sandwich au thon
   - Le Peace Bridge
   - L'air
   - La protection de la police
   - Les trottoirs
   - Poste Canada
   - Le service de messagerie FedEx
   - Le Compagnon Web de votre manuel

2. Pour chacun des biens suivants, dites s'il existe un problème du passager clandestin. Justifiez votre réponse. S'il n'y a pas de problème, indiquez comment on l'a évité.
   - Les feux d'artifice de la Saint-Jean
   - L'autoroute 20 entre Montréal et Québec
   - Le service d'Internet mobile dans les hôtels
   - La musique téléchargée, communiquée par la suite à un tiers
   - La bibliothèque publique

3. Le graphique ci-dessous présente des renseignements sur un système d'épuration des eaux usées qu'une ville de un million d'habitants veut installer.

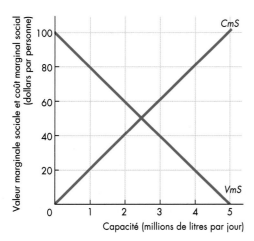

a. Quelle capacité un résultat efficace permet-il d'obtenir ?

b. Quel montant d'impôt faudra-t-il percevoir de chaque habitant pour payer la capacité efficace ?

c. Quel est l'équilibre politique si les électeurs sont bien informés ?

d. Quel est l'équilibre politique si les électeurs font preuve d'ignorance rationnelle et que les fonctionnaires cherchent avant tout à maximiser leur budget ?

4. Le tableau ci-dessous montre la valeur de la morue pêchée dans l'Atlantique Nord par les Américains, les Canadiens et les Européens. Le coût marginal d'un bateau de pêche est de 80 000 $ par mois.

Nombre de bateaux	Valeur de la morue pêchée (par mois)
0	0
10	2,0 M$
20	3,4 M$
30	4,2 M$
40	4,4 M$
50	4,0 M$
60	3,0 M$
70	1,4 M$

a. Calculez le bénéfice privé que rapporte un bateau selon le nombre de bateaux en activité.

b. Calculez la valeur marginale sociale d'un bateau de pêche supplémentaire selon le nombre de bateaux en activité.

c. Sans réglementation de la pêche à la morue, quel est le nombre de bateaux d'équilibre et la valeur du poisson pêché ?

d. L'équilibre trouvé à la question (c) correspond-il à une situation de surpêche ?

e. Quel est le nombre efficace de bateaux ?

f. Quelle est la valeur efficace de la morue pêchée ?

g. Croyez-vous que les consommateurs de poissons et l'industrie de la pêche peuvent se mettre d'accord sur la quantité de morue à pêcher ?

h. Si le Canada, les États-Unis et l'Union européenne imposent un quota pour limiter la prise à la quantité efficace, quelle sera alors la valeur totale de la pêche ?

i. Si le Canada, les États-Unis et l'Union européenne accordent des QIT aux bateaux de pêche afin de limiter la prise à la quantité efficace, quel sera le prix des QIT sur le marché ?

---

5. PLAN D'ACTION DE QUÉBEC POUR L'AQUACULTURE

Le ministre de l'Agriculture, des Pêcheries et de l'Alimentation, Laurent Lessard, s'engage à déposer un plan d'action ministériel sur l'aquaculture dès l'automne 2009.

L'aquaculture consiste en l'élevage d'animaux ou de plantes aquatiques. Au Québec, la truite arc-en-ciel et l'omble de fontaine constituent les principales espèces élevées dans le secteur de l'aquaculture en eau douce ou pisciculture. Par ailleurs, la moule et le pétoncle composent l'essentiel de la production de la mariculture ou aquaculture en eau salée.

Dans l'optique du plan d'action à venir, le ministre Lessard a annoncé la formation d'un comité de suivi qui se penchera principalement sur les outils de gestion des risques, la réglementation, la reconnaissance de l'aquaculteur à titre d'utilisateur légitime du milieu aquatique. [...]

« La mer ne suffit plus à nourrir les gens sur la planète. Il faut donner un coup de main à mère nature », a lancé M. Lessard en laissant entendre que l'aquaculture peut soutenir « l'offre et la demande ». [...]

Reste que l'aquaculture est dépendante de quais en bon état, ce qui est loin d'être le cas, particulièrement en Gaspésie. Ces infrastructures fédérales sont, pour la plupart, dans un état de délabrement avancé. Le ministre en est conscient. « C'est un véritable enjeu », admet-il, ajoutant que si le fédéral a déjà « fait partie du problème », il fait maintenant partie de la « solution ».

Le Soleil, 18 octobre 2008

---

a. Pourquoi la mer ne suffit-elle plus à nourrir les gens sur la planète ?

b. Pourquoi faut-il reconnaître l'aquaculteur comme un « utilisateur légitime du milieu aquatique » ?

c. À l'aide d'un modèle, illustrez les différences de prises dans un lac selon que son accès est ouvert à tous ou que sa gestion est confiée à un seul aquaculteur.

d. Quelle sorte de bien un quai constitue-t-il ?

e. Pourquoi la fourniture de quais n'est-elle pas toujours efficace (si on mesure l'efficacité par l'état de délabrement des installations) ?

---

6. OTTAWA VEUT PLUS DE CONCURRENCE DANS L'INDUSTRIE DE LA TÉLÉPHONIE SANS FIL

Mercredi dernier, le gouvernement conservateur a rendu le marché de la téléphonie cellulaire accessible à de nouveaux acteurs. Il a annoncé que des fréquences radio seront mises aux enchères suivant de nouvelles règles destinées à améliorer la concurrence dans l'industrie du sans-fil. Grâce à ce programme, environ 40 % des fréquences seront réservées aux sociétés qui tentent de percer sur le marché. Le reste est ouvert à tous, y compris aux trois grands fournisseurs du Canada – Rogers, Bell et Telus. [...] Par cette nouvelle réglementation, Jim Prentice, ministre de l'Industrie, a acquiescé à presque toutes les demandes des arrivants, dont Quebecor, MTS Allstream, Shaw et Eastlink. [...] Il s'est dit d'accord avec leur évaluation que les prix sont trop élevés et qu'il faut plus de concurrence dans l'industrie du sans-fil. « Notre objectif ultime, c'est d'obtenir de meilleurs prix, un meilleur service et plus de choix », a-t-il dit.

Tous ceux qui réclamaient plus de concurrence sont enchantés des nouvelles règles. Eamon Hoey, analyste des télécommunications, a dit à CBC News : « C'est là une victoire décisive pour les consommateurs. On vient de mettre la hache dans la structure de type oligopolistique qui prévalait jusqu'ici dans le secteur du cellulaire. » Chris Peirce, premier responsable de la réglementation chez MTS Allstream, est également satisfait : « Ils prouvent par cette politique qu'ils ont vu juste [...] ».

À l'opposé, Scott Brison, porte-parole du Parti libéral en matière d'industrie, n'a pas caché son désaccord. « Rien ne prouve que les prix vont baisser », a-t-il dit, ajoutant que le recours à la réglementation aurait été préférable. Il soutient que la décision d'organiser des enchères constitue une aubaine de 200 millions de dollars pour les sociétés qui font leur entrée sur le marché.

CBC News, 28 novembre 2007

---

a. Les fréquences radio sont-elles un bien privé, une ressource commune ou un bien collectif ? Justifiez votre réponse.

b. Qu'est-ce qui indique dans le reportage que la vente aux enchères est dans l'intérêt public ?

c. Quels changements verra-t-on dans le surplus du consommateur et le surplus du producteur lorsque les nouveaux fournisseurs offriront leurs services ?

d. Si le gouvernement avait choisi, non pas de faire une vente aux enchères, mais de réglementer l'industrie, le marché serait-il plus efficace qu'il ne le sera sous l'action d'une plus grande concurrence ?

7. Le conseil municipal veut améliorer le système de contrôle de la circulation, et il croit que les résultats seront meilleurs si l'ordinateur est plus puissant. Les élus veulent que la taille du système soit celle qui rapportera le plus de votes. L'objectif des fonctionnaires est de maximiser le budget. Supposons que vous êtes l'économiste chargé de déterminer la taille du système qui utilise efficacement les ressources.

   a. De quels renseignements avez-vous besoin pour tirer vos propres conclusions ?

   b. Quelle sera la quantité choisie selon la théorie des choix publics ?

   c. En tant qu'électeur informé, par quels moyens pouvez-vous tenter d'orienter le choix ?

8. Dites si le problème du passager clandestin s'applique aux biens énumérés ci-dessous. Justifiez vos réponses. S'il n'y a pas de problème, comment l'a-t-on prévenu ?

   a. La protection contre l'incendie

   b. Les chutes Niagara

   c. Le jardin botanique de Montréal

   d. Les plaques d'immatriculation des voitures

   e. L'éclairage des rues dans les villes

   f. La prévention des inondations dans le bassin versant de la rivière Rouge

   g. La plage Cavendish de l'Île-du-Prince-Édouard

9. Le tableau suivant contient des informations sur un programme de lutte contre les moustiques consistant à répandre de l'insecticide.

Superficie traitée (hectares par jour)	Coût marginal social (par jour)	Valeur marginale sociale (par jour)
0	0 $	0 $
1	1 000 $	5 000 $
2	2 000 $	4 000 $
3	3 000 $	3 000 $
4	4 000 $	2 000 $
5	5 000 $	1 000 $

   a. Quelle est la superficie traitée efficace ?

   b. Expliquez pourquoi il est peu probable que l'intensité de la lutte contre les moustiques soit adéquate si on s'en remet au marché.

   c. Deux partis politiques, les Protecteurs et les Exterminateurs, se présentent à des élections dont l'unique enjeu est la superficie à traiter. Les Protecteurs s'opposent à toute intervention et les Exterminateurs veulent traiter 5 hectares par jour. L'électorat est bien informé des bénéfices et des coûts des programmes de lutte contre les moustiques. Quel sera le résultat des élections ?

   d. Tracez un graphique qui illustre le résultat des élections.

10. Le gouvernement décide d'intervenir dans la situation présentée au problème n° 9. Il crée un service de lutte contre les moustiques et en confie la direction à un fonctionnaire.

   a. Dans la lutte contre les moustiques, y aura-t-il vraisemblablement sur-épandage, sous-épandage ou épandage efficace ?

   b. Comment se comportent les électeurs rationnels et pourquoi permettent-ils aux fonctionnaires de se comporter comme vous l'avez décrit à la question (a) ?

   c. Tracez un graphique qui illustre les résultats obtenus selon les objectifs que les fonctionnaires poursuivent.

11. Une nappe de pétrole s'étend sous des terrains possédés par sept personnes. Chaque personne a le droit de creuser un puits sur sa terre et d'en extraire du pétrole. La quantité de pétrole obtenue dépend du nombre de puits (voir le tableau ci-dessous). Le coût d'exploitation privé d'un puits équivaut à 4 litres de pétrole par jour.

Nombre de puits	Production de pétrole (litres par jour)
0	0
2	12
4	22
6	30
8	36
10	40
12	42
14	42

   a. Quel est le bénéfice privé découlant de l'exploitation d'un puits selon le nombre de puits en activité ?

   b. Quels sont le nombre de puits et la quantité de pétrole produite en situation d'équilibre ?

   c. Quelle est la valeur marginale sociale d'un puits supplémentaire selon le nombre de puits en activité ?

   d. Quels sont le nombre efficace de puits et la quantité efficace de pétrole à extraire ?

   e. Si la nappe devient la propriété d'une seule personne, combien y aura-t-il de puits et quelle sera la quantité de pétrole extraite ?

f. Quel loyer offrirait-on aux sept propriétaires pour obtenir le droit exclusif d'exploitation de la nappe ? (Exprimez vos calculs en litres de pétrole.)

12. Supposons que les marcheurs doivent désormais acheter un laissez-passer pour emprunter les sentiers du parc national d'Anticosti.

   a. L'exploitation de cette ressource commune sera-t-elle plus efficace ?

   b. Serait-ce encore plus efficace d'exiger les prix les plus élevés pour les endroits les plus fréquentés ?

   c. Pourquoi, selon vous, n'utilise-t-on pas plus souvent les solutions du marché pour remédier à la tragédie des communaux ?

---

13. ### QUI SE CACHE SOUS LE PARAPLUIE [DES ÉTATS-UNIS] ?

Tous ceux qui étudient la guerre froide apprennent que, pour dissuader les Soviétiques d'attaquer, les États-Unis ont déployé un « parapluie stratégique » sur l'Europe de l'OTAN et sur le Japon et ont déclaré qu'ils riposteraient si l'indépendance des pays protégés était menacée par l'Union soviétique. [...] Les alliés européens et japonais ont ainsi profité économiquement du fait que c'étaient les États-Unis qui payaient la facture de leur propre sécurité nationale.

Sous la présidence de Ronald Reagan, environ 6 % du PIB des États-Unis était consacré à la défense, alors que les Européens ne dépensaient que 2 ou 3 %. Les Japonais, quant à eux, déboursaient la maigre proportion de 1 %. Mais tous faisaient face au même ennemi. C'est ainsi que le contribuable américain devait assumer une part disproportionnée du fardeau de la défense, tandis que ceux qui étaient abrités par le parapluie pouvaient s'offrir plus de biens sociaux ou de biens de consommation, ou pouvaient épargner pendant que les États-Unis s'endettaient. [...] Aujourd'hui, à l'instar de Rome et de la Grande-Bretagne à leur époque, les États-Unis sont les fournisseurs de biens collectifs internationaux [...].

International Herald Tribune, 30 janvier 2008

a. Expliquez le problème du passager clandestin mis en lumière dans cet article.

b. Le problème du passager clandestin en matière de défense internationale signifie-t-il que le monde n'est pas assez bien protégé contre les agressions ?

c. Par quels moyens les pays tentent-ils de surmonter le problème du passager clandestin dans les relations internationales ?

---

14. ### LA COMPLAINTE DU BANLIEUSARD

[...] Pour un grand nombre de banlieusards, la navette quotidienne entre la maison et le lieu de travail est à l'origine de bien des problèmes tels que le stress, les accès de colère, le manque de sommeil et la perte de productivité. [...] Près de la moitié (45 %) des 4 091 répondants d'un sondage mené dans 10 grands centres urbains ont affirmé que la congestion routière augmentait leur stress. Vingt-huit pour cent ont dit qu'ils s'emportaient plus souvent. Presque une personne sur cinq a avoué que les problèmes de la circulation nuisent à sa productivité au travail et à l'école, tandis que 12 % ont indiqué qu'ils manquaient de sommeil. [...] Les deux principales causes de ces soucis : les bouchons de circulation et les conducteurs impolis.

Comme il est impossible de prévoir où et quand les bouchons vont se former, il faut toujours s'accorder des délais plus longs pour se rendre d'un endroit à l'autre. [...] Chez IBM, l'Institute for Electronic Government s'emploie à trouver des moyens d'aider les villes à gérer la congestion accrue des voies publiques. Il a participé à la mise en place de péages automatisés, de plans destinés à facturer la congestion et de schémas de modélisation de la circulation en temps réel dans plusieurs villes, dont Brisbane, Londres, Singapour et Stockholm. [...]

Interrogés sur les façons d'atténuer les problèmes de la circulation, les conducteurs ont dit souhaiter plus de programmes qui permettent de travailler à domicile, un meilleur service de transport en commun et un service d'information plus efficace sur les conditions routières.

CNN, 30 mai 2008

a. Les voies publiques congestionnées sont-elles privatives ou non privatives ? d'usage singulier ou d'usage commun ? Expliquez vos réponses.

b. Compte tenu de votre classification, expliquez la nature du problème qui est occasionné par les voies publiques congestionnées et dont la conséquence est une utilisation inefficace.

c. Tracez un graphique qui illustre l'équilibre inefficace.

d. Comment les politiques des gouvernements peuvent-elles rendre possible l'utilisation efficace des voies publiques ?

---

15. ### THONS EN LIBERTÉ

[...] Pour les premiers colons [dans l'ouest des États-Unis], les Prairies posaient le même problème que les océans aujourd'hui : il s'agissait de vastes territoires vierges où il semblait impossible de garder les bêtes à l'abri de l'incessante prédation humaine. [...] Les éleveurs se mirent à prospérer une fois qu'ils eurent réparti les terres entre eux et trouvé des façons ingénieuses de protéger leur bétail. [...] À l'heure actuelle, la situation des océans rappelle l'anarchie de ces grands espaces, et les poissons en subissent les conséquences. [...] Chaque pêcheur considère qu'il a intérêt à tirer le plus grand profit possible cette année, même s'il se trouve à détruire du même coup son gagne-pain. Il se dit que tout poisson qu'il ne prend pas maintenant sera pêché par un autre. [...]

New York Times, 4 novembre 2006

a. En quoi les problèmes des premiers colons dans les Prairies sont-ils comparables à ceux des pêcheurs d'aujourd'hui ?

b. Peut-on remédier à la tragédie des communaux dans les océans par les mêmes moyens que ceux adoptés par les colons dans les Prairies ?

c. Comment les QIT peuvent-ils inciter les pêcheurs à abandonner leurs objectifs à court terme au profit d'objectifs à long terme ?

16. Après avoir étudié la rubrique « Entre les lignes » (p. 516), répondez aux questions suivantes :

a. Pourquoi l'industrie touristique menace-t-elle certains sites privilégiés dans l'Antarctique ?

b. Dans quelle mesure le fait que l'Antarctique n'appartienne à personne contribue-t-il au problème ?

c. Suffirait-il que les zones convoitées soient octroyées au Chili, par exemple, pour résoudre le problème ?

RÉPONSES AUX MINITESTS

MINITEST 1 (p. 502)

1. Un bien privé est un bien appropriable d'usage singulier ; un bien collectif est un bien non appropriable d'usage commun ; une ressource commune est un bien non appropriable d'usage singulier ; un monopole naturel produit des biens appropriables d'usage commun.

2. Biens privés : un baladeur numérique, un massage ; ressources communes : l'ail des bois, l'eau d'une fontaine publique ; monopoles naturels : l'accès au réseau de distribution du gaz naturel, l'accès aux articles sur le site Internet payant du journal *Le Devoir* ; biens collectifs : la santé publique (contrôle des épidémies), les résultats publiés de la recherche scientifique.

MINITEST 2 (p. 508)

1. Le problème du passager clandestin se manifeste lorsque la valeur sociale procurée par la production d'un bien dépasse le bénéfice privé qu'en retirent ceux qui le consomment. Il y a alors sous-production privée du bien parce que les consommateurs ne l'achètent que si leur bénéfice privé dépasse le coût privé de sa fourniture, sans prendre en compte le bénéfice que le bien procure aussi aux autres consommateurs. C'est le cas pour un bien collectif parce qu'il est d'usage commun : sa consommation par une personne ne diminue pas le bénéfice qu'il peut procurer à une autre personne.

2. La concurrence électorale assure une fourniture adéquate des biens collectifs dans la mesure où tant les électeurs que les partis politiques sont bien informés des enjeux.

3. Les fonctionnaires peuvent gonfler leurs budgets dans la mesure où les électeurs ignorent les bénéfices et les coûts associés à la fourniture d'un bien collectif. Persuadés de leur peu d'influence sur les décisions publiques, les électeurs peuvent négliger de s'informer des enjeux.

MINITEST 3 (p. 515)

1. La tragédie des communaux correspond au phénomène de surexploitation d'une ressource, consécutive à l'absence de droits de propriété, au détriment même de ceux qui l'exploitent et en bénéficient. Le problème des gaz à effet de serre constitue le cas de tragédie des communaux le plus important que nous ayons connu. Au Québec, la récolte incontrôlée de l'ail des bois a donné lieu à une tragédie des communaux. Depuis 1995, son commerce est interdit et les particuliers ne peuvent en récolter que 50 bulbes par année.

2. Lorsque la valeur marginale sociale de la ressource correspond à son coût marginal social d'exploitation.

3. a) La privatisation de la ressource, laquelle n'est possible que si on peut garantir l'exercice des droits de propriété à coûts raisonnables ; b) Les quotas de production, dans la mesure où on observe les coûts de production de chacun des exploitants ; c) Les quotas individuels transférables, si on peut composer avec les problèmes sociaux et politiques qu'ils entraînent, notamment la répartition initiale des quotas.

SYNTHÈSE

COMPRENDRE LES LACUNES DU MARCHÉ ET LES CHOIX PUBLICS

Fixer les règles

Élaborer un système de gouvernement démocratique et responsable est une entreprise colossale et qui peut facilement mal tourner. À l'opposé, élaborer une constitution qui empêche le despotisme et la tyrannie s'est avéré relativement simple. Au Canada, nous nous sommes dotés d'une telle constitution en nous fondant sur quelques solides principes économiques. Nous avons conçu un système raffiné d'incitatifs – de carottes et de bâtons – pour rendre le gouvernement responsable envers la population et pour limiter le risque que les intérêts individuels n'empiètent sur les intérêts sociaux. Cependant, nous n'avons pas réussi à nous doter d'une constitution qui empêche réellement les groupes d'intérêts d'accaparer les surplus du consommateur et du producteur découlant de la spécialisation et des échanges.

Notre système de gouvernement a été mis en place pour composer avec quatre lacunes du marché : (1) les monopoles, (2) les effets externes, (3) la gestion des biens collectifs et (4) la gestion des ressources communes.

Les gouvernements peuvent aider à combler ces lacunes, mais nous savons qu'ils ne peuvent pas empêcher les gens d'agir avant tout dans leur propre intérêt. Les électeurs, les politiciens et les fonctionnaires s'emploient à défendre ce qui les touche de près, parfois aux dépens de la société, si bien qu'il nous arrive de remplacer les lacunes du marché par les lacunes des pouvoirs publics.

De nombreux économistes ont longuement réfléchi aux problèmes analysés dans cette partie, mais aucun n'a eu dans ce domaine une influence plus marquante que Ronald Coase.

RONALD COASE (1910-) est né en Angleterre et a fait ses études à la London School of Economics. Il y a été profondément marqué par son professeur, Arnold Plant, et par le grand débat de sa jeunesse, qui opposait la planification centrale communiste et la liberté des marchés.

Depuis 1951, le professeur Coase vit aux États-Unis, pays où il s'est rendu pour la première fois à l'âge de 20 ans grâce à une bourse d'études. C'est durant ce voyage, au plus creux de la Grande Dépression, et avant même de recevoir son baccalauréat, qu'il a échafaudé les grandes lignes de l'œuvre qui allait lui valoir le prix Nobel d'économie 60 ans plus tard, en 1991.

En découvrant et en clarifiant les implications des coûts de transaction et du droit de propriété dans le fonctionnement de l'économie, Ronald Coase a révolutionné notre conception du droit de propriété et des effets externes, et a ouvert la voie au grand mouvement interdisciplinaire qui allie droit et économie.

La question à trancher est la suivante: Est-ce que la valeur du poisson perdu est inférieure ou supérieure à la valeur du produit qui a contaminé le cours d'eau ?

– RONALD H. COASE, *Le problème du coût social*

avec **CAROLINE M. HOXBY**

CAROLINE M. HOXBY

Caroline M. Hoxby *est titulaire de la chaire Scott and Donya Bommer en sciences économiques à l'Université Stanford. Née à Cleveland, en Ohio, elle a obtenu son baccalauréat de Harvard et, par la suite, a poursuivi ses études à Oxford et au MIT.*

La professeure Hoxby est une chef de file dans l'étude de l'économie de l'éducation. Elle a écrit de nombreux articles sur ce sujet et a publié les ouvrages The Economics of School Choice *et* College Choices *(chez University of Chicago Press, en 2003 et 2004, respectivement). Elle dirige le programme d'économie de l'éducation au National Bureau of Economic Research ; elle est membre de plusieurs autres conseils nationaux qui se penchent sur les questions d'éducation, et elle a été entendue, à titre de consultante ou de témoin, par les assemblées législatives de plusieurs États et par le Congrès des États-Unis.*

Michael Parkin et Robin Bade se sont entretenus avec Caroline Hoxby de ses travaux et de ce que les économistes comprennent maintenant des effets du financement et de la fourniture des services sur la qualité de l'enseignement et l'égalité des chances d'accès à l'éducation.

Pourquoi avez-vous décidé de devenir économiste ?

Dès l'âge de 13 ans, je voulais être économiste. C'est à ce moment-là que j'ai suivi mon premier cours d'économique (une histoire intéressante en soi) et que j'ai découvert que toutes ces pensées qui se bousculaient dans ma tête faisaient partie d'une « science » et qu'il y avait tout un ensemble de personnes qui comprenaient cette science – du moins beaucoup mieux que moi. Je me rappelle encore la première fois que j'ai lu *La richesse des nations* ; ce fut une révélation.

Qu'est-ce qui vous a amenée à étudier l'économie de l'éducation ?

L'éducation nous tient à cœur, peut-être parce qu'il s'agit (ou devrait s'agir) du principal moyen d'offrir à chacun sa chance de réussir. De plus, presque tous les économistes reconnaissent que les pays hautement développés, comme les États-Unis, comptent de plus en plus sur l'éducation pour assurer leur croissance économique. Donc, un des facteurs qui m'a amenée à l'éducation, c'est son importance. Mais ce qui m'a attirée avant tout, c'est qu'il y avait un besoin criant d'analyser les questions d'éducation du point de vue économique et que presque personne ne le faisait. À l'heure actuelle, je m'efforce de comprendre les établissements d'enseignement et les problèmes du monde de l'éducation, mais je m'emploie résolument à faire porter sur ces questions toute la rigueur des sciences économiques.

En quoi l'éducation diffère-t-elle de la restauration rapide ? Pourquoi ne pas permettre aux gens de se la procurer auprès d'entreprises privées soumises à une réglementation qui impose des normes de qualité comparables aux normes qu'applique la FDA dans le cas du prêt-à-manger ?

On peut obtenir une éducation auprès d'établissements privés soumis à des normes de qualité – pensons aux écoles et aux universités privées. Ce qui distingue l'éducation de la restauration rapide, c'est (a) qu'il s'agit d'un investissement, non d'un bien de consommation, et (b) que les marchés du capital qui permettent de financer cet investissement fonctionnent mal s'ils sont laissés à eux-mêmes. Au fond, le pays a intérêt à ce que chacun investisse de façon optimale dans son éducation. Cependant, les gens ne peuvent investir que s'ils ont les moyens de s'inscrire à de bonnes écoles et de renoncer à un emploi immédiat. Les enfants n'ont pas l'argent requis et ne peuvent pas faire des emprunts qu'ils rembourseront (ou non) dans un avenir plus ou moins lointain. En conséquence, ils dépendent de leur famille pour cet argent, et les familles n'ont pas nécessairement ce qu'il faut pour faire un investissement optimal, ou encore ne voient pas l'intérêt de le faire. C'est à la société qu'il incombe de combler les lacunes du marché du capital; elle le fait par le financement public des écoles élémentaires et secondaires, le système de prêts garantis, les programmes d'épargne-études et ainsi de suite. Toutefois, rien n'oblige l'État à s'occuper de l'administration des écoles comme telle; il peut procurer le financement sans avoir à donner l'enseignement.

Dans un de vos articles, vous posez la question : La concurrence entre les écoles publiques profite-t-elle aux élèves ou aux contribuables ? Quels sont les enjeux ? Quelles sont vos conclusions et comment y êtes-vous arrivée ?

Nous savons tous que les familles choisissent une école publique quand elles choisissent où elles vont s'établir. Cette formule traditionnelle est de loin la façon de procéder la plus répandue aux États-Unis et, parmi les parents qui l'utilisent, peu seraient disposés à y renoncer. Pourtant, jusqu'à récemment, nous ne savions pas si ce moyen traditionnel de choisir une école était bon pour les élèves (meilleur rendement scolaire) ou s'il avantageait plutôt les contribuables (écoles mieux administrées). La question est importante parce que certains groupes aux États-Unis, particulièrement ceux à revenu modeste qui habitent le cœur des villes, n'ont pas la possibilité de choisir. Certains économistes ont avancé l'hypothèse que ce manque de choix était à l'origine de la piètre qualité de l'enseignement donné à bien des enfants de familles pauvres dans les quartiers défavorisés des villes, malgré les sommes englouties dans leurs écoles (qui dépensent sensiblement plus que les écoles de la médiane).

Pour vérifier cette hypothèse, j'ai examiné toutes les grandes régions urbaines des États-Unis et j'ai constaté qu'elles diffèrent considérablement les unes des autres quant à l'éventail de choix qui s'offrent aux parents. D'un côté, il y a un certain nombre de régions urbaines qui comprennent des centaines de commissions scolaires. À l'autre extrême, il y a des régions urbaines qui en comptent une seule. La plupart des villes se situent entre les deux. Là où il n'y a qu'une commission scolaire, les familles sont en quelque sorte prisonnières de la commission, qu'elle soit bien ou mal administrée. Si, au contraire, elle se trouve dans une région urbaine qui compte des centaines de commissions scolaires, une famille peut plus facilement en choisir une qui répond à

ses exigences et qui est compatible avec le lieu de travail, les préférences en matière de logement et ainsi de suite.

En comparant les régions urbaines à multiples commissions scolaires (où existe éventuellement beaucoup de concurrence due au grand choix d'écoles) avec celles ayant peu de commissions (et peu de concurrence possible), j'ai observé que, dans les régions à concurrence élevée, le rendement scolaire était substantiellement plus élevé qu'ailleurs, et ce, quelles que soient les sommes dépensées par les écoles. Cela donne à penser que les écoles sont des producteurs de résultats plus efficaces lorsqu'elles sont en situation de concurrence.

Que sait-on au sujet de la productivité des écoles publiques par rapport à celle des écoles privées ?

Il est assez difficile de dire si ce sont les écoles publiques ou les écoles privées qui obtiennent les meilleurs rendements scolaires aux États-Unis. Les recherches les plus convaincantes sont fondées sur la distribution aléatoire de bourses d'études donnant accès à des écoles privées, le suivi de populations d'enfants sur une période donnée et l'utilisation d'« expériences naturelles » où le hasard a réuni dans certaines régions un nombre d'écoles privées plus élevé qu'ailleurs. Ces études tendent à démontrer que le rendement scolaire d'un élève donné est jusqu'à 10 fois plus élevé s'il fréquente une école privée. Toutefois, pour savoir quel type d'école est le plus productif, il n'est pas vraiment nécessaire que les écoles privées aient de meilleurs rendements. Admettons, pour simplifier, que les deux types d'écoles sont à égalité en matière de rendement.

Dans des études récentes sur le rendement scolaire, on révèle que les écoles publiques dépensent en moyenne 9 662 $ par élève et les écoles privées 2 427 $. Ainsi, à égalité de rendement, la productivité des écoles privées dépasserait de 298 % celle des écoles publiques. Je n'oserais pas dire que ce pourcentage est tout à fait précis; on pourrait y apporter quelques corrections mineures. Toutefois, il est difficile d'échapper à la conclusion que les écoles privées sont nettement plus productives. Elles fournissent un rendement égal à une fraction du prix.

Qu'est-ce que les économistes peuvent proposer comme solutions de rechange en matière de financement de l'éducation ? Un système de bons d'éducation pourrait-il fonctionner ?

On peut incontestablement mettre au point un système de bons qui fonctionnera, car il s'agit là d'un moyen par essence très souple. Pour beaucoup, le terme « bon » représente, par exemple, une somme de 2 000 $ qu'on attribue à quelques enfants. Mais rien ne nous oblige à en rester là. Ce que le financement public des écoles permet de réaliser, un bon permet de le réaliser plus efficacement. En effet, un bon est destiné à un élève en particulier. L'État, pour sa part, ne peut pas garantir que les sommes octroyées pour un élève se rendront à cet élève, puisqu'elles passent d'abord par la commission scolaire. S'il est bien conçu, le système de bons d'éducation incitera les écoles à se faire concurrence. En même temps, on peut intégrer au système des remèdes pour divers problèmes d'éducation. On peut faire en sorte que les enfants handicapés obtiennent les sommes dont ils ont besoin et puissent s'inscrire aux programmes qui leur conviennent. Par comparaison avec les méthodes de financement actuelles, il est plus facile, grâce aux bons, de s'assurer que les familles à faible revenu pourront consacrer les sommes nécessaires à l'éducation de leurs enfants. Un système bien conçu peut encourager les écoles à recruter des élèves de divers milieux socioéconomiques. Les économistes doivent dire aux décideurs : « Indiquez-nous vos objectifs ; nous vous proposerons un bon approprié. »

> Les économistes doivent dire aux décideurs :
> « Indiquez-nous vos objectifs ;
> nous vous proposerons un bon approprié. »

Y a-t-il un conflit entre l'efficacité et l'égalité des chances lorsqu'on veut fournir une éducation de qualité ?

Il faut avoir recours aux impôts pour obtenir les fonds publics qui permettent aux familles d'optimiser leur investissement dans l'éducation de leurs enfants. Les impôts donnent toujours lieu à une certaine perte de surplus, si bien qu'on crée une certaine inefficacité quand on perçoit les sommes nécessaires pour favoriser l'égalité des chances. Cependant, si les sommes perçues sont bien utilisées et poussent effectivement les gens à optimiser leur investissement en éducation, on élimine beaucoup plus d'inefficacité qu'on en a créé par l'impôt. En conséquence, idéalement, il n'y a pas de conflit entre l'efficacité et l'égalité des chances.

Dans les faits, on perçoit des impôts pour financer les programmes publics (ce faisant, on crée une perte de surplus), mais les sommes obtenues sont mal utilisées. Si les écoles publiques coûtent deux fois plus cher mais ne donnent pas un meilleur rendement, il n'y a pas de gains en efficacité pour compenser les pertes occasionnées par les impôts. Autrement dit, pour prévenir le conflit entre l'efficacité et l'égalité des chances, il faut apprendre à faire un usage productif des fonds publics en éducation. C'est là qu'intervient l'économie de l'éducation.

Quels conseils donneriez-vous aux étudiants qui commencent tout juste à étudier l'économie ? Est-ce un choix de spécialisation prometteur selon vous ? Quels autres sujets vont de pair avec l'économique ? Avez-vous des conseils particuliers à donner aux femmes qui s'apprêtent à faire un choix de carrière ? Que faut-il faire pour que plus de femmes s'intéressent à notre domaine ?

J'aurais deux conseils à donner aux étudiants qui commencent tout juste à étudier l'économie. Premièrement, connaître les outils de la discipline, même s'ils semblent ésotériques. Une fois les outils maîtrisés, les horizons commencent à s'ouvrir. Si on ne possède pas les outils, on se perd dans les détails et on n'arrive pas à prendre le recul nécessaire pour saisir les problèmes économiques. Deuxièmement, réfléchir aux problèmes économiques ! La réalité est un grand livre d'économique en mouvement, qui s'ouvre dès lors qu'on possède les outils pour l'analyser.

Faire un bac en économie est une très bonne idée, parce que les leçons qu'on en tire sont utiles pour la vie, pour réussir dans bien des carrières et pour développer les aptitudes intellectuelles qu'on attend des chefs de file. Je crois que c'est la meilleure préparation pour une carrière en affaires, en droit et dans les domaines où s'élaborent les politiques. Il ne faut pas oublier les organisations sans but lucratif : celles-ci recrutent chaque année des personnes qui ont une formation en économique et qui veulent se consacrer à des œuvres caritatives.

Les cours de mathématiques et de statistiques sont de bons compléments, car ils permettent aux étudiants d'acquérir plus rapidement les outils de la discipline. L'économique se marie bien aussi avec de nombreuses branches des arts et des sciences. Tout dépend des applications qu'on veut en faire. Si on s'intéresse à l'élaboration des politiques en matière de santé, on peut suivre le cours de propédeutique médicale. Si on se passionne plutôt pour les programmes publics qui touchent les arts de la scène, on peut étudier la musique.

J'aimerais bien qu'il y ait plus de femmes en économique. Notre domaine perd beaucoup trop de grands talents. Par ailleurs, certaines femmes n'ont pas la formation en économique qui leur serait utile dans leur carrière. Quant aux femmes qui aspirent à devenir économistes, je ne peux que les encourager à tenir bon ! Bien connaître les rouages de l'économie confère beaucoup d'autorité. Une bonne économiste n'aura jamais à s'inquiéter de ne pas être prise au sérieux.

SIXIÈME PARTIE

Les marchés des facteurs de production et l'inégalité économique

CHAPITRES

18 Les marchés des facteurs de production

19 L'inégalité économique

Les marchés des facteurs de production

On sait que les salaires varient beaucoup. Un serveur chez McDonald's gagne 10 $ par heure. Marcus Thalal, qui passe sa journée suspendu dans une nacelle entre ciel et terre à nettoyer les vitres des gratte-ciel de Montréal, gagne 15,85 $ par heure. Le centre des Canadiens Scott Gomez reçoit la coquette somme de 7,35 millions de dollars par saison pour pousser une rondelle. Ces différences entre les revenus nous laissent parfois perplexes. Par exemple, dans certaines universités, l'entraîneur de l'équipe de football est beaucoup mieux payé que les professeurs. Qu'est-ce qui détermine le salaire que les gens perçoivent ? ◆ En 2008, la flambée des prix du pétrole a suscité énormément de préoccupation. Puis le prix s'est effondré. Qu'est-ce qui détermine le prix des ressources naturelles grâce auxquelles nous produisons des biens et offrons des services ? Pourquoi ces prix connaissent-ils de telles fluctuations et pourquoi semblent-ils échapper aux lois fondamentales de l'offre et de la valeur ?

Objectifs du chapitre

◆ **Décrire les marchés des facteurs de production**

◆ **Expliquer comment la valeur de la productivité marginale détermine la demande des facteurs de production**

◆ **Expliquer comment le système économique détermine les salaires et l'emploi et comment les syndicats influent sur le marché du travail**

◆ **Expliquer comment le système économique détermine les loyers du capital et de la terre, et les prix des ressources naturelles**

◆ Ce chapitre porte sur les marchés de ces facteurs de production que sont le travail, le capital et les ressources naturelles (la terre). Nous verrons comment se déterminent les prix de ces facteurs. Dans la rubrique « Entre les lignes » (p. 548), nous examinons le marché du pétrole, plus précisément le ralentissement de l'exploitation des vastes ressources contenues dans les sables bitumineux de l'Alberta.

La nature des marchés des facteurs de production

Les quatre facteurs de production sont :

- ◆ le travail ;
- ◆ le capital ;
- ◆ la terre (ressources naturelles) ;
- ◆ l'entrepreneuriat.

Examinons brièvement la constitution des marchés où s'échangent ces facteurs de production.

Les marchés du travail

Le *travail* est la somme des efforts physiques et mentaux que les gens fournissent pour produire des biens et services. Le marché du travail se compose de personnes et d'entreprises qui échangent une forme de service, le *travail*, lequel a un prix appelé *salaire*.

Certains types de travail font l'objet d'échanges quotidiens. Les personnes qui se trouvent dans ce cas font partie de la *main-d'œuvre occasionnelle*. Ainsi, celles qui font la récolte des fruits et légumes se présentent dans une ferme et accomplissent les tâches qui leur sont assignées ce jour-là. Toutefois, la plupart du temps, l'échange sur le marché du travail prend la forme d'un contrat, qu'on appelle **emploi**.

La majorité des marchés du travail font intervenir de nombreux acheteurs et de nombreux vendeurs, et ils sont concurrentiels. Dans ces marchés, les salaires sont déterminés par l'offre et la demande, tout comme les prix dans les autres marchés concurrentiels.

Dans certains marchés, le travail est organisé par un syndicat, ce qui ajoute un élément de monopole du côté de l'offre. Dans ce type de marché, le salaire est déterminé au terme d'un processus de négociation entre le syndicat et l'employeur.

Dans ce chapitre, nous examinerons les marchés du travail concurrentiels et les syndicats.

Les marchés des services tirés du capital

Le *capital* se compose d'objets physiques – outils, instruments, machines, bâtiments et autres constructions – qui ont été produits auparavant et que les entreprises utilisent maintenant pour fabriquer des biens et offrir des services. Ces objets physiques sont eux-mêmes des biens, plus précisément des biens de capital. Ils sont échangés dans des marchés de biens, au même titre que l'eau embouteillée ou le dentifrice. Le prix d'un camion à benne, qui est un bien de capital, est déterminé par l'offre et la demande dans le marché des camions à benne. Ce marché n'est pas un marché de services tirés du capital.

Les marchés des *services tirés du capital* sont des *marchés de location*. Autrement dit, les services tirés du capital sont loués. C'est le cas du marché de la location de véhicules, où des entreprises telles que Budget, Avis, Hertz, U-Haul et bien d'autres offrent des automobiles et des camions en location. Dans un tel marché, le prix des services s'appelle une *rente*.

En règle générale, les services tirés du capital ne sont pas échangés dans des marchés, car les entreprises achètent le capital et l'utilisent elles-mêmes. Les services qu'elles tirent de ce capital ont un prix implicite qui découle de la valeur de la dépréciation et de l'intérêt (voir le chapitre 10, p. 289). On peut considérer ce prix comme le loyer implicite du capital. Les entreprises qui achètent du capital et l'utilisent à leurs propres fins se louent *implicitement* le capital à elles-mêmes.

Les marchés des services de la terre et des ressources naturelles

La *terre* comprend tout ce que nous offre la nature, autrement dit les ressources naturelles. Le marché de ce facteur de production est en réalité un marché où s'échangent les *services de la terre*, c'est-à-dire son utilisation. Le prix des services de la terre est une *rente*.

On peut réutiliser la plupart des ressources naturelles. C'est le cas des terres qui servent à l'agriculture. Toutefois, il existe quelques ressources naturelles qu'on ne peut employer qu'une fois. Ce sont les **ressources naturelles non renouvelables**, telles que le pétrole, le gaz naturel et le charbon. Leurs prix sont déterminés dans des *marchés des produits de base* et sont appelés *cours des produits de base*.

L'entrepreneuriat

À l'origine, les catégories de facteurs de production – le travail, le capital et la terre – ont été établies dans le but de mieux visualiser la répartition des recettes entre les différents acteurs économiques. Lorsque Maille-Maille vend un chandail, une partie de la recette revient à l'ouvrier (le travail), une autre au propriétaire de la machine sur laquelle le chandail a été tissé (le capital), une autre au propriétaire de l'immeuble où l'entreprise est installée (la terre), et ainsi de suite. Afin de boucler la boucle, les économistes ont conçu la notion d'entrepreneur : celui qui reçoit la part des recettes non attribuées aux autres catégories, soit le profit, ou qui supporte les pertes s'il y en a.

L'entrepreneur est censé être l'initiateur du processus de production. C'est lui qui décide d'agencer les différents facteurs de production pour fonder une entreprise. Par définition, les services de l'entrepreneuriat ne s'échangent pas sur le marché, sinon ils constitueraient un facteur de production à classer dans la catégorie *travail*. Un gestionnaire professionnel, par exemple, entre dans la catégorie *travail*, et son revenu, qu'il soit versé sous la forme d'honoraires ou de bonis, dans la catégorie *salaire*. S'il décide de fonder une nouvelle entreprise, ce même gestionnaire devient alors un *entrepreneur* et les revenus qu'il obtiendra, une fois déduit le salaire qu'il obtenait auparavant et qui doit être compté comme un coût de renonciation, seront considérés comme des *profits*, soit la part des recettes revenant à l'entrepreneuriat.

Dans la suite de ce chapitre, nous examinerons les forces qui influent sur l'offre et la demande des facteurs de production. Nous allons d'abord nous pencher sur la demande de ces facteurs.

MINITEST 1

1 Quels sont les facteurs de production et quels sont leurs prix ?

2 Quelle est la différence entre un bien de capital et un service tiré du capital ?

3 Quelle est la différence entre le prix d'un bien de capital et le loyer du capital ?

Réponses p. 557

La demande d'un facteur de production

La demande d'un facteur de production est une **demande dérivée**, c'est-à-dire qu'elle découle de la demande des biens et services que produit ce facteur de production. Dans les chapitres 10 à 15, nous avons vu comment les entreprises déterminent les quantités qu'elles doivent produire pour maximiser leur profit. Les quantités de facteurs de production nécessaires sont la conséquence des décisions des entreprises à cet égard. C'est donc dire que les entreprises se procurent les quantités de facteurs de production qui maximisent leur profit.

Pour décider quelle quantité d'un facteur de production elle doit employer, l'entreprise compare ce que coûte l'ajout d'une unité supplémentaire du facteur avec ce que cette unité peut lui rapporter, c'est-à-dire avec sa valeur. Le coût de l'ajout d'une unité supplémentaire d'un facteur de production est le *prix du facteur*. La valeur de l'ajout d'une unité supplémentaire d'un facteur de production est appelée **valeur de la productivité marginale** du facteur. Elle est égale au prix d'une unité du produit multiplié par la productivité marginale du facteur de production.

Pour illustrer la demande d'un facteur de production, nous examinerons la demande de travail. Toutefois, ce que nous apprendrons s'applique à la demande de n'importe quel facteur.

La valeur de la productivité marginale

Le tableau 18.1 montre comment calculer la valeur de la productivité marginale du travail pour la boulangerie Lamie. Les deux premières colonnes donnent le barème de production de l'entreprise, soit le nombre de pains produits chaque heure par quantité de travail fourni. La troisième colonne donne la productivité marginale du travail – c'est-à-dire la variation de la quantité produite qui résulte d'une unité de travail supplémentaire (d'un travailleur supplémentaire, dans cet exemple). Pour revoir le concept de barème de production, consultez le chapitre 11, p. 319.

La boulangerie Lamie peut vendre son pain au prix courant du marché, qui est de 2 $ l'unité. Sachant cela, on peut calculer la valeur de la productivité marginale (quatrième colonne), laquelle est égale au prix multiplié par la productivité marginale. Par exemple, la productivité marginale de l'embauche d'un deuxième travailleur est de 6 pains par heure et, comme chaque pain vendu rapporte 2 $, la valeur de la productivité marginale du deuxième travailleur est de 12 $ (6 pains à 2 $ chacun).

La demande de travail d'une entreprise

La valeur de la productivité marginale du travail nous indique ce que vaut un travailleur supplémentaire pour l'entreprise. Elle mesure l'augmentation du revenu de l'entreprise qui résulte de l'embauche d'un travailleur de plus. Le salaire nous dit combien ce travailleur coûte à l'entreprise.

Ensemble, la valeur de la productivité marginale du travail et le salaire déterminent la quantité de travail demandée par l'entreprise. Comme la valeur de la productivité marginale diminue au fur et à mesure qu'augmente la quantité de travail utilisé, on maximise le profit en suivant une règle simple : embaucher la quantité de travail pour laquelle la valeur de la productivité marginale est égale au salaire.

Si la valeur de la productivité marginale du travail est supérieure au salaire, l'entreprise peut augmenter son profit en embauchant un travailleur de plus. Si le salaire est supérieur à la valeur de la productivité marginale du travail, elle peut augmenter son profit en licenciant un travailleur. Comme la productivité marginale du travail est décroissante, l'entreprise maximise ses profits en augmentant le nombre de ses travailleurs jusqu'à ce que la valeur de la productivité marginale du travail égale le salaire.

C'est là une autre application du principe d'égalisation de la recette marginale (le prix) au coût marginal que nous avons vu au chapitre 12 : en embauchant plus

TABLEAU 18.1 *La valeur de la productivité marginale de la boulangerie Lamie*

	Quantité de travail (L) (travailleurs)	Production (Q) (pains par heure)	Productivité marginale (Pm = ΔQ/ΔL) (pains par travailleur)	Valeur de la productivité marginale (VPm = Pm × P) (par travailleur)	
A	0	0			La valeur de la productivité marginale du travail est égale au prix du produit multiplié par la productivité marginale du travail. Si Lamie embauche 2 travailleurs, la productivité marginale du deuxième travailleur est de 6 pains par heure (troisième colonne). Le prix d'un pain est de 2 $, si bien que la valeur de la productivité marginale du deuxième travailleur égale 2 $ par pain fois 6 pains par heure, ce qui donne 12 $ par heure (quatrième colonne).
			 7	14 $	
B	1	7			
			.... **6**	**12 $**	
C	**2**	13			
			 5	10 $	
D	3	18			
			 4	8 $	
E	4	22			
			 3	6 $	
F	5	25			

de travailleurs, l'entreprise accroît sa production et donc son coût marginal. S'il faut ΔL travailleurs à la marge pour accroître la production d'une unité, la productivité marginale d'un travailleur est de $1/\Delta L$ unité et la valeur de cette production est de $P/\Delta L$, où P est le prix du bien. En outre, le coût marginal est un coût de main-d'œuvre, donc le coût marginal d'accroître la production d'une unité est de $W\Delta L$, où W est le salaire. En résumé,

$$VPm = P/\Delta L \text{ et } Cm = W\Delta L$$

En rendant le coût marginal égal au prix, on obtient

$$VPm = P/\Delta L \text{ et } P = W\Delta L$$

Donc

$$VPm = (W\Delta L)/\Delta L = W$$

L'entreprise est avant tout préoccupée par ses profits, qui sont la différence entre ses recettes et ses coûts. En ajustant sa production et sa force de travail, elle réagit aux variations du salaire (qui influent sur ses coûts) comme elle réagit aux variations du prix (qui influent sur ses recettes). Ainsi, la demande de travail d'une entreprise est la quantité de travail pour laquelle la valeur de la productivité marginale du travail est égale au salaire.

La courbe de demande de travail d'une entreprise

On obtient la courbe de demande de travail d'une entreprise à partir de la courbe de la valeur de la productivité marginale. Ces deux courbes sont représentées à la figure 18.1. En (a), on voit la courbe de la valeur de la productivité marginale pour la boulangerie Lamie. Les bandes bleues correspondent aux valeurs du tableau 18.1. La courbe de la valeur de la productivité marginale de la boulangerie Lamie (*VPm*) est en fait une droite.

Si le salaire baisse et que rien d'autre ne change, l'entreprise embauche des travailleurs supplémentaires. Le graphique (b) représente la courbe de la demande de travail de la boulangerie Lamie.

Supposons que le salaire est de 10 $ par heure. On voit sur le graphique (a) que, si Lamie embauche 2 travailleurs, la valeur de la productivité marginale du travail égale 12 $ par heure. Ainsi, Lamie fait un profit de 2 $ par heure lorsqu'il a deux travailleurs. Si la boulangerie embauche un troisième travailleur, la valeur de la productivité marginale est alors de 10 $ par heure et Lamie atteint le seuil où il n'y a ni gains, ni pertes.

Si Lamie embauche 4 travailleurs, le profit se met à décroître. La valeur de la productivité marginale pour le quatrième employé est seulement de 8 $ par heure alors que son coût est de 10 $ par heure. En conséquence, Lamie n'embauche pas 4 travailleurs. Lorsque le salaire est de 10 $ par heure, la quantité de travail demandée par la boulangerie est de 3 travailleurs. Cette quantité est représentée sur le graphique (b) par un point sur la courbe de la demande de travail, *DL*, de la boulangerie Lamie.

Si le salaire augmente à 12 $ par heure, Lamie diminue la quantité de travail à 2 employés. Mais à 8 $ par heure, Lamie augmente la quantité de travail à 4 employés.

Lorsque le salaire fluctue, la quantité de travail demandée fluctue à son tour et on observe un déplacement sur la courbe de demande de travail.

Tout changement à un élément qui influe sur les projets d'embauche de l'entreprise se répercute sur la demande de travail et produit un déplacement sur la courbe de demande de travail.

FIGURE 18.1 *La demande de travail de la boulangerie Lamie*

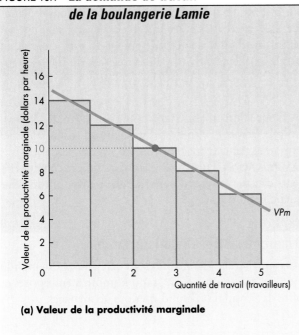

(a) Valeur de la productivité marginale

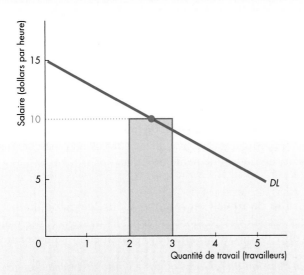

(b) Demande de travail

La boulangerie Lamie peut vendre n'importe quelle quantité de pain à 2 $ l'unité. Les bandes bleues du graphique (a) représentent la valeur de la productivité marginale du travail de l'entreprise ; ils correspondent aux chiffres du tableau 18.1. La droite orange représente la courbe de la valeur de la productivité marginale. Le graphique (b) montre la courbe de demande de travail de Lamie. La boulangerie embauche la quantité de travail à laquelle le salaire est égal à la valeur de productivité marginale. La courbe de demande de travail a une pente négative parce que la valeur de la productivité marginale diminue en proportion de la quantité de travail utilisée.

Les variations de la demande de travail

La demande de travail varie en fonction de trois facteurs :

♦ le prix du produit de l'entreprise ;

♦ le prix des autres facteurs de production ;

♦ la technologie.

Le prix du produit de l'entreprise Plus le prix du produit de l'entreprise est élevé, plus la demande de travail est importante. Le prix du produit influe sur la demande de travail en raison de l'effet qu'il exerce sur la valeur de la productivité marginale. Une hausse du prix du produit de l'entreprise accroît la valeur de la productivité marginale du travail. Toute variation du prix du produit déplace la courbe de demande de travail. Quand le prix du produit augmente, la demande de travail augmente aussi, et la courbe de demande de travail se déplace vers la droite.

Par exemple, si le prix du pain grimpe à 3 $, la valeur de la productivité marginale du quatrième travailleur chez Lamie passe de 8 $ par heure à 12 $ par heure. Le salaire étant toujours de 10 $ par heure, la boulangerie embauche 4 personnes au lieu de 3.

Les prix des autres facteurs de production Si le prix d'utilisation du capital diminue par rapport au salaire, l'entreprise remplace le travail et augmente la quantité de capital qu'elle utilise. En règle générale, la demande de travail décroît quand le prix d'utilisation du capital baisse. Par exemple, si le prix des machines à pain baisse, Lamie peut décider de s'en procurer une et de mettre un travailleur à pied. À l'inverse, il peut arriver que la demande de travail augmente. C'est le cas si la diminution du prix du capital entraîne une hausse suffisamment importante du niveau de production. Par exemple, si les machines sont peu coûteuses, Lamie peut s'en procurer une et embaucher un travailleur pour la faire fonctionner. De telles substitutions de facteurs s'opèrent à long terme quand l'entreprise peut modifier la taille de son usine.

La technologie Les innovations techniques font diminuer la demande de certains types de travail et augmenter celle d'autres types. Par exemple, si une nouvelle machine à pain automatisée est mise en vente, Lamie peut décider de s'en procurer une et de congédier la majorité de sa main-d'œuvre, ce qui donnera lieu à une diminution de la demande de travail en boulangerie. En revanche, les entreprises qui fabriquent et entretiennent les machines automatisées embauchent plus de travailleurs, ce qui fait augmenter la demande de ce type de travail. On a observé un phénomène analogue dans les années 1990 lorsque l'invention du central téléphonique électronique a occasionné une baisse de la demande de standardistes et une hausse de la demande d'informaticiens et d'ingénieurs en électronique.

Le tableau 18.2 résume les forces qui influent sur la demande de travail d'une entreprise.

TABLEAU 18.2 *La demande de travail d'une entreprise*

La loi de la demande
(déplacements le long de la courbe de demande de travail)

La quantité demandée de travail d'une entreprise

baisse quand	augmente quand
◆ le salaire augmente.	◆ le salaire diminue.

Les variations de la demande
(déplacements de la courbe de demande de travail)

La demande de travail d'une entreprise

baisse quand	augmente quand
◆ le prix du produit de l'entreprise baisse ;	◆ le prix du produit de l'entreprise augmente ;
◆ le prix d'un substitut du travail baisse ;	◆ le prix d'un substitut du travail augmente ;
◆ le prix d'un complément du travail augmente ;	◆ le prix d'un complément du travail baisse ;
◆ une innovation technique ou une hausse du capital réduit la productivité marginale du travail.	◆ une innovation technique ou une hausse du capital accroît la productivité marginale du travail.

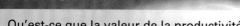

MINITEST 2

1 Qu'est-ce que la valeur de la productivité marginale du travail ?

2 Quel rapport existe-t-il entre la valeur de la productivité marginale du travail et la productivité marginale du travail.

3 Comment la demande de travail découle-t-elle de la valeur de la productivité marginale du travail ?

4 Quelles forces influent sur la demande de travail ?

Réponses p. 557

 ## Les marchés du travail

Les services du travail s'échangent dans les nombreux marchés du travail. C'est ainsi qu'il existe des marchés des boulangers, des chauffeurs de camion, des opérateurs de grues, des spécialistes du soutien informatique, des contrôleurs de la navigation aérienne, des dentistes et des économistes. Dans certains cas, ce sont des marchés locaux, comme celui des boulangers. Leur activité s'exerce dans une région

urbaine délimitée. D'autres marchés, tels que celui des contrôleurs de la navigation aérienne, ont une portée nationale. Les entreprises et les travailleurs cherchent sur tout le territoire du pays le mariage parfait du travailleur et du poste à combler. Enfin, il y a des marchés du travail mondiaux, par exemple ceux des joueurs étoiles, au hockey, au basketball ou au soccer.

Nous allons maintenant examiner un marché local, plus précisément celui des travailleurs de la boulangerie. Nous nous pencherons tout d'abord sur un marché du travail *concurrentiel*. Puis, nous verrons comment certains éléments caractéristiques des monopoles peuvent influer sur le marché du travail.

Le marché du travail concurrentiel

Dans un marché du travail concurrentiel, la demande de travail se compose d'un grand nombre d'entreprises et l'offre de travail d'un grand nombre de ménages.

La demande de travail du marché Nous avons vu plus haut comment une entreprise détermine quelle quantité de travail il lui faut pour répondre à ses besoins. La demande de travail du marché découle de la demande de travail de toutes les entreprises. On la calcule en additionnant les quantités demandées de travail de toutes les entreprises du marché pour chaque niveau de salaire. (La demande du marché d'un bien ou d'un service s'obtient grâce à un calcul semblable – voir la page 134.)

La courbe de demande de travail de chaque entreprise a une pente négative. Il s'ensuit que celle du marché présente elle aussi une pente négative.

L'offre de travail du marché L'offre de travail du marché découle des décisions prises par les ménages concernant l'offre de travail que chacun d'eux est en mesure de faire.

La décision du ménage quant à l'offre de travail Les gens répartissent leur temps entre deux grands types d'activités : le travail et les loisirs, ce dernier terme englobant toutes les activités autres que l'offre de travail (voir le chapitre 9). Par définition, les économistes entendent par *travail* les activités que les gens n'acceptent de faire que parce qu'ils sont rémunérés. Un retraité qui continue d'exercer certaines fonctions bénévolement ne travaille pas selon cette définition. Il le fait par plaisir ou par esprit civique. L'acteur à succès qui ne vit que pour son art ne travaille pas non plus. Le travail commence lorsqu'on y met du temps et de l'énergie qu'on aurait aimé consacrer à une autre activité si ce n'était de la rémunération espérée qu'on désire plus encore.

Considérons la décision de Julie, une employée de la boulangerie Lamie, concernant son offre de travail.

Examinons comment le salaire influe sur la quantité de travail qu'elle est disposée à offrir.

Le salaire de réserve Julie accorde beaucoup de valeur à ses loisirs et aimerait bien ne pas avoir à passer son temps à faire du pain à la boulangerie Lamie. Toutefois, elle a besoin d'un revenu et elle est prête à travailler à condition d'obtenir un salaire d'au moins 5 $ par heure. Cette dernière somme constitue son *salaire de réserve*. Julie consent à offrir du travail pour toute rémunération qui se situe au-dessus de son salaire de réserve.

Le salaire étant de 10 $ par heure chez Lamie, Julie choisit de travailler 30 heures par semaine. À ce salaire, elle considère que le temps qu'elle consacre au travail ne pourrait pas être mieux utilisé. La figure 18.2 illustre ce raisonnement.

Le recourbement de la courbe d'offre de travail Si on offre à Julie un salaire qui se situe entre 5 $ et 10 $ par heure, elle voudra travailler moins d'heures. Si on lui offre plus de 10 $ par heure, elle voudra augmenter ses heures, mais seulement jusqu'à un certain point. Si elle pouvait gagner 25 $ par heure, elle consentirait à travailler 40 heures par semaine

FIGURE 18.2 *La courbe d'offre de travail de Julie*

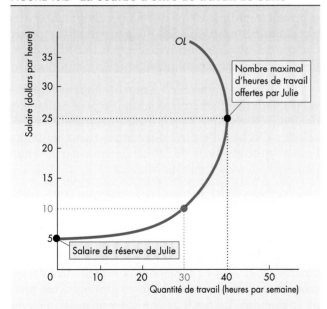

La courbe *OL* représente l'offre de travail de Julie. Celle-ci n'offre pas de travail si la rémunération est inférieure à son salaire de réserve de 5 $ par heure. Au-dessus de 5 $ par heure, la quantité offerte de travail augmente en proportion du salaire, jusqu'à un maximum de 40 heures par semaine à 25 $ par heure. Lorsque le salaire dépasse 25 $ par heure, la quantité offerte de travail se met à décroître ; il y a recourbement de l'offre de travail. L'effet revenu sur la demande de temps de loisir l'emporte sur l'effet substitution.

(et son revenu serait de 1 000 $ par semaine). Mais, à un salaire supérieur à 25 $ par heure, compte tenu des biens et services qu'elle pourrait se procurer avec 1 000 $, Julie voudrait en priorité accroître son temps de loisir, si bien qu'elle réduirait ses heures de travail. La courbe d'offre de travail de Julie se met à se replier vers l'axe des ordonnées.

Les décisions de Julie quant à la quantité de travail qu'elle consent à offrir sont influencées par un effet substitution et un effet revenu (voir le chapitre 9).

L'effet substitution Pourvu qu'il n'atteigne pas 25 $ par heure, plus le salaire qu'on propose à Julie est élevé, plus la quantité de travail qu'elle offre est élevée. Le salaire de Julie est le *coût de renonciation de son temps de loisir*. Si elle quitte le travail une heure plus tôt pour aller voir un film, le coût de cette heure de loisir supplémentaire est le salaire auquel elle renonce. Plus son salaire est élevé, moins Julie est disposée à renoncer à ce revenu pour s'offrir une heure de loisir supplémentaire. Cette tendance de Julie à augmenter ses heures de travail quand son salaire augmente s'explique par un *effet substitution*.

L'effet revenu Plus le salaire de Julie est élevé, plus son revenu est important. Or, toutes choses égales d'ailleurs, un revenu élevé incite Julie à accroître sa demande de la plupart des biens et services, notamment de temps de loisir. Comme elle augmente la demande de temps de loisir, une hausse de revenu réduit la quantité offerte de travail.

La courbe d'offre du marché La courbe d'offre de Julie indique comment la quantité de travail que celle-ci consent à offrir varie en fonction de son salaire. La plupart des gens agissent comme Julie, si bien que leur courbe d'offre de travail se replie aussi vers l'axe des ordonnées. Toutefois, le salaire de réserve et le salaire à partir duquel le recourbement s'effectue varient d'une personne à l'autre.

La courbe d'offre du marché représente la quantité offerte de travail par tous les ménages dans un marché du travail particulier. Pour chaque salaire sur le graphique, on indique la somme des quantités offertes de travail de tous les ménages dans un marché donné. De plus, le long de la courbe d'offre d'un marché du travail particulier, les salaires qu'on peut obtenir dans les autres marchés ne changent pas. Par exemple, le long de la courbe d'offre des travailleurs de la boulangerie, les salaires de tous les autres travailleurs sont constants.

Contrairement à la courbe d'offre de travail de chaque individu, qui finit par se replier, la courbe du marché présente une pente qui est toujours positive et qui va s'accentuant : si le salaire devient tellement élevé, au point que les travailleurs sur ce marché réduisent leur offre individuelle, les travailleurs des autres marchés vont y entrer en masse et faire en sorte que la quantité offerte agrégée continue de s'accroître. Donc, plus le salaire des travailleurs de la boulangerie augmente, plus la quantité offerte de travail dans ce marché est grande.

Examinons maintenant l'équilibre du marché du travail.

L'équilibre d'un marché du travail concurrentiel Les salaires et l'emploi sont déterminés par l'équilibre du marché du travail. Dans la figure 18.3, la demande du marché des travailleurs de la boulangerie est représentée par la courbe *DL* et l'offre du marché de ces travailleurs par la courbe *OL*. Le salaire d'équilibre est de 10 $ par heure, et la quantité de main-d'œuvre d'équilibre de 300 travailleurs. Si le salaire vient à dépasser 10 $ par heure, il y aura un surplus de main-d'œuvre en boulangerie. Le nombre de personnes à la recherche d'emplois dans ce secteur sera supérieur au nombre de postes disponibles. Dans une telle situation, le salaire baissera. En effet, même si elles offrent un moindre salaire, les entreprises n'auront pas de difficulté à trouver preneurs. Si le salaire tombe sous les 10 $ par heure, il y aura une pénurie de main-d'œuvre en boulangerie, et les entreprises n'arriveront pas à combler tous les postes. Dans ce cas, le salaire augmentera, car les entreprises seront contraintes d'offrir de meilleurs salaires pour

FIGURE 18.3 *Le marché des travailleurs de la boulangerie*

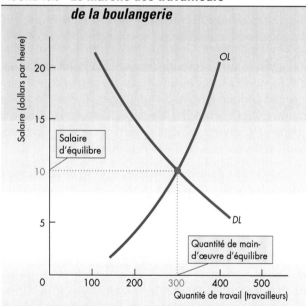

Un marché du travail concurrentiel harmonise les objectifs des entreprises et des ménages. Il se maintient en état d'équilibre : pour un salaire de 10 $ par heure, la quantité demandée de travail est égale à la quantité offerte quand 300 travailleurs sont embauchés. Si le salaire est supérieur à 10 $ par heure, la quantité offerte est plus grande que la quantité demandée. Le salaire se met alors à baisser. Si le salaire est inférieur à 10 $ par heure, la quantité demandée dépasse la quantité offerte. En conséquence, le salaire monte.

satisfaire leurs besoins en main-d'œuvre. C'est seulement à 10 $ par heure que les forces agissant sur le salaire s'annulent et que celui-ci se stabilise.

Le marché du travail et les syndicats

Un **syndicat** est un regroupement de travailleurs qui s'organisent pour obtenir de meilleurs salaires et de meilleures conditions de travail. Les syndicats jouent un rôle important dans l'organisation de la production en permettant un certain équilibre entre l'influence des travailleurs et celle du patronat au sein des grandes entreprises. Au Québec, deux travailleurs sur cinq sont membres d'un syndicat, soit le plus grand ratio de travailleurs syndiqués au Canada (il n'est que de un sur quatre en Alberta). Bien que les plus importants syndicats canadiens représentent des travailleurs du secteur public, voyons ce qui se produit lorsqu'un syndicat est présent dans un marché du travail concurrentiel.

Effets sur l'offre de travail Un des moyens utilisés pour faire augmenter les salaires consiste à diminuer l'offre de travail. Dans certains marchés du travail, le syndicat peut restreindre l'offre en limitant l'accès à certains programmes de formation en milieu de travail ou en faisant adopter des critères de qualification de la main-d'œuvre. Les marchés d'ouvriers qualifiés, de médecins, de dentistes et d'avocats se prêtent le mieux à ce type de contrôle. Ils sont supervisés par des ordres professionnels qui peuvent se comporter comme des syndicats même si leur vocation affichée est de protéger les intérêts du public.

Si l'offre est composée d'un nombre important de travailleurs non syndiqués, le syndicat ne peut pas la faire diminuer. Par exemple, dans le marché des travailleurs agricoles du Québec, il est très difficile pour un syndicat de limiter l'offre en raison de l'afflux de main-d'œuvre non syndiquée en provenance du Mexique.

Diminuer l'offre du travail en restreignant l'entrée dans une profession s'apparente à une pratique monopolistique, mais on ne peut pour autant en conclure qu'elle se fait au détriment du public. La plupart des gens ne souhaitent pas revenir aux jours où n'importe qui pouvait s'afficher comme pharmacien et vendre des produits potentiellement dangereux à un public ignorant. Nous payons plus cher pour un maçon doté de cartes de compétence, mais au moins pouvons-nous espérer que les immeubles que nous fréquentons ne s'effondreront pas à la suite d'une chute de neige inhabituellement forte. Ultimement, il revient au législateur d'arbitrer par voie réglementaire les bénéfices de la concurrence et ceux que procurent une main-d'œuvre offrant des garanties de qualification.

Du côté de la demande sur le marché du travail, le syndicat est aux prises avec un dilemme. La courbe de la demande de travail a une pente négative, si bien que, en limitant l'offre pour faire monter le salaire, on fait baisser l'emploi. En conséquence, les syndicats tentent aussi d'influer sur la demande de travailleurs syndiqués.

Effets sur la demande de travail Pour faire augmenter la demande de travailleurs qu'ils représentent, les syndicats recourent essentiellement aux quatre moyens suivants :

1. Ils augmentent la productivité marginale de leurs membres en organisant et en commanditant des programmes de formation en milieu de travail, en favorisant les activités d'apprentissage par la pratique et en misant sur la certification professionnelle.

2. Ils font pression sur le gouvernement pour qu'il impose des restrictions à l'importation et ils encouragent les consommateurs à se procurer les biens et services produits par leurs membres.

3. Ils appuient les lois sur le salaire minimum pour augmenter le coût d'utilisation de la main-d'œuvre non qualifiée et inciter les entreprises à substituer à cette dernière – du reste non syndiquée – une main-d'œuvre qualifiée et syndiquée.

4. Ils font pression sur le gouvernement pour qu'il adopte des lois qui restreignent l'immigration, diminuant du coup l'offre de travail étranger.

En cela, les syndicats n'agissent pas différemment des entreprises qui, comme nous l'avons vu aux chapitres 7 et 14, sont toujours prêtes à consacrer d'importantes ressources afin d'accroître la demande de leur produits.

L'équilibre du marché du travail en présence d'un syndicat La figure 18.4 montre comment le salaire et l'emploi sont modifiés par la présence d'un syndicat dans un marché du travail concurrentiel. En l'absence de syndicat, la courbe DL_C représente la demande de travail et la courbe OL_C, l'offre de travail ; le salaire est de 10 $ par heure et 300 travailleurs ont un emploi.

Supposons maintenant que des travailleurs fondent un syndicat dans ce marché. Si le syndicat a assez d'influence sur l'offre de travail pour la faire descendre sous le niveau concurrentiel, soit jusqu'à OL_S, l'emploi tombe à 200 travailleurs et le salaire grimpe à 15 $ par heure.

Supposons que le syndicat parvienne aussi à faire augmenter la demande de travail jusqu'à DL_S. Il peut alors obtenir une hausse encore plus importante du salaire et réduire en même temps ses pertes du côté de l'emploi. S'il maintient l'offre restreinte de travail à OL_S, le syndicat fait monter le salaire à 20 $ par heure et obtient un niveau d'emploi de 250 travailleurs.

En réduisant l'offre de travail dans le marché où il est présent, le syndicat exerce une action à distance sur les marchés où il n'y a pas de travailleurs syndiqués. En effet, les tra-

vailleurs qui ne trouvent pas d'emploi dans les ateliers syndiqués doivent chercher ailleurs, ce qui augmente l'offre de travail dans les marchés sans syndicat et y entraîne une baisse des salaires. Ainsi, par ricochet, l'écart entre les salaires des syndiqués et ceux des non-syndiqués se creuse davantage.

Le monopsone sur le marché du travail Les marchés du travail dans lesquels les syndicats sont présents ne sont pas tous concurrentiels. Dans certains cas, l'employeur exerce un pouvoir de marché et le syndicat tente de limiter ce pouvoir.

Un **monopsone** est une structure de marché qui ne compte qu'un seul acheteur. Un marché du travail en situation de monopsone ne compte qu'un employeur. C'est le cas des gouvernements provinciaux, qui sont les principaux employeurs des professionnels de la santé. Dans certaines localités isolées comme la ville de Fermont sur la Côte-Nord, la compagnie minière est le principal employeur. De telles entreprises possèdent un pouvoir de monopsone.

Le monopsone exerce son action sur le plan de l'achat, un peu comme le fait le monopole sur le plan de la vente. Il maximise son profit en embauchant la quantité

FIGURE 18.4 *Un syndicat dans un marché du travail concurrentiel*

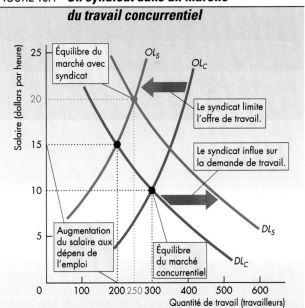

Dans un marché du travail concurrentiel, la demande est représentée par la courbe DL_C, et l'offre par la courbe OL_C. Le salaire est de 10 $ par heure et 300 travailleurs ont un emploi. Si un syndicat fait baisser l'offre de travail jusqu'à OL_S, le salaire grimpe à 15 $ par heure et l'emploi tombe à 200 travailleurs. Si le syndicat parvient aussi à faire déplacer la courbe de demande jusqu'à DL_S, le salaire passe à 20 $ par heure et 250 travailleurs ont un emploi.

de travail pour laquelle le coût marginal du travail égale la valeur de la productivité marginale du travail et en payant le salaire le plus bas possible auquel il peut obtenir cette quantité de travail.

La figure 18.5 illustre le cas d'un monopsone sur le marché du travail. Comme toute entreprise, le monopsone a une courbe de valeur de la productivité marginale à pente négative, *VPm*, qui correspond à sa courbe de demande de travail, *DL*, si bien que *VPm = DL*.

Ce qui distingue le monopsone, c'est le coût marginal du travail. Pour une entreprise dans un marché du travail concurrentiel, le coût marginal du travail égale le salaire alors que, pour un monopsone, le coût marginal du travail est supérieur au salaire. L'entreprise est le seul acheteur dans le marché : elle perçoit donc l'effet de sa demande de travail sur le salaire. Cela se traduit par une courbe d'offre de travail à pente positive, soit la courbe *OL* de la figure 18.5.

Pour embaucher un travailleur de plus, le monopsone doit offrir un meilleur salaire. Ce faisant, il est contraint d'augmenter le salaire de tous ses travailleurs, si bien que

le coût marginal d'un travailleur devient son salaire plus l'augmentation du fardeau salarial résultant de l'obligation de payer le nouveau salaire à tous les travailleurs.

La courbe d'offre correspond alors à la courbe de coût moyen du travail. De plus, le rapport entre la courbe d'offre et la courbe de coût marginal du travail, *CmL*, est analogue à celui qui existe entre la courbe de demande et la courbe de recette marginale d'un monopole (voir la page 386). Le rapport entre la courbe d'offre et la courbe *CmL* est aussi comparable à celui qui existe entre la courbe de coût moyen et la courbe de coût marginal d'une entreprise (voir la page 326).

Pour employer la quantité de travail qui maximise son profit, le monopsone choisit le coût marginal du travail égal à la valeur de la productivité marginale du travail. À la figure 18.5, cette égalité survient quand l'entreprise emploie 100 travailleurs.

Pour embaucher 100 travailleurs, l'entreprise doit verser un salaire horaire de 10 $ (sur la courbe d'offre de travail). Chaque travailleur reçoit 10 $ par heure, mais la valeur de la productivité marginale du travail est de 20 $ par heure, si bien que l'entreprise réalise un profit économique de 10 $ par heure sur le dernier travailleur qu'elle emploie.

Si le marché du travail de la figure 18.5 était concurrentiel, le salaire et la quantité de travail d'équilibre seraient déterminés par les courbes d'offre et de demande. Le salaire serait de 15 $ par heure et 150 travailleurs auraient un emploi. En conséquence, comparativement au marché du travail concurrentiel, le monopsone offre un salaire moins élevé et emploie moins de travailleurs.

Le syndicat et le monopsone Le syndicat fonctionne comme un monopole. Lorsqu'un syndicat (offreur monopolistique) traite avec un acheteur en situation de monopsone, on parle de **monopole bilatéral**. La Ligue nationale de hockey (les propriétaires) et l'Association des joueurs de la Ligue nationale de hockey (le syndicat des joueurs) constituent un exemple de monopole bilatéral. Au terme de leurs négociations, ces deux entités arrivent à une entente salariale d'une durée de plusieurs années.

Le résultat des négociations dépend des coûts que chaque partie peut infliger à l'autre. L'entreprise peut mettre les travailleurs en lock-out, et les travailleurs peuvent déclencher une grève. Chaque partie connaît la force de l'autre et sait ce qu'elle risque de perdre si elle ne satisfait pas à ses exigences.

Habituellement, le syndicat et l'employeur parviennent à s'entendre sans grève ni lock-out, l'éventualité de telles situations suffisant à inciter les parties à faire des concessions. Généralement, il n'y a grève ou lock-out que si l'une des deux parties évalue mal les coûts qui peuvent

FIGURE 18.5 *Un monopsone sur le marché du travail*

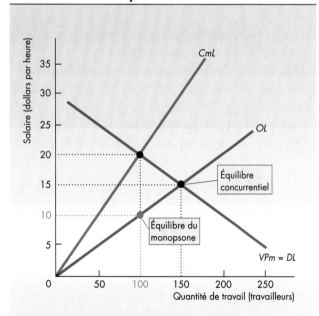

Le monopsone est une structure de marché qui ne compte qu'un seul acheteur. Dans le cas d'un monopsone sur le marché du travail, la valeur de la productivité marginale est représentée par la courbe *VPm* et l'offre de travail par la courbe *OL*. La courbe *CmL* représente le coût marginal du travail. Le profit est maximisé lorsque le coût marginal du travail est égal à la valeur de la productivité marginale. Le monopsone utilise 100 heures de travail et paie le salaire horaire le plus bas que les travailleurs sont disposés à accepter pour fournir cette quantité de travail, soit 10 $ par heure.

être infligés de part et d'autre. C'est ce qui s'est produit le 15 septembre 2004, lorsque les négociations ont échoué et que les propriétaires ont imposé un lock-out. La 88e saison de la LNH a été annulée. On estime que les équipes ont perdu deux milliards de dollars en recettes provenant de la vente des billets, des médias, des commanditaires et des concessions. De leur côté, les joueurs ont été privés d'environ un milliard de dollars en salaires.

Revenons à l'exemple de la figure 18.5. S'ils sont de force égale et mesurent bien la situation, le syndicat et l'employeur vont trancher la poire en deux et s'entendre sur un salaire de 15 $ par heure, soit à mi-chemin entre 10 $ (le salaire sur la courbe de l'offre) et 20 $ (celui sur la courbe de demande).

On voit que, dans une situation de monopsone, le syndicat peut exiger des salaires plus élevés sans renoncer à des emplois. Il en va de même quand l'État impose un salaire minimum dans un marché du travail en situation de monopsone. Voyons cela de plus près.

Le monopsone et le salaire minimum Dans un marché du travail parfaitement concurrentiel, un salaire minimum supérieur au salaire d'équilibre fait baisser le niveau d'emploi (voir la page 161). Dans un marché du travail en situation de monopsone, un salaire minimum peut accroître à la fois le salaire et le niveau d'emploi.

La figure 18.6 montre un marché du travail en situation de monopsone sans syndicat. Le salaire est de 10 $ par heure et 100 travailleurs ont un emploi.

Le gouvernement adopte une loi qui instaure un salaire minimum de 15 $ par heure. Le monopsone doit maintenant composer avec une offre de travail parfaitement élastique, et ce, jusqu'à 150 travailleurs (le long de la droite du salaire minimum). Pour embaucher plus de 150 travailleurs, il doit verser un salaire supérieur à 15 $ par heure (le long de la courbe d'offre). Le salaire étant de 15 $ par heure jusqu'à 150 travailleurs, il s'ensuit que le coût marginal du travail est aussi de 15 $ par heure jusqu'à 150 travailleurs. Pour maximiser le profit, le monopsone choisit le coût marginal du travail égal à la valeur de la productivité marginale du travail (sur la courbe de demande). Autrement dit, il embauche 150 travailleurs à 15 $ par heure. L'imposition d'un salaire minimum a eu pour effet de faire grimper le salaire et d'augmenter le nombre d'emplois. L'effet du salaire minimum – un prix plancher – sur la demande du monopsone est similaire à celui d'un prix plafond sur l'offre d'un monopole (voir le chapitre 13).

Les écarts de salaire entre syndiqués et non-syndiqués

Nous avons vu que les syndicats peuvent influer sur le salaire. Mais dans quelle mesure parviennent-ils réellement à le bonifier ? Il n'est pas facile de répondre à cette

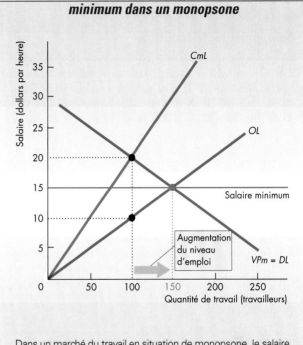

FIGURE 18.6 *Les effets d'une loi sur le salaire minimum dans un monopsone*

Dans un marché du travail en situation de monopsone, le salaire horaire est de 10 $ par heure et 100 travailleurs ont un emploi. L'imposition d'un salaire minimum fait grimper le salaire horaire à 15 $ et le niveau d'emploi, à 150 travailleurs.

question. Pour évaluer la part du salaire attribuable aux interventions des syndicats, les économistes se sont penchés sur les salaires des syndiqués et des non-syndiqués qui font un travail à peu près identique et possèdent des qualifications équivalentes.

D'après les recherches, l'écart salarial entre syndiqués et non-syndiqués varie entre 10 % et 25 %. Par exemple, à qualification égale, les pilotes d'avion syndiqués gagnent environ 25 % de plus que les pilotes non syndiqués. Dans les marchés où le salaire est celui que les syndicats ont négocié, on peut présumer que la rémunération est de 10 % à 25 % supérieure à ce qu'elle serait en l'absence de syndicat.

L'évolution des salaires et la disparité salariale

En appliquant les notions que nous avons apprises sur les marchés du travail, nous pouvons expliquer l'évolution des salaires et les disparités qui existent entre eux.

Les salaires ont tendance à augmenter avec le temps parce que la valeur de la productivité marginale du travail tend elle-même à augmenter. Les progrès technologiques et les nouvelles formes de capital auxquelles ils donnent naissance rendent les travailleurs plus productifs. L'amélioration de la productivité du travail fait augmenter la

Les salaires au Canada

La valeur de l'éducation

En 2009, au Canada, le salaire moyen était de 824 $ par semaine (au Québec, il était de 750 $). La figure ci-dessous montre le *salaire hebdomadaire moyen* pour 15 emplois choisis parmi ceux dont Statistique Canada a publié les données.

On voit qu'un poste de haute direction rapporte en moyenne trois fois plus par semaine qu'un poste de chef ou de cuisinier et au-delà de deux fois plus qu'un poste d'opérateur de machine. Soulignons qu'il s'agit de valeurs moyennes. Certains directeurs peuvent gagner beaucoup plus ou beaucoup moins que le salaire moyen des directeurs.

Les professions dont le salaire est en dessous de la moyenne nationale sont beaucoup plus nombreuses que celles dont le salaire est au-dessus. Et pour la plupart de celles dont le salaire est supérieur à la moyenne nationale, il faut un diplôme universitaire et une formation en milieu de travail.

Les différences de salaire sont attribuables au pouvoir de marché et à la valeur de la productivité marginale des qualifications, laquelle varie d'une profession à l'autre.

Professions

Haute direction
Professionels des affaires et de la finance
Professionels de la santé
Enseignants et professeurs
Travailleurs des services de protection
Travailleurs de la vente en gros, du secteur technique et des assurances
Chauffeurs et opérateurs d'équipement
Travailleurs de la construction
Opérateurs de machine
Techniciens de la santé
Employés de bureau
Travailleurs du secteur manufacturier
Commis et représentants de vente au détail
Employés de garderies
Chefs et cuisiniers

Salaire national moyen

0   500   1,000   1,500   2,000
Salaire moyen (dollars par semaine)

Les salaires pour 15 emplois

Source : Statistique Canada.

demande de travail et, du coup, le salaire moyen. Même les emplois où la productivité n'augmente pas connaissent une hausse de la *valeur* de la productivité marginale. C'est le cas des éducateurs en garderie. On ne peut pas confier à chacune de ces personnes un nombre d'enfants toujours grandissant. En revanche, de plus en plus de parents qui gagnent des salaires élevés sont disposés à embaucher des éducateurs pour leurs enfants. C'est ainsi que, même si leur productivité ne change pas (le nombre d'enfants que chacun peut encadrer), la *valeur* de la productivité marginale de ces travailleurs augmente.

Cette tendance à la hausse est patente au XXe siècle en général, mais elle ne s'est pas manifestée ces dernières années au Canada. Depuis 1980, les revenus du travailleur médian canadien ont stagné[1] bien que la productivité de la main-d'œuvre se soit accrue de 37,4 %. Cet écart s'explique (1) par des problèmes de mesure ; (2) par le fait que les prix des biens consommés par les Canadiens croissent plus vite que ceux qu'ils produisent ; (3) par une érosion de l'influence des syndicats dans les négociations

MINITEST   3

1 Qu'est-ce qui détermine la quantité de travail qu'un ménage est disposé à offrir ?

2 Qu'est-ce qui détermine ce que seront le salaire et l'emploi dans un marché du travail concurrentiel ?

3 Comment les syndicats influent-ils sur les salaires ?

4 Qu'est-ce qu'un monopsone et pourquoi peut-il offrir un salaire moins élevé que l'entreprise qui évolue dans un marché du travail concurrentiel ?

5 Comment détermine-t-on le salaire dans les situations où un syndicat s'oppose à un monopsone ?

6 Quel est l'effet d'une loi sur le salaire minimum dans un marché du travail en situation de monopsone ?

7 Décrivez l'évolution des salaires au Canada au cours du siècle passé. Qu'est-ce qui explique cette évolution ? Quelle est la tendance des trente dernières années ? Pourquoi ?

Réponses p. 558

1. Sharpe, A., J.-F. Arsenault, et P. Harrison, « The Relationship Between Labour Productivity and Real Wage Growth In Canada and OECD Countries », Centre for the Study of Living Standards Research Report No. 2008-8, Ottawa.

salariales ; (4) par un accroissement des inégalités au Canada, où le salaire moyen a évolué plus rapidement que le salaire médian. Les salaires sont inégaux et, depuis quelques années, l'inégalité va en s'accentuant. Il y a eu une croissance rapide des salaires élevés, tandis que les petits salaires stagnaient ou même diminuaient.

Les progrès technologiques du dernier siècle ont rendu les travailleurs qualifiés plus productifs et ont fait disparaître les emplois de certains travailleurs non qualifiés. Par exemple, dans les banques, le guichet automatique a entraîné le congédiement de nombreux caissiers et une baisse de salaire chez ceux qui ont conservé leur poste. En revanche, il a permis la création d'emplois chez les programmeurs et les ingénieurs en électronique, dont les salaires ont grimpé. L'inégalité salariale est aussi attribuable à la mondialisation, qui a augmenté la concurrence entre les travailleurs non qualifiés et créé des débouchés pour les travailleurs qualifiés sur les marchés mondiaux.

Toutefois, les causes de l'accroissement des inégalités sont complexes et demeurent mal comprises. Notamment, on sait que le premier centile des canadiens les plus riches a obtenu l'essentiel des gains de revenu depuis trente ans et, parmi ceux-ci, les 10 % les plus riches d'entre les riches ont obtenu la plus grande part du gâteau. Dans ces conditions, on ne peut pas attribuer la hausse des inégalités à l'informaticien qui aurait mis la caissière au chômage...

Les marchés du capital et des ressources naturelles

Les notions fondamentales que nous avons utilisées pour étudier les marchés du travail concurrentiels s'appliquent aussi aux marchés du capital et de la terre. Toutefois, les marchés des ressources non renouvelables sont différents. Nous allons maintenant examiner trois groupes de facteurs de marché :

◆ les marchés de location du capital ;
◆ les marchés de location de la terre ;
◆ les marchés des ressources naturelles non renouvelables.

Les marchés de location du capital

La demande de capital découle de la *valeur de la productivité marginale du capital.* Pour maximiser leur profit, les entreprises se procurent la quantité de services du capital nécessaire pour que la valeur de la productivité marginale du capital soit égale au *loyer du capital.* Toutes choses égales d'ailleurs, plus le loyer du capital est *bas*, plus la quantité demandée de capital est *grande*. À l'opposé, plus le loyer est

élevé, toutes choses égales d'ailleurs, plus la quantité offerte de capital est *grande*. Le loyer d'équilibre est celui pour lequel la quantité demandée de capital est égale à la quantité offerte.

La figure 18.7 représente le marché de location des grues à tour, lesquelles sont des biens de capital utilisés pour construire des gratte-ciel. La valeur de la productivité marginale du capital et la demande de capital correspondent à la courbe $VPmK = DK$, et l'offre de capital à la courbe OK. Le loyer d'équilibre est de 1 000 $ par jour et on a loué 100 grues.

Louer ou acheter On peut se procurer certains services tirés du capital dans les marchés de location, tels que celui des grues à tour. C'est ainsi que beaucoup de grandes compagnies aériennes louent leurs avions. Toutefois, tous les services tirés du capital ne s'obtiennent pas dans les marchés de location. Il arrive que les entreprises achètent les biens de capital qu'elles comptent utiliser. Nous avons vu au chapitre 10 (p. 288) que, dans les entreprises qui sont propriétaires du capital dont elles se servent, le coût des services tirés de ce capital équivaut à un loyer implicite qui découle de la dépréciation et des coûts de l'intérêt. Les entreprises qui achètent du capital se louent implicitement ce capital à elles-mêmes.

C'est pour réduire les coûts qu'on décide de se procurer les services tirés du capital dans un marché de location plutôt que d'acheter les biens et de les louer implicitement.

FIGURE 18.7 *Un marché de location du capital*

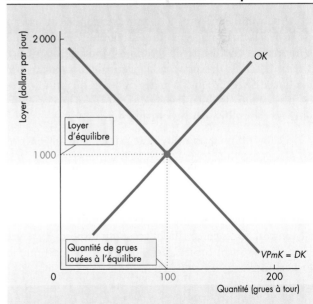

La valeur de la productivité marginale des grues à tour, *VPmK*, détermine la demande, *DK*, de grues à louer. Étant donné la courbe d'offre, *OK*, le loyer d'équilibre est de 1 000 $ par jour et on loue 100 grues.

L'entreprise confronte ce que coûte la location explicite du capital avec ce qu'il en coûte de l'acheter et de le louer implicitement. Cette décision est comparable à celle que prend le ménage qui choisit entre louer un logis ou l'acheter.

Pour prendre une décision éclairée, l'entreprise doit comparer un paiement exigible dans le *présent* avec une suite de paiements de location qui s'étalent sur une période *future*. Dans la note mathématique de la page 550, nous indiquons comment calculer ce que vaut aujourd'hui un montant futur; autrement dit, comment connaître sa *valeur actualisée*. Si, pour un bien de capital, la *valeur actualisée* des paiements de location futurs est supérieure au prix d'acquisition du bien, l'entreprise a intérêt à acheter le bien. Si la *valeur actualisée* des paiements de location futurs est inférieure au prix d'acquisition, l'entreprise choisira alors de louer le bien.

Les marchés de location de la terre

La demande de terrain est fondée sur les mêmes facteurs que la demande de travail et la demande de capital, c'est-à-dire sur la *valeur de la productivité marginale du terrain*. Pour maximiser leur profit, les entreprises louent la quantité de terrain nécessaire pour que la valeur de la productivité marginale du terrain soit égale au *loyer du terrain*. Toutes choses égales d'ailleurs, plus le loyer est *bas*, plus la quantité demandée de terrain est *grande*.

À l'opposé, l'offre de terrain a un caractère particulier. La quantité offerte est fixe; aucune décision individuelle ne peut la faire varier. Autrement dit, l'offre de chaque lopin de terre est parfaitement inélastique.

Au loyer d'équilibre, la quantité demandée de terrain est égale à la quantité disponible. La figure 18.8 représente le marché d'un hectare de terrain à Montréal. La droite $VPmT = DT$ correspond à la valeur de la productivité marginale de ce terrain et à sa demande. La quantité offerte est fixe, ce qui est illustré par la droite OT. Le loyer d'équilibre est de 1 000 $ par hectare par jour.

Le loyer d'un terrain situé rue Saint-Denis à Montréal est élevé parce que les entreprises consentent à payer cher les services qu'elles peuvent tirer de ce terrain. En conséquence, la *VPmT* des terrains est élevée. Un sushi coûte plus cher rue Saint-Denis que rue Notre-Dame à Saint-Tite, mais ce n'est pas parce que le loyer du terrain est plus élevé à Montréal. C'est parce que les gens sont disposés à y payer plus cher le sushi (et les autres biens et services) que le loyer du terrain y est plus élevé.

Les marchés des ressources naturelles non renouvelables

Les ressources naturelles non renouvelables sont le pétrole, le gaz naturel et le charbon. La combustion de ces substances produit de l'énergie et divers sous-produits, mais

FIGURE 18.8 *Un marché de location de terrains*

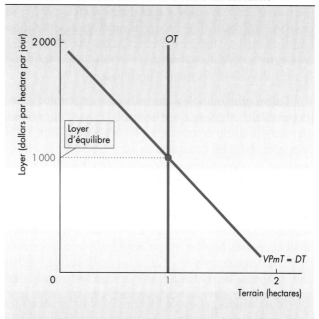

La valeur de la productivité marginale d'un lopin de 1 hectare, *VPmT*, détermine la demande de location, *DT*, de ce terrain. Étant donné la courbe d'offre *OT*, le loyer du terrain est de 1 000 $ par jour.

une fois brûlée, la ressource ne peut pas être utilisée à nouveau. Les ressources naturelles qui servent à produire les métaux sont aussi non renouvelables, mais il est possible de recycler ces produits, moyennant un certain prix, et ainsi, de les réutiliser.

On échange le pétrole, le gaz naturel et le charbon dans les marchés des produits de base. Les opérations de ces marchés s'effectuent à l'échelle mondiale. Autrement dit, le prix d'une qualité donnée de pétrole brut est le même à Calgary, à Londres et à Singapour. De plus, grâce au téléphone et à Internet, les opérations ont lieu toute l'année jour et nuit.

L'offre et la demande déterminent les prix et les quantités échangées dans les marchés de produits de base. Nous analyserons les forces qui influent sur l'offre et la demande en examinant le marché mondial du pétrole brut.

La demande de pétrole Deux facteurs importants influent sur la demande de pétrole. Ce sont:

1. la *valeur de la productivité marginale* du pétrole;
2. le prix anticipé du pétrole.

La demande de pétrole dépend avant tout de la valeur de sa productivité marginale. Celle-ci agit sur les ressources non renouvelables exactement comme sur tout autre facteur de production. Plus la quantité utilisée de pétrole est grande, plus la valeur de sa productivité marginale est petite. À cause de la valeur décroissante de la productivité marginale, la pente de la courbe de demande est négative. La quantité demandée augmente quand le prix est faible.

Quand le prix anticipé du pétrole est élevé, on observe une grande demande dans le moment présent. L'influence du prix anticipé sur la demande est *spéculative*. Le pétrole dans le sol ou entreposé dans des réservoirs constitue un stock qu'on peut vendre ou garder. Une opération sur le marché des produits de base peut consister à acheter du pétrole pour le thésauriser maintenant et le vendre plus tard à profit. Toutefois, la somme investie pourrait aussi servir à acheter des obligations qui rapportent de l'intérêt. L'intérêt qu'on délaisse est alors le coût de renonciation de la thésaurisation du pétrole. Si on s'attend à ce que le prix de la ressource monte d'un pourcentage supérieur au taux d'intérêt, on choisira de thésauriser le pétrole et de supporter le coût de renonciation. Dans un tel cas, on obtient un meilleur rendement si on thésaurise le pétrole que si on achète des obligations.

L'offre de pétrole Trois facteurs importants influent sur l'offre de pétrole. Ce sont:

1. les réserves de pétrole connues;
2. la capacité d'extraction actuelle des compagnies pétrolières;
3. le prix anticipé du pétrole.

Les *réserves connues* sont les quantités de pétrole qui ont été découvertes à ce jour et qu'on peut extraire avec les moyens techniques actuels. Ces quantités augmentent avec le temps, car le progrès technologique permet la découverte de ressources moins accessibles. Plus les réserves connues sont abondantes, plus l'offre de pétrole est grande. Toutefois, il s'agit d'un facteur dont l'influence sur l'offre est limitée et indirecte, car il a pour effet de faire varier le prix anticipé du pétrole dans un avenir lointain. Même la découverte d'un gisement majeur n'aurait qu'une influence négligeable sur l'offre actuelle.

La capacité des pétrolières à extraire le pétrole est le facteur *fondamental* qui détermine son offre. L'extraction de pétrole obéit aux mêmes lois que toute activité de production: elle est soumise à un coût marginal croissant. Cette propriété du coût marginal de l'extraction du pétrole signifie que la pente de la courbe d'offre de pétrole est ascendante. Plus le prix du pétrole est élevé, plus la quantité offerte est grande. Quand on creuse de nouveaux puits ou qu'on installe des pompes plus puissantes, l'offre de pétrole augmente. Quand les puits existants se tarissent, l'offre de pétrole diminue. Avec le temps, les facteurs qui font augmenter l'offre l'emportent sur ceux qui la font

diminuer, si bien que l'influence fondamentale finit par produire une hausse de l'offre de pétrole.

L'offre de pétrole est aussi soumise aux pressions *spéculatives* alimentées par le prix anticipé de la ressource. Plus le prix anticipé est *élevé*, plus l'offre actuelle de pétrole est *réduite*. Ceux qui possèdent un stock de pétrole peuvent choisir de le vendre maintenant ou d'attendre un moment plus favorable. Nous avons vu que l'intérêt auquel on renonce dans ce cas constitue le coût de renonciation de la thésaurisation du pétrole. Si on s'attend à ce que le prix de la ressource monte d'un pourcentage supérieur au taux d'intérêt, il est plus profitable de supporter le coût de renonciation et de thésauriser le pétrole plutôt que de le vendre immédiatement.

Le prix d'équilibre du pétrole L'offre et la demande déterminent le prix d'équilibre et la quantité échangée de pétrole. La figure 18.9 montre l'équilibre du marché.

La valeur de la productivité marginale du pétrole, *VPm*, est le *déterminant fondamental de la demande*, et le coût marginal d'extraction, *Cm*, est le *déterminant fondamental de l'offre*. Ensemble, ils déterminent le *prix basé sur les éléments fondamentaux du marché*.

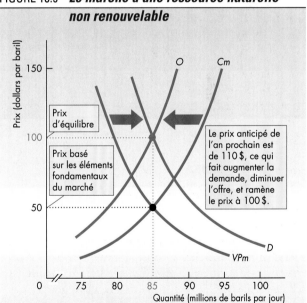

FIGURE 18.9 *Le marché d'une ressource naturelle non renouvelable*

La valeur de la productivité marginale d'une ressource naturelle, *VPm*, et le coût marginal d'extraction, *Cm*, déterminent le *prix des éléments fondamentaux du marché*. La demande, *D*, et l'offre, *O*, qui déterminent le prix d'équilibre, subissent l'influence du prix anticipé de la ressource. La spéculation peut créer un écart entre le prix basé sur les éléments fondamentaux du marché et le prix d'équilibre.

Si on anticipe le prix en s'appuyant sur les éléments fondamentaux du marché, le prix d'équilibre correspond au prix *basé sur les éléments fondamentaux*. Mais si on s'attend à ce que le prix futur du pétrole ne coïncide pas avec ce que les éléments fondamentaux du marché indiquent, la *spéculation* peut créer un écart entre le prix d'équilibre et le prix basé sur les éléments fondamentaux du marché.

Le principe de Hotelling Harold Hotelling, économiste à l'Université Columbia, a avancé une idée intéressante : le taux d'augmentation du prix d'une ressource non renouvelable doit être égal au taux d'intérêt. C'est le **principe de Hotelling**. Voyons ce qui justifie ce principe.

Le taux d'intérêt correspond au coût de renonciation de la thésaurisation du pétrole. Si on s'attend à ce que le taux d'augmentation du prix du pétrole dépasse le taux d'intérêt, il est profitable de garder une plus grande quantité de pétrole en stock. La demande augmente, l'offre diminue et le prix grimpe aujourd'hui, de sorte que le taux de croissance futur du prix est diminué. Si le taux d'intérêt est supérieur au taux d'augmentation anticipé du prix du pétrole, il n'est pas profitable de thésauriser. La demande décroît, l'offre augmente et le prix chute, de sorte que le taux de croissance futur du prix s'accroît. Mais si on s'attend à ce que le prix du pétrole suive le taux d'intérêt, thésauriser le pétrole équivaut à acheter des obligations : on peut indifféremment acheter 100 $ de pétrole et le revendre l'an prochain à un

---

Le marché mondial du pétrole

Malgré des embardées, le prix du pétrole ne quitte pas la voie tracée par Hotelling

En janvier 2008, le prix du baril de pétrole était de 93 $ US. En juillet, il bondit à 137 $ US, puis s'effondra en octobre à 64 $ US.

Selon le principe de Hotelling, on doit s'attendre à ce que le taux de croissance du prix du pétrole soit le même que le taux d'intérêt. Toutefois, les choses ne se passent pas toujours comme on s'y attend.

La figure ci-dessous montre que, au cours des quelque cinquante dernières années, le prix du pétrole n'a pas suivi

fidèlement la voie prévue par le principe de Hotelling. Mais il n'a jamais vraiment abandonné la voie non plus.

L'avenir est imprévisible et ce à quoi on s'attend en matière d'évolution des prix fluctue constamment. Les forces qui agissent sur les attentes sont mal comprises. Le prix anticipé du pétrole dépend de la quantité qu'on prévoit consommer dans l'avenir et du rythme des découvertes de nouveaux gisements. Les estimations peuvent changer sans avertissement ou, au contraire, rallier les investisseurs et acquérir une vigueur difficile à réprimer. Si le prix anticipé du pétrole varie, quelle qu'en soit la cause, l'offre et la demande varient, si bien que le prix varie aussi. Dans les marchés spéculatifs, les prix sont toujours volatils.

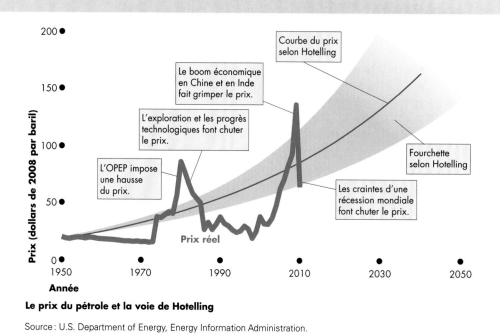

Le prix du pétrole et la voie de Hotelling

Source : U.S. Department of Energy, Energy Information Administration.

prix plus élevé ou placer ces mêmes 100 $ dans un compte en banque et recevoir la même somme plus les intérêts l'an prochain. L'offre et la demande ne bougent pas et le prix est stable. C'est seulement quand on prévoit une hausse du prix du pétrole équivalente au taux d'intérêt que l'évolution du prix est équilibrée.

Nous avons terminé notre tour d'horizon des marchés des facteurs de production. Nous avons vu que l'offre est soumise à des influences qui sont propres à chaque facteur. À l'opposé, ce qui détermine la demande d'un facteur de production est la valeur de la productivité marginale, quelle que soit la nature du facteur. La rubrique « Entre les lignes » (p. 548) examine les effets des fluctuations du prix du pétrole sur l'exploitation des sables bitumineux de l'Alberta.

Dans le prochain chapitre, nous étudierons la répartition des revenus dans l'économie de marché ainsi que les mesures que prennent les gouvernements pour modifier cette répartition en redistribuant les revenus.

MINITEST 4

1 Qu'est-ce qui détermine l'offre et la demande dans les marchés de location du capital et de la terre ?

2 Qu'est-ce qui détermine la demande d'une ressource naturelle non renouvelable ?

3 Qu'est-ce qui détermine l'offre d'une ressource naturelle non renouvelable ?

4 Qu'est-ce que le prix des éléments fondamentaux du marché et à quelle condition peut-il différer du prix d'équilibre ?

5 Expliquez le principe de Hotelling.

Réponses p. 558

LES SABLES BITUMINEUX DU CANADA

LA PRESSE, 12 NOVEMBRE 2008

MOINS D'INVESTISSEMENTS DANS LES SABLES BITUMINEUX

Les entreprises énergétiques mettent la pédale douce à leurs projets dans les sables bitumineux canadiens au moment où les prix du pétrole piquent du nez et où les coûts de traitement deviennent prohibitifs.

Ainsi, Royal Dutch Shell, de même que Suncor Energy et EnCana Corp., ont fait savoir qu'elles réviseront à la baisse leurs projets de développement dans les sables bitumineux, tandis que les prix ont chuté de 65 %, à 37,07 $ US le baril, depuis le 4 juillet dernier.

De son côté, l'Association canadienne des producteurs de pétrole (ACPP) a abaissé ses prévisions de dépenses l'an prochain de 20 %, à 16 milliards de dollars canadiens.

En juin dernier, cet organisme avait indiqué que les entreprises allaient consacrer 126 milliards CAN au cours des prochaines années à des oléoducs, des mines et à l'amélioration de leurs usines au moment où les prix pétroliers records rendaient les réserves canadiennes en Alberta de plus en plus lucratives. Cette somme a maintenant été ramenée à environ 80 milliards [...].

« En raison de l'incertitude économique et des perturbations que l'on observe présentement, soit en ce qui concerne la disponibilité du capital et les prix plus bas, les gens attendent pour voir combien de temps la situation actuelle va durer et quelle sera sa gravité », avait dit un vice-président de l'ACPP.

Les projets dans les sables bitumineux seront rentables si le brut se vend entre 95 $ US et 100 $ US le baril au cours des prochaines décennies [...]. ∎

LES FAITS EN BREF

● Les compagnies pétrolières qui exploitent les sables bitumineux de l'Alberta reportent des projets de développement.

● Cela s'explique par la chute du prix du pétrole et la hausse des coûts de production, ce qui rend difficile l'obtention de capital financier.

● Le prix du pétrole a chuté de 65 % en quelques mois.

● Exploiter les sables bitumineux n'est rentable que si le prix du pétrole dépasse 95 $ le baril.

ANALYSE ÉCONOMIQUE

- Le marché du pétrole est un marché mondial. Le prix de cette ressource est déterminé par l'offre et la demande.

- L'offre et la demande dépendent toutes deux du prix anticipé du pétrole, ce qui confère à ce prix une grande volatilité.

- En moyenne, à long terme, le prix du pétrole augmente suivant une courbe définie par le principe de Hotelling.

- À long terme, les sources de pétrole changent en fonction de l'évolution du prix.

- La **figure 1** montre comment les augmentations de la demande de pétrole entraînent une hausse du prix à la faveur de laquelle l'exploitation de sources de pétrole à coût marginal élevé devient rentable.

- Lorsque la demande correspond à la courbe D_0, le prix du pétrole est de 20$ le baril. Dans ce cas, on exploite seulement les sources faciles d'accès et à coût marginal faible, telles que les gisements du Moyen-Orient.

- Lorsque la demande correspond à la courbe D_1, le prix du pétrole est de 40$ le baril. On exploite alors des sources à coût marginal plus élevé, par exemple celles qui, comme Hibernia, se trouvent en mer.

- Lorsque la demande correspond à la courbe D_2, le prix du pétrole est de 95$ le baril et on se tourne vers des sources à coût marginal élevé, telles que les sables bitumineux de l'Alberta.

- Quand le prix du pétrole est passé au-dessus des 100$ le baril, soit au milieu de l'année 2008, on a annoncé des projets pour accroître l'exploitation des sables bitumineux de l'Alberta.

- Quand le prix du pétrole est tombé sous les 95$ le baril en octobre 2008, les projets des sables bitumineux de l'Alberta ont été laissés en suspens.

- Le marché du pétrole et le marché du travail de l'Alberta influent l'un sur l'autre. La **figure 2** illustre l'interaction de ces deux marchés.

- Avec l'accélération de l'exploitation des sables bitumineux, la demande de travail en Alberta s'est accrue. La courbe de demande s'est déplacée vers la droite de D_0 à D_1. Les salaires et l'emploi ont augmenté.

- Quand le prix mondial du pétrole a baissé dans la deuxième moitié de 2008 et que les projets des sables bitumineux ont cessé d'être rentables, la demande de travail (et d'autres ressources) a diminué.

- La courbe de demande de travail a glissé jusqu'à D_0, entraînant une baisse des salaires et de l'emploi.

- Toutefois, la baisse des salaires et du prix des autres ressources nécessaires à la réalisation des projets des sables bitumineux n'a pas été suffisante pour compenser le faible prix du pétrole et inciter les pétrolières à revenir sur la décision de freiner l'exploitation.

- C'est en raison du faible prix mondial du pétrole, et non à cause des salaires et des coûts élevés, qu'on a mis en veilleuse les projets d'exploitation des sables bitumineux de l'Alberta.

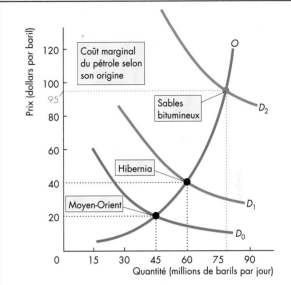

Figure 1 Le marché à long terme du pétrole brut

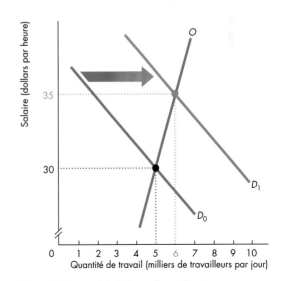

Figure 2 Le marché du travail en Alberta

NOTE MATHÉMATIQUE

L'actualisation et la valeur actualisée

La décision d'acheter ou de louer

Lorsqu'elles doivent décider s'il vaut mieux louer un bien de capital ou l'acheter et payer un loyer implicite, les entreprises commencent par comparer la dépense qu'elles doivent engager dans le présent pour se procurer le bien avec le prix futur de la location.

Comparer un montant actuel avec un montant futur

Pour comparer une dépense dans le présent avec une dépense dans le futur, il faut convertir la valeur future – ou valeur capitalisée – de la dépense en valeur actualisée.

La **valeur actualisée** d'un montant d'argent futur est la somme d'argent qu'il faut investir aujourd'hui pour obtenir ce montant d'argent dans le futur.

Puisque des intérêts s'ajoutent à cette somme, cela signifie que la valeur actualisée est plus petite que le montant futur. Le procédé mathématique qui permet de convertir un montant d'argent futur en valeur actualisée est appelé **actualisation**.

Pour bien comprendre l'actualisation et la valeur actualisée, le plus simple est de commencer par le calcul inverse, qui consiste à déterminer combien vaudra dans le futur un montant d'argent investi aujourd'hui à *intérêt composé*.

L'intérêt composé

L'**intérêt composé** est l'intérêt sur l'investissement initial plus l'intérêt sur l'intérêt que l'investissement a déjà rapporté. Grâce à l'intérêt composé, un montant d'argent investi aujourd'hui devient un montant plus élevé dans le futur. Ce montant futur (valeur capitalisée) est égal à la somme du montant actuel (valeur actualisée) et de l'intérêt qu'il rapportera dans le futur. Autrement dit,

Montant futur = Montant actuel + Revenu d'intérêt

L'intérêt de la première année est égal à la valeur actualisée multipliée par le taux d'intérêt r. Donc,

$$\text{Montant à la fin de la première année} = \text{Montant actuel} + (r \times \text{Montant actuel})$$

ou

$$\text{Montant à la fin de la première année} = \text{Montant actuel} \times (1 + r)$$

Si on investit 100 $ aujourd'hui et que le taux d'intérêt est de 10 % par année ($r = 0{,}1$), on aura 110 $ dans un an – soit les 100 $ du départ plus 10 $ d'intérêt. La formule précédente confirme ce résultat :

$$\text{Montant à la fin de la première année} = 100\ \$ \times (1 + 0{,}1)$$

$$= 100\ \$ \times 1{,}1 = 110\ \$$$

Si les 110 $ restent investis à 10 % d'intérêt pendant une deuxième année, on aura à la fin de cette période

$$\text{Montant à la fin de la deuxième année} = \text{Montant actuel} \times (1 + r)^2$$

Revenons à notre exemple. On investit 100 $ aujourd'hui à un taux d'intérêt de 10 % par année ($r = 0{,}1$). Au bout d'un an, on aura 110 $ – les 100 $ du départ plus 10 $ d'intérêt. À la fin de la deuxième année, on aura 121 $. Au cours de cette année, les 100 $ du départ auront rapporté 10 $ et les 10 $ d'intérêt de la première année auront fait gagner 1 $ de plus.

Encore une fois, la formule précédente confirme ce résultat :

$$100\ \$ \times (1{,}1)^2 = 100\ \$ \times 1{,}21 = 121\ \$$$

S'ils restent investis pendant n années, les 100 $ rapporteront à la fin :

$$\text{Montant à la fin de } n \text{ années} = \text{Montant actuel} \times (1 + r)^n$$

À 10 % d'intérêt par année, les 100 $ vaudront 195 $ après 7 ans ($n = 7$) – soit presque le double du montant actuel de 100 $.

L'actualisation d'un montant futur

Les formules que nous venons d'utiliser permettent de calculer ce que sera un montant futur dans un an, deux ans et n années à partir d'un montant actuel et d'un taux d'intérêt. Pour calculer la valeur actualisée d'un montant futur, il suffit d'inverser les formules.

C'est ainsi que, pour trouver la valeur actualisée d'un montant disponible dans un an, on divise le montant futur par $1 + r$. Autrement dit,

$$\text{Valeur actualisée} = \frac{\text{Montant dans un an}}{(1 + r)}$$

Vérifions si cette formule nous permet de calculer la valeur actualisée de 110 $ dans un an lorsque le taux d'intérêt est de 10 % par année. Comme nous venons de calculer que 100 $ investis aujourd'hui à 10 % d'intérêt par année donneront 110 $ dans un an, nous savons que la réponse est 100 $. Si nous utilisons la formule précédente, nous obtenons

$$\begin{aligned}\text{Valeur actualisée} &= \frac{110\,\$}{(1 + 0,1)}\\ &= \frac{110\,\$}{(1,1)} = 100\,\$\end{aligned}$$

Pour calculer la valeur actualisée d'un montant disponible dans deux ans, on utilise la formule suivante :

$$\text{Valeur actualisée} = \frac{\text{Montant dans 2 ans}}{(1 + r)^2}$$

Si on utilise cette formule pour calculer la valeur actualisée d'un montant de 121 $ disponible dans deux ans à un taux d'intérêt de 10 $ par année, on obtient

$$\begin{aligned}\text{Valeur actualisée} &= \frac{110\,\$}{(1 + 0,1)^2}\\ &= \frac{110\,\$}{(1,1)^2}\\ &= \frac{121\,\$}{1,21}\\ &= 100\,\$\end{aligned}$$

On peut calculer la valeur actualisée d'un montant futur disponible dans n années à l'aide de la formule générale :

$$\text{Valeur actualisée} = \frac{\text{Montant dans } n \text{ années}}{(1 + r)^n}$$

Par exemple, si le taux d'intérêt est de 10 % par année, un montant de 100 $ à recevoir dans 10 ans a une valeur actualisée de 38,55 $:

$$38,55\,\$ = \frac{100}{(1 + 0,1)^{10}}$$

Autrement dit, si on investit aujourd'hui 38,55 $ à un taux d'intérêt de 10 % par année, on aura 100 $ dans 10 ans.

La valeur actualisée d'une série de montants futurs

Nous venons de voir comment se calcule la valeur actualisée d'un montant futur disponible dans un an, dans deux ans et dans n années, mais la plupart des applications de la valeur actualisée portent sur le calcul de la valeur actualisée d'une série de montants futurs répartis sur plusieurs années. C'est le cas d'une compagnie aérienne qui doit régulièrement faire des paiements pour la location des avions qu'elle utilise.

Pour faire ce type de calcul, on utilise la formule qui s'applique à chaque année et on additionne la valeur actualisée de chaque année pour obtenir la valeur actualisée de la série de montants.

Par exemple, supposons qu'une entreprise prévoit débourser 100 $ par année pendant les 5 prochaines années, et que le taux d'intérêt est de 10 % par année ($r = 0,1$). La valeur actualisée (VA) de ces 5 paiements de 100 $ chacun se calcule à l'aide de la formule suivante :

$$VA = \frac{100\,\$}{1,1} + \frac{100\,\$}{1,1^2} + \frac{100\,\$}{1,1^3} + \frac{100\,\$}{1,1^4} + \frac{100\,\$}{1,1^5}$$

ce qui donne

$$\begin{aligned}VA &= 90,91\,\$ + 82,64\,\$ + 75,13\,\$ + 68,30\,\$ + 62,09\,\$\\ &= 379,07\,\$\end{aligned}$$

Il est facile de constater que l'entreprise paiera 500 $ sur 5 ans. Cependant, comme cet argent ne sera déboursé que dans le futur, il ne vaut pas 500 $ aujourd'hui. Sa valeur actualisée n'est que de 379,07 $. Et, comme nous le voyons, plus l'argent est versé dans un futur lointain, moins sa valeur actualisée est importante. Le montant de 100 $ que l'entreprise paiera dans un an vaut 90,91 $ aujourd'hui, et le montant de 100 $ qu'elle versera dans 5 ans ne vaut que 62,09 $ aujourd'hui.

La décision

Si elle a la liberté de choisir entre louer une machine pendant 5 ans à 100 $ par année et l'acheter à 500 $, l'entreprise sautera sur l'occasion de louer. C'est seulement si elle peut acheter la machine à moins de 379,07 $ qu'elle aura intérêt à le faire.

Bien des décisions personnelles et d'affaires reposent sur des calculs comme ceux que nous venons de faire. C'est ainsi, par exemple, que nous pouvons utiliser de tels calculs pour décider s'il vaut mieux acheter ou louer un appartement, louer une voiture à court terme ou à long terme, et rembourser un prêt étudiant ou laisser courir les intérêts encore une année. Les choix des ménages quant à l'épargne et à l'emprunt sont étudiés en détail dans le chapitre 9.

RÉSUMÉ

Points clés

La nature des marchés des facteurs de production (p. 532-533)

- Les marchés des facteurs de production sont: les marchés du travail; les marchés de location (souvent implicite) du capital et de la terre; et les marchés mondiaux des produits de base, tels que ceux des ressources naturelles non renouvelables.

- Les services de l'entrepreneuriat ne s'échangent pas dans des marchés.

La demande d'un facteur de production (p. 533-536)

- La valeur de la productivité marginale détermine la demande des facteurs de production.

- La valeur de la productivité marginale d'un facteur diminue en proportion de la quantité utilisée de ce facteur.

- Les entreprises emploient la quantité de chaque facteur de production pour laquelle la valeur de la productivité marginale est égale au prix du facteur.

Les marchés du travail (p. 536-543)

- La valeur de la productivité marginale du travail détermine la demande de travail. Une hausse du salaire entraîne une baisse de la quantité demandée.

- La quantité offerte de travail dépend du salaire. Lorsqu'un salaire faible augmente, la quantité offerte de travail augmente. Lorsque le salaire est élevé, il existe un seuil au-delà duquel une hausse du salaire fait diminuer la quantité offerte de travail – il y a recourbement de l'offre de travail.

- L'offre et la demande déterminent le salaire dans les marchés du travail concurrentiels.

- Un syndicat peut faire augmenter le salaire en limitant l'offre ou en favorisant une hausse de la demande de travail.

- Un monopsone peut imposer un salaire inférieur à celui du marché concurrentiel.

- Un syndicat ou un salaire minimum dans un marché du travail en situation de monopsone peut faire augmenter le salaire sans diminuer l'emploi.

Les marchés du capital et des ressources naturelles (p. 543-547)

- La valeur de la productivité marginale du capital (et de la terre) détermine la demande de capital (et de terrain).

- Lorsqu'elles doivent choisir entre acheter et louer, les entreprises prennent la décision qui réduit les coûts au minimum.

- L'offre de terrain est inélastique et la demande détermine le loyer.

- La demande d'une ressource naturelle non renouvelable dépend de la valeur de sa productivité marginale et de son prix anticipé.

- L'offre d'une ressource naturelle non renouvelable dépend des réserves connues, des coûts d'extraction et de son prix anticipé.

- Le prix d'une ressource non renouvelable peut s'éloigner du prix des éléments fondamentaux du marché sous l'influence de la spéculation, laquelle est alimentée par les variations du prix auxquelles on s'attend dans le futur.

- Selon le principe de Hotelling, le taux d'augmentation du prix d'une ressource non renouvelable devrait correspondre au taux d'intérêt.

Figures et tableaux clés

Figure 18.1 La demande de travail de la boulangerie Lamie (p. 535)

Figure 18.2 La courbe d'offre de travail de Julie (p. 537)

Figure 18.3 Le marché des travailleurs de la boulangerie (p. 538)

Figure 18.4 Un syndicat dans un marché du travail concurrentiel (p. 539)

Figure 18.9 Le marché d'une ressource naturelle non renouvelable (p. 545)

Tableau 18.1 La valeur de la productivité marginale de la boulangerie Lamie (p. 534)

Tableau 18.2 La demande de travail d'une entreprise (p. 536)

Mots clés

Actualisation Conversion d'une somme d'argent future en valeur actualisée (p. 550).

Demande dérivée Demande d'un facteur de production. Elle découle de la demande des biens et services que produit le facteur de production (p. 533).

Emploi Contrat d'échange de services sur le marché du travail (p. 532).

Intérêt composé Intérêt sur l'investissement initial plus intérêt sur l'intérêt que l'investissement a déjà rapporté (p. 550).

Monopole bilatéral Structure de marché où il n'y a qu'un vendeur (monopole) et un acheteur (monopsone) (p. 540).

Monopsone Marché où il y a un seul acheteur (p. 539).

Principe de Hotelling Principe selon lequel le taux d'augmentation du prix d'une ressource non renouvelable correspond au taux d'intérêt (p. 546).

Ressources naturelles non renouvelables Ressources naturelles qu'on ne peut utiliser qu'une fois et qui, après avoir été utilisées, ne se régénèrent pas (p. 532).

Syndicat Regroupement de travailleurs qui s'organisent pour obtenir de meilleurs salaires et de meilleures conditions de travail (p. 538).

Valeur actualisée Somme qu'on doit investir aujourd'hui pour obtenir l'équivalent d'un montant d'argent futur donné (p. 550).

Valeur de la productivité marginale (d'un facteur de production) Prix d'un bien multiplié par la quantité supplémentaire produite par une unité supplémentaire du facteur de production. Si, en travaillant une heure de plus, un ouvrier produit pour 50 $ de marchandises, la valeur de sa productivité marginale est de 50 $ (p. 533).

PROBLÈMES ET APPLICATIONS

1. Justine possède une poissonnerie. Elle emploie des étudiants pour trier le poisson et l'emballer. En une heure, les étudiants peuvent préparer les quantités suivantes :

Nombre d'étudiants	Quantité de poisson (kilogrammes)
1	20
2	50
3	90
4	120
5	145
6	165
7	180
8	190

Le marché du poisson est concurrentiel et Justine peut vendre le sien 50 ¢ le kilogramme. Le marché des emballeurs est concurrentiel et le salaire courant est de 7,50 $ par heure.

a. Calculez la productivité marginale des étudiants et tracez la courbe de productivité marginale.

b. Calculez la valeur de la productivité marginale du travail et tracez la courbe de valeur de la productivité marginale.

c. Trouvez la courbe de demande de travail de Justine.

d. Combien d'étudiants Justine emploie-t-elle ?

2. À la poissonnerie de Justine (problème n° 1), le prix du poisson sur le marché est tombé à 33,33 ¢ le kilogramme, mais le salaire des emballeurs demeure à 7,50 $ par heure.

a. Qu'advient-il de la productivité marginale des étudiants ?

b. Qu'advient-il de la valeur de la productivité marginale du travail ?

c. Qu'advient-il de la courbe de demande de travail de Justine ?

d. Qu'advient-il du nombre d'étudiants qu'emploie Justine ?

3. Revenons à la poissonnerie de Justine (problème n° 1) et supposons que le salaire des emballeurs monte à 10 $ par heure, mais que le prix du poisson reste à 50 ¢ le kilogramme.

   a. Qu'advient-il de la valeur de la productivité marginale du travail ?

   b. Qu'advient-il de la courbe de demande de travail de Justine ?

   c. Combien d'étudiants Justine emploie-t-elle ?

4.   **FERMÉ POUR CAUSE DE SYNDICAT**

Wal-Mart a annoncé la fermeture de son atelier automobile rattaché au magasin de Gatineau, où les employés s'étaient syndiqués et venaient d'obtenir une première convention collective.

Le géant du commerce de détail a justifié sa décision en affirmant qu'il ne pouvait accepter «une convention collective irréaliste» qui comprend des augmentations de salaire pour ses cinq employés du garage. Wal-Mart soutient que ces augmentations de salaire aux cinq employés du Centre de pneus et de lubrification express auraient entraîné une hausse des prix de 30 % pour les clients du garage. Le directeur des affaires corporatives de Wal-Mart pour le Québec, Yanik Deschênes, affirme que les salaires de ces employés seraient ainsi passés de 8,75 $ par heure à 11,36 $ par heure.

La Presse canadienne, 17 octobre 2008

   a. Pourquoi les travailleurs veulent-ils se syndiquer ?

   b. Si le marché de la lubrification est concurrentiel, expliquez pourquoi l'entreprise ne peut pas absorber une augmentation importante de ses coûts.

   c. Tracez un graphique représentant un marché du travail concurrentiel. Indiquez sur le graphique quel serait l'effet sur l'embauche si le paiement d'un salaire 30 % supérieur au salaire d'équilibre était imposé.

5. Lesquels des éléments énumérés ci-dessous sont des ressources naturelles non renouvelables ? Lesquels sont des ressources naturelles renouvelables ? Lesquels ne sont pas des ressources naturelles ? Justifiez vos réponses.

   a. Le stade olympique de Montréal

   b. Le lac Huron

   c. Du charbon dans un gisement en Alberta

   d. Le parc des Laurentides

   e. L'hydroélectricité produite à la Baie-James

6.   **TERRES AGRICOLES. UNE COALITION RÉCLAME UNE MEILLEURE PROTECTION**

La Coalition pour la protection du territoire agricole déplore le manque de vision du gouvernement québécois qu'elle accuse de fermer les yeux sur la disparition irréversible de la capacité agricole du Québec au profit de développements immobiliers.

Plus de 4 000 hectares de terres agricoles disparaîtraient chaque année au Québec. Sur une décennie, cette perte représenterait l'équivalent de la superficie de l'île de Montréal.

Selon la coalition, la Loi sur la protection du territoire et des activités agricoles pour freiner l'urbanisation non planifiée a permis d'éviter la catastrophe, mais la superficie de terres agricoles a subi un recul depuis 1979, mettant en péril la capacité du Québec à s'autoalimenter.

La Presse canadienne, 31 mars 2009

   a. Si les terres agricoles disparaissent au rythme de 4 000 hectares par année, comment croyez-vous que le prix de l'hectare évolue ? Dans votre réponse, traitez du rôle de la demande et de l'offre de terre agricole.

   b. À l'aide d'un graphique, expliquez pourquoi le prix de la terre a crû au Québec depuis 1979.

   c. Quel est l'effet de l'urbanisation sur le prix des terres agricoles ?

7. Mélanie est propriétaire d'une entreprise qui vend des services de tenue des comptes. Elle se propose d'acheter ou de louer des ordinateurs portables. Le prix d'achat d'un portable est de 1 500 $ et, au bout de trois ans, l'appareil est sans valeur. Le prix de location annuel est de 550 $ par ordinateur. La valeur de la productivité marginale d'un portable est de 700 $ par année. Pour un deuxième portable, elle est de 625 $ par année ; pour un troisième, de 575 $ par année ; et pour un quatrième, de 500 $ par année.

   a. Combien d'ordinateurs Mélanie va-t-elle acheter ou louer ?

   b. Si le taux d'intérêt est de 4 % par année, Mélanie achètera-t-elle ses ordinateurs ou les louera-t-elle ?

   c. Si le taux d'intérêt est de 6 % par année, Mélanie achètera-t-elle ses ordinateurs ou les louera-t-elle ?

8.   **LE SECTEUR DE LA CONSTRUCTION EN PANNE EN GRANDE-BRETAGNE**

En juin, la construction d'immeubles en Grande-Bretagne a connu le plus important ralentissement en 11 ans [...] et un des principaux constructeurs de résidences a avoué être incapable d'obtenir de nouveaux capitaux – deux signes du marasme dans lequel s'enlise l'industrie de la construction domiciliaire [...] L'emploi dans ce secteur a diminué en juin après 23 mois de croissance [...] Le marché immobilier a été touché par la chute des prix [...] Le prix moyen des maisons au Royaume-Uni a baissé de 0,9 % en juin.

C'était le huitième mois de déclin sans interruption. Depuis juin 2007, le prix moyen a diminué de 6,3 %.

Forbes, 2 juillet 2008

a. Expliquez comment la chute du prix des maisons influe sur le marché du travail dans le secteur de la construction.

b. Tracez un graphique représentant l'effet de la chute du prix des maisons sur le marché du travail dans le secteur de la construction.

c. Expliquez comment la chute du prix des maisons influe sur le marché de location de l'équipement de construction.

d. Tracez un graphique représentant l'effet de la chute du prix des maisons sur le marché de location de l'équipement de construction.

9. **DOPER L'AGRICULTURE**

Avoir un jardin potager dans sa cour, c'est très bien. La culture biologique, les repas santé et la consommation de produits locaux, c'est très bien aussi. Toutefois, ce sont les grandes entreprises, l'utilisation d'organismes génétiquement modifiés et l'agriculture à grande échelle qui vont permettre de résoudre la crise alimentaire mondiale [...] Les problèmes de cette industrie ont récemment défrayé la chronique. La demande de produits agricoles – aliments, fibres et combustibles – continue de croître au fur et à mesure que la population augmente et que des centaines de millions de personnes se joignent à la classe moyenne et consomment plus de viande et de produits laitiers. Dans le monde, la consommation de viande par habitant a augmenté de 60 % au cours des 40 dernières années – nous avons bien dit 60 % par personne. Toutefois, l'offre de terres de culture est limitée. L'agriculture occupe déjà 55 % de la superficie habitable de la planète [...] La solution consiste à accroître la productivité des agriculteurs – c'est-à-dire à obtenir plus de produits avec moins de matières premières.

Fortune, le 22 mai 2008

a. Les terres agricoles sont-elles une ressource renouvelable ou non renouvelable ?

b. Expliquez comment la demande croissante de produits de la ferme influe sur le marché des terrains.

c. Tracez un graphique représentant l'influence de la demande croissante de produits de la ferme sur le marché des terrains.

d. Expliquez comment les agriculteurs peuvent satisfaire la demande croissante de produits de la ferme sans augmenter la superficie des terres cultivées.

10. La crémerie Chevrier emploie des travailleurs pour préparer des yogourts fouettés. Le marché de ces yogourts est parfaitement concurrentiel, et le prix de ces boissons est de 4 $ l'unité. Le marché du travail est concurrentiel, et le salaire s'élève à 40 $ par jour. Les travailleurs produisent les quantités suivantes :

Nombre de travailleurs	Quantité de yogourts fouettés (en yogourts par jour)
1	7
2	21
3	33
4	43
5	51
6	55

a. Calculez la productivité marginale et la valeur de la productivité marginale du quatrième travailleur.

b. Combien de travailleurs la crémerie doit-elle employer pour maximiser son profit et combien de yogourts fouettés produira-t-elle par jour ?

c. Si le prix du yogourt fouetté passe à 5 $, combien de travailleurs la crémerie Chevrier emploiera-t-elle ?

11. La crémerie Chevrier (problème n° 10) installe une nouvelle machine qui augmente la productivité des travailleurs de 50 %. Si le prix du yogourt fouetté se maintient à 4 $ et que le salaire passe à 48 $ par jour, combien de travailleurs la crémerie emploiera-t-elle ?

12. **L'ALBERTA AUGMENTE LE SALAIRE DU PERSONNEL DES GARDERIES**

Le gouvernement de l'Alberta répond aux plaintes et s'apprête à augmenter les subventions des garderies [...] En effet, celles-ci ont du mal à garder leurs employés, attirés par les salaires alléchants qu'on leur offre ailleurs dans cette économie en expansion. La majeure partie de l'aide [...] servira à hausser les salaires des 7 000 personnes qui travaillent dans les garderies agréées [...]

« Grâce à ce bon coup de pouce et aux augmentations de salaire appréciables qu'il permet, les éducateurs resteront dans les garderies et certains de ceux qui sont allés chercher fortune ailleurs reviendront chez nous. »

CBC News, 5 mars 2007

a. Expliquez pourquoi le salaire des éducateurs est inférieur à celui qu'on offre dans les autres marchés du travail concurrentiels en Alberta.

b. Tracez un graphique représentant les effets d'une hausse salariale sur le marché des éducateurs en garderie.

c. Expliquez pourquoi les autres emplois qu'un éducateur peut obtenir sont susceptibles d'être mieux rémunérés. Peut-on inciter « ceux qui sont allés chercher fortune ailleurs » à revenir travailler dans les garderies ?

---

13. VOUS ÊTES PEUT-ÊTRE MIEUX (OU MOINS BIEN) PAYÉ QUE VOUS NE CROYEZ

Il est bien difficile de chiffrer le bonheur, n'est-ce pas ? Cependant, si jamais vous avez été contraint de choisir entre un emploi à votre goût et un autre dont le salaire est meilleur mais qui vous plaît moins, vous vous êtes probablement demandé s'il existait quelque part un économiste qui s'était attelé à la tâche de déterminer combien vaut la satisfaction au travail [...]

Eh bien, c'est précisément ce qu'ont fait John Helliwell et Haifang Huang, professeurs d'économie à l'Université de la Colombie-Britannique. Ils ont fondé leurs estimations sur l'analyse d'enquêtes portant sur la satisfaction dans la vie en général et, plus particulièrement, sur quatre facteurs clés de satisfaction au travail. Avoir confiance dans la direction [...] équivaut à une augmentation de salaire de 36 % [...] Un emploi dans lequel les projets sont très diversifiés [...] équivaut à une augmentation de 21 % [...] Un poste qui exige beaucoup de compétence, c'est comme une augmentation de 19 %. Et avoir assez de temps pour parachever son travail est pareil à une hausse de salaire de 11 % [...]

CNN, 29 mars 2006

a. De quelle façon les critères de satisfaction présentés ci-dessus sont-ils susceptibles d'influer sur l'offre de travail pour divers types d'emplois ?

b. De quelle façon cette influence sur l'offre est-elle susceptible d'entraîner des différences de salaire qui reflètent les caractéristiques plus ou moins attrayantes des emplois ?

---

14. UNE NOUVELLE BATAILLE S'ENGAGE À PROPOS DE WAL-MART

À l'heure actuelle, Wal-Mart a plus de salariés – 1,7 million – que tout autre employeur du secteur privé. Sous ce rapport, l'entreprise est non seulement la plus grande au monde, mais la plus grande de tous les temps. Avec la taille vient le pouvoir [...] L'effet Wal-Mart fait baisser les prix à la consommation [...] et, selon certains, il fait aussi baisser les salaires et les avantages sociaux [...]

Les syndicats constituent une des principales forces à s'opposer à Wal-Mart. La United Food and Commercial Workers International Union tente depuis longtemps de syndicaliser les commerces Wal-Mart. L'an dernier, elle y est parvenue dans un magasin au Canada et l'entreprise a aussitôt fermé les portes de cette succursale [...] Mais dans cette guerre contre Wal-Mart, il n'est pas clairement établi que

l'entreprise se comporte plus mal que ses concurrents. En ce qui concerne la rémunération et les avantages sociaux, le salaire horaire médian chez Wal-Mart suit d'assez près le salaire médian en vigueur au pays chez les détaillants de produits courants. De plus, son régime d'assurance maladie est beaucoup plus accessible [...] que celui de bien de ses concurrents.

The Atlantic, juin 2006

a. Supposons que Wal-Mart parvient à exercer un pouvoir dans un marché du travail. Expliquez comment l'entreprise pourrait en tirer profit pour fixer les salaires.

b. Tracez un graphique représentant de quelle façon Wal-Mart pourrait exercer son influence pour fixer les salaires.

c. Expliquez comment un syndicat des employés de Wal-Mart riposterait à l'offre salariale de l'employeur (monopole bilatéral).

d. Expliquez la réaction de la succursale canadienne de Wal-Mart à la syndicalisation des employés.

e. À la lumière des faits décrits dans l'article ci-dessus, la société Wal-Mart est-elle une entreprise en situation de monopsone dans le marché du travail ou, à l'inverse, le marché du travail dans le commerce de détail est-il concurrentiel ? Expliquez votre réponse.

f. Si le marché du travail dans le commerce de détail est concurrentiel, expliquez l'effet potentiel de la syndicalisation sur les salaires.

g. Tracez un graphique représentant l'effet potentiel de la syndicalisation sur les salaires dans un marché du travail concurrentiel.

---

15. LA DEMANDE FAIT AUGMENTER LE PRIX DES TERRAINS À USAGE INDUSTRIEL

À Calgary, le prix des terrains à vocation industrielle et reliés aux services publics continue de grimper par suite de la pénurie dans ce domaine et de la croissance de la demande – à l'heure actuelle, un hectare coûte près de 1 500 000 $ en moyenne [...] Selon le rapport publié par CB Richard Ellis, on a aménagé 79 600 mètres carrés de terrain au deuxième trimestre. Pendant ce temps, il y avait des chantiers de construction sur 167 000 mètres carrés de terrains récemment aménagés. Iain Ferguson, représentant principal chez CB Richard Ellis Limited, a indiqué que les prix des terrains à usage industriel à Calgary montent en raison de la demande. Selon lui, « la demande est grande parce que le taux d'inoccupation est faible » [...] La demande est alimentée par les faibles taux d'intérêt et l'expansion du secteur de l'énergie [...]

Calgary Herald, 28 juin 2007

a. Les terrains à usage industriel constituent-ils une ressource renouvelable ou non renouvelable ? Expliquez votre réponse.

b. Expliquez pourquoi, à Calgary, la demande de terrains à usage industriel a augmenté.

c. Si les entreprises réagissent dès maintenant à la hausse des prix dans le secteur de l'énergie, que peut-on en déduire concernant leurs attentes quant au prix futur de l'énergie compte tenu des taux d'intérêt à l'heure actuelle ?

d. Qu'est-ce qui, dans l'avenir, pourrait faire tomber le prix des terrains à usage industriel ?

16. Certaines innovations dans les techniques de forage en mer permettent d'exploiter des gisements de pétrole beaucoup plus profonds qu'autrefois. C'est ainsi que 28 plates-formes de forage en haute mer sont installées dans les eaux profondes du golfe du Mexique et y puisent le précieux or noir.

a. Selon vous, quel effet l'exploitation des gisements en mer profonde a-t-elle eu sur le prix mondial du pétrole ?

b. Qui va profiter du forage dans le golfe du Mexique ? Expliquez votre réponse.

17. L'eau est une ressource naturelle abondante au Canada mais non en Arizona et dans le sud de la Californie.

a. Si les Canadiens se mettent à exporter de l'eau en vrac en Arizona et dans le sud de la Californie, quel effet prévoyez-vous que cela aura sur le prix de l'eau en vrac ?

b. Le Canada risque-t-il d'épuiser ses réserves d'eau ?

c. Croyez-vous que le principe de Hotelling s'applique à l'eau au Canada ? Pourquoi ?

18. Après avoir étudié la rubrique « Entre les lignes » (p. 548), répondez aux questions suivantes :

a. Pourquoi paraissait-il si alléchant, au début de 2008, d'accroître l'exploitation des sables bitumineux de l'Alberta ?

b. Qu'est-ce qui a changé en 2008 pour qu'on mette en suspens des projets qui promettaient d'être profitables ?

c. Quelle a été la variation de la valeur de la productivité marginale des sables bitumineux au cours de 2008 ? Expliquez votre réponse et illustrez-la par une analyse graphique appropriée.

d. En quoi le principe de Hotelling nous autorise-t-il à affirmer que les sables bitumineux de l'Alberta finiront par être exploités ?

e. Comment l'exploitation des sables bitumineux influe-t-elle sur le marché du travail de l'Alberta ?

f. Est-il possible que le marché du travail rétrécisse à tel point que l'exploitation des sables bitumineux cesse d'être profitable ?

g. Quand l'exploitation des sables bitumineux devient profitable, qu'advient-il des surplus produits par le forage en mer de Hibernia ?

h. Comment les sources d'énergie vertes qu'on tente de mettre en valeur pour réduire les changements climatiques influeront-elles sur le prix mondial du pétrole et l'exploitation des sables bitumineux de l'Alberta ?

i. Si on arrive à trouver des sources d'énergie vertes efficaces, qu'adviendra-t-il de la valeur de la productivité marginale des sables bitumineux de l'Alberta ? Expliquez votre réponse et illustrez-la par une analyse graphique appropriée.

RÉPONSES AUX MINITESTS

MINITEST 1 (p. 533)

1. Le travail (salaire), le capital (le loyer), la terre (la rente) et l'entrepreneuriat (le profit).

2. Un bien de capital est un bien durable. En le louant pour une période donnée, l'usager achète les services qu'il lui procure pour cette période.

3. La même différence qu'entre le prix d'achat du bien et son prix de location. Payer le loyer du capital permet de jouir des ervices qu'il procure pendant la période couverte par la location.

MINITEST 2 (p. 536)

1. Les recettes supplémentaires que peut espérer recevoir une entreprise en employant une heure de travail supplémentaire.

2. La première égale la seconde multipliée par le prix de la production.

3. L'entreprise embauche tant que la valeur de la productivité marginale du travail est supérieure au prix du travail, soit au salaire.

4. Les prix des produits et des autres facteurs, de même que tous les facteurs qui influent sur la production, par exemple la technologie.

MINITEST 3 (p. 542)

1. Toutes choses égales d'ailleurs, l'offre d'un ménage est déterminée par le salaire.

2. Le jeu de l'offre et de la demande sur le marché du travail.

3. En limitant l'offre ou en tentant de stimuler la demande.

4. Un monopsone est un marché qui compte un seul acheteur (ici, un seul employeur), lequel peut dicter à sa guise le prix général des transactions.

5. Par une négociation bilatérale.

6. Elle accroît le niveau d'emploi, car elle élimine l'incitation du monopsone à restreindre l'emploi afin de garder les salaires bas.

7. Les salaires ont considérablement augmenté depuis un siècle, car ils sont le reflet de l'accroissement de la productivité des travailleurs (attribuable notamment aux investissements en capital). Depuis trente ans, les salaires stagnent, notamment parce que les gains de productivité ne se sont traduits par des hausses de revenu que pour les plus riches d'entre les riches.

MINITEST 4 (p. 547)

1. L'offre sur le marché du capital est déterminée par les coûts de production du capital. L'offre sur le marché de la terre est essentiellement fixe (inélastique). L'offre sur les marchés de location du capital et de la terre est dérivée de ces deux offres. La demande dans ces marchés de location est déterminée par la valeur de la productivité marginale de chacun de ces facteurs. Dans les deux cas, les entreprises peuvent délaisser le marché de location pour acquérir du capital ou des terrains si elles calculent que la valeur présente des paiements futurs de location dépasse celle de l'achat.

2. La valeur de la productivité marginale de la ressource et son prix futur anticipé.

3. L'état des stocks, les possibilités technologiques actuelles d'extraction et le prix futur de la ressource.

4. Le prix obtenu à partir des éléments fondamentaux déterminant la valeur. Il peut différer du prix d'équilibre en présence de spéculation.

5. Une ressource mérite d'être thésaurisée lorsqu'on prévoit que son prix croîtra plus vite que le taux d'intérêt, et d'être liquidée dans le cas contraire. Pour que le marché de cette ressource soit équilibré, il faut donc que le taux d'augmentation de son prix corresponde au taux d'intérêt.

L'inégalité économique

Toutes les nuits, près de 1 200 personnes dorment à la belle étoile à Vancouver, où des maisons somptueuses abritent certaines des familles les plus riches du pays. À cet égard, Vancouver n'est pas unique. Plus de 13 000 Montréalais sont sans logis. Et à Toronto, où le richissime fondateur canadien de la chaîne hôtelière *Four Seasons*, Isadore Sharp, est en train d'ériger une tour d'appartements de luxe à 30 millions de dollars pièce, plus de 20 000 personnes – dont 9 000 sont des enfants – se réfugient la nuit dans les centres d'accueil pour sans-abri. La pauvreté extrême côtoie la richesse démesurée dans toutes les grandes villes du Canada et presque partout ailleurs dans le monde. ◆ Combien y a-t-il de riches et de pauvres au Canada ? Quelle est la répartition du revenu et de la richesse ? Les riches deviennent-ils plus riches alors que les pauvres s'appauvrissent ? ◆ Quelles sont les causes de l'inégalité dans la distribution du bien-être économique ? Quelle est l'ampleur de la redistribution effectuée par le gouvernement pour pallier l'extrême pauvreté ?

Objectifs du chapitre

◆ **Décrire l'évolution de la répartition du revenu et de la richesse au Canada selon le recensement de 2006**

◆ **Expliquer les caractéristiques du marché du travail qui contribuent à l'inégalité économique**

◆ **Décrire l'ampleur des mesures gouvernementales de redistribution du revenu**

◆ Dans le présent chapitre, nous étudierons l'inégalité économique – son ampleur, ses causes et les mesures que prennent les administrations publiques pour en atténuer les effets. La rubrique « Entre les lignes » (p. 574) nous permettra d'examiner comment l'écart entre riches et pauvres a évolué au Canada au cours des 25 dernières années.

Mesurer l'inégalité économique

Statistique Canada mesure l'inégalité économique à partir de trois mesures du revenu : le **revenu du marché**, le revenu total et le revenu après impôt. Le revenu du marché est la somme *avant impôt* des salaires, des intérêts de placements, des pensions de retraite et des profits gagnés sur le marché des facteurs. Le **revenu total** est la somme du revenu du marché et des paiements de transfert, et le **revenu après impôt** est le revenu total moins l'impôt sur le revenu.

La répartition du revenu après impôt

La figure 19.1 illustre la répartition du revenu annuel après impôt entre les 13,7 millions de ménages du Canada en 2006. Le revenu est mesuré en abscisse, et le pourcentage des ménages percevant tel ou tel revenu, en ordonnée.

En 2006, le revenu après impôt *modal* – c'est-à-dire le plus courant – se situait entre 15 000 $ et 19 999 $, et concernait 7 % des ménages. La même année, le revenu *médian* – c'est-à-dire le revenu qui sépare la population en

FIGURE 19.1　*La répartition du revenu au Canada en 2006*

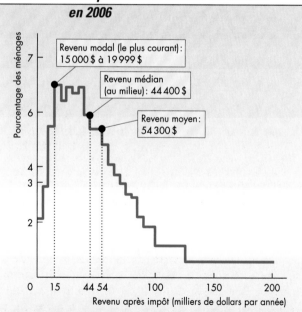

La répartition du revenu annuel après impôt présente une asymétrie positive. Le revenu modal (revenu le plus courant) est inférieur au revenu médian, lui-même inférieur au revenu moyen. Au-dessus de 150 000 $, la courbe de distribution est fondée sur une estimation plutôt que sur une mesure exacte ; les revenus peuvent ici s'élever à plusieurs millions de dollars par année.

Source : Statistique Canada, tableau 202-0601.

deux groupes de taille égale – se chiffrait à 44 400 $. La moitié des ménages canadiens avait un revenu supérieur à cette somme, et l'autre moitié, un revenu inférieur.

Toujours en 2006, le revenu *moyen* des ménages canadiens s'élevait à 54 300 $. Ce nombre représente le revenu après impôt de l'ensemble des ménages canadiens divisé par les 13,7 millions de ménages.

Comme l'indique la figure 19.1, le revenu modal est plus faible que le revenu médian, lui même plus faible que le revenu moyen. Cette caractéristique de la répartition du revenu implique qu'il y a plus de ménages à faible revenu que de ménages à revenu élevé. Et le revenu élevé de certains ménages est vraiment très élevé.

La répartition du revenu illustrée à la figure 19.1 présente une *asymétrie positive*, autrement dit une longue traînée de valeurs élevées, et non une répartition en forme de cloche. Dans une répartition en forme de cloche symétrique, comme celle de la taille des individus, par exemple, les valeurs modale, médiane et moyenne sont les mêmes.

On peut aussi examiner la répartition du revenu en mesurant le pourcentage du revenu après impôt perçu par un pourcentage donné de ménages. On divise alors les ménages en groupes égaux – ici en cinq *quintiles*, c'est-à-dire en cinq groupes représentant chacun 20 % des ménages.

La figure 19.2 présente la répartition par quintile du revenu en 2006. Selon le tableau, les ménages* du quintile inférieur ne percevaient que 4,8 % du revenu après impôt ; ceux du deuxième quintile, 10,7 % ; ceux du troisième quintile, 16,4 % ; ceux du quatrième quintile, 24,0 % ; et ceux du quintile supérieur, la part du lion, soit 44,0 %.

Les figures 19.1 et 19.2 montrent l'inégalité de la répartition du revenu après impôt, mais il nous faut aussi un moyen de comparer la répartition du revenu à différents moments et sur la base de différentes mesures. Pour ce faire, on utilise un outil d'analyse graphique appelé la *courbe de Lorenz*.

La courbe de Lorenz du revenu

Conçue par l'économiste américain Max Otto Lorenz en 1905, la **courbe de Lorenz** représente graphiquement le pourcentage cumulatif du revenu et de la richesse selon le pourcentage cumulatif de groupes de population considérés.

La figure 19.3 montre une courbe de Lorenz du revenu construite à partir des quintiles de la figure 19.2. Le tableau de la figure 19.3 donne le pourcentage du revenu pour chaque quintile. Ainsi, la ligne *A* indique que 4,8 % du revenu après impôt revient aux ménages du quintile inférieur. Le tableau donne aussi les pourcentages cumulatifs de revenu pour des

---

*　Les chiffres communiqués au chapitre 1 (p. 19) concernent la répartition du revenu des particuliers et non des ménages.

FIGURE 19.2   *La part du revenu par quintile au Canada en 2006*

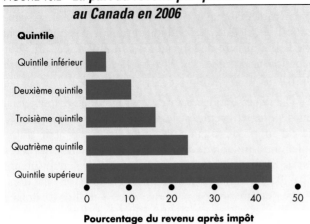

Ménages	Revenu (pourcentage du revenu après impôt)
Quintile inférieur	4,8
Deuxième quintile	10,7
Troisième quintile	16,4
Quatrième quintile	24,0
Quintile supérieur	44,0

En 2006, les ménages du quintile inférieur ont reçu 4,8 % du revenu après impôt ; ceux du deuxième quintile, 10,7 % ; ceux du troisième quintile, 16,4 % ; ceux du quatrième quintile, 24,0 % ; et ceux du quintile supérieur, 44,0 %.

Source : Statistique Canada, tableau 202-0406.

FIGURE 19.3   *La courbe de Lorenz du revenu au Canada en 2006*

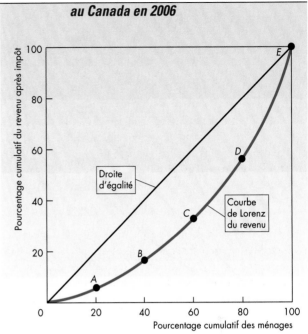

	Ménages		Revenu	
	Pourcentage	Pourcentage cumulatif	Pourcentage	Pourcentage cumulatif
A	Quintile inférieur	20	4,8	4,8
B	Deuxième quintile	40	10,7	15,5
C	Troisième quintile	60	16,4	31,9
D	Quatrième quintile	80	24,0	55,9
E	Quintile supérieur	100	44,0	100,0

Le graphique montre le pourcentage cumulatif du revenu perçu par le pourcentage cumulatif des ménages. Les points *A* à *E* de la courbe de Lorenz correspondent aux lignes *A* à *E* du tableau. Si le revenu était réparti également, chaque quintile (20 %) de ménages recevrait 20 % du revenu, et la courbe de Lorenz correspondrait à la droite d'égalité. Ici, la courbe de Lorenz montre une répartition du revenu inégale.

Source : Statistique Canada, tableau 202-0406.

pourcentages cumulatifs de ménages. Par exemple, la ligne *B* indique que 15,5 % du revenu après impôt revient aux ménages des deux quintiles inférieurs (les 40 % des ménages dont le revenu est le plus faible), soit 4,8 % pour le quintile inférieur et 10,7 % pour le deuxième quintile. La courbe de Lorenz illustre le pourcentage cumulatif de revenu en fonction du pourcentage cumulatif de ménages.

Si le revenu était réparti également entre toutes les familles, les pourcentages cumulatifs de revenu perçus par les pourcentages cumulatifs de ménages correspondants se situeraient sur la droite d'égalité à la figure 19.3. La courbe de Lorenz du revenu illustre la répartition réelle du revenu ; plus elle s'approche de la droite d'égalité, plus la répartition est égale.

La répartition de la richesse

On peut aussi mesurer l'inégalité économique en se fondant sur la répartition de la richesse. La **richesse** d'un ménage est la valeur nette des avoirs matériels et financiers que détient ce ménage *à un moment* donné, tandis que son revenu est le montant qu'il reçoit *au cours d'une période* donnée.

La figure 19.4 montre la courbe de Lorenz de la richesse au Canada en 1999. La richesse médiane du ménage s'élevait alors à 64 000 $. Comme la répartition de la richesse est extrêmement inégale, les données sur la richesse sont présentées selon des groupes de ménages inégaux. Les 40 % les plus pauvres ne possèdent que 1,1 % de la richesse (ligne *A′* du tableau) ; les 10 % qui suivent (ligne *B′*) n'en possèdent que 2,8 % et les 10 % figurant à la ligne *C′*, seulement 4,7 %. Autrement dit, les 60 % les plus pauvres (lignes *A′*, *B′* et *C′*) ne détiennent que 8,6 % de la richesse. Par comparaison, les 10 % les plus riches détiennent 55,6 % de la richesse (ligne *G′*).

FIGURE 19.4 *Les courbes de Lorenz du revenu et de la richesse au Canada*

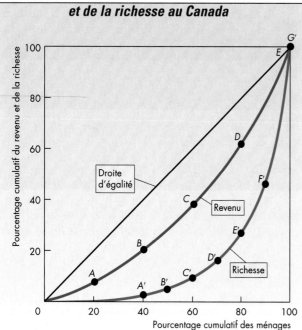

	Ménages		Revenu	
	Pourcentage	**Pourcentage cumulatif**	**Pourcentage**	**Pourcentage cumulatif**
A'	Les 40 % les plus pauvres	40	1,1	1,1
B'	Les 10 % qui suivent	50	2,8	3,9
C'	Les 10 % qui suivent	60	4,7	8,6
D'	Les 10 % qui suivent	70	7,4	16,0
E'	Les 10 % qui suivent	80	11,0	27,0
F'	Les 10 % qui suivent	90	17,4	44,4
G'	Les 10 % qui suivent	100	55,6	100,0

Le graphique illustre le pourcentage cumulatif de la richesse que détient un pourcentage cumulatif de ménages. Les points A' à G' de la courbe de Lorenz de la richesse correspondent aux lignes du tableau. En comparant la courbe de la richesse avec celle du revenu, nous constatons que la richesse est beaucoup plus inégalement répartie que le revenu.

Sources : Statistique Canada, *Le revenu au Canada,* n° 75-202-XIE au catalogue, et *CANSIM,* tableau 202-0701.

La figure 19.4 reprend également la courbe de Lorenz du revenu de la figure 19.3 illustrée à côté de la courbe de Lorenz de la richesse. Comme on le voit, la courbe de Lorenz de la richesse est beaucoup plus éloignée de la droite d'égalité que la courbe de Lorenz du revenu, ce qui signifie que la répartition de la richesse est beaucoup plus inégale que la répartition du revenu.

La richesse et le revenu

Nous avons vu que la répartition de la richesse est beaucoup plus inégale que celle du revenu. Mais quelle est la meilleure mesure de l'inégalité économique réelle ? Pour répondre à cette question, il faut réfléchir à la relation entre la richesse et le revenu.

La richesse est le *stock* des actifs matériels et financiers, tandis que le revenu est le *flux* des gains générés par ce stock. Supposons qu'une personne détient des actifs d'une valeur de 1 million de dollars. Si le rendement de ses actifs est de 5 % par année, cette personne en tire un revenu de 50 000 $ par année pour une durée illimitée. On peut donc évaluer sa situation économique soit à 1 million de dollars – sa richesse –, soit à 50 000 $ par année – son revenu. À un taux de rendement de 5 % par année, une richesse de 1 million de dollars équivaut à un revenu de 50 000 $ par année à perpétuité. La richesse et le revenu décrivent deux facettes d'une même réalité.

Or, comme nous l'avons vu à la figure 19.4, la répartition de la richesse est beaucoup plus inégale que la répartition du revenu. Pourquoi ? Parce que les données sur la richesse excluent la valeur du capital humain, tandis que les données sur le revenu comprennent toutes les formes de richesse, y compris le capital humain.

Examinons, par exemple, les cas de Nicolas et de Pierre, qui ont tous deux le même revenu et la même richesse. Nicolas est un jeune médecin : sa richesse repose sur son capital humain et tout son revenu provient de son emploi. Pierre est rentier : sa richesse est constituée de placements sous forme d'actions et d'obligations et tout son revenu est tiré de ces placements. Dans une enquête nationale de Statistique Canada sur la richesse et le revenu, on indique que Nicolas et Pierre ont le même revenu. Toutefois, on considère que la richesse de Nicolas est égale à zéro, alors qu'on attribue à Pierre une richesse égale à ses placements. C'est ainsi que Pierre paraît considérablement plus riche que Nicolas dans les résultats de cette enquête.

Comme les statistiques de l'enquête nationale excluent le capital humain, les données sur la répartition du revenu donnent une mesure plus exacte de l'inégalité économique que ne le font les données sur la répartition de la richesse.

Le revenu et la richesse : sur une année ou sur l'ensemble du cycle de vie ?

Le revenu du ménage typique évolue au fil des ans. Faible au départ, il augmente progressivement pour culminer au moment où les travailleurs de la famille atteignent l'âge de la retraite, après quoi il diminue. La richesse du ménage typique évolue de la même manière : faible au début, elle culmine avant la retraite, puis décline.

Imaginons trois ménages dont les revenus pour l'ensemble du cycle de vie seraient identiques. Le premier est jeune, le deuxième, d'âge moyen et le troisième, à la retraite.

Cette année, le revenu et la richesse du ménage d'âge moyen sont les plus élevés, et ceux du ménage à la retraite, les plus faibles ; ceux du jeune ménage se situent entre les deux. Pour une année donnée, la répartition du revenu et de la richesse de ces trois ménages est inégale, mais sur l'ensemble du cycle de vie, elle est égale.

Les statistiques sur l'inégalité reproduisent ce biais : l'inégalité économique mesurée pour une année donnée néglige le fait que les ménages en sont à diverses étapes de leur cycle de vie, ce qui donne une représentation exagérée de l'inégalité sur l'ensemble du cycle de vie.

L'évolution de la répartition du revenu

L'écart se creuse entre les riches et les autres

La figure ci-dessous illustre l'évolution de la répartition du revenu après impôt entre 1976 et 2006. La part du quintile inférieur est restée constante à 5 %. Les parts des trois quintiles suivants ont diminué au profit du quintile supérieur dont la part est passée de 40 % à 44 %. La part du revenu total du troisième (celui du milieu) est celle qui a baissé le plus, passant de 17,9 % à 16,4 %.

Bien que de nombreuses études aient été menées sur ce sujet, nous ignorons toujours les causes fondamentales de ce phénomène.

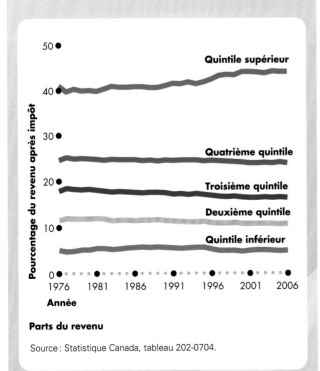

Source : Statistique Canada, tableau 202-0704.

L'évolution de l'inégalité économique

Pour représenter l'évolution de la répartition du revenu, il faut une mesure permettant d'ordonner différentes répartitions plus ou moins inégales. Bien qu'il n'existe pas d'échelle parfaite, on utilise le plus souvent le **coefficient de Gini**, élaboré par le statisticien italien du même nom il y a près d'un siècle. Ce coefficient est obtenu à partir de la courbe de Lorenz. Il correspond au double de l'aire comprise entre la droite d'égalité et la courbe de Lorenz. Si le revenu est réparti également, la courbe de Lorenz coïncide avec la droite d'égalité, si bien que le coefficient de Gini est nul (deux fois zéro). Si une seule personne reçoit tout le revenu et que les autres n'ont rien, le coefficient de Gini est de 1 (le double de l'aire du triangle).

La figure 19.5 illustre le coefficient de Gini au Canada pour les années 1976 à 2006. En 1996, Statistique Canada a redéfini sa mesure du coefficient de Gini, si bien que les valeurs obtenues avant et après la modification (représentée par le pointillé) ne sont pas comparables. Malgré cette redéfinition, l'augmentation du coefficient de Gini est apparente. Autrement dit, selon cette mesure, la répartition du revenu au Canada est devenue plus inégale.

FIGURE 19.5   *Le coefficient de Gini au Canada : 1976 à 2006*

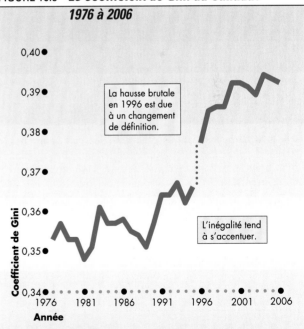

Selon le coefficient de Gini, la disparité des revenus au Canada s'est accrue entre 1976 et 2006. La part des ménages les plus riches a augmenté pendant cette période. En raison de la nouvelle définition adoptée en 1996, les valeurs obtenues avant et après cette année-là ne sont pas comparables. Malgré la solution de continuité dans la courbe, la tendance à la hausse est apparente.

Source : Statistique Canada, tableau 202-0705.

Qui sont les riches et qui sont les pauvres ?

Les personnes qui ont les revenus les plus faibles sont celles qui gagnent leur vie en occupant des emplois saisonniers dans les fermes. Mais les Canadiens les plus pauvres sont ceux qui ne gagnent rien et qui dépendent de dons pour vivre. L'incidence de la pauvreté varie systématiquement selon les caractéristiques des ménages, notamment :

- le niveau de scolarité ;
- l'emploi ;
- la source du revenu ;
- le type de ménage ;
- l'âge du principal soutien du ménage ;
- le nombre d'enfants.

Le niveau de scolarité   Le niveau de scolarité détermine considérablement le revenu du ménage et le risque de pauvreté. Les personnes qui n'ont pas terminé leurs études secondaires sont plus susceptibles de devenir pauvres, alors que les diplômés universitaires, en particulier ceux des cycles supérieurs, et les professionnels agréés le sont beaucoup moins.

L'emploi   Même sans emploi, les ménages qui font partie de la main-d'œuvre active ont généralement des revenus plus élevés que ceux qui n'en font pas partie (travailleurs à la retraite ou personnes découragées par leur échec persistant à trouver un travail qui leur convienne).

La source du revenu   Le ménage dont le revenu provient d'un emploi ou du produit de sa richesse est relativement à l'abri de la pauvreté, alors que celui qui vit de paiements de transfert de l'État y est particulièrement exposé.

Le type de ménage   En règle générale, les ménages dans lesquels les deux parents sont présents ne sont pas menacés de pauvreté. À l'opposé, les familles monoparentales où la mère est le seul soutien sont les plus susceptibles d'être pauvres ; près de la moitié de ces ménages vivent dans la misère.

L'âge du principal soutien du ménage   Les jeunes ménages et les ménages d'âge avancé ont des revenus plus faibles et une incidence plus grande de pauvreté que ceux d'âge moyen.

Le nombre d'enfants   En moyenne, plus il y a d'enfants dans un ménage, moins le revenu par personne est élevé et plus les risques de pauvreté sont grands.

Principal changement observé, la part du revenu des ménages les plus riches a augmenté. Nous avons vu plus haut que le revenu du quintile supérieur s'est accru. Personne ne sait vraiment *pourquoi*. Dans la prochaine section, nous examinerons une explication possible, soit que les progrès technologiques ont fait augmenter la valeur de la productivité marginale des travailleurs qualifiés et fait diminuer celle des travailleurs non qualifiés.

Le taux de pauvreté

Combien de temps la pauvreté dure-t-elle ?

Comme l'illustre la figure ci-dessous, la pauvreté est généralement temporaire et de courte durée. Dans 80 % des cas, les épisodes de pauvreté se résorbent en moins d'un an. Dans 8 % des cas, ils ne durent qu'un an. Très peu d'individus restent pauvres pendant 2 ans ou plus.

Si la pauvreté frappe en moyenne 17 % des ménages, seulement 2 % des familles canadiennes y sont sujettes pendant plus de 2 ans.

Tant la durée de la pauvreté que sa sévérité dépendent des caractéristiques des ménages, notamment du niveau de scolarité. La pauvreté tend à persister plus longtemps chez les personnes les moins scolarisées.

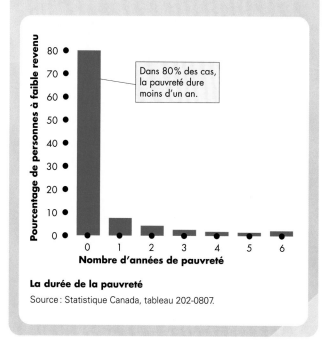

Dans 80 % des cas, la pauvreté dure moins d'un an.

La durée de la pauvreté

Source : Statistique Canada, tableau 202-0807.

La pauvreté

On appelle **pauvreté** la situation d'une famille qui ne bénéficie pas d'un revenu suffisant pour acheter le panier de biens et services jugé essentiel (nourriture, logement, habillement).

La notion de pauvreté est tantôt absolue, tantôt relative. En Afrique et en Asie, des millions de gens subsistent avec un revenu annuel de moins de 400 $; ces personnes vivent dans la pauvreté *absolue*.

Au Canada, on emploie une mesure *relative* de la pauvreté. Ainsi, Statistique Canada établit des **seuils de faible revenu**, c'est-à-dire des niveaux de revenu – différents selon les types de ménages (personnes seules, couples, familles monoparentales, en région rurale, etc.) – en deçà desquels les ménages doivent consacrer à la nourriture, au logement et à l'habillement 20 % de plus de leur revenu que le ménage moyen. Les seuils de faible revenu que Statistique Canada utilise actuellement reposent sur les données de l'*Enquête sur les dépenses des ménages, 1992.* Cette enquête a révélé qu'en moyenne les ménages consacrent 44 % de leur revenu après impôt à la nourriture, au logement et à l'habillement. Comme il s'agit de biens essentiels, la part du revenu qu'y consacre un ménage pauvre est généralement plus élevée. On détermine donc (en moyenne) le niveau de revenu après impôt d'un ménage qui consacre 64 % (44 % + 20 %) de son revenu à ces besoins, et ce niveau de revenu devient le seuil de faible revenu pour ce type de ménage.

Les seuils de faible revenu varient beaucoup selon le type de ménage considéré. En 2005, une personne habitant seule dans une région rurale était considérée comme étant sous le seuil de faible revenu si elle disposait d'un revenu après impôt inférieur à 11 264 $; cependant, pour une personne habitant seule dans une ville de 500 000 habitants ou plus, le seuil de faible revenu grimpait à 17 219 $. Comme le souligne Statistique Canada, il faut se garder d'associer les seuils de faible revenu à des seuils de pauvreté.

Combien de ménages canadiens vivent sous le seuil de faible revenu ? Leur nombre va-t-il croissant ou, au contraire, est-il à la baisse ? La figure 19.6 permet de répondre à ces questions.

L'incidence du faible revenu (la proportion de ménages sous le seuil de faible revenu) varie annuellement. Elle a atteint un creux de 14 % en 1989 et un pic de 20 % en 1996 et 1997. Toutefois, aucune tendance ne se dessine. En moyenne, 17 % des ménages sont sous le seuil de faible revenu.

FIGURE 19.6 *L'incidence du faible revenu*

Selon les années, de 14 % à 20 % des familles canadiennes sont sous le seuil du faible revenu. La moyenne est de 17 %.

Source : Statistique Canada, tableau 202-0804.

Les causes de l'inégalité économique

Nous venons de décrire l'inégalité économique au Canada, mais il nous reste à l'expliquer. Au chapitre 18, nous avons évoqué les forces qui modifient l'offre et la demande sur les marchés du travail, du capital et de la terre. Nous allons maintenant approfondir notre compréhension de ces forces.

L'inégalité économique découle d'inégalités sur le marché du travail et d'inégalités dans la propriété du capital. Examinons d'abord deux aspects du marché du travail qui contribuent aux différences de revenu :

◆ le capital humain ;
◆ la discrimination.

Le capital humain

Le secrétaire juridique gagne moins du dixième de ce que gagne l'avocat qu'il assiste. L'infirmier de salle d'opération gagne moins du dixième de ce que gagne la chirurgienne avec qui il travaille. Le caissier gagne moins du dixième de ce que gagne le directeur de la banque. Ces différences de revenu s'expliquent surtout par des différences de valeur du capital humain.

Supposez qu'il n'existe que deux types de travailleurs : les travailleurs non qualifiés et les travailleurs qualifiés, ces derniers étant mieux dotés en capital humain. Le travailleur non qualifié correspond au secrétaire juridique, à l'infirmier de salle d'opération ou au caissier de banque. Le travailleur qualifié correspond à l'avocat, à la chirurgienne ou au directeur de banque.

Commençons par examiner la demande des marchés en ce qui concerne ces deux types de travailleurs.

La demande de travail qualifié et de travail non qualifié

Un travailleur qualifié peut s'acquitter de tâches qu'un travailleur non qualifié ne peut accomplir de manière satisfaisante. On ne demande pas à un caissier de banque de pratiquer une opération à cœur ouvert ou de piloter un Boeing. La valeur de la productivité marginale du travail qualifié est supérieure à celle du travail non qualifié. Comme nous l'avons vu au chapitre 18, la courbe de demande de travail est la même que la courbe de valeur de la productivité marginale du travail.

Le graphique (a) de la figure 19.7 permet de comparer les courbes de demande de travail qualifié et de travail non qualifié. La courbe de demande de travail qualifié correspond à D_Q, et la courbe de demande de travail non qualifié, à D_{NQ}.

Quel que soit le niveau d'emploi, les entreprises sont prêtes à verser aux travailleurs qualifiés un salaire plus élevé qu'aux travailleurs non qualifiés. L'écart salarial mesure la différence de la valeur de la productivité marginale de la qualification. Ainsi, à un niveau d'emploi de 2 000 heures de travail, les entreprises consentent à payer un salaire horaire de 25 $ pour du travail qualifié, mais seulement de 10 $ pour du travail non qualifié. La valeur de la productivité marginale de la qualification est donc de 15 $ par heure.

L'offre de travail qualifié et de travail non qualifié Par définition, le travailleur qualifié dispose d'un capital humain plus important que le travailleur non qualifié. Or, l'acquisition du capital humain est coûteuse ; son coût de renonciation comprend les dépenses engagées (frais de scolarité, coût des manuels, frais d'hébergement et de subsistance, etc.), mais aussi le manque à gagner. Dans le cas d'un étudiant qui se consacre à temps plein à ses études, le manque à gagner correspond à ce que serait son revenu s'il travaillait à temps plein. Le travailleur qui reçoit une formation en milieu de travail est généralement rémunéré, mais moins que son collègue déjà formé, et ce, même si les deux accomplissent des tâches comparables. Dans ce cas, le manque à gagner correspond à la différence entre le salaire du travailleur ordinaire et celui du travailleur en formation.

Comme on le voit dans le graphique (b) de la figure 19.7, la courbe d'offre de travail qualifié se situe au-dessus de la courbe d'offre de travail non qualifié ; l'écart vertical entre ces deux courbes mesure le supplément de salaire qui compense le coût d'acquisition de la qualification. Par exemple, si la quantité offerte de travail non qualifié est de 2 000 heures par jour à 10 $ par heure, ce salaire compense le travail des travailleurs non qualifiés. Par comparaison, afin d'inciter les travailleurs qualifiés à fournir 2 000 heures de travail, les entreprises doivent leur verser un

FIGURE 19.7 *Les différences de qualification*

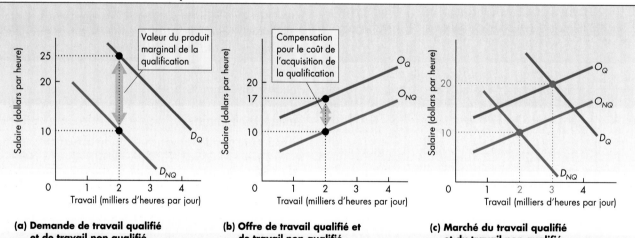

(a) Demande de travail qualifié et de travail non qualifié

(b) Offre de travail qualifié et de travail non qualifié

(c) Marché du travail qualifié et du travail non qualifié

Le graphique (a) illustre la valeur de la productivité marginale de la qualification. La courbe de demande D_{NQ} découle de la valeur de la productivité marginale du travail non qualifié. Comme la valeur de la productivité marginale du travail qualifié est supérieure à celle du travail non qualifié, la courbe de demande de travail qualifié (D_Q) se situe à droite de la courbe de demande de travail non qualifié (D_{NQ}). L'écart vertical entre ces deux courbes correspond à la valeur de la productivité marginale de la qualification.

Le graphique (b) illustre les effets sur l'offre de travail du coût d'acquisition d'une qualification. L'écart vertical entre la courbe d'offre de travail non qualifié (O_{NQ}) et la courbe d'offre de travail qualifié (O_Q) représente la compensation du coût d'acquisition de la qualification.

Le graphique (c) présente le niveau d'emploi d'équilibre et l'écart salarial d'équilibre. Les travailleurs non qualifiés fournissent 2 000 heures de travail et gagnent 10 $ par heure ; les travailleurs qualifiés fournissent 3 000 heures de travail et gagnent 20 $ par heure.

salaire horaire de 17 $. Le salaire des travailleurs qualifiés est supérieur à celui des travailleurs non qualifiés, car il doit compenser, en plus du travail, le temps et l'argent que les travailleurs qualifiés ont investis dans leur formation.

Le salaire des travailleurs qualifiés et non qualifiés

L'offre et la demande de travailleurs qualifiés et de travailleurs non qualifiés détermine l'écart salarial entre ces deux groupes.

Le graphique (c) présente les courbes d'offre et de demande de travail qualifié et non qualifié. L'équilibre du marché du travail non qualifié survient à l'intersection des droites bleues, soit à un salaire horaire de 10 $ pour 2 000 heures de travail. L'équilibre du marché du travail qualifié survient à l'intersection des droites vertes, c'est-à-dire à un salaire horaire de 20 $ pour 3 000 heures de travail.

Le salaire d'équilibre des travailleurs qualifiés est supérieur à celui des travailleurs non qualifiés pour deux raisons. D'une part, comme la valeur de la productivité marginale du travail qualifié est supérieure à celle du travail non qualifié, la demande de travail qualifié pour un salaire donné est supérieure à la demande de travail non qualifié. D'autre part, l'acquisition d'une formation est coûteuse, de sorte que, à un salaire donné, l'offre de travail qualifié est inférieure à l'offre de travail non qualifié. L'écart salarial (qui est ici de 10 $ par heure) varie en fonction de la valeur de la productivité marginale de cette qualification et du coût de son acquisition. Plus la valeur de la productivité marginale de la qualification est élevée ou plus son acquisition est coûteuse, plus l'écart salarial entre les travailleurs qualifiés et non qualifiés est élevé.

La scolarité et la formation professionnelle sont-elles rentables ?

La réponse est oui. On estime que le taux de rendement réel (une fois qu'on l'a ajusté pour tenir compte de l'inflation) d'un diplôme d'études secondaires ou universitaires est de l'ordre de 5 % à 10 % par année : un diplôme d'études universitaires est l'un des meilleurs investissements qu'on puisse faire !

L'inégalité expliquée par des différences de capital humain

Les différences de capital humain nous aident à expliquer une partie de l'inégalité économique et de son évolution ces vingt dernières années.

Les différences de capital humain sont corrélées avec les caractéristiques des ménages dont nous avons parlé plus haut. Ainsi, la scolarité contribue directement au capital humain. L'âge y contribue indirectement, les travailleurs âgés ayant généralement plus d'expérience que les jeunes travailleurs. Les différences de capital humain expliquent une petite partie de l'inégalité associée au sexe, plus

d'hommes que de femmes ayant un diplôme d'études collégiales ou universitaires dans l'ensemble de la population. Ces différences de niveau de scolarité ont disparu dans la génération actuelle et s'atténuent dans l'ensemble de la population, où elles n'ont cependant pas encore été éliminées.

Les interruptions de carrière peuvent réduire le capital humain. La personne (le plus souvent une femme) qui a pris congé pendant plusieurs années pour élever ses enfants revient sur le marché du travail à un niveau de salaire moins élevé que la personne qui ne s'est pas arrêtée. De même, après un épisode de chômage, on obtient souvent un emploi moins rémunérateur que celui qu'on occupait précédemment.

L'évolution de l'inégalité économique expliquée par le progrès technologique et la mondialisation

Nous avons vu que la part du revenu perçu par les ménages à revenu élevé augmente, tandis que celle des ménages à faible revenu diminue. Autrement dit, la disparité des revenus au Canada s'est accrue. Le progrès technologique et la mondialisation sont deux causes possibles de cette augmentation de l'inégalité.

Progrès technologique Les technologies de l'information et de la communication (ordinateurs, Internet, lecteurs de codes à barres à laser, guichets automatiques, etc.) sont des *substituts* du travail non qualifié. L'arrivée de ces technologies a donc réduit la valeur de la productivité marginale et la demande de travail non qualifié. Dans la mesure où elles exigent de la main-d'œuvre qualifiée pour les concevoir, les programmer et les utiliser, ces mêmes technologies sont des *compléments* du travail qualifié. Leur arrivée sur le marché a donc accru la productivité marginale et la demande de travail qualifié.

La figure 19.8 illustre l'effet du progrès technologique sur le salaire et l'emploi. La courbe d'offre de travail non qualifié au graphique (a) et la courbe d'offre de travail qualifié au graphique (b) portent l'étiquette O. La demande dans chaque marché correspond initialement à la droite D_0. Le salaire horaire du travail non qualifié est de 10 $, et celui du travail qualifié, de 12 $. La demande de travail non qualifié décroît jusqu'à D_1 en (a), et celle du travail qualifié s'élève à D_1 en (b). Le salaire horaire du travail non qualifié tombe à 8 $, et celui du travail qualifié passe à 15 $.

Mondialisation L'arrivée de la Chine et d'autres pays en développement sur les marchés mondiaux a fait baisser les prix de nombreux produits manufacturés. Comme on le voit à la figure 19.8(a), la diminution du prix des produits d'une entreprise réduit la valeur de la productivité marginale de ses travailleurs et la demande de leur travail. Les salaires s'effondrent et les emplois disparaissent.

FIGURE 19.8 *L'explication de l'évolution de la répartition du revenu*

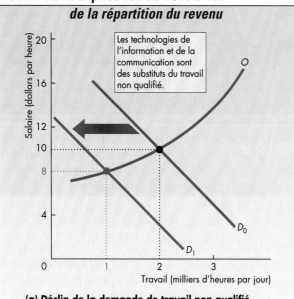

(a) Déclin de la demande de travail non qualifié

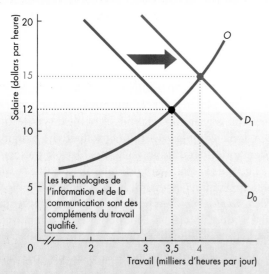

(b) Croissance de la demande de travail qualifié

Les technologies de l'information et de la communication sont des substituts du travail non qualifié – graphique (a). Les progrès dans ce domaine réduisent la demande de travail non qualifié et le salaire de la main-d'œuvre non qualifiée.

Les technologies de l'information et de la communication sont des compléments du travail qualifié – graphique (b). Les progrès dans ce domaine font augmenter la demande de travail qualifié et le salaire de la main-d'œuvre qualifiée.

En même temps, la croissance de l'économie mondiale fait augmenter la demande de services nécessitant une main-d'œuvre qualifiée, si bien que la valeur de la productivité marginale et la demande de travail qualifié sont à la hausse, comme l'illustre la figure 19.8(b). Le salaire augmente et les occasions d'emploi pour les travailleurs qualifiés se multiplient.

La discrimination

Les femmes gagnent moins que les hommes sur le marché du travail. En 2007, une femme ne gagnait en moyenne que 73 cents pour chaque dollar reçu par un homme. Cette différence de traitement est une source importante d'inégalités dans la société canadienne. Mais quelles en sont les causes?

Pour certains, les différences en capital humain opposant les deux sexes expliquent la différence de traitement. Autrefois, les femmes étaient moins instruites que les hommes et avaient généralement moins d'expérience sur le marché du travail. Avec un capital humain moindre, elles obtenaient un salaire moindre.

Les économistes ont analysé les différences de traitement attribuables à ces facteurs. Lorsqu'on tient compte de ces derniers, on parvient à peine à expliquer la moitié de la différence de traitement, c'est-à-dire que, à un niveau de scolarité et d'expérience de travail égal, une femme gagne environ 80 cents pour chaque dollar reçu par un homme. La différence est moindre, mais elle demeure importante.

Pour d'autres, les femmes sont victimes de discrimination sur le marché du travail. Les employeurs ne consentiraient pas à leur verser, à compétences égales, un salaire égal à celui d'un homme. Cette explication est controversée parce qu'on n'observe pas tous les facteurs qui déterminent les salaires. Deux personnes qui ont des dispositions différentes, par exemple, à faire des heures supplémentaires n'auront probablement pas les mêmes salaires au bout du compte. Si on n'observe pas ces dispositions, on peut à tort conclure à un traitement inéquitable alors que la différence de salaires compense en fait les sacrifices consentis par certains.

Lorsqu'on étudie plus en détail le parcours professionnel des femmes, on note qu'elles sont souvent cantonnées dans des secteurs où les salaires sont bas, un phénomène appelé *ségrégation occupationnelle*. La figure 19.9 illustre cette situation. Les parties (a) et (b) représentent la détermination des salaires dans le marché des secrétaires et dans celui des électriciens. Le marché des secrétaires compte une offre masculine O^S_H. Si la moitié de l'offre totale féminine choisit le métier de secrétaire, l'offre totale sur le marché des secrétaires est $O^S_H + O_F/2$ (courbe orange) et le salaire d'équilibre s'élève à 30 000 $ par année. De même, si la seconde moitié de femmes choisit le métier d'électricien, l'offre totale sur le marché des électriciens est $O^E_H + O_F/2$ (courbe orange) et le salaire d'équilibre est aussi de 30 000 $ par année. En revanche, si toutes ces femmes vont sur le marché des secrétaires, l'offre de travail sur ce marché croît à $O^S_H + O_F$ (courbe rouge) et le salaire chute à 20 000 $ par année. Sur le marché des électriciens, on ne retrouve plus que des hommes (courbe bleue O^E_H) et le salaire grimpe à 40 000 $ par année.

FIGURE 19.9 *La ségrégation occupationnelle*

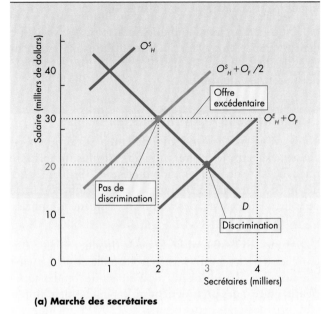

(a) Marché des secrétaires

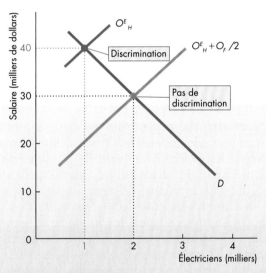

(b) Marché des électriciens

Aux graphiques (a) et (b), les courbes d'offre en rouge représentent l'état initial dans les marchés des secrétaires et des électriciens. Dans le marché des secrétaires, il y a ségrégation occupationnelle des femmes, ce qui y gonfle l'offre et fait baisser le salaire à 20 000 $. Dans celui des électriciens, où le salaire d'équilibre est de 40 000 $, on observe le phénomène inverse. En imposant un salaire de 30 000 $, l'offre devient la courbe orange dans chaque marché et l'équité salariale est rétablie.

La concentration des femmes sur le marché des secrétaires fait tomber le salaire à 20 000 $. En imposant un salaire de 30 000 $, la quantité demandée de secrétaires se contracte et est ramenée à 2 000. L'offre excédentaire se déplace vers le marché des électriciens où l'offre passe de

O^E_H à $O^E_H + O_F/2$. L'opération est bénéfique pour toutes les femmes si celles qui deviennent électriciennes souhaitaient occuper cet emploi mais ne pouvaient le faire à cause de la discrimination. Elle favorise les secrétaires aux dépens des nouvelles électriciennes si la concentration initiale dans le marché des secrétaires reflétait des préférences des femmes plutôt que de la discrimination.

L'équité salariale Pour comprendre la source de l'inégalité des revenus entre les sexes, il faut donc expliquer pourquoi on trouve les femmes dans des marchés où les salaires sont faibles. Il y aura discrimination si les employeurs refusent par préjugé d'embaucher des électriciennes.

De nombreux économistes doutent qu'on soit en présence de préjugés. L'entrepreneur qui a besoin d'un électricien, mais qui refuse d'embaucher une femme, finit par payer le service plus cher que celui qui consentirait à en embaucher une à un salaire moindre que ce qu'il verserait à un homme mais bien supérieur à celui qu'il verserait à une secrétaire. Cette différence de prix incite les entrepreneurs à délaisser leurs préjugés. Dans une industrie concurrentielle comme la construction résidentielle, un entrepreneur qui ne réduit pas ses coûts parce qu'il refuse d'embaucher des femmes sera vite déclassé par un autre entrepreneur qui choisit de le faire.

Mais cet argument ne convainc pas tout le monde. Si tous les entrepreneurs demeurent insensibles à cette incitation pécuniaire, les femmes peuvent demeurer exclues du marché des électriciens. Les bas salaires qu'elles obtiendraient ne seraient pas alors à la mesure de leurs capacités. Au Québec, la *Loi sur l'équité salariale*, qui «a pour objet de corriger les écarts salariaux dus à la discrimination systémique fondée sur le sexe», oblige les entreprises à offrir un même salaire pour des emplois à prédominance masculine et féminine jugés équivalents. Une entreprise qui compte à la fois des secrétaires et des électriciens doit établir une correspondance entre ces emplois et, s'ils sont jugés équivalents, y associer des salaires égaux.

Mais qu'en est-il si ce sont les femmes elles-mêmes qui délaissent le métier d'électricien?

Choix de vie et de carrière Les couples doivent répartir leur temps entre le travail rémunéré et les tâches ménagères comme la cuisine, le ménage, les courses, l'organisation des vacances et, par-dessus tout, l'éducation des enfants.

Considérons les choix qui s'offrent au couple Martin et Élaine :

- Martin consacre son temps au travail afin d'obtenir un revenu pour le ménage pendant qu'Élaine s'occupe des tâches ménagères;

- Élaine consacre son temps au travail afin d'obtenir un revenu pour le ménage pendant que Martin s'occupe des tâches ménagères ;
- Martin et Élaine travaillent tous les deux et se partagent les tâches ménagères.

La solution qu'ils choisiront dépend de leurs préférences et de leurs perspectives de carrière. De plus en plus, les couples choisissent la troisième solution où chacun travaille. Mais, dans la plupart des ménages, Martin va consacrer une plus grande partie de son temps au travail pendant qu'Élaine assurera plus que sa part des tâches ménagères. Il est probable que Martin obtiendra un meilleur salaire pendant qu'Élaine occupera un emploi qui lui permettra facilement, par exemple, de prendre une journée de congé pour s'occuper d'un enfant malade. Martin et Élaine peuvent y trouver leur compte s'ils estiment qu'ils obtiennent plus en se spécialisant chacun dans une tâche particulière. Dans ces circonstances, les différences de traitement observées sur le marché du travail sont alors la conséquence des *choix* de carrière des femmes et non d'une discrimination systémique comme le mentionne la loi.

S'il y a discrimination dans notre exemple, alors les offres totales de main-d'œuvre sur les marchés des secrétaires et des électriciens – c'est-à-dire le consentement à offrir du travail à un salaire donné – sont représentées par les droites orange. Mais puisque les femmes n'ont pas accès au métier d'électricien, l'offre devient la droite bleue sur le marché des électriciens et la droite rouge sur celui des secrétaires : cette dernière offre gonflée ne reflète plus la disposition des femmes à ne travailler comme secrétaire que dans la mesure où elles y sont contraintes. Si, en revanche, la ségrégation observée résulte du choix des femmes, l'offre totale sur le marché des secrétaires est déjà donnée par la droite rouge : ces femmes ont choisi le métier de secrétaire parce qu'il leur procure des avantages non pécuniaires que le métier d'électricien ne leur procure pas.

Dans les deux cas, forcer l'égalisation des salaires en les amenant à 30 000 $ aboutira, à terme, à une offre excédentaire (en rouge) dans ce secteur traditionnellement féminin : certaines femmes désirant occuper un poste de secrétaire au salaire de 30 000 $ ne pourront en trouver. Si la discrimination est levée, certaines de ces femmes seront contentes de chercher un autre emploi, par exemple, électricienne… Si, par contre, la discrimination n'est qu'apparente, les secrétaires qui voient leur salaire grimper à 30 000 $ réalisent des gains aux dépens de celles qui doivent prendre un emploi qui leur convient moins.

Quoi qu'on en pense, cette distinction laisse le débat ouvert puisque des écarts de rénumération demeurent même quand on tient compte de l'effet des choix de vie sur les salaires. En outre, les tenants de la discrimination souligneront qu'il n'est pas normal que les femmes s'estiment

généralement les plus aptes à prendre en charge le ménage, notamment l'éducation des enfants.

Nous avons considéré quelques sources d'inégalité dans le marché du travail. Étudions maintenant comment des inégalités peuvent résulter d'une distribution inégale de la propriété du capital.

L'inégalité de la répartition de la richesse

Nous avons vu que l'inégalité de la répartition de la richesse (excluant le capital humain) est plus importante que l'inégalité de la répartition du revenu. Cette inégalité découle, d'une part, de l'épargne sur l'ensemble du cycle de vie et, d'autre part, des transferts intergénérationnels.

L'épargne sur l'ensemble du cycle de vie Initialement, la richesse d'une famille est souvent nulle et peut même être négative. L'étudiant qui a pu mener des études supérieures grâce à des prêts détient un capital humain imposant, mais aussi une dette d'études de 12 000 $. Au moment de fonder une famille, la valeur de sa richesse est négative. Avec le temps, il rembourse ses prêts et commence à épargner pour le jour où il ne travaillera plus. Au moment de la retraite, la famille est au sommet de sa richesse. Puis, durant les années qui suivent, la famille dépense ce qu'elle a accumulé. Avec un tel cycle de vie, une grande part de la richesse se trouve entre les mains des sexagénaires.

Les transferts intergénérationnels Les ménages qui entrent en possession d'un héritage transmettent souvent de la richesse à la génération suivante. Il en est de même de ceux dont les épargnes dépassent les dépenses qu'ils ont à engager durant leur retraite. En outre, les jeunes ne sont pas tenus d'assumer les dettes laissées par leurs parents de sorte que, s'il n'est pas dilapidé, le patrimoine ne peut que s'accroître. Les transferts intergénérationnels n'accroissent pas toujours l'inégalité. Si une génération qui jouit d'un revenu élevé épargne une part importante de ce revenu et lègue un capital à des descendants dont le revenu est moins élevé, le transfert réduit l'inégalité. Il y a toutefois un phénomène social qui favorise assurément la concentration de la richesse : le mariage entre pairs.

Le mariage entre pairs Les gens tendent à se marier entre pairs, c'est-à-dire à épouser quelqu'un issu du même milieu socioéconomique qu'eux ; l'expression populaire « Qui se ressemble s'assemble » le souligne à juste titre. Si nous aimons tant les histoires brodées sur le thème des contraires qui s'attirent – les histoires de bons princes qui épousent de pauvres cendrillons –, c'est probablement parce que nous en voyons si peu autour de nous. Dans la vraie vie, les riches épousent des riches ; la richesse se concentre entre les mains de quelques familles fortunées et sa répartition devient de plus en plus inégale.

Nous allons maintenant voir comment, par l'impôt sur le revenu et les programmes qu'il met en œuvre, l'État redistribue le revenu et atténue l'inégalité économique.

 ## La redistribution du revenu

Essentiellement, les administrations publiques du Canada redistribuent le revenu grâce à trois types de mesures :

- ♦ l'impôt sur le revenu ;
- ♦ les programmes de sécurité sociale ;
- ♦ les services subventionnés.

L'impôt sur le revenu

L'impôt sur le revenu peut être progressif, régressif ou proportionnel. Dans un système d'**impôt sur le revenu progressif**, le taux d'imposition moyen augmente avec le revenu du contribuable. Dans un système d'**impôt sur le revenu régressif**, le taux d'imposition moyen diminue avec le revenu. Dans un système d'**impôt sur le revenu proportionnel** (aussi appelé *impôt sur le revenu à taux unique*), le taux d'imposition moyen est le même pour tous les contribuables, indépendamment de leur revenu.

Au Canada, l'impôt sur le revenu existe aux deux paliers de gouvernement (fédéral et provincial). De toutes les provinces, le Québec a le taux d'imposition le plus élevé, et l'Alberta, le plus faible. Les lois fiscales diffèrent d'une province à l'autre mais, au fédéral comme dans presque toutes les provinces, on a adopté l'impôt sur le revenu progressif. L'Alberta se distingue avec un impôt sur le revenu proportionnel de 10 %.

Les Canadiens les plus pauvres ne paient aucun impôt sur le revenu, et même pour ceux qui ont un revenu de 35 000 $ par année, le taux d'imposition est très faible. Au Québec, la somme des impôts provincial et fédéral représente 31 % du revenu imposable si ce dernier est inférieur à 38 000 $; 36 % du revenu imposable s'il atteint 75 000 $; 42 % s'il atteint 126 000 $. Pour les revenus imposables supérieurs à cette somme, ce pourcentage peut grimper jusqu'à 50 %.

Les programmes de sécurité sociale

La redistribution du revenu se fait par des paiements directs (en espèces, en services ou en remboursements de frais) aux personnes à faible revenu, et ce, dans le cadre de trois types de programmes :

- ♦ le programme de la sécurité de la vieillesse ;
- ♦ le programme d'assurance-emploi ;
- ♦ les programmes d'aide sociale.

Le programme de la sécurité de la vieillesse Le programme de la sécurité de la vieillesse (SV) assure un revenu minimal aux aînés. Il comporte quatre composantes : la pension de la SV, le supplément de revenu garanti (SRG), et l'allocation au survivant (AS). Les travailleurs à la retraite ou handicapés, ou leur conjoint survivant, reçoivent des paiements en espèces financés par les cotisations sociales obligatoires que versent les employeurs et les employés. En 2009, pour une personne seule, la SV moyenne s'élevait à 489,57 $ par mois (le maximum étant de 516,96 $) ; le SRG moyen s'élevait à 435,97 $ par mois (le maximum étant de 652,51 $) ; l'allocation moyenne était de 387,72 $ par mois (le maximum étant de 947,86 $) ; et l'AS moyenne atteignait 588,93 $ par mois (le maximum étant de 1050,68 $).

Le programme d'assurance-emploi Le gouvernement fédéral a mis en place un programme de prestations garantissant un revenu aux travailleurs sans emploi ; après une période d'admissibilité, le travailleur au chômage peut recevoir des prestations. L'assurance-emploi est financée par des cotisations de l'employeur et de l'employé. En 2009, ces prestations équivalaient à 55 % du salaire hebdomadaire moyen gagné au cours des 26 semaines précédant la perte d'emploi, corrigées selon le taux de chômage dans la région où la personne habite, le maximum étant de 447 $ par semaine.

Les programmes d'aide sociale Divers programmes d'aide sociale soutiennent le revenu des familles et des personnes seules.

1. Le Transfert social canadien (TSC) est destiné à favoriser l'éducation postsecondaire et contribue à financer l'assistance sociale et les services sociaux, y compris les services à la petite enfance. Le programme est administré par les provinces et aide ceux qui sont dans le besoin à se procurer de la nourriture, des vêtements, des articles ménagers et personnels et, dans certains territoires et provinces, des biens particuliers dont il faut s'approvisionner régulièrement.

2. Le régime de pensions du Canada et les régimes provinciaux comme le régime de rentes du Québec, financés par les cotisations des employeurs et des employés, prévoient des prestations de retraite, des prestations au survivant, des prestations d'invalidité et des prestations de décès.

3. Les régimes de santé et de sécurité du travail sont des programmes provinciaux financés par les employeurs, qui sont conçus pour assurer une aide financière, des soins médicaux et des services de rééducation aux travailleurs victimes d'un accident du travail ou d'une maladie professionnelle.

Les services subventionnés

Au Canada, la redistribution s'effectue en grande partie par la fourniture publique de services subventionnés, ce qui signifie que le gouvernement fournit des biens et services à un prix inférieur à leur coût de production. Les contribuables qui consomment ces biens et services reçoivent ainsi des contribuables qui ne les consomment pas des

L'ampleur de la redistribution du revenu

Seuls les plus riches paient

Pour évaluer l'ampleur de la redistribution du revenu, il faut comparer la répartition du revenu du marché avec la répartition du revenu après impôt. Comme les données disponibles excluent la valeur des services subventionnés (notamment la valeur des services de santé ou de la formation universitaire), les résultats peuvent sous-estimer l'ampleur de la redistribution du revenu.

Les figures ci-contre illustrent l'ampleur de la redistribution au Canada selon les calculs que nous venons de décrire. Sur la **figure 1** la courbe de Lorenz bleue illustre la répartition du revenu du marché, et la courbe de Lorenz verte, la répartition du revenu après tous les impôts et transferts. Rappelez-vous que la diagonale correspond à une répartition parfaitement égale du revenu entre les citoyens. (La courbe de Lorenz basée sur le revenu total – revenu du marché plus transferts gouvernementaux – se situe entre ces deux courbes.)

La répartition du revenu après impôt est beaucoup moins inégale que la répartition du revenu du marché. En 2006, les ménages du quintile inférieur (de deux personnes et plus) n'ont perçu que 1,2 % du revenu du marché, mais 4,8 % du revenu après impôt. Ceux du deuxième quintile ont reçu 7,4 % du revenu du marché, mais 10,7 % du revenu après impôt. Les ménages du quintile supérieur ont quant à eux perçu 51,6 % du revenu du marché, mais seulement 44,0 % du revenu après impôt.

La **figure 2** montre le pourcentage du revenu redistribué entre les cinq quintiles. La part du revenu perçue par les trois quintiles inférieurs (60 % des ménages) s'est accrue ; celle du quintile inférieur a augmenté de 3,6 % et celle du deuxième quintile de 3,3 %. La part du quatrième quintile a légèrement fléchi, tandis que celle du quintile supérieur a baissé de près de 8 %.

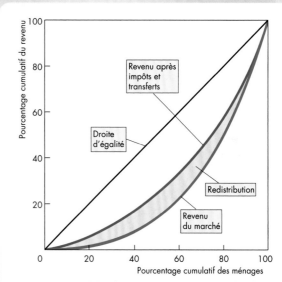

Figure 1 La répartition du revenu avant et après redistribution

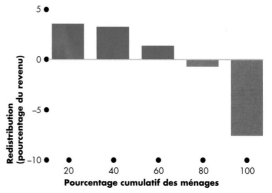

Figure 2 L'ampleur de la redistribution

Source : Statistique Canada, tableau 202-0701.

transferts en nature. Ces transferts touchent essentiellement deux secteurs: l'éducation – de la maternelle à l'université – et la santé.

Les étudiants québécois qui vont à l'université paient un peu plus de 2 000 $ par année en frais de scolarité. Le coût d'une année d'éducation à ce niveau est d'environ 20 000 $. Les ménages dont un membre étudie à l'université reçoivent donc un transfert du gouvernement d'environ 18 000 $ par année. Si plusieurs membres du ménage font des études supérieures, la valeur de ce transfert est augmentée d'autant.

La prestation par l'État de soins de santé à tous les résidents permet d'offrir des soins de grande qualité – et donc très coûteux – à des millions de personnes qui, autrement, n'auraient pas les moyens de se les procurer. Ce programme a contribué considérablement à réduire l'inégalité.

Le compromis équité-efficacité

La redistribution du revenu soulève la question du **compromis fondamental**, c'est-à-dire du compromis entre l'équité et l'efficacité.

Nous avons vu au chapitre 5 qu'il y a deux écoles de pensée concernant l'équité: la première soutient que les *règles* doivent être justes; la seconde, que les *résultats* doivent être justes. Selon la première école, il n'y a pas de compromis fondamental entre l'équité et l'efficacité dans une économie de marché parce que les transactions volontaires qui s'y tiennent sont efficaces et sont considérées comme justes par définition, même si elles aboutissent dans les faits à des inégalités.

Le compromis fondamental apparaît, selon la seconde école, lorsqu'on recherche des résultats justes. Selon ce principe, plus il y a d'égalité, plus la société est juste; moins il y a d'égalité, plus il y a d'injustice. La rançon de la justice – le compromis fondamental –, c'est que la redistribution du revenu et de la richesse finit par engendrer l'inefficacité.

La redistribution du revenu et de la richesse est source d'inefficacité à deux égards. Elle donne lieu à:

◆ des frais d'administration;

◆ une perte de surplus.

Les frais d'administration Un dollar prélevé au riche n'est pas un dollar de plus pour un pauvre, car le processus de redistribution en dilapide une partie. Les organismes qui perçoivent les impôts (comme l'Agence du revenu du Canada) et ceux qui administrent les programmes de redistribution (ainsi que les fiscalistes et les avocats) utilisent de la main-d'œuvre spécialisée, du matériel informatique et d'autres ressources rares pour accomplir leur travail. Plus la redistribution est importante, plus le coût de renonciation de sa gestion est élevé.

Le coût de la perception des impôts et de la gestion des paiements de transfert ne représente pourtant qu'une infime partie du coût de la redistribution.

La perte de surplus Le coût de l'inefficacité allocative – la perte de surplus – qu'entraînent les impôts et les transferts gouvernementaux pèse bien plus lourd que ce qu'il faut débourser pour les administrer.

Pour parvenir à une plus grande égalité, on doit en premier lieu imposer les activités productives comme le travail et l'épargne. L'imposition du revenu du travail et de l'épargne réduit le revenu après impôt des gens, ce qui les amène à moins travailler et à moins épargner. Cette diminution du travail et de l'épargne entraîne à son tour une baisse de la production et de la consommation, non seulement chez les riches qui paient les impôts, mais aussi chez les pauvres qui bénéficient de la redistribution.

En effet, l'affaiblissement de l'incitation à travailler ne touche pas seulement ceux qui paient l'impôt sur le revenu, mais aussi ceux qui bénéficient de la redistribution. En fait, dans l'état actuel des choses au Canada, les ménages qui ont le moins intérêt à travailler sont ceux qui sont pris en charge par les programmes d'assistance sociale. Ainsi, dès qu'un membre d'un de ces ménages n'est plus admissible au programme parce qu'il s'est trouvé un emploi suffisamment rémunéré, il cesse de recevoir ses prestations et perd les avantages dont il jouissait – ce qui, en pratique, équivaut à un impôt marginal extrêmement élevé. Il va sans dire que cette façon de faire enferme les ménages pauvres dans le cercle vicieux de l'aide sociale.

Toute décision concernant la redistribution du revenu et les moyens de l'assurer devrait tenir compte des effets négatifs des impôts et des programmes de transfert sur le travail et l'épargne.

Un défi majeur

Les canadiens les plus pauvres sont des femmes monoparentales qui n'ont pas terminé leur secondaire. La situation des mères seules pose un défi majeur en matière de sécurité sociale. Leur nombre est considérable (un million au Canada), leur situation économique désespérée, et les perspectives d'avenir de leurs enfants, très sombres.

Instaurer un système d'assistance sociale qui réponde aux besoins des plus démunis est une entreprise délicate. En voulant régler un problème, on peut fort bien l'aggraver. Ainsi, jusqu'en 1989, le régime d'assistance sociale québécois établissait le montant de l'aide aux plus démunis en fonction de leur âge: les prestations des adultes de moins de 30 ans équivalaient à 40 % de celles que recevaient leurs aînés. Cette disposition a été modifiée après avoir été jugée contraire à la Charte des droits et libertés de la personne du Québec, qui interdit la discrimination fondée sur l'âge. Du jour au lendemain, les prestations

L'ÉVOLUTION DE LA PAUVRETÉ

CBC NEWS ONLINE, 18 SEPTEMBRE 2008

QUELS SECOURS POUVONS-NOUS OFFRIR ?

Par *Brain Kemp*

On voit des sans-abri dans les grandes villes et les petites localités partout au Canada. L'activité est grande dans les refuges et les soupes populaires. Certains Canadiens cumulent les emplois à petit salaire et peinent à payer les factures et à se procurer ce dont ils ont besoin pour vivre.

La pauvreté existe au Canada, mais le nombre de personnes à faible revenu a connu une baisse assez considérable au cours des 10 dernières années [...].

Selon les chiffres sur le revenu publiés par Statistique Canada, la pauvreté est manifestement en décroissance [...].

L'agence se fixe des seuils de faible revenu pour obtenir ses chiffres [...].

Et les chiffres indiquent que le nombre de Canadiens à faible revenu a baissé, passant de 15,7 %, ou 4,5 millions, en 1996, à 10,5 %, ou 3,3 millions, en 2006 [...].

Toutefois, on ne peut pas analyser ces données sans tenir compte de l'évolution de la répartition du revenu et de ses effets sur la situation des Canadiens qui se trouvent tout près du seuil de faible revenu.

Selon une analyse récente de Statistique Canada des données du recensement de 2006, « le revenu médian des Canadiens travaillant à temps plein toute l'année a très peu changé au cours du dernier quart de siècle, passant de 41 348 $ en 1980 à 41 401 $ en 2005 » en dollars constants de 2005.

« Parmi ces Canadiens (employés à temps plein, toute l'année), ceux qui se trouvent au haut de l'échelle de la répartition du revenu ont vu leur revenu augmenter ; ceux qui se situent au milieu n'ont connu aucun changement ; et ceux qui sont au bas de l'échelle ont essuyé une perte de revenu. »

En fait, le revenu médian du groupe le moins bien nanti est passé de 19 367 $ en 1980 à 15 375 $ en 2005 [...]. ■

LES FAITS EN BREF

- Selon Statistique Canada, qui utilise les seuils de faible revenu pour analyser ses données, le nombre de familles vivant dans la pauvreté est passé de 15,7 %, ou 4,5 millions, en 1996, à 10,5 %, ou 3,3 millions, en 2006.

- Le revenu médian des personnes travaillant à temps plein toute l'année s'est maintenu autour de 41 000 $ entre 1980 et 2005.

- Le revenu médian a augmenté pour les personnes à revenu élevé et a diminué pour les personnes à faible revenu, passant de 19 367 $ à 15 375 $.

ANALYSE ÉCONOMIQUE

● Dans l'article, on rapporte que l'incidence du faible revenu a diminué entre 1996 et 2006.

● L'incidence est passée de 15,7 % en 1996 à 10,5 % en 2006.

● Le revenu médian a à peine changé depuis 1985 ; le revenu des personnes sous le seuil du faible revenu a diminué et celui du groupe à revenu élevé a augmenté.

● Ces faits sont compatibles avec ce que vous avez appris dans le présent chapitre. Cependant, pris isolément, ils sont trompeurs.

● La courbe de la figure 19.6 (p. 565) montre comment le pourcentage de familles sous le seuil du faible revenu a fluctué depuis 1977. L'incidence du faible revenu oscille autour d'une moyenne de 17 %. On observe un sommet en 1996 et un creux en 2006, mais il n'y a pas de tendance générale à la baisse.

● À cause de l'immigration, l'offre de travail non qualifié a crû plus vite que sa demande. Dans ce chapitre, nous avons expliqué que l'introduction de nouvelles technologies déprime la demande de travail non qualifié.

● La **figure 1** montre la répartition du revenu familial après impôt en 1980 et en 2006. La moyenne a augmenté, mais la médiane a baissé, ce qui nous indique que l'inégalité s'est accrue.

● À la **figure 2**, les courbes de Lorenz pour les années 1980 et 2006 confirment l'accroissement de l'inégalité. Le coefficient de Gini est passé de 0,353 en 1980 à 0,392 en 2006.

● Toutefois, les données sur le revenu familial indiquent que la taille moyenne des familles a diminué entre 1980 et 2006, passant de 2,6 à 2,1 personnes. Cela fausse l'impression d'accroissement de l'inégalité.

● La **figure 3** montre comment le revenu familial moyen aurait évolué si la taille de la famille était resté la même qu'en 1980. Les individus sont devenus beaucoup plus à l'aise que les cellules familiales parce que la taille de ces dernières a diminué. En 2006, il y avait beaucoup plus de personnes vivant seules qu'en 1980.

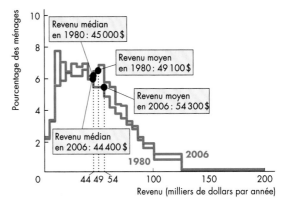

Figure 1 La répartition du revenu en 1980 et en 2006

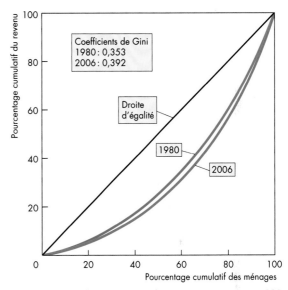

Figure 2 Les courbes de Lorenz du revenu en 1980 et en 2006

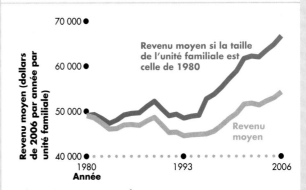

Figure 3 Deux mesures du revenu moyen pour les années 1980 à 2006

des moins de 30 ans furent donc considérablement accrues. Les économistes Bernard Fortin, Guy Lacroix et Simon Drolet ont mesuré les effets de ce changement sur la dépendance des plus jeunes à l'assistance sociale. Leur étude révèle que la durée moyenne de dépendance s'est accrue de 3,8 mois (38 % d'augmentation) chez les jeunes hommes et de 5,9 mois (41 % d'augmentation) chez les jeunes femmes. Un résultat désastreux, étant donné que ce programme vise à soutenir ces personnes pendant une période difficile afin qu'elles puissent réintégrer plus rapidement le marché du travail[1].

Nous venons d'étudier l'ampleur et les causes de l'inégalité économique au Canada, ainsi que son évolution depuis 1980. La rubrique « Entre les lignes » (p. 574) analyse l'inégalité économique qui a commencé à se creuser au début des années 1980 et qui n'a cessé de s'accentuer depuis lors.

---

1. Bernard Fortin, Guy Lacroix et Simon Drolet, « Welfare benefits and the duration of welfare spells : evidence from a natural experiment in Canada », *Journal of Public Economics*, 88, 2004, p. 1495-1520.

MINITEST 3

1 Comment les administrations publiques canadiennes redistribuent-elles le revenu ?

2 Quelle est l'ampleur de cette redistribution au Canada ?

3 Quel est le principal défi en matière de sécurité sociale au Canada à l'heure actuelle ? Comment le Canada compte-t-il relever ce défi ?

Réponses p. 582

RÉSUMÉ

Points clés

Mesurer l'inégalité économique (p. 560-565)

◆ En 2006, le revenu après impôt modal se situait entre 15 000 $ et 19 999 $, le revenu après impôt médian s'élevait à 44 400 $, et le revenu après impôt moyen, à 53 400 $.

◆ La répartition du revenu au Canada présente une asymétrie positive.

◆ En 2006, les ménages du quintile inférieur ont reçu 4,8 % du revenu après impôt, et les ménages du quintile supérieur, 44,0 %.

◆ La répartition de la richesse est plus inégale que celle du revenu parce que les statistiques nationales sur la richesse excluent la valeur du capital humain.

◆ Depuis 1976, la répartition du revenu est devenue plus inégale.

◆ Le niveau de scolarité, l'emploi, le type de ménage, l'âge du principal soutien du ménage, le nombre d'enfants et la source du revenu influent sur le revenu des ménages.

Les causes de l'inégalité économique (p. 565-571)

◆ L'inégalité économique découle de différences de capital humain.

◆ La nouvelle répartition du capital humain engendrée par le progrès technologique et la mondialisation explique en partie l'accroissement de l'inégalité.

◆ La discrimination peut contribuer à l'inégalité économique.

◆ L'inégalité économique entre hommes et femmes peut s'expliquer par des différences dans les choix de vie et de carrière faits par les hommes et les femmes.

◆ Les transferts intergénérationnels de richesse tendent à augmenter l'inégalité, et ce, pour deux raisons : les dettes ne peuvent être transmises par legs – un legs ne peut qu'accroître la richesse – et le mariage entre personnes du même milieu socioéconomique tend à concentrer la richesse.

La redistribution du revenu (p. 571-576)

◆ La redistribution du revenu par les gouvernements se fait par l'impôt sur le revenu progressif, les programmes de sécurité sociale et la prestation de services subventionnés.

◆ La redistribution du revenu accroît la part du revenu perçue par les ménages des trois quintiles inférieurs et réduit celle du quintile supérieur. La part des ménages du quatrième quintile fléchit légèrement.

◆ Parce qu'elle affaiblit les incitatifs au travail et à l'épargne, la redistribution du revenu nécessite un compromis entre équité et efficacité.

◆ Un programme de redistribution du revenu mal conçu peut accroître la dépendance des jeunes à l'assistance sociale.

Figures clés

Figure 19.1 La répartition du revenu au Canada en 2006 (p. 560)

Figure 19.4 Les courbes de Lorenz du revenu et de la richesse au Canada (p. 562)

Figure 19.5 Le coefficient de Gini au Canada : 1976 à 2006 (p. 563)

Figure 19.7 Les différences de qualification (p. 566)

Figure 19.8 L'explication de l'évolution de la répartition du revenu (p. 568)

Figure 19.9 La ségrégation occupationnelle (p. 569)

Mots clés

Coefficient de Gini Indice d'inégalité correspondant au double de l'aire comprise entre la droite d'égalité et la courbe de Lorenz (p. 563).

Compromis fondamental Compromis entre l'équité et l'efficacité (p. 573).

Courbe de Lorenz Graphique qui associe au pourcentage de la population la plus pauvre, le pourcentage du revenu qu'elle détient (p. 560).

Impôt sur le revenu progressif Impôt sur le revenu dont le taux d'imposition moyen augmente avec le revenu du contribuable (p. 571).

Impôt sur le revenu proportionnel Impôt sur le revenu dont le taux d'imposition est le même pour tous les contribuables, indépendamment de leur revenu. Synonyme : Impôt sur le revenu à taux unique (p. 571).

Impôt sur le revenu régressif Impôt sur le revenu dont le taux d'imposition moyen diminue avec le revenu (p. 571).

Pauvreté Situation où le revenu familial est insuffisant pour permettre l'achat du panier de biens et services jugé essentiel (nourriture, logement, habillement) (p. 564).

Revenu après impôt Différence entre le revenu total et l'impôt sur le revenu (p. 560).

Revenu du marché Somme *avant impôt* des salaires, des intérêts de placements, des pensions de retraite et des profits gagnés sur les marchés des facteurs (p. 560).

Revenu total Somme du revenu du marché et des paiements de transfert (p. 560).

Richesse Valeur de tous les avoirs des individus ; valeur marchande des actifs (p. 561).

Seuil de faible revenu Niveau de revenu – différent selon les types de ménages (personnes seules, couples, familles monoparentales, familles biparentales, etc.) – en deçà duquel les ménages consacrent 20 % de plus de leur revenu à la nourriture, au logement et à l'habillement que ne le fait le ménage moyen (p. 564).

PROBLÈMES ET APPLICATIONS

L'inégalité au Canada

1. Le tableau suivant présente la répartition du revenu du marché et du revenu après impôt au Canada en 2006.

Ménages	Revenu du marché (pourcentage du revenu)	Revenu après impôt (pourcentage du revenu)
Quintile inférieur	1,1	4,8
Deuxième quintile	7,3	10,7
Troisième quintile	14,8	16,4
Quatrième quintile	24,8	24,0
Quintile supérieur	52,0	44,1

a. Donnez les définitions du revenu du marché et du revenu après impôt.

b. Tracez les courbes de Lorenz de la répartition du revenu du marché et du revenu après impôt sur un même graphique.

c. Quelle distribution est la plus inégale : celle du revenu du marché ou celle du revenu après impôt ?

d. Quel pourcentage du revenu du marché total est prélevé sur le quintile supérieur et redistribué ?

e. Quels pourcentages du revenu total sont redistribués aux deux premiers quintiles ?

f. Supposons qu'on augmente la redistribution du revenu au Canada de telle sorte que le quintile inférieur reçoive 15 % du revenu total et le quintile supérieur, 30 %. Décrivez les effets d'une telle mesure.

2. Le tableau suivant donne la répartition par quintile du revenu après impôt au Canada en 1986.

Ménages	Revenu après impôt (pourcentage du revenu total)
Quintile inférieur	5,5
Deuxième quintile	11,4
Troisième quintile	17,6
Quatrième quintile	24,7
Quintile supérieur	40,8

a. Tracez la courbe de Lorenz pour le Canada en 1986 et comparez-la à celle de 2006 (problème précédent).

b. La répartition du revenu au Canada est-elle plus égale ou moins égale en 2006 qu'en 1986 ?

c. Selon vous, quelles raisons pourraient expliquer les différences entre les années 1986 et 2006 quant à la répartition du revenu après impôt ?

3. Le tableau suivant donne le revenu moyen par quintile au Canada en 2006.

Ménages	Revenu moyen (par ménage)
Quintile inférieur	16 500 $
Deuxième quintile	38 400 $
Troisième quintile	61 700 $
Quatrième quintile	87 300 $
Quintile supérieur	161 000 $

a. Dressez un tableau de la répartition par quintile du revenu.

b. Dressez un tableau de la distribution cumulative du revenu.

c. Tracez la courbe de Lorenz du revenu. Comparez la répartition du revenu avant et après impôt en 2006.

4. Les tableaux suivants montrent la répartition du revenu monétaire au Canada et au Royaume-Uni. Le revenu monétaire est égal à la somme du revenu du marché et des paiements en espèces.

Ménages canadiens	Revenu monétaire (pourcentage du revenu total)
Quintile inférieur	7
Deuxième quintile	13
Troisième quintile	18
Quatrième quintile	25
Quintile supérieur	37

Ménages britanniques	Revenu monétaire (pourcentage du revenu total)
Quintile inférieur	3
Deuxième quintile	5
Troisième quintile	14
Quatrième quintile	25
Quintile supérieur	53

a. Dressez un tableau qui montre la répartition cumulative du revenu au Canada et au Royaume-Uni.

b. Tracez les courbes de Lorenz du Canada et du Royaume-Uni. Comparez-les. Dans quel pays la répartition du revenu est-elle la plus inégale?

c. Énumérez quelques-unes des causes des différences entre le Canada et le Royaume-Uni quant à la répartition du revenu.

5. Le tableau suivant donne trois formules d'impôt sur le revenu.

Revenu avant impôt	Formule A	Formule B	Formule C
10 000 $	1 000 $	1 000 $	2 000 $
20 000 $	2 000 $	4 000 $	2 000 $
30 000 $	3 000 $	9 000 $	2 000 $

Parmi les formules, indiquez celle qui

a. est proportionnelle.

b. est régressive.

c. est progressive.

d. augmente l'inégalité.

e. diminue l'inégalité.

f. n'a pas d'effet sur l'inégalité.

6. En Chine et en Inde, les revenus sont très faibles par rapport à ceux qui sont perçus au Canada, mais ils croissent deux fois plus vite. Compte tenu de ces faits, que peut-on dire à propos de :

a. l'évolution de l'inégalité entre les habitants de la Chine et de l'Inde et ceux du Canada?

b. la courbe de Lorenz et le coefficient de Gini à l'échelle de la planète?

La valeur du travail

7. La figure suivante illustre l'offre et la demande de travail non qualifié.

À tous les niveaux d'emploi, la valeur de la productivité marginale des travailleurs qualifiés vaut 8 $

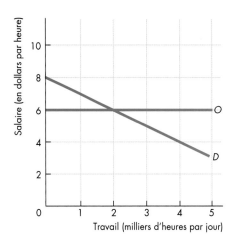

de plus que celle des travailleurs non qualifiés. Cependant, pour compenser le coût d'acquisition de la qualification et attirer des travailleurs qualifiés, les entreprises doivent verser à ces derniers 6 $ de plus par heure qu'aux travailleurs non qualifiés.

a. Quel est le salaire horaire des travailleurs non qualifiés?

b. Quelle est la quantité utilisée de travail non qualifié?

c. Quel est le salaire horaire des travailleurs qualifiés?

d. Quelle est la quantité utilisée de travail qualifié?

e. Pourquoi la différence de salaire entre un travailleur qualifié et un travailleur non qualifié correspond-elle au coût d'acquisition de la qualification?

8. La figure suivante illustre l'offre et la demande de travailleurs soumis à la discrimination. Supposons qu'il existe un groupe de travailleurs dans la même industrie envers lesquels il n'y a pas de discrimination et que la valeur de leur productivité marginale est considérée comme égale au double de celle des travailleurs qui font l'objet de discrimination. Supposons également que l'offre de travailleurs exempts de discrimination vaut 2 000 heures par jour de moins à tous les niveaux d'emploi.

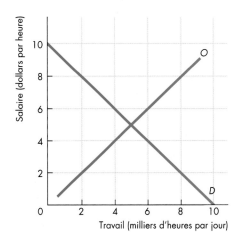

a. Quel est le salaire horaire des travailleurs qui sont soumis à la discrimination ?

b. Quelle est la quantité utilisée de travail soumis à la discrimination ?

c. Quel est le salaire horaire des travailleurs qui ne font pas l'objet de discrimination ?

d. Quelle est la quantité utilisée de travail exempt de discrimination ?

9.

LES ENTREPRISES SE FONT MOINS GÉNÉREUSES EN 2009

Les travailleurs canadiens reçoivent de plus faibles augmentations en 2009. [...]

On prévoit que les travailleurs de l'industrie du gaz et du pétrole profiteront encore cette année des meilleures augmentations de salaire au pays. Toutefois, on s'attend à ce que celles-ci soient inférieures aux augmentations de 6 % octroyées en 2008. [...]

On verra des écarts considérables entre les augmentations [...]. Dans les quatre provinces de l'Ouest, on prévoit que ces dernières seront supérieures à 4 % en moyenne. Les travailleurs non syndiqués de l'Alberta obtiendront en moyenne 5,1 %. À l'opposé, les augmentations en Ontario, au Québec et dans les provinces de l'Atlantique tomberont sous la moyenne nationale (3 %).

Conference Board du Canada, 27 octobre 2008

---

a. Si, comme prévu, l'augmentation du salaire horaire dépasse la moyenne nationale dans l'Ouest du Canada et tombe sous la moyenne en Ontario, au Québec et dans les provinces de l'Atlantique, comment le bien-être économique des ménages évoluera-t-il dans les diverses régions du pays ?

b. Pourquoi s'attend-on à ce que ce soit les travailleurs de l'industrie du gaz et du pétrole qui reçoivent les augmentations de salaire moyennes les plus élevées ?

10.

BEAUCOUP D'ARTISTES, PEU DE REVENUS

Les artistes engrangent un revenu moyen de 22 700 $ [en 2005], soit environ 14 000 $ de moins que la moyenne des travailleurs canadiens. [...] Il y a plus de femmes artistes que d'hommes, mais ces femmes gagnent beaucoup moins que leurs collègues (une différence de 28 %). La palme du faible revenu revient toutefois aux artistes autochtones (moyenne de 15 900 $). [...] Ceux qui ont un diplôme universitaire gagnent 38 % de plus que [ceux qui n'ont qu'un diplôme d'études secondaires]. Mais dans le reste de la population, cette « prime » universitaire permet aux travailleurs de gagner plus du double.

Le Devoir, 5 février 2009

---

a. Pourquoi les artistes gagnent-ils beaucoup moins que les autres travailleurs canadiens ?

b. Tracez un graphique de la demande et de l'offre sur le marché du travail des artistes et des ouvriers spécialisés pour illustrer votre explication.

11.

RALENTISSEMENT ÉCONOMIQUE. LES HOMMES FRAPPÉS PLUS DUREMENT.

Les récessions frappent davantage les hommes que les femmes [...] parce que les hommes sont plus nombreux dans les secteurs plus touchés, comme le secteur manufacturier. [...] Les secteurs plus féminins, comme le commerce de détail, l'éducation et la santé, sont beaucoup moins touchés par les cycles économiques. [...] « On peut faire un parallèle entre le travail et la finance [...] les placements qui ont des rendements élevés ont aussi des risques élevés [...] les activités qui sont moins touchées par les cycles économiques, comme la santé ou l'éducation, [sont] moins bien rémunérées que celles où le risque de perdre son emploi durant une récession est plus élevé. » [Mais] « dans les secteurs plus risqués et mieux payés, les entreprises veulent des employés qui peuvent faire beaucoup d'heures supplémentaires, ce qui peut désavantager les femmes en âge d'être mères. »

La Presse, 2 mars 2009

---

a. À l'aide de graphiques, expliquez pourquoi la récession frappe plus durement les hommes que les femmes.

b. Selon vous, est-il justifié de forcer les entreprises à offrir des salaires égaux pour des emplois jugés équivalents ?

c. Comment une telle obligation influe-t-elle sur l'emploi dans un métier traditionnellement féminin ?

12. Les statistiques d'une économie révèlent que 3 millions de personnes employées à temps plein à titre de cadres et de professionnls percevaient en 2000 un salaire moyen de 800 $ par semaine. D'autre part, 1 million de personnes détenaient des postes de vente à temps plein avec un salaire moyen de 530 $ par semaine.

a. Expliquez pourquoi les cadres et les professionnels sont mieux payés que les vendeurs.

b. Expliquez pourquoi il y a plus de cadres et de professionnels que de vendeurs, bien que les salaires des premiers soient plus élevés.

c. Si, comme la tendance l'indique, les consommateurs font de plus en plus leurs achats en ligne, quel sera, selon vous, l'avenir du marché du travail pour les vendeurs ?

Le grand compromis

13.

BUDGET PROVINCIAL 2009

Les contribuables devront puiser dans leurs poches pour renflouer les coffres de l'État après la crise économique. En plus d'augmenter la TVQ de 1 %, le gouvernement Charest haussera les tarifs des services publics à compter de 2011. Québec indexera les tarifs d'une trentaine de services qui n'ont pas changé depuis des années, comme les permis de conduire et le transport ambulancier d'Urgences-santé. Cela équivaut à une hausse tarifaire de plus de 2 % chaque année. Cette opération rapportera à l'État 60 millions de dollars par an. [...] Les droits de scolarité continueront d'augmenter de 50 $ par semestre, comme prévu.

« La tarification doit reposer sur l'idée selon laquelle celui qui utilise un service doit également être celui qui le paye. C'est le concept de l'utilisateur-payeur », a affirmé la ministre des Finances, Mme Monique Jérôme-Forget. « Beaucoup de services gouvernementaux sont considérés comme gratuits. C'est une illusion qui conduit à des comportements individuels qui mènent au gaspillage de nos ressources. Ce sont nos taxes et nos impôts, et donc l'ensemble de la collectivité qui paie la note pour ces services. Cela conduit à terme à un fardeau fiscal plus lourd qu'ailleurs qui freine la croissance économique. »

La Presse, 20 mars 2009

a. Comment le gouvernement peut-il financer les services qu'il offre à la collectivité ?

b. Comment la manière dont le gouvernement finance ces services se répercute-t-elle sur la répartition du revenu ?

c. Pourquoi la ministre préfère-t-elle hausser les tarifs plutôt que les impôts ?

14. Après avoir étudié la rubrique « Entre les lignes » (p. 574), répondez aux questions suivantes :

a. Selon l'article de *CBC News Online*, quels sont les faits indiquant que l'incidence du faible revenu a évolué ?

b. Pourquoi la comparaison de l'incidence du faible revenu en 1996 et en 2006 ne nous dit-elle rien sur l'évolution du faible revenu en tant que telle ?

c. Quelle est la relation entre les représentations de la répartition du revenu de la figure 1 et les courbes de Lorenz de la figure 2 ?

d. Expliquez pourquoi le revenu médian peut diminuer alors que le revenu moyen augmente. Que nous indique ce phénomène à propos de la répartition du revenu ?

e. Comment la taille moyenne de la cellule familiale influe-t-elle sur l'impression qui se dégage des données citées dans l'article ?

RÉPONSES AUX MINITESTS

MINITEST 1 (p. 565)

1. La distribution de la richesse est plus inégale que celle des revenus parce que l'évaluation de la richesse n'inclut pas le capital humain. Les revenus dépendent du capital humain ; leur distribution est donc une meilleure mesure des inégalités.

2. L'inégalité s'est accrue depuis 35 ans.

3. Les ménages les plus riches comptent peu d'enfants et sont généralement formés par un couple de travailleurs dans la force de l'âge et plus instruits que la moyenne. Les plus pauvres sont formés d'une mère monoparentale peu scolarisée (et de ses enfants) qui vit de l'aide sociale.

4. Au Canada, une famille qui consacre plus des deux tiers de son budget à se loger, à s'habiller et à se nourrir est considérée comme pauvre. Selon cette mesure, 17 % des ménages canadiens sont pauvres.

MINITEST 2 (p. 571)

1. Les différences en capital humain expliquent une partie de la disparité des revenus. Une personne qui dispose de plus de capital humain obtient un meilleur revenu.

2. Les progrès technologiques accroissent la demande de travailleurs spécialisés et donc le salaire que ces derniers obtiennent. La mondialisation accroît l'offre de travailleurs non spécialisés et fait donc baisser le salaire que ces derniers obtenaient traditionnellement en Occident. Ces deux effets combinés accroissent la disparité des revenus.

3. Elle peut empêcher certaines personnes, notamment les femmes, d'utiliser leur capital humain là où il serait le plus apprécié et le plus valorisé.

4. La discrimination, les différences en capital humain et les choix de carrière.

5. La richesse patrimoniale est inégalement distribuée et contribue donc à la disparité des revenus. De plus, les dettes ne sont pas transmissibles. En revanche, en l'absence de constitution de patrimoine, la richesse patrimoniale accroîtrait davantage encore la disparité courante des revenus.

6. Parce que les riches ont tendance à se marier entre eux.

MINITEST 3 (p. 576)

1. En taxant les contribuables en proportion de leur richesse, en proposant des programmes de transfert aux particuliers et en finançant des services, notamment la santé et l'éducation.

2. Les plus riches (40 %) financent les plus pauvres. C'est ainsi que les ménages du quintile supérieur (les plus riches) voient leurs revenus réduits de 8 % tandis que les ménages du quintile inférieur (les plus pauvres) voient leurs revenus haussés de 3,6 %.

3. Diminuer l'incidence de la pauvreté chez les mères monoparentales n'ayant pas terminé leurs études secondaires représente un défi de taille pour la sécurité sociale au Canada. L'État permet aux mères monoparentales de poursuivre leur scolarisation, afin qu'elles puissent s'extirper de la pauvreté avec leurs enfants.

De sourdes forces à l'œuvre

Depuis 35 ans au Canada, l'écart entre les riches et les pauvres s'est creusé. Pendant ce temps en Asie, des millions de personnes sont sorties de la pauvreté et jouissent aujourd'hui d'un niveau de vie élevé et en croissance rapide. Comment s'expliquent ces tendances ? Par les forces de l'offre et de la demande dans le marché des facteurs, forces qui déterminent les salaires, les taux d'intérêt, les loyers et les prix des ressources naturelles, et par conséquent les revenus des gens. ◆ Au Canada, le capital humain et l'entrepreneuriat sont les ressources les plus prisées, et les salaires qui leur sont versés ont connu la croissance la plus rapide. En Asie, l'échelle des salaires sur le marché du travail a été transformée. Et dans toutes les régions riches en pétrole, les revenus ont augmenté sous la poussée des prix élevés et toujours croissants de l'énergie. ◆ De nombreux économistes émérites nous ont aidé à mieux comprendre les marchés des facteurs et notamment leur rôle dans la résolution du dilemme entre les demandes illimitées des humains et la rareté des ressources disponibles. L'un d'eux est Thomas Robert Malthus. ◆ Citons aussi Harold Hotelling, qui a prédit que la montée incessante des prix des ressources naturelles entraînerait un déclin constant de la quantité utilisée de ces ressources et l'intensification de la recherche de substituts. ◆ Autre économiste de renom, Julian Simon a contesté tant les prédictions sinistres de Malthus que le principe de Hotelling. Convaincu que les gens sont la « ressource ultime », il a prédit que la croissance démographique soulagerait la pression sur les ressources naturelles. Selon lui, plus une population est nombreuse, plus elle compte de gens ingénieux et capables de trouver des façons efficaces d'utiliser nos ressources rares.

THOMAS ROBERT MALTHUS (1766-1834), ecclésiastique et économiste, a eu une influence considérable en sciences sociales. Dans son classique Essai sur le principe de population *(1798), il prédisait que l'accroissement de la population dépasserait celui de la production alimentaire, et affirmait que les guerres, les famines et les maladies resteraient des fléaux inévitables tant que la croissance démographique ne serait pas contenue par le mariage tardif et le célibat. (Il s'est lui-même marié à 38 ans avec une femme de 27 ans, âges qu'il recommandait pour tout le monde.)*

*Malthus a eu une influence profonde sur Charles Darwin, à qui la lecture de l'*Essai sur le principe de population *a inspiré l'idée centrale de ce qui allait devenir la théorie de la sélection naturelle. Toutefois, ce sont aussi les prédictions sombres de Malthus qui ont fait dire de l'économique qu'elle est la « science sinistre ».*

L'attirance qui unit les sexes a toujours été la même ; elle a même si peu changé qu'on peut l'envisager, pour me servir d'une expression algébrique, comme une quantité donnée.

– THOMAS ROBERT MALTHUS, *Essai sur le principe de population*, 1798 [1]

ENTRETIEN

avec **DAVID CARD**

DAVID CARD

David Card *est professeur d'économique et directeur du Centre d'économie du travail à l'Université de Californie à Berkeley. Il est aussi adjoint de recherche au National Bureau of Economic Research des États-Unis.*

Né au Canada, il a obtenu son baccalauréat en 1977 à l'Université Queen's, à Kingston, en Ontario, et son doctorat en 1983 à l'Université Princeton. On lui a décerné de nombreux honneurs, dont le plus remarquable est le prix John Bates Clark de l'American Economic Association offert au meilleur économiste âgé de moins de 40 ans.

Les recherches du professeur Card sur les marchés du travail et les effets des programmes publics sur les salaires, l'emploi et la répartition du revenu sont à l'origine de près de 150 articles et de plusieurs ouvrages. Le plus récent d'entre eux (dont il a dirigé la rédaction en collaboration avec Alan Auerbach et John Quigley) porte le titre de Poverty, the Distribution of Income, and Public Policy *(New York : Russell Sage Foundation, 2006). Dans un ouvrage précédent (écrit en collaboration avec Alan B. Krueger), intitulé* Myth and Measurement : The New Economics of the Minimum Wage *(Princeton, NJ : Princeton University Press, 1995), ses conclusions ont bousculé une des croyances les plus fondamentales concernant les effets du salaire minimum.*

Michael Parkin et Robin Bade se sont entretenus avec David Card de ses travaux et de la compréhension qu'ont maintenant les économistes des effets des programmes publics sur la répartition du revenu et sur le bien-être économique.

Professeur Card, qu'est-ce qui vous a attiré en économique ?

Quand je suis arrivé à l'université, je n'avais nullement l'intention d'étudier l'économique. Je me dirigeais vers la physique. J'étais en train d'aider une amie à résoudre des problèmes pour ses classes et je me suis mis à lire la section sur l'offre et la demande dans son manuel. Ce qui me frappait, c'était l'efficacité du modèle à expliquer le paradoxe de la moisson exceptionnelle, qui est en fait défavorable à l'agriculteur. J'ai lu presque tout le livre dans les jours suivants. Et l'année d'après, j'étais inscrit en économique.

Presque tous vos travaux s'appuient sur des données. Votre méthode est empirique. Comment procédez-vous ? D'où viennent vos données ? Et comment les utilisez-vous ?

J'utilise des données provenant de sources diverses. Certaines viennent d'enquêtes que j'ai menées moi-même ; d'autres, de consultations d'ouvrages historiques ou de publications gouvernementales. J'ai aussi utilisé des fichiers informatiques constitués à partir de recensements et d'enquêtes réalisés aux États-Unis, au Canada, en Grande-Bretagne et dans d'autres pays.

Un économiste peut traiter les données de trois façons. La première consiste à produire de simples statistiques à partir de questions précises telles que « Quelle est la proportion de familles vivant dans la pauvreté ? ». Pour ce faire, il faut savoir comment on a procédé à la collecte des données et à leur traitement, et quelles questions on a posées. Par exemple, le taux de pauvreté dépend de ce qu'on entend par « famille ». Si une mère célibataire vit avec son enfant chez ses parents, le « revenu familial » comprend alors le revenu de la mère et celui des grands-parents.

La deuxième façon de traiter les données consiste à produire des descriptions comparatives. C'est ainsi, par exemple, que j'ai comparé les différences de salaire entre les travailleurs et les travailleuses. Là aussi, les détails sont importants. Par exemple, l'écart de salaire entre les hommes et les femmes est beaucoup plus grand si on examine le revenu annuel que si on se limite au salaire horaire, parce que les femmes ne passent pas autant d'heures au travail.

Lorsqu'on a établi un certain nombre de faits précis, on commence à esquisser des explications possibles. On peut aussi écarter les fausses pistes.

La troisième approche utilisée en économie empirique, et la plus difficile, est de mettre au jour par inférence l'enchaînement des causes et des effets. À l'occasion, il nous arrive de procéder à une véritable expérience dans laquelle des volontaires sont répartis de façon aléatoire entre un «groupe expérimental» et un «groupe témoin». C'est de cette façon qu'on a mené, au Canada, le Projet d'auto-suffisance (PAS) – une démonstration expérimentale de réforme de l'aide sociale. En raison de la répartition au hasard, nous savons que, sans «traitement», le groupe expérimental n'aurait pas été différent du groupe témoin. En conséquence, s'il nous est donné d'observer une différence de comportement, comme une plus grande propension à travailler chez les parents célibataires du groupe expérimental, nous pouvons conclure que les incitatifs pécuniaires du PAS poussent les gens à trouver du travail.

En économie empirique, le plus difficile est de mettre au jour par inférence l'enchaînement des causes et des effets.

La plupart du temps, il n'y a pas d'expérience formelle. Nous voyons un groupe de personnes qui se trouve soumis à une sorte de «traitement» (tel qu'un salaire minimum plus élevé) et nous essayons d'établir un groupe de référence en dénichant un ensemble de personnes qui présente des caractéristiques analogues et qui nous permet d'illustrer ce que le groupe soumis au traitement aurait été en l'absence de ce dernier. En l'absence de groupe témoin convaincant, il nous faut être prudents.

Dans l'ouvrage sur le salaire minimum que vous avez écrit avec Alan Krueger, vous affirmez qu'une hausse du salaire minimum fait augmenter l'emploi – tout le contraire de ce qui était communément admis jusque-là. Comment êtes-vous arrivé à cette conclusion?

Nous avons examiné plusieurs cas où on avait augmenté le salaire minimum à un endroit, mais non ailleurs. Par exemple, quand nous avons su que l'assemblée législative du New Jersey venait de voter en faveur d'une hausse du salaire minimum, nous avons procédé à des enquêtes dans les établissements de restauration rapide au New Jersey et dans les régions voisines de la Pennsylvanie. Nous avons fait enquête quelques mois avant l'entrée en vigueur de la hausse, puis à nouveau un an plus tard, après l'augmentation. La première enquête a montré que la situation était très comparable dans les deux États. Lors de la deuxième, nous avons découvert que, malgré un salaire minimum plus élevé, l'emploi au New Jersey avait légèrement augmenté. La première enquête s'est avérée très importante, car elle a mis en évidence les différences qui existaient entre les deux États avant la hausse et, ce faisant, elle nous a fourni un point de référence pour évaluer la suite. C'est ainsi que nous avons pu affirmer que tout changement dans la situation au New Jersey par rapport à la situation en Pennsylvanie était très probablement attribuable au salaire minimum.

Comment êtes-vous parvenu à expliquer ce que vous avez trouvé?

Nous avons dit que, avant la hausse du salaire minimum, il y avait des postes à pourvoir dans beaucoup de restaurants au New Jersey. Les employeurs étaient prêts à pourvoir ces postes, mais ne pouvaient pas le faire sans consentir des augmentations de salaire. Dans de telles circonstances, une augmentation du salaire minimum peut inciter certains employeurs à accroître leur personnel et d'autres à le réduire. Lorsqu'on fait la moyenne, l'effet net sur l'emploi risque d'être petit. Nous avons observé une hausse des salaires et une baisse des postes à pourvoir au New Jersey, le tout associé à une faible croissance de l'emploi.

Vous avez examiné à peu près toutes les politiques portant sur le marché du travail. Parlons un peu des prestations d'aide sociale versées aux mères de familles monoparentales. Comment influent-elles sur les décisions qui se prennent sur le marché du travail?

Au Canada, on a mis sur pied le Projet d'autosuffisance (PAS) pour vérifier si on pouvait remplacer les prestations d'aide sociale par des suppléments au revenu. Le défaut de l'aide sociale traditionnelle, c'est que les prestataires n'ont pas intérêt à trouver du travail. S'ils gagnent 1 $, leurs prestations diminuent de 1 $. C'est pourquoi, au début des années 1950, Milton Friedman a proposé comme solution de rechange un programme «d'impôt négatif sur le revenu», tel que le PAS, en vertu duquel ceux qui augmentent leur revenu ne perdent qu'une fraction de leurs prestations (dans le cas du PAS, 50 cents pour chaque dollar gagné). Les résultats ont montré que ce système encourage les parents célibataires à travailler.

L'immigration a défrayé la chronique ces dernières années. Pouvez-vous nous décrire vos travaux sur ce sujet et ce que vous avez découvert?

J'ai cherché à comprendre si l'arrivée d'immigrants peu qualifiés sur le marché du travail nuit aux chances des travailleurs indigènes moins qualifiés. Dans un de mes articles, j'ai examiné les effets de l'évacuation de Mariel, qui a eu lieu en 1980. L'évacuation s'était organisée à la suite d'un soulèvement populaire, à Cuba, qui avait amené Fidel Castro à permettre à tous ceux qui le désiraient de quitter l'île par le port de Mariel. Quelques jours à peine après l'annonce de Castro, une flotte de petites embarcations arrivant des États-Unis ramenait les gens à Miami. Au total, 150 000 personnes sont parties. Plus de la moitié se sont installées à Miami, ce qui a provoqué une hausse brutale de l'offre de travail peu qualifié. J'ai étudié les conséquences de ce «choc» sur les salaires et les taux de chômage dans divers groupes de Miami et dans un ensemble de villes de référence où la situation des salaires et de l'emploi depuis une décennie était comparable. Je n'ai découvert aucun effet mesurable sur les salaires des autres travailleurs établis à Miami, ni sur le taux de chômage chez ces derniers. J'ai pu confirmer par la suite que le phénomène observé à Miami se répète dans la plupart des autres villes. Celles-ci peuvent absorber l'arrivée massive d'immigrants peu qualifiés, si bien que les répercussions sur la situation des populations déjà établies sont remarquablement faibles.

La répartition du revenu est de plus en plus inégale. Savons-nous pourquoi?

Il y a beaucoup de raisons. Les revenus familiaux sont plus inégaux en partie à cause d'un nombre croissant de familles jouissant de deux salaires très élevés. Ces familles se sont démarquées par rapport aux autres, ce qui a creusé l'écart. Les familles très riches, dont les revenus sont au-dessus du 95ᵉ ou 99ᵉ centile de la répartition, obtiennent une part de plus en plus grande du revenu national. La croissance du revenu de ce groupe est responsable en grande partie de la hausse de l'inégalité observée au cours des 10 dernières années.

Malheureusement, ce groupe est très difficile à étudier parce qu'il ne compte qu'une infime fraction des familles et qu'il est souvent sous-représenté dans les enquêtes. Les meilleures données que nous ayons des membres de ce groupe proviennent de leurs déclarations d'impôt, ce qui ne nous renseigne pas tellement sur les raisons de leur succès, bien qu'il semble que leurs revenus proviennent plus souvent du marché du travail que de placements ou de fortunes familiales.

On a beaucoup publié sur les inégalités de salaire parmi ceux qui forment le grand groupe du « milieu » au sein de la population : soit ceux qui gagnent jusqu'à 150 000 $ par année, par exemple. Aux États-Unis, l'inégalité salariale a augmenté très abruptement chez les hommes de ce groupe au début des années 1980. Elle a continué de croître modestement entre 1985 et 1990, puis elle s'est stabilisée (ou a diminué) dans les années 1990. Une partie de la hausse des années 1980 est attribuable au ralentissement de la syndicalisation ; une autre est due à la modification des effets du salaire minimum,

lequel a chuté en termes réels au début des années 1980, puis s'est remis à augmenter entre le début et le milieu des années 1990.

Selon certains chercheurs, l'évolution de l'inégalité salariale est aussi attribuable à l'utilisation plus répandue des ordinateurs et à la demande accrue de travailleurs hautement qualifiés. Selon d'autres, le commerce international et, plus récemment, l'immigration sont également en cause. Ces explications sont difficiles à évaluer parce qu'il n'est pas vraiment possible de déceler les forces exercées par les nouvelles technologies et les échanges commerciaux sur la situation de chaque travailleur en particulier. Par contre, on sait que, dans bien des pays, l'inégalité salariale n'a pas évolué de la même manière qu'aux États-Unis. Au Canada par exemple, l'augmentation de l'inégalité a été relativement modeste dans les années 1980.

Quels conseils donneriez-vous à quelqu'un qui vient de commencer à étudier l'économie? Quels autres sujets vont de pair avec l'économie? Avez-vous des lectures à suggérer?

L'aspect de l'économique qui m'intéresse le plus est l'étude du comportement des gens dans leur vie quotidienne. Les individus doivent constamment répondre à des questions telles que : Dois-je retourner aux études? Combien d'argent devrais-je épargner? Dois-je envoyer mes enfants à l'école du quartier? Il est extrêmement important de connaître la multiplicité des réponses à ces questions :

> Ne ratez pas les occasions de découvrir comment les autres vivent leur vie [...] Les meilleurs économistes sont des scientifiques qui abordent les phénomènes sociaux en observateurs attentionnés.

qu'elles émanent de personnes issues de familles pauvres, ou d'immigrants, ou encore d'individus qui ont été contraints de faire des choix bien différents. Ne ratez pas les occasions de découvrir comment les autres vivent leur vie. On peut apprendre beaucoup en lisant des romans, en faisant un séjour d'un an à l'étranger ou en suivant un cours de sociologie ou d'histoire. Les meilleurs économistes sont des scientifiques qui abordent les phénomènes sociaux en observateurs attentionnés. Dernier conseil : étudiez les mathématiques. Plus vous approfondirez vos connaissances en mathématiques, plus il vous sera facile de comprendre ce que font les économistes. Newton a inventé le calcul différentiel et intégral pour étudier le mouvement des planètes. En économique, nous utilisons les mêmes outils.

Glossaire

A

Accord général sur les tarifs douaniers et le commerce (GATT) Accord multilatéral, signé en 1947, visant la réduction des tarifs douaniers qui restreignent le commerce international (p. 193).

Accumulation de capital Augmentation des ressources en capital, y compris en capital humain (p. 48).

Actualisation Conversion d'une somme d'argent future en valeur actualisée (p. 550).

Allocation efficace Répartition des biens entre les consommateurs telle que leurs *TmS* sont égaux (p. 273).

Apprentissage par la pratique Fait de devenir plus productif dans une activité en produisant à répétition un bien ou un service particulier (p. 53).

Argument des industries naissantes Argument selon lequel une industrie naissante a besoin de protection le temps qu'elle atteigne sa pleine maturité et qu'elle puisse soutenir la concurrence sur les marchés mondiaux (p. 197).

Avantage absolu Avantage que détient une personne (ou un pays) lorsque, avec une même quantité de ressources, sa productivité est supérieure (p. 50).

Avantage comparatif Avantage que détient une personne (ou un pays) dans une activité si elle peut accomplir cette activité à un coût de renonciation moindre qu'une autre personne (ou un autre pays) (p. 50).

Avantage comparatif dynamique Avantage comparatif que détient une personne (ou un pays) qui, grâce à la spécialisation et à l'apprentissage par la pratique, produit une activité donnée au coût de renonciation le plus bas (p. 53).

Avantage externe Avantage que la consommation d'un bien ou d'un service procure à d'autres personnes que le consommateur de ce bien ou de ce service (p. 486).

Aversion pour le risque Un investisseur qui demande une prime de risque manifeste de l'aversion pour le risque. Terme générique pour qualifier les préférences, à rendement moyen égal, pour les positions les moins risquées (p. 265).

B

Barrière à l'entrée Obstacle légal ou naturel qui protège une entreprise contre l'arrivée sur le marché de concurrents potentiels (p. 384).

Bien appropriable Bien qu'on peut s'approprier pour en contrôler la consommation. La vue d'une sculpture est un bien appropriable si on peut loger l'œuvre dans un musée dont on contrôle l'accès. Tous les biens privés comme les pommes et les voitures sont appropriables (p. 502).

Bien collectif Bien non appropriable d'usage commun ; peut être consommé en même temps par tous, et nul ne peut en interdire la jouissance à quiconque (p. 502).

Bien d'usage commun Bien, ressource ou service dont la consommation par une personne ne réduit pas la quantité pouvant être consommée par une autre (p. 502).

Bien d'usage singulier Bien, ressource, service, dont la consommation par une personne diminue ce qui en reste pour les autres consommateurs (p. 502).

Bien inférieur Bien dont la demande diminue à mesure que le revenu augmente (p. 78).

Bien non appropriable Bien qu'il est difficile, voire impossible, de s'approprier pour en contrôler la consommation. La vue d'une belle façade d'un édifice est un bien non appropriable si on ne peut empêcher les passants de la regarder. Les poissons exotiques de l'océan sont un bien non appropriable si on ne parvient pas à en contrôler l'exploitation (p. 502).

Bien normal Bien dont la demande augmente à mesure que le revenu augmente (p. 78).

Bien privé Bien ou service qui est appropriable et d'usage singulier (p. 502).

Biens et services Tout ce que les gens valorisent et produisent pour satisfaire leurs désirs (p. 5).

Boîte d'Edgeworth Représentation graphique d'une économie d'échange à deux biens et deux consommateurs (p. 271).

Bon Sorte de jeton que le gouvernement attribue aux ménages et dont ils peuvent se servir pour acheter certains biens et services (p. 489).

Brevet Droit exclusif qu'accorde l'État à l'inventeur d'un bien, d'un service ou d'un procédé de production sur l'utilisation et la vente de son invention pendant une période donnée (p. 490).

Bulle spéculative Situation où un prix ne monte que parce qu'on s'attend à ce qu'il le fasse, et que divers événements renforcent cette anticipation (p. 88).

C

Capacité excédentaire Une entreprise a une capacité excédentaire si son niveau de production est inférieur à l'échelle efficace minimale (p. 420).

Capital Machinerie, outillage, bâtiments et autres constructions que les entreprises utilisent pour produire des biens et services (p. 6).

Capital humain Somme des savoirs et des habiletés que les gens ont acquis par les études, la formation sur le tas et l'expérience (p. 5).

Carte de préférences Représentation graphique des préférences d'un consommateur. Ensemble des courbes d'indifférence de ce dernier (p. 229).

Cartel Groupe d'entreprises qui colludent contre les consommateurs pour limiter leur production afin d'augmenter les prix et les profits (p. 439).

Ceteris paribus Locution latine signifiant « toutes choses égales d'ailleurs » – ou, plus explicitement, « si tous les autres facteurs pertinents restent constants » (p. 31).

Choix à la marge Choix fait en comparant l'avantage que procure l'augmentation d'une activité (la valeur marginale) et le coût de cette augmentation (le coût marginal) (p. 12).

Coefficient de Gini Indice d'inégalité correspondant au double de l'aire comprise entre la droite d'égalité et la courbe de Lorenz (p. 563).

Collusion Entente secrète et illicite entre deux (ou plusieurs) producteurs en vue de réduire la production de façon à faire monter les prix et à augmenter les profits (p. 439).

Combinaison de paniers Panier obtenu en additionnant des portions d'autres paniers qui somment à 1 ; par exemple, la moitié d'un premier panier, le tiers d'un second et le sixième d'un troisième (p. 227).

Compensation Montant qu'on doit verser au consommateur afin de le maintenir au même niveau de satisfaction à la suite d'une variation de prix. Il peut aussi s'agir d'un montant qu'on doit déduire du revenu du consommateur (p. 220).

Complément Bien ou service utilisé avec un autre bien ou service (p. 77).

Compromis Contrainte qui oblige à renoncer à une chose pour en obtenir une autre (p. 10).

Compromis fondamental Compromis entre l'équité et l'efficacité (p.145, 573).

Concept d'équilibre Critère par lequel on détermine l'issue d'un jeu, c'est-à-dire quel profil de stratégie sera joué (p. 446).

Concurrence monopolistique Structure de marché où de nombreuses entreprises qui produisent des biens différenciés se font concurrence par la qualité du produit, le prix et le marketing, et où il n'y a aucune barrière à l'entrée et à la sortie (p. 298, 416).

Concurrence par les prix Mode de concurrence oligopolistique où les prix proposés par les entreprises déterminent les quantités qu'elles vendent (p. 443).

Concurrence par les quantités Mode de concurrence oligopolistique où le prix de marché est déterminé par le jeu de l'offre et de la demande, étant donné les quantités mises en marché par les entreprises (p. 440).

Concurrence parfaite Structure de marché où de nombreuses entreprises vendent à de nombreux acheteurs des biens identiques, où aucune restriction ne limite l'entrée de nouvelles entreprises dans l'industrie, et où les entreprises et les acheteurs sont parfaitement informés des prix pratiqués par chacune des entreprises de l'industrie (p. 298, 346).

Continuité Propriété des préférences à l'endroit de paniers formés de biens divisibles stipulant que, si on varie légèrement la quantité d'un premier bien de ce panier, on peut toujours compenser cette variation par une petite variation de l'autre bien en maintenant le consommateur en état d'indifférence (p. 226).

Convexité Propriété des préférences stipulant qu'un consommateur préfère toute combinaison de deux paniers entre lesquels il est indifférent à chacun de ces paniers. Cette propriété est équivalente à préférer toute combinaison de deux paniers (qu'il ne lui est pas nécessairement indifférent de se procurer) à celui des deux qu'il aime le moins (p. 228).

Courbe d'indifférence Ensemble de paniers de consommation qui procurent la même utilité au consommateur. Pour celui-ci, il est indifférent de se procurer un panier ou un autre sur la courbe (p. 226).

Courbe d'offre Représentation graphique de la relation entre la quantité offerte d'un bien et le prix de ce bien lorsque tous les autres facteurs susceptibles d'influer sur les intentions de vente des producteurs restent constants (p. 80).

Courbe d'offre à court terme de l'industrie Courbe qui représente les effets de la variation du prix du marché sur la quantité offerte lorsque les installations de chaque entreprise et le nombre d'entreprises de l'industrie sont fixes (p. 355).

Courbe d'offre à long terme de l'industrie Courbe qui représente les effets de la variation du prix du marché sur la quantité offerte une fois que tous les ajustements possibles ont été faits, y compris les variations de la taille de toutes les installations et du nombre d'entreprises dans le marché (p. 362).

Courbe de coût moyen à long terme Courbe qui exprime la relation entre le coût moyen le plus bas et le niveau de production quand tous les facteurs de production, notamment la quantité de capital et la quantité de travail, sont variables (p. 332).

Courbe de demande Représentation graphique de la relation entre la quantité demandée d'un bien et le prix de ce bien lorsque tous les autres facteurs susceptibles d'influer sur les intentions d'achat des consommateurs restent constants (p. 76).

Courbe de Lorenz Graphique qui associe au pourcentage de la population la plus pauvre, le pourcentage du revenu qu'elle détient (p. 560).

Courbe de valeur marginale Courbe qui illustre la relation entre la valeur marginale d'un bien et la quantité consommée de ce bien (p. 46).

Courbe des contrats Ensemble des allocations de la boîte d'Edgeworth qui sont à la fois efficaces et acceptables par tous les consommateurs, en ce sens que ceux-ci obtiennent au moins autant d'utilité au

terme de l'échange que s'ils refusaient d'échanger (p. 273).

Courbe des possibilités de production (*CPP*) Courbe qui trace la frontière entre les combinaisons de biens et services qu'il est possible de produire et celles qui sont irréalisables (p. 42).

Court terme Pour une entreprise, horizon temporel durant lequel la quantité d'au moins un facteur de production est fixe, tandis que les quantités des autres facteurs de production sont variables ; le facteur fixe est habituellement le capital, c'est-à-dire la taille des installations (p. 318).

Coût de production Dépenses minimales en facteurs de production que l'entreprise doit engager pour produire une quantité donnée d'un bien (p. 323).

Coût de renonciation Valeur de la meilleure option à laquelle on renonce en en choisissant une autre (p. 12, 43).

Coût fixe Part du coût attribuable aux facteurs de production fixes de l'entreprise (p. 323).

Coût fixe moyen Coût fixe par unité produite (p. 324).

Coût irrécupérable Coût passé de l'achat d'installations qui n'ont pas de valeur de revente (p. 318).

Coût marginal Coût de renonciation de la production d'une unité supplémentaire d'un bien ou d'un service ; résultat de la division de l'augmentation du coût de production par l'augmentation de cette production ; peut se calculer à partir de la pente de la *CPP* (p. 12, 45, 323).

Coût marginal externe Coût de production d'une unité supplémentaire d'un bien ou d'un service supporté par des personnes autres que le producteur (p. 481).

Coût marginal privé Coût de production d'une unité supplémentaire d'un bien ou d'un service supporté par le producteur de ce bien ou de ce service (p. 481).

Coût marginal social Coût marginal supporté par l'ensemble de la société (le producteur et le reste de la population) ; c'est la somme du coût marginal privé et du coût marginal externe (p. 481).

Coût moyen Coût par unité produite (p. 324).

Coût privé Coût supporté par le producteur d'un bien ou d'un service (p. 481).

Coût variable Part du coût attribuable aux facteurs de production variables de l'entreprise (p. 323).

Coût variable moyen Coût variable par unité produite (p. 324).

Coûts de transaction Coûts qu'entraîne le fait de rechercher un partenaire commercial, de parvenir à une entente sur les prix et sur les autres aspects de la transaction, et de s'assurer que les conditions du contrat sont respectées ; coûts liés à la production et à la signature du ou des contrats indispensables à toute transaction (p. 142, 303, 483).

Croissance économique Expansion des possibilités de production résultant de l'accumulation de capital et du progrès technologique (p. 48).

D

Délocalisation Pratique qui consiste, pour une entreprise, à produire des biens ou des services dans un pays étranger avec la main-d'œuvre de ce pays, ou encore à se procurer des produits finis, des composants ou des services auprès d'entreprises situées à l'étranger (p. 199).

Demande Relation entre la quantité demandée d'un bien et le prix de ce bien lorsque tous les autres facteurs susceptibles d'influer sur les intentions d'achat des consommateurs restent constants ; décrite par un barème de demande et illustrée par une courbe de demande (p. 76).

Demande à élasticité unitaire Demande dont l'élasticité par rapport au prix est égale à 1, de sorte que le pourcentage de variation de la quantité demandée est égal au pourcentage de variation du prix (p. 108).

Demande dérivée Demande d'un facteur de production. Elle découle de la demande des biens et services que produit le facteur de production (p. 533).

Demande élastique Demande dont l'élasticité par rapport au prix est supérieure à 1, de sorte que le pourcentage de variation de la quantité demandée est supérieur au pourcentage de variation du prix (p. 109).

Demande inélastique Demande dont l'élasticité est comprise entre 0 et 1, de sorte que le pourcentage de variation de la quantité demandée est inférieur au pourcentage de variation du prix (p. 108).

Demande parfaitement élastique Demande dont l'élasticité par rapport au prix est infinie ; l'élasticité de la quantité demandée est extrêmement sensible à la variation du prix (p. 109).

Demande parfaitement inélastique Demande dont l'élasticité est nulle ; la quantité demandée demeure constante lorsque le prix varie (p. 108).

Demande résiduelle Part de la demande sur laquelle une entreprise peut influer une fois soustraites les quantités produites par ses concurrents (p. 440).

Dépréciation économique Baisse de la valeur marchande du capital au cours d'une période donnée (p. 289).

Déréglementation Assouplissement ou abolition des règles qui s'appliquent aux prix, aux quantités, à l'entrée et à d'autres aspects de l'activité économique d'une entreprise ou d'une industrie (p. 400).

Déséconomie externe Facteur sur lequel l'entreprise ne peut influer et qui entraîne la hausse de ses coûts lorsque la production de l'industrie augmente (p. 366).

Déséconomies d'échelle Augmentation du coût moyen à long terme subie par l'entreprise à mesure qu'augmente sa production en raison des caractéristiques de sa technologie (p. 333).

Diagramme de dispersion Graphique qui illustre les valeurs d'une variable par rapport à celles d'une autre variable (p. 24).

Différenciation du produit Pratique consistant pour une entreprise à offrir un produit légèrement différent de ceux de ses concurrents (p. 298, 416).

Discrimination par les prix Pratique qui consiste à demander un prix différent pour diverses unités d'un même bien ou service (p. 385).

Discrimination par les prix parfaite Discrimination réalisée par l'entreprise lorsqu'elle est en mesure de vendre chaque unité produite au prix le plus élevé que l'acheteur consent à payer (p. 397).

Droit d'auteur Droit exclusif qu'accorde l'État à l'inventeur d'un bien, d'un service ou d'un procédé de production sur l'utilisation et la vente de son invention pendant une période donnée (p. 490).

Droit de propriété Ensemble de conventions sociales, ayant force de loi, qui régissent la possession, l'utilisation et la cession des ressources, des facteurs de production ou des biens et services (p. 54, 482).

Droit de propriété intellectuelle Droit de propriété que détiennent les découvreurs et les inventeurs (p. 490).

Droite budgétaire Ensemble des paniers qui épuisent le budget. Limite supérieure de l'ensemble budgétaire (p. 223).

Droite budgétaire intertemporelle Ensemble des profils de consommation qui épuisent la richesse intertemporelle du consommateur (p. 258).

Dumping Pratique qui consiste pour une entreprise étrangère à vendre des biens d'exportation à un prix moindre que leur coût de production (p. 197).

Duopole Oligopole comptant seulement deux producteurs qui se font concurrence (p. 438).

E

Échelle efficace minimale Quantité minimale produite pour laquelle le coût moyen à long terme est le plus bas ; cette quantité correspond au point le plus bas de la courbe CM (p. 336, 420).

Économie comportementale Étude de l'influence exercée sur les comportements dans le domaine économique par les limites du cerveau humain en matière de capacité de calcul et de prise de décision rationnelle. Les recherches portent sur les décisions que prennent les gens et sur les conséquences de ces décisions pour le fonctionnement des marchés (p. 243).

Économie externe Facteur sur lequel l'entreprise n'a aucune influence et qui réduit ses coûts quand la production de l'industrie augmente (p. 366).

Économies d'échelle Économies qu'une entreprise réalise grâce aux caractéristiques de sa technologie, lorsque son coût moyen à long terme diminue à mesure que sa production augmente (p. 304, 333).

Économies de gamme Économies qu'une entreprise réalise lorsqu'elle utilise des ressources spécialisées (et souvent coûteuses) pour produire une gamme de biens et services (p. 304).

Économique Science sociale qui étudie les choix des individus, des entreprises, des gouvernements et de la société aux prises avec la rareté (p. 4).

Effet externe Voir Externalité.

Effet externe négatif Effet externe qui impose un coût externe (p. 478).

Effet externe positif Effet externe qui procure un avantage externe (p. 478).

Effet revenu À la suite d'une variation de prix, part de la variation de la demande attribuable à une variation du pouvoir d'achat. Effet complémentaire à l'effet substitution (p. 238).

Effet substitution Effet d'une variation de prix sur la demande qui ne tient pas compte de la variation du pouvoir d'achat (p. 237).

Efficacité allocative Situation où les biens et services sont produits au coût le plus bas possible et dans les quantités qui donnent la valeur totale la plus grande possible (p. 45).

Efficacité économique Situation où le coût de production est le plus bas possible (p. 291).

Efficacité productive Situation où les biens et services sont produits au coût le plus bas possible (p. 43).

Efficacité technique Situation où il n'est pas possible de produire plus avec des quantités de facteurs données (p. 291).

Élasticité croisée de la demande Mesure de la sensibilité de la demande d'un bien à une variation du prix d'un substitut ou d'un complément ; ratio du pourcentage de variation de la quantité demandée sur le pourcentage de variation du prix de l'autre bien (p. 114).

Élasticité-prix de l'offre Mesure de la sensibilité de l'offre d'un bien à une variation de son prix ; ratio du pourcentage de variation de la quantité offerte sur celui du prix (p. 117).

Élasticité-prix de la demande Mesure de la sensibilité de la quantité demandée d'un bien à une variation de son prix ; ratio du pourcentage de variation de la quantité demandée d'un bien sur celui du prix (p. 106).

Élasticité-revenu de la demande Mesure de la sensibilité de la demande d'un bien à une variation du revenu des consommateurs ; ratio du pourcentage de variation de la quantité demandée sur celui du revenu (p. 115).

Emploi Contrat d'échange de services sur le marché du travail (p. 532).

Entrepreneuriat Type de ressource humaine qui organise les trois autres facteurs de production – le travail, la terre et le capital (p. 6).

Entreprise Unité économique qui emploie et coordonne des facteurs de production pour produire et vendre des biens ou des services (p. 54, 288).

Entreprise marginale Une entreprise est marginale si elle a le seuil de rentabilité le plus élevé parmi les entreprises présentes dans le marché (p. 361).

Équilibre coopératif Situation où les entreprises réalisent et partagent le profit de monopole (p. 454).

Équilibre de Nash Concept d'équilibre selon lequel chaque joueur choisit une stratégie qui s'avère une réaction optimale aux stratégies choisies par les autres joueurs (p. 446).

Équilibre en stratégies dominantes Concept d'équilibre où chaque joueur joue une stratégie dominante ; n'est applicable que si chaque joueur possède une telle stratégie (p. 446).

Équilibre général Analyse de l'équilibre sur les marchés lorsqu'on présume que les prix de tous les biens peuvent s'ajuster (p. 267).

Équilibre partiel Analyse de l'équilibre sur le marché d'un bien lorsqu'on présume que les prix de tous les autres biens demeurent constants (p. 267).

Exportations Biens et services vendus à l'étranger (p. 186).

Externalité Coût ou avantage de production qui retombe sur des gens autres que le producteur ; coût ou avantage de consommation qui retombe sur des gens autres que le consommateur. Synonyme : effet externe (p. 478).

F

Facteurs de production Ressources productives qui servent à produire les biens et services, soit la terre, le travail, le capital et l'entrepreneuriat (p. 5).

Fixation de prix limite Stratégie d'un monopole consistant à pratiquer le prix le plus élevé possible tout en veillant à ce qu'il soit suffisamment bas pour décourager l'entrée de concurrents sur son marché (p. 457).

Fonction de réaction optimale Fonction qui détermine la meilleure stratégie d'un joueur compte tenu du profil de stratégies adopté par ses adversaires (p. 443).

Fourniture de services publics Production d'un bien ou d'un service par un établissement public qui tire ses revenus de l'État (p. 487).

G

Graphe de série chronologique Représentation graphique de l'évolution d'une variable avec le temps. (p. 23).

Graphique de coupe transversale Graphique qui illustre les valeurs d'une variable pour divers groupes d'une population à un moment donné (p. 24).

I

Ignorance rationnelle Décision de ne pas s'informer si le coût d'acquisition de l'information dépasse le bénéfice qu'on prévoit en retirer (p. 506).

Impartition Pratique qui consiste, pour une entreprise, à se procurer des produits finis, des composants ou des services auprès d'entreprises situées dans le même pays ou à l'étranger (p. 199).

Impartition délocalisée Pratique qui consiste, pour une entreprise, à se procurer des produits finis, des composants ou des services auprès d'entreprises situées à l'étranger (p. 199).

Importations Biens et services en provenance de l'étranger (p. 186).

Impôt sur le revenu progressif Impôt sur le revenu dont le taux d'imposition moyen augmente avec le revenu du contribuable (p. 571).

Impôt sur le revenu proportionnel Impôt sur le revenu dont le taux d'imposition est le même pour tous les contribuables, indépendamment de leur revenu. Synonyme : Impôt sur le revenu à taux unique (p. 571).

Impôt sur le revenu régressif Impôt sur le revenu dont le taux d'imposition moyen diminue avec le revenu. (p. 571).

Incidence d'une taxe Attribution à l'acheteur et au vendeur de la part du fardeau de la taxe qui revient à chacun d'eux (p. 163).

Incitatif Fait, mesure ou situation qui pousse les agents économiques à agir de telle ou telle manière (p. 13).

Indice de Herfindahl-Hirschman (IHH) Mesure de la concentration dans un marché qui correspond à la somme des carrés des parts du marché (en pourcentage) de chacune des 50 plus grandes entreprises (ou de toutes les entreprises s'il y en a moins de 50) d'une industrie (p. 299).

Intérêt composé L'intérêt sur l'investissement initial plus l'intérêt sur l'intérêt que l'investissement a déjà rapporté (p. 550).

Intérêt individuel Avantage recherché pour soi-même ; choix faits en fonction de ce qu'on croit préférable (p. 7).

Intérêt social Avantage recherché pour la société ; choix faits en fonction de ce qui est jugé le mieux pour l'ensemble de la société (p. 7).

L

Lacune du marché Circonstance dans laquelle on ne peut présumer que l'allocation des ressources par le marché est efficace ; en particulier, lorsqu'on est en présence d'effets externes (p. 478).

Loi anti-collusion Loi adoptée pour réglementer les oligopoles et les empêcher de devenir des monopoles ou de se comporter comme eux (p. 457).

Loi de l'offre Toutes choses égales d'ailleurs, plus le prix d'un bien est élevé, plus la quantité offerte de ce bien augmente (p. 80).

Loi de la demande Toutes choses égales d'ailleurs, la quantité demandée d'un bien diminue à mesure que le prix de ce bien augmente (p. 75).

Loi des rendements décroissants Principe selon lequel la productivité marginale de tout facteur de production diminue à mesure qu'on accroît son emploi lorsque les quantités des autres facteurs de production demeurent constantes (p. 322).

Loisirs Toute activité qui limite le temps alloué au travail rémunéré, comme les soins donnés aux enfants ou le temps passé à la plage (p. 256).

Long terme Horizon temporel au cours duquel on peut modifier les quantités de tous les facteurs de production (p. 318).

Loyer Revenu que rapporte le capital (p. 6).

Loyer implicite Coût de renonciation de l'utilisation du capital lorsque l'entreprise renonce à un loyer en choisissant d'utiliser elle-même son capital (p. 289).

M

Macroéconomie Étude des effets des choix des individus, des entreprises et des gouvernements sur les économies nationales et sur l'économie mondiale (p. 4).

Majoration Montant qu'une entreprise ajoute au coût marginal pour fixer son prix de vente (p. 421).

Marché Tout arrangement qui permet à des acheteurs et à des vendeurs d'obtenir de l'information et de commercer les uns avec les autres (p. 54).

Marché concurrentiel Marché constitué de nombreux acheteurs et de nombreux vendeurs, de sorte qu'aucun d'eux ne peut à lui seul influer significativement sur le prix des biens (p. 74).

Marché contestable Marché dont l'entrée et la sortie sont libres, de sorte que les entreprises qui y évoluent doivent toujours envisager la possibilité d'avoir à soutenir la concurrence de nouveaux arrivants (p. 456).

Marché noir Échange illégal entre un acheteur et un vendeur (p. 158).

Matrice de gains Dans un jeu à deux, tableau qui résume les gains (ou pertes) de chaque joueur selon le profil de stratégies adopté par les deux joueurs (p. 446).

Mesure cardinale Mesure numérique dont les degrés ont une valeur informative. La longueur en mètres, le poids en kilogrammes ou la température en degrés Celsius sont des mesures cardinales (p. 220).

Mesure ordinale Mesure numérique dont les degrés ne suggèrent qu'un classement sans indication d'intensité. La position dans une liste et l'utilité mesurée en dollars sont des mesures ordinales (p. 220).

Microéconomie Étude des choix que font les individus et les entreprises, des conséquences de ces choix sur les marchés, et de l'influence que les gouvernements exercent sur ces choix (p. 4).

Modèle du consommateur Explication schématisée des choix économiques des consommateurs (p. 221).

Modèle économique Représentation schématique d'un aspect donné du monde économique qui ne comprend que les éléments pertinents pour expliquer le phénomène étudié (p. 14).

Mondialisation Internationalisation du commerce, des prêts et des emprunts ainsi que de l'investissement (p. 7).

Monnaie Tout article ou tout jeton généralement accepté comme moyen de paiement (p. 54).

Monopole Structure de marché où une seule entreprise produit un bien ou un service pour lequel il n'existe aucun substitut proche et où des barrières empêchent de nouvelles entreprises de pénétrer le marché (p. 298, 384).

Monopole bilatéral Structure de marché où il n'y a qu'un vendeur (monopole) et un acheteur (monopsone) (p. 540).

Monopole légal Monopole résultant d'un privilège (concession, permis, brevet ou droit d'auteur), lequel est octroyé par une administration publique et agit comme barrière à l'entrée pour empêcher la concurrence (p. 384).

Monopole naturel Industrie dans laquelle des économies d'échelle permettent à une seule entreprise de satisfaire la demande de l'ensemble du marché au coût le plus bas (p. 384).

Monopole non discriminant Monopole où l'entreprise doit vendre chaque unité de sa production au même prix à tous les consommateurs (p. 385).

Monopsone Marché où il y a un seul acheteur (p. 539).

Monotonicité Propriété des préférences stipulant que l'utilité qu'un consommateur accorde à un panier augmente lorsqu'on accroît la quantité de n'importe quel des biens qu'il inclut (p. 226).

N

Neuroéconomique Étude de l'activité cérébrale qui accompagne une prise de décision économique (p. 246).

O

Offre Relation entre la quantité offerte d'un bien et le prix de ce bien lorsque tous les autres facteurs susceptibles d'influer sur les intentions de vente des producteurs restent constants ; décrite par un barème d'offre et illustrée par une courbe d'offre (p. 80).

Offre de travail Relation entre le salaire et la quantité d'heures que les travailleurs sont prêts à offrir sur le marché du travail (p. 256).

Oligopole Structure de marché où un petit nombre d'entreprises se font concurrence tout en sachant pertinemment que leurs interactions déterminent leurs gains respectifs (p. 298, 438).

Organisation mondiale du commerce (OMC) Organisation internationale qui impose à ses membres le respect des accords du GATT (p. 196).

P

Panier de biens Énumération des quantités de chaque bien achetées par le consommateur au cours d'une période donnée (p. 222).

Pauvreté Situation où le revenu familial est insuffisant pour permettre l'achat du panier de biens et services jugé essentiel (nourriture, logement, habillement) (p. 564).

Pente Dans une relation, variation de la variable en ordonnée (axe des y) divisée par la variation correspondante de la variable en abscisse (axe des x) (p. 28).

Perte de surplus Diminution du surplus total qui résulte d'un niveau de production inefficace (p. 141).

Plafonnement des loyers Règlement qui rend illégale l'imposition d'un loyer plus élevé que le niveau fixé (p. 158).

Point mort Niveau de production à partir duquel les recettes dépassent les coûts (p. 348).

Préférences Goûts personnels d'un consommateur exprimés sous la forme d'un classement systématique des différents paniers qu'il peut éventuellement consommer (p. 46, 225).

Préférences temporelles Préférences du consommateur à l'endroit de différents profils de consommation possibles dans le temps (p. 259).

Preneur de prix Entreprise qui n'a aucune influence sur le prix du bien ou du service qu'elle produit (p. 346).

Prime de risque Gain moyen en dollars qu'un investisseur demande pour adopter une position risquée (p. 265).

Principe de Hotelling Principe selon lequel le taux d'augmentation du prix d'une ressource non renouvelable correspond au taux d'intérêt (p. 546).

Principe de la différenciation minimale Tendance des concurrents à s'imiter les uns les autres pour s'attirer le plus de clients ou d'électeurs possible (p. 505).

Prix d'équilibre Prix auquel la quantité demandée est égale à la quantité offerte (p. 84).

Prix monétaire Quantité de monnaie qu'on doit sacrifier en échange d'un bien ou d'un service (p. 74).

Prix plafond Prix réglementé au-delà duquel il est illégal de vendre un bien ou un service (p. 158).

Prix plancher Prix réglementé en deçà duquel il est illégal de vendre un bien ou un service (p. 161).

Prix relatif Ratio des prix monétaires de deux biens ; prix d'un bien en unités d'un autre bien ; le prix relatif est un coût de renonciation (p. 74, 224).

Problème d'optimisation sous contrainte Problème général consistant à choisir le ou les « meilleurs » éléments parmi les éléments d'un ensemble qui respectent certaines contraintes (p. 222).

Problème du passager clandestin Problème résultant du fait que les consommateurs peuvent jouir d'un bien d'usage commun sans en payer le prix. Un fichier de musique en format MP3 est un bien d'usage commun sujet à un problème de passager clandestin quand les internautes le téléchargent sans payer depuis des sites de distribution illégaux (p. 503).

Problème principal-agent Problème consistant à déterminer le système de rémunération qui incite un *agent* à agir dans le meilleur intérêt d'un *principal* (p. 294).

Production Quantité produite par une entreprise dans une période donnée (p. 319).

Productivité marginale Augmentation de la production qui résulte d'une unité de travail supplémentaire quand tous les autres facteurs de production restent constants (p. 319).

Productivité moyenne Quantité moyenne produite par un facteur de production ; elle est égale à la production divisée par la quantité utilisée du facteur (p. 319).

Profil de stratégies Combinaison de stratégies, une pour chaque joueur ; chaque case d'une matrice de gains correspond à un profil particulier (p. 445).

Profit Revenu que rapporte l'entrepreneuriat (p. 6).

Profit économique Différence entre la recette totale et le coût de production d'une entreprise. Le coût de production est équivalent au coût de renonciation de la production (p. 288).

Profit normal Profit habituel qu'un entrepreneur peut espérer réaliser sur le marché en exploitant ses habiletés entrepreneuriales (p. 289).

Programme de Doha pour le développement Négociations tenues à Doha, au Qatar, en vue de réduire les barrières tarifaires et les quotas qui entravent le commerce international des produits agricoles et des services. Synonyme : Doha Round (p. 196).

Progrès technologique Mise au point de nouveaux biens et services et de meilleures techniques de production (p. 48).

Prospection Recherche d'un fournisseur avec qui s'entendre (p. 158).

Q

Quantité d'équilibre Quantité achetée et vendue au prix d'équilibre (p. 84).

Quantité demandée Quantité d'un bien ou d'un service que les consommateurs ont l'intention d'acheter à un prix donné et au cours d'une période donnée (p. 75).

Quantité offerte Quantité d'un bien ou d'un service que les producteurs ont l'intention de vendre à un prix donné et au cours d'une période donnée (p. 80).

Quota Imposition réglementaire d'une quantité maximale qu'une entreprise est autorisée à produire dans une période donnée (p. 169).

Quota d'importation Restriction qui limite la quantité maximale d'un bien qu'on peut importer durant une période donnée (p. 194).

Quota individuel transférable (QIT) Permis de production (d'exploitation) limité donné à un individu, qui est libre ensuite de le transférer (vendre) à un tiers (p. 513).

R

Rareté Situation générale où les ressources disponibles sont insuffisantes pour satisfaire tous les désirs des gens (p. 4).

Ratio de concentration fondé sur quatre entreprises (RC$_4$) Mesure (en pourcentage) de la valeur des ventes comptabilisées des quatre plus grandes entreprises d'une industrie par rapport aux ventes totales de cette industrie (p. 299).

Rationalité Propriété des préférences d'un consommateur telle que si celui-ci préfère un premier panier à un second, et ce second à un troisième, alors il préfère le premier panier au troisième (p. 229).

Réaction optimale Une stratégie est une réaction optimale aux stratégies adoptées par les autres joueurs si elle procure le plus grand gain possible dans les circonstances (p. 443).

Recette Valeur des ventes d'une entreprise ; prix unitaire du bien ou du service produit multiplié par le nombre d'unités vendues – prix × quantité vendue (p. 110, 346).

Recette marginale Variation de la recette qui résulte de la vente d'une unité supplémentaire ; résultat de la division de la variation de la recette par la variation de la quantité vendue (p. 346).

Recherche de rente Toute tentative pour s'approprier un surplus du consommateur, un surplus du producteur ou un profit économique par le lobbying et d'autres activités politiques exercées par des groupes de pression ; tentative d'enrichissement par l'appropriation d'une rente (p. 201, 394).

Règle de tarification au coût marginal Règle en vertu de laquelle le prix fixé est égal au coût marginal, ce qui maximise le surplus total dans l'industrie réglementée (p. 402).

Règle de tarification au coût moyen Règle en vertu de laquelle le prix fixé est égal au coût moyen, ce qui permet à l'entreprise de couvrir ses coûts en incluant le profit normal (p. 402).

Réglementation Ensemble de règles administrées par une autorité publique et destinées à influer sur les prix, les quantités, l'entrée et d'autres aspects de l'activité économique d'une entreprise ou d'une industrie (p. 400).

Réglementation du taux de rendement Réglementation qui fixe les prix de façon que l'entreprise réglementée tire de son capital un taux de rendement donné (p. 403).

Réglementation par prix plafond Réglementation qui fixe le prix maximum qu'une entreprise est autorisée à demander (p. 403).

Relation linéaire Relation entre deux variables qui prend la forme d'une droite (p. 26).

Relation négative (ou **relation inverse**) Relation entre deux variables qui évoluent dans des directions opposées (p. 26).

Relation positive (ou **relation directe**) Relation entre deux variables qui évoluent dans la même direction (p. 25).

Rendement d'échelle constant Caractéristique d'une technologie telle que le coût moyen à long terme demeure constant quelle que soit l'échelle de production (p. 333).

Rendement marginal décroissant Tendance de la productivité marginale d'un facteur à diminuer à mesure qu'on accroît son emploi sans accroître celui des autres facteurs. Synonyme : loi des rendements décroissants (p. 323).

Rente Revenu que rapporte la terre (p. 6).

Rente économique Paiement que reçoit un facteur de production, en sus du minimum requis, pour être maintenu dans son présent usage ; profit que confère à une entreprise la possession d'un facteur de production qui lui permet d'avoir des coûts plus bas que ses concurrents ; par extension, tout profit récurrent attribuable à un avantage particulier comme une *rente de situation* ou une *rente de monopole* (p. 365, 394).

Ressource commune Bien non appropriable d'usage singulier (p. 502).

Ressources naturelles non renouvelables Ressources naturelles qu'on ne peut utiliser qu'une fois et qui, après avoir été utilisées, ne se régénèrent pas (p. 532).

Revenu après impôt Différence entre le revenu total et l'impôt sur le revenu. (p. 560).

Revenu du marché Somme *avant impôt* des salaires, des intérêts de placements, des pensions de retraite et des profits gagnés sur les marchés des facteurs (p. 560).

Revenu réel Quantité d'un bien que le revenu d'un consommateur lui permet d'acheter ; revenu du consommateur exprimé en unités de biens et services qu'il peut se permettre d'acheter ; résultat de la division du revenu par le prix d'un bien donné (p. 224).

Revenu total Somme du revenu du marché et des paiements de transfert (p. 560).

Richesse Valeur de tous les avoirs des individus ; valeur marchande des actifs (p. 561).

Richesse intertemporelle Somme des revenus courants et futurs du consommateur, pondérée par le taux d'intérêt (1 dollar courant vaut 1 + *taux* dollar futur) (p. 258).

S

Salaire Revenu que rapporte le travail (p. 6).

Salaire minimum Salaire le plus bas qu'une entreprise peut légalement verser à un travailleur (p. 161).

Seuil de faible revenu Niveau de revenu – différent selon les types de ménages (personnes seules, couples, familles monoparentales, familles biparentales, etc.) – en deçà duquel les ménages consacrent 20 % de plus de leur revenu à la nourriture, au logement et à l'habillement que ne le fait le ménage moyen (p. 564).

Seuil de fermeture Prix correspondant au coût variable moyen minimal. Si le prix du marché dépasse le seuil de fermeture, l'entreprise peut réaliser une recette qui couvre ses coûts variables et lui permet de rembourser, ne serait-ce que partiellement, ses coûts fixes ; elle devrait alors produire. Dans le cas contraire, elle devrait fermer ses portes pour limiter sa perte au montant du coût fixe (p. 352).

Seuil de rentabilité Prix le plus bas auquel une entreprise peut espérer faire un profit (p. 351).

Signal Action coûteuse qu'une personne (ou une entreprise) informée entreprend afin de communiquer un message convaincant à ceux qui ne sont pas informés (p. 426).

Stratégie Plan d'actions qu'un joueur peut mettre en œuvre dans un jeu donné (p. 445).

Stratégie dominante Stratégie qui est la meilleure de toutes, quelles que soient les stratégies adoptées par les autres joueurs (p. 446).

Substitut Bien ou service qui peut en remplacer un autre (p. 77).

Subvention Aide ou avantage financier que l'État accorde à des producteurs privés (p. 170, 488).

Surplus du consommateur Somme des différences entre la valeur marginale d'usage d'une unité d'un bien pour un consommateur et le prix de cette unité, de toutes les unités consommées (p. 135).

Surplus du producteur Somme des différences entre le prix d'une unité d'un bien et son coût marginal de production pour une entreprise, de toutes les unités produites (p. 138).

Syndicat Regroupement de travailleurs qui s'organisent pour obtenir de meilleurs salaires et de meilleures conditions de travail (p. 538).

Système hiérarchique Mode d'organisation des facteurs de production fondé sur la hiérarchie : les ordres s'y transmettent de haut en bas, et l'information, de bas en haut ; système dans lequel l'allocation des ressources relève d'une autorité (p. 132, 294).

Système incitatif Mode d'organisation de la production qui utilise des mécanismes similaires à ceux du marché au sein de l'entreprise. Au lieu d'émettre des ordres, les cadres supérieurs offrent des primes d'encouragement qui inciteront le personnel à travailler de manière à maximiser le profit de l'entreprise (p. 294).

T

Tarif douanier Taxe qu'impose un pays importateur sur un bien importé lorsque ce bien traverse sa frontière. Synonyme : droit de douane (p. 191).

Taux marginal de substitution Taux auquel un consommateur est disposé à substituer une quantité d'un bien à une quantité d'un autre bien sans que son utilité ne change (c'est-à-dire en restant sur la même courbe d'indifférence). Valeur absolue de la pente de la courbe d'indifférence (p. 230).

Taux marginal de substitution décroissant Tendance du taux marginal de substitution à décroître le long de la courbe d'indifférence à mesure qu'augmente la consommation du bien représenté en abscisse et que diminue la consommation du bien représenté en ordonnée (p. 231).

Taxe pigouvienne Taxe imposée dans le but d'inciter les producteurs à limiter une activité qui génère des coûts externes (p. 484).

Technologie Toute méthode ou tout procédé qui permet de produire un bien ou un service (p. 290).

Tendance Sens de l'évolution générale d'une variable (hausse ou baisse) (p. 23).

Terre Ressources naturelles utilisées pour produire des biens et services (p. 5).

Test des recettes Méthode qui permet d'estimer l'élasticité-prix de la demande en observant l'effet d'une variation de prix sur les recettes totales (p. 111).

Test du triangle Méthode graphique permettant de déterminer si la demande est élastique ou non en un point donné ; il existe un test équivalent pour l'offre (p. 109, 118).

Théorème de Coase Proposition voulant que, en présence de droits de propriété et de faibles coûts de transaction, les transactions privées soient efficaces et les effets externes nuls (p. 483).

Théorie de l'intérêt public Théorie selon laquelle le pouvoir politique et les organismes de réglementation sont sans cesse à l'affût de l'inefficacité et instituent des règles destinées à éliminer la perte de surplus et à assurer l'allocation efficace des ressources (p. 400).

Théorie de la capture de l'intervention Théorie selon laquelle la réglementation sert les intérêts du producteur, qui capture les interventions publiques et maximise son profit économique (p. 400).

Théorie des jeux Méthode d'analyse des interactions stratégiques (p. 445).

Tragédie des communaux Surexploitation et déplétion d'une ressource de propriété commune par les consommateurs en raison de l'absence d'intérêt privé immédiat à conserver cette ressource (p. 509).

Travail Temps et efforts que les gens consacrent à la production de biens et services (p. 5).

U

Utilitarisme Philosophie selon laquelle est *bien* ce qui procure du bonheur aux gens et qui recommande de viser « le plus grand bonheur du plus grand nombre » (p. 144).

Utilité Mesure de la valeur d'usage qu'on accorde à un bien ; mesure numérique du bien-être procuré par la consommation d'un panier particulier ; valeur d'usage de ce panier (p. 12, 220).

V

Valeur actualisée Somme qu'on doit investir aujourd'hui pour obtenir l'équivalent d'un montant d'argent futur donné (p. 550).

Valeur d'échange Valeur d'un bien sur les marchés, soit son prix (p. 12).

Valeur d'usage Valeur qu'on accorde personnellement à la consommation d'un bien, soit son utilité (p. 12).

Valeur de la productivité marginale (d'un facteur de production) Le prix d'un bien multiplié par la quantité supplémentaire produite par une unité supplémentaire du facteur de production. Si, en travaillant une heure de plus, un ouvrier produit pour 50 $ de marchandises, la valeur de sa productivité marginale est de 50 $ (p. 533).

Valeur marginale Gain de valeur qui découle de l'accroissement d'une activité, par exemple de la consommation d'une unité supplémentaire d'un bien ; prix maximal qu'un consommateur consent à payer pour acquérir une unité supplémentaire d'un bien ou d'un service ; mesure la valeur d'usage tirée de la consommation de cette unité supplémentaire (p. 12, 46).

Valeur marginale privée Valeur qu'accorde un consommateur à une unité supplémentaire d'un bien ou d'un service (p. 486).

Valeur marginale sociale Valeur qu'accorde la société à une unité supplémentaire d'un bien ou d'un service. Elle inclut la valeur (marginale) privée perçue par la personne qui la consomme ainsi que tous les avantages ou désavantages externes perçus par les autres citoyens (p. 486).

Valeur privée Valeur d'usage que le consommateur tire d'un bien ou d'un service (p. 486).

Vente à découvert Opération boursière consistant à vendre immédiatement des actions que l'on ne possède pas encore dans l'espoir que leur prix baisse et qu'on puisse les acheter à un prix inférieur à celui auquel on les a vendues (p. 263).

Sources des photographies

Index

A

Accord
de libre-échange nord-américain (ALENA), 196, 201
général sur les tarifs douaniers et le commerce, *voir* GATT

Accumulation de capital, 48, 49, *voir aussi* Capital

Acide acétylsalicylique (aspirine), 298

Actionnaire, 294, 296

Actions, 54, 262, 274-275
demande, 265
gain en capital, 297
rendement élevé, 266
vente à découvert, 263, 265-266

Actualisation, 550
montant futur, 550

Adidas, 416

Aéroport, 133

Âge, 567, 573

Agence
canadienne d'inspection des aliments, 196
de publicité, 425
du revenu du Canada, 201, 288, 573

Agent, 294

Agriculture, 5, 119, 142, 169, 368, 370, 416, 532
quota de lait, 169
subvention, 170-172, 196

Aide sociale, 571, 573

Air, 5, *voir aussi* Pollution (atmosphérique)

Alberta, 571
sables bitumineux, 359, 548-549

ALCHIAN, Armen, 304

Alcool, 133

Alimentation, 56-57

Allemagne, 186

Allocation des ressources, 43, 45, 46, 482
caractéristiques personnelles, 133
concours, 132
décision de la majorité, 132, 142-143
efficacité, 134, 140, 372
force, 133
loterie, 133
prix du marché, 132
queue, 132-133, 143
système hiérarchique, 132, 143

Allocation efficace, 273

Analyse marginale, 349

Antarctique, 516-517

Appel interurbain, 119

Apple, 287, 294, 428-429

Apprentissage par la pratique, 53, 197

Arabie saoudite, 359

Architecture, 481

Argent, 54

Argument des industries naissantes, 197

Armée, 294

Arrangement multifibres, 198

Assainissement de l'air, 479

Associé, 295

Assurance-emploi, 165, 200, 571

ATHEY, Susan, 213-215, 473

Australie, 171, 514

Autocar, 358

Automobile (industrie), 300-301, 328, 345, *voir aussi* Véhicule automobile
économies d'échelle, 333

Autorité (allocation des ressources), 132

Autoroute, 133

Avantage
absolu, 50
comparatif, 50, 186, 199
dynamique, 53, 197
national, 186
externe, 486
et pouvoirs publics, 487

Aversion pour le risque, 265

Avion, 188, 298, *voir aussi* Transport aérien

Avortement, 283-284

Axe
coupure, 24
des abscisses, 22, 34
des ordonnées, 22, 34
origine, 22

B

Banque, 9, 144, 328, 459, 460

Banque Nationale, 295

Barème(s)
de demande, 76, 86
de production, 319
d'offre, 81, 87

Barrière(s)
à l'entrée, 301, 384, 390, 395, 417, 438
commerciales, 189, 196
de propriété, 384
légales, 384
naturelles, 384

Bell Canada, 297, 458

BENTHAM, Jeremy, 144, 281

BERNERS-LEE, Tim, 287

BERTRAND, Joseph, 440-441, 443, 445

BHAGWATI, Jagdish, 68-70

Bien(s), *voir aussi* Coût, Prix, Production, Service(s), Valeur
appropriable, 502
classification, 502
collectifs, 142, 502, 503
coût marginal social, 504
production, 508
quantité efficace, 504
valeur marginale sociale, 503
consommation, 6
coût marginal, 137
définition, 5
degré de substituabilité, 231
d'entreprise, 54
désirabilité, 272
divisible, 222, 226
d'usage
commun, 502
singulier, 502
financiers, 54
générique, 228
homogènes, 346
inférieur, 78
intermédiaire, 422
marché, 74
non appropriable, 502
normal, 78
panier, 222
privé, 502, 504
production, 5, 10, 11
quantité
demandée, 75
offerte, 80
rareté, 272
substitut, *voir* Substitut
réels, 54
valeur, 12, 272, 421
variété, 421

Biocarburant, 56-57

Blé, 118, 346

Bois d'œuvre, 202-203

Boisaco, 295

Boîte d'Edgeworth, 271

Bombardier, 294, 302, 317

Bon, 489

BOREL, Émile, 445

Bourse
    demande de titres, 265
    investissement, 262

Brevet, 54, 385, 489, 490

Budget, 222, 370

Bulle spéculative, 88

Bureau de la concurrence (Canada), 299, 457, 459

C

Câblodistribution, 142, 298, 395, 502

Campagne publicitaire, *voir* Publicité

Canada
    brevet, 385
    coefficient de Gini, 563
    commerce international, 186
    concurrence, 299
    coûts de mise en marché, 425
    demande de denrées, 113, 116
    drogue (marché), 173
    économie (concentration), 300
    entreprises (taille), 296
    exportations, 186
    importations, 186
    impôt sur le revenu, 571
    impôts et taxes, 168
    loi anti-collusion, 457
    mécanismes d'allocation des ressources, 132
    quota, 169
    revenu
        courbe de Lorenz, 561-562
        part par quintile, 561
        répartition, 560
    richesse, 562
    salaire, 542
    salaire minimum, 162
    subvention, 170, 171
    tarif douanier, 193

Canadien Pacifique, 302

Cando, 295

Canon, 426, 471

Capacité
    de production, *voir* Production
    excédentaire, 392, 394, 420

Capital
    croissance, 6, 48
    définition, 6, 532
    loyer, 6

Capital d'une entreprise, 288
    coûts de production, 291
    dépréciation économique, 289
    entrée dans un marché, 359
    fonction de production, 330
    intérêt sacrifié, 289
    loyer, 543
        implicite, 289
    niveaux et production, 330
    productivité marginale, 331
        décroissante, 330
    profit à long terme, 365
    surinvestissement, 474
    valeur
        de la productivité marginale, 543
        marchande, 289

Capital financier
    définition, 6
    épargne, 11

Capital humain, *voir aussi* Marché (du travail), Travail
    croissance, 5-6, 48
    définition, 5
    et délocalisation, 200
    inégalité économique, 565
    mesure, 6

CARD, David, 162, 584-586

Carte
    de préférences, 228, 230
    d'indifférence, 229

Cartel, 439, 448, 460
    désagrégation, 449

Casino, 133

Catastrophe naturelle
    flambée des prix, 143
    variation de l'offre, 82

Cause, 14, 24

CEAP, 201

Centrale thermique, 142

Centre commercial, 487

Céréales, 298

Ceteris paribus, 31, 42

CFC, 485

Chaîne de montage, 291, 304

Changement
    choix, 11
    climatique, 8, 479
    gestion, 471
    technologique, 368

Charte des droits et libertés de la personne (Québec), 573

Chaussure sport, 425

Chine, 186, 199, 422, 567

Choix
    à la marge, 12
    changement, 11

compromis, 10-11
coût, 11-12
décision, 12-13
des ménages, 281, 370
de vie et de carrière, 569
du meilleur panier possible, 233
endettement/épargne, 257
heures de travail/loisir, 256
incitatif, 4
intérêt, 7, 9
nouvelles théories, 243
prise de risque, 262
publics (théorie), 507, 524
rareté, 4
utilité (théorie), 242

Chômage, 567, *voir aussi* Emploi
    et salaire minimum, 161

Chrysler, 458

Cigarettes (taxe), 164

Cinéma, 110, 222, 224, 396, 459

Cineplex Galaxy, 459

COASE, Ronald, 303, 483, 524

Coefficient de Gini, 563

Coke, 299, 426

Cola, 298, 426

Collusion, 416, 439
    fixation du prix, 448, 457
        tricherie, 448-449, 454
    loi anti-, 457

Colonisation, 133

Combinaison de paniers, 227

Combustible fossile, 5, 8

Commerce, 133
    électronique, 74
    équitable, 69

Commerce international, 186
    boîte d'Edgeworth, 271
    enjeux, 189
    gains et pertes, 189
    moteur, 186
    restrictions, 191, 201

Compensation, 220
    mesure de l'utilité, 241

Compétence, 50

Complément
    définition, 77
    élasticité croisée de la demande, 114
    inégalité économique, 567
    parfait, 232
    prix, 77, 82, 239

Complot (fixation des prix), 457

Compromis
    définition, 10
    du « comment », 10-11
    du « pour qui », 11
    du « quoi », 10

et croissance économique, 49
fondamental, 145, 573
le long de la *CPP*, 43

Comptabilité économique, 288, 289

Concept d'équilibre, 446

Concession publique, 385

Concours (allocation des ressources), 132

Concurrence, 74, 290, 368
et efficacité, 370
limitation, 457
marché contestable, 456
par les prix, 443
par les quantités, 440

Concurrence duopolistique, *voir*
Oligopole

Concurrence monopolistique, 298, 300,
415, 417, 471
absence de barrière, 417
collusion impossible, 416
définition, 416
développement de produit, 423
différenciation de produit, 416, 422
efficacité, 421, 423
et concurrence parfaite, 420
et monopole non discriminant, 419
indifférence à l'égard des autres entreprises, 416
majoration, 421
marketing, 417, 423
nombre d'entreprises, 416
part de marché restreinte, 416
perte économique à court terme, 419
prix, 416, 418
production, 418
profit économique
à court terme, 418
à long terme, 419
qualité du produit, 416, 417
variété des biens, 421

Concurrence parfaite, 298, 299, 456, *voir
aussi* Marché concurrentiel
conditions, 346
définition, 346
demande, 347
efficacité, 371
et concurrence monopolistique, 420
et discrimination par les prix parfaite,
399
et monopole non discriminant, 391
preneur de prix, 346
quantité de production, 348
à court terme, 355
à long terme, 358
recette marginale, 346

Conditionnement, 417

Congébec, 305-307

Congestion, 367, 478

Conseil de la radiodiffusion et des télécommunications canadiennes
(CRTC), 395

Consentement à payer, 76, 134, 399, *voir
aussi* Consommateur (surplus)

Consommateur
budget, 222, 370
choix économiques, 221
comportement (analyse), 233, 243
consentement à payer, 76, 134, 399
coût de renonciation, 74
et monopole, 385, 390, 394, 396,
399
et publicité, 426
gains des échanges, 371
intention d'achat, 75, 77
modèle, 221
nombre, 78
pouvoir d'achat, 75
préférences, 78, 225, 267-268
prix d'équilibre, 85
progrès technologique, 368
prospection, 158
revenu, 75
surplus, 135, 140, 189, 190, 192,
195, 220, 371, 393, 395
développement de produit, 423
monopole discriminant, 396, 399
taux marginal de substitution,
230-231
variation de prix, 235

Consommation, 6, 11
choix, 242, 259, 370
coûts, 478
diminution, 75
effets externes
négatifs, 479
positifs, 480
et bien-être, 220
future, 260
ostentatoire, 422, 423
substitution intertemporelle, 258

Constante, 33
ordonnée à l'origine, 33

Construction, 5

Contingent, *voir* Quota

Continuité, 226

Contrat, 532
à long terme, 295
coûts de transaction, 303

Convexité, 228
des préférences, 227
d'une courbe d'indifférence, 230-231

Coordination économique, 54

Corée du Nord, 132

Corrélation, 24

Corruption, 283, 395

Couche d'ozone, 479, 485

Courbe, 26
de Lorenz, 560-562
des contrats, 273

horizontale, 28
pente, 28
verticale, 28

Courbe de coût, 323, 324
déplacement, 328
et courbe de productivité, 327
fixe, 323
moyen, 324
marginal, 137, 327, 352, 368
social, 137-138, 370
moyen, 324-325, 331, 368
à long terme, 332
variable, 323
moyen, 325-328

Courbe de demande, 76, 78, 94, 134,
235, 370
déplacement, 79
de travail, 534
du marché, 134-135, 386
et revenu, 236

Courbe de productivité
définition, 320
et courbe de coût, 327
marginale, 320, 327
moyenne, 322, 327

Courbe de réaction optimale, 443

Courbe de recette marginale
concurrence
monopolistique, 418
parfaite, 346
monopole non discriminant, 386

Courbe des possibilités de production
(*CPP*), 42-43, 320
compromis, 43
coût de renonciation, 43-45, 56-57
efficacité allocative, 46
efficacité productive, 43
et coût marginal, 45

Courbe de valeur marginale, 46, 47, 134
sociale, 135, 370, 504

Courbe d'indifférence, 226-227, 229-231
choix du panier, 234
mesure de l'utilité, 240

Courbe d'offre, 80-81, 94, 137
à court terme, 120
de l'industrie, 355
à long terme, 120
de l'industrie, 361, 365, 366, 368
de travail, 256, 537
déplacement, 82
du marché, 137, 370, 537
d'une entreprise, 354, 370
instantanée, 119

Coureur de marathon, 220

COURNOT, Antoine-Augustin, 440-441,
445-446, 471

Cours des produits de base, 532

Court terme, 318, 323, 355, 418

Coût(s), 11
à court terme, 331
à long terme, 331
comptable, 292
coordination de l'activité économique, 303
courbes, 324, 327
de consommation, 478
définition, 329
de la croissance économique, 48
de mise en marché, 424
de production, 137, 291, 293, 304, 323, 348, 368, 478
de renonciation, *voir* Coût de renonciation
de transaction, 142, 303, 305, 483
externe, 142, 481
fixe, 139, 323, 329, 351, 352, 358
moyen, 325, 329
irrécupérable, 318
marginal, *voir* Coût marginal
moyen, 324-326, 329, 331, 350, 419
tarification, 402
privé, 423, 481
profit à long terme, 365
social, 395, 423
variable, 323, 329, 351, 352, 358
moyen, 324-325, 328, 329

Coût de renonciation, 11-12, 43, 46, 48, 49, 74, 292, 303
avantage comparatif, 50, 186
calcul, 43
croissant, 44, 56
de la nourriture, 56-57
de la production, 43, 288, 346
privé, 293
social, 293
du temps de loisir, 537
écarts, 50
et prospection, 158
ratio, 44
variation du prix, 78

Coût marginal, 12-13, 15-16, 46-47, 81, 137
analyse marginale, 349
augmentation, 171
calcul, 45
concurrence
monopolistique, 419, 421
parfaite, 421
cumul, 352
définition, 329, 481
diminution, 170
d'une entreprise, 323
et coût moyen, 325-326
et productivité marginale du travail, 328, 329
et quantité, 137
externe, 481
majoration, 421
monopole non discriminant, 389
privé, 481, 484
social, 137-138, 140, 159, 167, 370, 481, 484, 504

tarification, 402
variation, 80

Crédit, 9, 262
anticipation, 78

Criminalité, 282-284

Croissance économique, 48-49
coût, 48
d'un pays, 49

D

De Beers, 384, 385

Déchets, 293, 479

Défense nationale, 505

Degré de substituabilité, 231-233
variation de prix, 239

Dell, 303, 362, 416, 462-463

Délocalisation, 198, 199
avantages, 200
expansion, 199
gains et pertes, 200
inquiétudes, 200

Delta, 28

Demande, 220, *voir aussi* Élasticité-prix de la demande
à élasticité unitaire, 108, 110-111
augmentation, 86, 90
concurrence parfaite, 347
courbe, *voir* Courbe de demande
de crédit, 262
définition, 75, 76
dérivée, 533
de titres boursiers, 265
de travail
de l'entreprise, 533
du marché, 536
qualifié, 566
syndicat, 538
diminution, 87, 90
du marché, 134
d'un facteur de production, 533
économies externes, 368
élastique, 108-112, 115
monopole, 388
et prix, 77-78, 235
et revenu, 78, 115, 236
et quantité demandée, 76
et surplus du consommateur, 135
individuelle, 134
inélastique, 108, 110-112, 115, 423
modification, 117
monopole non discriminant, 386
parfaitement
élastique, 109, 166
inélastique, 108, 165
répartition des ressources, 272
résiduelle, 440

variation, 77-79, 86-87, 90-91, 357, 363

DEMSETZ, Harold, 304

Dépense(s), 11
et élasticité de la demande, 111
évolution, 110
publiques, 506

Dépréciation, 288
définition, 289
économique, 289

Déréglementation, 400

Déséconomie(s)
d'échelle, 333
externes, 366

Désir, 75

Désirabilité, 272

Diagramme de dispersion, 24-25

Diamant, 384, 385, 390

Différenciation
du produit, 298, 416, 422, 428-429
minimale (principe), 505

Dilemme du prisonnier, 445, 451, 454
matrice de gains, 446, 449
résolution, 451

Dioxyde de carbone, 8, 142, 478

Diplôme universitaire, 486

Discrimination, 573
inégalité économique, 568
par les prix, 385, 396
fondée sur la quantité vendue, 397
fondée sur le type d'acheteurs, 396
parfaite, 397, 399
selon des caractéristiques personnelles, 160
allocation des ressources, 133

Disney World, 399

Disparité salariale, 541

Dividendes, 297

Division du travail, 67

Doha Round, 196

Don, 11

Drogue, 172, 282
légalisation, 173
marché
illégal, 173
libre, 172
sanction, 173
taxation, 173

Droit (suprématie), 133

Droit(s)
d'auteur, 54, 385, 490
de douane, 191
de monopole, 395
de pêche, 133

de propriété, 54, 133, 482, *voir aussi*
    Propriété
        intellectuelle, 54, 490
        ressources communes, 512

Droite budgétaire, 222
    définition, 223
    équation, 223
    intertemporelle, 257
    variation
        de prix, 224
        de revenu, 225

DROLET, Simon, 576

Dumping, 197

Duopole
    équilibre en stratégies dominantes,
        449
    fixation du prix, 447
        tricherie, 448, 454
    matrice de gains, 449
    naturel, 438

DUPUIT, Jules, 136

E

Eau, 5, 298, 384, 479

eBay, 214, 383, 385

Échange(s), 50, 54, 266
    allocation efficace, 273
    courbe des contrats, 273
    gains, 371
    marché du travail, 532

Échanger avec le marché, 235

Échelle efficace minimale, 336
    concurrence
        monopolistique, 420
        parfaite, 346

Économie
    empirique, 584
    en boîte, 270
    outils de la psychologie, 243
    rendement, 4

Économie comportementale, 243
    applications, 246
    intérêt individuel limité, 243
    rationalité limitée, 243
    volonté limitée, 243

Économie de l'information, 8, 370
    monopole naturel, 385

Économies
    d'échelle, 304, 333, 336, 384, 502
    de coûts de transaction, 303, 305
    de gamme, 304
    externes, 366
        stimulation de la demande, 368

Économique, 13, 16
    champ, 5
    définition, 4
    graphique, 22
    naissance, 67

outil stratégique, 15-16
    science sociale, 13-15
    théorie des jeux, 445

Écosystème, 478

EDGEWORTH, Francis Y., 271, 273

Édition, 302

Éducation, 5-6, 11, 132, 200, 481, 486,
    525-527, 542, 567, 573

Effet, 14
    de dotation, 246
    revenu, 75, 238, 256, 537
    substitution, 75, 237, 238, 256, 537

Effets externes, 142, 477
    définition, 478
    lacune du marché, 478
    négatifs, 478, *voir aussi* Pollution
        de consommation, 479
        de production, 478
    positifs, 478, *voir aussi* Savoir
        de consommation, 480
        de production, 480
    rôle de l'État, 484

Efficacité, 11, 272, *voir aussi* Inefficacité
    allocative, 45, 46
    concurrence monopolistique, 421,
        423
    de la fourniture privée, 505
    droits de propriété, 483
    économique, 291, 292, 304
    en matière de produit, 423
    et concurrence, 370
    exploitation des communaux, 511
    fourniture de services publics, 488
    marque de commerce, 427
    monopole
        discriminant, 399
        non discriminant, 393
    productive, 43
    publicité, 427
    subvention, 488
    système de bons, 489
    taxe de pollution, 484
    technique, 291

Égalité
    des chances, 148
    économique, 11, 144, *voir aussi*
        Inégalité économique

Élasticité, 105
    de la demande, 111-113, 347
        incidence de la taxe, 165
    de l'offre, 119
        incidence de la taxe, 166
    et recettes, 110-111
    facteurs, 111, 118
    glossaire, 121
    le long d'une droite de demande, 110
    variation de pourcentage, 108

Élasticité croisée de la demande, 114, 121
    calcul, 114
    négative, 114

positive, 114
    substitut, 114

Élasticité-prix de la demande, 106, 112,
    121, 239
    calcul, 107
    comparaison, 108
    de denrées, 113
    monopole non discriminant, 386
    négative, 108
    valeur absolue, 108

Élasticité-prix de l'offre, 116, 121
    calcul, 117

Élasticité-revenu de la demande, 115-
    116, 121
    bien(s)
        collectifs, 507
        inférieur, 115
        normal, 115
    calcul, 115
    sortes, 115

Électricité, 318, 384, 478
    marché, 298
    prix, 146-147, 334-335, 365

Émission de gaz carbonique, 478, 485

Emploi, 196, 319, 532, *voir aussi* Travail
    délocalisation, 198, 200

Emprunt, *voir* Endettement

Encéphalopathie spongiforme bovine,
    196

Endettement (choix), 257, 259

Énergie, 5, 186, 532, 544, *voir aussi*
    Pétrole

Engrais, 89, 368

Énoncé, 25
    normatif, 13-14
    positif, 13-14

Enquête statistique, 14

Ensemble budgétaire, 223-225

Entrée dans un marché, 359, 369, 417,
    419, 455, *voir aussi* Barrière(s) à
    l'entrée

Entrepreneuriat, 8, 532
    définition, 6
    profit, 6, 289
    rémunération, 289

Entreprise, *voir aussi* Capital, Producteur,
    Production
    biens, 54
    but, 288
    cadres, 294, 533
    capital, 288-289
    changement technologique, 368
    concours, 132
    contraintes, 290, 319
    contrat, 303
    coordination de l'activité économique,
        303
    courbe d'offre, 354

coût
à court terme, 323, 328
à long terme, 330
de renonciation de la production, 288, 346
décision, 290, 318, 347, 359
définition, 54, 288, 303
délocalisation, 199
demande de travail, 533
directeur général, 294
divulgation des prix, 398
efficacité économique, 303
entrée dans un marché, 359, 369, 419
équipe, 304
financement, 11, *voir aussi* Capital
forme, 295, 297
impartition, 199
individuelle, 295, 297
information, 290, 294
innovante, 423
installation, 318, 368
marginale, 361, 366, 417, 419, 420
monopoleur, 142
paliers de gestion, 294
preneur de prix, 346
problème principal-agent, 294
production, 10-11, 288
décisions, 318, 347, 359
économies, 303, 333
et prix, 355, 358
organisation, 293, 303
quantité, 348
profit, 137-139, 288, 289, 346, 350, 424
forme de l'entreprise, 295
propriété, 295
recettes, 289, 346
recherche et développement, 11
rente économique, 365, 369
ressources, 288
achetées sur le marché, 288
appartenant à l'entreprise, 288-289
fournies par le propriétaire, 289
seuil
de fermeture, 351, 359
de rentabilité, 350, 359, 361, 369
sortie d'un marché, 359
stratégie économique, 15
système
hiérarchique, 132, 143, 294
incitatif, 294
taux de roulement, 301
travailleurs, 294

Environnement Canada, 485

Environmental Protection Agency (EPA), 485

Épargne, 11, 570, 573
choix, 233-234, 257, 259

Équation
linéaire, 33
pour les droites, 33-34

Équilibre
concept, 446
concurrentiel, 84, 95, 371
à court terme, 357
à long terme, 360, 368
coopératif, 454
de Cournot, 443
de la surpêche, 510
de Nash, 446, 452, 454, 473
de recherche de rente, 395
du marché, 84, 95
efficacité, 139
d'un marché du travail concurrentiel, 538
en stratégies dominantes, 446, 449, 452
général ou walrasien
prix, 267, 269
partiel (modèle)
prix, 267
politique, 507

Équipement, 54

Équité, 11, 143, 159, 168, *voir aussi* Justice
salariale, 569

Essence, 122-123, 174-175, 329, 459, 460, 479

État, *voir aussi* Gouvernement, Impôt, Taxe(s)
allocation des ressources, 133
dépenses publiques, 506
effets externes, 484
et délocalisation, 200
intervention dans les marchés, 157
monopole légal, 384
réglementation du monopole, 400
rôle, 451, 484, 487
limite, 490
subvention, 142, 170, 402
à l'exportation, 196
surveillance des quotas, 170

États-Unis, 9, 160, 162, 170, 171, 186, 196, 198, 200-203, 485, 515

Éthanol, 89

Étude de marché, 290

Europe, 485

Excite@Home, 419

Expérience
économique, 14-15
naturelle, 14

Exploitation durable, 509
pêche, 510

Exportations, 186
gains et pertes, 190
restrictions volontaires, 196

Externalités, 478, *voir aussi* Effets externes

F

Fabrication, 5

Facteur(s) de production, 291, *voir aussi* Capital, Entrepreneuriat, Terre, Travail
coût à court terme, 323
décisions de l'entreprise, 318
définition, 5
demande, 533
efficacité économique, 292
marché, 74, 531, 532
prix, 82, 329, 533
quantité, 533
revenu - répartition, 6
substituabilité, 118
utilisation, 6

Faible revenu, 564

Faillite, 296

Famous Players, 459

Federal Reserve (É.-U.), 9

Femme
discrimination, 568
équité salariale, 569
interruption de carrière, 567
ségrégation occupationnelle, 568

FENERTY, Charles, 293

File d'attente, *voir* Queue

Fiscalité (entreprise), 295

Fonction de production
à court terme, 320, 329
à long terme, 330
selon les quantités de capital, 330

Fonction de réaction optimale, 442

Fonction publique, 505
système hiérarchique, 132

Force (allocation des ressources), 133

Ford, 317

Forêt, 8, 9, *voir aussi* Ressources naturelles

Formation, 11, *voir aussi* Éducation
professionnelle (rentabilité), 567

FORTIN, Bernard, 573

Fourniture de services publics, 487

FRIEDMAN, Milton, 489

Fruits et légumes, 119

FUDENBERG, Drew, 472-474

Fumer, 479

Fusionnement, 457, 459-460

G

Gains (théorie des jeux), 446

Gaspillage, 43, 45

GATES, Bill, 8, 132

Gateway, 362

GATT, 69, 193, 201

Gaz
à effet de serre, 8, 478
carbonique, 479, 492-493
naturel, 186, 298, 384, 400, 532, 544

Gaz Métro, 400

Génétique, 370

GM, 305, 333, 345

Google, 383, 385

Gouvernement, *voir aussi* État
compromis, 10
croissance, 507
intervention dans l'économie, 508
prestation, 11
représentatif, 132
stratégie économique, 15-16

Grande Dépression, 201

Grande modération, 9

Graphe, 22
abscisse, 22
construction, 22
coordonnées, 22
de série chronologique, 23-24
ordonnée, 22

Graphique, 22
à barres, 24
coupure d'axes, 24
dans les modèles économiques, 25
de coupe transversale, 24-25
relation entre trois variables, 31
variables indépendantes, 28
variables qui évoluent
dans le même sens, 25-26
en sens opposés, 26-27
variables qui ont un maximum ou un
minimum, 27-28

Guerre, 133
commerciale, 200
de prix, 455

H

Habitation à loyer modique, 160

HAMERMESH, Daniel, 162

HARSANYI, John, 148

Heures de travail, 119, 319

Hewlett-Packard, 462-463

Holiday Inn, 427

Hong Kong, 49

Horizon temporel, 318, 355, 358

HOTELLING, Harold, 546, 583

HOXBY, Caroline M., 525-527

Hydro-Québec, 146-147, 317

I

IBM, 304, 362

Ignorance rationnelle, 506

Immeuble, 54

Immigration, 585

Impartition, 199, 303
délocalisée, 199

Importations, 186
gains et pertes, 189
quota, 194

Impôt, 11, 163, *voir aussi* Taxe(s)
compromis fondamental, 145
et justice, 148, 168

Impôt sur le revenu
à taux unique, 571
des particuliers, 168
perception, 573
progressif, 571
proportionnel, 571
régressif, 571

Incertitude, 290

Incidence d'une taxe, 163
et élasticité
de la demande, 165
de l'offre, 166

Incitatif, 4, 13
au travail, 290, 294, 573

Inde, 116, 191, 200

Indice
de Herfindahl-Hirschman (IHH),
299-300, 417-418, 439, 456
des prix, 74

Indifférence (concept), 225

Industrie
de l'automobile, *voir* Automobile
(industrie)
du divertissement, 370
informatique, 368, 370, *voir aussi*
Microordinateur, Ordinateur
minière, 5, 359, 373-374
naissante (argument), 197
pétrolière, 359, *voir aussi* Pétrole
pharmaceutique, 302, 417

Inefficacité, *voir aussi* Efficacité
avantage externe, 487
coût externe, 482
de la fourniture privée, 504
de la surproduction publique, 505,
508
monopole non discriminant, 393

Inégalité économique, 559, *voir aussi*
Revenu, Richesse
causes, 565
évolution, 563
mesure, 560

Information, 290, 294

Infrastructure publique (valeur), 136

Injustice, 148

Innovation, 385, 489, *voir aussi* Progrès
technologique
développement de produit, 423
et pollution, 479
valeur sociale, 423

Instabilité économique, 9

Installation, 318, 368

Institution (rôle), 13

Instruction, *voir* Éducation

Insuline, 108, 165

Intel, 8, 455

Intention
d'achat, 75, 106
de vente, 80

Interdépendance stratégique, 471

Intérêt
composé, 550
conciliation, 13
individuel, 7, 9, 13, 131, 132, 141,
196, 243, 451
public (théorie), 400, 403, 507
social, 7, 13, 131, 141, 196

Intérêts
capital d'une entreprise, 289
variation, 329

International Harvester, 362

Internet, 74, 287, 302, 383, 385, 419,
502

Interruption de carrière, 567

Intrant (marché), 74

Invention, 385

Investissement en bourse, 262

Islande, 514

J

Japon, 196

Jeu(x)
définition, 445
de la poule mouillée, 451
de recherche et développement, 450,
451
du dilemme du prisonnier, 445
éléments, 445
équilibre, 446
de Nash, 446, 452
en stratégies dominantes, 446
et guerre de prix, 455
gains, 446
répétés, 454
réputation, 474
séquentiels, 454
stratégie, 445
dominante, 446

Jeu vidéo, 370

JEVONS, William S., 243

JOBS, Steve, 294

Journaux (industrie), 300-301

Justice
et marché concurrentiel, 143
redistribution du revenu, 573
règles, 148, 159, 162
utilitariste, 144

K

Kimberly-Clark, 450

KRUEGER, Alan, 162

L

LACROIX, Guy, 573

Lacune du marché, 478, 524

Lait, 169

LEVITT, Steven, 14, 282-284

Libre-échange, 69-70, 191, *voir aussi*
Protectionnisme
création d'emplois, 198
délocalisation des emplois, 198
et pays en développement, 199
gains et pertes, 201, 203
protection de l'environnement, 199

Licence publique, 385

Ligue nationale de hockey, 459, 461, 540

Livre électronique, 244-245

Lobbying, 395, 507

Location du capital, 543
valeur actualisée, 544

Loblaw, 296

Logement, 158, *voir aussi* Loyer
allocation, 160
coût marginal social, 159
pénurie, 158, 160
valeur marginale sociale, 159

Logiciel, 298, 385, 423

Loi
anti-collusion, 457
de la demande, 75, 94
de l'offre, 80, 94, 350, 355
de Moore, 8
des rendements décroissants, 322, 324
sur la concurrence, 457
sur l'équité salariale, 569

Loisirs, 256, 537

Long terme, 318, 330, 358, 419

LORENZ, Max Otto, 560

Loterie, 133, 160

Lotus Corporation, 487

Loyer, 6, 222
du capital, 543
marché noir, 158
plafonnement, 142, 158-159
prix, 329

Loyer implicite du capital, 289, 532
dépréciation économique, 289
intérêt sacrifié, 289

M

Machine agricole, 362, 368

Macroéconomie, 4

Main-d'œuvre, 119, 198, 200, 403, *voir aussi* Travail, Travailleurs
coûts de production, 291, 319, 323, 327
occasionnelle, 532
profit à long terme, 365

Main invisible, 140, 372, 451

Maïs, 56-57, 118
marché, 88-89, 298

Majoration, 421
et publicité, 424

Majorité (allocation des ressources), 132, 142-143

MALTHUS, Thomas R., 583

Marché
aux enchères, 213-215
avec exportations, 188, 190
avec importations, 187, 189
avec tarifs douaniers, 192
concentration, 299
contestable, 456
contraintes, 290
coordination de l'activité économique, 303
décentralisé, 54
définition, 54, 74, 302
de location, 532
de la terre, 544
du capital, 543
de produits illégaux, 172
de revente, 386
des facteurs de production, 531, 532
des permis d'émission, 485
des produits de base, 532
des ressources naturelles non renouvelables, 544
des services
de la terre et des ressources naturelles, 532
tirés du capital, 532
du travail, 161, 532, 536
concurrentiel, 536
et syndicat, 538
politique, 585
échanges, 133
équilibre, 84, 95
et industrie, 302

étendue géographique, 301
financier, 9
fonctionnement, 104, 212
lacune du, 478
main invisible, 140
mondial, 185
monopolistique, *voir* Monopole
réallocation des ressources, 88
secondaire, 386
soumis à un quota d'importation, 195
structures, 298
économie nord-américaine, 301

Marché concurrentiel, 74, 300, *voir aussi* Concurrence parfaite
caractère juste, 143
efficacité, 134, 139, 143
allocation des ressources, 142-143
entrée et sortie, 359
inefficacité, 141
main invisible, 140
profit à long terme, 365
structure, 298

Marché noir, 158

Mariage entre pairs, 570

Marketing, 417, 423

Marque de commerce, 426
efficacité, 427

MARSHALL, Alfred, 104, 212

MARX, Karl, 267

Matières premières, *voir* Ressources

Matrice de gains, 446, 449

Médicaments, 302, 417

Ménage, *voir aussi* Consommateur
revenu moyen, 560
revenu réel, 224

Mesure(s)
cardinale, 220
de concentration, 299
limites, 300
de l'inégalité économique, 560
du bien-être, 220
numérique, 220
ordinale, 220

Métaux, 112

Méthane, 478

Méthode
déductive, 355
inductive, 355

Meubles, 112

Mexique, 198, 199

Microéconomie, 4

Microordinateur, 112-113, 132, 362, 385, 489, *voir aussi* Ordinateur

Microprocesseur, 8

Microsoft, 8, 298, 383, 385, 423, 487

MILL, John Stuart, 144

Mine, *voir* Industrie minière

Minéraux, 5

Mise en marché, *voir* Publicité

Modèle du consommateur, 221, 246, 265-266
  continuité, 226
  mesure de l'utilité, 240
  préférences, 226
  variation de prix, 235, 239

Modèle économique
  définition, 14, 25
  graphique, 25

Mondialisation, 7, 70, 567

Monnaie, 54, 74, 220

Monopole, 298, 299-300, 302, 383
  absence de substitut proche, 384
  barrière à l'entrée, 384, 390, 395
  bilatéral, 540
  caractéristiques, 384
  coût social, 395
  création, 395
  définition, 384
  demande élastique, 388
  légal, 384
  local, 301
  mondial, 198
  naturel, 384, 385, 400, 438, 502
  profit économique, 389, 394, 447
  réglementation, 400

Monopole discriminant, 386, *voir aussi*
    Discrimination par les prix
  efficacité, 399
  fonctionnement, 396
  profit, 397
  recherche de rente, 399
  surplus du consommateur, 396

Monopole non discriminant, 385
  capacité excédentaire, 392, 394
  efficacité/inefficacité, 393
  et concurrence
    monopolistique, 419
    parfaite, 391
  production et prix, 386, 389, 392
  redistribution des surplus, 394
  rente économique, 394

Monopoleur, 142
  fixation des prix, 385
  recherche de rente, 394

Monopsone, 539
  et salaire minimum, 541
  et syndicat, 540

Monotonicité, 226

Monsanto, 404-405

Montage (efficacité technique), 291

MOORE, Gordon, 8

MORGENSTERN, Oskar, 445

Morue de l'Atlantique, *voir* Poisson

Motor Coach Industries (MCI), 358

Moyenne, 322

MURPHY, Kevin, 162

N

NASH, John, 446

Nature humaine, 13

NEC, 362

NEUMANN, John von, 445

Neuroéconomie, 246

NEWTON, Isaac, 487

Nike, 298

Nikon, 471

Normes
  environnementales, 199
  problème de compatibilité, 423

Nortel, 294, 302

Note marginale, 322

Nourriture, 112-113

Nouvelle-Zélande, 171, 514

NOZICK, Robert, 148

NutraSweet, 458

O

Obligation, 54

Œuvre d'art, 118

Office
  des professions du Québec, 385
  des transports du Canada, 400

Offre, *voir aussi* Élasticité-prix de l'offre,
    Production
  à court terme, 119, 355, 359
  à élasticité unitaire, 118
  à long terme, 120, 358
  augmentation, 87, 90, 106, 171
  courbe, *voir* Courbe de l'offre
  de crédit, 262
  décision, 359
  définition, 80
  de travail, 256, 536
    non qualifié, 566
    qualifié, 566
    syndicat, 538
  du marché, 137-138
  du producteur, 137-138
  diminution, 89, 90, 170
  et prix, 81-82, 106
  et quantité
    demandée, 106
    offerte, 80, 83
  individuelle, 137-138
  instantanée, 119

parfaitement
    élastique, 118-120, 166
    inélastique, 118-120, 166
  réaction optimale, 442
  test du triangle, 118
  variation, 81-82, 87, 90-91

OGM, 404-405

Oligopole, 298, 299, 437
  à entreprise dominante, 440
  barrières à l'entrée, 438
  concurrence
    par les prix, 443
    par les quantités, 440
  coopération, 439
  définition, 438
  fixation du prix, 447, 457
  interdépendance, 439
  légal, 438
  modèle, 440
  nombre d'entreprises, 439
  naturel, 438
  réglementation, 457
  théorie des jeux, 445, 447

Ontario, 163, 191

Ordinateur, 8, 291, 303, 345, 370, 437, 462-463

Ordonnée, 22
  à l'origine, 33-34

Organisation mondiale du commerce
    (OMC), 69-70, 196, 197

Organisme génétiquement modifié
    (OGM), 196

Osisko, 373-374

Oxyde d'azote, 478

P

Palm, 428-429

Panier(s) de biens, 222
  choix, 233, 235
  combinaison, 227
  continuité, 226
  convexité, 228
  courbe d'indifférence, 226, 229-230
  monotonicité, 226
  préférences, 225

Papier, 293

Passager clandestin, 503

Pauvreté, 564
  absolue, 564
  définition, 564
  évolution, 574-575

Pays
  avantage comparatif dynamique, 53
  croissance économique, 49

Pays en développement
  exploitation, 199
  perception fiscale, 201

Pêche, 9, 508
    exploitation
        durable, 510
            efficace, 511
        marginale, 509, 510
        moyenne, 509, 510
        quotas de production, 512
        surpêche, 510
        totale, 509, 510

Pente
    calcul, 33
    d'une droite, 33-34
    d'une relation, 28

Pénurie, 84-86
    hausse des prix, 85
    logement, 158

Pepsi, 426

Permis, 385, 395
    d'émission (pollution), 485

Perte, *voir aussi* Seuil de rentabilité
    à court terme, 358, 419
    de surplus, 141, 159
    minimisation, 419
    sociale, 141

Pétrole, 186, 359, 455, 532, 544
    consommation, 112-113
    coût de renonciation, 44
    demande, 544
        déterminant fondamental, 545
        élastique, 113
        inélastique, 111-112
    extraction, 545
    marché, 54, 88, 546
    offre, 545
        déterminant fondamental, 545
    prix
        anticipé, 545
        basé sur les éléments fondamen-
            taux du marché, 545
        d'équilibre, 545
    rente économique, 365
    réserves connues, 545
    spéculation, 545, 546
    taux d'intérêt, 546
    thésaurisation, 545
    valeur de la productivité marginale,
        544, 545

Phénomène de la nature, *voir* Catastrophe
    naturelle

PIGOU, Arthur C., 484

Pile, 439

Pizza, 298, 386, 397, 415

Pizza Delight, 415

Plafonnement des loyers, 158
    équité, 159-160
    inefficacité, 159

Planification économique centralisée, 54

Plastique, 112

Plomb, 479, 485

Pluies acides, 478

Point
    maximum, 27-28
    minimum, 27-28
    mort, 348

Poisson, 9, 142, 502, 508

Polaroid, 471

Politique
    de prix unique, 385
    économique, 25
    efficacité du processus, 505
    influence du monopoleur, 395
    marché du travail, 585

Pollution, 293, 481
    atmosphérique, 478
    de l'eau, 479
    du sol, 479
    et production, 482
    permis négociables, 485
    redevances sur les émissions, 485
    taxe, 484

Population (et demande), 78

Postes Canada, 385

Pouvoir d'achat, 75
    répartition, 11
    variation de prix, 239

Préférence(s), 46
    applications, 256
    carte, 228, 230
    continuité, 226
    convexité, 227, 228, 231
    courbe de valeur marginale, 47
    des consommateurs, 78, 225,
        267-268
    des électeurs, 507
    désirabilité des biens, 272
    indifférence (concept), 225
    non convexes, 230
    non monotones, 230
    non rationnelles, 230
    pour le risque, 264
    rationalité, 229
    temporelles, 259

Preneur de prix, 346

Prime
    de rendement, 295
    de risque, 265

Principal, 294

Principe
    de Hotelling, 546
    de la capacité contributive, 168
    de la différenciation minimale, 505
    de la valeur marginale décroissante, 46
    du juste retour, 168

Prise de risque, 262

Prix, *voir aussi* Discrimination par
    les prix, Élasticité
    à court terme, 355
    à long terme, 358, 363
    ajustement, 85, 142
    anticipation, 78, 82
    augmentation, 75, 85, 108-110, 143,
        170
    baisse, 85, 108-110, 171
    concurrence
        monopolistique, 416, 418
        parfaite, 347, 372
    de la croissance économique, 49
    de la solution de rechange, 136
    d'équilibre, 84-87, 89, 95, 106
    des compléments, 77, 82
    des facteurs de production, 82, 329,
        535
    des substituts, 77, 82
    de vente minimal, 81
    différence, 396
    discrimination, 385, 396
    du facteur, 533
    du marché, 132, 303, 346, 372, 481
    du produit de l'entreprise, 535
    équilibre
        général ou walrasien, 267, 269
        partiel (modèle), 267
    et bien-être, 220
    et coût, 137
    et demande, 77-79, 86-87, 90, 94, 134
    et économies externes, 366
    et offre, 81, 87, 89-90, 94, 116
    et progrès technologique, 368
    et quantité
        demandée, 76, 111
        offerte, 137
    et revenu, 267
    et taxe, 164
    et valeur d'usage, 136-137
    fixation, 457, *voir aussi* Collusion
    guerre de, 455
    incitatif, 4
    indice des, 74
    intention
        d'achat, 75, 76
        de vente, 80
    invendus (impact), 363
    limite, 457
    maximal, 135
    minimal, 137
    monétaire, 74
    monopole, 142, 385
        non discriminant, 386, 392
    moyen, 107, 350
    niveau, 23
    oligopole, 447
    origine, 267
    plafond, 158, 403
    plancher, 161
    politique de divulgation, 398
    réglementé, 142
    relatif, 74, 76, 224, 267
    rôle régulateur, 84

seuil de rentabilité, 350
tendance, 23
unique, 385
valeur d'échange, 12, 74, 134
variation, 79, 81, 117
    à long terme, 367
    bien inférieur, 238
    bien normal, 235
    et droite budgétaire, 224
    et élasticité
    de la demande, 112
    de l'offre, 119
    sens, 23
    vitesse, 23

Problème
    d'optimisation sous contrainte, 222
    du passager clandestin, 503
    principal-agent, 294
        résolution, 295

Procédés industriels
    évolution des connaissances, 489
    pollution atmosphérique, 478

Procter & Gamble, 450

Producteur
    coût et prix, 137
    coûts fixes, 139
    gains des échanges, 371
    nombre, 82
    offre, 137-138
    prix d'équilibre, 85
    profit, 137-139
    surplus, 137-139, 140, 189, 190, 192,
        195, 352, 371, 393, 395
        développement de produit, 423
    variation de prix
        temps de réponse, 118

Production, *voir aussi* Bien(s), Facteur(s)
    de production, Fonction de pro-
    duction, Offre, Productivité,
    Service(s)
    à court terme, 355
    à long terme, 358
    analyse marginale, 349
    augmentation, 319, 324-326, 349
    avec différents niveaux de capital, 330
    capacité
        création, 359
        excédentaire, 392, 420
    concurrence monopolistique, 418
    coût, 137, 291, 293, 304, 323, 348,
        368, 478
        de renonciation, 43, 288
        privé, 481
    décisions de l'entreprise, 318, 347,
        359
    définition, 319, 329
    diminution, 349
    économies
        d'échelle, 304, 333
        de gamme, 304
        liées à la production en équipe, 304

effets externes
    négatifs, 478
    positifs, 480
efficacité, 43, 45
    économique, 292
    technique, 291
en équipe, 304
équilibre du marché, 139
et pollution, 482
fonction, 320
limites, 42-43
monopole non discriminant, 386, 392
organisation, 293, 303
point mort, 348
possibilités, 42, 48, 49
profit (maximisation), 349
quantité, 348
    réaction optimale, 442
    variation à long terme, 367
ralentissement, 358
ressources, 43, 45, 288
spécialisation, 50
tendances, 5

Productivité, 11
    avantage absolu, 50
    courbes, 320, 327
    évolution, 328
    marginale, 319, 320, 328, 329, 330
    moyenne, 319, 322, 328, 329

Produit
    coût de mise en marché, 424
    de luxe, 112, 116
    de première nécessité, 112, 116
    développement, 423
    différenciation, 298, 416, 422, 428-
        429
    illégal, 172
    qualité, 416, 417, 426
    variété (valeur), 421

Profession
    à exercice exclusif, 385
    à titre réservé, 385

Professionnel, 366

Profil de stratégies, 445, 451, 452

Profit, 6, 137-139, 144, 170
    à court terme, 358
    à long terme, 364
    comptabilisation, 288
    dépenses de publicité, 424
    discrimination par les prix, 386, 397
    économique, 288, 348-349, 368, 389
        dans la concurrence monopolis-
        tique, 418, 419, 423
        d'un monopoleur, 394
    forme de l'entreprise, 295
    incitatif, 4
    maximisation, 142, 288, 346, 350,
        419
        niveau de production, 349
        rendement à long terme, 359
    normal, 289, 323, 346

nul, 419
    progrès technologique, 368
    surplus du producteur, 352

Programme
    de Doha pour le développement, 196
    social, 11

Progrès technologique, 48, 290, 368,
    543, 567, *voir aussi* Technologie

Prohibition ou taxation, 176

Propriété, 133, 148
    barrières, 384
    d'une entreprise, 295
    foncière, 54
    intellectuelle, 54, 490
    privée, 512

Prospection, 158

Protection
    contre le dumping, 197
    des industries naissantes, 197
        protectionnisme, 197
        psychologie et économie, 243
        publicité, 290, 417, 422, 423
    coût
        et demande, 424
        moyen, 424
        total, 424
    dépenses, 424, 426
    efficacité, 427
    et majoration, 424
    et profit de l'entreprise, 424
    impact, 424
    signal de qualité, 426
    trompeuse, 457

Puce d'ordinateur, 437, 455, 489

Q

Quantité, *voir aussi* Production
    achetée, 75
    d'équilibre, 84, 106
    échangée, 84
    moyenne, 107
    réglementée, 142

Quantité demandée, 75, 76, 85, 87, 139,
    171
    sensibilité, 106
    variation, 78

Quantité offerte, 80, 83, 85-87, 137, 139
    variation, 83, 117

Quasi-duopole, 439

Quasi-monopole, 302

Québec, 571
    équité salariale, 569
    salaire minimum, 163
    taxe sur les cigarettes, 164

Queue, 160
    allocation des ressources, 132, 143

Quota(s)
définition, 169
de production, 512
effets, 169-170
individuel transférable (QIT), 513, 514

Quota(s) d'importation
définition, 194
effets, 194
gains et pertes, 195

R

Raisonnement économique, 10

Rareté, 160
choix, 4
définition, 4
et croissance économique, 49
valeur des biens, 272

Ratio
coût de renonciation, 44
de concentration fondé sur quatre entreprises (RC₄), 299

Rationalité, 229, 243

RAWLS, John, 145, 148

Réaction optimale, 443, 452

Recette(s), 110-111, 348
calcul, 346
concurrence parfaite, 347
dépassement des coûts, 350
et élasticité, 110-111
marginale, 346, 349
discrimination par les prix parfaite, 398
monopole non discriminant, 386, 389
surplus du producteur, 352
tarifaires, 191, 201
test, 111

Réchauffement planétaire, 8, 479-480

Recherche
de rente, 201, 394, 395, 399
et développement, 11, 49, 450, 451, 479, 487

Recyclage, 293, 479

Redevances sur les émissions, 485

Régie de l'énergie du Québec, 401

Régime
de pension, 572
de santé et de sécurité du travail, 572

Règle de tarification
au coût marginal, 402
au coût moyen, 402

Réglementation, 198, *voir aussi* Barrière(s) à l'entrée, Tarification
barrières commerciales, 196
de partage des bénéfices, 406
du taux de rendement, 403

monopole, 400
oligopole, 457
par prix plafond, 403

Règles
de droit, 133
d'origine, 70
justes, 148, 159, 162

Relation
causale, 24
de cause à effet, 14
directe, 25
entre trois variables, 31-32
inverse, 26-27
linéaire, 26, 33
négative, 26-27, 34
pente, 28
positive, 25, 34

Rémunération, 294, *voir aussi* Salaire
problème principal-agent, 294
résolution, 295
propriétaire d'une entreprise, 289

Rendement
à long terme, 359
d'échelle constant, 333
évolution des connaissances, 490
marginal
croissant, 321
décroissant, 321, 325, 330
taux de (réglementation), 403

Rente, 532
de monopole, 394
économique, 6, 364, 365, 369
recherche de, 201, 394, 395, 399

Research in Motion (RIM), 287, 291, 294, 428-429

Responsabilité
conjointe illimitée, 296
illimitée, 295
limitée, 296

Ressource(s), *voir aussi* Allocation des ressources
communes, 142, 502, 508
efficacité, 511
énergétiques, 5
et croissance économique, 49
mécanismes d'allocation, 132
naturelles, 5, 532
épuisement, 9
non renouvelables, 532, 544
profit à long terme, 365
propriété, 384
répartition, 272
utilisation efficace, 47, 370, 371, *voir aussi* Efficacité allocative
utilisées par une entreprise, 288

Restaurant, 132, 301, 505

Résultats injustes/justes, 144, 159, 162

Revenu
anticipation, 78

après impôt, 560
modal, 560
choix de vie, 569
consacré à l'achat d'un produit, 112-113, 220
courbe de Lorenz, 560-562
demande, 78, 236
élastique, 115
inélastique, 115
distribution, 6, 145
du consommateur, 75
du marché, 560
effet, 75, 238, 256
égalité, 144
et courbe
de demande, 236
d'indifférence, 240
et droite budgétaire, 225
et loisirs, 256
et prix, 267
et richesse, 562
moyen, 560
propriétaire d'une entreprise, 295, 296
quintile, 560, 563
redistribution, 571, 572
réel, 224
répartition, 11, 563, 568, 586
asymétrie positive, 560
sources, 6
total, 560
variation, 236

Révolution
agricole, 67
de l'information, 67
économique, 67
industrielle, 67

RICARDO, David, 267

Richesse, 564
et revenu, 562
intertemporelle, 258
répartition, 272, 561, 570

Risque, 262
aversion pour le, 265
cote, 264
préférences, 264
prime de, 265

Ristourne, 421

Riz, 298

ROBBINS, Lionel, 265

Robotisation, 328

ROMER, Paul, 490

Roots Canada Ltée, 418-420, 422, 424

ROTH, John, 294

S

Salaire, 6, 144, 289, 532
augmentation, 256
courbe de demande de travail, 534

d'équilibre, 161
de réserve, 537
écarts entre syndiqués/non-syndiqués, 541
équité salariale, 569
et éducation, 542
évaluation, 541
travailleur qualifié/non qualifié, 567
variation, 329

Salaire minimum, 142, 161, 585
et chômage, 161
et monopsone, 541
inefficacité, 161
justice, 162-163

Santé, 573

Santé et sécurité (réglementation), 196

Savoir, 485, 489

Scolarité, *voir aussi* Diplôme universitaire, Éducation
rentabilité, 567

Sécurité
de la vieillesse, 571
nationale, 142
sociale, 571

Ségrégation occupationnelle, 568

Service(s), *voir aussi* Bien(s), Coût, Prix, Production, Valeur
consommation, 6
coût marginal, 137
d'aqueduc, 142
définition, 5
de soutien spécialisés, 368
d'utilité publique, 298, 384
homogènes, 346
marché, 74
monopole discriminant, 386
production, 5, 10, 11
publics, 487
quantité
demandée, 75
offerte, 80
valeur, 12

Seuil
de faible revenu, 564
de fermeture, 351, 357, 359
de rentabilité, 350, 359, 361, 369

SHEPHERD, William G., 301

Signal, 426

Silicon Valley, 366

SIMON, Julian, 583

SMITH, Adam, 67, 69, 136, 140, 267, 372, 451

Société
de personnes, 295, 297
par actions, 296, 297

Société canadienne d'hypothèques et de logement, 257

Soins médicaux, 132

Sortie d'un marché, 359, 417

Sous-production, 141, 142, 170

Spécialisation, 50

Spéculation, 545, 546

Sport, 132, 304, 459, 461

Stabilité économique, 9

Starbucks, 439

Statistique Canada, 300, 302, 560, 564

STERN, Nicholas, 480

Stratagème du chiot câlin, 474

Stratégie, *voir aussi* Jeu
définition, 445
dominante, 446
du chat repu, 474
du Talion, 454
du ténor, 474
économique
des entreprises, 15
des gouvernements, 15-16
personnelle, 15

Substitut, 75, 384, 423
définition, 77
disponibilité, 112
élasticité croisée de la demande, 114
inégalité économique, 567
parfait, 232, 347
prix, 77, 82, 239

Substitution
effet, 75, 237, 238, 256
intertemporelle, 258
taux marginal, 230-231

Subvention, 142, 402
à l'exportation, 196
définition, 170, 196
effets, 170-171
efficacité, 488

Sucre, 300

Suprématie du droit, 133

Surpêche
équilibre, 510
origine, 511

Surplus, 84-85
baisse des prix, 85
du consommateur, 135, 140, 189-190, 192, 195, 371, 393, 395
développement de produit, 423
discrimination par les prix, 396
et compensation, 220
et valeur, 136
mesure, 220
du producteur, 137-139, 140, 189-190, 192, 195, 352, 393, 395
développement de produit, 423
perte, 141
redistribution, 394
total, 141, 423

Surproduction, 141, 142, 170, 172
publique (inefficacité), 505, 508

Syndicat, 532
et marché du travail, 538
et monopsone, 540
salaire, 541

Système
financier, 11, *voir aussi* Banque, Marché financier
hiérarchique, 132, 143, 294
incitatif, 290, 294
juridique/judiciaire, 13, 133
législatif, 13

T

Tabac, 173

Tanzanie, 113, 116

Tarif binôme, 402

Tarif douanier, 201
définition, 191
effets, 191
gains et pertes, 191

Tarification
au coût marginal, 402
au coût moyen, 402

Taux de croissance
secteur public, 508

Taux de pauvreté, 564

Taux de rendement
réglementation, 403

Taux d'intérêt, 9, 546
consommation future, 260
substitution intertemporelle, 258
variation, 258

Taux marginal de substitution, 230-231
décroissant, 231
et pente de la droite budgétaire, 234
valeur constante, 232

Taxe, 142, 163, 176
efficacité, 167-168
équité, 168
et demande
parfaitement élastique, 165-166
parfaitement inélastique, 165
et offre
parfaitement élastique, 166-167
parfaitement inélastique, 166
et pollution, 484
incidence, 163, 165-166
pigouvienne, 484
sur le carbone, 492-493
sur les achats, 164-165
sur les cigarettes (Québec), 164
sur les drogues, 173
sur les produits et services (TPS), 168
sur les ventes, 164, 168

Taxi, 438

Technologie, 140
coûts de production, 292, 327, 328
définition, 290
demande de travail, 535
diffusion, 369
d'une entreprise, 290, 333, 365
et prix, 368
inégalité économique, 567
monopole naturel, 385
variation de l'offre, 82, 119

Télécommunications, 8, 119, 133, 200

Télé-Direct, 458

Téléphonie, 298, 428-429

Téléviseur (production), 291, 304

Télévision par câble, *voir*
Câblodistribution

Temps
et élasticité de l'offre, 118
horizon temporel, 318

Tendance, 23

Terre, 54
définition, 5, 532
marchés de location, 544
rente, 6
services, 532

Terrorisme, 284

Test
des recettes, 111
du triangle, 109, 117

Textile, 198

Théorème de Coase, 483, 490

Théorie
de la capture de l'intervention, 400
de l'intérêt public, 400, 507
des choix publics, 507
des jeux, 445, 472, *voir aussi* Jeu
du signal, 426

Titre financier (marché), 74

Toshiba, 304

Tragédie des communaux, 509

Transaction, *voir aussi* Coûts (de transaction)
exclusive, 457

Transfert
intergénérationnel, 570
social canadien (TSC), 572

Transport
aérien, 92-93, 298, 345, 367, 396, 489
routier, 478

Travail, 199, 256, 319, *voir aussi* Emploi
définition, 5, 532
demande, 533
variation, 535
du propriétaire d'une entreprise, 289
en équipe, 304

incitation, 573
non qualifié, 566
prix, 267
productivité, 327
marginale, 319, 328, 330
moyenne, 319, 328
qualifié, 566
qualité, 5
salaire, 6, 532

Travailleur, 294, 319
copropriété de l'entreprise, 295
qualifié/non qualifié (salaire), 567
système incitatif, 290, 294

Tribunal de la concurrence, 457, 458

Troc, 273

Truquage des offres, 457

T-shirt, 187, 191, 194

U

Union européenne, 170, 171, 196, 201

Usine, 54
fermeture temporaire, 358

Utilité, 12, 220
choix de consommation, 242
marginale, 46
mesure, 221, 239
variation compensée, 241

Utilitarisme, 144

V

Vaccination, 133, 480

Valeur
actualisée, 544, 550
série de montants futurs, 551
d'échange, 12, 134-136
de la productivité marginale, 533, 543, 544
d'usage, 12, 134-136, 220
en dollars des autres biens auxquels on renonce, 135, 137
et surplus du consommateur, 136
facteurs de détermination, 272
marchande
capital d'une entreprise, 289
origine, 266
privée, 486
sociale, 12

Valeur marginale, 12-13, 15-16, 46-47
décroissante, 134, 135
mesure, 134
privée, 486
sociale, 134-135, 140, 157, 167, 370, 372, 486
bien collectif, 503

Variable, 33, *voir aussi* Graphique

Variation
de pourcentage, 108
mesure indépendante des unités, 108
de prix, 235
proportionnelle
de la quantité demandée, 108
du prix, 108

Variété des biens (valeur), 421

VEBLEN, Thorstein, 422

Véhicule automobile, 112, 122-123, 186, 303-304, 479

Vente
à découvert, 263, 265-266
aux enchères, 213-215

Vol, 11, 133

Volonté, 243

W

Wal-Mart, 305

WALRAS, Léon, 267

WELCH, Finis, 162

WILLIAMSON, Oliver E., 287

WRIGHT, Orville et Wilbur, 489